Orlando Syrg Taschenbuch 52017

OR
SY
TA

RAT ACBO

Reihe

Alte Tradition

Azurcelesteblueoscuro

herausgegeben

von

Joerg K. Sommermeyer & Orlando Syrg

Exemplarische Werke der Weltliteratur

herausgegeben von

Joerg K. Sommermeyer

Über dieses Buch

Alle Romanfragmente Franz Kafkas in einem Band. Der moderne Mensch, ausgesetzt und verloren, in seinem selbst fabrizierten wirklichen Alptraum. *Der Verschollene*: Odyssee des minderjährigen, deutschen Immigranten Karl Roßmann, von seinen Eltern wegen des Skandals der Schwängerung eines Dienstmädchen nach New York gezwungen. Ein reicher Onkel nimmt ihn auf, verstößt ihn wieder. Als Landstreicher unterwegs, Liftboy und Diener wird der Gutwillige und Naive ausgenutzt, vertrieben, immer weiter nach Westen fliehend. *Der Prozess*: Bankprokurist Josef K. wird an seinem 30. Geburtstag verhaftet, mit einem mysteriösen Ermittlungsverfahren überzogen. Im bürokratischen Labyrinth bleiben Bemühungen um Gehör, Gerichtszugang, Verfahrensteilhabe, Bekanntgabe der Anklage, einfach jegliche Verteidigung von vornherein absurd, unmöglich, vergeblich. Am Vorabend seines 31. Geburtstages wird K. von zwei Herren abgeholt und in einem Steinbruch erstochen. *Das Schloss*: Landvermesser K. ringt fruchtlos um seinen Platz im Dorf und Anerkennung seiner beruflichen und privaten Existenz durch ein rätselhaftes, für ihn unbetretbares, verschlossenes Schloss und dessen Funktionäre.

Der Autor

Franz Kafka wird am 3. Juli 1883 als ältestes von sechs Kindern des jüdischen Galanteriewarenhändlers Herrmann Kafka und seiner Frau Julie, geb. Löwy, in Prag geboren, wo er auch aufwächst, die Deutsche Knabenschule am Fleischmarkt und das Staats-Gymnasium mit deutscher Unterrichtssprache in der Altstadt besucht; 1901, Abitur. Anfangs studiert er Chemie, dann Jura an der *Deutschen k. k. Carl-Ferdinand-Universität*, hört Vorlesungen in Germanistik, Kunstgeschichte und Philosophie. 1903, Erste Juristische Staatsprüfung; 1906, Zweite Juristische Staatsprüfung; Referendariat beim Land- und Strafgericht. Concipient in der Advokatur seines Oheims Richard Löwy. 1908, Doktor der Rechte und Veröffentlichung von Prosastücken in der Zeitschrift *Hyperion*. Anstellung bei den Triester *Assicurazioni Generali*, Wechsel zur Prager *Arbeiter-Unfallversicherungs-Anstalt*, wo er Anstaltsconcipist, Vizesekretär, Anstaltssekretär und Obersekretär wird. 1913 erscheint *Der Heizer*, erstes Kapitel aus *Der Verschollene,* in der Buchreihe *Der jüngste Tag*. Sanatoriumsaufenthalte; 1917, Diagnose seiner Lungentuberkulose; 1922, Frühpensionierung. Freundschaften mit Max Brod, Felix Weltsch, Oskar Baum, Franz Werfel, Jizchak Löwy und seiner jüngsten Schwester Ottla. Konfliktreiche Vaterbeziehung. Zwang, allein und bindungslos zu sein, um schreiben zu können. Verlobungen und Entlobungen mit Felice Bauer und Julie Wohryzek, "Verhältnisse" mit Grete Bloch und Dora Diamant, mit der er 1923 nach Berlin übersiedelt und im März1924 nach Prag zurückkehrt. Franz Kafka stirbt am 3. Juni 1924 im Sanatorium Kierling bei Wien. Sein literarischer Nachlass, den er testamentarisch zur Vernichtung bestimmt hatte, wird posthum von Max Brod veröffentlicht.

Der Herausgeber

Joerg K. Sommermeyer (JS), * 14.10.1947 in Brackenheim, Sohn des Physikers Prof. Dr. Kurt Hans Sommermeyer. Kindheit in Freiburg. Studierte Jura, Philosophie, Germanistik, Geschichte und Musikwissenschaft. Klassische Gitarre bei Viktor v. Hasselmann und Anton Stingl. Unterrichtete in den späten Sechzigern Gitarre am Kindergärtnerinnen-/Jugendleiterinnenseminar und in den Achtzigern Rechtsanwaltsgehilfinnen in spe an der Max-Weber-Schule in Freiburg. 1976 bis 2004 Rechtsanwalt in Freiburg. Setzte sich für eine Verstärkung des Rechtsschutzes bei Grundrechtseingriffen ein (Unterbringungsrecht, Untersuchungshaft, Durchsuchungsrecht). Zahlreiche Veröffentlichungen in juristischen Fachzeitschriften sowie Artikel in Musikblättern. Gründer und Vorsitzender der Internationalen Gitarristischen Vereinigung, Organisator und Künstlerischer Leiter der Freiburger Gitarren- und Lautentage, Herausgeber und Redakteur der Zeitschrift *Nova Giulianiad: Saitenblätter für die Gitarre und Laute*. Juror beim Schlesischen Gitarrenherbst in Tychy und Internationalen Gitarrenkongress Freiburg/Basel/Straßburg. Songs, Liedtexte, Arrangements, Instrumentalmusik. 7 CDs, u. a.: *Total Overdrive*, *Those Rocks & Lieders*, *Nel Cuore Romanzo Rock*, *Ergo, 7 Celebrities*. Herausgabe des Lyrikbandes *Leben Will Ich* von Josefa Gerhäuser, 2002. *Anton Unbekannt, Pathoaphysischer Antiroman, Tragigroteskenfragment*, 2008/2009. Edition *Nikunthas, König der Miami* von Franz Treller in der Bearbeitung durch Georg J. Feurig-Sorgenfrei, 2009/2010. Edition *Balleinrubin: Ball, Einstein, Rubiner*, 2017. *Vernimm mein Schreien*, 2017. Edition *Lieblingsmärchen*, 2017.

Orlando Syrg, Berlin, 20. November 2017

Joerg K. Sommermeyer (Hg.)

Franz Kafkas Romane

Der Verschollene (Amerika), Der Prozess, Das Schloss

Durchgesehen, revidiert und herausgegeben
von
Joerg K. Sommermeyer

Orlando Syrg

MMXVII

1. Auflage 2017

Orlando Syrg, Berlin **(vormals Freiburg i. Brsg.)**

Orlando Syrg Taschenbuch

ORSYTA 52017

Reihe Alte Tradition Azurcelesteblueoscuro

RAT ACBO 1

Revision und Herausgabe: Joerg K. Sommermeyer

Umschlaggestaltung (unter Verwendung eines Aquarells von Liliane Doms, *ohne Titel*, 2008, auf der Vorderseite): JS

Lektorat, Satz und Layout: Orlando Syrg, JS, Georg Metsch, Waltraut Schmidt, Hans Ohnson, Kurt Marie, Jakob Bauer, Lars Penath

Herstellung und Verlag BoD - Books on Demand, Norderstedt

Made in Germany

ISBN 9783746033747

Inhalt

Der Verschollene (Amerika)

1911-1914 entstandenes Romanfragment, von Kafka *»Der Verschollene«* genannt. 1927 von Max Brod unter dem Titel *»Amerika«* veröffentlicht. Das erste Kapitel, »Der Heizer«, erschien als selbständige Erzählung bei Kurt Wolff, Leipzig 1913.

Der Heizer

Als der sechzehnjährige Karl Roßmann, der von seinen armen Eltern nach Amerika geschickt worden war, weil ihn ein Dienstmädchen verführt und ein Kind von ihm bekommen hatte, in dem schon langsam gewordenen Schiff in den Hafen von New York einfuhr, erblickte er die schon längst beobachtete Statue der Freiheitsgöttin wie in einem plötzlich stärker gewordenen Sonnenlicht. Ihr Arm mit dem Schwert ragte wie neuerdings empor, und um ihre Gestalt wehten die freien Lüfte.

›So hoch!‹ sagte er sich und wurde, wie er so gar nicht an das Weggehen dachte, von der immer mehr anschwellenden Menge der Gepäckträger, die an ihm vorüberzogen, allmählich bis an das Bordgeländer geschoben.

Ein junger Mann, mit dem er während der Fahrt flüchtig bekannt geworden war, sagte im Vorübergehen: »Ja, haben Sie denn noch keine Lust auszusteigen?«

»Ich bin doch fertig«, sagte Karl, ihn anlachend, und hob aus Übermut, und weil er ein starker Junge war, seinen Koffer auf die Achsel. Aber wie er über seinen Bekannten hinsah, der ein wenig seinen Stock schwenkend sich schon mit den andern entfernte, merkte er bestürzt, dass er seinen eigenen Regenschirm unten im Schiff vergessen hatte. Er bat schnell den Bekannten, der nicht sehr beglückt schien, um die Freundlichkeit, bei seinem Koffer einen Augenblick zu warten, überblickte noch die Situation, um sich bei der Rückkehr zurechtzufinden, und eilte davon. Unten fand er zu seinem Bedauern einen Gang, der seinen Weg sehr verkürzt hätte, zum ersten Mal versperrt, was wahrscheinlich mit der Ausschiffung sämtlicher Passagiere zusammenhing, und musste Treppen, die einander immer wieder folgten, durch fortwährend abbiegende Korridore, durch ein leeres Zimmer mit einem verlassenen Schreibtisch mühselig suchen, bis er sich tatsächlich, da er diesen Weg nur ein- oder zweimal und immer in größerer Gesellschaft gegangen war, ganz und gar verirrt hatte. In seiner Ratlosigkeit und da er keinen Menschen traf und nur immerfort über sich das Scharren der tausend Menschenfüße hörte und von der Ferne, wie einen Hauch, das letzte Arbeiten der schon eingestellten Maschinen merkte, fing er an, ohne zu überlegen, an eine beliebige kleine Tür zu schlagen, bei der er in seinem Herumirren stockte.

»Es ist ja offen«, rief es von innen, und Karl öffnete mit ehrlichem Aufatmen die Tür. »Warum schlagen Sie so verrückt an die Tür?« fragte ein riesiger Mann, kaum dass er zu Karl hinsah. Durch irgendeine Oberlichtluke fiel ein trübes, oben im Schiff längst abgebrauchtes Licht in die klägliche Kabine, in welcher ein Bett, ein Schrank, ein Sessel und der Mann knapp nebeneinander, wie eingelagert, standen. »Ich habe mich verirrt«, sagte Karl, »ich habe es während der Fahrt gar nicht so bemerkt, aber es ist ein schrecklich großes Schiff.« »Ja, da haben Sie recht«, sagte der Mann mit einigem Stolz und hörte nicht auf, an dem Schloss eines kleinen Koffers zu hantieren, den er mit beiden Händen immer wieder zudrückte, um das Einschnappen des Riegels zu behorchen. »Aber kommen Sie doch herein!«, sagte der Mann weiter, »Sie werden doch nicht draußen stehn!« »Störe ich nicht?« fragte Karl. »Ach, wie werden Sie denn stören!« »Sind Sie ein Deutscher?« suchte sich Karl noch zu versichern, da er viel von den Gefahren gehört hatte, welche besonders von Irländern den Neuankömmlingen in Amerika drohen. »Bin ich, bin ich«, sagte der Mann. Karl zögerte noch. Da fasste unversehens der Mann die Türklinke und schob mit der Türe, die er rasch schloss, Karl zu sich herein. »Ich kann es nicht leiden, wenn man mir vom Gang hereinschaut«, sagte der Mann, der wieder an seinem Koffer arbeitete, »da läuft jeder vorbei und schaut herein, das soll der Zehnte aushalten!« »Aber der Gang ist doch ganz leer«, sagte Karl, der unbehaglich an den Bettpfosten gequetscht dastand. »Ja, jetzt«, sagte der Mann. ›Es handelt sich doch um jetzt‹, dachte Karl, ›mit dem Mann ist schwer zu reden.‹»Legen Sie sich doch aufs Bett, da haben Sie mehr Platz«, sagte der Mann. Karl kroch, so gut es ging, hinein und lachte dabei laut über den ersten vergeblichen Versuch, sich hinüberzuschwingen. Kaum war er aber im Bett, rief er: »Um Gotteswillen, ich habe ja ganz meinen Koffer vergessen!« »Wo ist er denn?« »Oben auf dem Deck, ein Bekannter gibt acht auf ihn. Wie heißt er nur?« Und er zog aus einer Geheimtasche, die ihm seine Mutter für die Reise im Rockfutter angelegt hatte, eine Visitkarte. »Butterbaum, Franz Butterbaum.« »Haben Sie den Koffer sehr nötig?« »Natürlich.« »Ja, warum haben Sie ihn dann einem fremden Menschen gegeben?« »Ich hatte meinen Regenschirm unten vergessen und bin gelaufen, um ihn zu holen, wollte aber den Koffer nicht mitschleppen. Dann habe ich mich auch hier noch verirrt.« »Sie sind allein? Ohne Begleitung?« »Ja, allein.« ›Ich sollte mich vielleicht an diesen Mann halten‹, ging es Karl durch den Kopf, ›wo finde ich gleich einen besseren Freund.‹ »Und jetzt haben Sie auch noch den Koffer verloren. Vom Regenschirm rede ich gar nicht.« Und der Mann setzte sich auf den Sessel, als habe Karls Sache jetzt einiges Interesse für ihn gewonnen. »Ich glaube aber, der Koffer ist noch nicht verloren.« »Glauben macht selig«, sagte der Mann und kratzte sich kräftig in seinem dunklen, kurzen, dichten Haar, »auf dem Schiff wechseln mit den Hafenplätzen auch die Sitten. In Hamburg hätte Ihr Butterbaum den Koffer vielleicht bewacht, hier ist höchstwahrscheinlich von beiden keine Spur mehr.« »Da muss ich aber doch gleich hinaufschaun«, sagte Karl und sah sich um, wie er hinauskommen könnte. »Bleiben Sie nur«, sagte der Mann und stieß ihn mit einer Hand gegen die Brust, geradezu rau, ins Bett zurück. »Warum denn?« fragte Karl ärgerlich. »Weil es keinen Sinn hat«, sagte der Mann, »in einem kleinen Weilchen gehe ich auch, dann gehen wir zusammen. Entweder ist der Koffer gestohlen, dann ist keine Hilfe, oder der Mann hat ihn stehenlassen, dann werden wir ihn, bis das Schiff ganz entleert ist, desto besser finden. Ebenso auch Ihren Regenschirm.« »Kennen Sie sich auf dem Schiff aus?« fragte Karl misstrauisch, und es schien ihm, als hätte der sonst überzeugende Gedanke, dass auf dem leeren Schiff seine Sachen am besten zu finden sein würden, einen verborgenen Haken. »Ich bin doch Schiffsheizer«, sagte der Mann. »Sie sind Schiffsheizer!« rief Karl freudig, als überstiege das alle Erwartungen, und sah, den Ellbogen aufgestützt, den Mann näher an. »Gerade vor der Kammer, wo ich mit dem Slowaken geschlafen habe, war eine Luke angebracht, durch die man in den Maschinenraum sehen konnte.« »Ja, dort habe ich gearbeitet«, sagte der Heizer. »Ich habe mich immer so für Technik interessiert«, sagte Karl, der in einem bestimmten Gedankengang blieb, »und ich wäre sicher später Ingenieur geworden, wenn ich nicht nach Amerika hätte fahren müssen.« »Warum haben Sie denn fahren müssen?« »Ach was!« sagte Karl und warf die ganze Geschichte mit der Hand weg. Dabei sah er lächelnd den Heizer an, als bitte er ihn selbst für das Nichteingestandene um seine Nachsicht. »Es wird schon einen Grund haben«, sagte der Heizer, und man wusste nicht recht, ob er damit die Erzählung dieses Grundes fordern oder abwehren wollte. »Jetzt könnte ich auch Heizer werden«, sagte Karl, »meinen Eltern ist es jetzt ganz gleichgültig, was ich werde.«»Meine Stelle wird frei«, sagte der Heizer, gab im Vollbewusstsein dessen die Hände in die Hosentaschen und warf die Beine, die in faltigen, lederartigen, eisengrauen Hosen staken, aufs Bett hin, um sie zu strecken. Karl musste mehr an die Wand rücken. »Sie verlassen das Schiff?« »Jawohl, wir marschieren heute ab.« »Warum denn? Gefällt es Ihnen nicht?« »Ja, das sind die Verhältnisse, es entscheidet nicht immer, ob es einem gefällt oder nicht. Übrigens haben Sie recht, es gefällt mir auch nicht. Sie denken wahrscheinlich nicht ernstlich daran, Heizer zu werden, aber gerade dann kann man es am leichtesten werden. Ich also rate Ihnen entschieden ab. Wenn Sie in Europa studieren wollten, warum wollen Sie es denn hier nicht? Die amerikanischen Universitäten sind ja unvergleichlich besser als die europäischen.« »Es ist ja möglich«, sagte Karl, »aber ich habe ja fast kein Geld zum Studieren. Ich habe zwar von irgend jemandem gelesen, der bei Tag in einem Geschäft gearbeitet und in der Nacht studiert hat, bis er Doktor und ich glaube Bürgermeister wurde, aber dazu gehört doch eine große Ausdauer, nicht? Ich fürchte, die fehlt mir. Außerdem war ich kein besonders guter Schüler, der Abschied von der Schule ist mir wirklich nicht schwer geworden. Und die Schulen hier sind vielleicht noch strenger. Englisch kann ich fast gar nicht. Überhaupt ist man hier gegen Fremde so eingenommen, glaube ich.« »Haben Sie das auch schon erfahren? Na, dann ist's gut. Dann sind Sie mein Mann. Sehen Sie, wir sind doch auf einem deutschen Schiff, es gehört der Hamburg-Amerika-Linie, warum sind wir nicht lauter Deutsche hier? Warum ist der Obermaschinist ein Rumäne? Er heißt Schubal. Das ist doch nicht zu glauben. Und dieser Lumpenhund schindet uns Deutsche auf einem deutschen Schiff! Glauben Sie nicht« – ihm ging die Luft aus, er fackelte mit der Hand, »dass ich klage, um zu klagen. Ich weiß, dass Sie keinen Einfluss haben und selbst ein armes Bürschchen sind. Aber es ist zu arg!« Und er schlug auf den Tisch mehrmals mit der Faust und ließ kein Auge von ihr, während er schlug. »Ich habe doch schon auf so vielen Schiffen gedient« – und er nannte zwanzig Namen hintereinander, als sei es ein Wort, Karl wurde ganz wirr – »und habe mich ausgezeichnet, bin belobigt worden, war ein Arbeiter nach dem Geschmack meiner Kapitäne, sogar auf dem gleichen Handelssegler war ich einige Jahre« – er erhob sich, als sei das der Höhepunkt seines Lebens – »und hier auf diesem Kasten, wo alles nach der Schnur eingerichtet ist, wo kein Witz gefordert wird, hier taug ich nichts, hier stehe ich dem Schubal immer im Wege, bin ein Faulpelz, verdiene hinausgeworfen zu werden und bekomme meinen Lohn aus Gnade. Verstehen Sie das? Ich nicht.« »Das dürfen Sie sich nicht gefallen lassen«, sagte Karl aufgeregt. Er hatte fast das Gefühl davon verloren, dass er auf dem unsicheren Boden eines Schiffes, an der Küste eines unbekannten Erdteils war, so heimisch war ihm hier auf dem Bett des Heizers zumute. »Waren Sie schon beim Kapitän? Haben Sie schon bei ihm Ihr Recht gesucht?« »Ach gehen Sie, gehen Sie lieber weg. Ich will Sie nicht hier haben. Sie hören nicht zu, was ich sage, und geben mir Ratschläge. Wie soll ich denn zum Kapitän gehen!« Und müde setzte sich der Heizer wieder und legte das Gesicht in beide Hände.

›Einen besseren Rat kann ich ihm nicht geben‹, sagte sich Karl. Und er fand überhaupt, dass er lieber seinen Koffer hätte holen sollen, statt hier Ratschläge zu geben, die doch nur für dumm gehalten wurden. Als ihm der Vater den Koffer für immer übergeben hatte, hatte er im Scherz gefragt: »Wie lange wirst du ihn haben?« und jetzt war dieser treue Koffer vielleicht schon im Ernst verloren. Der einzige Trost war noch, dass der Vater von seiner jetzigen Lage kaum erfahren konnte, selbst wenn er nachforschen sollte. Nur dass er bis New York mitgekommen war, konnte die Schiffsgesellschaft gerade noch sagen. Leid tat es aber Karl, dass er die Sachen im Koffer noch kaum verwendet hatte, trotzdem er es beispielsweise längst nötig gehabt hätte, das Hemd zu wechseln. Da hatte er also am falschen Ort gespart; jetzt, wo er es gerade am Beginn seiner Laufbahn nötig haben würde, rein gekleidet aufzutreten, würde er im schmutzigen Hemd erscheinen müssen. Sonst wäre der Verlust des Koffers nicht gar so arg gewesen, denn der Anzug, den er anhatte, war sogar besser als jener im Koffer, der eigentlich nur ein Notanzug war, den die Mutter noch knapp vor der Abreise hatte flicken müssen. Jetzt erinnerte er sich auch, dass im Koffer noch ein Stück Veroneser Salami war, die ihm die Mutter als Extragabe eingepackt hatte, von der er jedoch nur den kleinsten Teil hatte aufessen können, da er während der Fahrt ganz ohne Appetit gewesen war und die Suppe, die im Zwischendeck zur Verteilung kam, ihm reichlich genügt hatte. Jetzt hätte er aber die Wurst gern bei der Hand gehabt, um sie dem Heizer zu verehren. Denn solche Leute sind leicht gewonnen, wenn man ihnen irgendeine Kleinigkeit zusteckt, das wusste Karl von seinem Vater her, welcher durch Zigarrenverteilung alle die niedrigeren Angestellten gewann, mit denen er geschäftlich zu tun hatte. Jetzt besaß Karl an Verschenkbarem nur noch sein Geld, und das wollte er, wenn er schon vielleicht den Koffer verloren haben sollte, vorläufig nicht anrühren. Wieder kehrten seine Gedanken zum Koffer zurück, und er konnte jetzt wirklich nicht einsehen, warum er den Koffer während der Fahrt so aufmerksam bewacht hatte, dass ihm die Wache fast den Schlaf gekostet hatte, wenn er jetzt diesen gleichen Koffer so leicht sich hatte wegnehmen lassen. Er erinnerte sich an die fünf Nächte, während derer er einen kleinen Slowaken, der zwei Schlafstellen links von ihm gelegen war, unausgesetzt im Verdacht gehabt hatte, dass er es auf seinen Koffer abgesehen habe. Dieser Slowake hatte nur darauf gelauert, dass Karl endlich, von Schwäche befallen, für einen Augenblick einnickte, damit er den Koffer mit einer langen Stange, mit der er immer während des Tages spielte oder übte, zu sich hinüberziehen könne. Bei Tage sah dieser Slowake unschuldig genug aus, aber kaum war die Nacht gekommen, erhob er sich von Zeit zu Zeit von seinem Lager und sah traurig zu Karls Koffer hinüber. Karl konnte dies ganz deutlich erkennen, denn immer hatte hie und da jemand mit der Unruhe des Auswanderers ein Lichtchen angezündet, trotzdem dies nach der Schiffsordnung verboten war, und versuchte, unverständliche Prospekte der Auswanderungsagenturen zu entziffern. War ein solches Licht in der Nähe, dann konnte Karl ein wenig eindämmern, war es aber in der Ferne oder dunkel, dann musste er die Augen offenhalten. Diese Anstrengung hatte ihn recht erschöpft, und nun war sie vielleicht ganz nutzlos gewesen. Dieser Butterbaum, wenn er ihn einmal irgendwo treffen sollte!

In diesem Augenblick ertönten draußen in weiter Ferne in die bisherige vollkommene Ruhe hinein kleine kurze Schläge, wie von Kinderfüßen, sie kamen näher mit verstärktem Klang, und nun war es ein ruhiger Marsch von Männern. Sie gingen offenbar, wie es in dem schmalen Gang natürlich war, in einer Reihe, man hörte Klirren wie von Waffen. Karl, der schon nahe daran gewesen war, sich im Bett zu einem von allen Sorgen um Koffer und Slowaken befreiten Schlafe auszustrecken, schreckte auf und stieß den Heizer an, um ihn endlich aufmerksam zu machen, denn der Zug schien mit seiner Spitze die Tür gerade erreicht zu haben. »Das ist die Schiffskapelle«, sagte der Heizer, »die haben oben gespielt und gehen jetzt einpacken. Jetzt ist alles fertig und wir können gehen. Kommen Sie!« Er fasste Karl bei der Hand, nahm noch im letzten Augenblick ein eingerahmtes Muttergottesbild von der Wand über dem Bett, stopfte es in seine Brusttasche, ergriff seinen Koffer und verließ mit Karl eilig die Kabine.

»Jetzt gehe ich ins Büro und werde den Herren meine Meinung sagen. Es ist kein Passagier mehr da, man muss keine Rücksicht nehmen.« Dieses wiederholte der Heizer verschiedenartig und wollte im Gehen mit Seitwärtsstoßen des Fußes eine den Weg kreuzende Ratte niedertreten, stieß sie aber bloß schneller in das Loch hinein, dass sie noch rechtzeitig erreicht hatte. Er war überhaupt langsam in seinen Bewegungen, denn wenn er auch lange Beine hatte, so waren sie doch zu schwer.

Sie kamen durch eine Abteilung der Küche, wo einige Mädchen in schmutzigen Schürzen – sie begossen sie absichtlich – Geschirr in großen Bottichen reinigten. Der Heizer rief eine gewisse Line zu sich, legte den Arm um ihre Hüfte und führte sie, die sich immerzu kokett gegen seinen Arm drückte, ein Stückchen mit. »Es gibt jetzt Auszahlung, willst du mitkommen?« fragte er. »Warum soll ich mich bemühn, bring mir das Geld lieber her«, antwortete sie, schlüpfte unter seinem Arm durch und lief davon. »Wo hast du denn den schönen Knaben aufgegabelt?« rief sie noch, wollte aber keine Antwort mehr. Man hörte das Lachen aller Mädchen, die ihre Arbeit unterbrochen hatten.

Sie aber gingen weiter und kamen an eine Tür, die oben einen kleinen Vorgiebel hatte, der von kleinen, vergoldeten Karyatiden getragen war. Für eine Schiffseinrichtung sah das recht verschwenderisch aus. Karl war, wie er merkte, niemals in diese Gegend gekommen, die wahrscheinlich während der Fahrt den Passagieren der ersten und zweiten Klasse vorbehalten gewesen war, während man jetzt vor der großen Schiffsreinigung die Trennungstüren ausgehoben hatte. Sie waren auch tatsächlich schon einigen Männern begegnet, die Besen auf der Schulter trugen und den Heizer gegrüßt hatten. Karl staunte über den großen Betrieb, in seinem Zwischendeck hatte er davon freilich wenig erfahren. Längs der Gänge zogen sich auch Drähte elektrischer Leitungen, und eine kleine Glocke hörte man immerfort.

Der Heizer klopfte respektvoll an die Türe und forderte, als man »Herein!« rief, Karl mit einer Handbewegung auf, ohne Furcht einzutreten. Dieser trat auch ein, aber blieb an der Tür stehen. Vor den drei Fenstern des Zimmers sah er die Wellen des Meeres, und bei Betrachtung ihrer fröhlichen Bewegung schlug ihm das Herz, als hätte er nicht fünf lange Tage das Meer ununterbrochen gesehen. Große Schiffe kreuzten gegenseitig ihre Wege und gaben dem Wellenschlag nur so weit nach, als es ihre Schwere erlaubte. Wenn man die Augen klein machte, schienen diese Schiffe vor lauter Schwere zu schwanken. Auf ihren Masten trugen sie schmale, aber lange Flaggen, die zwar durch die Fahrt gestrafft wurden, trotzdem aber noch hin und her zappelten. Wahrscheinlich von Kriegsschiffen her erklangen Salutschüsse, die Kanonenrohre eines solchen nicht allzu weit vorbeifahrenden Schiffes, strahlend mit dem Reflex ihres Stahlmantels, waren wie gehätschelt von der sicheren, glatten und doch nicht waagerechten Fahrt. Die kleinen Schiffchen und Boote konnte man, wenigstens von der Tür aus, nur in der Ferne beobachten, wie sie in Mengen in die Öffnungen zwischen den großen Schiffen einliefen. Hinter alledem aber stand New York und sah Karl mit hunderttausend Fenstern seiner Wolkenkratzer an. Ja, in diesem Zimmer wusste man, wo man war.

An einem runden Tisch saßen drei Herren, der eine ein Schiffsoffizier in blauer Schiffsuniform, die zwei anderen, Beamte der Hafenbehörde, in schwarzen amerikanischen Uniformen. Auf dem Tisch lagen, hoch aufgeschichtet, verschiedene Dokumente welche der Offizier zuerst mit der Feder in der Hand überflog, um sie dann den beiden anderen zu reichen, die bald lasen, bald exzerpierten, bald in ihre Aktentaschen einlegten, wenn nicht gerade der eine, der fast ununterbrochen ein kleines Geräusch mit den Zähnen vollführte, seinem Kollegen etwas in ein Protokoll diktierte.

Am Fenster saß an einem Schreibtisch, den Rücken der Türe zugewendet, ein kleinerer Herr, der mit großen Folianten hantierte, die auf einem starken Bücherbrett in Kopfhöhe vor ihm aneinandergereiht waren. Neben ihm stand eine offene, wenigstens auf den ersten Blick leere Kassa.

Das zweite Fenster war leer und gab den besten Ausblick. In der Nähe des dritten aber standen zwei Herren in halblautem Gespräch. Der eine lehnte neben dem Fenster, trug auch die Schiffsuniform und spielte mit dem Griff des Degens. Derjenige, mit dem er sprach, war dem Fenster zugewandt und enthüllte hie und da durch eine Bewegung einen Teil der Ordensreihe auf der Brust des andern. Er war in Zivil und hatte ein dünnes Bambusstöckchen, das, da er beide Hände an den Hüften festhielt, auch wie ein Degen abstand.

Karl hatte nicht viel Zeit, alles anzusehen, denn bald trat ein Diener auf sie zu und fragte den Heizer mit einem Blick, als gehöre er nicht hierher, was er denn wolle. Der Heizer antwortete, so leise als er gefragt wurde, er wolle mit dem Herrn Oberkassier reden. Der Diener lehnte für seinen Teil mit einer Handbewegung diese Bitte ab, ging aber dennoch auf den Fußspitzen, dem runden Tisch in großem Bogen ausweichend, zu dem Herrn mit den Folianten. Dieser Herr – das sah man deutlich – erstarrte geradezu unter den Worten des Dieners, kehrte sich aber endlich nach dem Manne um, der ihn zu sprechen wünschte, und fuchtelte dann, streng abwehrend, gegen den Heizer und der Sicherheit halber auch gegen den Diener hin. Der Diener kehrte darauf zum Heizer zurück und sagte in einem Tone, als vertraue er ihm etwas an: »Scheren Sie sich sofort aus dem Zimmer!«

Der Heizer sah nach dieser Antwort zu Karl hinunter, als sei dieser sein Herz, dem er stumm seinen Jammer klage. Ohne weitere Besinnung machte sich Karl los, lief quer durchs Zimmer, dass er sogar leicht an den Sessel des Offiziers streifte, der Diener lief gebeugt mit zum Umfangen bereiten Armen, als jage er ein Ungeziefer, aber Karl war der erste beim

Tisch des Oberkassiers, wo er sich festhielt, für den Fall, dass der Diener versuchen sollte, ihn fortzuziehen.

Natürlich wurde gleich das Zimmer lebendig. Der Schiffsoffizier am Tisch war aufgesprungen, die Herren von der Hafenbehörde sahen ruhig, aber aufmerksam zu, die beiden Herren am Fenster waren nebeneinander getreten, der Diener, welcher glaubte, er sei dort, wo schon die hohen Herren Interesse zeigten, nicht mehr am Platze, trat zurück. Der Heizer an der Türe wartete angespannt auf den Augenblick, bis seine Hilfe nötig würde. Der Oberkassier endlich machte in seinem Lehnsessel eine große Rechtswendung.

Karl kramte aus seiner Geheimtasche, die er den Blicken dieser Leute zu zeigen keine Bedenken hatte, seinen Reisepass hervor, den er statt weiterer Vorstellung geöffnet auf den Tisch legte. Der Oberkassier schien diesen Pass für nebensächlich zu halten, denn er schnippte ihn mit zwei Fingern beiseite, worauf Karl, als sei diese Formalität zur Zufriedenheit erledigt, den Pass wieder einsteckte.

»Ich erlaube mir zu sagen«, begann er dann, »dass meiner Meinung nach dem Herrn Heizer Unrecht geschehen ist. Es ist hier ein gewisser Schubal, der ihm aufsitzt. Er selbst hat schon auf vielen Schiffen, die er Ihnen alle nennen kann, zur vollständigen Zufriedenheit gedient, ist fleißig, meint es mit seiner Arbeit gut, und es ist wirklich nicht einzusehen, warum er gerade auf diesem Schiff, wo doch der Dienst nicht so übermäßig schwer ist, wie zum Beispiel auf Handelsseglern, schlecht entsprechen sollte. Es kann daher nur Verleumdung sein, die ihn in seinem Vorwärtskommen hindert und ihn um die Anerkennung bringt, die ihm sonst ganz bestimmt nicht fehlen würde. Ich habe nur das Allgemeine über diese Sache gesagt, seine besonderen Beschwerden wird er Ihnen selbst vorbringen.« Karl hatte sich mit dieser Rede an alle Herren gewendet, weil ja tatsächlich auch alle zuhörten und es viel wahrscheinlicher schien, dass sich unter allen zusammen ein Gerechter vorfand, als dass dieser Gerechte gerade der Oberkassier sein sollte. Aus Schlauheit hatte außerdem Karl verschwiegen, dass er den Heizer erst so kurze Zeit kannte. Im übrigen hätte er noch viel besser gesprochen, wenn er nicht durch das rote Gesicht des Herrn mit dem Bambusstöckchen beirrt worden wäre, das er von seinem jetzigen Standort zum ersten Mal sah.

»Es ist alles Wort für Wort richtig«, sagte der Heizer, ehe ihn noch jemand gefragt, ja ehe man noch überhaupt auf ihn hingesehen hatte. Diese Übereiltheit des Heizers wäre ein großer Fehler gewesen, wenn nicht der Herr mit den Orden, der, wie es jetzt Karl aufleuchtete, jedenfalls der Kapitän war, offenbar mit sich bereits übereingekommen wäre, den Heizer anzuhören. Er streckte nämlich die Hand aus und rief dem Heizer zu: »Kommen Sie her!« mit einer Stimme, fest, um mit einem Hammer darauf zu schlagen. Jetzt hing alles vom Benehmen des Heizers ab, denn was die Gerechtigkeit seiner Sache anlangte, an der zweifelte Karl nicht.

Glücklicherweise zeigte sich bei dieser Gelegenheit, dass der Heizer schon viel in der Welt herumgekommen war. Musterhaft ruhig nahm er aus seinem Köfferchen mit dem ersten Griff ein Bündelchen Papiere sowie ein Notizbuch, ging damit, als verstünde sich das von selbst, unter vollständiger Vernachlässigung des Oberkassiers, zum Kapitän und breitete auf dem Fensterbrett seine Beweismittel aus. Dem Oberkassier blieb nichts übrig, als sich selbst hinzubemühn. »Der Mann ist ein bekannter Querulant«, sagte er zur Erklärung, »er ist mehr in der Kassa als im Maschinenraum. Er hat Schubal, diesen ruhigen Menschen, ganz zur Verzweiflung gebracht. Hören Sie einmal!« wandte er sich an den Heizer, »Sie treiben Ihre Zudringlichkeit doch schon wirklich zu weit. Wie oft hat man Sie schon aus den Auszahlungsräumen hinausgeworfen, wie Sie es mit Ihren ganz vollständig und ausnahmslos unberechtigten Forderungen verdienen! Wie oft sind Sie von dort in die Hauptkassa gelaufen gekommen! Wie oft hat man Ihnen im guten gesagt, dass Schubal Ihr unmittelbarer Vorgesetzter ist, mit dem allein Sie sich als ein Untergebener abzufinden haben! Und jetzt kommen Sie gar noch her, wenn der Herr Kapitän da ist, schämen sich nicht, sogar ihn zu belästigen, sondern entblöden sich nicht einmal, als eingelernten Stimmführer Ihrer abgeschmackten Beschuldigungen diesen Kleinen mitzubringen, den ich überhaupt zum ersten Mal auf dem Schiffe sehe!«

Karl hielt sich mit Gewalt zurück, vorzuspringen. Aber schon war auch der Kapitän da, welcher sagte: »Hören wir den Mann doch einmal an. Der Schubal wird mir sowieso mit der Zeit viel zu selbständig, womit ich aber nichts zu Ihren Gunsten gesagt haben will.« Das letztere galt dem Heizer, es war nur natürlich, dass er sich nicht sofort für ihn einsetzen konnte, aber alles schien auf dem richtigen Wege. Der Heizer begann seine Erklärungen und überwand sich gleich am Anfang, indem er Schubal mit »Herr« titulierte. Wie freute sich Karl am verlassenen Schreibtisch des Oberkassiers, wo er eine Briefwaage immer wieder niederdrückte vor lauter Vergnügen. – Herr Schubal ist ungerecht! Herr Schubal bevorzugt die Ausländer! Herr Schubal verwies den Heizer aus dem Maschinenraum und ließ ihn Klosette reinigen, was doch gewiss nicht des Heizers Sache war! – Einmal wurde sogar die Tüchtigkeit des Herrn Schubal angezweifelt, die eher scheinbar als wirklich vorhanden sein sollte. Bei dieser Stelle starrte Karl mit aller Kraft den Kapitän an, zutunlich, als sei er sein Kollege, nur damit er sich durch die etwas ungeschickte Ausdrucksweise des Heizers nicht zu dessen Ungunsten beeinflussen lasse. Immerhin erfuhr man aus den vielen Reden nichts Eigentliches, und wenn auch der Kapitän noch immer vor sich hinsah, in den Augen die Entschlossenheit, den Heizer diesmal bis zu Ende anzuhören, so wurden doch die anderen Herren ungeduldig, und die Stimme des Heizers regierte bald nicht mehr unumschränkt in dem Raume, was manches befürchten ließ. Als erster setzte der Herr in Zivil sein Bambusstöckchen in Tätigkeit und klopfte, wenn auch nur leise, auf das Parkett. Die anderen Herren sahen natürlich hie und da hin, die Herren von der Hafenbehörde, die offenbar pressiert waren, griffen wieder zu den Akten und begannen, wenn auch noch etwas geistesabwesend, sie durchzusehen, der Schiffsoffizier rückte seinen Tisch wieder näher, und der Oberkassier, der gewonnenes Spiel zu haben glaubte, seufzte aus Ironie tief auf. Von der allgemein eintretenden Zerstreuung schien nur der Diener bewahrt, der von den Leiden des unter die Großen gestellten armen Mannes einen Teil mitfühlte und Karl ernst zunickte, als wolle er damit etwas erklären.

Inzwischen ging vor den Fenstern das Hafenleben weiter, ein flaches Lastschiff mit einem Berg von Fässern, die wunderbar verstaut sein mussten, dass sie nicht ins Rollen kamen, zog vorüber und erzeugte in dem Zimmer fast Dunkelheit; kleine Motorboote, die Karl jetzt, wenn er Zeit gehabt hätte, genau hätte ansehen können, rauschten nach den Zuckungen der Hände eines am Steuer aufrecht stehenden Mannes schnurgerade dahin! Eigentümliche Schwimmkörper tauchten hie und da selbständig aus dem ruhelosen Wasser, wurden gleich wieder überschwemmt und versanken vor dem erstaunten Blick; Boote der Ozeandampfer wurden von heiß arbeitenden Matrosen vorwärtsgerudert und waren voll von Passagieren, die darin, so wie man sie hineingezwängt hatte, still und erwartungsvoll saßen, wenn es auch manche nicht unterlassen konnten, die Köpfe nach den wechselnden Szenerien zu drehen. Eine Bewegung ohne Ende, eine Unruhe, übertragen von dem unruhigen Element auf die hilflosen Menschen und ihre Werke!

Aber alles mahnte zur Eile, zur Deutlichkeit, zu ganz genauer Darstellung; aber was tat der Heizer? Er redete sich allerdings in Schweiß, die Papiere auf dem Fenster konnte er längst mit seinen zitternden Händen nicht mehr halten; aus allen Himmelsrichtungen strömten ihm Klagen über Schubal zu, von denen seiner Meinung nach jede einzelne genügt, diesen Schubal vollständig zu begraben, aber was er dem Kapitän vorzeigen konnte, war nur ein trauriges Durcheinanderstrudeln aller insgesamt. Längst schon pfiff der Herr mit dem Bambusstöckchen schwach zur Decke hinauf, die Herren von der Hafenbehörde hielten schon den Offizier an ihrem Tisch und machten keine Miene, ihn je wieder loszulassen, der Oberkassier wurde sichtlich nur durch die Ruhe des Kapitäns vor dem Dreinfahren zurückgehalten, der Diener erwartete in Habachtstellung jeden Augenblick einen auf den Heizer bezüglichen Befehl seines Kapitäns.

Da konnte Karl nicht mehr untätig bleiben. Er ging also langsam zu der Gruppe hin und überlegte im Gehen nur desto schneller, wie er die Sache möglichst geschickt angreifen könnte. Es war wirklich höchste Zeit, noch ein kleines Weilchen nur, und sie konnten ganz gut beide aus dem Büro fliegen. Der Kapitän mochte ja ein guter Mann sein und überdies gerade jetzt, wie es Karl schien, irgendeinen besonderen Grund haben, sich als gerechter Vorgesetzter zu zeigen, aber schließlich war er kein Instrument, das man in Grund und Boden spielen konnte – und gerade so behandelte ihn der Heizer, allerdings aus seinem grenzenlos empörten Innern heraus.

Karl sagte also zum Heizer: »Sie müssen das einfacher erzählen, klarer, der Herr Kapitän kann es nicht würdigen, so wie Sie es ihm erzählen. Kennt er denn alle Maschinisten-Laufburschen beim Namen oder gar beim Taufnamen, dass er, wenn Sie nur einen solchen Namen aussprechen, gleich wissen kann, um wen es sich handelt? Ordnen Sie doch Ihre Beschwerden, sagen Sie die wichtigste zuerst und absteigend die anderen, vielleicht wird es dann überhaupt nicht mehr nötig sein, die meisten auch nur zu erwähnen. Mir haben Sie es doch immer so klar dargestellt!« ›Wenn man in Amerika Koffer stehlen kann, kann man auch hie und da lügen‹, dachte er zur Entschuldigung.

Wenn es aber nur geholfen hätte! Ob es nicht auch schon zu spät war? Der Heizer unterbrach sich zwar sofort, als er die bekannte Stimme hörte, aber mit seinen Augen, die ganz von Tränen der beleidigten Mannesehre, der schrecklichen Erinnerungen, der äußersten gegenwärtigen Not verdeckt waren, konnte er Karl schon nicht einmal mehr gut erkennen. Wie sollte er auch jetzt – Karl sah das schweigend vor dem jetzt Schweigenden wohl ein –, wie sollte er auch jetzt plötzlich seine Redeweise ändern, da es ihm doch schien, als hätte er alles was zu sagen war, ohne die geringste Anerkennung schon vorgebracht und als habe er andererseits noch gar nichts gesagt und könne doch den Herren jetzt nicht zumuten, noch alles anzuhören. Und in einem solchen Zeitpunkt kommt noch Karl, sein einziger Anhänger, daher, will ihm gute Lehren geben, zeigt ihm aber statt dessen, dass alles, alles verloren ist.

›Wäre ich früher gekommen, statt aus dem Fenster zu schauen‹, sagte sich Karl, senkte vor dem Heizer das Gesicht und schlug die Hände an die Hosennaht, zum Zeichen des Endes jeder Hoffnung.

Aber der Heizer missverstand das, witterte wohl in Karl irgendwelche geheimen Vorwürfe gegen sich, und in der guten Absicht, sie ihm auszureden, fing er zur Krönung seiner Taten mit Karl jetzt zu streiten an. Jetzt, wo doch die Herren am runden Tisch längst empört über den nutzlosen Lärm waren, der ihre wichtigen Arbeiten störte, wo der Hauptkassier allmählich die Geduld des Kapitäns unverständlich fand und zum sofortigen Ausbruch neigte, wo der Diener, ganz wieder in der Sphäre seiner Herren, den Heizer mit wildem Blicke maß, und wo endlich der Herr mit dem Bambusstöckchen, zu welchem sogar der Kapitän hie und da freundlich hinübersah, schon gänzlich abgestumpft gegen den Heizer, ja von ihm angewidert, ein kleines Notizbuch hervorzog und, offenbar mit ganz anderen Angelegenheiten beschäftigt, die Augen zwischen dem Notizbuch und Karl hin und her wandern ließ.

»Ich weiß ja«, sagte Karl, der Mühe hatte, den jetzt gegen ihn gekehrten Schwall des Heizers abzuwehren, trotzdem aber quer durch allen Streit noch ein Freundeslächeln für ihn übrig hatte, »Sie haben recht, recht, ich habe ja nie daran gezweifelt.« Er hätte ihm gern aus Furcht vor Schlägen die herumfahrenden Hände gehalten, noch lieber allerdings ihn in einen Winkel gedrängt, um ihm ein paar leise, beruhigende Worte zuzuflüstern, die niemand sonst hätte hören müssen. Aber der Heizer war außer Rand und Band. Karl begann jetzt schon sogar aus dem Gedanken eine Art Trost zu schöpfen, dass der Heizer im Notfall mit der Kraft seiner Verzweiflung alle anwesenden sieben Männer bezwingen könne. Allerdings lag auf dem Schreibtisch, wie ein Blick dorthin lehrte, ein Aufsatz mit viel zu vielen Druckknöpfen der elektrischen Leitung; und eine Hand, einfach auf sie niedergedrückt, konnte das ganze Schiff mit allen seinen von feindlichen Menschen gefüllten Gängen rebellisch machen.

Da trat der doch so uninteressierte Herr mit dem Bambusstöckchen auf Karl zu und fragte, nicht überlaut, aber deutlich über allem Geschrei des Heizers: »Wie heißen Sie denn eigentlich?« In diesem Augenblick, als hätte jemand hinter der Tür auf diese Äußerung des Herrn gewartet, klopfte es. Der Diener sah zum Kapitän hinüber, dieser nickte. Daher ging der Diener zur Tür und öffnete sie. Draußen stand in einem alten Kaiserrock ein Mann von mittleren Proportionen, seinem Ansehen nach nicht eigentlich zur Arbeit an den Maschinen geeignet, und war doch – Schubal. Wenn es Karl nicht an aller Augen erkannt hätte, die eine gewisse Befriedigung ausdrückten, von der nicht einmal der Kapitän frei war, er hätte es zu seinem Schrecken am Heizer sehen müssen, der die Fäuste an den gestrafften Armen so ballte, als sei diese Ballung das Wichtigste an ihm, dem er alles, was er an Leben habe, zu opfern bereit sei. Da steckte jetzt alle seine Kraft, auch die, welche ihn überhaupt aufrecht erhielt.

Und da war also der Feind, frei und frisch im Festanzug, unter dem Arm ein Geschäftsbuch, wahrscheinlich die Lohnlisten und Arbeitsausweise des Heizers, und sah mit dem ungescheuten Zugeständnis, dass er die Stimmung jedes einzelnen vor allem feststellen wolle, in aller Augen der Reihe nach. Die sieben waren auch schon alle seine Freunde, denn wenn auch der Kapitän früher gewisse Einwände gegen ihn gehabt oder vielleicht nur vorgeschützt hatte, nach dem Leid, das ihm der Heizer angetan hatte, schien ihm wahrscheinlich an Schubal auch das Geringste nicht mehr auszusetzen. Gegen einen Mann wie den Heizer konnte man nicht streng genug verfahren, und wenn dem Schubal etwas vorzuwerfen war, so war es der Umstand, dass er die Widerspenstigkeit des Heizers im Laufe der Zeit nicht so weit hatte brechen können, dass es dieser heute noch gewagt hatte, vor dem Kapitän zu erscheinen.

Nun konnte man ja vielleicht noch annehmen, die Gegenüberstellung des Heizers und Schubals werde die ihr vor einem höheren Forum zukommende Wirkung auch vor den Menschen nicht verfehlen, denn wenn sich auch Schubal gut verstellen konnte, er musste es doch durchaus nicht bis zum Ende aushalten können. Ein kurzes Aufblitzen seiner Schlechtigkeit sollte genügen, um sie den Herren sichtbar zu machen, dafür wollte Karl schon sorgen. Er kannte doch schon beiläufig den Scharfsinn, die Schwächen, die Launen der einzelnen Herren, und unter diesem Gesichtspunkt war die bisher hier verbrachte Zeit nicht verloren. Wenn nur der Heizer besser auf dem Platz gewesen wäre, aber der schien vollständig kampfunfähig. Wenn man ihm den Schubal hingehalten hätte, hätte er wohl dessen gehassten Schädel mit den Fäusten aufklopfen können. Aber schon die paar Schritte zu ihm hinzugehen, war er wohl kaum imstande. Warum hatte denn Karl das so leicht Vorauszusehende nicht vorausgesehen, dass Schubal endlich kommen müsse, wenn nicht aus eigenem Antrieb, so vom Kapitän gerufen. Warum hatte er auf dem Herweg mit dem Heizer nicht einen genauen Kriegsplan besprochen, statt, wie sie es in Wirklichkeit getan hatten, heillos unvorbereitet einfach dort einzutreten, wo eine Tür war? Konnte der Heizer überhaupt noch reden, ja und nein sagen, wie es bei dem Kreuzverhör, das allerdings nur im günstigsten Fall bevorstand, nötig sein würde? Er stand da, die Beine auseinandergestellt, die Knie unsicher, den Kopf etwas gehoben, und die Luft verkehrte durch den offenen Mund, als gäbe es innen keine Lungen mehr die sie verarbeiteten. Karl allerdings fühlte sich so kräftig und bei Verstand, wie er es vielleicht zu Hause niemals gewesen war. Wenn ihn doch seine Eltern sehen könnten, wie er in fremdem Land vor angesehenen Persönlichkeiten das Gute verfocht und, wenn er es auch noch nicht zum Siege gebracht hatte, so doch zur letzten Eroberung sich vollkommen bereitstellte! Würden sie ihre Meinung über ihn revidieren? Ihn zwischen sich niedersetzen und loben? Ihm einmal, einmal in die ihnen so ergebenen Augen sehn? Unsichere Fragen und ungeeignetster Augenblick, sie zu stellen!

»Ich komme, weil ich glaube, dass mich der Heizer irgendwelcher Unredlichkeiten beschuldigt. Ein Mädchen aus der Küche sagte mir, sie hätte ihn auf dem Wege hierher gesehen. Herr Kapitän und Sie alle meine Herren, ich bin bereit, jede Beschuldigung an der Hand meiner Schriften, nötigenfalls durch Aussagen unvoreingenommener und unbeeinflusster Zeugen, die vor der Türe stehen, zu widerlegen.« So sprach Schubal. Das war allerdings die klare Rede eines Mannes, und nach der Veränderung in den Mienen der Zuhörer hätte man glauben können, sie hörten zum ersten Mal nach langer Zeit wieder menschliche Laute. Sie bemerkten freilich nicht, dass selbst diese schöne Rede Löcher hatte. Warum war das erste sachliche Wort, das ihm einfiel, »Unredlichkeiten«? Hätte vielleicht die Beschuldigung hier einsetzen müssen, statt bei seinen nationalen Voreingenommenheiten? Ein Mädchen aus der Küche hatte den Heizer auf dem Weg ins Büro gesehen, und Schubal hatte sofort begriffen? War es nicht das Schuldbewusstsein, das ihm den Verstand schärfte? Und Zeugen hatte er gleich mitgebracht und nannte sie noch außerdem unvoreingenommen und unbeeinflusst? Gaunerei, nichts als Gaunerei! Und die Herren duldeten das und anerkannten es noch als richtiges Benehmen? Warum hatte er zweifellos sehr viel Zeit zwischen der Meldung des Küchenmädchens und seiner Ankunft hier verstreichen lassen? Doch zu keinem anderen Zwecke, als damit der Heizer die Herren so ermüde, dass sie allmählich ihre klare Urteilskraft verlören, welche Schubal vor allem zu fürchten hatte. Hatte er, der sicher schon lange hinter der Tür gestanden, nicht erst im Augenblick geklopft, als er infolge der nebensächlichen Frage jenes Herrn hoffen durfte, der Heizer sei erledigt?

Alles war klar und wurde ja auch von Schubal wider Willen so dargeboten, aber den Herrn musste man es anders, noch handgreiflicher zeigen. Sie brauchten Aufrüttelung. Also, Karl, rasch, nütze wenigstens die Zeit aus, ehe die Zeugen auftreten und alles überschwemmen!

Eben aber winkte der Kapitän dem Schubal ab, der darauf hin sofort – denn seine Angelegenheit schien für ein Weilchen aufgeschoben zu sein – beiseitetrat und mit dem Diener, der sich ihm gleich angeschlossen hatte, eine leise Unterhaltung begann, bei der es an Seitenblicken nach dem Heizer und Karl sowie an den überzeugtesten Handbewegungen nicht fehlte. Schubal schien so seine nächste Rede einzuüben.

»Wollten Sie nicht den jungen Menschen etwas fragen, Herr Jakob?« sagte der Kapitän unter allgemeiner Stille zu dem Herrn mit dem Bambusstöckchen.

»Allerdings«, sagte dieser, mit einer kleinen Neigung für die Aufmerksamkeit dankend. Und fragte dann Karl nochmals: »Wie heißen Sie eigentlich?«

Karl, welcher glaubte, es sei im Interesse der großen Hauptsache gelegen, wenn dieser Zwischenfall des hartnäckigen Fragers bald erledigt würde, antwortete kurz, ohne, wie es seine Gewohnheit war, durch Vorweisung des Passes sich vorzustellen, den er erst hätte suchen müssen: »Karl Roßmann.«

»Aber«, sagte der mit Jakob Angesprochene und trat zuerst fast ungläubig lächelnd zurück. Auch der Kapitän, der Oberkassier, der Schiffsoffizier, ja sogar der Diener zeigten deutlich ein übermäßiges Erstaunen wegen Karls Namen. Nur die Herren von der Hafenbehörde und Schubal verhielten sich gleichgültig.

»Aber«, wiederholte Herr Jakob und trat mit etwas steifen Schritten auf Karl zu, »dann bin ich ja dein Onkel Jakob, und du bist mein lieber Neffe. Ahnte ich es doch die ganze Zeit über!« sagte er zum Kapitän hin, ehe er Karl umarmte und küsste, der alles stumm geschehen ließ.

»Wie heißen Sie?« fragte Karl, nachdem er sich losgelassen fühlte, zwar sehr höflich, aber gänzlich ungerührt, und strengte sich an, die Folgen abzusehen, welche dieses neue Ereignis für den Heizer haben dürfte. Vorläufig deutete nichts darauf hin, dass Schubal aus dieser Sache Nutzen ziehen könnte.

»Begreifen Sie doch, junger Mann, Ihr Glück«, sagte der Kapitän, der durch Karls Frage die Würde der Person des Herrn Jakob verletzt glaubte, der sich zum Fenster gestellt hatte, offenbar, um sein aufgeregtes Gesicht, das er überdies mit einem Taschentuch betupfte, den andern nicht zeigen zu müssen. »Es ist der Senator Edward Jakob, der sich Ihnen als Ihr Onkel zu erkennen gegeben hat. Es erwartet Sie nunmehr, doch wohl ganz gegen Ihre bisherigen Erwartungen, eine glänzende Laufbahn. Versuchen Sie das einzusehen, so gut es im ersten Augenblick geht, und fassen Sie sich!«

»Ich habe allerdings einen Onkel Jakob in Amerika«, sagte Karl zum Kapitän gewendet, »aber wenn ich recht verstanden habe, ist Jakob bloß der Zuname des Herrn Senators.«

»So ist es«, sagte der Kapitän erwartungsvoll.

»Nun, mein Onkel Jakob, welcher der Bruder meiner Mutter ist, heißt aber mit dem Taufnamen Jakob, während sein Zuname natürlich gleich jenem meiner Mutter lauten müsste, welche eine geborene Bendelmayer ist.«

»Meine Herren!« rief der Senator, der von seinem Erholungsposten vom Fenster munter zurückkehrte, mit Bezug auf Karls Erklärung aus. Alle mit Ausnahme der Hafenbeamten brachen in Lachen aus, manche wie in Rührung, manche undurchdringlich.

›So lächerlich war das, was ich gesagt habe, doch keineswegs‹, dachte Karl.

»Meine Herren«, wiederholte der Senator, »Sie nehmen gegen meinen und gegen Ihren Willen an einer kleinen Familienszene teil, und ich kann deshalb nicht umhin, Ihnen eine Erläuterung zu geben, da, wie ich glaube, nur der Herr Kapitän« – diese Erwähnung hatte eine gegenseitige Verbeugung zur Folge – »vollständig unterrichtet ist.« ›Jetzt muss ich aber wirklich auf jedes Wort achtgeben‹, sagte sich Karl und freute sich, als er bei einem Seitwärtsschauen bemerkte, dass in die Figur des Heizers das Leben zurückzukehren begann.

»Ich lebe seit allen den langen Jahren meines amerikanischen Aufenthaltes – das Wort Aufenthalt passt hier allerdings schlecht für den amerikanischen Bürger, der ich mit ganzer Seele bin –, seit all den langen Jahren lebe ich also von meinen europäischen Verwandten vollständig getrennt, aus Gründen, die erstens nicht hierhergehören und die zweitens zu erzählen mich wirklich zu sehr hernehmen würde. Ich fürchte mich sogar vor dem Augenblick, wo ich vielleicht gezwungen sein werde, sie meinem lieben Neffen zu erzählen, wobei sich leider ein offenes Wort über seine Eltern und ihren Anhang nicht vermeiden lassen wird.«

›Es ist mein Onkel, kein Zweifel‹, sagte sich Karl und lauschte. ›Wahrscheinlich hat er seinen Namen ändern lassen.‹

»Mein lieber Neffe ist nun von seinen Eltern – sagen wir nur das Wort, das die Sache auch wirklich bezeichnet einfach beiseitegeschafft worden, wie man eine Katze vor die Tür wirft, wenn sie ärgert. Ich will durchaus nicht beschönigen, was mein Neffe gemacht hat, dass er so gestraft wurde, aber sein Verschulden ist ein solches, dass sein einfaches Nennen schon genug Entschuldigung enthält.«

›Das lässt sich hören‹, dachte Karl, ›aber ich will nicht, dass er alles erzählt. Übrigens kann er es ja auch nicht wissen. Woher denn?‹

»Er wurde nämlich«, fuhr der Onkel fort und stützte sich mit kleinen Neigungen auf das vor ihm eingestemmte Bambusstöckchen, wodurch es ihm tatsächlich gelang, der Sache die unnötige Feierlichkeit zu nehmen, die sie sonst unbedingt gehabt hätte, »er wurde nämlich von einem Dienstmädchen, Johanna Brummer, einer etwa fünfunddreißigjährigen Person, verführt. Ich will mit dem Worte ›verführt‹ meinen Neffen durchaus nicht kränken, aber es ist doch schwer, ein anderes, gleich passendes Wort zu finden.«

Karl, der schon ziemlich nahe zum Onkel getreten war, drehte sich um, um den Eindruck der Erzählung von den Gesichtern der Anwesenden abzulesen. Keiner lachte, alle hörten geduldig und ernsthaft zu. Schließlich lacht man auch nicht über den Neffen eines Senators bei der ersten Gelegenheit, die sich darbietet. Eher hätte man schon sagen können, dass der Heizer, wenn auch nur ganz wenig, Karl anlächelte, was aber erstens als neues Lebenszeichen erfreulich und zweitens entschuldbar war, da ja Karl in der Kabine aus dieser Sache, die jetzt so publik wurde, ein besonderes Geheimnis hatte machen wollen.

»Nun hat diese Brummer«, setzte der Onkel fort, »von meinem Neffen ein Kind bekommen, einen gesunden Jungen, welcher in der Taufe den Namen Jakob erhielt, zweifellos in Gedanken an meine Wenigkeit, welche, selbst in den sicher nur ganz nebensächlichen Erwähnungen meines Neffen, auf das Mädchen einen großen Eindruck gemacht haben muss. Glücklicherweise, sage ich. Denn da die Eltern zur Vermeidung der Alimentenzahlung oder sonstigen bis an sie selbst heranreichenden Skandals – ich kenne, wie ich betonen muss, weder die dortigen Gesetze noch die sonstigen Verhältnisse der Eltern –, da sie also zur Vermeidung der Alimentenzahlung und des Skandals ihren Sohn, meinen lieben Neffen, nach Amerika haben transportieren lassen, mit unverantwortlich ungenügender Ausrüstung, wie man sieht, so wäre der Junge, ohne die gerade noch in Amerika lebendigen Zeichen und Wunder, auf sich allein angewiesen, wohl schon gleich in einem Gässchen im Hafen von New York verkommen, wenn nicht jenes Dienstmädchen in einem an mich gerichteten Brief, der nach langen Irrfahrten vorgestern in meinen Besitz kam, mir die ganze Geschichte samt Personenbeschreibung meines Neffen und vernünftigerweise auch Namensnennung des Schiffes mitgeteilt hätte. Wenn ich es darauf angelegt hätte, Sie, meine Herren, zu unterhalten, könnte ich wohl einige Stellen jenes Briefes« – er zog zwei riesige, engbeschriebene Briefbogen aus der Tasche und schwenkte sie – »hier vorlesen. Er würde sicher Wirkung machen, da er mit einer etwas einfachen, wenn auch immer gutgemeinten Schlauheit und mit viel Liebe zu dem Vater des Kindes geschrieben ist. Aber ich will weder Sie mehr unterhalten, als es zur Aufklärung nötig ist, noch vielleicht gar zum Empfang möglicherweise noch bestehende Gefühle meines Neffen verletzen, der den Brief, wenn er mag, in der Stille seines ihn schon erwartenden Zimmers zur Belehrung lesen kann.«

Karl hatte aber keine Gefühle für jenes Mädchen. Im Gedränge einer immer mehr zurücktretenden Vergangenheit saß sie in ihrer Küche neben dem Küchenschrank, auf dessen Platte sie ihren Ellbogen stützte. Sie sah ihn an, wenn er hin und wieder in die Küche kam, um ein Glas zum Wassertrinken für seinen Vater zu holen oder einen Auftrag seiner Mutter auszurichten. Manchmal schrieb sie in der vertrackten Stellung seitlich vom Küchenschrank einen Brief und holte sich die Eingebungen von Karls Gesicht. Manchmal hielt sie die Augen mit der Hand verdeckt, dann drang keine Anrede zu ihr. Manchmal kniete sie in ihrem engen Zimmerchen neben der Küche und betete zu einem hölzernen Kreuz; Karl beobachtete sie dann nur mit Scheu im Vorübergehen durch die Spalte der ein wenig geöffneten Tür. Manchmal jagte sie in der Küche herum und fuhr, wie eine Hexe lachend, zurück, wenn Karl ihr in den Weg kam. Manchmal schloss sie die Küchentüre, wenn Karl eingetreten war, und behielt die Klinke so lange in der Hand, bis er wegzugehn verlangte. Manchmal holte sie Sachen, die er gar nicht haben wollte, und drückte sie ihm schweigend in die Hände. Einmal aber sagte sie »Karl« und führte ihn, der noch über die unerwartete Ansprache staunte, unter Grimassen seufzend in ihr Zimmerchen, das sie zusperrte. Würgend umarmte sie seinen Hals, und während sie ihn bat, sie zu entkleiden, entkleidete sie in Wirklichkeit ihn und legte ihn in ihr Bett, als wolle sie ihn von jetzt niemandem mehr lassen und ihn streicheln und pflegen bis zum Ende der Welt.

»Karl, o du mein Karl!« rief sie, als sähe sie ihn und bestätige sich seinen Besitz, während er nicht das Geringste sah und sich unbehaglich in dem vielen warmen Bettzeug fühlte, das sie eigens für ihn aufgehäuft zu haben schien.

Dann legte sie sich auch zu ihm und wollte irgendwelche Geheimnisse von ihm erfahren, aber er konnte ihr keine sagen, und sie ärgerte sich im Scherz oder Ernst, schüttelte ihn, horchte sein Herz ab, bot ihre Brust zum gleichen Abhorchen hin, wozu sie Karl aber nicht bringen konnte, drückte ihren nackten Bauch an seinen Leib, suchte mit jeder Hand, so widerlich, dass Karl Kopf und Hals aus den Kissen herausschüttelte, zwischen seinen Beinen, stieß dann den Bauch einige Male gegen ihn, – ihm war, als sei sie ein Teil seiner selbst, und vielleicht aus diesem Grunde hatte ihn eine entsetzliche Hilfsbedürftigkeit ergriffen. Weinend kam er endlich nach vielen Wiedersehenswünschen ihrerseits in sein Bett. Das war alles gewesen, und doch verstand es der Onkel, daraus eine große Geschichte zu machen. Und die Köchin hatte also auch an ihn gedacht und den Onkel von seiner Ankunft verständigt. Das war schön von ihr gehandelt, und er würde es ihr wohl noch einmal vergelten.

»Und jetzt«, rief der Senator, »will ich von dir offen hören, ob ich dein Onkel bin oder nicht.«

»Du bist mein Onkel«, sagte Karl und küsste ihm die Hand und wurde dafür auf die Stirne geküsst. »Ich bin sehr froh, dass ich dich getroffen habe, aber du irrst, wenn du glaubst, dass meine Eltern nur Schlechtes von dir reden. Aber auch abgesehen davon sind in deiner Rede einige Fehler enthalten gewesen, das heißt, ich meine, es hat sich in Wirklichkeit nicht alles so zugetragen. Du kannst aber auch wirklich von hier aus die Dinge nicht so gut beurteilen, und ich glaube außerdem, dass es keinen besonderen Schaden bringen wird, wenn die Herren in Einzelheiten einer Sache, an der ihnen doch wirklich nicht viel liegen kann, ein wenig unrichtig informiert worden sind.«

»Wohl gesprochen«, sagte der Senator, führte Karl vor den sichtlich teilnehmenden Kapitän und fragte: »Habe ich nicht einen prächtigen Neffen?«

»Ich bin glücklich«, sagte der Kapitän mit einer Verbeugung, wie sie nur militärisch geschulte Leute zustandebringen, »Ihren Neffen, Herr Senator, kennengelernt zu haben. Es ist eine besondere Ehre für mein Schiff, dass es den Ort eines solchen Zusammentreffens abgeben konnte. Aber die Fahrt im Zwischendeck war wohl sehr arg, ja, wer kann denn wissen, wer da mitgeführt wird. Nun, wir tun alles mögliche, den Leuten im Zwischendeck die Fahrt möglichst zu erleichtern, viel mehr zum Beispiel als die amerikanischen Linien, aber eine solche Fahrt zu einem Vergnügen zu machen, ist uns allerdings noch immer nicht gelungen.«

»Es hat mir nicht geschadet«, sagte Karl.

»Es hat ihm nicht geschadet!« wiederholte laut lachend der Senator.

»Nur meinen Koffer fürchte ich verloren« und damit erinnerte er sich an alles, was geschehen war und was noch zu tun übrigblieb, sah sich um und erblickte alle Anwesenden stumm vor Achtung und Staunen auf ihren früheren Plätzen, die Augen auf ihn gerichtet. Nur den Hafenbeamten sah man, soweit ihre strengen, selbstzufriedenen Gesichter einen Einblick gestatteten, das Bedauern an, zu so ungelegener Zeit gekommen zu sein, und die Taschenuhr, die sie jetzt vor sich liegen hatten, war ihnen wahrscheinlich wichtiger als alles, was im Zimmer vorging und vielleicht noch geschehen konnte.

Der erste, welcher nach dem Kapitän seine Anteilnahme ausdrückte, war merkwürdigerweise der Heizer.

»Ich gratuliere Ihnen herzlich«, sagte er und schüttelte Karl die Hand, womit er auch etwas wie Anerkennung ausdrücken wollte. Als er sich dann mit der gleichen Ansprache auch an den Senator wenden wollte, trat dieser zurück, als überschreite der Heizer damit seine Rechte; der Heizer ließ auch sofort ab.

Die übrigen aber sahen jetzt ein, was zu tun war, und bildeten gleich um Karl und den Senator einen Wirrwarr. So geschah es, dass Karl sogar eine Gratulation Schubals erhielt, annahm und für sie dankte. Als letzte traten in der wieder entstandenen Ruhe die Hafenbeamten hinzu und sagten zwei englische Worte, was einen lächerlichen Eindruck machte.

Der Senator war ganz in der Laune, um das Vergnügen vollständig auszukosten, nebensächlichere Momente sich und den anderen in Erinnerung zu bringen, was natürlich von allen nicht nur geduldet, sondern mit Interesse hingenommen wurde. So machte er darauf aufmerksam, dass er sich die in dem Brief der Köchin erwähnten hervorstechendsten Erkennungszeichen Karls in sein Notizbuch zu möglicherweise notwendigem augenblicklichen Gebrauch eingetragen hatte. Nun hatte er während des unerträglichen Geschwätzes des Heizers zu keinem anderen Zweck, als um sich abzulenken, das Notizbuch herausgezogen und die natürlich nicht gerade detektivisch richtigen Beobachtungen der Köchin mit Karls Aussehen zum Spiel in Verbindung zu bringen gesucht. »Und so findet man seinen Neffen!« schloss er in einem Ton, als wolle er noch einmal Gratulationen bekommen.

»Was wird jetzt dem Heizer geschehen?« fragte Karl vorbei an der letzten Erzählung des Onkels. Er glaubte in seiner neuen Stellung alles, was er dachte, auch aussprechen zu können.

»Dem Heizer wird geschehen, was er verdient«, sagte der Senator, »und was der Herr Kapitän für gut erachtet. Ich glaube, wir haben von dem Heizer genug und übergenug, wozu mir jeder der anwesenden Herren sicher zustimmen wird.«

»Darauf kommt es doch nicht an, bei einer Sache der Gerechtigkeit«, sagte Karl. Er stand zwischen dem Onkel und dem Kapitän und glaubte, vielleicht durch diese Stellung beeinflusst, die Entscheidung in der Hand zu haben.

Und trotzdem schien der Heizer nichts mehr für sich zu hoffen. Die Hände hielt er halb in dem Hosengürtel, der durch seine aufgeregten Bewegungen mit dem Streifen eines gemusterten Hemdes zum Vorschein gekommen war. Das kümmerte ihn nicht im geringsten; er hatte sein ganzes Leid geklagt, nun sollte man auch noch die paar Fetzen sehen, die er am Leibe hatte, und dann sollte man ihn forttragen. Er dachte sich aus, der Diener und Schubal, als die zwei hier im Range Tiefsten, sollten ihm diese letzte Güte erweisen. Schubal würde dann Ruhe haben und nicht mehr in Verzweiflung kommen, wie sich der Oberkassier ausgedrückt hatte. Der Kapitän würde lauter Rumänen anstellen können, es würde überall Rumänisch gesprochen werden, und vielleicht würde dann wirklich alles besser gehen. Kein Heizer würde mehr in der Hauptkassa schwätzen, nur sein letztes Geschwätz würde man in ziemlich freundlicher Erinnerung behalten, da es, wie der Senator ausdrücklich erklärt hatte, die mittelbare Veranlassung zur Erkennung des Neffen gegeben hatte. Dieser Neffe hatte ihm übrigens vorher öfters zu nützen gesucht und daher für seinen Dienst bei der Wiedererkennung längst vorher einen mehr als genügenden Dank abgestattet; dem Heizer fiel gar nicht ein, jetzt noch etwas von ihm zu verlangen. Im übrigen, mochte er auch der Neffe des Senators sein, ein Kapitän war er noch lange nicht, aber aus dem Munde des Kapitäns würde schließlich das böse Wort fallen. – So wie es seiner Meinung entsprach, versuchte auch der Heizer, nicht zu Karl hinzusehen, aber leider blieb in diesem Zimmer der Feinde kein anderer Ruheort für seine Augen.

»Missverstehe die Sachlage nicht«, sagte der Senator zu Karl, »es handelt sich vielleicht um eine Sache der Gerechtigkeit, aber gleichzeitig um eine Sache der Disziplin.

Beides und ganz besonders das letztere unterliegt hier der Beurteilung des Herrn Kapitäns.«

»So ist es«, murmelte der Heizer. Wer es merkte und verstand, lächelte befremdet.

»Wir aber haben überdies den Herrn Kapitän in seinen Amtsgeschäften, die sich sicher gerade bei der Ankunft in New York unglaublich häufen, so sehr schon behindert, dass es höchste Zeit für uns ist, das Schiff zu verlassen, um nicht zum Überfluss auch noch durch irgendwelche höchst unnötige Einmischung diese geringfügige Zänkerei zweier Maschinisten zu einem Ereignis zu machen. Ich begreife deine Handlungsweise, lieber Neffe, übrigens vollkommen, aber gerade das gibt mir das Recht, dich eilends von hier fortzuführen.«

»Ich werde sofort ein Boot für Sie flottmachen lassen«, sagte der Kapitän, ohne zum Erstaunen Karls auch nur den kleinsten Einwand gegen die Worte des Onkels vorzubringen, die doch zweifellos als eine Selbstdemütigung des Onkels angesehen werden konnten. Der Oberkassier eilte überstürzt zum Schreibtisch und telefonierte den Befehl des Kapitäns an den Bootsmeister.

›Die Zeit drängt schon‹, sagte sich Karl, ›aber ohne alle zu beleidigen, kann ich nichts tun. Ich kann doch jetzt den Onkel nicht verlassen, nachdem er mich kaum wiedergefunden hat. Der Kapitän ist zwar höflich, aber das ist auch alles. Bei der Disziplin hört seine Höflichkeit auf, und der Onkel hat ihm sicher aus der Seele gesprochen. Mit Schubal will ich nicht reden, es tut mir sogar leid, dass ich ihm die Hand gereicht habe. Und alle anderen Leute hier sind Spreu.‹

Und er ging langsam in solchen Gedanken zum Heizer, zog dessen rechte Hand aus dem Gürtel und hielt sie spielend in der seinen.

»Warum sagst du denn nichts?« fragte er. »Warum lässt du dir alles gefallen?«

Der Heizer legte nur die Stirn in Falten, als suche er den Ausdruck für das, was er zu sagen habe. Im übrigen sah er auf Karls und seine Hand hinab.

»Dir ist ja unrecht geschehen wie keinem auf dem Schiff, das weiß ich ganz genau.« Und Karl zog seine Finger hin und her zwischen den Fingern des Heizers, der mit glänzenden Augen ringsumher schaute, als widerfahre ihm eine Wonne, die ihm aber niemand verübeln möge.

»Du musst dich aber zur Wehr setzen, ja und nein sagen, sonst haben doch die Leute keine Ahnung von der Wahrheit. Du musst mir versprechen, dass du mir folgen wirst, denn ich selbst, das fürchte ich mit vielem Grund, werde dir gar nicht mehr helfen können.« Und nun weinte Karl, während er die Hand des Heizers küsste, und nahm die rissige, fast leblose Hand und drückte sie an seine Wangen, wie einen Schatz, auf den man verzichten muss. –

Da war aber auch schon der Onkel Senator an seiner Seite und zog ihn, wenn auch nur mit dem leichtesten Zwange, fort.

»Der Heizer scheint dich bezaubert zu haben«, sagte er und sah verständnisinnig über Karls Kopf zum Kapitän hin. »Du hast dich verlassen gefühlt, da hast du den Heizer gefunden und bist ihm jetzt dankbar, das ist ja ganz löblich. Treibe das aber, schon mir zuliebe, nicht zu weit und lerne deine Stellung begreifen.«

Vor der Tür entstand ein Lärmen, man hörte Rufe, und es war sogar, als werde jemand brutal gegen die Türe gestoßen. Ein Matrose trat ein, etwas verwildert, und hatte eine Mädchenschürze umgebunden.

»Es sind Leute draußen«, rief er und stieß einmal mit dem Ellbogen herum, als sei er noch im Gedränge. Endlich fand er seine Besinnung und wollte vor dem Kapitän salutieren, da bemerkte er die Mädchenschürze, riss sie herunter, warf sie zu Boden und rief: »Das ist ja ekelhaft, da haben sie mir eine Mädchenschürze umgebunden.« Dann aber klappte er die Hacken zusammen und salutierte. Jemand versuchte zu lachen, aber der Kapitän sagte streng: »Das nenne ich eine gute Laune. Wer ist denn draußen?«

»Es sind meine Zeugen«, sagte Schubal vortretend, »ich bitte ergebenst um Entschuldigung für ihr unpassendes Benehmen. Wenn die Leute die Seefahrt hinter sich haben, sind sie manchmal wie toll«

»Rufen Sie sie sofort herein!« befahl der Kapitän, und gleich sich zum Senator umwendend, sagte er verbindlich, aber rasch: »Haben Sie jetzt die Güte, verehrter Herr Senator, mit Ihrem Herrn Neffen diesem Matrosen zu folgen, der Sie ins Boot bringen wird. Ich muss wohl nicht erst sagen, welches Vergnügen und welche Ehre mir das persönliche Bekanntwerden mit Ihnen, Herr Senator, bereitet hat. Ich wünsche mir nur, bald Gelegenheit zu haben, mit Ihnen, Herr Senator, unser unterbrochenes Gespräch über die amerikanischen Flottenverhältnisse wieder einmal aufnehmen zu können und dann vielleicht neuerdings auf so angenehme Weise, wie heute, unterbrochen zu werden.«

»Vorläufig genügt mir dieser eine Neffe«, sagte der Onkel lachend. »Und nun nehmen Sie meinen besten Dank für Ihre Liebenswürdigkeit und leben Sie wohl. Es wäre übrigens gar nicht so unmöglich, dass wir«, – er drückte Karl herzlich an sich – »bei unserer nächsten Europareise vielleicht für längere Zeit mit Ihnen zusammenkommen könnten.«

»Es würde mich herzlich freuen«, sagte der Kapitän. Die beiden Herren schüttelten einander die Hände, Karl konnte nur noch stumm und flüchtig seine Hand dem Kapitän reichen, denn dieser war bereits von den vielleicht fünfzehn Leuten in Anspruch genommen, welche unter Führung Schubals zwar etwas betroffen, aber doch sehr laut einzogen. Der Matrose bat den Senator, vorausgehen zu dürfen, und teilte dann die Menge für ihn und Karl, die leicht zwischen den sich verbeugenden Leuten durchkamen. Es schien, dass diese im übrigen gutmütigen Leute den Streit Schubals mit dem Heizer als einen Spaß auffassten, dessen Lächerlichkeit nicht einmal vor dem Kapitän aufhöre. Karl bemerkte unter ihnen auch das Küchenmädchen Line, welche, ihm lustig zuzwinkernd, die vom Matrosen hingeworfene Schürze umband, denn es war die ihre.

Weiter dem Matrosen folgend, verließen sie das Büro und bogen in einen kleinen Gang ein, der sie nach ein paar Schritten zu einem Türchen brachte, von dem aus eine kurze Treppe in das Boot hinabführte, welches für sie vorbereitet war. Die Matrosen im Boot, in das ihr Führer gleich mit einem einzigen Satz hinuntersprang, erhoben sich und salutierten. Der Senator gab Karl gerade eine Ermahnung zu vorsichtigem Hinuntersteigen, als Karl noch auf der obersten Stufe in heftiges Weinen ausbrach. Der Senator legte die rechte Hand unter Karls Kinn, hielt ihn fest an sich gepresst und streichelte ihn mit der linken Hand. So gingen sie langsam Stufe für Stufe hinab und traten engverbunden ins Boot, wo der Senator für Karl gerade sich gegenüber einen guten Platz aussuchte. Auf ein Zeichen des Senators stießen die Matrosen vom Schiffe ab und waren gleich in voller Arbeit. Kaum waren sie ein paar Meter vom Schiff entfernt, machte Karl die unerwartete Entdeckung, dass sie sich gerade auf jener Seite des Schiffes befanden, wohin die Fenster der Hauptkassa gingen. Alle drei Fenster waren mit Zeugen Schubals besetzt, welche freundschaftlichst grüßten und winkten, sogar der Onkel dankte, und ein Matrose machte das Kunststück, ohne eigentlich das gleichmäßige Rudern zu unterbrechen, eine Kusshand hinaufzuschicken. Es war wirklich, als gäbe es keinen Heizer mehr. Karl fasste den Onkel, mit dessen Knien sich die seinen fast berührten, genauer ins Auge, und es kamen ihm Zweifel, ob dieser Mann ihm jemals den Heizer werde ersetzen können. Auch wich der Onkel seinem Blicke aus und sah auf die Wellen hin, von denen ihr Boot umschwankt wurde.

Der Onkel

Im Hause des Onkels gewöhnte sich Karl bald an die neuen Verhältnisse. Der Onkel kam ihm aber auch in jeder Kleinigkeit freundlich entgegen, und niemals musste Karl sich erst durch schlechte Erfahrungen belehren lassen, wie dies meist das erste Leben im Ausland so verbittert.

Karls Zimmer lag im sechsten Stockwerk eines Hauses, dessen fünf untere Stockwerke, an welche sich in der Tiefe noch drei unterirdische anschlossen, von dem Geschäftsbetrieb des Onkels eingenommen wurden. Das Licht, das in sein Zimmer durch zwei Fenster und eine Balkontüre eindrang, brachte Karl immer wieder zum Staunen, wenn er des Morgens aus seiner kleinen Schlafkammer hier eintrat. Wo hätte er wohl wohnen müssen, wenn er als armer kleiner Einwanderer ans Land gestiegen wäre? Ja, vielleicht hätte man ihn, was der Onkel nach seiner Kenntnis der Einwanderungsgesetze sogar für sehr wahrscheinlich hielt, gar nicht in die Vereinigten Staaten eingelassen, sondern ihn nach Hause geschickt, ohne sich weiter darum zu kümmern, dass er keine Heimat mehr hatte. Denn auf Mitleid durfte man hier nicht hoffen, und es war ganz richtig, was Karl in dieser Hinsicht über Amerika gelesen hatte; nur die Glücklichen schienen hier ihr Glück zwischen den unbekümmerten Gesichtern ihrer Umgebung wahrhaft zu genießen.

Ein schmaler Balkon zog sich vor dem Zimmer seiner ganzen Länge nach hin. Was aber in der Heimatstadt Karls wohl der höchste Aussichtspunkt gewesen wäre, gestattete hier nicht viel mehr als den Überblick über eine Straße, die zwischen zwei Reihen förmlich abgehackter Häuser gerade, und darum wie fliehend, in die Ferne sich verlief, wo aus vielem Dunst die Formen einer Kathedrale ungeheuer sich erhoben. Und morgens wie abends und in den Träumen der Nacht vollzog sich auf dieser Straße ein immer drängender Verkehr, der, von oben gesehen, sich als eine aus immer neuen Anfängen ineinander gestreute Mischung von verzerrten menschlichen Figuren und von Dächern der Fuhrwerke aller Art darstellte, von der aus sich noch eine neue, vervielfältigte, wildere Mischung von Lärm, Staub und Gerüchen erhob, und all dieses wurde erfasst und durchdrungen von einem mächtigen Licht, das immer wieder von der Menge der Gegenstände verstreut, fortgetragen und wieder eifrig herbeigebracht wurde und das dem betörten Auge so körperlich erschien, als werde über dieser Straße eine alles bedeckende Glasscheibe jeden Augenblick immer wieder mit aller Kraft zerschlagen. Vorsichtig wie der Onkel in allem war, riet er Karl, sich vorläufig ernsthaft nicht auf das geringste einzulassen. Er sollte wohl alles prüfen und anschauen, aber sich nicht gefangennehmen lassen. Die ersten Tage eines Europäers in Amerika seien ja einer Geburt vergleichbar, und wenn man sich hier auch, damit nur Karl keine unnötige Angst habe, rascher eingewöhne, als wenn man vom Jenseits in die menschliche Welt eintrete, so müsse man sich doch vor Augen halten, dass das erste Urteil immer auf schwachen Füßen stehe und dass man sich dadurch nicht vielleicht alle künftigen Urteile, mit deren Hilfe man ja hier sein Leben weiterführen wolle, in Unordnung bringen lassen dürfe. Er selbst habe Neuankömmlinge gekannt, die zum Beispiel statt nach diesen guten Grundsätzen sich zu verhalten, tagelang auf ihrem Balkon gestanden und wie verlorene Schafe auf die Straße hinuntergesehen hätten. Das müsse unbedingt verwirren! Diese einsame Untätigkeit, die sich in einen arbeitsreichen New Yorker Tag verschaut, könne einem Vergnügungsreisenden gestattet und vielleicht, wenn auch nicht vorbehaltlos, angeraten werden, für einen, der hierbleiben wird, sei sie ein Verderben, man könne in diesem Fall ruhig dieses Wort anwenden, wenn es auch eine Übertreibung ist. Und tatsächlich verzog der Onkel ärgerlich das Gesicht, wenn er bei einem seiner Besuche, die immer nur einmal täglich, und zwar immer zu den verschiedensten Tageszeiten, erfolgten, Karl auf dem Balkon antraf. Karl merkte das bald und versagte sich infolgedessen das Vergnügen, auf dem Balkon zu stehen, nach Möglichkeit.

Es war ja auch bei weitem nicht das einzige Vergnügen, das er hatte. In seinem Zimmer stand ein amerikanischer Schreibtisch bester Sorte, wie sich ihn sein Vater seit Jahren gewünscht und auf den verschiedensten Versteigerungen um einen ihm erreichbaren billigen Preis zu kaufen gesucht hatte, ohne dass es ihm bei seinen kleinen Mitteln jemals gelungen wäre. Natürlich war dieser Tisch mit jenen angeblich amerikanischen Schreibtischen, wie sie sich auf europäischen Versteigerungen herumtreiben, nicht zu vergleichen. Er hatte zum Beispiel in seinem Aufsatz hundert Fächer verschiedenster Größe, und selbst der Präsident der Union hätte für jeden seiner Akten einen passenden Platz gefunden, aber außerdem war an der Seite ein Regulator, und man konnte durch Drehen an einer Kurbel die verschiedensten Umstellungen und Neueinrichtungen der Fächer nach Belieben und Bedarf erreichen. Dünne Seitenwändchen senkten sich langsam und bildeten den Boden neu sich erhebender oder die Decke neu aufsteigender Fächer; schon nach einer Umdrehung hatte der Aufsatz ein ganz anderes Aussehen, und alles ging, je nachdem man die Kurbel drehte, langsam oder unsinnig rasch vor sich. Es war eine neueste Erfindung, erinnerte aber Karl sehr lebhaft an die Krippenspiele, die zu Hause auf dem Christmarkt den staunenden Kindern gezeigt wurden, und auch Karl war oft, in seine Winterkleider eingepackt, davor gestanden und hatte ununterbrochen die Kurbeldrehung, die ein alter Mann ausführte, mit den Wirkungen im Krippenspiel verglichen, mit dem stockenden Vorwärtskommen der Heiligen Drei Könige, dem Aufglänzen des Sternes und dem befangenen Leben im heiligen Stall. Und immer war es ihm erschienen, als ob die Mutter, die hinter ihm stand, nicht genau genug alle Ereignisse verfolge; er hatte sie zu sich hingezogen, bis er sie an seinem Rücken fühlte, und hatte ihr so lange mit lauten Ausrufen verborgenere Erscheinungen gezeigt, vielleicht ein Häschen, das vorn im Gras abwechselnd Männchen machte und sich dann wieder zum Lauf bereitete, bis die Mutter ihm den Mund zuhielt und wahrscheinlich in ihre frühere Unachtsamkeit verfiel. Der Tisch war freilich nicht dazu gemacht, nur an solche Dinge zu erinnern, aber in der Geschichte der Erfindungen bestand wohl ein ähnlich undeutlicher Zusammenhang wie in Karls Erinnerungen. Der Onkel war zum Unterschied von Karl mit diesem Schreibtisch durchaus nicht einverstanden, nur hatte er eben für Karl einen ordentlichen Schreibtisch kaufen wollen, und solche Schreibtische waren jetzt sämtlich mit dieser Neueinrichtung versehen, deren Vorzug auch darin bestand, bei älteren Schreibtischen ohne große Kosten angebracht werden zu können. Immerhin unterließ der Onkel nicht, Karl zu raten, den Regulator möglichst gar nicht zu verwenden; um die Wirkung des Rates zu verstärken, behauptete der Onkel, die Maschinerie sei sehr empfindlich, leicht zu verderben und die Wiederherstellung sehr kostspielig. Es war nicht schwer einzusehen, dass solche Bemerkungen nur Ausflüchte waren, wenn man sich auch andererseits sagen musste, dass der Regulator sehr leicht zu fixieren war, was der Onkel jedoch nicht tat.

In den ersten Tagen, an denen selbstverständlich zwischen Karl und dem Onkel häufigere Aussprachen stattgefunden hatten, hatte Karl auch erzählt, dass er zu Hause zwar wenig, aber gern Klavier gespielt habe, was er allerdings lediglich mit den Anfangskenntnissen hatte bestreiten können, die ihm die Mutter beigebracht hatte. Karl war sich dessen wohl bewusst, dass eine solche Erzählung gleichzeitig die Bitte um ein Klavier war, aber er hatte sich schon genügend umgesehen, um zu wissen, dass der Onkel auf keine Weise zu sparen brauchte. Trotzdem wurde ihm diese Bitte nicht gleich gewährt, aber etwa acht Tage später sagte der Onkel, fast in der Form eines widerwilligen Eingeständnisses, das Klavier sei eben angelangt und Karl könne, wenn er wolle, den Transport überwachen. Das war allerdings eine leichte Arbeit, aber dabei nicht einmal viel leichter als der Transport selbst, denn im Haus war ein eigener Möbelaufzug, in welchem ohne Gedränge ein ganzer Möbelwagen Platz finden konnte, und in diesem Aufzug schwebte auch das Piano zu Karls Zimmer hinauf. Karl selbst hätte zwar in dem gleichen Aufzug mit dem Piano und den Transportarbeitern fahren können, aber da gleich daneben ein Personenaufzug zur Benützung freistand, fuhr er in diesem, hielt sich mittels eines Hebels stets in gleicher Höhe mit dem anderen Aufzug und betrachtete unverwandt durch die Glaswände das schöne Instrument, das jetzt sein Eigentum war. Als er es in seinem Zimmer hatte und die ersten Töne anschlug, bekam er eine so närrische Freude, dass er, statt weiterzuspielen, aufsprang und aus einiger Entfernung, die Hände in den Hüften, das Klavier lieber anstaunte. Auch die Akustik des Zimmers war ausgezeichnet und sie trug dazu bei, sein anfängliches kleines Unbehagen, in einem Eisenhause zu wohnen, gänzlich verschwinden zu lassen. Tatsächlich merkte man auch im Zimmer, so eisenmäßig das Gebäude von außen erschien, von eisernen Baubestandteilen nicht das geringste, und niemand hätte auch nur eine Kleinigkeit in der Einrichtung aufzeigen können, welche die vollständigste Gemütlichkeit irgendwie gestört hätte. Karl erhoffte in der ersten Zeit viel von seinem Klavierspiel und schämte sich nicht, wenigstens vor dem Einschlafen an die Möglichkeit einer unmittelbaren Beeinflussung der amerikanischen Verhältnisse durch dieses Klavierspiel zu denken. Es klang ja allerdings sonderbar, wenn er vor den in die lärmerfüllte Luft geöffneten Fenstern ein altes Soldatenlied seiner Heimat spielte, das die Soldaten am Abend, wenn sie in den Kasernenfenstern liegen und auf den finsteren Platz hinausschauen, von Fenster zu Fenster einander zusingen, – aber sah er dann auf die Straße, so war sie unverändert und nur ein kleines Stück eines großen Kreislaufes, das man nicht an und für sich aufhalten konnte, ohne alle Kräfte zu kennen, die in der Runde wirkten. Der Onkel duldete das Klavierspiel, sagte auch nichts dagegen, zumal sich Karl, auch nach seiner Mahnung, nur selten das Vergnügen des Spiels gönnte; ja, er brachte Karl sogar Noten amerikanischer Märsche und natürlich auch der Nationalhymne, aber allein aus der Freude an der Musik war es wohl nicht zu erklären, als er eines Tages ohne allen Scherz Karl fragte, ob er nicht auch das Spiel auf der Geige oder auf dem Waldhorn lernen wolle.

Natürlich war das Lernen des Englischen Karls erste und wichtigste Aufgabe. Ein junger Professor einer Handelshochschule erschien morgens um sieben Uhr in Karls Zimmer und fand ihn schon an seinem Schreibtisch bei den Heften sitzen oder memorierend im Zimmer auf und ab gehen. Karl sah wohl ein, dass zur Aneignung des Englischen keine Eile groß genug sei und dass er hier außerdem die beste Gelegenheit habe, seinem Onkel eine außerordentliche Freude durch rasche Fortschritte zu machen. Und tatsächlich gelang es bald, während zuerst das Englische in den Gesprächen mit dem Onkel sich auf Gruß und Abschiedsworte beschränkt hatte, immer größere Teile der Gespräche ins Englische hinüberzuspielen, wodurch gleichzeitig vertraulichere Themen sich einzustellen begannen. Das erste amerikanische Gedicht, die Darstellung einer Feuersbrunst, das Karl seinem Onkel an einem Abend rezitieren konnte, machten diesen tiefernst vor Zufriedenheit. Sie standen damals beide an einem Fenster in Karls Zimmer, der Onkel sah hinaus, wo alle Helligkeit des Himmels schon vergangen war, und schlug im Mitgefühl der Verse langsam und gleichmäßig in die Hände, während Karl aufrecht neben ihm stand und mit starren Augen das schwierige Gedicht sich entrang.

Je besser Karls Englisch wurde, desto größere Lust zeigte der Onkel, ihn mit seinen Bekannten zusammenzuführen, und ordnete nur für jeden Fall an, dass bei solchen Zusammenkünften vorläufig der Englischprofessor sich immer in Karls Nähe zu halten habe. Der allererste Bekannte, dem Karl eines Vormittags vorgestellt wurde, war ein schlanker, junger, unglaublich biegsamer Mensch, den der Onkel mit besonderen Komplimenten in Karls Zimmer führte. Er war offenbar einer jener vielen, vom Standpunkt der Eltern aus gesehen, missratenen Millionärssöhne, dessen Leben so verlief, dass ein gewöhnlicher Mensch auch nur einen beliebigen Tag im Leben dieses jungen Mannes nicht ohne Schmerz verfolgen konnte. Und als wisse oder ahne er dies und als begegne er dem, soweit es in seiner Macht stand, war um seine Lippen und Augen ein unaufhörliches Lächeln des Glückes, das ihm selbst, seinem Gegenüber und der ganzen Welt zu gelten schien.

Mit diesem jungen Manne, einem Herrn Mack, wurde, unter unbedingter Zustimmung des Onkels, besprochen, gemeinsam um halb sechs Uhr früh, sei es in der Reitschule, sei es ins Freie, zu reiten. Karl zögerte zwar zuerst, seine Zusage zu geben, da er doch noch niemals auf einem Pferd gesessen war und das Reiten zuerst ein wenig lernen wolle, aber da ihm der Onkel und Mack so sehr zuredeten und das Reiten als bloßes Vergnügen und als gesunde Übung, aber gar nicht als Kunst darstellten, sagte er schließlich zu. Nun musste er allerdings schon um halb fünf Uhr aus dem Bett, und das tat ihm oft sehr leid, denn er litt hier, wohl infolge der steten Aufmerksamkeit, die er während des Tages aufwenden musste, geradezu an Schlafsucht, aber in seinem Badezimmer verlor sich das Bedauern bald. Über die ganze Wanne der Länge und Breite nach spannte sich das Sieb der Dusche – welcher Mitschüler zu Hause, und war er noch so reich, besaß etwas Derartiges und gar noch allein für sich – und da lag nun Karl ausgestreckt, in dieser Wanne konnte er die Arme ausbreiten, ließ die Ströme des lauen, heißen, wieder lauen und endlich eisigen Wassers nach Belieben teilweise oder über die ganze Fläche hin auf sich herab. Wie in dem noch ein wenig fortlaufenden Genusse des Schlafes lag er da und fing besonders gern mit den geschlossenen Augenlidern die letzten, einzeln fallenden Tropfen auf, die sich dann öffneten und über das Gesicht hinflossen.

In der Reitschule, wo ihn das hoch sich aufbauende Automobil des Onkels absetzte, erwartete ihn bereits der Englischprofessor, während Mack ausnahmslos erst später kam. Er konnte aber auch unbesorgt erst später kommen, denn das eigentliche, lebendige Reiten fing erst an, wenn er da war. Bäumten sich nicht die Pferde aus ihrem bisherigen Halbschlaf auf, wenn er eintrat, knallte die Peitsche nicht lauter durch den Raum, erschienen nicht plötzlich auf der umlaufenden Galerie einzelne Personen, Zuschauer, Pferdewärter, Reitschüler oder was sie sonst sein mochten? Karl aber nützte die Zeit vor der Ankunft Macks dazu aus, um doch ein wenig, wenn auch nur die primitivsten Vorübungen des Reitens zu betreiben. Es war ein langer Mann da, der auf den höchsten Pferderücken mit kaum erhobenem Arm hinaufreichte und der Karl diesen immer kaum eine Viertelstunde dauernden Unterricht erteilte. Die Erfolge, die Karl hierbei hatte, waren nicht übergroß, und er konnte sich viele englische Klagerufe dauernd aneignen, die er während dieses Lernens zu seinem Englischprofessor atemlos ausstieß, der immer am Türpfosten, meist schlafbedürftig, lehnte. Aber fast alle Unzufriedenheit mit dem Reiten hörte auf, wenn Mack kam. Der lange Mann wurde weggeschickt, und bald hörte man in dem noch immer halbdunklen Saal nichts anderes als die Hufe der galoppierenden Pferde und man sah kaum etwas anderes als Macks erhobenen Arm, mit dem er Karl ein Kommando gab. Nach einer halben Stunde solchen wie Schlaf vergehenden Vergnügens wurde haltgemacht. Mack war in großer Eile, verabschiedete sich von Karl, klopfte ihm manchmal auf die Wange, wenn er mit seinem Reiten besonders zufrieden gewesen war, und verschwand, ohne vor großer Eile mit Karl auch nur gemeinsam durch die Tür hinauszugehen. Karl nahm dann den Professor mit ins Automobil, und sie fuhren zu ihrer Englischstunde meist auf Umwegen, denn bei der Fahrt durch das Gedränge der großen Straße, die eigentlich direkt von dem Hause des Onkels zur Reitschule führte, wäre zuviel Zeit verlorengegangen. Im übrigen hörte wenigstens diese Begleitung des Englischprofessors bald auf, denn Karl, der sich Vorwürfe machte, den müden Mann nutzlos in die Reitschule zu bemühen, zumal die englische Verständigung mit Mack eine sehr einfache war, bat den Onkel, den Professor von dieser Pflicht zu entheben. Nach einiger Überlegung gab der Onkel dieser Bitte auch nach.

Verhältnismäßig lange dauerte es, ehe sich der Onkel entschloss, Karl auch nur einen kleinen Einblick in sein Geschäft zu erlauben, obwohl Karl öfters darum ersucht hatte. Es war eine Art Kommissions- und Speditionsgeschäftes, wie sie, soweit sich Karl erinnern konnte, in Europa vielleicht gar nicht zu finden war. Das Geschäft bestand nämlich in einem Zwischenhandel, der aber die Waren nicht etwa von den Produzenten zu den Konsumenten oder vielleicht zu den Händlern vermittelte, sondern welcher die Vermittlung aller Waren und Urprodukte für die großen Fabrikkartelle und zwischen ihnen besorgte. Es war daher ein Geschäft, welches in einem Käufe, Lagerungen, Transporte und Verkäufe riesenhaften Umfangs umfasste und ganz genaue, unaufhörliche telefonische und telegrafische Verbindungen mit den Klienten unterhalten musste. Der Saal der Telegrafen war nicht kleiner, sondern größer als das Telegrafenamt der Vaterstadt, durch das Karl einmal an der Hand eines dort bekannten Mitschülers gegangen war. Im Saal der Telefone gingen, wohin man schaute, die Türen der Telefonzellen auf und zu, und das Läuten war sinnverwirrend. Der Onkel öffnete die nächste dieser Türen, und man sah dort im sprühenden elektrischen Licht einen Angestellten, gleichgültig gegen jedes Geräusch der Türe, den Kopf eingespannt in ein Stahlband, das ihm die Hörmuscheln an die Ohren drückte. Der rechte Arm lag auf einem Tischchen, als wäre er besonders schwer, und nur die Finger, welche den Bleistift hielten, zuckten unmenschlich gleichmäßig und rasch. In den Worten, die er in den Sprechtrichter sagte, war er sehr sparsam, und oft sah man sogar, dass er vielleicht gegen den Sprecher etwas einzuwenden hatte, ihn etwas genauer fragen wollte, aber gewisse Worte, die er hörte, zwangen ihn, ehe er seine Absicht ausführen konnte, die Augen zu senken und zu schreiben. Er musste auch nicht reden, wie der Onkel Karl leise erklärte, denn die gleichen Meldungen, wie sie dieser Mann aufnahm, wurden noch von zwei anderen Angestellten gleichzeitig aufgenommen und dann verglichen, so dass Irrtümer möglichst ausgeschlossen waren. In dem gleichen Augenblick, als der Onkel und Karl aus der Tür getreten waren, schlüpfte ein Praktikant hinein und kam mit dem inzwischen beschriebenen Papier heraus. Mitten durch den Saal war ein beständiger Verkehr von hin- und hergejagten Leuten. Keiner grüßte, das Grüßen war abgeschafft, jeder schloss sich den Schritten des ihm Vorhergehenden an und sah auf den Boden, auf dem er möglichst rasch vorwärtskommen wollte, oder fing mit den Blicken wohl nur einzelne Worte oder Zahlen von Papieren ab, die er in der Hand hielt und die bei seinem Laufschritt flatterten.

»Du hast es wirklich weit gebracht«, sagte Karl einmal auf einem dieser Gänge durch den Betrieb, auf dessen Durchsicht man viele Tage verwenden musste, selbst wenn man jede Abteilung gerade nur gesehen haben wollte.

»Und alles habe ich vor dreißig Jahren selbst eingerichtet, musst du wissen. Ich hatte damals im Hafenviertel ein kleines Geschäft, und wenn dort im Tag fünf Kisten abgeladen waren, so war es viel und ich ging aufgeblasen nach Hause. Heute habe ich die drittgrößten Lagerhäuser im Hafen, und jener Laden ist das Esszimmer und die Gerätekammer der fünfundsechzigsten Gruppe meiner Packträger.«

»Das grenzt ja ans Wunderbare«, sagte Karl.

»Alle Entwicklungen gehen hier so schnell vor sich«, sagte der Onkel, das Gespräch abbrechend.

Eines Tages kam der Onkel knapp vor der Zeit des Essens, das Karl wie gewöhnlich allein einzunehmen gedachte, und forderte ihn auf, sich gleich schwarz anzuziehen und mit ihm zum Essen zu kommen, an welchem zwei Geschäftsfreunde teilnehmen würden. Während Karl sich im Nebenzimmer umkleidete, setzte sich der Onkel zum Schreibtisch und sah die gerade beendete Englischaufgabe durch, schlug mit der Hand auf den Tisch und rief laut: »Wirklich ausgezeichnet!«

Zweifellos gelang das Anziehen besser, als Karl dieses Lob hörte, aber er war auch wirklich seines Englischen schon ziemlich sicher.

Im Speisezimmer des Onkels, das er vom ersten Abend seiner Ankunft noch in Erinnerung hatte, erhoben sich zwei große, dicke Herren zur Begrüßung, ein gewisser Green der eine, ein gewisser Pollunder der zweite, wie sich während des Tischgesprächs herausstellte. Der Onkel pflegte nämlich kaum ein flüchtiges Wort über irgendwelche Bekannten auszusprechen und überließ es immer Karl, durch eigene Beobachtung das Notwendige oder Interessante herauszufinden. Nachdem während des eigentlichen Essens nur intime geschäftliche Angelegenheiten besprochen worden waren, was für Karl eine gute Lektion hinsichtlich kaufmännischer Ausdrücke bedeutete, und man Karl still mit seinem Essen sich hatte beschäftigen lassen, als sei er ein Kind, das sich vor allem ordentlich satt essen müsse, beugte sich Herr Green zu Karl hin und fragte in dem unverkennbaren Bestreben, ein möglichst deutliches Englisch zu sprechen, im allgemeinen nach Karls ersten amerikanischen Eindrücken. Karl antwortete unter einer Sterbensstille ringsherum mit einigen Seitenblicken auf den Onkel ziemlich ausführlich und suchte sich zum Dank durch eine etwas New Yorkisch gefärbte Redeweise angenehm zu machen. Bei einem Ausdruck lachten sogar alle drei Herren durcheinander, und Karl fürchtete schon, einen groben Fehler gemacht zu haben; jedoch nein, er hatte, wie Herr

Pollunder erklärte, sogar etwas sehr Gelungenes gesagt. Dieser Herr Pollunder schien überhaupt an Karl ein besonderes Gefallen zu finden, und während der Onkel und Herr Green wieder zu den geschäftlichen Besprechungen zurückkehrten, ließ Herr Pollunder Karl seinen Sessel nahe zu sich hinschieben, fragte ihn zuerst vielerlei über seinen Namen, seine Herkunft und seine Reise aus, bis er dann schließlich, um Karl wieder ausruhen zu lassen, lachend, hustend und eilig selbst von sich und seiner Tochter erzählte, mit der er auf einem kleinen Landgut in der Nähe von New York wohnte, wo er aber allerdings nur die Abende verbringen konnte, denn er war Bankier, und sein Beruf hielt ihn in New York den ganzen Tag fest. Karl wurde auch gleich herzlichst eingeladen, auf dieses Landgut hinauszukommen, ein so frischgebackener Amerikaner wie Karl habe ja auch sicher das Bedürfnis, sich von New York manchmal zu erholen. Karl bat den Onkel sofort um die Erlaubnis, diese Einladung annehmen zu dürfen, und der Onkel gab auch scheinbar freudig diese Erlaubnis, ohne aber ein bestimmtes Datum zu nennen oder auch nur in Erwägung ziehen zu lassen, wie es Karl und Herr Pollunder erwartet hatten.

Aber schon am nächsten Tage wurde Karl in ein Büro des Onkels beordert (der Onkel hatte zehn verschiedene Büros allein in diesem Hause), wo er den Onkel und Herrn Pollunder ziemlich einsilbig in den Fauteuils liegend antraf.

»Herr Pollunder«, sagte der Onkel, er war in der Abenddämmerung des Zimmers kaum zu erkennen, »Herr Pollunder ist gekommen, um dich auf sein Landgut mitzunehmen, wie wir es gestern besprochen haben«

»Ich wusste nicht, dass es schon heute sein sollte«, antwortete Karl, »sonst wäre ich schon vorbereitet.«

»Wenn du nicht vorbereitet bist, dann verschieben wir vielleicht den Besuch besser für nächstens«, meinte der Onkel. »Was für Vorbereitungen!« rief Herr Pollunder. »Ein junger Mann ist immer vorbereitet.«

»Es ist nicht seinetwegen«, sagte der Onkel, zu seinem Gaste gewendet, »aber er müsste immerhin noch in sein Zimmer hinaufgehen, und Sie wären aufgehalten.«

»Es ist auch dazu reichlich Zeit«, sagte Herr Pollunder, »ich habe auch eine Verzögerung vorbedacht und früher Geschäftsschluss gemacht.«

»Du siehst«, sagte der Onkel, »was für Unannehmlichkeiten dein Besuch schon jetzt veranlasst.«

»Es tut mir leid«, sagte Karl, »aber ich werde gleich wieder da sein«, und wollte schon wegspringen.

»Übereilen Sie sich nicht«, sagte Herr Pollunder.

»Sie machen mir nicht die geringsten Unannehmlichkeiten, dagegen macht mir Ihr Besuch eine reine Freude.«

»Du versäumst morgen deine Reitstunde, hast du sie schon abgesagt?«

»Nein«, sagte Karl, dieser Besuch, auf den er sich gefreut hatte, fing an, eine Last zu werden, »ich wusste ja nicht –«

»Und trotzdem willst du wegfahren?« fragte der Onkel weiter.

Herr Pollunder, dieser freundliche Mensch, kam zu Hilfe. »Wir werden auf der Fahrt bei der Reitschule halten und die Sache in Ordnung bringen.«

»Das lässt sich hören«, sagte der Onkel. »Aber Mack wird dich doch erwarten.«

»Erwarten wird er mich nicht«, sagte Karl, »aber er wird allerdings hinkommen.«

»Nun also?« sagte der Onkel, als wäre Karls Antwort nicht die geringste Rechtfertigung gewesen.

Wieder sagte Herr Pollunder das Entscheidende: »Aber Klara« – sie war Herrn Pollunders Tochter – »erwartet ihn auch und schon heute Abend, und sie hat wohl den Vorzug vor Mack?«

»Allerdings«, sagte der Onkel. »Also lauf schon in dein Zimmer«, und er schlug mehrmals wie ohne Willen gegen die Armlehne des Fauteuils. Karl war schon bei der Tür, als ihn der Onkel noch mit der Frage zurückhielt: »Zur Englischstunde bist du doch wohl morgen früh wieder hier?«

»Aber!« rief Herr Pollunder und drehte sich, soweit es seine Dicke erlaubte, in seinem Fauteuil vor Erstaunen. »Ja darf er denn nicht wenigstens den morgigen Tag draußen bleiben? Ich brächte ihn dann übermorgen früh wieder zurück?«

»Das geht auf keinen Fall«, erwiderte der Onkel. »Ich kann sein Studium nicht so in Unordnung kommen lassen. Später, wenn er in einem an und für sich geregelten Berufsleben sein wird, werde ich ihm sehr gern auch für längere Zeit erlauben, einer so freundlichen und ehrenden Einladung zu folgen«

›Was das für Widersprüche sind!‹ dachte Karl.

Herr Pollunder war traurig geworden.

»Für einen Abend und eine Nacht steht es aber wirklich fast nicht dafür.«

»Das war auch meine Meinung«, sagte der Onkel.

»Man muss nehmen, was man bekommt«, sagte Herr Pollunder und lachte schon wieder.

»Also, ich warte!« rief er Karl zu, welcher, da der Onkel nichts mehr sagte, davoneilte.

Als er bald reisefertig zurückkehrte, traf er im Büro nur noch Herrn Pollunder, der Onkel war fortgegangen. Herr Pollunder schüttelte Karl ganz glücklich beide Hände, als wolle er sich so stark als möglich dessen vergewissern, dass Karl nun doch mitfahre. Karl war noch ganz erhitzt von der Eile und schüttelte auch seinerseits Herrn Pollunders Hände, er freute sich, den Ausflug machen zu können.

»Hat sich der Onkel nicht darüber geärgert, dass ich fahre?«

»Aber nein! Das hat er ja alles nicht so ernst gemeint. Ihre Erziehung liegt ihm eben am Herzen.«

»Hat er es Ihnen selbst gesagt, dass er das Frühere nicht so ernst gemeint hat?«

»O ja«, sagte Herr Pollunder gedehnt und bewies damit, dass er nicht lügen konnte.

»Es ist merkwürdig, wie ungern er mir die Erlaubnis gegeben hat, Sie zu besuchen, obwohl Sie doch sein Freund sind.«

Auch Herr Pollunder konnte, obwohl er dies nicht offen eingestand, keine Erklärung dafür finden, und beide dachten, als sie in Herrn Pollunders Automobil durch den warmen Abend fuhren, noch lange darüber nach, ob wohl sie gleich von anderen Dingen sprachen.

Sie saßen eng beieinander, und Herr Pollunder hielt Karls Hand in der seinen, während er erzählte. Karl wollte vieles über das Fräulein Klara hören, als sei er ungeduldig über die lange Fahrt und könne mit Hilfe der Erzählungen früher ankommen als in Wirklichkeit. Obwohl er am Abend noch niemals durch die New Yorker Straßen gefahren war, und über Trottoir und Fahrbahn, alle Augenblicke die Richtung wechselnd, wie in einem Wirbelwind der Lärm jagte, nicht wie von Menschen verursacht, sondern wie ein fremdes Element, kümmerte sich Karl, während er Herrn Pollunders Worte genau aufzunehmen suchte, um nichts anderes als Herrn Pollunders dunkle Weste, über die quer eine dunkle Kette ruhig hing. Aus den Straßen, wo das Publikum in großer, unverhüllter Furcht vor Verspätung in fliegendem Schritt und in Fahrzeugen, die zu möglichster Eile gebracht waren, zu den Theatern drängte, kamen sie durch Übergangsbezirke in die Vorstädte, wo ihr Automobil durch Polizeileute zu Pferd immer wieder in Seitenstraßen gewiesen wurde, da die großen Straßen von den demonstrierenden den Metallarbeitern, die im Streik standen, besetzt waren und nur der notwendigste Wagenverkehr an den Kreuzungsstellen gestattet werden konnte. Durchquerte dann das Automobil, aus dunkleren, dumpf hallenden Gassen kommend, eine dieser, ganzen Plätzen gleichenden, großen Straßen, dann erschienen nach beiden Seiten hin in Perspektiven, denen niemand bis zum Ende folgen konnte, die Trottoirs angefüllt mit einer in winzigen Schritten sich bewegenden Masse, deren Gesang einheitlicher war als der einer einzigen Menschenstimme. In der freigehaltenen Fahrbahn aber sah man hie und da einen Polizisten auf unbeweglichem Pferde oder Träger von Fahnen oder beschriebenen, über die Straße gespannten Tüchern oder einer von Mitarbeitern und Ordonnanzen umgebenen Arbeiterführer oder einen Wagen der elektrischen Straßenbahn, der sich nicht rasch genug geflüchtet hatte und nun leer und dunkel dastand, während der Führer und der Schaffner auf der Plattform saßen. Kleine Trupps von Neugierigen standen weit entfernt von den wirklichen Demonstranten und verließen ihre Plätze nicht, obwohl sie über die eigentlichen Ereignisse im Unklaren blieben. Karl aber lehnte froh im Arm, den Herr Pollunder um ihn gelegt hatte; die Überzeugung, dass er bald in einem beleuchteten, von Mauern umgebenen, von Hunden bewachten Landhause ein willkommener Gast sein werde, tat ihm über alle Maßen wohl, und wenn er auch wegen einer beginnenden Schläfrigkeit nicht mehr alles, was Herr Pollunder sagte, fehlerlos oder wenigstens nicht ohne Unterbrechung auffasste, so raffte er sich doch von Zeit zu Zeit auf und wischte sich die Augen, um wieder für eine Weile festzustellen, ob Herr Pollunder seine Schläfrigkeit bemerke, denn das wollte er um jeden Preis vermieden wissen.

Ein Landhaus bei New York

»Wir sind angekommen«, sagte Herr Pollunder gerade in einem von Karls verlorenen Momenten. Das Automobil stand vor einem Landhaus, das, nach der Art von Landhäusern reicher Leute in der Umgebung New Yorks, umfangreicher und höher war, als es sonst für ein Landhaus nötig ist, das bloß einer Familie dienen soll. Da nur der untere Teil des Hauses beleuchtet war, konnte man gar nicht bemessen, wie weit es in die Höhe reichte. Vorne rauschten Kastanienbäume, zwischen denen – das Gitter war schon geöffnet – ein kurzer Weg zur Freitreppe des Hauses führte. An seiner Müdigkeit beim Aussteigen glaubte Karl zu bemerken, dass die Fahrt doch ziemlich lang gedauert hatte. Im Dunkel der Kastanienallee hörte er eine Mädchenstimme neben sich sagen: »Da ist ja endlich der Herr Jakob.«

»Ich heiße Roßmann«, sagte Karl und fasste die ihm hingereichte Hand eines Mädchens, das er jetzt in Umrissen erkannte.

»Er ist ja nur Jakobs Neffe«, sagte Herr Pollunder erklärend, »und heißt selbst Karl Roßmann.«

»Das ändert nichts an unserer Freude, ihn hier zu haben«, sagte das Mädchen, dem an Namen nicht viel lag.

Trotzdem fragte Karl noch, während er zwischen Herrn Pollunder und dem Mädchen auf das Haus zuschritt: »Sie sind das Fräulein Klara?«

»Ja«, sagte sie, und schon fiel ein wenig unterscheidendes Licht vom Hause her auf ihr Gesicht, das sie ihm zuneigte, »ich wollte mich aber hier in der Finsternis nicht vorstellen.«

›Ja hat sie uns denn am Gitter erwartet?‹ dachte Karl, der im Gehen allmählich aufwachte.

»Wir haben übrigens noch einen Gast heute Abend«, sagte Klara.

»Nicht möglich!« rief Pollunder ärgerlich.

»Herrn Green«, sagte Klara.

»Wann ist er gekommen?« fragte Karl, wie in einer Ahnung befangen.

»Vor einem Augenblick. Habt ihr denn sein Automobil nicht vor dem euren gehört?«

Karl sah zu Pollunder auf, um zu erfahren, wie er die Sache beurteile, aber der hatte die Hände in den Hosentaschen und stampfte bloß etwas stärker im Gehen.

»Es nützt nichts, nur knapp außerhalb New Yorks zu wohnen, von Störungen bleibt man nicht verschont. Wir werden unseren Wohnsitz unbedingt noch weiter verlegen müssen; und sollte ich die halbe Nacht durchfahren müssen, ehe ich nach Hause komme.«

Sie blieben an der Freitreppe stehen.

»Aber Herr Green war doch schon sehr lange nicht hier«, sagte Klara, die offenbar mit ihrem Vater gänzlich einverstanden war, ihn aber über sich hinaus beruhigen wollte.

»Warum kommt er denn gerade heute Abend«, sagte Pollunder, und die Rede rollte schon wütend über die wulstige Unterlippe, die als loses, schweres Fleisch leicht in große Bewegung kam.

»Allerdings!« sagte Klara.

»Vielleicht wird er bald wieder weggehen«, bemerkte Karl und staunte selbst über das Einverständnis, in welchem er sich mit diesen noch gestern ihm gänzlich fremden Leuten befand.

»O nein«, sagte Klara, »er hat irgendein großes Geschäft für Papa, dessen Besprechung wahrscheinlich lange dauern wird, denn er hat mir schon im Spaß gedroht, dass ich, wenn ich eine höfliche Hauswirtin sein will, bis zum Morgen werde zuhören müssen.«

»Also auch das noch. Dann bleibt er über Nacht!« rief Pollunder, als sei damit endlich das Schlimmste erreicht.

»Ich hätte wahrhaftig Lust«, sagte er und wurde freundlicher durch den neuen Gedanken, »ich hätte wahrhaftig Lust, Sie, Herrn Roßmann, wieder ins Automobil zu nehmen und zu Ihrem Onkel zurückzubringen. Der heutige Abend ist schon von vornherein gestört, und wer weiß, wann Sie uns nächstens Ihr Herr Onkel wieder überlässt. Bringe ich Sie aber heute schon wieder zurück, so wird er Sie uns nächstens doch nicht verweigern können.«

Und er fasste Karl schon bei der Hand, um seinen Plan auszuführen. Aber Karl rührte sich nicht, und Klara bat, ihn hierzulassen, denn zumindest sie und Karl würden von Herrn Green nicht im geringsten gestört werden können, und schließlich merkte auch Pollunder selbst, dass sein Entschluss nicht der festeste war. Überdies – und dies war vielleicht das Entscheidende – hörte man plötzlich Herrn Green vom obersten Treppenaufsatz in den Garten hinunterrufen: »Wo bleibt ihr denn?«

»Kommt«, sagte Pollunder und bog auf die Freitreppe ein. Hinter ihm gingen Karl und Klara, die einander jetzt im Licht studierten.

›Die roten Lippen, die sie hat‹, sagte sich Karl und dachte an die Lippen des Herrn Pollunder und wie schön sie sich in der Tochter verwandelt hatten.

»Nach dem Nachtmahl«, so sagte sie »werden wir, wenn es Ihnen recht ist, gleich in meine Zimmer gehen, damit wir wenigstens diesen Herrn Green los sind, wenn schon Papa sich mit ihm beschäftigen muss. Und Sie werden dann so freundlich sein, mir Klavier vorzuspielen, denn Papa hat schon erzählt, wie gut Sie das können, ich aber bin leider ganz unfähig, Musik auszuüben, und rühre mein Klavier nicht an, so sehr ich die Musik eigentlich liebe.«

Mit dem Vorschlag Klaras war Karl ganz einverstanden, wenn er auch gern Herrn Pollunder mit in ihre Gesellschaft hätte ziehen wollen. Vor der riesigen Gestalt Greens – an Pollunders Größe hatte sich Karl eben schon gewöhnt –, die sich vor ihnen, wie sie die Stufen hinaufstiegen, langsam entwickelte, wich allerdings von Karl jede Hoffnung, diesem Mann den Herrn Pollunder heute Abend irgendwie zu entlocken.

Herr Green empfing sie sehr eilig, als sei vieles einzuholen, nahm Herrn Pollunders Arm und schob Karl und Klara vor sich in das Speisezimmer, das besonders infolge der Blumen auf dem Tische, die sich aus Streifen frischen Laubes halb aufrichteten, sehr festlich aussah und doppelt die Anwesenheit des störenden Herrn Green bedauern ließ. Gerade freute sich noch Karl, der beim Tische wartete, bis die anderen sich setzten, dass die große Glastüre zum Garten hin offen bleiben würde, denn ein starker Duft wehte herein wie in eine Gartenlaube, da ging gerade Herr Green unter Schnaufen daran, diese Glastüre zuzumachen, bückte sich nach den untersten Riegeln, streckte sich nach den obersten und alles so jugendlich rasch, dass der herbeieilende Diener nichts mehr zu tun fand. Die ersten Worte des Herrn Green bei

Tische waren Ausdrücke des Staunens darüber, dass Karl die Erlaubnis des Onkels zu diesem Besuche bekommen hatte. Einen gefüllten Suppenlöffel nach dem anderen hob er zum Mund und erklärte rechts zu Klara, links zu Herrn Pollunder, warum er so staune und wie der Onkel über Karl wache und wie die Liebe des Onkels zu Karl zu groß sei, als dass man sie noch die Liebe eines Onkels nennen könne.

›Nicht genug, dass er sich hier unnötig einmischt, mischt er sich noch gleichzeitig zwischen mich und den Onkel ein‹, dachte Karl und konnte keinen Schluck der goldfarbigen Suppe hinunterbringen. Dann wollte er sich aber wieder nichts anmerken lassen, wie gestört er sich fühlte, und begann die Suppe stumm in sich hineinzuschütten. Das Essen verging langsam wie eine Plage. Nur Herr Green und höchstens noch Klara waren lebhaft und fanden mitunter Gelegenheit zu einem kurzen Lachen. Herr Pollunder verfing sich nur einige Male in die Unterhaltung, wenn Herr Green von Geschäften zu sprechen anfing. Doch zog er sich auch von solchen Gesprächen bald zurück, und Herr Green musste ihn nach einiger Zeit wieder unvermutet damit überraschen. Er legte übrigens Gewicht darauf – und da war es, dass Karl, der aufhorchte, als drohe etwas, von Klara darauf aufmerksam gemacht werden musste, dass der Braten vor ihm stand und er bei einem Abendessen war –, dass er von vornherein nicht die Absicht gehabt habe, diesen unerwarteten Besuch zu machen. Denn wenn auch das Geschäft, von dem noch gesprochen werden solle, von besonderer Dringlichkeit sei, so hätte wenigstens das Wichtigste heute in der Stadt verhandelt und das Nebensächlichere für morgen oder später aufgespart werden können. Und so sei er auch tatsächlich, noch lange vor Geschäftsschluss, bei Herrn Pollunder gewesen, habe ihn aber nicht angetroffen, so dass er gezwungen gewesen sei, nach Hause zu telefonieren, dass er über Nacht ausbleibe, und herauszufahren.

»Dann muss ich um Entschuldigung bitten«, sagte Karl laut und ehe jemand Zeit zur Antwort hatte, »denn ich bin daran schuld, dass Herr Pollunder sein Geschäft heute früher verließ, und es tut mir sehr leid.«

Herr Pollunder bedeckte den größeren Teil seines Gesichtes mit der Serviette, während Klara Karl zwar anlächelte, doch war es kein teilnehmendes Lächeln, sondern eines, das ihn irgendwie beeinflussen sollte.

»Da braucht es keine Entschuldigung«, sagte Herr Green, der gerade eine Taube mit scharfen Schnitten zerlegte, »ganz im Gegenteil, ich bin ja froh, den Abend in so angenehmer Gesellschaft zu verbringen, statt das Nachtmahl allein zu Hause einzunehmen, wo mich meine alte Wirtschafterin bedient, die so alt ist, dass ihr schon der Weg von der Tür zu meinem Tisch schwer fällt, und ich mich für lange in meinen Sessel zurücklehnen kann, wenn ich sie auf diesem Gang beobachten will. Erst vor kurzem habe ich durchgesetzt, dass der Diener die Speisen bis zur Tür des Speisezimmers bringt, der Weg aber von der Tür zu meinem Tisch gehört ihr, soweit ich sie verstehe.«

»Mein Gott«, rief Klara, »ist das eine Treue!«

»Ja, es gibt noch Treue auf der Welt«, sagte Herr Green und führte einen Bissen in den Mund, wo die Zunge, wie Karl zufällig bemerkte, mit einem Schwunge die Speise ergriff. Ihm wurde fast übel und er stand auf. Fast gleichzeitig griffen Herr Pollunder und Klara nach seinen Händen.

»Sie müssen noch sitzen bleiben«, sagte Klara. Und als er sich wieder gesetzt hatte, flüsterte sie ihm zu: »Wir werden bald zusammen verschwinden. Haben Sie Geduld.«

Herr Green hatte sich inzwischen ruhig mit seinem Essen beschäftigt, als sei es Herrn Pollunders und Klaras natürliche Aufgabe, Karl zu beruhigen, wenn er ihm Übelkeiten verursachte.

Das Essen zog sich besonders durch die Genauigkeit in die Länge, mit der Herr Green jeden Gang behandelte, wenn er auch immer bereit war, jeden neuen Gang ohne Ermüdung zu empfangen, es bekam wirklich den Anschein, als wolle er sich von seiner alten Wirtschafterin gründlich erholen. Hin und wieder lobte er Fräulein Klaras Kunst in der Führung des Hauswesens, was ihr sichtlich schmeichelte, während Karl versucht war, ihn abzuwehren, als greife er sie an. Aber Herr Green begnügte sich nicht einmal mit ihr, sondern bedauerte öfters, ohne vom Teller aufzusehen, die auffallende Appetitlosigkeit Karls. Herr Pollunder nahm Karls Appetit in Schutz, obwohl er als Gastgeber Karl auch zum Essen hätte aufmuntern sollen. Und tatsächlich fühlte sich Karl durch den Zwang, unter dem er während des ganzen Nachtmahls litt, so empfindlich, dass er gegen die eigene bessere Einsicht diese Äußerung Herrn Pollunders als Unfreundlichkeit auslegte. Und es entsprach nur diesem seinen Zustand, dass er einmal ganz unpassend rasch und viel aß und dann wieder für lange Zeit müde Gabel und Messer sinken ließ und der Unbeweglichste der Gesellschaft war, mit dem der Diener, der die Speisen reichte, oft nichts anzufangen wusste.

»Ich werde schon morgen dem Herrn Senator erzählen, wie Sie das Fräulein Klara durch Ihr Nichtessen gekränkt haben«, sagte Herr Green und beschränkte sich darauf, die spaßige Absicht dieser Worte durch die Art, wie er mit dem Besteck hantierte, auszudrücken.

»Sehen Sie nur das Mädchen an, wie traurig es ist«, fuhr er fort und griff Klara unters Kinn. Sie ließ es geschehen und schloss die Augen.

»Du Dingschen«, rief er, lehnte sich zurück und lachte, hochrot im Gesicht, mit der Kraft des Gesättigten. Vergebens suchte sich Karl das Benehmen Herrn Pollunders zu erklären. Der saß vor seinem Teller und sah in ihn, als geschähe dort das eigentlich Wichtige. Er zog Karls Sessel nicht näher zu sich und, wenn er einmal sprach, so sprach er zu allen, aber zu Karl hatte er nichts Besonderes zu reden. Dagegen duldete er, dass Green, dieser alte, ausgepichte New Yorker Junggeselle, mit deutlicher Absicht Klara berührte, dass er Karl, Pollunders Gast, beleidigte oder wenigstens als Kind behandelte und wer weiß zu welchen Taten sich stärkte und vordrang.

Nach Aufhebung der Tafel – als Green die allgemeine Stimmung merkte, war er der erste, der aufstand und gewissermaßen alle mit sich erhob – ging Karl allein abseits zu einem der großen, durch schmale weiße Leisten geteilten Fenster, die zur Terrasse führten und die eigentlich, wie er beim Nähertreten merkte, richtige Türen waren. Was war von der Abneigung übriggeblieben, die Herr Pollunder und seine Tochter anfangs gegenüber Green gefühlt hatten und die damals Karl etwas unverständlich vorgekommen war. Jetzt standen sie mit Green beisammen und nickten ihm zu. Der Rauch aus Herrn Greens Zigarre, einem Geschenk Pollunders, die von jener Dicke war, von der der Vater zu Hause hie und da als von einer Tatsache zu erzählen pflegte, die er wahrscheinlich selbst mit eigenen Augen niemals gesehen hatte, verbreitete sich in dem Saal und trug Greens Einfluss auch in Winkel und Nischen, die er persönlich niemals betreten würde. Soweit entfernt Karl auch stand, noch spürte er von dem Rauch einen Kitzel in der Nase, und das Benehmen Herrn Greens, nach welchem er sich von seinem Platz aus nur einmal schnell umsah, erschien ihm infam. Jetzt hielt er es gar nicht mehr für ausgeschlossen, dass ihm der Onkel die Erlaubnis zu diesem Besuch nur deshalb so lange verweigert hatte, weil er den schwachen Charakter Herrn Pollunders kannte und infolgedessen eine Kränkung Karls bei diesem Besuch, wenn auch nicht genau voraussah, so doch im Bereich der Möglichkeit erblickte. Auch das amerikanische Mädchen gefiel ihm nicht, obwohl er sich sie durchaus nicht etwa viel schöner vorgestellt hatte. Seit sich Herr Green mit ihr abgegeben hatte, war er sogar überrascht von der Schönheit, deren ihr Gesicht fähig war, und besonders von dem Glanz ihrer unbändig bewegten Augen. Einen Rock, der so fest wie der ihre den Körper umschlossen hätte, hatte er noch niemals gesehen, kleine Falten in dem gelblichen, zarten und festen Stoff zeigten die Stärke der Spannung. Und doch lag Karl gar nichts an ihr und er hätte gern darauf verzichtet, auf ihre Zimmer geführt zu werden, wenn er statt dessen die Tür, auf deren Klinke er für jeden Fall die Hände gelegt hatte, hätte öffnen, ins Automobil steigen oder, wenn der Chauffeur schon schlief, allein nach New York hätte spazieren dürfen. Die klare Nacht mit dem ihm zugeneigten vollen Mond stand frei für jedermann, und draußen im Freien vielleicht Furcht zu haben schien Karl sinnlos. Er stellte sich vor – und zum ersten Mal wurde ihm in diesem Saale wohl –, wie er am Morgen – früher dürfte er kaum zu Fuß nach Hause kommen – den Onkel überraschen wollte. Er war zwar noch niemals in seinem Schlafzimmer gewesen, wusste auch gar nicht, wo es lag, aber er wollte es schon erfragen. Dann wollte er anklopfen und auf das förmliche »Herein!« ins Zimmer laufen und den lieben Onkel, den er bisher immer nur bis hoch hinauf angezogen und zugeknöpft kannte, aufrecht im Bette sitzend, die Augen erstaunt zur Tür gerichtet, im Nachthemd überraschen. Das war ja an und für sich vielleicht noch nicht viel, aber man musste nur ausdenken, was das zur Folge haben könnte. Vielleicht würde er zum ersten Mal gemeinsam mit seinem Onkel frühstücken, der Onkel im Bett, er auf einem Sessel, das Frühstück auf einem Tischchen zwischen ihnen, vielleicht würde dieses gemeinsame Frühstück zu einer ständigen Einrichtung werden, vielleicht würden sie infolge dieser Art Frühstück, was sogar kaum zu vermeiden war, öfters als wie bisher bloß einmal während des Tages zusammenkommen und dann natürlich auch offener miteinander reden können. Es lag ja schließlich nur an dem Mangel dieser offenen Aussprache, wenn er heute dem Onkel gegenüber etwas unfolgsam oder, besser, starrköpfig gewesen war. Und wenn er auch heute über Nacht hierbleiben musste – es sah leider ganz danach aus, obwohl man ihn hier beim Fenster stehen und auf eigene Faust sich unterhalten ließ –, vielleicht wurde dieser unglückliche Besuch der Wendepunkt zum Besseren in dem Verhältnis zum Onkel, vielleicht hatte der Onkel in seinem Schlafzimmer heute Abend ähnliche Gedanken.

Ein wenig getröstet wandte er sich um. Klara stand vor ihm und sagte: »Gefällt es Ihnen denn gar nicht bei uns? Wollen Sie sich hier nicht ein wenig heimisch fühlen? Kommen Sie, ich will den letzten Versuch machen.«

Sie führte ihn quer durch den Saal zur Türe. An einem Seitentisch saßen die beiden Herren bei leicht schäumenden, in hohe Gläser gefüllten Getränken, die Karl unbekannt waren und die er zu kosten Lust gehabt hätte. Herr Green hatte einen Ellbogen auf dem Tisch, sein ganzes Gesicht war Herrn Pollunder möglichst nahe gerückt; wenn man Herrn Pollunder nicht gekannt hätte, hätte man ganz gut annehmen können, es werde hier etwas Verbrecherisches besprochen und kein Geschäft. Während Herr Pollunder mit freundlichem Blick Karl zur Türe folgte, sah sich Green, obwohl man doch schon unwillkürlich sich den Blicken seines Gegenübers anzuschließen pflegt, auch nicht im geringsten nach Karl um, welchem in diesem Benehmen der Ausdruck einer Art Überzeugung Greens zu liegen schien, jeder, Karl für sich und Green für sich, solle hier mit seinen Fähigkeiten auszukommen versuchen, die notwendige gesellschaftliche Verbindung zwischen ihnen werde sich schon mit der Zeit durch den Sieg oder die Vernichtung eines von beiden herstellen.

›Wenn er das meint‹, sagte sich Karl, ›dann ist er ein Narr. Ich will wahrhaftig nichts von ihm, und er soll mich auch in Ruhe lassen.‹

Kaum war er auf den Gang getreten, fiel ihm ein, dass er sich wahrscheinlich unhöflich benommen hatte, denn mit seinen auf Green gehefteten Augen hatte er sich von Klara aus dem Zimmer fast schleppen lassen. Desto williger ging er jetzt neben ihr her. Auf dem Wege durch die Gänge traute er zuerst seinen Augen nicht, als er alle zwanzig Schritte einen reich livrierten Diener mit einem Armleuchter stehen sah, dessen dicken Schaft jene mit beiden Händen umschlossen hielten.

»Die neue elektrische Leitung ist bisher nur im Speisezimmer eingeführt«, erklärte Klara. »Wir haben dieses Haus erst vor kurzem gekauft und es gänzlich umbauen lassen, soweit sich ein altes Haus mit seiner eigensinnigen Bauart überhaupt umbauen lässt.«

»Da gibt es also auch schon in Amerika alte Häuser«, sagte Karl.

»Natürlich«, sagte Klara lachend und zog ihn weiter. »Sie haben merkwürdige Begriffe von Amerika.«

»Sie sollen mich nicht auslachen«, sagte er ärgerlich. Schließlich kannte er schon Europa und Amerika, sie aber nur Amerika.

Im Vorübergehen stieß Klara mit leicht ausgestreckter Hand eine Tür auf und sagte, ohne anzuhalten: »Hier werden Sie schlafen.«

Karl wollte sich natürlich das Zimmer gleich anschauen, aber Klara erklärte ungeduldig und fast schreiend, das habe doch Zeit und er solle nur vorher mitkommen. Sie zogen sich auf dem Gang ein wenig hin und her, schließlich meinte Karl, er müsse sich nicht in allem nach Klara richten, riss sich los und trat in das Zimmer. Ein überraschendes Dunkel vor dem Fenster erklärte sich durch einen Baumwipfel, der sich dort in seinem vollen Umfang wiegte. Man hörte Vogelgesang. Im Zimmer selbst, das vom Mondlicht noch nicht erreicht war, konnte man allerdings fast gar nichts unterscheiden. Karl bedauerte, die elektrische Taschenlampe, die er vom Onkel geschenkt bekommen hatte, nicht mitgenommen zu haben. In diesem Hause war ja eine Taschenlampe unentbehrlich, hätte man ein paar solcher Lampen gehabt, hätte man die Diener schlafen schicken können. Er setzte sich aufs Fensterbrett und sah und horchte hinaus. Ein aufgestörter Vogel schien sich durch das Laubwerk des alten Baumes zu drängen. Die Pfeife eines New Yorker Vorortzuges erklang irgendwo im Land. Sonst war es still.

Aber nicht lange, denn Klara kam eilends herein. Sichtlich böse rief sie: »Was soll denn das?« und klatschte auf ihren Rock. Karl wollte erst antworten, wenn sie höflicher geworden war. Aber sie ging mit großen Schritten auf ihn zu, rief: »Also wollen Sie mit mir kommen oder nicht?«, stieß ihn mit Absicht oder bloß in der Erregung, derart in die Brust, dass er aus dem Fenster gestürzt wäre, hätte er nicht noch im letzten Augenblick, vom Fensterbrett gleitend, mit den Füßen den Zimmerboden berührt.

»Jetzt wäre ich bald hinausgefallen«, sagte er vorwurfsvoll.

»Schade, dass es nicht geschehen ist. Warum sind Sie so unartig! Ich stoße Sie noch einmal hinunter.«

Und wirklich umfasste sie ihn und trug ihn, der, zuerst verblüfft, sich schwer zu machen vergaß, mit ihrem vom Sport gestählten Körper fast bis zum Fenster. Aber dort besann er sich, machte sich mit einer Wendung der Hüften los und umfasste sie.

»Ach, Sie tun mir wohl«, sagte sie gleich.

Aber nun glaubte Karl, sie nicht mehr loslassen zu dürfen. Er ließ ihr zwar Freiheit, Schritte nach Belieben zu machen, folgte ihr aber und ließ sie nicht los. Es war auch so leicht, sie in ihrem engen Kleid zu umfassen.

»Lassen Sie mich«, flüsterte sie, das erhitzte Gesicht eng an seinem, er musste sich anstrengen, sie zu sehen, so nahe war sie ihm. »Lassen Sie mich, ich werde Ihnen etwas Schönes geben.« ›Warum seufzt sie so‹, dachte Karl, ›es kann ihr nicht wehtun, ich drücke sie ja nicht‹, und er ließ sie noch nicht los. Aber plötzlich, nach einem Augenblick unachtsamen, schweigenden Dastehens, fühlte er wieder ihre wachsende Kraft an seinem Leib, und sie hatte sich ihm entwunden, fasste ihn mit gut ausgenütztem Obergriff, wehrte seine Beine mit Fußstellungen einer fremdartigen Kampftechnik ab und trieb ihn vor sich, mit großartiger Regelmäßigkeit Atem holend, gegen die Wand. Dort war aber ein Kanapee, auf das legte sie Karl hin und sagte, ohne sich allzu sehr zu ihm hinabzubeugen: »Jetzt rühr dich, wenn du kannst.«

»Katze, tolle Katze«, konnte Karl gerade noch aus dem Durcheinander von Wut und Scham rufen, in dem er sich befand. »Du bist ja wahnsinnig, du tolle Katze!«

»Gib acht auf deine Worte«, sagte sie und ließ die eine Hand zu seinem Halse gleiten, den sie so stark zu würgen anfing, dass Karl ganz unfähig war, etwas anderes zu tun als Luft zu schnappen, während sie mit der anderen Hand an seine Wange fuhr, wie probeweise sie berührte, sie wieder und zwar immer weiter in die Luft zurückzog und jeden Augenblick mit einer Ohrfeige niederfallen lassen konnte.

»Wie wäre es«, fragte sie dabei, »wenn ich dich zur Strafe für dein Benehmen einer Dame gegenüber mit einer tüchtigen Ohrfeige nach Hause schicken wollte? Vielleicht wäre es dir nützlich für deinen künftigen Lebensweg, wenn es auch keine schöne Erinnerung abgeben würde. Du tust mir ja leid und bist ein erträglich hübscher Junge und, hättest du Jiu-Jitsu gelernt, hättest du wahrscheinlich mich durchgeprügelt. Trotzdem, trotzdem – es verlockt mich geradezu riesig, dich zu ohrfeigen, so wie du jetzt daliegst. Ich werde es wahrscheinlich bedauern; wenn ich es aber tun sollte, so wisse schon jetzt, dass ich es fast gegen meinen Willen tun werde. Und ich werde mich dann natürlich nicht mit einer Ohrfeige begnügen, sondern rechts und links schlagen, bis dir die Backen anschwellen. Und vielleicht bist du ein Ehrenmann – ich möchte es fast glauben – und wirst mit den Ohrfeigen nicht weiterleben wollen und dich aus der Welt schaffen. Aber warum bist du auch so gegen mich gewesen, gefalle ich dir vielleicht nicht? Lohnt es sich nicht, auf mein Zimmer zu kommen? Achtung! Jetzt hätte ich dir schon fast unversehens die Ohrfeige aufgeputzt. Wenn du heute also noch so loskommen solltest, benimm dich nächstens feiner. Ich bin nicht dein Onkel, mit dem du trotzen kannst. Im übrigen will ich dich noch darauf aufmerksam machen, dass du, wenn ich dich ungeohrfeigt loslasse, nicht glauben musst, dass deine jetzige Lage und wirkliches Geohrfeigtwerden vom Standpunkt der Ehre aus das gleiche sind. Solltest du das glauben wollen, so würde ich es doch vorziehen, dich wirklich zu ohrfeigen. Was wohl Mack sagen wird, wenn ich ihm das alles erzähle.«

Bei der Erinnerung an Mack ließ sie Karl los, in seinen undeutlichen Gedanken erschien ihm Mack wie ein Befreier. Er fühlte noch ein Weilchen Klaras Hand an seinem Hals, wand sich daher noch ein wenig und lag dann still.

Sie forderte ihn auf, aufzustehen, er antwortete nicht und rührte sich nicht. Sie entzündete irgendwo eine Kerze, das Zimmer bekam Licht, ein blaues Zickzackmuster erschien auf dem Plafond, aber Karl lag, den Kopf aufs Sofapolster aufgestützt so, wie ihn Klara gebettet hatte, und wandte ihn nicht einen Fingerbreit. Klara ging im Zimmer herum, ihr Rock rauschte um ihre Beine, wahrscheinlich beim Fenster blieb sie eine lange Weile stehen.

»Ausgetrotzt?« hörte man sie dann fragen.

Karl empfand es schwer, in diesem Zimmer, das ihm doch von Herrn Pollunder für diese Nacht zugedacht war, keine Ruhe bekommen zu können. Da wanderte dieses Mädchen herum, blieb stehen und redete, und er hatte sie doch so unaussprechlich satt. Rasch schlafen und von hier fortgehen war sein einziger Wunsch. Er wollte gar nicht mehr ins Bett, nur hier auf dem Kanapee wollte er bleiben. Er lauerte nur darauf, dass sie wegginge, um hinter ihr her zur Tür zu springen, sie zu verriegeln, und dann wieder zurück auf das Kanapee sich zu werfen. Er hatte ein solches Bedürfnis, sich zu strecken und zu gähnen, aber vor Klara wollte er das nicht tun. Und so lag er, starrte hinauf, fühlte sein Gesicht immer unbeweglicher werden und eine ihn umkreisende Fliege flimmerte ihm; vor den Augen, ohne dass er recht wusste, was es war.

Klara trat wieder zu ihm, beugte sich in die Richtung seiner Blicke und, hätte er sich nicht bezwungen, hätte er sie schon anschauen müssen.

»Ich gehe jetzt«, sagte sie. »Vielleicht bekommst du später Lust, zu mir zu kommen. Die Tür zu meinen Zimmern ist die vierte, von dieser Tür aus gerechnet, auf dieser Seite des Ganges. Du gehst also an drei weiteren Türen vorüber und die, zu welcher du dann kommst, ist die richtige. Ich gehe nicht mehr hinunter in den Saal, sondern bleibe schon in meinem Zimmer. Du hast mich aber auch ordentlich müde gemacht. Ich werde nicht gerade auf dich warten, aber wenn du kommen willst, so komm. Erinnere dich, dass du versprochen hast, mir auf dem Klavier vorzuspielen. Aber vielleicht habe ich dich ganz entnervt und du kannst dich nicht mehr rühren, dann bleib und schlaf dich aus. Dem Vater sage ich vorläufig von unserer Rauferei kein Wort; ich bemerke das für den Fall, dass dir das Sorge machen sollte.« Darauf lief sie trotz ihrer angeblichen Müdigkeit mit zwei Sprüngen aus dem Zimmer.

Sofort setzte sich Karl aufrecht, dieses Liegen war schon unerträglich geworden. Um ein wenig Bewegung zu machen, ging er zur Tür und sah auf den Gang hinaus. War dort aber eine Finsternis! Er war froh, als er die Tür zugemacht und abgesperrt hatte und wieder bei seinem Tisch im Schein der Kerze stand. Sein Entschluss war, nicht länger in diesem Haus zu bleiben, sondern hinunter zu Herrn Pollunder zu gehen, ihm offen zu sagen, wie ihn Klara behandelt hatte – am Eingeständnis seiner Niederlage lag ihm gar nichts – und mit dieser wohl genügenden Begründung um die Erlaubnis zu bitten, nach Hause fahren oder gehen zu dürfen. Sollte Herr Pollunder etwas gegen diese sofortige Heimkehr einzuwenden haben, dann wollte ihn Karl wenigstens bitten, ihn durch einen Diener zum nächsten Hotel führen zu lassen. In dieser Weise, wie sie Karl plante, ging man zwar sonst in der Regel nicht mit freundlichen Gastgebern um, aber noch seltener ging man mit einem Gaste derart um, wie es Klara getan hatte. Sie hatte sogar noch ihr Versprechen, dem Herrn Pollunder von der Rauferei vorläufig nichts zu sagen, für eine Freundlichkeit gehalten, das war aber schon himmelschreiend. Ja, war denn Karl zu einem Ringkampf eingeladen worden, so dass es für ihn beschämend gewesen wäre, von einem Mädchen geworfen zu werden, das wahrscheinlich den größten Teil ihres Lebens mit dem Lernen von Ringkämpferkniffen verbracht hatte? Am Ende hatte sie gar von Mack Unterricht bekommen. Mochte sie ihm nur alles erzählen; der war sicher einsichtig, das wusste Karl, obwohl er niemals Gelegenheit gehabt hatte, das im einzelnen zu erfahren. Karl wusste aber auch, dass, wenn Mack ihn unterrichtete, er noch viel größere Fortschritte als Klara machen würde; dann käme er eines Tages wieder hierher, höchstwahrscheinlich uneingeladen, untersuchte natürlich zuerst die Örtlichkeit, deren genaue Kenntnis ein großer Vorteil Klaras gewesen war, packte dann diese gleiche Klara und klopfte mit ihr das gleiche Kanapee aus, auf das sie ihn heute geworfen hatte.

Jetzt handelte es sich nur darum, den Weg zum Saal zurückzufinden, wo er ja wahrscheinlich auch seinen Hut in der ersten Zerstreutheit auf einen unpassenden Platz gelegt hatte. Die Kerze wollte er natürlich mitnehmen, aber selbst bei Licht war es nicht leicht, sich auszukennen. Er wusste zum Beispiel nicht einmal, ob dieses Zimmer in der gleichen Ebene wie der Saal gelegen war. Klara hatte ihn auf dem Herweg immer so gezogen, dass er sich gar nicht hatte umsehen können. Herr Green und die leuchtertragenden Diener hatten ihm auch zu denken gegeben; kurz, er wusste jetzt tatsächlich nicht einmal, ob sie eine oder zwei oder vielleicht gar keine Treppe passiert hatten. Nach der Aussicht zu schließen, lag das Zimmer ziemlich hoch, und er suchte sich deshalb einzubilden, dass sie über Treppen gekommen waren, aber schon zum Hauseingang hatte man ja über Treppen steigen müssen, warum konnte nicht auch diese Seite des Hauses erhöht sein, Aber wenn wenigstens auf dem Gang irgendwo ein Lichtschein aus einer Tür zu sehen oder eine Stimme aus der Ferne auch noch so leise zu hören gewesen wäre!

Seine Taschenuhr, ein Geschenk des Onkels, zeigte elf Uhr, er nahm die Kerze und ging auf den Gang hinaus. Die Tür ließ er offen, um für den Fall, dass sein Suchen vergeblich wäre, wenigstens sein Zimmer wiederzufinden und danach, für den äußersten Notfall, die Tür zu Klaras Zimmer. Zur Sicherheit, damit sich die Türe nicht von selbst schließe, verstellte er sie mit einem Sessel. Auf dem Gange zeigte sich der Übelstand, dass gegen Karl – er ging natürlich von Klaras Türe weg nach links – ein Luftzug strich, der zwar ganz schwach war, aber immerhin leicht die Kerze hätte auslöschen können, so dass Karl die Flamme mit der Hand schützen und überdies öfters stehenbleiben musste, damit die niedergedrückte Flamme sich erhole. Es war ein langsames Vorwärtskommen, und der Weg schien dadurch doppelt lang.

Karl war schon an großen Strecken der Wände vorübergekommen, die gänzlich ohne Türen waren, man konnte sich nicht vorstellen, was dahinter war. Dann kam wieder Tür an Tür, er versuchte, mehrere zu öffnen, sie waren versperrt und die Räume offenbar unbewohnt. Es war eine Raumverschwendung sondergleichen, und Karl dachte an die östlichen New Yorker Quartiere, die ihm der Onkel zu zeigen versprochen hatte, wo angeblich in einem kleinen Zimmer mehrere Familien wohnten und das Heim einer Familie in einem Zimmerwinkel bestand, in dem sich die Kinder um ihre Eltern scharten. Und hier standen so viele Zimmer leer und waren nur dazu da, um hohl zu klingen, wenn man an die Tür schlug. Herr Pollunder schien Karl irregeführt zu sein von falschen Freunden und vernarrt in seine Tochter und dadurch verdorben. Der Onkel hatte ihn sicher richtig beurteilt, und nur sein Grundsatz, auf die Menschenbeurteilung Karls keinen Einfluss zu nehmen, war schuld an diesem Besuch und an diesen Wanderungen auf den Gängen. Karl wollte das morgen dem Onkel ohne weiteres sagen, denn nach seinem Grundsatz würde der Onkel auch das Urteil des Neffen über ihn gerne und ruhig anhören. Überdies war dieser Grundsatz vielleicht das einzige, was Karl an seinem Onkel nicht gefiel, und selbst dieses Nichtgefallen war nicht unbedingt.

Plötzlich hörte die Wand an der einen Gangseite auf, und ein eiskaltes marmornes Geländer trat an ihre Stelle. Karl stellte die Kerze neben sich und beugte sich vorsichtig hinüber. Dunkle Leere wehte ihm entgegen. Wenn das die Haupthalle des Hauses war – im Schimmer der Kerze erschien ein Stück einer gewölbeartig geführten Decke –, warum war man nicht durch diese Halle eingetreten? Wozu diente nur dieser große, tiefe Raum? Man stand ja hier oben wie auf der Galerie einer Kirche. Karl bedauerte fast, nicht bis morgen in diesem Hause bleiben zu können, er hätte gern bei Tageslicht von Herrn Pollunder sich überall herumführen und über alles unterrichten lassen.

Das Geländer war übrigens nicht lang, und bald wurde Karl wieder vom geschlossenen Gang aufgenommen. Bei einer plötzlichen Wendung des Ganges stieß Karl mit ganzer Wucht an die Mauer, und nur die ununterbrochene Sorgfalt, mit der er die Kerze krampfhaft hielt, bewahrte sie glücklicherweise vor dem Fallen und Auslöschen. Da der Gang kein Ende nehmen wollte, nirgends ein Fenster einen Ausblick gab, weder in der Höhe noch in der Tiefe sich etwas rührte, dachte Karl schon, er gehe immerfort im gleichen Kreisgang in der Runde, und hoffte schon, die offene Tür seines Zimmers vielleicht wiederzufinden, aber weder sie noch das Geländer kehrte wieder. Bis jetzt hatte sich Karl von lautem Rufen zurückgehalten, denn er wollte in einem fremden Haus zu so später Stunde keinen Lärm machen, aber jetzt sah er ein, dass es in diesem unbeleuchteten Hause kein Unrecht war, und machte sich gerade daran, nach beiden Seiten des Ganges ein lautes »Hallo!« zu schreien, als er in der Richtung, aus der er gekommen war, ein kleines, sich näherndes Licht bemerkte. Jetzt konnte er erst die Länge des geraden Ganges abschätzen; das Haus war eine Festung, keine Villa. Karls Freude über dieses rettende Licht war so groß, dass er alle Vorsicht vergaß und darauf zulief; schon bei den ersten Sprüngen löschte seine Kerze aus. Er achtete nicht darauf, denn er brauchte sie nicht mehr, hier kam ihm ein alter Diener mit einer Laterne entgegen, der ihm den richtigen Weg schon zeigen würde.

»Wer sind Sie?« fragte der Diener und hielt Karl die Laterne ans Gesicht, wodurch er gleichzeitig sein eigenes beleuchtete. Sein Gesicht erschien etwas steif durch einen großen, weißen Vollbart, der erst auf der Brust in seidenartige Ringel ausging. ›Es muss ein treuer Diener sein, dem man das Tragen eines solchen Bartes erlaubt‹, dachte Karl und sah diesen Bart unverwandt der Länge und Breite nach an, ohne sich dadurch behindert zu fühlen, dass er selbst beobachtet wurde. Im übrigen antwortete er sofort, dass er der Gast des Herrn Pollunder sei, aus seinem Zimmer in das Speisezimmer gehen wolle und es nicht finden könne.

»Ach so«, sagte der Diener »wir haben das elektrische Licht noch nicht eingeführt.«

»Ich weiß«, sagte Karl.

»Wollen Sie nicht Ihre Kerze an meiner Lampe anzünden?« fragte der Diener.

»Bitte«, sagte Karl und tat es.

»Es zieht hier so auf den Gängen«, sagte der Diener »die Kerze löscht leicht aus, darum habe ich eine Laterne.«

»Ja, eine Laterne ist viel praktischer«, sagte Karl.

»Sie sind auch schon von der Kerze ganz betropft«, sagte der Diener und leuchtete mit der Kerze Karls Anzug ab.

»Das habe ich ja gar nicht bemerkt!« rief Karl, und es tat ihm sehr leid, da es ein schwarzer Anzug war, von dem der Onkel gesagt hatte, er passe ihm am besten von allen. Die Rauferei mit Klara dürfte dem Anzug auch nicht genützt haben, erinnerte er sich jetzt. Der Diener war gefällig genug, den Anzug zu reinigen, so gut es in der Eile ging; immer wieder drehte sich Karl vor ihm herum und zeigte ihm noch hier und dort einen Fleck, den der Diener folgsam entfernte.

»Warum zieht es denn hier eigentlich so?« fragte Karl, als sie schon weitergingen.

»Es ist hier eben noch viel zu bauen«, sagte der Diener, »man hat zwar mit dem Umbau schon angefangen, aber es geht sehr langsam. Jetzt streiken auch noch die Bauarbeiter, wie Sie vielleicht wissen. Man hat viel Ärger mit so einem Bau. Jetzt sind da ein paar große Durchbrüche gemacht worden, die niemand vermauert, und die Zugluft geht durch das ganze Haus. Wenn ich nicht die Ohren voll Watte hätte, könnte ich nicht bestehen.«

»Da muss ich wohl lauter reden?«, fragte Karl.

»Nein, Sie haben eine klare Stimme«, sagte der Diener. »Aber um auf diesen Bau zurückzukommen; besonders, hier in der Nähe der Kapelle, die später unbedingt von dem übrigen Haus abgesperrt werden muss, ist die Zugluft gar nicht auszuhalten.«

»Die Brüstung, an der man in diesem Gang vorüberkommt, geht also in eine Kapelle hinaus?«

»Ja.«

›Das habe ich mir gleich gedacht‹, sagte Karl.

»Sie ist sehr sehenswert«, sagte der Diener, »wäre sie nicht gewesen, hätte wohl Herr Mack das Haus nicht gekauft.

Herr Mack?« fragte Karl , »ich dachte, das Haus gehöre Herrn Pollunder?«

»Allerdings«, sagte der Diener »aber Herr Mack hat doch bei diesem Kauf den Ausschlag gegeben. Sie kennen Herrn Mack nicht?«

»O ja«, sagte Karl. »Aber in welcher Verbindung ist er denn mit Herrn Pollunder?«

»Er ist der Bräutigam des Fräuleins«, sagte der Diener.

»Das wusste ich freilich nicht«, sagte Karl und blieb stehen.

»Setzt Sie das in solches Erstaunen?« fragte der Diener.

»Ich will es mir nur zurechtlegen. Wenn man solche Beziehungen nicht kennt, kann man ja die größten Fehler machen«, antwortete Karl.

»Es wundert mich nur, dass man Ihnen davon nichts gesagt hat«, sagte der Diener.

»Ja, wirklich«, sagte Karl beschämt.

»Wahrscheinlich dachte man, Sie wüssten es«, sagte der Diener, »es ist ja keine Neuigkeit. Hier sind wir übrigens«, und öffnete eine Türe, hinter der sich eine Treppe zeigte, die senkrecht zu der Hintertüre des ebenso wie bei der Ankunft hell beleuchteten Speisezimmers führte.

Ehe Karl in das Speisezimmer eintrat, aus dem man die Stimmen Herrn Pollunders und Herrn Greens unverändert wie vor nun wohl schon zwei Stunden hörte, sagte der Diener: »Wenn Sie wollen, erwarte ich Sie hier und führe Sie dann in Ihr Zimmer. Es macht immerhin Schwierigkeiten, sich gleich am ersten Abend hier auszukennen.«

»Ich werde nicht mehr in mein Zimmer zurückkehren«, sagte Karl und wusste nicht, warum er bei dieser Auskunft traurig wurde.

»Es wird nicht so arg sein«, sagte der Diener, ein wenig überlegen lächelnd, und klopfte ihm auf den Arm. Er hatte sich wahrscheinlich Karls Worte dahin erklärt, dass Karl beabsichtige, während der ganzen Nacht im Speisezimmer zu bleiben, sich mit den Herren zu unterhalten und mit ihnen zu trinken. Karl wollte jetzt keine Bekenntnisse machen, außerdem dachte er, der Diener, der ihm besser gefiel als die anderen hiesigen Diener, könne ihm ja dann die Wegrichtung nach New York zeigen, und sagte deshalb: »Wenn Sie hier warten wollen, so ist das sicherlich eine große Freundlichkeit von Ihnen, und ich nehme sie dankbar an. Jedenfalls werde ich in einer kleinen Weile herauskommen und Ihnen dann sagen, was ich weiter tun werde. Ich denke schon, dass mir Ihre Hilfe noch nötig sein wird.« »Gut«, sagte der Diener, stellte die Laterne auf den Boden und setzte sich auf ein niedriges Postament, dessen Leere wahrscheinlich auch mit dem Umbau des Hauses zusammenhing. »Ich werde also hier warten. Die Kerze können Sie auch bei mir lassen«, sagte der Diener noch, als Karl mit der brennenden Kerze in den Saal gehen wollte.

»Ich bin aber zerstreut«, sagte Karl und reichte die Kerze dem Diener hin, welcher ihm bloß zunickte, ohne dass man wusste, ob er es mit Absicht tat oder ob es eine Folge dessen war, dass er mit der Hand seinen Bart strich.

Karl öffnete die Tür, die ohne seine Schuld laut klirrte, denn sie bestand aus einer einzigen Glasplatte, die sich fast bog, wenn die Tür rasch geöffnet und nur an der Klinke festgehalten wurde. Karl ließ die Tür erschrocken los, denn er hatte gerade besonders still eintreten wollen.

Ohne sich mehr umzudrehen, merkte er noch, wie hinter ihm der Diener, der offenbar von seinem Postament herabgestiegen war, vorsichtig und ohne das geringste Geräusch, die Tür schloss.

»Verzeihen Sie, dass ich störe«, sagte er zu den beiden Herren, die ihn mit ihren großen, erstaunten Gesichtern ansahen. Gleichzeitig aber überflog er mit einem Blick den Saal, ob er nicht irgendwo schnell seinen Hut finden könne. Er war aber nirgends zu sehen, der Esstisch war völlig abgeräumt, vielleicht war der Hut unangenehmerweise irgendwie in die Küche fortgetragen worden.

»Wo haben Sie denn Klara gelassen?« fragte Herr Pollunder, dem übrigens die Störung nicht unlieb schien, denn er setzte sich gleich anders in seinem Fauteuil und kehrte Karl seine ganze Front zu. Herr Green spielte den Unbeteiligten, zog eine Brieftasche heraus, die an Größe und Dicke ein Ungeheuer ihrer Art war, schien in den vielen Taschen ein bestimmtes Stück zu suchen, las aber während des Suchens auch andere Papiere, die ihm gerade in die Hand kamen.

»Ich hätte eine Bitte, die Sie nicht missverstehen dürfen«, sagte Karl, ging eiligst zu Herrn Pollunder hin und legte, um ihm recht nahe zu sein, die Hand auf die Armlehne des Fauteuils.

»Was soll denn das für eine Bitte sein?« fragte Herr Pollunder und sah Karl mit offenem, rückhaltlosem Blicke an. »Sie ist natürlich schon erfüllt.« Und er legte den Arm um Karl und zog ihn zu sich zwischen seine Beine. Karl duldete das gerne, obwohl er sich im allgemeinen doch für eine solche Behandlung allzu erwachsen fühlte. Aber das Aussprechen seiner Bitte wurde natürlich schwieriger.

»Wie gefällt es Ihnen denn eigentlich bei uns?« fragte Herr Pollunder. »Scheint es Ihnen nicht auch, dass man auf dem Lande sozusagen befreit wird, wenn man aus der Stadt herauskommt? Im allgemeinen« – und ein nicht misszuverstehender, durch Karl etwas verdeckter Seitenblick ging auf Herrn Green –, »im allgemeinen habe ich dieses Gefühl immer wieder, jeden Abend.«

›Er spricht‹, dachte Karl, ›als wüsste er nichts von dem großen Haus, den endlosen Gängen, der Kapelle, den leeren Zimmern, dem Dunkel überall.‹

»Nun«, sagte Herr Pollunder, »die Bitte!«, und er schüttelte Karl freundschaftlich, der stumm dastand.

»Ich bitte«, sagte Karl und, so sehr er die Stimme dämpfte, es ließ sich nicht vermeiden, dass der daneben sitzende Green alles hörte, vor dem Karl die Bitte, die möglicherweise als eine Beleidigung Pollunders aufgefasst werden konnte, so gern verschwiegen hätte – »ich bitte, lassen Sie mich noch jetzt, in der Nacht, nach Hause.«

Und da das Ärgste ausgesprochen war, drängte alles andere um so schneller nach, er sagte, ohne die geringste Lüge zu gebrauchen, Dinge, an die er gar nicht eigentlich vorher gedacht hatte. »Ich möchte um alles gerne nach Hause. Ich werde gerne wiederkommen, denn wo Sie, Herr Pollunder, sind, dort bin auch ich gerne. Nur heute kann ich nicht hierbleiben. Sie wissen, der Onkel hat mir die Erlaubnis zu diesem Besuch nicht gerne gegeben. Er hat sicher dafür seine guten Gründe gehabt, wie für alles, was er tut, und ich habe es mir herausgenommen, gegen seine bessere Einsicht die Erlaubnis förmlich zu erzwingen. Ich habe seine Liebe zu mir einfach missbraucht. Was für Bedenken er gegen diesen Besuch hatte, ist ja jetzt gleichgültig, ich weiß bloß ganz bestimmt, dass nichts in diesem Bedenken war, was Sie, Herr Pollunder, kränken könnte, der Sie der beste, der allerbeste Freund meines Onkels sind. Kein anderer kann sich in der Freundschaft meines Onkels auch nur im entferntesten mit Ihnen vergleichen. Das ist ja auch die einzige Entschuldigung für meine Unfolgsamkeit, aber keine genügende. Sie haben vielleicht keinen genauen Einblick in das Verhältnis zwischen meinem Onkel und mir, ich will daher nur von dem Einleuchtendsten sprechen. Solange meine Englischstudien nicht abgeschlossen sind und ich mich im praktischen Handel nicht genügend ungesehen habe, bin ich gänzlich auf die Güte meines Onkels angewiesen, die ich allerdings als Blutsverwandter genießen darf. Sie dürfen nicht glauben, dass ich schon jetzt irgendwie mein Brot anständig – und vor allem anderen soll mich Gott bewahren – verdienen könnte. Dazu ist leider meine Erziehung zu unpraktisch gewesen. Ich habe vier Klassen eines europäischen Gymnasiums als Durchschnittsschüler durchgemacht, und das bedeutet für den Gelderwerb viel weniger als nichts, denn unsere Gymnasien sind im Lehrplan sehr rückschrittlich. Sie würden lachen, wenn ich Ihnen erzählen wollte, was ich gelernt habe. Wenn man weiter studiert, das Gymnasium zu Ende macht, an die Universität geht, dann gleicht sich ja wahrscheinlich alles irgendwie aus, und man hat zum Schluss eine geordnete Bildung, mit der sich etwas anfangen lässt und die einem die Entschlossenheit zum Gelderwerb gibt. Ich aber bin aus diesem zusammenhängenden Studium leider herausgerissen worden; manchmal glaube ich, ich weiß gar nichts, und schließlich wäre auch alles, was ich wissen könnte, für Amerikaner noch immer zu wenig. Jetzt werden in meiner Heimat neuestens hie und da Reformgymnasien eingerichtet, wo man auch moderne Sprachen und vielleicht auch Handelswissenschaften lernt; als ich aus der Volksschule trat, gab es das noch nicht. Mein Vater wollte mich zwar im Englischen unterrichten lassen, aber erstens konnte ich damals nicht ahnen, welches Unglück über mich kommen wird und wie ich das Englische brauchen werde, und zweitens musste ich für das Gymnasium viel lernen, so dass ich für andere Beschäftigungen nicht besonders viel Zeit hatte. – Ich erwähne das alles, um Ihnen zu zeigen, wie abhängig ich von meinem Onkel bin und wie verpflichtet infolgedessen ich ihm gegenüber auch bin. Sie werden sicher zugeben, dass ich es mir bei solchen Verhältnissen nicht erlauben darf, auch nur das geringste gegen seinen auch nur geahnten Willen zu tun. Und darum muss ich, um den Fehler, den ich ihm gegenüber begangen habe, nur halbwegs wiedergutzumachen, sofort nach Hause gehen.«

Während dieser langen Rede Karls hatte Herr Pollunder aufmerksam zugehört, öfters, besonders wenn der Onkel erwähnt wurde, Karl, wenn auch unmerklich, an sich gedrückt und einige Male ernst und wie erwartungsvoll zu Green hinübergesehen, der sich weiterhin mit seiner Brieftasche beschäftigte. Karl aber war, je deutlicher ihm seine Stellung zum Onkel im Laufe seiner Rede zu Bewusstsein kam, immer unruhiger geworden, hatte sich unwillkürlich aus dem Arm Pollunders zu drängen gesucht. Alles beengte ihn hier; der Weg zum Onkel durch die Glastüre, über die Treppe, durch die Allee, über die Landstraßen, durch die Vorstädte zur großen Verkehrsstraße, einmündend in des Onkels Haus, erschien ihm als etwas streng Zusammengehöriges, das leer, glatt und für ihn vorbereitet dalag und mit einer starken Stimme nach ihm verlangte. Herrn Pollunders Güte und Herrn Greens Abscheulichkeit verschwammen, und er wollte aus diesem rauchigen Zimmer nichts anderes für sich haben als die Erlaubnis zum Abschiednehmen. Zwar fühlte er sich gegen Herrn Pollunder abgeschlossen, gegen Herrn Green kampfbereit, und doch erfüllte ihn ringsherum eine unbestimmte Furcht, deren Stöße seine Augen trübten.

Er trat einen Schritt zurück und stand nun gleich weit von Herrn Pollunder und von Herrn Green entfernt.»Wollten Sie ihm nicht etwas sagen?« fragte Herr Pollunder Herrn Green und fasste wie bittend Herrn Greens Hand.

»Ich wüsste nicht, was ich ihm sagen sollte«, sagte Herr Green, der endlich einen Brief aus seiner Tasche gezogen und vor sich auf den Tisch gelegt hatte.

»Es ist recht lobenswert, dass er zu seinem Onkel zurückkehren will, und nach menschlicher Voraussicht sollte man glauben, dass er dem Onkel eine besondere Freude damit machen wird. Es müsste denn sein, dass er durch seine Unfolgsamkeit den Onkel schon allzu böse gemacht hat, was ja auch möglich ist. Dann allerdings wäre es besser, er bliebe hier. Es ist eben schwer, etwas Bestimmtes zu sagen; wir sind zwar beide Freunde des Onkels und es dürfte Mühe machen, zwischen meiner und Herrn Pollunders Freundschaft Rangunterschiede zu erkennen, aber in das Innere des Onkels können wir nicht hineinschauen, und ganz besonders nicht über die vielen Kilometer hinweg, die uns hier von New York trennen«.

»Bitte, Herr Green«, sagte Karl und näherte sich mit Selbstüberwindung Herrn Green. »Ich höre aus Ihren Worten heraus, dass Sie es auch für das beste halten, wenn ich gleich zurückkehre.«

»Das habe ich durchaus nicht gesagt«, meinte Herr Green und vertiefte sich in das Anschauen des Briefes, an dessen Rändern er mit zwei Fingern hin und her fuhr. Er schien damit andeuten zu wollen, dass er von Herrn Pollunder gefragt worden sei, ihm auch geantwortet habe, während er mit Karl eigentlich nichts zu tun habe.

Inzwischen war Herr Pollunder zu Karl getreten und hatte ihn sanft von Herrn Green weg zu einem der großen Fenster gezogen. »Lieber Herr Roßmann«, sagte er, zu Karls Ohr hinabgebeugt, und wischte zur Vorbereitung mit dem Taschentuch über sein Gesicht und, bei der Nase innehaltend, schneuzte er sich, »Sie werden doch nicht glauben, dass ich Sie gegen Ihren Willen hier zurückhalten will. Davon ist ja keine Rede. Das Automobil kann ich Ihnen zwar nicht zur Verfügung stellen, denn es steht weit von hier in einer öffentlichen Garage, da ich noch keine Zeit hatte, hier, wo alles erst im Werden ist, eine eigene Garage einzurichten. Der Chauffeur wiederum schläft nicht hier im Haus, sondern in der Nähe der Garage, ich weiß wirklich selbst nicht, wo. Außerdem ist es gar nicht seine Pflicht, jetzt zu Hause zu sein, seine Pflicht ist es nur, früh zur rechten Zeit hier vorzufahren. Aber das alles wären keine Hindernisse für Ihre augenblickliche Heimkehr, denn wenn Sie darauf bestehen, begleite ich Sie sofort zur nächsten Station der Stadtbahn, die allerdings so weit entfernt ist, dass Sie nicht viel früher zu Hause ankommen dürften, als wenn Sie früh – wir fahren ja schon um sieben Uhr – mit mir in meinem Automobil fahren wollen.«

»Da möchte ich, Herr Pollunder, doch lieber mit der Stadtbahn fahren«, sagte Karl.

»An die Stadtbahn habe ich gar nicht gedacht. Sie sagen selbst, dass ich mit der Stadtbahn früher ankomme, als früh mit dem Automobil.«

»Es ist aber ein ganz kleiner Unterschied.«

»Trotzdem, trotzdem, Herr Pollunder«, sagte Karl, »ich werde in Erinnerung an Ihre Freundlichkeit immer gerne herkommen, vorausgesetzt natürlich, dass Sie mich nach meinem heutigen Benehmen noch einladen wollen, und vielleicht werde ich es nächstens besser ausdrücken können, warum heute jede Minute, um die ich meinen Onkel früher sehe, für mich so wichtig ist.« Und, als hätte er bereits die Erlaubnis zum Weggehen erhalten, fügte er hinzu: »Aber keinesfalls dürfen Sie mich begleiten. Es ist auch ganz unnötig. Draußen ist ein Diener, der mich gern zur Station begleiten wird. Jetzt muss ich nur noch meinen Hut suchen.« Und bei den letzten Worten durchschritt er schon das Zimmer, um noch in Eile einen letzten Versuch zu machen, ob sein Hut doch vielleicht zu finden wäre.

»Könnte ich Ihnen nicht mit einer Mütze aushelfen?« sagte Herr Green und zog eine Mütze aus der Tasche.

»Vielleicht passt sie Ihnen zufällig.« Verblüfft blieb Karl stehen und sagte: »Ich werde Ihnen doch nicht Ihre Mütze wegnehmen. Ich kann ja ganz gut mit unbedecktem Kopf gehen. Ich brauche gar nichts«

»Es ist nicht meine Mütze. Nehmen Sie nur!«

»Dann danke ich«, sagte Karl, um sich nicht aufzuhalten, und nahm die Mütze. Er zog sie an und lachte zuerst, da sie ganz genau passte, nahm sie wieder in die Hand und betrachtete sie, konnte aber das Besondere, das er an ihr suchte, nicht finden; es war eine vollkommen neue Mütze. »Sie passt so gut!« sagte er.

»Also, sie passt!« rief Herr Green und schlug auf den Tisch.

Karl ging schon zur Türe zu, um den Diener zu holen, da erhob sich Herr Green, streckte sich nach dem reichlichen Mahl und der vielen Ruhe, klopfte stark gegen seine Brust und sagte in einem Ton zwischen Rat und Befehl: »Ehe Sie weggehen, müssen Sie von Fräulein Klara Abschied nehmen.«

»Das müssen Sie«, sagte auch Herr Pollunder, der ebenfalls aufgestanden war. Ihm hörte man es an, dass die Worte nicht aus seinem Herzen kamen, schwach ließ er die Hände an die Hosennaht schlagen und knöpfte immer wieder seinen Rock auf und zu, der nach der augenblicklichen Mode ganz kurz war und kaum zu den Hüften ging, was so dicke Leute wie Herrn Pollunder schlecht kleidete. Übrigens hatte man, wenn er so neben Herrn Green stand, den deutlichen Eindruck, dass es bei Herrn Pollunder keine gesunde Dicke war; der Rücken war in seiner ganzen Masse etwas gekrümmt, der Bauch sah weich und unhaltbar aus, eine wahre Last, und das Gesicht erschien bleich und geplagt. Dagegen stand hier Herr Green, vielleicht noch etwas dicker als Herr Pollunder, aber es war eine zusammenhängende, sich gegenseitig tragende Dicke, die Füße waren soldatisch zusammengeklappt, den Kopf trug er aufrecht und schaukelnd; er schien ein großer Turner, ein Vorturner, zu sein.

»Gehen Sie also vorerst«, fuhr Herr Green fort, »zu Fräulein Klara. Das dürfte Ihnen sicher Vergnügen machen und passt auch sehr gut in meine Zeiteinteilung hinein. Ich habe Ihnen nämlich tatsächlich, ehe Sie von hier fortgehen, etwas Interessantes zu sagen, was wahrscheinlich auch für Ihre Rückkehr entscheidend sein kann. Nur bin ich leider durch höheren Befehl gebunden, Ihnen vor Mitternacht nichts zu verraten. Sie können sich vorstellen, dass mir das selbst leid tut, denn es stört meine Nachtruhe, aber ich halte mich an meinen Auftrag. Jetzt ist es viertel zwölf, ich kann also meine Geschäfte noch mit Herrn Pollunder zu Ende besprechen, wobei Ihre Gegenwart nur stören würde, und Sie können ein hübsches Weilchen mit Fräulein Klara verbringen. Punkt zwölf stellen Sie sich dann hier ein, wo Sie das Nötige erfahren werden.«

Konnte Karl diese Forderung ablehnen, die von ihm wirklich nur das Geringste an Höflichkeit und Dankbarkeit gegenüber Herrn Pollunder verlangte und die überdies ein sonst unbeteiligter, roher Mann stellte, während Herr Pollunder, den es anging, sich mit Worten und Blicken möglichst zurückhielt?. Und was war jenes Interessante, das er erst um Mitternacht erfahren durfte? Wenn es seine Heimkehr nicht wenigstens um die dreiviertel Stunde beschleunigte, um die sie jetzt verschob, interessierte es ihn wenig. Aber sein größter Zweifel, ob er überhaupt zu Klara gehen konnte, die doch seine Feindin war. Wenn er wenigstens das Schlageisen bei sich gehabt hätte, das ihm der Onkel als Briefbeschwerer geschenkt hatte! Das Zimmer Klaras mochte ja eine recht gefährliche Höhle sein. Aber nun war es ja ganz und gar unmöglich, hier gegen Klara das Geringste zu sagen, da sie Pollunders Tochter und, wie er jetzt gehört hatte, gar Macks Braut war. Sie hätte ja nur um eine Kleinigkeit anders sich zu ihm verhalten müssen, und er hätte sie wegen ihrer Beziehungen offen bewundert. Noch überlegte er das alles, aber schon merkte er, dass man keine Überlegungen von ihm verlangte, denn Green öffnete die Tür und sagte dem Diener, der vom Postamente sprang: »Führen Sie diesen jungen Mann zu Fräulein Klara«.

›So führt man Befehle aus‹, dachte Karl, als ihn der Diener, fast laufend, stöhnend vor Altersschwäche, auf einem besonders kurzen Weg zu Klaras Zimmer zog. Als Karl an seinem Zimmer vorüberkam, dessen Tür noch immer offen stand, wollte er, vielleicht zu seiner Beruhigung, für einen Augenblick eintreten. Der Diener ließ das aber nicht zu.

»Nein«, sagte er, »Sie müssen zu Fräulein Klara. Sie haben es ja selbst gehört.«

»Ich würde mich nur einen Augenblick drinnen aufhalten«, sagte Karl, und er dachte daran, sich zur Abwechslung ein wenig auf das Kanapee zu werfen, damit ihm die Zeit rascher gegen Mitternacht vorrücke.

»Erschweren Sie mir die Ausführung meines Auftrages nicht«, sagte der Diener.

›Er scheint es für eine Strafe zu halten, dass ich zu Fräulein Klara gehen muss‹, dachte Karl und machte ein paar Schritte, blieb aber aus Trotz wieder stehen.

»Kommen Sie doch, junger Herr«, sagte der Diener, »wenn Sie nun schon einmal hier sind. Ich weiß, Sie wollten noch in der Nacht weggehen, es geht eben nicht alles nach Wunsch, ich habe es Ihnen ja gleich gesagt, dass es kaum möglich sein wird.«

»Ja, ich will weggehen und werde auch weggehen«, sagte Karl, »und will jetzt nur von Fräulein Klara Abschied nehmen.«

»So?« sagte der Diener, und Karl sah ihm wohl an, dass er kein Wort davon glaubte.

»Warum zögern Sie also, Abschied zu nehmen; kommen Sie doch.«

»Wer ist auf dem Gang?« ertönte Klaras Stimme, und man sah sie aus einer nahen Tür sich vorbeugen, eine große Tischlampe mit rotem Schirm in der Hand. Der Diener eilte zu ihr hin und erstattete die Meldung. Karl ging ihm langsam nach.

»Sie kommen spät«, sagte Klara.

Ohne ihr vorläufig zu antworten, sagte Karl zum Diener leise, aber, da er seine Natur schon kannte, im Ton strengen Befehls: »Sie warten auf mich knapp vor dieser Tür!«

»Ich wollte schon schlafen gehen«, sagte Klara und stellte die Lampe auf den Tisch. Wie unten im Speisezimmer schloss auch hier wieder der Diener vorsichtig von außen die Tür. »Es ist ja schon halb zwölf vorüber.«

»Halb zwölf vorüber?« wiederholte Karl fragend, wie erschrocken über diese Zahlen. »Dann muss ich mich aber sofort verabschieden«, sagte Karl, »denn Punkt zwölf muss ich schon unten im Speisesaal sein.«

»Was Sie für eilige Geschäfte haben«, sagte Klara und ordnete zerstreut die Falten ihres losen Nachtkleides. Ihr Gesicht glühte und immerfort lächelte sie. Karl glaubte zu erkennen, dass keine Gefahr bestand, mit Klara wieder in Streit zu geraten. »Könnten Sie nicht doch noch ein wenig Klavier spielen, wie es mir gestern Papa und heute Sie selbst versprochen haben?«

»Ist es nicht aber schon zu spät?« fragte Karl. Er hätte ihr gern gefällig sein wollen, denn sie war ganz anders als vorher, so als wäre sie irgendwie aufgestiegen in die Kreise Pollunders und weiterhin Macks.

»Ja, spät ist es schon«, sagte sie, und es schien ihr die Lust zur Musik schon vergangen zu sein. »Dann widerhallt hier auch jeder Ton im ganzen Hause, ich bin überzeugt, wenn Sie spielen, wacht noch oben in der Dachkammer die Dienerschaft auf.

»Dann lasse ich also das Spiel, ich hoffe ja bestimmt noch wiederzukommen; übrigens, wenn es Ihnen keine besondere Mühe macht, besuchen Sie doch einmal meinen Onkel und schauen Sie bei der Gelegenheit auch in mein Zimmer. Ich habe ein prachtvolles Piano. Der Onkel hat es mir geschenkt. Dann spiele ich Ihnen, wenn es Ihnen recht ist, alle meine Stückchen vor, es sind leider nicht viele, und sie passen auch gar nicht zu einem so großen Instrument, auf dem nur Virtuosen sich hören lassen sollten. Aber auch dieses Vergnügen werden Sie haben können, wenn Sie mich von Ihrem Besuch vorher verständigen, denn der Onkel will nächstens einen berühmten Lehrer für mich engagieren – Sie können sich denken, wie ich mich darauf freue –, und dessen Spiel wird allerdings dafür stehen, mir während der Unterrichtsstunde einen Besuch zu machen. Ich bin, wenn ich ehrlich sein soll, froh, dass es für das Spiel schon zu spät ist, denn ich kann noch gar nichts, Sie würden staunen, wie wenig ich kann. Und nun erlauben Sie, dass ich mich verabschiede, schließlich ist es ja doch schon Schlafenszeit.« Und weil ihn Klara gütig ansah und ihm wegen der Rauferei gar nichts nachzutragen schien, fügte er lächelnd hinzu, während er ihr die Hand reichte: »In meiner Heimat pflegt man zu sagen: ›Schlafe wohl und träume süß.‹«

»Warten Sie«, sagte sie, ohne die Hand anzunehmen, »vielleicht sollten Sie doch spielen.« Und sie verschwand durch eine kleine Seitentür, neben der das Piano stand.

›Was ist denn‹, dachte Karl. ›Lange kann ich nicht warten, so lieb sie auch ist.‹ Es klopfte an der Gangtüre, und der Diener, der die Türe nicht ganz zu öffnen wagte, flüsterte durch einen kleinen Spalt: »Verzeihen Sie, ich wurde soeben abberufen und kann nicht mehr warten.«

»Gehen Sie nur«, sagte Karl, der sich nun getraute, den Weg ins Speisezimmer allein zu finden. »Lassen Sie mir nur die Laterne vor der Türe. Wie spät ist es übrigens?«

»Bald dreiviertel zwölf«, sagte der Diener.

»Wie langsam die Zeit vergeht«, sagte Karl. Der Diener wollte schon die Türe schließen, da erinnerte sich Karl, dass er ihm noch kein Trinkgeld gegeben hatte, nahm einen Schilling aus der Hosentasche – er trug jetzt immer Münzengeld, nach amerikanischer Sitte lose klingelnd, in der Hosentasche, Banknoten dagegen in der Westentasche – und reichte ihn dem Diener mit den Worten: »Für Ihre guten Dienste.«

Klara war schon wieder eingetreten, die Hände an ihrer festen Frisur, als es Karl einfiel, dass er den Diener doch nicht hätte wegschicken sollen, denn wer würde ihn jetzt zur Station der Stadtbahn führen? Nun, da würde wohl schon Herr Pollunder einen Diener noch auftreiben können, vielleicht war übrigens dieser Diener ins Speisezimmer gerufen worden und würde dann zur Verfügung stehen.

»Ich bitte Sie also doch, ein wenig zu spielen. Man hört hier so selten Musik, dass man sich keine Gelegenheit, sie zu hören, entgehen lassen will.«

»Dann ist es aber höchste Zeit«, sagte Karl ohne weitere Überlegung und setzte sich gleich zum Klavier.

»Wollen Sie Noten haben?« fragte Klara.

»Danke, ich kann ja Noten nicht einmal vollkommen lesen«, antwortete Karl und spielte schon. Es war ein kleines Lied, das, wie Karl wohl wusste, ziemlich langsam hätte gespielt werden müssen, um, besonders für Fremde, auch nur verständlich zu sein, aber er hudelte es in ärgstem Marschtempo hinunter. Nach der Beendigung fuhr die gestörte Stille des Hauses wie in großem Gedränge wieder an ihren Platz. Man saß wie benommen da und rührte sich nicht.

»Ganz schön«, sagte Klara, aber es gab keine Höflichkeitsformel, die Karl nach diesem Spiel hätte schmeicheln können.

»Wie spät ist es?«, fragte er.

»Dreiviertel zwölf«

»Dann habe ich noch ein Weilchen Zeit«, sagte er und dachte bei sich: ›Entweder – oder. Ich muss ja nicht alle zehn Lieder spielen, die ich kann, aber eines kann ich nach Möglichkeit gut spielen.‹ Und er fing sein geliebtes Soldatenlied an. So langsam, dass das aufgestörte Verlangen des Zuhörers sich nach der nächsten Note streckte, die Karl zurückhielt und nur schwer hergab. Er musste ja tatsächlich bei jedem Lied die nötigen Tasten mit den Augen erst zusammensuchen, aber außerdem fühlte er in sich ein Leid entstehen, das, über das Ende des Liedes hinaus, ein anderes Ende suchte und es nicht finden konnte. »Ich kann ja nichts«, sagte Karl nach Schluss des Liedes und sah Klara mit Tränen in den Augen an.

Da ertönte aus dem Nebenzimmer lautes Händeklatschen. »Es hört noch jemand zu!« rief Karl aufgerüttelt.

»Mack«, sagte Klara leise. Und schon hörte man Mack rufen: »Karl Roßmann, Karl Roßmann!«

Karl schwang sich mit beiden Füßen zugleich über die Klavierbank und öffnete die Tür. Er sah dort Mack in einem großen Himmelbett halb liegend sitzen, die Bettdecke war lose über die Beine geworfen. Der Baldachin aus blauer Seide war die einzige, ein wenig mädchenhafte Pracht des sonst einfachen, aus schwerem Holz eckig gezimmerten Bettes. Auf dem Nachttischchen brannte nur eine Kerze, aber die Bettwäsche und Macks Hemd waren so weiß, dass das über sie fallende Kerzenlicht in fast blendendem Widerschein von ihnen strahlte; auch der Baldachin leuchtete, wenigstens am Rande, mit seiner leicht gewellten, nicht ganz fest gespannten Seide. Gleich hinter Mack versank aber das Bett und alles in vollständigem Dunkel. Klara lehnte sich an den Bettpfosten und hatte nur noch Augen für Mack.

»Servus«, sagte Mack und reichte Karl die Hand. »Sie spielen ja recht gut, bisher habe ich bloß Ihre Reitkunst gekannt«.

»Ich kann das eine so schlecht wie das andere«, sagte Karl.»Wenn ich gewusst hätte, dass Sie zuhören, hätte ich bestimmt nicht gespielt Aber Ihr Fräulein« – er unterbrach sich, er zögerte »Braut« zu sagen, da Mack und Klara offenbar schon miteinander schliefen.

»Ich ahnte es ja«, sagte Mack, »darum musste sie Klara aus New York hierherlocken, sonst hätte ich Ihr Spiel gar nicht zu hören bekommen. Es ist ja reichlich anfängerhaft, und selbst in diesen Liedern, die Sie doch eingeübt hatten und die sehr primitiv gesetzt sind, haben Sie einige Fehler gemacht, aber immerhin hat es mich sehr gefreut, ganz abgesehen davon, dass ich das Spiel keines Menschen verachte. Wollen Sie sich aber nicht setzen und noch ein Weilchen bei uns bleiben? Klara, gib ihm doch einen Sessel.«

»Ich danke«, sagte Karl stockend. »Ich kann nicht bleiben, so gern ich hierbliebe. Zu spät erfahre ich, dass es so wohnliche Zimmer in diesem Hause gibt.«

»Ich baue alles in dieser Art um«, sagte Mack.

In diesem Augenblick erklangen zwölf Glockenschläge, rasch hintereinander, einer in den Lärm des anderen dreinschlagend. Karl fühlte das Wehen der großen Bewegung dieser Glocken an den Wangen. Was war das für ein Dorf, das solche Glocken hatte!

»Höchste Zeit«, sagte Karl, streckte Mack und Klara nur die Hände hin, ohne sie zu fassen, und lief auf den Gang hinaus. Dort fand er die Laterne nicht und bedauerte, dem Diener zu früh das Trinkgeld gegeben zu haben.

Er wollte sich an der Wand zu der offenen Tür seines Zimmers hintasten, war aber kaum in der Hälfte des Weges, als er Herrn Green mit erhobener Kerze eilig heranschwanken sah. In der Hand, in der er auch die Kerze hielt, trug er einen Brief.

»Roßmann, warum kommen Sie denn nicht? Warum lassen Sie mich warten? Was haben Sie denn bei Fräulein Klara getrieben?«

›Viele Fragen!‹ dachte Karl, ›und jetzt drückt er mich noch an die Wand‹, denn tatsächlich stand er dicht vor Karl, der mit dem Rücken an der Wand lehnte. Green nahm in diesem Gang eine schon lächerliche Größe an, und Karl stellte sich zum Spaß die Frage, ob er nicht etwa den guten Herrn Pollunder aufgefressen habe.

»Sie sind tatsächlich kein Mann von Wort. Versprechen, um zwölf hinunterzukommen und umschleichen statt dessen die Türe Fräulein Klaras. Ich dagegen habe Ihnen für Mitternacht etwas Interessantes versprochen und bin damit schon da.« Und damit reichte er Karl den Brief.

Auf dem Umschlag stand »An Karl Roßmann, um Mitternacht persönlich abzugeben, wo immer er angetroffen wird«.

»Schließlich«, sagte Herr Green, während Karl den Brief öffnete, »ist es, glaube ich, schon anerkennenswert, dass ich Ihretwegen aus New York hierhergefahren bin, so dass Sie mich durchaus nicht noch auf den Gängen Ihnen nachlaufen lassen müssten.«

»Vom Onkel!« sagte Karl, kaum dass er in den Brief hineingeschaut hatte.

»Ich habe es erwartet«, sagte er zu Herrn Green gewendet.

»Ob Sie es erwartet haben oder nicht, ist mir kolossal gleichgültig. Lesen Sie nur schon«, sagte dieser und hielt Karl die Kerze hin.

Karl las bei ihrem Licht:

»Geliebter Neffe! Wie Du während unseres leider viel zu kurzen Zusammenlebens schon erkannt haben wirst, bin ich durchaus ein Mann von Prinzipien. Das ist nicht nur für meine Umgebung, sondern auch für mich sehr unangenehm und traurig, aber ich verdanke meinen Prinzipien alles, was ich bin, und niemand darf verlangen, dass ich mich vom Erdboden wegleugne, niemand, auch Du nicht, mein geliebter Neffe, wenn auch Du gerade der erste in der Reihe wärest, wenn es mir einmal einfallen sollte, jenen allgemeinen Angriff gegen mich zuzulassen. Dann würde ich am liebsten gerade Dich mit diesen beiden Händen, mit denen ich das Papier halte und beschreibe, auffangen und hochheben. Da aber vorläufig gar nichts darauf hindeutet, dass dies einmal geschehen könnte, muss ich Dich nach dem heutigen Vorfall unbedingt von mir fortschicken, und ich bitte Dich dringend, mich weder selbst aufzusuchen, noch brieflich oder durch Zwischenträger Verkehr mit mir zu suchen. Du hast Dich gegen meinen Willen dafür entschieden, heute Abend von mir fortzugehen, dann bleibe aber auch bei diesem Entschluss Dein Leben lang, nur dann war es ein männlicher Entschluss. Ich erwählte zum Überbringer dieser Nachricht Herrn Green, meinen besten Freund, der sicherlich für Dich schonende Worte genug finden wird, die mir im Augenblick tatsächlich nicht zur Verfügung stehen. Er ist ein einflussreicher Mann und wird Dich, schon mir zuliebe, in Deinen ersten selbständigen Schritten mit Rat und Tat unterstützen. Um unsere Trennung zu begreifen, die mir jetzt am Schlusse dieses Briefes wieder unfasslich scheint, muss ich mir immer wieder neuerlich sagen: Von Deiner Familie, Karl, kommt nichts Gutes. Sollte Herr Green vergessen, Dir Deinen Koffer und Deinen Regenschirm auszuhändigen, so erinnere ihn daran. Mit besten Wünschen für Dein weiteres Wohlergehen
Dein treuer Onkel Jakob.«

»Sind Sie fertig?« fragte Green.

»Ja«, sagte Karl.

»Haben Sie mir den Koffer und den Regenschirm mitgebracht?« fragte Karl.

»Hier ist er«, sagte Green und stellte Karls alten Reisekoffer, den er bisher mit der linken Hand hinter den Rücken versteckt hatte, neben Karl auf den Boden.

»Und den Regenschirm?«, fragte Karl weiter.

»Alles hier«, sagte Green und zog auch den Regenschirm hervor, den er in einer Hosentasche hängen hatte. »Die Sachen hat ein gewisser Schubal, ein Obermaschinist der ›Hamburg-Amerika-Linie‹ gebracht, er hat behauptet, sie auf dem Schiff gefunden zu haben. Sie können ihm bei Gelegenheit danken.«

»Nun habe ich wenigstens meine alten Sachen wieder«, sagte Karl und legte den Schirm auf den Koffer.

»Sie sollen aber in Zukunft besser auf sie achtgeben, lässt Ihnen der Herr Senator sagen«, bemerkte Herr Green und fragte dann, offenbar aus privater Neugierde: »Was ist das eigentlich für ein merkwürdiger Koffer?«

»Es ist ein Koffer, mit dem die Soldaten in meiner Heimat zum Militär einrücken«, antwortete Karl, »es ist der alte Militärkoffer meines Vater. Er ist sonst ganz praktisch«, fügte er lächelnd hinzu, »vorausgesetzt, dass man ihn nicht irgendwo stehen lässt.«

»Schließlich sind Sie ja belehrt genug«, sagte Herr Green, »und einen zweiten Onkel haben Sie in Amerika wohl nicht. Hier gebe ich Ihnen noch eine Karte dritter Klasse nach San Franzisko. Ich habe diese Reise für Sie beschlossen, weil erstens die Erwerbsmöglichkeiten im Osten für Sie viel besser sind und weil zweitens hier in allen Dingen, die für Sie in Betracht kommen könnten, Ihr Onkel seine Hände im Spiele hat und ein Zusammentreffen unbedingt vermieden werden muss. In Frisko können Sie ganz ungestört arbeiten; fangen Sie nur ruhig ganz unten an und versuchen Sie, sich allmählich hinaufzuarbeiten.«

Karl konnte keine Bosheit aus diesen Worten heraushören, die schlimme Nachricht, welche den ganzen Abend in Green gesteckt hatte, war überbracht, und von nun an schien Green ein ungefährlicher Mann, mit dem man vielleicht offener reden konnte als mit jedem anderen. Der beste Mensch, der ohne eigene Schuld zum Boten einer so geheimen und quälenden Entschließung auserwählt wird, muss, solange er sie bei sich behält, verdächtig scheinen. »Ich werde«, sagte Karl, die Bestätigung eines erfahrenen Mannes erwartend, »dieses Haus sofort verlassen, denn ich bin nur als Neffe meines Onkels aufgenommen, während ich als Fremder hier nichts zu suchen habe. Würden Sie so liebenswürdig sein, mir den Ausgang zu zeigen und mich dann auf den Weg zu führen, auf dem ich zur nächsten Gastwirtschaft komme?«

»Aber rasch«, sagte Green. »Sie machen mir nicht wenig Scherereien.«

Beim Anblick des großen Schrittes, den Green gleich gemacht hatte, stockte Karl, das war doch eine verdächtige Eile, und er fasste Green unten beim Rock und sagte in einem plötzlichen Erkennen des wahren Sachverhaltes: »Eines müssen Sie mir noch erklären: auf dem Umschlag des Briefes, den Sie mir zu übergeben hatten, steht bloß, dass ich ihn um Mitternacht erhalten soll, wo immer ich angetroffen werde. Warum haben Sie mich also mit Berufung auf diesen Brief hier zurückgehalten, als ich um viertel zwölf von hier fort wollte? Sie gingen dabei über Ihren Auftrag hinaus.«

Green leitete seine Antwort mit einer Handbewegung ein, welche das Unnütze von Karls Bemerkung übertrieben darstellte, und sagte dann: »Steht vielleicht auf dem Umschlag, dass ich mich Ihretwegen zu Tode hetzen soll, und lässt vielleicht der Inhalt des Briefes darauf schließen, dass die Aufschrift so aufzufassen ist? Hätte ich Sie nicht zurückgehalten, hätte ich Ihnen den Brief eben um Mitternacht auf der Landstraße übergeben müssen.«

»Nein«, sagte Karl unbeirrt, »es ist nicht ganz so. Auf dem Umschlag steht: ›Zu übergeben nach Mitternacht.‹ Wenn Sie zu müde waren, hätten Sie mir vielleicht gar nicht folgen können, oder ich wäre, was allerdings selbst Herr Pollunder geleugnet hat, schon um Mitternacht bei meinem Onkel angekommen, oder es wäre schließlich Ihre Pflicht gewesen, mich in Ihrem Automobil, von dem plötzlich nicht mehr die Rede war, zu meinem Onkel zurückzubringen, da ich so danach verlangte, zurückzukehren. Besagt nicht die Überschrift ganz deutlich, dass die Mitternacht für mich noch der letzte Termin sein soll? Und Sie sind es, der die Schuld trägt, dass ich ihn versäumt habe.«

Karl sah Green mit scharfen Augen an und erkannte wohl, wie in Green die Beschämung über diese Entlarvung mit der Freude über das Gelingen seiner Absicht kämpfte. Endlich nahm er sich zusammen und sagte in einem Tone, als wäre er Karl, der doch schon lange schwieg, mitten in die Rede gefallen: »Kein Wort weiter!« und schob ihn, der Koffer und Schirm wieder aufgenommen hatte, durch eine kleine Tür, die er vor ihm aufstieß, hinaus.

Karl stand erstaunt im Freien. Eine an das Haus angebaute Treppe ohne Geländer führte vor ihm hinab. Er musste nur hinuntergehen und dann sich ein wenig rechts zur Allee wenden, die auf die Landstraße führte. In dem hellen Mondschein konnte man sich gar nicht verirren. Unten im Garten hörte er das vielfache Bellen von Hunden, die, losgelassen, ringsherum im Dunkel der Bäume liefen. Man hörte in der sonstigen Stille ganz genau, wie sie nach ihren großen Sprüngen ins Gras schlugen.

Ohne von diesen Hunden belästigt zu werden, kam Karl glücklich aus dem Garten. Er konnte nicht mit Bestimmtheit feststellen, in welcher Richtung New York lag. Er hatte bei der Herfahrt zu wenig auf die Einzelheiten geachtet, die ihm jetzt hätten nützlich sein können. Schließlich sagte er sich, dass er ja nicht unbedingt nach New York müsse, wo ihn niemand erwarte und einer sogar mit Bestimmtheit nicht erwarte. Er wählte also eine beliebige Richtung und machte sich auf den Weg.

Weg nach Ramses

In dem kleinen Wirtshaus, in das Karl nach kurzem Marsch kam, und das eigentlich nur eine kleine letzte Station des New Yorker Fuhrwerkverkehrs bildete und deshalb kaum für Nachtlager benützt zu werden pflegte, verlangte Karl die billigste Bettstelle, die zu haben war, weil er glaubte, mit dem Sparen sofort anfangen zu müssen. Er wurde, seiner Forderung entsprechend, vom Wirt mit einem Wink, als sei er ein Angestellter, die Treppe hinaufgewiesen, wo ihn ein zerrauftes, altes Frauenzimmer, ärgerlich über den gestörten Schlaf, empfing und, fast ohne ihn anzuhören, mit ununterbrochenen Ermahnungen, leise aufzutreten, in ein Zimmer führte, dessen Tür sie, nicht ohne ihn vorher mit einem Pst! angehaucht zu haben, schloss.

Karl wusste zuerst nicht recht, ob die Fenstervorhänge bloß herabgelassen waren oder ob vielleicht das Zimmer überhaupt keine Fenster habe, so finster war es; schließlich bemerkte er eine kleine, verhängte Luke, deren Tuch er wegzog, wodurch einiges Licht hereinkam. Das Zimmer hatte zwei Betten, die aber beide schon besetzt waren. Karl sah dort zwei junge Leute, die in schwerem Schlafe lagen und vor allem deshalb wenig vertrauenswürdig erschienen, weil sie, ohne verständlichen Grund, angezogen schliefen; der eine hatte sogar seine Stiefel an.

In dem Augenblick, als Karl die Luke freigelegt hatte, hob einer der Schläfer die Arme und Beine ein wenig in die Höhe, was einen derartigen Anblick bot, dass Karl trotz seinen Sorgen in sich hineinlachte.

Er sah bald ein, dass er, abgesehen davon, dass auch keine andere Schlafgelegenheit, weder Kanapee noch Sofa, vorhanden war, zu keinem Schlafe werde kommen können, denn er durfte seinen erst wiedergewonnenen Koffer und das Geld, das er bei sich trug, keiner Gefahr aussetzen. Weggehen aber wollte er auch nicht, denn er getraute sich nicht, an der Zimmerfrau und dem Wirt vorüber das Haus gleich wieder zu verlassen. Schließlich war es ja hier doch vielleicht nicht unsicherer als auf der Landstraße. Auffallend war freilich, dass im ganzen Zimmer, soweit sich das bei dem halben Licht feststellen ließ, kein einziges Gepäckstück zu entdecken war. Aber vielleicht und höchstwahrscheinlich waren die zwei jungen Leute die Hausdiener, die der Gäste wegen bald aufstehen mussten und deshalb angezogen schliefen. Dann war es allerdings nicht besonders ehrenvoll, mit ihnen zu schlafen, aber desto ungefährlicher. Nur durfte er sich aber, solange das nicht außer jedem Zweifel stand, auf keinen Fall zum Schlafe niederlegen.

Unter dem Bett stand eine Kerze mit Zündhölzchen, die sich Karl mit schleichenden Schritten holte. Er hatte kein Bedenken, Licht zu machen, denn das Zimmer gehörte nach Auftrag des Wirtes ihm ebenso gut wie den beiden anderen, die überdies den Schlaf der halben Nacht schon genossen hatten und durch den Besitz der Betten ihm gegenüber in unvergleichlichem Vorteil waren. Im übrigen gab er sich natürlich durch Vorsicht beim Herumgehen und Hantieren alle Mühe, sie nicht zu wecken.

Zunächst wollte er seinen Koffer untersuchen, um einmal einen Überblick über seine Sachen zu bekommen, an die er sich schon nur undeutlich erinnerte und von denen sicher das Wertvollste schon verlorengegangen sein dürfte. Denn wenn der Schubal seine Hand auf etwas legt, dann ist wenig Hoffnung, dass man es unbeschädigt zurückbekommt. Allerdings hatte er vom Onkel ein großes Trinkgeld erwarten können, während er aber andererseits wieder beim Fehlen einzelner Objekte auf den eigentlichen Kofferwächter, den Herrn Butterbaum, sich hatte herausreden können.

Über den ersten Anblick beim Öffnen des Koffers war Karl entsetzt. Wie viele Stunden hatte er während der Überfahrt darauf verwendet, den Koffer zu ordnen und wieder neu zu ordnen, und jetzt war alles so wild durcheinander hineingestopft, dass der Deckel beim Öffnen des Schlosses von selbst in die Höhe sprang.

Bald aber erkannte Karl zu seiner Freude, dass die Unordnung nur darin ihren Grund hatte, dass man seinen Anzug, den er während der Fahrt getragen hatte und für den der Koffer natürlich nicht mehr berechnet gewesen war, nachträglich mit eingepackt hatte. Nicht das Geringste fehlte. In der Geheimtasche des Rockes befand sich nicht nur der Pass, sondern auch das von zu Hause mitgenommene Geld, so dass Karl, wenn er jenes, das er bei sich hatte, dazu legte, mit Geld für den Augenblick reichlich versehen war. Auch die Wäsche, die er bei seiner Ankunft auf dem Leib getragen hatte, fand sich vor, rein gewaschen und gebügelt. Er legte auch sofort Uhr und Geld in die bewährte Geheimtasche. Das einzig Bedauerliche war, dass die Veroneser Salami, die auch nicht fehlte, allen Sachen ihren Geruch mitgeteilt hatte. Wenn sich das nicht durch irgendein Mittel beseitigen ließ, hatte Karl die Aussicht, monatelang in diesen Geruch eingehüllt herumzugehen.

Beim Hervorsuchen einiger Gegenstände, die zuunterst lagen – es waren dies eine Taschenbibel, Briefpapier und die Photographien der Eltern –, fiel ihm die Mütze vom Kopf und in den Koffer. In ihrer alten Umgebung erkannte er sie sofort, es war seine Mütze, die Mütze, die ihm die Mutter als Reisemütze mitgegeben hatte. Er hatte jedoch aus Vorsicht diese Mütze auf dem Schiff nicht getragen, da er wusste, dass man in Amerika allgemein Mützen statt Hüte trägt, weshalb er die seine nicht schon vor der Ankunft hatte abnützen wollen. Nun hatte sie allerdings Herr Green dazu benützt, um sich auf Karls Kosten zu belustigen. Ob ihm vielleicht auch dazu der Onkel den Auftrag gegeben hatte? Und in einer unabsichtlichen, wütenden Bewegung fasste er den Kofferdeckel, der laut zuklappte.

Nun war keine Hilfe mehr, die beiden Schläfer waren geweckt. Zuerst streckte sich und gähnte der eine, ihm folgte gleich der andere. Dabei war fast der ganze Kofferinhalt auf dem Tisch ausgeschüttet; wenn es Diebe waren, brauchten sie nur heranzutreten und auszuwählen. Nicht nur um dieser Möglichkeit zuvorzukommen, sondern um auch sonst gleich Klarheit zu schaffen, ging Karl mit der Kerze in der Hand zu den Betten und erklärte, mit welchem Rechte er hier sei. Sie schienen diese Erklärung gar nicht erwartet zu haben, denn, noch viel zu verschlafen, um reden zu können, sahen sie ihn bloß ohne jedes Erstaunen an. Sie waren beide sehr junge Leute, aber schwere Arbeit oder Not hatten ihnen vorzeitig die Knochen aus den Gesichtern vorgetrieben, unordentliche Bärte hingen ihnen ums Kinn, ihr schon lange nicht geschnittenes Haar lag ihnen zerfahren auf dem Kopf, und ihre tiefliegenden Augen rieben und drückten sie nun noch vor Verschlafenheit mit den Fingerknöcheln.

Karl wollte ihren augenblicklichen Schwächezustand ausnützen und sagte deshalb: »Ich heiße Karl Roßmann und bin ein Deutscher. Bitte, sagen Sie mir, da wir doch ein gemeinsames Zimmer haben, auch Ihren Namen und Ihre Nationalität. Ich erkläre nur noch gleich, dass ich keinen Anspruch auf ein Bett habe, da ich so spät gekommen bin und überhaupt nicht die Absicht habe, zu schlafen. Außerdem müssen Sie sich nicht an meinem schönen Anzug stoßen, ich bin vollständig arm und ohne Aussichten.«

Der Kleinere von beiden – es war jener, der die Stiefel anhatte – deutete mit Armen, Beinen und Mienen an, dass ihn das alles gar nicht interessiere und dass jetzt überhaupt keine Zeit für derartige Redensarten sei, legte sich nieder und schlief sofort; der andere, ein dunkelhäutiger Mann, legte sich auch wieder nieder, sagte aber noch vor dem Einschlafen mit lässig ausgestreckter Hand: »Der da heißt Robinson und ist Irländer, ich heiße Delamarche, bin Franzose und bitte jetzt um Ruhe.« Kaum hatte er das gesagt, blies er mit großem Atemaufwand Karls Kerze aus und fiel auf das Kissen zurück.

›Diese Gefahr ist also vorläufig abgewehrt‹, sagte sich Karl und kehrte zum Tisch zurück. Wenn ihre Schläfrigkeit nicht Vorwand war, war ja alles gut. Unangenehm war bloß, dass der eine Irländer war. Karl wusste nicht mehr genau, in welchem Buch er einmal zu Hause gelesen hatte, dass man sich in Amerika vor den Irländern hüten solle. Während seines Aufenthaltes beim Onkel hätte er freilich die beste Gelegenheit gehabt, der Frage nach der Gefährlichkeit der Irländer auf den Grund zu gehen, hatte dies aber, weil er sich für immer gut aufgehoben geglaubt hatte, völlig versäumt. Nun wollte er wenigstens mit der Kerze, die er wieder angezündet hatte, diesen Irländer genauer ansehen, wobei er fand, dass gerade dieser erträglicher aussah als der Franzose. Er hatte sogar noch eine Spur von runden Wangen und lächelte im Schlaf ganz freundlich, soweit das Karl aus einiger Entfernung, auf den Fußspitzen stehend, feststellen konnte.

Trotz allem fest entschlossen, nicht zu schlafen, setzte sich Karl auf den einzigen Stuhl des Zimmers, verschob vorläufig das Packen des Koffers, da er ja dafür die ganze Nacht noch verwenden konnte, und blätterte ein wenig in der Bibel, ohne etwas zu lesen. Dann nahm er die Photographie der Eltern zur Hand, auf welcher der kleine Vater hoch aufgerichtet stand, während die Mutter in dem Fauteuil vor ihm, ein wenig eingesunken, dasaß. Die eine Hand hielt der Vater auf der Rückenlehne des Fauteuils, die andere, zur Faust geballt, auf einem illustrierten Buch, das aufgeschlagen auf einem schwachen Schmucktischchen ihm zur Seite lag. Es gab auch eine andere Photographie, auf welcher Karl mit seinen Eltern abgebildet war. Vater und Mutter sahen ihn dort scharf an, während er nach dem Auftrag des Photographen den Apparat hatte anschauen müssen. Diese Photographie hatte er aber auf die Reise nicht mitbekommen.

Desto genauer sah er die vor ihm liegende an und suchte von verschiedenen Seiten den Blick des Vaters aufzufangen. Aber der Vater wollte, wie er auch den Anblick durch verschiedene Kerzenstellungen änderte, nicht lebendig werden, sein waagrechter, starker Schnurrbart sah der Wirklichkeit auch gar nicht ähnlich, es war keine gute Aufnahme. Die Mutter dagegen war schon besser abgebildet, ihr Mund war so verzogen, als sei ihr ein Leid angetan worden und als zwinge sie sich zu lächeln. Karl schien es, als müsse dies jedem, der das Bild ansah, so sehr auffallen, dass es ihm im nächsten Augenblick wieder schien, die Deutlichkeit dieses Eindrucks sei zu stark und fast widersinnig. Wie könne man von einem Bild so sehr die unumstößliche Überzeugung eines verborgenen Gefühls des Abgebildeten erhalten! Und er sah vom Bild ein Weilchen lang weg. Als er mit den Blicken wieder zurückkehrte, fiel ihm die Hand der Mutter auf, die ganz vorne an der Lehne des Fauteuils herabhing, zum Küssen nahe. Er dachte, ob es nicht vielleicht doch gut wäre, den Eltern zu schreiben, wie sie es ja tatsächlich beide (und der Vater zuletzt sehr streng in Hamburg) von ihm verlangt hatten. Er hatte sich freilich damals, als ihm die Mutter am Fenster an einem schrecklichen Abend die Amerikareise angekündigt hatte, unabänderlich zugeschworen, niemals zu schreiben, aber was galt ein solcher Schwur eines unerfahrenen Jungen hier in den neuen Verhältnissen! Ebenso gut hätte er damals schwören können, dass er nach zwei Monaten amerikanischen Aufenthalts General der amerikanischen Miliz sein werde, während er tatsächlich in einer Dachkammer mit zwei Lumpen beisammen war, in einem Wirtshaus vor New York, und außerdem zugeben musste, dass er hier wirklich an seinem Platze war. Und lächelnd prüfte er die Gesichter der Eltern, als könne man aus ihnen erkennen, ob sie noch immer das Verlangen hatten, eine Nachricht von ihrem Sohn zu bekommen.

In diesem Anschauen merkte er bald, dass er doch sehr müde war und kaum die Nacht werde durchwachen können. Das Bild entfiel seinen Händen, dann legte er das Gesicht auf das Bild, dessen Kühle seiner Wange wohltat, und mit einem angenehmen Gefühle schlief er ein.

Geweckt wurde er früh durch das Kitzeln unter der Achsel. Es war der Franzose, der sich diese Zudringlichkeit erlaubte. Aber auch der Irländer stand schon vor Karls Tisch und beide sahen ihn mit keinem geringeren Interesse an, als es Karl in der Nacht ihnen gegenüber getan hatte. Karl wunderte sich nicht darüber, dass ihn ihr Aufstehen nicht schon geweckt hatte; sie mussten durchaus nicht aus böser Absicht besonders leise aufgetreten sein, denn er hatte tief geschlafen und außerdem hatte ihnen das Anziehen und offenbar auch das Waschen nicht viel Arbeit gemacht.

Nun begrüßten sie einander ordentlich und mit einer gewissen Förmlichkeit, und Karl erfuhr, dass die beiden Maschinenschlosser waren, die in New York schon lange Zeit keine Arbeit hatten bekommen können und infolgedessen ziemlich heruntergekommen waren. Robinson öffnete zum Beweise dessen seinen Rock, und man konnte sehen, dass kein Hemd da war, was man allerdings auch schon an dem lose sitzenden Kragen hätte erkennen können, der hinten am Rock befestigt war. Sie hatten die Absicht, in das zwei Tagereisen von New York entfernte Städtchen Butterford zu marschieren, wo angeblich Arbeitsstellen frei waren. Sie hatten nichts dagegen, dass Karl mitkomme, und versprachen ihm erstens, zeitweilig seinen Koffer zu tragen, und zweitens, falls sie selbst Arbeit bekommen sollten, ihm eine Lehrlingsstelle zu verschaffen, was, wenn nur überhaupt Arbeit vorhanden sei, eine Leichtigkeit wäre. Karl hatte noch kaum zugestimmt, als sie ihm schon freundschaftlich den Rat gaben, den schönen Anzug auszuziehen, da er ihm bei jeder Bewerbung um eine Stelle hinderlich sein werde. Gerade in diesem Hause sei eine gute Gelegenheit, das Kleid los zu werden, denn die Zimmerfrau betreibe einen Kleiderhandel. Sie halfen Karl, der auch rücksichtlich des Anzuges noch nicht ganz entschlossen war, aus der Kleidung heraus und trugen sie davon. Als Karl, allein gelassen und ein wenig schlaftrunken, sein altes Reisekleid noch langsam anzog, machte er sich Vorwürfe, den Anzug verkauft zu haben, der ihm vielleicht bei der Bewerbung um eine Lehrlingsstelle schaden, bei der um einen besseren Posten aber nur nützen konnte, und er öffnete die Tür, um die beiden zurückzurufen, stieß aber schon mit ihnen zusammen, die einen halben Dollar als Erlös auf den Tisch legten, dabei aber so fröhliche Gesichter machten, dass man sich unmöglich dazu überreden konnte, sie hätten bei dem Verkauf nicht auch ihren Verdienst gehabt, und zwar einen ärgerlich großen.

Es war übrigens keine Zeit, sich darüber auszusprechen, denn die Zimmerfrau kam herein, genau so verschlafen wie in der Nacht, und trieb alle drei auf den Gang hinaus, mit der Erklärung, dass das Zimmer für neue Gäste hergerichtet werden müsse. Davon war aber natürlich keine Rede, sie handelte nur aus Bosheit. Karl, der seinen Koffer gerade hatte ordnen wollen, musste zusehen, wie die Frau seine Sachen mit beiden Händen packte und mit einer Kraft in den Koffer warf, als seien es irgendwelche Tiere, die man zum Kuschen bringen musste. Die beiden Schlosser machten sich zwar um sie zu schaffen, zupften sie an ihrem Rock, beklopften ihren Rücken, aber wenn sie die Absicht hatten, Karl damit zu helfen, so war das ganz verfehlt. Als die Frau den Koffer zugeklappt hatte, drückte sie Karl den Halter in die Hand, schüttelte die Schlosser ab und jagte alle drei mit der Drohung aus dem Zimmer, dass sie, wenn sie nicht folgten, keinen Kaffee bekommen würden. Die Frau musste offenbar gänzlich vergessen haben, dass Karl nicht von allem Anfang an zu den Schlossern gehört hatte, denn sie behandelte sie als eine einzige Bande. Allerdings hatten die Schlosser Karls Anzug ihr verkauft und damit eine gewisse Gemeinsamkeit erwiesen.

Auf dem Gang mussten sie lange hin und her gehen, und besonders der Franzose, der sich bei Karl eingehängt hatte, schimpfte ununterbrochen, drohte, den Wirt, wenn er sich vorwagen sollte, niederzuboxen, und es schien eine Vorbereitung dazu zu sein, dass er die geballten Fäuste rasend aneinander rieb. Endlich kam ein unschuldiger kleiner Junge, der sich strecken musste, als er dem Franzosen die Kaffeekanne reichte. Leider war nur eine Kanne vorhanden, und man konnte dem Jungen nicht begreiflich machen, dass noch Gläser erwünscht wären. So konnte immer nur einer trinken und die beiden anderen standen vor ihm und warteten. Karl hatte keine Lust zu trinken, wollte aber die anderen nicht kränken und stand also, wenn er an der Reihe war, untätig da, die Kanne an den Lippen.

Zum Abschied warf der Irländer die Kanne auf die steinernen Fliesen hin. Sie verließen, von niemandem gesehen, das Haus und traten in den dichten, gelblichen Morgennebel. Sie marschierten im allgemeinen still nebeneinander am Rande der Straße, Karl musste seinen Koffer tragen, die anderen würden ihn wahrscheinlich erst auf seine Bitte ablösen; hie und da schoss ein Automobil aus dem Nebel, und die drei drehten ihre Köpfe nach den meist riesenhaften Wagen, die so auffällig in ihrem Bau und so kurz in ihrer Erscheinung waren, dass man nicht Zeit hatte, auch nur das Vorhandensein von Insassen zu bemerken. Später begannen die Kolonnen von Fuhrwerken, welche Lebensmittel nach New York brachten, und die in fünf, die ganze Breite der Straße einnehmenden Reihen so ununterbrochen dahinzogen, dass niemand die Straße hätte überqueren können. Von Zeit zu Zeit verbreiterte sich die Straße zu einem Platz, in dessen Mitte auf einer turmartigen Erhöhung ein Polizist auf und ab schritt, um alles übersehen und mit einem Stöckchen den Verkehr auf der Hauptstraße sowie den von den Seitenstraßen hier einmündenden Verkehr ordnen zu können, der dann bis zum nächsten Platz und zum nächsten Polizisten unbeaufsichtigt blieb, aber von den schweigenden und aufmerksamen Kutschern und Chauffeuren freiwillig in genügender Ordnung gehalten wurde. Über die allgemeine Ruhe staunte Karl am meisten. Wäre nicht das Geschrei der sorglosen Schlachttiere gewesen, man hätte vielleicht nichts gehört als das Klappern der Hufe und das Sausen der Antiderapants. Dabei war die Fahrgeschwindigkeit natürlich nicht immer die gleiche. Wenn auf einzelnen Plätzen infolge allzu großen Andrangs von den Seiten große Umstellungen vorgenommen werden mussten, stockten die ganzen Reihen und fuhren nur Schritt für Schritt, dann aber kam es auch wieder vor, dass für ein Weilchen alles blitzschnell vorbeijagte, bis es, wie von einer einzigen Bremse regiert, sich wieder besänftigte. Dabei stieg von der Straße nicht der geringste Staub auf, alles bewegte sich in der klarsten Luft. Fußgänger gab es keine, hier wanderten keine einzelnen Marktweiber zur Stadt wie in Karls Heimat, aber doch erschienen hie und da große, flache Automobile, auf denen an die zwanzig Frauen mit Rückenkörben, also doch vielleicht Marktweiber, standen und die Hälse streckten, um den Verkehr zu überblicken und sich Hoffnung auf raschere Fahrt zu holen.

Dann sah man ähnliche Automobile, auf denen einzelne Männer, die Hände in den Hosentaschen, herumspazierten. Auf einem dieser Automobile, die verschiedene Aufschriften trugen, las Karl unter einem kleinen Aufschrei: »Hafenarbeiter für die Spedition Jakob aufgenommen.« Der Wagen fuhr gerade ganz langsam, und ein auf der Wagentreppe stehender kleiner, gebückter, lebhafter Mann lud die drei Wanderer zum Einsteigen ein. Karl flüchtete sich hinter die Schlosser, als könne sich auf dem Wagen der Onkel befinden und ihn sehen. Er war froh, dass auch die beiden die Einladung ablehnten, wenn ihn auch der hochmütige Gesichtsausdruck gewissermaßen kränkte, mit dem sie das taten. Sie mussten durchaus nicht glauben, dass sie zu gut waren, um in die Dienste des Onkels zu treten. Er gab es ihnen, wenn auch natürlich nicht ausdrücklich, sofort zu verstehen. Darauf bat ihn Delamarche, sich gefälligst nicht in Sachen einzumischen, die er nicht verstehe; diese Art, Leute aufzunehmen, sei ein schändlicher Betrug, und die Firma Jakob sei berüchtigt in den ganzen Vereinigten Staaten. Karl antwortete nicht, hielt sich aber von nun an mehr an den Irländer, er bat ihn auch, ihm jetzt ein wenig den Koffer zu tragen, was dieser, nachdem Karl seine Bitte mehrmals wiederholt hatte, auch tat. Nur klagte er ununterbrochen über die Schwere des Koffers, bis es sich zeigte, dass er nur die Absicht hatte, den Koffer um die Veroneser Salami zu erleichtern, die ihm wohl schon im Hotel angenehm aufgefallen war. Karl musste sie auspacken, der Franzose nahm sie zu sich, um sie mit seinem dolchartigen Messer zu behandeln und fast ganz allein aufzuessen. Robinson bekam nur hie und da eine Schnitte, Karl dagegen, der wieder den Koffer tragen musste, wenn er ihn nicht auf der Landstraße stehen lassen wollte, bekam nichts, als hätte er sich seinen Anteil schon im voraus genommen. Es schien ihm zu kleinlich, um ein Stückchen zu betteln, aber die Galle regte sich in ihm.

Aller Nebel war schon verschwunden, in der Ferne erglänzte ein hohes Gebirge, das mit welligem Kamm in noch ferneren Sonnendunst führte. An der Seite der Straße lagen schlecht bebaute Felder, die sich um große Fabriken hinzogen, die dunkel angeraucht im freien Lande standen. In den wahllos hingestellten einzelnen Mietskasernen zitterten die vielen Fenster in der mannigfaltigsten Bewegung und Beleuchtung, und auf all den kleinen, schwachen Balkonen hatten Frauen und Kinder vielerlei zu tun, während um sie herum, sie verdeckend und enthüllend, aufgehängte und hingelegte Tücher und Wäschestücke im Morgenwind flatterten und mächtig sich bauschten. Glitten die Blicke von den Häusern ab, dann sah man Lerchen hoch am Himmel fliegen und unten wieder die Schwalben, nicht allzu weit über den Köpfen der Fahrenden.

Vieles erinnerte Karl an seine Heimat und er wusste nicht, ob er gut daran tue, New York zu verlassen und in das Innere des Landes zu gehen. In New York war das Meer und zu jeder Zeit die Möglichkeit der Rückkehr in die Heimat. Und so blieb er stehen und sagte zu seinen beiden Begleitern, er habe doch wieder Lust, in New York zu bleiben. Und als Delamarche ihn einfach weitertreiben wollte, ließ er sich nicht treiben und sagte, dass er doch wohl noch das Recht habe, über sich zu entscheiden. Der Irländer musste erst vermitteln und erklären, dass Butterford viel schöner als New York sei, und beide mussten ihn noch sehr bitten, ehe er wieder weiterging. Und selbst dann wäre er noch nicht gegangen, wenn er sich nicht gesagt hätte, dass es für ihn vielleicht besser sei, an einen Ort zu kommen, wo die Möglichkeit der Rückkehr in die Heimat keine so leichte sei. Gewiss werde er dort besser arbeiten und vorwärtskommen, da ihn keine unnützen Gedanken hindern würden.

Und nun war er es, der die beiden anderen zog, und sie freuten sich so sehr über seinen Eifer, dass sie, ohne sich erst bitten zu lassen, den Koffer abwechselnd trugen und Karl gar nicht recht verstand, womit er ihnen eigentlich diese Freude verursache. Sie kamen in eine ansteigende Gegend und, wenn sie hie und da stehenblieben, konnten sie beim Rückblick das Panorama New Yorks und seines Hafens immer ausgedehnter sich entwickeln sehen. Die Brücke, die New York mit Brooklyn verbindet, hing zart über den East River, und sie erzitterte, wenn man die Augen klein machte. Sie schien ganz ohne Verkehr zu sein, und unter ihr spannte sich das unbelebte, glatte Wasserband. Alles in beiden Riesenstädten schien leer und nutzlos aufgestellt. Unter den Häusern gab es kaum einen Unterschied zwischen den großen und den kleinen. In der unsichtbaren Tiefe der Straßen ging wahrscheinlich das Leben fort nach seiner Art, aber über ihnen war nichts zu sehen als leichter Dunst, der sich zwar nicht bewegte, aber ohne Mühe verjagbar zu sein schien. Selbst in den Hafen, den größten der Welt, war Ruhe eingekehrt, und nur hie und da glaubte man, wohl beeinflusst von der Erinnerung an einen früheren Anblick aus der Nähe, ein Schiff zu sehen, das eine kurze Strecke sich fortschob. Aber man konnte ihm auch nicht lange folgen, es entging den Augen und war nicht mehr zu finden.

Aber Delamarche und Robinson sahen offenbar viel mehr, sie zeigten nach rechts und links und überwölbten mit den ausgestreckten Händen Plätze und Gärten, die sie mit Namen benannten. Sie konnten es nicht begreifen, dass Karl über zwei Monate in New York gewesen war und kaum etwas anderes von der Stadt gesehen hatte als eine Straße. Und sie versprachen ihm, wenn sie in Butterford genug verdient hätten, mit ihm nach New York zu gehen und ihm alles Sehenswerte zu zeigen und ganz besonders natürlich jene Örtlichkeiten, wo man sich bis zum Seligwerden unterhielt. Und Robinson begann im Anschluss daran mit vollem Mund ein Lied zu singen, das Delamarche mit Händeklatschen begleitete und das Karl als eine Operettenmelodie aus seiner Heimat erkannte, die ihm hier mit dem englischen Text viel besser gefiel, als sie ihm je zu Hause gefallen hatte. So gab es eine kleine Vorstellung im Freien, an der alle Anteil nahmen, nur die Stadt unten, die sich angeblich bei dieser Melodie unterhielt, schien gar nichts davon zu wissen.

Einmal fragte Karl, wo denn die Spedition Jakob liege, und sofort sah er Delamarches und Robinsons ausgestreckte Zeigefinger vielleicht auf den gleichen, vielleicht auf meilenweit entfernte Punkte gerichtet. Als sie dann weitergingen, fragte Karl, wann sie frühestens mit genügendem Verdienst nach New York zurückkehren könnten. Delamarche sagte, das könne schon ganz gut in einem Monat sein, denn in Butterford sei Arbeitermangel und die Löhne seien hoch. Natürlich würden sie ihr Geld in eine gemeinsame Kasse legen, damit zufällige Unterschiede im Verdienst unter ihnen als Kameraden ausgeglichen würden. Die gemeinsame Kasse gefiel Karl nicht, obwohl er als Lehrling natürlich weniger verdienen würde als ausgelernte Arbeiter. Überdies erwähnte Robinson, dass sie natürlich, wenn in Butterford keine Arbeit wäre, weiter wandern müssten, entweder um als Landarbeiter irgendwo unterzukommen oder vielleicht nach Kalifornien in die Goldwäschereien zu gehen, was, nach Robinsons ausführlichen Erzählungen zu schließen, sein liebster Plan war.

»Warum sind Sie denn Schlosser geworden, wenn Sie jetzt in die Goldwäschereien wollen?« fragte Karl, der ungern von der Notwendigkeit solcher weiten, unsicheren Reisen hörte.

»Warum ich Schlosser geworden bin?« sagte Robinson, »doch gewiss nicht deshalb, damit meiner Mutter Sohn dabei verhungert. In den Goldwäschereien ist ein feiner Verdienst.«

»War einmal«, sagte Delamarche.

»Ist noch immer«, sagte Robinson und erzählte von vielen dabei reich gewordenen Bekannten, die noch immer dort waren, natürlich keinen Finger mehr rührten, aus alter Freundschaft ihm aber und selbstverständlich auch seinen Kameraden zu Reichtum verhelfen würden. »Wir werden schon in Butterford Stellen erzwingen«, sagte Delamarche und sprach damit Karl aus der Seele, aber eine zuversichtliche Ausdrucksweise war es nicht. Während des Tages machten sie nur einmal in einem Wirtshaus halt und aßen davor im Freien an einem, wie es Karl schien, eisernen Tisch fast rohes Fleisch, das man mit Messer und Gabel nicht zerschneiden, sondern nur zerreißen konnte. Das Brot hatte eine walzenartige Form, und in jedem Brotlaib steckte ein langes Messer. Zu diesem Essen wurde eine schwarze Flüssigkeit gereicht, die im Halse brannte. Delamarche und Robinson schmeckte sie aber, sie erhoben oft auf die Erfüllung verschiedener Wünsche ihre Gläser und stießen miteinander an, wobei sie ein Weilchen lang in der Höhe Glas an Glas hielten. Am Nebentisch saßen Arbeiter in kalkbespritzten Blusen, und alle tranken die gleiche Flüssigkeit. Automobile, die in Mengen vorüberfuhren, warfen Schwaden von Staub über die Tische hin. Große Zeitungsblätter wurden herumgereicht, man sprach erregt vom Streik der Bahnarbeiter, der Name Mack wurde öfters genannt. Karl erkundigte sich über ihn und erfuhr, dass dies der Vater des ihm bekannten Mack und der größte Bauunternehmer von New York war. Der Streik kostete ihn Millionen und bedrohte vielleicht seine geschäftliche Stellung. Karl glaubte kein Wort von diesem Gerede schlecht unterrichteter, übelwollender Leute.

Verbittert wurde das Essen für Karl außerdem dadurch, dass es sehr fraglich war, wie das Essen gezahlt werden sollte. Das Natürliche wäre gewesen, dass jeder seinen Teil gezahlt hätte, aber Delamarche wie auch Robinson hatten gelegentlich bemerkt, dass für das letzte Nachtlager ihr letztes Geld draufgegangen war. Uhr, Ring oder sonst etwas Veräußerliches war an keinem zu sehen. Und Karl konnte ihnen doch nicht vorhalten, dass sie am Verkauf seiner Kleider etwas verdient hätten, das wäre doch Beleidigung und Abschied für immer gewesen. Das Erstaunliche aber war, dass weder Delamarche noch Robinson irgendwelche Sorgen wegen der Bezahlung hatten, vielmehr hatten sie gute Laune genug, möglichst oft Kontakte mit der Kellnerin zu versuchen, die stolz und mit schwerem Gang zwischen den Tischen hin und her ging. Ihr Haar ging ihr von den Seiten ein wenig lose in Stirn und Wangen, und sie strich es immer wieder zurück, indem sie mit den Händen darunter hinfuhr. Schließlich, als man vielleicht das erste freundliche Wort von ihr erwartete, trat sie zum Tische, legte beide Hände auf ihn und fragte: »Wer zahlt?« Nie waren Hände rascher aufgeflogen als jetzt jene von Delamarche und Robinson, die auf Karl zeigten. Karl erschrak darüber nicht, denn er hatte es ja vorausgesehen, und sah nichts Schlimmes darin, dass die Kameraden, von denen er ja auch Vorteile erwartete, einige Kleinigkeiten von ihm bezahlen ließen, wenn es auch anständiger gewesen wäre, diese Sache vor dem entscheidenden Augenblick ausdrücklich zu besprechen. Peinlich war bloß, dass er das Geld erst aus der Geheimtasche heraufbefördern musste. Seine ursprüngliche Absicht war es gewesen, das Geld für die letzte Not aufzuheben und sich also vorläufig mit seinen Kameraden gewissermaßen in eine Reihe zu stellen. Der Vorteil, den er durch dieses Geld und vor allem durch das Verschweigen des Besitzes gegenüber den Kameraden erlangte, wurde für diese mehr als reichlich dadurch aufgewogen, dass sie schon seit ihrer Kindheit in Amerika waren, dass sie genügende Kenntnisse und Erfahrungen für Gelderwerb hatten und dass sie schließlich an bessere Lebensverhältnisse als ihre gegenwärtigen nicht gewöhnt waren. Diese bisherigen Absichten, die Karl rücksichtlich seines Geldes hatte, mussten an und für sich durch diese Bezahlung nicht gestört werden, denn einen Vierteldollar konnte er schließlich entbehren und deshalb also ein Vierteldollarstück auf den Tisch legen und erklären, dies sei sein einziges Eigentum und er sei bereit, es für die gemeinsame Reise nach Butterford zu opfern. Für die Fußreise genügte ein solcher Betrag auch vollkommen. Nun aber wusste er nicht, ob er genügend Kleingeld hatte, und überdies lag dieses Geld sowie die zusammengelegten Banknoten irgendwo in der Tiefe der Geheimtasche, in der man eben am besten etwas fand, wenn man den ganzen Inhalt auf den Tisch schüttete. Außerdem war es höchst unnötig, dass die Kameraden von dieser Geheimtasche überhaupt etwas erfuhren. Nun schien es zum Glück, dass die Kameraden sich noch immer mehr für die Kellnerin interessierten als dafür, wie Karl das Geld für die Bezahlung zusammenbrächte. Delamarche lockte die Kellnerin durch die Aufforderung, die Rechnung aufzustellen, zwischen sich und Robinson und sie konnte die Zudringlichkeiten der beiden nur dadurch abwehren, dass sie einem oder dem anderen die ganze Hand auf das Gesicht legte und ihn wegschob. Inzwischen sammelte Karl, heiß vor Anstrengung, unter der Tischplatte in der einen Hand das Geld, das er mit der anderen Stück für Stück in der Geheimtasche herumjagte und herausholte. Endlich glaubte er, obwohl er das amerikanische Geld noch nicht genau kannte, er hätte, wenigstens der Menge der Stücke nach, eine genügende Summe, und legte sie auf den Tisch. Der Klang des Geldes unterbrach sofort die Scherze. Zu Karls Ärger und zu allgemeinem Erstaunen zeigte sich, dass fast ein ganzer Dollar dalag. Keiner fragte zwar, warum Karl von dem Gelde, das für eine bequeme Eisenbahnfahrt nach Butterford gereicht hätte, früher nichts gesagt hatte, aber Karl war doch in großer Verlegenheit. Langsam strich er, nachdem das Essen bezahlt war, das Geld wieder ein, noch aus seiner Hand nahm Delamarche ein Geldstück, das er für die Kellnerin als Trinkgeld brauchte, die er umarmte und an sich drückte, um ihr dann, von der anderen Seite her, das Geld zu überreichen.

Karl war ihnen dankbar, dass sie auf dem Weitermarsch keine Bemerkungen über das Geld machten, und er dachte sogar eine Zeitlang daran, ihnen sein ganzes Vermögen einzugestehen, unterließ das aber doch, da sich keine rechte Gelegenheit fand. Gegen Abend kamen sie in eine mehr ländliche, fruchtbare Gegend. Ringsherum sah man ungeteilte Felder, die sich in ihrem ersten Grün über sanfte Hügel legten, reiche Landsitze umgrenzten die Straße, und stundenlang ging man zwischen den vergoldeten Gittern der Gärten, mehrmals kreuzten sie den gleichen langsam fließenden Strom und vielemal hörten sie über sich die Eisenbahnzüge auf den hoch sich schwingenden Viadukten donnern.

Eben ging die Sonne an dem geraden Rande ferner Wälder nieder, als sie sich auf einer Anhöhe inmitten einer kleinen Baumgruppe ins Gras hinwarfen, um sich von den Strapazen auszuruhen. Delamarche und Robinson lagen da und streckten sich nach Kräften. Karl saß aufrecht und sah auf die ein paar Meter tiefer führende Straße, auf der immer wieder Automobile, wie schon während des ganzen Tages, leicht aneinander vorübereilten, als würden sie in genauer Anzahl immer wieder von der Ferne abgeschickt und in der gleichen Anzahl in der anderen Ferne erwartet. Während des ganzen Tages seit dem frühesten Morgen hatte Karl kein Automobil halten, keinen Passagier aussteigen gesehen.

Robinson machte den Vorschlag, die Nacht hier zu verbringen, da sie alle genügend müde wären, da sie dann desto früher ausmarschieren könnten und da sie schließlich kaum ein billigeres und besser gelegenes Nachtlager vor Einbruch völliger Dunkelheit finden könnten. Delamarche war einverstanden, und nur Karl glaubte zu der Bemerkung verpflichtet zu sein, dass er Geld genug habe, um das Nachtlager für alle auch in einem Hotel zu bezahlen. Delamarche sagte, sie würden das Geld noch brauchen, er solle es nur gut aufheben. Delamarche verbarg nicht im geringsten, dass man mit Karls Geld schon rechnete. Da sein erster Vorschlag angenommen war, erklärte nun Robinson weiter, nun müssten sie aber vor dem Schlafen, um sich für morgen zu kräftigen, etwas Tüchtiges essen, und einer solle das Essen für alle aus dem Hotel holen, das in nächster Nähe an der Landstraße mit der Aufschrift »Hotel Occidental« leuchtete. Als der Jüngste, und da sich auch sonst niemand meldete, zögerte Karl nicht, sich für diese Besorgung anzubieten, und ging, nachdem er eine Bestellung auf Speck, Brot und Bier erhalten hatte, ins Hotel hinüber.

Es musste eine große Stadt in der Nähe sein, denn gleich der erste Saal des Hotels, den Karl betrat, war von einer lauten Menge erfüllt, und an dem Büfett, das sich an einer Längswand und an den zwei Seitenwänden hinzog, liefen unaufhörlich viele Kellner mit weißen Schürzen vor der Brust und konnten doch die ungeduldigen Gäste nicht zufriedenstellen, denn immer wieder hörte man an den verschiedensten Stellen Flüche und Fäuste, die auf den Tisch schlugen. Karl wurde von niemandem beachtet; es gab auch im Saale selbst keine Bedienung, die Gäste, die an winzigen, bereits zwischen drei Tischnachbarn verschwindenden Tischen saßen, holten alles, was sie wünschten, beim Büfett. Auf allen Tischchen stand eine große Flasche mit Öl, Essig oder dergleichen, und alle Speisen, die vom Büfett geholt wurden, wurden vor dem Essen aus dieser Flasche übergossen. Wollte Karl überhaupt erst zum Büfett kommen, wo ja dann wahrscheinlich, besonders bei seiner großen Bestellung, die Schwierigkeiten erst beginnen würden, musste er sich zwischen vielen Tischen durchdrängen, was natürlich bei aller Vorsicht nicht ohne grobe Belästigung der Gäste durchzuführen war, die jedoch alles wie gefühllos hinnahmen, selbst als Karl einmal, allerdings gleichfalls von einem Gast, gegen ein Tischchen gestoßen wurde, das er fast umgeworfen hätte. Er entschuldigte sich zwar, wurde aber offenbar nicht verstanden, verstand übrigens auch nicht das geringste von dem, was man ihm zurief.

Beim Büfett fand er mit Mühe ein kleines freies Plätzchen, auf dem ihm eine lange Weile die Aussicht durch die aufgestützten Ellbogen seiner Nachbarn genommen war. Es schien hier überhaupt eine Sitte, die Ellbogen aufzustützen und die Faust an die Schläfe zu drücken; Karl musste daran denken, wie der Lateinprofessor Dr. Krumpal gerade diese Haltung gehasst hatte und wie er immer heimlich und unversehens herangekommen war und mittels eines plötzlich erscheinenden Lineals mit scherzhaftem Ruck die Ellbogen von den Tischen gestreift hatte.

Karl stand eng ans Büfett gedrängt, denn kaum hatte er sich angestellt, war hinter ihm ein Tisch aufgestellt worden, und der eine der dort sich niederlassenden Gäste streifte schwer, wenn er sich nur ein wenig beim Reden zurückbog, mit seinem großen Hut Karls Rücken. Und dabei war so wenig Hoffnung, vom Kellner etwas zu bekommen, selbst als die beiden plumpen Nachbarn befriedigt weggegangen waren. Einige Mal hatte Karl einen Kellner über den Tisch hin bei der Schürze gefasst, aber immer hatte sich der mit verzerrtem Gesicht losgerissen. Keiner war zu halten, sie liefen nur und liefen nur. Wenn wenigstens in der Nähe Karls etwas Passendes zum Essen und Trinken gewesen wäre, er hätte es genommen, sich nach dem Preis erkundigt, das Geld hingelegt und wäre mit Freude weggegangen. Aber gerade vor ihm lagen nur Schüsseln mit heringartigen Fischen, deren schwarze Schuppen am Rande goldig glänzten. Die konnten sehr teuer sein und würden wahrscheinlich niemanden sättigen. Außerdem waren kleine Fässchen mit Rum erreichbar, aber Rum wollte er seinen Kameraden nicht bringen, sie schienen schon sowieso bei jeder Gelegenheit nur auf den konzentriertesten Alkohol auszugehen und darin wollte er sie nicht noch unterstützen.

Es blieb also Karl nichts übrig, als einen anderen Platz zu suchen und mit seinen Bemühungen von vorne anzulangen. Nun aber war auch schon die Zeit sehr vorgerückt. Die Uhr am anderen Ende des Saales, deren Zeiger man bei scharfem Hinsehen durch den Rauch gerade noch erkennen konnte, zeigte schon neun vorüber. Anderswo am Büfett war aber das Gedränge noch größer als an dem früheren, ein wenig abgelegenen Platz. Außerdem füllte sich der Saal desto mehr, je später es wurde. Immer wieder zogen durch die Haupttüre mit großem Hallo neue Gäste ein. An manchen Stellen räumten Gäste selbstherrlich das Büfett ab und setzten sich aufs Pult und tranken einander zu, es waren die besten Plätze, man übersah den ganzen Saal.

Karl drängte sich zwar noch weiter durch, aber eine eigentliche Hoffnung, etwas zu erreichen, hatte er nicht mehr. Er machte sich Vorwürfe darüber, dass er, der die hiesigen Verhältnisse nicht kannte, sich zu dieser Besorgung angeboten hatte. Seine Kameraden würden ihn mit vollem Rechte auszanken und gar noch denken, dass er, nur um Geld zu sparen, nichts mitgebracht hatte. Nun stand er gar in einer Gegend, wo ringsherum an den Tischen warme Fleischspeisen mit schönen, gelben Kartoffeln gegessen wurden; es war ihm unbegreiflich, wie sich die Leute das verschafft hatten.

Da sah er ein paar Schritte vor sich eine ältere, offenbar zum Hotelpersonal gehörige Frau, die lachend mit einem Gaste redete. Dabei arbeitete sie fortwährend mit einer Haarnadel in ihrer Frisur herum. Sofort war Karl entschlossen, seine Bestellung bei dieser Frau vorzubringen, schon weil sie ihm als die einzige Frau im Saal eine Ausnahme vom allgemeinen Lärm und Jagen bedeutete und dann auch aus dem einfachen Grunde, weil sie die einzige Hotelangestellte war, die man erreichen konnte, vorausgesetzt allerdings, dass sie nicht beim ersten Wort, das er an sie richten würde, in Geschäften fortlief. Aber ganz das Gegenteil trat ein. Karl hatte sie noch gar nicht angeredet, sondern nur ein wenig belauert, als sie, wie man eben manchmal mitten im Gespräch beiseite schaut, zu Karl hinsah und ihn, ihre Rede unterbrechend, freundlich und in einem Englisch, klar wie die Grammatik, fragte, ob er etwas suche.

»Allerdings«, sagte Karl »ich kann hier gar nichts bekommen.«

»Dann kommen Sie mit mir, Kleiner«, sagte sie, verabschiedete sich von ihrem Bekannten, der seinen Hut abnahm, was hier wie unglaubliche Höflichkeit erschien, fasste Karl bei der Hand, ging zum Büfett, schob einen Gast beiseite, öffnete eine Klapptüre im Pult, durchquerte den Gang hinter dem Pult, wo man sich vor den unermüdlich laufenden Kellnern in acht nehmen musste, öffnete eine zweifache Tapetentüre, und schon befanden sie sich in großen, kühlen Vorratskammern. ›Man muss eben den Mechanismus kennen‹, sagte sich Karl.

»Also, was wollen Sie denn?« fragte sie und beugte sich dienstbereit zu ihm herab. Sie war sehr dick, ihr Leib schaukelte sich, aber ihr Gesicht hatte eine, natürlich im Verhältnis, fast zarte Bildung. Karl war fast versucht, im Anblick der vielen Esswaren, die hier sorgfältig in Regalen und auf Tischen aufgerichtet lagen, für seine Bestellung rasch ein feineres Nachtessen auszudenken, besonders da er erwarten konnte, von dieser einflussreichen Frau billiger bedient zu werden, schließlich aber nannte er doch wieder, da ihm nichts Passendes einfiel, nur Speck, Brot und Bier.

»Nichts weiter?« fragte die Frau.

»Nein danke«, sagte Karl, »aber für drei Personen.«

Auf die Frage der Frau nach den beiden anderen erzählte Karl in ein paar kurzen Worten von seinen Kameraden, es machte ihm Freude, ein wenig ausgefragt zu werden.

»Aber das ist ja Essen für Sträflinge«, sagte die Frau und erwartete nun offenbar weitere Wünsche Karls. Dieser aber fürchtete nun, sie werde ihn beschenken und kein Geld annehmen wollen, und schwieg deshalb. »Das werden wir gleich zusammengestellt haben«, sagte die Frau, ging mit einer bei ihrer Dicke bewunderungswerten Beweglichkeit zu einem Tisch hin, schnitt mit einem langen, dünnen, sägeblattartigen Messer ein großes Stück mit viel Fleisch durchwachsenen Specks ab, nahm aus einem Regal einen Laib Brot, hob vom Boden drei Flaschen Bier auf und legte alles in einen leichten Strohkorb, den sie Karl reichte. Zwischendurch erklärte sie Karl, sie habe ihn deshalb hierhergeführt, weil die Esswaren draußen auf dem Büfett im Rauch und in den vielen Ausdünstungen trotz dem schnellen Verbrauch immer die Frische verlieren. Für die Leute draußen sei aber alles gut genug. Karl sagte nun gar nichts mehr, denn er wusste nicht, wodurch er diese auszeichnende Behandlung verdiene. Er dachte an seine Kameraden, die vielleicht, so gute Kenner Amerikas sie auch waren, doch nicht bis in diese Vorratskammer gedrungen wären und sich mit den verdorbenen Esswaren auf dem Büfett hätten begnügen müssen. Man hörte hier keinen Laut aus dem Saal, die Mauern mussten sehr dick sein, um diese Gewölbe genügend kühl zu erhalten. Karl hatte schon den Strohkorb ein Weilchen lang in der Hand, dachte aber nicht ans Zahlen und rührte sich auch nicht. Nur als die Frau noch nachträglich eine Flasche, ähnlich denen, die draußen auf den Tischen standen, in den Korb legen wollte, dankte er schaudernd.

»Haben Sie noch einen weiten Marsch?« fragte die Frau.

»Bis nach Butterford«, antwortete Karl.

»Das ist noch sehr weit«, sagte die Frau.

»Noch eine Tagereise«, sagte Karl.

»Nicht weiter?« fragte die Frau.

»O nein«, sagte Karl.

Die Frau rückte einige Sachen auf den Tischen zurecht, ein Kellner kam herein, schaute suchend herum, wurde dann von der Frau auf eine große Schüssel, in der ein breiter, mit ein wenig Petersilie bestreuter Haufen von Sardinen lag, hingewiesen und trug dann diese Schüssel in den erhobenen Händen in den Saal hinaus.

»Warum wollen Sie denn eigentlich im Freien übernachten?« fragte die Frau.

»Wir haben hier Platz genug. Schlafen Sie bei uns im Hotel.«

Das war für Karl sehr verlockend, besonders da er die vorige Nacht so schlecht verbracht hatte.

»Ich habe mein Gepäck draußen«, sagte er zögernd und nicht ganz ohne Eitelkeit.

»Das bringen Sie nur her«, sagte die Frau, »das ist kein Hindernis.«

»Aber meine Kameraden!« sagte Karl und merkte sofort, dass die allerdings ein Hindernis waren.

»Die dürfen natürlich auch hier übernachten«, sagte die Frau. »Kommen Sie nur! Lassen Sie sich nicht so bitten.« »Meine Kameraden sind im übrigen brave Leute«, sagte Karl, »aber sie sind nicht rein.«

»Haben Sie den Schmutz im Saal nicht gesehen?« fragte die Frau und verzog das Gesicht. »Zu uns kann wirklich der Ärgste kommen. Ich werde also gleich drei Betten vorbereiten lassen. Allerdings nur auf dem Dachboden, denn das Hotel ist vollbesetzt, ich bin auch auf den Dachboden übersiedelt, aber besser als im Freien ist es jedenfalls.«

»Ich kann meine Kameraden nicht mitbringen«, sagte Karl. Er stellte sich vor, welchen Lärm die beiden auf den Gängen dieses feinen Hotels machen würden; Robinson würde alles verunreinigen und Delamarche unfehlbar selbst diese Frau belästigen.

»Ich weiß nicht, warum das unmöglich sein soll«, sagte die Frau, »aber wenn Sie es so wollen, dann lassen Sie eben Ihre Kameraden draußen und kommen allein zu uns.«

»Das geht nicht, das geht nicht«, sagte Karl, »es sind meine Kameraden und ich muss bei ihnen bleiben.«

»Sie sind starrköpfig«, sagte die Frau und sah von ihm weg »man meint es gut mit Ihnen, möchte Ihnen gern behilflich sein, und Sie wehren sich mit allen Kräften.« Karl sah das alles ein, aber er wusste keinen Ausweg, so sagte er nur noch: »Meinen besten Dank für Ihre Freundlichkeit.« Dann erinnerte er sich daran, dass er noch nicht gezahlt hatte, und fragte nach dem schuldigen Betrag.

»Zahlen Sie das erst, wenn Sie mir den Strohkorb zurückbringen«, sagte die Frau. »Spätestens morgen früh muss ich ihn haben.«

»Bitte«, sagte Karl. Sie öffnete eine Türe, die geradewegs ins Freie führte, und sagte noch, während er mit einer Verbeugung hinaustrat: »Gute Nacht, Sie handeln aber nicht recht.« Er war schon ein paar Schritte weit, da rief sie ihm noch nach: »Auf Wiedersehen morgen!«

Kaum war er draußen, hörte er auch schon wieder aus dem Saal den ungeschwächten Lärm, in den sich jetzt auch Klänge eines Blasorchesters mischten. Er war froh, dass er nicht durch den Saal hatte hinausgehen müssen. Das Hotel war jetzt in allen seinen fünf Stockwerken beleuchtet und machte die Straße davor in ihrer ganzen Breite hell. Noch immer fuhren draußen, wenn auch schon in unterbrochener Folge, Automobile, rascher aus der Ferne her anwachsend als bei Tage, tasteten mit den weißen Strahlen ihrer Laternen den Boden der Straße ab, kreuzten mit erblassenden Lichtern die Lichtzone des Hotels und eilten aufleuchtend in das weitere Dunkel.

Die Kameraden fand Karl schon in tiefem Schlaf, er war aber auch zu lange ausgeblieben. Gerade wollte er das Mitgebrachte appetitlich auf Papiere ausbreiten, die er im Korb vorfand, um erst, wenn alles fertig wäre, die Kameraden zu wecken, als er zu seinem Schrecken seinen Koffer, den er abgesperrt zurückgelassen hatte und dessen Schlüssel er in der Tasche trug, vollständig geöffnet sah, während der halbe Inhalt ringsherum im Gras verstreut war.

»Steht auf!« rief er. »Ihr schlaft, und inzwischen waren Diebe da.«

»Fehlt denn etwas?« fragte Delamarche. Robinson war noch nicht ganz wach und griff schon nach dem Bier.

»Ich weiß nicht«, rief Karl, »aber der Koffer ist offen. Das ist doch eine Unvorsichtigkeit, sich schlafen zu legen und den Koffer hier frei stehen zu lassen.«

Delamarche und Robinson lachten, und der erstere sagte: »Sie dürfen eben nächstens nicht so lange fortbleiben. Das Hotel ist zehn Schritte entfernt, und Sie brauchen zum Hin- und Herweg drei Stunden. Wir haben Hunger gehabt, haben gedacht, dass Sie in Ihrem Koffer etwas zum Essen haben könnten, und haben das Schloss so lange gekitzelt, bis es sich aufgemacht hat. Im übrigen war ja gar nichts darin, und Sie können alles wieder ruhig einpacken.«

»So«, sagte Karl, starrte in den rasch sich leerenden Korb und horchte auf das eigentümliche Geräusch, das Robinson beim Trinken hervorbrachte, da ihm die Flüssigkeit zuerst weit in die Gurgel eindrang, dann aber mit einer Art Pfeifen wieder zurückschnellte, um erst dann in großem Erguss in die Tiefe zu rollen.

»Haben Sie schon zu Ende gegessen?« fragte er, als sich die beiden einen Augenblick verschnauften.

»Haben Sie denn nicht schon im Hotel gegessen?« fragte Delamarche, der glaubte, Karl beanspruche seinen Anteil.

»Wenn Sie noch essen wollen, dann beeilen Sie sich«, sagte Karl und ging zu seinem Koffer.

»Der scheint Launen zu haben«, sagte Delamarche zu Robinson.

»Ich habe keine Launen«, sagte Karl, »aber ist das vielleicht recht, in meiner Abwesenheit meinen Koffer aufzubrechen und meine Sachen herauszuwerfen? Ich weiß, man muss unter Kameraden manches dulden, und ich habe mich auch darauf vorbereitet, aber das ist zu viel.

Ich werde im Hotel übernachten und gehe nicht nach Butterford. Essen Sie rasch auf, ich muss den Korb zurückgeben.«

»Siehst du, Robinson, so spricht man«, sagte Delamarche, »das ist die feine Redeweise. Er ist eben ein Deutscher. Du hast mich früh vor ihm gewarnt, aber ich bin ein guter Narr gewesen und habe ihn doch mitgenommen. Wir haben ihm unser Vertrauen geschenkt, haben ihn einen ganzen Tag mit uns geschleppt, haben dadurch zumindest einen halben Tag verloren und jetzt – weil ihn dort im Hotel irgend jemand gelockt hat – verabschiedet er sich, verabschiedet sich einfach. Aber weil er ein falscher Deutscher ist, tut er dies nicht offen, sondern sucht sich den Vorwand mit dem Koffer, und weil er ein grober Deutscher ist, kann er nicht weggehen, ohne uns in unserer Ehre zu beleidigen und uns Diebe zu nennen, weil wir mit seinem Koffer einen kleinen Scherz gemacht haben.«

Karl, der seine Sachen packte, sagte, ohne sich umzuwenden: »Reden Sie nur so weiter und erleichtern Sie mir das Weggehen. Ich weiß ganz gut, was Kameradschaft ist. Ich habe in Europa auch Freunde gehabt, und keiner kann mir vorwerfen, dass ich mich falsch oder gemein gegen ihn benommen hätte. Wir sind jetzt natürlich außer Verbindung, aber wenn ich noch einmal nach Europa zurückkommen sollte, werden mich alle gut aufnehmen und mich sofort als ihren Freund anerkennen. Und Sie, Delamarche, und Sie, Robinson, Sie hätte ich verraten sollen, da Sie doch, was ich niemals vertuschen werde, so freundlich waren, sich meiner anzunehmen und mir eine Lehrlingsstelle in Butterford in Aussicht zu stellen? Aber es ist etwas anderes. Sie haben nichts, und das erniedrigt Sie in meinen Augen nicht im geringsten, aber Sie missgönnen mir meinen kleinen Besitz und suchen mich deshalb zu demütigen, das kann ich nicht aushalten. Und nun, nachdem Sie meinen Koffer aufgebrochen haben, entschuldigen Sie sich mit keinem Wort, sondern beschimpfen mich noch und beschimpfen weiter mein Volk – damit nehmen Sie mir aber auch jede Möglichkeit, bei Ihnen zu bleiben. Übrigens gilt das alles nicht eigentlich von Ihnen, Robinson. Gegen Ihren Charakter habe ich nur einzuwenden, dass Sie von Delamarche zu sehr abhängig sind.«

»Da sehen wir ja«, sagte Delamarche, indem er zu Karl trat und ihm einen leichten Stoß gab, wie um ihn aufmerksam zu machen »da sehen wir ja, wie Sie sich entpuppen. Den ganzen Tag sind Sie hinter mir gegangen, haben sich an meinem Rock gehalten, haben mir jede Bewegung nachgemacht und waren sonst still wie ein Mäuschen. Jetzt aber, da Sie im Hotel irgendeinen Rückhalt spüren, fangen Sie große Reden zu halten an. Sie sind ein kleiner Schlaumeier, und ich weiß noch gar nicht, ob wir das so ruhig hinnehmen werden. Ob wir nicht das Lehrgeld für das verlangen werden, was Sie uns während des Tages abgeschaut haben. Du, Robinson, wir beneiden ihn – meint er – um seinen Besitz. Ein Tag Arbeit in Butterford – von Kalifornien gar nicht zu reden –, und wir haben zehnmal mehr, als Sie uns gezeigt haben und als Sie in Ihrem Rockfutter noch versteckt haben mögen. Also, nur immer Achtung aufs Maul!«

Karl hatte sich vom Koffer erhoben und sah nun auch den verschlafenen, aber vom Bier ein wenig belebten Robinson herankommen. »Wenn ich noch lange hierbliebe«, sagte er, »könnte ich vielleicht noch weitere Überraschungen erleben. Sie scheinen Lust zu haben, mich durchzuprügeln.«

»Alle Geduld hat ein Ende«, sagte Robinson.

»Sie schweigen besser, Robinson«, sagte Karl, ohne Delamarche aus den Augen zu lassen, »im Innern geben Sie mir ja doch recht, aber nach außen müssen Sie es mit Delamarche halten!«

»Wollen Sie ihn vielleicht bestechen?« fragte Delamarche.

»Fällt mir nicht ein«, sagte Karl. »Ich bin froh, dass ich fortgehe, und ich will mit keinem von Ihnen mehr etwas zu tun haben. Nur eines will ich noch sagen, Sie haben mir den Vorwurf gemacht, dass ich Geld besitze und es vor Ihnen versteckt habe. Angenommen, dass es wahr ist, war es nicht sehr richtig Leuten gegenüber gehandelt, die ich erst ein paar Stunden kannte, und bestätigen Sie nicht noch durch Ihr jetziges Benehmen die Richtigkeit einer derartigen Handlungsweise?«

»Bleib ruhig«, sagte Delamarche zu Robinson, obwohl sich dieser nicht rührte. Dann fragte er Karl: »Da Sie so unverschämt aufrichtig sind, so treiben Sie doch, da wir ja so gemütlich beisammenstehen, diese Aufrichtigkeit noch weiter und gestehen Sie ein, warum Sie eigentlich ins Hotel wollen.« Karl musste einen Schritt über den Koffer hinweg machen, so nahe war Delamarche an ihn herangetreten. Aber Delamarche ließ sich dadurch nicht beirren, schob den Koffer beiseite, machte einen Schritt vorwärts, wobei er den Fuß auf ein weißes Vorhemd setzte, das im Gras liegengeblieben war, und wiederholte seine Frage.

Wie zur Antwort stieg von der Straße her ein Mann mit einer stark leuchtenden Taschenlampe zu der Gruppe herauf. Es war ein Kellner aus dem Hotel. Kaum hatte er Karl erblickt, sagte er: »Ich suche Sie schon fast eine halbe Stunde. Alle Böschungen auf beiden Straßenseiten habe ich schon abgesucht. Die Frau Oberköchin lässt Ihnen nämlich sagen, dass sie den Strohkorb, den sie Ihnen geborgt hat, dringend braucht.«

»Hier ist er«, sagte Karl mit einer vor Aufregung unsicheren Stimme. Delamarche und Robinson waren in scheinbarer Bescheidenheit beiseite getreten, wie sie es vor fremden gutgestellten Leuten immer machten. Der Kellner nahm den Korb an sich und sagte: »Dann lässt Sie die Frau Oberköchin fragen, ob Sie es sich nicht überlegt haben und doch vielleicht im Hotel übernachten wollten. Auch die beiden anderen Herren wären willkommen, wenn Sie sie mitnehmen wollen. Die Betten sind schon vorbereitet. Die Nacht ist ja heute warm, aber hier, auf der Lehne, ist es durchaus nicht ungefährlich zu schlafen, man findet öfters Schlangen.«

»Da die Frau Oberköchin so freundlich ist, werde ich ihre Einladung doch annehmen«, sagte Karl und wartete auf eine Äußerung seiner Kameraden. Aber Robinson stand stumpf da, und Delamarche hatte die Hände in den Hosentaschen und schaute zu den Sternen hinauf. Beide bauten offenbar darauf, dass Karl sie ohne weiteres mitnehmen werde.

»Für diesen Fall«, sagte der Kellner »habe ich den Auftrag, Sie ins Hotel zu führen und Ihr Gepäck zu tragen.«

»Dann warten Sie, bitte, noch einen Augenblick«, sagte Karl und bückte sich, um die paar Sachen, die noch herumlagen, in den Koffer zu legen.

Plötzlich richtete er sich auf. Die Photographie fehlte, sie war ganz oben im Koffer gelegen und war nirgends zu finden. Alles war vollständig, nur die Photographie fehlte.

»Ich kann die Photographie nicht finden«, sagte er bittend zu Delamarche.

»Welche Photographie?« fragte dieser.

»Die Photographie meiner Eltern«, sagte Karl.

»Wir haben keine Photographie gesehen«, sagte Delamarche.

»Es war keine Photographie darin, Herr Roßmann«, bestätigte auch Robinson von seiner Seite.

»Aber das ist doch unmöglich«, sagte Karl, und seine hilfesuchenden Blicke zogen den Kellner näher. »Sie lag obenauf und jetzt ist sie weg. Wenn Sie doch lieber den Spaß mit dem Koffer nicht gemacht hätten.«

»Jeder Irrtum ist ausgeschlossen«, sagte Delamarche, »in dem Koffer war keine Photographie.«

»Sie war mir wichtiger als alles, was ich sonst im Koffer habe«, sagte Karl zum Kellner, der herumging und im Grase suchte. »Sie ist nämlich unersetzlich, ich bekomme keine zweite.« Und als der Kellner von dem aussichtslosen Suchen abließ, sagte er noch: »Es war das einzige Bild, das ich von meinen Eltern besaß.«

Daraufhin sagte der Kellner laut, ohne jede Beschönigung: »Vielleicht könnten wir noch die Taschen der Herren untersuchen.«

»Ja«, sagte Karl sofort, »ich muss die Photographie finden. Aber ehe ich die Taschen durchsuche, sage ich noch, dass, wer mir die Photographie freiwillig gibt, den ganzen gefüllten Koffer bekommt.« Nach einem Augenblick allgemeiner Stille sagte Karl zum Kellner: »Meine Kameraden wollen also offenbar die Taschendurchsuchung. Aber selbst jetzt verspreche ich sogar demjenigen, in dessen Tasche die Photographie gefunden wird, den ganzen Koffer. Mehr kann ich nicht tun.«

Sofort machte sich der Kellner daran, Delamarche zu untersuchen, der ihm schwieriger zu behandeln schien als Robinson, den er Karl überließ. Er machte Karl darauf aufmerksam, dass beide gleichzeitig untersucht werden müssten, da sonst einer unbeobachtet die Photographie beiseiteschaffen könnte. Gleich beim ersten Griff fand Karl in Robinsons Tasche eine ihm gehörige Krawatte, aber er nahm sie nicht an sich und rief dem Kellner zu: »Was Sie bei Delamarche auch finden mögen, lassen Sie ihm, bitte, alles. Ich will nichts als die Photographie, nur die Photographie.«

Beim Durchsuchen der Brusttaschen gelangte Karl mit der Hand an die heiße, fettige Brust Robinsons, und es kam ihm zu Bewusstsein, dass er an seinen Kameraden vielleicht ein großes Unrecht begehe. Er beeilte sich nun nach Möglichkeit. Im übrigen war alles umsonst, weder bei Robinson noch bei Delamarche fand sich die Photographie vor.

»Es hilft nichts«, sagte der Kellner.

»Sie haben wahrscheinlich die Photographie zerrissen und die Stücke weggeworfen«, sagte Karl. »Ich dachte, sie wären Freunde, aber im geheimen wollten sie mir nur schaden. Nicht eigentlich Robinson, der wäre gar nicht auf den Einfall gekommen, dass die Photographie solchen Wert für mich hat, aber desto mehr Delamarche.« Karl sah nur den Kellner vor sich, dessen Laterne einen kleinen Kreis beleuchtete, während alles sonst, auch Delamarche und Robinson, in tiefem Dunkel war.

Es war natürlich gar nicht mehr die Rede davon, dass die beiden in das Hotel mitgenommen werden könnten. Der Kellner schwang den Koffer auf die Achsel, Karl nahm den Strohkorb, und sie gingen. Karl war schon auf der Straße, als er, im Nachdenken sich unterbrechend, stehen blieb und in das Dunkel hinaufrief: »Hören Sie einmal, sollte doch einer von

Ihnen die Photographie noch haben und mir ins Hotel bringen wollen – er bekommt den Koffer noch immer und wird, ich schwöre es, nicht angezeigt.« Es kam keine eigentliche Antwort herunter, nur ein abgerissenes Wort war zu hören, der Beginn eines Zurufs Robinsons, dem aber offenbar Delamarche sofort den Mund stopfte. Noch eine lange Weile wartete Karl, ob man sich oben nicht doch noch anders entscheiden würde. Zweimal rief er in Abständen: »Ich bin noch immer da!« Aber kein Laut antwortete, nur einmal rollte ein Stein den Abhang herab, vielleicht durch Zufall, vielleicht in einem verfehlten Wurf.

Hotel Occidental

Im Hotel wurde Karl gleich in eine Art Büro geführt, in welchem die Oberköchin, ein Vormerkbuch in der Hand, einer jungen Schreibmaschinistin einen Brief in die Schreibmaschine diktierte. Das äußerst präzise Diktieren, der beherrschte und elastische Tastenschlag jagten an dem nur hie und da merklichen Ticken der Wanduhr vorüber, die schon fast halb zwölf zeigte. »So!« sagte die Oberköchin, klappte das Vormerkbuch zu, die Schreibmaschinistin sprang auf und stülpte den Holzdeckel über die Maschine, ohne bei dieser mechanischen Arbeit die Augen von Karl zu lassen. Sie sah noch wie ein Schulmädchen aus, ihre Schürze war sehr sorgfältig gebügelt, auf den Achseln zum Beispiel gewellt, die Frisur recht hoch, und man staunte ein wenig, wenn man nach diesen Einzelheiten ihr ernstes Gesicht sah. Nach Verbeugungen, zuerst gegen die Oberköchin, dann gegen Karl, entfernte sie sich, und Karl sah unwillkürlich die Oberköchin mit einem fragenden Blicke an.

»Das ist aber schön, dass Sie nun doch gekommen sind«, sagte die Oberköchin. »Und Ihre Kameraden?«

»Ich habe sie nicht mitgenommen«, sagte Karl.

»Die marschieren wohl sehr früh aus«, sagte die Oberköchin, wie um sich die Sache zu erklären.

›Muss sie denn nicht denken, dass ich auch mitmarschiere?‹ fragte sich Karl und sagte deshalb, um jeden Zweifel auszuschließen: »Wir sind in Unfrieden auseinandergegangen.«

Die Oberköchin schien das als eine angenehme Nachricht aufzufassen. »Dann sind Sie also frei?« fragte sie.

»Ja, frei bin ich«, sagte Karl, und nichts schien ihm wertloser.

»Hören Sie, möchten Sie nicht hier im Hotel eine Stelle annehmen?« fragte die Oberköchin.

»Sehr gern«, sagte Karl, »ich habe aber entsetzlich wenig Kenntnisse. Ich kann zum Beispiel nicht einmal auf der Schreibmaschine schreiben.«

»Das ist nicht das Wichtigste«, sagte die Oberköchin. »Sie bekämen eben vorläufig nur eine ganz kleine Anstellung und müssten dann zusehen, durch Fleiß und Aufmerksamkeit sich hinaufzubringen. Jedenfalls aber glaube ich, dass es für Sie besser und passender wäre, sich irgendwo festzusetzen, statt so durch die Welt zu bummeln. Dazu scheinen Sie mir nicht gemacht.«

›Das würde alles auch der Onkel unterschreiben‹, sagte sich Karl und nickte zustimmend. Gleichzeitig erinnerte er sich, dass er, um den man so besorgt war, sich noch gar nicht vorgestellt hatte. »Entschuldigen Sie, bitte«, sagte er »dass ich mich noch gar nicht vorgestellt habe, ich heiße Karl Roßmann.«

»Sie sind ein Deutscher, nicht wahr?«

»Ja«, sagte Karl, »ich bin noch nicht lange in Amerika.«

»Woher sind Sie denn?«

»Aus Prag in Böhmen«, sagte Karl.

»Sehen Sie einmal an«, rief die Oberköchin in einem stark englisch betonten Deutsch und hob fast die Arme, »dann sind wir ja Landsleute, ich heiße Grete Mitzelbach und bin aus Wien. Und Prag kenne ich ja ausgezeichnet, ich war ja ein halbes Jahr in der Goldenen Gans auf dem Wenzelsplatz angestellt. Aber denken Sie nur einmal!«

»Wann ist das gewesen?« fragte Karl.

»Das ist schon viele, viele Jahre her.«

»Die alte Goldene Gans«, sagte Karl, »ist vor zwei Jahren niedergerissen worden.«

»Ja, freilich«, sagte die Oberköchin, ganz in Gedanken an vergangene Zeiten.

Mit einem Male aber wieder lebhaft werdend, rief sie und fasste dabei Karls Hände: »Jetzt, da es sich herausgestellt hat, dass Sie mein Landsmann sind, dürfen Sie um keinen Preis von hier fort. Das dürfen Sie mir nicht antun. Hätten Sie zum Beispiel Lust, Liftjunge zu werden? Sagen Sie nur ja und Sie sind es. Wenn Sie ein bisschen herumgekommen sind, werden Sie wissen, dass es nicht besonders leicht ist, solche Stellen zu bekommen, denn sie sind der beste Anfang, den man sich denken kann. Sie kommen mit allen Gästen zusammen, man sieht Sie immer, man gibt Ihnen kleine Aufträge; kurz, Sie haben jeden Tag die Möglichkeit, zu etwas Besserem zu gelangen. Für alles übrige lassen Sie mich sorgen.«

»Liftjunge möchte ich ganz gerne sein«, sagte Karl nach einer kleinen Pause. Es wäre ein großer Unsinn gewesen, gegen die Stelle eines Liftjungen mit Rücksicht auf seine fünf Gymnasialklassen Bedenken zu haben. Eher wäre hier in Amerika Grund gewesen, sich der fünf Gymnasialklassen zu schämen. Übrigens hatten die Liftjungen Karl immer gefallen, sie waren ihm wie der Schmuck des Hotels erschienen.

»Sind nicht Sprachkenntnisse erforderlich?« fragte er noch.

»Sie sprechen Deutsch und ein schönes Englisch, das genügt vollkommen.«

»Englisch habe ich erst in Amerika in zweieinhalb Monaten erlernt«, sagte Karl, er glaubte, seinen einzigen Vorzug nicht verschweigen zu dürfen.

»Das spricht schon genügend für Sie«, sagte die Oberköchin.

»Wenn ich daran denke, welche Schwierigkeiten mir das Englisch gemacht hat. Das ist allerdings schon seine dreißig Jahre her. Gerade gestern habe ich davon gesprochen. Gestern war nämlich mein fünfzigster Geburtstag.« Und sie suchte lächelnd den Eindruck von Karls Mienen abzulesen, den die Würde dieses Alters auf ihn machte.

»Dann wünsche ich Ihnen viel Glück«, sagte Karl.

»Das kann man immer brauchen«, sagte sie, schüttelte Karl die Hand und wurde wieder halb traurig über diese alte Redensart aus der Heimat, die ihr da im Deutschsprechen eingefallen war.

»Aber ich halte Sie hier auf«, rief sie dann.

»Und Sie sind gewiss sehr müde, und wir können auch alles viel besser bei Tag besprechen. Die Freude, einen Landsmann getroffen zu haben, macht ganz gedankenlos. Kommen Sie, ich werde Sie in Ihr Zimmer führen.«

»Ich habe noch eine Bitte, Frau Oberköchin«, sagte Karl im Anblick des Telefonkastens, der auf dem Tisch stand, »es ist möglich, dass mir morgen, vielleicht sehr früh, meine früheren Kameraden eine Photographie bringen, die ich dringend brauche. Wären Sie so freundlich und würden Sie dem Portier telefonieren, er möchte die Leute zu mir schicken oder mich holen lassen?«

»Gewiss«, sagte die Oberköchin, »aber würde es nicht genügen, wenn er ihnen die Photographie abnimmt? Was ist es denn für eine Photographie, wenn man fragen darf?«

»Es ist die Photographie meiner Eltern«, sagte Karl.

»Nein, ich muss mit den Leuten selbst sprechen.« Die Oberköchin sagte nichts weiter und gab telefonisch in die Portierloge den entsprechenden Befehl, wobei sie 536 als Zimmernummer Karls nannte.

Sie gingen dann durch eine der Eingangstür entgegengesetzte Tür auf einen kleinen Gang hinaus, wo an dem Geländer eines Aufzuges ein kleiner Liftjunge schlafend lehnte.

»Wir können uns selbst bedienen«, sagte die Oberköchin leise und ließ Karl in den Aufzug eintreten.

»Eine Arbeitszeit von zehn bis zwölf Stunden ist eben ein wenig zuviel für einen solchen Jungen«, sagte sie dann, während sie aufwärts fuhren.

»Aber es ist eigentümlich in Amerika. Da ist dieser kleine Junge zum Beispiel, er ist auch erst vor einem halben Jahre mit seinen Eltern hier angekommen, er ist ein Italiener. Jetzt sieht er aus, als könne er die Arbeit unmöglich aushalten, hat schon kein Fleisch im Gesicht, schläft im Dienst ein, obwohl er von Natur sehr bereitwillig ist, – aber er muss nur noch ein halbes Jahr hier oder irgendwo anders in Amerika dienen und hält alles mit Leichtigkeit aus, und in fünf Jahren wird er ein starker Mann sein. Von solchen Beispielen könnte ich Ihnen stundenlang erzählen. Dabei denke ich gar nicht an Sie, denn Sie sind ein kräftiger Junge; Sie sind siebzehn Jahre alt, nicht?«

»Ich werde nächsten Monat sechzehn«, antwortete Karl.

»Sogar erst sechzehn!« sagte die Oberköchin. »Also nur Mut!«

Oben führte sie Karl in ein Zimmer, das zwar schon als Dachzimmer eine schiefe Wand hatte, im übrigen aber bei einer Beleuchtung durch zwei Glühlampen sich sehr wohnlich zeigte.

»Erschrecken Sie nicht über die Einrichtung«, sagte die Oberköchin, »es ist nämlich kein Hotelzimmer, sondern ein Zimmer meiner Wohnung, die aus drei Zimmern besteht, so dass Sie mich nicht im geringsten stören. Ich sperre die Verbindungstüre ab, so dass Sie ganz ungeniert bleiben. Morgen, als neuer Hotelangestellter, werden Sie natürlich Ihr eigenes Zimmerchen bekommen. Wären Sie mit Ihren Kameraden gekommen, dann hätte ich Ihnen in der gemeinsamen Schlafkammer der Hausdiener aufbetten lassen, aber da Sie allein sind, denke ich, dass es Ihnen hier besser passen wird, wenn Sie auch nur auf einem Sofa schlafen müssen. Und nun schlafen Sie wohl, damit Sie sich für den Dienst kräftigen. Er wird morgen noch nicht zu anstrengend sein.«

»Ich danke Ihnen vielmals für Ihre Freundlichkeit.«

»Warten Sie«, sagte sie, beim Ausgang stehenbleibend, »da wären Sie aber bald geweckt worden.« Und sie ging zu der einen Seitentür des Zimmers, klopfte und rief: »Therese!«

»Bitte, Frau Oberköchin«, meldete sich die Stimme der kleinen Schreibmaschinistin.

»Wenn du mich früh wecken gehst, so musst du über den Gang gehen, hier im Zimmer schläft ein Gast. Er ist todmüde.« Sie lächelte Karl zu, während sie dies sagte. »Hast du verstanden?«

»Ja, Frau Oberköchin.«

»Also dann gute Nacht!«

»Gute Nacht wünsch ich.«

»Ich schlafe nämlich«, sagte die Oberköchin zur Erklärung, »seit einigen Jahren ungemein schlecht. Jetzt kann ich ja mit meiner Stellung zufrieden sein und brauche eigentlich keine Sorgen zu haben. Aber es müssen die Folgen meiner früheren Sorgen sein, die mir diese Schlaflosigkeit verursachen. Wenn ich um drei Uhr früh einschlafe, kann ich froh sein. Da ich aber schon um fünf, spätestens um halb sechs wieder auf dem Platze sein muss, muss ich mich wecken lassen, und zwar besonders vorsichtig, damit ich nicht noch nervöser werde, als ich es schon bin. Und da weckt mich eben die Therese. Aber jetzt wissen Sie wirklich schon alles, und ich komme gar nicht weg. Gute Nacht!« Und trotz ihrer Schwere huschte sie fast aus dem Zimmer.

Karl freute sich auf den Schlaf, denn der Tag hatte ihn sehr mitgenommen. Und behaglichere Umgebung konnte er für einen langen, ungestörten Schlaf gar nicht wünschen. Das

Zimmer war zwar nicht zum Schlafzimmer bestimmt, es war eher ein Wohnzimmer, oder, richtiger, ein Repräsentationszimmer der Oberköchin, und ein Waschtisch war ihm zuliebe eigens für diesen Abend hergebracht worden, aber dennoch fühlte sich Karl nicht als Eindringling, sondern nur desto besser versorgt. Sein Koffer war richtig her gestellt und wohl schon lange nicht in größerer Sicherheit gewesen. Auf einem niedrigen Schrank mit Schiebefächern, über den eine großmaschige wollene Decke gezogen war, standen verschiedene Photographien im Rahmen und unter Glas; bei der Besichtigung des Zimmers blieb Karl da stehen und sah sie an. Es waren meist alte Photographien und stellten in der Mehrzahl Mädchen dar, die, in unmodernen, unbehaglichen Kleidern, mit locker aufgesetzten, kleinen, aber hochgehenden Hüten, die rechte Hand auf einen Schirm gestützt, dem Beschauer zugewendet waren und doch mit den Blicken auswichen. Unter den Herrenbildnissen fiel Karl besonders das eines jungen Soldaten auf, der das Käppi auf ein Tischchen gelegt hatte, stramm mit seinem wilden schwarzen Haar dastand und voll von einem stolzen, aber unterdrückten Lachen war. Die Knöpfe seiner Uniform waren auf der Photographie nachträglich vergoldet worden. Alle diese Photographien stammten wohl noch aus Europa, man hätte dies auf der Rückseite wahrscheinlich auch genau ablesen können, aber Karl wollte sie nicht in die Hand nehmen. So wie diese Photographien hier standen, so hätte er auch die Photographie seiner Eltern in seinem künftigen Zimmer aufstellen mögen.

Gerade streckte er sich nach einer gründlichen Waschung des ganzen Körpers, die er, seiner Nachbarin wegen, möglichst leise durchzuführen sich bemüht hatte, im Vorgenuss des Schlafes auf seinem Kanapee aus, da glaubte er ein schwaches Klopfen an einer Tür zu hören. Man konnte nicht gleich feststellen, an welcher Tür es war, es konnte auch bloß ein zufälliges Geräusch sein. Es wiederholte sich auch nicht gleich, und Karl schlief schon fast, als es wieder erfolgte. Aber nun war kein Zweifel mehr, dass es ein Klopfen war und von der Tür der Schreibmaschinistin herkam. Karl lief auf den Fußspitzen zur Tür hin und fragte so leise, dass es, wenn man trotz allem nebenan doch schlief, niemanden hätte wecken können: »Wünschen Sie etwas?«

Sofort und ebenso leise kam die Antwort: »Möchten Sie nicht die Tür öffnen? Der Schlüssel steckt auf Ihrer Seite.«

»Bitte«, sagte Karl, »ich muss mich nur zuerst anziehen.« Es gab eine kleine Pause, dann hieß es: »Das ist nicht nötig. Machen Sie auf und legen Sie sich ins Bett, ich werde ein wenig warten.«

»Gut«, sagte Karl und führte es auch so aus, nur drehte er außerdem noch das elektrische Licht an.

»Ich liege schon«, sagte er dann etwas lauter. Da trat auch schon aus ihrem dunklen Zimmer die kleine Schreibmaschinistin, genau so angezogen wie unten im Büro, sie hatte wohl die ganze Zeit über nicht daran gedacht, schlafen zu gehen.

»Entschuldigen Sie vielmals«, sagte sie und stand ein wenig gebückt vor Karls Lager, »und verraten Sie mich, bitte, nicht. Ich will Sie auch nicht lange stören, ich weiß, dass Sie todmüde sind.«

»Es ist nicht so arg«, sagte Karl, »aber es wäre vielleicht doch besser gewesen, ich hätte mich angezogen.« Er musste ausgestreckt daliegen, um bis an den Hals zugedeckt sein zu können, denn er besaß kein Nachthemd.

»Ich bleibe ja nur einen Augenblick«, sagte sie und griff nach einem Sessel. »Kann ich mich zum Kanapee setzen?«

Karl nickte. Da setzte sie sich so eng zum Kanapee, dass Karl an die Mauer rücken musste, um zu ihr aufschauen zu können. Sie hatte ein rundes, gleichmäßiges Gesicht, nur die Stirn war ungewöhnlich hoch, aber das konnte auch vielleicht nur an der Frisur liegen, die ihr nicht recht passte. Ihr Anzug war sehr rein und sorgfältig. In der linken Hand quetschte sie ein Taschentuch.

»Werden Sie lange hierbleiben?« fragte sie.

»Es ist noch nicht ganz bestimmt«, antwortete Karl, »aber ich denke, ich werde bleiben.«

»Das wäre nämlich sehr gut«, sagte sie und fuhr mit dem Taschentuch über ihr Gesicht, »ich bin hier nämlich so allein.«

»Das wundert mich«, sagte Karl. »Die Frau Oberköchin ist doch sehr freundlich zu Ihnen. Sie behandelt Sie gar nicht wie eine Angestellte. Ich dachte schon, Sie wären Verwandte.«

»O nein«, sagte sie, »ich heiße Therese Berchtold, ich bin aus Pommern.«

Auch Karl stellte sich vor, daraufhin sah sie ihn zum ersten Mal voll an, als sei er ihr durch die Namensnennung ein wenig fremder geworden. Sie schwiegen ein Weilchen. Dann sagte sie: »Sie dürfen nicht glauben, dass ich undankbar bin. Ohne die Frau Oberköchin stünde es ja mit mir viel schlechter. Ich war früher Küchenmädchen hier im Hotel und schon in großer Gefahr, entlassen zu werden, denn ich konnte die schwere Arbeit nicht leisten. Man stellt hier sehr große Ansprüche. Vor einem Monat ist ein Küchenmädchen nur vor Überanstrengung ohnmächtig geworden und vierzehn Tage im Krankenhaus gelegen. Und ich bin nicht sehr stark, ich habe früher viel zu leiden gehabt und bin dadurch in der Entwicklung ein wenig zurückgeblieben; Sie würden wohl gar nicht sagen, dass ich schon achtzehn Jahre alt bin. Aber jetzt werde ich schon stärker.«

»Der Dienst hier muss wirklich sehr anstrengend sein«, sagte Karl. »Unten habe ich jetzt einen Liftjungen stehend schlafen gesehen.«

»Dabei haben es die Liftjungen noch am besten«, sagte sie, »die verdienen ihr schönes Geld an Trinkgeldern und müssen sich schließlich doch bei weitem nicht so plagen wie die Leute in der Küche. Aber da habe ich wirklich einmal Glück gehabt, die Frau Oberköchin hat einmal ein Mädchen gebraucht, um die Servietten für ein Bankett herzurichten, hat zu uns Küchenmädchen heruntergeschickt, es gibt hier an fünfzig solcher Mädchen, ich war gerade bei der Hand und habe sie sehr zufriedengestellt, denn im Aufbauen der Servietten habe ich mich immer ausgekannt. Und so hat sie mich von da an in ihrer Nähe behalten und allmählich zu ihrer Sekretärin ausgebildet. Dabei habe ich sehr viel gelernt.«

»Gibt es denn da so viel zu schreiben?« fragte Karl.

»Ach, sehr viel«, antwortete sie, »das können Sie sich wahrscheinlich gar nicht vorstellen. Sie haben doch gesehen, dass ich heute bis halb zwölf gearbeitet habe, und heute ist kein besonderer Tag. Allerdings schreibe ich nicht immerfort, sondern habe auch viele Besorgungen in der Stadt zu machen.«

»Wie heißt denn die Stadt?« fragte Karl.

»Das wissen Sie nicht?« sagte sie, »Ramses.«

»Ist es eine große Stadt?« fragte Karl.

»Sehr groß«, antwortete sie, »ich gehe nicht gern hin. Aber wollen Sie nicht wirklich schon schlafen?«

»Nein, nein«, sagte Karl, »ich weiß ja noch gar nicht, warum Sie hereingekommen sind.«

»Weil ich mit niemandem reden kann. Ich bin nicht wehleidig, aber wenn wirklich niemand für einen da ist, so ist man schon glücklich, schließlich von jemandem angehört zu werden. Ich habe Sie schon unten im Saal gesehen, ich kam gerade, um die Frau Oberköchin zu holen, als sie Sie in die Speisekammer wegführte.«

»Das ist ein schrecklicher Saal«, sagte Karl.

»Ich merke es schon gar nicht mehr«, antwortete sie. »Aber ich wollte nur sagen, dass ja die Frau Oberköchin so freundlich zu mir ist, wie es nur meine Mutter war. Aber es ist doch ein zu großer Unterschied in unserer Stellung, als dass ich frei mit ihr reden könnte. Unter den Küchenmädchen habe ich früher gute Freundinnen gehabt, aber die sind schon längst nicht mehr hier, und die neuen Mädchen kenne ich kaum. Schließlich kommt es mir manchmal vor, dass mich meine jetzige Arbeit mehr anstrengt als die frühere, dass ich sie aber nicht einmal so gut verrichte wie die, und dass mich die Frau Oberköchin nur aus Mitleid in meiner Stellung hält. Schließlich muss man ja wirklich eine bessere Schulbildung gehabt haben, um Sekretärin zu werden. Es ist eine Sünde, das zu sagen, aber oft und oft fürchte ich, wahnsinnig zu werden. Um Gottes willen«, sagte sie plötzlich viel schneller und griff flüchtig nach Karls Schulter, da er die Hände unter der Decke hielt, »Sie dürfen aber der Frau Oberköchin kein Wort davon sagen, sonst bin ich wirklich verloren. Wenn ich ihr außer den Umständen, die ich ihr durch meine Arbeit mache, auch noch Leid bereiten sollte, das wäre wirklich das Höchste.«

»Es ist selbstverständlich, dass ich ihr nichts sagen werde«, antwortete Karl.

»Dann ist es gut«, sagte sie, »und bleiben Sie hier. Ich wäre froh, wenn Sie hierblieben, und wir könnten, wenn es Ihnen recht ist, zusammenhalten. Gleich, wie ich Sie zum ersten Mal gesehen habe, habe ich Vertrauen zu Ihnen gehabt. Und trotzdem – denken Sie, so schlecht bin ich – habe ich auch Angst gehabt, die Frau Oberköchin könnte Sie an meiner Stelle zum Sekretär machen und mich entlassen. Erst wie ich da lange allein gesessen bin, während Sie unten im Büro waren, habe ich mir die Sache so zurechtgelegt, dass es sogar sehr gut wäre, wenn Sie meine Arbeiten übernähmen, denn die würden Sie sicher besser verstehen. Wenn Sie die Besorgungen in der Stadt nicht machen wollten, könnte ich ja diese Arbeit behalten. Sonst aber wäre ich in der Küche gewiss viel nützlicher, besonders da ich auch schon etwas stärker geworden bin.«

»Die Sache ist schon geordnet«, sagte Karl, »ich werde Liftjunge und Sie bleiben Sekretärin. Wenn Sie aber der Frau Oberköchin nur die geringste Andeutung von Ihren Plänen machen, verrate ich auch das übrige, was Sie mir heute gesagt haben, so leid es mir tun würde.«

Diese Tonart erregte Therese so sehr, dass sie sich beim Bett niederwarf und wimmernd das Gesicht ins Bettzeug drückte.

»Ich verrate ja nichts«, sagte Karl, »aber Sie dürfen auch nichts sagen.«

Nun konnte er nicht mehr ganz unter seiner Decke versteckt bleiben, streichelte ein wenig ihren Arm, fand nichts Rechtes, was er ihr sagen könne, und dachte nur, dass hier ein bitteres Leben sei. Endlich beruhigte sie sich wenigstens so weit, dass sie sich ihres Weinens schämte, sah Karl dankbar an, redete ihm zu, morgen lange zu schlafen, und versprach, wenn sie Zeit fände, gegen acht Uhr heraufzukommen und ihn zu wecken.

»Sie wecken ja so geschickt«, sagte Karl.

»Ja, einiges kann ich«, sagte sie, fuhr mit der Hand zum Abschied sanft über seine Decke hin und lief in ihr Zimmer.

Am nächsten Tag bestand Karl darauf, gleich seinen Dienst anzutreten, obwohl ihm die Oberköchin diesen Tag für die Besichtigung von Ramses freigeben wollte. Aber Karl erklärte offen, dafür werde sich noch Gelegenheit finden, jetzt sei es für ihn das Wichtigste, mit der Arbeit anzufangen, denn eine auf ein anderes Ziel gerichtete Arbeit habe er schon in Europa nutzlos abgebrochen und fange als Liftjunge in einem Alter an, in dem wenigstens die tüchtigeren Jungen nahe daran seien, in natürlicher Folge eine höhere Arbeit zu übernehmen. Es sei ganz richtig, dass er als Liftjunge anfange, aber ebenso richtig sei, dass er sich besonders beeilen müsse. Bei diesen Umständen würde ihm die Besichtigung der Stadt gar kein Vergnügen machen. Nicht einmal zu einem kurzen Weg, zu dem ihn Therese aufforderte, konnte er sich entschließen. Immer schwebte ihm der Gedanke vor Augen, es könne schließlich mit ihm, wenn er nicht fleißig sei, so weit kommen wie mit Delamarche und Robinson.

Beim Hotelschneider wurde ihm die Liftjungenuniform anprobiert, die äußerlich sehr prächtig mit Goldknöpfen und Goldschnüren ausgestattet war, bei deren Anziehen es Karl aber doch ein wenig schauderte, denn besonders unter den Achseln war das Röckchen kalt, hart und dabei unaustrockbar nass von dem Schweiß der Liftjungen, die es vor ihm getragen hatten. Die Uniform musste auch vor allem über der Brust eigens für Karl erweitert werden, denn keine der zehn vorliegenden wollte auch nur beiläufig passen. Trotz dieser Näharbeit, die hier notwendig war, und obwohl der Meister sehr peinlich schien – zweimal flog die bereits abgelieferte Uniform aus seiner Hand in die Werkstatt zurück –, war alles in kaum fünf Minuten erledigt, und Karl verließ das Atelier schon als Liftjunge mit anliegenden Hosen und einem, trotz der bestimmten gegenteiligen Zusicherung des Meisters, sehr beengenden Jäckchen, das immer wieder zu Atemübungen verlockte, da man sehen wollte, ob das Atmen noch immer möglich war.

Dann meldete er sich bei jenem Oberkellner, unter dessen Befehl er stehen sollte, einem schlanken, schönen Mann mit großer Nase, der wohl schon in den Vierzigern stehen konnte. Er hatte keine Zeit, sich auch nur auf das geringste Gespräch einzulassen, und läutete bloß einen Liftjungen herbei, zufällig gerade jenen, den Karl gestern gesehen hatte. Der Oberkellner nannte ihn nur bei seinem Taufnamen Giacomo, was Karl erst später erfuhr, denn in der englischen Aussprache war der Name nicht zu erkennen. Dieser Junge bekam nun den Auftrag, Karl das für den Liftdienst Notwendige zu zeigen, aber er war so scheu und eilig, dass Karl von ihm, so wenig auch im Grunde zu zeigen war, kaum dieses Wenige erfahren konnte. Sicher war Giacomo auch deshalb verärgert, weil er den Liftdienst offenbar Karls halber verlassen musste und den Zimmermädchen zur Hilfeleistung zugeteilt war, was ihm nach bestimmten Erfahrungen, die er aber verschwieg, entehrend vorkam. Enttäuscht war Karl vor allem dadurch, dass ein Liftjunge mit der Maschinerie des Aufzuges nur insofern etwas zu tun hatte, als er ihn durch einen einfachen Druck auf den Knopf in Bewegung setzte, während für Reparaturen am Triebwerk derartig ausschließlich die Maschinisten des Hotels verwendet wurden, dass zum Beispiel Giacomo trotz halbjährigen Dienstes beim Lift weder das Triebwerk im Keller, noch die Maschinerie im Innern des Aufzuges mit eigenen Augen gesehen hatte, obwohl ihn dies, wie er ausdrücklich sagte, sehr gefreut hätte. Überhaupt war es ein einförmiger Dienst und wegen der zwölfstündigen Arbeitszeit, abwechselnd bei Tag und Nacht, so anstrengend, dass er nach Giacomos Angaben überhaupt nicht auszuhalten war, wenn man nicht minutenweise im Stehen schlafen konnte. Karl sagte hiezu nichts, aber er begriff wohl, dass gerade diese Kunst Giacomo die Stelle gekostet hatte.

Sehr willkommen war es Karl, dass der Aufzug, den er zu besorgen hatte, nur für die obersten Stockwerke bestimmt war, weshalb er es nicht mit den anspruchsvollsten reichen Leuten zu tun haben würde. Allerdings konnte man hier auch nicht so viel lernen wie anderswo und es war nur für den Anfang gut.

Schon nach der ersten Woche sah Karl ein, dass er dem Dienst vollständig gewachsen war. Das Messing seines Aufzuges war am besten geputzt, keiner der dreißig anderen Aufzüge konnte sich damit vergleichen, und es wäre vielleicht noch leuchtender gewesen, wenn der Junge, der bei dem gleichen Aufzug diente, auch nur annähernd so fleißig gewesen wäre und sich nicht in seiner Lässigkeit durch Karls Fleiß unterstützt gefühlt hätte. Es war ein geborener Amerikaner, namens Renell, ein eitler Junge mit dunklen Augen und glatten, etwas gehöhlten Wangen. Er hatte einen eleganten Privatanzug, in dem er an dienstfreien Abenden leicht parfümiert in die Stadt eilte; hie und da bat er auch Karl, ihn abends zu vertreten, da er in Familienangelegenheiten weggehen müsse, und es kümmerte ihn wenig, dass sein Aussehen allen solchen Ausreden widersprach. Trotzdem konnte ihn Karl gut leiden und hatte es gern, wenn Renell an solchen Abenden vor dem Ausgehen in seinem Privatanzug unten beim Lift vor ihm stehenblieb, sich noch ein wenig entschuldigte, während er die Handschuhe über die Finger zog, und dann durch den Korridor abging. Im übrigen wollte ihm Karl mit diesen Vertretungen nur eine Gefälligkeit machen, wie sie ihm gegenüber einem älteren Kollegen am Anfang selbstverständlich schien, eine dauernde Einrichtung sollte es nicht werden. Denn ermüdend genug war dieses ewige Fahren im Lift allerdings und gar in den Abendstunden hatte es fast keine Unterbrechung.

Bald lernte Karl auch die kurzen, tiefen Verbeugungen machen, die man von den Liftjungen verlangt, und das Trinkgeld fing er im Fluge ab. Es verschwand in seiner Westentasche, und niemand hätte nach seinen Mienen sagen können, ob es groß oder klein war. Vor Damen öffnete er die Tür mit einer kleinen Beigabe von Galanterie und schwang sich in den Aufzug langsam hinter ihnen, die in Sorge um ihre Röcke, Hüte und Behänge zögernder als Männer einzutreten pflegten. Während der Fahrt stand er, weil dies das unauffälligste war, knapp bei der Tür, mit dem Rücken zu seinen Fahrgästen, und hielt den Griff der Aufzugstür, um sie im Augenblick der Ankunft plötzlich und doch nicht etwa erschreckend seitwärts wegzustoßen. Selten nur klopfte ihm einer während der Fahrt auf die Schulter, um irgendeine kleine Auskunft zu bekommen, dann drehte er sich eilig um, als habe er es erwartet, und gab mit lauter Stimme Antwort. Oft gab es trotz den vielen Aufzügen, besonders nach Schluss der Theater oder nach Ankunft bestimmter Expresszüge, ein solches Gedränge, dass er, kaum dass die Gäste oben entlassen waren, wieder hinunterrasen musste, um die dort Wartenden aufzunehmen. Er hatte auch die Möglichkeit, durch Ziehen an einem durch den Aufzugskasten hindurchgehenden Drahtseil, die gewöhnliche Schnelligkeit zu steigern, allerdings war dies durch die Aufzugsordnung verboten und sollte auch gefährlich sein. Karl tat es auch niemals, wenn er mit Passagieren fuhr, aber wenn er sie oben abgesetzt hatte und unten andere warteten, dann kannte er keine Rücksicht und arbeitete an dem Seil mit starken, taktmäßigen Griffen wie ein Matrose. Er wusste übrigens, dass dies die anderen Liftjungen auch taten, und er wollte seine Passagiere nicht an andere Jungen verlieren. Einzelne Gäste, die längere Zeit im Hotel wohnten, was hier übrigens ziemlich gebräuchlich war, zeigten hie und da durch ein Lächeln, dass sie Karl als ihren Liftjungen erkannten, Karl nahm diese Freundlichkeit mit ernstem Gesicht, aber gerne an. Manchmal, wenn der Verkehr etwas schwächer war, konnte er auch besondere kleine Aufträge annehmen, zum Beispiel, einem Hotelgast, der sich nicht erst in sein Zimmer bemühen wollte, eine im Zimmer vergessene Kleinigkeit zu holen, dann flog er in seinem, in solchen Augenblicken ihm besonders vertrauten Aufzug allein hinauf, trat in das fremde Zimmer, wo meistens sonderbare Dinge, die er nie gesehen hatte, herumlagen oder an den Kleiderrechen hingen, fühlte den charakteristischen Geruch einer fremden Seife, eines Parfüms, eines Mundwassers und eilte, ohne sich im geringsten aufzuhalten, mit dem meist trotz undeutlichen Angaben gefundenen Gegenstand wieder zurück. Oft bedauerte er, größere Aufträge nicht übernehmen zu können, da hierfür eigene Diener und Botenjungen bestimmt waren, die ihre Wege auf Fahrrädern, ja sogar Motorrädern besorgten. Nur zu Botengängen aus den Zimmern in die Speise- oder Spielsäle konnte sich Karl bei günstiger Gelegenheit verwenden lassen.

Wenn er nach der zwölfstündigen Arbeitszeit drei Tage lang um sechs Uhr abends, die nächsten drei Tage um sechs Uhr früh von der Arbeit kam, war er so müde, dass er geradewegs, ohne sich um jemanden zu kümmern, in sein Bett ging. Es lag im gemeinsamen Schlafsaal der Liftjungen, die Frau Oberköchin, deren Einfluss vielleicht doch nicht so groß war, wie er am ersten Abend geglaubt hatte, hatte sich zwar bemüht, ihm ein eigenes Zimmerchen zu verschaffen, und es wäre ihr wohl auch gelungen, aber da Karl sah, welche Schwierigkeiten es machte und wie die Oberköchin öfters mit seinem Vorgesetzten, jenem so beschäftigten Oberkellner, wegen dieser Sache telefonierte, verzichtete er darauf und überzeugte die Oberköchin von dem Ernst seines Verzichtes mit dem Hinweis darauf, dass er von den anderen Jungen wegen eines nicht eigentlich selbsterarbeiteten Vorzuges nicht beneidet werden wolle.

Ein ruhiges Schlafzimmer war dieser Schlafsaal allerdings nicht. Denn da jeder einzelne die freie Zeit von zwölf Stunden verschiedenartig auf Essen, Schlaf, Vergnügen und Nebenverdienst verteilte, war im Schlafsaal immerfort die größte Bewegung. Da schliefen einige und zogen die Decke über die Ohren, um nichts zu hören; wurde doch einer geweckt, dann schrie er so wütend über das Geschrei der anderen, dass auch die übrigen noch so guten Schläfer nicht standhalten konnten. Fast jeder Junge hatte seine Pfeife, es wurde damit eine Art Luxus getrieben, auch Karl hatte sich eine angeschafft und fand bald Geschmack an ihr. Nun durfte aber im Dienst nicht geraucht werden, die Folge dessen war, dass im Schlafsaal jeder, solange er nicht unbedingt schlief, auch rauchte. Infolgedessen stand jedes Bett in einer eigenen Rauchwolke und alles in einem allgemeinen Dunst. Es war unmöglich durchzusetzen, obwohl eigentlich die Mehrzahl grundsätzlich zustimmte, dass in der Nacht nur an einem Ende des Saales das Licht brennen sollte. Wäre dieser Vorschlag durchgedrungen, dann hätten diejenigen, welche schlafen wollten, dies im Dunkel der einen Saalhälfte – es war ein großer Saal mit vierzig Betten – ruhig tun können, während die anderen im beleuchteten Teil Würfel oder Karten hätten spielen und alles übrige besorgen können, wozu Licht nötig war. Hätte einer, dessen Bett in der beleuchteten Saalhälfte stand, schlafen gehen wollen, so hätte er sich in eines der freien Betten im Dunkel legen können, denn es standen immer Betten genug frei, und niemand wendete gegen eine derartige vorübergehende Benützung seines Bettes durch einen anderen etwas ein. Aber es gab keine Nacht, in der diese Einteilung befolgt worden wäre. Immer wieder fanden sich zum Beispiel zwei, welche, nachdem sie das Dunkel zu etwas Schlaf ausgenützt hatten, Lust bekamen, in ihren Betten auf einem zwischen sie gelegten Brett Karten zu spielen, und natürlich drehten sie eine passende elektrische Lampe auf, deren stechendes Licht die Schlafenden, wenn sie ihm zugewendet waren, auffahren ließ. Man wälzte sich zwar noch ein wenig herum, fand aber schließlich auch nichts Besseres zu tun, als mit dem gleichfalls geweckten Nachbarn auch ein Spiel bei neuer Beleuchtung vorzunehmen. Und wieder dampften natürlich auch alle Pfeifen. Es gab allerdings auch einige, die um jeden Preis schlafen wollten – Karl gehörte meist zu ihnen – und die, statt den Kopf aufs Kissen zu legen, ihn mit dem Kissen bedeckten oder hineinwickelten; aber wie wollte man im Schlaf bleiben, wenn der nächste Nachbar in tiefer Nacht aufstand, um vor dem Dienst noch ein wenig in der Stadt dem Vergnügen nachzugehen, wenn er in dem am Kopfende des eigenen Bettes angebrachten Waschbecken laut und wassersprühend sich wusch, wenn er die Stiefel nicht nur polternd anzog, sondern stampfend sich besser in sie hineintreten wollte – fast alle hatten trotz amerikanischer Stiefelform zu enge Stiefel –, um dann schließlich, da ihm eine Kleinigkeit in seiner Ausstattung fehlte, das Kissen des Schlafenden zu heben, unter dem man, allerdings schon längst geweckt, nur darauf wartete, auf ihn loszufahren. Nun waren sie aber auch alle Sportsleute und junge, meist kräftige Burschen, die keine Gelegenheit zu sportlichen Übungen versäumen wollten. Und man konnte sicher sein, wenn man in der Nacht, mitten aus dem Schlaf durch großen Lärm geweckt, aufsprang, auf dem Boden neben seinem Bett zwei Ringkämpfer zu finden und bei greller Beleuchtung auf allen Betten in der Runde aufrecht stehende Sachverständige in Hemd und Unterhosen. Einmal fiel anlässlich eines solchen nächtlichen Boxkampfes einer der Kämpfer über den schlafenden Karl, und das erste, was Karl beim Öffnen der Augen erblickte, war das Blut, das dem Jungen aus der Nase rann und, ehe man noch etwas dagegen unternehmen konnte, das ganze Bettzeug überfloss. Oft verbrachte Karl fast die ganzen zwölf Stunden mit Versuchen, einige Stunden Schlaf zu gewinnen, obwohl es ihn auch sehr lockte, an den Unterhaltungen der anderen teilzunehmen; aber immer wieder schien es ihm, dass alle anderen in ihrem Leben einen Vorsprung vor ihm hatten, den er durch fleißigere Arbeit und ein wenig Verzichtleistung ausgleichen müsse. Obwohl ihm also hauptsächlich seiner Arbeit wegen am Schlaf sehr gelegen war, beklagte er sich doch weder gegenüber der Oberköchin, noch gegenüber Therese über die Verhältnisse im Schlafsaal, denn erstens trugen im ganzen und großen alle Jungen schwer daran, ohne sich ernstlich zu beklagen, und zweitens war die Plage im Schlafsaal ein notwendiger Teil seiner Aufgabe als Liftjunge, die er ja aus den Händen der Oberköchin dankbar übernommen hatte.

Einmal in der Woche hatte er beim Schichtwechsel vierundzwanzig Stunden frei, die er zum Teil dazu verwendete, bei der Oberköchin ein, zwei Besuche zu machen und mit Therese, deren kärgliche freie Zeit er abpasste, irgendwo, in einem Winkel, auf einem Korridor und selten nur in ihrem Zimmer, einige flüchtige Reden auszutauschen. Manchmal begleitete er sie auch auf ihren Besorgungen in der Stadt, die alle höchst eilig ausgeführt werden mussten. Dann liefen sie fast, Karl mit ihrer Tasche in der Hand, zur nächsten Station der Untergrundbahn, die Fahrt verging im Nu, als werde der Zug ohne jeden Widerstand nur hingerissen, schon waren sie ihm entstiegen, klapperten, statt auf den Aufzug zu warten, der ihnen zu langsam war, die Stufen hinauf, die großen Plätze, von denen sternförmig die Straßen auseinanderflogen, erschienen und brachten ein Getümmel in den von allen Seiten geradlinig strömenden Verkehr, aber Karl und Therese eilten eng beisammen in die verschiedenen Büros, Waschanstalten, Lagerhäuser und Geschäfte, in denen telefonisch nicht leicht zu besorgende, im übrigen nicht besonders verantwortliche Bestellungen oder Beschwerden auszurichten waren. Therese merkte bald, dass Karls Hilfe hierbei nicht zu verachten war, dass sie vielmehr in vieles eine große Beschleunigung brachte. Niemals musste sie in seiner Begleitung wie sonst oft darauf warten, dass die überbeschäftigten Geschäftsleute sie anhörten. Er trat an das Pult und klopfte so lange mit den Knöcheln darauf, bis es half, er rief über Menschenmauern sein noch immer etwas überspitztes, aus hundert Stimmen leicht herauszuhörendes Englisch hin, er ging auf die Leute ohne Zögern zu, und mochten sie sich hochmütig in die Tiefe der längsten Geschäftssäle zurückgezogen haben. Er tat es nicht aus Übermut und würdigte jeden Widerstand, aber er fühlte sich in einer sicheren Stellung, die ihm Rechte gab, das Hotel Occidental war eine Kundschaft, deren man nicht spotten durfte, und schließlich war Therese trotz ihrer geschäftlichen Erfahrung hilfsbedürftig.

»Sie sollten immer mitkommen«, sagte sie manchmal, glücklich lachend, wenn sie von einer besonders gut ausgeführten Unternehmung kamen.

Nur dreimal während der eineinhalb Monate, die Karl in Ramses blieb, war er längere Zeit, über ein paar Stunden, in Thereses Zimmerchen. Es war natürlich kleiner als irgendein Zimmer der Oberköchin, die wenigen Dinge, welche darin standen, waren gewissermaßen nur um das Fenster gelagert, aber Karl verstand schon nach seinen Erfahrungen aus dem Schlafsaal den Wert eines eigenen, verhältnismäßig ruhigen Zimmers, und wenn er es auch nicht ausdrücklich sagte, so merkte Therese doch, wie ihm ihr Zimmer gefiel. Sie hatte keine Geheimnisse vor ihm, und es wäre auch nicht gut möglich gewesen, nach ihrem Besuch damals, am ersten Abend, noch Geheimnisse vor ihm zu haben. Sie war ein uneheliches Kind, ihr Vater war Baupolier und hatte die Mutter und das Kind aus Pommern sich nachkommen lassen; aber als hätte er damit seine Pflicht erfüllt oder als hätte er andere Menschen erwartet als die abgearbeitete Frau und das schwache Kind, die er an der Landungsstelle in Empfang nahm, war er bald nach ihrer Ankunft ohne viel Erklärungen nach Kanada ausgewandert, und die Zurückgebliebenen hatten weder einen Brief noch eine sonstige Nachricht von ihm erhalten, was zum Teil auch nicht zu verwundern war, denn sie waren in den Massenquartieren des New Yorker Ostens unauffindbar verloren.

Einmal erzählte Therese – Karl stand neben ihr beim Fenster und sah auf die Straße – vom Tode ihrer Mutter. Wie die Mutter und sie an einem Winterabend – sie konnte damals etwa fünf Jahre alt gewesen sein – jede mit ihrem Bündel durch die Straßen eilten, um Schlafstellen zu suchen. Wie die Mutter sie zuerst bei der Hand führte – es war ein Schneesturm und nicht leicht vorwärtszukommen –, bis die Hand erlahmte und sie Therese, ohne sich nach ihr umzusehen, losließ, die sich nun Mühe geben musste, sich selbst an den Röcken der Mutter festzuhalten. Oft stolperte Therese und fiel sogar, aber die Mutter war wie in einem Wahn und hielt nicht an. Und diese Schneestürme in den langen, geraden New Yorker Straßen! Karl hatte noch keinen Winter in New York mitgemacht. Geht man gegen den Wind, und der dreht sich im Kreise, kann man keinen Augenblick die Augen öffnen, immerfort zerreibt einem der Wind den Schnee auf dem Gesicht, man läuft, aber kommt nicht weiter, es ist etwas Verzweifeltes. Ein Kind ist dabei natürlich gegen die Erwachsenen im Vorteil, es läuft unter dem Wind durch und hat noch ein wenig Freude an allem. So hatte auch damals Therese ihre Mutter nicht ganz begreifen können, und sie war fest davon überzeugt, dass, wenn sie sich an jenem Abend klüger – sie war eben noch ein so kleines Kind – zu ihrer Mutter verhalten hätte, diese nicht einen so jammervollen Tod hätte erleiden müssen. Die Mutter war damals schon zwei Tage ohne Arbeit gewesen, nicht das kleinste Geldstück war mehr vorhanden, der Tag war ohne einen Bissen im Freien verbracht worden, und in ihren Bündeln schleppten sie nur unbrauchbare Fetzen mit sich herum, die sie, vielleicht aus Aberglauben, nicht wegzuwerfen wagten. Nun war der Mutter für den nächsten Morgen Arbeit bei einem Bau in Aussicht gestellt worden, aber sie fürchtete, wie sie Therese den ganzen Tag über zu erklären suchte, die günstige Gelegenheit nicht ausnützen zu können, denn sie fühlte sich todmüde, hatte schon am Morgen zum Schrecken der Passanten auf der Gasse viel Blut gehustet, und ihre einzige Sehnsucht war, irgendwo in die Wärme zu kommen und sich auszuruhen. Und gerade an diesem Abend war es unmöglich, ein Plätzchen zu bekommen. Dort, wo sie nicht schon vom Hausbesorger aus dem Torgang gewiesen wurden, in dem man sich immerhin vom Wetter ein wenig hätte erholen können, durcheilten sie die engen, eisigen Korridore, durchstiegen die hohen Stockwerke, umkreisten die schmalen Terrassen der Höfe, klopften wahllos an Türen, wagten einmal niemanden anzusprechen, baten dann jeden, der ihnen entgegenkam, und einmal oder zweimal hockte die Mutter atemlos auf der Stufe einer stillen Treppe nieder, riss Therese, die sich fast wehrte, an sich und küsste sie mit schmerzhaftem Anpressen der Lippen. Wenn man nachher weiß, dass das die letzten Küsse waren, begreift man nicht, dass man, und mag man ein kleiner Wurm gewesen sein, so blind sein konnte, das nicht einzusehen. In manchen Zimmern, an denen sie vorüberkamen, waren die Türen geöffnet, um eine erstickende Luft herauszulassen, und aus dem rauchigen Dunst, der, wie durch einen Brand verursacht, die Zimmer erfüllte, trat nur die Gestalt irgendjemandes hervor, der im Türrahmen stand und entweder durch seine stumme Gegenwart oder durch ein kurzes Wort die Unmöglichkeit eines Unterkommens in dem betreffenden Zimmer bewies. Therese schien es jetzt im Rückblick, dass die Mutter nur in den ersten Stunden ernstlich einen Platz suchte, denn nachdem etwa Mitternacht vorüber war, hat sie wohl niemanden mehr angesprochen, obwohl sie mit kleinen Pausen bis zur Morgendämmerung nicht aufhörte weiterzueilen und obwohl in diesen Häusern, in denen weder Haustore noch Wohnungstüren je verschlossen werden, immerfort Leben ist und einem auf Schritt und Tritt Menschen begegnen. Natürlich war es kein Laufen, das sie rasch weiterbrachte, sondern es war nur die äußerste Anstrengung, deren sie fähig waren, und es konnte in Wirklichkeit ganz gut auch bloß ein Schleichen sein. Therese wusste auch nicht, ob sie von Mitternacht bis fünf Uhr früh in zwanzig Häusern oder in zwei oder gar nur in einem Haus gewesen waren. Die Korridore dieser Häuser sind nach schlauen Plänen der besten Raumausnützung, aber ohne Rücksicht auf leichte Orientierung angelegt; wie oft waren sie wohl durch die gleichen Korridore gekommen! Therese hatte wohl in dunkler Erinnerung, dass sie das Tor eines Hauses, das sie ewig durchsucht hatten, wieder verließen, aber ebenso schien es ihr, dass sie sich auf der Gasse gleich umgewandt und wieder in dieses Haus gestürzt hätten. Für das Kind war es natürlich ein unbegreifliches Leid, einmal von der Mutter gehalten, einmal sich an ihr festhaltend, ohne ein kleines Wort des Trostes mitgeschleift zu werden, und das Ganze schien damals für seinen Unverstand nur die Erklärung zu haben, dass die Mutter von ihm weglaufen wolle. Darum hielt sich Therese desto fester, selbst wenn die Mutter sie an einer Hand hielt, der Sicherheit halber auch noch mit der anderen Hand an den Röcken der Mutter, und heulte in Abständen. Sie wollte nicht hier zurückgelassen werden, zwischen den Leuten, die vor ihnen die Treppe stampfend emporstiegen, die hinter ihnen, noch nicht zu sehen, hinter einer Wendung der Treppe herankamen, die in den Gängen vor einer Tür Streit miteinander hatten und einander gegenseitig in das Zimmer hineinstießen. Betrunkene wanderten mit dumpfem Gesang im Haus umher, und glücklich schlüpfte noch die Mutter mit Therese durch solche sich gerade schließende Gruppen. Gewiss hätten sie spät in der Nacht, wo man nicht mehr so achtgab und niemand mehr unbedingt auf seinem Recht bestand, wenigstens in einen der allgemeinen, von Unternehmern vermieteten Schlafsäle sich drängen können, an deren einigen sie vorüberkamen, aber Therese verstand es nicht, und die Mutter wollte keine Ruhe mehr.

Am Morgen, dem Beginn eines schönen Wintertages, lehnten sie beide an einer Hausmauer und hatten dort vielleicht ein wenig geschlafen, vielleicht nur mit offenen Augen herumgestarrt. Es zeigte sich, dass Therese ihr Bündel verloren hatte, und die Mutter machte sich daran, Therese zur Strafe für die Unachtsamkeit zu schlagen, aber Therese hörte keinen Schlag und spürte keinen. Sie gingen dann weiter durch die sich belebenden Gassen, die Mutter an der Mauer, kamen über eine Brücke, wo die Mutter mit der Hand den Reif vom Geländer streifte, und gelangten schließlich, damals hatte Therese es hingenommen, heute verstand sie es nicht, gerade zu jenem Bau, zu dem die Mutter für jenen Morgen bestellt war. Sie sagte Therese nicht, ob sie warten oder weggehen solle, und Therese nahm dies als Befehl zum Warten, da dies ihren Wünschen am besten entsprach. Sie setzte sich also auf einen Ziegelhaufen und sah zu, wie die Mutter ihr Bündel aufschnürte, einen bunten Fetzen herausnahm und damit ihr Kopftuch umband, das sie während der ganzen Nacht getragen hatte. Therese war zu müde, als dass ihr auch nur der Gedanke gekommen wäre, der Mutter zu helfen. Ohne sich in der Bauhütte zu melden, wie dies üblich war, und ohne jemanden zu fragen, stieg die Mutter eine Leiter hinauf, als wisse sie schon selbst, welche Arbeit ihr zugeteilt war. Therese wunderte sich darüber, da die Handlangerinnen gewöhnlich nur unten mit Kalklöschen, mit dem Hinreichen der Ziegel und mit sonstigen einfachen Arbeiten beschäftigt werden. Sie dachte daher, die Mutter wolle heute eine besser bezahlte Arbeit ausführen, und lächelte verschlafen zu ihr hinauf. Der Bau war noch nicht hoch, kaum bis zum Erdgeschoß, gediehen, wenn auch schon die hohen Gerüststangen für den weiteren Bau, allerdings noch ohne Verbindungshölzer, zum blauen Himmel ragten. Oben umging die Mutter geschickt die Maurer, die Ziegel auf Ziegel legten und sie unbegreiflicherweise nicht zur Rede stellten, sie hielt sich vorsichtig mit zarter Hand an einem Holzverschlag, der als Geländer diente, und Therese staunte unten in ihrem Dusel diese Geschicklichkeit an und glaubte noch einen freundlichen Blick der Mutter erhalten zu haben. Nun kam aber die Mutter auf ihrem Gang zu einem kleinen Ziegelhaufen, vor dem das Geländer und wahrscheinlich auch der Weg aufhörte, aber sie hielt sich nicht daran, ging auf den Ziegelhaufen los, ihre Geschicklichkeit schien sie verlassen zu haben, sie stieß den Ziegelhaufen um und fiel über ihn hinweg in die Tiefe. Viele Ziegel rollten ihr nach und schließlich, eine ganze Weile später, löste sich irgendwo ein schweres Brett los und krachte auf sie nieder. Die letzte Erinnerung Thereses an ihre Mutter war, wie sie mit auseinander gestreckten Beinen dalag in dem karierten Rock, der noch aus Pommern stammte, wie jenes auf ihr liegende rohe Brett sie fast bedeckte, wie nun die Leute von allen Seiten zusammenliefen und wie oben vom Bau irgendein Mann zornig etwas hinunterrief.

Es war spät geworden, als Therese ihre Erzählung beendet hatte. Sie hatte ausführlich erzählt, wie es sonst nicht ihre Gewohnheit war, und gerade bei gleichgültigen Stellen, wie bei der Beschreibung der Gerüststangen, die jede für sich allein in den Himmel ragten, hatte sie mit Tränen in den Augen innehalten müssen. Sie wusste jede Kleinigkeit, die damals vorgefallen war, jetzt, nach zehn Jahren, ganz genau, und weil der Anblick ihrer Mutter oben im halbfertigen Erdgeschoß das letzte Andenken an das Leben der Mutter war und sie es ihrem Freunde gar nicht deutlich genug überantworten konnte, wollte sie nach dem Schluss ihrer Erzählung noch einmal darauf zurückkommen, stockte aber, legte das Gesicht in die Hände und sagte kein Wort mehr.

Es gab aber auch lustigere Zeiten in Theresens Zimmer. Gleich bei seinem ersten Besuch hatte Karl dort ein Lehrbuch der kaufmännischen Korrespondenz liegen gesehen und auf seine Bitten geborgt erhalten. Es wurde gleichzeitig besprochen, dass Karl die im Buch enthaltenen Aufgaben machen und Therese, die das Buch, soweit es für ihre kleinen Arbeiten nötig war, schon durchstudiert hatte, zur Durchsicht vorlegen solle. Nun lag Karl ganze Nächte lang, Watte in den Ohren, unten auf seinem Bett im Schlafsaal, der Abwechslung halber in allen möglichen Lagen, las im Buch und kritzelte die Aufgaben in ein Heftchen, mit einer Füllfeder, die ihm die Oberköchin zur Belohnung dafür geschenkt hatte, dass er für sie ein großes Inventarverzeichnis sehr praktisch angelegt und rein ausgeführt hatte. Es gelang ihm, die meisten Störungen der anderen Jungen dadurch zum Guten zu wenden, dass er sich von ihnen immer kleine Ratschläge in der englischen Sprache geben ließ, bis sie dessen müde wurden und ihn in Ruhe ließen. Oft staunte er, wie die anderen mit ihrer gegenwärtigen Lage ganz ausgesöhnt waren, ihren provisorischen Charakter – ältere als zwanzigjährige Liftjungen wurden nicht geduldet – gar nicht fühlten, die Notwendigkeit einer Entscheidung über ihren künftigen Beruf nicht einsahen und trotz Karls Beispiel nichts anderes lasen als höchstens Detektivgeschichten, die in schmutzigen Fetzen von Bett zu Bett gereicht wurden.

Bei den Zusammenkünften korrigierte nun Therese mit übergroßer Umständlichkeit; es ergaben sich strittige Ansichten, Karl führte als Zeugen seinen großen New Yorker Professor an, aber der galt bei Therese ebenso wenig wie die grammatikalischen Meinungen der Liftjungen. Sie nahm ihm die Füllfeder aus der Hand und strich die Stelle, von deren Fehlerhaftigkeit sie überzeugt war, durch, Karl aber strich in solchen Zweifelfällen, obwohl im allgemeinen keine höhere Autorität als Therese die Sache zu Gesicht bekommen sollte, aus Genauigkeit die Striche Theresens wieder durch. Manchmal allerdings kam die Oberköchin und entschied dann immer zu Theresens Gunsten, was noch nicht beweisend war, denn Therese war ihre Sekretärin. Gleichzeitig aber brachte sie die allgemeine Versöhnung, denn es wurde Tee gekocht, Gebäck geholt, und Karl musste von Europa erzählen, allerdings mit vielen Unterbrechungen vonseiten der Oberköchin, die immer wieder fragte und staunte, wodurch sie Karl zu Bewusstsein brachte, wie vieles sich dort in verhältnismäßig kurzer Zeit von Grund aus geändert hatte und wie vieles wohl auch schon seit seiner Abwesenheit anders geworden war und immerfort anders wurde.

Karl mochte etwa einen Monat in Ramses gewesen sein, als ihm eines Abends Renell im Vorübergehen sagte, er sei vor dem Hotel von einem Mann mit Namen Delamarche angesprochen und nach Karl ausgefragt worden. Renell habe nun keinen Grund gehabt, etwas zu verschweigen, und habe der Wahrheit gemäß erzählt, dass Karl Liftjunge sei, jedoch Aussicht habe, infolge der Protektion der Oberköchin noch ganz andere Stellen zu bekommen. Karl merkte, wie vorsichtig Renell von Delamarche behandelt worden war, der ihn sogar für diesen Abend zu einem gemeinsamen Nachtmahl eingeladen hatte.

»Ich habe nichts mehr mit Delamarche zu tun«, sagte Karl »nimm du dich nur auch vor ihm in acht!«

»Ich?« sagte Renell, streckte sich und eilte weg. Er war der zierlichste Junge im Hotel, und es ging unter den anderen Jungen, ohne dass man den Urheber wusste, das Gerücht um, dass er von einer vornehmen Dame, die schon längere Zeit im Hotel wohnte, im Lift zumindest abgeküsst worden sei. Für den, der das Gerücht kannte, hatte es unbedingt einen großen Reiz, jene selbstbewusste Dame, in deren Äußerem nicht das Geringste die Möglichkeit eines solchen Benehmens ahnen ließ, mit ihren ruhigen, leichten Schritten, zarten Schleiern, streng geschnürter Taille an sich vorübergehen zu sehen. Sie wohnte im ersten Stock, und Renells Lift war nicht der ihre, aber man konnte natürlich, wenn die anderen Lifts augenblicklich besetzt waren, solchen Gästen den Eintritt in einen anderen Lift nicht verwehren. So kam es, dass diese Dame hie und da in Karls und Renells Lift fuhr, und tatsächlich immer nur, wenn Renell Dienst hatte. Es konnte Zufall sein, aber niemand glaubte daran, und wenn der Lift mit den beiden abfuhr, gab es in der ganzen Reihe der Liftjungen eine mühsam unterdrückte Unruhe, die sogar schon zum Einschreiten eines Oberkellners geführt hatte. Sei es nun, dass die Dame, sei es, dass das Gerücht die Ursache war, jedenfalls hatte sich Renell verändert, war noch bei weitem selbstbewusster geworden, überließ das Putzen gänzlich Karl, der schon auf die nächste Gelegenheit einer gründlichen Aussprache hierüber wartete, und war im Schlafsaal gar nicht mehr zu sehen. Kein anderer war so vollständig aus der Gemeinschaft der Liftjungen ausgetreten, denn im allgemeinen hielten alle, zumindest in Dienstfragen, streng zusammen und hatten eine Organisation, die von der Hoteldirektion anerkannt war.

Alles dieses ließ sich Karl durch den Kopf gehen, dachte auch an Delamarche, und verrichtete im übrigen seinen Dienst wie immer. Gegen Mitternacht hatte er eine kleine Abwechslung, denn Therese, die ihn öfters mit kleinen Geschenken überraschte, brachte ihm einen großen Apfel und eine Tafel Schokolade. Sie unterhielten sich ein wenig, durch die Unterbrechungen, welche die Fahrten mit dem Aufzug brachten, kaum gestört. Das Gespräch kam auch auf Delamarche, und Karl merkte, dass er sich eigentlich durch Therese hatte beeinflussen lassen, wenn er ihn seit einiger Zeit für einen gefährlichen Menschen hielt, denn so erschien er allerdings Therese nach Karls Erzählungen. Karl jedoch hielt ihn im Grunde nur für einen Lumpen, der durch das Unglück sich hatte verderben lassen und mit dem man schon auskommen konnte. Therese widersprach dem aber sehr lebhaft und forderte Karl in langen Reden das Versprechen ab, kein Wort mit Delamarche mehr zu reden. Statt dieses Versprechen zu geben, drängte sie Karl wiederholt, schlafen zu gehen, da Mitternacht schon längst vorüber war, und als sie sich weigerte, drohte er, seinen Posten zu verlassen und sie in ihr Zimmer zu führen. Als sie endlich bereit war wegzugehen, sagte er: »Warum machst du dir so unnötige Sorgen, Therese? Für den Fall, dass du dadurch besser schlafen solltest, verspreche ich dir gerne, dass ich mit Delamarche nur reden werde, wenn es sich nicht vermeiden lässt.« Dann kamen viele Fahrten, denn der Junge am Nebenlift wurde zu irgendeiner anderen Hilfeleistung verwendet, und Karl musste beide Lifts besorgen. Es gab Gäste, die von Unordnung sprachen, und ein Herr, der eine Dame begleitete, berührte Karl sogar leicht mit dem Spazierstock, um ihn zur Eile anzutreiben, eine Ermahnung, die recht unnötig war. Wenn doch wenigstens die Gäste, da sie sahen, dass bei dem einen Lift kein Junge stand, gleich zu Karls Lift getreten wären, aber das taten sie nicht, sondern gingen zu dem Nebenlift und blieben dort, die Hand an der Klinke, stehen oder traten gar selbst in den Aufzug ein, was nach dem strengsten Paragraphen der Dienstordnung die Liftjungen um jeden Preis verhüten sollten. So gab es für Karl ein sehr ermüdendes Hin- und Herlaufen, ohne dass er aber dabei das Bewusstsein gehabt hätte, seine Pflicht genau zu erfüllen. Gegen drei Uhr früh wollte überdies ein Packträger, ein alter Mann, mit dem er ein wenig befreundet war, irgendeine Hilfeleistung von ihm haben, aber die konnte er nun keinesfalls leisten, denn gerade standen Gäste vor seinen beiden Lifts, und es gehörte Geistesgegenwart dazu, sich sofort mit großen Schritten für eine Gruppe zu entscheiden. Er war daher glücklich, als der andere Junge wieder antrat, und rief ein paar Worte des Vorwurfs wegen seines langen Ausbleibens zu ihm hinüber, obwohl er wahrscheinlich keine Schuld daran hatte.

Nach vier Uhr früh trat ein wenig Ruhe ein, aber Karl brauchte sie auch schon dringend. Er lehnte schwer am Geländer neben seinem Aufzug, aß langsam den Apfel, aus dem schon nach dem ersten Biss ein starker Duft strömte, und sah in einen Lichtschacht hinunter, der von den großen Fenstern der Vorratskammern umgeben war, hinter denen hängende Massen von Bananen im Dunkel gerade noch schimmerten.

Der Fall Robinson

Da klopfte ihm jemand auf die Schulter. Karl, der natürlich dachte, es wäre ein Gast, steckte den Apfel eiligst in die Tasche und eilte, kaum dass er den Mann ansah, zum Aufzug hin.

»Guten Abend, Herr Roßmann«, sagte nun aber der Mann »ich bin es, Robinson.«

»Sie haben sich aber verändert!« sagte Karl und schüttelte den Kopf.

»Ja, es geht mir gut«, sagte Robinson und sah an seiner Kleidung hinunter, die vielleicht aus ziemlich feinen Stücken bestand, aber so zusammengewürfelt war, dass sie geradezu schäbig aussah. Das Auffallendste war eine offenbar zum ersten Mal getragene weiße Weste mit vier kleinen, schwarz eingefassten Täschchen, auf die Robinson auch durch Vorstrecken der Brust aufmerksam zu machen suchte.

»Sie haben teuere Kleider«, sagte Karl und dachte flüchtig an sein schönes einfaches Kleid, in dem er sogar neben Renell hätte bestehen können und das die zwei schlechten Freunde verkauft hatten.

»Ja«, sagte Robinson, »ich kaufe mir fast jeden Tag irgend etwas. Wie gefällt Ihnen die Weste?«

»Ganz gut«, sagte Karl.

»Es sind aber keine wirklichen Taschen, das ist nur so gemacht«, sagte Robinson und fasste Karl bei der Hand, damit sich dieser selbst davon überzeuge. Aber Karl wich zurück, denn aus Robinsons Mund kam ein unerträglicher Branntweingeruch.

»Sie trinken wieder viel«, sagte Karl und stand schon wieder am Geländer.

»Nein«, sagte Robinson, »nicht viel«, und fügte im Widerspruch zu seiner früheren Zufriedenheit hinzu: »Was hat der Mensch sonst auf der Welt.« Eine Fahrt unterbrach das Gespräch, und kaum war Karl wieder unten, erfolgte ein telefonischer Anruf, laut dessen Karl den Hotelarzt holen sollte, da eine Dame im siebenten Stockwerk einen Ohnmachtsanfall erlitten hatte. Während dieses Weges hoffte Karl im geheimen, dass Robinson sich inzwischen entfernt haben werde, denn er wollte nicht mit ihm gesehen werden und, in Gedanken an Theresens Warnung, auch von Delamarche nichts hören. Aber Robinson wartete noch in der steifen Haltung eines Volltrunkenen, und gerade ging ein höherer Hotelbeamter in schwarzem Gehrock und Zylinderhut vorüber, glücklicherweise ohne Robinson, wie es schien, besonders zu beachten.

»Wollen Sie, Roßmann, nicht einmal zu uns kommen, wir haben es jetzt sehr fein«, sagte Robinson und sah Karl lockend an.

»Laden Sie mich ein oder Delamarche?« fragte Karl.

»Ich und Delamarche. Wir sind darin einig«, sagte Robinson.

»Dann sage ich Ihnen und bitte Sie, Delamarche das gleiche auszurichten: Unser Abschied war, wenn das nicht schon an und für sich klar gewesen sein sollte, ein endgültiger. Sie beide haben mir mehr Leid getan als irgend jemand. Haben Sie sich vielleicht in den Kopf gesetzt, mich auch weiterhin nicht in Ruhe zu lassen?«

»Wir sind doch Ihre Kameraden«, sagte Robinson, und widerliche Tränen der Trunkenheit stiegen ihm in die Augen. »Delamarche lässt Ihnen sagen, dass er Sie für alles Frühere entschädigen will. Wir wohnen jetzt mit Brunelda zusammen, einer herrlichen Sängerin.« Und im Anschluss daran wollte er gerade ein Lied in hohen Tönen singen, wenn ihn nicht Karl noch rechtzeitig angezischt hätte: »Schweigen Sie, aber augenblicklich; wissen Sie denn nicht, wo Sie sind!«

»Roßmann«, sagte Robinson, nun rücksichtlich des Singens eingeschüchtert »ich bin doch Ihr Kamerad, sagen Sie, was Sie wollen. Und nun haben Sie hier eine so schöne Position, könnten Sie mir einiges Geld überlassen?«

»Sie vertrinken es ja bloß wieder«, sagte Karl, »da sehe ich in Ihrer Tasche sogar irgendeine Branntweinflasche, aus der Sie gewiss, während ich weg war, getrunken haben, denn anfangs waren Sie ja noch ziemlich bei Sinnen.«

»Das ist nur zur Stärkung, wenn ich auf einem Wege bin«, sagte Robinson entschuldigend.

»Ich will Sie ja nicht mehr bessern«, sagte Karl.

»Aber das Geld!« sagte Robinson mit aufgerissenen Augen.

»Sie haben wohl von Delamarche den Auftrag bekommen, Geld mitzubringen. Gut, ich gebe Ihnen Geld, aber nur unter der Bedingung, dass Sie sofort von hier fortgehen und niemals mehr mich hier besuchen. Wenn Sie mir etwas mitteilen wollen, schreiben Sie an mich. Karl Roßmann, Liftjunge, Hotel Occidental, genügt als Adresse. Aber hier dürfen Sie, das wiederhole ich, mich nicht mehr besuchen. Hier bin ich im Dienst und habe keine Zeit für Besuche. Wollen Sie also das Geld unter dieser Bedingung?« fragte Karl und griff in die Westentaschen, denn er war entschlossen, das Trinkgeld der heutigen Nacht zu opfern. Robinson nickte bloß zu der Frage und atmete schwer. Karl deutete das unrichtig und fragte nochmals: »Ja oder nein?«

Da winkte ihn Robinson zu sich heran und flüsterte unter Schlingbewegungen, die schon ganz deutlich waren: »Roßmann, mir ist sehr schlecht.«

»Zum Teufel«, entfuhr es Karl, und mit beiden Händen schleppte er ihn zum Geländer. Und schon ergoss es sich aus Robinsons Mund in die Tiefe. Hilflos strich er in den Pausen, die ihm seine Übelkeit ließ, blindlings zu Karl hin.

»Sie sind wirklich ein guter Junge«, sagte er dann, oder: »Es hört schon auf«, was aber noch lange nicht richtig war, oder: »Die Hunde, was haben sie mir dort für ein Zeug eingegossen!« Karl hielt es vor Unruhe und Ekel bei ihm nicht mehr aus und begann auf und ab zu gehen. Hier, im Winkel neben dem Aufzug, war ja Robinson ein wenig versteckt, aber wie, wenn ihn doch jemand bemerkte, einer dieser nervösen, reichen Gäste, die nur darauf warten, dem herbeilaufenden Hotelbeamten eine Beschwerde mitzuteilen, für welche dieser dann wütend am ganzen Hause Rache nimmt, oder wenn einer dieser immerfort wechselnden Hoteldetektive vorüberkäme, die niemand kennt außer der Direktion und die man in jedem Menschen vermutet, der prüfende Blicke, vielleicht bloß aus Kurzsichtigkeit, macht. Und unten brauchte nur jemand bei dem die ganze Nacht nicht aussetzenden Restaurationsbetrieb in die Vorratskammern zu gehen, staunend die Scheußlichkeit im Lichtschacht zu bemerken und bei Karl telefonisch anzufragen, was denn um Himmels willen da oben los sei. Konnte Karl dann Robinson verleugnen? Und wenn er es täte, würde sich nicht Robinson in seiner Dummheit und Verzweiflung statt aller Entschuldigung gerade nur auf Karl berufen? Und musste dann nicht Karl sofort entlassen werden, da dann das Unerhörte geschehen war, dass ein Liftjunge, der niedrigste und entbehrlichste Angestellte in der ungeheueren Stufenleiter der Dienerschaft dieses Hotels, durch seinen Freund das Hotel hatte beschmutzen und die Gäste erschrecken oder ganz vertreiben lassen? Konnte man einen Liftjungen weiter dulden, der solche Freunde hatte, von denen er sich überdies während seiner Dienststunden besuchen ließ? Sah es nicht ganz so aus, als ob ein solcher Liftjunge selbst ein Säufer oder gar etwas Ärgeres sei, denn welche Vermutung war einleuchtender, als dass er seine Freunde aus den Vorräten des Hotels so lange durchfütterte, bis sie an einer beliebigen Stelle dieses gleichen, peinlich rein gehaltenen Hotels solche Dinge ausführten, wie jetzt Robinson? Und warum sollte sich ein solcher Junge auf die Diebstähle von Lebensmitteln beschränken, da doch die

Möglichkeiten zu stehlen bei der bekannten Nachlässigkeit der Gäste, den überall offenstehenden Schränken, den auf den Tischen herumliegenden Kostbarkeiten, den aufgerissenen Kassetten, den gedankenlos hingeworfenen Schlüsseln wirklich unzählige waren?

Gerade sah Karl in der Ferne Gäste aus einem Kellerlokal heraufsteigen, in dem eben eine Varietévorstellung beendet worden war. Karl stellte sich zu seinem Aufzug und wagte sich gar nicht nach Robinson umzudrehen, aus Furcht vor dem, was er zu sehen bekommen könnte. Es beruhigte ihn wenig, dass er keinen Laut, nicht einmal einen Seufzer, von dort hörte. Er bediente zwar seine Gäste und fuhr mit ihnen auf und ab, aber seine Zerstreutheit konnte er doch nicht ganz verbergen, und bei jeder Abwärtsfahrt war er darauf gefasst, unten eine peinliche Überraschung vorzufinden.

Endlich hatte er wieder Zeit, nach Robinson zu sehen, der in seinem Winkel ganz klein kauerte und das Gesicht gegen die Knie drückte. Seinen runden, harten Hut hatte er weit aus der Stirne geschoben.

»Also jetzt gehen Sie schon«, sagte Karl leise und bestimmt. »Hier ist das Geld. Wenn Sie sich beeilen, kann ich Ihnen noch den kürzesten Weg zeigen.«

»Ich werde nicht weggehen können«, sagte Robinson und wischte sich mit einem winzigen Taschentuche die Stirn, »ich werde hier sterben. Sie können sich nicht vorstellen, wie schlecht mir ist. Delamarche nimmt mich überall in die feinen Lokale mit, aber ich vertrage dieses zimperliche Zeug nicht, ich sage es Delamarche täglich.«

»Hier können Sie nun einmal nicht bleiben«, sagte Karl, »bedenken Sie doch, wo Sie sind. Wenn man Sie hier findet, werden Sie bestraft, und ich verliere meinen Posten. Wollen Sie das?«

»Ich kann nicht weggehen«, sagte Robinson, »lieber springe ich da hinunter«, und er zeigte zwischen den Geländerstangen in den Lichtschacht.

»Wenn ich hier so sitze, so kann ich es noch ertragen, aber aufstehen kann ich nicht, ich habe es ja schon versucht, während Sie weg waren.«

»Dann hole ich also einen Wagen, und Sie fahren ins Krankenhaus«, sagte Karl und schüttelte ein wenig Robinsons Beine, der jeden Augenblick in völlige Teilnahmslosigkeit zu verfallen drohte. Aber kaum hatte Robinson das Wort Krankenhaus gehört, das ihm schreckliche Vorstellungen zu erwecken schien, als er laut zu weinen anfing und die Hände, um Gnade bittend, nach Karl ausstreckte.

»Still«, sagte Karl, schlug ihm mit einem Klaps die Hände nieder, lief zu dem Liftjungen, den er in der Nacht vertreten hatte, bat ihn für ein kleines Weilchen um die gleiche Gefälligkeit, eilte zu Robinson zurück, zog den noch immer Schluchzenden mit aller Kraft in die Höhe und flüsterte ihm zu: »Robinson, wenn Sie wollen, dass ich mich Ihrer annehme, dann strengen Sie sich aber an, jetzt eine ganz kleine Strecke Wegs aufrecht zu gehen. Ich führe Sie nämlich in mein Bett, in dem Sie so lange bleiben können, bis Ihnen gut ist. Sie werden staunen, wie bald Sie sich erholen werden. Aber jetzt benehmen Sie sich nur vernünftig, denn auf den Gängen sind überall Leute, und auch mein Bett ist in einem allgemeinen Schlafsaal. Wenn man auf Sie auch nur ein wenig aufmerksam wird, kann ich nichts mehr für Sie tun. Und die Augen müssen Sie offenhalten, ich kann Sie da nicht wie einen Todkranken herumführen.«

»Ich will ja alles tun, was Sie für recht halten«, sagte Robinson, »aber Sie allein werden mich nicht führen können. Könnten Sie nicht noch Renell holen?«

»Renell ist nicht hier«, sagte Karl.

»Ach ja«, sagte Robinson, »Renell ist mit Delamarche beisammen. Die beiden haben mich ja nach Ihnen ausgeschickt. Ich verwechsle schon alles.« Karl benützte diese und noch andere unverständliche Selbstgespräche Robinsons, um ihn vorwärts zu schieben, und kam mit ihm auch glücklich bis zu einer Ecke, von der aus ein etwas schwächer beleuchteter Gang zum Schlafsaal der Liftjungen führte. Gerade jagte in vollem Lauf ein Liftjunge auf sie zu und an ihnen vorüber. Im übrigen hatten sie bis jetzt nur ungefährliche Begegnungen gehabt; zwischen vier und fünf Uhr war nämlich die stillste Zeit, und Karl hatte wohl gewusst, dass, wenn ihm das Wegschaffen Robinsons jetzt nicht gelänge, in der Morgendämmerung und im beginnenden Tagesverkehr überhaupt nicht mehr daran zu denken wäre.

Im Schlafsaal war am anderen Ende des Saales gerade eine große Rauferei oder sonstige Veranstaltung im Gange, man hörte rhythmisches Händeklatschen, aufgeregtes Füßetrappeln und sportliche Zurufe. In der bei der Tür gelegenen Saalhälfte sah man in den Betten nur wenige unbeirrte Schläfer, die meisten lagen auf dem Rücken und starrten in die Luft, während hie und da einer, bekleidet oder unbekleidet, wie er gerade war, aus dem Bett sprang, um nachzusehen, wie die Dinge am anderen Saalende standen. So brachte Karl Robinson, der sich an das Gehen inzwischen ein wenig gewöhnt hatte, ziemlich unbeachtet in Renells Bett, da es der Türe sehr nahe lag und glücklicherweise nicht besetzt war, während in seinem eigenen Bett, wie er aus der Ferne sah, ein fremder Junge, den er gar nicht kannte, ruhig schlief. Kaum fühlte Robinson das Bett unter sich, als er sofort – ein Bein baumelte noch aus dem Bett heraus – einschlief. Karl zog ihm die Decke weit über das Gesicht und glaubte, sich wenigstens für die nächste Zeit keine Sorgen machen zu müssen, da Robinson gewiss nicht vor sechs Uhr früh erwachen würde, und bis dahin würde er wieder hier sein und dann, vielleicht schon mit Renell, ein Mittel finden, um Robinson wegzubringen. Eine Inspektion des Schlafsaales durch irgendwelche höheren Organe gab es nur in außerordentlichen Fällen, die Abschaffung der früher üblichen allgemeinen Inspektion hatten die Liftjungen schon vor Jahren durchgesetzt, es war also auch von dieser Seite nichts zu fürchten.

Als Karl wieder bei seinem Aufzug angelangt war, sah er, dass sowohl sein Aufzug als auch jener seines Nachbarn gerade in die Höhe fuhren. Unruhig wartete er darauf, wie sich das aufklären würde. Sein Aufzug kam früher herunter, und es entstieg ihm jener Junge, der vor einem Weilchen durch den Gang gelaufen war.

»Ja, wo bist du denn gewesen, Roßmann?« fragte dieser.

»Warum bist du weggegangen? Warum hast du es nicht gemeldet?«

»Aber ich habe ihm doch gesagt, dass er mich ein Weilchen vertreten soll«, antwortete Karl und zeigte auf den Jungen vom Nachbarlift, der gerade herankam. »Ich habe ihn doch auch zwei Stunden lang während des größten Verkehrs vertreten.«

»Das ist alles sehr gut«, sagte der Angesprochene »aber das genügt doch nicht. Weißt du denn nicht, dass man auch die kürzeste Abwesenheit während des Dienstes im Büro des Oberkellners melden musst? Dazu hast du ja das Telefon da. Ich hätte dich schon gerne vertreten, aber du weißt ja, dass das nicht so leicht ist. Gerade waren vor beiden Lifts neue Gäste vom Vier-Uhr-dreißig-Expresszug. Ich konnte doch nicht zuerst mit deinem Lift laufen und meine Gäste warten lassen, so bin ich also zuerst mit meinem Lift hinaufgefahren!«

»Nun?« fragte Karl gespannt, da beide Jungen schwiegen.

»Nun«, sagte der Junge vom Nachbarlift, »da geht gerade der Oberkellner vorüber, sieht die Leute vor deinem Lift ohne Bedienung, bekommt Galle, fragt mich, der ich gleich hergerannt bin, wo du steckst, ich habe keine Ahnung davon, denn du hast mir ja gar nicht gesagt, wohin du gehst, und so telefoniert er gleich in den Schlafsaal, dass sofort ein anderer Junge herkommen soll.«

»Ich habe dich ja noch im Gang getroffen«, sagte Karls Ersatzmann. Karl nickte.

»Natürlich«, beteuerte der andere Junge »habe ich gleich gesagt, dass du mich um deine Vertretung gebeten hast, aber hört denn der auf solche Entschuldigungen, Du kennst ihn wahrscheinlich noch nicht. Und wir sollen dir ausrichten, dass du sofort ins Büro kommen sollst. Also halte dich lieber nicht auf und lauf hin. Vielleicht verzeiht er es dir noch, du warst ja wirklich nur zwei Minuten weg. Berufe dich nur ruhig darauf, dass du mich um Vertretung gebeten hast. Davon, dass du mich vertreten hast, rede lieber nicht, las dir raten, mir kann nichts geschehen, ich hatte Erlaubnis, aber es ist nicht gut, von einer solchen Sache zu reden und sie noch in diese Angelegenheit zu mischen, mit der sie nichts zu tun hat.«

»Es ist das erste Mal gewesen, dass ich meinen Posten verlassen habe«, sagte Karl.

»Das ist immer so, nur glaubt man es nicht«, sagte der Junge und lief zu seinem Lift, da sich Leute näherten.

Karls Vertreter, ein etwa vierzehnjähriger Junge, der offenbar mit Karl Mitleid hatte, sagte: »Es sind schon viele Fälle vorgekommen, in denen man solche Sachen verziehen hat. Gewöhnlich wird man zu anderen Arbeiten versetzt. Entlassen wurde, soviel ich weiß, wegen einer solchen Sache nur einer. Du musst dir eine gute Entschuldigung ausdenken. Auf keinen Fall sage, dass dir plötzlich schlecht geworden ist, da lacht er dich aus. Da ist es schon besser, du sagst, ein Gast hat dir irgendeine eilige Bestellung an einen anderen Gast aufgegeben und du weißt nicht mehr, wer der erste Gast war, und den zweiten hast du nicht finden können.«

»Na«, sagte Karl, »es wird nicht so schlimm werden«, nach allem, was er gehört hatte, glaubte er an keinen guten Ausgang mehr. Und wenn selbst diese Dienstversäumnis verziehen werden sollte, so lag doch drinnen im Schlafsaal noch Robinson als lebendige Schuld, und es war bei dem galligen Charakter des Oberkellners nur zu wahrscheinlich, dass man sich mit keiner oberflächlichen Untersuchung begnügen und Robinson schließlich doch noch aufstöbern würde. Es bestand wohl kein ausdrückliches Verbot, nach dem fremde Leute in den Schlafsaal nicht mitgenommen werden durften, aber dies bestand nur deshalb nicht, weil eben unausdenkbare Dinge nicht verboten werden.

Als Karl in das Büro des Oberkellners eintrat, saß dieser gerade bei seinem Morgenkaffee, machte einmal einen Schluck und sah dann wieder in ein Verzeichnis, das ihm offenbar der gleichfalls anwesende oberste Hotelportier überbracht hatte. Es war dies ein großer Mann, den seine üppige, reichgeschmückte Uniform – noch auf den Achseln und die Arme hinunter schlängelten sich goldene Ketten und Bänder – noch breitschultriger machte, als er von Natur aus war. Ein glänzender schwarzer Schnurrbart, weit in Spitzen ausgezogen, so wie ihn Ungarn tragen, rührte sich auch bei der schnellsten Kopfbewegung nicht. Im übrigen konnte sich der Mann infolge seiner Kleiderlast überhaupt nur schwer bewegen und stellte sich nicht anders als mit seitwärts eingestemmten Beinen auf, um sein Gewicht richtig zu verteilen.

Karl war frei und eilig eingetreten, wie er es sich hier im Hotel angewöhnt hatte, denn die Langsamkeit und Vorsicht, die bei Privatpersonen Höflichkeit bedeutet, hält man bei Liftjungen für Faulheit. Außerdem musste man ihm auch nicht gleich beim Eintreten sein Schuldbewusstsein ansehen. Der Oberkellner hatte zwar flüchtig auf die sich öffnende Tür hingeblickt, war dann aber sofort zu seinem Kaffee und zu seiner Lektüre zurückgekehrt, ohne sich weiter um Karl zu kümmern. Der Portier aber fühlte sich vielleicht durch Karls Anwesenheit gestört, vielleicht hatte er irgendeine geheime Nachricht oder Bitte vorzutragen, jedenfalls sah er alle Augenblicke bös und mit steif geneigtem Kopf nach Karl hin, um sich dann, wenn er, offenbar seiner Absicht entsprechend, mit Karls Blicken zusammengetroffen war, wieder dem Oberkellner zuzuwenden. Karl aber glaubte, es würde sich nicht gut ausnehmen, wenn er jetzt, da er nun schon einmal hier war, das Büro wieder verließe, ohne vom Oberkellner den Befehl hiezu erhalten zu haben. Dieser aber studierte weiter das Verzeichnis und aß zwischendurch von einem Stück Kuchen, von dem er hie und da, ohne im Lesen innezuhalten, den Zucker abschüttelte. Einmal fiel ein Blatt des Verzeichnisses zu Boden, der Portier machte nicht einmal den Versuch, es aufzuheben, er wusste, dass er es nicht zustande brächte, es war auch nicht nötig, denn Karl war schon zur Stelle und reichte das Blatt dem Oberkellner, der es ihm mit einer Handbewegung abnahm, als sei es von selbst vom Boden aufgeflogen. Die ganze kleine Dienstleistung hatte nichts genützt, denn der Portier hörte auch weiterhin mit seinen bösen Blicken nicht auf.

Trotzdem war Karl gefasster als vorher. Schon dass seine Sache für den Oberkellner so wenig Wichtigkeit zu haben schien, konnte man für ein gutes Zeichen halten. Es war schließlich auch nur begreiflich. Natürlich bedeutet ein Liftjunge gar nichts und darf sich deshalb nichts erlauben, aber eben deshalb, weil er nichts bedeutet, kann er auch nichts Außerordentliches anstellen. Schließlich war der Oberkellner in seiner Jugend selbst Liftjunge gewesen – was noch der Stolz dieser Generation von Liftjungen war –, er war es gewesen, der die Liftjungen zum ersten Mal organisiert hatte, und gewiss hat auch er einmal ohne Erlaubnis seinen Posten verlassen, wenn ihn auch jetzt allerdings niemand zwingen konnte, sich daran zu erinnern, und wenn man auch nicht außer acht lassen durfte, dass er, gerade als gewesener Liftjunge, darin seine Pflicht sah, diesen Stand durch zeitweilig unnachsichtliche Strenge in Ordnung zu halten. Nun setzte aber Karl außerdem seine Hoffnung auf das Vorrücken der Zeit. Nach der Bürouhr war es schon viertel sechs, jeden Augenblick konnte Renell zurückkehren, vielleicht war er sogar schon da, denn es musste ihm doch aufgefallen sein, dass Robinson nicht zurückgekommen war, übrigens konnten sich Delamarche und Renell gar nicht weit vom Hotel Occidental aufgehalten haben, wie Karl jetzt einfiel, denn sonst hätte auch Robinson in seinem elenden Zustand den Weg hierher nicht gefunden. Wenn nun Renell Robinson in seinem Bett antraf, was doch geschehen musste, dann war alles gut. Denn praktisch, wie Renell war, besonders wenn es sich um seine Interessen handelte, würde er schon Robinson irgendwie gleich aus dem Hotel entfernen, was ja um so leichter geschehen konnte, als Robinson sich inzwischen ein wenig gestärkt hatte und überdies wahrscheinlich Delamarche vor dem Hotel wartete, um ihn in Empfang zu nehmen. Wenn aber Robinson einmal entfernt war, dann konnte Karl dem Oberkellner viel ruhiger entgegentreten und für diesmal vielleicht noch mit einer, wenn auch schweren, Rüge davonkommen. Dann würde er sich mit Therese beraten, ob er der Oberköchin die Wahrheit sagen dürfe – er für seinen Teil sah kein Hindernis –, und wenn das möglich war, würde die Sache ohne besonderen Schaden aus der Welt geschafft sein.

Gerade hatte sich Karl durch solche Überlegungen ein wenig beruhigt und machte sich daran, das in dieser Nacht eingenommene Trinkgeld unauffällig zu überzählen, denn es schien ihm dem Gefühl nach besonders reichlich gewesen zu sein, als der Oberkellner das Verzeichnis mit den Worten »Warten Sie noch, bitte, einen Augenblick, Feodor« auf den Tisch legte, elastisch aufsprang und Karl so laut anschrie, dass dieser erschrocken vorerst nur in das große, schwarze Mundloch starrte.

»Du hast deinen Posten ohne Erlaubnis verlassen. Weißt du, was das bedeutet? Das bedeutet Entlassung. Ich will keine Entschuldigungen hören, deine erlogenen Ausreden kannst du für dich behalten, mir genügt vollständig die Tatsache, dass du nicht da warst. Wenn ich das einmal dulde und verzeihe, werden nächstens alle vierzig Liftjungen während des Dienstes davonlaufen, und ich kann meine fünftausend Gäste allein die Treppe hinauftragen.«

Karl schwieg. Der Portier war näher gekommen und zog das Röckchen Karls, das einige Falten warf, ein wenig tiefer, zweifellos um den Oberkellner auf diese kleine Unordentlichkeit im Anzug Karls besonders aufmerksam zu machen.

»Ist dir vielleicht plötzlich schlecht geworden?« fragte der Oberkellner listig.

Karl sah ihn prüfend an und antwortete: »Nein.«

»Also nicht einmal schlecht ist dir geworden?« schrie der Oberkellner desto stärker. »Also dann musst du ja irgendeine großartige Lüge erfunden haben. Welche Entschuldigung hast du? Heraus damit.«

»Ich habe nicht gewusst, dass man telefonisch um Erlaubnis bitten muss«, sagte Karl.

»Das ist allerdings köstlich«, sagte der Oberkellner, fasste Karl beim Rockkragen und brachte ihn fast in der Schwebe vor eine Dienstordnung der Lifts, die an der Wand aufgenagelt war. Auch der Portier ging hinter ihnen zur Wand hin. »Da, lies!« sagte der Oberkellner und zeigte auf einen Paragraphen. Karl glaubte, er solle es für sich lesen.

»Laut!« kommandierte aber der Oberkellner.

Statt laut zu lesen, sagte Karl, in der Hoffnung, damit den Oberkellner besser zu beruhigen: »Ich kenne den Paragraphen, ich habe ja die Dienstordnung auch bekommen und genau gelesen. Aber gerade eine solche Bestimmung, die man niemals braucht, vergisst man. Ich diene schon zwei Monate und habe niemals meinen Posten verlassen.«

»Dafür wirst du ihn jetzt verlassen«, sagte der Oberkellner, ging zum Tisch hin, nahm das Verzeichnis wieder zur Hand, als wolle er darin weiterlesen, schlug damit aber auf den Tisch, als sei es ein nutzloser Fetzen, und ging, starke Röte auf Stirn und Wangen, kreuz und quer im Zimmer herum.

»Wegen eines solchen Bengels hat man das nötig! Solche Aufregungen beim Nachtdienst!« stieß er einige Mal hervor. »Wissen Sie, wer gerade hinauffahren wollte, als dieser Kerl hier vom Lift weggelaufen war?« wandte er sich zum Portier. Und er nannte einen Namen, bei dem es dem Portier, der gewiss alle Gäste kannte und bewerten konnte, so schauderte, dass er schnell auf Karl hinsah, als sei nur dessen Existenz eine Bestätigung dessen, dass der Träger jenes Namens eine Zeitlang bei einem Lift, dessen Junge weggelaufen war, nutzlos hatte warten müssen.

»Das ist schrecklich!« sagte der Portier und schüttelte langsam in grenzenloser Beunruhigung den Kopf gegen Karl hin, welcher ihn traurig ansah und dachte, dass er nun auch für die Begriffstutzigkeit dieses Mannes werde büßen müssen.

»Ich kenne dich übrigens auch schon«, sagte der Portier und streckte seinen dicken, großen, steifgespannten Zeigefinger aus.

»Du bist der einzige Junge, welcher mich grundsätzlich nicht grüßt. Was bildest du dir eigentlich ein! Jeder, der an der Portierloge vorübergeht, muss mich grüßen. Mit den übrigen Portiers kannst du es halten, wie du willst, ich aber verlange gegrüßt zu werden. Ich tue zwar manchmal so, als ob ich nicht aufpasste, aber du kannst ganz ruhig sein, ich weiß sehr genau, wer mich grüßt oder nicht, du Lümmel!« Und er wandte sich von Karl ab und schritt hochaufgerichtet auf den Oberkellner zu, der aber, statt sich zu des Portiers Sache zu äußern, sein Frühstück beendete und eine Morgenzeitung überflog, die ein Diener eben ins Zimmer hereingebracht hatte.

»Herr Oberportier«, sagte Karl, der während der Unachtsamkeit des Oberkellners wenigstens die Sache mit dem Portier ins reine bringen wollte, denn er begriff, dass ihm vielleicht der Vorwurf des Portiers nicht schaden konnte, wohl aber dessen Feindschaft »ich grüße Sie ganz gewiss. Ich bin doch noch nicht lange in Amerika und stamme aus Europa, wo man bekanntlich viel mehr grüßt, als nötig ist. Das habe ich mir natürlich noch nicht ganz abgewöhnen können, und noch vor zwei Monaten hat man mir in New York, wo ich zufällig in höheren Kreisen verkehrte, bei jeder Gelegenheit zugeredet, mit meiner übertriebenen Höflichkeit aufzuhören. Und da sollte ich gerade Sie nicht gegrüßt haben! Ich habe Sie jeden Tag einige Mal gegrüßt. Aber natürlich nicht jedes Mal, wenn ich Sie gesehen habe, da ich doch täglich hundertmal an Ihnen vorüberkomme.«

»Du hast mich jedes Mal zu grüßen, jedes Mal, ohne Ausnahme, du hast die ganze Zeit, während du mit mir sprichst, die Kappe in der Hand zu halten, du hast mich immer mit ›Oberportier‹ anzureden und nicht mit ›Sie‹. Und alles das jedes Mal und jedes Mal.«

»Jedes Mal?« wiederholte Karl leise und fragend, er erinnerte sich jetzt, wie er vom Portier während der ganzen Zeit seines hiesigen Aufenthaltes immer streng und vorwurfsvoll angeschaut worden war, schon von jenem ersten Morgen an, an dem er, seiner dienenden Stellung noch nicht recht angepasst, etwas zu kühn, diesen Portier ohne weiteres umständlich und dringlich ausgefragt hatte, ob nicht zwei Männer vielleicht nach ihm gefragt und etwa eine Photographie für ihn zurückgelassen hätten.

»Jetzt siehst du, wohin ein solches Benehmen führt«, sagte der Portier, der wieder ganz nahe zu Karl zurückgekehrt war, und zeigte auf den noch lesenden Oberkellner, als sei dieser der Vertreter seiner Rache.

»In deiner nächsten Stellung wirst du es schon verstehen, den Portier zu grüßen, und wenn es auch nur vielleicht in einer elenden Spelunke sein wird.«

Karl sah ein, dass er eigentlich seinen Posten schon verloren hatte, denn der Oberkellner hatte es bereits ausgesprochen, der Oberportier als fertige Tatsache wiederholt, und wegen eines Liftjungen dürfte wohl die Bestätigung der Entlassung seitens der Hoteldirektion nicht nötig sein. Es war allerdings schneller gegangen, als er gedacht hatte, denn schließlich hatte er doch zwei Monate gedient, so gut er konnte, und gewiss besser als mancher andere Junge. Aber auf solche Dinge wird eben im entscheidenden Augenblick offenbar in keinem Weltteil, weder in Europa, noch in Amerika, Rücksicht genommen, sondern es wird so entschieden, wie einem in der ersten Wut das Urteil aus dem Munde fährt. Vielleicht wäre es jetzt am besten gewesen, wenn er sich gleich verabschiedet hätte und weggegangen wäre, die Oberköchin und Therese schliefen vielleicht noch, er hätte sich, um ihnen die Enttäuschung und Trauer über sein Benehmen wenigstens beim persönlichen Abschied zu ersparen, brieflich verabschieden, hätte rasch seinen Koffer packen und in der Stille fortgehen können. Blieb er aber auch nur einen Tag noch, und er hätte allerdings ein wenig Schlaf gebraucht, so erwartete ihn nichts anderes als Aufbauschung seiner Sache zum Skandal, Vorwürfe von allen Seiten, der unerträgliche Anblick der Tränen Theresens und vielleicht gar der Oberköchin und möglicherweise zuguterletzt auch noch eine Bestrafung. Andererseits aber beirrte es ihn, dass er hier zwei Feinden gegenüberstand und dass an jedem Wort, das er aussprechen würde, wenn nicht der eine, so der andere etwas aussetzen und zum Schlechten deuten würde. Deshalb schwieg er und genoss vorläufig die Ruhe, die im Zimmer herrschte, denn der Oberkellner las noch immer die Zeitung, und der Oberportier ordnete sein über den Tisch hin verstreutes Verzeichnis nach den Seitenzahlen, was ihm bei seiner offenbaren Kurzsichtigkeit große Schwierigkeiten machte.

Endlich legte der Oberkellner die Zeitung gähnend hin, vergewisserte sich durch einen Blick auf Karl, dass dieser noch anwesend sei, und drehte die Glocke des Tischtelefons an. Er rief mehrere Male »Hallo!«, aber niemand meldete sich.

»Es meldet sich niemand«, sagte er zum Oberportier. Dieser, der das Telefonieren, wie es Karl schien, mit besonderem Interesse beobachtete, sagte: »Es ist ja schon dreiviertel sechs. Sie ist gewiss schon wach. Läuten Sie nur stärker.« In diesem Augenblick kam, ohne weitere Aufforderung, das telefonische Gegenzeichen.

»Hier Oberkellner Isbary«, sagte der Oberkellner.

»Guten Morgen, Frau Oberköchin. Ich habe Sie doch nicht am Ende geweckt? Das tut mir sehr leid. Ja, ja, dreiviertel sechs ist es schon. Aber es tut mir aufrichtig leid, dass ich Sie erschreckt habe. Sie sollten während des Schlafens das Telefon abstellen. Nein, nein, tatsächlich, es gibt für mich keine Entschuldigung, besonders bei der Geringfügigkeit der Sache, wegen der ich Sie sprechen will. Aber natürlich habe ich Zeit, bitte sehr, ich bleibe beim Telefon, wenn es Ihnen recht ist.«

»Sie muss im Nachthemd zum Telefon gelaufen sein«, sagte der Oberkellner lächelnd zum Oberportier, der die ganze Zeit über mit gespanntem Gesichtsausdruck zum Telefonkasten sich gebückt gehalten hatte. »Ich habe sie wirklich geweckt, sie wird nämlich sonst von dem kleinen Mädel, das bei ihr auf der Schreibmaschine schreibt, geweckt, und die muss es heute ausnahmsweise versäumt haben. Es tut mir leid, dass ich sie aufgeschreckt habe, sie ist sowieso nervös.«

»Warum spricht sie nicht weiter?«

»Sie ist nachschauen gegangen, was mit dem Mädel los ist«, antwortete der Oberkellner schon mit der Muschel am Ohr, denn es läutete wieder.

»Sie wird sich schon finden«, redete er weiter ins Telefon hinein. »Sie dürfen sich nicht von allem so erschrecken lassen. Sie brauchen wirklich eine gründliche Erholung. Ja also, meine kleine Anfrage. Es ist da ein Liftjunge namens« – er drehte sich fragend nach Karl um, der, da er genau aufpasste, gleich mit seinem Namen aushelfen konnte – »also namens Karl Roßmann. Wenn ich mich recht erinnere, so haben Sie sich für ihn ein wenig interessiert; leider hat er Ihre Freundlichkeit schlecht belohnt, er hat ohne Erlaubnis seinen Posten verlassen, hat mir dadurch schwere, jetzt noch gar nicht übersehbare Unannehmlichkeiten verursacht, und ich habe ihn daher soeben entlassen. Ich hoffe, Sie nehmen die Sache nicht tragisch. Wie meinen Sie? Entlassen, ja, entlassen. Aber ich sagte Ihnen doch, dass er seinen Posten verlassen hat. Nein, da kann ich Ihnen wirklich nicht nachgeben, liebe Frau Oberköchin. Es handelt sich um meine Autorität, da steht viel auf dem Spiel, so ein Junge verdirbt mir die ganze Bande. Gerade bei den Liftjungen muss man teuflisch aufpassen. Nein, nein, in diesem Falle kann ich Ihnen den Gefallen nicht tun, so sehr ich es mir immer angelegen sein lasse, Ihnen gefällig zu sein. Und wenn ich ihn schon trotz allem hier ließe, zu keinem anderen Zweck, als um meine Galle in Tätigkeit zu erhalten, Ihretwegen, ja, Ihretwegen, Frau Oberköchin, kann er nicht hierbleiben. Sie nehmen einen Anteil an ihm, den er durchaus nicht verdient, und da ich nicht nur ihn kenne, sondern auch Sie, weiß ich, dass das zu den schwersten Enttäuschungen für Sie führen müsste, die ich Ihnen um jeden Preis ersparen will. Ich sage das ganz offen, obwohl der verstockte Junge ein paar Schritte vor mir steht. Er wird entlassen, nein, nein, Frau Oberköchin, er wird vollständig entlassen, nein, nein, er wird zu keiner anderen Arbeit versetzt, er ist vollständig unbrauchbar. Übrigens laufen ja auch sonst Beschwerden gegen ihn ein. Der Oberportier zum Beispiel, ja also, was denn, Feodor, ja, Feodor beklagt sich über die Unhöflichkeit und Frechheit dieses Jungen. Wie, das soll nicht genügen? Ja, liebe Frau Oberköchin, Sie verleugnen wegen dieses Jungen Ihren Charakter. Nein, so dürfen Sie mir nicht zusetzen.«

In diesem Augenblick beugte sich der Portier zum Ohr des Oberkellners und flüsterte etwas. Der Oberkellner sah ihn zuerst erstaunt an und redete dann so rasch in das Telefon, dass Karl ihn anfangs nicht ganz genau verstand und auf den Fußspitzen zwei Schritte näher trat.

»Liebe Frau Oberköchin«, hieß es, »aufrichtig gesagt, ich hätte nicht geglaubt, dass Sie eine so schlechte Menschenkennerin sind. Eben erfahre ich etwas über Ihren Engelsjungen, was Ihre Meinung über ihn gründlich ändern wird, und es tut mir fast leid, dass gerade ich es Ihnen sagen muss. Dieser feine Junge also, den Sie ein Muster von Anstand nennen, lässt keine dienstfreie Nacht vergehen, ohne in die Stadt zu laufen, aus der er erst am Morgen wiederkommt. Ja, ja, Frau Oberköchin, das ist durch Zeugen bewiesen, durch einwandfreie Zeugen, ja. Können Sie mir nun vielleicht sagen, wo er das Geld zu diesen Lustbarkeiten hernimmt? Wie er die Aufmerksamkeit für seinen Dienst behalten soll? Und wollen Sie vielleicht auch noch, dass ich Ihnen beschreiben soll, was er in der Stadt treibt? Diesen Jungen loszuwerden will ich mich aber ganz besonders beeilen. Und Sie, bitte, nehmen das als Mahnung, wie vorsichtig man gegen hergelaufene Burschen sein soll.«

»Aber, Herr Oberkellner«, rief nun Karl, förmlich erleichtert durch den großen Irrtum, der hier unterlaufen schien und der vielleicht am ehesten dazu führen konnte, dass sich alles noch unerwartet besserte, »da liegt bestimmt eine Verwechslung vor. Ich glaube, der Herr Oberportier hat Ihnen gesagt, dass ich jede Nacht weggehe. Das ist aber durchaus nicht richtig, ich bin vielmehr jede Nacht im Schlafsaal, das können alle Jungens bestätigen. Wenn ich nicht schlafe, lerne ich kaufmännische Korrespondenz, aber aus dem Schlafsaal rühre ich mich keine Nacht. Das ist ja leicht zu beweisen. Der Herr Oberportier verwechselt mich offenbar mit jemand anderem, und jetzt verstehe ich auch, warum er glaubt, dass ich ihn nicht grüße.«

»Wirst du sofort schweigen«, schrie der Oberportier und schüttelte die Faust, wo andere einen Finger bewegt hätten. »Ich soll dich mit jemand anderem verwechseln! Ja, dann kann ich nicht mehr Oberportier sein, wenn ich die Leute verwechsle. Hören Sie nur, Herr Isbary, dann kann ich nicht mehr Oberportier sein, nun ja, wenn ich die Leute verwechsle. In meinen dreißig Dienstjahren ist mir allerdings noch keine Verwechslung passiert, wie mir hunderte von Herren Oberkellnern, die wir seit jener Zeit hatten, bestätigen müssen, aber bei dir, miserabler Junge, soll ich mit den Verwechslungen angefangen haben. Bei dir, mit deiner auffallenden, glatten Fratze. Was gibt es da zu verwechseln! Du könntest jede Nacht hinter meinem Rücken in die Stadt gelaufen sein, und ich bestätige bloß nach deinem Gesicht, dass du ein ausgegorener Lump bist.«

»Lass, Feodor!« sagte der Oberkellner, dessen telefonisches Gespräch mit der Oberköchin plötzlich abgebrochen worden zu sein schien. »Die Sache ist ja ganz einfach. Auf seine Unterhaltungen in der Nacht kommt es in erster Reihe gar nicht an. Er möchte ja vielleicht vor seinem Abschied noch irgendeine große Untersuchung über seine Nachtbeschäftigung verursachen wollen. Ich kann mir schon vorstellen, dass ihm das gefallen würde. Es würden womöglich alle vierzig Liftjungen heraufzitiert und als Zeugen einvernommen, die würden ihn natürlich auch alle verwechselt haben, es müsste also zur Zeugenschaft allmählich das ganze Personal heran, der Hotelbetrieb würde natürlich auf ein Weilchen eingestellt, und wenn er dann schließlich doch hinausgeworfen würde, so hätte er doch wenigstens seinen Spaß gehabt. Also das machen wir lieber nicht. Die Oberköchin, diese gute Frau, hat er schon zum Narren gehalten, und damit soll es genug sein. Ich will nichts weiter hören; du bist wegen Dienstversäumnis auf der Stelle aus dem Dienst entlassen. Da gebe ich dir eine Anweisung an die Kasse, dass dir dein Lohn bis zum heutigen Tage ausgezahlt werde. Das ist übrigens bei deinem Verhalten – unter uns gesagt – einfach ein Geschenk, das ich dir nur aus Rücksicht auf die Frau Oberköchin mache.«

Ein telefonischer Anruf hielt den Oberkellner ab, die Anweisung sofort zu unterschreiben.

»Die Liftjungen geben mir aber heute zu schaffen!« rief er schon nach Anhören der ersten Worte.

»Das ist ja unerhört!« rief er nach einem Weilchen. Und vom Telefon weg wandte er sich zum Hotelportier und sagte: »Bitte, Feodor, halt mal diesen Burschen ein wenig, wir werden noch mit ihm zu reden haben.« Und ins Telefon gab er den Befehl: »Komm sofort herauf!«

Nun konnte sich der Oberportier wenigstens austoben, was ihm beim Reden nicht hatte gelingen wollen. Er hielt Karl oben am Arm fest, aber nicht etwa mit ruhigem Griff, der schließlich auszuhalten gewesen wäre, sondern er lockerte hie und da den Griff und machte ihn dann mit Steigerung fester und fester, was bei seinen großen Körperkräften gar nicht aufzuhören schien und ein Dunkel vor Karls Augen verursachte. Aber er hielt Karl nicht nur, sondern als hätte er auch den Befehl bekommen, ihn gleichzeitig zu strecken, zog er ihn auch hie und da in die Höhe und schüttelte ihn, wobei er immer wieder halb fragend zum Oberkellner sagte: »Ob ich ihn jetzt nur nicht verwechsle, ob ich ihn jetzt nur nicht verwechsle.«

Es war eine Erlösung für Karl, als der oberste der Liftjungen, ein gewisser Beß, ein ewig fauchender, dicker Junge eintrat, und die Aufmerksamkeit des Oberportiers ein wenig auf sich lenkte. Karl war so ermattet, dass er kaum grüßte, als er zu seinem Erstaunen hinter dem Jungen Therese, leichenblass, unordentlich angezogen, mit lose aufgesteckten Haaren, hereinschlüpfen sah. Im Augenblick war sie bei ihm und flüsterte: »Weiß es schon die Oberköchin?«

»Der Oberkellner hat es ihr telefoniert«, antwortete Karl.

»Dann ist es schon gut, dann ist es schon gut«, sagte sie rasch, mit lebhaften Augen.

»Nein«, sagte Karl. »Du weißt ja nicht, was sie gegen mich haben. Ich muss weg, die Oberköchin ist davon auch schon überzeugt. Bitte, bleib nicht hier, geh hinauf, ich werde mich dann von dir verabschieden kommen.«

»Aber, Roßmann, was fällt dir denn ein, du wirst schön bei uns bleiben, solange es dir gefällt. Der Oberkellner macht ja alles, was die Oberköchin will, er liebt sie ja, ich habe es letzthin erfahren. Da sei nur ruhig.«

»Bitte, Therese, geh jetzt weg. Ich kann mich nicht so gut verteidigen, wenn du hier bist. Und ich muss mich genau verteidigen, weil Lügen gegen mich vorgebracht werden. Je besser ich aber aufpassen und mich verteidigen kann, desto mehr Hoffnung ist, dass ich bleibe. Also, Therese-« Leider konnte er in einem plötzlichen Schmerz nicht unterlassen, leise hinzuzufügen: »Wenn mich nur dieser Oberportier losließe! Ich wusste gar nicht, dass er mein Feind ist. Aber wie er mich immerfort drückt und zieht.« ›Warum sage ich das nur!‹ dachte er gleichzeitig, ›kein Frauenzimmer kann das ruhig anhören‹, und tatsächlich wandte sich Therese, ohne dass er sie noch mit der freien Hand hätte davon abhalten können, an den Oberportier: »Herr Oberportier, bitte, lassen Sie doch sofort den Roßmann frei. Sie machen ihm ja Schmerzen. Die Frau Oberköchin wird gleich persönlich kommen, und dann wird man schon sehen, dass ihm in allem Unrecht geschieht. Lassen Sie ihn los; was kann es Ihnen denn für ein Vergnügen machen, ihn zu quälen!« Und sie griff sogar nach des Oberportiers Hand.

»Befehl, kleines Fräulein, Befehl«, sagte der Oberportier und zog mit der freien Hand Therese freundlich an sich, während er mit der anderen Karl nun sogar angestrengt drückte, als wolle er ihm nicht nur Schmerzen machen, sondern als habe er mit diesem in seinem Besitz befindlichen Arm ein besonderes Ziel, das noch lange nicht erreicht sei.

Therese brauchte einige Zeit, um sich der Umarmung des Oberportiers zu entwinden, und wollte sich gerade beim Oberkellner, der sich noch immer von dem sehr umständlichen Beß erzählen ließ, für Karl einsetzen, als die Oberköchin mit raschem Schritte eintrat.

»Gott sei Dank!« rief Therese und man hörte einen Augenblick lang im Zimmer nichts als diese lauten Worte. Gleich sprang der Oberkellner auf und schob Beß zur Seite.

»Sie kommen also selbst, Frau Oberköchin? Wegen dieser Kleinigkeit? Nach unserem Telefongespräch konnte ich es ja ahnen, aber geglaubt habe ich es eigentlich doch nicht. Und dabei wird die Sache Ihres Schützlings immerfort ärger. Ich fürchte, ich werde ihn tatsächlich nicht entlassen, aber dafür einsperren lassen müssen. Hören Sie selbst.« Und er winkte Beß herbei.

»Ich möchte zuerst ein paar Worte mit dem Roßmann reden«, sagte die Oberköchin und setzte sich auf einen Sessel, da sie der Oberkellner hierzu nötigte.

»Karl, bitte, komm näher«, sagte sie dann. Karl folgte oder wurde vielmehr vom Oberportier näher geschleppt.

»Lassen Sie ihn doch los«, sagte die Oberköchin ärgerlich, »er ist doch kein Raubmörder!« Der Oberportier ließ ihn tatsächlich los, drückte aber vorher noch einmal so stark, dass ihm selbst vor Anstrengung die Tränen in die Augen traten.

»Karl«, sagte die Oberköchin, legte die Hände ruhig in den Schoß und sah Karl mit geneigtem Kopfe an – es war gar nicht wie ein Verhör – »vor allem will ich dir sagen, dass ich noch vollständiges Vertrauen zu dir habe. Auch der Herr Oberkellner ist ein gerechter Mann, dafür bürge ich. Wir beide wollen dich im Grunde gerne hier behalten« – sie sah hierbei flüchtig zum Oberkellner hinüber, als wolle sie bitten, ihr nicht ins Wort zu fallen. Es geschah auch nicht. »Vergiss also, was man dir bis jetzt vielleicht hier gesagt hat. Vor allem, was dir vielleicht der Herr Oberportier gesagt hat, musst du nicht besonders schwer nehmen. Er ist zwar ein aufgeregter Mann, was bei seinem Dienst kein Wunder ist, aber er hat auch

Frau und Kinder und weiß, dass man einen Jungen, der nur auf sich angewiesen ist, nicht unnötig plagen muss, sondern dass das schon die übrige Welt genügend besorgt.«

Es war ganz still im Zimmer. Der Oberportier sah, Erklärungen fordernd, auf den Oberkellner, dieser sah auf die Oberköchin und schüttelte den Kopf. Der Liftjunge Beß grinste recht sinnlos hinter dem Rücken des Oberkellners. Therese schluchzte vor Freude und Leid in sich hinein und hatte alle Mühe, es niemanden hören zu lassen.

Karl aber blickte, obwohl das nur als schlechtes Zeichen aufgefasst werden konnte, nicht auf die Oberköchin, die gewiss nach seinem Blick verlangte, sondern vor sich auf den Fußboden. In seinem Arm zuckte der Schmerz nach allen Richtungen, das Hemd klebte an den Striemen fest, und er hätte eigentlich den Rock ausziehen und die Sache besehen sollen. Was die Oberköchin sagte, war natürlich sehr freundlich gemeint, aber unglücklicherweise schien es ihm, als müsse es gerade durch das Verhalten der Oberköchin zutage treten, dass er keine Freundlichkeit verdiene, dass er die Wohltaten der Oberköchin zwei Monate unverdient genossen habe, ja, dass er nichts anderes verdiene, als unter die Hände des Oberportiers zu kommen.

»Ich sage das«, fuhr die Oberköchin fort, »damit du jetzt unbeirrt antwortest, was du übrigens wahrscheinlich auch sonst getan hättest, wie ich dich zu kennen glaube.«

»Darf ich, bitte, inzwischen den Arzt holen, der Mann könnte nämlich inzwischen verbluten«, mischte sich plötzlich der Liftjunge Beß sehr höflich, aber sehr störend ein.

»Geh«, sagte der Oberkellner zu Beß, der gleich davonlief. Und dann zur Oberköchin: »Die Sache ist die. Der Oberportier hat den Jungen da nicht zum Spaß festgehalten. Unten, im Schlafsaal der Liftjungen, ist nämlich in einem Bett sorgfältig zugedeckt ein wildfremder, schwer betrunkener Mann aufgefunden worden. Man hat ihn natürlich geweckt und wollte ihn wegschaffen. Da hat dieser Mann aber einen großen Radau zu machen angefangen, immer wieder herumgeschrien, der Schlafsaal gehöre dem Karl Roßmann, dessen Gast er sei, der ihn hergebracht habe und der jeden bestrafen werde, der ihn anzurühren wagen würde. Im übrigen müsse er auch deshalb auf den Karl Roßmann warten, weil ihm dieser Geld versprochen habe und es nur holen gegangen sei. Achten Sie, bitte, darauf, Frau Oberköchin: Geld versprochen habe und es holen gegangen sei. Du kannst auch achtgeben, Roßmann«, sagte der Oberkellner nebenbei zu Karl, der sich gerade nach Therese umgedreht hatte, die wie gebannt den Oberkellner anstarrte und immer wieder entweder irgendwelche Haare aus der Stirn strich oder diese Handbewegung um ihrer selbst willen machte.

»Aber vielleicht erinnere ich dich an irgendwelche Verpflichtungen. Der Mann unten hat nämlich weiterhin gesagt, dass ihr beide nach deiner Rückkunft irgendeiner Sängerin einen Nachtbesuch machen werdet, deren Namen allerdings niemand verstanden hat, da ihn der Mann immer nur unter Gesang aussprechen konnte.«

Hier unterbrach sich der Oberkellner, denn die sichtlich bleich gewordene Oberköchin erhob sich vom Sessel, den sie ein wenig zurückstieß.

»Ich verschone Sie mit dem Weiteren«, sagte der Oberkellner.

»Nein, bitte, nein«, sagte die Oberköchin und ergriff seine Hand »erzählen Sie nur weiter, ich will alles hören, darum bin ich ja hier.«

Der Oberportier, der vortrat und sich zum Zeichen dessen, dass er von Anfang an alles durchschaut hatte, laut auf die Brust schlug, wurde vom Oberkellner mit den Worten: »Ja, Sie hatten ganz recht, Feodor!« gleichzeitig beruhigt und zurückgewiesen.

»Es ist nicht mehr viel zu erzählen«, sagte der Oberkellner. »Wie die Jungen eben schon sind, haben sie den Mann zuerst ausgelacht, haben dann mit ihm Streit bekommen, und er ist, da dort immer gute Boxer zur Verfügung stehen, einfach niedergeboxt worden; und ich habe gar nicht zu fragen gewagt, an welchen und an wie vielen Stellen er blutet, denn diese Jungen sind fürchterliche Boxer, und ein Betrunkener macht es ihnen natürlich leicht!«

»So«, sagte die Oberköchin, hielt den Sessel an der Lehne und sah auf den Platz, den sie eben verlassen hatte. »Also sprich doch, bitte, ein Wort, Roßmann!« sagte sie dann. Therese war von ihrem bisherigen Platz zur Oberköchin hinübergelaufen und hatte sich, was sie Karl sonst niemals hatte tun sehen, in die Oberköchin eingehängt. Der Oberkellner stand knapp hinter der Oberköchin und glättete langsam einen kleinen, bescheidenen Spitzenkragen der Oberköchin, der sich ein wenig umgeschlagen hatte. Der Oberportier neben Karl sagte: »Also wird's?«, wollte damit aber nur einen Stoß maskieren, den er unterdessen Karl in den Rücken gab.

»Es ist wahr«, sagte Karl, infolge des Stoßes unsicherer, als er wollte, »dass ich den Mann in den Schlafsaal gebracht habe.«

»Mehr wollen wir nicht wissen«, sagte der Portier im Namen aller. Die Oberköchin wandte sich stumm zum Oberkellner und dann zu Therese.

»Ich konnte mir nicht anders helfen«, sagte Karl weiter. »Der Mann ist mein Kamerad von früher her, er kam, nachdem wir uns zwei Monate lang nicht gesehen hatten, hierher, um mir einen Besuch zu machen, war aber so betrunken, dass er nicht wieder allein fortgehen konnte.«

Der Oberkellner sagte neben der Oberköchin halblaut vor sich hin: »Er kam also zu Besuch und war nachher so betrunken, dass er nicht fortgehen konnte.« Die Oberköchin flüsterte über die Schulter dem Oberkellner etwas zu, der mit einem offenbar nicht zu dieser Sache gehörigen Lächeln Einwände zu machen schien. Therese – Karl sah nur zu ihr hin- drückte ihr Gesicht in völliger Hilflosigkeit an die Oberköchin und wollte nichts mehr sehen. Der einzige, der mit Karls Erklärung vollständig zufrieden war, war der Oberportier, welcher einige Mal wiederholte: »Es ist ja ganz recht, seinem Saufbruder muss man helfen«, und diese Erklärung jedem der Anwesenden durch Blicke und Handbewegungen einzuprägen suchte.

»Schuld also bin ich«, sagte Karl und machte eine Pause, als warte er auf ein freundliches Wort seiner Richter, das ihm Mut zur weiteren Verteidigung geben könnte, aber es kam nicht, »schuld bin ich nur daran, dass ich den Mann – er heißt Robinson, ist ein Irländer – in den Schlafsaal gebracht habe. Alles andere, was er gesagt hat, hat er aus Betrunkenheit gesagt und ist nicht richtig.«

»Du hast ihm also kein Geld versprochen?« fragte der Oberkellner.

»Ja«, sagte Karl, und es tat ihm leid, dass er das vergessen hatte, er hatte sich aus Unüberlegtheit oder Zerstreutheit in allzu bestimmten Ausdrücken als schuldlos bezeichnet.

»Geld habe ich ihm versprochen, weil er mich darum gebeten hat. Aber ich wollte es nicht holen, sondern ihm das Trinkgeld geben, das ich heute Nacht verdient hatte.« Und er zog zum Beweise das Geld aus der Tasche und zeigte auf der flachen Hand die paar kleinen Münzen.

»Du verrennst dich immer mehr«, sagte der Oberkellner. »Wenn man dir glauben sollte, müsste man immer das, was du früher gesagt hast, vergessen. Zuerst hast du also den Mann – nicht einmal den Namen Robinson glaube ich dir, so hat, seit es Irland gibt, kein Irländer geheißen –, zuerst also hast du ihn nur in den Schlafsaal gebracht, wofür allein du übrigens schon im Schwung hinausfliegen könntest, Geld aber hast du ihm zuerst nicht versprochen, dann wieder, wenn man dich überraschend fragt, hast du ihm Geld versprochen. Aber wir haben hier kein Antwort- und Fragespiel, sondern wollen deine Rechtfertigung hören. Zuerst aber wolltest du das Geld nicht holen, sondern ihm dein heutiges Trinkgeld geben, dann aber zeigt sich, dass du dieses Geld noch bei dir hast, also offenbar doch noch anderes Geld holen wolltest, wofür auch dein langes Ausbleiben spricht. Schließlich wäre es ja nichts Besonderes, wenn du für ihn aus deinem Koffer hättest Geld holen wollen; dass du es aber mit aller Kraft leugnest, das ist allerdings etwas Besonderes, ebenso wie du auch immerfort verschweigen willst, dass du den Mann erst hier im Hotel betrunken gemacht hast, woran ja nicht der geringste Zweifel ist, denn du selbst hast zugegeben, dass er allein gekommen ist, aber nicht allein weggehen konnte, und er selbst hat ja im Schlafsaal herumgeschrien, dass er dein Gast ist. Fraglich also bleiben jetzt nur noch zwei Dinge, die du, wenn du die Sache vereinfachen willst, selbst beantworten kannst, die man aber schließlich auch ohne deine Mithilfe wird feststellen können: Erstens, wie hast du dir den Zutritt zu den Vorratskammern verschafft, und zweitens, wie hast du verschenkbares Geld angesammelt?«

›Es ist unmöglich, sich zu verteidigen, wenn nicht guter Wille da ist‹, sagte sich Karl und antwortete dem Oberkellner nicht mehr, so sehr Therese wahrscheinlich darunter litt. Er wusste, dass alles, was er sagen konnte, hinterher ganz anders aussehen würde, als es gemeint gewesen war, und dass es nur der Art der Beurteilung überlassen bleibe, Gutes oder Böses vorzufinden.

»Er antwortet nicht«, sagte die Oberköchin.

»Es ist das Vernünftigste, was er tun kann«, sagte der Oberkellner.

»Er wird sich schon noch etwas ausdenken«, sagte der Oberportier und strich mit der früher grausamen Hand behutsam seinen Bart.

»Sei still«, sagte die Oberköchin zu Therese, die an ihrer Seite zu schluchzen begann, »du siehst, er antwortet nicht, wie kann ich denn da etwas für ihn tun? Schließlich bin ich es, die vor dem Herrn Oberkellner unrecht behält. Sag doch, Therese, habe ich deiner Meinung nach etwas für ihn zu tun versäumt?« Wie konnte das Therese wissen, und was nützte es, dass sich die Oberköchin durch diese öffentlich an das kleine Mädchen gerichtete Frage und Bitte vor diesen beiden Herren vielleicht viel vergab?

»Frau Oberköchin«, sagte Karl, der sich noch einmal aufraffte, aber nur um Therese die Antwort zu ersparen, zu keinem anderen Zweck, »ich glaube nicht, dass ich Ihnen irgendwie Schande gemacht habe, und nach genauer Untersuchung müsste das auch jeder andere finden.«

»Jeder andere«, sagte der Oberportier und zeigte mit dem Finger auf den Oberkellner »das ist eine Spitze gegen Sie, Herr Isbary.«

»Nun, Frau Oberköchin«, sagte dieser, »es ist halb sieben, hohe und höchste Zeit. Ich denke, Sie lassen mir am besten das Schlusswort in dieser schon allzu duldsam behandelten Sache.«

Der kleine Giacomo war hereingekommen, wollte zu Karl treten, ließ aber, durch die allgemein herrschende Stille erschreckt, davon ab und wartete.

Die Oberköchin hatte seit Karls letzten Worten den Blick nicht von ihm gewendet, und es deutete auch nichts darauf hin, dass sie die Bemerkung des Oberkellners gehört hatte. Ihre Augen sahen voll auf Karl hin, sie waren groß und blau, aber ein wenig getrübt durch das Alter und die viele Mühe. Wie sie so dastand und den Sessel vor sich schwach schaukelte, hätte man ganz gut erwarten können, sie werde im nächsten Augenblick sagen: ›Nun, Karl, die Sache ist, wenn ich es überlege, noch nicht recht klargestellt und braucht, wie du richtig gesagt hast, noch eine genaue Untersuchung. Und die wollen wir jetzt veranstalten, ob man sonst damit einverstanden ist oder nicht, denn Gerechtigkeit muss sein.‹

Statt dessen aber sagte die Oberköchin nach einer kleinen Pause, die niemand zu unterbrechen gewagt hatte – nur die Uhr schlug in Bestätigung der Worte des Oberkellners halb sieben und mit ihr, wie jeder wusste, gleichzeitig alle Uhren im ganzen Hotel, es klang im Ohr und in der Ahnung wie das zweimalige Zucken einer einzigen großen Ungeduld –: »Nein, Karl, nein, nein! Das wollen wir uns nicht einreden. Gerechte Dinge haben auch ein besonderes Aussehen, und das hat, ich muss es gestehen, deine Sache nicht. Ich darf das sagen und muss es auch sagen; ich muss es gestehen, denn ich bin es, die mit dem besten Vorurteil für dich hergekommen ist. Du siehst, auch Therese schweigt.« (Aber sie schwieg doch nicht, sie weinte.)

Die Oberköchin stockte in einem plötzlich sie überkommenden Entschluss und sagte: »Karl, komm einmal her«, und als er zu ihr gekommen war – gleich vereinigten sich hinter seinem Rücken der Oberkellner und der Oberportier zu lebhaftem Gespräch –, umfasste sie ihn mit der linken Hand, ging mit ihm und der willenlos folgenden Therese in die Tiefe des Zimmers und dort mit beiden einige Mal auf und ab, wobei sie sagte: »Es ist möglich, Karl, und darauf scheinst du zu vertrauen, sonst würde ich dich überhaupt nicht verstehen, dass eine Untersuchung dir in einzelnen Kleinigkeiten recht geben wird. Warum denn nicht? Du hast vielleicht tatsächlich den Oberportier gegrüßt. Ich glaube es sogar bestimmt, ich weiß auch, was ich von dem Oberportier zu halten habe, du siehst, ich rede selbst jetzt noch offen zu dir. Aber solche kleine Rechtfertigungen helfen dir gar nichts. Der Oberkellner, dessen Menschenkenntnis ich im Laufe vieler Jahre zu schätzen gelernt habe, und welcher der verlässlichste Mensch ist, den ich überhaupt kenne, hat deine Schuld klar ausgesprochen, und die scheint mir allerdings unwiderleglich. Vielleicht hast du bloß unüberlegt gehandelt, vielleicht aber bist du nicht der; für den ich dich gehalten habe. Und doch«, damit unterbrach sie sich gewissermaßen selbst und sah flüchtig nach den beiden Herren zurück, »kann ich es mir noch nicht abgewöhnen, dich für einen im Grunde anständigen Jungen zu halten.«

»Frau Oberköchin! Frau Oberköchin!« mahnte der Oberkellner, der ihren Blick aufgefangen hatte.

»Wir sind gleich fertig«, sagte die Oberköchin und redete nun schneller auf Karl ein: »Höre, Karl, so wie ich die Sache übersehe, bin ich noch froh, dass der Oberkellner keine Untersuchung einleiten will; denn, wollte er sie einleiten, ich müsste es in deinem Interesse verhindern. Niemand soll erfahren, wie und womit du den Mann bewirtet hast, der übrigens nicht einer deiner früheren Kameraden gewesen sein kann, wie du vorgibst, denn mit denen hast du ja zum Abschied großen Streit gehabt, so dass du nicht jetzt einen von ihnen traktieren wirst. Es kann also nur ein Bekannter sein, mit dem du dich leichtsinnigerweise in der Nacht in irgendeiner städtischen Kneipe verbrüdert hast. Wie konntest du mir, Karl, alle diese Dinge verbergen? Wenn es dir im Schlafsaal vielleicht unerträglich war und du zuerst aus diesem unschuldigen Grunde mit deinem Nachtschwärmen angefangen hast, warum hast du denn kein Wort gesagt, du weißt, ich wollte dir ein eigenes Zimmer verschaffen und habe darauf geradezu erst über deine Bitten verzichtet. Es scheint jetzt, als hättest du den allgemeinen Schlafsaal vorgezogen, weil du dich dort ungebundener fühltest. Und dein Geld hattest du doch in meiner Kassa aufgehoben, und die Trinkgelder brachtest du mir jede Woche; woher, um Gottes willen, Junge, hast du das Geld für deine Vergnügungen genommen und woher wolltest du jetzt das Geld für deinen Freund holen? Das sind natürlich lauter Dinge, die ich wenigstens jetzt dem Oberkellner gar nicht andeuten darf, denn dann wäre vielleicht eine Untersuchung unausweichlich. Du musst also unbedingt aus dem Hotel, und zwar so schnell als möglich. Geh direkt in die Pension Brenner – du warst doch schon mehrmals mit Therese dort –, sie werden dich auf diese Empfehlung hin umsonst aufnehmen - « und die Oberköchin schrieb mit einem goldenen Crayon, den sie aus der Bluse zog, einige Zeilen auf eine Visitenkarte, wobei sie aber die Rede nicht unterbrach – »deinen Koffer werde ich dir gleich nachschicken. Therese, lauf doch in die Garderobe der Liftjungen und pack seinen Koffer!« (Aber Therese rührte sich noch nicht, sondern wollte, wie sie alles Leid ausgehalten hatte, nun auch die Wendung zum Besseren, welche die Sache Karls dank der Güte der Oberköchin nahm, ganz miterleben.)

Jemand öffnete, ohne sich zu zeigen, ein wenig die Tür und schloss sie gleich wieder. Es musste offenbar Giacomo gegolten haben, denn dieser trat vor und sagte: »Roßmann, ich habe dir etwas auszurichten.«

»Gleich«, sagte die Oberköchin und steckte Karl, der mit gesenktem Kopf ihr zugehört hatte, die Visitenkarte in die Tasche, »dein Geld behalte ich vorläufig, du weißt, du kannst es mir anvertrauen. Heute bleib zu Hause und überlege deine Angelegenheit, morgen – heute habe ich keine Zeit, auch habe ich mich schon viel zu lange hier aufgehalten – komme ich zu Brenner, und wir werden zusehen, was wir weiter für dich machen können. Verlassen werde ich dich nicht, das sollst du jedenfalls schon heute wissen. Über deine Zukunft musst du dir keine Sorgen machen, eher über die letztvergangene Zeit.« Darauf klopfte sie ihm leicht auf die Schulter und ging zum Oberkellner hinüber. Karl hob den Kopf und sah der großen, stattlichen Frau nach, die sich in ruhigem Schritt und freier Haltung von ihm entfernte.

»Bist du denn gar nicht froh«, sagte Therese, die bei ihm zurückgeblieben war »dass alles so gut ausgefallen ist?«

»O ja«, sagte Karl und lächelte ihr zu, wusste aber nicht, warum er darüber froh sein sollte, dass man ihn als einen Dieb wegschickte. Aus Theresens Augen strahlte die reinste Freude, als sei es ihr ganz gleichgültig, ob Karl etwas verbrochen hatte oder nicht, ob er gerecht beurteilt worden war oder nicht, wenn man ihn nur gerade entwischen ließ, in Schande oder in Ehren. Und so verhielt sich gerade Therese, die doch in ihren eigenen Angelegenheiten so peinlich war und ein nicht ganz eindeutiges Wort der Oberköchin wochenlang in ihren Gedanken drehte und untersuchte. Mit Absicht fragte er: »Wirst du meinen Koffer gleich packen und wegschicken?« Er musste gegen seinen Willen vor Staunen den Kopf schütteln, so schnell fand sich Therese in die Frage hinein, und die Überzeugung, dass in dem Koffer Dinge waren, die man vor allen Leuten geheimhalten musste, ließ sie gar nicht nach Karl hinübersehen, gar nicht ihm die Hand reichen, sondern nur flüstern: »Natürlich, Karl, gleich, gleich werde ich den Koffer packen.« Und schon war sie davongelaufen.

Nun ließ sich aber Giacomo nicht mehr halten, und aufgeregt durch das lange Warten rief er laut: »Roßmann, der Mann wälzt sich unten im Gang und will sich nicht wegschaffen lassen. Sie wollten ihn ins Krankenhaus bringen lassen, aber er wehrt sich und behauptet, du würdest niemals dulden, dass er ins Krankenhaus kommt. Man solle ein Automobil nehmen und ihn nach Hause schicken, du würdest das Automobil bezahlen. Willst du?«

»Der Mann hat Vertrauen zu dir«, sagte der Oberkellner. Karl zuckte mit den Schultern und zählte Giacomo sein Geld in die Hand. »Mehr habe ich nicht«, sagte er dann.

»Ich soll dich auch fragen, ob du mitfahren willst«, fragte noch Giacomo, mit dem Gelde klimpernd.

»Er wird nicht mitfahren«, sagte die Oberköchin.

»Also, Roßmann«, sagte der Oberkellner schnell und wartete gar nicht, bis Giacomo draußen war, »du bist auf der Stelle entlassen.«

Der Oberportier nickte mehrere Male, als wären es seine eigenen Worte, die der Oberkellner nur nachspreche.

»Die Gründe deiner Entlassung kann ich gar nicht laut aussprechen, denn sonst müsste ich dich einsperren lassen.«

Der Oberportier sah auffallend streng zur Oberköchin hinüber, denn er hatte wohl erkannt, dass sie die Ursache dieser allzu milden Behandlung war.

»Jetzt geh zu Beß, zieh dich um, übergib Beß deine Livree und verlasse sofort, aber sofort das Haus.«

Die Oberköchin schloss die Augen, sie wollte damit Karl beruhigen. Während er sich zum Abschied verbeugte, sah er flüchtig, wie der Oberkellner die Hand der Oberköchin wie im geheimen umfasste und mit ihr spielte. Der Oberportier begleitete Karl mit schweren Schritten bis zur Tür, die er ihn nicht schließen ließ, sondern selbst noch offen hielt, um Karl nachschreien zu können: »In einer Viertelminute will ich dich beim Haupttor an mir vorübergehen sehen! Merk dir das!«

Karl beeilte sich, wie er nur konnte, um nur beim Haupttor eine Belästigung zu vermeiden, aber es ging alles viel langsamer, als er wollte. Zuerst war Beß nicht gleich zu finden und jetzt, in der Frühstückszeit, war alles voll Menschen, dann zeigte sich, dass ein Junge sich Karls alte Hosen ausgeborgt hatte, und Karl musste die Kleiderständer bei fast allen Betten absuchen, ehe er diese Hosen fand, so dass wohl fünf Minuten vergangen waren, ehe Karl zum Haupttor kam. Gerade vor ihm ging eine Dame mitten zwischen vier Herren. Sie gingen alle auf ein großes Automobil zu, das sie erwartete und dessen Schlag bereits ein Lakai geöffnet hielt, während er den freien linken Arm seitwärts waagrecht und steif ausstreckte, was höchst feierlich aussah. Aber Karl hatte umsonst gehofft, hinter dieser vornehmen Gesellschaft unbemerkt hinauszukommen. Schon fasste ihn der Oberportier bei der Hand und zog ihn zwischen zwei Herren hindurch, die er um Verzeihung bat, zu sich hin.

»Das soll eine Viertelminute gewesen sein«, sagte er und sah Karl von der Seite an, als beobachte er eine schlecht gehende Uhr. »Komm einmal her«, sagte er dann und führte ihn in die große Portierloge, die Karl zwar schon längst einmal anzusehen Lust gehabt hatte, in die er aber jetzt, von dem Portier geschoben, nur mit Misstrauen eintrat. Er war schon in der Tür, als er sich umwandte und den Versuch machte, den Oberportier wegzuschieben und wegzukommen.

»Nein, nein, hier geht man hinein«, sagte der Oberportier und drehte Karl um.

»Ich bin doch schon entlassen«, sagte Karl und meinte damit, dass ihm im Hotel niemand mehr etwas zu befehlen habe.

»Solange ich dich halte, bist du nicht entlassen«, sagte der Portier, was allerdings auch richtig war.

Karl fand schließlich auch keine Ursache, warum er sich gegen den Portier wehren sollte. Was konnte ihm denn auch im Grunde noch geschehen? Überdies bestanden die Wände der Portierloge ausschließlich aus ungeheueren Glasscheiben, durch die man die im Vestibül gegeneinander strömende Menschenmenge deutlich sah, als wäre man mitten unter ihnen. Ja, es schien in der ganzen Portierloge keinen Winkel zu geben, in dem man sich vor den Augen der Leute verbergen konnte. So eilig es dort draußen die Leute zu haben schienen, denn mit ausgestrecktem Arm und gesenktem Kopf, mit spähenden Augen, mit hochgehaltenen Gepäckstücken suchten sie ihren Weg, so versäumte doch kaum einer, einen Blick in die Portierloge zu werfen, denn hinter deren Scheiben waren immer Ankündigungen und Nachrichten ausgehängt, die sowohl für die Gäste als für das Hotelpersonal Wichtigkeit hatten. Außerdem aber bestand noch ein unmittelbarer Verkehr der Portierloge mit dem Vestibül, denn an zwei großen Schiebefenstern saßen zwei Unterportiers und waren unaufhörlich damit beschäftigt, Auskünfte in den verschiedensten Angelegenheiten zu erteilen. Das waren geradezu überbürdete Leute, und Karl hätte behaupten wollen, dass der Oberportier, wie er ihn kannte, sich in seiner Laufbahn um diese Posten herumgewunden hatte. Diese zwei Auskunftserteiler hatten – von außen konnte man sich das nicht richtig vorstellen – in der Öffnung des Fensters immer zumindest zehn fragende Gesichter vor sich. Unter diesen zehn Fraugern, die immerfort wechselten, war oft ein Durcheinander von Sprachen, als sei jeder einzelne von einem anderen Lande abgesandt. Immer fragten einige gleichzeitig, immer redeten außerdem einzelne untereinander. Die meisten wollten etwas aus der Portierloge holen oder etwas dort abgeben, so sah man immer auch ungeduldig fuchtelnde Hände aus dem Gedränge ragen. Einmal hatte einer ein Begehren wegen irgendeiner Zeitung, die sich unversehens von der Höhe aus entfaltete und für einen Augenblick alle Gesichter verhüllte. All diesem mussten nun die zwei Unterportiers standhalten. Bloßes Reden hätte für ihre Aufgabe nicht genügt, sie plapperten, besonders der eine, ein düsterer Mann mit einem das ganze Gesicht umgebenden dunklen Bart, gab die Auskunft ohne die geringste Unterbrechung. Er sah weder auf die Tischplatte, wo er fortwährend Handreichungen auszuführen hatte, noch auf das Gesicht dieses oder jenes Fragers, sondern ausschließlich starr vor sich, offenbar um seine Kräfte zu sparen und zu sammeln. Übrigens störte wohl sein Bart ein wenig die Verständlichkeit seiner Rede, und Karl konnte in dem Weilchen, während dessen er bei ihm stehenblieb, sehr wenig von dem Gesagten auffassen, wenn es auch möglicherweise trotz dem englischen Beiklang gerade fremde Sprachen waren, die er gebrauchen musste. Außerdem beirrte es, dass sich eine Auskunft so knapp an die andere anschloss und in sie überging, so dass oft noch ein Frager mit gespanntem Gesicht zuhorchte, da er glaubte, es gehe noch um seine Sache, um erst nach einem Weilchen zu merken, dass er schon erledigt war. Gewöhnen musste man sich auch daran, dass der Unterportier niemals bat, eine Frage zu wiederholen, selbst wenn sie im ganzen verständlich und nur ein wenig undeutlich gestellt war, ein kaum merkliches Kopfschütteln verriet dann, dass er nicht die Absicht habe, diese Frage zu beantworten, und es war Sache des Fragestellers, seinen eigenen Fehler zu erkennen und die Frage besser zu formulieren. Besonders damit verbrachten manche Leute sehr lange Zeit vor dem Schalter. Zur Unterstützung der Unterportiers war jedem ein Laufbursche beigegeben, der in gestrecktem Lauf von einem Bücherregal und aus verschiedenen Kasten alles herbeizubringen hatte, was der Unterportier gerade benötigte. Das waren die bestbezahlten, wenn auch anstrengendsten Posten, die es im Hotel für ganz junge Leute gab, in gewissem Sinne waren sie auch noch ärger dran als die Unterportiers, denn diese hatten bloß nachzudenken und zu reden, während die jungen Leute gleichzeitig nachdenken und laufen mussten. Brachten sie einmal etwas Unrichtiges herbei, so konnte sich natürlich der Unterportier in der Eile nicht damit aufhalten, ihnen lange Belehrungen zu geben, er warf vielmehr einfach, das, was sie ihm auf den Tisch legten, mit einem Ruck vom Tisch herunter. Sehr interessant war die Ablösung der Unterportiers, die gerade kurz nach dem Eintritt Karls stattfand. Eine solche Ablösung musste natürlich, wenigstens während des Tages, öfters stattfinden, denn es gab wohl kaum einen Menschen, der es länger als eine Stunde hinter dem Schalter ausgehalten hätte. Zur Ablösungszeit ertönte nun eine Glocke, und gleichzeitig traten aus einer Seitentür die zwei Unterportiers, die jetzt an die Reihe kommen sollten, jeder von seinem Laufburschen gefolgt. Sie stellten sich vorläufig untätig beim Schalter auf und betrachteten ein Weilchen die Leute draußen, um festzustellen, in welchem Stadium sich gerade die augenblickliche Fragebeantwortung befand. Schien ihnen der Augenblick passend, um einzugreifen, klopften sie dem abzulösenden Unterportier auf die Schulter, der, obwohl er sich bisher um nichts, was hinter seinem Rücken vorging, gekümmert hatte, sofort verstand und seinen Platz freimachte. Das Ganze ging so rasch, dass es oft die Leute draußen überraschte und sie aus Schrecken über das so plötzlich vor ihnen auftauchende neue Gesicht fast zurückwichen. Die abgelösten zwei Männer streckten sich und begossen dann über zwei bereitstehenden Waschbecken ihre heißen Köpfe. Die abgelösten Laufburschen durften sich aber noch nicht strecken, sondern hatten noch ein Weilchen damit zu tun, die während ihrer Dienststunden auf den Boden geworfenen Gegenstände aufzuheben und an ihren Platz zu legen.

Alles dieses hatte Karl mit der angespanntesten Aufmerksamkeit in wenigen Augenblicken in sich aufgenommen, und mit leichten Kopfschmerzen folgte er still dem Oberportier, der ihn weiterführte. Offenbar hatte auch der Oberportier den großen Eindruck beachtet, den diese Art der Auskunftserteilung auf Karl gemacht hatte, und er riss plötzlich an Karls Hand und sagte: »Siehst du, so wird hier gearbeitet.« Karl hatte ja allerdings hier im Hotel nicht gefaulenzt, aber von solcher Arbeit hatte er doch keine Ahnung gehabt, und fast völlig vergessend, dass der Oberportier sein großer Feind war, sah er zu ihm auf und nickte stumm und anerkennend mit dem Kopf. Das schien dem Oberportier aber wieder eine Überschätzung des Unterportiers und vielleicht eine Unhöflichkeit gegenüber seiner Person zu sein, denn, als hätte er Karl zum Narren gehalten, rief er, ohne Besorgnis, dass man ihn hören könnte: »Natürlich ist dieses hier die dümmste Arbeit im ganzen Hotel; wenn man eine Stunde zugehört hat, kennt man so ziemlich alle Fragen, die gestellt werden, und den Rest braucht man ja nicht zu beantworten. Wenn du nicht frech und ungezogen gewesen wärest, gelogen, gelumpt, gesoffen und gestohlen hättest, hätte ich dich vielleicht bei so einem Fenster anstellen können, denn dazu kann ich ausschließlich nur vernagelte Köpfe brauchen.«

Karl überhörte gänzlich die Beschimpfung, soweit sie ihn betraf, so sehr war er darüber empört, dass die ehrliche und schwere Arbeit der Unterportiers, statt anerkannt zu werden, verhöhnt wurde, und überdies verhöhnt von einem Mann, der, wenn er es gewagt hätte, sich einmal zu einem solchen Schalter zu setzen, gewiss nach ein paar Minuten unter dem Gelächter aller Frager hätte abziehen müssen.

»Lassen Sie mich«, sagte Karl, seine Neugierde in Betreff der Portierloge war bis zum Übermaß gestillt »ich will mit Ihnen nichts mehr zu tun haben.«

»Das genügt nicht, um fortzukommen«, sagte der Oberportier, drückte Karls Arme, dass dieser sie gar nicht rühren konnte, und trug ihn förmlich an das andere Ende der Portierloge. Sahen die Leute draußen diese Gewalttätigkeit des Oberportiers nicht. Oder, wenn sie es sahen, wie fassten sie sie denn auf, dass keiner sich darüber aufhielt, dass niemand wenigstens an die Scheibe klopfte, um dem Oberportier zu zeigen, dass er beobachtet werde und nicht nach seinem Gutdünken mit Karl verfahren dürfe.

Aber bald hatte Karl auch keine Hoffnung mehr, vom Vestibül aus Hilfe zu bekommen, denn der Oberportier griff an eine Schnur, und über den Scheiben der halben Portierloge zogen sich im Fluge bis in die letzte Höhe schwarze Vorhänge zusammen. Auch in diesem Teil der Portierloge waren ja Menschen, aber alle in voller Arbeit und ohne Ohr und Auge für alles, was nicht mit ihrer Arbeit zusammenhing. Außerdem waren sie ganz vom Oberportier abhängig und hätten, statt Karl zu helfen, lieber geholfen, alles zu verbergen, was auch immer dem Oberportier eingefallen wäre. Da waren zum Beispiel sechs Unterportiers bei sechs Telefonen. Die Anordnung war, wie man gleich bemerkte, so getroffen, dass immer einer bloß Gespräche aufnahm, während sein Nachbar nach den vom ersten empfangenen Notizen die Aufträge telefonisch weiterleitete. Es waren dies jene neuesten Telefone, für die keine Telefonzelle nötig war, denn das Glockenläuten war nicht lauter als ein Zirpen, man konnte in das Telefon mit Flüstern hineinsprechen und doch kamen die Worte dank besonderer elektrischer Verstärkungen mit Donnerstimme an ihrem Ziele an. Deshalb hörte man die drei Sprecher an ihren Telefonen kaum und hätte glauben können, sie beobachteten murmelnd irgendeinen Vorgang in der Telefonmuschel, während die drei anderen, wie betäubt von dem auf sie herandringenden, für die Umgebung im übrigen unhörbaren Lärm, die Köpfe auf das Papier sinken ließen, das zu beschreiben ihre Aufgabe war. Wieder stand auch hier neben jedem der drei Sprecher ein Junge zur Hilfeleistung; diese drei Jungen taten nichts anderes, als abwechselnd den Kopf horchend zu ihrem Herrn zu strecken und dann eilig, als würden sie gestochen, in riesigen, gelben Büchern – die umschlagenden Blättermassen überrauschten bei weitem jedes Geräusch der Telefone – die Telefonnummern herauszusuchen.

Karl konnte sich tatsächlich nicht enthalten, das alles genau zu verfolgen, obwohl der Oberportier, der sich gesetzt hatte, ihn in einer Art Umklammerung vor sich hinhielt.

»Es ist meine Pflicht«, sagte der Oberportier und schüttelte Karl, als wolle er nur erreichen, dass dieser ihm sein Gesicht zuwende, »das, was der Oberkellner aus welchen Gründen immer versäumt hat, im Namen der Hoteldirektion wenigstens ein wenig nachzuholen. So tritt hier immer jeder für den anderen ein. Ohne das wäre ein so großer Betrieb undenkbar. Du willst vielleicht sagen, dass ich nicht dein unmittelbarer Vorgesetzter bin; nun, desto schöner ist es von mir, dass ich mich dieser sonst verlassenen Sache annehme. Im übrigen bin ich in gewissem Sinne als Oberportier über alle gesetzt, denn mir unterstehen doch alle Tore des Hotels, also dieses Haupttor, die drei Mittel- und die zehn Nebentore, von den unzähligen Türchen und türlosen Ausgängen gar nicht zu reden. Natürlich haben mir alle in Betracht kommenden Bedienungsmannschaften unbedingt zu gehorchen. Gegenüber diesen großen Ehren habe ich natürlich andererseits vor der Hoteldirektion die Verpflichtung, niemanden hinauszulassen, der nur im geringsten verdächtig ist. Gerade du aber kommst mir, weil es mir so beliebt, sogar stark verdächtig vor.« Und vor Freude darüber hob er die Hände und ließ sie wieder stark zurückschlagen, dass es klatschte und wehtat.

»Es ist möglich«, fügte er hinzu und unterhielt sich dabei königlich, »dass du bei einem anderen Ausgang unbemerkt hinausgekommen wärest, denn du standest mir natürlich nicht dafür, besondere Anweisungen deinetwegen ergehen zu lassen. Aber da du nun einmal hier bist, will ich dich genießen. Im übrigen habe ich nicht daran gezweifelt, dass du das Rendezvous, das wir uns beim Haupttor gegeben hatten, auch einhalten wirst, denn das ist eine Regel, dass der Freche und der Unfolgsame gerade dort und dann mit seinen Lastern aufhört, wo es ihm schadet. Du wirst das an dir selbst gewiss noch oft beobachten können.«

»Glauben Sie nicht«, sagte Karl und atmete den eigentümlich dumpfen Geruch ein, der vom Oberportier ausging, und den er erst hier, wo er so lange in seiner nächsten Nähe stand, bemerkte, »glauben Sie nicht«, sagte er, »dass ich vollständig in Ihrer Gewalt bin, ich kann ja schreien.«

»Und ich kann dir den Mund stopfen«, sagte der Oberportier ebenso ruhig und schnell, wie er es wohl nötigenfalls auszuführen gedachte.

»Und meinst du denn wirklich, wenn man deinetwegen hereinkommen sollte, es würde sich jemand finden, der dir recht geben würde, mir, dem Oberportier gegenüber? Du siehst also wohl den Unsinn deiner Hoffnungen ein. Weißt du, wie du noch in der Uniform warst, da hast du ja tatsächlich noch ein wenig beachtenswert ausgesehen, aber in diesem Anzug, der tatsächlich nur in Europa möglich ist! –« Und er zerrte an den verschiedensten Stellen des Anzuges, der jetzt allerdings, obwohl er vor fünf Monaten noch fast neu gewesen war, abgenützt, faltig, vor allem aber dreckig war, was hauptsächlich auf die Rücksichtslosigkeit der Liftjungen zurückzuführen war, die jeden Tag, um den Saalboden dem allgemeinen Befehl gemäß glatt und staubfrei zu erhalten, aus Faulheit keine eigentliche Reinigung vornahmen, sondern mit irgendeinem Öl den Boden besprengten und damit gleichzeitig alle Kleider auf den Kleiderständern schändlich bespritzten. Nun konnte man seine Kleider aufheben, wo man wollte, immer fand sich einer, der gerade seine Kleider nicht bei der Hand hatte, dagegen die versteckten fremden Kleider mit Leichtigkeit fand und sich ausborgte. Und womöglich war dieser eine gerade derjenige, der an diesem Tage die Saalreinigung vorzunehmen hatte und der dann die Kleider nicht nur mit dem Öl bespritzte, sondern vollständig von oben bis unten begoss. Nur Renell hatte seine kostbaren Kleider an irgendeinem geheimen Orte versteckt, von wo sie kaum jemals einer hervorgezogen hatte, zumal sich ja auch niemand vielleicht aus Bosheit oder Geiz fremde Kleider ausborgte, sondern aus bloßer Eile und Nachlässigkeit dort nahm, wo er sie fand. Aber selbst auf Renells Kleid war mitten auf dem Rücken ein kreisrunder, rötlicher Ölfleck, und in der Stadt hätte ein Kenner an diesem Fleck selbst in diesem eleganten jungen Mann den Liftjungen feststellen können.

Und Karl sagte sich bei diesen Erinnerungen, dass er auch als Liftjunge genug gelitten hatte und dass doch alles vergebens gewesen war, denn nun war dieser Liftjungendienst nicht, wie er gehofft hatte, eine Vorstufe zu besserer Anstellung gewesen, vielmehr war er jetzt noch tiefer hinabgedrückt worden und sogar sehr nahe an das Gefängnis geraten. Überdies wurde er jetzt noch vom Oberportier festgehalten, der wohl darüber nachdachte, wie er Karl noch weiter beschämen könne. Und, völlig vergessend, dass der Oberportier durchaus nicht der Mann war, der sich vielleicht überzeugen ließ, rief Karl, während er sich mit der gerade freien Hand mehrmals gegen die Stirn schlug: »Und wenn ich Sie wirklich nicht gegrüßt haben sollte, wie kann denn ein erwachsener Mensch wegen eines unterlassenen Grußes so rachsüchtig werden!«

»Ich bin nicht rachsüchtig«, sagte der Oberportier, »ich will nur deine Taschen durchsuchen. Ich bin zwar überzeugt, dass ich nichts finden werde, denn du wirst wohl vorsichtig gewesen sein und hast wohl deinen Freund allmählich alles, jeden Tag etwas, wegschleppen lassen. Aber durchsucht worden musst du sein.« Und schon griff er in die eine von Karls Rocktaschen mit solcher Gewalt, dass die seitlichen Nähte platzten.

»Da ist also schon nichts«, sagte er und überklaubte in seiner Hand den Inhalt dieser Tasche, einen Reklamekalender des Hotels, ein Blatt mit einer Aufgabe aus kaufmännischer Korrespondenz, einige Rock- und Hosenknöpfe, die Visitenkarte der Oberköchin, einen Polierstift für die Nägel, den ihm einmal ein Gast beim Kofferpacken zugeworfen hatte, einen alten Taschenspiegel, den ihm Renell einmal zum Dank für vielleicht zehn Vertretungen im Dienste geschenkt hatte, und noch ein paar Kleinigkeiten.

»Da ist also nichts«, wiederholte der Oberportier und warf alles unter die Bank, als sei es selbstverständlich, dass das Eigentum Karls, soweit es nicht gestohlen war, unter die Bank gehöre.

›Jetzt ist's aber genug‹, sagte sich Karl – sein Gesicht musste glühend rot sein –, und als der Oberportier, durch die Gier unvorsichtig gemacht, in Karls zweiter Tasche herumgrub, fuhr Karl mit einem Ruck aus den Ärmeln heraus, stieß im ersten, noch unbeherrschten Sprung einen Unterportier ziemlich stark gegen seinen Apparat, lief durch die schwüle Luft, eigentlich langsamer, als er beabsichtigt hatte, zur Tür, war aber glücklich draußen, ehe der Oberportier in seinem schweren Mantel sich auch nur hatte erheben können. Die Organisation des Wachdienstes musste doch nicht so mustergültig sein, es läutete zwar von einigen Seiten, aber Gott weiß zu welchen Zwecken! Hotelangestellte gingen zwar im Torgang in solcher Anzahl kreuz und quer, dass man fast daran denken konnte, sie wollten in unauffälliger Weise den Ausgang unmöglich machen, denn viel sonstigen Sinn konnte man in diesem Hin- und Hergehen nicht erkennen; jedenfalls kam Karl bald ins Freie, musste aber noch das Hoteltrottoir entlanggehen, denn zur Straße konnte man nicht gelangen, da eine ununterbrochene Reihe von Automobilen stockend sich am Haupttor vorbeibewegte. Diese Automobile waren, um nur so bald als möglich zu ihrer Herrschaft zu kommen, geradezu ineinander gefahren, jedes wurde vom nachfolgenden vorwärtsgeschoben. Fußgänger, die es besonders eilig hatten, auf die Straße zu gelangen, stiegen zwar hie und da durch die einzelnen Automobile hindurch, als sei dort ein öffentlicher Durchgang, und es war ihnen ganz gleichgültig, ob im Automobil nur der Chauffeur und die Dienerschaft saß oder auch die vornehmsten Leute. Ein solches Benehmen schien aber Karl doch übertrieben, und man musste sich wohl in den Verhältnissen schon auskennen, um das zu wagen; wie leicht konnte er an ein Automobil geraten, dessen Insassen das übelnahmen, ihn hinunterwarfen und einen Skandal veranlassten, und nichts hatte er als ein entlaufener verdächtiger Hotelangestellter in Hemdärmeln mehr zu fürchten. Schließlich konnte ja die Reihe der Automobile nicht in Ewigkeit so fortgehen, und er war auch, solange er sich ans Hotel hielt, eigentlich am wenigsten verdächtig. Tatsächlich gelangte Karl endlich an eine Stelle, wo die Automobilreihe zwar nicht aufhörte, aber zur Straße hin abzog und lockerer wurde. Gerade wollte er in den Verkehr der Straße schlüpfen, in dem wohl noch viel verdächtiger aussehende Leute, als er war, frei herumliefen, da hörte er in der Nähe seinen Namen rufen. Er wandte sich um und sah, wie zwei ihm wohlbekannte Liftjungen aus einer niedrigen, kleinen Türöffnung, die wie der Eingang einer Gruft aussah, mit äußerster Anstrengung eine Bahre herauszogen, auf der, wie Karl nun erkannte, wahrhaftig Robinson lag, Kopf, Gesicht und Arme mannigfaltig umbunden. Es war hässlich anzusehen, wie er die Arme an die Augen führte, um mit dem Verbande die Tränen abzuwischen, die er vor Schmerzen oder vor sonstigem Leid oder gar vor Freude über das Wiedersehen mit Karl vergoss.

»Roßmann«, rief er vorwurfsvoll, »warum lässt du mich denn so lange warten! Schon eine Stunde verbringe ich damit, mich zu wehren, damit ich nicht wegtransportiert werde, ehe du kommst. Diese Kerle« – und er gab dem einen Liftjungen eine Kopfnuss, als sei er durch die Verbände vor Schlägen geschützt – »sind ja wahre Teufel. Ach, Roßmann, der Besuch bei dir ist mich teuer zu stehen gekommen.«

»Was hat man dir denn getan?« fragte Karl und trat an die Bahre heran, welche die Liftjungen, um sich auszuruhen, lachend niederstellten.

»Da fragst du noch«, seufzte Robinson »und siehst, wie ich ausschaue. Bedenke, ich bin ja höchstwahrscheinlich für mein ganzes Leben zum Krüppel geschlagen. Ich habe fürchterliche Schmerzen von hier bis hierher« – und er zeigte zuerst auf den Kopf und dann auf die Zehen – »ich möchte dir wünschen, dass du gesehen hättest, wie ich aus der Nase geblutet habe. Meine Weste ist ganz verdorben, die habe ich überhaupt dort gelassen, meine Hosen sind zerfetzt, ich bin in Unterhosen« – und er lüftete die Decke ein wenig und lud Karl ein, unter sie zu schauen.

»Was wird nur aus mir werden! Ich werde zumindest einige Monate liegen müssen, und das will ich dir gleich sagen, ich habe niemanden anderen als dich, der mich pflegen könnte, Delamarche ist ja viel zu ungeduldig. Roßmann, Roßmannchen!« Und Robinson streckte die Hand nach dem ein wenig zurücktretenden Karl aus, um ihn durch Streicheln für sich zu gewinnen.

»Warum habe ich dich nur besuchen müssen!« wiederholte er mehrere Male, um Karl die Mitschuld nicht vergessen zu lassen, die dieser an seinem Unglück hatte.

Nun erkannte zwar Karl sofort, dass das Klagen Robinsons nicht von seinen Wunden, sondern von dem ungeheueren Katzenjammer stammte, in dem er sich befand, da er, in schwerer Trunkenheit kaum eingeschlafen, gleich geweckt und zu seiner Überraschung blutig geboxt worden war und sich in der wachen Welt gar nicht mehr zurechtfinden konnte. Die Bedeutungslosigkeit der Wunden war schon an den unförmlichen, aus alten Fetzen bestehenden Verbänden zu sehen, mit denen ihn die Liftjungen offenbar zum Spaß ganz und gar umwickelt hatten. Und auch die zwei Liftjungen an den Enden der Bahre prusteten vor Lachen von Zeit zu Zeit. Nun war aber hier nicht der Ort, Robinson zur Besinnung zu bringen, denn stürmend eilten hier die Passanten, ohne sich um die Gruppe an der Bahre zu kümmern, vorbei, öfters sprangen Leute mit richtigem Turnerschwung über Robinson hinweg, der mit Karls Geld bezahlte Chauffeur rief: »Vorwärts, vorwärts!« Die Liftjungen hoben mit letzter Kraft die Bahre auf, Robinson erfasste Karls Hand und sagte schmeichelnd: »Nun komm, so komm doch.« War nicht Karl in dem Aufzug, in dem er sich befand, im Dunkel des Automobils noch am besten aufgehoben? Und so setzte er sich neben Robinson, der den Kopf an ihn lehnte. Die zurückbleibenden Liftjungen schüttelten ihm, als ihrem gewesenen Kollegen, durch das Coupéfenster herzlich die Hand, und das Automobil drehte sich mit scharfer Wendung zur Straße hin. Es schien, als müsse unbedingt ein Unglück geschehen, aber gleich nahm der alles umfassende Verkehr auch die schnurgerade Fahrt dieses Automobils ruhig in sich auf.

Ein Asyl

Es musste wohl eine entlegene Vorstadtstraße sein, in der das Automobil haltmachte, denn ringsherum herrschte Stille, am Trottoirrand hockten Kinder und spielten. Ein Mann mit einer Menge alter Kleider über den Schultern rief beobachtend zu den Fenstern der Häuser empor. In seiner Müdigkeit fühlte sich Karl unbehaglich, als er aus dem Automobil auf den Asphalt trat, den die Vormittagssonne warm und hell beschien.

»Wohnst du wirklich hier?« rief er ins Automobil hinein.

Robinson, der während der ganzen Fahrt friedlich geschlafen hatte, brummte irgendeine undeutliche Bejahung und schien darauf zu warten, dass Karl ihn hinaustragen werde.

»Dann habe ich hier also nichts mehr zu tun. Leb wohl«, sagte Karl und machte sich daran, die ein wenig sich senkende Straße abwärts zu gehen.

»Aber Karl, was fällt dir denn ein?« rief Robinson und stand schon vor lauter Sorge ziemlich aufrecht, nur mit noch etwas unruhigen Knien, im Wagen.

»Ich muss doch gehen«, sagte Karl, der der raschen Gesundung Robinsons zugesehen hatte.

»In Hemdärmeln?« fragte dieser.

»Ich werde mir schon noch einen Rock verdienen«, antwortete Karl, nickte Robinson zuversichtlich zu, grüßte mit erhobener Hand und wäre wirklich fortgegangen, wenn nicht der Chauffeur gerufen hätte: »Noch einen kleinen Augenblick Geduld, mein Herr!«

Es zeigte sich unangenehmerweise, dass der Chauffeur noch Ansprüche auf eine nachträgliche Bezahlung stellte, denn die Wartezeit vor dem Hotel war noch nicht bezahlt.

»Nun ja«, rief aus dem Automobil Robinson in Bestätigung der Richtigkeit dieser Forderung, »ich habe ja dort so lange auf dich warten müssen. Etwas musst du ihm noch geben.«

»Ja, freilich«, sagte der Chauffeur.

»Ja, wenn ich nur noch etwas hätte«, sagte Karl und griff in die Hosentaschen, obwohl er wusste, dass es nutzlos war.

»Ich kann mich nur an Sie halten«, sagte der Chauffeur und stellte sich breitbeinig auf, »von dem kranken Mann dort kann ich nichts verlangen.«

Vom Tor her näherte sich ein junger Bursch mit zerfressener Nase und hörte aus einer Entfernung von einigen Schritten zu. Gerade machte durch die Straße ein Polizeimann die Runde, fasste mit gesenktem Gesicht den hemdärmeligen Menschen ins Auge und blieb stehen.

Robinson, der den Polizeimann auch bemerkt hatte, machte die Dummheit, aus dem anderen Fenster ihm zuzurufen: »Es ist nichts, es ist nichts!«, als ob man einen Polizeimann wie eine Fliege verscheuchen könnte. Die Kinder, welche den Polizeimann beobachtet hatten, wurden nun durch sein Stillstehen auch auf Karl und den Chauffeur aufmerksam und liefen im Trab herbei. Im Tor gegenüber stand eine alte Frau und sah starr hinüber.

»Roßmann!« rief da eine Stimme aus der Höhe. Es war Delamarche, der das vom Balkon des letzten Stockwerks rief. Er selbst war nur schon recht undeutlich gegen den weißlich blauen Himmel zu sehen, hatte offenbar einen Schlafrock an und beobachtete mit einem Operngucker die Straße. Neben ihm war ein roter Sonnenschirm aufgespannt, unter dem eine Frau zu sitzen schien. »Hallo!« rief er mit größter Anstrengung, um sich verständlich zu machen, »ist Robinson auch da?«

»Ja«, antwortete Karl, von einem zweiten, viel lauteren »Ja« Robinsons aus dem Wagen kräftig unterstützt.

»Hallo!« rief es zurück, »ich komme gleich!«

Robinson beugte sich aus dem Wagen.

»Das ist ein Mann«, sagte er, und dieses Lob Delamarches war an Karl gerichtet, an den Chauffeur, an den Polizeimann und an jeden, der es hören wollte. Oben auf dem Balkon, den man aus Zerstreutheit noch ansah, obwohl ihn Delamarche schon verlassen hatte, erhob sich nun unter dem Sonnenschirm tatsächlich eine starke Frau in rotem, taillenlosem Kleid, nahm den Operngucker von der Brüstung und sah durch ihn auf die Leute hinunter, die nur allmählich die Blicke von ihr wandten. Karl sah in Erwartung Delamarches in das Haustor und weiterhin in den Hof, den eine fast ununterbrochene Reihe von Geschäftsdienern durchquerte, von denen jeder eine kleine, aber offenbar sehr schwere Kiste auf der Achsel trug. Der Chauffeur war zu seinem Wagen getreten und putzte, um die Zeit auszunützen, mit einem

Fetzen die Wagenlaternen. Robinson befühlte seine Gliedmaßen, schien erstaunt über die geringen Schmerzen zu sein, die er trotz größter Aufmerksamkeit fühlen konnte, und begann vorsichtig, mit tief geneigtem Gesicht, einen der dicken Verbände am Bein zu lösen. Der Polizeimann hielt sein schwarzes Stöckchen quer vor sich und wartete still, mit der großen Geduld, die Polizeileute haben müssen, ob sie nun im gewöhnlichen Dienst oder auf der Lauer sind. Der Bursche mit der zerfressenen Nase setzte sich auf einen Torstein und streckte die Beine von sich. Die Kinder näherten sich Karl allmählich mit kleinen Schritten, denn dieser schien ihnen, obwohl er sie nicht beachtete, wegen seiner blauen Hemdärmel der wichtigste von allen zu sein.

An der Länge der Zeit, die bis zur Ankunft Delamarches verging, konnte man die große Höhe dieses Hauses ermessen. Und Delamarche kam sogar sehr eilig, mit nur flüchtig zugezogenem Schlafrock.

»Also, da seid ihr!« rief er erfreut und streng zugleich. Bei seinen großen Schritten enthüllte sich stets für einen Augenblick seine farbige Unterkleidung. Karl begriff nicht ganz, warum Delamarche hier, in der Stadt, in der riesigen Mietskaserne, auf der offenen Straße, so bequem angezogen herumging, als sei er in seiner Privatvilla. Ebenso wie Robinson hatte auch Delamarche sich sehr verändert. Sein dunkles, glatt rasiertes, peinlich reines, von roh ausgearbeiteten Muskeln gebildetes Gesicht sah stolz und respekteinflößend aus. Der grelle Schein seiner jetzt immer etwas zusammengezogenen Augen überraschte. Sein violetter Schlafrock war zwar alt, fleckig und für ihn zu groß, aber aus diesem hässlichen Kleidungsstück bauschte sich oben eine mächtige, dunkle Krawatte aus schwerer Seide.

»Nun?« fragte er alle insgesamt. Der Polizeimann trat ein wenig näher und lehnte sich an den Motorkasten des Automobils. Karl gab eine kleine Erklärung.

»Robinson ist ein wenig marod, aber wenn er sich Mühe gibt, wird er schon die Treppen hinaufgehen können; der Chauffeur hier will noch eine Nachzahlung zum Fahrgeld, das ich schon bezahlt habe. Und jetzt gehe ich. Guten Tag.«

»Du gehst nicht«, sagte Delamarche.

»Ich habe es ihm auch schon gesagt«, meldete sich Robinson aus dem Wagen.

»Ich gehe doch«, sagte Karl und machte ein paar Schritte. Aber Delamarche war schon hinter ihm und schob ihn mit Gewalt zurück.

»Ich sage, du bleibst!« rief er.

»Aber lasst mich doch«, sagte Karl und machte sich bereit, wenn es nötig sein sollte, mit den Fäusten sich die Freiheit zu verschaffen, so wenig Aussicht auf Erfolg gegenüber einem Mann wie Delamarche auch war. Aber da stand doch der Polizeimann, da war der Chauffeur, hie und da gingen Arbeitergruppen durch die sonst freilich ruhige Straße; würde man es denn dulden, dass ihm von Delamarche ein Unrecht geschehe? In einem Zimmer hätte er mit ihm nicht allein sein wollen, aber hier? Delamarche zahlte jetzt ruhig dem Chauffeur, der unter vielen Verbeugungen den unverdient großen Betrag einsteckte und aus Dankbarkeit zu Robinson ging und mit diesem offenbar darüber sprach, wie er am besten herausbefördert werden könnte. Karl sah sich unbeobachtet, vielleicht duldete Delamarche ein stillschweigendes Fortgehen leichter; wenn Streit vermieden werden konnte, war es natürlich am besten, und so ging Karl einfach in die Fahrbahn hinein, um möglichst rasch wegzukommen. Die Kinder strömten zu Delamarche, um ihn auf Karls Flucht aufmerksam zu machen, aber er musste selbst gar nicht eingreifen, denn der Polizeimann sagte mit vorgestrecktem Stabe »Halt!« »Wie heißt du?« fragte er, schob den Stab unter den Arm und zog langsam ein Buch hervor. Karl sah ihn jetzt zum ersten Mal genauer an, es war ein kräftiger Mann, hatte aber schon fast ganz weißes Haar.

»Karl Roßmann«, sagte er.

»Roßmann«, wiederholte der Polizeimann, zweifellos nur, weil er ein ruhiger und gründlicher Mensch war, aber Karl, der es hier eigentlich zum ersten Mal mit amerikanischen Behörden zu tun bekam, sah schon in dieser Wiederholung das Aussprechen eines gewissen Verdachtes. Und tatsächlich konnte seine Sache nicht gut stehen, denn selbst Robinson, der doch so sehr mit seinen eigenen Sorgen beschäftigt war, bat aus dem Wagen heraus mit stummen lebhaften Handbewegungen den Delamarche, er möge Karl doch helfen. Aber Delamarche wehrte ihn mit hastigem Kopfschütteln ab und sah untätig zu, die Hände in seinen übergroßen Taschen. Der Bursche auf dem Türstein erklärte einer Frau, die jetzt erst aus dem Tore trat, den ganzen Sachverhalt von allem Anfang an. Die Kinder standen in einem Halbkreis hinter Karl und sahen still zum Polizeimann hinauf.

»Zeig deine Ausweispapiere«, sagte der Polizeimann. Das war wohl nur eine formelle Frage; denn wenn man keinen Rock hat, wird man auch nicht viel Ausweispapiere bei sich haben. Karl schwieg deshalb, um lieber auf die nächste Frage ausführlich zu antworten und so den Mangel der Ausweispapiere möglichst zu vertuschen.

Aber die nächste Frage war: »Du hast also keine Ausweispapiere?« und Karl musste antworten: »Bei mir nicht.«

»Das ist aber schlimm«, sagte der Polizeimann, sah nachdenklich im Kreise umher und klopfte mit zwei Fingern auf den Deckel seines Buches.

»Hast du irgendeinen Verdienst?« fragte der Polizeimann schließlich.

»Ich war Liftjunge«, sagte Karl.

»Du warst Liftjunge, bist es also nicht mehr, und wovon lebst du denn jetzt?«

»Jetzt werde ich mir eine neue Arbeit suchen.«

»Ja, bist du denn entlassen worden?«

»Ja, vor einer Stunde.«

»Plötzlich?«

»Ja«, sagte Karl und hob wie zur Entschuldigung die Hand. Die ganze Geschichte konnte er hier nicht erzählen, und wenn es auch möglich gewesen wäre, so schien es doch ganz aussichtslos, ein drohendes Unrecht durch Erzählung eines erlittenen Unrechts abzuwehren. Und wenn er sein Recht nicht von der Güte der Oberköchin und von der Einsicht des Oberkellners erhalten hatte, von der Gesellschaft hier auf der Straße hatte er es gewiss nicht zu erwarten.

»Und ohne Rock bist du entlassen worden?« fragte der Polizeimann.

»Nun ja«, sagte Karl; also auch in Amerika gehörte es zur Art der Behörden, das, was sie sahen, noch eigens zu fragen. (Wie hatte sein Vater bei der Beschaffung des Reisepasses über die nutzlosen Fragereien der Behörden sich ärgern müssen!) Karl hatte große Lust wegzulaufen, sich irgendwo zu verstecken und keine Fragen mehr anhören zu müssen. Und nun stellte gar der Polizeimann jene Frage, vor der sich Karl am meisten gefürchtet und in deren unruhiger Voraussicht er sich bisher wahrscheinlich unvorsichtiger benommen hatte, als es sonst geschehen wäre.

»In welchem Hotel warst du denn angestellt?«

Er senkte den Kopf und antwortete nicht, auf diese Frage wollte er unbedingt nicht antworten. Es durfte nicht geschehen, dass er, von einem Polizeimann eskortiert, wieder ins Hotel Occidental zurückkäme, dass dort Verhöre stattfanden, zu denen seine Freunde und Feinde beigezogen würden, dass die Oberköchin ihre schon sehr schwach gewordene gute Meinung über Karl gänzlich aufgab, da sie ihn, den sie in der Pension Brenner vermutete, von einem Polizeimann aufgegriffen, in Hemdärmeln, ohne ihre Visitenkarte, zurückgekehrt fand, während der Oberkellner vielleicht nur voll Verständnis nicken und der Oberportier dagegen von der Hand Gottes sprechen würde, die den Lumpen endlich gefunden habe.

»Er war im Hotel Occidental angestellt«, sagte Delamarche und trat an die Seite des Polizeimannes.

»Nein«, rief Karl und stampfte mit dem Fuße auf, »es ist nicht wahr!« Delamarche sah ihn mit spöttisch zugespitztem Munde an, als könne er noch ganz andere Dinge verraten. Unter die Kinder brachte die unerwartete Aufregung Karls große Bewegung, und sie zogen zu Delamarche hin, um lieber von dort aus Karl genau anzusehen. Robinson hatte den Kopf völlig aus dem Wagen gesteckt und verhielt sich vor Spannung ganz ruhig; hie und da ein Augenzwinkern war seine einzige Bewegung. Der Bursche im Tor schlug in die Hände vor Vergnügen, die Frau neben ihm gab ihm einen Stoß mit dem Ellbogen, damit er ruhig sei. Die Gepäckträger hatten gerade Frühstückspause und erschienen sämtlich, mit großen Töpfen schwarzen Kaffees, in dem sie mit Stangenbroten herumführten. Einige setzten sich auf den Trottoirrand, alle schlürften den Kaffee sehr laut.

»Sie kennen wohl den Jungen?« fragte der Polizeimann den Delamarche.

»Besser, als mir lieb ist«, sagte dieser.

»Ich habe ihm seinerzeit viel Gutes getan, er aber hat sich dafür sehr schlecht bedankt, was Sie wohl, selbst nach dem ganz kurzen Verhör, das Sie mit ihm angestellt haben, leicht begreifen werden.«

»Ja«, sagte der Polizeimann »er scheint ein verstockter Junge zu sein.«

»Das ist er«, sagte Delamarche, »aber es ist das noch nicht seine schlechteste Eigenschaft«.

»So?« sagte der Polizeimann.

»Ja«, sagte Delamarche, der nun im Reden war und dabei mit den Händen in den Taschen seinen ganzen Mantel in schwingende Bewegung brachte, »das ist ein feiner Hecht. Ich und mein Freund dort im Wagen, wir haben ihn zufällig im Elend aufgegriffen, er hatte damals keine Ahnung von amerikanischen Verhältnissen, er kam gerade aus Europa, wo man ihn auch nicht hatte brauchen können; nun, wir schleppten ihn mit uns, ließen ihn mit uns leben, erklärten ihm alles, wollten ihm einen Posten verschaffen, dachten, trotz allen Anzeichen, die dagegen sprachen, noch einen brauchbaren Menschen aus ihm zu machen, da verschwand er einmal in der Nacht, war einfach weg, und das unter Begleitumständen, die ich lieber verschweigen will. War es so oder nicht?« fragte Delamarche schließlich und zupfte Karl am Hemdärmel.

»Zurück, ihr Kinder!« rief der Polizeimann, denn diese hatten sich so weit vorgedrängt, dass Delamarche fast über eines gestolpert wäre. Inzwischen waren auch die Gepäckträger, die bisher die Interessantheit dieses Verhörs unterschätzt hatten, aufmerksam geworden und hatten sich in dichtem Ring hinter Karl versammelt, der nun auch nicht einen Schritt hätte zurücktreten können und überdies unaufhörlich in den Ohren das Durcheinander der Stimmen dieser Gepäckträger hatte, die in einem gänzlich unverständlichen, vielleicht mit slawischen Worten untermischten Englisch mehr polterten als redeten.

»Danke für die Auskunft«, sagte der Polizeimann und salutierte vor Delamarche. »Jedenfalls werde ich ihn mitnehmen und dem Hotel Occidental zurückgeben lassen.« Aber Delamarche sagte: »Dürfte ich die Bitte äußern, mir den Jungen vorläufig zu überlassen, ich hätte einiges mit ihm in Ordnung zu bringen. Ich verpflichte mich, ihn dann selbst ins Hotel zurückzuführen.«

»Das kann ich nicht tun«, sagte der Polizeimann.

Delamarche sagte: »Hier ist meine Visitenkarte«, und reichte ihm ein Kärtchen.

Der Polizeimann sah es anerkennend an, sagte aber, verbindlich lächelnd: »Nein, es ist vergeblich.«

So sehr sich Karl bisher vor Delamarche gehütet hatte, jetzt sah er in ihm die einzig mögliche Rettung. Es war zwar verdächtig, wie sich dieser beim Polizeimann um Karl bewarb, aber jedenfalls würde sich Delamarche leichter als der Polizeimann bewegen lassen, ihn nicht ins Hotel zurückzuführen. Und selbst wenn Karl an der Hand des Delamarche ins Hotel zurückkam, so war es viel weniger schlimm, als wenn es in Begleitung des Polizeimannes geschah. Vorläufig aber durfte natürlich Karl nicht zu erkennen geben, dass er tatsächlich zu Delamarche wollte, sonst war alles verloren. Und unruhig sah er auf die Hand des Polizeimannes, die sich jeden Augenblick erheben konnte, um ihn zu fassen.

»Ich müsste doch wenigstens erfahren, warum er plötzlich entlassen worden ist«, sagte schließlich der Polizeimann, während Delamarche mit verdrießlichem Gesicht beiseite sah und die Visitenkarte zwischen den Fingerspitzen zerdrückte.

»Aber er ist doch gar nicht entlassen!« rief Robinson zu allgemeiner Überraschung und beugte sich, auf den Chauffeur gestützt, möglichst weit aus dem Wagen. »Im Gegenteil, er hat ja dort einen guten Posten. Im Schlafsaal ist er der oberste und kann hineinführen, wen er will. Nur ist er riesig beschäftigt, und wenn man etwas von ihm haben will, muss man lange warten. Immerfort steckt er beim Oberkellner, bei der Oberköchin und ist Vertrauensperson. Entlassen ist er auf keinen Fall. Ich weiß nicht, warum er das gesagt hat. Wie kann er denn entlassen sein? Ich habe mich im Hotel schwer verletzt, und da hat er den Auftrag bekommen, mich nach Hause zu schaffen, und weil er gerade ohne Rock war, ist er eben ohne Rock mitgefahren. Ich konnte nicht noch warten, bis er den Rock holt.«

»Nun also«, sagte Delamarche mit ausgebreiteten Armen, in einem Ton, als werfe er dem Polizeimann Mangel an Menschenkenntnis vor, und diese seine zwei Worte schienen in die Unbestimmtheit der Aussage Robinsons eine widerspruchslose Klarheit zu bringen.

»Ist das aber auch wahr?« fragte der Polizeimann schon schwächer. »Und wenn es wahr ist, warum gibt der Junge vor, entlassen zu sein?«

»Du sollst antworten«, sagte Delamarche.

Karl sah den Polizeimann an, der hier zwischen fremden, nur auf sich selbst bedachten Leuten Ordnung schaffen sollte, und etwas von seinen allgemeinen Sorgen ging auch auf Karl über. Er wollte nicht lügen und hielt die Hände fest verschlungen auf dem Rücken.

In dem Tore erschien ein Aufseher und klatschte in die Hände, zum Zeichen, dass die Gepäckträger wieder an ihre Arbeit gehen sollten. Sie schütteten den Bodensatz aus ihren Kaffeetöpfen und zogen verstummend mit schwankenden Schritten ins Haus.

»So kommen wir zu keinem Ende«, sagte der Polizeimann und wollte Karl am Arm fassen. Karl wich unwillkürlich noch ein wenig zurück, fühlte den freien Raum, der sich ihm infolge des Abmarsches der Gepäckträger eröffnet hatte, wandte sich um und setzte sich unter einigen großen Anfangssprüngen in Lauf. Die Kinder brachen in einen einzigen Schrei aus und liefen mit ausgestreckten Ärmchen ein paar Schritte mit.

»Haltet ihn!« rief der Polizeimann die lange, fast leere Gasse hinab und lief unter gleichmäßigem Ausstoßen dieses Rufes in geräuschlosem, große Kraft und Übung verratendem Lauf hinter Karl her. Es war ein Glück für Karl, dass die Verfolgung in einem Arbeiterviertel stattfand. Die Arbeiter halten es nicht mit den Behörden. Karl lief mitten in der Fahrbahn, weil er dort die wenigsten Hindernisse hatte, und sah nun hie und da auf dem Trottoir Arbeiter stehenbleiben und ihn ruhig beobachten, während der Polizeimann ihnen sein »Haltet ihn!« zurief und in seinem Lauf, er hielt sich klugerweise auf dem glatten Trottoir, unaufhörlich den Stab gegen Karl hin ausstreckte. Karl hatte wenig Hoffnung und verlor sie fast ganz, als der Polizeimann nun, da sie sich Quergassen näherten, die gewiss auch Polizeipatrouillen enthielten, geradezu betäubende Pfiffe ausstieß. Karls Vorteil war lediglich seine leichte Kleidung, er flog, oder besser stürzte, die sich immer mehr senkende Straße hinab, nur machte er, zerstreut infolge seiner Verschlafenheit, oft zu hohe, zeitraubende und nutzlose Sprünge. Außerdem aber hatte der Polizeimann sein Ziel, ohne nachdenken zu müssen, immer vor Augen, für Karl dagegen war der Lauf doch eigentlich Nebensache, er musste nachdenken, unter verschiedenen Möglichkeiten auswählen, immer neu sich entschließen. Sein etwas verzweifelter Plan war vorläufig, die Quergassen zu vermeiden, da man nicht wissen konnte, was in ihnen steckte, vielleicht würde er da geradewegs in eine Wachstube hineinlaufen; er wollte sich, solange es nur ging, an diese weithin übersichtliche Straße halten, die erst tief unten in eine Brücke auslief, die, kaum begonnen, in Wasser- und Sonnendunst verschwand. Gerade wollte er sich nach diesem Entschluss zu schnellerem Lauf zusammennehmen, um die erste Querstraße besonders eilig zu passieren, da sah er nicht allzu weit vor sich einen Polizeimann, lauernd an die dunkle Mauer eines im Schatten liegenden Hauses gedrückt, bereit, im richtigen Augenblick auf Karl loszuspringen. Jetzt blieb keine Hilfe als die Quergasse, und als er gar aus dieser Gasse ganz harmlos beim Namen gerufen wurde – es schien ihm zwar zuerst eine Täuschung zu sein, denn ein Sausen hatte er schon die ganze Zeit lang in den Ohren –, zögerte er nicht mehr länger und bog, um die Polizeileute möglichst zu überraschen, auf einem Fuß sich schwenkend, rechtwinklig in diese Gasse ein.

Kaum war er zwei Sprünge weit gekommen – dass man seinen Namen gerufen hatte, hatte er schon wieder vergessen, nun pfiff auch der zweite Polizeimann, man merkte seine unverbrauchte Kraft, ferne Passanten in dieser Querstraße schienen eine raschere Gangart anzunehmen –, da griff aus einer kleinen Haustüre eine Hand nach Karl und zog ihn mit den Worten »Still sein!« in einen dunklen Flur. Es war Delamarche, ganz außer Atem, mit erhitzten Wangen, seine Haare klebten ihm rings um den Kopf. Den Schlafrock trug er unter dem Arm und war nur mit Hemd und Unterhose bekleidet. Die Türe, welche nicht das eigentliche Haustor war, sondern nur einen unscheinbaren Nebeneingang bildete, hatte er gleich geschlossen und versperrt.

»Einen Augenblick«, sagte er dann, lehnte sich mit hochgehaltenem Kopf an die Wand und atmete schwer. Karl lag fast in seinen Armen und drückte halb besinnungslos das Gesicht an seine Brust.

»Da laufen die Herren«, sagte Delamarche und streckte den Finger aufhorchend gegen die Tür. Wirklich liefen jetzt die zwei Polizeileute vorbei, ihr Laufen klang in der leeren Gasse, wie wenn Stahl gegen Stein geschlagen wird.

»Du bist aber ordentlich hergenommen«, sagte Delamarche zu Karl, der noch immer an seinem Atem würgte und kein Wort herausbringen konnte. Delamarche setzte ihn vorsichtig auf den Boden, kniete neben ihm nieder, strich ihm mehrmals über die Stirn und beobachtete ihn.

»Jetzt geht es schon«, sagte Karl und stand mühsam auf.

»Dann also los«, sagte Delamarche, der seinen Schlafrock wieder angezogen hatte, und schob Karl, der noch vor Schwäche den Kopf gesenkt hielt, vor sich her. Von Zeit zu Zeit schüttelte er Karl, um ihn frischer zu machen.

»Du willst müde sein?« sagte er. »Du konntest doch im Freien laufen wie ein Pferd, ich aber musste hier durch die verfluchten Gänge und Höfe schleichen. Glücklicherweise bin ich aber auch ein Läufer.« Vor Stolz gab er Karl einen weit ausgeholten Schlag auf den Rücken.

»Von Zeit zu Zeit ist ein solches Wettrennen mit der Polizei eine gute Übung.«

»Ich war schon müde, wie ich zu laufen anfing«, sagte Karl.

»Für schlechtes Laufen gibt es keine Entschuldigung«, sagte Delamarche.

»Wenn ich nicht wäre, hätten sie dich schon längst gefasst.«

»Ich glaube auch«, sagte Karl.

»Ich bin Ihnen sehr verpflichtet.«

»Kein Zweifel«, sagte Delamarche.

Sie gingen durch einen langen, schmalen Flurgang, der mit dunklen, glatten Steinen gepflastert war. Hie und da öffnete sich rechts oder links ein Treppenaufgang oder man erhielt einen Durchblick in einen anderen größeren Flur. Erwachsene waren kaum zu sehen, nur Kinder spielten auf den leeren Treppen. An einem Geländer stand ein kleines Mädchen und weinte, dass ihr vor Tränen das ganze Gesicht glänzte. Kaum hatte sie Delamarche bemerkt, als sie, mit offenem Munde nach Luft schnappend, die Treppe hinauflief und sich erst hoch oben beruhigte, als sie nach häufigem Umdrehen sich überzeugt hatte, dass ihr niemand folge oder folgen wolle.

»Die habe ich vor einem Augenblick niedergerannt«, sagte Delamarche lachend und drohte ihr mit der Faust, worauf sie schreiend weiter hinauflief.

Auch die Höfe, durch die sie kamen, waren fast gänzlich verlassen. Nur hie und da schob ein Geschäftsdiener einen zweirädrigen Karren vor sich her, eine Frau füllte an der Pumpe eine Kanne mit Wasser, ein Briefträger durchquerte mit ruhigen Schritten den ganzen Hof, ein alter Mann mit weißem Schnauzbart saß mit übergeschlagenen Beinen vor einer Glastür und rauchte eine Pfeife, vor einem Speditionsgeschäft wurden Kisten abgeladen, die unbeschäftigten Pferde drehten gleichmütig die Köpfe, ein Mann in einem Arbeitsmantel überwachte mit einem Papier in der Hand die ganze Arbeit; in einem Büro war das Fenster geöffnet, und ein Angestellter, der an seinem Schreibpult saß, hatte sich von ihm abgewendet und sah nachdenklich hinaus, wo gerade Karl und Delamarche vorübergingen.

»Eine ruhigere Gegend kann man sich gar nicht wünschen«, sagte Delamarche.

»Am Abend ist ein paar Stunden lang großer Lärm, aber während des Tages geht es hier musterhaft zu.« Karl nickte, ihm schien die Ruhe zu groß zu sein.

»Ich könnte gar nicht anderswo wohnen«, sagte Delamarche, »denn Brunelda verträgt absolut keinen Lärm. Kennst du Brunelda? Nun, du wirst sie ja sehen. Jedenfalls empfehle ich dir, dich möglichst still aufzuführen.«

Als sie zu der Treppe kamen, die zur Wohnung Delamarches führte, war das Automobil bereits weggefahren, und der Bursche mit der zerfressenen Nase meldete, ohne über Karls Wiedererscheinen irgendwie zu staunen, er habe Robinson die Treppe hinaufgetragen. Delamarche nickte ihm bloß zu, als sei er sein Diener, der eine selbstverständliche Pflicht erfüllt habe, und zog Karl, der ein wenig zögerte und auf die sonnige Straße sah, mit sich die Treppe hinauf. »Wir sind gleich oben«, sagte Delamarche einige Male während des Treppensteigens, aber seine Voraussage wollte sich nicht erfüllen, immer wieder setzte sich an eine Treppe eine neue in nur unmerklich veränderter Richtung an. Einmal blieb Karl sogar stehen, nicht eigentlich vor Müdigkeit, aber vor Wehrlosigkeit gegenüber dieser Treppenlänge.

»Die Wohnung liegt ja sehr hoch«, sagte Delamarche, als sie weitergingen, »aber auch das hat seine Vorteile. Man geht sehr selten aus, den ganzen Tag ist man im Schlafrock, wir haben es sehr gemütlich. Natürlich kommen in diese Höhe auch keine Besuche herauf.«

›Woher sollten denn die Besuche kommen?‹ dachte Karl. Endlich erschien auf einem Treppenabsatz Robinson vor einer geschlossenen Wohnungstür, und nun waren sie angelangt; die Treppe war noch nicht einmal zu Ende, sondern führte im Halbdunkel weiter, ohne dass irgend etwas auf ihren baldigen Abschluss hinzudeuten schien.

»Ich habe es mir ja gedacht«, sagte Robinson leise, als bedrückten ihn noch Schmerzen »Delamarche bringt ihn! Roßmann, was wärest du ohne Delamarche!« Robinson stand in Unterkleidung da und suchte sich nur, soweit es möglich war, in die kleine Bettdecke einzuwickeln, die man ihm aus dem Hotel Occidental mitgegeben hatte; es war nicht einzusehen, warum er nicht in die Wohnung ging, statt hier vor möglicherweise vorüberkommenden Leuten sich lächerlich zu machen.

»Schläft sie?« fragte Delamarche.

»Ich glaube nicht«, sagte Robinson, »aber ich habe doch lieber gewartet, bis du kommst.«

»Zuerst müssen wir schauen, ob sie schläft«, sagte Delamarche und beugte sich zum Schlüsselloch. Nachdem er lange unter verschiedenartigen Kopfdrehungen hindurchgeschaut hatte, erhob er sich und sagte: »Man sieht sie nicht genau, das Rouleau ist heruntergelassen. Sie sitzt auf dem Kanapee, aber vielleicht schläft sie.«

»Ist sie denn krank?« fragte Karl, denn Delamarche stand da, als bitte er um Rat. Nun aber fragte er in scharfem Tone zurück: »Krank?«

»Er kennt sie ja nicht«, sagte Robinson entschuldigend.

Ein paar Türen weiter waren zwei Frauen auf den Korridor getreten, sie wischten die Hände an ihren Schürzen rein, sahen auf Delamarche und Robinson und schienen sich über sie zu unterhalten. Aus einer Tür sprang ein noch ganz junges Mädchen mit glänzendem blondem Haar und schmiegte sich zwischen die zwei Frauen, indem es sich in ihre Arme einhängte.

»Das sind widerliche Weiber«, sagte Delamarche leise, aber offenbar nur aus Rücksicht auf die schlafende Brunelda, »nächstens werde ich sie bei der Polizei anzeigen und werde für Jahre Ruhe vor ihnen haben. Schau nicht hin«, zischte er dann Karl an, der nichts Böses daran gefunden hatte, die Frauen anzuschauen, wenn man nun schon einmal auf dem Gang auf das Erwachen Bruneldas warten musste. Und ärgerlich schüttelte er den Kopf, als habe er von Delamarche keine Ermahnungen anzunehmen, und wollte, um dies noch deutlicher zu zeigen, auf die Frauen zugehen, da hielt ihn aber Robinson mit den Worten »Roßmann, hüte dich!« am Ärmel zurück, und Delamarche, schon durch Karl gereizt, wurde über ein lautes Auflachen des Mädchens so wütend, dass er mit großem Anlauf, Arme und Beine werfend, auf die Frauen zueilte, die jede in ihre Türe wie weggeweht verschwanden.

»So muss ich hier öfters die Gänge reinigen«, sagte Delamarche, als er mit langsamen Schritten zurückkehrte; da erinnerte er sich an Karls Widerstand und sagte: »Von dir aber erwarte ich ein ganz anderes Benehmen, sonst könntest du mit mir schlechte Erfahrungen machen.«

Da rief aus dem Zimmer eine fragende Stimme in sanftem, müdem Tonfall: »Delamarche?«

»Ja«, antwortete Delamarche und sah freundlich die Tür an, »können wir eintreten?«

»O ja«, hieß es, und Delamarche öffnete, nachdem er noch die zwei hinter ihm Wartenden mit einem Blick gestreift hatte, langsam die Tür.

Man trat in vollständiges Dunkel ein. Der Vorhang der Balkontüre, ein Fenster war nicht vorhanden, war bis zum Boden hinabgelassen und wenig durchscheinend, außerdem aber trug die Überfüllung des Zimmers mit Möbeln und herumhängenden Kleidern viel zu seiner Verdunkelung bei. Die Luft war dumpf, und man roch geradezu den Staub, der sich hier in Winkeln, die offenbar für jede Hand unzugänglich waren, angesammelt hatte. Das erste, was Karl beim Eintritt bemerkte, waren drei Kästen, die knapp hintereinander aufgestellt waren.

Auf dem Kanapee lag die Frau, die früher vom Balkon hinuntergeschaut hatte. Ihr rotes Kleid hatte sich unten ein wenig verzogen und hing in einem großen Zipfel bis auf den Boden, man sah ihre Beine fast bis zu den Knien, sie trug dicke weiße Wollstrümpfe; Schuhe hatte sie keine.

»Das ist eine Hitze, Delamarche«, sagte sie, wandte das Gesicht von der Wand, hielt ihre Hand lässig in Schwebe gegen Delamarche hin, der sie ergriff und küsste. Karl sah nur ihr Doppelkinn an, das bei der Wendung des Kopfes auch mitrollte.

»Soll ich den Vorhang vielleicht hinaufziehen lassen?« fragte Delamarche.

»Nur das nicht«, sagte sie mit geschlossenen Augen und wie verzweifelt, »dann wird es ja noch ärger.«

Karl war zum Fußende des Kanapees getreten, um die Frau genauer anzusehen, er wunderte sich über ihre Klagen, denn die Hitze war gar nicht außerordentlich.

»Warte, ich werde es dir ein wenig bequem machen«, sagte Delamarche ängstlich, öffnete oben am Halse ein paar Knöpfe und zog dort das Kleid auseinander, so dass der Hals und der Ansatz der Brust frei wurde und ein zarter, gelblicher Spitzensaum des Hemdes erschien.

»Wer ist das«, sagte die Frau plötzlich und zeigte mit dem Finger auf Karl »warum starrt er mich so an?«

»Du fängst bald an, dich nützlich zu machen«, sagte Delamarche und schob Karl beiseite, während er die Frau mit den Worten beruhigte: »Es ist nur der Junge, den ich zu deiner Bedienung mitgebracht habe.«

»Aber ich will doch niemanden haben!« rief sie.

»Warum bringst du mir fremde Leute in die Wohnung?«

»Aber die ganze Zeit wünschst du dir doch eine Bedienung«, sagte Delamarche und kniete nieder; auf dem Kanapee war trotz seiner großen Breite neben Brunelda nicht der geringste Platz.

»Ach, Delamarche«, sagte sie, »du verstehst mich nicht und verstehst mich nicht.«

»Dann verstehe ich dich also wirklich nicht«, sagte Delamarche und nahm ihr Gesicht zwischen beide Hände.

»Aber es ist ja nichts geschehen, wenn du willst, geht er augenblicklich fort.«

»Wenn er schon einmal hier ist, soll er bleiben«, sagte sie nun wieder, und Karl war ihr in seiner Müdigkeit für diese vielleicht gar nicht freundlich gemeinten Worte so dankbar, dass er, immer in undeutlichen Gedanken an diese endlose Treppe, die er nun vielleicht gleich wieder hätte abwärtssteigen müssen, über den auf seiner Decke friedlich schlafenden Robinson hinwegtrat und trotz allem ärgerlichen Händefuchteln Delamarches sagte: »Ich danke Ihnen jedenfalls dafür, dass Sie mich noch ein wenig hier lassen wollen. Ich habe wohl schon vierundzwanzig Stunden nicht geschlafen, dabei genug gearbeitet und verschiedene Aufregungen gehabt. Ich bin schrecklich müde. Ich weiß gar nicht recht, wo ich bin. Wenn ich aber ein paar Stunden geschlafen habe, können Sie mich ohne Rücksichtnahme fortschicken, und ich werde gerne gehen.«

»Du kannst überhaupt hierbleiben«, sagte die Frau und fügte ironisch hinzu, »Platz haben wir ja in Überfluss, wie du siehst.«

»Du musst also fortgehen«, sagte Delamarche, »wir können dich nicht brauchen.«

»Nein, er soll bleiben«, sagte die Frau nun wieder im Ernste. Und Delamarche sagte zu Karl wie in Ausführung dieses Wunsches: »Also leg dich schon irgendwo hin.«

»Er kann sich auf die Vorhänge legen, aber er muss sich die Stiefel ausziehen, damit er nichts zerreißt.«

Delamarche zeigte Karl den Platz, den sie meinte. Zwischen der Türe und den drei Schränken war ein großer Haufen von verschiedenartigsten Fenstervorhängen hingeworfen. Wenn man alle regelmäßig zusammengefaltet, die schweren zuunterst und weiter hinauf die leichteren gelegt und schließlich die verschiedenen in den Haufen gesteckten Bretter und Holzringe herausgezogen hätte, so wäre es ein erträgliches Lager geworden, so war es nur eine schaukelnde und gleitende Masse, auf die sich aber Karl trotzdem augenblicklich legte, denn zu besonderen Schlafvorbereitungen war er zu müde und musste sich auch mit Rücksicht auf seine Gastgeber hüten, viel Umstände zu machen.

Er war schon fast im eigentlichen Schlaf, da hörte er einen lauten Schrei, erhob sich und sah die Brunelda aufrecht auf dem Kanapee sitzen, die Arme weit ausbreiten und Delamarche, der vor ihr kniete, umschlingen. Karl, dem der Anblick peinlich war, lehnte sich wieder zurück und versenkte sich in die Vorhänge zur Fortsetzung des Schlafes. Dass er es hier auch nicht zwei Tage aushalten würde, schien ihm klar zu sein, desto nötiger aber war es, sich zuerst gründlich auszuschlafen, um sich dann bei völligem Verstande schnell und richtig entschließen zu können.

Aber Brunelda hatte schon Karls vor Müdigkeit groß aufgerissene Augen, die sie schon einmal erschreckt hatten, bemerkt und rief: »Delamarche, ich halte es vor Hitze nicht aus, ich brenne, ich muss mich ausziehen, ich muss baden, schick die beiden aus dem Zimmer, wohin du willst, auf den Gang, auf den Balkon, nur dass ich sie nicht mehr sehe! Man ist in seiner eigenen Wohnung, und immerfort gestört. Wenn ich mit dir allein wäre, Delamarche! Ach

Gott, sie sind noch immer da! Wie dieser unverschämte Robinson sich in Gegenwart einer Dame in seiner Unterkleidung streckt. Und wie dieser fremde Junge, der mich vor einem Augenblick ganz wild angeschaut hat, sich wieder gelegt hat, um mich zu täuschen! Nur weg mit ihnen, Delamarche, sie sind mir eine Last, sie liegen mir auf der Brust, wenn ich jetzt umkomme, ist es ihretwegen.«

»Sofort sind sie draußen, zieh dich nur aus«, sagte Delamarche, ging zu Robinson hin und schüttelte ihn mit dem Fuß, den er ihm auf die Brust setzte. Gleichzeitig rief er Karl zu: »Roßmann, aufstehen! Ihr müsst beide auf den Balkon! Und wehe euch, wenn ihr hereinkommt, ehe man euch ruft! Und jetzt flink, Robinson« – dabei schüttelte er Robinson stärker – »und du, Roßmann, gib acht, dass ich nicht auch über dich komme«, dabei klatschte er laut zweimal in die Hände.

»Wie lang das dauert!« rief Brunelda auf dem Kanapee, sie hatte beim Sitzen die Beine weit auseinandergestellt, um ihrem übermäßig dicken Körper mehr Raum zu verschaffen, nur mit größter Anstrengung, unter vielem Schnappen und häufigem Ausruhen, konnte sie sich so weit bücken, um ihre Strümpfe am obersten Ende zu fassen und ein wenig hinunterzuziehen, gänzlich ausziehen konnte sie sich nicht, das musste Delamarche besorgen, auf den sie nun ungeduldig wartete.

Ganz stumpf vor Müdigkeit war Karl von dem Haufen hinuntergekrochen und ging langsam zur Balkontüre, ein Stück Vorhangstoff hatte sich ihm um den Fuß gewickelt, und er schleppte es gleichgültig mit. In seiner Zerstreutheit sagte er sogar, als er an Brunelda vorüberkam: »Ich wünsche gute Nacht« und wanderte dann an Delamarche vorbei, der den Vorhang der Balkontüre ein wenig beiseite zog, auf den Balkon hinaus. Gleich hinter Karl kam Robinson, wohl nicht minder schläfrig, denn er summte vor sich hin: »Immerfort malträtiert man einen! Wenn Brunelda nicht mitkommt, gehe ich nicht auf den Balkon.« Aber trotz dieser Versicherung ging er ohne jeden Widerstand hinaus, wo er sich, da Karl schon in den Lehnstuhl gesunken war, sofort auf den Steinboden legte.

Als Karl erwachte, war es schon Abend, die Sterne standen schon am Himmel, hinter den hohen Häusern der gegenüberliegenden Straßenseite stieg der Schein des Mondes empor. Erst nach einigem Umherschauen in der unbekannten Gegend, einigem Aufatmen in der kühlen, erfrischenden Luft wurde sich Karl dessen bewusst, wo er war. Wie unvorsichtig war er gewesen, alle Ratschläge der Oberköchin, alle Warnungen Theresens, alle eigenen Befürchtungen hatte er vernachlässigt, saß hier ruhig auf dem Balkon Delamarches und hatte hier gar den halben Tag verschlafen, als sei nicht hier hinter dem Vorhang Delamarche, sein großer Feind. Auf dem Boden wand sich der faule Robinson und zog Karl am Fuße, er schien ihn auch auf diese Weise geweckt zu haben, denn er sagte: »Du hast einen Schlaf, Roßmann! Das ist die sorglose Jugend. Wie lange willst du denn noch schlafen? Ich hätte dich ja noch schlafen lassen, aber erstens ist es mir da auf dem Boden zu langweilig und zweitens habe ich einen großen Hunger. Ich bitte dich, steh ein wenig auf, ich habe da unten, im Sessel drin, etwas zum Essen aufgehoben, ich möchte es gern herausziehen. Du bekommst dann auch etwas.« Und Karl, der aufstand, sah nun zu, wie Robinson, ohne aufzustehen, sich auf dem Bauch herüberwälzte und mit ausgestreckten Händen unter dem Sessel eine versilberte Schale hervorzog, wie sie etwa zum Aufbewahren von Visitenkarten dient. Auf dieser Schale lag aber eine halbe, ganz schwarze Wurst, einige dünne Zigaretten, eine geöffnete, aber noch gut gefüllte und von Öl überfließende Sardinenbüchse und eine Menge meist zerdrückter und zu einem Ballen gewordener Bonbons. Dann erschien noch ein großes Stück Brot und eine Art Parfümflasche, die aber etwas anderes als Parfüm zu enthalten schien, denn Robinson zeigte mit besonderer Genugtuung auf sie und schnalzte zu Karl hinauf.

»Siehst du, Roßmann«, sagte Robinson, während er Sardine nach Sardine hinunterschlang und hie und da die Hände vom Öl an einem Wolltuch reinigte, das offenbar Brunelda auf dem Balkon vergessen hatte. »Siehst du, Roßmann, so muss man sich sein Essen aufheben, wenn man nicht verhungern will. Du, ich bin ganz beiseite geschoben. Und wenn man immerfort als Hund behandelt wird denkt man schließlich, man ist's wirklich. Gut dass du da bist, Roßmann, ich kann wenigstens mit jemandem reden. Im Hause spricht ja niemand mit mir. Wir sind verhasst. Und alles wegen der Brunelda. Sie ist ja natürlich ein prächtiges Weib. Du-« und er winkte Karl zu sich herab, um ihm zuzuflüstern, – »ich habe sie einmal nackt gesehen. O!« Und in der Erinnerung an diese Freude fing er an, Karls Beine zu drücken und zu schlagen, bis Karl ausrief: »Robinson, du bist ja verrückt«, seine Hände packte und zurückstieß.

»Du bist eben noch ein Kind, Roßmann«, sagte Robinson, zog einen Dolch, den er an einer Halsschnur trug, unter dem Hemd hervor, nahm die Dolchkappe ab und zerschnitt die harte Wurst. »Du musst noch viel lernen. Bist aber bei uns an der richtigen Quelle. Setz dich doch. Willst du nicht auch etwas essen? Nun, vielleicht bekommst du Appetit, wenn du mir zuschaust. Trinken willst du auch nicht, Du willst aber rein gar nichts. Und gesprächig bist du gerade auch nicht besonders. Aber es ist ganz gleichgültig, mit wem man auf dem Balkon ist, wenn nur überhaupt jemand da ist. Ich bin nämlich sehr oft auf dem Balkon. Das macht der Brunelda solchen Spaß. Es muss ihr nur etwas einfallen, einmal ist es ihr kalt, einmal heiß, einmal will sie schlafen, einmal will sie sich kämmen, einmal will sie das Mieder öffnen, einmal will sie es anziehen, und da werde ich immer auf den Balkon geschickt. Manchmal tut sie wirklich das, was sie sagt, aber meistens liegt sie nur so wie früher auf dem Kanapee und rührt sich nicht. Früher habe ich öfters den Vorhang so ein wenig weggezogen und durchgeschaut, aber seit einmal Delamarche bei einer solchen Gelegenheit – ich weiß genau, dass er es nicht wollte, sondern es nur auf Bruneldas Bitte tat – mir mit der Peitsche einige Male ins Gesicht geschlagen hat – siehst du die Striemen? –, wage ich nicht mehr, durchzuschauen. Und so liege ich dann hier auf dem Balkon und habe kein Vergnügen außer Essen.
Vorgestern, wie ich des Abends so allein gelegen bin, damals war ich noch in meinen eleganten Kleidern, die ich leider in deinem Hotel verloren habe – diese Hunde; reißen einem die teueren Kleider vom Leib! – wie ich also da so allein gelegen bin und durch das Geländer hinuntergeschaut habe, war mir alles so traurig und ich habe zu heulen angefangen. Da ist zufällig, ohne dass ich es gleich bemerkt habe, die Brunelda zu mir herausgekommen in dem roten Kleid – das passt ihr doch von allen am besten –, hat mir ein wenig zugeschaut und hat endlich gesagt: ›Robinson warum weinst du?‹ Dann hat sie ihr Kleid gehoben und hat mir mit dem Saum die Augen abgewischt. Wer weiß, was sie noch getan hätte, wenn nicht Delamarche nach ihr gerufen hätte und sie nicht sofort wieder ins Zimmer hätte hineingehen müssen. Natürlich habe ich gedacht, jetzt sei die Reihe an mir, und habe durch den Vorhang gefragt, ob ich schon ins Zimmer darf. Und was meinst du, hat die Brunelda gesagt: ›Nein!‹ hat sie gesagt, und ›Was fällt dir ein?‹ hat sie gesagt.«

»Warum bleibst du denn hier, wenn man dich so behandelt?« fragte Karl.

»Verzeih, Roßmann, du fragst nicht sehr gescheit«, antwortete Robinson. »Du wirst schon auch noch hier bleiben, und wenn man dich noch ärger behandelt. Übrigens behandelt man mich gar nicht so arg.«

»Nein«, sagte Karl, »ich gehe bestimmt weg, und womöglich noch heute Abend. Ich bleibe nicht bei euch.«

»Wie willst du denn zum Beispiel das anstellen, heute Abend wegzugehen?« fragte Robinson, der das Weiche aus dem Brot herausgeschnitten hatte und sorgfältig in dem Öl der Sardinenbüchse tränkte. »Wie willst du weggehen, wenn du nicht einmal ins Zimmer hineingehen darfst?«

»Warum dürfen wir denn nicht hineingehen?«

»Nun, solange es nicht geläutet hat, dürfen wir nicht hineingehen«, sagte Robinson, der mit möglichst weit geöffnetem Munde das fette Brot verspeiste, während er mit einer Hand das vom Brot herabtropfende Öl auffing, um von Zeit zu Zeit das noch übrige Brot in diese, als Reservoir dienende, hohle Hand zu tauchen. »Es ist hier alles strenger geworden. Zuerst war da nur ein dünner Vorhang, man hat zwar nicht durchgesehen, aber am Abend hat man doch die Schatten erkannt. Das war der Brunelda unangenehm, und da habe ich einen ihrer Theatermäntel zu einem Vorhang umarbeiten und statt des alten Vorhanges hier aufhängen müssen. Jetzt sieht man gar nichts mehr. Dann habe ich früher immer fragen dürfen, ob ich schon hineingehen darf, und man hat mir, je nach den Umständen, ja oder nein geantwortet, aber dann habe ich das wahrscheinlich zu sehr ausgenützt und zu oft gefragt. Brunelda konnte das nicht ertragen – und sie ist trotz ihrer Dicke sehr schwach veranlagt, Kopfschmerzen hat sie oft und Gicht in den Beinen fast immer – und so wurde bestimmt, dass ich nicht mehr fragen darf, sondern dass, wenn ich hineingehen kann, auf die Tischglocke gedrückt wird. Das gibt ein solches Läuten, dass es mich selbst aus dem Schlafe weckt – ich habe einmal eine Katze zu meiner Unterhaltung hier gehabt, die ist vor Schrecken über dieses Läuten weggelaufen und nicht mehr zurückgekommen; also, geläutet hat es heute noch nicht, wenn es nämlich läutet, dann darf ich nicht nur, sondern muss hineingehen – und wenn es einmal so lange nicht läutet, dann kann es noch sehr lange dauern.«

»Ja«, sagte Karl, »aber was für dich gilt, muss doch noch nicht für mich gelten. Überhaupt gilt so etwas nur für den, der es sich gefallen lässt.«

»Aber«, rief Robinson, »warum sollte denn das nicht auch für dich gelten? Selbstverständlich gilt es auch für dich. Warte hier nur ruhig mit mir, bis es läutet. Dann kannst du ja versuchen, ob du wegkommst.«

»Warum gehst du denn eigentlich nicht fort von hier? Nur deshalb, weil Delamarche dein Freund ist oder, besser, war. Ist denn das ein Leben? Wäre es da nicht in Butterford besser, wohin ihr zuerst wolltet? Oder gar in Kalifornien, wo du Freunde hast?«

»Ja«, sagte Robinson, »das konnte niemand voraussehen.« Und ehe er weiter erzählte, sagte er noch: »Auf dein Wohl, lieber Roßmann« und nahm einen langen Zug aus der Parfümflasche. »Wir waren ja damals, wie du uns so gemein hast sitzenlassen, sehr schlecht daran. Arbeit konnten wir in den ersten Tagen keine bekommen, Delamarche übrigens wollte keine Arbeit, er hätte sie schon bekommen, sondern schickte nur immer mich auf die Suche, und ich habe kein Glück. Er hat sich nur so herumgetrieben, aber es war schon fast Abend, da hatte er nur ein Damenportemonnaie mitgebracht. Es war zwar sehr schön, aus Perlen, jetzt hat er es der Brunelda geschenkt, aber es war fast nichts darin. Dann sagte er, wir sollten in die Wohnungen betteln gehen, bei dieser Gelegenheit kann man natürlich manches Brauchbare finden, wir sind also betteln gegangen, und ich habe, damit es besser aussieht, vor den Wohnungstüren gesungen. Und wie schon Delamarche immer Glück hat, kaum sind wir vor der zweiten Wohnung gestanden, einer sehr reichen Wohnung im Parterre, und haben an der Tür der Köchin und dem Diener etwas vorgesungen, da kommt die Dame, der diese Wohnung gehört, eben Brunelda, die Treppe herauf. Sie war vielleicht zu stark geschnürt und konnte die paar Stufen gar nicht heraufkommen. Aber wie schön sie ausgesehen hat, Roßmann! Sie hat ein ganz weißes Kleid mit einem roten Sonnenschirm gehabt. Zum Ablecken war sie. Zum Austrinken war sie. Ach Gott, ach Gott, war sie schön. So ein Frauenzimmer! Nein, sag mir nur, wie kann es so ein Frauenzimmer geben? Natürlich ist das Mädchen und der Diener ihr gleich entgegengelaufen und haben sie fast hinaufgetragen. Wir sind rechts und links von der Tür gestanden und haben salutiert, das macht man hier so. Sie ist ein wenig stehengeblieben, weil sie noch immer nicht genug Atem hatte, und nun weiß ich nicht, wie das eigentlich geschehen ist, ich war durch das Hungern nicht ganz bei Verstand, und sie war eben in der Nähe noch schöner und riesig breit und infolge eines besonderen Mieders, ich kann es dir dann im Kasten zeigen, überall so fest; kurz, ich habe sie ein bisschen hinten angerührt, aber ganz leicht, weißt du, nur so angerührt. Natürlich kann man das nicht dulden, dass ein Bettler eine reiche Dame anrührt. Es war ja fast keine Berührung, aber schließlich war es eben doch eine Berührung. Wer weiß, wie schlimm das ausgefallen wäre, wenn mir nicht Delamarche sofort eine Ohrfeige gegeben hätte, und zwar eine solche Ohrfeige, dass ich sofort meine beiden Hände für die Wange brauchte.«

»Was ihr getrieben habt!« sagte Karl, von der Geschichte ganz gefangen genommen, und setzte sich auf den Boden. »Das war also Brunelda?«

»Nun ja«, sagte Robinson, »das war Brunelda.«

»Sagtest du nicht einmal, dass sie eine Sängerin ist?« fragte Karl.

»Freilich ist sie eine Sängerin, und eine große Sängerin«, antwortete Robinson, der eine große Bonbonmasse auf der Zunge wälzte und hie und da ein Stück, das aus dem Mund gedrängt wurde, mit dem Finger wieder zurückdrückte. »Aber das wussten wir natürlich damals noch nicht, wir sahen nur, dass es eine reiche und sehr feine Dame war. Sie tat, als wäre nichts geschehen, und vielleicht hatte sie auch nichts gespürt, denn ich hatte sie tatsächlich nur mit den Fingerspitzen angetippt. Aber immerfort hat sie den Delamarche angesehen, der ihr wieder – wie er das schon trifft – gerade in die Augen zurückgeschaut hat. Darauf hat sie zu ihm gesagt: ›Komm mal auf ein Weilchen hinein‹ und hat mit dem Sonnenschirm in die Wohnung gezeigt, wohin Delamarche ihr vorangehen sollte. Dann sind sie beide hineingegangen, und die Dienerschaft hat hinter ihnen die Tür zugemacht. Mich haben sie draußen vergessen, und da habe ich gedacht, es wird nicht gar so lange dauern, und habe mich auf die Treppe gesetzt, um Delamarche zu erwarten. Aber statt Delamarches ist der Diener herausgekommen und hat mir eine ganze Schüssel Suppe herausgebracht. ›Eine Aufmerksamkeit Delamarches!‹ sagte ich mir. Der Diener blieb noch, während ich aß, ein Weilchen bei mir stehen und erzählte mir einiges über Brunelda, und da habe ich gesehen, welche Bedeutung der Besuch bei Brunelda für uns haben könnte. Denn Brunelda war eine geschiedene Frau, hatte ein großes Vermögen und war vollständig selbständig! Ihr früherer Mann, ein Kakaofabrikant, liebte sie zwar noch immer, aber sie wollte von ihm nicht das geringste hören. Er kam sehr oft in die Wohnung, immer sehr elegant, wie zu einer Hochzeit, angezogen – das ist Wort für Wort wahr, ich kenne ihn selbst –, aber der Diener wagte trotz der größten Bestechung nicht, Brunelda zu fragen, ob sie ihn empfangen wollte, denn er hatte schon einige Male gefragt, und immer hatte ihm Brunelda das, was sie gerade bei der Hand hatte, ins Gesicht geworfen. Einmal sogar ihre große gefüllte Wärmflasche, und mit der hatte sie ihm einen Vorderzahn ausgeschlagen. Ja, Roßmann, da schaust du!«

»Woher kennst du den Mann?« fragte Karl.

»Er kommt manchmal auch herauf«, sagte Robinson.

»Herauf?« Karl schlug vor Staunen leicht mit der Hand auf den Boden.

»Du kannst ruhig staunen«, fuhr Robinson fort, »selbst ich habe gestaunt, wie mir das der Diener damals erzählt hat. Denk nur, wenn Brunelda nicht zu Hause war, hat sich der Mann von dem Diener in ihre Zimmer führen lassen und immer eine Kleinigkeit als Andenken mitgenommen und immer etwas sehr Teueres und Feines für Brunelda zurückgelassen und dem Diener streng verboten zu sagen, von wem es ist. Aber einmal, als er etwas – wie der Diener sagte und ich glaube es – geradezu Unbezahlbares aus Porzellan mitgebracht hatte, muss Brunelda es irgendwie erkannt haben, hat es sofort auf den Boden geworfen, ist darauf herumgetreten, hat es angespuckt und noch einiges andere damit gemacht, so dass es der Diener vor Ekel kaum hinaustragen konnte.«

»Was hat ihr denn der Mann getan?« fragte Karl.

»Das weiß ich eigentlich nicht«, sagte Robinson. »Ich glaube aber, nichts Besonderes, wenigstens weiß er es selbst nicht. Ich habe ja schon manchmal mit ihm darüber gesprochen. Er erwartet mich täglich dort an der Straßenecke, wenn ich komme, so muss ich ihm Neuigkeiten erzählen; kann ich nicht kommen, wartet er eine halbe Stunde und geht dann wieder weg. Es war für mich ein guter Nebenverdienst, denn er bezahlte die Nachrichten sehr vornehm, aber seit Delamarche davon erfahren hat, muss ich ihm alles abliefern, und so gehe ich seltener hin.«

»Aber was will der Mann haben?« fragte Karl. »Was will er denn haben? Er hört doch, sie will ihn nicht.«

»Ja«, seufzte Robinson, zündete sich eine Zigarette an und blies unter großen Armschwenkungen den Rauch in die Höhe. Dann schien er sich anders zu entschließen und sagte: »Was kümmert das mich? Ich weiß nur, er würde viel Geld dafür geben, wenn er so hier auf dem Balkon liegen dürfte wie wir.«

Karl stand auf, lehnte sich ans Geländer und sah auf die Straße hinunter. Der Mond war schon sichtbar, in die Tiefe der Gasse drang sein Licht aber noch nicht. Die am Tag so leere Gasse war, besonders vor den Haustoren, gedrängt voll von Menschen, alle waren in langsamer, schwerfälliger Bewegung, die Hemdärmel der Männer, die hellen Kleider der Frauen hoben sich schwach vom Dunkel ab, alle waren ohne Kopfbedeckung. Die vielen Balkone ringsum waren nun insgesamt besetzt, dort saßen beim Licht einer Glühlampe die Familien, je nach der Größe des Balkons, um einen kleinen Tisch herum oder bloß auf Sesseln in einer Reihe oder sie steckten wenigstens die Köpfe aus dem Zimmer hervor. Die Männer saßen breitbeinig da, die Füße zwischen den Geländerstangen hinausgestreckt, und lasen Zeitungen, die fast bis auf den Boden reichten, oder spielten Karten, scheinbar stumm, aber unter starken Schlägen auf die Tische, die Frauen hatten den Schoß voll Näharbeit und erübrigten nur hie und da einen kurzen Blick für ihre Umgebung oder für die Straße. Eine blonde, schwache Frau auf dem benachbarten Balkon gähnte immerfort, verdrehte dabei die Augen und hob immer vor den Mund ein Wäschestück, das sie gerade flickte; selbst auf den kleinsten Balkonen verstanden es die Kinder, einander zu jagen, was den Eltern sehr lästig fiel. Im Inneren vieler Zimmer waren Grammophone aufgestellt und bliesen Gesang oder Orchestralmusik hervor, man kümmerte sich nicht besonders um diese Musik, nur hie und da gab der Familienvater einen Wink, und irgend jemand eilte ins Zimmer hinein, um eine neue Platte aufzulegen. An manchen Fenstern sah man vollständig bewegungslose Liebespaare, an einem Fenster, Karl gegenüber, stand ein solches Paar aufrecht, der junge Mann hatte seinen Arm um das Mädchen gelegt und drückte mit der Hand ihre Brust.

»Kennst du jemanden von den Leuten hier nebenan?« fragte Karl Robinson, der nun auch aufgestanden war, und, weil es ihn fröstelte, außer der Bettdecke auch noch die Decke Bruneldas um sich gewickelt hielt.

»Fast niemanden, das ist ja eben das Schlimme an meiner Stellung«, sagte Robinson und zog Karl näher zu sich, um ihm ins Ohr flüstern zu können, »sonst hätte ich mich augenblicklich nicht gerade zu beklagen. Die Brunelda hat ja Delamarches wegen alles, was sie hatte, verkauft und ist mit all ihren Reichtümern hierher in diese Vorstadtwohnung gezogen, damit sie sich ihm ganz widmen kann und damit sie niemand stört, übrigens war das auch der Wunsch Delamarches.« »Und die Dienerschaft hat sie entlassen?« fragte Karl.

»Ganz richtig«, sagte Robinson. »Wo sollte man auch die Dienerschaft hier unterbringen? Diese Diener sind ja sehr anspruchsvolle Herren. Einmal hat Delamarche bei der Brunelda einen solchen Diener einfach mit Ohrfeigen aus dem Zimmer getrieben, da ist eine nach der andern geflogen, bis der Mann draußen war. Natürlich haben die anderen Diener sich mit ihm verbündet und vor der Tür Lärm gemacht, da ist Delamarche herausgekommen (ich war damals nicht Diener, sondern Hausfreund, aber doch war ich mit den Dienern beisammen) und hat gefragt: ›Was wollt ihr?‹ Der älteste Diener, ein gewisser Isidor, hat daraufhin gesagt: ›Sie haben mit uns nichts zu reden, unsere Herrin ist die gnädige Frau.‹ Wie du wahrscheinlich merkst, haben sie Brunelda sehr verehrt. Aber Brunelda ist, ohne sich um sie zu kümmern, zu Delamarche gelaufen, sie war damals doch noch nicht so schwer wie jetzt, hat ihn vor allen umarmt, geküsst und ›Liebster Delamarche‹ genannt. ›Und schick doch schon diese Affen weg‹, hat sie endlich gesagt. Affen – das sollten die Diener sein; stell dir die Gesichter vor, die sie da machten. Dann hat die Brunelda die Hand Delamarches zu ihrer Geldtasche hingezogen, die sie am Gürtel trug, Delamarche hat hineingegriffen und also angefangen, die Diener auszuzahlen; die Brunelda hat sich nur dadurch an der Auszahlung beteiligt, dass sie mit der offenen Geldtasche im Gürtel dabei gestanden ist. Delamarche musste oft hineingreifen, denn er verteilte das Geld, ohne zu zählen und ohne die Forderungen zu prüfen. Schließlich sagte er: ›Da ihr also mit mir nicht reden wollt, sage ich euch nur im Namen Bruneldas: Packt euch, aber sofort.‹ So sind sie entlassen worden, es gab dann noch einige Prozesse, Delamarche musste sogar einmal zu Gericht, aber davon weiß ich nichts Genaueres. Nur gleich nach dem Abschied der Diener hat Delamarche zu Brunelda gesagt: ›Jetzt hast du also keine Dienerschaft?‹ Sie hat gesagt: ›Aber da ist ja Robinson.‹ Daraufhin hat Delamarche gesagt und hat mir dabei einen Schlag auf die Achsel gegeben: ›Also gut, du wirst unser Diener sein.‹ Und Brunelda hat mir dann auf die Wange geklopft. Wenn sich die Gelegenheit findet, Roßmann, lass dir auch einmal von ihr auf die Wange klopfen. Du wirst staunen, wie schön das ist.«

»Du bist also Delamarches Diener geworden?« sagte Karl zusammenfassend.

Robinson hörte das Bedauern aus der Frage heraus und antwortete: »Ich bin Diener, aber das bemerken nur wenige Leute. Du siehst, du selbst wusstest es nicht, obwohl du doch schon ein Weilchen bei uns bist. Du hast ja gesehen, wie ich in der Nacht bei euch im Hotel angezogen war. Das Feinste vom Feinen hatte ich an. Gehen Diener so angezogen? Nur ist eben die Sache die, dass ich nicht oft weggehen darf, ich muss immer bei der Hand sein, in der Wirtschaft ist eben immer etwas zu tun. Eine Person ist eben zu wenig für die viele Arbeit. Wie du vielleicht bemerkt hast, haben wir sehr viele Sachen im Zimmer herumstehen; was wir eben bei dem großen Auszug nicht verkaufen konnten, haben wir mitgenommen. Natürlich hätte man es wegschenken können, aber Brunelda schenkt nichts weg. Denk dir nur, welche Arbeit es gegeben hat, diese Sachen die Treppe heraufzutragen.« »Robinson, du hast das alles heraufgetragen?« rief Karl.

»Wer denn sonst?« sagte Robinson. »Es war noch ein Hilfsarbeiter da, ein faules Luder; ich habe die meiste Arbeit allein machen müssen. Brunelda ist unten beim Wagen gestanden, Delamarche hat oben angeordnet, wohin die Sachen zu legen sind, und ich bin immerfort hin und her gelaufen. Es hat zwei Tage gedauert, sehr lange, nicht wahr? Aber du weißt ja gar nicht, wieviel Sachen hier im Zimmer sind, alle Kästen sind voll und hinter den Kästen ist alles vollgestopft bis zur Decke hinauf. Wenn man ein paar Leute für den Transport angestellt hätte; wäre ja alles bald fertig gewesen, aber Brunelda wollte es niemandem außer mir anvertrauen. Das war ja sehr schön, aber ich habe damals meine Gesundheit für mein ganzes Leben verdorben, und was habe ich denn sonst gehabt als meine Gesundheit? Wenn ich mich nur ein wenig anstrenge, sticht es mich hier und hier und hier. Glaubst du, diese Jungen im Hotel, diese Grasfrösche – was sind sie denn sonst? – hätten mich jemals besiegen können, wenn ich gesund wäre? Aber was mir auch fehlen sollte, dem Delamarche und der Brunelda sage ich kein Wort, ich werde arbeiten, solange es gehen wird, und wenn es nicht mehr gehen wird, werde ich mich hinlegen und sterben, und dann erst, zu spät, werden sie sehen, dass ich krank gewesen bin und trotzdem immerfort und immerfort weitergearbeitet und mich in ihren Diensten zu Tode gearbeitet habe. Ach Roßmann-«, sagte er schließlich und trocknete die

Augen an Karls Hemdärmel. Nach einem Weilchen sagte er: »Ist dir denn nicht kalt, du stehst da so im Hemd?«

»Geh, Robinson«, sagte Karl, »immerfort weinst du. Ich glaube nicht, dass du so krank bist. Du siehst ganz gesund aus, aber weil du immerfort da auf dem Balkon liegst, hast du dir so Verschiedenes ausgedacht. Du hast vielleicht manchmal einen Stich in der Brust, das habe ich auch, das hat jeder. Wenn alle Menschen wegen jeder Kleinigkeit so weinen wollten wie du, müssten die Leute auf allen Balkonen weinen.«

»Ich weiß es besser«, sagte Robinson und wischte nun die Augen mit dem Zipfel seiner Decke. »Der Student, der nebenan bei der Vermieterin wohnt, die auch für uns kochte, hat mir letzthin, als ich das Essgeschirr zurückbrachte, gesagt: ›Hören Sie einmal, Robinson, sind Sie nicht krank?‹ Mir ist verboten, mit den Leuten zu reden, und so habe ich nur das Geschirr hingelegt und wollte weggehen. Da ist er zu mir gegangen und hat gesagt: ›Hören Sie, Mann, treiben Sie die Sache nicht zum Äußersten, Sie sind krank.‹ ›Ja also, ich bitte, was soll ich denn machen?‹ habe ich gefragt. ›Das ist Ihre Sache‹, hat er gesagt und hat sich umgedreht. Die anderen dort bei Tisch haben gelacht, wir haben ja hier überall Feinde, und so bin ich lieber weggegangen.«

»Also Leuten, die dich zum Narren halten, glaubst du, und Leuten, die es gut mit dir meinen, glaubst du nicht.«

»Aber ich muss doch wissen, wie mir ist«, fuhr Robinson auf, kehrte aber gleich wieder zum Weinen zurück.

»Du weißt eben nicht, was dir fehlt, du solltest irgendeine ordentliche Arbeit für dich suchen, statt hier Delamarches Diener zu machen. Denn soweit ich nach deinen Erzählungen und nach dem, was ich selbst gesehen habe, urteilen kann, ist das hier kein Dienst, sondern eine Sklaverei. Das kann kein Mensch ertragen, das glaube ich dir. Du aber denkst, weil du Delamarches Freund bist, darfst du ihn nicht verlassen. Das ist falsch; wenn er nicht einsieht, was für ein elendes Leben du führst, so hast du ihm gegenüber nicht die geringsten Verpflichtungen mehr.«

»Du glaubst also wirklich, Roßmann, dass ich mich wieder erholen werde, wenn ich das Dienen hier aufgebe?«

»Gewiss«, sagte Karl.

»Gewiss?« fragte nochmals Robinson. »Ganz gewiss«, sagte Karl lächelnd.

»Dann könnte ich ja gleich anfangen, mich zu erholen«, sagte Robinson und sah Karl an.

»Wieso denn?« fragte dieser.

»Nun, weil du doch meine Arbeit hier übernehmen sollst«, antwortete Robinson.

»Wer hat dir denn das gesagt?« fragte Karl.

»Das ist doch ein alter Plan. Davon wird ja schon seit einigen Tagen gesprochen. Es hat damit angefangen, dass Brunelda mich ausgezankt hat, weil ich die Wohnung nicht sauber genug halte. Natürlich habe ich versprochen, dass ich alles gleich in Ordnung bringen werde. Nun, das ist aber sehr schwer. Ich kann zum Beispiel in meinem Zustand nicht überallhin kriechen, um den Staub wegzuwischen, man kann sich schon in der Mitte des Zimmers nicht rühren, wie erst dort zwischen den Möbeln und den Vorräten? Und wenn man alles genau reinigen will, muss man doch auch die Möbel von ihrem Platz wegschieben, und das soll ich allein machen? Außerdem müsste das alles ganz leise geschehen, weil doch Brunelda, die ja das Zimmer kaum verlässt, nicht gestört werden darf. Ich habe also zwar versprochen, dass ich alles rein machen werde, aber rein gemacht habe ich es tatsächlich nicht. Als Brunelda das bemerkt hat, hat sie zu Delamarche gesagt, dass das nicht so weitergeht und dass man noch eine Hilfskraft wird aufnehmen müssen. ›Ich will nicht, Delamarche‹, hat sie gesagt, ›dass du mir einmal Vorwürfe machst, ich hätte die Wirtschaft nicht gut geführt. Selbst kann ich mich nicht anstrengen, das siehst du doch ein, und Robinson genügt nicht; am Anfang war er so frisch und hat sich überall umgesehen, aber jetzt ist er immerfort müde und sitzt meist in einem Winkel. Aber ein Zimmer mit so viel Gegenständen wie das unsrige hält sich nicht selbst in Ordnung.‹ Daraufhin hat Delamarche nachgedacht, was sich da tun ließe, denn eine beliebige Person kann man natürlich in einen solchen Haushalt nicht aufnehmen, auch zur Probe nicht, denn man passt uns ja von allen Seiten auf. Weil ich aber dein guter Freund bin und von Renell gehört habe, wie du dich im Hotel plagen musst, habe ich dich in Vorschlag gebracht. Delamarche war gleich einverstanden, obwohl du dich damals gegen ihn so keck benommen hast, und ich habe mich natürlich sehr gefreut, dass ich dir so nützlich sein konnte. Für dich ist nämlich diese Stellung wie geschaffen, du bist jung, stark und geschickt, während ich nichts mehr wert bin. Nur will ich dir sagen, dass du noch keineswegs aufgenommen bist; wenn du Brunelda nicht gefällst, können wir dich nicht brauchen. Also strenge dich nur an, dass du ihr angenehm bist, für das übrige werde ich schon sorgen.«

»Und was wirst du machen, wenn ich hier Diener sein werde?« fragte Karl; er fühlte sich so frei, der erste Schrecken, den ihm die Mitteilungen Robinsons verursacht hatten, war vorüber. Delamarche hatte also keine schlimmeren Absichten mit ihm, als ihn zum Diener zu machen – hätte er schlimmere Absichten gehabt, dann hätte sie der plapperhafte Robinson gewiss verraten –, wenn es aber so stand, dann getraute sich Karl, noch heute Nacht den Abschied durchzuführen. Man kann niemanden zwingen, einen Posten anzunehmen. Und während Karl früher Sorgen gehabt hatte, ob er nach seiner Entlassung aus dem Hotel bald genug, um vor Hunger geschützt zu sein, einen passenden und womöglich nicht unansehnlicheren Posten bekommen werde, schien ihm jetzt im Vergleich zu dem ihm hier zugedachten Posten, der ihm widerlich war, jeder andere Posten gut genug, und selbst die stellungslose Not hätte er diesem Posten vorgezogen. Robinson das aber begreiflich zu machen, versuchte er gar nicht, besonders da Robinson jetzt in jedem Urteil durch die Hoffnung völlig befangen war, von Karl entlastet zu werden.

»Ich werde also«, sagte Robinson und begleitete die Rede mit behaglichen Handbewegungen – die Ellbogen hatte er auf das Geländer aufgestützt – »dir zunächst alles erklären und die Vorräte zeigen. Du bist gebildet und hast sicher auch eine schöne Schrift, du könntest also gleich ein Verzeichnis all der Sachen machen, die wir da haben. Das hat sich Brunelda schon längst gewünscht. Wenn morgen Vormittag schönes Wetter ist, werden wir Brunelda bitten, dass sie sich auf den Balkon setzt, und inzwischen werden wir ruhig und ohne sie zu stören im Zimmer arbeiten können. Denn darauf, Roßmann, musst du vor allem achtgeben. Nur nicht Brunelda stören. Sie hört alles, wahrscheinlich hat sie als Sängerin so empfindliche Ohren. Du rollst zum Beispiel das Fass mit Schnaps, das hinter den Kasten steht, heraus, es macht Lärm, weil es schwer ist und dort überall verschiedene Sachen herumliegen, so dass man es nicht mit einem Male durchrollen kann. Brunelda liegt zum Beispiel ruhig auf dem Kanapee und fängt Fliegen, die sie überhaupt sehr belästigen. Du glaubst also, sie kümmert sich um dich nicht, und rollst dein Fass weiter. Sie liegt noch immer ruhig. Aber in einem Augenblick, wo du es gar nicht erwartest und wo du am wenigsten Lärm machst, setzt sie sich plötzlich aufrecht, schlägt mit beiden Händen auf das Kanapee, dass man sie vor Staub nicht sieht – seit wir hier sind, habe ich das Kanapee nicht ausgeklopft; ich kann ja nicht, sie liegt doch immerfort darauf – und fängt schrecklich zu schreien an, wie ein Mann, und schreit so stundenlang. Das Singen haben ihr die Nachbarn verboten, das Schreien aber kann ihr niemand verbieten, sie muss schreien, übrigens geschieht es ja jetzt nur selten, ich und Delamarche sind sehr vorsichtig geworden. Es hat ihr ja auch sehr geschadet. Einmal ist sie ohnmächtig geworden, und ich habe – Delamarche war gerade weg – den Studenten von nebenan holen müssen, der hat sie aus einer großen Flasche mit Flüssigkeit bespritzt, es hat auch geholfen, aber diese Flüssigkeit hat einen unerträglichen Geruch gehabt, noch jetzt, wenn man die Nase zum Kanapee hält, riecht man es. Der Student ist sicher unser Feind, wie alle hier, du musst dich auch vor allen in acht nehmen und dich mit keinem einlassen.«

»Du, Robinson«, sagte Karl, »das ist aber ein schwerer Dienst. Da hast du mich für einen schönen Posten empfohlen.«

»Mach dir keine Sorgen«, sagte Robinson und schüttelte mit geschlossenen Augen den Kopf, um alle möglichen Sorgen Karls abzuwehren. »Der Posten hat auch Vorteile, wie sie dir kein anderer Posten bieten kann. Du bist immerfort in der Nähe einer Dame wie Brunelda, du schläfst manchmal mit ihr im gleichen Zimmer, das bringt schon, wie du dir denken kannst, verschiedene Annehmlichkeiten mit sich. Du wirst reichlich bezahlt werden, Geld ist in Menge da, ich habe als Freund Delamarches nichts bekommen; nur wenn ich ausgegangen bin, hat mir Brunelda immer etwas mitgegeben, aber du wirst natürlich bezahlt werden wie ein anderer Diener. Du bist ja auch nichts anderes. Das Wichtigste für dich aber ist, dass ich dir den Posten sehr erleichtern werde. Zunächst werde ich natürlich nichts machen, damit ich mich erhole, aber wie ich nur ein wenig erholt bin, kannst du auf mich rechnen. Die eigentliche Bedienung Bruneldas behalte ich überhaupt für mich, also das Frisieren und Anziehen, soweit es nicht Delamarche besorgt. Du wirst dich nur um das Aufräumen des Zimmers, um Besorgungen und die schwereren häuslichen Arbeiten zu kümmern haben.«

»Nein, Robinson«, sagte Karl, »das alles verlockt mich nicht.«

»Mach keine Dummheiten, Roßmann«, sagte Robinson, ganz nahe an Karls Gesicht, »verscherze dir nicht diese schöne Gelegenheit. Wo bekommst du denn gleich einen Posten? Wer kennt dich? Wen kennst du? Wir, zwei Männer, die schon viel erlebt haben und große Erfahrungen besitzen, sind wochenlang herumgelaufen, ohne Arbeit zu bekommen. Es ist nicht leicht, es ist sogar verzweifelt schwer.«

Karl nickte und wunderte sich, wie vernünftig Robinson sprechen konnte. Für ihn hatten diese Ratschläge allerdings keine Geltung, er durfte hier nicht bleiben, in der großen Stadt würde sich wohl noch ein Plätzchen für ihn finden, die ganze Nacht über, das wusste er, waren alle Gasthäuser überfüllt, man brauchte Bedienung für die Gäste, darin hatte er nun schon Übung. Er würde sich schon rasch und unauffällig in irgendeinen Betrieb einfügen. Gerade im gegenüberliegenden Hause war unten ein kleines Gasthaus untergebracht, aus dem eine rauschende Musik hervordrang. Der Haupteingang war nur mit einem großen gelben Vorhang verdeckt, der manchmal, von einem Luftzug bewegt, mächtig in die Gasse hinausflatterte. Sonst war es in der Gasse freilich viel stiller geworden. Die meisten Balkone waren finster, nur in der Ferne fand sich noch hier oder dort ein einzelnes Licht, aber kaum fasste man es für ein Weilchen ins Auge, erhoben sich dort die Leute, und während sie in die Wohnung zurückdrängten, griff ein Mann an die Glühlampe und drehte, als letzter auf dem Balkon zurückbleibend, nach einem kurzen Blick auf die Gasse das Licht aus.

›Nun beginnt ja schon die Nacht‹, sagte sich Karl, ›bleibe ich noch länger hier, gehöre ich schon zu ihnen.‹ Er drehte sich um, um den Vorhang vor der Wohnungstür wegzuziehen. »Was willst du?« sagte Robinson und stellte sich zwischen Karl und den Vorhang.

»Weg will ich«, sagte Karl. »Lass mich! Lass mich!«

»Du willst sie doch nicht stören«, rief Robinson, »was fällt dir denn nur ein!« Und er legte Karl die Arme um den Hals, hing sich mit seiner ganzen Last an ihn, umklammerte mit den Beinen Karls Beine und zog ihn so im Augenblick auf die Erde nieder. Aber Karl hatte unter den Liftjungen ein wenig raufen gelernt, und so stieß er Robinson die Faust unter das Kinn, aber schwach und voll Schonung. Der gab Karl noch rasch und ganz rücksichtslos mit dem Knie einen vollen Stoß in den Bauch, fing dann aber, beide Hände am Kinn, so laut zu heulen an, dass von dem benachbarten Balkon ein Mann unter wildem Händeklatschen »Ruhe!« befahl. Karl lag noch ein wenig still, um den Schmerz, den ihm der Stoß Robinsons verursacht hatte, zu verwinden. Er wandte nur das Gesicht zum Vorhang hin, der ruhig und schwer vor dem offenbar dunklen Zimmer hing. Es schien ja niemand mehr im Zimmer zu sein, vielleicht war Delamarche mit Brunelda ausgegangen, und Karl hatte schon völlige Freiheit. Robinson, der sich wirklich wie ein Wächterhund benahm, war ja endgültig abgeschüttelt.

Da ertönten aus der Ferne von der Gasse her stoßweise Trommeln und Trompeten. Einzelne Rufe vieler Leute sammelten sich bald zu einem allgemeinen Schreien. Karl drehte den Kopf und sah, wie sich alle Balkone von neuem belebten. Langsam erhob er sich, er konnte sich nicht ganz aufrichten und musste sich schwer gegen das Geländer drücken. Unten auf dem Trottoir marschierten junge Burschen mit großen Schritten, ausgestreckten Armen, die Mützen in der erhobenen Hand, die Gesichter zurückgewandt. Die Fahrbahn blieb noch frei. Einzelne schwenkten auf hohen Stangen Lampions, die von einem gelblichen Rauch umhüllt waren. Gerade traten die Trommler und Trompeter in breiten Reihen ans Licht, und Karl staunte über ihre Menge, da hörte er hinter sich Stimmen, drehte sich um und sah den Delamarche den schweren Vorhang heben und dann aus dem Zimmerdunkel Brunelda treten, im roten Kleid, mit einem Spitzenüberwurf um die Schultern, einem dunklen Häubchen über dem wahrscheinlich unfrisierten und bloß aufgehäuften Haar, dessen Enden lose hie und da hervorsahen. In der Hand hielt sie einen kleinen ausgespannten Fächer, bewegte ihn aber nicht, sondern drückte ihn eng an sich.

Karl schob sich dem Geländer entlang zur Seite, um den beiden Platz zu machen. Gewiss würde ihn niemand zum Hierbleiben zwingen und, wenn es auch Delamarche versuchen wollte, Brunelda würde ihn auf seine Bitte sofort entlassen. Sie konnte ihn ja gar nicht leiden, seine Augen erschreckten sie. Aber als er einen Schritt zur Tür hin machte, hatte sie es doch bemerkt und sagte: »Wohin denn, Kleiner?« Karl stockte vor den strengen Blicken Delamarches, und Brunelda zog ihn zu sich. »Willst du dir denn nicht den Aufzug unten ansehen?« sagte sie und schob ihn vor sich an das Geländer. »Weißt du, worum es sich handelt?« hörte Karl sie hinter sich sagen und machte ohne Erfolg eine unwillkürliche Bewegung, um sich ihrem Druck zu entziehen. Traurig sah er auf die Gasse hinunter, als sei dort der Grund seiner Traurigkeit.

Delamarche stand zuerst mit gekreuzten Armen hinter Brunelda, dann lief er ins Zimmer und brachte Brunelda den Operngucker. Unten war hinter den Musikanten der Hauptteil des Aufzuges erschienen. Auf den Schultern eines riesenhaften Mannes saß ein Herr, von dem man in dieser Höhe nichts anderes sah als seine matt schimmernde Glatze, über der er seinen Zylinderhut ständig grüßend hoch erhoben hielt. Rings um ihn wurden offenbar Holztafeln getragen, die, vom Balkon aus gesehen, ganz weiß erschienen; die Anordnung war derartig getroffen, dass diese Plakate von allen Seiten sich förmlich an den Herrn anlehnten, der aus ihrer Mitte hoch hervorragte. Da alles im Gange war, lockerte sich diese Mauer von Plakaten immerfort und ordnete sich auch immerfort von neuem.

Im weiteren Umkreis war um den Herrn die ganze Breite der Gasse, wenn auch, soweit man im Dunkel schätzen konnte, auf eine unbedeutende Länge hin, von Anhängern des Herrn angefüllt, die sämtlich in die Hände klatschten und wahrscheinlich den Namen des Herrn, einen ganz kurzen, aber unverständlichen Namen, in einem getragenen Gesange verkündeten. Einzelne, die geschickt in der Menge verteilt waren, hatten Automobillaternen mit äußerst starkem Licht, das sie die Häuser auf beiden Seiten der Straße langsam auf- und abwärts führten. In Karls Höhe störte das Licht nicht mehr, aber auf den unteren Ballkonen sah man die Leute, die davon bestrichen wurden, eiligst die Hände an die Augen führen.

Delamarche erkundigte sich auf die Bitte Bruneldas bei den Leuten auf dem Nachbarbalkon, was die Veranstaltung zu bedeuten habe. Karl war ein wenig neugierig, ob und wie man ihm antworten würde. Und tatsächlich musste Delamarche dreimal fragen, ohne eine Antwort zu bekommen. Er beugte sich schon gefährlich über das Geländer, Brunelda stampfte vor Ärger über die Nachbarn leicht auf, Karl fühlte ihre Knie. Endlich kam doch irgendeine Antwort, aber gleichzeitig fingen auf diesem Balkon, der gedrängt voll Menschen war, alle laut zu lachen an. Daraufhin schrie Delamarche etwas hinüber, so laut, dass, wenn nicht augenblicklich in der ganzen Gasse viel Lärm gewesen wäre, alles ringsherum erstaunt hätte aufhorchen müssen. Jedenfalls hatte es die Wirkung, dass das Lachen unnatürlich bald sich legte.

»Es wird morgen ein Richter in unserem Bezirk gewählt und der, den sie unten tragen, ist ein Kandidat«, sagte Delamarche, vollkommen ruhig zu Brunelda zurückkehrend. »Nein!« rief er dann und klopfte liebkosend Brunelda auf den Rücken. »Wir wissen schon gar nicht mehr, was in der Welt vorgeht.«

»Delamarche«, sagte Brunelda, auf das Benehmen der Nachbarn zurückkommend, »wie gern wollte ich übersiedeln, wenn es nicht so anstrengend wäre. Ich darf es mir aber leider nicht zumuten.« Und unter großen Seufzern, unruhig und zerstreut, nestelte sie an Karls Hemd, der möglichst unauffällig immer wieder diese kleinen, fetten Händchen wegzuschieben suchte, was ihm auch leicht gelang, denn Brunelda dachte nicht an ihn, sie war mit ganz anderen Gedanken beschäftigt.

Aber auch Karl vergaß bald Brunelda und duldete die Last ihrer Arme auf seinen Achseln, denn die Vorgänge auf der Straße nahmen ihn sehr in Anspruch. Auf Anordnung einer kleinen Gruppe gestikulierender Männer, die knapp vor dem Kandidaten marschierten und deren Unterhaltungen eine besondere Bedeutung haben mussten, denn von allen Seiten sah man lauschende Gesichter sich ihnen zuneigen, wurde unerwarteterweise vor dem Gasthaus haltgemacht. Einer dieser maßgebenden Männer machte mit erhobener Hand ein Zeichen, das sowohl der Menge als auch dem Kandidaten galt. Die Menge verstummte, und der Kandidat, der sich auf den Schultern seines Trägers mehrmals aufzustellen suchte und mehrmals in den Sitz zurückfiel, hielt eine kleine Rede, während welcher er seinen Zylinder in Windeseile hin- und herfahren ließ. Man sah das ganz deutlich, denn während seiner Rede waren alle Automobillaternen auf ihn gerichtet worden, so dass er in der Mitte eines hellen Sternes sich befand.

Nun erkannte man aber auch schon das Interesse, welches die ganze Straße an der Angelegenheit nahm. Auf den Balkonen, die von Parteigängern des Kandidaten besetzt waren, fiel man mit in das Singen seines Namens ein und ließ die weit über das Geländer vorgestreckten Hände maschinenmäßig klatschen. Auf den übrigen Balkonen, die sogar in der Mehrzahl waren, erhob sich ein starker Gegengesang, der allerdings keine einheitliche Wirkung hatte, da es sich um die Anhänger verschiedener Kandidaten handelte. Dagegen verbanden sich weiterhin alle Feinde des anwesenden Kandidaten zu einem allgemeinen Pfeifen, und sogar Grammophone wurden vielfach wieder in Gang gesetzt. Zwischen den einzelnen Balkonen wurden politische Streitigkeiten mit einer durch die nächtliche Stunde verstärkten Erregung ausgetragen. Die meisten waren schon in Nachtkleidern und hatten nur Überröcke umgeworfen, die Frauen hüllten sich in große, dunkle Tücher, die unbeachteten Kinder kletterten beängstigend auf den Einfassungen der Balkone umher und kamen in immer größerer Zahl aus den dunklen Zimmern, in denen sie schon geschlafen hatten, hervor. Hie und da wurden einzelne unkenntliche Gegenstände von besonders Erhitzten in der Richtung ihrer Gegner geschleudert, manchmal gelangten sie an ihr Ziel, meist aber fielen sie auf die Straße hinab, wo sie oft ein Wutgeheul hervorriefen. Wurde den führenden Männern unten der Lärm zu arg, so erhielten die Trommler und Trompeter den Auftrag einzugreifen, und ihr schmetterndes, mit ganzer Kraft ausgeführtes, nicht enden wollendes Signal unterdrückte alle menschlichen Stimmen bis zu den Dächern der Häuser hinauf. Und immer, ganz plötzlich – man glaubte es kaum –, hörten sie auf, worauf die hierfür offenbar eingeübte Menge auf der Straße in die für einen Augenblick eingetretene allgemeine Stille ihren Parteigesang emporbrüllte – man sah im Lichte der Automobillaternen den Mund jedes einzelnen weit geöffnet –, bis dann die inzwischen zur Besinnung gekommenen Gegner zehnmal so stark wie früher aus allen Balkonen und Fenstern hervorschrien und die Partei unten nach ihrem kurzen Sieg zu einem für diese Höhe wenigstens gänzlichen Verstummen brachten.

»Wie gefällt es dir, Kleiner?« fragte Brunelda, die sich eng hinter Karl hin- und herdrehte, um mit dem Gucker möglichst alles zu übersehen. Karl antwortete nur durch Kopfnicken. Nebenbei bemerkte er, wie Robinson dem Delamarche eifrig verschiedene Mitteilungen offenbar über Karls Verhalten machte, denen aber Delamarche keine Bedeutung beizumessen schien, denn er suchte Robinson mit der Linken, mit der Rechten hatte er Brunelda umfasst, immerfort beiseite zu schieben. »Willst du nicht durch den Gucker schauen?« fragte Brunelda und klopfte auf Karls Brust, um zu zeigen, dass sie ihn meine.

»Ich sehe genug«, sagte Karl.

»Versuch es doch«, sagte sie »du wirst besser sehen.«

»Ich habe gute Augen«, antwortete Karl »ich sehe alles.« Er empfand es nicht als Liebenswürdigkeit, sondern als Störung, als sie den Gucker seinen Augen näherte, und tatsächlich sagte sie nun nichts als das eine Wort »Du!«, melodisch, aber drohend. Und schon hatte Karl den Gucker an seinen Augen und sah nun tatsächlich nichts.

»Ich sehe ja nichts«, sagte er und wollte den Gucker loswerden, aber den Gucker hielt sie fest, und den auf ihrer Brust eingebetteten Kopf konnte er weder zurück noch seitwärts schieben.

»Jetzt siehst du aber schon«, sagte sie und drehte an der Schraube des Guckers.

»Nein, ich sehe noch immer nichts«, sagte Karl und dachte daran, dass er Robinson ohne seinen Willen nun tatsächlich entlastet habe, denn Bruneldas unerträgliche Launen wurden nun an ihm ausgelassen.

»Wann wirst du denn endlich sehen?« sagte sie und drehte – Karl hatte nun sein ganzes Gesicht in ihrem schweren Atem – weiter an der Schraube. »Jetzt?« fragte sie.

»Nein, nein, nein!« rief Karl, obwohl er nun tatsächlich, wenn auch nur sehr undeutlich, alles unterscheiden konnte. Aber gerade hatte Brunelda irgend etwas mit Delamarche zu tun, sie hielt den Gucker nur lose vor Karls Gesicht, und Karl konnte, ohne dass sie es besonders beachtete, unter dem Gucker hinweg auf die Straße sehen. Später bestand sie auch nicht mehr auf ihrem Willen und benützte den Gucker für sich.

Aus dem Gastbaus unten war ein Kellner getreten, und aus der Türschwelle hin und her eilend, nahm er die Bestellungen der Führer entgegen. Man sah, wie er sich streckte, um das Innere des Lokals zu übersehen und möglichst viel Bedienung herbeizurufen. Während dieser offenbar einem großen Freitrinken dienenden Vorbereitungen ließ der Kandidat nicht vom Reden ab. Sein Träger, der riesige, nur ihm dienende Mann, machte immer nach einigen Sätzen eine kleine Drehung, um die Rede allen Teilen der Menge zukommen zu lassen. Der Kandidat hielt sich meist ganz zusammengekrümmt und versuchte mit ruckweisen Bewegungen der einen freien Hand und des Zylinders in der anderen seinen Worten möglichste Eindringlichkeit zu geben. Manchmal aber, in fast regelmäßigen Zwischenräumen, durchfuhr es ihn, er erhob sich mit ausgebreiteten Armen, er redete nicht mehr eine Gruppe, sondern die Gesamtheit an, er sprach zu den Bewohnern der Häuser bis zu den höchsten Stockwerken hinauf, und doch war es vollkommen klar, dass ihn schon in den untersten Stockwerken niemand hören konnte; ja, dass ihm auch, wenn die Möglichkeit gewesen wäre, niemand hätte zuhören wollen, denn jedes Fenster und jeder Balkon war doch zumindest von einem schreienden Redner besetzt. Inzwischen brachten einige Kellner aus dem Gasthaus ein mit gefüllten leuchtenden Gläsern besetztes Brett, im Umfang eines Billards, hervor. Die Führer organisierten die Verteilung, die in Form eines Vorbeimarsches an der Gasthaustür erfolgte. Aber obwohl die Gläser auf dem Brett immer wieder nachgehüllt wurden, genügten sie für die Menge nicht, und zwei Reihen von Schankburschen mussten rechts und links vom Brett durchschlüpfen und die Menge weiterhin versorgen. Der Kandidat hatte natürlich mit dem Reden aufgehört und benützte die Pause, um sich neu zu kräftigen. Abseits von der Menge und dem grellen Licht trug ihn sein Träger langsam hin und her, und nur einige seiner nächsten Anhänger begleiteten ihn dort und sprachen zu ihm hinauf.

»Sieh mal den Kleinen«, sagte Brunelda, »er vergisst vor lauter Schauen, wo er ist.« Und sie überraschte Karl und drehte mit beiden Händen sein Gesicht sich zu, so dass sie ihm in die Augen sah. Es dauerte aber nur einen Augenblick, denn Karl schüttelte gleich ihre Hände ab, und ärgerlich darüber, dass man ihn nicht ein Weilchen in Ruhe ließ, und gleichzeitig voll Lust, auf die Straße zu gehen und alles von der Nähe anzusehen, suchte er sich nun mit aller Kraft vom Druck Bruneldas zu befreien und sagte: »Bitte, lassen Sie mich weg.«

»Du wirst bei uns bleiben«, sagte Delamarche, ohne den Blick von der Straße zu wenden, und streckte nur eine Hand aus, um Karl am Weggehen zu verhindern.

»Lass nur«, sagte Brunelda und wehrte die Hand des Delamarche ab, »er bleibt ja schon.« Und sie drückte Karl noch fester ans Geländer, er hätte mit ihr raufen müssen, um sich von ihr zu befreien. Und wenn ihm das auch gelungen wäre, was hätte er damit erreicht! Links von ihm stand Delamarche, rechts hatte sich nun Robinson aufgestellt, er war in einer regelrechten Gefangenschaft.

»Sei froh, dass man dich nicht hinauswirft«, sagte Robinson und beklopfte Karl mit der Hand, die er unter Bruneldas Arm durchgezogen hatte.

»Hinauswirft?« sagte Delamarche. »Einen entlaufenen Dieb wirft man nicht hinaus, den übergibt man der Polizei. Und das kann ihm gleich morgen früh geschehen, wenn er nicht ganz ruhig ist.«

Von diesem Augenblick an hatte Karl an dem Schauspiel unten keine Freude mehr. Nur gezwungen, weil er Bruneldas wegen sich nicht aufrichten konnte, beugte er sich ein wenig über das Geländer. Voll eigener Sorgen, mit zerstreuten Blicken sah er die Leute unten an, die in Gruppen von etwa zwanzig Mann vor die Gasthaustüre traten, die Gläser ergriffen, sich umdrehten und diese Gläser in der Richtung gegen den jetzt mit sich beschäftigten Kandidaten schwenkten, einen Parteigruß ausriefen, die Gläser leerten und sie, jedenfalls dröhnend, in dieser Höhe aber unhörbar, auf das Brett wieder niedersetzten, um einer neuen, vor Ungeduld lärmenden Gruppe Platz zu machen. Im Auftrag der Führer war die Kapelle, die bisher im Gastbaus gespielt hatte, auf die Gasse getreten, ihre großen Blasinstrumente strahlten aus der dunklen Menge, aber ihr Spiel verging fast im allgemeinen Lärm. Die Straße war nun, wenigstens auf der Seite, wo sich das Gasthaus befand, weithin mit Menschen angefüllt. Von oben, woher Karl am Morgen im Automobil gekommen war, strömten sie herab, von unten, von der Brücke her, liefen sie herauf, und selbst die Leute in den Häusern hatten der Verlockung nicht widerstehen können, in diese Angelegenheit mit eigenen Händen einzugreifen, auf den Balkonen und in den Fenstern waren fast nur Frauen und Kinder zurückgeblieben, während die Männer unten aus den Haustoren drängten. Nun aber hatte die Musik und die Bewirtung den Zweck erreicht, die Versammlung war groß genug, ein von zwei Automobillaternen flankierter Führer winkte die Musik ab, stieß einen starken Pfiff aus, und nun sah man den ein wenig abgeirrten Träger mit dem Kandidaten durch einen von Anhängern gebahnten Weg eiligst herbeikommen.

Kaum war er bei der Gasthaustüre, begann der Kandidat im Schein der nun im engen Kreis um ihn gehaltenen Automobillaternen seine neue Rede. Aber nun war alles viel schwieriger als früher, der Träger hatte nicht die geringste Bewegungsfreiheit mehr, das Gedränge war zu groß. Die nächsten Anhänger, die früher mit allen möglichen Mitteln die Wirkung der Reden des Kandidaten zu verstärken versucht hatten, hatten nun Mühe, sich in seiner Nähe zu behaupten, wohl zwanzig hielten sich mit aller Anstrengung am Träger fest. Aber selbst dieser starke Mann konnte keinen Schritt nach seinem Willen mehr machen, an eine Einflussnahme auf die Menge durch bestimmte Wendungen oder durch passendes Vorrücken oder Zurückweichen war nicht mehr zu denken. Die Menge flutete ohne Plan, einer lag am anderen, keiner stand mehr aufrecht, die Gegner schienen sich durch neues Publikum sehr vermehrt zu haben, der Träger hatte sich lange in der Nähe der Gasthaustüre gehalten, nun aber ließ er sich, scheinbar ohne Widerstand, die Gasse auf- und abwärts treiben, der Kandidat redete immerfort, aber es war nicht mehr ganz klar, ob er sein Programm auseinandersetzte oder um Hilfe rief; wenn nicht alles täuschte, hatte sich auch ein Gegenkandidat eingefunden, oder gar mehrere, denn hie und da sah man in irgendeinem plötzlich aufflammenden Licht einen von der Menge emporgehobenen Mann mit bleichem Gesicht und geballten Fäusten eine von vielstimmigen Rufen begrüßte Rede halten.

»Was geschieht denn da?« fragte Karl und wandte sich in atemloser Verwirrung an seine Wächter.

»Wie es den Kleinen aufregt«, sagte Brunelda zu Delamarche und fasste Karl am Kinn, um seinen Kopf an sich zu ziehen. Aber das hatte Karl nicht wollen und er schüttelte sich, durch die Vorgänge auf der Straße förmlich rücksichtslos gemacht, so stark, dass Brunelda ihn nicht nur losließ, sondern zurückwich und ihn gänzlich freigab. »Jetzt hast du genug gesehen«, sagte sie, offenbar durch Karls Benehmen böse gemacht, »geh ins Zimmer, bette auf und bereite alles für die Nacht vor.« Sie streckte die Hand nach dem Zimmer aus. Das war ja die Richtung, die Karl schon seit einigen Stunden nehmen wollte, er widersprach mit keinem Wort. Da hörte man von der Gasse her das Krachen von viel zersplitterndem Glas. Karl konnte sich nicht bezwingen und sprang noch rasch zum Geländer, um flüchtig noch einmal hinunterzuschauen. Ein Anschlag der Gegner, und vielleicht ein entscheidender, war geglückt, die Automobillaternen der Anhänger, die mit ihrem starken Licht wenigstens die Hauptvorgänge vor der gesamten Öffentlichkeit geschehen ließen und dadurch alles in gewissen Grenzen gehalten hatten, waren sämtlich und gleichzeitig zerschmettert worden, den Kandidaten und seinen Träger umfing nun die gemeinsame unsichere Beleuchtung, die in ihrer plötzlichen Ausbreitung wie völlige Finsternis wirkte. Auch nicht beiläufig hätte man jetzt angeben können, wo sich der Kandidat befand, und das Täuschende des Dunkels wurde noch vermehrt durch einen gerade einsetzenden, breiten, einheitlichen Gesang, der von unten, von der Brücke her sich näherte.

»Habe ich dir nicht gesagt, was du jetzt zu tun hast!« sagte Brunelda. »Beeile dich. Ich bin müde«, fügte sie hinzu und streckte dann die Arme in die Höhe, so dass sich ihre Brust noch viel mehr wölbte als gewöhnlich. Delamarche, der sie noch immer umfasst hielt, zog sie mit sich in eine Ecke des Balkons. Robinson ging ihnen nach, um die Überbleibsel seines Essens, die noch dort lagen, beiseite zu schieben.

Diese günstige Gelegenheit musste Karl ausnützen, jetzt war keine Zeit hinunterzuschauen, von den Vorgängen auf der Straße würde er unten noch genug sehen, und mehr als von hier oben. In zwei Sprüngen eilte er durch das rötlich beleuchtete Zimmer, aber die Tür war verschlossen und der Schlüssel abgezogen. Der musste jetzt gefunden werden, aber wer wollte in dieser Unordnung einen Schlüssel finden und gar in der kurzen, kostbaren Zeit, die Karl zur Verfügung stand! Jetzt hätte er schon eigentlich auf der Treppe sein, hätte laufen und laufen sollen. Und nun suchte er den Schlüssel! Suchte ihn in allen zugänglichen Schubladen, stöberte auf dem Tisch herum, wo verschiedenes Essgeschirr, Servietten und irgendeine angefangene Stickerei herumlagen, wurde durch einen Lehnstuhl angelockt, auf dem ein ganz verfitzter Haufen alter Kleidungsstücke sich befand, in denen der Schlüssel sich möglicherweise befinden, aber niemals aufgefunden werden konnte, und warf sich schließlich auf das tatsächlich übelriechende Kanapee, um in allen Ecken und Falten nach dem Schlüssel zu tasten. Dann ließ er vom Suchen ab und stockte in der Mitte des Zimmers. Gewiss hatte Brunelda den Schlüssel an ihrem Gürtel befestigt, sagte er sich, dort hingen ja so viele Sachen, alles Suchen war umsonst.

Und blindlings ergriff Karl zwei Messer und bohrte sie zwischen die Türflügel, eines oben, eines unten, um zwei voneinander entfernte Angriffspunkte zu erhalten. Kaum hatte er an den Messern gezogen, brachen natürlich die Klingen entzwei. Er hatte nichts anderes wollen, die Stümpfe, die er nun fester einbohren konnte, würden desto besser halten. Und nun zog er mit aller Kraft, die Arme weit ausgebreitet, die Beine weit auseinander gestemmt, stöhnend und dabei genau auf die Tür aufpassend. Sie würde nicht auf die Dauer widerstehen können, das erkannte er mit Freuden aus dem deutlich hörbaren Sichlockern der Riegel, je langsamer es aber ging, desto richtiger war es, aufspringen durfte ja das Schloss gar nicht, sonst würde man ja auf dem Balkon aufmerksam werden, das Schloss musste sich vielmehr ganz langsam voneinander lösen, und darauf arbeitete Karl mit größter Vorsicht hin, die Augen immer mehr dem Schlosse nähernd.

»Seht einmal«, hörte er da die Stimme des Delamarche.

Alle drei standen im Zimmer, der Vorhang war hinter ihnen schon zugezogen, Karl musste ihr Kommen überhört haben, die Hände sanken ihm bei dem Anblick von den Messern herab. Aber er hatte gar nicht Zeit, irgendein Wort zur Erklärung oder Entschuldigung zu sagen, denn in einem weit über die augenblickliche Gelegenheit hinausgehenden Wutanfall sprang Delamarche – sein gelöstes Schlafrockseil beschrieb eine große Figur in der Luft – auf Karl los. Karl wich noch im letzten Augenblick dem Angriff aus, er hätte die Messer aus der Tür ziehen und zur Verteidigung benützen können, aber das tat er nicht, dagegen griff er, sich bückend und aufspringend, nach dem breiten Schlafrockkragen des Delamarche, schlug ihn in die Höhe, zog ihn dann noch weiter hinauf – der Schlafrock war ja für Delamarche viel zu groß – und hielt nun glücklich den Delamarche beim Kopf, der, allzu sehr überrascht, zuerst blind mit den Händen fuchtelte und erst nach einem Weilchen, aber noch nicht mit ganzer Wirkung mit den Fäusten auf Karls Rücken schlug, der sich, um sein Gesicht zu schützen, an die Brust des Delamarche geworfen hatte. Die Faustschläge ertrug Karl, wenn er sich auch vor Schmerzen wand und wenn auch die Schläge immer stärker wurden, aber wie hätte er das nicht ertragen sollen, vor sich sah er ja den Sieg. Die Hände am Kopf des Delamarche, die Daumen wohl gerade über seinen Augen, führte er ihn vor sich her gegen das ärgste Möbeldurcheinander und versuchte überdies, mit den Fußspitzen das Schlafrockseil um die Füße des Delamarche zu schlingen und ihn auch so zu Fall zu bringen.

Da er sich aber ganz und gar mit Delamarche beschäftigen musste, zumal er dessen Widerstand immer mehr wachsen fühlte und immer sehniger dieser feindliche Körper sich ihm entgegenstemmte, vergaß er tatsächlich, dass er nicht mit Delamarche allein war. Aber nur allzu bald wurde er daran erinnert, denn plötzlich versagten seine Füße, die Robinson, der sich hinter ihm auf den Boden geworfen hatte, schreiend auseinander presste. Seufzend ließ Karl von Delamarche ab, der noch einen Schritt zurückwich. Brunelda stand mit weit auseinander gestellten Beinen und gebeugten Knien in ihrer ganzen Breite in der Zimmermitte und verfolgte die Vorgänge mit leuchtenden Augen. Als beteilige sie sich tatsächlich an dem Kampf, atmete sie tief, visierte mit den Augen und ließ ihre Fäuste langsam vorrücken. Delamarche schlug seinen Kragen nieder, hatte nun wieder freien Blick, und nun gab es natürlich keinen Kampf mehr, sondern bloß eine Bestrafung. Er fasste Karl vorn beim Hemd, hob ihn fast vom Boden und schleuderte ihn, vor Verachtung sah er ihn gar nicht an, so gewaltig gegen einen ein paar Schritte entfernten Schrank, dass Karl im ersten Augenblick meinte, die stechenden Schmerzen im Rücken und am Kopf, die ihm das Aufschlagen am Kasten verursachte, stammten unmittelbar von der Hand des Delamarche. »Du Halunke!« hörte er den Delamarche in dem Dunkel, das vor seinen zitternden Augen entstand, noch laut ausrufen.

Und in der ersten Erschöpfung, in der er vor dem Kasten zusammensank, klangen ihm die Worte »Warte nur!« noch schwach in den Ohren nach.

Als er zur Besinnung kam, war es um ihn ganz finster, es mochte noch spät in der Nacht sein, vom Balkon her drang unter dem Vorhang ein leichter Schimmer des Mondlichts in das Zimmer. Man hörte die ruhigen Atemzüge der drei Schläfer, die bei weitem lautesten stammten von Brunelda, sie schnaufte im Schlaf, wie sie es bisweilen beim Reden tat; es war aber nicht leicht festzustellen, in welcher Richtung die einzelnen Schläfer sich befanden, das ganze Zimmer war von dem Rauschen ihres Atems voll. Erst nachdem er seine Umgebung ein wenig geprüft hatte, dachte Karl an sich, und da erschrak er sehr, denn wenn er sich auch ganz krumm und steif von Schmerzen fühlte, so hatte er doch nicht daran gedacht, dass er eine schwere blutige Verletzung erlitten haben könnte. Nun aber hatte er eine Last auf dem Kopf, und das ganze Gesicht, der Hals, die Brust unter dem Hemd waren feucht wie von Blut. Er musste ans Licht, um seinen Zustand genau festzustellen, vielleicht hatte man ihn zum Krüppel geschlagen, dann würde ihn Delamarche wohl gerne entlassen, aber was sollte er dann anfangen, dann gab es wirklich keine Aussichten mehr für ihn. Der Bursche mit der zerfressenen Nase im Torweg fiel ihm ein, und er legte einen Augenblick lang das Gesicht in seine Hände.

Unwillkürlich wandte er sich dann der Tür zu und tastete sich auf allen vieren hin. Bald erfühlte er mit den Fingerspitzen einen Stiefel und weiterhin ein Bein. Das war Robinson, wer schlief sonst in Stiefeln? Man hatte ihm befohlen, sich quer vor die Tür zu legen, um Karl an der Flucht zu hindern. Aber kannte man denn Karls Zustand nicht? Vorläufig wollte er gar nicht entfliehen, er wollte nur ans Licht kommen. Konnte er also nicht zur Tür hinaus, so musste er auf den Balkon.

Den Esstisch fand er an einer offenbar ganz anderen Stelle als am Abend, das Kanapee, dem sich Karl natürlich sehr vorsichtig näherte, war überraschenderweise leer, dagegen stieß er in der Zimmermitte auf hochgeschichtete, wenn auch stark gepresste Kleider, Decken, Vorhänge, Polster und Teppiche. Zuerst dachte er, es sei nur ein kleiner Haufen, ähnlich dem, den er am Abend auf dem Sofa gefunden hatte und der etwa auf die Erde gerollt war, aber zu seinem Staunen bemerkte er beim Weiterkriechen, dass da eine ganze Wagenladung solcher Sachen lag, die man wahrscheinlich für die Nacht aus den Kasten herausgenommen hatte, wo sie während des Tages aufbewahrt wurden. Er umkroch den Haufen und erkannte bald, dass das Ganze eine Art Bettlager darstellte, auf dem hoch oben, wie er sich durch vorsichtiges Tasten überzeugte, Delamarche und Brunelda ruhten.

Jetzt wusste er also, wo alle schliefen, und beeilte sich nun, auf den Balkon zu kommen. Es war eine ganz andere Welt, in der er sich nun, außerhalb des Vorhangs, schnell erhob. In der frischen Nachtluft, im vollen Schein des Mondes ging er einige Mal auf dem Balkon auf und ab. Er sah auf die Straße, sie war ganz still, aus dem Gasthaus klang noch die Musik, aber nur gedämpft, hervor, vor der Tür kehrte ein Mann das Trottoir, in der Gasse, in der am Abend innerhalb des wüsten allgemeinen Lärms das Schreien eines Wahlkandidaten von tausend anderen Stimmen nicht hatte unterschieden werden können, hörte man nun deutlich das Kratzen des Besens auf dem Pflaster.

Das Rücken eines Tisches auf dem Nachbarbalkon machte Karl aufmerksam, dort saß ja jemand und studierte. Es war ein junger Mann mit einem kleinen Spitzbart, an dem er beim Lesen, das er mit raschen Lippenbewegungen begleitete, ständig drehte. Er saß, das Gesicht Karl zugewendet, an einem kleinen, mit Büchern bedeckten Tisch, die Glühlampe hatte er von der Mauer abgenommen, zwischen zwei große Bücher geklemmt, und war nun von ihrem grellen Licht ganz überleuchtet.

»Guten Abend«, sagte Karl, da er bemerkt zu haben glaubte, dass der junge Mann zu ihm herübergeschaut hätte.

Aber das musste wohl ein Irrtum gewesen sein, denn der junge Mann schien ihn überhaupt noch nicht bemerkt zu haben, legte die Hand über die Augen, um das Licht abzublenden und festzustellen, wer da plötzlich grüßte, und hob dann, da er noch immer nichts sah, die Glühlampe hoch, um mit ihr auch den Nachbarbalkon ein wenig zu beleuchten.

»Guten Abend«, sagte dann auch er, blickte einen Augenblick lang scharf hinüber, und fügte dann hinzu: »Und was Weiter?«

»Ich störe Sie?« fragte Karl.

»Gewiss, gewiss«, sagte der Mann und brachte die Glühlampe wieder an ihren früheren Ort.

Mit diesen Worten war allerdings jede Anknüpfung abgelehnt, aber Karl verließ trotzdem die Balkonecke, in der er dem Manne am nächsten war, nicht. Stumm sah er zu, wie der Mann in seinem Buche las, die Blätter wendete, hie und da in einem anderen Buche das er immer mit Blitzesschnelle ergriff, irgend etwas nachschlug und öfters Notizen in ein Heft eintrug, wobei er immer überraschend tief das Gesicht zu dem Hefte senkte.

Ob dieser Mann vielleicht ein Student war? Es sah ganz so aus, als ob er studierte. Nicht viel anders – jetzt war es schon lange her – war Karl zu Hause am Tisch der Eltern gesessen und hatte seine Aufgaben geschrieben, während der Vater die Zeitung las oder Bucheintragungen und Korrespondenzen für einen Verein erledigte und die Mutter mit einer Näharbeit beschäftigt war und hoch den Faden aus dem Stoffe zog. Um den Vater nicht zu belästigen, hatte Karl nur das Heft und das Schreibzeug auf den Tisch gelegt, während er die nötigen Bücher rechts und links von sich auf Sesseln angeordnet hatte. Wie still war es dort gewesen! Wie selten waren fremde Leute in jenes Zimmer gekommen! Schon als kleines Kind hatte Karl immer gerne zugesehen, wenn die Mutter gegen Abend die Wohnungstür mit dem Schlüssel absperrte. Sie hatte keine Ahnung davon, dass es jetzt mit Karl so weit gekommen war, dass er fremde Türen mit Messern aufzubrechen suchte.

Und welchen Zweck hatte sein ganzes Studium gehabt! Er hatte ja alles vergessen; wenn es darauf angekommen wäre, hier sein Studium fortzusetzen, es wäre ihm sehr schwer geworden. Er erinnerte sich daran, dass er zu Hause einmal einen Monat lang krank gewesen war; welche Mühe hatte es ihn damals gekostet, sich nachher wieder in dem unterbrochenen Lernen zurechtzufinden. Und nun hatte er außer dem Lehrbuch der englischen Handelskorrespondenz schon so lange kein Buch gelesen.

»Sie, junger Mann«, hörte sich Karl plötzlich angesprochen, »könnten Sie sich nicht anderswo aufstellen? Ihr Herüberstarren stört mich schrecklich. Um zwei Uhr in der Nacht kann man doch schließlich verlangen, auf dem Balkon ungestört arbeiten zu können. Wollen Sie denn etwas von mir?«

»Sie studieren?« fragte Karl.

»Ja, ja«, sagte der Mann und benützte dieses für das Lernen verlorene Weilchen, um unter seinen Büchern eine neue Ordnung einzurichten.

»Dann will ich Sie nicht stören«, sagte Karl, »ich gehe überhaupt schon ins Zimmer zurück. Gute Nacht.«

Der Mann gab nicht einmal eine Antwort, mit einem plötzlichen Entschlusse hatte er sich nach Beseitigung dieser Störung wieder ans Studieren gemacht und stützte die Stirn schwer in die rechte Hand.

Da erinnerte sich Karl knapp vor dem Vorhang daran, warum er eigentlich herausgekommen war, er wusste ja noch gar nicht, wie es mit ihm stand. Was lastete nur so auf seinem Kopf? Er griff hinauf und staunte, da war keine blutige Verletzung, wie er im Dunkel des Zimmers gefürchtet hatte, es war nur ein noch immer feuchter, turbanartiger Verband. Er war, nach den noch hie und da hängenden Spitzenüberresten zu schließen, aus einem alten Wäschestück Bruneldas gerissen, und Robinson hatte ihn wohl flüchtig Karl um den Kopf gewickelt. Nur hatte er vergessen, ihn auszuwinden, und so war während Karls Bewusstlosigkeit das viele Wasser das Gesicht hinab- und unter das Hemd geronnen und hatte Karl solchen Schrecken eingejagt.

»Sie sind wohl noch immer da?« fragte der Mann und blinzelte hinüber.

»Jetzt gehe ich aber wirklich schon«, sagte Karl »ich wollte hier nur etwas anschauen, im Zimmer ist es ganz finster.«

»Wer sind Sie denn?« sagte der Mann, legte den Federhalter in das vor ihm geöffnete Buch und trat an das Geländer. »Wie heißen Sie? Wie kommen Sie zu den Leuten? Sind Sie schon lange hier? Was wollen Sie denn anschauen? Drehen Sie doch Ihre Glühlampe dort auf, damit man Sie sehen kann.«

Karl tat dies, zog aber, ehe er antwortete, noch den Vorhang der Tür fester zu, damit man im Inneren nichts merken konnte. »Verzeihen Sie«, sagte er dann im Flüsterton, »dass ich so leise rede. Wenn mich die drinnen hören, habe ich wieder einen Krawall.«

»Wieder?« fragte der Mann.

»Ja«, sagte Karl, »ich habe ja erst abends einen großen Streit mit ihnen gehabt. Ich muss da noch eine fürchterliche Beule haben.« Und er tastete hinten seinen Kopf ab. »Was war denn das für ein Streit?« fragte der Mann und fügte, da Karl nicht gleich antwortete, hinzu: »Mir können Sie ruhig alles anvertrauen, was Sie gegen diese Herrschaften auf dem Herzen haben. Ich hasse sie nämlich alle drei, und ganz besonders Ihre Madame. Es sollte mich übrigens wundern, wenn man Sie nicht schon gegen mich gehetzt hätte. Ich heiße Josef Mendel und bin Student.«

»Ja«, sagte Karl, »erzählt hat man mir schon von Ihnen, aber nichts Schlimmes. Sie haben wohl einmal Frau Brunelda behandelt, nicht wahr?«

»Das stimmt«, sagte der Student und lachte. »Riecht das Kanapee noch danach?«

»O ja«, sagte Karl.

»Das freut mich aber«, sagte der Student und fuhr mit der Hand durchs Haar. »Und warum macht man Ihnen Beulen?«

»Es war ein Streit«, sagte Karl im Nachdenken darüber, wie er es dem Studenten erklären sollte. Dann aber unterbrach er sich und sagte: »Störe ich Sie denn nicht?« »Erstens«, sagte der Student, »haben Sie mich schon gestört, und ich bin leider so nervös, dass ich lange Zeit brauche, um mich wieder zurechtzufinden. Seit Sie da Ihre Spaziergänge auf dem Balkon angefangen haben, komme ich mit dem Studieren nicht vorwärts. Zweitens aber mache ich um drei Uhr immer eine Pause. Erzählen Sie also nur ruhig. Es interessiert mich auch.«

»Es ist ganz einfach«, sagte Karl. »Delamarche will, dass ich bei ihm Diener werde. Aber ich will nicht. Ich wäre am liebsten noch gleich abends weggegangen. Er wollte mich nicht lassen, hat die Tür abgesperrt, ich wollte sie aufbrechen, und dann kam es zu der Rauferei. Ich bin unglücklich, dass ich noch hier bin.«

»Haben Sie denn eine andere Stellung?« fragte der Student.

»Nein«, sagte Karl, »aber daran liegt mir nichts, wenn ich nur von hier fort wäre.«

»Hören Sie einmal«, sagte der Student, »daran liegt Ihnen nichts?« Und beide schwiegen ein Weilchen. »Warum wollen Sie denn bei den Leuten nicht bleiben?« fragte dann der Student.

»Delamarche ist ein schlechter Mensch«, sagte Karl, »ich kenne ihn schon von früher her. Ich marschierte einmal einen Tag lang mit ihm und war froh, als ich nicht mehr bei ihm war. Und jetzt soll ich Diener bei ihm werden?«

»Wenn alle Diener bei der Auswahl ihrer Herrschaften so heikel sein wollten wie Sie!« sagte der Student und schien zu lächeln. »Sehen Sie, ich bin während des Tages Verkäufer, niedrigster Verkäufer, eher schon Laufbursche im Warenhaus von Montly. Dieser Montly ist zweifellos ein Schurke, aber das lässt mich ganz ruhig, wütend bin ich nur, dass ich so elend bezahlt werde. Nehmen Sie sich also an mir ein Beispiel.«

»Wie?« sagte Karl, »Sie sind bei Tag Verkäufer und in der Nacht studieren Sie?«

»Ja«, sagte der Student, »es geht nicht anders. Ich habe schon alles mögliche versucht, aber diese Lebensweise ist noch die beste. Vor Jahren war ich nur Student, bei Tag und Nacht, wissen Sie, nur bin ich dabei fast verhungert, habe in einer schmutzigen alten Höhle geschlafen und wagte mich in meinem damaligen Anzug nicht in die Hörsäle. Aber das ist vorüber.«

»Aber wann schlafen Sie?« fragte Karl und sah den Studenten verwundert an.

»Ja, schlafen!« sagte der Student. »Schlafen werde ich, wenn ich mit meinem Studium fertig bin. Vorläufig trinke ich schwarzen Kaffee.« Und er wandte sich um, zog unter seinem Studiertisch eine große Flasche hervor, goss aus ihr schwarzen Kaffee in ein Tässchen und schüttete ihn in sich hinein, so wie man Medizinen eilig schluckt, um möglichst wenig von ihrem Geschmack zu spüren.

»Eine feine Sache, der schwarze Kaffee«, sagte der Student. »Schade, dass Sie so weit sind, dass ich Ihnen nicht ein wenig hinüberreichen kann.«

»Mir schmeckt schwarzer Kaffee nicht«, sagte Karl.

»Mir auch nicht«, sagte der Student und lachte. »Aber was wollte ich ohne ihn anfangen. Ohne den schwarzen Kaffee würde mich Montly keinen Augenblick behalten. Ich sage immer Montly, obwohl der natürlich keine Ahnung hat, dass ich auf der Welt bin. Ganz genau weiß ich nicht, wie ich mich im Geschäft benehmen würde, wenn ich nicht dort im Pult eine gleich große Flasche wie diese immer vorbereitet hätte, denn ich habe noch nie gewagt, mit dem Kaffeetrinken auszusetzen, aber, glauben Sie mir nur, ich würde bald hinter dem Pulte liegen und schlafen. Leider ahnt man das, sie nennen mich dort den ›Schwarzen Kaffee‹, was ein blödsinniger Witz ist und mir gewiss in meinem Vorwärtskommen schon geschadet hat.«

»Und wann werden Sie mit Ihrem Studium fertig werden?« fragte Karl.

»Es geht langsam«, sagte der Student mit gesenktem Kopf. Er verließ das Geländer und setzte sich wieder an den Tisch; die Ellbogen auf das offene Buch aufgestützt, mit den Händen durch seine Haare fahrend, sagte er dann: »Es kann noch ein bis zwei Jahre dauern.«

»Ich wollte auch studieren«, sagte Karl, als gebe ihm dieser Umstand ein Anrecht auf ein noch größeres Vertrauen, als es der jetzt verstummende Student ihm gegenüber schon bewiesen hatte.

»So«, sagte der Student, und es war nicht ganz klar, ob er in seinem Buche schon wieder las oder nur zerstreut hineinstarrte, »seien Sie froh, dass Sie das Studium aufgegeben haben. Ich selbst studiere schon seit Jahren eigentlich nur aus Konsequenz. Befriedigung habe ich wenig davon und Zukunftsaussichten noch weniger. Welche Aussichten wollte ich denn haben! Amerika ist voll von Schwindeldoktoren.«

»Ich wollte Ingenieur werden«, sagte Karl noch eilig zu dem scheinbar schon gänzlich unaufmerksamen Studenten hinüber.

»Und jetzt sollen Sie Diener bei diesen Leuten werden«, sagte der Student und sah flüchtig auf, »das schmerzt Sie natürlich.«

Diese Schlussfolgerung des Studenten war allerdings ein Missverständnis, aber vielleicht konnte es Karl beim Studenten nützen. Er fragte deshalb: »Könnte ich nicht vielleicht auch eine Stelle im Warenhaus bekommen?«

Diese Frage riss den Studenten völlig von seinem Buche los; der Gedanke, dass er Karl bei seiner Postenbewerbung behilflich sein könnte, kam ihm gar nicht. »Versuchen Sie es«, sagte er, »oder versuchen Sie es lieber nicht. Dass ich meinen Posten bei Montly bekommen habe, ist der bisher größte Erfolg meines Lebens gewesen. Wenn ich zwischen dem Studium und meinem Posten zu wählen hatte, würde ich natürlich den Posten wählen. Meine Anstrengung geht nur darauf hin, die Notwendigkeit einer solchen Wahl nicht eintreten zu lassen.« »So schwer ist es, dort einen Posten zu bekommen«, sagte Karl mehr für sich.

»Ach, was denken Sie denn«, sagte der Student, »es ist leichter, hier Bezirksrichter zu werden als Türöffner bei Montly.«

Karl schwieg. Dieser Student, der doch so viel erfahrener war als er und der den Delamarche aus irgendwelchen Karl noch unbekannten Gründen hasste, der dagegen Karl gewiss nichts Schlechtes wünschte, fand für Karl kein Wort der Aufmunterung, den Delamarche zu verlassen. Und dabei kannte er noch gar nicht die Gefahr, die Karl von der Polizei drohte und vor der er nur bei Delamarche halbwegs geschützt war.

»Sie haben doch am Abend die Demonstration unten gesehen? Nicht wahr? Wenn man die Verhältnisse nicht kannte, sollte man doch denken, dieser Kandidat, er heißt Lobter, werde doch irgendwelche Aussichten haben oder er komme doch wenigstens in Betracht, nicht?«

»Ich verstehe von Politik nichts«, sagte Karl.

»Das ist ein Fehler«, sagte der Student. »Aber abgesehen davon haben Sie doch Augen und Ohren. Der Mann hat doch zweifellos Freunde und Feinde gehabt, das kann Ihnen doch nicht entgangen sein. Und nun bedenken Sie, der Mann hat, meiner Meinung nach, nicht die geringsten Aussichten, gewählt zu werden. Ich weiß zufällig alles über ihn, es wohnt da bei uns einer, der ihn kennt. Er ist kein unfähiger Mensch, und seinen politischen Ansichten und seiner politischen Vergangenheit nach wäre gerade er der passende Richter für den Bezirk. Aber kein Mensch denkt daran, dass er gewählt werden könnte, er wird so prachtvoll durchfallen, als man durchfallen kann, er wird für die Wahlkampagne seine paar Dollars hinausgeworfen haben, das wird alles sein.«

Karl und der Student sahen einander ein Weilchen schweigend an. Der Student nickte lächelnd und drückte mit einer Hand die müden Augen.

»Nun, werden Sie noch nicht schlafen gehen?« fragte er dann. »Ich muss ja auch wieder studieren. Sehen Sie, wieviel ich noch durchzuarbeiten habe.« Und er blätterte ein halbes Buch rasch durch, um Karl einen Begriff von der Arbeit zu geben, die noch auf ihn wartete.

»Dann also gute Nacht«, sagte Karl und verbeugte sich.

»Kommen Sie doch einmal zu uns herüber«, sagte der Student, der schon wieder an seinem Tisch saß, »natürlich nur, wenn Sie Lust haben. Sie werden hier immer große Gesellschaft finden. Von neun bis zehn Uhr abends habe ich auch für Sie Zeit.«

»Sie raten mir also, bei Delamarche zu bleiben?« fragte Karl.

»Unbedingt«, sagte der Student und senkte schon den Kopf zu seinen Büchern. Es schien, als hätte gar nicht er das Wort gesagt; wie von einer Stimme gesprochen, die tiefer war als jene des Studenten, klang es noch in Karls Ohren nach. Langsam ging er zum Vorhang, warf noch einen Blick auf den Studenten, der jetzt ganz unbeweglich, von der großen Finsternis umgeben, in seinem Lichtschein saß, und schlüpfte ins Zimmer. Die vereinten Atemzüge der drei Schläfer empfingen ihn. Er suchte die Wand entlang das Kanapee und, als er es gefunden hatte, streckte er sich ruhig auf ihm aus, als sei es sein gewohntes Lager. Da ihm der Student, der den Delamarche und die hiesigen Verhältnisse genau kannte und überdies ein gebildeter Mann war, geraten hatte, hier zu bleiben, hatte er vorläufig keine Bedenken. So hohe Ziele wie der Student hatte er nicht, wer weiß, ob es ihm sogar zu Hause gelungen wäre, das Studium zu Ende zu führen, und wenn es zu Hause kaum möglich schien, so konnte niemand verlangen, dass er es hier im fremden Lande tue. Die Hoffnung aber, einen Posten zu finden, in dem er etwas leisten und für seine Leistungen anerkannt werden könnte, war gewiss größer, wenn er vorläufig die Dienerstelle bei Delamarche annahm und aus dieser Sicherheit heraus eine günstige Gelegenheit abwartete. Es schienen sich ja in dieser Straße viele Büros mittleren und unteren Ranges zu befinden, die vielleicht im Falle des Bedarfes bei der Auswahl ihres Personals nicht gar zu wählerisch waren. Er wollte ja gern, wenn es sein musste,

Geschäftsdiener werden, aber schließlich war es ja gar nicht ausgeschlossen, dass er auch für reine Büroarbeit aufgenommen werden konnte und einstmals als Bürobeamter an seinem Schreibtisch sitzen und ohne Sorgen ein Weilchen lang aus dem offenen Fenster schauen würde wie jener Beamte, den er heute früh beim Durchmarsch durch die Höfe gesehen hatte. Beruhigend fiel ihm ein, als er die Augen schloss, dass er doch jung war und dass Delamarche ihn doch einmal freigeben würde; dieser Haushalt sah ja wirklich nicht danach aus, als sei er für die Ewigkeit gemacht. Wenn aber Karl einmal einen solchen Posten in einem Büro hätte, dann wollte er sich mit nichts anderem beschäftigen als mit seinen Büroarbeiten und nicht die Kräfte zersplittern wie der Student. Wenn es nötig sein sollte, wollte er auch die Nacht fürs Büro verwenden, was man ja im Beginn bei seiner geringen kaufmännischen Vorbildung sowieso von ihm verlangen würde. Er wollte nur an das Interesse des Geschäftes denken, dem er zu dienen hätte, und allen Arbeiten sich unterziehen, selbst solchen, die andere Bürobeamte als ihrer nicht würdig zurückweisen würden. Die guten Vorsätze drängten sich in seinem Kopf, als stehe sein künftiger Chef vor dem Kanapee und lese sie von seinem Gesicht ab.

In solchen Gedanken schlief Karl ein und nur im ersten Halbschlaf störte ihn noch ein gewaltiges Seufzen Bruneldas, die, scheinbar von schweren Träumen geplagt, sich auf ihrem Lager wälzte.

Das Naturtheater von Oklahoma

Karl sah an einer Straßenecke ein Plakat mit folgender Aufschrift: »Auf dem Rennplatz in Clayton wird heute von sechs Uhr früh bis Mitternacht Personal für das Theater in Oklahoma aufgenommen! Das große Theater von Oklahoma ruft euch! Es ruft nur heute, nur einmal! Wer jetzt die Gelegenheit versäumt, versäumt sie für immer! Wer an seine Zukunft denkt, gehört zu uns! Jeder ist willkommen! Wer Künstler werden will, melde sich! Wir sind das Theater, das jeden brauchen kann, jeden an seinem Ort! Wer sich für uns entschieden hat, den beglückwünschen wir gleich hier! Aber beeilt euch, damit ihr bis Mitternacht vorgelassen werdet! Um zwölf Uhr wird alles geschlossen und nicht mehr geöffnet! Verflucht sei, wer uns nicht glaubt! Auf nach Clayton!«

Es standen zwar viele Leute vor dem Plakat, aber es schien nicht viel Beifall zu finden. Es gab so viel Plakate, Plakaten glaubte niemand mehr. Und dieses Plakat war noch unwahrscheinlicher, als Plakate sonst zu sein pflegen. Vor allem aber hatte es einen großen Fehler, es stand kein Wörtchen von der Bezahlung darin. Wäre sie auch nur ein wenig erwähnungswert gewesen, das Plakat hätte sie gewiss genannt; es hätte das Verlockendste nicht vergessen. Künstler werden wollte niemand, wohl aber wollte jeder für seine Arbeit bezahlt werden.

Für Karl stand aber doch in dem Plakat eine große Verlockung. »Jeder war willkommen«, hieß es. Jeder, also auch Karl. Alles, was er bisher getan hatte, war vergessen, niemand wollte ihm daraus einen Vorwurf machen. Er durfte sich zu einer Arbeit melden, die keine Schande war, zu der man vielmehr öffentlich einladen konnte! Und ebenso öffentlich wurde das Versprechen gegeben, dass man auch ihn annehmen würde. Er verlangte nichts Besseres, er wollte endlich den Anfang einer anständigen Laufbahn finden, und hier zeigte er sich vielleicht. Mochte alles Großsprecherische, das auf dem Plakate stand, eine Lüge sein, mochte das große Theater von Oklahoma ein kleiner Wanderzirkus sein, es wollte Leute aufnehmen, das genügte. Karl las das Plakat nicht zum zweiten Male, suchte aber noch einmal den Satz: »Jeder ist willkommen« hervor. Zuerst dachte er daran, zu Fuß nach Clayton zu gehen, aber das wären drei Stunden angestrengten Marsches gewesen, und er wäre dann möglicherweise gerade zurecht gekommen, um zu erfahren, dass man schon alle verfügbaren Stellen besetzt hätte. Nach dem Plakat war allerdings die Zahl der Aufzunehmenden unbegrenzt, aber so waren immer alle derartigen Stellenangebote abgefasst. Karl sah ein, dass er entweder auf die Stelle verzichten oder fahren musste. Er überschlug sein Geld, es hätte ohne diese Fahrt für acht Tage gereicht, er schob die kleinen Münzen auf der flachen Hand hin und her. Ein Herr, der ihn beobachtet hatte, klopfte ihm auf die Schulter und sagte: »Viel Glück zur Fahrt nach Clayton.« Karl nickte stumm und rechnete weiter. Aber er entschloss sich bald, teilte das für die Fahrt notwendige Geld ab und lief zur Untergrundbahn. Als er in Clayton ausstieg, hörte er gleich den Lärm vieler Trompeten. Es war ein wirrer Lärm, die Trompeten waren nicht gegeneinander abgestimmt, es wurde rücksichtslos geblasen. Aber das störte Karl nicht, es bestätigte ihm vielmehr, dass das Theater von Oklahoma ein großes Unternehmen war. Aber als er aus dem Stationsgebäude trat und die ganze Anlage vor sich überblickte, sah er, dass alles noch größer war, als er nur irgendwie hatte denken können, und er begriff nicht, wie ein Unternehmen nur zu dem Zweck, um Personal zu erhalten, derartige Aufwendungen machen konnte. Vor dem Eingang zum Rennplatz war ein langes, niedriges Podium aufgebaut, auf dem Hunderte von Frauen, als Engel gekleidet, in weißen Tüchern mit großen Flügeln am Rücken, auf langen, goldglänzenden Trompeten bliesen. Sie waren aber nicht unmittelbar auf dem Podium, sondern jede stand auf einem Postament, das aber nicht zu sehen war, denn die langen wehenden Tücher der Engelkleidung hüllten es vollständig ein. Da nun die Postamente sehr hoch, wohl bis zwei Meter hoch waren, sahen die Gestalten der Frauen riesenhaft aus, nur ihre kleinen Köpfe störten ein wenig den Eindruck der Größe, auch ihr gelöstes Haar hing zu kurz und fast lächerlich zwischen den großen Flügeln und an den Seiten hinab. Damit keine Einförmigkeit entstehe, hatte man Postamente in der verschiedensten Größe verwendet; es gab ganz niedrige Frauen, nicht weit über Lebensgröße, aber neben ihnen schwangen sich andere Frauen in solche Höhe hinauf, dass man sie beim leichtesten Windstoß in Gefahr glaubte. Und nun bliesen alle diese Frauen.

Es gab nicht viele Zuhörer. Klein, im Vergleich zu den großen Gestalten, gingen etwa zehn Burschen vor dem Podium hin und her und blickten zu den Frauen hinauf. Sie zeigten einander diese oder jene, sie schienen aber nicht die Absicht zu haben, einzutreten und sich aufnehmen zu lassen. Nur ein einziger älterer Mann war zu sehen, er stand ein wenig abseits. Er hatte gleich auch seine Frau und ein Kind im Kinderwagen mitgebracht. Die Frau hielt mit der einen Hand den Wagen, mit der anderen stützte sie sich auf die Schulter des Mannes. Sie bewunderten zwar das Schauspiel, aber man erkannte doch, dass sie enttäuscht waren. Sie hatten wohl auch erwartet, eine Arbeitsgelegenheit zu finden, dieses Trompetenblasen aber beirrte sie. Karl war in der gleichen Lage. Er trat in die Nähe des Mannes, hörte ein wenig den Trompeten zu und sagte dann: »Hier ist doch die Aufnahmestelle für das Theater von Oklahoma?«

»Ich glaubte es auch«, sagte der Mann, »aber wir warten hier schon seit einer Stunde und hören nichts als die Trompeten. Nirgends ist ein Plakat zu sehen, nirgends ein Ausrufer, nirgends jemand, der Auskunft geben könnte.«

Karl sagte: »Vielleicht wartet man, bis mehr Leute zusammenkommen. Es sind wirklich noch sehr wenig hier.«

»Möglich«, sagte der Mann, und sie schwiegen wieder. Es war auch schwer, im Lärm der Trompeten etwas zu verstehen. Aber dann flüsterte die Frau etwas ihrem Manne zu, er nickte, und sie rief gleich Karl an: »Könnten Sie nicht in die Rennbahn hinübergehen und fragen, wo die Aufnahme stattfindet?«

»Ja«, sagte Karl, »aber ich müsste über das Podium gehen, zwischen den Engeln durch.«

»Ist das so schwierig?« fragte die Frau.

Für Karl erschien ihr der Weg leicht, ihren Mann aber wollte sie nicht ausschicken.

»Nun ja«, sagte Karl, »ich werde gehen.«

»Sie sind sehr gefällig«, sagte die Frau, und sie wie auch ihr Mann drückten Karl die Hand.

Die Burschen liefen zusammen, um aus der Nähe zu sehen, wie Karl auf das Podium stieg. Es war, als bliesen die Frauen stärker, um den ersten Stellensuchenden zu begrüßen. Diejenigen aber, an deren Postament Karl gerade vorüberging, gaben sogar die Trompeten vom Munde und beugten sich zur Seite, um seinen Weg zu verfolgen. Karl sah auf dem anderen Ende des Podiums einen unruhig auf und ab gehenden Mann, der offenbar nur auf Leute wartete, um ihnen alle Auskunft zu geben, die man nur wünschen konnte. Karl wollte schon auf ihn zugehen, da hörte er über sich seinen Namen rufen.

»Karl!« rief der Engel. Karl sah auf und fing vor freudiger Überraschung zu lachen an. Es war Fanny.

»Fanny!« rief er und grüßte mit der Hand hinauf.

»Komm doch her!« rief Fanny. »Du wirst doch nicht an mir vorüberlaufen!« Und sie schlug die Tücher auseinander, so dass das Postament und eine schmale Treppe, die hinaufführte, freigelegt wurde.

»Ist es erlaubt hinaufzugehen?« fragte Karl.

»Wer will uns verbieten, dass wir einander die Hand drücken!« rief Fanny und blickte sich erzürnt um, ob nicht etwa schon jemand mit dem Verbote käme. Karl lief aber schon die Treppe hinauf.

»Langsamer!« rief Fanny. »Das Postament und wir beide stürzen um!« Aber es geschah nichts, Karl kam glücklich bis zur letzten Stufe. »Sieh nur«, sagte Fanny, nachdem sie einander begrüßt hatten, »sieh nur, was für eine Arbeit ich bekommen habe.«

»Es ist ja schön«, sagte Karl und sah sich um. Alle Frauen in der Nähe hatten schon Karl bemerkt und kicherten. »Du bist fast die Höchste«, sagte Karl und streckte die Hand aus, um die Höhe der anderen abzumessen.

»Ich habe dich gleich gesehen«, sagte Fanny, »als du aus der Station kamst, aber ich bin leider hier in der letzten Reihe, man sieht mich nicht, und rufen konnte ich auch nicht. Ich habe zwar besonders laut geblasen, aber du hast mich nicht erkannt.«

»Ihr blast ja alle schlecht«, sagte Karl, »las mich einmal blasen.«

»Aber gewiss«, sagte Fanny und reichte ihm die Trompete, »aber verdirb den Chor nicht, sonst entlässt man mich.«

Karl fing zu blasen an; er hatte gedacht, es sei eine grob gearbeitete Trompete, nur zum Lärmmachen bestimmt, aber nun zeigte es sich, dass es ein Instrument war, das fast jede Feinheit ausführen konnte. Waren alle Instrumente von gleicher Beschaffenheit, so wurde ein großer Missbrauch mit ihnen getrieben. Karl blies, ohne sich vom Lärm der anderen stören zu lassen, aus voller Brust ein Lied, das er irgendwo in einer Kneipe einmal gehört hatte. Er war froh, eine alte Freundin getroffen zu haben und hier, vor allen bevorzugt, die Trompete blasen zu dürfen und möglicherweise bald eine gute Stellung bekommen zu können. Viele Frauen stellten das Blasen ein und hörten zu; als er plötzlich abbrach, war kaum die Hälfte der Trompeten in Tätigkeit, erst allmählich kam wieder der vollständige Lärm zustande.

»Du bist ja ein Künstler«, sagte Fanny, als Karl ihr die Trompete wieder reichte. »Lass dich als Trompeter aufnehmen.«

»Werden denn auch Männer aufgenommen?« fragte Karl.

»Ja«, sagte Fanny, »wir blasen zwei Stunden lang. Dann werden wir von Männern, die als Teufel angezogen sind, abgelöst. Die Hälfte bläst, die Hälfte trommelt. Es ist sehr schön, wie überhaupt die ganze Ausstattung sehr kostbar ist. Ist nicht auch unser Kleid sehr schön? und die Flügel?« Sie sah an sich hinab.

»Glaubst du«, fragte Karl, »dass auch ich noch eine Stelle bekommen werde?«

»Ganz bestimmt«, sagte Fanny, »es ist ja das größte Theater der Welt. Wie gut es sich trifft, dass wir wieder beisammen sein werden. Allerdings kommt es darauf an, welche Stelle du bekommst. Es wäre nämlich auch möglich, dass wir, auch wenn wir beide hier angestellt sind, uns doch gar nicht sähen.«

»Ist denn das Ganze wirklich so groß?« fragte Karl.

»Es ist das größte Theater der Welt«, sagte Fanny nochmals, »ich habe es allerdings selbst noch nicht gesehen, aber manche meiner Kolleginnen, die schon in Oklahoma waren, sagen, es sei fast grenzenlos.«

»Es melden sich aber wenig Leute«, sagte Karl und zeigte hinunter auf die Burschen und die kleine Familie.

»Das ist wahr«, sagte Fanny. »Bedenke aber, dass wir in allen Städten Leute aufnehmen, dass unsere Werbetruppe immerfort reist und dass es noch viele solcher Truppen gibt.«

»Ist denn das Theater noch nicht eröffnet?« fragte Karl.

»O ja«, sagte Fanny, »es ist ein altes Theater, aber es wird immerfort vergrößert.«

»Ich wundere mich«, sagte Karl, »dass sich nicht mehr Leute dazu drängen.«

»Ja«, sagte Fanny, »es ist merkwürdig.«

»Vielleicht«, sagte Karl, »schreckt dieser Aufwand an Engeln und Teufeln mehr ab, als er anzieht.«

»Wie du das herausfinden kannst«, sagte Fanny. »Es ist aber möglich. Sag es unserem Führer, vielleicht kannst du ihm dadurch nützen.«

»Wo ist er?« fragte Karl.

»In der Rennbahn«, sagte Fanny, »auf der Schiedsrichtertribüne.«

»Auch das wundert mich«, sagte Karl, »warum geschieht denn die Aufnahme auf der Rennbahn?«

»Ja«, sagte Fanny, »wir machen überall die größten Vorbereitungen für den größten Andrang. Auf der Rennbahn ist eben viel Platz. Und in allen Ständen, wo sonst die Wetten abgeschlossen werden, sind die Aufnahmekanzleien eingerichtet. Es sollen zweihundert verschiedene Kanzleien sein.«

»Aber«, rief Karl, »hat denn das Theater von Oklahoma so große Einkünfte, um derartige Werbetruppen erhalten zu können?«

»Was kümmert uns denn das?« sagte Fanny. »Aber nun geh, Karl, damit du nichts versäumst, ich muss auch wieder blasen. Versuche, auf jeden Fall einen Posten bei dieser Truppe zu bekommen, und komm gleich zu mir, es melden. Denke daran, dass ich in großer Unruhe auf die Nachricht warte.«

Sie drückte ihm die Hand, ermahnte ihn zur Vorsicht beim Hinabsteigen, setzte wieder die Trompete an die Lippen, blies aber nicht, ehe sie Karl unten auf dem Boden in Sicherheit sah. Karl legte wieder die Tücher über die Treppe, so wie sie früher gewesen waren, Fanny dankte durch Kopfnicken, und Karl ging, das eben Gehörte nach verschiedenen Richtungen hin überlegend, auf den Mann zu, der schon Karl oben bei Fanny gesehen und sich dem Postament genähert hatte, um ihn zu erwarten.

»Sie wollen bei uns eintreten?« fragte der Mann. »Ich bin der Personalchef dieser Truppe und heiße Sie willkommen.« Er war ständig wie aus Höflichkeit ein wenig vorgebeugt, tänzelte, obwohl er sich nicht von der Stelle rührte, und spielte mit seiner Uhrkette.

»Ich danke«, sagte Karl, »ich habe das Plakat Ihrer Gesellschaft gelesen und melde mich, wie es dort verlangt wird.«

»Sehr richtig«, sagte der Mann anerkennend, »leider verhält sich hier nicht jeder so richtig.«

Karl dachte daran, dass er jetzt den Mann darauf aufmerksam machen könnte, dass möglicherweise die Lockmittel der Werbetruppe gerade wegen ihrer Großartigkeit versagten. Aber er sagte es nicht, denn dieser Mann war gar nicht der Führer der Truppe, und außerdem wäre es wenig empfehlend gewesen, wenn er, der noch gar nicht aufgenommen war, gleich Verbesserungsvorschläge gemacht hätte. Darum sagte er nur: »Es wartet draußen noch einer, der sich auch anmelden will und der mich nur vorausgeschickt hat. Darf ich ihn jetzt holen?«

»Natürlich«, sagte der Mann, »je mehr kommen, desto besser.«

»Er hat auch eine Frau bei sich und ein kleines Kind im Kinderwagen. Sollen die auch kommen?«

»Natürlich«, sagte der Mann und schien über Karls Zweifel zu lächeln. »Wir können alle brauchen.«

»Ich bin gleich wieder zurück«, sagte Karl und lief wieder zurück an den Rand des Podiums. Er winkte dem Ehepaar zu und rief, dass alle kommen dürften. Er half, den Kinderwagen auf das Podium heben, und sie gingen nun gemeinsam. Die Burschen, die das sahen, berieten sich miteinander, stiegen dann langsam, bis zum letzten Augenblick noch zögernd, die Hände in den Taschen, auf das Podium hinauf und folgten schließlich Karl und der Familie. Eben kamen aus dem Stationsgebäude der Untergrundbahn neue Passagiere hervor, die, angesichts des Podiums mit den Engeln, staunend die Arme erhoben. Immerhin schien es, als ob die Bewerbung um Stellen nun doch lebhafter werden sollte. Karl war sehr froh, so früh, vielleicht als erster, gekommen zu sein, das Ehepaar war ängstlich und stellte verschiedene Fragen darüber, ob große Anforderungen gestellt würden. Karl sagte, er wisse noch nichts Bestimmtes, er hätte aber wirklich den Eindruck erhalten, dass jeder ohne Ausnahme genommen würde. Er glaube, man dürfe getrost sein. Der Personalchef kam ihnen schon entgegen, war sehr zufrieden, dass so viele kamen, rieb sich die Hände, grüßte jeden einzelnen durch eine kleine Verbeugung und stellte sie alle in eine Reihe. Karl war der erste, dann kam das Ehepaar und dann erst die anderen. Als sie sich alle aufgestellt hatten – die Burschen drängten sich zuerst durcheinander, und es dauerte ein Weilchen, ehe bei ihnen Ruhe eintrat –, sagte der Personalchef, während die Trompeten verstummten: »Im Namen des Theaters von Oklahoma begrüße ich Sie. Sie sind früh gekommen« (es war aber schon bald Mittag), »das Gedränge ist noch nicht groß, die Formalitäten Ihrer Aufnahme werden daher bald erledigt sein. Sie haben natürlich alle Ihre Legitimationspapiere bei sich.«

Die Burschen holten gleich irgendwelche Papiere aus den Taschen und schwenkten sie gegen den Personalchef hin, der Ehemann stieß seine Frau an, die unter dem Federbett des Kinderwagens ein ganzes Bündel Papiere hervorzog. Karl allerdings hatte keine. Sollte das ein Hindernis für seine Aufnahme werden? Immerhin wusste Karl aus Erfahrung, dass sich derartige Vorschriften, wenn man nur ein wenig entschlossen ist, leicht umgehen lassen. Es war nicht unwahrscheinlich. Der Personalchef überblickte die Reihe, vergewisserte sich, dass alle Papiere hatten, und da auch Karl die Hand, allerdings die leere Hand erhob, nahm er an, auch bei ihm sei alles in Ordnung.

»Es ist gut«, sagte dann der Personalchef und winkte den Burschen ab, die ihre Papiere gleich untersucht haben wollten, »die Papiere werden jetzt in den Aufnahmekanzleien überprüft werden. Wie Sie schon aus unserem Plakat gesehen haben, können wir jeden brauchen. Wir müssen aber natürlich wissen, welchen Beruf er bisher ausgeübt hat, damit wir ihn an den richtigen Ort stellen können, wo er seine Kenntnisse verwerten kann.«

›Es ist ja ein Theater‹, dachte Karl zweifelnd und hörte sehr aufmerksam zu.

»Wir haben daher«, fuhr der Personalchef fort, »in den Buchmacherbuden Aufnahmekanzleien eingerichtet, je eine Kanzlei für eine Berufsgruppe. Jeder von ihnen wird mir also jetzt seinen Beruf angeben, die Familie gehört im allgemeinen zur Aufnahmekanzlei des Mannes. Ich werde Sie dann zu den Kanzleien führen, wo zuerst Ihre Papiere und dann Ihre Kenntnisse von Fachmännern überprüft werden sollen, es wird nur eine ganz kurze Prüfung sein, niemand muss sich fürchten. Dort werden Sie dann auch gleich aufgenommen werden und die weiteren Weisungen erhalten. Fangen wir also an. Hier, die erste Kanzlei, ist, wie schon die Aufschrift sagt, für Ingenieure bestimmt. Ist vielleicht ein Ingenieur unter Ihnen?« Karl meldete sich. Er glaubte, gerade weil er keine Papiere hatte, müsse er bestrebt sein, alle Formalitäten möglichst rasch durchzujagen, eine kleine Berechtigung, sich zu melden, hatte er auch, denn er hatte ja Ingenieur werden wollen. Aber als die Burschen sahen, dass Karl sich meldete, wurden sie neidisch und meldeten sich auch alle; alle meldeten sich. Der Personalchef streckte sich in die Höhe und sagte zu den Burschen: »Sie sind Ingenieur?« Da senkten sie alle langsam die Hände, Karl dagegen bestand auf seiner ersten Meldung. Der Personalchef sah ihn zwar ungläubig an, denn Karl schien ihm zu kläglich angezogen und auch zu jung, um Ingenieur sein zu können, aber er sagte doch nichts weiter, vielleicht aus Dankbarkeit, weil Karl ihm, wenigstens seiner Meinung nach, die Bewerber hereingeführt hatte. Er zeigte bloß einladend nach der Kanzlei, und Karl ging hin, während sich der Personalchef den anderen zuwandte.

In der Kanzlei für Ingenieure saßen an den zwei Seiten eines rechtwinkeligen Pultes zwei Herren und verglichen zwei große Verzeichnisse, die vor ihnen lagen. Der eine las vor, der andere strich in seinem Verzeichnis die vorgelesenen Namen an. Als Karl grüßend vor sie hintrat, legten sie sofort die Verzeichnisse fort und nahmen andere große Bücher vor, die sie aufschlugen.

Der eine, offenbar nur ein Schreiber, sagte: »Ich bitte um Ihre Legitimationspapiere.«

»Ich habe sie leider nicht bei mir«, sagte Karl.

»Er hat sie nicht bei sich«, sagte der Schreiber zu dem anderen Herrn und schrieb die Antwort gleich in sein Buch ein.

»Sie sind Ingenieur?« fragte dann der andere, der der Leiter der Kanzlei zu sein schien.

»Ich bin es noch nicht«, sagte Karl schnell, »aber –«

»Genug«, sagte der Herr noch viel schneller, »dann gehören Sie nicht zu uns. Ich bitte, die Aufschrift zu beachten.« Karl biss die Zähne zusammen, der Herr musste es bemerkt haben, denn er sagte: »Es ist kein Grund zur Unruhe. Wir können alle brauchen.« Und er winkte einem der Diener, die beschäftigungslos zwischen den Barrieren umhergingen: »Führen Sie diesen Herrn zu der Kanzlei für Leute mit technischen Kenntnissen.«

Der Diener fasste den Befehl wörtlich auf und fasste Karl bei der Hand. Sie gingen zwischen vielen Buden durch, in einer sah Karl schon einen der Burschen, der schon aufgenommen war und den Herren dort dankend die Hand drückte. In der Kanzlei, in die Karl jetzt gebracht wurde, war, wie Karl vorausgesehen hatte, der Vorgang ähnlich wie in der ersten Kanzlei. Nur schickte man ihn von hier, da man hörte, dass er eine Mittelschule besucht hatte, in die Kanzlei für gewesene Mittelschüler. Als Karl dort aber sagte, er hätte eine europäische Mittelschule besucht, erklärte man sich auch dort für unzuständig und ließ ihn in die Kanzlei für europäische Mittelschüler führen. Es war eine Bude am äußeren Rand, nicht nur kleiner, sondern sogar niedriger als alle anderen. Der Diener, der ihn hierher gebracht hatte, war wütend über die lange Führung und die vielen Abweisungen, an denen seiner Meinung nach Karl allein die Schuld tragen müsste. Er wartete nicht mehr die Fragen ab, sondern lief gleich fort. Diese Kanzlei war wohl auch die letzte Zuflucht. Als Karl den Kanzleileiter erblickte, erschrak er fast über die Ähnlichkeit, die dieser mit einem Professor hatte, der wahrscheinlich noch jetzt an der Realschule zu Hause unterrichtete. Die Ähnlichkeit bestand allerdings, wie sich gleich herausstellte, nur in Einzelheiten; aber die auf der breiten Nase ruhende Brille, der blonde, wie ein Schaustück gepflegte Vollbart, der sanft gebeugte Rücken und die immer unerwartet hervorbrechende laute Stimme hielten Karl noch einige Zeit in Staunen. Glücklicherweise musste er auch nicht sehr aufmerken, denn es ging hier einfacher zu als in den anderen Kanzleien. Es wurde zwar auch hier eingetragen, dass seine Legitimationspapiere fehlten, und der Kanzleileiter nannte es eine unbegreifliche Nachlässigkeit, aber der Schreiber, der hier die Oberhand hatte, ging schnell darüber hinweg und erklärte nach einigen kurzen Fragen des Leiters, während sich dieser gerade zu einer größeren Frage anschickte, Karl für aufgenommen. Der Leiter wandte sich mit offenem Mund gegen den Schreiber, dieser aber machte eine abschließende Handbewegung, sagte: »Aufgenommen« und trug auch gleich die Entscheidung ins Buch ein. Offenbar war der Schreiber der Meinung, ein europäischer Mittelschüler zu sein, sei schon etwas so Schmähliches, dass man es jedem, der es von sich behauptete, ohne weiteres glauben könnte. Karl für seinen Teil hatte nichts dagegen einzuwenden, er ging zu ihm hin und wollte ihm danken. Es gab aber noch eine kleine Verzögerung, als man ihn jetzt nach seinem Namen fragte. Er antwortete nicht gleich, er hatte eine Scheu, seinen wirklichen Namen zu nennen und aufschreiben zu lassen. Sobald er hier auch nur die kleinste Stelle erhalten und zur Zufriedenheit ausfüllen würde, dann mochte man seinen Namen erfahren, jetzt aber nicht; allzu lange hatte er ihn verschwiegen, als dass er ihn jetzt hätte verraten sollen. Er nannte daher, da ihm im Augenblick kein anderer Name einfiel, den Rufnamen aus seinen letzten Stellungen: »Negro.«

»Negro?« fragte der Leiter, drehte den Kopf und machte eine Grimasse, als hätte Karl jetzt den Höhepunkt der Unglaubwürdigkeit erreicht. Auch der Schreiber sah Karl eine Weile lang prüfend an, dann aber wiederholte er »Negro« und schrieb den Namen ein.

»Sie haben doch nicht Negro aufgeschrieben?« fuhr ihn der Leiter an.

»Ja, Negro«, sagte der Schreiber ruhig und machte eine Handbewegung, als habe nun der Leiter das Weitere zu veranlassen. Der Leiter bezwang sich auch, stand auf und sagte: »Sie sind also für das Theater von Oklahoma-«, aber weiter kam er nicht, er konnte nichts gegen sein Gewissen tun, setzte sich und sagte: »Er heißt nicht Negro.«

Der Schreiber zog die Augenbrauen in die Höhe, stand nun selbst auf und sagte: »Dann teile also ich Ihnen mit, dass Sie für das Theater in Oklahoma aufgenommen sind und dass man Sie jetzt unserem Führer vorstellen wird.«

Wieder wurde ein Diener gerufen, der Karl zur Schiedsrichtertribüne führte.

Unten an der Treppe sah Karl den Kinderwagen, und gerade kam auch das Ehepaar herunter, die Frau mit dem Kind auf dem Arm.

»Sind Sie aufgenommen?« fragte der Mann, er war viel lebhafter als früher, auch die Frau sah ihm lachend über die Schulter. Als Karl antwortete, eben sei er aufgenommen worden und gehe zur Vorstellung, sagte der Mann: »Dann gratuliere ich. Auch wir sind aufgenommen worden. Es scheint ein gutes Unternehmen zu sein, allerdings kann man sich nicht gleich in alles einfinden, so ist es aber überall.« Sie sagten einander noch »Auf Wiedersehen«, und Karl stieg zur Tribüne hinauf. Er ging langsam, denn der kleine Raum oben schien von Leuten überfüllt zu sein, und er wollte sich nicht hineindrängen. Er blieb sogar stehen und überblickte das große Rennfeld, das auf allen Seiten bis an ferne Wälder reichte. Ihn erfasste die Lust, einmal ein Pferderennen zu sehen, er hatte in Amerika noch keine Gelegenheit dazu gefunden. In Europa war er einmal als kleines Kind zu einem Rennen mitgenommen worden, konnte sich aber an nichts anderes erinnern, als dass er von der Mutter zwischen vielen Menschen, die nicht auseinanderweichen wollten, durchgezogen worden war. Er hatte also eigentlich überhaupt noch kein Rennen gesehen. Hinter ihm fing eine Maschinerie zu schnarren an, er drehte sich um und sah auf dem Apparat, auf dem beim Rennen die Namen der Sieger veröffentlicht werden, jetzt folgende Aufschrift in die Höhe ziehen: »Kaufmann Kalla mit Frau und Kind«. Hier wurden also die Namen der Aufgenommenen den Kanzleien mitgeteilt.

Gerade liefen einige Herren, lebhaft miteinander sprechend, Bleistifte und Notizblätter in den Händen, die Treppe hinunter, Karl drückte sich ans Geländer, um sie vorbeizulassen, und stieg, da nun oben Platz geworden war, hinauf. In einer Ecke der mit Holzgeländern versehenen Plattform – das Ganze sah wie das flache Dach eines schmalen Turmes aus – saß, die Arme entlang des Holzgeländers ausgestreckt, ein Herr, dem ein breites weißes Seidenband mit der Aufschrift: »Führer der zehnten Werbetruppe des Theaters von Oklahoma« quer über die Brust hing. Neben ihm stand auf einem Tischchen ein gewiss auch bei den Rennen verwendeter telefonischer Apparat, durch den der Führer offenbar alle notwendigen Angaben über die einzelnen Bewerber noch vor der Vorstellung erfuhr, denn er stellte Karl zunächst gar keine Fragen, sondern sagte zu einem Herrn, der mit gekreuzten Beinen, die Hand am Kinn, neben ihm lehnte: »Negro, ein europäischer Mittelschüler.« Und als sei damit der sich tief verneigende Karl für ihn erledigt, sah er die Treppe hinunter, ob nicht wieder jemand käme. Aber da niemand kam, hörte er manchmal dem Gespräch, das der andere Herr mit Karl führte, zu, blickte aber meistens über das Rennfeld hin und klopfte mit den Fingern auf das Geländer. Diese zarten und doch kräftigen, langen und schnell bewegten Finger lenkten zeitweilig Karls Aufmerksamkeit auf sich, obwohl ihn der andere Herr genügend in Anspruch nahm.

»Sie sind stellungslos gewesen?« fragte dieser Herr zunächst. Diese Frage, sowie fast alle anderen Fragen, die er stellte, waren sehr einfach, ganz unverfänglich, und die Antworten wurden überdies nicht durch Zwischenfragen nachgeprüft; trotzdem aber wusste ihnen der Herr durch die Art, wie er sie mit großen Augen aussprach, wie er ihre Wirkung mit vorgebeugtem Oberkörper beobachtete, wie er die Antworten mit auf die Brust gesenktem Kopfe aufnahm und hie und da laut wiederholte, eine besondere Bedeutung zu geben, die man zwar nicht verstand, deren Ahnung aber vorsichtig und befangen machte. Es kam öfters vor, dass es Karl drängte, die gegebene Antwort zu widerrufen und durch eine andere, die vielleicht mehr Beifall finden würde, zu ersetzen, aber er hielt sich doch immer noch zurück, denn er wusste, welch schlechten Eindruck ein derartiges Schwanken machen musste, und wie unberechenbar überdies die Wirkung der Antworten meist war. Überdies aber schien ja seine Aufnahme schon entschieden zu sein, dieses Bewusstsein gab ihm Rückhalt.

Die Frage, ob er stellungslos gewesen sei, beantwortete er mit einem einfachen »Ja.«

»Wo waren Sie zuletzt angestellt?« fragte dann der Herr. Karl wollte schon antworten, da hob der Herr den Zeigefinger und sagte noch einmal: »Zuletzt!«

Karl hatte auch schon die erste Frage richtig verstanden, unwillkürlich schüttelte er die letzte Bemerkung als beirrend mit dem Kopfe ab und antwortete: »In einem Büro.«

Das war noch die Wahrheit, würde aber der Herr eine nähere Auskunft über die Art des Büros verlangen, so musste er lügen. Aber das tat der Herr nicht, sondern stellte die überaus leicht ganz wahrheitsgemäß zu beantwortende Frage: »Waren Sie dort zufrieden? «

»Nein!« rief Karl, ihm fast in die Rede fallend. Bei einem Seitenblick bemerkte Karl, dass der Führer ein wenig lächelte. Karl bereute die unbedachte Art seiner letzten Antwort, aber es war zu verlockend gewesen, das Nein hinauszuschreien, denn während seiner ganzen letzten Dienstzeit hatte er nur den größten Wunsch gehabt, irgendein fremder Dienstgeber möge einmal eintreten und diese Frage an ihn richten. Seine Antwort konnte aber noch einen anderen Nachteil bringen, denn der Herr konnte nun fragen, warum er nicht zufrieden gewesen sei. Statt dessen fragte er jedoch: »Zu welchem Posten fühlen Sie sich geeignet?« Diese Frage enthielt möglicherweise wirklich eine Falle, denn wozu wurde sie gestellt, da Karl doch schon als Schauspieler aufgenommen war? Obwohl er das aber erkannte, konnte er sich dennoch nicht zu der Erklärung überwinden, er fühle sich für den Schauspielerberuf besonders geeignet. Er wich daher der Frage aus und sagte, auf die Gefahr hin, trotzig zu erscheinen: »Ich habe das Plakat in der Stadt gelesen, und da dort stand, dass man jeden brauchen kann, habe ich mich gemeldet.«

»Das wissen wir«, sagte der Herr, schwieg und zeigte dadurch, dass er auf seiner früheren Frage beharre.

»Ich bin als Schauspieler aufgenommen«, sagte Karl zögernd, um dem Herrn die Schwierigkeit, in die ihn die letzte Frage gebracht hatte, begreiflich zu machen.

»Das ist richtig«, sagte der Herr und verstummte wieder.

»Nein«, sagte Karl, und die ganze Hoffnung, einen Posten gefunden zu haben, kam ins Wanken, »ich weiß nicht, ob ich zum Theaterspielen geeignet bin. Ich will mich aber anstrengen und alle Aufträge auszuführen suchen.«

Der Herr wandte sich dem Leiter zu, beide nickten, Karl schien richtig geantwortet zu haben, er fasste wieder Mut und erwartete aufgerichtet die nächste Frage. Die lautete: »Was wollten Sie denn ursprünglich studieren?«

Um die Frage genauer zu bestimmen – an der genauen Bestimmung lag dem Herrn immer sehr viel – fügte er hinzu: »In Europa, meine ich.« Hierbei nahm er die Hand vom Kinn und machte eine schwache Bewegung, als wolle er damit gleichzeitig andeuten, wie ferne Europa und wie bedeutungslos die dort einmal gefassten Pläne seien.

Karl sagte: »Ich wollte Ingenieur werden.« Diese Antwort widerstrebte ihm zwar, es war lächerlich, im vollen Bewusstsein seiner bisherigen Laufbahn in Amerika die alte Erinnerung, dass er einmal habe Ingenieur werden wollen, hier aufzufrischen – wäre er es denn selbst in Europa jemals geworden? –, aber er wusste gerade keine andere Antwort und sagte deshalb diese.

Aber der Herr nahm es ernst, wie er alles ernst nahm. »Nun, Ingenieur«, sagte er, »können Sie wohl nicht gleich werden, vielleicht würde es Ihnen aber vorläufig entsprechen, irgendwelche niedrigere technische Arbeiten auszuführen.«

»Gewiss«, sagte Karl, er war sehr zufrieden, er wurde zwar, wenn er das Angebot annahm, aus dem Schauspielerstand unter die technischen Arbeiter geschoben, aber er glaubte tatsächlich, sich bei dieser Arbeit besser bewähren zu können. Übrigens, dies wiederholte er sich immer wieder, es kam nicht so sehr auf die Art der Arbeit an, als vielmehr darauf, sich überhaupt irgendwo dauernd festzuhalten.

»Sind Sie denn kräftig genug für schwerere Arbeit?« fragte der Herr.

»O ja«, sagte Karl.

Hierauf ließ der Herr Karl näher zu sich herankommen – und befühlte seinen Arm.

»Es ist ein kräftiger Junge«, sagte er dann, indem er Karl am Arm zum Führer hinzog. Der Führer nickte lächelnd, reichte, ohne sich übrigens aus seiner Ruhelage aufzurichten, Karl die Hand und sagte: »Dann sind wir also fertig. In Oklahoma wird alles noch überprüft werden. Machen Sie unserer Werbetruppe Ehre!«

Karl verbeugte sich zum Abschied, er wollte sich dann auch von dem anderen Herrn verabschieden, dieser aber spazierte schon, als sei er mit seiner Arbeit vollständig fertig, das Gesicht in die Höhe gerichtet, auf der Plattform auf und ab. Während Karl hinunterstieg, wurde zur Seite der Treppe auf der Anzeigetafel die Aufschrift hochgezogen: »Negro, technischer Arbeiter.«

Da alles hier seinen ordentlichen Gang nahm, hätte es Karl nicht mehr so sehr bedauert, wenn auf der Tafel sein wirklicher Name zu lesen gewesen wäre. Es war alles sogar überaus sorgfältig eingerichtet, denn am Fuß der Treppe wurde Karl schon von einem Diener erwartet, der ihm eine Binde um den Arm festmachte. Als Karl dann den Arm hob, um zu sehen, was auf der Binde stand, war dort der ganz richtige Aufdruck »Technischer Arbeiter.«

Wohin Karl nun aber geführt werden mochte, zuerst wollte er doch Fanny melden, wie glücklich alles abgelaufen war. Aber zu seinem Bedauern erfuhr er vom Diener, dass die Engel ebenso wie auch die Teufel schon nach dem nächsten Bestimmungsort der Werbetruppe abgereist seien, um dort die Ankunft der Truppe für den nächsten Tag bekanntzumachen.

»Schade«, sagte Karl, es war die erste Enttäuschung, die er in diesem Unternehmen erlebte, »ich hatte eine Bekannte unter den Engeln.«

»Sie werden sie in Oklahoma wiedersehen«, sagte der Diener, »nun aber kommen Sie, Sie sind der letzte.«

Er führte Karl an der hinteren Seite des Podiums entlang, auf dem früher die Engel gestanden waren; jetzt waren dort nur mehr die leeren Postamente. Karls Annahme aber, dass ohne die Musik der Engel mehr Stellensuchende kommen würden, erwies sich nicht als richtig, denn vor dem Podium standen jetzt überhaupt keine Erwachsenen mehr, nur ein paar Kinder kämpften um eine lange weiße Feder, die wahrscheinlich aus einem Engelsflügel gefallen war. Ein Junge hielt sie in die Höhe, während die anderen Kinder mit einer Hand seinen Kopf niederdrücken wollten und mit der anderen Hand nach der Feder langten.

Karl zeigte auf die Kinder, der Diener aber sagte, ohne hinzusehen: »Kommen Sie rascher, es hat sehr lange gedauert, ehe Sie aufgenommen wurden. Man hatte wohl Zweifel.«

»Ich weiß nicht«, sagte Karl erstaunt, er glaubte es aber nicht. Immer, selbst bei den klarsten Verhältnissen, fand sich doch irgend jemand, der seinem Mitmenschen Sorgen machen wollte. Aber vor dem freundlichen Anblick der großen Zuschauertribüne, zu der sie jetzt kamen, vergaß Karl bald die Bemerkung des Dieners. Auf dieser Tribüne war nämlich eine große, lange Bank, mit einem weißen Tuch gedeckt, alle Aufgenommenen saßen, mit dem Rücken zur Rennbahn, auf der nächst tieferen Bank und wurden bewirtet. Alle waren fröhlich und aufgeregt, gerade als sich Karl unbemerkt als letzter auf die Bank setzte, standen viele mit erhobenen Gläsern auf, und einer hielt einen Trinkspruch auf den Führer der zehnten Werbetruppe, den er den »Vater der Stellensuchenden« nannte. Jemand machte darauf aufmerksam, dass man ihn auch von hier aus sehen könne, und tatsächlich war die Schiedsrichtertribüne mit den zwei Herren in nicht allzu großer Entfernung sichtbar. Nun schwenkten alle ihre Gläser in diese Richtung, auch Karl fasste das vor ihm stehende Glas, aber so laut man auch rief und so sehr man sich bemerkbar zu machen suchte, auf der Schiedsrichtertribüne deutete nichts darauf hin, dass man die Ovation bemerkte oder wenigstens bemerken wolle. Der Führer lehnte in der Ecke wie früher, und der andere Herr stand neben ihm, die Hand am Kinn. Ein wenig enttäuscht setzte man sich wieder, hie und da drehte sich noch einer nach der Schiedsrichtertribüne um, aber bald beschäftigte man sich nur mit dem reichlichen Essen; großes Geflügel, wie es Karl noch nie gesehen hatte, mit vielen Gabeln in dem knusprig gebratenen Fleisch, wurde herumgetragen, Wein wurde immer wieder von den Dienern eingeschenkt – man merkte es kaum, man war über seinen Teller gebückt, und in den Becher fiel der Strahl des roten Weines –, und wer sich an der allgemeinen Unterhaltung nicht beteiligen wollte, konnte Bilder von Ansichten des Theaters von Oklahoma besichtigen, die an einem Ende der Tafel aufgestapelt waren und von Hand zu Hand gehen sollten. Doch kümmerte man sich nicht viel um die Bilder, und so geschah es, dass bei Karl, der der letzte war, nur ein Bild ankam. Nach diesem Bild zu schließen, mussten aber alle sehr sehenswert sein. Dieses Bild stellte die Loge des Präsidenten der Vereinigten Staaten dar. Beim ersten Anblick konnte man denken, es sei nicht eine Loge, sondern die Bühne, so weit geschwungen ragte die Brüstung in den freien Raum. Diese Brüstung war ganz aus Gold in allen ihren Teilen. Zwischen den wie mit der feinsten Schere ausgeschnittenen Säulchen waren nebeneinander Medaillons früherer Präsidenten angebracht, einer hatte eine auffallend gerade Nase, aufgeworfene Lippen und unter gewölbten Lidern starrgesenkte Augen. Rings um die Loge, von den Seiten und von der Höhe, kamen Strahlen von Licht; weißes und doch mildes Licht enthüllte förmlich den Vordergrund der Loge, während ihre Tiefe hinter rotem, unter vielen Tönungen sich faltendem Samt, der an der ganzen Umrandung niederfiel und durch Schnüre gelenkt wurde, als eine dunkle, rötlich schimmernde Leere erschien. Man konnte sich in dieser Loge kaum Menschen vorstellen, so selbstherrlich sah alles aus. Karl vergaß das Essen nicht, sah aber doch oft die Abbildung an, die er neben seinen Teller gelegt hatte.

Schließlich hätte er doch noch sehr gerne wenigstens eines der übrigen Bilder angesehen, selbst holen wollte er es sich aber nicht, denn ein Diener hatte die Hand auf den Bildern liegen und die Reihenfolge musste wohl gewahrt werden; er suchte also nur die Tafel zu überblicken und festzustellen, ob sich nicht doch noch ein Bild nähere. Da bemerkte er staunend – zuerst glaubte er es gar nicht – unter den am tiefsten zum Essen gebeugten Gesichtern ein gut bekanntes: Giacomo. Gleich lief er zu ihm hin. »Giacomo!« rief er.

Dieser, schüchtern wie immer, wenn er überrascht wurde, erhob sich vom Essen, drehte sich in dem schmalen Raum zwischen den Bänken, wischte mit der Hand den Mund, war dann aber sehr froh, Karl zu sehen, bat ihn, sich neben ihn zu setzen, oder bot sich an, zu Karls Platz hinüberzukommen; sie wollten einander alles erzählen und immer beisammen bleiben. Karl wollte die anderen nicht stören, jeder sollte deshalb vorläufig seinen Platz behalten, das Essen werde bald zu Ende sein, und dann wollten sie natürlich immer zueinander halten. Aber Karl blieb doch noch bei Giacomo, nur um ihn anzusehen. Was für Erinnerungen an vergangene Zeiten! Wo war die Oberköchin? Was machte Therese, Giacomo selbst hatte sich in seinem Äußeren fast gar nicht verändert, die Voraussage der Oberköchin, dass er in einem halben Jahr ein knochiger Amerikaner werden müsse, war nicht eingetroffen, er war zart wie früher, die Wangen eingefallen wie früher, augenblicklich allerdings waren sie gerundet, denn er hatte im Mund einen übergroßen Bissen Fleisch, aus dem er die überflüssigen Knochen langsam herauszog, um sie dann auf den Teller zu werfen. Wie Karl an seiner Armbinde ablesen konnte, war auch Giacomo nicht als Schauspieler, sondern als Liftjunge aufgenommen, das Theater von Oklahoma schien wirklich jeden brauchen zu können! In den Anblick Giacomos verloren, blieb aber Karl allzu lange von seinem Platze fort. Eben wollte er zurückkehren, da kam der Personalchef, stellte sich auf eine der höher gelegenen Bänke, klatschte in die Hände und hielt eine kleine Ansprache, während die meisten aufstanden, und die Sitzengebliebenen, die sich nicht vom Essen trennen konnten, durch Stöße der anderen schließlich auch zum Aufstehen gezwungen wurden.

»Ich will hoffen«, sagte er, Karl war inzwischen schon auf den Fußspitzen zu seinem Platz zurückgelaufen, »dass Sie mit unserem Empfangsessen zufrieden waren. Im allgemeinen lobt man das Essen unserer Werbetruppe. Leider muss ich die Tafel schon aufheben, denn der Zug, der Sie nach Oklahoma bringen soll, fährt in fünf Minuten. Es ist zwar eine lange Reise, Sie werden aber sehen, dass für Sie gut gesorgt ist. Hier stelle ich Ihnen den Herrn vor, der Ihren Reisetransport führen wird und dem Sie Gehorsam schulden.«

Ein magerer, kleiner Herr erkletterte die Bank, auf welcher der Personalchef stand, nahm sich kaum Zeit, eine flüchtige Verbeugung zu machen, sondern begann sofort mit ausgestreckten nervösen Händen zu zeigen, wie sie sich alle sammeln, ordnen und in Bewegung setzen sollten. Aber zunächst folgte man ihm nicht, denn derjenige aus der Gesellschaft, der schon früher eine Rede gehalten hatte, schlug mit der Hand auf den Tisch und begann eine längere Dankrede, obwohl – Karl wurde ganz unruhig – eben gesagt worden war, dass der Zug bald abfahre. Aber der Redner achtete nicht einmal darauf, dass auch der Personalchef nicht zuhörte, sondern dem Transportleiter verschiedene Anweisungen gab, er legte seine Rede groß an, zählte alle Gerichte auf, die aufgetragen worden waren, gab über jedes sein Urteil ab, und Schloss dann zusammenfassend mit dem Ausruf: »Geehrte Herren, so gewinnt man uns!« Alle außer den Angesprochenen lachten, aber es war doch mehr Wahrheit als Scherz.

Diese Rede büßte man überdies damit, dass jetzt der Weg zur Bahn im Laufschritt gemacht werden musste. Das war aber auch nicht sehr schwer, denn – Karl bemerkte es erst jetzt – niemand trug ein Gepäckstück; das einzige Gepäckstück war eigentlich der Kinderwagen, der jetzt an der Spitze der Truppe, vom Vater gelenkt, wie haltlos auf und nieder sprang. Was für besitzlose, verdächtige Leute waren hier zusammengekommen und wurden doch so gut empfangen und behütet! Und dem Transportleiter mussten sie geradezu ans Herz gelegt worden sein. Bald fasste er selbst mit einer Hand die Lenkstange des Kinderwagens und erhob die andere, um die Truppe aufzumuntern, bald war er hinter der letzten Reihe, die er antrieb, bald lief er an den Seiten entlang, fasste einzelne Langsamere aus der Mitte ins Auge und suchte ihnen mit schwingenden Armen darzustellen, wie sie laufen müssten.

Als sie auf dem Bahnhof ankamen, stand der Zug schon bereit. Die Leute auf dem Bahnhof zeigten einander die Truppe, man hörte Ausrufe wie: »Alle diese gehören zum Theater von Oklahoma!«, das Theater schien viel bekannter zu sein, als Karl angenommen hatte, allerdings hatte er sich um Theaterdinge niemals gekümmert. Ein ganzer Waggon war eigens für die Truppe bestimmt, der Transportleiter drängte zum Einsteigen mehr als der Schaffner. Er sah zuerst in jede einzelne Abteilung, ordnete hie und da etwas, und erst dann stieg er selbst ein. Karl hatte zufällig einen Fensterplatz bekommen und Giacomo neben sich gezogen. So saßen sie aneinandergedrängt und freuten sich im Grunde beide auf die Fahrt. So sorgenlos hatten sie in Amerika noch keine Reise gemacht. Als der Zug zu fahren begann, winkten sie mit den Händen aus dem Fenster, während die Burschen ihnen gegenüber einander anstießen und es lächerlich fanden.

Sie fahren zwei Tage und zwei Nächte. Jetzt erst begriff Karl die Größe Amerikas. Unermüdlich sah er aus dem Fenster, und Giacomo drängte sich so lange mit heran, bis die Burschen gegenüber, die sich viel mit Kartenspiel beschäftigten, dessen überdrüssig wurden und ihm freiwillig den Fensterplatz einräumten. Karl dankte ihnen – Giacomos Englisch war nicht jedem verständlich –, und sie wurden im Laufe der Zeit, wie es unter Coupégenossen nicht anders sein kann, viel freundlicher; doch war auch ihre Freundlichkeit oft lästig, da sie zum Beispiel immer, wenn ihnen eine Karte auf den Boden fiel und sie den Boden nach ihr absuchten, Karl oder Giacomo mit aller Kraft ins Bein zwickten. Giacomo schrie dann, immer von neuem überrascht, und zog das Bein in die Höhe, Karl versuchte einmal, mit einem Fußtritt zu antworten, duldete aber im übrigen alles schweigend. Alles, was sich in dem kleinen, selbst bei offenem Fenster von Rauch überfüllten Coupé ereignete, verging vor dem, was draußen zu sehen war.

Am ersten Tag fuhren sie durch ein hohes Gebirge. Bläulich-schwarze Steinmassen gingen in spitzen Keilen bis an den Zug heran, man beugte sich aus dem Fenster und suchte vergebens ihre Gipfel, dunkle, schmale, zerrissene Täler öffneten sich, man beschrieb mit dem Finger die Richtung, in der sie sich verloren, breite Bergströme kamen, als große Wellen auf dem hügeligen Untergrund eilend und in sich tausend kleine Schaumwellen treibend, sie stürzten sich unter die Brücken, über die der Zug fuhr, und sie waren so nah, dass der Hauch ihrer Kühle das Gesicht erschauern machte.

Der Prozess

Entstanden 1914/15; Erstdruck: Berlin 1925

Erstes Kapitel (Verhaftung – Gespräch mit Frau Grubach, dann Fräulein Bürstner)

Jemand musste Josef K. verleumdet haben, denn ohne dass er etwas Böses getan hätte, wurde er eines Morgens verhaftet. Die Köchin der Frau Grubach, seiner Zimmervermieterin, die ihm jeden Tag gegen acht Uhr früh das Frühstück brachte, kam diesmal nicht. Das war noch niemals geschehen. K. wartete noch ein Weilchen, sah von seinem Kopfkissen aus die alte Frau, die ihm gegenüber wohnte und die ihn mit einer bei ihr ganz ungewöhnlichen Neugierde beobachtete, dann aber, gleichzeitig befremdet und hungrig, läutete er. Sofort klopfte es und ein Mann, den er in dieser Wohnung noch niemals gesehen hatte, trat ein. Er war schlank und doch fest gebaut, er trug ein anliegendes schwarzes Kleid, das, ähnlich den Reiseanzügen, mit verschiedenen Falten, Taschen, Schnallen, Knöpfen und einem Gürtel versehen war und infolgedessen, ohne dass man sich darüber klar wurde, wozu es dienen sollte, besonders praktisch erschien. »Wer sind Sie?« fragte K. und saß gleich halb aufrecht im Bett. Der Mann aber ging über die Frage hinweg, als müsse man seine Erscheinung hinnehmen, und sagte bloß seinerseits: »Sie haben geläutet?« »Anna soll mir das Frühstück bringen«, sagte K. und versuchte, zunächst stillschweigend, durch Aufmerksamkeit und Überlegung festzustellen, wer der Mann eigentlich war. Aber dieser setzte sich nicht allzu lange seinen Blicken aus, sondern wandte sich zur Tür, die er ein wenig öffnete, um jemandem, der offenbar knapp hinter der Tür stand, zu sagen: »Er will, dass Anna ihm das Frühstück bringt.« Ein kleines Gelächter im Nebenzimmer folgte, es war nach dem Klang nicht sicher, ob nicht mehrere Personen daran beteiligt waren. Obwohl der fremde Mann dadurch nichts erfahren haben konnte, was er nicht schon früher gewusst hätte, sagte er nun doch zu K. im Tone einer Meldung: »Es ist unmöglich«. »Das wäre neu«, sagte K., sprang aus dem Bett und zog rasch seine Hosen an. »Ich will doch sehen, was für Leute im Nebenzimmer sind und wie Frau Grubach diese Störung mir gegenüber verantworten wird.« Es fiel ihm zwar gleich ein, dass er das nicht hätte laut sagen müssen und dass er dadurch gewissermaßen ein Beaufsichtigungsrecht des Fremden anerkannte, aber es schien ihm jetzt nicht wichtig. Immerhin fasste es der Fremde so auf, denn er sagte: »Wollen Sie nicht lieber hierbleiben?« »Ich will weder hierbleiben, noch von Ihnen angesprochen werden, solange Sie sich mir nicht vorstellen.« »Es war gut gemeint«, sagte der Fremde und öffnete nun freiwillig die Tür. Im Nebenzimmer, in das K. langsamer eintrat, als er wollte, sah es auf den ersten Blick fast genau so aus wie am Abend vorher. Es war das Wohnzimmer der Frau Grubach, vielleicht war in diesem mit Möbeln, Decken, Porzellan und Photographien überfüllten Zimmer heute ein wenig mehr Raum als sonst, man erkannte das nicht gleich, um so weniger, als die Hauptveränderung in der Anwesenheit eines Mannes bestand, der beim offenen Fenster mit einem Buch saß, von dem er jetzt aufblickte. »Sie hätten in Ihrem Zimmer bleiben sollen! Hat es Ihnen denn Franz nicht gesagt?« »Ja, was wollen Sie denn?« sagte K. und sah von der neuen Bekanntschaft zu dem mit Franz Benannten, der in der Tür stehengeblieben war, und dann wieder zurück. Durch das offene Fenster erblickte man wieder die alte Frau, die mit wahrhaft greisenhafter Neugierde zu dem jetzt gegenüberliegenden Fenster getreten war, um auch weiterhin alles zu sehen. »Ich will doch Frau Grubach –«, sagte K., machte eine Bewegung, als reiße er sich von den zwei Männern los, die aber weit von ihm entfernt standen, und wollte weitergehen.
»Nein«, sagte der Mann beim Fenster, warf das Buch auf ein Tischchen und stand auf. »Sie dürfen nicht weggehen, Sie sind ja verhaftet.« »Es sieht so aus«, sagte K. »Und warum denn?« fragte er dann. »Wir sind nicht dazu bestellt, Ihnen das zu sagen. Gehen Sie in Ihr Zimmer und warten Sie. Das Verfahren ist nun einmal eingeleitet, und Sie werden alles zur richtigen Zeit erfahren. Ich gehe über meinen Auftrag hinaus, wenn ich Ihnen so freundschaftlich zurede. Aber ich hoffe, es hört es niemand sonst als Franz, und der ist selbst gegen

alle Vorschrift freundlich zu Ihnen. Wenn Sie auch weiterhin so viel Glück haben wie bei der Bestimmung Ihrer Wächter, dann können Sie zuversichtlich sein.« K. wollte sich setzen, aber nun sah er, dass im ganzen Zimmer keine Sitzgelegenheit war, außer dem Sessel beim Fenster. »Sie werden noch einsehen, wie wahr das alles ist«, sagte Franz und ging gleichzeitig mit dem andern Mann auf ihn zu. Besonders der letztere überragte K. bedeutend und klopfte ihm öfters auf die Schulter. Beide prüften K.s Nachthemd und sagten, dass er jetzt ein viel schlechteres Hemd werde anziehen müssen, dass sie aber dieses Hemd wie auch seine übrige Wäsche aufbewahren und, wenn seine Sache günstig ausfallen sollte, ihm wieder zurückgeben würden. »Es ist besser, Sie geben die Sachen uns als ins Depot,« sagten sie, »denn im Depot kommen öfters Unterschleife vor und außerdem verkauft man dort alle Sachen nach einer gewissen Zeit, ohne Rücksicht, ob das betreffende Verfahren zu Ende ist oder nicht. Und wie lange dauern doch derartige Prozesse, besonders in letzter Zeit! Sie bekämen dann schließlich allerdings vom Depot den Erlös, aber dieser Erlös ist erstens an sich schon gering, denn beim Verkauf entscheidet nicht die Höhe des Angebotes, sondern die Höhe der Bestechung, und weiter verringern sich solche Erlöse erfahrungsgemäß, wenn sie von Hand zu Hand und von Jahr zu Jahr weitergegeben werden.« K. achtete auf diese Reden kaum, das Verfügungsrecht über seine Sachen, das er vielleicht noch besaß, schätzte er nicht hoch ein, viel wichtiger war es ihm, Klarheit über seine Lage zu bekommen; in Gegenwart dieser Leute konnte er aber nicht einmal nachdenken, immer wieder stieß der Bauch des zweiten Wächters – es konnten ja nur Wächter sein – förmlich freundschaftlich an ihn, sah er aber auf, dann erblickte er ein zu diesem dicken Körper gar nicht passendes trockenes, knochiges Gesicht mit starker, seitlich gedrehter Nase, das sich über ihn hinweg mit dem anderen Wächter verständigte. Was waren denn das für Menschen? Wovon sprachen sie? Welcher Behörde gehörten sie an? K. lebte doch in einem Rechtsstaat, überall herrschte Friede, alle Gesetze bestanden regelrecht, wer wagte, ihn in seiner Wohnung zu überfallen? Er neigte stets dazu, alles möglichst leicht zu nehmen, das Schlimmste erst beim Eintritt des Schlimmsten zu glauben, keine Vorsorge für die Zukunft zu treffen, selbst wenn alles drohte. Hier schien ihm das aber nicht richtig, man konnte zwar das Ganze als Spaß ansehen, als einen groben Spaß, den ihm aus unbekannten Gründen, vielleicht weil heute sein dreißigster Geburtstag war, die Kollegen in der Bank veranstaltet hatten, es war natürlich möglich, vielleicht brauchte er nur auf irgendeine Weise den Wächtern ins Gesicht zu lachen, und sie würden mitlachen, vielleicht waren es Dienstmänner von der Straßenecke, sie sahen ihnen nicht unähnlich – trotzdem war er diesmal, förmlich schon seit dem ersten Anblick des Wächters Franz, entschlossen, nicht den geringsten Vorteil, den er vielleicht gegenüber diesen Leuten besaß, aus der Hand zu geben. Darin, dass man später sagen würde, er habe keinen Spaß verstanden, sah K. eine ganz geringe Gefahr, wohl aber erinnerte er sich – ohne dass es sonst seine Gewohnheit gewesen wäre, aus Erfahrungen zu lernen – an einige, an sich unbedeutende Fälle, in denen er zum Unterschied von seinen Freunden mit Bewusstsein, ohne das geringste Gefühl für die möglichen Folgen, sich unvorsichtig benommen hatte und dafür durch das Ergebnis gestraft worden war. Es sollte nicht wieder geschehen, zumindest nicht diesmal; war es eine Komödie, so wollte er mitspielen.

Noch war er frei. »Erlauben Sie«, sagte er und ging eilig zwischen den Wächtern durch in sein Zimmer. »Er scheint vernünftig zu sein«, hörte er hinter sich sagen. In seinem Zimmer riss er gleich die Schubladen des Schreibtischs auf, es lag dort alles in großer Ordnung, aber gerade die Legitimationspapiere, die er suchte, konnte er in der Aufregung nicht gleich finden. Schließlich fand er seine Radfahrlegitimation und wollte schon mit ihr zu den Wächtern gehen, dann aber schien ihm das Papier zu geringfügig und er suchte weiter, bis er den Geburtsschein fand. Als er wieder in das Nebenzimmer zurückkam, öffnete sich gerade die gegenüberliegende Tür und Frau Grubach wollte dort eintreten. Man sah sie nur einen Augenblick, denn kaum hatte sie K. erkannt, als sie offenbar verlegen wurde, um Verzeihung bat, verschwand und äußerst vorsichtig die Tür schloss. »Kommen Sie doch herein«, hatte K. gerade noch sagen können. Nun aber stand er mit seinen Papieren in der Mitte des Zimmers, sah noch auf die Tür hin, die sich nicht wieder öffnete, und wurde erst durch einen Anruf der Wächter aufgeschreckt, die bei dem Tischchen am offenen Fenster saßen und, wie K. jetzt erkannte, sein Frühstück verzehrten. »Warum ist sie nicht eingetreten?« fragte er. »Sie darf nicht«, sagte der große Wächter. »Sie sind doch verhaftet.« »Wie kann ich denn verhaftet sein, und gar auf diese Weise?« »Nun fangen Sie also wieder an«, sagte der Wächter und tauchte ein Butterbrot ins Honigfässchen. »Solche Fragen beantworten wir nicht.« »Sie werden sie beantworten müssen«, sagte K. »Hier sind meine Legitimationspapiere, zeigen Sie mir jetzt die Ihrigen und vor allem den Haftbefehl.« »Du lieber Himmel!« sagte der Wächter. »Dass Sie sich in Ihre Lage nicht fügen können und dass Sie es darauf angelegt zu haben scheinen, uns, die wir Ihnen jetzt wahrscheinlich von allen Ihren Mitmenschen am nächsten stehen, nutzlos zu reizen!« »Es ist so, glauben Sie es doch«, sagte Franz, führte die Kaffeetasse, die er in der Hand hielt, nicht zum Mund, sondern sah K. mit einem langen, wahrscheinlich bedeutungsvollen, aber unverständlichen Blick an. K. ließ sich, ohne es zu wollen, in ein Zwiegespräch der Blicke mit Franz ein, schlug dann aber doch auf seine Papiere und sagte: »Hier sind meine Legitimationspapiere.« »Was kümmern uns denn die?« rief nun schon der große Wächter. »Sie führen sich ärger auf als ein Kind. Was wollen Sie denn? Wollen Sie Ihren großen, verfluchten Prozess dadurch zu einem raschen Ende bringen, dass Sie mit uns, den Wächtern, über Legitimation und Haftbefehl diskutieren? Wir sind niedrige Angestellte, die sich in einem Legitimationspapier kaum auskennen und die mit Ihrer Sache nichts anderes zu tun haben, als dass sie zehn Stunden täglich bei Ihnen Wache halten und dafür bezahlt werden. Das ist alles, was wir sind, trotzdem aber sind wir fähig, einzusehen, dass die hohen Behörden, in deren Dienst wir stehen, ehe sie eine solche Verhaftung verfügen, sich sehr genau über die Gründe der Verhaftung und die Person des Verhafteten unterrichten. Es gibt darin keinen Irrtum. Unsere Behörde, soweit ich sie kenne, und ich kenne nur die niedrigsten Grade, sucht doch nicht etwa die Schuld in der Bevölkerung, sondern wird, wie es im Gesetz heißt, von der Schuld angezogen und muss uns Wächter ausschicken. Das ist Gesetz. Wo gäbe es da einen Irrtum?« »Dieses Gesetz kenne ich nicht«, sagte K. »Desto schlimmer für Sie«, sagte der Wächter. »Es besteht wohl auch nur in Ihren Köpfen«, sagte K., er wollte sich irgendwie in die Gedanken der Wächter einschleichen, sie zu seinen Gunsten wenden oder sich dort einbürgern. Aber der Wächter sagte nur abweisend: »Sie werden es zu fühlen bekommen.« Franz mischte sich ein und sagte: »Sieh, Willem, er gibt zu, er kenne das Gesetz nicht, und behauptet gleichzeitig, schuldlos zu sein.« »Du hast ganz recht, aber ihm kann man nichts begreiflich machen«, sagte der andere. K. antwortete nichts mehr; muss ich, dachte er, durch das Geschwätz dieser niedrigsten Organe – sie geben selbst zu, es zu sein – mich noch mehr verwirren lassen? Sie reden doch jedenfalls von Dingen, die sie gar nicht verstehen. Ihre Sicherheit ist nur durch ihre Dummheit möglich. Ein paar Worte, die ich mit einem mir ebenbürtigen Menschen sprechen werde, werden alles unvergleichlich klarer machen als die längsten Reden mit diesen. Er ging einige Male in dem freien Raum des Zimmers auf und ab, drüben sah er die alte Frau, die einen noch viel älteren Greis zum Fenster gezerrt hatte, den sie umschlungen hielt. K. musste dieser Schaustellung ein Ende machen: »Führen Sie mich zu Ihrem Vorgesetzten«, sagte er. »Wenn er es wünscht; nicht früher«, sagte der Wächter, der Willem genannt worden war. »Und nun rate ich Ihnen«, fügte er hinzu, »in Ihr Zimmer zu gehen, sich ruhig zu verhalten und darauf zu warten, was über Sie verfügt werden wird. Wir raten Ihnen, zerstreuen Sie sich nicht durch nutzlose Gedanken, sondern sammeln Sie sich, es werden große Anforderungen an Sie gestellt werden. Sie haben uns nicht so behandelt, wie es unser Entgegenkommen verdient hätte, Sie haben vergessen, dass wir, mögen wir auch sein was immer, zumindest jetzt Ihnen gegenüber freie Männer sind, das ist kein kleines Übergewicht. Trotzdem sind wir bereit, falls Sie Geld haben, Ihnen ein kleines Frühstück aus dem Kaffeehaus drüben zu bringen.«

Ohne auf dieses Angebot zu antworten, stand K. ein Weilchen lang still. Vielleicht würden ihn die beiden, wenn er die Tür des folgenden Zimmers oder gar die Tür des Vorzimmers öffnete, gar nicht zu hindern wagen, vielleicht wäre es die einfachste Lösung des Ganzen, dass er es auf die Spitze trieb. Aber vielleicht würden sie ihn doch packen und, war er einmal niedergeworfen, so war auch alle Überlegenheit verloren, die er jetzt ihnen gegenüber in gewisser Hinsicht doch wahrte. Deshalb zog er die Sicherheit der Lösung vor, wie sie der natürliche Verlauf bringen musste, und ging in sein Zimmer zurück, ohne dass von seiner Seite oder von Seite der Wächter ein weiteres Wort gefallen wäre.

Er warf sich auf sein Bett und nahm vom Waschtisch einen schönen Apfel, den er sich gestern Abend für das Frühstück vorbereitet hatte. Jetzt war er sein einziges Frühstück und jedenfalls, wie er sich beim ersten großen Bissen versicherte, viel besser, als das Frühstück aus dem schmutzigen Nachtcafé gewesen wäre, das er durch die Gnade der Wächter hätte bekommen können. Er fühlte sich wohl und zuversichtlich, in der Bank versäumte er zwar heute Vormittag seinen Dienst, aber das war bei der verhältnismäßig hohen Stellung, die er dort einnahm, leicht entschuldigt. Sollte er die wirkliche Entschuldigung anführen? Er gedachte es zu tun. Würde man ihm nicht glauben, was in diesem Fall begreiflich war, so konnte er Frau Grubach als Zeugin anführen oder auch die beiden Alten von drüben, die wohl jetzt auf dem Marsch zum gegenüberliegenden Fenster waren. Es wunderte K., wenigstens aus dem Gedankengang der Wächter wunderte es ihn, dass sie ihn in das Zimmer getrieben und ihn hier allein gelassen hatten, wo er doch zehnfache Möglichkeit hatte, sich umzubringen.
Gleichzeitig allerdings fragte er sich, diesmal aus seinem Gedankengang, was für einen Grund er haben könnte, es zu tun. Etwa weil die zwei nebenan saßen und sein Frühstück abgefangen hatten? Es wäre so sinnlos gewesen, sich umzubringen, dass er, selbst wenn er es hätte tun wollen, infolge der Sinnlosigkeit dazu nicht imstande gewesen wäre. Wäre die geistige Beschränktheit der Wächter nicht so auffallend gewesen, so hätte man annehmen können, dass auch sie, infolge der gleichen Überzeugung, keine Gefahr darin gesehen hätten, ihn allein zu lassen. Sie mochten jetzt, wenn sie wollten, zusehen, wie er zu einem Wandschränkchen ging, in dem er einen guten Schnaps aufbewahrte, wie er ein Gläschen zuerst als Ersatz des Frühstücks leerte und wie er ein zweites Gläschen dazu bestimmte, sich Mut zu machen, das letztere nur aus Vorsicht für den unwahrscheinlichen Fall, dass es nötig sein sollte.

Da erschreckte ihn ein Zuruf aus dem Nebenzimmer derart, dass er mit den Zähnen ans Glas schlug. »Der Aufseher ruft Sie!« hieß es. Es war nur das Schreien, das ihn erschreckte, dieses kurze, abgehackte, militärische Schreien, das er dem Wächter Franz gar nicht zugetraut hätte. Der Befehl selbst war ihm sehr willkommen. »Endlich!« rief er zurück, versperrte den Wandschrank und eilte sofort ins Nebenzimmer. Dort standen die zwei Wächter und jagten ihn, als wäre das selbstverständlich, wieder in sein Zimmer zurück. »Was fällt Euch ein?« riefen sie. »Im Hemd wollt Ihr vor den Aufseher? Er lässt Euch durchprügeln und uns mit!« »Lasst mich, zum Teufel!« rief K., der schon bis zu seinem Kleiderkasten zurückgedrängt war, »wenn man mich im Bett überfällt, kann man nicht erwarten, mich im Festanzug zu finden.« »Es hilft nichts«, sagten die Wächter, die immer, wenn K. schrie, ganz ruhig, ja fast traurig wurden und ihn dadurch verwirrten oder gewissermaßen zur Besinnung brachten. »Lächerliche Zeremonien!« brummte er noch, hob aber schon einen Rock vom Stuhl und hielt ihn ein Weilchen mit beiden Händen, als unterbreite er ihn dem Urteil der Wächter. Sie schüttelten die Köpfe. »Es muss ein schwarzer Rock sein«, sagten sie. K. warf daraufhin den Rock zu Boden und sagte – er wusste selbst nicht, in welchem Sinne er es sagte –: »Es ist doch noch nicht die Hauptverhandlung.« Die Wächter lächelten, blieben aber bei ihrem: »Es muss ein schwarzer Rock sein.« »Wenn ich dadurch die Sache beschleunige, soll es mir recht sein«, sagte K., öffnete selbst den Kleiderkasten, suchte lange unter den vielen Kleidern, wählte sein bestes schwarzes Kleid, ein Jackettkleid, das durch seine Taille unter den Bekannten fast Aufsehen gemacht hatte, zog nun auch ein anderes Hemd hervor und begann, sich sorgfältig anzuziehen. Im geheimen glaubte er, eine Beschleunigung des Ganzen damit erreicht zu haben, dass die Wächter vergessen hatten, ihn zum Bad zu zwingen. Er beobachtete sie, ob sie sich vielleicht daran doch erinnern würden, aber das fiel ihnen natürlich gar nicht ein, dagegen vergaß Willem nicht, Franz mit der Meldung, dass sich K. anziehe, zum Aufseher zu schicken.

Als er vollständig angezogen war, musste er knapp vor Willem durch das leere Nebenzimmer in das folgende Zimmer gehen, dessen Tür mit beiden Flügeln bereits geöffnet war. Dieses Zimmer wurde, wie K. genau wusste, seit kurzer Zeit von einem Fräulein Bürstner, einer Schreibmaschinistin, bewohnt, die sehr früh zur Arbeit zu gehen pflegte, spät nach Hause kam und mit der K. nicht viel mehr als Grußworte gewechselt hatte. Jetzt war das Nachttischchen von ihrem Bett als Verhandlungstisch in die Mitte des Zimmers gerückt, und der Aufseher saß hinter ihm. Er hatte die Beine übereinandergeschlagen und einen Arm auf die Rückenlehne des Stuhles gelegt.

In einer Ecke des Zimmers standen drei junge Leute und sahen die Photographien des Fräulein Bürstner an, die in einer an der Wand aufgehängten Matte steckten. An der Klinke des offenen Fensters hing eine weiße Bluse. Im gegenüberliegenden Fenster lagen wieder die zwei Alten, doch hatte sich ihre Gesellschaft vergrößert, denn hinter ihnen, sie weit überragend, stand ein Mann mit einem auf der Brust offenen Hemd, der seinen rötlichen Spitzbart mit den Fingern drückte und drehte. »Josef K.?« fragte der Aufseher, vielleicht nur um K.s zerstreute Blicke auf sich zu lenken. K. nickte. »Sie sind durch die Vorgänge des heutigen Morgens wohl sehr überrascht?« fragte der Aufseher und verschob dabei mit beiden Händen die wenigen Gegenstände, die auf dem Nachttischchen lagen, die Kerze mit Zündhölzchen, ein Buch und ein Nadelkissen, als seien es Gegenstände, die er zur Verhandlung benötige. »Gewiss«, sagte K., und das Wohlgefühl, endlich einem vernünftigen Menschen gegenüberzustehen und über seine Angelegenheit mit ihm sprechen zu können, ergriff ihn. »Gewiss, ich bin überrascht, aber ich bin keineswegs sehr überrascht.« »Nicht sehr überrascht?« fragte der Aufseher und stellte nun die Kerze in die Mitte des Tischchens, während er die anderen Sachen um sie gruppierte. »Sie missverstehen mich vielleicht«, beeilte sich K. zu bemerken. »Ich meine« – hier unterbrach sich K. und sah sich nach einem Sessel um. »Ich kann mich doch setzen?« fragte er. »Es ist nicht üblich«, antwortete der Aufseher. »Ich meine«, sagte nun K. ohne weitere Pause, »ich bin allerdings sehr überrascht, aber man ist, wenn man dreißig Jahre auf der Welt ist und sich allein hat durchschlagen müssen, wie es mir beschieden war, gegen Überraschungen abgehärtet und nimmt sie nicht zu schwer. Besonders die heutige nicht.« »Warum besonders die heutige nicht?« »Ich will nicht sagen, dass ich das Ganze für einen Spaß ansehe, dafür scheinen mir die Veranstaltungen, die gemacht wurden, doch zu umfangreich. Es müssten alle Mitglieder der Pension daran beteiligt sein und auch Sie alle, das ginge über die Grenzen eines Spaßes. Ich will also nicht sagen, dass es ein Spaß ist.« »Ganz richtig«, sagte der Aufseher und sah nach, wie viel Zündhölzchen in der Zündhölzchenschachtel waren. »Andererseits aber«, fuhr K. fort und wandte sich hierbei an alle und hätte gern sogar die drei bei den Photographien sich zugewendet, »andererseits aber kann die

Sache auch nicht viel Wichtigkeit haben. Ich folgere das daraus, dass ich angeklagt bin, aber nicht die geringste Schuld auffinden kann, wegen deren man mich anklagen könnte. Aber auch das ist nebensächlich, die Hauptfrage ist, von wem bin ich angeklagt? Welche Behörde führt das Verfahren? Sind Sie Beamter? Keiner hat eine Uniform, wenn man nicht Ihr Kleid« – hier wandte er sich an Franz – »eine Uniform nennen will, aber es ist doch eher ein Reiseanzug. In diesen Fragen verlange ich Klarheit, und ich bin überzeugt, dass wir nach dieser Klarstellung voneinander den herzlichsten Abschied werden nehmen können.« Der Aufseher schlug die Zündhölzchenschachtel auf den Tisch nieder. »Sie befinden sich in einem großen Irrtum«, sagte er. »Diese Herren hier und ich sind für Ihre Angelegenheit vollständig nebensächlich, ja wir wissen sogar von ihr fast nichts. Wir könnten die regelrechtesten Uniformen tragen, und Ihre Sache würde um nichts schlechter stehen. Ich kann Ihnen auch durchaus nicht sagen, dass Sie angeklagt sind oder vielmehr, ich weiß nicht, ob Sie es sind. Sie sind verhaftet, das ist richtig, mehr weiß ich nicht. Vielleicht haben die Wächter etwas anderes geschwätzt, dann ist es eben nur Geschwätz gewesen. Wenn ich nun aber auch Ihre Fragen nicht beantworte, so kann ich Ihnen doch raten, denken Sie weniger an uns und an das, was mit Ihnen geschehen wird, denken Sie lieber mehr an sich. Und machen Sie keinen solchen Lärm mit dem Gefühl Ihrer Unschuld, es stört den nicht gerade schlechten Eindruck, den Sie im übrigen machen. Auch sollten Sie überhaupt im Reden zurückhaltender sein, fast alles, was Sie vorhin gesagt haben, hätte man auch, wenn Sie nur ein paar Worte gesagt hätten, Ihrem Verhalten entnehmen können, außerdem war es nichts für Sie übermäßig Günstiges.«

K. starrte den Aufseher an. Schulmäßige Lehren bekam er hier von einem vielleicht jüngeren Menschen? Für seine Offenheit wurde er mit einer Rüge bestraft? Und über den Grund seiner Verhaftung und über deren Auftraggeber erfuhr er nichts? Er geriet in eine gewisse Aufregung, ging auf und ab, woran ihn niemand hinderte, schob seine Manschetten zurück, befühlte die Brust, strich sein Haar zurecht, kam an den drei Herren vorüber, sagte: »Es ist ja sinnlos«, worauf sich diese zu ihm umdrehten und ihn entgegenkommend, aber ernst ansahen und machte endlich wieder vor dem Tisch des Aufsehers halt. »Der Staatsanwalt Hasterer ist mein guter Freund«, sagte er, »kann ich mit ihm telefonieren?« »Gewiss«, sagte der Aufseher, »aber ich weiß nicht, welchen Sinn das haben sollte, es müsste denn sein, dass Sie irgendeine private Angelegenheit mit ihm zu besprechen haben.« »Welchen Sinn?« rief K., mehr bestürzt als verärgert. »Wer sind Sie denn? Sie wollen einen Sinn und führen das Sinnloseste auf, das es gibt? Ist es nicht zum Steinerweichen? Die Herren haben mich zuerst überfallen, und jetzt sitzen oder stehen sie hier herum und lassen mich vor Ihnen die Hohe Schule reiten. Welchen Sinn es hätte, mit einem Staatsanwalt zu telefonieren, wenn ich angeblich verhaftet bin? Gut, ich werde nicht telefonieren.« »Aber doch«, sagte der Aufseher und streckte die Hand zum Vorzimmer aus, wo das Telefon war, »bitte, telefonieren Sie doch.« »Nein, ich will nicht mehr«, sagte K. und ging zum Fenster. Drüben war noch die Gesellschaft beim Fenster und schien nur jetzt dadurch, dass K. ans Fenster herangetreten war, in der Ruhe des Zuschauens ein wenig gestört. Die Alten wollten sich erheben, aber der Mann hinter ihnen beruhigte sie. »Dort sind auch solche Zuschauer«, rief K. ganz laut dem Aufseher zu und zeigte mit dem Zeigefinger hinaus. »Weg von dort«, rief er dann hinüber. Die drei wichen auch sofort ein paar Schritte zurück, die beiden Alten sogar noch hinter den Mann, der sie mit seinem breiten Körper deckte und, nach seinen Mundbewegungen zu schließen, irgend etwas auf die Entfernung hin Unverständliches sagte. Ganz aber verschwanden sie nicht, sondern schienen auf den Augenblick zu warten, in dem sie sich unbemerkt wieder dem Fenster nähern könnten. »Zudringliche, rücksichtslose Leute!« sagte K., als er sich ins Zimmer zurückwendete. Der Aufseher stimmte ihm möglicherweise zu, wie K. mit einem Seitenblick zu erkennen glaubte. Aber es war ebenso gut möglich, dass er gar nicht zugehört hatte, denn er hatte eine Hand fest auf den Tisch gedrückt und schien die Finger ihrer Länge nach zu vergleichen. Die zwei Wächter saßen auf einem mit einer Schmuckdecke verhüllten Koffer und rieben ihre Knie. Die drei jungen Leute hatten die Hände in die Hüften gelegt und sahen ziellos herum. Es war still wie in irgendeinem vergessenen Büro. »Nun, meine Herren«, rief K., es schien ihm einen Augenblick lang, als trage er alle auf seinen Schultern, »Ihrem Aussehen nach zu schließen, dürfte meine Angelegenheit beendet sein. Ich bin der Ansicht, dass es am besten ist, über die Berechtigung oder Nichtberechtigung Ihres Vorgehens nicht mehr nachzudenken und der Sache durch einen gegenseitigen Händedruck einen versöhnlichen Abschluss zu geben. Wenn auch Sie meiner Ansicht sind, dann bitte –« und er trat an den Tisch des Aufsehers hin und reichte ihm die Hand. Der Aufseher hob die Augen, nagte an den Lippen und sah auf K.s ausgestreckte Hand; noch immer glaubte K., der Aufseher werde einschlagen. Dieser aber stand auf, nahm einen harten, runden Hut, der auf Fräulein Bürstners Bett lag, und setzte sich ihn vorsichtig mit beiden Händen auf, wie man es bei der Anprobe neuer Hüte tut. »Wie einfach Ihnen alles scheint!« sagte er dabei zu K. »wir sollten der Sache einen versöhnlichen Abschluss geben, meinten Sie? Nein, nein, das geht wirklich nicht. Womit ich andererseits durchaus nicht sagen will, dass Sie verzweifeln sollen. Nein, warum denn? Sie sind nur verhaftet, nichts weiter. Das hatte ich Ihnen mitzuteilen, habe es getan und habe auch gesehen, wie Sie es aufgenommen haben. Damit ist es für heute genug und wir können uns verabschieden, allerdings nur vorläufig. Sie werden wohl jetzt in die Bank gehen wollen?« »In die Bank?« fragte K., »ich dachte, ich wäre verhaftet.« K. fragte mit einem gewissen Trotz, denn obwohl sein Handschlag nicht angenommen worden war, fühlte er sich, insbesondere seitdem der Aufseher aufgestanden war, immer unabhängiger von allen diesen Leuten. Er spielte mit ihnen. Er hatte die Absicht, falls sie weggehen sollten, bis zum Haustor nachzulaufen und ihnen seine Verhaftung anzubieten. Darum wiederholte er auch: »Wie kann ich denn in die Bank gehen, da ich verhaftet bin?« »Ach so«, sagte der Aufseher, der schon bei der Tür war, »Sie haben mich missverstanden. Sie sind verhaftet, gewiss, aber das soll Sie nicht hindern, Ihren Beruf auszuüben. Sie sollen auch an Ihrer gewöhnlichen Lebensweise nicht gehindert sein.« »Dann ist das Verhaftetsein nicht sehr schlimm«, sagte K. und ging nahe an den Aufseher heran. »Ich meinte es niemals anders«, sagte dieser. »Es scheint aber dann nicht einmal die Mitteilung der Verhaftung sehr notwendig gewesen zu sein«, sagte K. und ging noch näher. Auch die anderen hatten sich genähert. Alle waren jetzt auf einem engen Raum bei der Tür versammelt. »Es war meine Pflicht«, sagte der Aufseher. »Eine dumme Pflicht«, sagte K. unnachgiebig. »Mag sein«, antwortete der Aufseher, »aber wir wollen mit solchen Reden nicht unsere Zeit verlieren. Ich hatte angenommen, dass Sie in die Bank gehen wollen. Da Sie auf alle Worte aufpassen, füge ich hinzu: ich zwinge Sie nicht, in die Bank zu gehen, ich hatte nur angenommen, dass Sie es wollen. Und um Ihnen das zu erleichtern und Ihre Ankunft in der Bank möglichst unauffällig zu machen, habe ich diese drei Herren, Ihre Kollegen, hier zu Ihrer Verfügung gehalten.« »Wie?« rief K. und staunte die drei an. Diese so uncharakteristischen, blutarmen, jungen Leute, die er immer noch nur als Gruppe bei den Photographien in der Erinnerung hatte, waren tatsächlich Beamte aus seiner Bank, nicht Kollegen, das war zu viel gesagt und bewies eine Lücke in der Allwissenheit des Aufsehers, aber untergeordnete Beamte aus der Bank waren es allerdings. Wie hatte K. das übersehen können? Wie hatte er doch hingenommen sein müssen von dem Aufseher und den Wächtern, um diese drei nicht zu erkennen! Den steifen, die Hände schwingenden Rabensteiner, den blonden Kullich mit den tiefliegenden Augen und Kaminer mit dem unausstehlichen, durch eine chronische Muskelzerrung bewirkten Lächeln. »Guten Morgen!« sagte K. nach einem Weilchen und reichte den sich korrekt verbeugenden Herren die Hand. »Ich habe Sie gar nicht erkannt. Nun werden wir also zur Arbeit gehen, nicht?« Die

Herren nickten lachend und eifrig, als hätten sie die ganze Zeit über darauf gewartet, nur als K. seinen Hut vermisste, der in seinem Zimmer liegengeblieben war, liefen sie sämtlich hintereinander, ihn holen, was immerhin auf eine gewisse Verlegenheit schließen ließ. K. stand still und sah ihnen durch die zwei offenen Türen nach, der letzte war natürlich der gleichgültige Rabensteiner, der bloß einen eleganten Trab angeschlagen hatte. Kaminer überreichte den Hut, und K. musste sich, wie dies übrigens auch öfters in der Bank nötig war, ausdrücklich sagen, dass Kaminers Lächeln nicht Absicht war, ja dass er überhaupt absichtlich nicht lächeln konnte. Im Vorzimmer öffnete dann Frau Grubach, die gar nicht sehr schuldbewusst aussah, der ganzen Gesellschaft die Wohnungstür, und K. sah, wie so oft, auf ihr Schürzenband nieder, das so unnötig tief in ihren mächtigen Leib einschnitt. Unten entschloss sich K., die Uhr in der Hand, ein Automobil zu nehmen, um die schon halbstündige Verspätung nicht unnötig zu vergrößern. Kaminer lief zur Ecke, um den Wagen zu holen, die zwei anderen versuchten offensichtlich, K. zu zerstreuen, als plötzlich Kullich auf das gegenüberliegende Haustor zeigte, in dem eben der große Mann mit dem blonden Spitzbart erschien und, im ersten Augenblick ein wenig verlegen darüber, dass er sich jetzt in seiner ganzen Größe zeigte, zur Wand zurücktrat und sich anlehnte. Die Alten waren wohl noch auf der Treppe. K. ärgerte sich über Kullich, dass dieser auf den Mann aufmerksam machte, den er selbst schon früher gesehen, ja den er sogar erwartet hatte. »Schauen Sie nicht hin!« stieß er hervor, ohne zu bemerken, wie auffallend eine solche Redeweise gegenüber selbständigen Männern war. Es war aber auch keine Erklärung nötig, denn gerade kam das Automobil, man setzte sich und fuhr los. Da erinnerte sich K., dass er das Weggehen des Aufsehers und der Wächter gar nicht bemerkt hatte, der Aufseher hatte ihm die drei Beamten verdeckt und nun wieder die Beamten den Aufseher. Viel Geistesgegenwart bewies das nicht, und K. nahm sich vor, sich in dieser Hinsicht genauer zu beobachten. Doch drehte er sich noch unwillkürlich um und beugte sich über das Hinterdeck des Automobils vor, um möglicherweise den Aufseher und die Wächter noch zu sehen. Aber gleich wendete er sich wieder zurück und lehnte sich bequem in die Wagenecke, ohne auch nur den Versuch gemacht zu haben, jemanden zu suchen. Obwohl es nicht den Anschein hatte, hätte er gerade jetzt Zuspruch nötig gehabt, aber nun schienen die Herren ermüdet, Rabensteiner sah rechts aus dem Wagen, Kullich links, und nur Kaminer stand mit seinem Grinsen zur Verfügung, über das einen Spaß zu machen leider die Menschlichkeit verbot.

In diesem Frühjahr pflegte K. die Abende in der Weise zu verbringen, dass er nach der Arbeit, wenn dies noch möglich war – er saß meistens bis neun Uhr im Büro –, einen kleinen Spaziergang allein oder mit Beamten machte und dann in eine Bierstube ging, wo er an einem Stammtisch mit meist älteren Herren gewöhnlich bis elf Uhr beisammen saß. Es gab aber auch Ausnahmen von dieser Einteilung, wenn K. zum Beispiel vom Bankdirektor, der seine Arbeitskraft und Vertrauenswürdigkeit sehr schätzte, zu einer Autofahrt oder zu einem Abendessen in seiner Villa eingeladen wurde. Außerdem ging K. einmal in der Woche zu einem Mädchen namens Elsa, die während der Nacht bis in den späten Morgen als Kellnerin in einer Weinstube bediente und während des Tages nur vom Bett aus Besuche empfing.

An diesem Abend aber – der Tag war unter angestrengter Arbeit und vielen ehrenden und freundschaftlichen Geburtstagswünschen schnell verlaufen – wollte K. sofort nach Hause gehen. In allen kleinen Pausen der Tagesarbeit hatte er daran gedacht; ohne genau zu wissen, was er meinte, schien es ihm, als ob durch die Vorfälle des Morgens eine große Unordnung in der ganzen Wohnung der Frau Grubach verursacht worden sei und dass gerade er nötig sei, um die Ordnung wiederherzustellen. War aber einmal diese Ordnung hergestellt, dann war jede Spur jener Vorfälle ausgelöscht und alles nahm seinen alten Gang wieder auf. Insbesondere von den drei Beamten war nichts zu befürchten, sie waren wieder in die große Beamtenschaft der Bank versenkt, es war keine Veränderung an ihnen zu bemerken. K. hatte sie öfters einzeln und gemeinsam in sein Büro berufen, zu keinem andern Zweck, als um sie zu beobachten; immer hatte er sie befriedigt entlassen können.

Als er um halb zehn Uhr abends vor dem Hause, in dem er wohnte, ankam, traf er im Haustor einen jungen Burschen, der dort breitbeinig stand und eine Pfeife rauchte. »Wer sind Sie?« fragte K. sofort und brachte sein Gesicht nahe an den Burschen, man sah nicht viel im Halbdunkel des Flurs. »Ich bin der Sohn des Hausmeisters, gnädiger Herr«, antwortete der Bursche, nahm die Pfeife aus dem Mund und trat zur Seite. »Der Sohn des Hausmeisters?« fragte K. und klopfte mit seinem Stock ungeduldig den Boden. »Wünscht der gnädige Herr etwas? Soll ich den Vater holen?« »Nein, nein«, sagte K., in seiner Stimme lag etwas Verzeihendes, als habe der Bursche etwas Böses ausgeführt, er aber verzeihe ihm. »Es ist gut«, sagte er dann und ging weiter, aber ehe er die Treppe hinaufstieg, drehte er sich noch einmal um.

Er hätte geradewegs in sein Zimmer gehen können, aber da er mit Frau Grubach sprechen wollte, klopfte er gleich an ihre Tür an. Sie saß mit einem Strickstrumpf am Tisch, auf dem noch ein Haufen alter Strümpfe lag. K. entschuldigte sich zerstreut, dass er so spät komme, aber Frau Grubach war sehr freundlich und wollte keine Entschuldigung hören, für ihn sei sie immer zu sprechen, er wisse sehr gut, dass er ihr bester und liebster Mieter sei. K. sah sich im Zimmer um, es war wieder vollkommen in seinem alten Zustand, das Frühstücksgeschirr, das früh auf dem Tischchen beim Fenster gestanden hatte, war auch schon weggeräumt. »Frauenhände bringen doch im stillen viel fertig«, dachte er, er hätte das Geschirr vielleicht auf der Stelle zerschlagen, aber gewiss nicht hinaustragen können. Er sah Frau Grubach mit einer gewissen Dankbarkeit an. »Warum arbeiten Sie noch so spät?« fragte er. Sie saßen nun beide am Tisch, und K. vergrub von Zeit zu Zeit seine Hand in die Strümpfe. »Es gibt viel Arbeit«, sagte sie, »während des Tages gehöre ich den Mietern; wenn ich meine Sachen in Ordnung bringen will, bleiben mir nur die Abende.« »Ich habe Ihnen heute wohl noch eine außergewöhnliche Arbeit gemacht?« »Wieso denn?« fragte sie, etwas eifriger werdend, die Arbeit ruhte in ihrem Schoße. »Ich meine die Männer, die heute früh hier waren.« »Ach so«, sagte sie und kehrte wieder in ihre Ruhe zurück, »das hat mir keine besondere Arbeit gemacht.« K. sah schweigend zu, wie sie den Strickstrumpf wieder vornahm. Sie scheint sich zu wundern, dass ich davon spreche, dachte er, sie scheint es nicht für richtig zu halten, dass ich davon spreche. Desto wichtiger ist es, dass ich es tue. Nur mit einer alten Frau kann ich davon sprechen. »Doch, Arbeit hat es gewiss gemacht«, sagte er dann, »aber es wird nicht wieder vorkommen.« »Nein, das kann nicht wieder vorkommen«, sagte sie bekräftigend und lächelte K. fast wehmütig an. »Meinen Sie das ernstlich?« fragte K. »Ja«, sagte sie leiser, »aber vor allem dürfen Sie es nicht zu schwer nehmen. Was geschieht nicht alles in der Welt! Da Sie so vertraulich mit mir reden, Herr K., kann ich Ihnen ja eingestehen, dass ich ein wenig hinter der Tür gehorcht habe und dass mir auch die beiden Wächter einiges erzählt haben. Es handelt sich ja um Ihr Glück und das liegt mir wirklich am Herzen, mehr als mir vielleicht zusteht, denn ich bin ja bloß die Vermieterin. Nun, ich habe also einiges gehört, aber ich kann nicht sagen, dass es etwas besonders Schlimmes war. Nein. Sie sind zwar verhaftet, aber nicht so wie ein Dieb verhaftet wird. Wenn man wie ein Dieb verhaftet wird, so ist es schlimm, aber diese Verhaftung –. Es kommt mir wie etwas Gelehrtes vor, entschuldigen Sie, wenn ich etwas Dummes sage, es kommt mir wie etwas Gelehrtes vor, das ich zwar nicht verstehe, das man aber auch nicht verstehen muss.«

»Es ist gar nichts Dummes, was Sie gesagt haben, Frau Grubach, wenigstens bin auch ich zum Teil Ihrer Meinung, nur urteile ich über das Ganze noch schärfer als Sie und halte es einfach nicht einmal für etwas Gelehrtes, sondern überhaupt für nichts. Ich wurde überrumpelt, das war es. Wäre ich gleich nach dem Erwachen, ohne mich durch das Ausbleiben der

Anna beirren zu lassen, aufgestanden und ohne Rücksicht auf irgend jemand, der mir in den Weg getreten wäre, zu Ihnen gegangen, hätte ich diesmal ausnahmsweise etwa in der Küche gefrühstückt, hätte mir von Ihnen die Kleidungsstücke aus meinem Zimmer bringen lassen, kurz, hätte ich vernünftig gehandelt, so wäre nichts weiter geschehen, es wäre alles, was werden wollte, erstickt worden. Man ist aber so wenig vorbereitet. In der Bank zum Beispiel bin ich vorbereitet, dort könnte mir etwas Derartiges unmöglich geschehen, ich habe dort einen eigenen Diener, das allgemeine Telefon und das Bürotelefon stehen vor mir auf dem Tisch, immerfort kommen Leute, Parteien und Beamte, außerdem aber und vor allem bin ich dort immerfort im Zusammenhang der Arbeit, daher geistesgegenwärtig, es würde mir geradezu ein Vergnügen machen, dort einer solchen Sache gegenübergestellt zu werden. Nun, es ist vorüber und ich wollte eigentlich auch gar nicht mehr darüber sprechen, nur Ihr Urteil, das Urteil einer vernünftigen Frau, wollte ich hören und bin sehr froh, dass wir darin übereinstimmen. Nun müssen Sie mir aber die Hand reichen, eine solche Übereinstimmung muss durch Handschlag bekräftigt werden.«

Ob sie mir die Hand reichen wird? Der Aufseher hat mir die Hand nicht gereicht, dachte er und sah die Frau anders als früher, prüfend an. Sie stand auf, weil auch er aufgestanden war, sie war ein wenig befangen, weil ihr nicht alles, was K. gesagt hatte, verständlich gewesen war. Infolge dieser Befangenheit sagte sie aber etwas, was sie gar nicht wollte und was auch gar nicht am Platze war: »Nehmen Sie es doch nicht so schwer, Herr K.«, sagte sie, hatte Tränen in der Stimme und vergaß natürlich auch den Handschlag. »Ich wüsste nicht, dass ich es schwer nehme«, sagte K., plötzlich ermüdet und das Wertlose aller Zustimmungen dieser Frau einsehend.

Bei der Tür fragte er noch: »Ist Fräulein Bürstner zu Hause?« »Nein«, sagte Frau Grubach und lächelte bei dieser trockenen Auskunft mit einer verspäteten vernünftigen Teilnahme. »Sie ist im Theater. Wollten Sie etwas von ihr? Soll ich ihr etwas ausrichten?« »Ach, ich wollte nur ein paar Worte mit ihr reden.« »Ich weiß leider nicht, wann sie kommt; wenn sie im Theater ist, kommt sie gewöhnlich spät.« »Das ist ja ganz gleichgültig«, sagte K. und drehte schon den gesenkten Kopf der Tür zu, um wegzugehen, »ich wollte mich nur bei ihr entschuldigen, dass ich heute ihr Zimmer in Anspruch genommen habe.« »Das ist nicht nötig, Herr K., Sie sind zu rücksichtsvoll, das Fräulein weiß ja von gar nichts, sie war seit dem frühen Morgen noch nicht zu Hause, es ist auch schon alles in Ordnung gebracht, sehen Sie selbst.« Und sie öffnete die Tür zu Fräulein Bürstners Zimmer. »Danke, ich glaube es«, sagte K., ging dann aber doch zu der offenen Tür. Der Mond schien still in das dunkle Zimmer. Soviel man sehen konnte, war wirklich alles an seinem Platz, auch die Bluse hing nicht mehr an der Fensterklinke. Auffallend hoch schienen die Polster im Bett, sie lagen zum Teil im Mondlicht. »Das Fräulein kommt oft spät nach Hause«, sagte K. und sah Frau Grubach an, als trage sie die Verantwortung dafür. »Wie eben junge Leute sind!« sagte Frau Grubach entschuldigend. »Gewiss, gewiss«, sagte K., »es kann aber zu weit gehen.« »Das kann es«, sagte Frau Grubach, »wie sehr haben Sie recht, Herr K. Vielleicht sogar in diesem Fall. Ich will Fräulein Bürstner gewiss nicht verleumden, sie ist ein gutes, liebes Mädchen, freundlich, ordentlich, pünktlich, arbeitsam, ich schätze das alles sehr, aber eines ist wahr, sie sollte stolzer, zurückhaltender sein. Ich habe sie in diesem Monat schon zweimal in entlegenen Straßen und immer mit einem andern Herrn gesehen. Es ist mir sehr peinlich, ich erzähle es, beim wahrhaftigen Gott, nur Ihnen, Herr K., aber es wird sich nicht vermeiden lassen, dass ich auch mit dem Fräulein selbst darüber spreche. Es ist übrigens nicht das Einzige, das sie mir verdächtig macht.« »Sie sind auf ganz falschem Weg«, sagte K. wütend und fast unfähig, es zu verbergen, »übrigens haben sie offenbar auch meine Bemerkung über das Fräulein missverstanden, so war es nicht gemeint. Ich warne Sie sogar aufrichtig, dem Fräulein irgend etwas zu sagen, Sie sind durchaus im Irrtum, ich kenne das Fräulein sehr gut, es ist nichts davon wahr, was Sie sagten. Übrigens, vielleicht gehe ich zu weit, ich will Sie nicht hindern, sagen Sie ihr, was Sie wollen. Gute Nacht.« »Herr K.«, sagte Frau Grubach bittend und eilte K. bis zu seiner Tür nach, die er schon geöffnet hatte, »ich will ja noch gar nicht mit dem Fräulein reden, natürlich will ich sie vorher noch weiter beobachten, nur Ihnen habe ich anvertraut, was ich wusste. Schließlich muss es doch im Sinne jedes Mieters sein, wenn man die Pension rein zu halten sucht, und nichts anderes ist mein Bestreben dabei.« »Die Reinheit!« rief K. noch durch die Spalte der Tür, »wenn Sie die Pension rein halten wollen, müssen Sie zuerst mir kündigen.« Dann schlug er die Tür zu, ein leises Klopfen beachtete er nicht mehr.

Dagegen beschloss er, da er gar keine Lust zum Schlafen hatte, noch wachzubleiben und bei dieser Gelegenheit auch festzustellen, wann Fräulein Bürstner kommen würde. Vielleicht wäre es dann auch möglich, so unpassend es sein mochte, noch ein paar Worte mit ihr zu reden. Als er im Fenster lag und die müden Augen drückte, dachte er einen Augenblick sogar daran, Frau Grubach zu bestrafen und Fräulein Bürstner zu überreden, gemeinsam mit ihm zu kündigen. Sofort aber erschien ihm das entsetzlich übertrieben, und er hatte sogar den Verdacht gegen sich, dass er darauf ausging, die Wohnung wegen der Vorfälle am Morgen zu wechseln. Nichts wäre unsinniger und vor allem zweckloser und verächtlicher gewesen.

Als er des Hinausschauens auf die leere Straße überdrüssig geworden war, legte er sich auf das Kanapee, nachdem er die Tür zum Vorzimmer ein wenig geöffnet hatte, um jeden, der die Wohnung betrat, gleich vom Kanapee aus sehen zu können. Etwa bis elf Uhr lag er ruhig, eine Zigarre rauchend, auf dem Kanapee. Von da ab hielt er es aber nicht mehr dort aus, sondern ging ein wenig ins Vorzimmer, als könne er dadurch die Ankunft des Fräulein Bürstner beschleunigen. Er hatte kein besonderes Verlangen nach ihr, er konnte sich nicht einmal genau erinnern, wie sie aussah, aber nun wollte er mit ihr reden und es reizte ihn, dass sie durch ihr spätes Kommen auch noch in den Abschluss dieses Tages Unruhe und Unordnung brachte. Sie war auch schuld daran, dass er heute nicht zu Abend gegessen und dass er den für heute beabsichtigten Besuch bei Elsa unterlassen hatte. Beides konnte er allerdings noch dadurch nachholen, dass er jetzt in das Weinlokal ging, in dem Elsa bedienstet war. Er wollte es auch noch später nach der Unterredung mit Fräulein Bürstner tun.

Es war halb zwölf vorüber, als jemand im Treppenhaus zu hören war. K., der, seinen Gedanken hingegeben, im Vorzimmer so, als wäre es sein eigenes Zimmer, laut auf und ab ging, flüchtete hinter seine Tür. Es war Fräulein Bürstner, die gekommen war. Fröstelnd zog sie, während sie die Tür versperrte, einen seidenen Schal um ihre schmalen Schultern zusammen. Im nächsten Augenblick musste sie in ihr Zimmer gehen, in das K. gewiss um Mitternacht nicht eindringen durfte; er musste sie also jetzt ansprechen, hatte aber unglücklicherweise versäumt, das elektrische Licht in seinem Zimmer anzudrehen, so dass sein Vortreten aus dem dunklen Zimmer den Anschein eines Überfalls hatte und wenigstens sehr erschrecken musste. In seiner Hilflosigkeit und da keine Zeit zu verlieren war, flüsterte er durch den Türspalt: »Fräulein Bürstner.« Es klang wie eine Bitte, nicht wie ein Anruf. »Ist jemand hier?« fragte Fräulein Bürstner und sah sich mit großen Augen um. »Ich bin es«, sagte K. und trat vor. »Ach, Herr K.!« sagte Fräulein Bürstner lächelnd. »Guten Abend«, und sie reichte ihm die Hand. »Ich wollte ein paar Worte mit Ihnen sprechen, wollen Sie mir das jetzt erlauben?« »Jetzt?« fragte Fräulein Bürstner, »muss es jetzt sein? Es ist ein wenig sonderbar, nicht?« »Ich warte seit neun Uhr auf Sie.« »Nun ja, ich war im Theater, ich wusste doch nichts von Ihnen.« »Der Anlass für das, was ich Ihnen sagen will, hat sich erst heute ergeben.« »So, nun ich habe ja nichts Grundsätzliches dagegen, außer dass ich zum Umfallen müde bin. Also kommen Sie auf ein paar Minuten in mein Zimmer. Hier könnten wir uns auf keinen Fall unterhalten, wir wecken ja alle und das wäre mir unseretwegen noch unangenehmer als der Leute wegen. Warten Sie hier, bis ich in meinem Zimmer angezündet habe, und drehen Sie dann hier das Licht ab.« K. tat so, wartete dann aber noch bis Fräulein Bürstner ihn aus ihrem Zimmer nochmals leise aufforderte zu kommen. »Setzen Sie sich«, sagte sie und zeigte auf die Ottomane, sie selbst blieb aufrecht am Bettpfosten trotz der Müdigkeit, von der sie gesprochen hatte; nicht einmal ihren kleinen, aber mit einer Überfülle von Blumen geschmückten Hut legte sie ab. »Was wollten Sie also? Ich bin wirklich neugierig.« Sie kreuzte leicht die Beine. »Sie werden vielleicht sagen«, begann K., »dass die Sache nicht so dringend war, um jetzt besprochen zu werden, aber –« »Einleitungen überhöre ich immer«, sagte Fräulein Bürstner. »Das erleichtert meine Aufgabe«, sagte K. »Ihr Zimmer ist heute früh, gewissermaßen durch meine Schuld, ein wenig in Unordnung gebracht worden, es geschah durch fremde Leute gegen meinen Willen und doch, wie gesagt, durch meine Schuld; dafür wollte ich um Entschuldigung bitten.« »Mein Zimmer?« fragte Fräulein Bürstner und sah statt des Zimmers K. prüfend an. »Es ist so«, sagte K., und nun sahen beide einander zum ersten Mal in die Augen, »die Art und Weise, in der es geschah, ist an sich keines Wortes wert.« »Aber doch das eigentlich Interessante«, sagte Fräulein Bürstner. »Nein«, sagte K. »Nun«, sagte Fräulein Bürstner, »ich will mich nicht in Geheimnisse eindrängen, bestehen Sie darauf, dass es uninteressant ist, so will ich auch nichts dagegen einwenden. Die Entschuldigung, um die Sie bitten, gebe ich Ihnen gern, besonders da ich keine Spur einer Unordnung finden kann.« Sie machte, die flachen Hände tief an die Hüften gelegt, einen Rundgang durch das Zimmer. Bei der Matte mit den Photographien blieb sie stehen. »Sehen Sie doch!« rief sie. »Meine Photographien sind wirklich durcheinandergeworfen. Das ist aber hässlich. Es ist also jemand unberechtigterweise in meinem Zimmer gewesen.« K. nickte und verfluchte im stillen den Beamten Kaminer, der seine öde, sinnlose Lebhaftigkeit niemals zähmen konnte. »Es ist sonderbar«, sagte Fräulein Bürstner, »dass ich gezwungen bin, Ihnen etwas zu verbieten, was Sie sich selbst verbieten müssten, nämlich in meiner Abwesenheit mein Zimmer zu betreten.« »Ich erklärte Ihnen doch, Fräulein«, sagte K. und ging auch zu den Photographien, »dass nicht ich es war, der sich an Ihren Photographien vergangen hat; aber da Sie mir nicht glauben, so muss ich also eingestehen, dass die Untersuchungskommission drei Bankbeamte mitgebracht hat, von denen der eine, den ich bei nächster Gelegenheit aus der Bank hinausbefördern werde, die Photographien wahrscheinlich in die Hand genommen hat. Ja, es war eine Untersuchungskommission hier«, fügte K. hinzu, da ihn das Fräulein mit einem fragenden Blick ansah. »Ihretwegen?« fragte das Fräulein. »Ja«, antwortete K. »Nein!« rief das Fräulein und lachte. »Doch«, sagte K., »glauben Sie denn, dass ich schuldlos bin?« »Nun, schuldlos...« sagte das Fräulein, »ich will nicht gleich ein vielleicht folgenschweres Urteil aussprechen, auch kenne ich Sie doch nicht, es muss doch schon ein schwerer Verbrecher sein, dem man gleich eine Untersuchungskommission auf den Leib schickt. Da Sie aber doch frei sind – ich schließe wenigstens aus Ihrer Ruhe, dass Sie nicht aus dem Gefängnis entlaufen sind – so können Sie doch kein solches Verbrechen begangen haben.« »Ja«, sagte K., »aber die Untersuchungskommission kann doch eingesehen haben, dass ich unschuldig bin oder doch nicht so schuldig, wie angenommen wurde.« »Gewiss, das kann sein«, sagte Fräulein Bürstner sehr aufmerksam. »Sehen Sie«, sagte K., »Sie haben nicht viel Erfahrung in Gerichtssachen.« »Nein, das habe ich nicht«, sagte Fräulein Bürstner, »und habe es auch schon oft bedauert, denn ich möchte alles wissen und gerade Gerichtssachen interessieren mich ungemein. Das Gericht hat eine eigentümliche Anziehungskraft, nicht? Aber ich werde in dieser Richtung meine Kenntnisse sicher vervollständigen, denn ich trete nächsten Monat als Kanzleikraft in ein Advokatenbüro ein.« »Das ist sehr gut«, sagte K., »Sie werden mir dann in meinem Prozess ein wenig helfen können.« »Das könnte sein«, sag-

te Fräulein Bürstner, »warum denn nicht? Ich verwende gern meine Kenntnisse.« »Ich meine es auch im Ernst«, sagte K., »oder zumindest in dem halben Ernst, in dem Sie es meinen. Um einen Advokaten heranzuziehen, dazu ist die Sache doch zu gering, aber einen Ratgeber könnte ich gut brauchen.« »Ja, aber wenn ich Ratgeber sein soll, müsste ich wissen, worum es sich handelt«, sagte Fräulein Bürstner. »Das ist eben der Haken«, sagte K., »das weiß ich selbst nicht.« »Dann haben Sie sich also einen Spaß mit mir gemacht«, sagte Fräulein Bürstner übermäßig enttäuscht, »es war höchst unnötig, sich diese späte Nachtzeit dazu auszusuchen.« Und sie ging von den Photographien weg, wo sie so lange zusammen gestanden hatten. »Aber nein, Fräulein«, sagte K., »ich mache keinen Spaß. Dass Sie mir nicht glauben wollen! Was ich weiß, habe ich Ihnen schon gesagt. Sogar mehr als ich weiß, denn es war gar keine Untersuchungskommission, ich nenne es so, weil ich keinen andern Namen dafür weiß. Es wurde gar nichts untersucht, ich wurde nur verhaftet, aber von einer Kommission.«
Fräulein Bürstner saß auf der Ottomane und lachte wieder. »Wie war es denn?« fragte sie. »Schrecklich«, sagte K., aber er dachte jetzt gar nicht daran, sondern war ganz vom Anblick des Fräulein Bürstner ergriffen, die das Gesicht auf eine Hand stützte – der Ellbogen ruhte auf dem Kissen der Ottomane – während die andere Hand langsam die Hüfte strich. »Das ist zu allgemein«, sagte Fräulein Bürstner. »Was ist zu allgemein?« fragte K. Dann erinnerte er sich und fragte: »Soll ich Ihnen zeigen, wie es gewesen ist?« Er wollte Bewegung machen und doch nicht weggehen. »Ich bin schon müde«, sagte Fräulein Bürstner. »Sie kamen so spät«, sagte K. »Nun endet es damit, dass ich Vorwürfe bekomme, es ist auch berechtigt, denn ich hätte Sie nicht mehr hereinlassen sollen. Notwendig war es ja auch nicht, wie es sich gezeigt hat.« »Es war notwendig, das werden Sie erst jetzt sehn«, sagte K. »Darf ich das Nachttischchen von Ihrem Bett herrücken?« »Was fällt Ihnen ein?« sagte Fräulein Bürstner, »das dürfen Sie natürlich nicht!« »Dann kann ich es Ihnen nicht zeigen«, sagte K. aufgeregt, als füge man ihm dadurch einen unermesslichen Schaden zu. »Ja, wenn Sie es zur Darstellung brauchen, dann rücken Sie das Tischchen nur ruhig fort«, sagte Fräulein Bürstner und fügte nach einem Weilchen mit schwächerer Stimme hinzu: »Ich bin so müde, dass ich mehr erlaube, als gut ist.« K. stellte das Tischchen in die Mitte des Zimmers und setzte sich dahinter. »Sie müssen sich die Verteilung der Personen richtig vorstellen, es ist sehr interessant. Ich bin der Aufseher, dort auf dem Koffer sitzen zwei Wächter, bei den Photographien stehen drei junge Leute. An der Fensterklinke hängt, was ich nur nebenbei erwähne, eine weiße Bluse. Und jetzt fängt es an. Ja, ich vergesse mich. Die wichtigste Person, also ich, stehe hier vor dem Tischchen. Der Aufseher sitzt äußerst bequem, die Beine übereinandergelegt, den Arm hier über die Lehne hinunterhängend, ein Lümmel sondergleichen. Und jetzt fängt es also wirklich an. Der Aufseher ruft, als ob er mich wecken müsste, er schreit geradezu, ich muss leider, wenn ich es Ihnen begreiflich machen will, auch schreien, es ist übrigens nur mein Name, den er so schreit.« Fräulein Bürstner, die lachend zuhörte, legte den Zeigefinger an den Mund, um K. am Schreien zu hindern, aber es war zu spät. K. war zu sehr in der Rolle, er rief langsam: »Josef K.!«, übrigens nicht so laut, wie er gedroht hatte, aber doch so, dass sich der Ruf, nachdem er plötzlich ausgestoßen war, erst allmählich im Zimmer zu verbreiten schien.

Da klopfte es an die Tür des Nebenzimmers einige Mal, stark, kurz und regelmäßig. Fräulein Bürstner erbleichte und legte die Hand aufs Herz. K. erschrak deshalb besonders stark, weil er noch ein Weilchen ganz unfähig gewesen war, an etwas anderes zu denken als an die Vorfälle des Morgens und an das Mädchen, dem er sie vorführte. Kaum hatte er sich gefasst, sprang er zu Fräulein Bürstner und nahm ihre Hand. »Fürchten Sie nichts«, flüsterte er, »ich werde alles in Ordnung bringen. Wer kann es aber sein? Hier nebenan ist doch nur das Wohnzimmer, in dem niemand schläft.« »Doch«, flüsterte Fräulein Bürstner an K.s Ohr,

»seit gestern schläft hier ein Neffe von Frau Grubach, ein Hauptmann. Es ist gerade kein anderes Zimmer frei. Auch ich habe es vergessen. Dass Sie so schreien mussten! Ich bin unglücklich darüber.« »Dafür ist gar kein Grund«, sagte K. und küsste, als sie jetzt auf das Kissen zurücksank, ihre Stirn. »Weg, weg«, sagte sie und richtete sich eilig wieder auf, »gehen Sie doch, gehen Sie doch, was wollen Sie, er horcht doch an der Tür, er hört doch alles. Wie Sie mich quälen!« »Ich gehe nicht früher«, sagte K., »als Sie ein wenig beruhigt sind. Kommen Sie in die andere Ecke des Zimmers, dort kann er uns nicht hören.« Sie ließ sich dorthin führen. »Sie überlegen nicht«, sagte er, »dass es sich zwar um eine Unannehmlichkeit für Sie handelt, aber durchaus nicht um eine Gefahr. Sie wissen, wie mich Frau Grubach, die in dieser Sache doch entscheidet, besonders da der Hauptmann ihr Neffe ist, geradezu verehrt und alles, was ich sage, unbedingt glaubt. Sie ist auch im übrigen von mir abhängig, denn sie hat eine größere Summe von mir geliehen. Jeden Ihrer Vorschläge über eine Erklärung für unser Beisammensein nehme ich an, wenn es nur ein wenig zweckentsprechend ist, und verbürge mich, Frau Grubach dazu zu bringen, die Erklärung nicht nur vor der Öffentlichkeit, sondern wirklich und aufrichtig zu glauben. Mich müssen Sie dabei in keiner Weise schonen. Wollen Sie verbreitet haben, dass ich Sie überfallen habe, so wird Frau Grubach in diesem Sinne unterrichtet werden und wird es glauben, ohne das Vertrauen zu mir zu verlieren, so sehr hängt sie an mir.« Fräulein Bürstner sah, still und ein wenig zusammengesunken, vor sich auf den Boden. »Warum sollte Frau Grubach nicht glauben, dass ich Sie überfallen habe?« fügte K. hinzu. Vor sich sah er ihr Haar, geteiltes, niedrig gebauschtes, fest zusammengehaltenes, rötliches Haar. Er glaubte, sie werde ihm den Blick zuwenden, aber sie sagte in unveränderter Haltung: »Verzeihen Sie, ich bin durch das plötzliche Klopfen so erschreckt worden, nicht so sehr durch die Folgen, die die Anwesenheit des Hauptmanns haben könnte. Es war so still nach Ihrem Schrei, und da klopfte es, deshalb bin ich so erschrocken, ich saß auch in der Nähe der Tür, es klopfte fast neben mir. Für Ihre Vorschläge danke ich, aber ich nehme sie nicht an. Ich kann für alles, was in meinem Zimmer geschieht, die Verantwortung tragen, und zwar gegenüber jedem. Ich wundere mich, dass Sie nicht merken, was für eine Beleidigung für mich in Ihren Vorschlägen liegt, neben den guten Absichten natürlich, die ich gewiss anerkenne. Aber nun gehen Sie, lassen Sie mich allein, ich habe es jetzt noch nötiger als zuvor. Aus den wenigen Minuten, um die Sie gebeten haben, ist nun eine halbe Stunde und mehr geworden.« K. fasste sie bei der Hand und dann beim Handgelenk: »Sie sind mir aber nicht böse?« sagte er. Sie streifte seine Hand ab und antwortete: »Nein, nein, ich bin niemals und niemandem böse.« Er fasste wieder nach ihrem Handgelenk, sie duldete es jetzt und führte ihn so zur Tür. Er war fest entschlossen, wegzugehen. Aber vor der Tür, als hätte er nicht erwartet, hier eine Tür zu finden, stockte er, diesen Augenblick benützte Fräulein Bürstner, sich loszumachen, die Tür zu öffnen, ins Vorzimmer zu schlüpfen und von dort aus K. leise zu sagen: »Nun kommen Sie doch, bitte. Sehen Sie« – sie zeigte auf die Tür des Hauptmanns, unter der ein Lichtschein hervorkam – »er hat angezündet und unterhält sich über uns.« »Ich komme schon«, sagte K., lief vor, fasste sie, küsste sie auf den Mund und dann über das ganze Gesicht, wie ein durstiges Tier mit der Zunge über das endlich gefundene Quellwasser hinjagt. Schließlich küsste er sie auf den Hals, wo die Gurgel ist, und dort ließ er die Lippen lange liegen. Ein Geräusch aus dem Zimmer des Hauptmanns ließ ihn aufschauen. »Jetzt werde ich gehen«, sagte er, er wollte Fräulein Bürstner beim Taufnamen nennen, wusste ihn aber nicht. Sie nickte müde, überließ ihm, schon halb abgewendet, die Hand zum Küssen, als wisse sie nichts davon, und ging gebückt in ihr Zimmer. Kurz darauf lag K. in seinem Bett. Er schlief sehr bald ein, vor dem Einschlafen dachte er noch ein Weilchen über sein Verhalten nach, er war damit zufrieden, wunderte sich aber, dass er nicht noch zufriedener war; wegen des Hauptmanns machte er sich für Fräulein Bürstner ernstliche Sorgen.

Zweites Kapitel (Erste Untersuchung)

K. war telefonisch verständigt worden, dass am nächsten Sonntag eine kleine Untersuchung in seiner Angelegenheit stattfinden würde. Man machte ihn darauf aufmerksam, dass diese Untersuchungen regelmäßig, wenn auch vielleicht nicht jede Woche, so doch häufiger einander folgen würden. Es liege einerseits im allgemeinen Interesse, den Prozess rasch zu Ende zu führen, anderseits aber müssten die Untersuchungen in jeder Hinsicht gründlich sein und dürften doch wegen der damit verbundenen Anstrengung niemals allzu lange dauern. Deshalb habe man den Ausweg dieser rasch aufeinanderfolgenden, aber kurzen Untersuchungen gewählt. Die Bestimmung des Sonntags als Untersuchungstag habe man deshalb vorgenommen, um K. in seiner beruflichen Arbeit nicht zu stören. Man setze voraus, dass er damit einverstanden sei, sollte er einen anderen Termin wünschen, so würde man ihm, so gut es ginge, entgegenkommen. Die Untersuchungen wären beispielsweise auch in der Nacht möglich, aber da sei wohl K. nicht frisch genug. Jedenfalls werde man es, solange K. nichts einwende, beim Sonntag belassen. Es sei selbstverständlich, dass er bestimmt erscheinen müsse, darauf müsse man ihn wohl nicht erst aufmerksam machen. Es wurde ihm die Nummer des Hauses genannt, in dem er sich einfinden solle, es war ein Haus in einer entlegenen Vorstadtstraße, in der K. noch niemals gewesen war.

K. hängte, als er diese Meldung erhalten hatte, ohne zu antworten, den Hörer ein; er war gleich entschlossen, Sonntag hinzugehen, es war gewiss notwendig, der Prozess kam in Gang, und er musste sich dem entgegenstellen, diese erste Untersuchung sollte auch die letzte sein. Er stand noch nachdenklich beim Apparat, da hörte er hinter sich die Stimme des Direktor-Stellvertreters, der telefonieren wollte, dem aber K. den Weg verstellte. »Schlechte Nachrichten?« fragte der Direktor-Stellvertreter leichthin, nicht um etwas zu erfahren, sondern um K. vom Apparat wegzubringen. »Nein, nein«, sagte K., trat beiseite, ging aber nicht weg. Der Direktor-Stellvertreter nahm den Hörer und sagte, während er auf die telefonische Verbindung wartete, über das Hörrohr hinweg: »Eine Frage, Herr K.: Möchten Sie mir Sonntag früh das Vergnügen machen, eine Partie auf meinem Segelboot mitzumachen? Es wird eine größere Gesellschaft sein, gewiss auch Ihre Bekannten darunter. Unter anderem Staatsanwalt Hasterer. Wollen Sie kommen? Kommen Sie doch!« K. versuchte, darauf achtzugeben, was der Direktor-Stellvertreter sagte. Es war nicht unwichtig für ihn, denn diese Einladung des Direktor-Stellvertreters, mit dem er sich niemals sehr gut vertragen hatte, bedeutete einen Versöhnungsversuch von dessen Seite und zeigte, wie wichtig K. in der Bank geworden war und wie wertvoll seine Freundschaft oder wenigstens seine Unparteilichkeit dem zweithöchsten Beamten der Bank erschien. Diese Einladung war eine Demütigung des Direktor-Stellvertreters, mochte sie auch nur in Erwartung der telefonischen Verbindung über das Hörrohr hinweg gesagt sein. Aber K. musste eine zweite Demütigung folgen lassen, er sagte:

»Vielen Dank! Aber ich habe leider Sonntag keine Zeit, ich habe schon eine Verpflichtung.« »Schade«, sagte der Direktor-Stellvertreter und wandte sich dem telefonischen Gespräch zu, das gerade hergestellt worden war. Es war kein kurzes Gespräch, aber K. blieb in seiner Zerstreutheit die ganze Zeit über neben dem Apparat stehen. Erst als der Direktor-Stellvertreter abläutete, erschrak er und sagte, um sein unnützes Dastehen nur ein wenig zu entschuldigen:

»Ich bin jetzt antelefoniert worden, ich möchte irgendwo hinkommen, aber man hat vergessen, mir zu sagen, zu welcher Stunde.« »Fragen Sie doch noch einmal nach«, sagte der Direktor-Stellvertreter. »Es ist nicht so wichtig«, sagte K., obwohl dadurch seine frühere, schon an sich mangelhafte Entschuldigung noch weiter verfiel. Der Direktor-Stellvertreter sprach noch im Weggehen über andere Dinge. K. zwang sich auch zu antworten, dachte aber hauptsächlich daran, dass es am besten sein werde, Sonntag um neun Uhr vormittags hinzukommen, da zu dieser Stunde an Werktagen alle Gerichte zu arbeiten anfangen.

Sonntag war trübes Wetter. K. war sehr ermüdet, da er wegen einer Stammtischfeierlichkeit bis spät in die Nacht im Gasthaus geblieben war, er hätte fast verschlafen. Eilig, ohne Zeit zu haben, zu überlegen und die verschiedenen Pläne, die er während der Woche ausgedacht hatte, zusammenzustellen, kleidete er sich an und lief, ohne zu frühstücken, in die ihm bezeichnete Vorstadt. Eigentümlicherweise traf er, obwohl er wenig Zeit hatte, umherzublicken, die drei an seiner Angelegenheit beteiligten Beamten, Rabensteiner, Kullich und Kaminer. Die ersten zwei fuhren in einer Elektrischen quer über K.s Weg, Kaminer aber saß auf der Terrasse eines Kaffeehauses und beugte sich gerade, als K. vorüberkam, neugierig über die Brüstung. Alle sahen ihm wohl nach und wunderten sich, wie ihr Vorgesetzter lief; es war irgendein Trotz, der K. davon abgehalten hatte, zu fahren, er hatte Abscheu vor jeder, selbst der geringsten fremden Hilfe in dieser seiner Sache, auch wollte er niemanden in Anspruch nehmen und dadurch selbst nur im allerentferntesten einweihen; schließlich hatte er aber auch nicht die geringste Lust, sich durch allzu große Pünktlichkeit vor der Untersuchungskommission zu erniedrigen. Allerdings lief er jetzt, um nur möglichst um neun Uhr einzutreffen, obwohl er nicht einmal für eine bestimmte Stunde bestellt war.

Er hatte gedacht, das Haus schon von der Ferne an irgendeinem Zeichen, das er sich selbst nicht genau vorgestellt hatte, oder an einer besonderen Bewegung vor dem Eingang schon von weitem zu erkennen. Aber die Juliusstraße, in der es sein sollte und an deren Beginn K. einen Augenblick lang stehenblieb, enthielt auf beiden Seiten fast ganz einförmige Häuser, hohe, graue, von armen Leuten bewohnte Miethäuser. Jetzt, am Sonntagmorgen, waren die meisten Fenster besetzt, Männer in Hemdärmeln lehnten dort und rauchten oder hielten kleine Kinder vorsichtig und zärtlich an den Fensterrand. Andere Fenster waren hoch mit Bettzeug angefüllt, über dem flüchtig der zerraufte Kopf einer Frau erschien. Man rief einander über die Gasse zu, ein solcher Zuruf bewirkte gerade über K. ein großes Gelächter. Regelmäßig verteilt befanden sich in der langen Straße kleine, unter dem Straßenniveau liegende, durch ein paar Treppen erreichbare Läden mit verschiedenen Lebensmitteln. Dort gingen Frauen aus und ein oder standen auf den Stufen und plauderten. Ein Obsthändler, der seine Waren zu den Fenstern hinauf empfahl, hätte, ebenso unaufmerksam wie K., mit seinem Karren diesen fast niedergeworfen. Eben begann ein in besseren Stadtvierteln ausgedientes Grammophon mörderisch zu spielen.

K. ging tiefer in die Gasse hinein, langsam, als hätte er nun schon Zeit oder als sähe ihn der Untersuchungsrichter aus irgendeinem Fenster und wisse also, dass sich K. eingefunden habe. Es war kurz nach neun. Das Haus lag ziemlich weit, es war fast ungewöhnlich ausgedehnt, besonders die Toreinfahrt war hoch und weit. Sie war offenbar für Lastfuhren bestimmt, die zu den verschiedenen Warenmagazinen gehörten, die jetzt versperrt den großen Hof umgaben und Aufschriften von Firmen trugen, von denen K. einige aus dem Bankgeschäft kannte. Gegen seine sonstige Gewohnheit sich mit allen diesen Äußerlichkeiten genauer befassend, blieb er auch ein wenig am Eingang des Hofes stehen. In seiner Nähe auf einer Kiste saß ein bloßfüßiger Mann und las eine Zeitung. Auf einem Handkarren schaukelten zwei Jungen. Vor einer Pumpe stand ein schwaches, junges Mädchen in einer Nachtjoppe und blickte, während das Wasser in ihre Kanne strömte, auf K. hin. In einer Ecke des Hofes wurde zwischen zwei Fenstern ein Strick gespannt, auf dem die zum Trocknen bestimmte Wäsche schon hing. Ein Mann stand unten und leitete die Arbeit durch ein paar Zurufe.

K. wandte sich der Treppe zu, um zum Untersuchungszimmer zu kommen, stand dann aber wieder still, denn außer dieser Treppe sah er im Hof noch drei verschiedene Treppenaufgänge und überdies schien ein kleiner Durchgang am Ende des Hofes noch in einen zweiten

Hof zu führen. Er ärgerte sich, dass man ihm die Lage des Zimmers nicht näher bezeichnet hatte, es war doch eine sonderbare Nachlässigkeit oder Gleichgültigkeit, mit der man ihn behandelte, er beabsichtigte, das sehr laut und deutlich festzustellen. Schließlich stieg er doch die Treppe hinauf und spielte in Gedanken mit einer Erinnerung an den Ausspruch des Wächters Willem, dass das Gericht von der Schuld angezogen werde, woraus eigentlich folgte, dass das Untersuchungszimmer an der Treppe liegen musste, die K. zufällig wählte.

Er störte im Hinaufgehen viele Kinder, die auf der Treppe spielten und ihn, wenn er durch ihre Reihe schritt, böse ansahen. »Wenn ich nächstens wieder hergehen sollte«, sagte er sich, »muss ich entweder Zuckerwerk mitnehmen, um sie zu gewinnen, oder den Stock, um sie zu prügeln.« Knapp vor dem ersten Stockwerk musste er sogar ein Weilchen warten, bis eine Spielkugel ihren Weg vollendet hatte, zwei kleine Jungen mit den verzwickten Gesichtern erwachsener Strolche hielten ihn indessen an den Beinkleidern; hätte er sie abschütteln wollen, hätte er ihnen wehtun müssen, und er fürchtete ihr Geschrei.

Im ersten Stockwerk begann die eigentliche Suche. Da er doch nicht nach der Untersuchungskommission fragen konnte, erfand er einen Tischler Lanz – der Name fiel ihm ein, weil der Hauptmann, der Neffe der Frau Grubach, so hieß – und wollte nun in allen Wohnungen nachfragen, ob hier ein Tischler Lanz wohne, um so die Möglichkeit zu bekommen, in die Zimmer hineinzusehen. Es zeigte sich aber, dass das meistens ohne weiteres möglich war, denn fast alle Türen standen offen und die Kinder liefen ein und aus. Es waren in der Regel kleine, einfenstrige Zimmer, in denen auch gekocht wurde. Manche Frauen hielten Säuglinge im Arm und arbeiteten mit der freien Hand auf dem Herd. Halbwüchsige, scheinbar nur mit Schürzen bekleidete Mädchen liefen am fleißigsten hin und her. In allen Zimmern standen die Betten noch in Benützung, es lagen dort Kranke oder noch Schlafende oder Leute, die sich dort in Kleidern streckten. An den Wohnungen, deren Türen geschlossen waren, klopfte K. an und fragte, ob hier ein Tischler Lanz wohne. Meistens öffnete eine Frau, hörte die Frage an und wandte sich ins Zimmer zu jemandem, der sich aus dem Bett erhob. »Der Herr fragt, ob ein Tischler Lanz hier wohnt.« »Tischler Lanz?« fragte der aus dem Bett. »Ja«, sagte K., obwohl sich hier die Untersuchungskommission zweifellos nicht befand und daher seine Aufgabe beendet war. Viele glaubten, es liege K. sehr viel daran, den Tischler Lanz zu finden, dachten lange nach, nannten einen Tischler, der aber nicht Lanz hieß, oder einen Namen, der mit Lanz eine ganz entfernte Ähnlichkeit hatte, oder sie fragten bei Nachbarn oder begleiteten K. zu einer weit entfernten Tür, wo ihrer Meinung nach ein derartiger Mann möglicherweise in Aftermiete wohne oder wo jemand sei, der bessere Auskunft als sie selbst geben könne. Schließlich musste K. kaum mehr selbst fragen, sondern wurde auf diese Weise durch die Stockwerke gezogen. Er bedauerte seinen Plan, der ihm zuerst so praktisch erschienen war. Vor dem fünften Stockwerk entschloss er sich, die Suche aufzugeben, verabschiedete sich von einem freundlichen, jungen Arbeiter, der ihn weiter hinaufführen wollte, und ging hinunter. Dann aber ärgerte ihm wieder das Nutzlose dieser ganzen Unternehmung, er ging nochmals zurück und klopfte an die erste Tür des fünften Stockwerkes. Das erste, was er in dem kleinen Zimmer sah, war eine große Wanduhr, die schon zehn Uhr zeigte. »Wohnt ein Tischler Lanz hier?« fragte er. »Bitte«, sagte eine junge Frau mit schwarzen, leuchtenden Augen, die gerade in einem Kübel Kinderwäsche wusch, und zeigte mit der nassen Hand auf die offene Tür des Nebenzimmers.

K. glaubte in eine Versammlung einzutreten. Ein Gedränge der verschiedensten Leute – niemand kümmerte sich um den Eintretenden – füllte ein mittelgroßes, zweifenstriges Zimmer, das knapp an der Decke von einer Galerie umgeben war, die gleichfalls vollständig besetzt war und wo die Leute nur gebückt stehen konnten und mit Kopf und Rücken an die Decke stießen. K., dem die Luft zu dumpf war, trat wieder hinaus und sagte zu der jungen Frau, die ihn wahrscheinlich falsch verstanden hatte: »Ich habe nach einem Tischler, einem gewissen Lanz, gefragt?« »Ja«, sagte die Frau, »gehen Sie, bitte, hinein.« K. hätte ihr vielleicht nicht gefolgt, wenn die Frau nicht auf ihn zugegangen wäre, die Türklinke ergriffen und gesagt hätte: »Nach Ihnen muss ich schließen, es darf niemand mehr hinein.« »Sehr vernünftig«, sagte K., »es ist aber jetzt schon zu voll.« Dann ging er aber doch wieder hinein.

Zwischen zwei Männern hindurch, die sich unmittelbar bei der Tür unterhielten – der eine machte mit beiden, weit vorgestreckten Händen die Bewegung des Geldzählens, der andere sah ihm scharf in die Augen –, fasste eine Hand nach K. Es war ein kleiner, rotbäckiger Junge. »Kommen Sie, kommen Sie«, sagte er. K. ließ sich von ihm führen, es zeigte sich, dass in dem durcheinander wimmelnden Gedränge doch ein schmaler Weg frei war, der möglicherweise zwei Parteien schied; dafür sprach auch, dass K. in den ersten Reihen rechts und links kaum ein ihm zugewendetes Gesicht sah, sondern nur die Rücken von Leuten, welche ihre Reden und Bewegungen nur an Leute ihrer Partei richteten. Die meisten waren schwarz angezogen, in alten, lang und lose hinunterhängenden Feiertagsröcken. Nur diese Kleidung beirrte K., sonst hätte er das Ganze für eine politische Bezirksversammlung angesehen.

Am anderen Ende des Saales, zu dem K. geführt wurde, stand auf einem sehr niedrigen, gleichfalls überfüllten Podium ein kleiner Tisch, der Quere nach aufgestellt, und hinter ihm, nahe am Rand des Podiums, saß ein kleiner, dicker, schnaufender Mann, der sich gerade mit einem hinter ihm Stehenden – dieser hatte den Ellbogen auf die Sessellehne gestützt und die Beine gekreuzt – unter großem Gelächter unterhielt. Manchmal warf er den Arm in die Luft, als karikiere er jemanden. Der Junge, der K. führte, hatte Mühe, seine Meldung vorzubringen. Zweimal hatte er schon, auf den Fußspitzen stehend, etwas auszurichten versucht, ohne von dem Mann oben beachtet worden zu sein. Erst als einer der Leute oben auf dem Podium auf den Jungen aufmerksam machte, wandte sich der Mann ihm zu und hörte hinuntergebeugt seinen leisen Bericht an. Dann zog er seine Uhr und sah schnell nach K. hin. »Sie hätten vor einer Stunde und fünf Minuten erscheinen sollen«, sagte er. K. wollte etwas antworten, aber er hatte keine Zeit, denn kaum hatte der Mann ausgesprochen, erhob sich in der rechten Saalhälfte ein allgemeines Murren. »Sie hätten vor einer Stunde und fünf Minuten erscheinen sollen«, wiederholte nun der Mann mit erhobener Stimme und sah nun auch schnell in den Saal hinunter. Sofort wurde auch das Murren stärker und verlor sich, da der Mann nichts mehr sagte, nur allmählich. Es war jetzt im Saal viel stiller als bei K.s Eintritt. Nur die Leute auf der Galerie hörten nicht auf, ihre Bemerkungen zu machen. Sie schienen, soweit man oben in dem Halbdunkel, Dunst und Staub etwas unterscheiden konnte, schlechter angezogen zu sein als die unten. Manche hatten Polster mitgebracht, die sie zwischen den Kopf und die Zimmerdecke gelegt hatten, um sich nicht wundzudrücken.

K. hatte sich entschlossen, mehr zu beobachten als zu reden, infolgedessen verzichtete er auf die Verteidigung wegen seines angeblichen Zuspätkommens und sagte bloß: »Mag ich zu spät gekommen sein, jetzt bin ich hier.« Ein Beifallklatschen, wieder aus der rechten Saalhälfte, folgte. Leicht zu gewinnende Leute, dachte K. und war nur gestört durch die Stille in der linken Saalhälfte, die gerade hinter ihm lag und aus der sich nur ganz vereinzeltes Händeklatschen erhoben hatte. Er dachte nach, was er sagen könnte, um alle auf einmal oder, wenn das nicht möglich sein sollte, wenigstens zeitweilig auch die anderen zu gewinnen.

»Ja«, sagte der Mann, »aber ich bin nicht mehr verpflichtet, Sie jetzt zu verhören« – wieder das Murren, diesmal aber missverständlich, denn der Mann fuhr, indem er den Leuten mit der Hand abwinkte, fort, – »ich will es jedoch ausnahmsweise heute noch tun. Eine solche Verspätung darf sich aber nicht mehr wiederholen. Und nun treten Sie vor!« Irgend jemand sprang vom Podium hinunter, so dass für K. ein Platz frei wurde, auf den er hinaufstieg. Er stand eng an den Tisch gedrückt, das Gedränge hinter ihm war so groß, dass er ihm Widerstand leisten musste, wollte er nicht den Tisch des Untersuchungsrichters und vielleicht auch diesen selbst vom Podium hinunterstoßen.

Der Untersuchungsrichter kümmerte sich aber nicht darum, sondern saß recht bequem auf seinem Sessel und griff, nachdem er dem Mann hinter ihm ein abschließendes Wort gesagt hatte, nach einem kleinen Anmerkungsbuch, dem einzigen Gegenstand auf seinem Tisch. Es war schulheftartig, alt, durch vieles Blättern ganz aus der Form gebracht. »Also«, sagte der Untersuchungsrichter, blätterte in dem Heft und wandte sich im Tone einer Feststellung an K., »Sie sind Zimmermaler?« »Nein«, sagte K., »sondern erster Prokurist einer großen Bank.« Dieser Antwort folgte bei der rechten Partei unten ein Gelächter, das so herzlich war, dass K. mitlachen musste. Die Leute stützten sich mit den Händen auf ihre Knie und schüttelten sich wie unter schweren Hustenanfällen. Es lachten sogar einzelne auf der Galerie. Der ganz böse gewordene Untersuchungsrichter, der wahrscheinlich gegen die Leute unten machtlos war, suchte sich an der Galerie zu entschädigen, sprang auf, drohte der Galerie, und seine sonst wenig auffallenden Augenbrauen drängten sich buschig, schwarz und groß über seinen Augen.

Die linke Saalhälfte war aber noch immer still, die Leute standen dort in Reihen, hatten ihre Gesichter dem Podium zugewendet und hörten den Worten, die oben gewechselt wurden, ebenso ruhig zu wie dem Lärm der anderen Partei, sie duldeten sogar, dass einzelne aus ihren Reihen mit der anderen Partei hie und da gemeinsam vorgingen. Die Leute der linken Partei, die übrigens weniger zahlreich waren, mochten im Grunde ebenso unbedeutend sein wie die der rechten Partei, aber die Ruhe ihres Verhaltens ließ sie bedeutungsvoller erscheinen. Als K. jetzt zu reden begann, war er überzeugt, in ihrem Sinne zu sprechen.

»Ihre Frage, Herr Untersuchungsrichter, ob ich Zimmermaler bin – vielmehr, Sie haben gar nicht gefragt, sondern es mir auf den Kopf zugesagt –, ist bezeichnend für die ganze Art des Verfahrens, das gegen mich geführt wird. Sie können einwenden, dass es ja überhaupt kein Verfahren ist, Sie haben sehr recht, denn es ist ja nur ein Verfahren, wenn ich es als solches anerkenne. Aber ich erkenne es also für den Augenblick jetzt an, aus Mitleid gewissermaßen. Man kann sich nicht anders als mitleidig dazu stellen, wenn man es überhaupt beachten will. Ich sage nicht, dass es ein liederliches Verfahren ist, aber ich möchte Ihnen diese Bezeichnung zur Selbsterkenntnis angeboten haben.«

K. unterbrach sich und sah in den Saal hinunter. Was er gesagt hatte, war scharf, schärfer, als er es beabsichtigt hatte, aber doch richtig. Es hätte Beifall hier oder dort verdient, es war jedoch alles still, man wartete offenbar gespannt auf das Folgende, es bereitete sich vielleicht in der Stille ein Ausbruch vor, der allem ein Ende machen würde. Störend war es, dass sich jetzt die Tür am Saalende öffnete, die junge Wäscherin, die ihre Arbeit wahrscheinlich beendet hatte, eintrat und trotz aller Vorsicht, die sie aufwendete, einige Blicke auf sich zog. Nur der Untersuchungsrichter machte K. unmittelbare Freude, denn er schien von den Worten sofort getroffen zu werden. Er hatte bisher stehend zugehört, denn er war von K.s Ansprache überrascht worden, während er sich für die Galerie aufgerichtet hatte. Jetzt, in der Pause, setzte er sich allmählich, als sollte es nicht bemerkt werden. Wahrscheinlich um seine Miene zu beruhigen, nahm er wieder das Heftchen vor.

»Es hilft nichts«, fuhr K. fort, »auch Ihr Heftchen, Herr Untersuchungsrichter, bestätigt, was ich sage.« Zufrieden damit, nur seine ruhigen Worte in der fremden Versammlung zu hören, wagte es K. sogar, kurzerhand das Heft dem Untersuchungsrichter wegzunehmen und es mit den Fingerspitzen, als scheue er sich davor, an einem mittleren Blatte hochzuheben, so dass beiderseits die engbeschriebenen, fleckigen, gelbrandigen Blätter hinunterhingen. »Das sind die Akten des Untersuchungsrichters«, sagte er und ließ das Heft auf den Tisch hinunterfallen. »Lesen Sie darin ruhig weiter, Herr Untersuchungsrichter, vor diesem Schuldbuch fürchte ich mich wahrhaftig nicht, obwohl es mir unzugänglich ist, denn ich kann es nur mit zwei Fingern anfassen und würde es nicht in die Hand nehmen.« Es konnte nur ein Zeichen tiefer Demütigung sein oder es musste zumindest so aufgefasst werden, dass der Untersuchungsrichter nach dem Heftchen, wie es auf den Tisch gefallen war, griff, es ein wenig in Ordnung zu bringen suchte und es wieder vornahm, um darin zu lesen.

Die Gesichter der Leute in der ersten Reihe waren so gespannt auf K. gerichtet, dass er ein Weilchen lang zu ihnen hinuntersah. Es waren durchwegs ältere Männer, einige waren weißbärtig. Waren vielleicht sie die Entscheidenden, die die ganze Versammlung beeinflussen konnten, welche auch durch die Demütigung des Untersuchungsrichters sich nicht aus der Regungslosigkeit bringen ließ, in welche sie seit K.s Rede versunken war?

»Was mir geschehen ist«, fuhr K. fort, etwas leiser als früher, und suchte immer wieder die Gesichter der ersten Reihe ab, was seiner Rede einen etwas fahrigen Ausdruck gab, »was mir geschehen ist, ist ja nur ein einzelner Fall und als solcher nicht sehr wichtig, da ich es nicht sehr schwer nehme, aber es ist das Zeichen eines Verfahrens, wie es gegen viele geübt wird. Für diese stehe ich hier ein, nicht für mich.«

Er hatte unwillkürlich seine Stimme erhoben. Irgendwo klatschte jemand mit erhobenen Händen und rief: »Bravo! Warum denn nicht? Bravo! Und wieder Bravo!« Die in der ersten Reihe griffen hier und da in ihre Bärte, keiner kehrte sich wegen des Ausrufs um. Auch K. maß ihm keine Bedeutung bei, war aber doch aufgemuntert; er hielt es jetzt gar nicht mehr für nötig, dass alle Beifall klatschten, es genügte, wenn die Allgemeinheit über die Sache nachzudenken begann und nur manchmal einer durch Überredung gewonnen wurde.

»Ich will nicht Rednererfolg«, sagte K. aus dieser Überlegung heraus, »er dürfte mir auch nicht erreichbar sein. Der Herr Untersuchungsrichter spricht wahrscheinlich viel besser, es gehört ja zu seinem Beruf. Was ich will, ist nur die öffentliche Besprechung eines öffentlichen Missstandes. Hören Sie: Ich bin vor etwa zehn Tagen verhaftet worden, über die Tatsache der Verhaftung selbst lache ich, aber das gehört jetzt nicht hierher. Ich wurde früh im Bett überfallen, vielleicht hatte man – es ist nach dem, was der Untersuchungsrichter sagte, nicht ausgeschlossen – den Befehl, irgendeinen Zimmermaler, der ebenso unschuldig ist wie ich, zu verhaften, aber man wählte mich. Das Nebenzimmer war von zwei groben Wächtern besetzt. Wenn ich ein gefährlicher Räuber wäre, hätte man nicht bessere Vorsorge treffen können. Diese Wächter waren überdies demoralisiertes Gesindel, sie schwätzten mir die Ohren voll, sie wollten sich bestechen lassen, sie wollten mir unter Vorspiegelungen Wäsche und Kleider herauslocken, sie wollten Geld, um mir angeblich ein Frühstück zu bringen, nachdem sie mein eigenes Frühstück vor meinen Augen schamlos aufgegessen hatten. Nicht genug daran. Ich wurde in ein drittes Zimmer vor den Aufseher geführt. Es war das Zimmer einer Dame, die ich sehr schätze, und ich musste zusehen, wie dieses Zimmer meinetwegen, aber ohne meine Schuld, durch die Anwesenheit der Wächter und des Aufsehers gewissermaßen verunreinigt wurde. Es war nicht leicht, ruhig zu bleiben. Es gelang mir aber, und ich fragte den Aufseher vollständig ruhig – wenn er hier wäre, müsste er es bestätigen –, warum ich verhaftet sei. Was antwortete nun dieser Aufseher, den ich jetzt noch vor mir sehe, wie er auf dem Sessel der erwähnten Dame als eine Darstellung des stumpfsinnigsten Hochmuts sitzt? Meine Herren, er antwortete im Grunde nichts, vielleicht wusste er wirklich nichts, er hatte mich verhaftet und war damit zufrieden. Er hat sogar noch ein übriges getan und in das Zimmer jener Dame drei niedrige Angestellte meiner Bank gebracht, die sich damit beschäftigten, Photographien, Eigentum der Dame, zu betasten und in Unordnung zu bringen. Die Anwesenheit dieser Angestellten hatte natürlich noch einen andern Zweck, sie sollten, ebenso wie meine Vermieterin und ihr Dienstmädchen, die Nachricht von meiner Verhaftung verbreiten, mein öffentliches Ansehen schädigen und insbesondere in der Bank meine Stellung erschüttern. Nun ist nichts davon, auch nicht im geringsten, gelungen, selbst meine Vermieterin, eine ganz einfache Person – ich will ihren Namen hier in ehrendem Sinne nennen, sie heißt Frau Grubach –, selbst Frau Grubach war verständig genug, einzusehen, dass eine solche Verhaftung nicht mehr bedeutet, als einen Anschlag, den nicht genügend beaufsichtigte Jungen auf der Gasse ausführen. Ich wiederhole, mir hat das Ganze nur Unannehmlichkeiten und vorübergehenden Ärger bereitet, hätte es aber nicht auch schlimmere Folgen haben können?«

Als K. sich hier unterbrach und nach dem stillen Untersuchungsrichter hinsah, glaubte er zu bemerken, dass dieser gerade mit einem Blick jemandem in der Menge ein Zeichen gab. K. lächelte und sagte: »Eben gibt hier neben mir der Herr Untersuchungsrichter jemandem von Ihnen ein geheimes Zeichen. Es sind also Leute unter Ihnen, die von hier oben dirigiert werden. Ich weiß nicht, ob das Zeichen jetzt Zischen oder Beifall bewirken sollte, und verzichte dadurch, dass ich die Sache vorzeitig verrate, ganz bewusst darauf, die Bedeutung des Zeichens zu erfahren. Es ist mir vollständig gleichgültig, und ich ermächtige den Herrn Untersuchungsrichter öffentlich, seine bezahlten Angestellten dort unten, statt mit geheimen Zeichen, laut mit Worten zu befehligen, indem er etwa einmal sagt: ›Jetzt zischt!‹, und das nächste Mal: ›Jetzt klatscht!‹«

In Verlegenheit oder Ungeduld rückte der Untersuchungsrichter auf seinem Sessel hin und her. Der Mann hinter ihm, mit dem er sich schon früher unterhalten hatte, beugte sich wieder zu ihm, sei es, um ihm im allgemeinen Mut zuzusprechen oder um ihm einen besonderen Rat zu geben. Unten unterhielten sich die Leute leise, aber lebhaft. Die zwei Parteien, die vorher so entgegengesetzte Meinungen gehabt zu haben schienen, vermischten sich, einzelne Leute zeigten mit dem Finger auf K., andere auf den Untersuchungsrichter. Der neblige Dunst im Zimmer war äußerst lästig, er verhinderte sogar eine genauere Beobachtung der Fernerstehenden. Besonders für die Galeriebesucher musste er störend sein, sie waren gezwungen, allerdings unter scheuen Seitenblicken zum Untersuchungsrichter, leise Fragen an die Versammlungsteilnehmer zu stellen, um sich näher zu unterrichten. Die Antworten wurden im Schutz der vorgehaltenen Hände ebenso leise gegeben.

»Ich bin gleich zu Ende«, sagte K. und schlug, da keine Glocke vorhanden war, mit der Faust auf den Tisch; im Schrecken darüber fuhren die Köpfe des Untersuchungsrichters und seines Ratgebers augenblicklich auseinander: »Mir steht die ganze Sache fern, ich beurteile sie daher ruhig, und Sie können, vorausgesetzt, dass Ihnen an diesem angeblichen Gericht etwas gelegen ist, großen Vorteil davon haben, wenn Sie mir zuhören. Ihre gegenseitigen Besprechungen dessen, was ich vorbringe, bitte ich Sie für späterhin zu verschieben, denn ich habe keine Zeit und werde bald weggehen.«

Sofort war es still, so sehr beherrschte K. schon die Versammlung. Man schrie nicht mehr durcheinander wie am Anfang, man klatschte nicht einmal mehr Beifall, aber man schien schon überzeugt oder auf dem nächsten Wege dazu.

»Es ist kein Zweifel«, sagte K. sehr leise, denn ihn freute das angespannte Aufhorchen der ganzen Versammlung, in dieser Stille entstand ein Sausen, das aufreizender war als der verzückteste Beifall, »es ist kein Zweifel, dass hinter allen Äußerungen dieses Gerichtes, in meinem Fall also hinter der Verhaftung und der heutigen Untersuchung, eine große Organisation sich befindet. Eine Organisation, die nicht nur bestechliche Wächter, läppische Aufseher und Untersuchungsrichter, die günstigsten Falles bescheiden sind, beschäftigt, sondern die weiterhin jedenfalls eine Richterschaft hohen und höchsten Grades unterhält, mit dem zahllosen, unumgänglichen Gefolge von Dienern, Schreibern, Gendarmen und andern Hilfskräften, vielleicht sogar Henkern, ich scheue vor dem Wort nicht zurück. Und der Sinn dieser großen Organisation, meine Herren? Er besteht darin, dass unschuldige Personen verhaftet werden und gegen sie ein sinnloses und meistens, wie in meinem Fall, ergebnisloses Verfahren eingeleitet wird. Wie ließe sich bei dieser Sinnlosigkeit des Ganzen die schlimmste Korruption der Beamtenschaft vermeiden? Das ist unmöglich, das brächte auch der höchste Richter nicht einmal für sich selbst zustande. Darum suchen die Wächter den Verhafteten die Kleider vom Leib zu stehlen, darum brechen Aufseher in fremde Wohnungen ein, darum sollen Unschuldige, statt verhört, lieber vor ganzen Versammlungen entwürdigt werden. Die Wächter haben nur von Depots erzählt, in die man das Eigentum der Verhafteten bringt, ich wollte einmal diese Depotplätze sehen, in denen das mühsam erarbeitete Vermögen der Verhafteten fault, soweit es nicht von diebischen Depotbeamten gestohlen ist.«

K. wurde durch ein Kreischen vom Saalende unterbrochen, er beschattete die Augen, um hinsehen zu können, denn das trübe Tageslicht machte den Dunst weißlich und blendete. Es handelte sich um die Waschfrau, die K. gleich bei ihrem Eintritt als eine wesentliche Störung erkannt hatte. Ob sie jetzt schuldig war oder nicht, konnte man nicht erkennen. K. sah nur, dass ein Mann sie in einen Winkel bei der Tür gezogen hatte und dort an sich drückte. Aber nicht sie kreischte, sondern der Mann, er hatte den Mund breit gezogen und blickte zur Decke. Ein kleiner Kreis hatte sich um beide gebildet, die Galeriebesucher in der Nähe schienen darüber begeistert, dass der Ernst, den K. in die Versammlung eingeführt hatte, auf diese Weise unterbrochen wurde. K. wollte unter dem ersten Eindruck gleich hinlaufen, auch dachte er, allen würde daran gelegen sein, dort Ordnung zu schaffen und zumindest das Paar aus dem Saal zu weisen, aber die ersten Reihen vor ihm blieben ganz fest, keiner rührte sich, und keiner ließ K. durch. Im Gegenteil, man hinderte ihn, alte Männer hielten den Arm vor, und irgendeine Hand – er hatte nicht Zeit, sich umzudrehen – fasste ihn hinten am Kragen. K. dachte nicht eigentlich mehr an das Paar, ihm war, als werde seine Freiheit eingeschränkt, als mache man mit der Verhaftung ernst, und er sprang rücksichtslos vom Podium hinunter. Nun stand er Aug in Aug dem Gedränge gegenüber. Hatte er die Leute nicht richtig beurteilt? Hatte er seiner Rede zuviel Wirkung zugetraut? Hatte man sich verstellt, solange er gesprochen hatte, und hatte man jetzt, da er zu den Schlussfolgerungen kam, die Verstellung satt? Was für Gesichter rings um ihn! Kleine, schwarze Äuglein huschten hin und her, die Wangen hingen herab, wie bei Versoffenen, die langen Bärte waren steif und schütter, und griff man in sie, so war es, als bilde man bloß Krallen, nicht als griffe man in Bärte. Unter den Bärten aber – und das war die eigentliche Entdeckung, die K. machte – schimmerten am Rockkragen Abzeichen in verschiedener Größe und Farbe. Alle hatten diese Abzeichen, soweit man sehen konnte. Alle gehörten zueinander, die scheinbaren Parteien rechts und links, und als er sich plötzlich umdrehte, sah er die gleichen Abzeichen am Kragen des Untersuchungsrichters der, die Hände im Schoß, ruhig hinuntersah. »So«, rief K. und warf die Arme in die Höhe, die plötzliche Erkenntnis wollte Raum, »ihr seid ja alle Beamte, wie ich sehe, ihr seid ja die korrupte Bande, gegen die ich sprach, ihr habt euch hier gedrängt, als Zuhörer und Schnüffler, habt scheinbare Parteien gebildet, und eine hat applaudiert, um mich zu prüfen, ihr wolltet lernen, wie man Unschuldige verführen soll! Nun, ihr seid nicht nutzlos hier gewesen, hoffe ich, entweder habt ihr euch darüber unterhalten, dass jemand die Verteidigung der Unschuld von euch erwartet hat, oder aber – lass mich oder ich schlage«, rief K. einem zitternden Greis zu, der sich besonders nahe an ihn geschoben hatte – »oder aber ihr habt wirklich etwas gelernt. Und damit wünsche ich euch Glück zu euerem Gewerbe.« Er nahm schnell seinen Hut, der am Rande des Tisches lag, und drängte sich unter allgemeiner Stille, jedenfalls der Stille vollkommenster Überraschung, zum Ausgang. Der Untersuchungsrichter schien aber noch schneller als K. gewesen zu sein, denn er erwartete ihn bei der Tür. »Einen Augenblick«, sagte er. K. blieb stehen, sah aber nicht auf den Untersuchungsrichter, sondern auf die Tür, deren Klinke er schon ergriffen hatte. »Ich wollte Sie nur darauf aufmerksam machen«, sagte der Untersuchungsrichter, »dass Sie sich heute – es dürfte Ihnen noch nicht zu Bewusstsein gekommen sein – des Vorteils beraubt haben, den ein Verhör für den Verhafteten in jedem Falle bedeutet.« K. lachte die Tür an. »Ihr Lumpen«, rief er, »ich schenke euch alle Verhöre«, öffnete die Tür und eilte die Treppe hinunter. Hinter ihm erhob sich der Lärm der wieder lebendig gewordenen Versammlung, welche die Vorfälle wahrscheinlich nach Art von Studierenden zu besprechen begann.

Drittes Kapitel (Im leeren Sitzungssaal, Der Student – Die Kanzleien)

K. wartete während der nächsten Woche von Tag zu Tag auf eine neuerliche Verständigung, er konnte nicht glauben, dass man seinen Verzicht auf Verhöre wörtlich genommen hatte, und als die erwartete Verständigung bis Samstagabend wirklich nicht kam, nahm er an, er sei stillschweigend in das gleiche Haus für die gleiche Zeit wieder vorgeladen. Er begab sich daher Sonntags wieder hin, ging diesmal geradewegs über Treppen und Gänge; einige Leute, die sich seiner erinnerten, grüßten ihn an ihren Türen, aber er musste niemanden mehr fragen und kam bald zu der richtigen Tür. Auf sein Klopfen wurde ihm gleich aufgemacht, und ohne sich weiter nach der bekannten Frau umzusehen, die bei der Tür stehenblieb, wollte er gleich ins Nebenzimmer. »Heute ist keine Sitzung«, sagte die Frau. »Warum sollte keine Sitzung sein?« fragte er und wollte es nicht glauben. Aber die Frau überzeugte ihn, indem sie die Tür des Nebenzimmers öffnete. Es war wirklich leer und sah in seiner Leere noch kläglicher aus als am letzten Sonntag. Auf dem Tisch, der unverändert auf dem Podium stand, lagen einige Bücher. »Kann ich mir die Bücher anschauen?« fragte K., nicht aus besonderer Neugierde, sondern nur, um nicht vollständig nutzlos hier gewesen zu sein. »Nein«, sagte die Frau und schloss wieder die Tür, »das ist nicht erlaubt. Die Bücher gehören dem Untersuchungsrichter.«

»Ach so«, sagte K. und nickte, »die Bücher sind wohl Gesetzbücher und es gehört zu der Art dieses Gerichtswesens, dass man nicht nur unschuldig, sondern auch unwissend verurteilt wird.« »Es wird so sein,« sagte die Frau, die ihn nicht genau verstanden hatte. »Nun, dann gehe ich wieder«, sagte K. »Soll ich dem Untersuchungsrichter etwas melden?« fragte die Frau. »Sie kennen ihn?« fragte K.

»Natürlich«, sagte die Frau, »mein Mann ist ja Gerichtsdiener.« Erst jetzt merkte K., dass das Zimmer, in dem letzthin nur ein Waschbottich gestanden war, jetzt ein völlig eingerichtetes Wohnzimmer bildete. Die Frau bemerkte sein Staunen und sagte: »Ja, wir haben hier freie Wohnung, müssen aber an Sitzungstagen das Zimmer ausräumen. Die Stellung meines Mannes hat manche Nachteile.« »Ich staune nicht so sehr über das Zimmer«, sagte K. und blickte sie böse an, »als vielmehr darüber, dass Sie verheiratet sind.« »Spielen Sie vielleicht auf den Vorfall in der letzten Sitzung an, durch den ich Ihre Rede störte?« fragte die Frau. »Natürlich«, sagte K., »heute ist es ja schon vorüber und fast vergessen, aber damals hat es mich geradezu wütend gemacht. Und nun sagen Sie selbst, dass Sie eine verheiratete Frau sind.« »Es war nicht zu Ihrem Nachteil, dass ihre Rede abgebrochen wurde. Man hat nachher noch sehr ungünstig über sie geurteilt.«

»Mag sein«, sagte K. ablenkend, »aber Sie entschuldigt das nicht.« »Ich bin vor allen entschuldigt, die mich kennen«, sagte die Frau, »der, welcher mich damals umarmt hat, verfolgt mich schon seit langem. Ich mag im allgemeinen nicht verlockend sein, für ihn bin ich es aber. Es gibt hierfür keinen Schutz, auch mein Mann hat sich schon damit abgefunden; will er seine Stellung behalten, muss er es dulden, denn jener Mann ist Student und wird voraussichtlich zu größerer Macht kommen. Er ist immerfort hinter mir her, gerade ehe Sie kamen, ist er fortgegangen.« »Es passt zu allem anderen«, sagte K., »es überrascht mich nicht.« »Sie wollen hier wohl einiges verbessern?« fragte die Frau langsam und prüfend, als sage sie etwas, was sowohl für sie als für K. gefährlich war. »Ich habe das schon aus Ihrer Rede geschlossen, die mir persönlich sehr gut gefallen hat. Ich habe allerdings nur einen Teil gehört, den Anfang habe ich versäumt und während des Schlusses lag ich mit dem Studenten auf dem Boden. – Es ist ja so widerlich hier«, sagte sie nach einer Pause und fasste K.s Hand. »Glauben Sie, dass es Ihnen gelingen wird, eine Besserung zu erreichen?« K. lächelte und drehte seine Hand ein wenig in ihren weichen Händen. »Eigentlich«, sagte er, »bin ich nicht dazu angestellt, Besserungen hier zu erreichen, wie Sie sich ausdrücken, und wenn Sie es zum Beispiel dem Untersuchungsrichter sagten, würden Sie ausgelacht oder bestraft werden. Tatsächlich hätte ich mich auch aus freiem Willen in diese Dinge gewiss nicht eingemischt, und meinen Schlaf hätte die Verbesserungsbedürftigkeit dieses Gerichtswesens niemals gestört. Aber ich bin dadurch, dass ich angeblich verhaftet wurde – ich bin nämlich verhaftet –, gezwungen worden, hier einzugreifen, und zwar um meinetwillen. Wenn ich aber dabei auch Ihnen irgendwie nützlich sein kann, werde ich es natürlich sehr gerne tun. Nicht etwa nur aus Nächstenliebe, sondern außerdem deshalb, weil auch Sie mir helfen können.« »Wie könnte ich denn das?« fragte die Frau. »Indem Sie mir zum Beispiel die Bücher dort auf dem Tisch zeigen.« »Aber gewiss«, rief die Frau und zog ihn eiligst hinter sich her. Es waren alte, abgegriffene Bücher, ein Einbanddeckel war in der Mitte fast zerbrochen, die Stücke hingen nur durch Fasern zusammen. »Wie schmutzig hier alles ist«, sagte K. kopfschüttelnd, und die Frau wischte mit ihrer Schürze, ehe K. nach den Büchern greifen konnte, wenigstens oberflächlich den Staub weg. K. schlug das oberste Buch auf, es erschien ein unanständiges Bild. Ein Mann und eine Frau saßen nackt auf einem Kanapee, die gemeine Absicht des Zeichners war deutlich zu erkennen, aber seine Ungeschicklichkeit war so groß gewesen, dass schließlich doch nur ein Mann und eine Frau zu sehen waren, die allzu körperlich aus dem Bilde hervorragten, übermäßig aufrecht dasaßen und sich infolge falscher Perspektive nur mühsam einander zuwendeten. K. blätterte nicht weiter, sondern schlug nur noch das Titelblatt des zweiten Buches auf, es war ein Roman mit dem Titel: »Die Plagen, welche Grete von ihrem Manne Hans zu erleiden hatte.« »Das sind die Gesetzbücher, die hier studiert werden«, sagte K., »von solchen Menschen soll ich gerichtet werden.« »Ich werde Ihnen helfen«, sagte die Frau. »Wollen Sie?« »Könnten Sie denn das wirklich, ohne sich selbst in Gefahr zu bringen? Sie sagten doch vorhin, Ihr Mann sei sehr abhängig von Vorgesetzten.« »Trotzdem will ich Ihnen helfen«, sagte die Frau, »kommen Sie, wir müssen es besprechen. Über meine Gefahr reden Sie nicht mehr, ich fürchte die Gefahr nur dort, wo ich sie fürchten will. Kommen Sie.« Sie zeigte auf das Podium und bat ihn, sich mit ihr auf die Stufe zu setzen. »Sie haben schöne dunkle Augen«, sagte sie, nachdem sie sich gesetzt hatten, und sah K. von unten ins Gesicht, »man sagt mir, ich hätte auch schöne Augen, aber Ihre sind viel schöner. Sie fielen mir übrigens gleich damals auf, als Sie zum ersten Mal hier eintraten. Sie waren auch der Grund, warum ich dann später hierher ins Versammlungszimmer ging, was ich sonst niemals tue und was mir sogar gewissermaßen verboten ist.« Das ist also alles, dachte K., sie bietet sich mir an, sie ist verdorben wie alle hier rings herum, sie hat die Gerichtsbeamten satt, was ja begreiflich ist, und begrüßt deshalb jeden beliebigen Fremden mit einem Kompliment wegen seiner Augen. Und K. stand stillschweigend auf, als hätte er seine Gedanken laut ausgesprochen und dadurch der Frau sein Verhalten erklärt. »Ich glaube nicht, dass Sie mir helfen können«, sagte er, »um mir wirklich zu helfen, müsste man Beziehungen zu hohen Beamten haben. Sie aber kennen gewiss nur die niedrigen Angestellten, die sich hier in Mengen herumtreiben. Diese kennen Sie gewiss sehr gut und könnten bei ihnen auch manches durchsetzen, das bezweifle ich nicht, aber das Größte, was man bei ihnen durchsetzen könnte, wäre für den endgültigen Ausgang des Prozesses gänzlich belanglos. Sie aber hätten sich dadurch doch einige Freunde verscherzt. Das will ich nicht. Führen Sie ihr bisheriges Verhältnis zu diesen Leuten weiter, es scheint mir nämlich, dass es Ihnen unentbehrlich ist. Ich sage das nicht ohne Bedauern, denn, um Ihr Kompliment doch auch irgendwie zu erwidern, auch Sie gefallen mir gut, besonders wenn Sie mich wie jetzt so traurig ansehen, wozu übrigens für Sie gar kein Grund ist. Sie gehören zu der Gesellschaft, die ich bekämpfen muss, befinden sich aber in ihr sehr wohl, Sie lieben sogar den Studenten, und wenn Sie ihn nicht lieben, so ziehen Sie ihn doch wenigstens Ihrem Manne vor. Das konnte man aus Ihren Worten leicht erkennen.« »Nein!« rief sie, blieb sitzen und griff nach K.s Hand, die er ihr nicht rasch genug entzog. »Sie dürfen jetzt nicht weggehen, Sie dürfen nicht mit einem falschen Urteil über mich weggehen! Brächten Sie es wirklich zustande, jetzt wegzugehen? Bin ich wirklich so wertlos, dass Sie mir nicht einmal den Gefallen tun wollen, noch ein kleines Weilchen hierzubleiben?« » Sie missverstehen mich«, sagte K. und setzte sich, »wenn Ihnen wirklich daran liegt, dass ich hier bleibe, bleibe ich gern, ich habe ja Zeit, ich kam doch in der Erwartung her, dass heute eine Verhandlung sein werde. Mit dem, was ich früher sagte, wollte ich Sie nur bitten, in meinem Prozess nichts für mich zu unternehmen. Aber auch das muss Sie nicht kränken, wenn Sie bedenken, dass mir am Ausgang des Prozesses gar nichts liegt und dass ich über eine Verurteilung nur lachen werde. Vorausgesetzt, dass es überhaupt zu einem wirklichen Abschluss des Prozesses kommt, was ich sehr bezweifle. Ich glaube vielmehr, dass das Verfahren infolge Faulheit oder Vergesslichkeit oder vielleicht sogar infolge Angst der Beamtenschaft schon abgebrochen ist oder in der nächsten Zeit abgebrochen werden wird. Möglich ist allerdings auch, dass man in Hoffnung auf irgendeine größere Bestechung den Prozess scheinbar weiterführen wird, ganz vergeblich, wie ich heute schon sagen kann, denn ich besteche niemanden. Es wäre immerhin eine Gefälligkeit, die Sie mir leisten könnten, wenn Sie dem Untersuchungsrichter oder irgend jemandem sonst, der wichtige Nachrichten gern verbreitet, mitteilten, dass ich niemals und durch keine Kunststücke, an denen die Herren wohl reich sind, zu einer Bestechung zu bewegen sein werde. Es wäre ganz aussichtslos, das können Sie ihnen offen sagen. Übrigens wird man es vielleicht selbst schon bemerkt haben, und selbst wenn dies nicht sein sollte, liegt mir gar nicht so viel daran, dass man es jetzt schon erfährt. Es würde ja dadurch den Herren nur Arbeit erspart werden, allerdings auch mir einige Unannehmlichkeiten, die ich aber gern auf mich nehme, wenn ich weiß, dass jede gleichzeitig ein Hieb für die anderen ist. Und dass es so wird, dafür will ich sorgen. Kennen Sie eigentlich den Untersuchungsrichter?« »Natürlich«, sagte die Frau, »an den dachte ich sogar zuerst, als ich Ihnen Hilfe anbot. Ich wusste nicht, dass er nur ein niedriger Beamter ist, aber da Sie es sagen, wird es wahrscheinlich richtig sein. Trotzdem glaube ich, dass der Bericht, den er nach oben liefert, immerhin einigen Einfluss hat. Und er schreibt soviel Berichte. Sie sagen, dass die Beamten faul sind, alle gewiss nicht, besonders dieser Untersuchungsrichter nicht, er schreibt sehr viel. Letzten Sonntag zum Beispiel dauerte die Sitzung bis gegen Abend. Alle Leute gingen weg, der Untersuchungsrichter aber blieb im Saal, ich musste ihm eine Lampe bringen, ich hatte nur eine kleine Küchenlampe, aber er war mit ihr zufrieden und fing gleich zu schreiben an. Inzwischen war auch mein Mann gekommen, der an jenem Sonntag gerade Urlaub hatte, wir holten die Möbel, richteten wieder unser Zimmer ein, es kamen dann noch Nachbarn, wir unterhielten uns noch bei einer Kerze, kurz, wir vergaßen den Untersuchungsrichter und gingen schlafen. Plötzlich in der Nacht, es muss schon tief in der Nacht gewesen sein, wache ich auf, neben dem Bett steht der Untersuchungsrichter und blendet die Lampe mit der Hand ab, so dass auf meinen Mann kein Licht fällt, es war unnötige Vorsicht, mein Mann hat einen solchen Schlaf, dass ihn auch das Licht nicht geweckt hätte. Ich war so erschrocken, dass ich fast geschrien hätte, aber der Untersuchungsrichter war sehr freundlich, ermahnte mich zur Vorsicht, flüsterte mir zu, dass er bis jetzt geschrieben habe, dass er mir jetzt die Lampe zurückbringe und dass er niemals den Anblick vergessen werde, wie er mich schlafend gefunden habe. Mit dem allem wollte ich Ihnen nur sagen, dass der Untersuchungsrichter tatsächlich viele Berichte schreibt, insbesondere über Sie, denn Ihre Einvernahme war gewiss einer der Hauptgegenstände der sonntäglichen Sitzung. Solche langen Berichte können aber doch nicht ganz bedeutungslos sein. Außerdem aber können Sie doch auch aus dem Vorfall sehen, dass sich der Untersuchungsrichter um mich bewirbt und dass ich gerade jetzt in der ersten Zeit, er muss mich überhaupt erst jetzt bemerkt haben, großen Einfluss auf ihn haben kann. Dass ihm viel an mir liegt, dafür habe ich jetzt auch noch andere Beweise. Er hat mir gestern durch den Studenten, zu dem er viel Vertrauen hat und der sein Mitarbeiter ist, seidene Strümpfe zum Geschenk geschickt, angeblich dafür, dass ich das Sitzungszimmer aufräume, aber das ist nur ein Vorwand, denn diese Arbeit ist doch nur meine Pflicht und für sie wird mein Mann bezahlt. Es sind schöne Strümpfe, sehen Sie« – sie streckte die Beine, zog die Röcke bis zum Knie hinauf und sah auch selbst die Strümpfe an –, »es sind schöne Strümpfe, aber doch eigentlich zu fein und für mich nicht geeignet.«

Plötzlich unterbrach sie sich, legte ihre Hand auf K.s Hand, als wolle sie ihn beruhigen, und flüsterte: »Still, Berthold sieht uns zu.« K. hob langsam den Blick. In der Tür des Sitzungszimmers stand ein junger Mann, er war klein, hatte nicht ganz gerade Beine und suchte sich durch einen kurzen, schütteren, rötlichen Vollbart, in dem er die Finger fortwährend herumführte, Würde zu geben. K. sah ihn neugierig an, es war ja der erste Student der unbekannten Rechtswissenschaft, dem er gewissermaßen menschlich begegnete, ein Mann, der wahrscheinlich auch einmal zu höheren Beamtenstellen gelangen würde. Der Student dagegen kümmerte sich um K. scheinbar gar nicht, er winkte nur mit einem Finger, den er für einen Augenblick aus seinem Barte zog, der Frau und ging zum Fenster, die Frau beugte sich zu K. und flüsterte: »Seien Sie mir nicht böse, ich bitte Sie vielmals, denken Sie auch nicht schlecht von mir, ich muss jetzt zu ihm gehen, zu diesem scheußlichen Menschen, sehen Sie nur seine krummen Beine an. Aber ich komme gleich zurück, und dann gehe ich mit Ihnen, wenn Sie mich mitnehmen, ich gehe, wohin Sie wollen, Sie können mit mir tun, was sie wollen, ich werde glücklich sein, wenn ich von hier für möglichst lange Zeit fort bin, am liebsten allerdings für immer.« Sie streichelte noch K.s Hand, sprang auf und lief zum Fenster. Unwillkürlich haschte noch K. nach ihrer Hand ins Leere. Die Frau verlockte ihn wirklich, er fand trotz allem Nachdenken keinen haltbaren Grund dafür, warum er der Verlockung nicht nachgeben sollte. Den flüchtigen Einwand, dass ihn die Frau für das Gericht einfange, wehrte er ohne Mühe ab. Auf welche Weise konnte sie ihn einfangen? Blieb er nicht immer so frei, dass er das ganze Gericht, wenigstens soweit es ihn betraf, sofort zerschlagen konnte? Konnte er nicht dieses geringe Vertrauen zu sich haben? Und ihr Anerbieten einer Hilfe klang aufrichtig und war vielleicht nicht wertlos. Und es gab vielleicht keine bessere Rache an dem Untersuchungsrichter und seinem Anhang, als dass er ihnen diese Frau entzog und an sich nahm. Es könnte sich dann einmal der Fall ereignen, dass der Untersuchungsrichter nach mühevoller Arbeit an Lügenberichten über K. in später Nacht das Bett der Frau leer fand. Und leer deshalb, weil sie K. gehörte, weil diese Frau am Fenster, dieser üppige, gelenkige, warme Körper im dunklen Kleid aus grobem, schwerem Stoff, durchaus nur K. gehörte.

Nachdem er auf diese Weise die Bedenken gegen die Frau beseitigt hatte, wurde ihm das leise Zwiegespräch am Fenster zu lang, er klopfte mit den Knöcheln auf das Podium und dann auch mit der Faust. Der Student sah kurz über die Schulter der Frau hinweg nach K. hin, ließ sich aber nicht stören, ja drückte sich sogar eng an die Frau und umfasste sie. Sie senkte tief den Kopf, als höre sie ihm aufmerksam zu, er küsste sie, als sie sich bückte, laut auf den Hals, ohne sich im Reden wesentlich zu unterbrechen. K. sah darin die Tyrannei bestätigt, die der Student nach den Klagen der Frau über sie ausübte, stand auf und ging im Zimmer auf und ab. Er überlegte unter Seitenblicken zu dem Studenten, wie er ihn möglichst schnell wegschaffen könnte, und es war ihm daher nicht unwillkommen, als der Student, offenbar gestört durch K.s Herumgehen, das schon zeitweilig zu einem Trampeln ausgeartet war, bemerkte: »Wenn Sie ungeduldig sind, können Sie weggehen. Sie hätten auch schon früher weggehen können, es hätte Sie niemand vermisst. Ja, Sie hätten sogar weggehen sollen, und zwar schon bei meinem Eintritt, und zwar schleunigst.« Es mochte in dieser Bemerkung alle mögliche Wut zum Ausdruck kommen, jedenfalls lag darin aber auch der Hochmut des künftigen Gerichtsbeamten, der zu einem missliebigen Angeklagten sprach. K. blieb ganz nahe bei ihm stehen und sagte lächelnd: »Ich bin ungeduldig, das ist richtig, aber diese Ungeduld wird am leichtesten dadurch zu beseitigen sein, dass Sie uns verlassen. Wenn Sie aber vielleicht hergekommen sind, um zu studieren – ich hörte, dass Sie Student sind –, so will ich Ihnen gerne Platz machen und mit der Frau weggehen. Sie werden übrigens noch viel studieren müssen, ehe Sie Richter werden. Ich kenne zwar Ihr Gerichtswesen noch nicht sehr genau, nehme aber an, dass es mit groben Reden allein, die Sie allerdings schon unverschämt gut zu führen wissen, noch lange nicht getan ist.« »Man hätte ihn nicht so frei herumlaufen lassen sollen«, sagte der Student, als wolle er der Frau eine Erklärung für K.s beleidigende Rede geben, »es war ein Missgriff. Ich habe es dem Untersuchungsrichter gesagt. Man hätte ihn zwischen den Verhören zumindest in seinem Zimmer halten sollen. Der Untersuchungsrichter ist manchmal unbegreiflich.« »Unnütze Reden«, sagte K. und streckte die Hand nach der Frau aus, »kommen Sie.« »Ach so«, sagte der Student, »nein, nein, die bekommen Sie nicht«, und mit einer Kraft, die man ihm nicht zugetraut hätte, hob er sie auf einen Arm und lief mit gebeugtem Rücken, zärtlich zu ihr aufsehend, zur Tür. Eine gewisse Angst vor K. war hierbei nicht zu verkennen, trotzdem wagte er es, K. noch zu reizen, indem er mit der freien Hand den Arm der Frau streichelte und drückte. K. lief ein paar Schritte neben ihm her, bereit, ihn zu fassen und, wenn es sein musste, zu würgen, da sagte die Frau: »Es hilft nichts, der Untersuchungsrichter lässt mich holen, ich darf nicht mit Ihnen gehen, dieses kleine Scheusal«, sie fuhr hierbei dem Studenten mit der Hand übers Gesicht, »dieses kleine Scheusal lässt mich nicht.« »Und Sie wollen nicht befreit werden!« schrie K. und legte die Hand auf die Schulter des Studenten, der mit den Zähnen nach ihr schnappte. »Nein!« rief die Frau und wehrte K. mit beiden Händen ab, »nein, nein, nur das nicht, woran denken Sie denn! Das wäre mein Verderben. Lassen Sie ihn doch, o bitte, lassen Sie ihn doch. Er führt ja nur den Befehl des Untersuchungsrichters aus und trägt mich zu ihm.« »Dann mag er laufen und Sie will ich nie mehr sehen«, sagte K. wütend vor Enttäuschung und gab dem Studenten einen Stoß in den Rücken, dass er kurz stolperte, um gleich darauf, vor Vergnügen darüber, dass er nicht gefallen war, mit seiner Last desto höher zu springen. K. ging ihnen langsam nach, er sah ein, dass das die erste zweifellose Niederlage war, die er von diesen Leuten erfahren hatte. Es war natürlich kein Grund, sich deshalb zu ängstigen, er erlitt die Niederlage nur deshalb, weil er den Kampf suchte. Wenn er zu Hause bliebe und sein gewohntes Leben führte, war er jedem dieser Leute tausendfach überlegen und konnte jeden mit einem Fußtritt aus seinem Wege räumen. Und er stellte sich die allerlächerlichste Szene vor, die es zum Beispiel geben würde, wenn dieser klägliche Student, dieses aufgeblasene Kind, dieser krumme Bartträger vor Elsas Bett knien und mit gefalteten Händen um Gnade bitten würde. K. gefiel diese Vorstellung so, dass er beschloss, wenn sich nur irgendeine Gelegenheit dafür ergeben sollte, den Studenten einmal zu Elsa mitzunehmen.

Aus Neugierde eilte K. noch zur Tür, er wollte sehen, wohin die Frau getragen wurde, der Student würde sie doch nicht etwa über die Straßen auf dem Arm tragen. Es zeigte sich, dass der Weg viel kürzer war. Gleich gegenüber der Wohnung führte eine schmale hölzerne Treppe wahrscheinlich zum Dachboden, sie machte eine Wendung, so dass man ihr Ende nicht sah. Über diese Treppe trug der Student die Frau hinauf, schon sehr langsam und stöhnend, denn er war durch das bisherige Laufen geschwächt. Die Frau grüßte mit der Hand zu K. hinunter und suchte durch Auf- und Abziehen der Schultern zu zeigen, dass sie an der Entführung unschuldig sei, viel Bedauern lag aber in dieser Bewegung nicht. K. sah sie ausdruckslos wie eine Fremde an, er wollte weder verraten, dass er enttäuscht war, noch auch, dass er die Enttäuschung leicht überwinden könne.

Die zwei waren schon verschwunden, K. aber stand noch immer in der Tür. Er musste annehmen, dass ihn die Frau nicht nur betrogen, sondern mit der Angabe, dass sie zum Untersuchungsrichter getragen werde, auch belogen habe. Der Untersuchungsrichter würde doch nicht auf dem Dachboden sitzen und warten. Die Holztreppe erklärte nichts, solange man sie auch ansah. Da bemerkte K. einen kleinen Zettel neben dem Aufgang, ging hinüber und las in einer kindlichen, ungeübten Schrift: »Aufgang zu den Gerichtskanzleien.« Hier auf dem Dachboden dieses Miethauses waren also die Gerichtskanzleien? Das war keine Einrichtung, die viel Achtung einzuflößen imstande war und es war für einen Angeklagten beruhigend, sich vorzustellen, wie wenig Geldmittel diesem Gericht zur Verfügung standen, wenn es seine Kanzleien dort unterbrachte, wo die Mietsparteien, die schon selbst zu den Ärmsten gehörten, ihren unnützen Kram hinwarfen. Allerdings war es nicht ausgeschlossen, dass man Geld genug hatte, dass aber die Beamtenschaft sich darüber warf, ehe es für Gerichtszwecke verwendet wurde. Das war nach den bisherigen Erfahrungen K.s sogar sehr wahrscheinlich, nur war dann eine solche Verlotterung des Gerichtes für einen Angeklagten zwar entwürdigend, aber im Grunde noch beruhigender, als es die Armut des Gerichtes gewesen wäre. Nun war es K. auch begreiflich, dass man sich beim ersten Verhör schämte, den Angeklagten auf den Dachboden vorzuladen und es vorzog, ihn in seiner Wohnung zu belästigen. In welcher Stellung befand sich doch K. gegenüber dem Richter, der auf dem Dachboden saß, während er selbst in der Bank ein großes Zimmer mit einem Vorzimmer hatte und durch eine riesige Fensterscheibe auf den belebten Stadtplatz hinuntersehen konnte! Allerdings hatte er keine Nebeneinkünfte aus Bestechungen oder Unterschlagungen und konnte sich auch vom Diener keine Frau auf dem Arm ins Büro tragen lassen. Darauf wollte K. aber, wenigstens in diesem Leben, gerne verzichten.

K. stand noch vor dem Anschlagzettel, als ein Mann die Treppe heraufkam, durch die offene Tür ins Wohnzimmer sah, aus dem man auch das Sitzungszimmer sehen konnte, und schließlich K. fragte, ob er hier nicht vor kurzem eine Frau gesehen habe. »Sie sind der Gerichtsdiener, nicht?« fragte K. »Ja«, sagte der Mann, »ach so, Sie sind der Angeklagte K., jetzt erkenne ich Sie auch, seien Sie willkommen.« Und er reichte K., der es gar nicht erwartet hatte, die Hand. »Heute ist aber keine Sitzung angezeigt«, sagte dann der Gerichtsdiener, als K. schwieg. »Ich weiß«, sagte K. und betrachtete den Zivilrock des Gerichtsdieners, der als einziges amtliches Abzeichen neben einigen gewöhnlichen Knöpfen auch zwei vergoldete Knöpfe aufwies, die von einem alten Offiziersmantel abgetrennt zu sein schienen. »Ich habe vor einem Weilchen mit Ihrer Frau gesprochen. Sie ist nicht mehr hier. Der Student hat sie zum Untersuchungsrichter getragen.« »Sehen Sie«, sagte der Gerichtsdiener, »immer trägt man sie mir weg. Heute ist doch Sonntag, und ich bin zu keiner Arbeit verpflichtet, aber nur, um mich von hier zu entfernen, schickt man mich mit einer jedenfalls unnützen Meldung weg. Und zwar schickt man mich nicht weit weg, so dass ich die Hoffnung habe, wenn ich mich sehr beeile, vielleicht noch rechtzeitig zurückzukommen. Ich laufe also, so sehr ich kann, schreie dem Amt, zu dem ich geschickt wurde, meine Meldung durch den Türspalt so atemlos zu, dass man sie kaum verstanden haben wird, laufe wieder zurück, aber der Student hat sich noch mehr beeilt als ich, er hatte allerdings auch einen kürzeren Weg, er musste nur

die Bodentreppe hinunterlaufen. Wäre ich nicht so abhängig, ich hätte den Studenten schon längst hier an der Wand zerdrückt. Hier neben dem Anschlagzettel. Davon träume ich immer. Hier, ein wenig über dem Fußboden, ist er festgedrückt, die Arme gestreckt, die Finger gespreizt, die krummen Beine zum Kreis gedreht, und ringsherum Blutspritzer. Bisher war es aber nur Traum.« »Eine andere Hilfe gibt es nicht?« fragte K. lächelnd. »Ich wüsste keine«, sagte der Gerichtsdiener. »Und jetzt wird es ja noch ärger, bisher hat er sie nur zu sich getragen, jetzt trägt er sie, was ich allerdings längst erwartet habe, auch zum Untersuchungsrichter.« »Hat denn Ihre Frau gar keine Schuld dabei«, fragte K., er musste sich bei dieser Frage bezwingen, so sehr fühlte auch er jetzt die Eifersucht. »Aber gewiss«, sagte der Gerichtsdiener, »sie hat sogar die größte Schuld. Sie hat sich ja an ihn gehängt. Was ihn betrifft, er läuft allen Weibern nach. In diesem Hause allein ist er schon aus fünf Wohnungen, in die er sich eingeschlichen hat, hinausgeworfen worden. Meine Frau ist allerdings die Schönste im ganzen Haus, und gerade ich darf mich nicht wehren.« »Wenn es sich so verhält, dann gibt es allerdings keine Hilfe«, sagte K. »Warum denn nicht?« fragte der Gerichtsdiener. »Man müsste den Studenten, der ein Feigling ist, einmal, wenn er meine Frau anrühren will, so durchprügeln, dass er es niemals mehr wagt. Aber ich darf es nicht, und andere machen mir den Gefallen nicht, denn alle fürchten seine Macht. Nur ein Mann wie Sie könnte es tun.« »Wieso denn ich?« fragte K. erstaunt. »Sie sind doch angeklagt«, sagte der Gerichtsdiener. »Ja«, sagte K., »aber desto mehr müsste ich doch fürchten, dass er, wenn auch vielleicht nicht Einfluss auf den Ausgang des Prozesses, so doch wahrscheinlich auf die Voruntersuchung hat.« »Ja, gewiss«, sagte der Gerichtsdiener, als sei die Ansicht K.s genau so richtig wie seine eigene. »Es werden aber bei uns in der Regel keine aussichtslosen Prozesse geführt.« »Ich bin nicht Ihrer Meinung«, sagte K., »das soll mich aber nicht hindern, gelegentlich den Studenten in Behandlung zu nehmen.« »Ich wäre Ihnen sehr dankbar«, sagte der Gerichtsdiener etwas förmlich, er schien eigentlich doch nicht an die Erfüllbarkeit seines höchsten Wunsches zu glauben. »Es würden vielleicht«, fuhr K. fort, »auch noch andere Ihrer Beamten und vielleicht sogar alle das gleiche verdienen.« »Ja, ja«, sagte der Gerichtsdiener, als handle es sich um etwas Selbstverständliches. Dann sah er K. mit einem zutraulichen Blick an, wie er es bisher trotz aller Freundlichkeit nicht getan hatte, und fügte hinzu: »Man rebelliert eben immer.« Aber das Gespräch schien ihm doch ein wenig unbehaglich geworden zu sein, denn er brach es ab, indem er sagte: »Jetzt muss ich mich in der Kanzlei melden. Wollen Sie mitkommen?« »Ich habe dort nichts zu tun«, sagte K. »Sie können die Kanzleien ansehen. Es wird sich niemand um Sie kümmern.« »Ist es denn sehenswert?« fragte K. zögernd, hatte aber große Lust, mitzugehen. »Nun«, sagte der Gerichtsdiener, »ich dachte, es würde Sie interessieren.«
»Gut«, sagte K. schließlich, »ich gehe mit.« Und er lief schneller als der Gerichtsdiener die Treppe hinauf.

Beim Eintritt wäre er fast hingefallen, denn hinter der Tür war noch eine Stufe. »Auf das Publikum nimmt man nicht viel Rücksicht«, sagte er. »Man nimmt überhaupt keine Rücksicht«, sagte der Gerichtsdiener, »sehen Sie nur hier das Wartezimmer.« Es war ein langer Gang, von dem aus roh gezimmerte Türen zu den einzelnen Abteilungen des Dachbodens führten. Obwohl kein unmittelbarer Lichtzutritt bestand, war es doch nicht vollständig dunkel, denn manche Abteilungen hatten gegen den Gang zu statt einheitlicher Bretterwände bloße, allerdings bis zur Decke reichende Holzgitter, durch die einiges Licht drang und durch die man auch einzelne Beamte sehen konnte, wie sie an Tischen schrieben oder geradezu am Gitter standen und durch die Lücken die Leute auf dem Gang beobachteten. Es waren, wahrscheinlich weil Sonntag war, nur wenig Leute auf dem Gang. Sie machten einen sehr bescheidenen Eindruck. In fast regelmäßigen Entfernungen voneinander saßen sie auf den zwei Reihen langer Holzbänke, die zu beiden Seiten des Ganges angebracht waren. Alle waren vernachlässigt angezogen, obwohl die meisten nach dem Gesichtsausdruck, der Haltung, der Barttracht und vielen, kaum sicherzustellenden kleinen Einzelheiten den höheren Klassen angehörten. Da keine Kleiderhaken vorhanden waren, hatten sie die Hüte, wahrscheinlich einer dem Beispiel des anderen folgend, unter die Bank gestellt. Als die, welche zunächst der Tür saßen, K. und den Gerichtsdiener erblickten, erhoben sie sich zum Gruß, da das die Folgenden sahen, glaubten sie auch grüßen zu müssen, so dass alle beim Vorbeigehen der beiden sich erhoben. Sie standen niemals vollständig aufrecht, der Rücken war geneigt, die Knie geknickt, sie standen wie Straßenbettler. K. wartete auf den ein wenig hinter ihm gehenden Gerichtsdiener und sagte: »Wie gedemütigt die sein müssen.« »Ja«, sagte der Gerichtsdiener, »es sind Angeklagte, alle, die Sie hier sehn, sind Angeklagte.« »Wirklich!« sagte K. »Dann sind es ja meine Kollegen.« Und er wandte sich an den nächsten, einen großen, schlanken, schon fast grauhaarigen Mann. »Worauf warten Sie hier?« fragte K. höflich. Die unerwartete Ansprache aber machte den Mann verwirrt, was um so peinlicher aussah, da es sich offenbar um einen welterfahrenen Menschen handelte, der anderswo gewiss sich zu beherrschen verstand und die Überlegenheit, die er sich über viele erworben hatte, nicht leicht aufgab. Hier aber wusste er auf eine so einfache Frage nicht zu antworten und sah auf die anderen hin, als seien sie verpflichtet, ihm zu helfen, und als könne niemand von ihm eine Antwort verlangen, wenn diese Hilfe ausbliebe. Da trat der Gerichtsdiener hinzu und sagte, um den Mann zu beruhigen und aufzumuntern: »Der Herr hier fragt ja nur, worauf Sie warten. Antworten Sie doch.« Die ihm wahrscheinlich bekannte Stimme des Gerichtsdieners wirkte besser: »Ich warte –« begann er und stockte. Offenbar hatte er diesen Anfang gewählt, um ganz genau auf die Fragestellung zu antworten, fand aber jetzt die Fortsetzung nicht. Einige der Wartenden hatten sich genähert und umstanden die Gruppe, der Gerichtsdiener sagte zu ihnen: »Weg, weg, macht den Gang frei.« Sie wichen ein wenig zurück, aber nicht bis zu ihren früheren Sitzen. Inzwischen hatte sich der Gefragte gesammelt und antwortete sogar mit einem kleinen Lächeln: »Ich habe vor einem Monat einige Beweisanträge in meiner Sache gemacht und warte auf die Erledigung.« »Sie scheinen sich ja viele Mühe zu geben«, sagte K. »Ja«, sagte der Mann, »es ist ja meine Sache.« »Jeder denkt nicht so wie Sie«, sagte K., »ich zum Beispiel bin auch angeklagt, habe aber, so wahr ich selig werden will, weder einen Beweisantrag gestellt, noch auch sonst irgend etwas Derartiges unternommen. Halten Sie denn das für nötig?« »Ich weiß nicht genau«, sagte der Mann wieder in vollständiger Unsicherheit; er glaubte offenbar, K. mache mit ihm einen Scherz, deshalb hätte er wahrscheinlich am liebsten, aus Furcht, irgendeinen neuen Fehler zu machen, seine frühere Antwort ganz wiederholt, vor K.s ungeduldigem Blick aber sagte er nur: »Was mich betrifft, ich habe Beweisanträge gestellt.«

»Sie glauben wohl nicht, dass ich angeklagt bin?« fragte K. »O bitte, gewiss«, sagte der Mann, und trat ein wenig zur Seite, aber in der Antwort war nicht Glaube, sondern nur Angst. »Sie glauben mir also nicht?« fragte K. und fasste ihn, unbewusst durch das demütige Wesen des Mannes aufgefordert, beim Arm, als wolle er ihn zum Glauben zwingen. Aber er wollte ihm nicht Schmerz bereiten, hatte ihn auch nur ganz leicht angegriffen, trotzdem schrie der Mann auf, als habe K. ihn nicht mit zwei Fingern, sondern mit einer glühenden Zange erfasst. Dieses lächerliche Schreien machte ihn K. endgültig überdrüssig; glaubte man ihm nicht, dass er angeklagt war, so war es desto besser; vielleicht hielt er ihn sogar für einen Richter. Und er fasste ihn nun zum Abschied wirklich fester, stieß ihn auf die Bank zurück und ging weiter. »Die meisten Angeklagten sind so empfindlich«, sagte der Gerichtsdiener. Hinter ihnen sammelten sich jetzt fast alle Wartenden um den Mann, der schon zu schreien aufgehört hatte, und schienen ihn über den Zwischenfall genau auszufragen. K. entgegen kam jetzt ein Wächter, der hauptsächlich an einem Säbel kenntlich war, dessen Scheide, wenigstens der Farbe nach, aus Aluminium bestand. K. staunte darüber und griff sogar mit der

Hand hin. Der Wächter, der wegen des Schreiens gekommen war, fragte nach dem Vorgefallenen. Der Gerichtsdiener suchte ihn mit einigen Worten zu beruhigen, aber der Wächter erklärte, doch noch selbst nachsehen zu müssen, salutierte und ging weiter mit sehr eiligen, aber sehr kurzen, wahrscheinlich durch Gicht abgemessenen Schritten.

K. kümmerte sich nicht lange um ihn und die Gesellschaft auf dem Gang, besonders da er etwa in der Hälfte des Ganges die Möglichkeit sah, rechts durch eine türlose Öffnung einzubiegen. Er verständigte sich mit dem Gerichtsdiener darüber, ob das der richtige Weg sei, der Gerichtsdiener nickte, und K. bog nun wirklich dort ein. Es war ihm lästig, dass er immer einen oder zwei Schritte vor dem Gerichtsdiener gehen musste, es konnte wenigstens an diesem Ort den Anschein haben, als ob er verhaftet vorgeführt werde. Er wartete also öfters auf den Gerichtsdiener, aber dieser blieb gleich wieder zurück. Schließlich sagte K., um seinem Unbehagen ein Ende zu machen: »Nun habe ich gesehen, wie es hier aussieht, ich will jetzt weggehen.« »Sie haben noch nicht alles gesehen«, sagte der Gerichtsdiener vollständig unverfänglich. »Ich will nicht alles sehen«, sagte K., der sich übrigens wirklich müde fühlte, »ich will gehen, wie kommt man zum Ausgang?« »Sie haben sich doch nicht schon verirrt?« fragte der Gerichtsdiener erstaunt, »Sie gehen hier bis zur Ecke und dann rechts den Gang hinunter geradeaus zur Tür.« »Kommen Sie mit«, sagte K., »zeigen Sie mir den Weg, ich werde ihn verfehlen, es sind hier so viele Wege.« »Es ist der einzige Weg«, sagte der Gerichtsdiener nun schon vorwurfsvoll, »ich kann nicht wieder mit Ihnen zurückgehen, ich muss doch meine Meldung vorbringen und habe schon viel Zeit durch Sie versäumt.« »Kommen Sie mit!« wiederholte K. jetzt schärfer, als habe er endlich den Gerichtsdiener auf einer Unwahrheit ertappt. »Schreien Sie doch nicht so«, flüsterte der Gerichtsdiener, »es sind ja hier überall Büros. Wenn Sie nicht allein zurückgehen wollen, so gehen Sie noch ein Stückchen mit mir oder warten Sie hier, bis ich meine Meldung erledigt habe, dann will ich ja gern mit Ihnen wieder zurückgehen.« »Nein, nein«, sagte K., »ich werde nicht warten und Sie müssen jetzt mit mir gehen.« K. hatte sich noch gar nicht in dem Raum umgesehen, in dem er sich befand, erst als jetzt eine der vielen Holztüren, die ringsherum standen, sich öffnete, blickte er hin. Ein Mädchen, das wohl durch K.s lautes Sprechen herbeigerufen war, trat ein und fragte: »Was wünscht der Herr?« Hinter ihr in der Ferne sah man im Halbdunkel noch einen Mann sich nähern. K. blickte den Gerichtsdiener an. Dieser hatte doch gesagt, dass sich niemand um K. kümmern werde, und nun kamen schon zwei, es brauchte nur wenig und die Beamtenschaft wurde auf ihn aufmerksam, würde eine Erklärung seiner Anwesenheit haben wollen. Die einzig verständliche und annehmbare war die, dass er Angeklagter war und das Datum des nächsten Verhörs erfahren wollte, gerade diese Erklärung aber wollte er nicht geben, besonders da sie auch nicht wahrheitsgemäß war, denn er war nur aus Neugierde gekommen oder, was als Erklärung noch unmöglicher war, aus dem Verlangen, festzustellen, dass das Innere dieses Gerichtswesens ebenso widerlich war wie sein Äußeres. Und es schien ja, dass er mit dieser Annahme recht hatte, er wollte nicht weiter eindringen, er war beengt genug von dem, was er bisher gesehen hatte, er war gerade jetzt nicht in der Verfassung, einem höheren Beamten gegenüberzutreten, wie er hinter jeder Tür auftauchen konnte, er wollte weggehen, und zwar mit dem Gerichtsdiener oder allein, wenn es sein musste.

Aber sein stummes Dastehen musste auffallend sein, und wirklich sahen ihn das Mädchen und der Gerichtsdiener derartig an, als ob in der nächsten Minute irgendeine große Verwandlung mit ihm geschehen müsse, die sie zu beobachten nicht versäumen wollten. Und in der Türöffnung stand der Mann, den K. früher in der Ferne bemerkt hatte, er hielt sich am Deckbalken der niedrigen Tür fest und schaukelte ein wenig auf den Fußspitzen, wie ein ungeduldiger Zuschauer. Das Mädchen aber erkannte doch zuerst, dass das Benehmen K.s in einem leichten Unwohlsein seinen Grund hatte, sie brachte einen Sessel und fragte: »Wollen Sie sich nicht setzen?« K. setzte sich sofort und stützte, um noch besseren Halt zu bekommen, die Ellbogen auf die Lehnen. »Sie haben ein wenig Schwindel, nicht?« fragte sie ihn. Er hatte nun ihr Gesicht nahe vor sich, es hatte den strengen Ausdruck, wie ihn manche Frauen gerade in ihrer schönsten Jugend haben. »Machen Sie sich darüber keine Gedanken«, sagte sie, »das ist hier nichts Außergewöhnliches, fast jeder bekommt einen solchen Anfall, wenn er zum ersten Mal herkommt. Sie sind zum ersten Mal hier? Nun ja, das ist also nichts Außergewöhnliches. Die Sonne brennt hier auf das Dachgerüst, und das heiße Holz macht die Luft so dumpf und schwer. Der Ort ist deshalb für Büroräumlichkeiten nicht sehr geeignet, so große Vorteile er allerdings sonst bietet. Aber was die Luft betrifft, so ist sie an Tagen großen Parteienverkehrs, und das ist fast jeder Tag, kaum mehr atembar. Wenn Sie dann noch bedenken, dass hier auch vielfach Wäsche zum Trocknen ausgehängt wird – man kann es den Mietern nicht gänzlich untersagen –, so werden Sie sich nicht mehr wundern, dass Ihnen ein wenig übel wurde. Aber man gewöhnt sich schließlich an die Luft sehr gut. Wenn Sie zum zweiten- oder dritten Mal herkommen, werden Sie das Drückende hier kaum mehr spüren. Fühlen Sie sich schon besser?« K. antwortete nicht, es war ihm zu peinlich, durch diese plötzliche Schwäche den Leuten hier ausgeliefert zu sein, überdies war ihm, da er jetzt die Ursachen seiner Übelkeit erfahren hatte, nicht besser, sondern noch ein wenig schlechter.

Das Mädchen merkte es gleich, nahm, um K. eine Erfrischung zu bereiten, eine Hakenstange, die an der Wand lehnte, und stieß damit eine kleine Luke auf, die gerade über K. angebracht war und ins Freie führte. Aber es fiel so viel Ruß herein, dass das Mädchen die Luke gleich wieder zuziehen und mit ihrem Taschentuch die Hände K.s vom Ruß reinigen musste, denn K. war zu müde, um das selbst zu besorgen. Er wäre gern hier ruhig sitzengeblieben, bis er sich zum Weggehen genügend gekräftigt hatte, das musste aber um so früher geschehen, je weniger man sich um ihn kümmern würde. Nun sagte aber überdies das Mädchen: »Hier können Sie nicht bleiben, hier stören wir den Verkehr –« K. fragte mit den Blicken, welchen Verkehr er denn hier störe – »Ich werde Sie, wenn Sie wollen, ins Krankenzimmer führen. Helfen Sie mir, bitte«, sagte sie zu dem Mann in der Tür, der auch gleich näher kam. Aber K. wollte nicht ins Krankenzimmer, gerade das wollte er ja vermeiden, weiter geführt zu werden, je weiter er kam, desto ärger musste es werden. »Ich kann schon gehen«, sagte er deshalb und stand, durch das bequeme Sitzen verwöhnt, zitternd auf. Dann aber konnte er sich nicht aufrecht halten. »Es geht doch nicht«, sagte er kopfschüttelnd und setzte sich seufzend wieder nieder. Er erinnerte sich an den Gerichtsdiener, der ihn trotz allem leicht hinausführen könnte, aber der schien schon längst weg zu sein, K. sah zwischen dem Mädchen und dem Mann, die vor ihm standen, hindurch, konnte aber den Gerichtsdiener nicht finden.

»Ich glaube«, sagte der Mann, der übrigens elegant gekleidet war und besonders durch eine graue Weste auffiel, die in zwei langen, scharfgeschnittenen Spitzen endigte, »das Unwohlsein des Herrn geht auf die Atmosphäre hier zurück, es wird daher am besten und auch ihm am liebsten sein, wenn wir ihn nicht erst ins Krankenzimmer, sondern überhaupt aus den Kanzleien hinausführen.« »Das ist es«, rief K. und fuhr vor lauter Freude fast noch in die Rede des Mannes hinein, »mir wird gewiss sofort besser werden, ich bin auch gar nicht so schwach, nur ein wenig Unterstützung unter den Achseln brauche ich, ich werde Ihnen nicht viel Mühe machen, es ist ja auch kein langer Weg, führen Sie mich nur zur Tür, ich setze mich dann noch ein wenig auf die Stufen und werde gleich erholt sein, ich leide nämlich gar nicht unter solchen Anfällen, es kommt mir selbst überraschend. Ich bin doch auch Beamter und an Büroluft gewöhnt, aber hier scheint es doch zu arg, Sie sagen es selbst. Wollen Sie also die Freundlichkeit haben, mich ein wenig zu führen, ich habe nämlich Schwindel, und es wird mir schlecht wenn ich allein aufstehe.« Und er hob die Schultern, um es den beiden zu erleichtern, ihm unter die Arme zu greifen.

Aber der Mann folgte der Aufforderung nicht, sondern hielt die Hände ruhig in den Hosentaschen und lachte laut. »Sehen Sie«, sagte er zu dem Mädchen, »ich habe also doch das Richtige getroffen. Dem Herrn ist nur hier nicht wohl, nicht im allgemeinen.« Das Mädchen lächelte auch, schlug aber dem Mann leicht mit den Fingerspitzen auf den Arm, als hätte er sich mit K. einen zu starken Spaß erlaubt. »Aber was denken Sie denn«, sagte der Mann noch immer lachend, »ich will ja den Herrn wirklich hinausführen.« »Dann ist es gut«, sagte das Mädchen, indem sie ihren zierlichen Kopf für einen Augenblick neigte. »Messen Sie dem Lachen nicht zuviel Bedeutung zu«, sagte das Mädchen zu K., der, wieder traurig geworden, vor sich hinstarrte und keine Erklärung zu brauchen schien, »dieser Herr – ich darf Sie doch vorstellen?« (der Herr gab mit einer Handbewegung die Erlaubnis) »dieser Herr also ist der Auskunftgeber. Er gibt den wartenden Parteien alle Auskunft, die sie brauchen, und da unser Gerichtswesen in der Bevölkerung nicht sehr bekannt ist, werden viele Auskünfte verlangt. Er weiß auf alle Fragen eine Antwort, Sie können ihn, wenn Sie einmal Lust dazu haben, daraufhin erproben. Das ist aber nicht sein einziger Vorzug, sein zweiter Vorzug ist die elegante Kleidung. Wir, das heißt die Beamtenschaft, meinten einmal, man müsse den Auskunftgeber, der immerfort, und zwar als erster, mit Parteien verhandelt, des würdigen ersten Eindrucks halber, auch elegant anziehen. Wir anderen sind, wie Sie gleich an mir sehen können, leider sehr schlecht und altmodisch angezogen; es hat auch nicht viel Sinn, für die Kleidung etwas zu verwenden, da wir fast unaufhörlich in den Kanzleien sind, wir schlafen ja auch hier. Aber, wie gesagt, für den Auskunftgeber hielten wir einmal schöne Kleidung für nötig. Da sie aber von unserer Verwaltung, die in dieser Hinsicht etwas sonderbar ist, nicht erhältlich war, machten wir eine Sammlung – auch Parteien steuerten bei – und wir kauften ihm dieses schöne Kleid und noch andere. Alles wäre jetzt vorbereitet, einen guten Eindruck zu machen, aber durch sein Lachen verdirbt er es wieder und erschreckt die Leute.« »So ist es«, sagte der Herr spöttisch, »aber ich verstehe nicht, Fräulein, warum Sie dem Herrn alle unsere Intimitäten erzählen oder besser, aufdrängen, denn er will sie ja gar nicht erfahren. Sehen Sie nur, wie er, offenbar mit seinen eigenen Angelegenheiten beschäftigt, dasitzt.« K. hatte nicht einmal Lust, zu widersprechen, die Absicht des Mädchens mochte eine gute sein, sie war vielleicht darauf gerichtet, ihn zu zerstreuen oder ihm die Möglichkeit zu geben, sich zu sammeln, aber das Mittel war verfehlt. »Ich musste ihm Ihr Lachen erklären«, sagte das Mädchen. »Es war ja beleidigend.« »Ich glaube, er würde noch ärgere Beleidigungen verzeihen, wenn ich ihn schließlich hinausführe.« K. sagte nichts, sah nicht einmal auf, er duldete es, dass die zwei über ihn wie über eine Sache verhandelten, es war ihm sogar am liebsten. Aber plötzlich fühlte er die Hand des Auskunftgebers an einem Arm und die Hand des Mädchens am anderen. »Also auf, Sie schwacher Mann«, sagte der Auskunftgeber. »Ich danke Ihnen beiden vielmals«, sagte K., freudig überrascht, erhob sich langsam und führte selbst die fremden Hände an die Stellen, an denen er die Stütze am meisten brauchte. »Es sieht so aus«, sagte das Mädchen leise in K.s Ohr, während sie sich dem Gang näherten, »als ob mir besonders viel daran gelegen wäre, den Auskunftgeber in ein gutes Licht zu stellen, aber man mag es glauben, ich will doch die Wahrheit sagen. Er hat kein hartes Herz. Er ist nicht verpflichtet, kranke Parteien hinauszuführen, und tut es doch, wie Sie sehen. Vielleicht ist niemand von uns hartherzig, wir wollten vielleicht alle gern helfen, aber als Gerichtsbeamte bekommen wir leicht den Anschein, als ob wir hartherzig wären und niemandem helfen wollten. Ich leide geradezu darunter.« »Wollen Sie sich nicht hier ein wenig setzen?« fragte der Auskunftgeber, sie waren schon im Gang und gerade vor dem Angeklagten, den K. früher angesprochen hatte. K. schämte sich fast vor ihm, früher war er so aufrecht vor ihm gestanden, jetzt mussten ihn zwei stützen, seinen Hut balancierte der Auskunftgeber auf den gespreizten Fingern, die Frisur war zerstört, die Haare hingen ihm in die schweißbedeckte Stirn. Aber der Angeklagte schien nichts davon zu bemerken, demütig stand er vor dem Auskunftgeber, der über ihn hinwegsah, und suchte nur seine Anwesenheit zu entschuldigen. »Ich weiß«, sagte er, »dass die Erledigung meiner Anträge heute noch nicht gegeben werden kann. Ich bin aber doch gekommen, ich dachte, ich könnte doch hier warten, es ist Sonntag, ich habe ja Zeit und hier störe ich nicht.« »Sie müssen das nicht so sehr entschuldigen«, sagte der Auskunftgeber, »Ihre Sorgsamkeit ist ja ganz lobenswert, Sie nehmen hier zwar unnötigerweise den Platz weg, aber ich will Sie trotzdem, solange es mir nicht lästig wird, durchaus nicht hindern, den Gang Ihrer Angelegenheit genau zu verfolgen. Wenn man Leute gesehen hat, die ihre Pflicht schändlich vernachlässigten, lernt man es, mit Leuten, wie Sie sind, Geduld zu haben. Setzen Sie sich« »Wie er mit den Parteien zu reden versteht«, flüsterte das Mädchen. K. nickte, fuhr aber gleich auf, als ihn der Auskunftgeber wieder fragte: »Wollen Sie sich nicht hier niedersetzen?« »Nein«, sagte K., ich will mich nicht ausruhen. Er hatte das mit möglichster Bestimmtheit gesagt, in Wirklichkeit hätte es ihm sehr wohlgetan, sich niederzusetzen. Er war wie seekrank. Er glaubte auf einem Schiff zu sein, das sich in schwerem Seegang befand. Es war ihm, als stürze das Wasser gegen die Holzwände, als komme aus der Tiefe des Ganges ein Brausen her, wie von überschlagendem Wasser, als schaukle der Gang in der Quere und als würden die wartenden Parteien zu beiden Seiten gesenkt und gehoben. Desto unbegreiflicher war die Ruhe des Mädchens und des Mannes, die ihn führten. Er war ihnen ausgeliefert, ließen sie ihn los, so musste er hinfallen wie ein Brett. Aus ihren kleinen Augen gingen scharfe Blicke hin und her, ihre gleichmäßigen Schritte fühlte K., ohne sie mitzumachen, denn er wurde fast von Schritt zu Schritt getragen. Endlich merkte er, dass sie zu ihm sprachen, aber er verstand sie nicht, er hörte nur den Lärm, der alles erfüllte und durch den hindurch ein unveränderlicher hoher Ton, wie von einer Sirene, zu klingen schien. »Lauter«, flüsterte er mit gesenktem Kopf und schämte sich, denn er wusste, dass sie laut genug, wenn auch für ihn unverständlich, gesprochen hatten. Da kam endlich, als wäre die Wand vor ihm durchrissen, ein frischer Luftzug ihm entgegen, und er hörte neben sich sagen: »Zuerst will er weg, dann aber kann man ihm hundertmal sagen, dass hier der Ausgang ist, und er rührt sich nicht.« K. merkte, dass er vor der Ausgangstür stand, die das Mädchen geöffnet hatte. Ihm war, als wären alle seine Kräfte mit einemmal zurückgekehrt, um einen Vorgeschmack der Freiheit zu gewinnen, trat er gleich auf eine Treppenstufe und verabschiedete sich von dort aus von seinen Begleitern, die sich zu ihm hinabbeugten. »Vielen Dank«, wiederholte er, drückte beiden wiederholt die Hände und ließ erst ab, als er zu sehen glaubte, dass sie, an die Kanzleiluft gewöhnt, die verhältnismäßig frische Luft, die von der Treppe kam, schlecht ertrugen. Sie konnten kaum antworten, und das Mädchen wäre vielleicht abgestürzt, wenn nicht K. äußerst schnell die Tür geschlossen hätte. K. stand dann noch einen Augenblick still, strich sich mit Hilfe eines Taschenspiegels das Haar zurecht, hob seinen Hut auf, der auf dem nächsten Treppenabsatz lag – der Auskunftgeber hatte ihn wohl hingeworfen – und lief dann die Treppe hinunter, so frisch und in so langen Sprüngen, dass er vor diesem Umschwung fast Angst bekam. Solche Überraschungen hatte ihm sein sonst ganz gefestigter Gesundheitszustand noch nie bereitet. Wollte etwa sein Körper revolutionieren und ihm einen neuen Prozess bereiten, da er den alten so mühelos ertrug? Er lehnte den Gedanken nicht ganz ab, bei nächster Gelegenheit zu einem Arzt zu gehen, jedenfalls aber wollte er – darin konnte er sich selbst beraten – alle künftigen Sonntagvormittage besser als diesen verwenden.

Viertes Kapitel (Die Freundin des Fräulein Bürstner)

In der nächsten Zeit war es K. unmöglich, mit Fräulein Bürstner auch nur einige wenige Worte zu sprechen. Er versuchte auf die verschiedenste Weise, an sie heranzukommen, sie aber wusste es immer zu verhindern. Er kam gleich nach dem Büro nach Hause, blieb in seinem Zimmer, ohne das Licht anzudrehen, auf dem Kanapee sitzen und beschäftigte sich mit nichts anderem, als das Vorzimmer zu beobachten. Ging etwa das Dienstmädchen vorbei und schloss die Tür des scheinbar leeren Zimmers, so stand er nach einem Weilchen auf und öffnete sie wieder. Des Morgens stand er um eine Stunde früher auf als sonst, um vielleicht Fräulein Bürstner allein treffen zu können, wenn sie ins Büro ging. Aber keiner dieser Versuche gelang. Dann schrieb er ihr einen Brief sowohl ins Büro als auch in die Wohnung, suchte darin nochmals sein Verhalten zu rechtfertigen, bot sich zu jeder Genugtuung an, versprach, niemals die Grenzen zu überschreiten, die sie ihm setzen würde, und bat nur, ihm die Möglichkeit zu geben, einmal mit ihr zu sprechen, besonders da er auch bei Frau Grubach nichts veranlassen könne, solange er sich nicht vorher mit ihr beraten habe, schließlich teilte er ihr mit, dass er den nächsten Sonntag während des ganzen Tages in seinem Zimmer auf ein Zeichen von ihr warten werde, das ihm die Erfüllung seiner Bitte in Aussicht stellen oder das ihm wenigstens erklären solle, warum sie die Bitte nicht erfüllen könne, obwohl er doch versprochen habe, sich in allem ihr zu fügen. Die Briefe kamen nicht zurück, aber es erfolgte auch keine Antwort. Dagegen gab es Sonntag ein Zeichen, dessen Deutlichkeit genügend war. Gleich früh bemerkte K. durch das Schlüsselloch eine besondere Bewegung im Vorzimmer, die sich bald aufklärte. Eine Lehrerin des Französischen, sie war übrigens eine Deutsche und hieß Montag, ein schwaches, blasses, ein wenig hinkendes Mädchen, das bisher ein eigenes Zimmer bewohnt hatte, übersiedelte in das Zimmer des Fräulein Bürstner. Stundenlang sah man sie durch das Vorzimmer schlurfen. Immer war noch ein Wäschestück oder ein Deckchen oder ein Buch vergessen, das besonders geholt und in die neue Wohnung hinübergetragen werden musste.

Als Frau Grubach K. das Frühstück brachte – sie überließ, seitdem sie K. so erzürnt hatte, auch nicht die geringste Bedienung dem Dienstmädchen –, konnte sich K. nicht zurückhalten, sie zum ersten Mal seit fünf Tagen anzusprechen. »Warum ist denn heute ein solcher Lärm im Vorzimmer?« fragte er, während er den Kaffee eingoss, »könnte das nicht eingestellt werden? Muss denn gerade am Sonntag aufgeräumt werden?« Obwohl K. nicht zu Frau Grubach aufsah, bemerkte er doch, dass sie, wie erleichtert, aufatmete. Selbst diese strengen Fragen K.s fasste sie als Verzeihung oder als Beginn der Verzeihung auf. »Es wird nicht aufgeräumt, Herr K.«, sagte sie, »Fräulein Montag übersiedelt nur zu Fräulein Bürstner und schafft ihre Sachen hinüber.« Sie sagte nichts weiter, sondern wartete, wie K. es aufnehmen und ob er ihr gestatten würde, weiterzureden. K. stellte sie aber auf die Probe, rührte nachdenklich den Kaffee mit dem Löffel und schwieg. Dann sah er zu ihr auf und sagte: »Haben Sie schon Ihren früheren Verdacht wegen Fräulein Bürstner aufgegeben?« »Herr K.«, rief Frau Grubach, die nur auf diese Frage gewartet hatte, und hielt K. ihre gefalteten Hände hin. »Sie haben eine gelegentliche Bemerkung letzthin so schwer genommen. Ich habe ja nicht im entferntesten daran gedacht, Sie oder irgend jemand zu kränken. Sie kennen mich doch schon lange genug, Herr K., um davon überzeugt sein zu können. Sie wissen gar nicht, wie ich die letzten Tage gelitten habe! Ich sollte meine Mieter verleumden! Und Sie, Herr K., glaubten es! Und sagten, ich solle Ihnen kündigen! Ihnen kündigen!« Der letzte Ausruf erstickte schon unter Tränen, sie hob die Schürze zum Gesicht und schluchzte laut.

»Weinen Sie doch nicht, Frau Grubach«, sagte K. und sah zum Fenster hinaus, er dachte nur an Fräulein Bürstner und daran, dass sie ein fremdes Mädchen in ihr Zimmer aufgenommen hatte. »Weinen Sie doch nicht«, sagte er nochmals, als er sich ins Zimmer zurückwandte und Frau Grubach noch immer weinte. »Es war ja damals auch von mir nicht so schlimm gemeint. Wir haben eben einander gegenseitig missverstanden. Das kann auch alten Freunden einmal geschehen.« Frau Grubach rückte die Schürze unter die Augen, um zu sehen, ob K. wirklich versöhnt sei. »Nun ja, es ist so«, sagte K. und wagte nun, da, nach dem Verhalten der Frau Grubach zu schließen, der Hauptmann nichts verraten hatte, noch hinzuzufügen:

»Glauben Sie denn wirklich, dass ich mich wegen eines fremden Mädchens mit Ihnen verfeinden könnte?« »Das ist es ja eben, Herr K.«, sagte Frau Grubach, es war ihr Unglück, dass sie, sobald sie sich nur irgendwie freier fühlte, gleich etwas Ungeschicktes sagte. »Ich fragte mich immerfort: Warum nimmt sich Herr K. so sehr des Fräulein Bürstner an? Warum zankt er ihretwegen mit mir, obwohl er weiß, dass mir jedes böse Wort von ihm den Schlaf nimmt? Ich habe ja über das Fräulein nichts anderes gesagt, als was ich mit eigenen Augen gesehen habe.« K. sagte dazu nichts, er hätte sie mit dem ersten Wort aus dem Zimmer jagen müssen, und das wollte er nicht. Er begnügte sich damit, den Kaffee zu trinken und Frau Grubach ihre Überflüssigkeit fühlen zu lassen. Draußen hörte man wieder den schleppenden Schritt des Fräulein Montag, welche das ganze Vorzimmer durchquerte. »Hören Sie es?« fragte K. und zeigte mit der Hand nach der Tür. »Ja«, sagte Frau Grubach und seufzte, »ich wollte ihr helfen und auch vom Dienstmädchen helfen lassen, aber sie ist eigensinnig, sie will alles selbst übersiedeln. Ich wundere mich über Fräulein Bürstner. Mir ist es oft lästig, dass ich Fräulein Montag in Miete habe, Fräulein Bürstner aber nimmt sie sogar zu sich ins Zimmer.« Das muss Sie gar nicht kümmern, sagte K. und zerdrückte die Zuckerreste in der Tasse. »Haben Sie denn dadurch einen Schaden?« »Nein«, sagte Frau Grubach, »an und für sich ist es mir ganz willkommen, ich bekomme dadurch ein Zimmer frei und kann dort meinen Neffen, den Hauptmann, unterbringen. Ich fürchtete schon längst, dass er Sie in den letzten Tagen, während derer ich ihn nebenan im Wohnzimmer wohnen lassen musste, gestört haben könnte. Er nimmt nicht viel Rücksicht.« »Was für Einfälle!« sagte K. und stand auf, »davon ist ja keine Rede. Sie scheinen mich wohl für überempfindlich zu halten, weil ich diese Wanderungen des Fräulein Montag – jetzt geht sie wieder zurück – nicht vertragen kann.« Frau Grubach kam sich recht machtlos vor. »Soll ich, Herr K., sagen, dass sie den restlichen Teil der Übersiedelung aufschieben soll? Wenn Sie wollen, tue ich es sofort.« »Aber sie soll doch zu Fräulein Bürstner übersiedeln!« sagte K. »Ja«, sagte Frau Grubach, sie verstand nicht ganz, was K. meinte. »Nun also«, sagte K., »dann muss sie doch ihre Sachen hinübertragen.« Frau Grubach nickte nur. Diese stumme Hilflosigkeit, die äußerlich nicht anders aussah als Trotz, reizte K. noch mehr. Er fing an, im Zimmer vom Fenster zur Tür auf und ab zu gehen und nahm dadurch Frau Grubach die Möglichkeit, sich zu entfernen, was sie sonst wahrscheinlich getan hätte.

Gerade war K. einmal wieder bis zur Tür gekommen, als es klopfte. Es war das Dienstmädchen, welches meldete, dass Fräulein Montag gern mit Herrn K. ein paar Worte sprechen möchte und dass sie ihn deshalb bitte, ins Esszimmer zu kommen, wo sie ihn erwarte. K. hörte das Dienstmädchen nachdenklich an, dann wandte er sich mit einem fast höhnischen Blick nach der erschrockenen Frau Grubach um. Dieser Blick schien zu sagen, dass K. diese Einladung des Fräulein Montag schon längst vorausgesehen habe und dass sie auch sehr gut mit der Quälerei zusammenpasse, die er diesen Sonntagvormittag von den Mietern der Frau Grubach erfahren musste. Er schickte das Dienstmädchen zurück mit der Antwort, dass er sofort komme, ging dann zum Kleiderkasten, um den Rock zu wechseln und hatte als Antwort für Frau Grubach, welche leise über die lästige Person jammerte, nur die Bitte, sie möge das Frühstücksgeschirr schon forttragen. »Sie haben ja fast nichts angerührt«, sagte Frau Grubach. Ach, tragen Sie es doch weg! rief K., es war ihm, als sei irgendwie allem Fräulein Montag beigemischt und mache es widerwärtig.

Als er durch das Vorzimmer ging, sah er nach der geschlossenen Tür von Fräulein Bürstners Zimmer. Aber er war nicht dorthin eingeladen, sondern in das Esszimmer, dessen Tür er aufriss, ohne zu klopfen.

Es war ein sehr langes, aber schmales, einfenstriges Zimmer. Es war dort nur so viel Platz vorhanden, dass man in den Ecken an der Türseite zwei Schränke schief hatte aufstellen können, während der übrige Raum vollständig von dem langen Speisetisch eingenommen war, der in der Nähe der Tür begann und bis knapp zum großen Fenster reichte, welches dadurch fast unzugänglich geworden war. Der Tisch war bereits gedeckt, und zwar für viele Personen, da am Sonntag fast alle Mieter hier zu Mittag aßen.

Als K. eintrat, kam Fräulein Montag vom Fenster her an der einen Seite des Tisches entlang K. entgegen. Sie grüßten einander stumm. Dann sagte Fräulein Montag, wie immer den Kopf ungewöhnlich aufgerichtet: »Ich weiß nicht, ob Sie mich kennen. K. sah sie mit zusammengezogenen Augen an.« »Gewiss«, sagte er, »Sie wohnen doch schon längere Zeit bei Frau Grubach.« »Sie kümmern sich aber, wie ich glaube, nicht viel um die Pension,« sagte Fräulein Montag. »Nein«, sagte K. »Wollen Sie sich nicht setzen?« sagte Fräulein Montag. Sie zogen beide schweigend zwei Sessel am äußersten Ende des Tisches hervor und setzten sich einander gegenüber. Aber Fräulein Montag stand gleich wieder auf, denn sie hatte ihr Handtäschchen auf dem Fensterbrett liegengelassen und ging es holen; sie schleifte durch das ganze Zimmer. Als sie, das Handtäschchen leicht schwenkend, wieder zurückkam, sagte sie: »Ich möchte nur im Auftrag meiner Freundin ein paar Worte mit Ihnen sprechen. Sie wollte selbst kommen, aber sie fühlt sich heute ein wenig unwohl. Sie möchten sie entschuldigen und mich statt ihrer anhören. Sie hätte Ihnen auch nichts anderes sagen können, als ich Ihnen sagen werde. Im Gegenteil, ich glaube, ich kann Ihnen sogar mehr sagen, da ich doch verhältnismäßig unbeteiligt bin. Glauben Sie nicht auch?«

»Was wäre denn zu sagen?« antwortete K., der dessen müde war, die Augen des Fräulein Montag fortwährend auf seine Lippe gerichtet zu sehen. Sie maßte sich dadurch eine Herrschaft schon darüber an, was er erst sagen wollte. »Fräulein Bürstner will mir offenbar die persönliche Aussprache, um die ich sie gebeten habe, nicht bewilligen.« »Das ist es«, sagte Fräulein Montag, »oder vielmehr, so ist es gar nicht, Sie drücken es sonderbar scharf aus. Im allgemeinen werden doch Aussprachen weder bewilligt, noch geschieht das Gegenteil. Aber es kann geschehen, dass man Aussprachen für unnötig hält, und so ist es eben hier. Jetzt, nach Ihrer Bemerkung, kann ich ja offen reden. Sie haben meine Freundin schriftlich oder mündlich um eine Unterredung gebeten. Nun weiß aber meine Freundin, so muss ich wenigstens annehmen, was diese Unterredung betreffen soll, und ist deshalb aus Gründen, die ich nicht kenne, überzeugt, dass es niemandem Nutzen bringen würde, wenn die Unterredung wirklich zustande käme. Im übrigen erzählte sie mir erst gestern und nur ganz flüchtig davon, sie sagte hierbei, dass auch Ihnen jedenfalls nicht viel an der Unterredung liegen könne, denn Sie wären nur durch einen Zufall auf einen derartigen Gedanken gekommen und würden selbst auch ohne besondere Erklärung, wenn nicht schon jetzt, so doch sehr bald die Sinnlosigkeit des Ganzen erkennen. Ich antwortete darauf, dass das richtig sein mag, dass ich es aber zur vollständigen Klarstellung doch für vorteilhaft hielte, Ihnen eine ausdrückliche Antwort zukommen zu lassen. Ich bot mich an, diese Aufgabe zu übernehmen, nach einigem Zögern gab meine Freundin mir nach. Ich hoffe, nun aber auch in Ihrem Sinne gehandelt zu haben; denn selbst die kleinste Unsicherheit in der geringfügigsten Sache ist doch immer quälend, und wenn man sie, wie in diesem Falle, leicht beseitigen kann, so soll es doch besser sofort geschehen.« »Ich danke Ihnen«, sagte K. sofort, stand langsam auf, sah Fräulein Montag an, dann über den Tisch hin, dann aus dem Fenster – das gegenüberliegende Haus stand in der Sonne – und ging zur Tür. Fräulein Montag folgte ihm ein paar Schritte, als vertraue sie ihm nicht ganz. Vor der Tür mussten aber beide zurückweichen, denn sie öffnete sich, und der Hauptmann Lanz trat ein. K. sah ihn zum ersten Mal aus der Nähe. Es war ein großer, etwa vierzigjähriger Mann mit braungebranntem, fleischigem Gesicht. Er machte eine leichte Verbeugung, die auch K. galt, ging dann zu Fräulein Montag und küsste ihr ehrerbietig die Hand. Er war sehr gewandt in seinen Bewegungen. Seine Höflichkeit gegen Fräulein Montag stach auffallend von der Behandlung ab, die sie von K. erfahren hatte. Trotzdem schien Fräulein Montag K. nicht böse zu sein, denn sie wollte ihn sogar, wie K. zu bemerken glaubte, dem Hauptmann vorstellen. Aber K. wollte nicht vorgestellt werden, er wäre nicht imstande gewesen, weder dem Hauptmann noch Fräulein Montag gegenüber irgendwie freundlich zu sein, der Handkuss hatte sie für ihn zu einer Gruppe verbunden, die ihm unter dem Anschein äußerster Harmlosigkeit und Uneigennützigkeit von Fräulein Bürstner abhalten wollte. K. glaubte jedoch, nicht nur das zu erkennen, er erkannte auch, dass Fräulein Montag ein gutes, allerdings zweischneidiges Mittel gewählt hatte. Sie übertrieb die Bedeutung der Beziehung zwischen Fräulein Bürstner und K., sie übertrieb vor allem die Bedeutung der erbetenen Aussprache und versuchte, es gleichzeitig so zu wenden, als ob es K. sei, der alles übertreibe. Sie sollte sich täuschen, K. wollte nichts übertreiben, er wusste, dass Fräulein Bürstner ein kleines Schreibmaschinenfräulein war, das ihm nicht lange Widerstand leisten sollte. Hierbei zog er absichtlich gar nicht in Berechnung, was er von Frau Grubach über Fräulein Bürstner erfahren hatte. Das alles überlegte er, während er kaum grüßend das Zimmer verließ. Er wollte gleich in sein Zimmer gehen, aber ein kleines Lachen des Fräulein Montag, das er hinter sich aus dem Esszimmer hörte, brachte ihn auf den Gedanken, dass er vielleicht beiden, dem Hauptmann wie Fräulein Montag, eine Überraschung bereiten könnte. Er sah sich um und horchte, ob aus irgendeinem der umliegenden Zimmer eine Störung zu erwarten wäre, es war überall still, nur die Unterhaltung aus dem Esszimmer war zu hören und aus dem Gang, der zur Küche führte, die Stimme der Frau Grubach. Die Gelegenheit schien günstig, K. ging zur Tür von Fräulein Bürstners Zimmer und klopfte leise. Da sich nichts rührte, klopfte er nochmals, aber es erfolgte noch immer keine Antwort. Schlief sie? Oder war sie wirklich unwohl? Oder verleugnete sie sich nur deshalb, weil sie ahnte, dass es nur K. sein konnte, der so leise klopfte? K. nahm an, dass sie sich verleugne, und klopfte stärker, öffnete schließlich, da das Klopfen keinen Erfolg hatte, vorsichtig und nicht ohne das Gefühl, etwas Unrechtes und überdies Nutzloses zu tun, die Tür. Im Zimmer war niemand. Es erinnerte übrigens kaum mehr an das Zimmer, wie es K. gekannt hatte. An der Wand waren nun zwei Betten hintereinander aufgestellt, drei Sessel in der Nähe der Tür waren mit Kleidern und Wäsche überhäuft, ein Schrank stand offen. Fräulein Bürstner war wahrscheinlich fortgegangen, während Fräulein Montag im Esszimmer auf K. eingeredet hatte. K. war dadurch nicht sehr bestürzt, er hatte kaum mehr erwartet, Fräulein Bürstner so leicht zu treffen, er hatte diesen Versuch fast nur aus Trotz gegen Fräulein Montag gemacht. Um so peinlicher war es ihm aber, als er, während er die Tür wieder schloss, in der offenen Tür des Esszimmers Fräulein Montag und den Hauptmann sich unterhalten sah. Sie standen dort vielleicht schon, seitdem K. die Tür geöffnet hatte, sie vermieden jeden Anschein, als ob sie K. etwa beobachteten, sie unterhielten sich leise und verfolgten K.s Bewegungen mit den Blicken nur so, wie man während eines Gespräches zerstreut umherblickt. Aber auf K. lagen diese Blicke doch schwer, er beeilte sich, an der Wand entlang in sein Zimmer zu kommen.

Fünftes Kapitel (Der Prügler)

Als K. an einem der nächsten Abende den Korridor passierte, der sein Büro von der Haupttreppe trennte – er ging diesmal fast als der letzte nach Hause, nur in der Expedition arbeiteten noch zwei Diener im kleinen Lichtfeld einer Glühlampe –, hörte er hinter einer Tür, hinter der er immer nur eine Rumpelkammer vermutet hatte, ohne sie jemals selbst gesehen zu haben, Seufzer ausstoßen. Er blieb erstaunt stehen und horchte noch einmal auf, um festzustellen, ob er sich nicht irrte – es wurde ein Weilchen still, dann waren es aber doch wieder Seufzer. – Zuerst wollte er einen der Diener holen, man konnte vielleicht einen Zeugen brauchen, dann aber fasste ihn eine derart unbezähmbare Neugierde, dass er die Tür förmlich aufriss. Es war, wie er richtig vermutet hatte, eine Rumpelkammer. Unbrauchbare, alte Drucksorten, umgeworfene leere irdene Tintenflaschen lagen hinter der Schwelle. In der Kammer selbst aber standen drei Männer, gebückt in dem niedrigen Raum. Eine auf einem Regal festgemachte Kerze gab ihnen Licht. »Was treibt ihr hier?« fragte K., sich vor Aufregung überstürzend, aber nicht laut. Der eine Mann, der die anderen offenbar beherrschte und zuerst den Blick auf sich lenkte, stak in einer Art dunkler Lederkleidung, die den Hals bis tief zur Brust und die ganzen Arme nackt ließ. Er antwortete nicht. Aber die zwei anderen riefen: »Herr! Wir sollen geprügelt werden, weil du dich beim Untersuchungsrichter über uns beklagt hast.« Und nun erst erkannte K., dass es wirklich die Wächter Franz und Willem waren, und dass der dritte eine Rute in der Hand hielt, um sie zu prügeln. »Nun«, sagte K. und starrte sie an, »ich habe mich nicht beklagt, ich habe nur gesagt, wie es sich in meiner Wohnung zugetragen hat. Und einwandfrei habt ihr euch ja nicht benommen.« »Herr«, sagte Willem, während Franz sich hinter ihm vor dem dritten offenbar zu sichern suchte, »wenn Ihr wüsstet, wie schlecht wir bezahlt werden, Ihr würdet besser über uns urteilen. Ich habe eine Familie zu ernähren, und Franz hier wollte heiraten, man sucht sich zu bereichern, wie es geht, durch bloße Arbeit gelingt es nicht, selbst durch die angestrengteste nicht. Euere feine Wäsche hat mich verlockt, es ist natürlich den Wächtern verboten, so zu handeln, es war unrecht, aber Tradition ist es, dass die Wäsche den Wächtern gehört, es ist immer so gewesen, glaubt es mir; es ist ja auch verständlich, was bedeuten denn noch solche Dinge für den, welcher so unglücklich ist, verhaftet zu werden? Bringt er es dann allerdings öffentlich zur Sprache, dann muss die Strafe erfolgen.« »Was ihr jetzt sagt, wusste ich nicht, ich habe auch keineswegs eure Bestrafung verlangt, mir ging es um ein Prinzip.« »Franz«, wandte sich Willem zum anderen Wächter, »sagte ich dir nicht, dass der Herr unsere Bestrafung nicht verlangt hat? Jetzt hörst du, dass er nicht einmal gewusst hat, dass wir bestraft werden müssen.« »Lass dich nicht durch solche Reden rühren«, sagte der dritte zu K., »die Strafe ist ebenso gerecht als unvermeidlich.« »Höre nicht auf ihn«, sagte Willem und unterbrach sich nur, um die Hand, über die er einen Rutenhieb bekommen hatte, schnell an den Mund zu führen, »wir werden nur gestraft, weil du uns angezeigt hast. Sonst wäre uns nichts geschehen, selbst wenn man erfahren hätte, was wir getan haben. Kann man das Gerechtigkeit nennen? Wir zwei, insbesondere aber ich, hatten uns als Wächter durch lange Zeit sehr bewährt – du selbst musst eingestehen, dass wir, vom Gesichtspunkt der Behörde gesehen, gut gewacht haben – wir hatten Aussicht, vorwärtszukommen und wären gewiss bald auch Prügler geworden wie dieser, der eben das Glück hatte, von niemandem angezeigt worden zu sein, denn eine solche Anzeige kommt wirklich nur sehr selten vor. Und jetzt, Herr, ist alles verloren, unsere Laufbahn beendet, wir werden noch viel untergeordnetere Arbeiten leisten müssen, als es der Wachdienst ist, und überdies bekommen wir jetzt diese schrecklich schmerzhaften Prügel.« »Kann denn die Rute solche Schmerzen machen?« fragte K. und prüfte die Rute, die der Prügler vor ihm schwang. »Wir werden uns ja ganz nackt ausziehen müssen«, sagte Willem. »Ach so«, sagte

K. und sah den Prügler genau an, er war braun gebrannt wie ein Matrose und hatte ein wildes, frisches Gesicht. »Gibt es keine Möglichkeit, den beiden die Prügel zu ersparen?« fragte er ihn. »Nein«, sagte der Prügler und schüttelte lächelnd den Kopf. »Zieht euch aus!« befahl er den Wächtern. Und zu K. sagte er: »Du musst ihnen nicht alles glauben, sie sind durch die Angst vor den Prügeln schon ein wenig schwachsinnig geworden. Was dieser hier, zum Beispiel« er zeigte auf Willem – »über seine mögliche Laufbahn erzählt hat, ist geradezu lächerlich. Sieh an, wie fett er ist – die ersten Rutenstreiche werden überhaupt im Fett verlorengehen. – Weißt du, wodurch er so fett geworden ist? Er hat die Gewohnheit, allen Verhafteten das Frühstück aufzuessen. Hat er nicht auch dein Frühstück aufgegessen? Nun, ich sagte es ja. Aber ein Mann mit einem solchen Bauch kann nie und nimmermehr Prügler werden, das ist ganz ausgeschlossen.« »Es gibt auch solche Prügler«, behauptete Willem, der gerade seinen Hosengürtel löste. »Nein«, sagte der Prügler und strich ihm mit der Rute derartig über den Hals, dass er zusammenzuckte, »du sollst nicht zuhören, sondern dich ausziehen.« »Ich würde dich gut belohnen, wenn du sie laufen lässt«, sagte K. und zog, ohne den Prügler nochmals anzusehen – solche Geschäfte werden beiderseits mit niedergeschlagenen Augen am besten abgewickelt – seine Brieftasche hervor. »Du willst wohl dann auch mich anzeigen«, sagte der Prügler, »und auch noch mir Prügel verschaffen. Nein, nein!« »Sei doch vernünftig«, sagte K., »wenn ich gewollt hätte, dass diese beiden bestraft werden, würde ich sie doch jetzt nicht loskaufen wollen. Ich könnte einfach die Tür hier zuschlagen, nichts weiter sehen und hören wollen und nach Hause gehen. Nun tue ich das aber nicht, vielmehr liegt mir ernstlich daran, sie zu befreien; hätte ich geahnt, dass sie bestraft werden sollen oder auch nur bestraft werden können, hätte ich ihre Namen nie genannt. Ich halte sie nämlich gar nicht für schuldig, schuldig ist die Organisation, schuldig sind die hohen Beamten.« »So ist es!« riefen die Wächter und bekamen sofort einen Hieb über ihren schon entkleideten Rücken.

»Hättest du hier unter deiner Rute einen hohen Richter«, sagte K. und drückte, während er sprach, die Rute, die sich schon wieder erheben wollte, nieder, »ich würde dich wahrhaftig nicht hindern, loszuschlagen, im Gegenteil, ich würde dir noch Geld geben, damit du dich für die gute Sache kräftigst.« »Was du sagst, klingt ja glaubwürdig«, sagte der Prügler, »aber ich lasse mich nicht bestechen. Ich bin zum Prügeln angestellt, also prügle ich.« Der Wächter Franz, der vielleicht in Erwartung eines guten Ausgangs des Eingreifens von K. bisher ziemlich zurückhaltend gewesen war, trat jetzt, nur noch mit den Hosen bekleidet, zur Tür, hing sich niederkniend an K.s Arm und flüsterte: »Wenn du für uns beide Schonung nicht durchsetzen kannst, so versuche wenigstens, mich zu befreien. Willem ist älter als ich, in jeder Hinsicht weniger empfindlich, auch hat er schon einmal vor ein paar Jahren eine leichte Prügelstrafe bekommen, ich aber bin noch nicht entehrt und bin doch zu meiner Handlungsweise nur durch Willem gebracht worden, der im Guten und Schlechten mein Lehrer ist. Unten vor der Bank wartet meine arme Braut auf den Ausgang, ich schäme mich ja so erbärmlich.« Er trocknete mit K.s Rock sein von Tränen ganz überlaufenes Gesicht. »Ich warte nicht mehr«, sagte der Prügler, fasste die Rute mit beiden Händen und hieb auf Franz ein, während Willem in einem Winkel kauerte und heimlich zusah, ohne eine Kopfwendung zu wagen. Da erhob sich der Schrei, den Franz ausstieß, ungeteilt und unveränderlich, er schien nicht von einem Menschen, sondern von einem gemarterten Instrument zu stammen, der ganze Korridor tönte von ihm, das ganze Haus musste es hören. »Schrei nicht«, rief K., er konnte sich nicht zurückhalten, und während er gespannt in die Richtung sah, aus der die Diener kommen mussten, stieß er an Franz, nicht stark, aber doch stark genug, dass der Besinnungslose niederfiel und im Krampf mit den Händen den Boden absuchte; den Schlägen entging er aber nicht, die Rute fand ihn auch auf der Erde; während er sich unter ihr wälzte, schwang sich ihre Spitze regelmäßig auf und ab. Und schon erschien in der Ferne ein Diener und ein paar Schritte hinter ihm ein zweiter. K. hatte schnell die Tür zugeworfen, war zu einem der Hoffenster getreten und öffnete es. Das Schreien hatte vollständig aufgehört. Um die Diener nicht herankommen zu lassen, rief er: »Ich bin es!« »Guten Abend, Herr Prokurist!« rief es zurück. »Ist etwas geschehen?« »Nein, nein«, antwortete K., »es schreit nur ein Hund auf dem Hof.« Als die Diener sich doch nicht rührten, fügte er hinzu: »Sie können bei Ihrer Arbeit bleiben.« Um sich in kein Gespräch mit den Dienern einlassen zu müssen, beugte er sich aus dem Fenster. Als er nach einem Weilchen wieder in den Korridor sah, waren sie schon weg. K. aber blieb nun beim Fenster, in die Rumpelkammer wagte er nicht zu gehen und nach Hause gehen wollte er auch nicht. Es war ein kleiner viereckiger Hof, in den er hinuntersah, ringsherum waren Büroräume untergebracht, alle Fenster waren jetzt schon dunkel, nur die obersten fingen einen Widerschein des Mondes auf. K. suchte angestrengt mit den Blicken in das Dunkel eines Hofwinkels einzudringen, in dem einige Handkarren ineinander gefahren waren. Es quälte ihn, dass es ihm nicht gelungen war, das Prügeln zu verhindern, aber es war nicht seine Schuld, dass es nicht gelungen war, hätte Franz nicht geschrien – gewiss, es musste sehr weh getan haben, aber in einem entscheidenden Augenblick muss man sich beherrschen – hätte er nicht geschrien, so hätte K., wenigstens sehr wahrscheinlich, noch ein Mittel gefunden, den Prügler zu überreden. Wenn die ganze unterste Beamtenschaft Gesindel war, warum hätte gerade der Prügler, der das unmenschlichste Amt hatte, eine Ausnahme machen sollen, K. hatte auch gut beobachtet, wie ihm beim Anblick der Banknote die Augen geleuchtet hatten, er hatte mit dem Prügeln offenbar nur deshalb Ernst gemacht, um die Bestechungssumme noch ein wenig zu erhöhen. Und K. hätte nicht gespart, es lag ihm wirklich daran, die Wächter zu befreien; wenn er nun schon angefangen hatte, die Verderbnis dieses Gerichtswesens zu bekämpfen, so war es selbstverständlich, dass er auch von dieser Seite eingriff. Aber in dem Augenblick, wo Franz zu schreien angefangen hatte, war natürlich alles zu Ende. K. konnte nicht zulassen, dass die Diener und vielleicht noch alle möglichen Leute kämen und ihn in Unterhandlungen mit der Gesellschaft in der Rumpelkammer überraschten. Diese Aufopferung konnte wirklich niemand von K. verlangen. Wenn er das zu tun beabsichtigt hätte, so wäre es ja fast einfacher gewesen, K. hätte sich selbst ausgezogen und dem Prügler als Ersatz für die Wächter angeboten. Übrigens hätte der Prügler diese Vertretung gewiss nicht angenommen, da er dadurch, ohne einen Vorteil zu gewinnen, dennoch seine Pflicht schwer verletzt hätte, und wahrscheinlich doppelt verletzt hätte, denn K. musste wohl, solange er im Verfahren stand, für alle Angestellten des Gerichts unverletzlich sein. Allerdings konnten hier auch besondere Bestimmungen gelten. Jedenfalls hatte K. nichts anderes tun können, als die Tür zuzuschlagen, obwohl dadurch auch jetzt noch für K. durchaus nicht jede Gefahr beseitigt blieb. Dass er noch zuletzt Franz einen Stoß gegeben hatte, war bedauerlich und nur durch seine Aufregung zu entschuldigen.

In der Ferne hörte er die Schritte der Diener; um ihnen nicht auffällig zu werden, schloss er das Fenster und ging in der Richtung zur Haupttreppe. Bei der Tür zur Rumpelkammer blieb er ein wenig stehen und horchte. Es war ganz still. Der Mann konnte die Wächter totgeprügelt haben, sie waren ja ganz in seine Macht gegeben. K. hatte schon die Hand nach der Klinke ausgestreckt, zog sie dann aber wieder zurück. Helfen konnte er niemandem mehr, und die Diener mussten gleich kommen; er gelobte sich aber, die Sache noch zur Sprache zu bringen und die wirklich Schuldigen, die hohen Beamten, von denen sich ihm noch keiner zu zeigen gewagt hatte, soweit es in seinen Kräften war, gebührend zu bestrafen. Als er die Freitreppe der Bank hinunterging, beobachtete er sorgfältig alle Passanten, aber selbst in der weiteren Umgebung war kein Mädchen zu sehen, das auf jemanden gewartet hätte. Die Bemerkung Franzens, dass seine Braut auf ihn warte, erwies sich als eine allerdings verzeihliche Lüge, die nur den Zweck gehabt hatte, größeres Mitleid zu erwecken.

Auch noch am nächsten Tage kamen K. die Wächter nicht aus dem Sinn; er war bei der Arbeit zerstreut und musste, um sie zu bewältigen, noch ein wenig länger im Büro bleiben als am Tag vorher. Als er auf dem Nachhausewege wieder an der Rumpelkammer vorbeikam, öffnete er sie wie aus Gewohnheit. Vor dem, was er statt des erwarteten Dunkels erblickte, wusste er sich nicht zu fassen. Alles war unverändert, so wie er es am Abend vorher beim Öffnen der Tür gefunden hatte. Die Drucksorten und Tintenflaschen gleich hinter der Schwelle, der Prügler mit der Rute, die noch vollständig ausgezogenen Wächter, die Kerze auf dem Regal, und die Wächter begannen zu klagen und riefen: »Herr!« Sofort warf K. die Tür zu und schlug noch mit den Fäusten gegen sie, als sei sie dann fester verschlossen. Fast weinend lief er zu den Dienern, die ruhig an den Kopiermaschinen arbeiteten und erstaunt in ihrer Arbeit innehielten. »Räumt doch endlich die Rumpelkammer aus!« rief er. »Wir versinken ja im Schmutz!« Die Diener waren bereit, es am nächsten Tag zu tun, K. nickte, jetzt spät am Abend konnte er sie nicht mehr zu der Arbeit zwingen, wie er es eigentlich beabsichtigt hatte. Er setzte sich ein wenig, um die Diener ein Weilchen lang in der Nähe zu behalten, warf einige Kopien durcheinander, wodurch er den Anschein zu erwecken glaubte, dass er sie überprüfe, und ging dann, da er einsah, dass die Diener nicht wagen würden, gleichzeitig mit ihm wegzugehen, müde und gedankenlos nach Hause.

Sechstes Kapitel (Der Onkel – Leni)

Eines Nachmittags – K. war gerade vor dem Postabschluss sehr beschäftigt – drängte sich zwischen zwei Dienern, die Schriftstücke hineintrugen, K.s Onkel Karl, ein kleiner Grundbesitzer vom Lande, ins Zimmer. K. erschrak bei dem Anblick weniger, als er schon vor längerer Zeit bei der Vorstellung vom Kommen des Onkels erschrocken war. Der Onkel musste kommen, das stand bei K. schon etwa einen Monat lang fest. Schon damals hatte er ihn zu sehen geglaubt, wie er, ein wenig gebückt, den eingedrückten Panamahut in der Linken, die Rechte schon von weitem ihm entgegenstreckte und sie mit rücksichtsloser Eile über den Schreibtisch hinreichte, alles umstoßend, was ihm im Wege war. Der Onkel befand sich immer in Eile, denn er war von dem unglücklichen Gedanken verfolgt, bei seinem immer nur eintägigen Aufenthalt in der Hauptstadt müsse er alles erledigen können, was er sich vorgenommen hatte, und dürfe überdies auch kein gelegentlich sich darbietendes Gespräch oder Geschäft oder Vergnügen sich entgehen lassen. Dabei musste ihm K., der ihm als seinem gewesenen Vormund besonders verpflichtet war, in allem möglichen behilflich sein und ihn außerdem bei sich übernachten lassen. »Das Gespenst vom Lande« pflegte er ihn zu nennen.

Gleich nach der Begrüßung – sich in den Fauteuil zu setzen, wozu ihn K. einlud, hatte er keine Zeit – bat er K. um ein kurzes Gespräch unter vier Augen. »Es ist notwendig«, sagte er, mühselig schluckend, »zu meiner Beruhigung ist es notwendig.« K. schickte sofort die Diener aus dem Zimmer, mit der Weisung, niemand einzulassen. »Was habe ich gehört, Josef?« rief der Onkel, als sie allein waren, setzte sich auf den Tisch und stopfte unter sich, ohne hinzusehen, verschiedene Papiere, um besser zu sitzen. K. schwieg, er wusste, was kommen würde, aber, plötzlich von der anstrengenden Arbeit abgespannt, wie er war, gab er sich zunächst einer angenehmen Mattigkeit hin und sah durch das Fenster auf die gegenüberliegende Straßenseite, von der von seinem Sitz aus nur ein kleiner, dreieckiger Ausschnitt zu sehen war, ein Stück leerer Häusermauer zwischen zwei Geschäftsauslagen. »Du schaust aus dem Fenster!« rief der Onkel mit erhobenen Armen, »um Himmels willen, Josef, antworte mir doch! Ist es wahr, kann es denn wahr sein?« »Lieber Onkel«, sagte K. und riss sich von seiner Zerstreutheit los, »ich weiß ja gar nicht, was du von mir willst.« »Josef«, sagte der Onkel warnend, »die Wahrheit hast du immer gesagt, soviel ich weiß. Soll ich deine letzten Worte als schlimmes Zeichen auffassen?« »Ich ahne ja, was du willst«, sagte K. folgsam, »du hast wahrscheinlich von meinem Prozess gehört.« »So ist es«, antwortete der Onkel, langsam nickend, »ich habe von deinem Prozess gehört.« »Von wem denn?« fragte K. »Erna hat es mir geschrieben«, sagte der Onkel, »sie hat ja keinen Verkehr mit dir, du kümmerst dich leider nicht viel um sie, trotzdem hat sie es erfahren. Heute habe ich den Brief bekommen und bin natürlich sofort hergefahren. Aus keinem anderen Grund, aber es scheint ein genügender Grund zu sein. Ich kann dir die Briefstelle, die dich betrifft, vorlesen.« Er zog den Brief aus der Brieftasche. »Hier ist es.« Sie schreibt: »Josef habe ich schon lange nicht gesehen, vorige Woche war ich einmal in der Bank, aber Josef war so beschäftigt, dass ich nicht vorgelassen wurde; ich habe fast eine Stunde gewartet, musste dann aber nach Hause, weil ich Klavierstunde hatte. Ich hätte gern mit ihm gesprochen, vielleicht wird sich nächstens eine Gelegenheit finden. Zu meinem Namenstag hat er mir eine große Schachtel Schokolade geschickt, es war sehr lieb und aufmerksam. Ich hatte vergessen, es Euch damals zu schreiben, erst jetzt, da Ihr mich fragt, erinnere ich mich daran. Schokolade, müsst Ihr wissen, verschwindet nämlich in der Pension sofort, kaum ist man zum Bewusstsein dessen gekommen, dass man mit Schokolade beschenkt worden ist, ist sie auch schon weg. Aber was Josef betrifft, wollte ich Euch noch etwas sagen. Wie erwähnt, wurde ich in der Bank nicht zu ihm vorgelassen, weil er gerade mit einem Herrn verhandelte. Nachdem ich eine Zeitlang ruhig gewartet hatte, fragte ich einen Diener, ob die Verhandlung noch lange dauern werde. Er sagte, das dürfte wohl sein, denn es handle sich wahrscheinlich um den Prozess, der gegen den Herrn Prokuristen geführt werde. Ich fragte, was denn das für ein Prozess sei, ob er sich nicht irre, er aber sagte, er irre sich nicht, es sei ein Prozess, und zwar ein schwerer Prozess, mehr aber wisse er nicht. Er selbst möchte dem Herrn Prokuristen gerne helfen, denn dieser sei ein guter und gerechter Herr, aber er wisse nicht, wie er es anfangen sollte, und er möchte nur wünschen, dass sich einflussreiche Herren seiner annehmen würden. Dies werde auch sicher geschehen, und es werde schließlich ein gutes Ende nehmen, vorläufig aber stehe es, wie er aus der Laune des Herrn Prokuristen entnehmen könne, gar nicht gut. Ich legte diesen Reden natürlich nicht viel Bedeutung bei, suchte auch den einfältigen Diener zu beruhigen, verbot ihm, anderen gegenüber davon zu sprechen, und halte das Ganze für ein Geschwätz. Trotzdem wäre es vielleicht gut, wenn Du, liebster Vater, bei Deinem nächsten Besuch der Sache nachgehen wolltest, es wird Dir leicht sein, Genaueres zu erfahren und, wenn es wirklich nötig sein sollte, durch Deine großen, einflussreichen Bekanntschaften einzugreifen. Sollte es aber nicht nötig sein, was ja das wahrscheinlichste ist, so wird es wenigstens Deiner Tochter bald Gelegenheit geben, Dich zu umarmen, was sie freuen würde.‹ – Ein gutes Kind«, sagte der Onkel, als er die Vorlesung beendet hatte, und wischte einige Tränen aus den Augen fort. K. nickte, er hatte infolge der verschiedenen Störungen der letzten Zeit vollständig Erna vergessen, sogar ihren Geburtstag hatte er vergessen, und die Geschichte von der Schokolade war offenbar nur zu dem Zweck erfunden, um ihn vor Onkel und Tante in Schutz zu nehmen. Es war sehr rührend, und mit den Theaterkarten, die er ihr von jetzt ab regelmäßig schicken wollte, gewiss nicht genügend belohnt, aber zu Besuchen in der Pension und zu Unterhaltungen mit einer kleinen achtzehnjährigen Gymnasiastin fühlte er sich jetzt nicht geeignet. »Und was sagst du jetzt?« fragte der Onkel, der durch den Brief alle Eile und Aufregung vergessen hatte und ihn noch einmal zu lesen schien. »Ja, Onkel«, sagte K., »es ist wahr.« »Wahr?« rief der Onkel.

»Was ist wahr? Wie kann es denn wahr sein? Was für ein Prozess? Doch nicht ein Strafprozess?« »Ein Strafprozess«, antwortete K. »Und du sitzt ruhig hier und hast einen Strafprozess auf dem Halse?« rief der Onkel, der immer lauter wurde. »Je ruhiger ich bin, desto besser ist es für den Ausgang«, sagte K. müde, »fürchte nichts.« »Das kann mich nicht beruhigen!« rief der Onkel, »Josef, lieber Josef, denke an dich, an deine Verwandten, an unsern guten Namen! Du warst bisher unsere Ehre, du darfst nicht unsere Schande werden. Deine Haltung«, er sah K. mit schief geneigtem Kopfe an, »gefällt mir nicht, so verhält sich kein unschuldig Angeklagter, der noch bei Kräften ist. Sag mir nur schnell, worum es sich handelt, damit ich dir helfen kann. Es handelt sich natürlich um die Bank?«

»Nein«, sagte K. und stand auf, »du sprichst aber zu laut, lieber Onkel, der Diener steht wahrscheinlich an der Tür und horcht. Das ist mir unangenehm. Wir wollen lieber weggehen. Ich werde dir dann alle Fragen, so gut es geht, beantworten. Ich weiß sehr gut, dass ich der Familie Rechenschaft schuldig bin.« »Richtig!« schrie der Onkel, »sehr richtig, beeile dich nur, Josef, beeile dich!« »Ich muss nur noch einige Aufträge geben«, sagte K. und berief telefonisch seinen Vertreter zu sich, der in wenigen Augenblicken eintrat. Der Onkel, in seiner Aufregung, zeigte ihm mit der Hand, dass K. ihn habe rufen lassen, woran auch sonst kein Zweifel gewesen wäre. K., der vor dem Schreibtisch stand, erklärte dem jungen Mann, der kühl, aber aufmerksam zuhörte, mit leiser Stimme unter Zuhilfenahme verschiedener Schriftstücke, was in seiner Abwesenheit heute noch erledigt werden müsse. Der Onkel störte, indem er zuerst mit großen Augen und nervösem Lippenbeißen dabeistand, ohne allerdings zuzuhören, aber der Anschein dessen war schon störend genug. Dann aber ging er im Zimmer auf und ab und blieb hie und da vor dem Fenster oder vor einem Bild stehen, wobei er immer in verschiedene Ausrufe ausbrach, wie: »Mir ist es vollständig unbegreiflich!« oder »Jetzt sagt mir nur, was soll denn daraus werden!« Der junge Mann tat, als bemerke er nichts davon, hörte ruhig K.s Aufträge bis zu Ende an, notierte sich auch einiges und ging, nachdem er sich vor K. wie auch vor dem Onkel verneigt hatte, der ihm aber gerade den Rücken zukehrte, aus dem Fenster sah und mit ausgestreckten Händen die Vorhänge zusammenknüllte. Die Tür hatte sich noch kaum geschlossen, als der Onkel ausrief: »Endlich ist der Hampelmann weggegangen, jetzt können doch auch wir gehen. Endlich!« Es gab leider kein Mittel, den Onkel zu bewegen, in der Vorhalle, wo einige Beamte und Diener herumstanden und die gerade auch der Direktor-Stellvertreter kreuzte, die Fragen wegen des Prozesses zu unterlassen. »Also, Josef«, begann der Onkel, während er die Verbeugungen der Umstehenden durch leichtes Salutieren beantwortete, »jetzt sag mir offen, was es für ein Prozess ist.« K. machte einige nichtssagende Bemerkungen, lachte auch ein wenig, und erst auf der Treppe erklärte er dem Onkel, dass er vor den Leuten nicht habe offen reden wollen. »Richtig«, sagte der Onkel, »aber jetzt rede.« Mit geneigtem Kopf, eine Zigarre in kurzen, eiligen Zügen rauchend, hörte er zu. »Vor allem, Onkel«, sagte K., »handelt es sich gar nicht um einen Prozess vor dem gewöhnlichen Gericht.« »Das ist schlimm«, sagte der Onkel. »Wie?« sagte K. und sah den Onkel an. »Dass das schlimm ist, meine ich«, wiederholte der Onkel. Sie standen auf der Freitreppe, die zur Straße führte; da der Portier zu horchen schien, zog K. den Onkel hinunter; der lebhafte Straßenverkehr nahm sie auf Der Onkel, der sich in K. eingehängt hatte, fragte nicht mehr so dringend nach dem Prozess, sie gingen sogar eine Zeitlang schweigend weiter. »Wie ist es aber geschehen?« fragte endlich der Onkel, so plötzlich stehenbleibend, dass die hinter ihm gehenden Leute erschreckt auswichen. »Solche Dinge kommen doch nicht plötzlich, sie bereiten sich seit langem vor, es müssen Anzeichen dessen gewesen sein, warum hast du mir nicht geschrieben? Du weißt, dass ich für dich alles tue, ich bin ja gewissermaßen noch dein Vormund und war bis heute stolz darauf. Ich werde dir natürlich auch jetzt noch helfen, nur ist es jetzt, wenn der Prozess schon im Gange ist, sehr schwer. Am besten wäre es jedenfalls, wenn du dir jetzt einen kleinen Urlaub nimmst und zu uns aufs Land kommst. Du bist auch ein wenig abgemagert, jetzt merke ich es. Auf dem Land wirst du dich kräftigen, das wird gut sein, es stehen dir ja gewiss Anstrengungen bevor. Außerdem aber wirst du dadurch dem Gericht gewissermaßen entzogen sein. Hier haben sie alle möglichen Machtmittel, die sie notwendigerweise automatisch auch dir gegenüber anwenden; auf das Land müssten sie aber erst Organe delegieren oder nur brieflich, telegraphisch, telefonisch auf dich einzuwirken suchen. Das schwächt natürlich die Wirkung ab, befreit dich zwar nicht, aber lässt dich aufatmen.« »Sie könnten mir ja verbieten, wegzufahren«, sagte K., den die Rede des Onkels ein wenig in ihren Gedankengang gezogen hatte. »Ich glaube nicht, dass sie das tun werden«, sagte der Onkel nachdenklich, »so groß ist der Verlust an Macht nicht, den sie durch deine Abreise erleiden.« »Ich dachte«, sagte K. und fasste den Onkel unterm Arm, um ihn am Stehenbleiben hindern zu können, »dass du dem Ganzen noch weniger Bedeutung beimessen würdest als ich, und jetzt nimmst du es selbst so schwer.« »Josef«, rief der Onkel und wollte sich ihm entwinden, um stehenbleiben zu können, aber K. ließ ihn nicht, »du bist verwandelt, du hattest doch immer ein so richtiges Auffassungsvermögen, und gerade jetzt verlässt es dich? Willst du denn den Prozess verlieren? Weißt du, was das bedeutet? Das bedeutet, dass du einfach gestrichen wirst. Und dass die ganze Verwandtschaft mitgerissen oder wenigstens bis auf den Boden gedemütigt wird. Josef, nimm dich doch zusammen. Deine Gleichgültigkeit bringt mich um den Verstand. Wenn man dich ansieht, möchte man fast dem Sprichwort glauben: ›Einen solchen Prozess haben, heißt ihn schon verloren haben.‹«

»Lieber Onkel«, sagte K., »die Aufregung ist so unnütz, sie ist es auf deiner Seite und wäre es auch auf meiner. Mit Aufregung gewinnt man die Prozesse nicht, lass auch meine praktischen Erfahrungen ein wenig gelten, so wie ich deine, selbst wenn sie mich überraschen, immer und auch jetzt sehr achte. Da du sagst, dass auch die Familie durch den Prozess in Mitleidenschaft gezogen würde – was ich für meinen Teil durchaus nicht begreifen kann, das ist aber Nebensache –, so will ich dir gerne in allem folgen. Nur den Landaufenthalt halte ich selbst in deinem Sinn nicht für vorteilhaft, denn das würde Flucht und Schuldbewusstsein bedeuten. Überdies bin ich hier zwar mehr verfolgt, kann aber auch selbst die Sache mehr betreiben.« »Richtig«, sagte der Onkel in einem Ton, als kämen sie jetzt endlich einander näher, »ich machte den Vorschlag nur, weil ich, wenn du hier bliebst, die Sache von deiner Gleichgültigkeit gefährdet sah und es für besser hielt, wenn ich statt deiner für dich arbeitete. Willst du es aber mit aller Kraft selbst betreiben, so ist es natürlich weit besser.« »Darin wären wir also einig«, sagte K. »Und hast du jetzt einen Vorschlag dafür, was ich zunächst machen soll?« »Ich muss mir natürlich die Sache noch überlegen«, sagte der Onkel, »du musst bedenken, dass ich jetzt schon zwanzig Jahre fast ununterbrochen auf dem Lande bin, dabei lässt der Spürsinn in diesen Richtungen nach. Verschiedene wichtige Verbindungen mit Persönlichkeiten, die sich hier vielleicht besser auskennen, haben sich von selbst gelockert. Ich bin auf dem Land ein wenig verlassen, das weißt du ja. Selbst merkt man es eigentlich erst bei solchen Gelegenheiten. Zum Teil kam mir deine Sache auch unerwartet, wenn ich auch merkwürdigerweise nach Ernas Brief schon etwas Derartiges ahnte und es heute bei deinem Anblick fast mit Bestimmtheit wusste. Aber das ist gleichgültig, das Wichtigste ist jetzt, keine Zeit zu verlieren.« Schon während seiner Rede hatte er, auf den Fußspitzen stehend, einem Automobil gewinkt und zog jetzt, während er gleichzeitig dem Wagenlenker eine Adresse zurief, K. hinter sich in den Wagen. »Wir fahren jetzt zum Advokaten Huld«, sagte er, »er war mein Schulkollege. Du kennst den Namen gewiss auch? Nicht? Das ist aber merkwürdig. Er hat doch als Verteidiger und Armenadvokat einen bedeutenden Ruf. Ich aber habe besonders zu ihm als Menschen großes Vertrauen.« »Mir ist alles recht, was du unternimmst«, sagte K., obwohl ihm die eilige und dringliche Art, mit der der Onkel die Angelegenheit behandelte, Unbehagen verursachte. Es war nicht sehr erfreulich, als Angeklagter zu einem Armenadvokaten zu fahren. »Ich wusste nicht«, sagte er, »dass man in einer solchen Sache auch einen Advokaten zuziehen könne.« »Aber natürlich«, sagte der Onkel, »das ist ja selbstverständlich. Warum denn nicht? Und nun erzähle mir, damit ich über die Sache genau unterrichtet bin, alles, was bisher geschehen ist.« K. begann sofort zu erzählen, ohne irgend etwas zu verschweigen, seine vollständige Offenheit war der einzige Protest, den er sich gegen des Onkels Ansicht, der Prozess sei eine große Schande, erlauben konnte. Fräulein Bürstners Namen erwähnte er nur einmal und flüchtig, aber das beeinträchtigte nicht die Offenheit, denn Fräulein Bürstner stand mit dem Prozess in keiner Verbindung. Während er erzählte, sah er aus dem Fenster und beobachtete, wie sie sich gerade jener Vorstadt näherten, in der die Gerichtskanzleien waren, er machte den Onkel darauf aufmerksam, der aber das Zusammentreffen nicht besonders auffallend fand. Der Wagen hielt vor einem dunklen Haus. Der Onkel läutete gleich im Parterre bei der ersten Tür; während sie warteten, fletschte er lächelnd seine großen Zähne und flüsterte: »Acht Uhr, eine ungewöhnliche Zeit für Parteienbesuche. Huld nimmt es mir aber nicht übel.« Im Guckfenster der Tür erschienen zwei große, schwarze Augen, sahen ein Weilchen die zwei Gäste an und verschwanden; die Tür öffnete sich aber nicht. Der Onkel und K. bestätigten einander gegenseitig die Tatsache, die zwei Augen gesehen zu haben. »Ein neues Stubenmädchen, das sich vor Fremden fürchtet«, sagte der Onkel und klopfte nochmals. Wieder erschienen die Augen, man konnte sie jetzt fast für traurig halten, vielleicht war das aber auch nur eine Täuschung, hervorgerufen durch die offene Gasflamme, die nahe über den Köpfen stark zischend brannte, aber wenig Licht gab. »Öffnen Sie«, rief der Onkel und hieb mit der Faust gegen die Tür, »es sind Freunde des Herrn Advokaten!« »Der Herr Advokat ist krank«, flüsterte es hinter ihnen. In einer Tür am andern Ende des kleinen Ganges stand ein Herr im Schlafrock und machte mit äußerst leiser Stimme diese Mitteilung. Der Onkel, der schon wegen des langen Wartens wütend war, wandte sich mit einem Ruck um, rief: »Krank? Sie sagen, er ist krank?« und ging fast drohend, als sei der Herr die Krankheit, auf ihn zu. »Man hat schon geöffnet«, sagte der Herr, zeigte auf die Tür des Advokaten, raffte seinen Schlafrock zusammen und verschwand. Die Tür war wirklich geöffnet worden, ein junges Mädchen – K. erkannte die dunklen, ein wenig hervorgewälzten Augen wieder – stand in langer, weißer Schürze im Vorzimmer und hielt eine Kerze in der Hand. »Nächstens öffnen Sie früher!« sagte der Onkel statt einer Begrüßung, während das Mädchen einen kleinen Knicks machte. »Komm, Josef«, sagte er dann zu K., der sich langsam an dem Mädchen vorüberschob. »Der Herr Advokat ist krank«, sagte das Mädchen, da der Onkel, ohne sich aufzuhalten, auf eine Tür zueilte. K. staunte das Mädchen noch an, während es sich schon umgedreht hatte, um die Wohnungstüre wieder zu versperren, es hatte ein puppenförmig gerundetes Gesicht, nicht nur die bleichen Wangen und das Kinn verliefen rund, auch die Schläfen und die Stirnränder. »Josef!« rief der Onkel wieder, und das Mädchen fragte er: »Es ist das Herzleiden?« »Ich glaube wohl«, sagte das Mädchen, es hatte Zeit gefunden, mit der Kerze voranzugehen und die Zimmertür zu öffnen. In einem Winkel des Zimmers, wohin das Kerzenlicht noch nicht drang, erhob sich im Bett ein Gesicht mit langem Bart. »Leni, wer kommt denn?« fragte der Advokat, der, durch die Kerze geblendet, die Gäste nicht erkannte. »Albert, dein alter Freund ist es«, sagte der Onkel. »Ach, Albert«, sagte der Advokat und ließ sich auf die Kissen zurückfallen, als bedürfe es diesem Besuch gegenüber keiner Verstellung. »Steht es wirklich so schlecht?« fragte der Onkel und setzte sich auf den Bettrand. »Ich glaube es nicht. Es ist ein Anfall deines Herzleidens und wird vorübergehen wie die früheren.« »Möglich«, sagte der Advokat leise, »es ist aber ärger, als es jemals gewesen ist. Ich atme schwer, schlafe gar nicht und verliere täglich an Kraft.« »So«, sagte der Onkel und drückte den Panamahut mit seiner großen Hand fest aufs Knie. »Das sind schlechte Nachrichten. Hast du übrigens die richtige Pflege? Es ist auch so traurig hier, so dunkel. Es ist schon lange her, seit ich zum letzten Mal hier war, damals schien es mir freundlicher. Auch dein kleines Fräulein hier scheint nicht sehr lustig, oder sie verstellt sich.« Das Mädchen stand noch immer mit der Kerze nahe bei der Tür; soweit ihr unbestimmter Blick erkennen ließ, sah sie eher K. an als den Onkel, selbst als dieser jetzt von ihr sprach. K. lehnte an einem Sessel, den er in die Nähe des Mädchens geschoben hatte. »Wenn man so krank ist wie ich«, sagte der Advokat, »muss man Ruhe haben. Mir ist es nicht traurig.« Nach einer kleinen Pause fügte er hinzu: »Und Leni pflegt mich gut, sie ist brav.« Den Onkel konnte das aber nicht überzeugen, er war sichtlich gegen die Pflegerin voreingenommen, und wenn er auch dem Kranken nichts entgegnete, so verfolgte er doch die Pflegerin mit strengen Blicken, als sie jetzt zum Bett hinging, die Kerze auf das Nachttischchen stellte, sich über den Kranken hinbeugte und beim Ordnen der Kissen mit ihm flüsterte. Er vergaß fast die Rücksicht auf den Kranken, stand auf, ging hinter der Pflegerin hin und her, und K. hätte es nicht gewundert, wenn er sie hinten an den Röcken erfasst und vom Bett fortgezogen hätte. K. selbst sah allem ruhig zu, die Krankheit des Advokaten war ihm sogar nicht ganz unwillkommen, dem Eifer, den der Onkel für seine Sache entwickelt hatte, hatte er sich nicht entgegenstellen können, die Ablenkung, die dieser Eifer jetzt ohne sein Zutun erfuhr, nahm er gerne hin. Da sagte der Onkel, vielleicht nur in der Absicht, die Pflegerin zu beleidigen: »Fräulein, bitte, lassen Sie uns ein Weilchen allein, ich habe mit meinem Freund eine persönliche Angelegenheit zu besprechen.« Die Pflegerin, die noch weit über den Kranken hingebeugt war und gerade das Leintuch an der Wand glättete, wendete nur den Kopf und sagte sehr ruhig, was einen auffallenden Unterschied zu den vor Wut stockenden und dann wieder überfließenden Reden des Onkels bildete: »Sie sehen, der Herr ist so krank, er kann keine Angelegenheiten besprechen.« Sie hatte die Worte des Onkels wahrscheinlich nur aus Bequemlichkeit wiederholt, immerhin konnte es selbst von einem Unbeteiligten als spöttisch aufgefasst werden, der Onkel aber fuhr natürlich wie ein Gestochener auf. »Du Verdammte«, sagte er im ersten Gurgeln der Aufregung noch ziemlich unverständlich, K. erschrak, obwohl er etwas Ähnliches erwartet hatte, und lief auf den Onkel zu, mit der bestimmten Absicht, ihm mit beiden Händen den Mund zu schließen. Glücklicherweise erhob sich aber hinter dem Mädchen der Kranke, der Onkel machte ein finsteres Gesicht, als schlucke er etwas Abscheuliches hinunter, und sagte dann ruhiger: »Wir haben natürlich auch noch den Verstand nicht verloren; wäre das, was ich verlange, nicht möglich, würde ich es nicht verlangen. Bitte, gehen Sie jetzt!« Die Pflegerin stand aufgerichtet am Bett, dem Onkel voll zugewendet, mit der einen Hand streichelte sie, wie K. zu bemerken glaubte, die Hand des Advokaten. »Du kannst vor Leni alles sagen«, sagte der Kranke, zweifellos im Ton einer dringenden Bitte. »Es betrifft mich nicht«, sagte der Onkel, »es ist nicht mein Geheimnis.« Und er drehte sich um, als gedenke er in keine Verhandlungen mehr einzugehen, gebe aber noch eine kleine Bedenkzeit. »Wen betrifft es denn?« fragte der Advokat mit erlöschender Stimme und legte sich wieder zurück. »Meinen Neffen«, sagte der Onkel, »ich habe ihn auch mitgebracht.« Und er stellte vor: »Prokurist Josef K.« »Oh«, sagte der Kranke viel lebhafter und streckte K. die Hand entgegen, »verzeihen Sie, ich habe Sie gar nicht bemerkt. Geh, Leni«, sagte er dann zu der Pflegerin, die sich auch gar nicht mehr wehrte, und reichte ihr die Hand, als gelte es einen Abschied für lange Zeit. »Du bist also«, sagte er endlich zum Onkel, der, auch versöhnt, näher getreten war, »nicht gekommen, mir einen Krankenbesuch zu machen, sondern du kommst in Geschäften.«

Es war, als hätte die Vorstellung eines Krankenbesuches den Advokaten bisher gelähmt, so gekräftigt sah er jetzt aus, blieb ständig auf einen Ellbogen aufgestützt, was ziemlich anstrengend sein musste, und zog immer wieder an einem Bartstrahn in der Mitte seines Bartes. »Du siehst schon viel gesünder aus«, sagte der Onkel, »seit diese Hexe draußen ist.« Er unterbrach sich, flüsterte: »Ich wette, dass sie horcht!« und er sprang zur Tür. Aber hinter der Tür war niemand, der Onkel kam zurück, nicht enttäuscht, denn ihr Nichthorchen erschien ihm als eine noch größere Bosheit, wohl aber verbittert: »Du verkennst sie«, sagte der Advokat, ohne die Pflegerin weiter in Schutz zu nehmen; vielleicht wollte er damit ausdrücken, dass sie nicht schutzbedürftig sei. Aber in viel teilnehmenderem Tone fuhr er fort: »Was die Angelegenheit deines Herrn Neffen betrifft, so würde ich mich allerdings glücklich schätzen, wenn meine Kraft für diese äußerst schwierige Aufgabe ausreichen könnte; ich fürchte sehr, dass sie nicht ausreichen wird, jedenfalls will ich nichts unversucht lassen; wenn ich nicht ausreiche, könnte man ja noch jemanden anderen beiziehen. Um aufrichtig zu sein, interessiert mich die Sache zu sehr, als dass ich es über mich bringen könnte, auf jede Beteiligung zu verzichten. Hält es mein Herz nicht aus, so wird es doch wenigstens hier eine würdige Gelegenheit finden, gänzlich zu versagen.« K. glaubte, kein Wort dieser ganzen Rede zu verstehen, er sah den Onkel an, um dort eine Erklärung zu finden, aber dieser saß, mit der Kerze in der Hand, auf dem Nachttischchen, von dem bereits eine Arzneiflasche auf den Teppich gerollt war, nickte zu allem, was der Advokat sagte, war mit allem einverstanden und sah hie und da auf K. mit der Aufforderung zu gleichem Einverständnis hin. Hatte vielleicht der Onkel schon früher dem Advokaten von dem Prozess erzählt? Aber das war unmöglich, alles, was vorhergegangen war, sprach dagegen. »Ich verstehe nicht –«, sagte er deshalb. »Ja, habe vielleicht ich Sie missverstanden?« fragte der Advokat ebenso erstaunt und verlegen wie K. »Ich war vielleicht voreilig. Worüber wollten Sie denn mit mir sprechen? Ich dachte, es handle sich um Ihren Prozess?« »Natürlich«, sagte der Onkel und fragte dann K.: »Was willst du denn?« »Ja, aber woher wissen Sie denn etwas über mich und meinen Prozess?« fragte K. »Ach so«, sagte der Advokat lächelnd, »ich bin doch Advokat, ich verkehre in Gerichtskreisen, man spricht über verschiedene Prozesse, und auffallendere, besonders wenn es den Neffen eines Freundes betrifft, behält man im Gedächtnis. Das ist doch nichts Merkwürdiges.« »Was willst du denn?« fragte der Onkel K. nochmals. »Du bist so unruhig.« »Sie verkehren in diesen Gerichtskreisen?« fragte K. »Ja«, sagte der Advokat. »Du fragst wie ein Kind«, sagte der Onkel. »Mit wem sollte ich denn verkehren, wenn nicht mit Leuten meines Faches?« fügte der Advokat hinzu. Es klang so unwiderleglich, dass K. gar nicht antwortete. »Sie arbeiten doch bei dem Gericht im Justizpalast, und nicht bei dem auf dem Dachboden«, hatte er sagen wollen, konnte sich aber nicht überwinden, es wirklich zu sagen. »Sie müssen doch bedenken«, fuhr der Advokat fort, in einem Tone, als erkläre er etwas Selbstverständliches überflüssigerweise und nebenbei, »Sie müssen doch bedenken, dass ich aus einem solchen Verkehr auch große Vorteile für meine Klientel ziehe, und zwar in vielfacher Hinsicht, man darf nicht einmal immer davon reden. Natürlich bin ich jetzt infolge meiner Krankheit ein wenig behindert, aber ich bekomme trotzdem Besuch von guten Freunden vom Gericht und erfahre doch einiges. Erfahre vielleicht mehr als manche, die in bester Gesundheit den ganzen Tag bei Gericht verbringen. So habe ich zum Beispiel gerade jetzt einen lieben Besuch.« Und er zeigte in eine dunkle Zimmerecke. »Wo denn?« fragte K. in der ersten Überraschung fast grob. Er sah unsicher herum; das Licht der kleinen Kerze drang bis zur gegenüberliegenden Wand bei weitem nicht. Und wirklich begann sich dort in der Ecke etwas zu rühren. Im Licht der Kerze, die der Onkel jetzt hochhielt, sah man dort, bei einem kleinen Tischchen, einen älteren Herrn sitzen. Er hatte wohl gar nicht geatmet, dass er so lange unbemerkt geblieben war. Jetzt stand er umständlich auf, offenbar unzufrieden damit, dass man auf ihn aufmerksam gemacht hatte. Es war, als wolle er mit den Händen, die er wie kurze Flügel bewegte, alle Vorstellungen und Begrüßungen abwehren, als wolle er auf keinen Fall die anderen durch seine Anwesenheit stören und als bitte er dringend wieder um die Versetzung ins Dunkel und um das Vergessen seiner Anwesenheit. Das konnte man ihm nun aber nicht mehr zugestehen. »Ihr habt uns nämlich überrascht«, sagte der Advokat zur Erklärung und winkte dabei dem Herrn aufmunternd zu, näherzukommen, was dieser langsam, zögernd herumblickend und doch mit einer gewissen Würde tat, »der Herr Kanzleidirektor – ach so,

Verzeihung, ich habe nicht vorgestellt – hier mein Freund Albert K., hier sein Neffe, Prokurist Josef K., und hier der Herr Kanzleidirektor – der Herr Kanzleidirektor also war so freundlich, mich zu besuchen. Den Wert eines solchen Besuches kann eigentlich nur der Eingeweihte würdigen, welcher weiß, wie der Herr Kanzleidirektor mit Arbeit überhäuft ist.
Nun, er kam aber trotzdem, wir unterhielten uns friedlich, soweit meine Schwäche es erlaubte, wir hatten zwar Leni nicht verboten, Besuche einzulassen, denn es waren keine zu erwarten, aber unsere Meinung war doch, dass wir allein bleiben sollten, dann aber kamen deine Fausthiebe, Albert, der Herr Kanzleidirektor rückte mit Sessel und Tisch in den Winkel, nun aber zeigt sich, dass wir möglicherweise, das heißt, wenn der Wunsch danach besteht, eine gemeinsame Angelegenheit zu besprechen haben und sehr gut wieder zusammenrücken können. – Herr Kanzleidirektor«, sagte er mit Kopfneigen und unterwürfigem Lächeln und zeigte auf einen Lehnstuhl in der Nähe des Bettes. »Ich kann leider nur noch ein paar Minuten bleiben«, sagte der Kanzleidirektor freundlich, setzte sich breit in den Lehnstuhl und sah auf die Uhr, »die Geschäfte rufen mich. Jedenfalls will ich nicht die Gelegenheit vorübergehen lassen, einen Freund meines Freundes kennenzulernen.« Er neigte den Kopf leicht gegen den Onkel, der von der neuen Bekanntschaft sehr befriedigt schien, aber infolge seiner Natur Gefühle der Ergebenheit nicht ausdrücken konnte und die Worte des Kanzleidirektors mit verlegenem, aber lautem Lachen begleitete. Ein hässlicher Anblick! K. konnte ruhig alles beobachten, denn um ihn kümmerte sich niemand, der Kanzleidirektor nahm, wie es seine Gewohnheit schien, da er nun schon einmal hervorgezogen war, die Herrschaft über das Gespräch an sich, der Advokat, dessen erste Schwäche vielleicht nur dazu hatte dienen sollen, den neuen Besuch zu vertreiben, hörte aufmerksam, die Hand am Ohre zu, der Onkel als Kerzenträger – er balancierte die Kerze auf seinem Schenkel, der Advokat sah öfter besorgt hin – war bald frei von Verlegenheit und nur noch entzückt, sowohl von der Art der Rede des Kanzleidirektors als auch von den sanften, wellenförmigen Handbewegungen, mit denen er sie begleitete. K., der am Bettpfosten lehnte, wurde vom Kanzleidirektor vielleicht sogar mit Absicht vollständig vernachlässigt und diente den alten Herren nur als Zuhörer. Übrigens wusste er kaum, wovon die Rede war und dachte bald an die Pflegerin und an die schlechte Behandlung, die sie vom Onkel erfahren hatte, bald daran, ob er den Kanzleidirektor nicht schon einmal gesehen hatte, vielleicht sogar in der Versammlung bei seiner ersten Untersuchung. Wenn er sich auch vielleicht täuschte, so hätte sich doch der Kanzleidirektor den Versammlungsteilnehmern in der ersten Reihe, den alten Herren mit den schütteren Bärten, vorzüglich eingefügt.

Da ließ ein Lärm aus dem Vorzimmer, wie von zerbrechendem Porzellan, alle aufhorchen. »Ich will nachsehen, was geschehen ist«, sagte K. und ging langsam hinaus, als gebe er den anderen noch Gelegenheit, ihn zurückzuhalten. Kaum war er ins Vorzimmer getreten und wollte sich im Dunkel zurechtfinden, als sich auf die Hand, mit der er die Tür noch festhielt, eine kleine Hand legte, viel kleiner als K.s Hand, und die Tür leise schloss. Es war die Pflegerin, die hier gewartet hatte. »Es ist nichts geschehen«, flüsterte sie, »ich habe nur einen Teller gegen die Mauer geworfen, um Sie herauszuholen.« In seiner Befangenheit sagte K.: »Ich habe auch an Sie gedacht.« »Desto besser«, sagte die Pflegerin, »kommen Sie.« Nach ein paar Schritten kamen sie zu einer Tür aus mattem Glas, welche die Pflegerin vor K. öffnete. »Treten Sie doch ein«, sagte sie. Es war jedenfalls das Arbeitszimmer des Advokaten; soweit man im Mondlicht sehen konnte, das jetzt nur einen kleinen, viereckigen Teil des Fußbodens an jedem der drei großen Fenster erhellte, war es mit schweren, alten Möbelstücken ausgestattet. »Hierher«, sagte die Pflegerin und zeigte auf eine dunkle Truhe mit holzgeschnitzter Lehne. Noch als er sich gesetzt hatte, sah sich K. im Zimmer um, es war ein hohes, großes Zimmer, die Kundschaft des Armenadvokaten musste sich hier verloren vorkommen. K. glaubte, die kleinen Schritte zu sehen, mit denen die Besucher zu dem gewaltigen Schreibtisch vorrückten. Dann aber vergaß er dies und hatte nur noch Augen für die Pflegerin, die ganz nahe neben ihm saß und ihn fast an die Seitenlehne drückte. »Ich dachte«, sagte sie, »Sie würden von selbst zu mir herauskommen, ohne dass ich Sie erst rufen müsste. Es war doch merkwürdig. Zuerst sahen Sie mich gleich beim Eintritt ununterbrochen an und dann ließen Sie mich warten. Nennen Sie mich übrigens Leni«, fügte sie noch rasch und unvermittelt zu, als solle kein Augenblick dieser Aussprache versäumt werden. »Gern«, sagte K. »Was aber die Merkwürdigkeit betrifft, Leni, so ist sie leicht zu erklären. Erstens musste ich doch das Geschwätz der alten Herren anhören und konnte nicht grundlos weglaufen, zweitens aber bin ich nicht frech, sondern eher schüchtern, und auch Sie, Leni, sahen wahrhaftig nicht so aus, als ob Sie in einem Sprung zu gewinnen wären.« »Das ist es nicht«, sagte Leni, legte den Arm über die Lehne und sah K. an, »aber ich gefiel Ihnen nicht und gefalle Ihnen auch wahrscheinlich jetzt nicht.« »Gefallen wäre ja nicht viel«, sagte K. ausweichend. »Oh!« sagte sie lächelnd und gewann durch K.s Bemerkung und diesen kleinen Ausruf eine gewisse Überlegenheit. Deshalb schwieg K. ein Weilchen. Da er sich an das Dunkel im Zimmer schon gewöhnt hatte, konnte er verschiedene Einzelheiten der Einrichtung unterscheiden. Besonders fiel ihm ein großes Bild auf, das rechts von der Tür hing, er beugte sich vor, um es besser zu sehen. Es stellte einen Mann im Richtertalar dar; er saß auf einem hohen Thronsessel, dessen Vergoldung vielfach aus dem Bilde hervorstach. Das Ungewöhnliche war, dass dieser Richter nicht in Ruhe und Würde dort saß, sondern den linken Arm fest an Rücken und Seitenlehne drückte, den rechten Arm aber völlig frei hatte und nur mit der Hand die Seitenlehne umfasste, als wolle er im nächsten Augenblick mit einer heftigen und vielleicht empörten Wendung aufspringen, um etwas Entscheidendes zu sagen oder gar das Urteil zu verkünden. Der Angeklagte war wohl zu Füßen der Treppe zu denken, deren oberste, mit einem gelben Teppich bedeckte Stufen noch auf dem Bilde zu sehen waren. »Vielleicht ist das mein Richter«, sagte K. und zeigte mit einem Finger auf das Bild. »Ich kenne ihn«, sagte Leni und sah auch zum Bilde auf, »er kommt öfters hierher. Das Bild stammt aus seiner Jugend, er kann aber niemals dem Bilde auch nur ähnlich gewesen sein, denn er ist fast winzig klein. Trotzdem hat er sich auf dem Bild so in die Länge ziehen lassen, denn er ist unsinnig eitel, wie alle hier. Aber auch ich bin eitel und sehr unzufrieden damit, dass ich Ihnen gar nicht gefalle.« Auf die letzte Bemerkung antwortete K. nur damit, dass er Leni umfasste und an sich zog, sie lehnte still den Kopf an seine Schulter. Zu dem Übrigen aber sagte er: »Was für einen Rang hat er?« »Er ist Untersuchungsrichter«, sagte sie, ergriff K.s Hand, mit der er sie umfasst hielt, und spielte mit seinen Fingern. »Wieder nur Untersuchungsrichter«, sagte K. enttäuscht, »die hohen Beamten verstecken sich. Aber er sitzt doch auf einem Thronsessel.« »Das ist alles Erfindung«, sagte Leni, das Gesicht über K.s Hand gebeugt, »in Wirklichkeit sitzt er auf einem Küchensessel, auf dem eine alte Pferdedecke zusammengelegt ist.

Aber müssen Sie denn immerfort an Ihren Prozess denken?« fügte sie langsam hinzu. »Nein, durchaus nicht«, sagte K., »ich denke wahrscheinlich sogar zu wenig an ihn.« »Das ist nicht der Fehler, den Sie machen«, sagte Leni, »Sie sind zu unnachgiebig, so habe ich es gehört.«

»Wer hat das gesagt?« fragte K., er fühlte ihren Körper an seiner Brust und sah auf ihr reiches, dunkles, fest gedrehtes Haar hinab. »Ich würde zuviel verraten, wenn ich das sagte«, antwortete Leni. »Fragen Sie, bitte, nicht nach Namen, stellen Sie aber Ihren Fehler ab, seien Sie nicht mehr so unnachgiebig, gegen dieses Gericht kann man sich ja nicht wehren, man muss das Geständnis machen. Machen Sie doch bei nächster Gelegenheit das Geständnis. Erst dann ist die Möglichkeit zu entschlüpfen gegeben, erst dann. Jedoch selbst das ist ohne fremde Hilfe nicht möglich, wegen dieser Hilfe aber müssen Sie sich nicht ängstigen, die will ich Ihnen selbst leisten.« »Sie verstehen viel von diesem Gericht und von den Betrügereien, die hier nötig sind«, sagte K., und hob sie, da sie sich allzu stark an ihn drängte, auf seinen Schoß. »So ist es gut«, sagte sie und richtete sich auf seinem Schoß ein, indem sie den Rock glättete und die Bluse zurechtzog. Dann hing sie sich mit beiden Händen an seinen Hals, lehnte sich zurück und sah ihn lange an. »Und wenn ich das Geständnis nicht mache, dann können Sie mir nicht helfen?« fragte K. versuchsweise. Ich werbe Helferinnen, dachte er fast verwundert, zuerst Fräulein Bürstner, dann die Frau des Gerichtsdieners und endlich diese kleine Pflegerin, die ein unbegreifliches Bedürfnis nach mir zu haben scheint. Wie sie auf meinem Schoß sitzt, als sei es ihr einzig richtiger Platz! »Nein«, antwortete Leni und schüttelte langsam den Kopf, »dann kann ich Ihnen nicht helfen. Aber Sie wollen ja meine Hilfe gar nicht, es liegt Ihnen nichts daran, Sie sind eigensinnig und lassen sich nicht überzeugen.« »Haben Sie eine Geliebte?« fragte sie nach einem Weilchen. »Nein«, sagte K. »O doch«, sagte sie. »Ja, wirklich«, sagte K., »denken Sie nur, ich habe sie verleugnet und trage doch sogar ihre Photographie bei mir.« Auf ihre Bitten zeigte er ihr eine Photographie Elsas, zusammengekrümmt auf seinem Schoß, studierte sie das Bild.

Es war eine Momentphotographie, Elsa war nach einem Wirbeltanz aufgenommen, wie sie ihn in dem Weinlokal gern tanzte, ihr Rock flog noch im Faltenwurf der Drehung um sie her, die Hände hatte sie auf die festen Hüften gelegt und sah mit straffem Hals lachend zur Seite; wem ihr Lachen galt, konnte man aus dem Bild nicht erkennen. »Sie ist stark geschnürt«, sagte Leni und zeigte auf die Stelle, wo dies ihrer Meinung nach zu sehen war. »Sie gefällt mir nicht, sie ist unbeholfen und roh. Vielleicht ist sie aber Ihnen gegenüber sanft und freundlich, darauf könnte man nach dem Bilde schließen.

So große, starke Mädchen wissen oft nichts anderes, als sanft und freundlich zu sein. Würde sie sich aber für Sie opfern können?« »Nein«, sagte K., »sie ist weder sanft und freundlich, noch würde sie sich für mich opfern können.

Auch habe ich bisher weder das eine noch das andere von ihr verlangt. Ja, ich habe noch nicht einmal das Bild so genau angesehen wie Sie.« »Es liegt Ihnen also gar nicht viel an ihr«, sagte Leni, »sie ist also gar nicht Ihre Geliebte.« »Doch«, sagte K. »Ich nehme mein Wort nicht zurück.«

»Mag sie also jetzt Ihre Geliebte sein«, sagte Leni, »Sie würden sie aber nicht sehr vermissen, wenn Sie sie verlören oder für jemand anderen, zum Beispiel für mich, eintauschten.« »Gewiss«, sagte K. lächelnd, »das wäre denkbar, aber sie hat einen großen Vorteil Ihnen gegenüber, sie weiß nichts von meinem Prozess, und selbst wenn sie etwas davon wüsste, würde sie nicht daran denken. Sie würde mich nicht zur Nachgiebigkeit zu überreden suchen.« »Das ist kein Vorteil«, sagte Leni. »Wenn sie keine sonstigen Vorteile hat, verliere ich nicht den Mut. Hat sie irgendeinen körperlichen Fehler?« »Einen körperlichen Fehler?« fragte K. »Ja«, sagte Leni, »ich habe nämlich einen solchen kleinen Fehler, sehen Sie.« Sie spannte den Mittel- und Ringfinger ihrer rechten Hand auseinander, zwischen denen das Verbindungshäutchen fast bis zum obersten Gelenk der kurzen Finger reichte. K. merkte im Dunkel nicht gleich, was sie ihm zeigen wollte, sie führte deshalb seine Hand hin, damit er es abtaste. »Was für ein Naturspiel«, sagte K. und fügte, als er die ganze Hand überblickt hatte, hinzu: »Was für eine hübsche Kralle!« Mit einer Art Stolz sah Leni zu, wie K. staunend immer wieder ihre zwei Finger auseinanderzog und zusammenlegte, bis er sie schließlich flüchtig küsste und losließ. »Oh!« rief sie aber sofort, »Sie haben mich geküsst!« Eilig, mit offenem Mund erkletterte sie mit den Knien seinen Schoß. K. sah fast bestürzt zu ihr auf, jetzt, da sie ihm so nahe war, ging ein bitterer, aufreizender Geruch wie von Pfeffer von ihr aus, sie nahm seinen Kopf an sich, beugte sich über ihn hinweg und biss und küsste seinen Hals, biss selbst in seine Haare. »Sie haben mich eingetauscht!« rief sie von Zeit zu Zeit, »sehen Sie, nun haben Sie mich eingetauscht!« Da glitt ihr Knie aus, mit einem kleinen Schrei fiel sie fast auf den Teppich, K. umfasste sie, um sie noch zu halten, und wurde zu ihr hinabgezogen. »Jetzt gehörst du mir«, sagte sie.

»Hier hast du den Hausschlüssel, komm, wann du willst«, waren ihre letzten Worte, und ein zielloser Kuss traf ihn noch im Weggehen auf den Rücken. Als er aus dem Haustor trat, fiel ein leichter Regen, er wollte in die Mitte der Straße gehen, um vielleicht Leni noch beim Fenster erblicken zu können, da stürzte aus einem Automobil, das vor dem Hause wartete und das K. in seiner Zerstreutheit gar nicht bemerkt hatte, der Onkel, fasste ihn bei den Armen und stieß ihn gegen das Haustor, als wolle er ihn dort festnageln. »Junge«, rief er, »wie konntest du nur das tun! Du hast deiner Sache, die auf gutem Wege war, schrecklich geschadet. Verkriechst dich mit einem kleinen, schmutzigen Ding, das überdies offensichtlich die Geliebte des Advokaten ist, und bleibst stundenlang weg. Suchst nicht einmal einen Vorwand, verheimlichst nichts, nein, bist ganz offen, läufst zu ihr und bleibst bei ihr. Und unterdessen sitzen wir beisammen, der Onkel, der sich für dich abmüht, der Advokat, der für dich gewonnen werden soll, der Kanzleidirektor vor allem, dieser große Herr, der deine Sache in ihrem jetzigen Stadium geradezu beherrscht. Wir wollen beraten, wie dir zu helfen wäre, ich muss den Advokaten vorsichtig behandeln, dieser wieder den Kanzleidirektor, und du hättest doch allen Grund, mich wenigstens zu unterstützen. Statt dessen bleibst du fort. Schließlich lässt es sich nicht verheimlichen, nun, es sind höfliche, gewandte Männer, sie sprechen nicht davon, sie schonen mich, schließlich können aber auch sie sich nicht mehr überwinden, und da sie von der Sache nicht reden können, verstummen sie. Wir sind minutenlang schweigend dagesessen und haben gehorcht, ob du nicht doch endlich kämest. Alles vergebens. Endlich steht der Kanzleidirektor, der viel länger geblieben ist, als er ursprünglich wollte, auf, verabschiedet sich, bedauert mich sichtlich, ohne mir helfen zu können, wartet in unbegreiflicher Liebenswürdigkeit noch eine Zeitlang in der Tür, dann geht er. Ich war natürlich glücklich, dass er weg war, mir war schon die Luft zum Atmen ausgegangen. Auf den kranken Advokaten hat alles noch stärker eingewirkt, er konnte, der gute Mann, gar nicht sprechen, als ich mich von ihm verabschiedete. Du hast wahrscheinlich zu seinem vollständigen Zusammenbrechen beigetragen und beschleunigst so den Tod eines Mannes, auf den du angewiesen bist. Und mich, deinen Onkel, lässt du hier im Regen – fühle nur, ich bin ganz durchnässt – stundenlang warten und mich in Sorgen abquälen.«

Siebentes Kapitel (Advokat – Fabrikant Maler)

An einem Wintervormittag – draußen fiel Schnee im trüben Licht – saß K., trotz der frühen Stunde schon äußerst müde, in seinem Büro. Um sich wenigstens vor den unteren Beamten zu schützen, hatte er dem Diener den Auftrag gegeben, niemanden von ihnen einzulassen, da er mit einer größeren Arbeit beschäftigt sei. Aber statt zu arbeiten, drehte er sich in seinem Sessel, verschob langsam einige Gegenstände auf dem Tisch, ließ dann aber, ohne es zu wissen, den ganzen Arm ausgestreckt auf der Tischplatte liegen und blieb mit gesenktem Kopf unbeweglich sitzen.

Der Gedanke an den Prozess verließ ihn nicht mehr. Öfters schon hatte er überlegt, ob es nicht gut wäre, eine Verteidigungsschrift auszuarbeiten und bei Gericht einzureichen. Er wollte darin eine kurze Lebensbeschreibung vorlegen und bei jedem irgendwie wichtigeren Ereignis erklären, aus welchen Gründen er so gehandelt hatte, ob diese Handlungsweise nach seinem gegenwärtigen Urteil zu verwerfen oder zu billigen war und welche Gründe er für dieses oder jenes anführen konnte. Die Vorteile einer solchen Verteidigungsschrift gegenüber der bloßen Verteidigung durch den übrigens auch sonst nicht einwandfreien Advokaten waren zweifellos. K. wusste ja gar nicht, was der Advokat unternahm; viel war es jedenfalls nicht, schon einen Monat lang hatte er ihn nicht mehr zu sich berufen, und auch bei keiner der früheren Besprechungen hatte K. den Eindruck gehabt, dass dieser Mann viel für ihn erreichen könne. Vor allem hatte er ihn fast gar nicht ausgefragt. Und hier war doch so viel zu fragen. Fragen war die Hauptsache. K. hatte das Gefühl, als ob er selbst alle hier nötigen Fragen stellen könnte. Der Advokat dagegen, statt zu fragen, erzählte selbst oder saß ihm stumm gegenüber, beugte sich, wahrscheinlich wegen seines schwachen Gehörs, ein wenig über den Schreibtisch vor, zog an einem Bartstrahn innerhalb seines Bartes und blickte auf den Teppich nieder, vielleicht gerade auf die Stelle, wo K. mit Leni gelegen war. Hier und da gab er K. einige leere Ermahnungen, wie man sie Kindern gibt. Ebenso nutzlose wie langweilige Reden, die K. in der Schlussabrechnung mit keinem Heller zu bezahlen gedachte.

Nachdem der Advokat ihn genügend gedemütigt zu haben glaubte, fing er gewöhnlich an, ihn wieder ein wenig aufzumuntern. Er habe schon, erzählte er dann, viele ähnliche Prozesse ganz oder teilweise gewonnen. Prozesse, die, wenn auch in Wirklichkeit vielleicht nicht so schwierig wie dieser, äußerlich noch hoffnungsloser waren. Ein Verzeichnis dieser Prozesse habe er hier in der Schublade – hierbei klopfte er an irgendeine Lade des Tisches –, die Schriften könne er leider nicht zeigen, da es sich um Amtsgeheimnisse handle. Trotzdem komme jetzt natürlich die große Erfahrung, die er durch alle diese Prozesse erworben habe, K. zugute. Er habe natürlich sofort zu arbeiten begonnen, und die erste Eingabe sei schon fast fertig gestellt. Sie sei sehr wichtig, weil der erste Eindruck, den die Verteidigung mache, oft die ganze Richtung des Verfahrens bestimme. Leider, darauf müsse er K. allerdings aufmerksam machen, geschehe es manchmal, dass die ersten Eingaben bei Gericht gar nicht gelesen würden. Man lege sie einfach zu den Akten und weise darauf hin, dass vorläufig die Einvernahme und Beobachtung des Angeklagten wichtiger sei als alles Geschriebene. Man fügt, wenn der Petent dringlich wird, hinzu, dass man vor der Entscheidung, sobald alles Material gesammelt ist, im Zusammenhang natürlich, alle Akten, also auch diese erste Eingabe, überprüfen wird. Leider sei aber auch dies meistens nicht richtig, die erste Eingabe werde gewöhnlich verlegt oder gehe gänzlich verloren, und selbst wenn sie bis zum Ende erhalten bleibt, werde sie, wie der Advokat allerdings nur gerüchtweise erfahren hat, kaum gelesen.

Das alles sei bedauerlich, aber nicht ganz ohne Berechtigung K. möge doch nicht außer acht lassen, dass das Verfahren nicht öffentlich sei, es kann, wenn das Gericht es für nötig hält, öffentlich werden, das Gesetz aber schreibt Öffentlichkeit nicht vor. Infolge dessen sind auch die Schriften des Gerichts, vor allem die Anklageschrift, dem Angeklagten und seiner Verteidigung unzugänglich, man weiß daher im allgemeinen nicht oder wenigstens nicht genau, wogegen sich die erste Eingabe zu richten hat, sie kann daher eigentlich nur zufälligerweise etwas enthalten, was für die Sache von Bedeutung ist. Wirklich zutreffende und beweisführende Eingaben kann man erst später ausarbeiten, wenn im Laufe der Einvernahmen des Angeklagten die einzelnen Anklagepunkte und ihre Begründung deutlicher hervor treten oder erraten werden können. Unter diesen Verhältnissen ist natürlich die Verteidigung in einer sehr ungünstigen und schwierigen Lage. Aber auch das ist beabsichtigt. Die Verteidigung ist nämlich durch das Gesetz nicht eigentlich gestattet, sondern nur geduldet, und selbst darüber, ob aus der betreffenden Gesetzesstelle wenigstens Duldung herausgelesen werden soll, besteht Streit. Es gibt daher strenggenommen gar keine vom Gericht anerkannten Advokaten, alle, die vor diesem Gericht als Advokaten auftreten, sind im Grunde nur Winkeladvokaten.

Das wirkt natürlich auf den ganzen Stand sehr entwürdigend ein, und wenn K. nächstens einmal in die Gerichtskanzleien gehen werde, könne er sich ja, um auch das einmal gesehen zu haben, das Advokatenzimmer ansehen. Er werde vor der Gesellschaft, die dort beisammen sei, vermutlich erschrecken. Schon die ihnen zugewiesene enge, niedrige Kammer zeige die Verachtung, die das Gericht für diese Leute hat. Licht bekommt die Kammer nur durch eine kleine Luke, die so hochgelegen ist, dass man, wenn man hinausschauen will, wo einem übrigens der Rauch eines knapp davor gelegenen Kamins in die Nase fährt und das Gesicht schwärzt, erst einen Kollegen suchen muss, der einen auf den Rücken nimmt. Im Fußboden dieser Kammer – um nur noch ein Beispiel für diese Zustände anzuführen – ist nun schon seit mehr als einem Jahr ein Loch, nicht so groß, dass ein Mensch durchfallen könnte, aber groß genug, dass man mit einem Bein ganz einsinkt. Das Advokatenzimmer liegt auf dem zweiten Dachboden; sinkt also einer ein, so hängt das Bein in den ersten Dachboden hinunter, und zwar gerade in den Gang, wo die Parteien warten. Es ist nicht zuviel gesagt, wenn man in Advokatenkreisen solche Verhältnisse schändlich nennt. Beschwerden an die Verwaltung haben nicht den geringsten Erfolg, wohl aber ist es den Advokaten auf das strengste verboten, irgend etwas in dem Zimmer auf eigene Kosten ändern zu lassen. Aber auch diese Behandlung der Advokaten hat ihre Begründung. Man will die Verteidigung möglichst ausschalten, alles soll auf den Angeklagten selbst gestellt sein. Kein schlechter Standpunkt im Grunde, nichts wäre aber verfehlter, als daraus zu folgern, dass bei diesem Gericht die Advokaten für den Angeklagten unnötig sind. Im Gegenteil, bei keinem anderen Gericht sind sie so notwendig wie bei diesem. Das Verfahren ist nämlich im allgemeinen nicht nur vor der Öffentlichkeit geheim, sondern auch vor dem Angeklagten. Natürlich nur soweit dies möglich ist, es ist aber in sehr weitem Ausmaß möglich. Auch der Angeklagte hat nämlich keinen Einblick in die Gerichtsschriften, und aus den Verhören auf die ihnen zugrunde liegenden Schriften zu schließen, ist sehr schwierig, insbesondere aber für den Angeklagten, der doch befangen ist und alle möglichen Sorgen hat, die ihn zerstreuen. Hier greift nun die Verteidigung ein. Bei den Verhören dürfen im allgemeinen Verteidiger nicht anwesend sein, sie müssen daher nach den Verhören, und zwar möglichst noch an der Tür des Untersuchungszimmers, den Angeklagten über das Verhör ausforschen und diesen oft schon sehr verwischten Berichten das für die Verteidigung Taugliche entnehmen. Aber das Wichtigste ist dies nicht, denn viel kann man auf diese Weise nicht erfahren, wenn natürlich auch hier wie überall ein tüchtiger Mann mehr erfährt als andere. Das Wichtigste bleiben trotzdem die persönlichen Beziehungen des Advokaten, in ihnen liegt der Hauptwert der Verteidigung. Nun habe ja wohl K. schon seinen eigenen Erlebnissen entnommen, dass die allerunterste Organisation des Gerichtes nicht ganz vollkommen ist, pflichtvergessene und bestechliche Angestellte aufweist, wodurch gewissermaßen die strenge Abschließung des Gerichtes Lücken bekommt.

Hier nun drängt sich die Mehrzahl der Advokaten ein, hier wird bestochen und ausgehorcht, ja es kamen, wenigstens in früherer Zeit, sogar Fälle von Aktendiebstählen vor. Es ist nicht zu leugnen, dass auf diese Weise für den Augenblick einige sogar überraschend günstige Resultate für den Angeklagten sich erzielen lassen, damit stolzieren auch diese kleinen Advokaten herum und locken neue Kundschaft an, aber für den weiteren Fortgang des Prozesses bedeutet es entweder nichts oder nichts Gutes. Wirklichen Wert aber haben nur ehrliche persönliche Beziehungen, und zwar mit höheren Beamten, womit natürlich nur höhere Beamten der unteren Grade gemeint sind. Nur dadurch kann der Fortgang des Prozesses, wenn auch zunächst nur unmerklich, später aber immer deutlicher beeinflusst werden. Das können natürlich nur wenige Advokaten, und hier sei die Wahl K.s sehr günstig gewesen. Nur noch vielleicht ein oder zwei Advokaten könnten sich mit ähnlichen Beziehungen ausweisen wie Dr. Huld. Diese kümmern sich allerdings um die Gesellschaft im Advokatenzimmer nicht und haben auch nichts mit ihr zu tun. Um so enger sei aber die Verbindung mit den Gerichtsbeamten. Es sei nicht einmal immer nötig, dass Dr. Huld zu Gericht gehe, in den Vorzimmern der Untersuchungsrichter auf ihr zufälliges Erscheinen warte und je nach ihrer Laune einen meist nur scheinbaren Erfolg erziele oder auch nicht einmal diesen. Nein, K. habe es ja selbst gesehen, die Beamten, und darunter recht hohe, kommen selbst, geben bereitwillig Auskunft, offene oder wenigstens leicht deutbare, besprechen den nächsten Fortgang der Prozesse, ja sie lassen sich sogar in einzelnen Fällen überzeugen und nehmen die fremde Ansicht gern an. Allerdings dürfe man ihnen gerade in dieser letzteren Hinsicht nicht allzu sehr vertrauen, so bestimmt sie ihre neue, für die Verteidigung günstige Absicht auch aussprechen, gehen sie doch vielleicht geradewegs in ihre Kanzlei und geben für den nächsten Tag einen Gerichtsbeschluss, der gerade das Entgegengesetzte enthält und vielleicht für den Angeklagten noch viel strenger ist als ihre erste Absicht, von der sie gänzlich abgekommen zu sein behaupteten. Dagegen könne man sich natürlich nicht wehren, denn das, was sie unter vier Augen gesagt haben, ist eben auch nur unter vier Augen gesagt und lasse keine öffentliche Folgerung zu, selbst wenn die Verteidigung nicht auch sonst bestrebt sein müsste, sich die Gunst der Herren zu erhalten. Andererseits sei es allerdings auch richtig, dass die Herren nicht etwa nur aus Menschenliebe oder aus freundschaftlichen Gefühlen sich mit der Verteidigung, natürlich nur mit einer sachverständigen Verteidigung, in Verbindung setzen, sie sind vielmehr in gewisser Hinsicht auch auf sie angewiesen. Hier mache sich eben der Nachteil einer Gerichtsorganisation geltend, die selbst in ihren Anfängen das geheime Gericht festsetzt. Den Beamten fehlt der Zusammenhang mit der Bevölkerung, für die gewöhnlichen, mittleren Prozesse sind sie gut ausgerüstet, ein solcher Prozess rollt fast von selbst auf seiner Bahn ab und braucht nur hier und da einen Anstoß, gegenüber den ganz einfachen Fällen aber, wie auch gegenüber den besonders schwierigen sind sie oft ratlos, sie haben, weil sie fortwährend, Tag und Nacht, in ihr Gesetz eingezwängt sind, nicht den richtigen Sinn für menschliche Beziehungen, und das entbehren sie in solchen Fällen schwer. Dann kommen sie zum Advokaten um Rat, und hinter ihnen trägt ein Diener die Akten, die sonst so geheim sind. An diesem Fenster hätte man manche Herren, von denen man es am wenigsten erwarten würde, antreffen können, wie sie geradezu trostlos auf die Gasse hinaussahen, während der Advokat an seinem Tisch die Akten studierte, um ihnen einen guten Rat geben zu können. Übrigens könne man gerade bei solchen Gelegenheiten sehen, wie ungemein ernst die Herren ihren Beruf nehmen und wie sie über Hindernisse, die sie ihrer Natur nach nicht bewältigen können, in große Verzweiflung geraten. Ihre Stellung sei auch sonst nicht leicht, man dürfe ihnen nicht Unrecht tun und ihre Stellung nicht für leicht ansehen. Die Rangordnung und Steigerung des Gerichtes sei unendlich und selbst für den Eingeweihten nicht absehbar. Das Verfahren vor den Gerichtshöfen sei aber im allgemeinen auch für die unteren Beamten geheim, sie können daher die Angelegenheiten, die sie bearbeiten, in ihrem ferneren Weitergang kaum jemals vollständig verfolgen, die Gerichtssache erscheint also in ihrem Gesichtskreis, ohne dass sie oft wissen, woher sie kommt, und sie geht weiter, ohne dass sie erfahren, wohin. Die Belehrung also, die man aus dem Studium der einzelnen Prozessstadien, der schließlichen Entscheidung und ihrer Gründe schöpfen kann, entgeht diesen Beamten. Sie dürfen sich nur mit jenem Teil des Prozesses befassen, der vom Gesetz für sie abgegrenzt ist, und wissen von dem Weiteren, also von den Ergebnissen ihrer eigenen Arbeit, meist weniger als die Verteidigung, die doch in der Regel fast bis zum Schluss des Prozesses mit dem Angeklagten in Verbindung bleibt. Auch in diese Richtung also können sie von der Verteidigung manches Wertvolle erfahren. Wundere sich K. noch, wenn er alles dieses im Auge behalte, über die Gereiztheit der Beamten, die sich manchmal den Parteien gegenüber in – jeder mache diese Erfahrung – beleidigender Weise äußert. Alle Beamten seien gereizt, selbst wenn sie ruhig scheinen. Natürlich haben die kleinen Advokaten besonders viel darunter zu leiden. Man erzählt zum Beispiel folgende Geschichte, die sehr den Anschein der Wahrheit hat. Ein alter Beamter, ein guter, stiller Herr, hatte eine schwierige Gerichtssache, welche besonders durch die Eingaben des Advokaten verwickelt worden war, einen Tag und eine Nacht ununterbrochen studiert – diese Beamten sind tatsächlich fleißig, wie niemand sonst. – Gegen Morgen nun, nach vierundzwanzigstündiger, wahrscheinlich nicht sehr ergiebiger Arbeit, ging er zur Eingangstür, stellte sich dort in Hinterhalt und warf jeden Advokaten, der eintreten wollte, die Treppe hinunter. Die Advokaten sammelten sich unten auf dem Treppenansatz und berieten, was sie tun sollten; einerseits haben sie keinen eigentlichen Anspruch darauf, eingelassen zu werden, können daher rechtlich gegen den Beamten kaum etwas unternehmen und müssen sich, wie schon erwähnt, auch hüten, die Beamtenschaft gegen sich aufzubringen. Andererseits aber ist jeder nicht bei Gericht verbrachte Tag für sie verloren, und es lag ihnen also viel daran einzudringen. Schließlich einigten sie sich darauf, dass sie den alten Herrn ermüden wollten. Immer wieder wurde ein Advokat ausgeschickt, der die Treppe hinauflief und sich dann unter möglichstem, allerdings passivem Widerstand hinunterwerfen ließ, wo er dann von den Kollegen aufgefangen wurde. Das dauerte etwa eine Stunde, dann wurde der alte Herr, er war ja auch von der Nachtarbeit schon erschöpft, wirklich müde und ging in seine Kanzlei zurück. Die unten wollten es erst gar nicht glauben und schickten zuerst einen aus, der hinter der Tür nachsehen sollte, ob dort wirklich leer war. Dann erst zogen sie ein und wagten wahrscheinlich nicht einmal zu murren. Denn den Advokaten – und selbst der Kleinste kann doch die Verhältnisse wenigstens zum Teil übersehen – liegt es vollständig ferne, bei Gericht irgendwelche Verbesserungen einführen oder durchsetzen zu wollen, während – und dies ist sehr bezeichnend – fast jeder Angeklagte, selbst ganz einfältige Leute, gleich beim allerersten Eintritt in den Prozess an Verbesserungsvorschläge zu denken anfangen und damit oft Zeit und Kraft verschwenden, die anders viel besser verwendet werden könnten. Das einzig Richtige sei es, sich mit den vorhandenen Verhältnissen abzufinden. Selbst wenn es möglich wäre, Einzelheiten zu verbessern – es ist aber ein unsinniger Aberglaube –, hätte man bestenfalls für künftige Fälle etwas erreicht, sich selbst aber unermesslich dadurch geschadet, dass man die besondere Aufmerksamkeit der immer rachsüchtigen Beamtenschaft erregt hat. Nur keine Aufmerksamkeit erregen! Sich ruhig verhalten, selbst wenn es einem noch so sehr gegen den Sinn geht! Einzusehen versuchen, dass dieser große Gerichtsorganismus gewissermaßen ewig in der Schwebe bleibt und dass man zwar, wenn man auf seinem Platz selbständig etwas ändert, den Boden unter den Füßen sich wegnimmt und selbst abstürzen kann, während der große Organismus sich selbst für die kleine Störung leicht an einer anderen Stelle – alles ist doch in Verbindung – Ersatz schafft und unverändert bleibt, wenn er nicht etwa, was sogar wahrscheinlich ist, noch geschlossener, noch aufmerksamer, noch strenger, noch böser wird. Man überlasse doch die Arbeit dem Advokaten, statt sie zu stören. Vorwürfe nützen ja nicht viel, besonders wenn man ihre Ursachen in ihrer ganzen Bedeutung nicht begreiflich machen kann, aber gesagt müsse es doch werden, wie viel K. seiner Sache durch das Verhalten gegenüber dem Kanzleidirektor geschadet habe. Dieser einflussreiche Mann sei aus der Liste jener, bei denen man für K. etwas unternehmen könne, schon fast zu streichen. Selbst flüchtige Erwähnungen des Prozesses überhöre er mit deutlicher Absicht. In manchem seien ja die Beamten wie Kinder. Oft können sie durch Harmlosigkeiten, unter die allerdings K.s Verhalten leider nicht gehörte, derartig verletzt werden, dass sie selbst mit guten Freunden zu reden aufhören, sich von ihnen abwenden, wenn sie ihnen begegnen, und ihnen in allem möglichen entgegenarbeiten. Dann aber einmal, überraschenderweise ohne besonderen Grund, lassen sie sich durch einen kleinen Scherz, den man nur deshalb wagt, weil alles aussichtslos scheint, zum Lachen bringen und sind versöhnt. Es sei eben gleichzeitig schwer und leicht, sich mit ihnen zu verhalten, Grundsätze dafür gibt es kaum. Manchmal sei es zum Verwundern, dass ein einziges Durchschnittsleben dafür hinreiche, um so viel zu erfassen, dass man hier mit einigem Erfolg arbeiten könne. Es kommen allerdings trübe Stunden, wie sie ja jeder hat, wo man glaubt, nicht das geringste erzielt zu haben, wo es einem scheint, als hätten nur die von Anfang an für einen guten Ausgang bestimmten Prozesse ein gutes Ende genommen, wie es auch ohne Mithilfe geschehen wäre, während alle anderen verlorengegangen sind, trotz allem Nebenherlaufen, aller Mühe, allen kleinen, scheinbaren Erfolgen, über die man solche Freude hatte. Dann scheint einem allerdings nichts mehr sicher, und man würde auf bestimmte Fragen hin nicht einmal zu leugnen wagen, dass man ihrem Wesen nach gut verlaufende Prozesse gerade durch die Mithilfe auf Abwege gebracht hat. Auch das ist ja eine Art Selbstvertrauen, aber es ist das einzige, dass dann übrigbleibt. Solchen Anfällen – es sind natürlich nur Anfälle, nichts weiter – sind Advokaten besonders dann ausgesetzt, wenn ihnen ein Prozess, den sie weit genug und zufriedenstellend geführt haben, plötzlich aus der Hand genommen wird. Das ist wohl das Ärgste, das einem Advokaten geschehen kann. Nicht etwa durch den Angeklagten wird ihnen der Prozess entzogen, das geschieht wohl niemals, ein Angeklagter, der einmal einen bestimmten Advokaten genommen hat, muss bei ihm bleiben, geschehe was immer. Wie könnte er sich überhaupt, wenn er einmal Hilfe in Anspruch genommen hat, allein noch erhalten? Das geschieht also nicht, wohl aber geschieht es manchmal, dass der Prozess eine Richtung nimmt, wo der Advokat nicht mehr mitkommen darf. Der Prozess und der Angeklagte und alles wird dem Advokaten einfach entzogen; dann können auch die besten Beziehungen zu den Beamten nicht mehr helfen, denn sie selbst wissen nichts. Der Prozess ist eben in ein Stadium getreten, wo keine Hilfe mehr geleistet werden darf, wo ihn unzugängliche Gerichtshöfe bearbeiten, wo auch der Angeklagte für den Advokaten nicht mehr erreichbar ist. Man kommt dann eines Tages nach Hause und findet auf seinem Tisch alle die vielen Eingaben, die man mit allem Fleiß und mit den schönsten Hoffnungen in dieser Sache gemacht hat, sie sind zurückgestellt worden, da sie in das neue Prozessstadium nicht übertragen werden dürfen, es sind wertlose Fetzen. Dabei muss der Prozess noch nicht verloren sein, durchaus nicht, wenigstens liegt kein entscheidender Grund für diese Annahme vor, man weiß bloß nichts mehr von dem Prozess und wird auch nichts mehr von ihm erfahren. Nun sind ja solche Fälle glücklicherweise Ausnahmen, und selbst wenn K.s Prozess ein solcher Fall sein sollte, sei er doch vorläufig noch weit von solchem Stadium entfernt. Hier sei aber noch reichliche Gelegenheit für Advokatenarbeit gegeben, und dass sie ausgenützt werde, dessen dürfe K. sicher sein. Die Eingabe sei, wie erwähnt, noch nicht überreicht, das eile aber auch nicht, viel wichtiger seien die einleitenden Besprechungen mit maßgebenden Beamten, und die hätten schon stattgefunden. Mit unterschiedlichem Erfolg, wie offen zugestanden werden soll. Es sei viel besser, vorläufig Einzelheiten nicht zu verraten, durch die K. nur ungünstig beeinflusst und allzu hoffnungsfreudig oder allzu ängstlich gemacht werden könnte, nur so viel sei gesagt, dass sich einzelne sehr günstig ausgesprochen und sich auch sehr bereitwillig gezeigt haben, während andere sich weniger günstig geäußert, aber doch ihre Mithilfe keineswegs verweigert haben. Das Ergebnis sei also im ganzen sehr erfreulich, nur dürfe man daraus keine besonderen Schlüsse ziehen, da alle Vorverhandlungen ähnlich beginnen und durchaus erst die weitere Entwicklung den Wert dieser Vorverhandlungen zeigt. Jedenfalls sei noch nichts verloren, und wenn es noch gelingen sollte, den Kanzleidirektor trotz allem zu gewinnen – es sei schon Verschiedenes zu diesem Zwecke eingeleitet –, dann sei das Ganze – wie die Chirurgen sagen – eine reine Wunde, und man könne getrost das Folgende abwarten.

In solchen und ähnlichen Reden war der Advokat unerschöpflich. Sie wiederholten sich bei jedem Besuch. Immer gab es Fortschritte, niemals aber konnte die Art dieser Fortschritte mitgeteilt werden. Immerfort wurde an der ersten Eingabe gearbeitet, aber sie wurde nicht fertig, was sich meistens beim nächsten Besuch als großer Vorteil herausstellte, da die letzte Zeit, was man nicht hätte voraussehen können, für die Übergabe sehr ungünstig gewesen wäre. Bemerkte K. manchmal, ganz ermattet von den Reden, dass es doch, selbst unter Berücksichtigung aller Schwierigkeiten, sehr langsam vorwärtsgehe, wurde ihm entgegnet, es gehe gar nicht langsam vorwärts, wohl aber wäre man schon viel weiter, wenn K. sich rechtzeitig an den Advokaten gewendet hätte. Das hatte er aber leider versäumt, und diese Versäumnis werde auch noch weitere Nachteile bringen, nicht nur zeitliche.

Die einzige wohltätige Unterbrechung dieser Besuche war Leni, die es immer so einzurichten wusste, dass sie dem Advokaten in Anwesenheit K.s den Tee brachte. Dann stand sie hinter K., sah scheinbar zu, wie der Advokat, mit einer Art Gier tief zur Tasse hinabgebeugt, den Tee eingoss und trank, und ließ im geheimen ihre Hand von K. erfassen. Es herrschte völliges Schweigen. Der Advokat trank. K. drückte Lenis Hand, und Leni wagte es manchmal, K.s Haare sanft zu streicheln. »Du bist noch hier?« fragte der Advokat, nachdem er fertig war. »Ich wollte das Geschirr wegnehmen«, sagte Leni, es gab noch einen letzten Händedruck, der Advokat wischte sich den Mund und begann mit neuer Kraft auf K. einzureden.

War es Trost oder Verzweiflung, was der Advokat erreichen wollte? K. wusste es nicht, wohl aber hielt er es für feststehend, dass seine Verteidigung nicht in guten Händen war. Es mochte ja alles richtig sein, was der Advokat erzählte, wenn es auch durchsichtig war, dass er sich möglichst in den Vordergrund stellen wollte und wahrscheinlich noch niemals einen so großen Prozess geführt hatte, wie es K.s Prozess seiner Meinung nach war. Verdächtig aber blieben die unaufhörlich hervorgehobenen persönlichen Beziehungen zu den Beamten. Mussten sie denn ausschließlich zu K.s Nutzen ausgebeutet werden? Der Advokat vergaß nie zu bemerken, dass es sich nur um niedrige Beamte handelte, also um Beamte in sehr abhängiger Stellung, für deren Fortkommen gewisse Wendungen der Prozesse wahrscheinlich von Bedeutung sein konnten. Benützten sie vielleicht den Advokaten dazu, um solche für den Angeklagten natürlich immer ungünstige Wendungen zu erzielen? Vielleicht taten sie das nicht in jedem Prozess, gewiss, das war nicht wahrscheinlich, es gab dann wohl wieder Prozesse, in deren Verlauf sie dem Advokaten für seine Dienste Vorteile einräumten, denn es musste ihnen ja auch daran gelegen sein, seinen Ruf ungeschädigt zu erhalten. Verhielt es sich aber wirklich so, in welcher Weise würden sie bei K.s Prozess eingreifen, der, wie der Advokat erklärte, ein sehr schwieriger, also wichtiger Prozess war und gleich anfangs bei Gericht große Aufmerksamkeit erregt hatte? Es konnte nicht sehr zweifelhaft sein, was sie tun würden. Anzeichen dessen konnte man ja schon darin sehen, dass die erste Eingabe noch immer nicht überreicht war, obwohl der Prozess schon Monate dauerte und dass sich alles, den Angaben des Advokaten nach, in den Anfängen befand, was natürlich sehr geeignet war, den Angeklagten einzuschläfern und hilflos zu erhalten, um ihn dann plötzlich mit der Entscheidung zu überfallen oder wenigstens mit der Bekanntmachung, dass die zu seinen Ungunsten abgeschlossene Untersuchung an die höheren Behörden weitergegeben werde.

Es war unbedingt nötig, dass K. selbst eingriff. Gerade in Zuständen großer Müdigkeit, wie an diesem Wintervormittag, wo ihm alles willenlos durch den Kopf zog, war diese Überzeugung unabweisbar. Die Verachtung, die er früher für den Prozess gehabt hatte, galt nicht mehr. Wäre er allein in der Welt gewesen, hätte er den Prozess leicht missachten können, wenn es allerdings auch sicher war, dass dann der Prozess überhaupt nicht entstanden wäre. Jetzt aber hatte ihn der Onkel schon zum Advokaten gezogen, Familienrücksichten sprachen mit; seine Stellung war nicht mehr vollständig unabhängig von dem Verlauf des Prozesses, er selbst hatte unvorsichtigerweise mit einer gewissen unerklärlichen Genugtuung vor Bekannten den Prozess erwähnt, andere hatten auf unbekannte Weise davon erfahren, das Verhältnis zu Fräulein Bürstner schien entsprechend dem Prozess zu schwanken – kurz, er hatte kaum mehr die Wahl, den Prozess anzunehmen oder abzulehnen, er stand mitten darin und musste sich wehren. War er müde, dann war es schlimm.

Zu übertriebener Sorge war allerdings vorläufig kein Grund. Er hatte es verstanden, sich in der Bank in verhältnismäßig kurzer Zeit zu seiner hohen Stellung emporzuarbeiten und sich, von allen anerkannt, in dieser Stellung zu erhalten, er musste jetzt nur diese Fähigkeiten, die ihm das ermöglicht hatten, ein wenig dem Prozess zuwenden, und es war kein Zweifel, dass es gut ausgehen müsste. Vor allem war es, wenn etwas erreicht werden sollte, notwendig, jeden Gedanken an eine mögliche Schuld von vornherein abzulehnen. Es gab keine Schuld. Der Prozess war nichts anderes als ein großes Geschäft, wie er es schon oft mit Vorteil für die Bank abgeschlossen hatte, ein Geschäft, innerhalb dessen, wie das die Regel war, verschiedene Gefahren lauerten, die eben abgewehrt werden mussten. Zu diesem Zwecke durfte man allerdings nicht mit Gedanken an irgendeine Schuld spielen, sondern den Gedanken an den eigenen Vorteil möglichst festhalten. Von diesem Gesichtspunkt aus war es auch unvermeidlich, dem Advokaten die Vertretung sehr bald, am besten noch an diesem Abend, zu entziehen. Es war zwar nach seinen Erzählungen etwas Unerhörtes und wahrscheinlich sehr Beleidigendes, aber K. konnte nicht dulden, dass seinen Anstrengungen in dem Prozess Hindernisse begegneten, die vielleicht von seinem eigenen Advokaten veranlasst waren. War aber einmal der Advokat abgeschüttelt, dann musste die Eingabe sofort überreicht und womöglich jeden Tag darauf gedrängt werden, dass man sie berücksichtige. Zu diesem Zwecke würde es natürlich nicht genügen, dass K. wie die anderen im Gang saß und den Hut unter die Bank stellte. Er selbst oder die Frauen oder andere Boten mussten Tag für Tag die Beamten überlaufen und sie zwingen, statt durch das Gitter auf den Gang zu schauen, sich zu ihrem Tisch zu setzen und K.s Eingabe zu studieren. Von diesen Anstrengungen dürfte man nicht ablassen, alles müsste organisiert und überwacht werden, das Gericht sollte einmal auf einen Angeklagten stoßen, der sein Recht zu wahren verstand.

Wenn sich aber auch K. dies alles durchzuführen getraute, die Schwierigkeit der Abfassung der Eingabe war überwältigend. Früher, etwa noch vor einer Woche, hatte er nur mit einem Gefühl der Scham daran denken können, dass er einmal genötigt sein könnte, eine solche Eingabe selbst zu machen; dass dies auch schwierig sein konnte, daran hatte er gar nicht gedacht. Er erinnerte sich, wie er einmal an einem Vormittag, als er gerade mit Arbeit überhäuft war, plötzlich alles zur Seite geschoben und den Schreibblock vorgenommen hatte, um versuchsweise den Gedankengang einer derartigen Eingabe zu entwerfen und ihn vielleicht dem schwerfälligen Advokaten zur Verfügung zu stellen, und wie gerade in diesem Augenblick die Tür des Direktionszimmers sich öffnete und der Direktor-Stellvertreter mit großem Gelächter eintrat. Es war für K. damals sehr peinlich gewesen, obwohl der Direktor-Stellvertreter natürlich nicht über die Eingabe gelacht hatte, von der er nichts wusste, sondern über einen Börsenwitz, den er eben gehört hatte, einen Witz, der zum Verständnis eine Zeichnung erforderte, die nun der Direktor-Stellvertreter, über K.s Tisch gebeugt, mit K.s Bleistift, den er ihm aus der Hand nahm, auf dem Schreibblock ausführte, der für die Eingabe bestimmt gewesen war.

Heute wusste K. nichts mehr von Scham, die Eingabe musste gemacht werden. Wenn er im Büro keine Zeit für sie fand, was sehr wahrscheinlich war, dann musste er sie zu Hause in den Nächten machen. Würden auch die Nächte nicht genügen, dann musste er einen Urlaub nehmen. Nur nicht auf halbem Wege stehenbleiben, das war nicht nur in Geschäften, sondern immer und überall das Unsinnigste. Die Eingabe bedeutete freilich eine fast endlose Arbeit. Man musste keinen sehr ängstlichen Charakter haben und konnte doch leicht zu dem Glauben kommen, dass es unmöglich war, die Eingabe jemals fertig zu stellen. Nicht aus Faulheit oder Hinterlist, die den Advokaten allein an der Fertigstellung hindern konnten, sondern weil in Unkenntnis der vorhandenen Anklage und gar ihrer möglichen Erweiterungen das ganze Leben in den kleinsten Handlungen und Ereignissen in die Erinnerung zurückgebracht, dargestellt und von allen Seiten überprüft werden musste. Und wie traurig war eine solche Arbeit überdies. Sie war vielleicht geeignet, einmal nach der Pensionierung den kindisch gewordenen Geist zu beschäftigen und ihm zu helfen, die langen Tage hinzubringen. Aber jetzt, wo K. alle Gedanken zu seiner Arbeit brauchte, wo jede Stunde, da er noch im Aufstieg war und schon für den Direktor-Stellvertreter eine Drohung bedeutete, mit größter Schnelligkeit verging und wo er die kurzen Abende und Nächte als junger Mensch genießen wollte, jetzt sollte er mit der Verfassung dieser Eingabe beginnen. Wieder ging sein Denken in Klagen aus. Fast unwillkürlich, nur um dem ein Ende zu machen, tastete er mit dem Finger nach dem Knopf der elektrischen Glocke, die ins Vorzimmer führte. Während er ihn niederdrückte, blickte er zur Uhr auf. Es war elf Uhr, zwei Stunden, eine lange, kostbare Zeit, hatte er verträumt und war natürlich noch matter als vorher. Immerhin war die Zeit nicht verloren, er hatte Entschlüsse gefasst, die wertvoll sein konnten. Die Diener brachten außer verschiedener Post zwei Visitenkarten von Herren, die schon längere Zeit auf K. warteten. Es waren gerade sehr wichtige Kunden der Bank, die man eigentlich auf keinen Fall hätte warten lassen sollen. Warum kamen sie zu so ungelegener Zeit, und warum, so schienen wieder die Herren hinter der geschlossenen Tür zu fragen, verwendete der fleißige K. für Privatangelegenheiten die beste Geschäftszeit? Müde von dem Vorhergegangenen und müde das Folgende erwartend, stand K. auf, um den ersten zu empfangen.

Es war ein kleiner, munterer Herr, ein Fabrikant, den K. gut kannte. Er bedauerte, K. in wichtiger Arbeit gestört zu haben, und K. bedauerte seinerseits, dass er den Fabrikanten so lange hatte warten lassen. Schon dieses Bedauern aber sprach er in derartig mechanischer Weise und mit fast falscher Betonung aus, dass der Fabrikant, wenn er nicht ganz von der Geschäftssache eingenommen gewesen wäre, es hätte bemerken müssen. Statt dessen zog er eilig Rechnungen und Tabellen aus allen Taschen, breitete sie vor K. aus, erklärte verschiedene Posten, verbesserte einen kleinen Rechenfehler, der ihm sogar bei diesem flüchtigen Überblick aufgefallen war, erinnerte K. an ein ähnliches Geschäft, das er mit ihm vor etwa einem Jahr abgeschlossen hatte, erwähnte nebenbei, dass sich diesmal eine andere Bank unter größten Opfern um das Geschäft bewerbe, und verstummte schließlich, um nun K.s Meinung zu erfahren. K. hatte auch tatsächlich im Anfang die Rede des Fabrikanten gut verfolgt, der Gedanke an das wichtige Geschäft hatte dann auch ihn ergriffen, nur leider nicht für die Dauer, er war bald vom Zuhören abgekommen, hatte dann noch ein Weilchen zu den lauteren Ausrufen des Fabrikanten mit dem Kopf genickt, hatte aber schließlich auch das unterlassen und sich darauf eingeschränkt, den kahlen, auf die Papiere hinabgebeugten Kopf anzusehen und sich zu fragen, wann der Fabrikant endlich erkennen werde, dass seine ganze Rede nutzlos sei. Als er nun verstummte, glaubte K. zuerst wirklich, es geschehe dies deshalb, um ihm Gelegenheit zu dem Eingeständnis zu geben, dass er nicht fähig sei, zuzuhören. Nur mit Bedauern merkte er aber an dem gespannten Blick des offenbar auf alle Entgegnungen gefassten Fabrikanten, dass die geschäftliche Besprechung fortgesetzt werden müsse. Er neigte also den Kopf wie vor einem Befehl und begann mit dem Bleistift langsam über den Papieren hin- und herzufahren, hier und da hielt er inne und starrte eine Ziffer an. Der Fabrikant vermutete Einwände, vielleicht waren die Ziffern wirklich nicht feststehend, vielleicht waren sie nicht das Entscheidende, jedenfalls bedeckte der Fabrikant die Papiere mit der Hand und begann von neuem, ganz nahe an K. heranrückend, eine allgemeine Darstellung des Geschäftes. »Es ist schwierig«, sagte K., rümpfte die Lippen und sank, da die Papiere, das einzig Fassbare, verdeckt waren, haltlos gegen die Seitenlehne. Er blickte sogar nur schwach auf, als sich die Tür des Direktionszimmers öffnete und dort, nicht ganz deutlich, etwa wie hinter einem Gazeschleier, der Direktor-Stellvertreter erschien. K. dachte nicht weiter darüber nach, sondern verfolgte nur die unmittelbare Wirkung, die für ihn sehr erfreulich war. Denn sofort hüpfte der Fabrikant vom Sessel auf und eilte dem Direktor-Stellvertreter entgegen, K. aber hätte ihn noch zehnmal flinker machen wollen, denn er fürchtete, der Direktor-Stellvertreter könnte wieder verschwinden. Es war unnütze Furcht, die Herren trafen einander, reichten einander die Hände und gingen gemeinsam auf K.s Schreibtisch zu. Der Fabrikant beklagte sich, dass er beim Prokuristen so wenig Neigung für das Geschäft gefunden habe, und zeigte auf K., der sich unter dem Blick des Direktor-Stellvertreters wieder über die Papiere beugte. Als dann die beiden sich an den Schreibtisch lehnten und der Fabrikant sich daran machte, nun den Direktor-Stellvertreter für sich zu erobern, war es K., als werde über seinem Kopf von zwei Männern, deren Größe er sich übertrieben vorstellte, über ihn selbst verhandelt. Langsam suchte er mit vorsichtig aufwärts gedrehten Augen zu erfahren, was sich oben ereignete, nahm vom Schreibtisch, ohne hinzusehen, eines der Papiere, legte es auf die flache Hand und hob es allmählich, während er selbst aufstand, zu den Herren hinauf. Er dachte hierbei an nichts Bestimmtes, sondern handelte nur in dem Gefühl, dass er sich so verhalten müsste, wenn er einmal die große Eingabe fertig gestellt hätte, die ihn gänzlich entlasten sollte. Der Direktor-Stellvertreter, der sich an dem Gespräch mit aller Aufmerksamkeit beteiligte, sah nur flüchtig auf das Papier, überlas gar nicht, was dort stand, denn was dem Prokuristen wichtig war, war ihm unwichtig, nahm es aus K.s Hand, sagte: »Danke, ich weiß schon alles« und legte es ruhig wieder auf den Tisch zurück. K. sah ihn verbittert von der Seite an. Der Direktor-Stellvertreter aber merkte es gar nicht oder wurde, wenn er es merkte, dadurch nur aufgemuntert, lachte öfters laut auf, brachte einmal durch eine schlagfertige Entgegnung den Fabrikanten in deutliche Verlegenheit, aus der er ihn aber sofort riss, indem er sich selbst einen Einwand machte, und lud ihn schließlich ein, in sein Büro hinüberzukommen, wo sie die Angelegenheit zu Ende führen könnten. »Es ist eine sehr wichtige Sache«, sagte er zu dem Fabrikanten, »ich sehe das vollständig ein. Und dem Herrn Prokuristen« – selbst bei dieser Bemerkung redete er eigentlich nur zum Fabrikanten – »wird es gewiss lieb sein, wenn wir es ihm abnehmen. Die Sache verlangt ruhige Überlegung. Er aber scheint heute sehr überlastet zu sein, auch warten ja einige Leute im Vorzimmer schon stundenlang auf ihn.« K. hatte gerade noch genügend Fassung, sich vom Direktor-Stellvertreter wegzudrehen und sein freundliches, aber starres Lächeln nur dem Fabrikanten zuzuwenden, sonst griff er gar nicht ein, stützte sich, ein wenig vorgebeugt, mit beiden Händen auf den Schreibtisch wie ein Kommis hinter dem Pult und sah zu, wie die zwei Herren unter weiteren Reden die Papiere vom Tisch nahmen und im Direktionszimmer verschwanden. In der Tür drehte sich noch der Fabrikant um, sagte, er verabschiede sich noch nicht, sondern werde natürlich dem Herrn Prokuristen über den Erfolg der Besprechung berichten, auch habe er ihm noch eine andere kleine Mitteilung zu machen.

Endlich war K. allein. Er dachte gar nicht daran, irgendeine andere Partei vorzulassen, und nur undeutlich kam ihm zu Bewusstsein, wie angenehm es sei, dass die Leute draußen in dem Glauben waren, er verhandle noch mit dem Fabrikanten und es könne aus diesem Grunde niemand, nicht einmal der Diener, bei ihm eintreten. Er ging zum Fenster, setzte sich auf die Brüstung, hielt sich mit einer Hand an der Klinke fest und sah auf den Platz hinaus. Der Schnee fiel noch immer, es hatte sich noch gar nicht aufgehellt.

Lange saß er so, ohne zu wissen, was ihm eigentlich Sorgen machte, nur von Zeit zu Zeit blickte er ein wenig erschreckt über die Schulter hinweg zur Vorzimmertür, wo er irrtümlicherweise ein Geräusch zu hören geglaubt hatte. Da aber niemand kam, wurde er ruhiger, ging zum Waschtisch, wusch sich mit kaltem Wasser und kehrte mit freierem Kopf zu seinem Fensterplatz zurück. Der Entschluss, seine Verteidigung selbst in die Hand zu nehmen, stellte sich ihm schwerwiegender dar, als er ursprünglich angenommen hatte. Solange er die Verteidigung auf den Advokaten überwälzt hatte, war er doch noch vom Prozess im Grunde wenig betroffen gewesen, er hatte ihn von der Ferne beobachtet und hatte unmittelbar von ihm kaum erreicht werden können, er hatte nachsehen können, wann er wollte, wie seine Sache stand, aber er hatte auch den Kopf wieder zurückziehen können, wann er wollte. Jetzt hingegen, wenn er seine Verteidigung selbst führen würde, musste er sich – wenigstens für den Augenblick – ganz und gar dem Gericht aussetzen, der Erfolg dessen sollte ja für später seine vollständige und endgültige Befreiung sein, aber um diese zu erreichen, musste er sich vorläufig jedenfalls in viel größere Gefahr begeben als bisher. Hätte er daran zweifeln wollen, so hätte ihn das heutige Beisammensein mit dem Direktor-Stellvertreter und dem Fabrikanten hinreichend vom Gegenteil überzeugen können. Wie war er doch dagesessen, schon vom bloßen Entschluss, sich selbst zu verteidigen, gänzlich benommen? Wie sollte es aber später werden? Was für Tage standen ihm bevor! Würde er den Weg finden, der durch alles hindurch zum guten Ende führte? Bedeutete nicht eine sorgfältige Verteidigung – und alles andere war sinnlos –, bedeutete nicht eine sorgfältige Verteidigung gleichzeitig die Notwendigkeit, sich von allem anderen möglichst anzuschließen? Würde er das glücklich überstehen? Und wie sollte ihm die Durchführung dessen in der Bank gelingen? Es handelte sich ja nicht nur um die Eingabe, für die ein Urlaub vielleicht genügt hätte, obwohl die Bitte um einen Urlaub gerade jetzt ein großes Wagnis gewesen wäre, es handelte sich doch um einen ganzen Prozess, dessen Dauer unabsehbar war. Was für ein Hindernis war plötzlich in K.s Laufbahn geworfen worden!

Und jetzt sollte er für die Bank arbeiten? – Er sah auf den Schreibtisch hin. – Jetzt sollte er Parteien vorlassen und mit ihnen verhandeln? Während sein Prozess weiterrollte, während oben auf dem Dachboden die Gerichtsbeamten über den Schriften dieses Prozesses saßen, sollte er die Geschäfte der Bank besorgen? Sah es nicht aus wie eine Folter, die, vom Gericht anerkannt, mit dem Prozess zusammenhing und ihn begleitete? Und würde man etwa in der Bank bei der Beurteilung seiner Arbeit seine besondere Lage berücksichtigen? Niemand und niemals. Ganz unbekannt war ja sein Prozess nicht, wenn es auch noch nicht ganz klar war, wer davon wusste und wie viel. Bis zum Direktor-Stellvertreter aber war das Gerücht hoffentlich noch nicht gedrungen, sonst hätte man schon deutlich sehen müssen, wie er es ohne jede Kollegialität und Menschlichkeit gegen K. ausnützen würde. Und der Direktor? Gewiss, er war K. gut gesinnt, und er hätte wahrscheinlich, sobald er vom Prozess erfahren hätte, soweit es an ihm lag, manche Erleichterungen für K. schaffen wollen, aber er wäre damit gewiss nicht durchgedrungen, denn er unterlag jetzt, da das Gegengewicht, das K. bisher gebildet hatte, schwächer zu werden anfing, immer mehr dem Einfluss des Direktor-Stellvertreters, der außerdem auch den leidenden Zustand des Direktors zur Stärkung der eigenen Macht ausnützte. Was hatte also K. zu erhoffen? Vielleicht schwächte er durch solche Überlegungen seine Widerstandskraft, aber es war doch auch notwendig, sich selbst nicht zu täuschen und alles so klar zu sehen, als es augenblicklich möglich war.

Ohne besonderen Grund, nur um vorläufig noch nicht zum Schreibtisch zurückkehren zu müssen, öffnete er das Fenster. Es ließ sich nur schwer öffnen, er musste mit beiden Händen die Klinke drehen. Dann zog durch das Fenster in dessen ganzer Breite und Höhe der mit Rauch vermischte Nebel in das Zimmer und füllte es mit einem leichten Brandgeruch. Auch einige Schneeflocken wurden hereingeweht. »Ein hässlicher Herbst«, sagte hinter K. der Fabrikant, der vom Direktor-Stellvertreter kommend unbemerkt ins Zimmer getreten war. K. nickte und sah unruhig auf die Aktentasche des Fabrikanten, aus der dieser nun wohl die Papiere herausziehen würde, um K. das Ergebnis der Verhandlungen mit dem Direktor-Stellvertreter mitzuteilen. Der Fabrikant aber folgte K.s Blick, klopfte auf seine Tasche und sagte, ohne sie zu öffnen: »Sie wollen hören, wie es ausgefallen ist. Ich trage schon fast den Geschäftsabschluss in der Tasche. Ein reizender Mensch, Ihr Direktor-Stellvertreter, aber durchaus nicht ungefährlich.« Er lachte, schüttelte K.s Hand und wollte auch ihn zum Lachen bringen. Aber K. schien es nun wieder verdächtig, dass ihm der Fabrikant die Papiere nicht zeigen wollte, und er fand an der Bemerkung des Fabrikanten nichts zum Lachen »Herr Prokurist«, sagte der Fabrikant, »Sie leiden wohl unter dem Wetter? Sie sehen heute so bedrückt aus.« »Ja«, sagte K. und griff mit der Hand an die Schläfe, »Kopfschmerzen, Familiensorgen.« »Sehr richtig«, sagte der Fabrikant, der ein eiliger Mensch war und niemanden ruhig anhören konnte, »jeder hat sein Kreuz zu tragen.« Unwillkürlich hatte K. einen Schritt gegen die Tür gemacht, als wolle er den Fabrikanten hinausbegleiten, dieser aber sagte: »Ich hätte, Herr Prokurist, noch eine kleine Mitteilung für Sie. Ich fürchte sehr, dass ich Sie gerade heute damit vielleicht belästige, aber ich war schon zweimal in der letzten Zeit bei Ihnen und habe es jedes Mal vergessen. Schiebe ich es aber noch weiterhin auf, verliert es wahrscheinlich vollständig seinen Zweck. Das wäre aber schade, denn im Grunde ist meine Mitteilung vielleicht doch nicht wertlos.« Ehe K. Zeit hatte zu antworten, trat der Fabrikant nahe an ihn heran, klopfte mit dem Fingerknöchel leicht an seine Brust und sagte leise: »Sie haben einen Prozess, nicht wahr?« K. trat zurück und rief sofort: »Das hat Ihnen der Direktor-Stellvertreter gesagt!« »Ach nein«, sagte der Fabrikant, »woher sollte denn der Direktor-Stellvertreter es wissen?« »Und Sie?« fragte K. schon viel gefasster. »Ich erfahre hie und da etwas von dem Gericht«, sagte der Fabrikant, »das betrifft eben die Mitteilung, die ich Ihnen machen wollte.« »So viel Leute sind mit dem Gericht in Verbindung!« sagte K. mit gesenktem Kopf und führte den Fabrikanten zum Schreibtisch. Sie setzten sich wieder wie früher und der Fabrikant sagte: »Es ist leider nicht sehr viel, was ich Ihnen mitteilen kann. Aber in solchen Dingen soll man nicht das geringste vernachlässigen. Außerdem drängt es mich aber, Ihnen irgendwie zu helfen, und sei meine Hilfe noch so bescheiden. Wir waren doch bisher gute Geschäftsfreunde, nicht? Nun also.« K. wollte sich wegen seines Verhaltens bei der heutigen Besprechung entschuldigen, aber der Fabrikant duldete keine Unterbrechung, schob die Aktentasche hoch unter die Achsel, um zu zeigen, dass er Eile habe, und fuhr fort: »Von Ihrem Prozess weiß ich durch einen gewissen Titorelli. Es ist ein Maler, Titorelli ist nur sein Künstlername, seinen wirklichen Namen kenne ich gar nicht einmal. Er kommt schon seit Jahren von Zeit zu Zeit in mein Büro und bringt kleine Bilder mit, für die ich ihm – er ist fast ein Bettler – immer eine Art Almosen gebe. Es sind übrigens hübsche Bilder, Heidelandschaften und dergleichen. Diese Verkäufe – wir hatten uns schon beide daran gewöhnt – gingen ganz glatt vor sich. Einmal aber wiederholten sich diese Besuche doch zu oft, ich machte ihm Vorwürfe, wir kamen ins Gespräch, es interessierte mich, wie er sich allein durch Malen erhalten könne, und ich erfuhr nun zu meinem Staunen, dass seine Haupteinnahmequelle das Porträtmalen sei. ›Er arbeite für das Gericht‹, sagte er. ›Für welches Gericht?‹ fragte ich. Und nun erzählte er mir von dem Gericht. Sie werden sich wohl am besten vorstellen können, wie erstaunt ich über diese Erzählungen war. Seitdem höre ich bei jedem seiner Besuche irgendwelche Neuigkeiten vom Gericht und bekomme so allmählich einen gewissen Einblick in die Sache. Allerdings ist Titorelli geschwätzig, und ich muss ihn oft abwehren, nicht nur, weil er gewiss auch lügt, sondern vor allem, weil ein Geschäftsmann wie ich, der unter den eigenen Geschäftssorgen fast zusammenbricht, sich nicht noch viel um fremde Dinge kümmern kann. Aber das nur nebenbei. Vielleicht – so dachte ich jetzt – kann Ihnen Titorelli ein wenig behilflich sein, er kennt viele Richter, und wenn er selbst auch keinen großen Einfluss haben sollte, so kann er Ihnen doch Ratschläge geben, wie man verschiedenen einflussreichen Leuten beikommen kann. Und wenn auch diese Ratschläge an und für sich nicht entscheidend sein sollten, so werden sie doch, meiner Meinung nach, in Ihrem Besitz von großer Bedeutung sein. Sie sind ja fast ein Advokat. Ich pflege immer zu sagen: Prokurist K. ist fast ein Advokat. Oh, ich habe keine Sorgen wegen Ihres Prozesses. Wollen Sie nun aber zu Titorelli gehen? Auf meine Empfehlung hin wird er gewiss alles tun, was ihm möglich ist. Ich denke wirklich, Sie sollten hingehen. Es muss natürlich nicht heute sein, einmal, gelegentlich. Allerdings sind Sie – das will ich noch sagen – dadurch, dass ich Ihnen diesen Rat gebe, nicht im geringsten verpflichtet, auch wirklich zu Titorelli hinzugehen. Nein, wenn Sie Titorelli entbehren zu können glauben, ist es gewiss besser, ihn ganz beiseite zu lassen. Vielleicht haben Sie schon einen ganz genauen Plan, und Titorelli könnte ihn stören. Nein, dann gehen Sie natürlich auf keinen Fall hin! Es kostet gewiss auch Überwindung, sich von einem solchen Burschen Ratschläge geben zu lassen. Nun, wie Sie wollen. Hier ist das Empfehlungsschreiben und hier die Adresse.«

Enttäuscht nahm K. den Brief und steckte ihn in die Tasche. Selbst im günstigsten Falle war der Vorteil, den ihm die Empfehlung bringen konnte, unverhältnismäßig kleiner als der Schaden, der darin lag, dass der Fabrikant von seinem Prozess wusste und dass der Maler die Nachricht weiterverbreitete. Er konnte sich kaum dazu zwingen, dem Fabrikanten, der schon auf dem Weg zur Tür war, mit ein paar Worten zu danken. »Ich werde hingehen«, sagte er, als er sich bei der Tür vom Fabrikanten verabschiedete, »oder ihm, da ich jetzt sehr beschäftigt bin, schreiben, er möge einmal zu mir ins Büro kommen.« »Ich wusste ja«, sagte der Fabrikant, »dass Sie den besten Ausweg finden würden. Allerdings dachte ich, dass Sie es lieber vermeiden wollen, Leute wie diesen Titorelli in die Bank einzuladen, um mit ihm hier über den Prozess zu sprechen. Es ist auch nicht immer vorteilhaft, Briefe an solche Leute aus der Hand zu geben. Aber Sie haben gewiss alles durchgedacht und wissen, was Sie tun dürfen.« K. nickte und begleitete den Fabrikanten noch durch das Vorzimmer. Aber trotz äußerlicher Ruhe war er über sich sehr erschrocken; dass er Titorelli schreiben würde, hatte er eigentlich nur gesagt, um dem Fabrikanten irgendwie zu zeigen, dass er die Empfehlung zu schätzen wisse und die Möglichkeiten, mit Titorelli zusammenzukommen, sofort überlege, aber wenn er Titorellis Beistand für wertvoll angesehen hätte, hätte er auch nicht gezögert, ihm wirklich zu schreiben. Die Gefahren aber, die das zur Folge haben könnte, hatte er erst durch die Bemerkung des Fabrikanten erkannt. Konnte er sich auf seinen eigenen Verstand tatsächlich schon so wenig verlassen? Wenn es möglich war, dass er einen fragwürdigen Menschen durch einen deutlichen Brief in die Bank einlud, um von ihm, nur durch eine Tür vom Direktor-Stellvertreter getrennt, Ratschläge wegen seines Prozesses zu erbitten, war es dann nicht möglich und sogar sehr wahrscheinlich, dass er auch andere Gefahren übersah oder in sie hinein rannte? Nicht immer stand jemand neben ihm, um ihn zu warnen. Und gerade jetzt, wo er mit gesammelten Kräften auftreten sollte, mussten derartige, ihm bisher fremde Zweifel an seiner eigenen Wachsamkeit auftreten! Sollten die Schwierigkeiten, die er bei Ausführung seiner Büroarbeit fühlte, nun auch im Prozess beginnen? Jetzt allerdings begriff er es gar nicht mehr, wie es möglich gewesen war, dass er an Titorelli hatte schreiben und ihn in die Bank einladen wollen.

Er schüttelte noch den Kopf darüber, als der Diener an seine Seite trat und ihn auf drei Herren aufmerksam machte, die hier im Vorzimmer auf einer Bank saßen. Sie warteten schon lange darauf, zu K. vorgelassen zu werden. Jetzt, da der Diener mit K. sprach, waren sie aufgestanden, und jeder wollte eine günstige Gelegenheit ausnützen, um sich vor den anderen an K. heranzumachen. Da man von Seiten der Bank so rücksichtslos war, sie hier im Wartezimmer ihre Zeit verlieren zu lassen, wollten auch sie keine Rücksicht mehr üben. »Herr Prokurist«, sagte schon der eine. Aber K. hatte sich vom Diener den Winterrock bringen lassen und sagte, während er ihn mit Hilfe des Dieners anzog, allen dreien: »Verzeihen Sie, meine Herren, ich habe augenblicklich leider keine Zeit, Sie zu empfangen. Ich bitte Sie sehr um Verzeihung, aber ich habe einen dringenden Geschäftsgang zu erledigen und muss sofort weggehen. Sie haben ja selbst gesehen, wie lange ich jetzt aufgehalten wurde. Wären Sie so freundlich, morgen oder wann immer wiederzukommen? Oder wollen wir die Sachen vielleicht telefonisch besprechen? Oder wollen Sie mir vielleicht jetzt kurz sagen, worum es sich handelt, und ich gebe Ihnen dann eine ausführliche schriftliche Antwort. Am besten wäre es allerdings, Sie kämen nächstens.« Diese Vorschläge K.s brachten die Herren, die nun vollständig nutzlos gewartet haben sollten, in solches Staunen, dass sie einander stumm ansahen. »Wir sind also einig?« fragte K., der sich nach dem Diener umgewendet hatte, der ihm nun auch den Hut brachte. Durch die offene Tür von K.s Zimmer sah man, wie sich draußen der Schneefall sehr verstärkt hatte. K. schlug daher den Mantelkragen in die Höhe und knöpfte ihn hoch unter dem Halse zu.

Da trat gerade aus dem Nebenzimmer der Direktor-Stellvertreter, sah lächelnd K. im Winterrock mit den Herren verhandeln und fragte: »Sie gehen jetzt weg, Herr Prokurist?« »Ja«, sagte K. und richtete sich auf, »ich habe einen Geschäftsgang zu machen.« Aber der Direktor-Stellvertreter hatte sich schon den Herren zugewendet. »Und die Herren?« fragte er. »Ich glaube, sie warten schon lange.« »Wir haben uns schon geeinigt«, sagte K. Aber nun ließen sich die Herren nicht mehr halten, umringten K. und erklärten, dass sie nicht stundenlang gewartet hätten, wenn ihre Angelegenheiten nicht wichtig wären und nicht jetzt, und zwar ausführlich und unter vier Augen, besprochen werden müssten. Der Direktor-Stellvertreter hörte ihnen ein Weilchen zu, betrachtete auch K., der den Hut in der Hand hielt und ihn stellenweise von Staub reinigte, und sagte dann: »Meine Herren, es gibt ja einen sehr einfachen Ausweg. Wenn Sie mit mir vorlieb nehmen wollen, übernehme ich sehr gerne die Verhandlungen statt des Herrn Prokuristen. Ihre Angelegenheiten müssen natürlich sofort besprochen werden. Wir sind Geschäftsleute wie Sie und wissen die Zeit von Geschäftsleuten richtig zu bewerten. Wollen Sie hier eintreten?« Und er öffnete die Tür, die zu dem Vorzimmer seines Büros führte.

Wie sich doch der Direktor-Stellvertreter alles anzueignen verstand, was K. jetzt notgedrungen aufgeben musste! Gab aber K. nicht mehr auf, als unbedingt nötig war? Während er mit unbestimmten und, wie er sich eingestehen musste, sehr geringen Hoffnungen zu einem unbekannten Maler lief, erlitt hier sein Ansehen eine unheilbare Schädigung. Es wäre wahrscheinlich viel besser gewesen, den Winterrock wieder auszuziehen und wenigstens die zwei Herren, die ja nebenan doch noch warten mussten, für sich zurückzugewinnen. K. hätte es vielleicht auch versucht, wenn er nicht jetzt in seinem Zimmer den Direktor-Stellvertreter erblickt hätte, wie er im Bücherständer, als wäre es sein eigener, etwas suchte. Als K. sich erregt der Tür näherte, rief er: »Ach, Sie sind noch nicht weggegangen!« Er wandte ihm sein Gesicht zu, dessen viele straffe Falten nicht Alter, sondern Kraft zu beweisen schienen, und fing sofort wieder zu suchen an. »Ich suche eine Vertragsabschrift«, sagte er, »die sich, wie der Vertreter der Firma behauptet, bei Ihnen befinden soll. Wollen Sie mir nicht suchen helfen?« K. machte einen Schritt, aber der Direktor-Stellvertreter sagte: »Danke, ich habe es schon gefunden«, und kehrte mit einem großen Paket Schriften, das nicht nur die Vertragsabschrift, sondern gewiss noch vieles andere enthielt, wieder in sein Zimmer zurück.

»Jetzt bin ich ihm nicht gewachsen«, sagte sich K., »wenn aber meine persönlichen Schwierigkeiten einmal beseitigt sein werden, dann soll er wahrhaftig der erste sein, der es zu fühlen bekommt, und zwar möglichst bitter.« Durch diesen Gedanken ein wenig beruhigt, gab K. dem Diener, der schon lange die Tür zum Korridor für ihn offenhielt, den Auftrag, dem Direktor gelegentlich die Meldung zu machen, dass er sich auf einem Geschäftsgang befinde, und verließ, fast glücklich darüber, sich eine Zeitlang vollständiger seiner Sache widmen zu können, die Bank.

Er fuhr sofort zum Maler, der in einer Vorstadt wohnte, die jener, in welcher sich die Gerichtskanzleien befanden, vollständig entgegengesetzt war. Es war eine noch ärmere Gegend, die Häuser noch dunkler, die Gassen voll Schmutz, der auf dem zerflossenen Schnee langsam umhertrieb. Im Hause, in dem der Maler wohnte, war nur ein Flügel des großen Tores geöffnet, in den anderen aber war unten in der Mauer eine Lücke gebrochen, aus der gerade, als sich K. näherte, eine widerliche, gelbe, rauchende Flüssigkeit herausschoss, vor der sich einige Ratten in den nahen Kanal flüchteten. Unten an der Treppe lag ein kleines Kind bäuchlings auf der Erde und weinte, aber man hörte es kaum infolge des alles übertönenden Lärms, der aus einer Klempnerwerkstätte auf der anderen Seite des Torganges kam. Die Tür der Werkstätte war offen, drei Gehilfen standen im Halbkreis um irgendein Werkstück, auf das sie mit den Hämmern schlugen. Eine große Platte Weißblech, die an der Wand hing, warf ein bleiches Licht, das zwischen zwei Gehilfen eindrang und die Gesichter und Arbeitsschürzen erhellte. K. hatte für alles nur einen flüchtigen Blick, er wollte möglichst rasch hier fertig werden, nur den Maler mit ein paar Worten ausforschen und sofort wieder in die Bank zurückgehen. Wenn er hier nur den kleinsten Erfolg hatte, sollte das auf seine heutige Arbeit in der Bank noch eine gute Wirkung ausüben. Im dritten Stockwerk musste er seinen Schritt mäßigen, er war ganz außer Atem, die Treppen, ebenso wie die Stockwerke, waren übermäßig hoch, und der Maler sollte ganz oben in einer Dachkammer wohnen. Auch war die Luft sehr drückend, es gab keinen Treppenhof, die enge Treppe war auf beiden Seiten von Mauern eingeschlossen, in denen nur hier und da fast ganz oben kleine Fenster angebracht waren. Gerade als K. ein wenig stehenblieb, liefen ein paar kleine Mädchen aus einer Wohnung heraus und eilten lachend die Treppe weiter hinauf. K. folgte ihnen langsam, holte eines der Mädchen ein, das gestolpert und hinter den andern zurückgeblieben war, und fragte es, während sie nebeneinander weiterstiegen: »Wohnt hier ein Maler Titorelli?« Das Mädchen, ein kaum dreizehnjähriges, etwas buckliges Mädchen, stieß ihn darauf mit dem Ellbogen an und sah von der Seite zu ihm auf. Weder ihre Jugend noch ihr Körperfehler hatte verhindern können, dass sie schon ganz verdorben war. Sie lächelte nicht einmal, sondern sah K. ernst mit scharfem, aufforderndem Blicke an. K. tat, als hätte er ihr Benehmen nicht bemerkt, und fragte:

»Kennst du den Maler Titorelli?« Sie nickte und fragte ihrerseits: »Was wollen Sie von ihm?« K. schien es vorteilhaft, sich noch schnell ein wenig über Titorelli zu unterrichten:

»Ich will mich von ihm malen lassen«, sagte er. »Malen lassen?« fragte sie, öffnete übermäßig den Mund, schlug leicht mit der Hand gegen K., als hätte er etwas außerordentlich Überraschendes oder Ungeschicktes gesagt, hob mit beiden Händen ihr ohnedies sehr kurzes Röckchen und lief, so schnell sie konnte, hinter den andern Mädchen her, deren Geschrei schon undeutlich in der Höhe sich verlor. Bei der nächsten Wendung der Treppe aber traf K. schon wieder alle Mädchen. Sie waren offenbar von der Buckligen von K.s Absicht verständigt worden und erwarteten ihn. Sie standen zu beiden Seiten der Treppe, drückten sich an die Mauer, damit K. bequem zwischen ihnen durchkomme, und glätteten mit der Hand ihre Schürzen. Alle Gesichter, wie auch diese Spalierbildung, stellten eine Mischung von Kindlichkeit und Verworfenheit dar. Oben, an der Spitze der Mädchen, die sich jetzt hinter K. lachend zusammenschlossen, war die Bucklige, welche die Führung übernahm. K. hatte es ihr zu verdanken, dass er gleich den richtigen Weg fand. Er wollte nämlich geradeaus weitersteigen, sie aber zeigte ihm, dass er eine Abzweigung der Treppe wählen müsse, um zu Titorelli zu kommen. Die Treppe, die zu ihm führte, war besonders schmal, sehr lang, ohne Biegung, in ihrer ganzen Länge zu übersehen und oben unmittelbar vor Titorellis Tür abgeschlossen.

Diese Tür, die durch ein kleines, schief über ihr eingesetztes Oberlichtfenster im Gegensatz zur übrigen Treppe verhältnismäßig hell beleuchtet wurde, war aus nicht übertünchten Balken zusammengesetzt, auf die der Name Titorelli mit roter Farbe in breiten Pinselstrichen gemalt war. K. war mit seinem Gefolge noch kaum in der Mitte der Treppe, als oben, offenbar veranlasst durch das Geräusch der vielen Schritte, die Tür ein wenig geöffnet wurde und ein wahrscheinlich nur mit einem Nachthemd bekleideter Mann in der Türspalte erschien. »Oh!«

rief er, als er die Menge kommen sah, und verschwand. Die Bucklige klatschte vor Freude in die Hände, und die übrigen Mädchen drängten hinter K., um ihn schneller vorwärtszutreiben.

Sie waren aber noch nicht einmal hinaufgekommen, als oben der Maler die Tür gänzlich aufriss und mit einer tiefen Verbeugung K. einlud, einzutreten. Die Mädchen dagegen wehrte er ab, er wollte keine von ihnen einlassen, sosehr sie baten und sosehr sie versuchten, wenn schon nicht mit seiner Erlaubnis, so gegen seinen Willen einzudringen. Nur der Buckligen gelang es, unter seinem ausgestreckten Arm durchzuschlüpfen, aber der Maler jagte hinter ihr her, packte sie bei den Röcken, wirbelte sie einmal um sich herum und setzte sie dann vor die Tür bei den anderen Mädchen ab, die es, während der Maler seinen Posten verlassen hatte, doch nicht gewagt hatten, die Schwelle zu überschreiten. K. wusste nicht, wie er das Ganze beurteilen sollte, es hatte nämlich den Anschein, als ob alles in freundschaftlichem Einvernehmen geschehe. Die Mädchen bei der Tür streckten, eines hinter dem anderen, die Hälse in die Höhe, riefen dem Maler verschiedene scherzhaft gemeinte Worte zu, die K. nicht verstand, und auch der Maler lachte, während die Bucklige in seiner Hand fast flog. Dann schloss er die Tür, verbeugte sich nochmals vor K., reichte ihm die Hand und sagte, sich vorstellend: »Kunstmaler Titorelli.« K. zeigte auf die Tür, hinter der die Mädchen flüsterten, und sagte: »Sie scheinen im Hause sehr beliebt zu sein.« »Ach, die Fratzen!« sagte der Maler und suchte vergebens sein Nachthemd am Halse zuzuknöpfen. Er war im übrigen bloßfüßig und nur noch mit einer breiten, gelblichen Leinenhose bekleidet, die mit einem Riemen festgemacht war, dessen langes Ende frei hin und her schlug. »Diese Fratzen sind mir eine wahre Last«, fuhr er fort, während er vom Nachthemd, dessen letzter Knopf gerade abgerissen war, abließ, einen Sessel holte und K. zum Niedersetzen nötigte. »Ich habe eine von ihnen – sie ist heute nicht einmal dabei – einmal gemalt, und seitdem verfolgen mich alle. Wenn ich selbst hier bin, kommen sie nur herein, wenn ich es erlaube, bin ich aber einmal weg, dann ist immer zumindest eine da. Sie haben sich einen Schlüssel zu meiner Tür machen lassen, den sie untereinander verleihen. Man kann sich kaum vorstellen, wie lästig das ist. Ich komme zum Beispiel mit einer Dame, die ich malen soll, nach Hause, öffne die Tür mit meinem Schlüssel und finde etwa die Bucklige dort beim Tischchen, wie sie sich mit dem Pinsel die Lippen rot färbt, während ihre kleinen Geschwister, die sie zu beaufsichtigen hat, sich herumtreiben und das Zimmer in allen Ecken verunreinigen. Oder ich komme, wie es mir erst gestern geschehen ist, spätabends nach Hause – entschuldigen Sie, bitte, mit Rücksicht darauf meinen Zustand und die Unordnung im Zimmer –, also ich komme spätabends nach Hause und will ins Bett steigen, da zwickt mich etwas ins Bein, ich schaue unter das Bett und ziehe wieder so ein Ding heraus. Warum sie sich so zu mir drängen, weiß ich nicht, dass ich sie nicht zu mir zu locken suche, dürften Sie eben bemerkt haben. Natürlich bin ich dadurch auch in meiner Arbeit gestört. Wäre mir dieses Atelier nicht umsonst zur Verfügung gestellt, ich wäre schon längst ausgezogen.« Gerade rief hinter der Tür ein Stimmchen, zart und ängstlich: »Titorelli, dürfen wir schon kommen?« »Nein«, antwortete der Maler. »Ich allein auch nicht?« fragte es wieder. »Auch nicht«, sagte der Maler, ging zur Tür und sperrte sie ab.

K. hatte sich inzwischen im Zimmer umgesehen, er wäre niemals selbst auf den Gedanken gekommen, dass man dieses elende kleine Zimmer ein Atelier nennen könnte. Mehr als zwei lange Schritte konnte man der Länge und Quere nach kaum hier machen. Alles, Fußboden, Wände und Zimmerdecke, war aus Holz, zwischen den Balken sah man schmale Ritzen. K. gegenüber stand an der Wand das Bett, das mit verschiedenfarbigem Bettzeug überladen war. In der Mitte des Zimmers war auf einer Staffelei ein Bild, das mit einem Hemd verhüllt war, dessen Ärmel bis zum Boden baumelten. Hinter K. war das Fenster, durch das man im Nebel nicht weiter sehen konnte als über das mit Schnee bedeckte Dach des Nachbarhauses.

Das Umdrehen des Schlüssels im Schloss erinnerte K. daran, dass er bald hatte weggehen wollen. Er zog daher den Brief des Fabrikanten aus der Tasche, reichte ihn dem Maler und sagte: »Ich habe durch diesen Herrn, Ihren Bekannten, von Ihnen erfahren und bin auf seinen Rat hin gekommen.« Der Maler las den Brief flüchtig durch und warf ihn aufs Bett. Hätte der Fabrikant nicht auf das bestimmteste von Titorelli als von seinem Bekannten gesprochen, als von einem armen Menschen, der auf seine Almosen angewiesen war, so hätte man jetzt wirklich glauben können, Titorelli kenne den Fabrikanten nicht oder wisse sich an ihn wenigstens nicht zu erinnern. Überdies fragte nun der Maler: »Wollen Sie Bilder kaufen oder sich selbst malen lassen?« K. sah den Maler erstaunt an. Was stand denn eigentlich in dem Brief? K. hatte es als selbstverständlich angenommen, dass der Fabrikant in dem Brief den Maler davon unterrichtet hatte, dass K. nichts anderes wollte, als sich hier wegen seines Prozesses zu erkundigen. Er war doch gar zu eilig und unüberlegt hierhergelaufen! Aber er musste jetzt dem Maler irgendwie antworten und sagte mit einem Blick auf die Staffelei: »Sie arbeiten gerade an einem Bild?« »Ja«, sagte der Maler und warf das Hemd, das über der Staffelei hing, dem Brief nach auf das Bett. »Es ist ein Porträt. Eine gute Arbeit, aber noch nicht ganz fertig.« Der Zufall war K. günstig, die Möglichkeit, vom Gericht zu reden, wurde ihm förmlich dargeboten, denn es war offenbar das Porträt eines Richters. Es war übrigens dem Bild im Arbeitszimmer des Advokaten auffallend ähnlich. Es handelte sich hier zwar um einen ganz anderen Richter, einen dicken Mann mit schwarzem, buschigem Vollbart, der seitlich weit die Wangen hinaufreichte, auch war jenes Bild ein Ölbild, dieses aber mit Pastellfarben schwach und undeutlich angesetzt. Aber alles übrige war ähnlich, denn auch hier wollte sich gerade der Richter von seinem Thronsessel, dessen Seitenlehnen er festhielt, drohend erheben. »Das ist ja ein Richter«, hatte K. gleich sagen wollen, hielt sich dann aber vorläufig noch zurück und näherte sich dem Bild, als wolle er es in den Einzelheiten studieren. Eine große Figur, die in der Mitte der Rückenlehne des Thronsessels stand, konnte er sich nicht erklären und fragte den Maler nach ihr. Sie müsse noch ein wenig ausgearbeitet werden, antwortete der Maler, holte von einem Tischchen einen Pastellstift und strichelte mit ihm ein wenig an den Rändern der Figur, ohne sie aber dadurch für K. deutlicher zu machen. »Es ist die Gerechtigkeit«, sagte der Maler schließlich. »Jetzt erkenne ich sie schon«, sagte K., »hier ist die Binde um die Augen und hier die Waage. Aber sind nicht an den Fersen Flügel und befindet sie sich nicht im Lauf?« »Ja«, sagte der Maler, »ich musste es über Auftrag so malen, es ist eigentlich die Gerechtigkeit und die Siegesgöttin in einem.« »Das ist keine gute Verbindung«, sagte K. lächelnd, »die Gerechtigkeit muss ruhen, sonst schwankt die Waage, und es ist kein gerechtes Urteil möglich.« »Ich füge mich darin meinem Auftraggeber«, sagte der Maler. »Ja gewiss«, sagte K., der mit seiner Bemerkung niemanden hatte kränken wollen. »Sie haben die Figur so gemalt, wie sie auf dem Thronsessel wirklich steht.« »Nein«, sagte der Maler, »ich habe weder die Figur noch den Thronsessel gesehen, das alles ist Erfindung, aber es wurde mir angegeben, was ich zu malen habe.« »Wie?« fragte K., er tat absichtlich, als verstehe er den Maler nicht völlig, »es ist doch ein Richter, der auf dem Richterstuhl sitzt?« »Ja«, sagte der Maler, »aber er ist kein hoher Richter und ist niemals auf einem solchen Thronsessel gesessen.« »Und lässt sich doch in so feierlicher Haltung malen? Er sitzt ja da wie ein Gerichtspräsident.« »Ja, eitel sind die Herren«, sagte der Maler. »Aber sie haben die höhere Erlaubnis, sich so malen zu lassen. Jedem ist genau vorgeschrieben, wie er sich malen lassen darf. Nur kann man leider gerade nach diesem Bilde die Einzelheiten der Tracht und des Sitzes nicht beurteilen, die Pastellfarben sind für solche Darstellungen nicht geeignet.« »Ja«, sagte K., »es ist sonderbar, dass es in Pastellfarben gemalt ist.« »Der Richter wünschte es so«, sagte der Maler, »es ist für eine Dame bestimmt.« Der Anblick des Bildes schien ihm Lust zur Arbeit gemacht zu haben, er krempelte die Hemdärmel aufwärts, nahm einige Stifte in die Hand, und K. sah zu, wie unter den zitternden Spitzen der Stifte anschließend an den Kopf des Richters ein rötlicher Schatten sich bildete, der strahlenförmig gegen den Rand des Bildes verging. Allmählich umgab dieses Spiel des Schattens den Kopf wie ein Schmuck oder eine hohe Auszeichnung. Um die Figur der Gerechtigkeit aber blieb es bis auf eine unmerkliche Tönung hell, in dieser Helligkeit schien die Figur besonders vorzudringen, sie erinnerte kaum mehr an die Göttin der Gerechtigkeit, aber auch nicht an die des Sieges, sie sah jetzt vielmehr vollkommen wie die Göttin der Jagd aus. Die Arbeit des Malers zog K. mehr an, als er wollte; schließlich aber machte er sich doch Vorwürfe, dass er so lange schon hier war und im Grunde noch nichts für seine eigene Sache unternommen hatte. »Wie heißt dieser Richter?« fragte er plötzlich. »Das darf ich nicht sagen«, antwortete der Maler, er war tief zum Bild hinabgebeugt und vernachlässigte deutlich seinen Gast, den er doch zuerst so rücksichtsvoll empfangen hatte. K. hielt das für eine Laune und ärgerte sich darüber, weil er dadurch Zeit verlor. »Sie sind wohl ein Vertrauensmann des Gerichtes?« fragte er. Sofort legte der Maler die Stifte beiseite, richtete sich auf, rieb die Hände aneinander und sah K. lächelnd an. »Nur immer gleich mit der Wahrheit heraus«, sagte er, »Sie wollen etwas über das Gericht erfahren, wie es ja auch in Ihrem Empfehlungsschreiben steht, und haben zunächst über meine Bilder gesprochen, um mich zu gewinnen. Aber ich nehme das nicht übel, Sie konnten ja nicht wissen, dass das bei mir unangebracht ist. Oh, bitte!« sagte er scharf abwehrend, als K. etwas einwenden wollte. Und fuhr dann fort: »Im übrigen haben Sie mit Ihrer Bemerkung vollständig recht, ich bin ein Vertrauensmann des Gerichtes.« Er machte eine Pause, als wolle er K. Zeit lassen, sich mit dieser Tatsache abzufinden. Man hörte jetzt wieder hinter der Tür die Mädchen. Sie drängten sich wahrscheinlich um das Schlüsselloch, vielleicht konnte man auch durch die Ritzen ins Zimmer hineinsehen. K. unterließ es, sich irgendwie zu entschuldigen, denn er wollte den Maler nicht ablenken, wohl aber wollte er nicht, dass der Maler sich allzu sehr überhebe und sich auf diese Weise gewissermaßen unerreichbar mache, er fragte deshalb: »Ist das eine öffentlich anerkannte Stellung?« »Nein«, sagte der Maler kurz, als sei ihm dadurch die weitere Rede verschlagen. K. wollte ihn aber nicht verstummen lassen und sagte: »Nun, oft sind derartige nichtanerkannte Stellungen einflussreicher als die anerkannten.« »Das ist eben bei mir der Fall«, sagte der Maler und nickte mit zusammengezogener Stirn. »Ich sprach gestern mit dem Fabrikanten über Ihren Fall, er fragte mich, ob ich Ihnen nicht helfen wollte, ich antwortete: ›Der Mann kann ja einmal zu mir kommen‹, und nun freue ich mich, Sie so bald hier zu sehen. Die Sache scheint Ihnen ja sehr nahezugehen, worüber ich mich natürlich gar nicht wundere. Wollen Sie vielleicht zunächst Ihren Rock ablegen?« Obwohl K. beabsichtigte, nur ganz kurze Zeit hierzubleiben, war ihm diese Aufforderung des Malers doch sehr willkommen. Die Luft im Zimmer war ihm allmählich drückend geworden, öfters hatte er schon verwundert auf einen kleinen, zweifellos nicht geheizten Eisenofen in der Ecke hingesehen, die Schwüle im Zimmer war unerklärlich. Während er den Winterrock ablegte und auch noch den Rock aufknöpfte, sagte der Maler, sich entschuldigend: »Ich muss Wärme haben. Es ist hier doch sehr behaglich, nicht? Das Zimmer ist in dieser Hinsicht sehr gut gelegen.« K. sagte nichts dazu, aber es war eigentlich nicht die Wärme, die ihm Unbehagen machte, es war vielmehr die dumpfe, das Atmen fast behindernde Luft, das Zimmer war wohl schon lange nicht gelüftet. Diese Unannehmlichkeit wurde für K. dadurch verstärkt, dass ihn der Maler bat, sich auf das Bett zu setzen, während er selbst sich auf den einzigen Stuhl des Zimmers vor der Staffelei niedersetzte. Außerdem schien es der Maler misszuverstehen, warum K. nur am Bettrand blieb, er bat vielmehr, K. möchte es sich bequem machen und ging, da K. zögerte, selbst hin und drängte ihn tief in die Betten und Polster hinein. Dann kehrte er wieder zu seinem Sessel zurück und stellte endlich die erste sachliche Frage, die K. alles andere vergessen ließ. »Sie sind unschuldig?« fragte er. »Ja«, sagte K. Die Beantwortung dieser Frage machte ihm geradezu Freude, besonders da sie gegenüber einem Privatmann, also ohne jede Verantwortung erfolgte. Noch niemand hatte ihn so offen gefragt. Um diese Freude auszukosten, fügte er noch hinzu: »Ich bin vollständig unschuldig.« »So«, sagte der Maler, senkte den Kopf und schien nachzudenken. Plötzlich hob er wieder den Kopf und sagte: »Wenn Sie unschuldig sind, dann ist ja die Sache sehr einfach.« K.s Blick trübte sich, dieser angebliche Vertrauensmann des Gerichtes redete wie ein unwissendes Kind. »Meine Unschuld vereinfacht die Sache nicht«, sagte K. Er musste trotz allem lächeln und schüttelte langsam den Kopf »Es kommt auf viele Feinheiten an, in denen sich das Gericht verliert. Zum Schluss aber zieht es von irgendwoher, wo ursprünglich gar nichts gewesen ist, eine große Schuld hervor.« »Ja, ja, gewiss«, sagte der Maler, als störe K. unnötigerweise seinen Gedankengang. »Sie sind aber doch unschuldig?« »Nun ja«, sagte K. »Das ist die Hauptsache«, sagte der Maler. Er war durch Gegengründe nicht zu beeinflussen, nur war es trotz seiner Entschiedenheit nicht klar, ob er aus Überzeugung oder nur aus Gleichgültigkeit so redete. K. wollte das zunächst feststellen und sagte deshalb: »Sie kennen ja gewiss das Gericht viel besser als ich, ich weiß nicht viel mehr, als was ich darüber, allerdings von ganz verschiedenen Leuten, gehört habe. Darin stimmten aber alle überein, dass leichtsinnige Anklagen nicht erhoben werden und dass das Gericht, wenn es einmal anklagt, fest von der Schuld des Angeklagten überzeugt ist und von dieser Überzeugung nur schwer abgebracht werden kann.« »Schwer?« fragte der Maler und warf eine Hand in die Höhe. »Niemals ist das Gericht davon abzubringen. Wenn ich hier alle Richter nebeneinander auf eine Leinwand male und Sie werden sich vor dieser Leinwand verteidigen, so werden Sie mehr Erfolg haben als vor dem wirklichen Gericht.« »Ja«, sagte K. für sich und vergaß, dass er den Maler nur hatte ausforschen wollen.

Wieder begann ein Mädchen hinter der Tür zu fragen: »Titorelli, wird er denn nicht schon bald weggehen?« »Schweigt!« rief der Maler zur Tür hin, »seht ihr denn nicht, dass ich mit dem Herrn eine Besprechung habe?« Aber das Mädchen gab sich damit nicht zufrieden, sondern fragte: »Du wirst ihn malen?« Und als der Maler nicht antwortete, sagte sie noch: »Bitte, mal ihn nicht, einen so hässlichen Menschen.« Ein Durcheinander unverständlicher zustimmender Zurufe folgte. Der Maler machte einen Sprung zur Tür, öffnete sie bis zu einem Spalt – man sah die bittend vorgestreckten, gefalteten Hände der Mädchen – und sagte: »Wenn ihr nicht still seid, werfe ich euch alle die Treppe hinunter. Setzt euch hier auf die Stufen und verhaltet euch ruhig.« Wahrscheinlich folgten sie nicht gleich, so dass er kommandieren musste: »Nieder auf die Stufen!« Erst dann wurde es still.

»Verzeihen Sie«, sagte der Maler, als er zu K. wieder zurückkehrte. K. hatte sich kaum zur Tür hingewendet, er hatte es vollständig dem Maler überlassen, ob und wie er ihn in Schutz nehmen wollte. Er machte auch jetzt kaum eine Bewegung, als sich der Maler zu ihm niederbeugte und ihm, um draußen nicht gehört zu werden, ins Ohr flüsterte: »Auch diese Mädchen gehören zum Gericht.« »Wie?« fragte K., wich mit dem Kopf zur Seite und sah den Maler an. Dieser aber setzte sich wieder auf seinen Sessel und sagte halb im Scherz, halb zur Erklärung: »Es gehört ja alles zum Gericht.« »Das habe ich noch nicht bemerkt«, sagte K. kurz, die allgemeine Bemerkung des Malers nahm dem Hinweis auf die Mädchen alles Beunruhigende. Trotzdem sah K. ein Weilchen lang zur Tür hin, hinter der die Mädchen jetzt still auf den Stufen saßen. Nur eines hatte einen Strohhalm durch eine Ritze zwischen den Balken gesteckt und führte ihn langsam auf und ab.

»Sie scheinen noch keinen Überblick über das Gericht zu haben«, sagte der Maler, er hatte die Beine weit auseinandergestreckt und klatschte mit den Fußspitzen auf den Boden. »Da Sie aber unschuldig sind, werden Sie ihn auch nicht benötigen. Ich allein hole Sie heraus.« »Wie wollen Sie das tun?« fragte K. »Da Sie doch vor kurzem selbst gesagt haben, dass das

Gericht für Beweisgründe vollständig unzugänglich ist.« »Unzugänglich nur für Beweisgründe, die man vor dem Gericht vorbringt«, sagte der Maler und hob den Zeigefinger, als habe K. eine feine Unterscheidung nicht bemerkt. »Anders verhält es sich aber damit, was man in dieser Hinsicht hinter dem öffentlichen Gericht versucht, also in den Beratungszimmern, in den Korridoren oder zum Beispiel auch hier, im Atelier.« Was der Maler jetzt sagte, schien K. nicht mehr so unglaubwürdig, es zeigte vielmehr eine große Übereinstimmung mit dem, was K. auch von anderen Leuten gehört hatte. Ja, es war sogar sehr hoffnungsvoll. Waren die Richter durch persönliche Beziehungen wirklich so leicht zu lenken, wie es der Advokat dargestellt hatte, dann waren die Beziehungen des Malers zu den eitlen Richtern besonders wichtig und jedenfalls keineswegs zu unterschätzen. Dann fügte sich der Maler sehr gut in den Kreis von Helfern, die K. allmählich um sich versammelte. Man hatte einmal in der Bank sein Organisationstalent gerühmt, hier, wo er ganz allein auf sich gestellt war, zeigte sich eine gute Gelegenheit, es auf das Äußerste zu erproben. Der Maler beobachtete die Wirkung, die seine Erklärung auf K. gemacht hatte und sagte dann mit einer gewissen Ängstlichkeit: »Fällt es Ihnen nicht auf, dass ich fast wie ein Jurist spreche? Es ist der ununterbrochene Verkehr mit den Herren vom Gericht, der mich so beeinflusst. Ich habe natürlich viel Gewinn davon, aber der künstlerische Schwung geht zum großen Teil verloren.« »Wie sind Sie denn zum ersten Mal mit den Richtern in Verbindung gekommen?« fragte K., er wollte zuerst das Vertrauen des Malers gewinnen, bevor er ihn geradezu in seine Dienste nahm. »Das war sehr einfach«, sagte der Maler, »ich habe diese Verbindung geerbt. Schon mein Vater war Gerichtsmaler. Es ist das eine Stellung, die sich immer vererbt. Man kann dafür neue Leute nicht brauchen. Es sind nämlich für das Malen der verschiedenen Beamtengrade so verschiedene, vielfache und vor allem geheime Regeln aufgestellt, dass sie überhaupt nicht außerhalb bestimmter Familien bekannt werden. Dort in der Schublade zum Beispiel habe ich die Aufzeichnungen meines Vaters, die ich niemandem zeige. Aber nur wer sie kennt, ist zum Malen von Richtern befähigt. Jedoch, selbst wenn ich sie verlöre, blieben mir noch so viele Regeln, die ich allein in meinem Kopfe trage, dass mir niemand meine Stellung streitig machen könnte. Es will doch jeder Richter so gemalt werden, wie die alten, großen Richter gemalt worden sind, und das kann nur ich.« »Das ist beneidenswert«, sagte K., der an seine Stellung in der Bank dachte. »Ihre Stellung ist also unerschütterlich?« »Ja, unerschütterlich«, sagte der Maler und hob stolz die Achseln. »Deshalb kann ich es auch wagen, hier und da einem armen Manne, der einen Prozess hat, zu helfen.« »Und wie tun Sie das?« fragte K., als sei es nicht er, den der Maler soeben einen armen Mann genannt hatte. Der Maler aber ließ sich nicht ablenken, sondern sagte: »In Ihrem Fall zum Beispiel werde ich, da Sie vollständig unschuldig sind, folgendes unternehmen.« Die wiederholte Erwähnung seiner Unschuld wurde K. schon lästig. Ihm schien es manchmal, als mache der Maler durch solche Bemerkungen einen günstigen Ausgang des Prozesses zur Voraussetzung seiner Hilfe, die dadurch natürlich in sich selbst zusammenfiel. Trotz diesen Zweifeln bezwang sich aber K. und unterbrach den Maler nicht. Verzichten wollte er auf die Hilfe des Malers nicht, dazu war er entschlossen, auch schien ihm diese Hilfe durchaus nicht fragwürdiger als die des Advokaten zu sein. K. zog sie jener sogar bei weitem vor, weil sie harmloser und offener dargeboten wurde.

Der Maler hatte seinen Sessel näher zum Bett gezogen und fuhr mit gedämpfter Stimme fort: »Ich habe vergessen, Sie zunächst zu fragen, welche Art der Befreiung Sie wünschen. Es gibt drei Möglichkeiten, nämlich die wirkliche Freisprechung, die scheinbare Freisprechung und die Verschleppung. Die wirkliche Freisprechung ist natürlich das Beste, nur habe ich nicht den geringsten Einfluss auf diese Art der Lösung. Es gibt meiner Meinung nach überhaupt keine einzelne Person, die auf die wirkliche Freisprechung Einfluss hätte. Hier entscheidet wahrscheinlich nur die Unschuld des Angeklagten. Da Sie unschuldig sind, wäre es wirklich möglich, dass Sie sich allein auf Ihre Unschuld verlassen. Dann brauchen Sie aber weder mich noch irgendeine andere Hilfe.«

Diese geordnete Darstellung verblüffte K. anfangs, dann aber sagte er ebenso leise wie der Maler: »Ich glaube, Sie widersprechen sich.« »Wie denn?« fragte der Maler geduldig und lehnte sich lächelnd zurück. Dieses Lächeln erweckte in K. das Gefühl, als ob er jetzt daran gehe, nicht in den Worten des Malers, sondern in dem Gerichtsverfahren selbst Widersprüche zu entdecken. Trotzdem wich er aber nicht zurück und sagte: »Sie haben früher die Bemerkung gemacht, dass das Gericht für Beweisgründe unzugänglich ist, später haben Sie dies auf das öffentliche Gericht eingeschränkt, und jetzt sagen Sie sogar, dass der Unschuldige vor dem Gericht keine Hilfe braucht. Darin liegt schon ein Widerspruch. Außerdem aber haben Sie früher gesagt, dass man die Richter persönlich beeinflussen kann, stellen aber jetzt in Abrede, dass die wirkliche Freisprechung, wie Sie sie nennen, jemals durch persönliche Beeinflussung zu erreichen ist. Darin liegt der zweite Widerspruch.« »Diese Widersprüche sind leicht aufzuklären«, sagte der Maler. »Es ist hier von zwei verschiedenen Dingen die Rede, von dem, was im Gesetz steht, und von dem, was ich persönlich erfahren habe, das dürfen Sie nicht verwechseln. Im Gesetz, ich habe es allerdings nicht gelesen, steht natürlich einerseits, dass der Unschuldige freigesprochen wird, andererseits steht dort aber nicht, dass die Richter beeinflusst werden können. Nun habe aber ich gerade das Gegenteil dessen erfahren. Ich weiß von keiner wirklichen Freisprechung, wohl aber von vielen Beeinflussungen. Es ist natürlich möglich, dass in allen mir bekannten Fällen keine Unschuld vorhanden war. Aber ist das nicht unwahrscheinlich? In so vielen Fällen keine einzige Unschuld? Schon als Kind hörte ich dem Vater genau zu, wenn er zu Hause von Prozessen erzählte, auch die Richter, die in sein Atelier kamen, erzählten vom Gericht, man spricht in unseren Kreisen überhaupt von nichts anderem; kaum bekam ich die Möglichkeit, selbst zu Gericht zu gehen, nützte ich sie immer aus, unzählbare Prozesse habe ich in wichtigen Stadien angehört und, soweit sie sichtbar sind, verfolgt, und – ich muss es zugeben – nicht einen einzigen wirklichen Freispruch erlebt.« »Keinen einzigen Freispruch also«, sagte K., als rede er zu sich selbst und zu seinen Hoffnungen. »Das bestätigt aber die Meinung, die ich von dem Gericht schon habe. Es ist also auch von dieser Seite zwecklos. Ein einziger Henker könnte das ganze Gericht ersetzen.« »Sie dürfen nicht verallgemeinern«, sagte der Maler unzufrieden, »ich habe ja nur von meinen Erfahrungen gesprochen.« »Das genügt doch«, sagte K., »oder haben Sie von Freisprüchen aus früherer Zeit gehört?« »Solche Freisprüche«, antwortete der Maler, »soll es allerdings gegeben haben. Nur ist es sehr schwer, das festzustellen. Die abschließenden Entscheidungen des Gerichts werden nicht veröffentlicht, sie sind nicht einmal den Richtern zugänglich, infolgedessen haben sich über alte Gerichtsfälle nur Legenden erhalten. Diese enthalten allerdings sogar in der Mehrzahl wirkliche Freisprechungen, man kann sie glauben, nachweisbar sind sie aber nicht. Trotzdem muss man sie nicht ganz vernachlässigen, eine gewisse Wahrheit enthalten sie wohl gewiss, auch sind sie sehr schön, ich selbst habe einige Bilder gemalt, die solche Legenden zum Inhalt haben.« »Bloße Legenden ändern meine Meinung nicht«, sagte K., »man kann sich wohl auch vor Gericht auf diese Legenden nicht berufen?« Der Maler lachte. »Nein, das kann man nicht«, sagte er. »Dann ist es nutzlos, darüber zu reden«, sagte K., er wollte vorläufig alle Meinungen des Malers hinnehmen, selbst wenn er sie für unwahrscheinlich hielt und sie anderen Berichten widersprachen. Er hatte jetzt nicht die Zeit, alles was der Maler sagte, auf die Wahrheit hin zu überprüfen oder gar zu widerlegen, es war schon das Äußerste erreicht, wenn er den Maler dazu bewog, ihm in irgendeiner, sei es auch in einer nicht entscheidenden Weise zu helfen. Darum sagte er: »Sehen wir also von der wirklichen Freisprechung ab, Sie erwähnten aber noch zwei andere Möglichkeiten.« »Die scheinbare Freisprechung und die Verschleppung. Um die allein kann es sich handeln«, sagte der Maler. »Wollen Sie aber nicht, ehe wir davon reden, den Rock ausziehen? Es ist Ihnen wohl heiß.« »Ja«, sagte K., der bisher auf nichts als auf die Erklärungen des Malers geachtet hatte, dem aber jetzt, da er an die Hitze erinnert worden war, starker Schweiß auf der Stirn ausbrach. »Es ist fast unerträglich.« Der Maler nickte, als verstehe er K.s Unbehagen sehr gut. »Könnte man nicht das Fenster öffnen?« fragte K. »Nein«, sagte der Maler. »Es ist bloß eine fest eingesetzte Glasscheibe, man kann es nicht öffnen.« Jetzt erkannte K., dass er die ganze Zeit über darauf gehofft hatte, plötzlich werde der Maler oder er zum Fenster gehen und es aufreißen. Er war darauf vorbereitet, selbst den Nebel mit offenem Mund einzuatmen. Das Gefühl, hier von der Luft vollständig abgesperrt zu sein, verursachte ihm Schwindel. Er schlug leicht mit der Hand auf das Federbett neben sich und sagte mit schwacher Stimme: »Das ist ja unbequem und ungesund.« »O nein«, sagte der Maler zur Verteidigung seines Fensters, »dadurch, dass es nicht aufgemacht werden kann, wird, obwohl es nur eine einfache Scheibe ist, die Wärme hier besser festgehalten als durch ein Doppelfenster. Will ich aber lüften, was nicht sehr notwendig ist, da durch die Balkenritzen überall Luft eindringt, kann ich eine meiner Türen oder sogar beide öffnen.« K., durch diese Erklärung ein wenig getröstet, blickte herum, um die zweite Tür zu finden. Der Maler bemerkte das und sagte: »Sie ist hinter Ihnen, ich musste sie durch das Bett verstellen.« Jetzt erst sah K. die kleine Tür in der Wand. »Es ist eben hier alles viel zu klein für ein Atelier«, sagte der Maler, als wolle er einem Tadel K.s zuvorkommen. »Ich musste mich einrichten, so gut es ging. Das Bett vor der Tür steht natürlich an einem sehr schlechten Platz. Der Richter zum Beispiel, den ich jetzt male, kommt immer durch die Tür beim Bett, und ich habe ihm auch einen Schlüssel von dieser Tür gegeben, damit er, auch wenn ich nicht zu Hause bin, hier im Atelier auf mich warten kann. Nun kommt er aber gewöhnlich früh am Morgen, während ich noch schlafe. Es reißt mich natürlich immer aus dem tiefsten Schlaf, wenn sich neben dem Bett die Tür öffnet. Sie würden jede Ehrfurcht vor den Richtern verlieren, wenn Sie die Flüche hörten, mit denen ich ihn empfange, wenn er früh über mein Bett steigt. Ich könnte ihm allerdings den Schlüssel wegnehmen, aber es würde dadurch nur ärger werden. Man kann hier alle Türen mit der geringsten Anstrengung aus den Angeln brechen.« Während dieser ganzen Rede überlegte K., ob er den Rock ausziehen sollte, er sah aber schließlich ein, dass er, wenn er es nicht tat, unfähig war, hier noch länger zu bleiben, er zog daher den Rock aus, legte ihn aber über die Knie, um ihn, falls die Besprechung zu Ende wäre, wieder anziehen zu können. Kaum hatte er den Rock ausgezogen, rief eines der Mädchen: »Er hat schon den Rock ausgezogen!« und man hörte, wie sich alle zu den Ritzen drängten, um das Schauspiel selbst zu sehen. »Die Mädchen glauben nämlich«, sagte der Maler, »dass ich Sie malen werde und dass Sie sich deshalb ausziehen.« »So«, sagte K., nur wenig belustigt, denn er fühlte sich nicht viel besser als früher, obwohl er jetzt in Hemdärmeln dasaß. Fast mürrisch fragte er: »Wie nannten Sie die zwei anderen Möglichkeiten?« Er hatte die Ausdrücke schon wieder vergessen. »Die scheinbare Freisprechung und die Verschleppung«, sagte der Maler. »Es liegt an Ihnen, was Sie davon wählen. Beides ist durch meine Hilfe erreichbar, natürlich nicht ohne Mühe, der Unterschied in dieser Hinsicht ist der, dass die scheinbare Freisprechung eine gesammelte zeitweilige, die Verschleppung eine viel geringere, aber dauernde Anstrengung verlangt. Zunächst also die scheinbare Freisprechung. Wenn Sie diese wünschen sollten, schreibe ich auf einem Bogen Papier eine Bestätigung Ihrer Unschuld auf. Der Text für eine solche Bestätigung ist mir von meinem Vater überliefert und ganz unangreifbar. Mit dieser Bestätigung mache ich nun einen Rundgang bei den mir bekannten Richtern. Ich fange also etwa damit an, dass ich dem Richter, den ich jetzt male, heute Abend, wenn er zur Sitzung kommt, die Bestätigung vorlege. Ich lege ihm die Bestätigung vor, erkläre ihm, dass Sie unschuldig sind, und verbürge mich für Ihre Unschuld. Das ist aber keine bloß äußerliche, sondern eine wirkliche, bindende Bürgschaft.« In den Blicken des Malers lag es wie ein Vorwurf, dass K. ihm die Last einer solchen Bürgschaft auferlegen wolle. »Das wäre ja sehr freundlich«, sagte K. »Und der Richter würde Ihnen glauben und mich trotzdem nicht wirklich freisprechen?« »Wie ich schon sagte«, antwortete der Maler. »Übrigens ist es durchaus nicht sicher, dass jeder mir glauben würde, mancher Richter wird zum Beispiel verlangen, dass ich Sie selbst zu ihm hinführe. Dann müssten Sie also einmal mitkommen. Allerdings ist in einem solchen Falle die Sache schon halb gewonnen, besonders da ich Sie natürlich vorher genau darüber unterrichten würde, wie Sie sich bei dem betreffenden Richter zu verhalten haben. Schlimmer ist es bei den Richtern, die mich – auch das wird vorkommen – von vornherein abweisen. Auf diese müssen wir, wenn ich es auch an mehrfachen Versuchen gewiss nicht fehlen lassen werde, verzichten, wir dürfen das aber auch, denn einzelne Richter können hier nicht den Ausschlag geben. Wenn ich nun auf dieser Bestätigung eine genügende Anzahl von Unterschriften der Richter habe, gehe ich mit dieser Bestätigung zu dem Richter, der Ihren Prozess gerade führt. Möglicherweise habe ich auch seine Unterschrift, dann entwickelt sich alles noch ein wenig rascher als sonst. Im allgemeinen gibt es aber dann überhaupt nicht mehr viel Hindernisse, es ist dann für den Angeklagten die Zeit der höchsten Zuversicht. Es ist merkwürdig, aber wahr, die Leute sind in dieser Zeit zuversichtlicher als nach dem Freispruch. Es bedarf jetzt keiner besonderen Mühe mehr. Der Richter besitzt in der Bestätigung die Bürgschaft einer Anzahl von Richtern, kann Sie unbesorgt freisprechen und wird es, allerdings nach Durchführung verschiedener Formalitäten, mir und anderen Bekannten zu Gefallen zweifellos tun. Sie aber treten aus dem Gericht und sind frei.« »Dann bin ich also frei«, sagte K. zögernd. »Ja«, sagte der Maler, »aber nur scheinbar frei oder, besser ausgedrückt, zeitweilig frei. Die untersten Richter nämlich, zu denen meine Bekannten gehören, haben nicht das Recht, endgültig freizusprechen, dieses Recht hat nur das oberste, für Sie, für mich und für uns alle ganz unerreichbare Gericht. Wie es dort aussieht, wissen wir nicht und wollen wir, nebenbei gesagt, auch nicht wissen. Das große Recht, von der Anklage zu befreien, haben also unsere Richter nicht, wohl aber haben sie das Recht, von der Anklage loszulösen. Das heißt, wenn Sie auf diese Weise freigesprochen werden, sind Sie für den Augenblick der Anklage entzogen, aber sie schwebt auch weiterhin über Ihnen und kann, sobald nur der höhere Befehl kommt, sofort in Wirkung treten. Da ich mit dem Gericht in so guter Verbindung stehe, kann ich Ihnen auch sagen, wie sich in den Vorschriften für die Gerichtskanzleien der Unterschied zwischen der wirklichen und der scheinbaren Freisprechung rein äußerlich zeigt. Bei einer wirklichen Freisprechung sollen die Prozessakten vollständig abgelegt werden, sie verschwinden gänzlich aus dem Verfahren, nicht nur die Anklage, auch der Prozess und sogar der Freispruch sind vernichtet, alles ist vernichtet. Anders beim scheinbaren Freispruch. Mit dem Akt ist keine weitere Veränderung vor sich gegangen, als dass er um die Bestätigung der Unschuld, um den Freispruch und um die Begründung des Freispruchs bereichert worden ist. Im übrigen aber bleibt er im Verfahren, er wird, wie es der ununterbrochene Verkehr der Gerichtskanzleien erfordert, zu den höheren Gerichten weitergeleitet, kommt zu den niedrigeren zurück und pendelt so mit größeren und kleineren Schwingungen, mit größeren und kleineren Stockungen auf und ab. Diese Wege sind unberechenbar. Von außen gesehen, kann es manchmal den Anschein bekommen, dass alles längst vergessen, der Akt verloren und der Freispruch ein vollkommener ist. Ein Eingeweihter wird das nicht glauben. Es geht kein Akt verloren, es gibt bei Gericht kein Vergessen. Eines Tages – niemand erwartet es – nimmt irgendein Richter den Akt aufmerksamer in die Hand, erkennt, dass in diesem Fall die Anklage noch lebendig ist, und ordnet die sofortige Verhaftung an. Ich habe hier angenommen, dass zwischen dem scheinbaren Freispruch und der neuen Verhaftung eine lange Zeit vergeht, das ist möglich, und ich weiß von solchen Fällen, es ist aber ebenso gut möglich, dass der Freigesprochene vom Gericht nach Hause kommt und dort schon Beauftragte warten, um ihn wieder zu verhaften. Dann ist natürlich das freie Leben zu Ende.« »Und der Prozess beginnt von neuem?« fragte K. fast ungläubig. »Allerdings«, sagte der Maler, »der Prozess beginnt von neuem, es besteht aber wieder die Möglichkeit, ebenso wie früher, einen scheinbaren Freispruch zu erwirken. Man muss wieder alle Kräfte zusammennehmen und darf sich nicht ergeben.« Das letztere sagte der Maler vielleicht unter dem Eindruck, den K., der ein wenig zusammengesunken war, auf ihn machte. »Ist aber«, fragte K., als wolle er jetzt irgendwelchen Enthüllungen des Malers zuvorkommen, »die Erwirkung eines zweiten Freispruchs nicht schwieriger als die des ersten?« »Man kann«, antwortete der Maler, »in dieser Hinsicht nichts Bestimmtes sagen. Sie meinen wohl, dass die Richter durch die zweite Verhaftung in ihrem Urteil zuungunsten des Angeklagten beeinflusst werden? Das ist nicht der Fall. Die Richter haben ja schon beim Freispruch diese Verhaftung vorgesehen. Dieser Umstand wirkt also kaum ein. Wohl aber kann aus zahllosen sonstigen Gründen die Stimmung der Richter sowie ihre rechtliche Beurteilung des Falles eine andere geworden sein, und die Bemühungen um den zweiten Freispruch müssen daher den veränderten Umständen angepasst werden und im allgemeinen ebenso kräftig sein wie die vor dem ersten Freispruch.« »Aber dieser zweite Freispruch ist doch wieder nicht endgültig«, sagte K. und drehte abweisend den Kopf. »Natürlich nicht«, sagte der Maler, »dem zweiten Freispruch folgt die dritte Verhaftung, dem dritten Freispruch die vierte Verhaftung, und so fort. Das liegt schon im Begriff des scheinbaren Freispruchs.« K. schwieg. »Der scheinbare Freispruch scheint Ihnen offenbar nicht vorteilhaft zu sein«, sagte der Maler, »vielleicht entspricht Ihnen die Verschleppung besser. Soll ich Ihnen das Wesen der Verschleppung erklären?« K. nickte. Der Maler hatte sich breit in seinen Sessel zurückgelehnt, das Nachthemd war weit offen, er hatte eine Hand daruntergeschoben, mit der er über die Brust und die Seiten strich. »Die Verschleppung«, sagte der Maler und sah einen Augenblick vor sich hin, als suche er eine vollständig zutreffende Erklärung, »die Verschleppung besteht darin, dass der Prozess dauernd im niedrigsten Prozessstadium erhalten wird. Um dies zu erreichen, ist es nötig, dass der Angeklagte und der Helfer, insbesondere aber der Helfer in ununterbrochener persönlicher Fühlung mit dem Gericht bleibt. Ich wiederhole, es ist hierfür kein solcher Kraftaufwand nötig wie bei der Erreichung eines scheinbaren Freispruchs, wohl aber ist eine viel größere Aufmerksamkeit nötig. Man darf den Prozess nicht aus den Augen verlieren, man muss zu dem betreffenden Richter in regelmäßigen Zwischenräumen und außerdem bei besonderen Gelegenheiten gehen und ihn auf jede Weise sich freundlich zu erhalten suchen; ist man mit dem Richter nicht persönlich bekannt, so muss man durch bekannte Richter ihn beeinflussen lassen, ohne dass man etwa deshalb die unmittelbaren Besprechungen aufgeben dürfte. Versäumt man in dieser Hinsicht nichts, so kann man mit genügender Bestimmtheit annehmen, dass der Prozess über sein erstes Stadium nicht hinauskommt. Der Prozess hört zwar nicht auf, aber der Angeklagte ist vor einer Verurteilung fast ebenso gesichert, wie wenn er frei wäre. Gegenüber dem scheinbaren Freispruch hat die Verschleppung den Vorteil, dass die Zukunft des Angeklagten weniger unbestimmt ist, er bleibt vor dem Schrecken der plötzlichen Verhaftungen bewahrt und muss nicht fürchten, etwa gerade zu Zeiten, wo seine sonstigen Umstände dafür am wenigsten günstig sind, die Anstrengungen und Aufregungen auf sich nehmen zu müssen, welche mit der Erreichung des scheinbaren Freispruchs verbunden sind. Allerdings hat auch die Verschleppung für den Angeklagten gewisse Nachteile, die man nicht unterschätzen darf. Ich denke hierbei nicht daran, dass hier der Angeklagte niemals frei ist, das ist er ja auch bei der scheinbaren Freisprechung im eigentlichen Sinne nicht. Es ist ein anderer Nachteil. Der Prozess kann nicht stillstehen, ohne dass wenigstens scheinbare Gründe dafür vorliegen. Es muss deshalb im Prozess nach außen hin etwas geschehen. Es müssen also von Zeit zu Zeit verschiedene Anordnungen getroffen werden, der Angeklagte muss verhört werden, Untersuchungen müssen stattfinden und so weiter. Der Prozess muss eben immerfort in dem kleinen Kreis, auf den er künstlich eingeschränkt worden ist, gedreht werden. Das bringt natürlich gewisse Unannehmlichkeiten für den Angeklagten mit sich, die Sie sich aber wiederum nicht zu schlimm vorstellen dürfen. Es ist ja alles nur äußerlich, die Verhöre beispielsweise sind also nur ganz kurz, wenn man einmal keine Zeit oder keine Lust hat, hinzugehen, darf man sich entschuldigen, man kann sogar bei gewissen Richtern die Anordnungen für eine lange Zeit im voraus gemeinsam festsetzen, es handelt sich im Wesen nur darum, dass man, da man Angeklagter ist, von Zeit zu Zeit bei seinem Richter sich meldet.« Schon während der letzten Worte hatte K. den Rock über den Arm gelegt und war aufgestanden. »Er steht schon auf!« rief es sofort draußen vor der Tür. »Sie wollen schon fortgehen?« fragte der Maler, der auch aufgestanden war. »Es ist gewiss die Luft, die Sie von hier vertreibt. Es ist mir sehr peinlich. Ich hätte Ihnen auch noch manches zu sagen. Ich musste mich ganz kurz fassen. Ich hoffe aber, verständlich gewesen zu sein.« »O ja«, sagte K., dem von der Anstrengung, mit der er sich zum Zuhören gezwungen hatte, der Kopf schmerzte. Trotz dieser Bestätigung sagte der Maler, alles noch einmal zusammenfassend, als wolle er K. auf den Heimweg einen Trost mitgeben: »Beide Methoden haben das Gemeinsame, dass sie eine Verurteilung des Angeklagten verhindern.« »Sie verhindern aber auch die wirkliche Freisprechung«, sagte K. leise, als schäme er sich, das erkannt zu haben. »Sie haben den Kern der Sache erfasst«, sagte der Maler schnell. K. legte die Hand auf seinen Winterrock, konnte sich aber nicht einmal entschließen, den Rock anzuziehen. Am liebsten hätte er alles zusammengepackt und wäre damit an die frische Luft gelaufen. Auch die Mädchen konnten ihn nicht dazu bewegen, sich anzuziehen, obwohl sie, verfrüht, einander schon zuriefen, dass er sich anziehe. Dem Maler lag daran, K.s Stimmung irgendwie zu deuten, er sagte deshalb: »Sie haben sich wohl hinsichtlich meiner Vorschläge noch nicht entschieden. Ich billige das. Ich hätte Ihnen sogar davon abgeraten, sich sofort zu entscheiden. Die Vorteile und Nachteile sind haarfein. Man muss alles genau abschätzen. Allerdings darf man auch nicht zuviel Zeit verlieren.« »Ich werde bald wiederkommen«, sagte K., der in einem plötzlichen Entschluss den Rock anzog, den Mantel über die Schulter warf und zur Tür eilte, hinter der jetzt die Mädchen zu schreien anfingen. K. glaubte, die schreienden Mädchen durch die Tür zu sehen. »Sie müssen aber Wort halten«, sagte der Maler, der ihm nicht gefolgt war, »sonst komme ich in die Bank, um selbst nachzufragen.« »Sperren Sie doch die Tür auf«, sagte K. und riss an der Klinke, die die Mädchen, wie er an dem Gegendruck merkte, draußen festhielten. »Wollen Sie von den Mädchen belästigt werden?« fragte der Maler. »Benützen Sie doch lieber diesen Ausgang«, und er zeigte auf die Tür hinter dem Bett. K. war damit einverstanden und sprang zum Bett zurück. Aber statt die Tür dort zu öffnen, kroch der Maler unter das Bett und fragte von unten: »Nur noch einen Augenblick; wollen Sie nicht noch ein Bild sehen, das ich Ihnen verkaufen könnte?« K. wollte nicht unhöflich sein, der Maler hatte sich wirklich seiner angenommen und versprochen, ihm weiterhin zu helfen, auch war infolge der Vergesslichkeit K.s über die Entlohnung für die Hilfe noch gar nicht gesprochen worden, deshalb konnte ihn K. jetzt nicht abweisen und ließ sich das Bild zeigen, wenn er auch vor Ungeduld zitterte, aus dem Atelier wegzukommen. Der Maler zog unter dem Bett einen Haufen ungerahmter Bilder hervor, die so mit Staub bedeckt waren, dass dieser, als ihn der Maler vom obersten Bild wegzublasen suchte, längere Zeit atemraubend K. vor den Augen wirbelte. »Eine Heidelandschaft«, sagte der Maler und reichte K. das Bild. Es stellte zwei schwache Bäume dar, die weit voneinander entfernt im dunklen Gras standen. Im Hintergrund war ein vielfarbiger Sonnenuntergang. »Schön«, sagte K., »ich kaufe es.« K. hatte unbedacht sich so kurz geäußert, er war daher froh, als der Maler, statt dies übelzunehmen, ein zweites Bild vom Boden aufhob. »Hier ist ein Gegenstück zu diesem Bild«, sagte der Maler. Es mochte als Gegenstück beabsichtigt sein, es war aber nicht der geringste Unterschied gegenüber dem ersten Bild zu merken, hier waren die Bäume, hier das Gras und dort der Sonnenuntergang. Aber K. lag wenig daran. »Es sind schöne Landschaften«, sagte er, »ich kaufe beide und werde sie in meinem Büro aufhängen.« »Das Motiv scheint Ihnen zu gefallen«, sagte der Maler und holte ein drittes Bild herauf, »es trifft sich gut, dass ich noch ein ähnliches Bild hier habe.« Es war aber nicht ähnlich, es war vielmehr die völlig gleiche Heidelandschaft. Der Maler nützte diese Gelegenheit, alte Bilder zu verkaufen, gut aus. »Ich nehme auch dieses noch«, sagte K. »Wie viel kosten die drei Bilder?« »Darüber werden wir nächstens sprechen«, sagte der Maler. »Sie haben jetzt Eile, und wir bleiben doch in Verbindung. Im übrigen freut es mich, dass Ihnen die Bilder gefallen, ich werde Ihnen alle Bilder mitgeben, die ich hier unten habe. Es sind lauter Heidelandschaften, ich habe schon viele Heidelandschaften gemalt. Manche Leute weisen solche Bilder ab, weil sie zu düster sind, andere aber, und Sie gehören zu ihnen, lieben gerade das Düstere.« Aber K. hatte jetzt keinen Sinn für die beruflichen Erfahrungen des Bettelmalers. »Packen Sie alle Bilder ein!« rief er, dem Maler in die Rede fallend, »morgen kommt mein Diener und wird sie holen.« »Es ist nicht nötig«, sagte der Maler. »Ich hoffe, ich werde Ihnen einen Träger verschaffen können, der gleich mit Ihnen gehen wird.« Und er beugte sich endlich über das Bett und sperrte die Tür auf. »Steigen Sie ohne Scheu auf das Bett«, sagte der Maler, »das tut jeder, der hier hereinkommt.« K. hätte auch ohne diese Aufforderung keine Rücksicht genommen, er hatte sogar schon einen Fuß mitten auf das Federbett gesetzt, da sah er durch die offene Tür hinaus und zog den Fuß wieder zurück. »Was ist das?« fragte er den Maler. »Worüber staunen Sie?« fragte dieser, seinerseits staunend. »Es sind die Gerichtskanzleien. Wussten Sie nicht, dass hier Gerichtskanzleien sind? Gerichtskanzleien sind doch fast auf jedem Dachboden, warum sollten sie gerade hier fehlen? Auch mein Atelier gehört eigentlich zu den Gerichtskanzleien, das Gericht hat es mir aber zur Verfügung gestellt.« K. erschrak nicht so sehr darüber, dass er auch hier Gerichtskanzleien gefunden hatte, er erschrak hauptsächlich über sich, über seine Unwissenheit in Gerichtssachen. Als eine Grundregel für das Verhalten eines Angeklagten erschien es ihm, immer vorbereitet zu sein, sich niemals überraschen zu lassen, nicht ahnungslos nach rechts zu schauen, wenn links der Richter neben ihm stand – und gerade gegen diese Grundregel verstieß er immer wieder. Vor ihm dehnte sich ein langer Gang, aus dem eine Luft wehte, mit der verglichen die Luft im Atelier erfrischend war. Bänke waren zu beiden Seiten des Ganges aufgestellt, genau so wie im Wartezimmer der Kanzlei, die für K. zuständig war. Es schienen genaue Vorschriften für die Einrichtung von Kanzleien zu bestehen. Augenblicklich war der Parteienverkehr hier nicht sehr groß. Ein Mann saß dort halb liegend, das Gesicht hatte er auf der Bank in seine Arme vergraben und schien zu schlafen; ein anderer stand im Halbdunkel am Ende des Ganges. K. stieg nun über das Bett, der Maler folgte ihm mit den Bildern. Sie trafen bald einen Gerichtsdiener – K. erkannte jetzt schon alle Gerichtsdiener an dem Goldknopf, den diese an ihrem Zivilanzug unter den gewöhnlichen Knöpfen hatten – und der Maler gab ihm den Auftrag, K. mit den Bildern zu begleiten. K. wankte mehr, als er ging, das Taschentuch hielt er an den Mund gedrückt. Sie waren schon nahe dem Ausgang, da stürmten ihnen die Mädchen entgegen, die also K. auch nicht erspart geblieben waren. Sie hatten offenbar gesehen, dass die zweite Tür des Ateliers geöffnet worden war und hatten den Umweg gemacht, um von dieser Seite einzudringen. »Ich kann Sie nicht mehr begleiten!« rief der Maler lachend unter dem Andrang der Mädchen. »Auf Wiedersehen! Und überlegen Sie nicht zu lange!« K. sah sich nicht einmal nach ihm um. Auf der Gasse nahm er den ersten Wagen, der ihm in den Weg kam. Es lag ihm daran, den Diener loszuwerden, dessen Goldknopf ihm unaufhörlich in die Augen stach, wenn er auch sonst wahrscheinlich niemandem auffiel. In seiner Dienstfertigkeit wollte sich der Diener noch auf den Kutschbock setzen. K. jagte ihn aber hinunter. Mittag war schon längst vorüber, als K. vor der Bank ankam. Er hätte gern die Bilder im Wagen gelassen, fürchtete aber, bei irgendeiner Gelegenheit genötigt zu werden, sich dem Maler gegenüber mit ihnen auszuweisen. Er ließ sie daher in sein Büro schaffen und versperrte sie in die unterste Lade seines Tisches, um sie wenigstens für die allernächsten Tage vor den Blicken des Direktor-Stellvertreters in Sicherheit zu bringen.

Achtes Kapitel (Kaufmann Block – Kündigung des Advokaten)

Endlich hatte sich K. doch entschlossen, dem Advokaten seine Vertretung zu entziehen. Zweifel daran, ob es richtig war, so zu handeln, waren zwar nicht auszurotten, aber die Überzeugung von der Notwendigkeit dessen überwog. Die Entschließung hatte K. an dem Tage, an dem er zum Advokaten gehen wollte, viel Arbeitskraft entzogen, er arbeitete besonders langsam, er musste sehr lange im Büro bleiben, und es war schon zehn Uhr vorüber, als er endlich vor der Tür des Advokaten stand. Noch ehe er läutete, überlegte er, ob es nicht besser wäre, dem Advokaten telefonisch oder brieflich zu kündigen, die persönliche Unterredung würde gewiss sehr peinlich werden. Trotzdem wollte K. schließlich auf sie nicht verzichten, bei jeder anderen Art der Kündigung würde diese stillschweigend oder mit ein paar förmlichen Worten angenommen werden, und K. würde, wenn nicht etwa Leni einiges erforschen könnte, niemals erfahren, wie der Advokat die Kündigung aufgenommen hatte und was für Folgen für K. diese Kündigung nach der nicht unwichtigen Meinung des Advokaten haben könnte. Saß aber der Advokat K. gegenüber und wurde er von der Kündigung überrascht, so würde K., selbst wenn der Advokat sich nicht viel entlocken ließ, aus seinem Gesicht und seinem Benehmen alles, was er wollte, leicht entnehmen können. Es war sogar nicht ausgeschlossen, dass er überzeugt wurde, dass es doch gut wäre, dem Advokaten die Verteidigung zu überlassen und dass er dann seine Kündigung zurückzog.

Das erste Läuten an der Tür des Advokaten war, wie gewöhnlich, zwecklos. »Leni könnte flinker sein«, dachte K. Aber es war schon ein Vorteil, wenn sich nicht die andere Partei einmischte, wie sie es gewöhnlich tat, sei es, dass der Mann im Schlafrock oder sonst jemand zu belästigen anfing. Während K. zum zweiten Mal den Knopf drückte, sah er nach der anderen Tür zurück, diesmal aber blieb auch sie geschlossen. Endlich erschienen an dem Guckfenster der Tür des Advokaten zwei Augen, es waren aber nicht Lenis Augen. Jemand schloss die Tür auf, stemmte sich aber vorläufig noch gegen sie, rief in die Wohnung zurück: »Er ist es!« und öffnete erst dann vollständig. K. hatte gegen die Tür gedrängt, denn schon hörte er, wie hinter ihm in der Tür der anderen Wohnung der Schlüssel hastig im Schloss gedreht wurde. Als sich daher die Tür vor ihm endlich öffnete, stürmte er geradezu ins Vorzimmer und sah noch, wie durch den Gang, der zwischen den Zimmern hindurchführte, Leni, welcher der Warnungsruf des Türöffners gegolten hatte, im Hemd davonlief. Er blickte ihr ein Weilchen nach und sah sich dann nach dem Türöffner um. Es war ein kleiner, dürrer Mann mit Vollbart, er hielt eine Kerze in der Hand. »Sie sind hier angestellt?« fragte K. »Nein«, antwortete der Mann, »ich bin hier fremd, der Advokat ist nur mein Vertreter, ich bin hier wegen einer Rechtsangelegenheit.« »Ohne Rock?« fragte K. und zeigte mit einer Handbewegung auf die mangelhafte Bekleidung des Mannes. »Ach, verzeihen Sie!« sagte der Mann und beleuchtete sich selbst mit der Kerze, als sähe er selbst zum ersten Mal seinen Zustand. »Leni ist Ihre Geliebte?« fragte K. kurz. Er hatte die Beine ein wenig gespreizt, die Hände, in denen er den Hut hielt, hinten verschlungen. Schon durch den Besitz eines starken Überrocks fühlte er sich dem mageren Kleinen sehr überlegen. »O Gott«, sagte der und hob die eine Hand in erschrockener Abwehr vor das Gesicht, »nein, nein, was denken Sie denn?« »Sie sehen glaubwürdig aus«, sagte K. lächelnd, »trotzdem – kommen Sie.« Er winkte ihm mit dem Hut und ließ ihn vor sich gehen. »Wie heißen Sie denn?« fragte K. auf dem Weg. »Block, Kaufmann Block«, sagte der Kleine und drehte sich bei dieser Vorstellung nach K. um, stehenbleiben ließ ihn aber K. nicht. »Ist das Ihr wirklicher Name?« fragte K. »Gewiss«, war die Antwort, »warum haben Sie denn Zweifel?« »Ich dachte, Sie könnten Grund haben, Ihren Namen zu verschweigen«, sagte K. Er fühlte sich so frei, wie man es sonst nur ist, wenn man in der Fremde mit niedrigen Leuten spricht, alles, was einen selbst betrifft, bei sich behält, nur gleichmütig von den Interessen der anderen redet, sie dadurch vor sich selbst erhöht, aber auch nach Belieben fallen lassen kann. Bei der Tür des Arbeitszimmers des Advokaten blieb K. stehen, öffnete sie und rief dem Kaufmann, der folgsam weitergegangen war, zu: »Nicht so eilig! Leuchten Sie hier!« K. dachte, Leni könnte sich hier versteckt haben, er ließ den Kaufmann alle Winkel absuchen, aber das Zimmer war leer. Vor dem Bild des Richters hielt K. den Kaufmann hinten an den Hosenträgern zurück. »Kennen Sie den?« fragte er und zeigte mit dem Zeigefinger in die Höhe. Der Kaufmann hob die Kerze, sah blinzelnd hinauf und sagte: »Es ist ein Richter.« »Ein hoher Richter?« fragte K. und stellte sich seitlich vor den Kaufmann, um den Eindruck, den das Bild auf ihn machte, zu beobachten. Der Kaufmann sah bewundernd aufwärts. »Es ist ein hoher Richter«, sagte er. »Sie haben keinen großen Einblick«, sagte K. »Unter den niedrigen Untersuchungsrichtern ist er der niedrigste.« »Nun erinnere ich mich«, sagte der Kaufmann und senkte die Kerze, »ich habe es auch schon gehört.« »Aber natürlich«, rief K., »ich vergaß ja, natürlich müssen Sie es schon gehört haben.« »Aber warum denn, warum denn«? fragte der Kaufmann, während er sich, von K. mit den Händen angetrieben, zur Tür fortbewegte. Draußen auf dem Gang sagte K.: »Sie wissen doch, wo sich Leni versteckt hat?« »Versteckt?« sagte der Kaufmann, »nein, sie dürfte aber in der Küche sein und dem Advokaten eine Suppe kochen.« »Warum haben Sie das nicht gleich gesagt?« fragte K. »Ich wollte Sie ja hinführen, Sie haben mich aber wieder zurückgerufen«, antwortete der Kaufmann, wie verwirrt durch die widersprechenden Befehle. »Sie glauben wohl sehr schlau zu sein«, sagte K., »führen Sie mich also!« In der Küche war K. noch nie gewesen, sie war überraschend groß und reich ausgestattet. Allein der Herd war dreimal so groß wie gewöhnliche Herde, von dem übrigen sah man keine Einzelheiten, denn die Küche wurde jetzt nur von einer kleinen Lampe beleuchtet, die beim Eingang hing. Am Herd stand Leni in weißer Schürze, wie immer, und leerte Eier in einen Topf aus, der auf einem Spiritusfeuer stand. »Guten Abend, Josef«, sagte sie mit einem Seitenblick. »Guten Abend«, sagte K. und zeigte mit einer Hand auf einen abseits stehenden Sessel, auf den sich der Kaufmann setzen sollte, was dieser auch tat. K. aber ging ganz nahe hinter Leni, beugte sich über ihre Schulter und fragte: »Wer ist der Mann?« Leni umfasste K. mit einer Hand, die andere quirlte die Suppe, zog ihn nach vorn zu sich und sagte: »Es ist ein bedauernswerter Mensch, ein armer Kaufmann, ein gewisser Block. Sieh ihn nur an.« Sie blickten beide zurück. Der Kaufmann saß auf dem Sessel, auf den ihn K. gewiesen hatte, er hatte die Kerze, deren Licht jetzt unnötig war, ausgepustet und drückte mit den Fingern den Docht, um den Rauch zu verhindern. »Du warst im Hemd«, sagte K. und wendete ihren Kopf mit der Hand wieder dem Herd zu. Sie schwieg. »Er ist dein Geliebter?« fragte K. Sie wollte nach dem Suppentopf greifen, aber K. nahm ihre beiden Hände und sagte: »Nun antworte!« Sie sagte: »Komm ins Arbeitszimmer, ich werde dir alles erklären.« »Nein«, sagte K., »ich will, dass du es hier erklärst.« Sie hing sich an ihn und wollte ihn küssen. K. wehrte sie aber ab und sagte: »Ich will nicht, dass du mich jetzt küsst.« »Josef«, sagte Leni und sah K. bittend und doch offen in die Augen, »du wirst doch nicht auf Herrn Block eifersüchtig sein. – Rudi«, sagte sie dann, sich an den Kaufmann wendend, »so hilf mir doch, du siehst, ich werde verdächtigt, lass die Kerze.« Man hätte denken können, er hätte nicht achtgegeben, aber er war vollständig eingeweiht. »Ich wüsste auch nicht, warum Sie eifersüchtig sein sollten«, sagte er wenig schlagfertig. »Ich weiß es eigentlich auch nicht«, sagte K. und sah den Kaufmann lächelnd an. Leni lachte laut, benützte die Unaufmerksamkeit K.s, um sich in seinen Arm einzuhängen, und flüsterte: »Lass ihn jetzt, du siehst ja, was für ein Mensch er ist. Ich habe mich seiner ein wenig angenommen, weil er eine große Kundschaft des Advokaten ist, aus keinem andern Grund. Und du? Willst du noch heute mit dem Advokaten sprechen? Er ist heute sehr krank, aber wenn du willst, melde ich dich doch an. Über Nacht bleibst du aber bei mir, ganz gewiss. Du warst auch schon so lange nicht bei uns, selbst der Advokat hat nach dir gefragt. Vernachlässige den Prozess nicht! Auch ich habe dir Verschiedenes mitzuteilen, was ich erfahren habe. Nun aber zieh fürs erste deinen Mantel aus!« Sie half ihm, sich ausziehen, nahm ihm den Hut ab, lief mit den Sachen ins Vorzimmer, sie anzuhängen, lief dann wieder zurück und sah nach der Suppe. »Soll ich zuerst dich anmelden oder ihm zuerst die Suppe bringen?« »Melde mich zuerst an«, sagte K. Er war ärgerlich, er hatte ursprünglich beabsichtigt, mit Leni seine Angelegenheit, insbesondere die fragliche Kündigung genau zu besprechen, die Anwesenheit des Kaufmanns hatte ihm aber die Lust dazu genommen. Jetzt aber hielt er seine Sache doch für zu wichtig, als dass dieser kleine Kaufmann vielleicht entscheidend eingreifen sollte, und so rief er Leni, die schon auf dem Gang war, wieder zurück. »Bring ihm doch zuerst die Suppe«, sagte er, »er soll sich für die Unterredung mit mir stärken, er wird es nötig haben.« »Sie sind auch ein Klient des Advokaten«, sagte, wie zur Feststellung, der Kaufmann leise aus seiner Ecke. Es wurde aber nicht gut aufgenommen. »Was kümmert Sie denn das?« sagte K., und Leni sagte: »Wirst du still sein. – Dann bringe ich ihm also zuerst die Suppe«, sagte Leni zu K. und goss die Suppe auf einen Teller. »Es ist dann nur zu befürchten, dass er bald einschläft, nach dem Essen schläft er bald ein.« »Das, was ich ihm sagen werde, wird ihn wach halten«, sagte K., er wollte immerfort durchblicken lassen, dass er etwas Wichtiges mit dem Advokaten zu verhandeln beabsichtige, er wollte von Leni gefragt werden, was es sei, und dann erst sie um Rat fragen. Aber sie erfüllte pünktlich bloß die ausgesprochenen Befehle. Als sie mit der Tasse an ihm vorüberging, stieß sie absichtlich sanft an ihn und flüsterte: »Wenn er die Suppe gegessen hat, melde ich dich gleich an, damit ich dich möglichst bald wiederbekomme.« »Geh nur«, sagte K., »geh nur.« »Sei doch freundlicher«, sagte sie und drehte sich in der Tür mit der Tasse nochmals ganz um.

K. sah ihr nach; nun war es endgültig beschlossen, dass der Advokat entlassen würde, es war wohl auch besser, dass er vorher mit Leni nicht mehr darüber sprechen konnte; sie hatte kaum den genügenden Überblick über das Ganze, hätte gewiss abgeraten, hätte möglicherweise K. auch wirklich von der Kündigung diesmal abgehalten, er wäre weiterhin in Zweifel und Unruhe geblieben, und schließlich hätte er nach einiger Zeit seinen Entschluss doch ausgeführt, denn dieser Entschluss war allzu zwingend. Je früher er aber ausgeführt wurde, desto mehr Schaden wurde abgehalten. Vielleicht wusste übrigens der Kaufmann etwas darüber zu sagen.

K. wandte sich um, kaum bemerkte das der Kaufmann, als er sofort aufstehen wollte. »Bleiben Sie sitzen«, sagte K. und zog einen Sessel neben ihn. »Sind Sie schon ein alter Klient des Advokaten?« fragte K. »Ja«, sagte der Kaufmann, »ein sehr alter Klient.« »Wie viel Jahre vertritt er Sie denn schon?« fragte K. »Ich weiß nicht, wie Sie es meinen«, sagte der Kaufmann, »in geschäftlichen Rechtsangelegenheiten – ich habe ein Getreidegeschäft – vertritt mich der Advokat schon, seit ich das Geschäft übernommen habe, also etwa seit zwanzig Jahren, in meinem eigenen Prozess, auf den Sie wahrscheinlich anspielen, vertritt er mich auch seit Beginn, es ist schon länger als fünf Jahre. Ja, weit über fünf Jahre«, fügte er dann hinzu und zog eine alte Brieftasche hervor, »hier habe ich alles aufgeschrieben; wenn Sie wollen, sage ich Ihnen die genauen Daten. Es ist schwer, alles zu behalten. Mein Prozess dauert wahrscheinlich schon viel länger, er begann kurz nach dem Tod meiner Frau, und das ist schon länger als fünfeinhalb Jahre.« K. rückte näher zu ihm. »Der Advokat übernimmt also auch gewöhnliche Rechtssachen?« fragte er. Diese Verbindung der Gerichte und Rechtswissenschaften schien K. ungemein beruhigend. »Gewiss«, sagte der Kaufmann und flüsterte dann K. zu: »Man sagt sogar, dass er in diesen Rechtssachen tüchtiger ist als in den anderen.« Aber dann schien er das Gesagte zu bereuen, er legte K. eine Hand auf die Schulter und sagte: »Ich bitte Sie sehr, verraten Sie mich nicht.« K. klopfte ihm zur Beruhigung auf den Schenkel und sagte: »Nein, ich bin kein Verräter.« »Er ist nämlich rachsüchtig«, sagte der Kaufmann. »Gegen einen so treuen Klienten wird er gewiss nichts tun«, sagte K. »O doch«, sagte der Kaufmann, »wenn er aufgeregt ist, kennt er keine Unterschiede, übrigens bin ich ihm nicht eigentlich treu.« »Wieso denn nicht?« fragte K. »Soll ich es Ihnen anvertrauen?« fragte der Kaufmann zweifelnd. »Ich denke, Sie dürfen es«, sagte K. »Nun«, sagte der Kaufmann, »ich werde es Ihnen zum Teil anvertrauen, Sie müssen mir aber auch ein Geheimnis sagen, damit wir uns gegenüber dem Advokaten gegenseitig festhalten.« »Sie sind sehr vorsichtig«, sagte K., »aber ich werde Ihnen ein Geheimnis sagen, das Sie vollständig beruhigen wird. Worin besteht also Ihre Untreue gegenüber dem Advokaten?« »Ich habe«, sagte der Kaufmann zögernd und in einem Ton, als gestehe er etwas Unehrenhaftes ein, »ich habe außer ihm noch andere Advokaten.« »Das ist doch nichts so Schlimmes«, sagte K., ein wenig enttäuscht. »Hier ja«, sagte der Kaufmann, der noch seit seinem Geständnis schwer atmete, infolge K.s Bemerkung aber mehr Vertrauen fasste. »Es ist nicht erlaubt. Und am allerwenigsten ist es erlaubt, neben einem sogenannten Advokaten auch noch Winkeladvokaten zu nehmen. Und gerade das habe ich getan, ich habe außer ihm noch fünf Winkeladvokaten.« »Fünf!« rief K., erst die Zahl setzte ihn in Erstaunen, »fünf Advokaten außer diesem?« Der Kaufmann nickte: »Ich verhandle gerade noch mit einem sechsten.« »Aber wozu brauchen Sie denn soviel Advokaten?« fragte K. »Ich brauche alle«, sagte der Kaufmann. »Wollen Sie mir das nicht erklären?« fragte K. »Gern«, sagte der Kaufmann. »Vor allem will ich doch meinen Prozess nicht verlieren, das ist doch selbstverständlich. Infolgedessen darf ich nichts, was mir nützen könnte, außer acht lassen; selbst wenn die Hoffnung auf Nutzen in einem bestimmten Falle nur ganz gering ist, darf ich sie auch nicht verwerfen. Ich habe deshalb alles, was ich besitze, auf den Prozess verwendet. So habe ich zum Beispiel alles Geld meinem Geschäft entzogen, früher füllten die Büroräume meines Geschäfts fast ein Stockwerk, heute genügt eine kleine Kammer im Hinterhaus, wo ich mit einem Lehrjungen arbeite. Diesen Rückgang hat natürlich nicht nur die Entziehung des Geldes verschuldet, sondern mehr noch die Entziehung meiner Arbeitskraft. Wenn man für seinen Prozess etwas tun will, kann man sich mit anderem nur wenig befassen.« »Sie arbeiten also auch selbst bei Gericht?« fragte K. »Gerade darüber möchte ich gern etwas erfahren.« »Darüber kann ich nur wenig berichten«, sagte der Kaufmann, »anfangs habe ich es wohl auch versucht, aber ich habe bald wieder davon abgelassen. Es ist zu erschöpfend und bringt nicht viel Erfolg. Selbst dort zu arbeiten und zu unterhandeln, hat sich wenigstens für mich als ganz unmöglich erwiesen. Es ist ja dort schon das bloße Sitzen und Warten eine große Anstrengung. Sie kennen ja selbst die schwere Luft in den Kanzleien.« »Wieso wissen Sie denn, dass ich dort war?« fragte K. »Ich war gerade im Wartezimmer, als Sie durchgingen.« »Was für ein Zufall das ist!« rief K., ganz verdutzt und die frühere Lächerlichkeit des Kaufmanns ganz vergessend. »Sie haben mich also gesehen! Sie waren im Wartezimmer, als ich durchging. Ja, ich bin dort einmal durchgegangen.« »Es ist kein so großer Zufall«, sagte der Kaufmann, »ich bin dort fast jeden Tag.« »Ich werde nun wahrscheinlich auch öfters hingehen müssen«, sagte K., »nur werde ich wohl kaum mehr so ehrenvoll aufgenommen werden wie damals. Alle standen auf. Man dachte wohl, ich sei ein Richter.« »Nein«, sagte der Kaufmann, »wir grüßten damals den Gerichtsdiener. Dass Sie ein Angeklagter sind, das wussten wir. Solche Nachrichten verbreiten sich sehr rasch.« »Das wussten Sie also schon«, sagte K., »dann erschien Ihnen aber mein Benehmen vielleicht hochmütig. Sprach man sich nicht darüber aus?« »Nein«, sagte der Kaufmann, »im Gegenteil. Aber das sind Dummheiten.« »Was für Dummheiten denn?« fragte K. »Warum fragen Sie danach?« sagte der Kaufmann ärgerlich. »Sie scheinen die Leute dort noch nicht zu kennen und werden es vielleicht unrichtig auffassen. Sie müssen bedenken, dass in diesem Verfahren immer wieder viele Dinge zur Sprache kommen, für die der Verstand nicht mehr ausreicht, man ist einfach zu müde und abgelenkt für vieles, und zum Ersatz verlegt man sich auf den Aberglauben. Ich rede von den anderen, bin aber selbst gar nicht besser. Ein solcher Aberglaube ist es zum Beispiel, dass viele aus dem Gesicht des Angeklagten, insbesondere aus der Zeichnung der Lippen, den Ausgang des Prozesses erkennen wollen. Diese Leute also haben behauptet, Sie würden, nach Ihren Lippen zu schließen, gewiss und bald verurteilt werden. Ich wiederhole, es ist ein lächerlicher Aberglaube und in den meisten Fällen durch die Tatsachen auch vollständig widerlegt, aber wenn man in jener Gesellschaft lebt, ist es schwer, sich solchen Meinungen zu entziehen. Denken Sie nur, wie stark dieser Aberglaube wirken kann. Sie haben doch einen dort angesprochen, nicht? Er konnte Ihnen aber kaum antworten. Es gibt natürlich viele Gründe, um dort verwirrt zu sein, aber einer davon war auch der Anblick Ihrer Lippen. Er hat später erzählt, er hätte auf Ihren Lippen auch das Zeichen seiner eigenen Verurteilung zu sehen geglaubt.« »Meine Lippen?« fragte K., zog einen Taschenspiegel hervor und sah sich an. »Ich kann an meinen Lippen nichts Besonderes erkennen. Und Sie?« »Ich auch nicht«, sagte der Kaufmann, »ganz und gar nicht.« »Wie abergläubisch diese Leute sind!« rief K. aus. »Sagte ich es nicht?« fragte der Kaufmann. »Verkehren sie denn soviel untereinander und tauschen sie ihre Meinungen aus?« sagte K. »Ich habe mich bisher ganz abseits gehalten.« »Im allgemeinen verkehren sie nicht miteinander«, sagte der Kaufmann, »das wäre nicht möglich, es sind ja so viele. Es gibt auch wenig gemeinsame Interessen. Wenn manchmal in einer Gruppe der Glaube an ein gemeinsames Interesse auftaucht, so erweist er sich bald als ein Irrtum. Gemeinsam lässt sich gegen das Gericht nichts durchsetzen. Jeder Fall wird für sich untersucht, es ist ja das sorgfältigste Gericht. Gemeinsam kann man also nichts durchsetzen, nur ein einzelner erreicht manchmal etwas im geheimen; erst wenn es erreicht ist, erfahren es die anderen; keiner weiß, wie es geschehen ist. Es gibt also keine Gemeinsamkeit, man kommt zwar hie und da in den Wartezimmern zusammen, aber dort wird wenig besprochen. Die abergläubischen Meinungen bestehen schon seit alters her und vermehren sich förmlich von selbst.« »Ich sah die Herren dort im Wartezimmer«, sagte K., »ihr Warten kam mir so nutzlos vor.« »Das Warten ist nicht nutzlos«, sagte der Kaufmann, »nutzlos ist nur das selbständige Eingreifen. Ich sagte schon, dass ich jetzt außer diesem noch fünf Advokaten habe. Man sollte doch glauben – ich selbst glaubte es zuerst –, jetzt könnte ich ihnen die Sache vollständig überlassen. Das wäre aber ganz falsch. Ich kann sie ihnen weniger überlassen, als wenn ich nur einen hätte. Sie verstehen das wohl nicht?« »Nein«, sagte K. und legte, um den Kaufmann an seinem allzu schnellen Reden zu hindern, die Hand beruhigend auf seine Hand, »ich möchte Sie nur bitten, ein wenig langsamer zu reden, es sind doch lauter für mich sehr wichtige Dinge, und ich kann Ihnen nicht recht folgen.« »Gut, dass Sie mich daran erinnern«, sagte der Kaufmann, »Sie sind ja ein Neuer, ein Junger. Ihr Prozess ist ein halbes Jahr alt, nicht wahr? Ja, ich habe davon gehört. Ein so junger Prozess! Ich aber habe diese Dinge schon unzählige Mal durchdacht, sie sind mir das Selbstverständlichste auf der Welt.« »Sie sind wohl froh, dass Ihr Prozess schon so weit fortgeschritten ist?« fragte K., er wollte nicht geradezu fragen, wie die Angelegenheiten des Kaufmanns stünden. Er bekam aber auch keine deutliche Antwort. »Ja, ich habe meinen Prozess fünf Jahre lang fortgewälzt«, sagte der Kaufmann und senkte den Kopf, »es ist keine kleine Leistung.« Dann schwieg er ein Weilchen. K. horchte, ob Leni nicht schon komme. Einerseits wollte er nicht, dass sie komme, denn er hatte noch vieles zu fragen und wollte auch nicht von Leni in diesem vertraulichen Gespräch mit dem Kaufmann angetroffen werden, andererseits aber ärgerte er sich darüber, dass sie trotz seiner Anwesenheit so lange beim Advokaten blieb, viel länger, als zum Reichen der Suppe nötig war. »Ich erinnere mich noch an die Zeit genau«, begann der Kaufmann wieder, und K. war gleich voll Aufmerksamkeit, »als mein Prozess etwa so alt war wie jetzt Ihr Prozess. Ich hatte damals nur diesen Advokaten, war aber nicht sehr mit ihm zufrieden.« Hier erfahre ich ja alles, dachte K. und nickte lebhaft mit dem Kopf, als könne er dadurch den Kaufmann aufmuntern, alles Wissenswerte zu sagen. »Mein Prozess«, fuhr der Kaufmann fort, »kam nicht vorwärts, es fanden zwar Untersuchungen statt, ich kam auch zu jeder, sammelte Material, erlegte alle meine Geschäftsbücher bei Gericht, was, wie ich später erfuhr, nicht einmal nötig war, ich lief immer wieder zum Advokaten, er brachte auch verschiedene Eingaben ein –.« »Verschiedene Eingaben?« fragte K. »Ja, gewiss«, sagte der Kaufmann. »Das ist mir sehr wichtig«, sagte K., »in meinem Fall arbeitet er noch immer an der ersten Eingabe. Er hat noch nichts getan. Ich sehe jetzt, er vernachlässigt mich schändlich.« »Dass die Eingabe noch nicht fertig ist, kann verschiedene berechtigte Gründe haben«, sagte der Kaufmann. »Übrigens hatte es sich bei meinen Eingaben später gezeigt, dass sie ganz wertlos waren. Ich habe sogar eine durch das Entgegenkommen eines Gerichtsbeamten selbst gelesen. Sie war zwar gelehrt, aber eigentlich inhaltslos. Vor allem sehr viel Latein, das ich nicht verstehe, dann seitenlange allgemeine Anrufungen des Gerichtes, dann Schmeicheleien für einzelne bestimmte Beamte, die zwar nicht genannt waren, die aber ein Eingeweihter jedenfalls erraten musste, dann Selbstlob des Advokaten, wobei er sich auf geradezu hündische Weise vor dem Gericht demütigte, und endlich Untersuchungen von Rechtsfällen aus alter Zeit, die dem meinigen ähnlich sein sollten. Diese Untersuchungen waren allerdings, soweit ich ihnen folgen konnte, sehr sorgfältig gemacht. Ich will auch mit diesem allen kein Urteil über die Arbeit des Advokaten abgeben, auch war die Eingabe, die ich gelesen habe, nur eine unter mehreren, jedenfalls aber, und davon will ich jetzt sprechen, konnte ich damals in meinem Prozess keinen Fortschritt sehen.« »Was für einen Fortschritt wollten Sie denn sehen?« fragte K. »Sie fragen ganz vernünftig«, sagte der Kaufmann lächelnd, »man kann in diesem Verfahren nur selten Fortschritte sehen. Aber damals wusste ich das nicht. Ich bin Kaufmann und war es damals noch viel mehr als heute, ich wollte greifbare Fortschritte haben, das Ganze sollte sich zum Ende neigen oder wenigstens den regelrechten Aufstieg nehmen. Statt dessen gab es nur Einvernehmungen, die meist den gleichen Inhalt hatten; die Antworten hatte ich schon bereit wie eine Litanei; mehrmals in der Woche kamen Gerichtsboten in mein Geschäft, in meine Wohnung oder wo sie mich sonst antreffen konnten; das war natürlich störend (heute ist es wenigstens in dieser Hinsicht viel besser, der telefonische Anruf stört viel weniger), auch unter meinen Geschäftsfreunden, insbesondere aber unter meinen Verwandten, fingen Gerüchte von meinem Prozess sich zu verbreiten an, Schädigungen gab es also von allen Seiten, aber nicht das geringste Anzeichen sprach dafür, dass auch nur die erste Gerichtsverhandlung in der nächsten Zeit stattfinden würde. Ich ging also zum Advokaten und beklagte mich. Er gab mir zwar lange Erklärungen, lehnte es aber entschieden ab, etwas in meinem Sinne zu tun, niemand habe Einfluss auf die Festsetzung der Verhandlung, in einer Eingabe darauf zu dringen – wie ich es verlangte –, sei einfach unerhört und würde mich und ihn verderben. Ich dachte: Was dieser Advokat nicht will oder kann, wird ein anderer wollen und können. Ich sah mich also nach anderen Advokaten um. Ich will es gleich vorwegnehmen: keiner hat die Festsetzung der Hauptverhandlung verlangt oder durchgesetzt, es ist, allerdings mit einem Vorbehalt, von dem ich noch sprechen werde, wirklich unmöglich, hinsichtlich dieses Punktes hat mich also dieser Advokat nicht getäuscht; im übrigen aber hatte ich es nicht zu bedauern, mich noch an andere Advokaten gewendet zu haben. Sie dürften wohl von Dr. Huld auch schon manches über die Winkeladvokaten gehört haben, er hat sie Ihnen wahrscheinlich als sehr verächtlich dargestellt, und das sind sie wirklich. Allerdings unterläuft ihm immer, wenn er von ihnen spricht und sich und seine Kollegen zu ihnen in Vergleich setzt, ein kleiner Fehler, auf den ich Sie ganz nebenbei auch aufmerksam machen will. Er nennt dann immer die Advokaten seines Kreises zur Unterscheidung die ›großen Advokaten‹. Das ist falsch, es kann sich natürlich jeder ›groß‹ nennen, wenn es ihm beliebt, in diesem Fall aber entscheidet doch nur der Gerichtsgebrauch. Nach diesem gibt es nämlich außer den Winkeladvokaten noch kleine und große Advokaten. Dieser Advokat und seine Kollegen sind jedoch nur die kleinen Advokaten, die großen Advokaten aber, von denen ich nur gehört und die ich nie gesehen habe, stehen im Rang unvergleichlich höher über den kleinen Advokaten als diese über den verachteten Winkeladvokaten.« »Die großen Advokaten?« fragte K. »Wer sind denn die? Wie kommt man zu ihnen?« »Sie haben also noch nie von ihnen gehört«, sagte der Kaufmann. »Es gibt kaum einen Angeklagten, der nicht, nachdem er von ihnen erfahren hat, eine Zeitlang von ihnen träumen würde. Lassen Sie sich lieber nicht dazu verführen. Wer die großen Advokaten sind, weiß ich nicht, und zu ihnen kommen kann man wohl gar nicht. Ich kenne keinen Fall, von dem sich mit Bestimmtheit sagen ließe, dass sie eingegriffen hätten. Manchen verteidigen sie, aber durch eigenen Willen kann man das nicht erreichen, sie verteidigen nur den, den sie verteidigen wollen. Die Sache, deren sie sich annehmen, muss aber wohl über das niedrige Gericht schon hinausgekommen sein. Im übrigen ist es besser, nicht an sie zu denken, denn sonst kommen einem die Besprechungen mit den anderen Advokaten, deren Ratschläge und deren Hilfeleistungen so widerlich und nutzlos vor, ich habe es selbst erfahren, dass man am liebsten alles wegwerfen, sich zu Hause ins Bett legen und von nichts mehr hören wollte. Das wäre aber natürlich wieder das Dümmste, auch hätte man im Bett nicht lange Ruhe.« »Sie dachten damals also nicht an die großen Advokaten?« fragte K. »Nicht lange«, sagte der Kaufmann und lächelte wieder, »vollständig vergessen kann man sie leider nicht, besonders die Nacht ist solchen Gedanken günstig. Aber damals wollte ich ja sofortige Erfolge, ich ging daher zu den Winkeladvokaten.«

»Wie ihr hier beieinander sitzt!« rief Leni, die mit der Tasse zurückgekommen war und in der Tür stehenblieb. Sie saßen wirklich eng beisammen, bei der kleinsten Wendung mussten sie mit den Köpfen aneinanderstoßen, der Kaufmann, der, abgesehen von seiner Kleinheit, auch noch den Rücken gekrümmt hielt, hatte K. gezwungen, sich auch tief zu bücken, wenn er alles hören wollte. »Noch ein Weilchen!« rief K. Leni abwehrend zu und zuckte ungeduldig mit der Hand, die er noch immer auf des Kaufmanns Hand liegen hatte. »Er wollte, dass ich ihm von meinem Prozess erzähle«, sagte der Kaufmann zu Leni. »Erzähle nur, erzähle«, sagte diese. Sie sprach mit dem Kaufmann liebevoll, aber doch auch herablassend, K. gefiel das nicht; wie er jetzt erkannt hatte, hatte der Mann doch einen gewissen Wert, zumindest hatte er Erfahrungen, die er gut mitzuteilen verstand. Leni beurteilte ihn wahrscheinlich unrichtig. Er sah ärgerlich zu, als Leni jetzt dem Kaufmann die Kerze, die er die ganze Zeit über festgehalten hatte, abnahm, ihm die Hand mit ihrer Schürze abwischte und dann neben ihm niederkniete, um etwas Wachs wegzukratzen, das von der Kerze auf seine Hose getropft war. »Sie wollten mir von den Winkeladvokaten erzählen«, sagte K. und schob, ohne eine weitere Bemerkung, Lenis Hand weg. »Was willst du denn?« fragte Leni, schlug leicht nach K. und setzte ihre Arbeit fort. »Ja, von den Winkeladvokaten«, sagte der Kaufmann und fuhr sich über die Stirn, als denke er nach. K. wollte ihm nachhelfen und sagte: »Sie wollten sofortige Erfolge haben und gingen deshalb zu den Winkeladvokaten.« »Ganz richtig«, sagte der Kaufmann, setzte aber nicht fort. »Er will vielleicht vor Leni nicht davon sprechen«, dachte K., bezwang seine Ungeduld, das Weitere gleich jetzt zu hören, und drang nun nicht mehr weiter in ihn.

»Hast du mich angemeldet?« fragte er Leni. »Natürlich«, sagte diese, »er wartet auf dich. Lass jetzt Block, mit Block kannst du auch später reden, er bleibt doch hier.« K. zögerte noch. »Sie bleiben hier?« fragte er den Kaufmann, er wollte dessen eigene Antwort, er wollte nicht, dass Leni vom Kaufmann wie von einem Abwesenden sprach, er war heute gegen Leni voll geheimen Ärgers. Und wieder antwortete nur Leni: »Er schläft hier öfters.« »Schläft hier?« rief K., er hatte gedacht, der Kaufmann werde hier nur auf ihn warten, während er die Unterredung mit dem Advokaten rasch erledigen würde, dann aber würden sie gemeinsam fortgehen und alles gründlich und ungestört besprechen. »Ja«, sagte Leni, »nicht jeder wird wie du, Josef, zu beliebiger Stunde beim Advokaten vorgelassen. Du scheinst dich ja gar nicht darüber zu wundern, dass dich der Advokat trotz seiner Krankheit noch um elf Uhr nachts empfängt. Du nimmst das, was deine Freunde für dich tun, doch als gar zu selbstverständlich an. Nun, deine Freunde oder zumindest ich, tun es gerne. Ich will keinen anderen Dank und brauche auch keinen anderen, als dass du mich liebhast.« »Dich liebhaben?« dachte K. im ersten Augenblick, erst dann ging es ihm durch den Kopf: »Nun ja, ich habe sie lieb.« Trotzdem sagte er, alles andere vernachlässigend: »Er empfängt mich, weil ich sein Klient bin. Wenn auch dafür noch fremde Hilfe nötig wäre, müsste man bei jedem Schritt immer gleichzeitig betteln und danken.« »Wie schlimm er heute ist, nicht?« fragte Leni den Kaufmann. »Jetzt bin ich der Abwesende«, dachte K. und wurde fast sogar auf den Kaufmann böse, als dieser, die Unhöflichkeit Lenis übernehmend, sagte: »Der Advokat empfängt ihn auch noch aus anderen Gründen. Sein Fall ist nämlich interessanter als der meine. Außerdem aber ist sein Prozess in den Anfängen, also wahrscheinlich noch nicht sehr verfahren, da beschäftigt sich der Advokat noch gern mit ihm. Später wird das anders werden.« »Ja, ja«, sagte Leni und sah den Kaufmann lachend an, »wie er schwatzt! Ihm darfst du nämlich«, hierbei wandte sie sich an K., »gar nichts glauben. So lieb er ist, so geschwätzig ist er. Vielleicht mag ihn der Advokat auch deshalb nicht leiden. Jedenfalls empfängt er ihn nur, wenn er in Laune ist. Ich habe mir schon viel Mühe gegeben, das zu ändern, aber es ist unmöglich. Denke nur, manchmal melde ich Block an, er empfängt ihn aber erst am dritten Tag danach. Ist Block aber zu der Zeit, wenn er vorgerufen wird, nicht zur Stelle, so ist alles verloren und er muss von neuem angemeldet werden. Deshalb habe ich Block erlaubt, hier zu schlafen, es ist ja schon vorgekommen, dass er in der Nacht um ihn geläutet hat. Jetzt ist also Block auch in der Nacht bereit. Allerdings geschieht es jetzt wieder, dass der Advokat, wenn es sich zeigt, dass Block da ist, seinen Auftrag, ihn vorzulassen, manchmal widerruft.« K. sah fragend zum Kaufmann hin. Dieser nickte und sagte, so offen wie er früher mit K. gesprochen hatte, vielleicht war er zerstreut vor Beschämung: »Ja, man wird später sehr abhängig von seinem Advokaten.« »Er klagt ja nur zum Schein«, sagte Leni. »Er schläft ja hier sehr gern, wie er mir schon oft gestanden hat.« Sie ging zu einer kleinen Tür und stieß sie auf. »Willst du sein Schlafzimmer sehen?« fragte sie. K. ging hin und sah von der Schwelle aus in den niedrigen fensterlosen Raum, der von einem schmalen Bett vollständig ausgefüllt war. In dieses Bett musste man über den Bettpfosten steigen. Am Kopfende des Bettes war eine Vertiefung in der Mauer, dort standen, peinlich geordnet, eine Kerze, Tintenfass und Feder sowie ein Bündel Papiere, wahrscheinlich Prozessschriften. »Sie schlafen im Dienstmädchenzimmer?« fragte K. und wendete sich zum Kaufmann zurück. »Leni hat es mir eingeräumt«, antwortete der Kaufmann, »es ist sehr vorteilhaft.« K. sah ihn lange an; der erste Eindruck, den er von dem Kaufmann erhalten hatte, war vielleicht doch der richtige gewesen; Erfahrungen hatte er, denn sein Prozess dauerte schon lange, aber er hatte diese Erfahrungen teuer bezahlt. Plötzlich ertrug K. den Anblick des Kaufmanns nicht mehr. »Bring ihn doch ins Bett!« rief er

Leni zu, die ihn gar nicht zu verstehen schien. Er selbst aber wollte zum Advokaten gehen und durch die Kündigung sich nicht nur vom Advokaten, sondern auch von Leni und dem Kaufmann befreien. Aber noch ehe er zur Tür gekommen war, sprach ihn der Kaufmann mit leiser Stimme an: »Herr Prokurist«, K. wandte sich mit bösem Gesicht um. »Sie haben Ihr Versprechen vergessen«, sagte der Kaufmann und streckte sich von seinem Sitz aus bittend K. entgegen. »Sie wollten mir noch ein Geheimnis sagen.« »Wahrhaftig«, sagte K. und streifte auch Leni, die ihn aufmerksam ansah, mit einem Blick, »also hören Sie: es ist allerdings fast kein Geheimnis mehr. Ich gehe jetzt zum Advokaten, um ihn zu entlassen.« »Er entlässt ihn!« rief der Kaufmann, sprang vom Sessel und lief mit erhobenen Armen in der Küche umher. Immer wieder rief er: »Er entlässt den Advokaten!« Leni wollte gleich auf K. losfahren, aber der Kaufmann kam ihr in den Weg, wofür sie ihm mit den Fäusten einen Hieb gab. Noch mit den zu Fäusten geballten Händen lief sie dann hinter K., der aber einen großen Vorsprung hatte. Er war schon in das Zimmer des Advokaten eingetreten, als ihn Leni einholte. Die Tür hatte er hinter sich fast geschlossen, aber Leni, die mit dem Fuß den Türflügel offenhielt, fasste ihn beim Arm und wollte ihn zurückziehen. Aber er drückte ihr Handgelenk so stark, dass sie unter einem Seufzer ihn loslassen musste. Ins Zimmer einzutreten, wagte sie nicht gleich, K. aber versperrte die Tür mit dem Schlüssel.

»Ich warte schon sehr lange auf Sie«, sagte der Advokat vom Bett aus, legte ein Schriftstück, das er beim Licht einer Kerze gelesen hatte, auf das Nachttischchen und setzte sich eine Brille auf, mit der er K. scharf ansah. Statt sich zu entschuldigen, sagte K.: »Ich gehe bald wieder weg.« Der Advokat hatte K.s Bemerkung, weil sie keine Entschuldigung war, unbeachtet gelassen und sagte: »Ich werde Sie nächstens zu dieser späten Stunde nicht mehr vorlassen.« »Das kommt meinem Anliegen entgegen«, sagte K. Der Advokat sah ihn fragend an. »Setzen Sie sich«, sagte er. »Weil Sie es wünschen«, sagte K., zog einen Sessel zum Nachttischchen und setzte sich. »Es schien mir, dass Sie die Tür abgesperrt haben«, sagte der Advokat. »Ja«, sagte K., »es war Lenis wegen.« Er hatte nicht die Absicht, irgend jemanden zu schonen. Aber der Advokat fragte: »War sie wieder zudringlich?« »Zudringlich?« fragte K. »Ja«, sagte der Advokat, er lachte dabei, bekam einen Hustenanfall und begann, nachdem dieser vergangen war, wieder zu lachen. »Sie haben doch wohl ihre Zudringlichkeit schon bemerkt?«fragte er und klopfte K. auf die Hand, die dieser zerstreut auf das Nachttischchen gestützt hatte und die er jetzt rasch zurückzog. »Sie legen dem nicht viel Bedeutung bei«, sagte der Advokat, als K. schwieg, »desto besser. Sonst hätte ich mich vielleicht bei Ihnen entschuldigen müssen. Es ist eine Sonderbarkeit Lenis, die ich ihr übrigens längst verziehen habe und von der ich auch nicht reden würde, wenn Sie nicht eben jetzt die Tür abgesperrt hätten. Diese Sonderbarkeit, Ihnen allerdings müsste ich sie wohl am wenigsten erklären, aber Sie sehen mich so bestürzt an und deshalb tue ich es, diese Sonderbarkeit besteht darin, dass Leni die meisten Angeklagten schön findet. Sie hängt sich an alle, liebt alle, scheint allerdings auch von allen geliebt zu werden; um mich zu unterhalten, erzählt sie mir dann, wenn ich es erlaube, manchmal davon. Ich bin über das Ganze nicht so erstaunt, wie Sie es zu sein scheinen. Wenn man den richtigen Blick dafür hat, findet man die Angeklagten wirklich oft schön. Das allerdings ist eine merkwürdige, gewissermaßen naturwissenschaftliche Erscheinung. Es tritt natürlich als Folge der Anklage nicht etwa eine deutliche, genau zu bestimmende Veränderung des Aussehens ein. Es ist doch nicht wie bei anderen Gerichtssachen, die meisten bleiben in ihrer gewöhnlichen Lebensweise und werden, wenn sie einen guten Advokaten haben, der für sie sorgt, durch den Prozess nicht behindert. Trotzdem sind diejenigen, welche darin Erfahrung haben, imstande, aus der größten Menge die Angeklagten, Mann für Mann, zu erkennen. Woran? werden Sie fragen. Meine Antwort wird Sie nicht befriedigen. Die Angeklagten sind eben die Schönsten. Es kann nicht die Schuld sein, die sie schön macht, denn – so muss wenigstens ich als Advokat sprechen – es sind doch nicht alle schuldig, es kann auch nicht die richtige Strafe sein, die sie jetzt schon schön macht, denn es werden doch nicht alle bestraft, es kann also nur an dem gegen sie erhobenen Verfahren liegen, das ihnen irgendwie anhaftet. Allerdings gibt es unter den Schönen auch besonders schöne. Schön sind aber alle, selbst Block, dieser elende Wurm.«

K. war, als der Advokat geendet hatte, vollständig gefasst, er hatte sogar zu den letzten Worten auffallend genickt und sich so selbst die Bestätigung seiner alten Ansicht gegeben, nach welcher der Advokat ihn immer und so auch diesmal durch allgemeine Mitteilungen, die nicht zur Sache gehörten, zu zerstreuen und von der Hauptfrage, was er an tatsächlicher Arbeit für K.s Sache getan hatte, abzulenken suchte. Der Advokat merkte wohl, dass ihm K. diesmal mehr Widerstand leistete als sonst, denn er verstummte jetzt, um K. die Möglichkeit zu geben, selbst zu sprechen, und fragte dann, da K. stumm blieb: »Sind Sie heute mit einer bestimmten Absicht zu mir gekommen?« »Ja«, sagte K. und blendete mit der Hand ein wenig die Kerze ab, um den Advokaten besser zu sehen, »ich wollte Ihnen sagen, dass ich Ihnen mit dem heutigen Tage meine Vertretung entziehe.« »Verstehe ich Sie recht?« fragte der Advokat, erhob sich halb im Bett und stützte sich mit einer Hand auf die Kissen. »Ich nehme es an«, sagte K., der straff aufgerichtet, wie auf der Lauer, dasaß. »Nun, wir können ja auch diesen Plan besprechen«, sagte der Advokat nach einem Weilchen. »Es ist kein Plan mehr«, sagte K. »Mag sein«, sagte der Advokat, »wir wollen aber trotzdem nichts übereilen.« Er gebrauchte das Wort »wir«, als habe er nicht die Absicht, K. freizulassen, und als wolle er, wenn er schon nicht sein Vertreter sein dürfte, wenigstens sein Berater bleiben. »Es ist nicht übereilt«, sagte K., stand langsam auf und trat hinter seinen Sessel, »es ist gut überlegt und vielleicht sogar zu lange. Der Entschluss ist endgültig.« »Dann erlauben Sie mir nur noch einige Worte«, sagte der Advokat, hob das Federbett weg und setzte sich auf den Bettrand. Seine nackten, weißhaarigen Beine zitterten vor Kälte. Er bat K., ihm vom Kanapee eine Decke zu reichen. K. holte die Decke und sagte: »Sie setzen sich ganz unnötig einer Verkühlung aus.« »Der Anlass ist wichtig genug«, sagte der Advokat, während er mit dem Federbett den Oberkörper umhüllte und dann die Beine in die Decke einwickelte. »Ihr Onkel ist mein Freund, und auch Sie sind mir im Laufe der Zeit lieb geworden. Ich gestehe das offen ein. Ich brauche mich dessen nicht zu schämen.« Diese rührseligen Reden des alten Mannes waren K. sehr unwillkommen, denn sie zwangen ihn zu einer ausführlicheren Erklärung, die er gern vermieden hätte, und sie beirrten ihn außerdem, wie er sich offen eingestand, wenn sie allerdings auch seinen Entschluss niemals rückgängig machen konnten. »Ich danke Ihnen für Ihre freundliche Gesinnung«, sagte er, »ich erkenne auch an, dass Sie sich meiner Sache so sehr angenommen haben, wie es Ihnen möglich ist und wie es Ihnen für mich vorteilhaft scheint. Ich jedoch habe in der letzten Zeit die Überzeugung gewonnen, dass das nicht genügend ist. Ich werde natürlich niemals versuchen, Sie, einen soviel älteren und erfahreneren Mann, von meiner Ansicht überzeugen zu wollen; wenn ich es manchmal unwillkürlich versucht habe, so verzeihen Sie mir, die Sache aber ist, wie Sie sich selbst ausdrückten, wichtig genug, und es ist meiner Überzeugung nach notwendig, viel kräftiger in den Prozess einzugreifen, als es bisher geschehen ist.« »Ich verstehe Sie«, sagte der Advokat, »Sie sind ungeduldig.« »Ich bin nicht ungeduldig«, sagte K. ein wenig gereizt und achtete nicht mehr soviel auf seine Worte. »Sie dürften bei meinem ersten Besuch, als ich mit meinem Onkel zu Ihnen kam, bemerkt haben, dass mir an dem Prozess nicht viel lag, wenn man mich nicht gewissermaßen gewaltsam an ihn erinnerte, vergaß ich ihn vollständig. Aber mein Onkel bestand darauf, dass ich Ihnen meine Vertretung übergebe, ich tat es, um ihm gefällig zu sein. Und nun hätte man doch erwarten sollen, dass mir der Prozess noch leichter fallen würde als bis dahin, denn man übergibt doch dem Advokaten die Vertretung, um die Last des Prozesses ein wenig von sich abzuwälzen. Es geschah aber das Gegenteil. Niemals früher hatte ich so große Sorgen wegen des Prozesses wie seit der Zeit, seitdem Sie mich vertreten. Als ich allein war, unternahm ich nichts in meiner Sache, aber ich fühlte es kaum, jetzt dagegen hatte ich einen Vertreter, alles war dafür eingerichtet, dass etwas geschehe, unaufhörlich und immer gespannter erwartete ich Ihr Eingreifen, aber es blieb aus. Ich bekam von Ihnen allerdings verschiedene Mitteilungen über das Gericht, die ich vielleicht von niemandem sonst hätte bekommen können. Aber das kann mir nicht genügen, wenn mir jetzt der Prozess, förmlich im geheimen, immer näher auf den Leib rückt.« K. hatte den Sessel von sich gestoßen und stand, die Hände in den Rocktaschen, aufrecht da. »Von einem gewissen Zeitpunkt der Praxis an«, sagte der Advokat leise und ruhig, »ereignet sich nichts wesentlich Neues mehr. Wie viele Parteien sind in ähnlichen Stadien der Prozesse ähnlich wie Sie vor mir gestanden und haben ähnlich gesprochen!« »Dann haben«, sagte K., »alle diese ähnlichen Parteien ebenso recht gehabt wie ich. Das widerlegt mich gar nicht.« »Ich wollte Sie damit nicht widerlegen«, sagte der Advokat, »ich wollte aber noch hinzufügen, dass ich bei Ihnen mehr Urteilskraft erwartet hätte als bei den anderen, besonders da ich Ihnen mehr Einblick in das Gerichtswesen und in meine Tätigkeit gegeben habe, als ich es sonst Parteien gegenüber tue. Und nun muss ich sehen, dass Sie trotz allem nicht genügend Vertrauen zu mir haben. Sie machen es mir nicht leicht.« Wie sich der Advokat vor K. demütigte! Ohne jede Rücksicht auf die Standesehre, die gewiss gerade in diesem Punkte am empfindlichsten ist. Und warum tat er das? Er war doch dem Anschein nach ein vielbeschäftigter Advokat und überdies ein reicher Mann, es konnte ihm an und für sich weder an dem Verdienstentgang noch an dem Verlust eines Klienten viel liegen. Außerdem war er kränklich und hätte selbst darauf bedacht sein sollen, dass ihm Arbeit abgenommen werde. Und trotzdem hielt er K. so fest! Warum? War es persönliche Anteilnahme für den Onkel oder sah er K.s Prozess wirklich für so außerordentlich an und hoffte, sich darin auszuzeichnen, entweder für K. oder – diese Möglichkeit war eben niemals auszuschließen – für die Freunde beim Gericht? An ihm selbst war nichts zu erkennen, so rücksichtslos prüfend ihn auch K. ansah. Man hätte fast annehmen können, er warte mit absichtlich verschlossener Miene die Wirkung seiner Worte ab. Aber er deutete offenbar das Schweigen K.s für sich allzu günstig, wenn er jetzt fortfuhr: »Sie werden bemerkt haben, dass ich zwar eine große Kanzlei habe, aber keine Hilfskräfte beschäftige. Das war früher anders, es gab eine Zeit, wo einige junge Juristen für mich arbeiteten, heute arbeite ich allein. Es hängt dies zum Teil mit der Änderung meiner Praxis zusammen, indem ich mich immer mehr auf Rechtssachen von der Art der Ihrigen beschränkte, zum Teil mit der immer tieferen Erkenntnis, die ich von diesen Rechtssachen erhielt. Ich fand, dass ich diese Arbeit niemandem überlassen dürfe, wenn ich mich nicht an meinen Klienten und an der Aufgabe, die ich übernommen hatte, versündigen wollte. Der Entschluss aber, alle Arbeit selbst zu leisten, hatte die natürlichen Folgen: ich musste fast alle Ansuchen um Vertretungen abweisen und konnte nur denen nachgeben, die mir besonders nahegingen – nun, es gibt ja genug Kreaturen, und sogar ganz in der Nähe, die sich auf jeden Brocken stürzen, den ich wegwerfe. Und außerdem wurde ich vor Überanstrengung krank. Aber trotzdem bereue ich meinen Entschluss nicht, es ist möglich, dass ich mehr Vertretungen hätte abweisen sollen, als ich getan habe, dass ich aber den übernommenen Prozessen mich ganz hingegeben habe, hat sich als unbedingt notwendig herausgestellt und durch die Erfolge belohnt. Ich habe einmal in einer Schrift den Unterschied sehr schön ausgedrückt gefunden, der zwischen der Vertretung in gewöhnlichen Rechtssachen und der Vertretung in diesen Rechtssachen besteht. Es hieß dort: der Advokat führt seinen Klienten an einem Zwirnsfaden bis zum Urteil, der andere aber hebt seinen Klienten gleich auf die Schultern und trägt ihn, ohne ihn abzusetzen, zum Urteil und noch darüber hinaus. So ist es. Aber es war nicht ganz richtig, wenn ich sagte, dass ich diese große Arbeit niemals bereue. Wenn sie, wie in Ihrem Fall, so vollständig verkannt wird, dann, nun dann bereue ich fast.« K. wurde durch diese Reden mehr ungeduldig als überzeugt. Er glaubte irgendwie aus dem Tonfall des Advokaten herauszuhören, was ihn erwartete, wenn er nachgäbe, wieder würden die Vertröstungen beginnen, die Hinweise auf die fortschreitende Eingabe, auf die gebesserte Stimmung der Gerichtsbeamten, aber auch auf die großen Schwierigkeiten, die sich der Arbeit entgegenstellten, – kurz, all das bis zum Überdruss Bekannte würde hervorgeholt werden, um K. wieder mit unbestimmten Hoffnungen zu täuschen und mit unbestimmten Drohungen zu quälen. Das musste endgültig verhindert werden, er sagte deshalb: »Was wollen Sie in meiner Sache unternehmen, wenn Sie die Vertretung behalten?« Der Advokat fügte sich sogar dieser beleidigenden Frage und antwortete: »In dem, was ich für Sie bereits unternommen habe, weiter fortfahren.« »Ich wusste es ja«, sagte K., »nun ist aber jedes weitere Wort überflüssig.« »Ich werde noch einen Versuch machen«, sagte der Advokat, als geschehe das, was K. erregte, nicht K., sondern ihm. »Ich habe nämlich die Vermutung, dass Sie nicht nur zu der falschen Beurteilung meines Rechtsbeistandes, sondern auch zu Ihrem sonstigen Verhalten dadurch verleitet werden, dass man Sie, obwohl Sie Angeklagter sind, zu gut behandelt oder, richtiger ausgedrückt, nachlässig, scheinbar nachlässig behandelt. Auch dieses letztere hat seinen Grund; es ist oft besser, in Ketten, als frei zu sein. Aber ich möchte Ihnen doch zeigen, wie andere Angeklagte behandelt werden, vielleicht gelingt es Ihnen, daraus eine Lehre zu ziehen. Ich werde jetzt nämlich Block vorrufen, sperren Sie die Tür auf und setzen Sie sich hier neben den Nachttisch!« »Gerne«, sagte K. und tat, was der Advokat verlangt hatte; zu lernen war er immer bereit. Um sich aber für jeden Fall zu sichern, fragte er noch: »Sie haben aber zur Kenntnis genommen, dass ich Ihnen meine Vertretung entziehe?« »Ja«, sagte der Advokat, »Sie können es aber heute noch rückgängig machen.« Er legte sich wieder ins Bett zurück, zog das Federbett bis zum Kinn und drehte sich der Wand zu. Dann läutete er.

Fast gleichzeitig mit dem Glockenzeichen erschien Leni, sie suchte durch rasche Blicke zu erfahren, was geschehen war; dass K. ruhig beim Bett des Advokaten saß, schien ihr beruhigend. Sie nickte K., der sie starr ansah, lächelnd zu. »Hole Block«, sagte der Advokat. Statt ihn aber zu holen, trat sie nur vor die Tür, rief: »Block! Zum Advokaten!« und schlüpfte dann, wahrscheinlich weil der Advokat zur Wand abgekehrt blieb und sich um nichts kümmerte, hinter K.s Sessel. Sie störte ihn von nun ab, indem sie sich über die Sessellehne vorbeugte oder mit den Händen, allerdings sehr zart und vorsichtig, durch sein Haar fuhr und über seine Wangen strich. Schließlich suchte K. sie daran zu hindern, indem er sie bei einer Hand erfasste, die sie ihm nach einigem Widerstreben überließ.

Block war auf den Anruf hin gleich gekommen, blieb aber vor der Tür stehen und schien zu überlegen, ob er eintreten sollte. Er zog die Augenbrauen hoch und neigte den Kopf, als horche er, ob sich der Befehl, zum Advokaten zu kommen, wiederholen würde. K. hätte ihn zum Eintreten aufmuntern können, aber er hatte sich vorgenommen, nicht nur mit dem Advokaten, sondern mit allem, was hier in der Wohnung war, endgültig zu brechen und verhielt sich deshalb regungslos. Auch Leni schwieg. Block merkte, dass ihn wenigstens niemand verjage und trat auf den Fußspitzen ein, das Gesicht gespannt, die Hände auf dem Rücken verkrampft. Die Tür hatte er für einen möglichen Rückzug offen gelassen. K. blickte er gar nicht an, sondern immer nur das hohe Federbett, unter dem der Advokat, da er sich ganz nahe an die Wand geschoben hatte, nicht einmal zu sehen war. Da hörte man aber seine Stimme: »Block hier?« fragte er. Diese Frage gab Block, der schon eine große Strecke weitergerückt war, förmlich einen Stoß in die Brust und dann einen in den Rücken, er taumelte, blieb tief gebückt stehen und sagte: »Zu dienen.« »Was willst du?« fragte der Advokat, »du kommst ungelegen.« »Wurde ich nicht gerufen?« fragte Block mehr sich selbst als den Advokaten, hielt die Hände zum Schutze vor und war bereit, wegzulaufen. »Du wurdest gerufen«, sagte der Advokat, »trotzdem kommst du ungelegen.« Und nach einer Pause fügte er hinzu: »Du kommst immer ungelegen.« Seitdem der Advokat sprach, sah Block nicht mehr auf das Bett hin, er starrte vielmehr irgendwo in eine Ecke und lauschte nur, als sei der Anblick des Sprechers zu blendend, als dass er ihn ertragen könnte. Es war aber auch das Zuhören schwer, denn der Advokat sprach gegen die Wand, und zwar leise und schnell. »Wollt Ihr, dass ich weggehe?« fragte Block. »Nun bist du einmal da«, sagte der Advokat. »Bleib!« Man hätte glauben können, der Advokat habe nicht Blocks Wunsch erfüllt, sondern ihm, etwa mit Prügeln, gedroht, denn jetzt fing Block wirklich zu zittern an. »Ich war gestern«, sagte der Advokat, »beim Dritten Richter, meinem Freund, und habe allmählich das Gespräch auf dich gelenkt. Willst du wissen, was er sagte?« »O bitte«, sagte Block. Da der Advokat nicht gleich antwortete, wiederholte Block nochmals die Bitte und neigte sich, als wolle er niederknien. Da fuhr ihn aber K. an: »Was tust du?« rief er. Da ihn Leni an dem Ausruf hatte hindern wollen, fasste er auch ihre zweite Hand. Es war nicht der Druck der Liebe, mit dem er sie festhielt, sie seufzte auch öfters und suchte ihm die Hände zu entwinden. Für K.s Ausruf aber wurde Block gestraft, denn der Advokat fragte ihn: »Wer ist denn dein Advokat?« »Ihr seid es«, sagte Block. »Und außer mir?« fragte der Advokat. »Niemand außer Euch«, sagte Block. »Dann folge auch niemandem sonst«, sagte der Advokat. Block erkannte das vollständig an, er maß K. mit bösen Blicken und schüttelte heftig gegen ihn den Kopf. Hätte man dieses Benehmen in Worte übersetzt, so wären es grobe Beschimpfungen gewesen. Mit diesem Menschen hatte K. freundschaftlich über seine eigene Sache reden wollen! »Ich werde dich nicht mehr stören«, sagte K., in den Sessel zurückgelehnt. »Knie nieder oder krieche auf allen vieren, tu, was du willst. Ich werde mich darum nicht kümmern.« Aber Block hatte doch Ehrgefühl, wenigstens gegenüber K., denn er ging, mit den Fäusten fuchtelnd, auf ihn zu, und rief so laut, als er es nur in der Nähe des Advokaten wagte: »Sie dürfen nicht so mit mir reden, das ist nicht erlaubt. Warum beleidigen Sie mich? Und überdies noch hier, vor dem Herrn Advokaten, wo wir beide, Sie und ich, nur aus Barmherzigkeit geduldet sind? Sie sind kein besserer Mensch als ich, denn Sie sind auch angeklagt und haben auch einen Prozess. Wenn Sie aber trotzdem noch ein Herr sind, dann bin ich ein ebensolcher Herr, wenn nicht gar ein noch größerer. Und ich will auch als ein solcher angesprochen werden, gerade von Ihnen. Wenn Sie sich aber dadurch für bevorzugt halten, dass Sie hier sitzen und ruhig zuhören dürfen, während ich, wie Sie sich ausdrücken, auf allen vieren krieche, dann erinnere ich Sie an den alten Rechtsspruch: für den Verdächtigen ist Bewegung besser als Ruhe, denn der, welcher ruht, kann immer, ohne es zu wissen, auf einer Waagschale sein und mit seinen Sünden gewogen werden.« K. sagte nichts, er staunte nur mit unbeweglichen Augen diesen verwirrten Menschen an. Was für Veränderungen waren mit ihm nur schon in der letzten Stunde vor sich gegangen! War es der Prozess, der ihn so hin und her warf und ihn nicht erkennen ließ, wo Freund und wo Feind war? Sah er denn nicht, dass der Advokat ihn absichtlich demütigte und diesmal nichts anderes bezweckte, als sich vor K. mit seiner Macht zu brüsten und sich dadurch vielleicht auch K. zu unterwerfen? Wenn Block aber nicht fähig war, das zu erkennen oder wenn er den Advokaten so sehr fürchtete, dass ihm jene Erkenntnis nichts helfen konnte, wie kam es, dass er doch wieder so schlau oder so kühn war, den Advokaten zu betrügen und ihm zu verschweigen, dass er außer ihm noch andere Advokaten für sich arbeiten ließ? Und wie wagte er es, K. anzugreifen, da dieser doch gleich sein Geheimnis verraten könnte? Aber er wagte noch mehr, er ging zum Bett des Advokaten und begann, sich nun auch dort über K. zu beschweren: »Herr Advokat«, sagte er, »habt Ihr gehört, wie dieser Mann mit mir gesprochen hat? Man kann noch die Stunden seines Prozesses zählen, und schon will er mir, einem Mann, der fünf Jahre im Prozesse steht, gute Lehren geben. Er beschimpft mich sogar. Weiß nichts und beschimpft mich, der ich, soweit meine schwachen Kräfte reichen, genau studiert habe, was Anstand, Pflicht und Gerichtsgebrauch verlangt.« »Kümmere dich um niemanden«, sagte der Advokat, »und tue, was dir richtig scheint.« »Gewiss«, sagte Block, als spreche er sich selbst Mut zu, und kniete unter einem kurzen Seitenblick nun knapp beim Bett nieder. »Ich knie schon, mein Advokat«, sagte er. Der Advokat schwieg aber. Block streichelte mit einer Hand vorsichtig das Federbett. In der Stille, die jetzt herrschte, sagte Leni, indem sie sich von K.s Händen befreite: »Du machst mir Schmerzen. Lass mich. Ich gehe zu Block.« Sie ging hin und setzte sich auf den Bettrand. Block war über ihr Kommen sehr erfreut, er bat sie gleich durch lebhafte, aber stumme Zeichen, sich beim Advokaten für ihn einzusetzen. Er benötigte offenbar die Mitteilungen des Advokaten sehr dringend, aber vielleicht nur zu dem Zweck, um sie durch seine übrigen Advokaten ausnützen zu lassen. Leni wusste wahrscheinlich genau, wie man dem Advokaten beikommen könne, sie zeigte auf die Hand des Advokaten und spitzte die Lippen wie zum Kuss. Gleich führte Block den Handkuss aus und wiederholte ihn, auf eine Aufforderung Lenis hin, noch zweimal. Aber der Advokat schwieg noch immer. Da beugte sich Leni über den Advokaten hin, der schöne Wuchs ihres Körpers wurde sichtbar, als sie sich so streckte, und strich, tief zu seinem Gesicht geneigt, über sein langes, weißes Haar. Das zwang ihm nun doch eine Antwort ab. »Ich zögere, es ihm mitzuteilen«, sagte der Advokat, und man sah, wie er den Kopf ein wenig schüttelte, vielleicht, um des Druckes von Lenis Hand mehr teilhaftig zu werden. Block horchte mit gesenktem Kopf, als übertrete er durch dieses Horchen ein Gebot. »Warum zögerst du denn?« fragte Leni. K. hatte das Gefühl, als höre er ein einstudiertes Gespräch, das sich schon oft wiederholt hatte, das sich noch oft wiederholen würde und das nur für Block seine Neuheit nicht verlieren konnte. »Wie hat er sich heute verhalten?« fragte der Advokat, statt zu antworten. Ehe sich Leni darüber äußerte, sah sie zu Block hinunter und beobachtete ein Weilchen, wie er die Hände ihr entgegenhob und bittend aneinander rieb. Schließlich nickte sie ernst, wandte sich zum Advokaten und sagte: »Er war ruhig und fleißig.« Ein alter Kaufmann, ein Mann mit langem Bart, flehte ein junges Mädchen um ein günstiges Zeugnis an. Mochte er dabei auch Hintergedanken haben, nichts konnte ihn in den Augen eines Mitmenschen rechtfertigen. K. begriff nicht, wie der Advokat daran hatte denken können, durch diese Vorführung ihn zu gewinnen. Hätte er ihn nicht schon früher verjagt, er hätte es durch diese Szene erreicht. Er entwürdigte fast den Zuseher. So bewirkte also die Methode des Advokaten, welcher K. glücklicherweise nicht lange genug ausgesetzt gewesen war, dass der Klient schließlich die ganze Welt vergaß und nur auf diesem Irrweg zum Ende des Prozesses sich fortzuschleppen hoffte. Das war kein Klient mehr, das war der Hund des Advokaten. Hätte ihm dieser befohlen, unter das Bett wie in eine Hundehütte zu kriechen und von dort aus zu bellen, er hätte es mit Lust getan. Als sei K. beauftragt, alles, was hier gesprochen wurde, genau in sich aufzunehmen, an einem höheren Ort die Anzeige davon zu erstatten und einen Bericht abzulegen, hörte er prüfend und überlegen zu. »Was hat er während des ganzen Tages getan?« fragte der Advokat. »Ich habe ihn«, sagte Leni, »damit er mich bei der Arbeit nicht störe, in dem Dienstmädchenzimmer eingesperrt, wo er sich ja gewöhnlich aufhält. Durch die Lücke konnte ich von Zeit zu Zeit nachsehen, was er machte. Er kniete immer auf dem Bett, hatte die Schriften, die du ihm geliehen hast, auf dem Fensterbrett aufgeschlagen und las in ihnen. Das hat einen guten Eindruck auf mich gemacht; das Fenster führt nämlich nur in einen Luftschacht und gibt fast kein Licht. Dass Block trotzdem las, zeigte mir, wie folgsam er ist.« »Es freut mich, das zu hören«, sagte der Advokat. »Hat er aber auch mit Verständnis gelesen?« Block bewegte während dieses Gesprächs unaufhörlich die Lippen, offenbar formulierte er die Antworten, die er von Leni erhoffte. »Darauf kann ich natürlich«, sagte Leni, »nicht mit Bestimmtheit antworten. Jedenfalls habe ich gesehen, dass er gründlich las. Er hat den ganzen Tag über die gleiche Seite gelesen und beim Lesen den Finger die Zeilen entlanggeführt. Immer, wenn ich zu ihm hineinsah, hat er geseufzt, als mache ihm das Lesen viel Mühe. Die Schriften, die du ihm geliehen hast, sind wahrscheinlich schwer verständlich.« »Ja«, sagte der Advokat, »das sind sie allerdings. Ich glaube auch nicht, dass er etwas von ihnen versteht. Sie sollen ihm nur eine Ahnung davon geben, wie schwer der Kampf ist, den ich zu seiner Verteidigung führe. Und für wen führe ich diesen schweren Kampf? Für – es ist fast lächerlich, es auszusprechen – für Block. Auch was das bedeutet, soll er begreifen lernen. Hat er ununterbrochen studiert?« »Fast ununterbrochen«, antwortete Leni, »nur einmal hat er mich um Wasser zum Trinken gebeten. Da habe ich ihm ein Glas durch die Luke gereicht. Um acht Uhr habe ich ihn dann herausgelassen und ihm etwas zu essen gegeben.« Block streifte K. mit einem Seitenblick, als werde hier Rühmendes von ihm erzählt und müsse auch auf K. Eindruck machen. Er schien jetzt gute Hoffnungen zu haben, bewegte sich freier und rückte auf den Knien hin und her. Desto deutlicher war es, wie er unter den folgenden Worten des Advokaten erstarrte.

»Du lobst ihn«, sagte der Advokat. »Aber gerade das macht es mir schwer, zu reden. Der Richter hatte sich nämlich nicht günstig ausgesprochen, weder über Block selbst, noch über seinen Prozess.« »Nicht günstig?« fragte Leni. »Wie ist das möglich?« Block sah sie mit einem so gespannten Blick an, als traue er ihr die Fähigkeit zu, jetzt noch die längst ausgesprochenen Worte des Richters zu seinen Gunsten zu wenden. »Nicht günstig«, sagte der Advokat. »Er war sogar unangenehm berührt, als ich von Block zu sprechen anfing. ›Reden Sie nicht von Block‹, sagte er. ›Er ist mein Klient‹, sagte ich. ›Sie lassen sich missbrauchen‹, sagte er. ›Ich halte seine Sache nicht für verloren‹, sagte ich. ›Sie lassen sich missbrauchen‹, wiederholte er. ›Ich glaube es nicht‹, sagte ich. ›Block ist im Prozess fleißig und immer hinter seiner Sache her. Er wohnt fast bei mir, um immer auf dem laufenden zu sein. Solchen Eifer findet man nicht immer. Gewiss, er ist persönlich nicht angenehm, hat hässliche Umgangsformen und ist schmutzig, aber in prozessualer Hinsicht ist er untadelhaft.‹ Ich sagte untadelhaft, ich übertrieb absichtlich. Darauf sagte er: ›Block ist bloß schlau. Er hat viel Erfahrung angesammelt und versteht es, den Prozess zu verschleppen. Aber seine Unwissenheit ist noch viel größer als seine Schlauheit. Was würde er wohl dazu sagen, wenn er erführe, dass sein Prozess noch gar nicht begonnen hat, wenn man ihm sagte, dass noch nicht einmal das Glockenzeichen zum Beginn des Prozesses gegeben ist.‹ Ruhig, Block«, sagte der Advokat, denn Block begann sich gerade auf unsicheren Knien zu erheben und wollte offenbar um Aufklärung bitten. Es war jetzt das erste Mal, dass sich der Advokat mit ausführlicheren Worten geradezu an Block wendete. Mit müden Augen sah er halb ziellos, halb zu Block hinunter, der unter diesem Blick wieder langsam in die Knie zurücksank. »Diese Äußerung des Richters hat für dich gar keine Bedeutung«, sagte der Advokat. »Erschrick doch nicht bei jedem Wort. Wenn sich das wiederholt, werde ich dir gar nichts mehr verraten. Man kann keinen Satz beginnen, ohne dass du einen anschaust, als ob jetzt dein Endurteil käme. Schäme dich hier vor meinem Klienten! Auch erschütterst du das Vertrauen, das er in mich setzt. Was willst du denn? Noch lebst du, noch stehst du unter meinem Schutz. Sinnlose Angst! Du hast irgendwo gelesen, dass das Endurteil in manchen Fällen unversehens komme, aus beliebigem Munde, zu beliebiger Zeit. Mit vielen Vorbehalten ist das allerdings wahr, ebenso wahr aber ist es, dass mich deine Angst anwidert und dass ich darin einen Mangel des notwendigen Vertrauens sehe. Was habe ich denn gesagt? Ich habe die Äußerung eines Richters wiedergegeben. Du weißt, die verschiedenen Ansichten häufen sich um das Verfahren bis zur Undurchdringlichkeit. Dieser Richter zum Beispiel nimmt den Anfang des Verfahrens zu einem anderen Zeitpunkt an als ich. Ein Meinungsunterschied, nichts weiter. In einem gewissen Stadium des Prozesses wird nach altem Brauch ein Glockenzeichen gegeben. Nach der Ansicht dieses Richters beginnt damit der Prozess. Ich kann dir jetzt nicht alles sagen, was dagegen spricht, du würdest es auch nicht verstehen, es genüge dir, dass viel dagegen spricht.« Verlegen fuhr Block unten mit den Fingern durch das Fell des Bettvorlegers, die Angst wegen des Ausspruchs des Richters ließ ihn zeitweise die eigene Untertänigkeit gegenüber dem Advokaten vergessen, er dachte dann nur an sich und drehte die Worte des Richters nach allen Seiten. »Block«, sagte Leni in warnendem Ton und zog ihn am Rockkragen ein wenig in die Höhe. »Lass jetzt das Fell und höre dem Advokaten zu«. [Dieses Kapitel wurde nicht vollendet.]

Neuntes Kapitel (Im Dom)

K. bekam den Auftrag, einem italienischen Geschäftsfreund der Bank, der für sie sehr wichtig war und sich zum ersten Mal in dieser Stadt aufhielt, einige Kunstdenkmäler zu zeigen. Es war ein Auftrag, den er zu anderer Zeit gewiss für ehrend gehalten hätte, den er aber jetzt, da er nur mit großer Anstrengung sein Ansehen in der Bank noch wahren konnte, widerwillig übernahm. Jede Stunde, die er dem Büro entzogen wurde, machte ihm Kummer; er konnte zwar die Bürozeit bei weitem nicht mehr so ausnützen wie früher, er brachte manche Stunden nur unter dem notdürftigsten Anschein wirklicher Arbeit hin, aber desto größer waren seine Sorgen, wenn er nicht im Büro war. Er glaubte dann zu sehen, wie der Direktor-Stellvertreter, der ja immer auf der Lauer gewesen war, von Zeit zu Zeit in sein Büro kam, sich an seinen Schreibtisch setzte, seine Schriftstücke durchsuchte, Parteien, mit denen K. seit Jahren fast befreundet gewesen war, empfing und ihm abspenstig machte, ja vielleicht sogar Fehler aufdeckte, von denen sich K. während der Arbeit jetzt immer aus tausend Richtungen bedroht sah und die er nicht mehr vermeiden konnte. Wurde er daher einmal, sei es in noch so auszeichnender Weise, zu einem Geschäftsweg oder gar zu einer kleinen Reise beauftragt – solche Aufträge hatten sich in der letzten Zeit ganz zufällig gehäuft –, dann lag immerhin die Vermutung nahe, dass man ihn für ein Weilchen aus dem Büro entfernen und seine Arbeit überprüfen wolle oder wenigstens, dass man im Büro ihn für leicht entbehrlich halte. Die meisten dieser Aufträge hätte er ohne Schwierigkeit ablehnen können, aber er wagte es nicht, denn, wenn seine Befürchtung auch nur im geringsten begründet war, bedeutete die Ablehnung des Auftrags Geständnis seiner Angst. Aus diesem Grunde nahm er solche Aufträge scheinbar gleichmütig hin und verschwieg sogar, als er eine anstrengende zweitägige Geschäftsreise machen sollte, eine ernstliche Verkühlung, um sich nur nicht der Gefahr auszusetzen, mit Berufung auf das gerade herrschende regnerische Herbstwetter von der Reise abgehalten zu werden. Als er von dieser Reise mit wütenden Kopfschmerzen zurückkehrte, erfuhr er, dass er dazu bestimmt sei, am nächsten Tag den italienischen Geschäftsfreund zu begleiten. Die Verlockung, sich wenigstens dieses eine Mal zu weigern, war sehr groß, vor allem war das, was man ihm hier zugedacht hatte, keine unmittelbar mit dem Geschäft zusammenhängende Arbeit, aber die Erfüllung dieser gesellschaftlichen Pflicht gegenüber dem Geschäftsfreund war an sich zweifellos wichtig genug, nur nicht für K., der wohl wusste, dass er sich nur durch Arbeitserfolge erhalten könne und dass es, wenn ihm das nicht gelänge, vollständig wertlos war, wenn er diesen Italiener unerwarteterweise sogar bezaubern sollte; er wollte nicht einmal für einen Tag aus dem Bereich der Arbeit geschoben werden, denn die Furcht, nicht mehr zurückgelassen zu werden, war zu groß, eine Furcht, die er sehr genau als übertrieben erkannte, die ihn aber doch beengte. In diesem Fall allerdings war es fast unmöglich, einen annehmbaren Einwand zu erfinden, K.s Kenntnis des Italienischen war zwar nicht sehr groß, aber immerhin genügend; das Entscheidende aber war, dass K. aus früherer Zeit einige kunsthistorische Kenntnisse besaß, was in äußerst übertriebener Weise dadurch in der

Bank bekanntgeworden war, dass K. eine Zeitlang, übrigens auch nur aus geschäftlichen Gründen, Mitglied des Vereins zur Erhaltung der städtischen Kunstdenkmäler gewesen war. Nun war aber der Italiener, wie man gerüchteweise erfahren hatte, ein Kunstliebhaber, und die Wahl K.s zu seinem Begleiter war daher selbstverständlich.

Es war ein sehr regnerischer, stürmischer Morgen, als K. voll Ärger über den Tag, der ihm bevorstand, schon um sieben Uhr ins Büro kam, um wenigstens einige Arbeit noch fertigzubringen, ehe der Besuch ihn allem entziehen würde. Er war sehr müde, denn er hatte die halbe Nacht mit dem Studium einer italienischen Grammatik verbracht, um sich ein wenig vorzubereiten; das Fenster, an dem er in der letzten Zeit viel zu oft zu sitzen pflegte, lockte ihn mehr als der Schreibtisch, aber er widerstand und setzte sich zur Arbeit. Leider trat gerade der Diener ein und meldete, der Herr Direktor habe ihn geschickt, um nachzusehen, ob der Herr Prokurist schon hier sei; sei er hier, dann möge er so freundlich sein und ins Empfangszimmer hinüberkommen, der Herr aus Italien sei schon da. »Ich komme schon«, sagte K., steckte ein kleines Wörterbuch in die Tasche, nahm ein Album der städtischen Sehenswürdigkeiten, das er für den Fremden vorbereitet hatte, unter den Arm und ging durch das Büro des Direktor-Stellvertreters in das Direktionszimmer. Er war glücklich darüber, so früh ins Büro gekommen zu sein und sofort zur Verfügung stehen zu können was wohl niemand ernstlich erwartet hatte. Das Büro des Direktor-Stellvertreters war natürlich noch leer wie in tiefer Nacht, wahrscheinlich hatte der Diener auch ihn ins Empfangszimmer berufen sollen, es war aber erfolglos gewesen. Als K. ins Empfangszimmer eintrat, erhoben sich die zwei Herren aus den tiefen Fauteuils. Der Direktor lächelte freundlich, offenbar war er sehr erfreut über K.s Kommen, er besorgte sofort die Vorstellung, der Italiener schüttelte K. kräftig die Hand und nannte lächelnd irgend jemanden einen Frühaufsteher. K. verstand nicht genau, wen er meinte, es war überdies ein sonderbares Wort, dessen Sinn K. erst nach einem Weilchen erriet. Er antwortete mit einigen glatten Sätzen, die der Italiener wieder lachend hinnahm, wobei er mehrmals mit nervöser Hand über seinen graublauen, buschigen Schnurrbart fuhr. Dieser Bart war offenbar parfümiert, man war fast versucht, sich zu nähern und zu riechen. Als sich alle gesetzt hatten und ein kleines, einleitendes Gespräch begann, bemerkte K. mit großem Unbehagen, dass er den Italiener nur bruchstückweise verstand. Wenn er ganz ruhig sprach, verstand er ihn fast vollständig, das waren aber nur seltene Ausnahmen, meistens quoll ihm die Rede aus dem Mund, er schüttelte den Kopf wie vor Lust darüber. Bei solchen Reden aber verwickelte er sich regelmäßig in irgendeinen Dialekt, der für K. nichts Italienisches mehr hatte, den aber der Direktor nicht nur verstand, sondern auch sprach, was K. allerdings hätte voraussehen können, denn der Italiener stammte aus Süditalien, wo auch der Direktor einige Jahre gewesen war. Jedenfalls erkannte K., dass ihm die Möglichkeit, sich mit dem Italiener zu verständigen, zum größten Teil genommen war, denn auch dessen Französisch war nur schwerverständlich, auch verdeckte der Bart die Lippenbewegungen, deren Anblick vielleicht zum Verständnis geholfen hätte. K. begann viel Unannehmlichkeiten vorauszusehen, vorläufig gab er es auf, den Italiener verstehen zu wollen – in der Gegenwart des Direktors, der ihn so leicht verstand, wäre es unnötige Anstrengung gewesen –, und er beschränkte sich darauf, ihn verdrießlich zu beobachten, wie er tief und doch leicht in dem Fauteuil ruhte, wie er öfters an seinem kurzen, scharf geschnittenen Röckchen zupfte und wie er einmal mit erhobenen Armen und lose in den Gelenken bewegten Händen irgend etwas darzustellen versuchte, das K. nicht begreifen konnte, obwohl er vorgebeugt die Hände nicht aus den Augen ließ. Schließlich machte sich bei K., der sonst unbeschäftigt, nur mechanisch mit den Blicken dem Hin und Her der Reden folgte, die frühere Müdigkeit geltend, und er ertappte sich einmal zu seinem Schrecken, glücklicherweise noch rechtzeitig, dabei, dass er in der Zerstreutheit gerade hatte aufstehen, sich umdrehen und weggehen wollen. Endlich sah der Italiener auf die Uhr und sprang auf. Nachdem er sich vom Direktor verabschiedet hatte, drängte er sich an K., und zwar so dicht, dass K. seinen Fauteuil zurückschieben musste, um sich bewegen zu können. Der Direktor, der gewiss an K.s Augen die Not erkannte, in der er sich gegenüber diesem Italienisch befand, mischte sich in das Gespräch, und zwar so klug und so zart, dass es den Anschein hatte, als füge er nur kleine Ratschläge bei, während er in Wirklichkeit alles, was der Italiener, unermüdlich ihm in die Rede fallend, vorbrachte, in aller Kürze K. verständlich machte. K. erfuhr von ihm, dass der Italiener vorläufig noch einige Geschäfte zu besorgen habe, dass er leider auch im ganzen nur wenig Zeit haben werde, dass er auch keinesfalls beabsichtige, in Eile alle Sehenswürdigkeiten abzulaufen, dass er sich vielmehr – allerdings nur, wenn K. zustimme, bei ihm allein liege die Entscheidung – entschlossen habe, nur den Dom, diesen aber gründlich, zu besichtigen. Er freue sich ungemein, diese Besichtigung in Begleitung eines so gelehrten und liebenswürdigen Mannes – damit war K. gemeint, der mit nichts anderem beschäftigt war, als den Italiener zu überhören und die Worte des Direktors schnell aufzufassen – vornehmen zu können, und er bitte ihn, wenn ihm die Stunde gelegen sei, in zwei Stunden, etwa um zehn Uhr, sich im Dom einzufinden. Er selbst hoffe, um diese Zeit schon bestimmt dort sein zu können. K. antwortete einiges Entsprechende, der Italiener drückte zuerst dem Direktor, dann K., dann nochmals dem Direktor die Hand und ging, von beiden gefolgt, nur noch halb ihnen zugewendet, im Reden aber noch immer nicht aussetzend, zur Tür. K. blieb dann noch ein Weilchen mit dem Direktor beisammen, der heute besonders leidend aussah. Er glaubte, sich bei K. irgendwie entschuldigen zu müssen und sagte – sie standen vertraulich nahe beisammen –, zuerst hätte er beabsichtigt, selbst mit dem Italiener zu gehen, dann aber – er gab keinen näheren Grund an – habe er sich entschlossen, lieber K. zu schicken. Wenn er den Italiener nicht gleich am Anfang verstehe, so müsse er sich dadurch nicht verblüffen lassen, das Verständnis komme sehr rasch, und wenn er auch viel überhaupt nicht verstehen sollte, so sei es auch nicht so schlimm, denn für den Italiener sei es nicht gar so wichtig, verstanden zu werden. Übrigens sei K.s Italienisch überraschend gut, und er werde sich gewiss ausgezeichnet mit der Sache abfinden. Damit war K. verabschiedet. Die Zeit, die ihm noch freiblieb, verbrachte er damit, seltene Vokabeln, die er zur Führung im Dom benötigte, aus dem Wörterbuch herauszuschreiben. Es war eine äußerst lästige Arbeit, Diener brachten die Post, Beamte kamen mit verschiedenen Anfragen und blieben, da sie K. beschäftigt sahen, bei der Tür stehen, rührten sich aber nicht weg, bevor sie K. angehört hatte, der Direktor-Stellvertreter ließ es sich nicht entgehen, K. zu stören, kam öfters herein, nahm ihm das Wörterbuch aus der Hand und blätterte offenbar ganz sinnlos darin, selbst Parteien tauchten, wenn sich die Tür öffnete, im Halbdunkel des Vorzimmers auf und verbeugten sich zögernd – sie wollten auf sich aufmerksam machen, waren aber dessen nicht sicher, ob sie gesehen wurden –, das alles bewegte sich um K. als um seinen Mittelpunkt, während er selbst die Wörter, die er brauchte, zusammenstellte, dann im Wörterbuch suchte, dann herausschrieb, dann ihre Aussprache übte und schließlich auswendig zu lernen versuchte. Sein früheres gutes Gedächtnis schien ihn aber ganz verlassen zu haben, manchmal wurde er auf den Italiener, der ihm diese Anstrengung verursachte, so wütend, dass er das Wörterbuch unter Papieren vergrub, mit der festen Absicht, sich nicht mehr vorzubereiten, dann aber sah er ein, dass er doch nicht stumm mit dem Italiener vor den Kunstwerken im Dom auf und ab gehen könne, und er zog mit noch größerer Wut das Wörterbuch wieder hervor.

Gerade um halb zehn Uhr, als er weggehen wollte, erfolgte ein telefonischer Anruf, Leni wünschte ihm guten Morgen und fragte nach seinem Befinden, K. dankte eilig und bemerkte, er könne sich jetzt unmöglich in ein Gespräch einlassen, denn er müsse in den Dom. »In den Dom?« fragte Leni. »Nun ja, in den Dom.« »Warum denn in den Dom?« sagte Leni. K. suchte es ihr in Kürze zu erklären, aber kaum hatte er damit angefangen, sagte Leni plötzlich: »Sie hetzen dich.« Bedauern, das er nicht herausgefordert und nicht erwartet hatte, vertrug K. nicht, er verabschiedete sich mit zwei Worten, sagte aber doch, während er den Hörer an seinen Platz hängte, halb zu sich, halb zu dem fernen Mädchen, das es nicht mehr hörte: »Ja, sie hetzen mich.«

Nun war es aber schon spät, es bestand schon fast die Gefahr, dass er nicht rechtzeitig ankam. Im Automobil fuhr er hin, im letzten Augenblick hatte er sich noch an das Album erinnert, das er früh zu übergeben keine Gelegenheit gefunden hatte und das er deshalb jetzt mitnahm. Er hielt es auf seinen Knien und trommelte darauf unruhig während der ganzen Fahrt. Der Regen war schwächer geworden, aber es war feucht, kühl und dunkel, man würde im Dom wenig sehen, wohl aber würde sich dort, infolge des langen Stehens auf den kalten Fliesen, K.s Verkühlung sehr verschlimmern. Der Domplatz war ganz leer, K. erinnerte sich, dass es ihm schon als kleinem Kind aufgefallen war, dass in den Häusern dieses engen Platzes immer fast alle Fenstervorhänge herabgelassen waren. Bei dem heutigen Wetter war es allerdings verständlicher als sonst. Auch im Dom schien es leer zu sein, es fiel natürlich niemandem ein, jetzt hierherzukommen. K. durchlief beide Seitenschiffe, er traf nur ein altes Weib, das, eingehüllt in ein warmes Tuch, vor einem Marienbild kniete und es anblickte. Von weitem sah er dann noch einen hinkenden Diener in einer Mauertür verschwinden. K. war pünktlich gekommen, gerade bei seinem Eintritt hatte es zehn geschlagen, der Italiener war aber noch nicht hier. K. ging zum Haupteingang zurück, stand dort eine Zeitlang unentschlossen und machte dann im Regen einen Rundgang um den Dom, um nachzusehen, ob der Italiener nicht vielleicht bei irgendeinem Seiteneingang warte. Er war nirgends zu finden. Sollte der Direktor etwa die Zeitangabe missverstanden haben? Wie konnte man auch diesen Menschen richtig verstehen? Wie es aber auch sein mochte, jedenfalls musste K. zumindest eine halbe Stunde auf ihn warten. Da er müde war, wollte er sich setzen, er ging wieder in den Dom, fand auf einer Stufe einen kleinen, teppichartigen Fetzen, zog ihn mit der Fußspitze vor eine nahe Bank, wickelte sich fester in seinen Mantel, schlug den Kragen in die Höhe und setzte sich. Um sich zu zerstreuen, schlug er das Album auf, blätterte darin ein wenig, musste aber bald aufhören, denn es wurde so dunkel, dass er, als er aufblickte, in dem nahen Seitenschiff kaum eine Einzelheit unterscheiden konnte.

In der Ferne funkelte auf dem Hauptaltar ein großes Dreieck von Kerzenlichtern, K. hätte nicht mit Bestimmtheit sagen können, ob er sie schon früher gesehen hatte. Vielleicht waren sie erst jetzt angezündet worden. Die Kirchendiener sind berufsmäßige Schleicher, man bemerkt sie nicht. Als sich K. zufällig umdrehte, sah er nicht weit hinter sich eine hohe, starke, an einer Säule befestigte Kerze gleichfalls brennen. So schön das war, zur Beleuchtung der Altarbilder, die meistens in der Finsternis der Seitenaltäre hingen, war das gänzlich unzureichend, es vermehrte vielmehr die Finsternis. Es war vom Italiener ebenso vernünftig als unhöflich gehandelt, dass er nicht gekommen war, es wäre nichts zu sehen gewesen, man hätte sich damit begnügen müssen, mit K.s elektrischer Taschenlampe einige Bilder zollweise abzusuchen. Um zu versuchen, was man davon erwarten könnte, ging K. zu einer nahen Seitenkapelle, stieg ein paar Stufen bis zu einer niedrigen Marmorbrüstung und, über sie vorgebeugt, beleuchtete er mit der Lampe das Altarbild. Störend schwebte das ewige Licht davor. Das erste, was K. sah und zum Teil erriet, war ein großer, gepanzerter Ritter, der am äußersten Rande des Bildes dargestellt war. Er stützte sich auf sein Schwert, das er in den kahlen Boden vor sich – nur einige Grashalme kamen hie und da hervor – gestoßen hatte. Er schien aufmerksam einen Vorgang zu beobachten, der sich vor ihm abspielte. Es war erstaunlich, dass er so stehenblieb und sich nicht näherte. Vielleicht war er dazu bestimmt, Wache zu stehen. K., der schon lange keine Bilder gesehen hatte, betrachtete den Ritter längere Zeit, obwohl er immerfort mit den Augen zwinkern musste, da er das grüne Licht der Lampe nicht vertrug. Als er dann das Licht über den übrigen Teil des Bildes streichen ließ, fand er eine Grablegung Christi in gewöhnlicher Auffassung, es war übrigens ein neueres Bild. Er steckte die Lampe ein und kehrte wieder zu seinem Platz zurück.

Es war nun schon wahrscheinlich unnötig, auf den Italiener zu warten, draußen war aber gewiss strömender Regen, und da es hier nicht so kalt war, wie K. erwartet hatte, beschloss er, vorläufig hierzubleiben. In seiner Nachbarschaft war die große Kanzel, auf ihrem kleinen, runden Dach waren halb liegend zwei leere, goldene Kreuze angebracht, die einander mit ihrer äußersten Spitze überquerten. Die Außenwand der Brüstung und der Übergang zur tragenden Säule war von grünem Laubwerk gebildet, in das kleine Engel griffen, bald lebhaft, bald ruhend. K. trat vor die Kanzel und untersuchte sie von allen Seiten, die Bearbeitung des Steines war überaus sorgfältig, das tiefe Dunkel zwischen dem Laubwerk und hinter ihm schien wie eingefangen und festgehalten, K. legte seine Hand in eine solche Lücke und tastete dann den Stein vorsichtig ab, von dem Dasein dieser Kanzel hatte er bisher gar nicht gewusst. Da bemerkte er zufällig hinter der nächsten Bankreihe einen Kirchendiener, der dort in einem hängenden, faltigen, schwarzen Rock stand, in der linken Hand eine Schnupftabaksdose hielt und ihn betrachtete. Was will denn der Mann? dachte K. Bin ich ihm verdächtig? Will er ein Trinkgeld? Als sich aber nun der Kirchendiener von K. bemerkt sah, zeigte er mit der Rechten, zwischen zwei Fingern hielt er noch eine Prise Tabak, in irgendeiner unbestimmten Richtung. Sein Benehmen war fast unverständlich, K. wartete noch ein Weilchen, aber der Kirchendiener hörte nicht auf, mit der Hand etwas zu zeigen und bekräftigte es noch durch Kopfnicken. »Was will er denn?« fragte K. leise, er wagte es nicht, hier zu rufen; dann aber zog er die Geldtasche und drängte sich durch die nächste Bank, um zu dem Mann zu kommen. Doch dieser machte sofort eine abwehrende Bewegung mit der Hand, zuckte die Schultern und hinkte davon. Mit einer ähnlichen Gangart, wie es dieses eilige Hinken war, hatte K. als Kind das Reiten auf Pferden nachzuahmen versucht. »Ein kindischer Alter«, dachte K., »sein Verstand reicht nur noch zum Kirchendienst aus. Wie er stehenbleibt, wenn ich stehe, und wie er lauert, ob ich weitergehen will.« Lächelnd folgte K. dem Alten durch das ganze Seitenschiff fast bis zur Höhe des Hauptaltars, der Alte hörte nicht auf, etwas zu zeigen, aber K. drehte sich absichtlich nicht um, das Zeigen hatte keinen anderen Zweck, als ihn von der Spur des Alten abzubringen. Schließlich ließ er wirklich von ihm, er wollte ihn nicht zu sehr ängstigen, auch wollte er die Erscheinung, für den Fall, dass der Italiener doch noch kommen sollte, nicht ganz verscheuchen.

Als er in das Hauptschiff trat, um seinen Platz zu suchen, auf dem er das Album liegengelassen hatte, bemerkte er an einer Säule, fast angrenzend an die Bänke des Altarchors, eine kleine Nebenkanzel, ganz einfach, aus kahlem, bleichem Stein. Sie war so klein, dass sie aus der Ferne wie eine noch leere Nische erschien, die für die Aufnahme einer Heiligenstatue bestimmt war. Der Prediger konnte gewiss keinen vollen Schritt von der Brüstung zurücktreten. Außerdem begann die steinerne Einwölbung der Kanzel ungewöhnlich tief und stieg, zwar ohne jeden Schmuck, aber derartig geschweift in die Höhe, dass ein mittelgroßer Mann dort nicht aufrecht stehen konnte, sondern sich dauernd über die Brüstung vorbeugen musste. Das Ganze war wie zur Qual des Predigers bestimmt, es war unverständlich, wozu man diese Kanzel benötigte, da man doch die andere, große und so kunstvoll geschmückte zur Verfügung hatte.

K. wäre auch diese kleine Kanzel gewiss nicht aufgefallen, wenn nicht oben eine Lampe befestigt gewesen wäre, wie man sie kurz vor einer Predigt bereitzustellen pflegt. Sollte jetzt etwa eine Predigt stattfinden? In der leeren Kirche? K. sah an der Treppe hinab, die an die Säule sich anschmiegend zur Kanzel führte und so schmal war, als solle sie nicht für Menschen, sondern nur zum Schmuck der Säule dienen. Aber unten an der Kanzel, K. lächelte vor Staunen, stand wirklich der Geistliche, hielt die Hand am Geländer, bereit aufzusteigen, und sah auf K. hin. Dann nickte er ganz leicht mit dem Kopf, worauf K. sich bekreuzigte und verbeugte, was er schon früher hätte tun sollen. Der Geistliche gab sich einen kleinen Ruck und stieg mit kurzen, schnellen Schritten die Kanzel hinauf. Sollte wirklich eine Predigt beginnen? War vielleicht der Kirchendiener doch nicht so ganz vom Verstand verlassen und hatte K. dem Prediger zutreiben wollen, was allerdings in der leeren Kirche äußerst notwendig gewesen war? Übrigens gab es ja noch irgendwo vor einem Marienbild ein altes Weib, das auch hätte kommen sollen. Und wenn es schon eine Predigt sein sollte, warum wurde sie nicht von der Orgel eingeleitet? Aber die blieb still und blinkte nur schwach aus der Finsternis ihrer großen Höhe.

K. dachte daran, ob er sich jetzt nicht eiligst entfernen sollte, wenn er es jetzt nicht tat, war keine Aussicht, dass er es während der Predigt tun könnte, er musste dann bleiben, solange sie dauerte, im Büro verlor er soviel Zeit, auf den Italiener zu warten, war er längst nicht mehr verpflichtet, er sah auf seine Uhr, es war elf. Aber konnte denn wirklich gepredigt werden? Konnte K. allein die Gemeinde darstellen? Wie, wenn er ein Fremder gewesen wäre, der nur dir Kirche besichtigen wollte? Im Grunde war er auch nichts anderes. Es war unsinnig daran zu denken, dass gepredigt werden sollte, jetzt um elf Uhr, an einem Werktag, bei grässlichstem Wetter. Der Geistliche – ein Geistlicher war es zweifellos, ein junger Mann mit glattem, dunklem Gesicht – ging offenbar nur hinauf, um die Lampe zu löschen, die irrtümlich angezündet worden war.

Es war aber nicht so, der Geistliche prüfte vielmehr das Licht und schraubte es noch ein wenig auf, dann drehte er sich langsam der Brüstung zu, die er vorn an der kantigen Einfassung mit beiden Händen erfasste. So stand er eine Zeitlang und blickte, ohne den Kopf zu rühren, umher. K. war ein großes Stück zurückgewichen und lehnte mit den Ellbogen an der vordersten Kirchenbank. Mit unsicheren Augen sah er irgendwo, ohne den Ort genau zu bestimmen, den Kirchendiener, mit krummem Rücken, friedlich, wie nach beendeter Aufgabe, sich zusammenkauern. Was für eine Stille herrschte jetzt im Dom! Aber K. musste sie stören, er hatte nicht die Absicht, hierzubleiben; wenn es die Pflicht des Geistlichen war, zu einer bestimmten Stunde, ohne Rücksicht auf die Umstände, zu predigen, so mochte er es tun, es würde auch ohne K.s Beistand gelingen, ebenso wie die Anwesenheit K.s die Wirkung gewiss nicht steigern würde. Langsam setzte sich also K. in Gang, tastete sich auf den Fußspitzen an der Bank hin, kam dann in den breiten Hauptweg und ging auch dort ganz ungestört, nur dass der steinerne Boden unter dem leisesten Schritt erklang und die Wölbungen schwach, aber ununterbrochen, in vielfachem, gesetzmäßigem Fortschreiten davon widerhallten. K. fühlte sich ein wenig verlassen, als er dort, vom Geistlichen vielleicht beobachtet, zwischen den leeren Bänken allein hindurchging, auch schien ihm die Größe des Doms gerade an der Grenze des für Menschen noch Erträglichen zu liegen. Als er zu seinem früheren Platz kam, haschte er förmlich, ohne weiteren Aufenthalt, nach dem dort liegengelassenen Album und nahm es an sich. Fast hatte er schon das Gebiet der Bänke verlassen und näherte sich dem freien Raum, der zwischen ihnen und dem Ausgang lag, als er zum ersten Mal die Stimme des Geistlichen hörte. Eine mächtige, geübte Stimme. Wie durchdrang sie den zu ihrer Aufnahme bereiten Dom! Es war aber nicht die Gemeinde, die der Geistliche anrief, es war ganz eindeutig, und es gab keine Ausflüchte, er rief: »Josef K.!«

K. stockte und sah vor sich auf den Boden. Vorläufig war er noch frei, er konnte noch weitergehen und durch eine der drei kleinen, dunklen Holztüren, die nicht weit vor ihm waren, sich davonmachen. Es würde eben bedeuten, dass er nicht verstanden hatte, oder dass er zwar verstanden hatte, sich aber darum nicht kümmern wollte. Falls er sich aber umdrehte, war er festgehalten, denn dann hatte er das Geständnis gemacht, dass er gut verstanden hatte, dass er wirklich der Angerufene war und dass er auch folgen wollte. Hätte der Geistliche nochmals gerufen, wäre K. gewiss fortgegangen, aber da alles still blieb, solange K. auch wartete, drehte er doch ein wenig den Kopf, denn er wollte sehen, was der Geistliche jetzt mache. Er stand ruhig auf der Kanzel wie früher, es war aber deutlich zu sehen, dass er K.s Kopfwendung bemerkt hatte. Es wäre ein kindliches Versteckspiel gewesen, wenn sich jetzt K. nicht vollständig umgedreht hätte. Er tat es und wurde vom Geistlichen durch ein Winken des Fingers näher gerufen. Da jetzt alles offen geschehen konnte, lief er – er tat es auch aus Neugierde und um die Angelegenheit abzukürzen – mit langen, fliegenden Schritten der Kanzel entgegen. Bei den ersten Bänken machte er halt, aber dem Geistlichen schien die Entfernung noch zu groß, er streckte die Hand aus und zeigte mit dem scharf gesenkten Zeigefinger auf eine Stelle knapp vor der Kanzel. K. folgte auch darin, er musste auf diesem Platz den Kopf schon weit zurückbeugen, um den Geistlichen noch zu sehen. »Du bist Josef K.«, sagte der Geistliche und erhob eine Hand auf der Brüstung in einer unbestimmten Bewegung. »Ja«, sagte K., er dachte daran, wie offen er früher immer seinen Namen genannt hatte, seit einiger Zeit war er ihm eine Last, auch kannten jetzt seinen Namen Leute, mit denen er zum ersten Mal zusammenkam, wie schön war es, sich zuerst vorzustellen und dann erst gekannt zu werden. »Du bist angeklagt«, sagte der Geistliche besonders leise. »Ja«, sagte K., »man hat mich davon verständigt.« »Dann bist du der, den ich suche«, sagte der Geistliche. »Ich bin der Gefängniskaplan.« »Ach so«, sagte K. »Ich habe dich hierher rufen lassen«, sagte der Geistliche, »um mit dir zu sprechen.« »Ich wusste es nicht«, sagte K. »Ich bin hierhergekommen, um einem Italiener den Dom zu zeigen.« »Lass das Nebensächliche«, sagte der Geistliche. »Was hältst du in der Hand? Ist es ein Gebetbuch?« »Nein«, antwortete K., »es ist ein Album der städtischen Sehenswürdigkeiten.« »Leg es aus der Hand«, sagte der Geistliche. K. warf es so heftig weg, dass es aufklappte und mit zerdrückten Blättern ein Stück über den Boden schleifte. »Weißt du, dass dein Prozess schlecht steht?« fragte der Geistliche. »Es scheint mir auch so«, sagte K. »Ich habe mir alle Mühe gegeben, bisher aber ohne Erfolg. Allerdings habe ich die Eingabe noch nicht fertig.« »Wie stellst du dir das Ende vor?« fragte der Geistliche. »Früher dachte ich, es müsse gut enden«, sagte K., »jetzt zweifle ich daran manchmal selbst. Ich weiß nicht, wie es enden wird. Weißt du es?« »Nein«, sagte der Geistliche, »aber ich fürchte, es wird schlecht enden. Man hält dich für schuldig. Dein Prozess wird vielleicht über ein niedriges Gericht gar nicht hinauskommen. Man hält wenigstens vorläufig deine Schuld für erwiesen.« »Ich bin aber nicht schuldig«, sagte K., »es ist ein Irrtum. Wie kann denn ein Mensch überhaupt schuldig sein. Wir sind hier doch alle Menschen, einer wie der andere.« »Das ist richtig«, sagte der Geistliche, »aber so pflegen die Schuldigen zu reden.« »Hast auch du ein Vorurteil gegen mich?« fragte K. »Ich habe kein Vorurteil gegen dich«, sagte der Geistliche. »Ich danke dir«, sagte K., »alle anderen aber, die an dem Verfahren beteiligt sind, haben ein Vorurteil gegen mich. Sie flößen es auch den Unbeteiligten ein. Meine Stellung wird immer schwieriger.« »Du missverstehst die Tatsachen«, sagte der Geistliche, »das Urteil kommt nicht mit einemmal, das Verfahren geht allmählich ins Urteil über.« »So ist es also«, sagte K. und senkte den Kopf »Was willst du nächstens in deiner Sache tun?« fragte der Geistliche. »Ich will noch Hilfe suchen«, sagte K. und hob den Kopf, um zu sehen, wie der Geistliche es beurteile. »Es gibt noch gewisse Möglichkeiten, die ich nicht ausgenützt habe.« »Du suchst zuviel fremde Hilfe«, sagte der Geistliche missbilligend, »und besonders bei Frauen. Merkst du denn nicht, dass es nicht die wahre Hilfe ist?« »Manchmal und sogar oft könnte ich dir recht geben«, sagte K., »aber nicht immer. Die Frauen haben eine große Macht. Wenn ich einige Frauen, die ich kenne, dazu bewegen könnte, gemeinschaftlich für mich zu arbeiten, müsste ich durchdringen. Besonders bei diesem Gericht, das fast nur aus Frauenjägern besteht. Zeig dem Untersuchungsrichter eine Frau aus der Ferne, und er überrennt, um nur rechtzeitig hinzukommen, den Gerichtstisch und den Angeklagten.« Der Geistliche neigte den Kopf zur Brüstung, jetzt erst schien die Überdachung der Kanzel ihn niederzudrücken. Was für ein Unwetter mochte draußen sein? Das war kein trüber Tag mehr, das war schon tiefe Nacht. Keine Glasmalerei der großen Fenster war imstande, die dunkle Wand auch nur mit einem Schimmer zu unterbrechen. Und gerade jetzt begann der Kirchendiener, die Kerzen auf dem Hauptaltar, eine nach der anderen, auszulöschen. »Bist du mir böse?« fragte K. den Geistlichen. »Du weißt vielleicht nicht, was für einem Gericht du dienst.« Er bekam keine Antwort. »Es sind doch nur meine Erfahrungen«, sagte K. Oben blieb es noch immer still. »Ich wollte dich nicht beleidigen«, sagte K. Da schrie der Geistliche zu K. hinunter: »Siehst du denn nicht zwei Schritte weit?« Es war im Zorn geschrien, aber gleichzeitig wie von einem, der jemanden fallen sieht und, weil er selbst erschrocken ist, unvorsichtig, ohne Willen schreit.

Nun schwiegen beide lange. Gewiss konnte der Geistliche in dem Dunkel, das unten herrschte, K. nicht genau erkennen, während K. den Geistlichen im Licht der kleinen Lampe deutlich sah. Warum kam der Geistliche nicht herunter? Eine Predigt hatte er ja nicht gehalten, sondern K. nur einige Mitteilungen gemacht, die ihm, wenn er sie genau beachtete, wahrscheinlich mehr schaden als nützen würden. Wohl aber schien K. die gute Absicht des Geistlichen zweifellos zu sein, es war nicht unmöglich, dass er sich mit ihm, wenn er herunterkäme, einigen würde, es war nicht unmöglich, dass er von ihm einen entscheidenden und annehmbaren Rat bekäme, der ihm zum Beispiel zeigen würde, nicht etwa wie der Prozess zu beeinflussen war, sondern wie man aus dem Prozess ausbrechen, wie man ihn umgehen, wie man außerhalb des Prozesses leben könnte. Diese Möglichkeit musste bestehen, K. hatte in der letzten Zeit öfters an sie gedacht. Wusste aber der Geistliche eine solche Möglichkeit, würde er sie vielleicht, wenn man ihn darum bat, verraten, obwohl er selbst zum Gerichte gehörte und obwohl er, als K. das Gericht angegriffen hatte, sein sanftes Wesen unterdrückt und K. sogar angeschrien hatte.

»Willst du nicht herunterkommen?« sagte K. »Es ist doch keine Predigt zu halten. Komm zu mir herunter.« »Jetzt kann ich schon kommen«, sagte der Geistliche, er bereute vielleicht sein Schreien. Während er die Lampe von ihrem Haken löste, sagte er: »Ich musste zuerst aus der Entfernung mit dir sprechen. Ich lasse mich sonst zu leicht beeinflussen und vergesse meinen Dienst.«

K. erwartete ihn unten an der Treppe. Der Geistliche streckte ihm schon von einer oberen Stufe im Hinuntergehen die Hand entgegen. »Hast du ein wenig Zeit für mich?« fragte K. »Soviel Zeit, als du brauchst«, sagte der Geistliche und reichte K. die kleine Lampe, damit er sie trage. Auch in der Nähe verlor sich eine gewisse Feierlichkeit aus seinem Wesen nicht. »Du bist sehr freundlich zu mir«, sagte K., sie gingen nebeneinander im dunklen Seitenschiff auf und ab. »Du bist eine Ausnahme unter allen, die zum Gericht gehören. Ich habe mehr Vertrauen zu dir als zu irgend jemandem von ihnen, so viele ich schon kenne. Mit dir kann ich offen reden.« »Täusche dich nicht«, sagte der Geistliche. »Worin sollte ich mich denn täuschen?« fragte K. »In dem Gericht täuschst du dich«, sagte der Geistliche, »in den einleitenden Schriften zum Gesetz heißt es von dieser Täuschung: Vor dem Gesetz steht ein Türhüter. Zu diesem Türhüter kommt ein Mann vom Lande und bittet um Eintritt in das Gesetz. Aber der Türhüter sagt, dass er ihm jetzt den Eintritt nicht gewähren könne. Der Mann überlegt und fragt dann, ob er also später werde eintreten dürfen. ›Es ist möglich‹, sagt der Türhüter, ›jetzt aber nicht.‹ Da das Tor zum Gesetz offensteht wie immer und der Türhüter beiseite tritt, bückt sich der Mann, um durch das Tor in das Innere zu sehen. Als der Türhüter das merkt, lacht er und sagt: ›Wenn es dich so lockt, versuche es doch, trotz meinem Verbot hineinzugehen. Merke aber: Ich bin mächtig. Und ich bin nur der unterste Türhüter. Von Saal zu Saal stehen aber Türhüter, einer mächtiger als der andere. Schon den Anblick des dritten kann nicht einmal ich mehr ertragen.‹ Solche Schwierigkeiten hat der Mann vom Lande nicht erwartet, das Gesetz soll doch jedem und immer zugänglich sein, denkt er, aber als er jetzt den Türhüter in seinem Pelzmantel genauer ansieht, seine große Spitznase, den langen, dünnen, schwarzen, tatarischen Bart, entschließt er sich doch, lieber zu warten, bis er die Erlaubnis zum Eintritt bekommt. Der Türhüter gibt ihm einen Schemel und lässt ihn seitwärts von der Tür sich niedersetzen. Dort sitzt er Tage und Jahre. Er macht viele Versuche, eingelassen zu werden und ermüdet den Türhüter durch seine Bitten. Der Türhüter stellt öfters kleine Verhöre mit ihm an, fragt ihn nach seiner Heimat aus und nach vielem anderen, es sind aber teilnahmslose Fragen, wie sie große Herren stellen, und zum Schlusse sagt er ihm immer wieder, dass er ihn noch nicht einlassen könne. Der Mann, der sich für seine Reise mit vielem ausgerüstet hat, verwendet alles, und sei es noch so wertvoll, um den Türhüter zu bestechen. Dieser nimmt zwar alles an, aber sagt dabei: ›Ich nehme es nur an, damit du nicht glaubst, etwas versäumt zu haben.‹ Während der vielen Jahre beobachtet der Mann den Türhüter fast ununterbrochen. Er vergisst die anderen Türhüter, und dieser erste scheint ihm das einzige Hindernis für den Eintritt in das Gesetz. Er verflucht den unglücklichen Zufall in den ersten Jahren laut, später, als er alt wird, brummt er nur noch vor sich hin. Er wird kindisch, und da er in dem jahrelangen Studium des Türhüters auch die Flöhe in seinem Pelzkragen erkannt hat, bittet er auch die Flöhe, ihm zu helfen und den Türhüter umzustimmen. Schließlich wird sein Augenlicht schwach, und er weiß nicht, ob es um ihn wirklich dunkler wird oder ob ihn nur die Augen täuschen. Wohl aber erkennt er jetzt im Dunkel einen Glanz, der unverlöschlich aus der Türe des Gesetzes bricht. Nun lebt er nicht mehr lange. Vor seinem Tode sammeln sich in seinem Kopfe alle Erfahrungen der ganzen Zeit zu einer Frage, die er bisher an den Türhüter noch nicht gestellt hat. Er winkt ihm zu, da er seinen erstarrenden Körper nicht mehr aufrichten kann. Der Türhüter muss sich tief zu ihm hinunterneigen, denn die Größenunterschiede haben sich sehr zuungunsten des Mannes verändert. ›Was willst du denn jetzt noch wissen?‹ fragt der Türhüter, ›du bist unersättlich.‹ ›Alle streben doch nach dem Gesetz‹, sagt der Mann, ›wie kommt es, dass in den vielen Jahren niemand außer mir Einlass verlangt hat?‹ Der Türhüter erkennt, dass der Mann schon am Ende ist, und um sein vergehendes Gehör noch zu erreichen, brüllt er ihn an: ›Hier konnte niemand sonst Einlass erhalten, denn dieser Eingang war nur für dich bestimmt. Ich gehe jetzt und schließe ihn.‹«

»Der Türhüter hat also den Mann getäuscht«, sagte K. sofort, von der Geschichte sehr stark angezogen. »Sei nicht übereilt«, sagte der Geistliche, »übernimm nicht die fremde Meinung ungeprüft. Ich habe dir die Geschichte im Wortlaut der Schrift erzählt. Von Täuschung steht darin nichts.« »Es ist aber klar«, sagte K., »und deine erste Deutung war ganz richtig. Der Türhüter hat die erlösende Mitteilung erst dann gemacht, als sie dem Manne nicht mehr helfen konnte.« »Er wurde nicht früher gefragt«, sagte der Geistliche, »bedenke auch, dass er nur Türhüter war, und als solcher hat er seine Pflicht erfüllt.« »Warum glaubst du, dass er seine Pflicht erfüllt hat?« fragte K., »er hat sie nicht erfüllt. Seine Pflicht war es vielleicht, alle Fremden abzuwehren, diesen Mann aber, für den der Eingang bestimmt war, hätte er einlassen müssen.« »Du hast nicht genug Achtung vor der Schrift und veränderst die Geschichte«, sagte der Geistliche. »Die Geschichte enthält über den Einlass ins Gesetz zwei wichtige Erklärungen des Türhüters, eine am Anfang, eine am Ende. Die eine Stelle lautet: dass er ihm jetzt den Eintritt nicht gewähren könne, und die andere: dieser Eingang war nur für dich bestimmt. Bestände zwischen diesen beiden Erklärungen ein Widerspruch, dann hättest du recht, und der Türhüter hätte den Mann getäuscht. Nun besteht aber kein Widerspruch. Im Gegenteil, die erste Erklärung deutet sogar auf die zweite hin. Man könnte fast sagen, der

Türhüter ging über seine Pflicht hinaus, indem er dem Mann eine zukünftige Möglichkeit des Einlasses in Aussicht stellte. Zu jener Zeit scheint es nur seine Pflicht gewesen zu sein, den Mann abzuweisen, und tatsächlich wundern sich viele Erklärer der Schrift darüber, dass der Türhüter jene Andeutung überhaupt gemacht hat, denn er scheint die Genauigkeit zu lieben und wacht streng über sein Amt. Durch viele Jahre verlässt er seinen Posten nicht und schließt das Tor erst ganz zuletzt, er ist sich der Wichtigkeit seines Dienstes sehr bewusst, denn er sagt: ›Ich bin mächtig‹, er hat Ehrfurcht vor den Vorgesetzten, denn er sagt: ›Ich bin nur der unterste Türhüter‹, er ist nicht geschwätzig, denn während der vielen Jahre stellt er nur, wie es heißt, ›teilnahmslose Fragen‹, er ist nicht bestechlich, denn er sagt über ein Geschenk: ›Ich nehme es nur an, damit du nicht glaubst, etwas versäumt zu haben‹, er ist, wo es um Pflichterfüllung geht, weder zu rühren noch zu erbittern, denn es heißt von dem Mann, ›er ermüdet den Türhüter durch sein Bitten‹, schließlich deutet auch sein Äußeres auf einen pedantischen Charakter hin, die große Spitznase und der lange, dünne, schwarze, tatarische Bart. Kann es einen pflichttreueren Türhüter geben? Nun mischen sich aber in den Türhüter noch andere Wesenszüge ein, die für den, der Einlass verlangt, sehr günstig sind und welche es immerhin begreiflich machen, dass er in jener Andeutung einer zukünftigen Möglichkeit über seine Pflicht etwas hinausgehen konnte. Es ist nämlich nicht zu leugnen, dass er ein wenig einfältig und im Zusammenhang damit ein wenig eingebildet ist. Wenn auch seine Äußerungen über seine Macht und über die Macht der anderen Türhüter und über deren sogar für ihn unerträglichen Anblick – ich sage, wenn auch alle diese Äußerungen an sich richtig sein mögen, so zeigt doch die Art, wie er diese Äußerungen vorbringt, dass seine Auffassung durch Einfalt und Überhebung getrübt ist. Die Erklärer sagen hiezu: ›Richtiges Auffassen einer Sache und Missverstehen der gleichen Sache schließen einander nicht vollständig aus.‹ Jedenfalls aber muss man annehmen, dass jene Einfalt und Überhebung, so geringfügig sie sich vielleicht auch äußern, doch die Bewachung des Eingangs schwächen, es sind Lücken im Charakter des Türhüters. Hierzu kommt noch, dass der Türhüter seiner Naturanlage nach freundlich zu sein scheint, er ist durchaus nicht immer Amtsperson. Gleich in den ersten Augenblicken macht er den Spaß, dass er den Mann trotz dem ausdrücklich aufrechterhaltenen Verbot zum Eintritt einlädt, dann schickt er ihn nicht etwa fort, sondern gibt ihm, wie es heißt, einen Schemel und lässt ihn seitwärts von der Tür sich niedersetzen. Die Geduld, mit der er durch alle die Jahre die Bitten des Mannes erträgt, die kleinen Verhöre, die Annahme der Geschenke, die Vornehmheit, mit der er es zulässt, dass der Mann neben ihm laut den unglücklichen Zufall verflucht, der den Türhüter hier aufgestellt hat – alles dieses lässt auf Regungen des Mitleids schließen. Nicht jeder Türhüter hätte so gehandelt. Und schließlich beugt er sich noch auf einen Wink hin tief zu dem Mann hinab, um ihm Gelegenheit zur letzten Frage zu geben. Nur eine schwache Ungeduld – der Türhüter weiß ja, dass alles zu Ende ist – spricht sich in den Worten aus: ›Du bist unersättlich.‹ Manche gehen sogar in dieser Art der Erklärung noch weiter und meinen, die Worte ›Du bist unersättlich‹, drücken eine Art freundschaftlicher Bewunderung aus, die allerdings von Herablassung nicht frei ist. Jedenfalls schließt sich so die Gestalt des Türhüters anders ab, als du es glaubst.« »Du kennst die Geschichte genauer als ich und längere Zeit«, sagte K. Sie schwiegen ein Weilchen. Dann sagte K.: »Du glaubst also, der Mann wurde nicht getäuscht?« »Missverstehe mich nicht«, sagte der Geistliche, »ich zeige dir nur die Meinungen, die darüber bestehen. Du musst nicht zuviel auf Meinungen achten. Die Schrift ist unveränderlich und die Meinungen sind oft nur ein Ausdruck der Verzweiflung darüber. In diesem Falle gibt es sogar eine Meinung, nach welcher gerade der Türhüter der Getäuschte ist.« »Das ist eine weitgehende Meinung«, sagte K. »Wie wird sie begründet?« »Die Begründung«, antwortete der Geistliche, »geht von der Einfalt des Türhüters aus. Man sagt, dass er das Innere des Gesetzes nicht kennt, sondern nur den Weg, den er vor dem Eingang immer wieder abgehen muss. Die Vorstellungen, die er von dem Innern hat, werden für kindlich gehalten, und man nimmt an, dass er das, wovor er dem Manne Furcht machen will, selbst fürchtet. Ja, er fürchtet es mehr als der Mann, denn dieser will ja nichts anderes als eintreten, selbst als er von den schrecklichen Türhütern des Innern gehört hat, der Türhüter dagegen will nicht eintreten, wenigstens erfährt man nichts darüber. Andere sagen zwar, dass er bereits im Innern gewesen sein muss, denn er ist doch einmal in den Dienst des Gesetzes aufgenommen worden, und das könne nur im Innern geschehen sein. Darauf ist zu antworten, dass er wohl auch durch einen Ruf aus dem Innern zum Türhüter bestellt worden sein könnte und dass er zumindest tief im Innern nicht gewesen sein dürfte, da er doch schon den Anblick des dritten Türhüters nicht mehr ertragen kann. Außerdem aber wird auch nicht berichtet, dass er während der vielen Jahre außer der Bemerkung über die Türhüter irgend etwas von dem Innern erzählt hätte. Es könnte ihm verboten sein, aber auch vom Verbot hat er nichts erzählt. Aus alledem schließt man, dass er über das Aussehen und die Bedeutung des Innern nichts weiß und sich darüber in Täuschung befindet. Aber auch über den Mann vom Lande soll er sich in Täuschung befinden, denn er ist diesem Mann untergeordnet und weiß es nicht. Dass er den Mann als einen Untergeordneten behandelt, erkennt man aus vielem, das dir noch erinnerlich sein dürfte. Dass er ihm aber tatsächlich untergeordnet ist, soll nach dieser Meinung ebenso deutlich hervorgehen. Vor allem ist der Freie dem Gebundenen übergeordnet. Nun ist der Mann tatsächlich frei, er kann hingehen, wohin er will, nur der Eingang in das Gesetz ist ihm verboten, und überdies nur von einem einzelnen, vom Türhüter. Wenn er sich auf den Schemel seitwärts vom Tor niedersetzt und dort sein Leben lang bleibt, so geschieht dies freiwillig, die Geschichte erzählt von keinem Zwang. Der Türhüter dagegen ist durch sein Amt an seinen Posten gebunden, er darf sich nicht auswärts entfernen, allem Anschein nach aber auch nicht in das Innere gehen, selbst wenn er es wollte. Außerdem ist er zwar im Dienst des Gesetzes, dient aber nur für diesen Eingang, also auch nur für diesen Mann, für den dieser Eingang allein bestimmt ist. Auch aus diesem Grunde ist er ihm untergeordnet. Es ist anzunehmen, dass er durch viele Jahre, durch ein ganzes Mannesalter gewissermaßen nur leeren Dienst geleistet hat, denn es wird gesagt, dass ein Mann kommt, also jemand im Mannesalter, dass also der Türhüter lange warten musste, ehe sich sein Zweck erfüllte, und zwar so lange warten musste, als es dem Mann beliebte, der doch freiwillig kam. Aber auch das Ende des Dienstes wird durch das Lebensende des Mannes bestimmt, bis zum Ende also bleibt er ihm untergeordnet. Und immer wieder wird betont, dass von alledem der Türhüter nichts zu wissen scheint. Daran wird aber nichts Auffälliges gesehen, denn nach dieser Meinung befindet sich der Türhüter noch in einer viel schwereren Täuschung, sie betrifft seinen Dienst. Zuletzt spricht er nämlich vom Eingang und sagt: ›Ich gehe jetzt und schließe ihn‹, aber am Anfang heißt es, dass das Tor zum Gesetz offensteht wie immer, steht es aber immer offen, immer, das heißt unabhängig von der Lebensdauer des Mannes, für den es bestimmt ist, dann wird es auch der Türhüter nicht schließen können. Darüber gehen die Meinungen auseinander, ob der Türhüter mit der Ankündigung, dass er das Tor schließen wird, nur eine Antwort geben oder seine Dienstpflicht betonen oder den Mann noch im letzten Augenblick in Reue und Trauer setzen will. Darin aber sind viele einig, dass er das Tor nicht wird schließen können. Sie glauben sogar, dass er, wenigstens am Ende, auch in seinem Wissen dem Manne untergeordnet ist, denn dieser sieht den Glanz, der aus dem Eingang des Gesetzes bricht, während der Türhüter als solcher wohl mit dem Rücken zum Eingang steht und auch durch keine Äußerung zeigt, dass er eine Veränderung bemerkt hätte.« »Das ist gut begründet«, sagte K., der einzelne Stellen aus der Erklärung des Geistlichen halblaut für sich wiederholt hatte. »Es ist gut begründet, und ich glaube nun auch, dass der Türhüter getäuscht ist. Dadurch bin ich aber von meiner früheren Meinung nicht abgekommen, denn beide decken sich teilweise. Es ist unerheblich, ob der Türhüter klar sieht oder getäuscht wird. Ich sagte, der Mann wird getäuscht. Wenn der Türhüter klar sieht, könnte man daran zweifeln, wenn der Türhüter aber getäuscht ist, dann muss sich seine Täuschung notwendig auf den Mann übertragen. Der Türhüter ist dann zwar kein Betrüger, aber so einfältig, dass er sofort aus dem Dienst gejagt werden müsste. Du musst doch bedenken, dass die Täuschung, in der sich der Türhüter befindet, ihm nichts schadet, dem Mann aber tausendfach.« »Hier stößt du auf eine Gegenmeinung«, sagte der Geistliche. »Manche sagen nämlich, dass die Geschichte niemandem ein Recht gibt, über den Türhüter zu urteilen. Wie er uns auch erscheinen mag, ist er doch ein Diener des Gesetzes, also zum Gesetz gehörig, also dem menschlichen Urteil entrückt. Man darf dann auch nicht glauben, dass der Türhüter dem Manne untergeordnet ist. Durch seinen Dienst auch nur an den Eingang des Gesetzes gebunden zu sein, ist unvergleichlich mehr, als frei in der Welt zu leben. Der Mann kommt erst zum Gesetz, der Türhüter ist schon dort. Er ist vom Gesetz zum Dienst bestellt, an seiner Würdigkeit zu zweifeln, hieße am Gesetz zweifeln.« »Mit dieser Meinung stimme ich nicht überein«, sagte K. kopfschüttelnd, »denn wenn man sich ihr anschließt, muss man alles, was der Türhüter sagt, für wahr halten. Dass das aber nicht möglich ist, hast du ja selbst ausführlich begründet.« »Nein«, sagte der Geistliche, »man muss nicht alles für wahr halten, man muss es nur für notwendig halten.« »Trübselige Meinung«, sagte K. »Die Lüge wird zur Weltordnung gemacht.«

K. sagte das abschließend, aber sein Endurteil war es nicht. Er war zu müde, um alle Folgerungen der Geschichte übersehen zu können, es waren auch ungewohnte Gedankengänge, in die sie ihn führte, unwirkliche Dinge, besser geeignet zur Besprechung für die Gesellschaft der Gerichtsbeamten als für ihn. Die einfache Geschichte war unförmig geworden, er wollte sie von sich abschütteln, und der Geistliche, der jetzt ein großes Zartgefühl bewies, duldete es und nahm K.s Bemerkung schweigend auf, obwohl sie mit seiner eigenen Meinung gewiss nicht übereinstimmte.

Sie gingen eine Zeitlang schweigend weiter, K. hielt sich eng neben dem Geistlichen, ohne zu wissen, wo er sich befand. Die Lampe in seiner Hand war längst erloschen. Einmal blinkte gerade vor ihm das silberne Standbild eines Heiligen nur mit dem Schein des Silbers und spielte gleich wieder ins Dunkel über. Um nicht vollständig auf den Geistlichen angewiesen zu bleiben, fragte ihn K.: »Sind wir jetzt nicht in der Nähe des Haupteinganges?« »Nein«, sagte der Geistliche, »wir sind weit von ihm entfernt. Willst du schon fortgehen?« Obwohl K. gerade jetzt nicht daran gedacht hatte, sagte er sofort: »Gewiss, ich muss fortgehen. Ich bin Prokurist einer Bank, man wartet auf mich, ich bin nur hergekommen, um einem ausländischen Geschäftsfreund den Dom zu zeigen.« »Nun«, sagte der Geistliche, und reichte K. die Hand, »dann geh.« »Ich kann mich aber im Dunkel allein nicht zurechtfinden«, sagte K. »Geh links zur Wand«, sagte der Geistliche, »dann weiter die Wand entlang, ohne sie zu verlassen, und du wirst einen Ausgang finden.« Der Geistliche hatte sich erst ein paar Schritte entfernt, aber K. rief schon sehr laut: »Bitte, warte noch!« »Ich warte«, sagte der Geistliche. »Willst du nicht noch etwas von mir?« fragte K. »Nein«, sagte der Geistliche. »Du warst vorher so freundlich zu mir«, sagte K., »und hast mir alles erklärt, jetzt aber entlässt du mich, als läge dir nichts an mir.« »Du musst doch fortgehen«, sagte der Geistliche. »Nun ja«, sagte K., »sieh das doch ein.« »Sieh du zuerst ein, wer ich bin«, sagte der Geistliche. »Du bist der Gefängniskaplan«, sagte K. und ging näher zum Geistlichen hin, seine sofortige Rückkehr in die Bank war nicht so notwendig, wie er sie dargestellt hatte, er konnte recht gut noch hierbleiben. »Ich gehöre also zum Gericht«, sagte der Geistliche. »Warum sollte ich also etwas von dir wollen. Das Gericht will nichts von dir. Es nimmt dich auf, wenn du kommst, und es entlässt dich, wenn du gehst.«

Zehntes Kapitel (Ende)

Am Vorabend seines einunddreißigsten Geburtstages – es war gegen neun Uhr abends, die Zeit der Stille auf den Straßen – kamen zwei Herren in K.s Wohnung. In Gehröcken, bleich und fett, mit scheinbar unverrückbaren Zylinderhüten. Nach einer kleinen Förmlichkeit bei der Wohnungstür wegen des ersten Eintretens wiederholte sich die gleiche Förmlichkeit in größerem Umfange vor K.s Tür. Ohne dass ihm der Besuch angekündigt gewesen wäre, saß K., gleichfalls schwarz angezogen, in einem Sessel in der Nähe der Türe und zog langsam neue, scharf sich über die Finger spannende Handschuhe an, in der Haltung, wie man Gäste erwartet. Er stand gleich auf und sah die Herren neugierig an. »Sie sind also für mich bestimmt?« fragte er. Die Herren nickten, einer zeigte mit dem Zylinderhut in der Hand auf den anderen. K. gestand sich ein, dass er einen anderen Besuch erwartet hatte. Er ging zum Fenster und sah noch einmal auf die dunkle Straße. Auch fast alle Fenster auf der anderen Straßenseite waren schon dunkel, in vielen die Vorhänge herabgelassen. In einem beleuchteten Fenster des Stockwerkes spielten kleine Kinder hinter einem Gitter miteinander und tasteten, noch unfähig, sich von ihren Plätzen fortzubewegen, mit den Händchen nacheinander. »Alte, untergeordnete Schauspieler schickt man um mich«, sagte sich K. und sah sich um, um sich nochmals davon zu überzeugen. »Man sucht auf billige Weise mit mir fertig zu werden.« K. wendete sich plötzlich ihnen zu und fragte: »An welchem Theater spielen Sie?« »Theater?« fragte der eine Herr mit zuckenden Mundwinkeln den anderen um Rat. Der andere gebärdete sich wie ein Stummer, der mit dem widerspenstigsten Organismus kämpft. »Sie sind nicht darauf vorbereitet, gefragt zu werden«, sagte sich K. und ging seinen Hut holen.

Schon auf der Treppe wollten sich die Herren in K. einhängen, aber K. sagte: »Erst auf der Gasse, ich bin nicht krank.« Gleich aber vor dem Tor hängten sie sich in ihn in einer Weise ein, wie K. noch niemals mit einem Menschen gegangen war. Sie hielten die Schultern eng hinter den seinen, knickten die Arme nicht ein, sondern benützten sie, um K.s Arme in ihrer ganzen Länge zu umschlingen, unten erfassten sie K.s Hände mit einem schulmäßigen, eingeübten, unwiderstehlichen Griff. K. ging straff gestreckt zwischen ihnen, sie bildeten jetzt alle drei eine solche Einheit, dass, wenn man einen von ihnen zerschlagen hätte, alle zerschlagen gewesen wären. Es war eine Einheit, wie sie fast nur Lebloses bilden kann.

Unter den Laternen versuchte K. öfters, so schwer es bei diesem engen Aneinander ausgeführt werden konnte, seine Begleiter deutlicher zu sehen, als es in der Dämmerung seines Zimmers möglich gewesen war. »Vielleicht sind es Tenöre«, dachte er im Anblick ihres schweren Doppelkinns. Er ekelte sich vor der Reinlichkeit ihrer Gesichter. Man sah förmlich noch die säubernde Hand, die in ihre Augenwinkel gefahren, die ihre Oberlippe gerieben, die die Falten am Kinn ausgekratzt hatte.

Als K. das bemerkte, blieb er stehen, infolgedessen blieben auch die andern stehen; sie waren am Rand eines freien, menschenleeren, mit Anlagen geschmückten Platzes. »Warum hat man gerade Sie geschickt!« rief er mehr, als er fragte. Die Herren wussten scheinbar keine Antwort, sie warteten mit dem hängenden, freien Arm, wie Krankenwärter, wenn der Kranke sich ausruhen will. »Ich gehe nicht weiter«, sagte K. versuchsweise. Darauf brauchten die Herren nicht zu antworten, es genügte, dass sie den Griff nicht lockerten und K. von der Stelle wegzuheben versuchten, aber K. widerstand. »Ich werde nicht mehr viel Kraft brauchen, ich werde jetzt alle anwenden«, dachte er. Ihm fielen die Fliegen ein, die mit zerreißenden Beinchen von der Leimrute wegstreben. »Die Herren werden schwere Arbeit haben.«

Da stieg vor ihnen aus einer tiefer gelegenen Gasse auf einer kleinen Treppe Fräulein Bürstner zum Platz empor. Es war nicht ganz sicher, ob sie es war, die Ähnlichkeit war freilich groß. Aber K. lag auch nichts daran, ob es bestimmt Fräulein Bürstner war, bloß die

Wertlosigkeit seines Widerstandes kam ihm gleich zum Bewusstsein. Es war nichts Heldenhaftes, wenn er widerstand, wenn er jetzt den Herren Schwierigkeiten bereitete, wenn er jetzt in der Abwehr noch den letzten Schein des Lebens zu genießen versuchte. Er setzte sich in Gang, und von der Freude, die er dadurch den Herren machte, ging noch etwas auf ihm selbst über. Sie duldeten es jetzt, dass er die Wegrichtung bestimmte, und er bestimmte sie nach dem Weg, den das Fräulein vor ihnen nahm, nicht etwa, weil er sie einholen, nicht etwa, weil er sie möglichst lange sehen wollte, sondern nur deshalb, um die Mahnung, die sie für ihn bedeutete, nicht zu vergessen. »Das einzige, was ich jetzt tun kann«, sagte er sich, und das Gleichmaß seiner Schritte und der Schritte der beiden anderen bestätigte seine Gedanken, »das einzige, was ich jetzt tun kann, ist, bis zum Ende den ruhig einteilenden Verstand behalten. Ich wollte immer mit zwanzig Händen in die Welt hineinfahren und überdies zu einem nicht zu billigenden Zweck. Das war unrichtig. Soll ich nun zeigen, dass nicht einmal der einjährige Prozess mich belehren konnte? Soll ich als ein begriffsstutziger Mensch abgehen? Soll man mir nachsagen dürfen, dass ich am Anfang des Prozesses ihn beenden wollte und jetzt, an seinem Ende, ihn wieder beginnen will? Ich will nicht, dass man das sagt. Ich bin dafür dankbar, dass man mir auf diesem Weg diese halbstummen, verständnislosen Herren mitgegeben hat und dass man es mir überlassen hat, mir selbst das Notwendige zu sagen.«

Das Fräulein war inzwischen in eine Seitengasse eingebogen, aber K. konnte sie schon entbehren und überließ sich seinen Begleitern. Alle drei zogen nun in vollem Einverständnis über eine Brücke im Mondschein, jeder kleinen Bewegung, die K. machte, gaben die Herren jetzt bereitwillig nach, als er ein wenig zum Geländer sich wendete, drehten auch sie sich in ganzer Front dorthin. Das im Mondlicht glänzende und zitternde Wasser teilte sich um eine kleine Insel, auf der, wie zusammengedrängt, Laubmassen von Bäumen und Sträuchern sich aufhäuften. Unter ihnen, jetzt unsichtbar, führten Kieswege mit bequemen Bänken, auf denen K. in manchem Sommer sich gestreckt und gedehnt hatte. »Ich wollte ja gar nicht stehenbleiben«, sagte er zu seinen Begleitern, beschämt durch ihre Bereitwilligkeit. Der eine schien dem anderen hinter K.s Rücken einen sanften Vorwurf wegen des missverständlichen Stehenbleibens zu machen, dann gingen sie weiter.

Sie kamen durch einige ansteigende Gassen, in denen hie und da Polizisten standen oder gingen; bald in der Ferne, bald in nächster Nähe. Einer mit buschigem Schnurrbart, die Hand am Griff des Säbels, trat wie mit Absicht nahe an die nicht ganz unverdächtige Gruppe. Die Herren stockten, der Polizeimann schien schon den Mund zu öffnen, da zog K. mit Macht die Herren vorwärts. Öfters drehte er sich vorsichtig um, ob der Polizeimann nicht folge; als sie aber eine Ecke zwischen sich und dem Polizeimann hatten, fing K. zu laufen an, die Herren mussten trotz großer Atemnot mitlaufen.

So kamen sie rasch aus der Stadt hinaus, die sich in dieser Richtung fast ohne Übergang an die Felder anschloss. Ein kleiner Steinbruch, verlassen und öde, lag in der Nähe eines noch ganz städtischen Hauses. Hier machten die Herren halt, sei es, dass dieser Ort von allem Anfang an ihr Ziel gewesen war, sei es, dass sie zu erschöpft waren, um noch weiter zu laufen. Jetzt ließen sie K. los, der stumm wartete, nahmen die Zylinderhüte ab und wischten sich, während sie sich im Steinbruch umsahen, mit den Taschentüchern den Schweiß von der Stirn. Überall lag der Mondschein mit seiner Natürlichkeit und Ruhe, die keinem anderen Licht gegeben ist.

Nach Austausch einiger Höflichkeiten hinsichtlich dessen, wer die nächsten Aufgaben auszuführen habe – die Herren schienen die Aufträge ungeteilt bekommen zu haben –, ging der eine zu K. und zog ihm den Rock, die Weste und schließlich das Hemd aus. K. fröstelte unwillkürlich, worauf ihm der Herr einen leichten, beruhigenden Schlag auf den Rücken gab. Dann legte er die Sachen sorgfältig zusammen, wie Dinge, die man noch gebrauchen wird,

wenn auch nicht in allernächster Zeit. Um K. nicht ohne Bewegung der immerhin kühlen Nachtluft auszusetzen, nahm er ihn unter den Arm und ging mit ihm ein wenig auf und ab, während der andere Herr den Steinbruch nach irgendeiner passenden Stelle absuchte. Als er sie gefunden hatte, winkte er, und der andere Herr geleitete K. hin. Es war nahe der Bruchwand, es lag dort ein losgebrochener Stein. Die Herren setzten K. auf die Erde nieder, lehnten ihn an den Stein und betteten seinen Kopf obenauf. Trotz aller Anstrengung, die sie sich gaben, und trotz allem Entgegenkommen, das ihnen K. bewies, blieb seine Haltung eine sehr gezwungene und unglaubwürdige. Der eine Herr bat daher den anderen, ihm für ein Weilchen das Hinlegen K.s allein zu überlassen, aber auch dadurch wurde es nicht besser.
Schließlich ließen sie K. in einer Lage, die nicht einmal die beste von den bereits erreichten Lagen war. Dann öffnete der eine Herr seinen Gehrock und nahm aus einer Scheide, die an einem um die Weste gespannten Gürtel hing, ein langes, dünnes beiderseitig geschärftes Fleischermesser, hielt es hoch und prüfte die Schärfe im Licht. Wieder begannen die widerlichen Höflichkeiten, einer reichte über K. hinweg das Messer dem anderen, dieser reichte es wieder über K. zurück. K. wusste jetzt genau, dass es seine Pflicht gewesen wäre, das Messer, als es von Hand zu Hand über ihm schwebte, selbst zu fassen und sich einzubohren. Aber er tat es nicht, sondern drehte den noch freien Hals und sah umher. Vollständig konnte er sich nicht bewähren, alle Arbeit den Behörden nicht abnehmen, die Verantwortung für diesen letzten Fehler trug der, der ihm den Rest der dazu nötigen Kraft versagt hatte. Seine Blicke fielen auf das letzte Stockwerk des an den Steinbruch angrenzenden Hauses. Wie ein Licht aufzuckt, so fuhren die Fensterflügel eines Fensters dort auseinander, ein Mensch, schwach und dünn in der Ferne und Höhe, beugte sich mit einem Ruck weit vor und streckte die Arme noch weiter aus. Wer war es? Ein Freund? Ein guter Mensch? Einer, der teilnahm? Einer, der helfen wollte? War es ein einzelner? Waren es alle? War noch Hilfe? Gab es Einwände, die man vergessen hatte? Gewiss gab es solche. Die Logik ist zwar unerschütterlich, aber einem Menschen, der leben will, widersteht sie nicht. Wo war der Richter, den er nie gesehen hatte? Wo war das hohe Gericht, bis zu dem er nie gekommen war? Er hob die Hände und spreizte alle Finger.

Aber an K.s Gurgel legten sich die Hände des einen Herrn, während der andere das Messer ihm tief ins Herz stieß und zweimal dort drehte. Mit brechenden Augen sah noch K., wie die Herren, nahe vor seinem Gesicht, Wange an Wange aneinandergelehnt, die Entscheidung beobachteten. »Wie ein Hund!« sagte er, es war, als sollte die Scham ihn überleben.

Das Schloss

Entstanden 1922; Erstdruck: München 1926

Das erste Kapitel

Es war spätabends, als K. ankam. Das Dorf lag in tiefem Schnee. Vom Schlossberg war nichts zu sehen, Nebel und Finsternis umgaben ihn, auch nicht der schwächste Lichtschein deutete das große Schloss an. Lange stand K. auf der Holzbrücke, die von der Landstraße zum Dorf führte, und blickte in die scheinbare Leere empor. Dann ging er, ein Nachtlager suchen; im Wirtshaus war man noch wach, der Wirt hatte zwar kein Zimmer zu vermieten, aber er wollte, von dem späten Gast äußerst überrascht und verwirrt, K. in der Wirtsstube auf einem Strohsack schlafen lassen. K. war damit einverstanden. Einige Bauern waren noch beim Bier, aber er wollte sich mit niemandem unterhalten, holte selbst den Strohsack vom Dachboden und legte sich in der Nähe des Ofens hin. Warm war es, die Bauern waren still, ein wenig prüfte er sie noch mit den müden Augen, dann schlief er ein.

Aber kurze Zeit darauf wurde er schon geweckt. Ein junger Mann, städtisch angezogen, mit schauspielerhaftem Gesicht, die Augen schmal, die Augenbrauen stark, stand mit dem Wirt neben ihm. Die Bauern waren auch noch da, einige hatten ihre Sessel herumgedreht, um besser zu sehen und zu hören. Der junge Mensch entschuldigte sich sehr höflich, K. geweckt zu haben, stellte sich als Sohn des Schlosskastellans vor und sagte dann: »Dieses Dorf ist Besitz des Schlosses, wer hier wohnt oder übernachtet, wohnt oder übernachtet gewissermaßen im Schloss. Niemand darf das ohne gräfliche Erlaubnis. Sie aber haben eine solche Erlaubnis nicht oder haben sie wenigstens nicht vorgezeigt.«

K. hatte sich halb aufgerichtet, hatte die Haare zurechtgestrichen, blickte die Leute von unten her an und sagte: »In welches Dorf habe ich mich verirrt? Ist denn hier ein Schloss?«

»Allerdings«, sagte der junge Mann langsam, während hier und dort einer den Kopf über K. schüttelte, »das Schloss des Herrn Grafen Westwest.«

»Und man muss die Erlaubnis zum Übernachten haben?« fragte K., als wolle er sich davon überzeugen, ob er die früheren Mitteilungen nicht vielleicht geträumt hätte.

»Die Erlaubnis muss man haben«, war die Antwort, und es lag darin ein großer Spott für K., als der junge Mann mit ausgestrecktem Arm den Wirt und die Gäste fragte: »Oder muss man etwa die Erlaubnis nicht haben?«

»Dann werde ich mir also die Erlaubnis holen müssen«, sagte K. gähnend und schob die Decke von sich, als wolle er aufstehen.

»Ja von wem denn?« fragte der junge Mann.

»Vom Herrn Grafen«, sagte K., »es wird nichts anderes übrigbleiben.«

»Jetzt um Mitternacht die Erlaubnis vom Herrn Grafen holen?« rief der junge Mann und trat einen Schritt zurück.

»Ist das nicht möglich?« fragte K. gleichmütig. »Warum haben Sie mich also geweckt?«

Nun geriet aber der junge Mann außer sich. »Landstreichermanieren!« rief er. »Ich verlange Respekt vor der gräflichen Behörde! Ich habe Sie deshalb geweckt, um Ihnen mitzuteilen, dass Sie sofort das gräfliche Gebiet verlassen müssen.«

»Genug der Komödie«, sagte K. auffallend leise, legte sich nieder und zog die Decke über sich. »Sie gehen, junger Mann, ein wenig zu weit, und ich werde morgen noch auf Ihr Benehmen zurückkommen. Der Wirt und die Herren dort sind Zeugen, soweit ich überhaupt Zeugen brauche. Sonst aber lassen Sie es sich gesagt sein, dass ich der Landvermesser bin, den der Graf hat kommen lassen. Meine Gehilfen mit den Apparaten kommen morgen im Wagen nach. Ich wollte mir den Marsch durch den Schnee nicht entgehen lassen, bin aber leider einige Mal vom Weg abgeirrt und deshalb erst so spät angekommen. Dass es jetzt zu spät war, im Schloss mich zu melden, wusste ich schon aus eigenem, noch vor Ihrer Belehrung. Deshalb habe ich mich auch mit diesem Nachtlager hier begnügt, das zu stören Sie die – gelinde gesagt – Unhöflichkeit hatten. Damit sind meine Erklärungen beendet. Gute Nacht, meine Herren.« Und K. drehte sich zum Ofen hin. »Landvermesser?« hörte er noch hinter seinem Rücken zögernd fragen, dann war allgemeine Stille. Aber der junge Mann fasste sich bald und sagte zum Wirt in einem Ton, der genug gedämpft war, um als Rücksichtnahme auf K.s Schlaf zu gelten, und laut genug, um ihm verständlich zu sein: »Ich werde telefonisch anfragen.« Wie, auch ein Telefon war in diesem Dorfwirtshaus? Man war vorzüglich eingerichtet. Im einzelnen überraschte es K., im ganzen hatte er es freilich erwartet. Es zeigte sich, dass das Telefon fast über seinem Kopf angebracht war, in seiner Verschlafenheit hatte er es übersehen. Wenn nun der junge Mann telefonieren musste, dann konnte er beim besten Willen K.s Schlaf nicht schonen, es handelte sich nur darum, ob K. ihn telefonieren lassen sollte, er beschloss, es zuzulassen. Dann hatte es aber freilich auch keinen Sinn, den Schlafenden zu spielen, und er kehrte deshalb in die Rückenlage zurück. Er sah die Bauern scheu zusammenrücken und sich besprechen, die Ankunft eines Landvermessers war nichts Geringes. Die Tür der Küche hatte sich geöffnet, türfüllend stand dort die mächtige Gestalt der Wirtin, auf den Fußspitzen näherte sich ihr der Wirt, um ihr zu berichten. Und nun begann das Telefongespräch. Der Kastellan schlief, aber ein Unterkastellan, einer der Unterkastellane, ein Herr Fritz, war da. Der junge Mann, der sich als Schwarzer vorstellte, erzählte, wie er K. gefunden, einen Mann in den Dreißigern, recht zerlumpt, auf einem Strohsack ruhig schlafend, mit einem winzigen Rucksack als Kopfkissen, einen Knotenstock in Reichweite. Nun sei er ihm natürlich verdächtig gewesen, und da der Wirt offenbar seine Pflicht vernachlässigt hatte, sei es seine, Schwarzers, Pflicht gewesen, der Sache auf den Grund zu gehen. Das Gewecktwerden, das Verhör, die pflichtgemäße Androhung der Verweisung aus der Grafschaft habe K. sehr ungnädig aufgenommen, wie es sich schließlich gezeigt habe, vielleicht mit Recht, denn er behaupte, ein vom Herrn Grafen bestellter Landvermesser zu sein. Natürlich sei es zumindest formale Pflicht, die Behauptung nachzuprüfen, und Schwarzer bitte deshalb Herrn Fritz, sich in der Zentralkanzlei zu erkundigen, ob ein Landvermesser dieser Art wirklich erwartet werde, und die Antwort gleich zu telefonieren.

Dann war es still, Fritz erkundigte sich drüben, und hier wartete man auf die Antwort. K. blieb wie bisher, drehte sich nicht einmal um, schien gar nicht neugierig, sah vor sich hin. Die Erzählung Schwarzers in ihrer Mischung von Bosheit und Vorsicht gab ihm eine Vorstellung von der gewissermaßen diplomatischen Bildung, über die im Schloss selbst kleine Leute wie Schwarzer leicht verfügten. Und auch an Fleiß ließen sie es dort nicht fehlen; die Zentralkanzlei hatte Nachtdienst. Und gab offenbar sehr schnell Antwort, denn schon klingelte Fritz. Dieser Bericht schien allerdings sehr kurz, denn sofort warf Schwarzer wütend den Hörer hin. »Ich habe es ja gesagt!« schrie er. »Keine Spur von Landvermesser, ein gemeiner, lügnerischer Landstreicher, wahrscheinlich aber Ärgeres.« Einen Augenblick dachte K., alle, Schwarzer, Bauern, Wirt und Wirtin, würden sich auf ihn stürzen. Um wenigstens dem ersten Ansturm auszuweichen, verkroch er sich ganz unter die Decke. Da läutete das Telefon nochmals, und, wie es K. schien, besonders stark. Er steckte langsam den Kopf wieder hervor. Obwohl es unwahrscheinlich war, dass es wieder K. betraf, stockten alle, und Schwarzer kehrte zum Apparat zurück. Er hörte dort eine längere Erklärung an und sagte dann leise: »Ein Irrtum also? Das ist mir recht unangenehm. Der Bürochef selbst hat telefoniert? Sonderbar, sonderbar. Wie soll ich es dem Herrn Landvermesser erklären?«

K. horchte auf. Das Schloss hatte ihn also zum Landvermesser ernannt. Das war einerseits ungünstig für ihn, denn es zeigte, dass man im Schloss alles Nötige über ihn wusste, die Kräfteverhältnisse abgewogen hatte und den Kampf lächelnd aufnahm. Es war aber andererseits auch günstig, denn es bewies, seiner Meinung nach, dass man ihn unterschätzte und dass er mehr Freiheit haben würde, als er hätte von vornherein hoffen dürfen. Und wenn man glaubte, durch diese geistig gewiss überlegene Anerkennung seiner Landvermesserschaft ihn dauernd in Schrecken halten zu können, so täuschte man sich; es überschauerte ihn leicht, das war aber alles.

Dem sich schüchtern nähernden Schwarzer winkte K. ab; ins Zimmer des Wirtes zu übersiedeln, wozu man ihn drängte, weigerte er sich, nahm nur vom Wirt einen Schlaftrunk an, von der Wirtin ein Waschbecken mit Seife und Handtuch und musste gar nicht erst verlangen, dass der Saal geleert wurde, denn alles drängte mit abgewendeten Gesichtern hinaus, um nicht etwa morgen von ihm erkannt zu werden. Die Lampe wurde ausgelöscht, und er hatte endlich Ruhe. Er schlief tief, kaum ein-, zweimal von vorüberhuschenden Ratten flüchtig gestört, bis zum Morgen.

Nach dem Frühstück, das, wie überhaupt K.s ganze Verpflegung, nach Angabe des Wirts vom Schloss bezahlt werden sollte, wollte er gleich ins Dorf gehen. Aber da der Wirt, mit dem er bisher in Erinnerung an sein gestriges Benehmen nur das Notwendigste gesprochen hatte, mit stummer Bitte sich immerfort um ihn herumdrehte, erbarmte er sich seiner und ließ ihn für ein Weilchen bei sich niedersetzen.

»Ich kenne den Grafen noch nicht«, sagte K., »er soll gute Arbeit gut bezahlen, ist das wahr? Wenn man, wie ich, so weit von Frau und Kind reist, dann will man auch etwas heimbringen.«

»In dieser Hinsicht muss sich der Herr keine Sorge machen, über schlechte Bezahlung hört man keine Klage.« – »Nun«, sagte K., »ich gehöre ja nicht zu den Schüchternen und kann auch einem Grafen meine Meinung sagen, aber in Frieden mit den Herren fertig zu werden ist natürlich weit besser.«

Der Wirt saß K. gegenüber am Rand der Fensterbank, bequemer wagte er sich nicht zu setzen, und sah K. die ganze Zeit über mit großen, braunen, ängstlichen Augen an. Zuerst hatte er sich an K. herangedrängt, und nun schien es, als wolle er am liebsten weglaufen. Fürchtete er, über den Grafen ausgefragt zu werden? Fürchtete er die Unzuverlässigkeit des »Herrn«, für den er K. hielt? K. musste ihn ablenken. Er blickte auf die Uhr und sagte: »Nun werden bald meine Gehilfen kommen, wirst du sie hier unterbringen können?«

»Gewiss, Herr«, sagte er, »werden sie aber nicht mit dir im Schlosse wohnen?«

Verzichtete er so leicht und gern auf die Gäste und auf K. besonders, den er unbedingt ins Schloss verwies?

»Das ist noch nicht sicher«, sagte K., »erst muss ich erfahren, was für eine Arbeit man für mich hat. Sollte ich zum Beispiel hier unten arbeiten, dann wird es auch vernünftiger sein, hier unten zu wohnen. Auch fürchte ich, dass mir das Leben oben im Schlosse nicht zusagen würde. Ich will immer frei sein.«

»Du kennst das Schloss nicht«, sagte der Wirt leise.

»Freilich«, sagte K., »man soll nicht verfrüht urteilen. Vorläufig weiß ich ja vom Schloss nichts weiter, als dass man es dort versteht, sich den richtigen Landvermesser auszusuchen. Vielleicht gibt es dort noch andere Vorzüge.« Und er stand auf, um den unruhig seine Lippen beißenden Wirt von sich zu befreien. Leicht war das Vertrauen dieses Mannes nicht zu gewinnen.

Im Fortgehen fiel K. an der Wand ein dunkles Porträt in einem dunklen Rahmen auf. Schon von seinem Lager aus hatte er es bemerkt, hatte aber in der Entfernung die Einzelheiten nicht unterschieden und geglaubt, das eigentliche Bild sei aus dem Rahmen fortgenommen und nur ein schwarzer Rückendeckel sei zu sehen. Aber es war doch ein Bild, wie sich jetzt zeigte, das Brustbild eines etwa fünfzigjährigen Mannes. Den Kopf hielt er so tief auf die Brust gesenkt, dass man kaum etwas von den Augen sah, entscheidend für die Senkung schien die hohe, lastende Stirn und die starke, hinabgekrümmte Nase. Der Vollbart, infolge der Kopfhaltung am Kinn eingedrückt, stand weiter unten ab. Die linke Hand lag gespreizt in den vollen Haaren, konnte aber den Kopf nicht mehr heben. »Wer ist das?« fragte K. »Der Graf?« K. stand vor dem Bild und blickte sich gar nicht nach dem Wirt um. »Nein«, sagte der Wirt, »der Kastellan.« – »Einen schönen Kastellan haben sie im Schloss, das ist wahr«, sagte K., »schade, dass er einen so missratenen Sohn hat.« – »Nein«, sagte der Wirt, zog K. ein wenig zu sich herunter und flüsterte ihm ins Ohr: »Schwarzer hat gestern übertrieben, sein Vater ist nur ein Unterkastellan und sogar einer der letzten.« In diesem Augenblick kam der Wirt K. wie ein Kind vor. »Der Lump!« sagte K. lachend, aber der Wirt lachte nicht mit, sondern sagte: »Auch sein Vater ist mächtig.« – »Geh!« sagte K. »Du hältst jeden für mächtig. Mich etwa auch?« – »Dich«, sagte er schüchtern, aber ernsthaft, »halte ich nicht für mächtig.« – »Du verstehst also doch recht gut zu beobachten«, sagte K., »mächtig bin ich nämlich, im Vertrauen gesagt, wirklich nicht. Und habe infolgedessen vor den Mächtigen wahrscheinlich nicht weniger Respekt als du, nur bin ich nicht so aufrichtig wie du und will es nicht immer eingestehen.« Und K. klopfte dem Wirt, um ihn zu trösten und sich geneigter zu machen, leicht auf die Wange. Nun lächelte er doch ein wenig. Er war wirklich ein Junge mit seinem weichen, fast bartlosen Gesicht. Wie war er zu seiner breiten, ältlichen Frau gekommen, die man nebenan hinter einem Guckfenster, weit die Ellbogen vom Leib, in der Küche hantieren sah? K. wollte aber jetzt nicht mehr weiter in ihn dringen, das endlich bewirkte Lächeln nicht verjagen. Er gab ihm also nur noch einen Wink, ihm die Tür zu öffnen, und trat in den schönen Wintermorgen hinaus.

Nun sah er oben das Schloss deutlich umrissen in der klaren Luft und noch verdeutlicht durch den alle Formen nachbildenden, in dünner Schicht überall liegenden Schnee. Übrigens schien oben auf dem Berg viel weniger Schnee zu sein als hier im Dorf, wo sich K. nicht weniger mühsam vorwärts brachte als gestern auf der Landstraße. Hier reichte der Schnee bis zu den Fenstern der Hütten und lastete gleich wieder auf dem niedrigen Dach, aber oben auf dem Berg ragte alles frei und leicht empor, wenigstens schien es so von hier aus.

Im ganzen entsprach das Schloss, wie es sich hier von der Ferne zeigte, K.s Erwartungen. Es war weder eine alte Ritterburg noch ein neuer Prunkbau, sondern eine ausgedehnte Anlage, die aus wenigen zweistöckigen, aber aus vielen eng aneinander stehenden niedrigen Bauten bestand; hätte man nicht gewusst, dass es ein Schloss sei, hätte man es für ein Städtchen halten können. Nur einen Turm sah K., ob er zu einem Wohngebäude oder einer Kirche gehörte, war nicht zu erkennen. Schwärme von Krähen umkreisten ihn.

Die Augen auf das Schloss gerichtet, ging K. weiter, nichts sonst kümmerte ihn. Aber im Näherkommen enttäuschte ihn das Schloss, es war doch nur ein recht elendes Städtchen, aus Dorfhäusern zusammengetragen, ausgezeichnet nur dadurch, dass vielleicht alles aus Stein gebaut war; aber der Anstrich war längst abgefallen, und der Stein schien abzubröckeln. Flüchtig erinnerte sich K. an sein Heimatstädtchen; es stand diesem angeblichen Schlosse kaum nach. Wäre es K. nur auf die Besichtigung angekommen, dann wäre es schade um die lange Wanderschaft gewesen und er hätte vernünftiger gehandelt, wieder einmal die alte Heimat zu besuchen, wo er schon so lange nicht gewesen war. Und er verglich in Gedanken den Kirchturm der Heimat mit dem Turm dort oben. Jener Turm, bestimmt, ohne Zögern geradewegs nach oben sich verjüngend, breitdachig, abschließend mit roten Ziegeln, ein irdisches Gebäude – was können wir anderes bauen? – aber mit höherem Ziel als die niedrige Häusermenge und mit klarerem Ausdruck, als ihn der trübe Werktag hat. Der Turm hier oben – es war der einzig sichtbare –, der Turm eines Wohnhauses, wie es sich jetzt zeigte, vielleicht des Hauptschlosses, war ein einförmiger Rundbau, zum Teil gnädig von Efeu verdeckt, mit kleinen Fenstern, die jetzt in der Sonne aufstrahlten – etwas Irrsinniges hatte das –, und einem söllerartigen Abschluss, dessen Mauerzinnen unsicher, unregelmäßig, brüchig, wie von ängstlicher oder nachlässiger Kinderhand gezeichnet, sich in den blauen Himmel zackten. Es war, wie wenn ein trübseliger Hausbewohner, der gerechterweise im entlegensten Zimmer des Hauses sich hätte eingesperrt halten sollen, das Dach durchbrochen und sich erhoben hätte, um sich der Welt zu zeigen. Wieder stand K. still, als hätte er im Stillestehen mehr Kraft des Urteils. Aber er wurde gestört. Hinter der Dorfkirche, bei der er stehengeblieben war – es war eigentlich nur eine Kapelle, scheunenartig erweitert, um die Gemeinde aufnehmen zu können –, war die Schule.

Ein niedriges, langes Gebäude, merkwürdig den Charakter des Provisorischen und des sehr Alten vereinigend, lag es hinter einem umgitterten Garten, der jetzt ein Schneefeld war. Eben kamen die Kinder mit dem Lehrer heraus. In einem dichten Haufen umgaben sie den Lehrer, aller Augen blickten auf ihn, unaufhörlich schwatzten sie von allen Seiten, K. verstand ihr schnelles Sprechen gar nicht. Der Lehrer, ein junger, kleiner, schmalschulteriger Mensch, aber ohne dass es lächerlich wurde, sehr aufrecht, hatte K. schon von der Ferne ins Auge gefasst, allerdings war außer seiner Gruppe K. der einzige Mensch weit und breit. K., als Fremder, grüßte zuerst, gar einen so befehlshaberischen kleinen Mann. »Guten Tag, Herr Lehrer«, sagte er.

Mit einem Schlag verstummten die Kinder, diese plötzliche Stille als Vorbereitung für seine Worte mochte wohl dem Lehrer gefallen. »Ihr seht das Schloss an?« fragte er sanftmütiger, als K. erwartet hatte, aber in einem Ton, als billige er nicht das, was K. tue. »Ja«, sagte K., »ich bin hier fremd, erst seit gestern Abend im Ort.« – »Das Schloss gefällt Euch nicht?« fragte der Lehrer schnell. »Wie?« fragte K. zurück, ein wenig verblüfft, und wiederholte in milderer Form die Frage: »Ob mir das Schloss gefällt? Warum nehmet Ihr an, dass es mir nicht gefällt?« –

»Keinem Fremden gefällt es«, sagte der Lehrer. Um hier nichts Unwillkommenes zu sagen, wendete K. das Gespräch und fragte: »Sie kennen wohl den Grafen?« – »Nein«, sagte der Lehrer und wollte sich abwenden. K. gab aber nicht nach und fragte nochmals: »Wie? Sie kennen den Grafen nicht?« – »Wie sollte ich ihn kennen?« sagte der Lehrer leise und fügte laut auf französisch hinzu: »Nehmen Sie Rücksicht auf die Anwesenheit unschuldiger Kinder.« K. nahm sich deswegen das Recht zu fragen: »Könnte ich Sie, Herr Lehrer, einmal besuchen? Ich bleibe längere Zeit hier und fühle mich schon jetzt ein wenig verlassen; zu den Bauern gehöre ich nicht und ins Schloss wohl auch nicht.« – »Zwischen den Bauern und dem Schloss ist kein großer Unterschied«, sagte der Lehrer. »Mag sein«, sagte K., »das ändert an meiner Lage nichts. Könnte ich Sie einmal besuchen?« – »Ich wohne in der Schwanengasse beim Fleischhauer.« Das war nun zwar mehr eine Adressenangabe als eine Einladung, dennoch sagte K.: »Gut, ich werde kommen.« Der Lehrer nickte und zog mit den gleich wieder losschreienden Kinderhaufen weiter. Sie verschwanden bald in einem jäh abfallenden Gässchen.

K. aber war zerstreut, durch das Gespräch verärgert. Zum ersten Mal seit seinem Kommen fühlte er wirkliche Müdigkeit. Der weite Weg hierher schien ihn ursprünglich gar nicht angegriffen zu haben, wie war er durch die Tage gewandert, ruhig, Schritt für Schritt! – Jetzt aber zeigten sich doch die Folgen der übergroßen Anstrengung, zur Unzeit freilich. Es zog ihn unwiderstehlich hin, neue Bekanntschaften zu suchen, aber jede neue Bekanntschaft verstärkte die Müdigkeit. Wenn er sich in seinem heutigen Zustand zwang, seinen Spaziergang wenigstens bis zum Eingang des Schlosses auszudehnen, war mehr als genug getan.

So ging er wieder vorwärts, aber es war ein langer Weg. Die Straße nämlich, die Hauptstraße des Dorfes, führte nicht zum Schlossberg, sie führte nur nahe heran, dann aber, wie absichtlich, bog sie ab, und wenn sie sich auch vom Schloss nicht entfernte, so kam sie ihm doch auch nicht näher. Immer erwartete K., dass nun endlich die Straße zum Schloss einlenken müsse und nur, weil er es erwartete, ging er weiter; offenbar infolge seiner Müdigkeit zögerte er, die Straße zu verlassen, auch staunte er über die Länge des Dorfes, das kein Ende nahm, immer wieder die kleinen Häuschen und vereisten Fensterscheiben und Schnee und Menschenleere – endlich riss er sich los von dieser festhaltenden Straße, ein schmales Gässchen nahm ihn auf, noch tieferer Schnee, das Herausziehen der einsinkenden Füße war eine schwere Arbeit, Schweiß brach ihm aus, plötzlich stand er still und konnte nicht mehr weiter.

Nun, er war ja nicht verlassen, rechts und links standen Bauernhütten. Er machte einen Schneeball und warf ihn gegen ein Fenster. Gleich öffnete sich die Türe – die erste sich öffnende Türe während des ganzen Dorfweges – und ein alter Bauer, in brauner Pelzjoppe, den Kopf seitwärts geneigt, freundlich und schwach, stand dort. »Darf ich ein wenig zu Euch kommen?« sagte K., »ich bin sehr müde.« Er hörte gar nicht, was der Alte sagte, dankbar nahm er es an, dass ihm ein Brett entgegengeschoben wurde, das ihn gleich aus dem Schnee rettete, und mit ein paar Schritten stand er in der Stube.

Eine große Stube im Dämmerlicht. Der von draußen Kommende sah zuerst gar nichts. K. taumelte gegen einen Waschtrog, eine Frauenhand hielt ihn zurück. Aus einer Ecke kam viel Kindergeschrei. Aus einer anderen Ecke wälzte sich Rauch und machte aus dem Halblicht Finsternis. K. stand wie in Wolken. »Er ist ja betrunken«, sagte jemand. »Wer seid Ihr?« rief eine herrische Stimme und wohl zu dem Alten gewendet: »Warum hast du ihn hereingelassen? Kann man alles hereinlassen, was auf den Gassen herumschleicht?« – »Ich bin der gräfliche Landvermesser«, sagte K. und suchte sich so vor den noch immer Unsichtbaren zu verantworten. »Ach, es ist der Landvermesser«, sagte eine weibliche Stimme, und nun folgte eine vollkommene Stille. »Ihr kennt mich?« fragte K. »Gewiss«, sagte noch kurz die gleiche Stimme. Dass man K. kannte, schien ihn nicht zu empfehlen.

Endlich verflüchtigte sich ein wenig der Rauch, und K. konnte sich langsam zurechtfinden. Es schien ein allgemeiner Waschtag zu sein. In der Nähe der Türe wurde Wäsche gewaschen. Der Rauch war aber aus der anderen Ecke gekommen, wo in einem Holzschaff, so groß, wie K. noch nie eines gesehen hatte – es hatte etwa den Umfang von zwei Betten –, in dampfendem Wasser zwei Männer badeten. Aber noch überraschender, ohne dass man genau wusste, worin das Überraschende bestand, war die rechte Ecke. Aus einer großen Lücke, der einzigen in der Stubenrückwand, kam dort, wohl vom Hof her, bleiches Schneelicht und gab dem Kleid einer Frau, die tief in der Ecke in einem hohen Lehnstuhl müde fast lag, einen Schein wie von Seide. Sie trug einen Säugling an der Brust. Um sie herum spielten ein paar Kinder, Bauernkinder, wie zu sehen war, sie aber schien nicht zu ihnen zu gehören, freilich, Krankheit und Müdigkeit macht auch Bauern fein.

»Setzt Euch!« sagte der eine der Männer, ein Vollbärtiger, überdies mit einem Schnauzbart, unter dem er den Mund schnaufend immer offenhielt, zeigte, komisch anzusehen, mit der Hand über den Rand des Kübels auf eine Truhe hin und bespritzte dabei K. mit warmem Wasser das ganze Gesicht. Auf der Truhe saß schon, vor sich hin dämmernd, der Alte, der K. eingelassen hatte. K. war dankbar, sich endlich setzen zu dürfen. Nun kümmerte sich niemand mehr um ihn. Die Frau beim Waschtrog, blond, in jugendlicher Fülle, sang leise bei der Arbeit, die Männer im Bad stampften und drehten sich, die Kinder wollten sich ihnen nähern, wurden aber durch mächtige Wasserspritzer, die auch K. nicht verschonten, immer wieder zurückgetrieben, die Frau im Lehnstuhl lag wie leblos, nicht einmal auf das Kind an ihrer Brust blickte sie hinab, sondern unbestimmt in die Höhe.

K. hatte sie wohl lange angesehen, dieses sich nicht verändernde schöne, traurige Bild, dann aber musste er eingeschlafen sein, denn als er, von einer lauten Stimme gerufen, aufschreckte, lag sein Kopf an der Schulter des Alten neben ihm. Die Männer hatten ihr Bad beendet, in dem sich jetzt die Kinder, von der blonden Frau beaufsichtigt, herumtrieben, und standen angezogen vor K. Es zeigte sich, dass der schreierische Vollbärtige der Geringere von den zweien war. Der andere nämlich, nicht größer als der Vollbärtige und mit viel geringerem Bart, war ein stiller, langsam denkender Mann von breiter Gestalt, auch das Gesicht breit, den Kopf hielt er gesenkt. »Herr Landvermesser«, sagte er, »hier könnt Ihr nicht bleiben. Verzeiht die Unhöflichkeit.« – »Ich wollte auch nicht bleiben«, sagte K., »nur ein wenig mich ausruhen. Das ist geschehen, und nun gehe ich.« – »Ihr wundert Euch wahrscheinlich über die geringe Gastfreundlichkeit«, sagte der Mann, »aber Gastfreundlichkeit ist bei uns nicht Sitte, wir brauchen keine Gäste.« Ein wenig erfrischt vom Schlaf, ein wenig hellhöriger als früher, freute sich K. über die offenen Worte. Er bewegte sich freier, stützte seinen Stock einmal hier, einmal dort auf, näherte sich der Frau im Lehnstuhl, war übrigens auch der körperlich Größte im Zimmer.

»Gewiss«, sagte K., »wozu brauchtet ihr Gäste. Aber hier und da braucht man doch einen, zum Beispiel mich, den Landvermesser.« – »Das weiß ich nicht«, sagte der Mann langsam, »hat man Euch gerufen, so braucht man Euch wahrscheinlich, das ist wohl eine Ausnahme, wir aber, wir kleinen Leute, halten uns an die Regel, das könnt Ihr uns nicht verdenken.« – »Nein, nein«, sagte K., »ich habe Euch nur zu danken, Euch und allen hier.« Und unerwartet für jedermann kehrte sich K. förmlich in einem Sprunge um und stand vor der Frau. Aus müden, blauen Augen blickte sie K. an, ein seidenes, durchsichtiges Kopftuch reichte ihr bis in die Mitte der Stirn hinab, der Säugling schlief an ihrer Brust. »Wer bist du?« fragte K. wegwerfend – es war unklar, ob die Verächtlichkeit K. oder ihrer eigenen Antwort galt – sagte sie: »Ein Mädchen aus dem Schloss.«

Das alles hatte nur einen Augenblick gedauert, schon hatte K. rechts und links einen der Männer und wurde, als gäbe es kein anderes Verständigungsmittel, schweigend, aber mit aller Kraft zur Tür gezogen. Der Alte freute sich über irgendetwas dabei und klatschte in die Hände. Auch die Wäscherin lachte bei den plötzlich wie toll lärmenden Kindern.

K. aber stand bald auf der Gasse, die Männer beaufsichtigten ihn von der Schwelle aus. Es fiel wieder Schnee; trotzdem schien es ein wenig heller zu sein Der Vollbärtige rief ungeduldig: »Wohin wollt Ihr gehen? Hier geht es zum Schloss, hier zum Dorf.« Ihm antwortete K. nicht, aber zu dem anderen, der ihm trotz seiner Überlegenheit der Umgänglichere schien, sagte er: »Wer seid Ihr? Wem habe ich für den Aufenthalt zu danken?« – »Ich bin der Gerbermeister Lasemann«, war die Antwort, »zu danken habt Ihr aber niemandem.« – »Gut«, sagte K., »vielleicht werden wir noch zusammenkommen.« – »Ich glaube nicht«, sagte der Mann. In diesem Augenblick rief der Vollbärtige mit erhobener Hand: »Guten Tag, Artur, guten Tag, Jeremias!« K. wandte sich um, es zeigten sich in diesem Dorf also doch noch Menschen auf der Gasse! Aus der Richtung vom Schlosse her kamen zwei junge Männer von mittlerer Größe, beide sehr schlank, in engen Kleidern, auch im Gesicht einander sehr ähnlich. Die Gesichtsfarbe war ein dunkles Braun, von dem ein Spitzbart in seiner besonderen Schwärze dennoch abstach. Sie gingen bei diesen Straßenverhältnissen erstaunlich schnell, warfen im Takt die schlanken Beine. »Was habt ihr?« rief der Vollbärtige. Man konnte sich nur rufend mit ihnen verständigen, so schnell gingen sie und hielten nicht an. »Geschäfte!« riefen sie lachend zurück. »Wo?« – »Im Wirtshaus.« – »Dorthin gehe auch ich!« schrie K. auf einmal mehr als alle anderen, er hatte großes Verlangen, von den zweien mitgenommen zu werden; ihre Bekanntschaft schien ihm zwar nicht sehr ergiebig, aber gute, aufmunternde Wegbegleiter waren sie offenbar. Sie hörten K.s Worte, nickten jedoch nur und waren schon vorüber.

K. stand noch immer im Schnee, hatte wenig Lust, den Fuß aus dem Schnee zu heben, um ihn ein Stückchen weiter in die Tiefe zu senken; der Gerbermeister und sein Genosse, zufrieden damit, K. endgültig hinausgeschafft zu haben, schoben sich langsam, immer nach K. zurückblickend, durch die nur wenig geöffnete Tür ins Haus, und K. war mit dem ihn einhüllenden Schnee allein. »Gelegenheit zu einer kleinen Verzweiflung«, fiel ihm ein, »wenn ich nur zufällig, nicht absichtlich hier stünde.«

Da öffnete sich in der Hütte linker Hand ein winziges Fenster; geschlossen hatte es tiefblau ausgesehen, vielleicht im Widerschein des Schnees, und war so winzig, dass, als es jetzt geöffnet war, nicht das ganze Gesicht des Hinausschauenden zu sehen war, sondern nur die Augen, alte, braune Augen. »Dort steht er«, hörte K. eine zittrige Frauenstimme sagen. »Es ist der Landvermesser«, sagte eine Männerstimme. Dann trat der Mann zum Fenster und fragte nicht unfreundlich, aber doch so, als sei ihm daran gelegen, dass auf der Straße vor seinem Haus alles in Ordnung sei: »Auf wen wartet Ihr?« – »Auf einen Schlitten, der mich mitnimmt«, sagte K. »Hier kommt kein Schlitten«, sagte der Mann, »hier ist kein Verkehr.« – »Es ist doch die Straße, die zum Schloss führt«, wendete K. ein. »Trotzdem, trotzdem«, sagte der Mann mit einer gewissen Unerbittlichkeit, »hier ist kein Verkehr.« Dann schwiegen beide. Aber der Mann überlegte offenbar etwas, denn das Fenster, aus dem Rauch strömte, hielt er noch immer offen. »Ein schlechter Weg«, sagte K., um ihm nachzuhelfen.

Er aber sagte nur: »Ja freilich.«

Nach einem Weilchen sagte er aber doch: »Wenn Ihr wollt, fahre ich Euch mit meinem Schlitten.« – »Tut das, bitte«, sagte K. erfreut, »wieviel verlangt Ihr dafür?« – »Nichts«, sagte der Mann. K. wunderte sich sehr. »Ihr seid doch der Landvermesser«, sagte der Mann erklärend, »und gehört zum Schloss. Wohin wollt Ihr denn fahren?« – »Ins Schloss«, sagte K. schnell. »Dann fahre ich nicht«, sagte der Mann sofort. »Ich gehöre doch zum Schloss«, sagte K., des Mannes eigene Worte wiederholend. »Mag sein«, sagte der Mann abweisend. »Dann fahrt mich also zum Wirtshaus«, sagte K. »Gut«, sagte der Mann, »ich komme gleich mit dem Schlitten.« Das Ganze machte nicht den Eindruck besonderer Freundlichkeit, sondern eher den einer Art sehr eigensüchtigen, ängstlichen, fast pedantischen Bestrebens, K. von dem Platz vor dem Hause wegzuschaffen.

Das Hoftor öffnete sich, und ein kleiner Schlitten für leichte Lasten, ganz flach, ohne irgendwelchen Sitz, von einem schwachen Pferdchen gezogen, kam hervor, dahinter der Mann, gebückt, schwach, hinkend, mit magerem, rotem, verschnupftem Gesicht, das besonders klein erschien durch einen fest um den Kopf gewickelten Wollschal. Der Mann war sichtlich krank und nur, um K. wegbefördern zu können, war er doch hervorgekommen. K. erwähnte etwas Derartiges, aber der Mann winkte ab. Nur dass er der Fuhrmann Gerstäcker war, erfuhr K., und dass er diesen unbequemen Schlitten genommen habe, weil er gerade bereitstand und das Hervorziehen eines anderen zuviel Zeit gebraucht hätte. »Setzt Euch«, sagte er und zeigte mit der Peitsche hinten auf den Schlitten. »Ich werde mich neben Euch setzen«, sagte K. »Ich werde gehen«, sagte Gerstäcker. »Warum denn?« fragte K. »Ich werde gehen«, wiederholte Gerstäcker und bekam einen Hustenanfall, der ihn so schüttelte, dass er die Beine in den Schnee stemmen und mit den Händen den Schlittenrand halten musste. K. sagte nichts weiter, setzte sich hinten auf den Schlitten, der Husten beruhigte sich langsam und sie fuhren.

Das Schloss dort oben, merkwürdig dunkel schon, das K. heute noch zu erreichen gehofft hatte, entfernte sich wieder. Als sollte ihm aber noch zum vorläufigen Abschied ein Zeichen gegeben werden, erklang dort ein Glockenton, fröhlich beschwingt, eine Glocke, die wenigstens einen Augenblick lang das Herz erbeben ließ, so, als drohe ihm – denn auch schmerzlich war der Klang – die Erfüllung dessen, wonach es sich unsicher sehnte. Aber bald verstummte diese große Glocke und wurde von einem schwachen, eintönigen Glöckchen abgelöst, vielleicht noch oben, vielleicht aber schon im Dorfe. Dieses Geklingel passte freilich besser zu der langsamen Fahrt und dem jämmerlichen, aber unerbittlichen Fuhrmann.

»Du«, rief K. plötzlich – sie waren schon in der Nähe der Kirche, der Weg ins Wirtshaus nicht mehr weit, K. durfte schon etwas wagen –, »ich wundere mich sehr, dass du auf deine eigene Verantwortung mich herumzufahren wagst, darfst du denn das?« Gerstäcker kümmerte sich nicht darum und schritt ruhig weiter neben dem Pferdchen. »He!« rief K., ballte etwas Schnee vom Schlitten zusammen und traf Gerstäcker damit voll ins Ohr. Nun blieb dieser stehen und drehte sich um; als ihn K. aber nun so nahe bei sich sah – der Schlitten hatte sich noch ein wenig weitergeschoben –, diese gebückte, gewissermaßen misshandelte Gestalt, das rote, müde, schmale Gesicht mit irgendwie verschiedenen Wangen, die eine flach, die andere eingefallen, den offenen, aufhorchenden Mund, in dem nur ein paar vereinzelte Zähne waren, musste er das, was er früher aus Bosheit gesagt hatte, jetzt aus Mitleid wiederholen, ob Gerstäcker nicht dafür, dass er K. transportierte, gestraft werden könne. »Was willst du?« fragte Gerstäcker verständnislos, erwartete aber auch keine weitere Erklärung, rief dem Pferdchen zu, und sie fuhren wieder.

Das zweite Kapitel

Als sie – K. erkannte es an einer Wegbiegung – fast beim Wirtshaus waren, war es zu seinem Erstaunen schon völlig finster. War er so lange fort gewesen? Doch nur ein, zwei Stunden etwa nach seiner Berechnung, und am Morgen war er fortgegangen, und keinen Appetit hatte er gehabt, und bis vor kurzem war gleichmäßige Tageshelle gewesen, erst jetzt die Finsternis. »Kurze Tage, kurze Tage!« sagte er zu sich, glitt vom Schlitten und ging aufs Wirtshaus zu.

Oben auf der kleinen Vortreppe des Hauses stand, ihm sehr willkommen, der Wirt und leuchtete mit erhobener Laterne ihm entgegen. Flüchtig an den Fuhrmann sich erinnernd, blieb K. stehen, irgendwo hustete es im Dunkeln, das war er. Nun, er würde ihn ja nächstens wiedersehen. Erst als er oben beim Wirt war, der demütig grüßte, bemerkte er zu beiden Seiten der Tür je einen Mann. Er nahm die Laterne aus der Hand des Wirts und beleuchtete die zwei; es waren die Männer, die er schon getroffen hatte und die Artur und Jeremias gerufen worden waren. Sie salutierten jetzt. In Erinnerung an seine Militärzeit, an diese glücklichen Zeiten, lachte er. »Wer seid ihr?« fragte er und sah vom einen zum anderen. »Eure Gehilfen«, antworteten sie. »Es sind die Gehilfen«, bestätigte leise der Wirt. »Wie?« fragte K. »Ihr seid meine alten Gehilfen, die ich nachkommen ließ, die ich erwarte?« Sie bejahten es. »Das ist gut«, sagte K. nach einem Weilchen, »es ist gut, dass ihr gekommen seid.« – »Übrigens«, sagte K. nach einem weiteren Weilchen, »ihr habt euch sehr verspätet, ihr seid sehr nachlässig.« – »Es war ein weiter Weg«, sagte der eine. »Ein weiter Weg«, wiederholte K., »aber ich habe euch getroffen, wie ihr vom Schlosse kamt.« – »Ja« sagten sie, ohne weitere Erklärung. »Wo habt ihr die Apparate?« fragte K. »Wir haben keine«, sagten sie. »Die Apparate, die ich euch anvertraut habe«, sagte K. »Wir haben keine«, wiederholten sie. »Ach, seid ihr Leute!« sagte K., »versteht ihr etwas von Landvermessung?« – »Nein«, sagten sie. »Wenn ihr aber meine alten Gehilfen seid, müsst ihr doch das verstehen«, sagte K. Sie schwiegen. »Dann kommt also«, sagte K. und schob sie vor sich ins Haus.

Sie saßen dann zu dritt ziemlich schweigsam in der Wirtsstube beim Bier, an einem kleinen Tischchen, K. in der Mitte, rechts und links die Gehilfen. Sonst war nur ein Tisch mit Bauern besetzt, ähnlich wie am Abend vorher. »Es ist schwer mit euch«, sagte K. und verglich wie schon öfters ihre Gesichter, »wie soll ich euch denn unterscheiden? Ihr unterscheidet euch nur durch die Namen, sonst seid ihr einander ähnlich wie« – er stockte, unwillkürlich fuhr er dann fort –, »sonst seid ihr einander ja ähnlich wie Schlangen.« Sie lächelten. »Man unterscheidet uns sonst gut«, sagten sie zur Rechtfertigung. »Ich glaube es«, sagte K., »ich war ja selbst Zeuge dessen, aber ich sehe nur mit meinen Augen, und mit denen kann ich euch nicht unterscheiden. Ich werde euch deshalb wie einen einzigen Mann behandeln und beide Artur nennen, so heißt doch einer von euch. Du etwa?« – fragte K. den einen. »Nein«, sagte dieser, »ich heiße Jeremias.« – »Es ist ja gleichgültig«, sagte K., »ich werde euch beide Artur nennen. Schicke ich Artur irgendwohin, so geht ihr beide, gebe ich Artur eine Arbeit, so macht ihr sie beide, das hat zwar für mich einen großen Nachteil, dass ich euch nicht für gesonderte Arbeit verwenden kann, aber dafür den Vorteil, dass ihr für alles, was ich euch auftrage, gemeinsam ungeteilt die Verantwortung tragt. Wie ihr untereinander die Arbeit aufteilt, ist mir gleichgültig, nur ausreden dürft ihr euch nicht aufeinander, ihr seid für mich ein einziger Mann.« Sie überlegten das und sagten: »Das wäre uns recht unangenehm.« – »Wie denn nicht«, sagte K., »natürlich muss euch das unangenehm sein, aber es bleibt so.« Schon ein Weilchen lang hatte K. einen der Bauern den Tisch umschleichen sehen, endlich entschloss er sich, ging auf einen Gehilfen zu und wollte ihm etwas zuflüstern. »Verzeiht«, sagte K., schlug mit der Hand auf den Tisch und stand auf, »dies sind meine Gehilfen, und wir haben jetzt eine Besprechung. Niemand hat das Recht, uns zu stören.« – »O bitte, o bitte«, sagte der Bauer ängstlich und ging rücklings zu seiner Gesellschaft zurück. »Dieses müsst ihr vor allem beachten«, sagte K. dann wieder sitzend. »Ihr dürft mit niemandem ohne meine Erlaubnis sprechen. Ich bin hier ein Fremder, und wenn ihr meine alten Gehilfen seid, dann seid auch ihr Fremde. Wir drei Fremden müssen deshalb zusammenhalten, reicht mir daraufhin eure Hände.« Allzu bereitwillig streckten sie sie K. entgegen. »Lasst euch die Pratzen«, sagte er, »mein Befehl aber gilt. Ich werde jetzt schlafen gehen und auch euch rate ich, das zu tun. Heute haben wir einen Arbeitstag versäumt, morgen muss die Arbeit sehr frühzeitig beginnen. Ihr müsst einen Schlitten zur Fahrt ins Schloss verschaffen und um sechs Uhr hier vor dem Haus mit ihm bereitstehen.« – »Gut«, sagte der eine. Der andere aber fuhr dazwischen: »Du sagst: Gut, und weißt doch, dass es unmöglich ist.« – »Ruhe«, sagte K., »ihr wollt wohl anfangen, euch voneinander zu unterscheiden.« Doch nun sagte auch schon der erste: »Er hat recht, es ist unmöglich, ohne Erlaubnis darf kein Fremder ins Schloss.« – »Wo muss man um die Erlaubnis ersuchen?« – »Ich weiß nicht, vielleicht beim Kastellan.« – »Dann werden wir dort telefonisch ersuchen, telefoniert sofort an den Kastellan, beide!« Sie liefen zum Apparat, erlangten die Verbindung – wie sie sich dort drängten! Im Äußerlichen waren sie lächerlich folgsam – und fragten, ob K. mit ihnen morgen ins Schloss kommen dürfe. Das »Nein!« der Antwort hörte K. bis zu seinem Tisch. Die Antwort war aber noch ausführlicher, sie lautete: »Weder morgen noch ein andermal.« – »Ich werde selbst telefonieren«, sagte K. und stand auf. Während K. und seine Gehilfen bisher, abgesehen von dem Zwischenfall des einen Bauern, wenig beachtet worden waren, erregte seine letzte Bemerkung allgemeine Aufmerksamkeit. Alle erhoben sich mit K., und obwohl sie der Wirt zurückzudrängen suchte, gruppierten sie sich beim Apparat in engem Halbkreis um ihn. Es überwog unter ihnen die Meinung, dass K. gar keine Antwort bekommen werde. K. musste sie bitten, ruhig zu sein, er verlange nicht, ihre Meinungen zu hören.

Aus der Hörmuschel kam ein Summen, wie K. es sonst beim Telefonieren nie gehört hatte. Es war, wie wenn sich aus dem Summen zahlloser kindlicher Stimmen – aber auch dieses Summen war keines, sondern war Gesang fernster, allerfernster Stimmen –, wie wenn sich aus diesem Summen in einer geradezu unmöglichen Weise eine einzige hohe, aber starke Stimme bilde, die an das Ohr schlug, so, wie wenn sie fordere, tiefer einzudringen als nur in das armselige Gehör. K. horchte, ohne zu telefonieren, den linken Arm hatte er auf das Telefonpult gestützt und horchte so.

Er wusste nicht wie lange; so lange, bis ihn der Wirt am Rock zupfte, ein Bote sei für ihn gekommen. »Weg!« schrie K. unbeherrscht, vielleicht in das Telefon hinein, denn nun meldete sich jemand. Es entwickelte sich folgendes Gespräch: »Hier Oswald, wer dort?« rief es, eine strenge, hochmütige Stimme, mit einem kleinen Sprachfehler, wie es K. schien, den sie über sich selbst hinaus durch eine weitere Zugabe von Strenge auszugleichen versuchte. K. zögerte, sich zu nennen, dem Telefon gegenüber war er wehrlos, der andere konnte ihn niederdonnern, die Hörmuschel weglegen, und K. hatte sich einen vielleicht nicht unwichtigen Weg versperrt. K.s Zögern machte den Mann ungeduldig. »Wer dort?« wiederholte er und fügte hinzu: »Es wäre mir sehr lieb, wenn dortseits nicht soviel telefoniert würde, erst vor einem Augenblick ist telefoniert worden.« K. ging auf diese Bemerkung nicht ein und meldete mit einem plötzlichen Entschluss: »Hier der Gehilfe des Herrn Landvermessers.« »Welcher Gehilfe? Welcher Herr? Welcher Landvermesser?« K. fiel das gestrige Telefongespräch ein. »Fragen Sie Fritz«, sagte er kurz. Es half, zu seinem eigenen Erstaunen. Aber mehr noch als darüber, dass es half, staunte er über die Einheitlichkeit des Dienstes dort. Die Antwort war: »Ich weiß schon. Der ewige Landvermesser. Ja, ja. Was weiter? Welcher Gehilfe?« »Josef«, sagte K. Ein wenig störte ihn hinter seinem Rücken das Murmeln der Bauern; offenbar waren sie nicht damit einverstanden, dass er sich nicht richtig meldete. K. hatte aber keine Zeit, sich mit ihnen zu beschäftigen, denn das Gespräch nahm ihn sehr in Anspruch. »Josef?« fragte es zurück. »Die Gehilfen heißen« – eine kleine Pause, offenbar verlangte er die Namen jemandem anderen ab – »Artur und Jeremias.« »Das sind die neuen Gehilfen«, sagte K. »Nein, das sind die alten.« – »Es sind die neuen, ich aber bin der alte, der dem Herrn Landvermesser heute nachkam.« – »Nein!« schrie es nun. »Wer bin ich also?« fragte K., ruhig wie bisher. Und nach einer Pause sagte die gleiche Stimme mit dem gleichen Sprachfehler und war doch wie eine andere tiefere, achtungswertere Stimme: »Du bist der alte Gehilfe.«

K. horchte dem Stimmklang nach und überhörte dabei fast die Frage: »Was willst du?« Am liebsten hätte er den Hörer schon weggelegt. Von diesem Gespräch erwartete er nichts mehr. Nur gezwungen fragte er noch schnell: »Wann darf mein Herr ins Schloss kommen?« – »Niemals«, war die Antwort. »Gut«, sagte K. und hing den Hörer an.

Die Bauern hinter ihm waren schon ganz nahe an ihn herangerückt. Die Gehilfen waren, mit vielen Seitenblicken nach ihm, damit beschäftigt, die Bauern von ihm abzuhalten. Es schien aber nur Komödie zu sein, auch gaben die Bauern, von dem Ergebnis des Gesprächs befriedigt, langsam nach. Da wurde ihre Gruppe von hinten mit raschem Schritt von einem Mann geteilt, der sich vor K. verneigte und ihm einen Brief übergab.

K. behielt den Brief in der Hand und sah den Mann an, der ihm im Augenblick wichtiger schien. Es bestand eine große Ähnlichkeit zwischen ihm und den Gehilfen, er war so schlank wie sie, ebenso knapp gekleidet, auch so gelenkig und flink wie sie, aber doch ganz anders.

Hätte K. doch lieber ihn als Gehilfen gehabt! Ein wenig erinnerte er ihn an die Frau mit dem Säugling, die er beim Gerbermeister gesehen hatte. Er war fast weiß gekleidet, das Kleid war wohl nicht aus Seide, es war ein Winterkleid wie alle anderen, aber die Zartheit und Feierlichkeit eines Seidenkleides hatte es. Sein Gesicht war hell und offen, die Augen übergroß. Sein Lächeln war ungemein aufmunternd; er fuhr mit der Hand über sein Gesicht, so, als wolle er dieses Lächeln verscheuchen, doch gelang ihm das nicht. »Wer bist du?« fragte K. »Barnabas heiße ich«, sagte er. »Ein Bote bin ich.« Männlich und doch sanft öffneten und schlossen sich seine Lippen beim Reden. »Gefällt es dir hier?« fragte K. und zeigte auf die Bauern, für die er noch immer nicht an Interesse verloren hatte und die mit ihren förmlich gequälten Gesichtern – der Schädel sah aus, als sei er oben platt geschlagen worden, und die Gesichtszüge hatten sich im Schmerz des Geschlagenwerdens gebildet –, ihren wulstigen Lippen, ihren offenen Mündern zusahen, aber doch auch wieder nicht zusahen, denn manchmal irrte ihr Blick ab und blieb, ehe er zurückkehrte, an irgendeinem gleichgültigen Gegenstande haften, und dann zeigte K. auch auf die Gehilfen, die einander umfasst hielten, Wange an Wange lehnten und lächelten, man wusste nicht, ob demütig oder spöttisch, er zeigte ihm diese alle, so, als stellte er ein ihm durch besondere Umstände aufgezwungenes Gefolge vor und erwartete – darin lag Vertraulichkeit, auf die kam es K. an –, dass Barnabas ständig unterscheiden werde zwischen ihm und ihnen. Aber Barnabas nahm – in aller Unschuld freilich, das war zu erkennen – die Frage gar nicht auf, ließ sie über sich ergehen, wie ein wohlerzogener Diener ein für ihn nur scheinbar bestimmtes Wort des Herrn, blickte nur im Sinne der Frage umher, begrüßte durch Handwinken Bekannte unter den Bauern und tauschte mit den Gehilfen ein paar Worte aus, das alles frei und selbständig, ohne sich mit ihnen zu vermischen. K. kehrte – abgewiesen, aber nicht beschämt – zu dem Brief in seiner Hand zurück und öffnete ihn. Sein Wortlaut war: »Sehr geehrter Herr! Sie sind, wie Sie wissen, in die herrschaftlichen Dienste aufgenommen. Ihr nächster Vorgesetzter ist der Gemeindevorsteher des Dorfes, der Ihnen auch alles Nähere über Ihre Arbeit und die Lohnbedingungen mitteilen wird und dem Sie auch Rechenschaft schuldig sein werden. Trotzdem werde aber auch ich Sie nicht aus den Augen verlieren. Barnabas, der Überbringer dieses Briefes, wird von Zeit zu Zeit bei Ihnen nachfragen, um Ihre Wünsche zu erfahren und mir mitzuteilen. Sie werden mich immer bereit finden, Ihnen, soweit es möglich ist, gefällig zu sein. Es liegt mir daran, zufriedene Arbeiter zu haben.« Die Unterschrift war nicht leserlich, beigedruckt aber war ihr: Der Vorstand der X. Kanzlei. »Warte!« sagte K. zu dem sich verbeugenden Barnabas, dann rief er den Wirt, dass er ihm ein Zimmer zeige, er wollte mit dem Brief eine Zeitlang allein sein. Dabei erinnerte er sich daran, dass Barnabas bei aller Zuneigung, die er für ihn hatte, doch nichts anderes als ein Bote war, und ließ ihm Bier geben. Er gab acht, wie er es annehmen würde, er nahm es offenbar sehr gern an und trank sogleich. Dann ging K. mit dem Wirt. In dem Häuschen hatte man für K. nichts als ein kleines Dachzimmer bereitstellen können, und selbst das hatte Schwierigkeiten gemacht, denn man hatte zwei Mägde, die bisher dort geschlafen hatten, anderswo unterbringen müssen. Eigentlich hatte man nichts anderes getan, als die Mägde weggeschafft, das Zimmer war sonst wohl unverändert, keine Bettwäsche zu dem einzigen Bett, nur ein paar Polster und eine Pferdedecke in dem Zustand, wie alles nach der letzten Nacht zurückgeblieben war. An der Wand ein paar Heiligenbilder und Fotografien von Soldaten. Nicht einmal gelüftet war worden, offenbar hoffte man, der neue Gast werde nicht lange bleiben, und tat nichts dazu, ihn zu halten. K. war aber mit allem einverstanden, wickelte sich in die Decke, setzte sich an den Tisch und begann bei einer Kerze, den Brief nochmals zu lesen.

Er war nicht einheitlich, es gab Stellen, wo mit ihm wie mit einem Freien gesprochen wurde, dessen eigenen Willen man anerkennt, so war die Überschrift, so war die Stelle, die seine Wünsche betraf. Es gab aber wieder Stellen, wo er offen oder versteckt als ein kleiner, vom Sitz jenes Vorstandes kaum bemerkbarer Arbeiter behandelt wurde, der Vorstand musste sich anstrengen, »ihn nicht aus den Augen zu verlieren«, sein Vorgesetzter war nur der Dorfvorsteher, dem er sogar Rechenschaft schuldig war, sein einziger Kollege war vielleicht der Dorfpolizist. Das waren zweifellos Widersprüche, sie waren so sichtbar, dass sie beabsichtigt sein mussten. Den einer solchen Behörde gegenüber wahnwitzigen Gedanken, dass hier Unentschlossenheit mitgewirkt habe, streifte K. kaum. Vielmehr sah er darin eine ihm offen dargebotene Wahl, es war ihm überlassen, was er aus den Anordnungen des Briefes machen wollte, ob er Dorfarbeiter mit einer immerhin auszeichnenden, aber nur scheinbaren Verbindung mit dem Schloss sein wolle oder aber scheinbarer Dorfarbeiter, der in Wirklichkeit sein ganzes Arbeitsverhältnis von den Nachrichten des Barnabas bestimmen ließ. K. zögerte nicht zu wählen, hätte auch ohne die Erfahrungen, die er schon gemacht hatte, nicht gezögert. Nur als Dorfarbeiter, möglichst weit den Herren vom Schloss entrückt, war er imstande, etwas im Schloss zu erreichen, diese Leute im Dorfe, die noch so misstrauisch gegen ihn waren, würden zu sprechen anfangen, wenn er, wo nicht ihr Freund, so doch ihr Mitbürger geworden war, und war er einmal ununterscheidbar von Gerstäcker oder Lasemann – und sehr schnell musste das geschehen, davon hing alles ab –, dann erschlossen sich ihm gewiss mit einem Schlag alle Wege, die ihm, wenn es nur auf die Herren oben und ihre Gnade angekommen wäre, für immer nicht nur versperrt, sondern unsichtbar geblieben wären. Freilich, eine Gefahr bestand, und sie war in dem Brief genug betont, mit einer gewissen Freude war sie dargestellt, als sei sie unentrinnbar. Es war das Arbeitersein. Dienst, Vorgesetzter, Arbeit, Lohnbestimmungen, Rechenschaft, Arbeiter, davon wimmelte der Brief, und selbst, wenn anderes, Persönlicheres gesagt war, war es von jenem Gesichtspunkt aus gesagt. Wollte K. Arbeiter werden, so konnte er es werden, aber dann in allem furchtbaren Ernst, ohne jeden Ausblick anderswohin. K. wusste, dass nicht mit wirklichem Zwang gedroht war, den fürchtete er nicht und hier am wenigsten, aber die Gewalt der entmutigenden Umgebung, der Gewöhnung an Enttäuschungen, die Gewalt der unmerklichen Einflüsse jedes Augenblicks, die fürchtete er allerdings, aber mit dieser Gefahr musste er den Kampf wagen.

Der Brief verschwieg ja auch nicht, dass K., wenn es zu Kämpfen kommen sollte, die Verwegenheit gehabt hatte, zu beginnen; es war mit Feinheit gesagt, und nur ein unruhiges Gewissen – ein unruhiges, kein schlechtes – konnte es merken, es waren die drei Worte »wie Sie wissen« hinsichtlich seiner Aufnahme in den Dienst. K. hatte sich gemeldet, und seither wusste er, wie sich der Brief ausdrückte, dass er aufgenommen war.

K. nahm ein Bild von der Wand und hing den Brief an den Nagel; in diesem Zimmer würde er wohnen, hier sollte der Brief hängen.

Dann stieg er in die Wirtsstube hinunter. Barnabas saß mit den Gehilfen bei einem Tischchen. »Ach, da bist du«, sagte K. ohne Anlass, nur weil er froh war, Barnabas zu sehen. Er sprang gleich auf. Kaum war K. eingetreten, erhoben sich die Bauern, um sich ihm zu nähern, es war schon ihre Gewohnheit geworden, ihm immer nachzulaufen. »Was wollt ihr denn immerfort von mir?« rief K. Sie nahmen es nicht übel und drehten sich langsam zu ihren Plätzen zurück. Einer sagte im Abgehen zur Erklärung, leichthin, mit einem undeutbaren Lächeln, das einige andere aufnahmen: »Man hört immer etwas Neues«, und er leckte sich die Lippen, als sei das Neue eine Speise. K. sagte nichts Versöhnliches, es war gut, wenn sie ein wenig Respekt vor ihm bekamen, aber kaum saß er bei Barnabas, spürte er schon den Atem eines Bauern im Nacken; er kam, wie er sagte, das Salzfass zu holen, aber K. stampfte vor Ärger auf, der Bauer lief denn auch ohne Salzfass weg. Es war wirklich leicht, K. beizukommen, man musste zum Beispiel nur die Bauern gegen ihn hetzen, ihre hartnäckige Teilnahme schien ihm böser als die Verschlossenheit der anderen, und außerdem war es auch Verschlossenheit, denn hätte K. sich zu ihrem Tisch gesetzt, wären sie gewiss dort nicht sitzengeblieben. Nur die Gegenwart des Barnabas hielt ihn ab, Lärm zu machen. Aber er drehte sich doch noch drohend nach ihnen um, auch sie waren ihm zugekehrt. Wie er sie aber so dasitzen sah, jeden auf seinem Platz, ohne sich miteinander zu besprechen, ohne sichtbare Verbindung untereinander, nur dadurch miteinander verbunden, dass sie alle auf ihn starrten, schien es ihm, als sei es gar nicht Bosheit, was sie ihn verfolgen ließ; vielleicht wollten sie wirklich etwas von ihm und konnten es nur nicht sagen, und war es nicht das, dann war es vielleicht nur Kindlichkeit, die hier zu Hause zu sein schien; war nicht auch der Wirt kindlich, der ein Glas Bier, das er irgendeinem Gast bringen sollte, mit beiden Händen hielt, stillstand, nach K. sah und einen Zuruf der Wirtin überhörte, die sich aus dem Küchenfensterchen vorgebeugt hatte?

Ruhiger wandte sich K. an Barnabas, die Gehilfen hätte er gern entfernt, fand aber keinen Vorwand. Übrigens blickten sie still auf ihr Bier. »Den Brief«, begann K., »habe ich gelesen. Kennst du den Inhalt?« – »Nein«, sagte Barnabas, sein Blick schien mehr zu sagen als seine Worte. Vielleicht täuschte sich K. hier im Guten, wie bei den Bauern im Bösen, als das

Wohltuende seiner Gegenwart blieb. »Es ist auch von dir in dem Brief die Rede, du sollst nämlich hie und da Nachrichten zwischen mir und dem Vorstand vermitteln, deshalb hatte ich gedacht, dass du den Inhalt kennst.« – »Ich bekam«, sagte Barnabas, »nur den Auftrag, den Brief zu übergeben, zu warten, bis er gelesen ist und, wenn es dir nötig scheint, eine mündliche oder schriftliche Antwort zurückzubringen.« – »Gut«, sagte K., »es bedarf keines Schreibens, richte dem Herrn Vorstand – wie heißt er denn? Ich konnte die Unterschrift nicht lesen.« – »Klamm«, sagte Barnabas. »Richte also Herrn Klamm meinen Dank für die Aufnahme aus wie auch für seine besondere Freundlichkeit, die ich als einer, der sich hier noch gar nicht bewährt hat, zu schätzen weiß. Ich werde mich vollständig nach seinen Absichten verhalten. Besondere Wünsche habe ich heute nicht.« Barnabas, der genau aufgemerkt hatte, bat, den Auftrag vor K. wiederholen zu dürfen. K. erlaubte es, Barnabas wiederholte alles wortgetreu. Dann stand er auf, um sich zu verabschieden.

Die ganze Zeit über hatte K. sein Gesicht geprüft, nun tat er es zum letzten Mal. Barnabas war etwa so groß wie K., trotzdem schien sein Blick sich zu K. zu senken, aber fast demütig geschah das, es war unmöglich, dass dieser Mann jemanden beschämte. Freilich, er war nur ein Bote, kannte nicht den Inhalt der Briefe, die er auszutragen hatte, aber auch sein Blick, sein Lächeln, sein Gang schien eine Botschaft zu sein, mochte er auch von dieser nichts wissen. Und K. reichte ihm die Hand, was ihn offenbar überraschte, denn er hatte sich nur verneigen wollen.

Gleich, als er gegangen war – vor dem Öffnen der Türe hatte er noch ein wenig mit der Schulter an der Tür gelehnt und mit einem Blick, der keinem einzelnen mehr galt, die Stube umfasst –, sagte K. zu den Gehilfen: »Ich hole aus dem Zimmer meine Aufzeichnungen, dann besprechen wir die nächste Arbeit.« Sie wollten mitgehen. »Bleibt!« sagte K. Sie wollten noch immer mitgehen. Noch strenger musste K. den Befehl wiederholen. Im Flur war Barnabas nicht mehr. Aber er war doch eben jetzt weggegangen. Doch auch vor dem Haus – neuer Schnee fiel – sah K. ihn nicht. Er rief: »Barnabas!« Keine Antwort. Sollte er noch im Haus sein? Es schien keine andere Möglichkeit zu geben. Trotzdem schrie K. noch aus aller Kraft den Namen. Der Name donnerte durch die Nacht. Und aus der Ferne kam nun doch eine schwache Antwort; so weit war also Barnabas schon. K. rief ihn zurück und ging ihm gleichzeitig entgegen; wo sie einander trafen, waren sie vom Wirtshaus nicht mehr zu sehen.

»Barnabas«, sagte K. und konnte ein Zittern seiner Stimme nicht bezwingen, »ich wollte dir noch etwas sagen. Ich merke dabei, dass es doch recht schlecht eingerichtet ist, dass ich nur auf dein zufälliges Kommen angewiesen bin, wenn ich etwas aus dem Schloss brauche. Wenn ich dich jetzt nicht zufällig noch erreicht hätte – wie du fliegst, ich dachte, du wärest noch im Haus –, wer weiß, wie lange ich auf dein nächstes Erscheinen hätte warten müssen.« – »Du kannst ja«, sagte Barnabas, »den Vorstand bitten, dass ich immer zu bestimmten, von dir angegebenen Zeiten komme.« – »Auch das würde nicht genügen«, sagte K., »vielleicht will ich ein Jahr lang gar nichts sagen lassen, aber gerade eine Viertelstunde nach deinem Weggehen etwas Unaufschiebbares.« – »Soll ich also«, sagte Barnabas, »dem Vorstand melden, dass zwischen ihm und dir eine andere Verbindung hergestellt werden soll als durch mich?« – »Nein, nein«, sagte K., »ganz und gar nicht, ich erwähne diese Sache nur nebenbei, diesmal habe ich dich ja noch glücklich erreicht.« – »Wollen wir«, sagte Barnabas, »ins Wirtshaus zurückgehen, damit du mir dort den neuen Auftrag geben kannst?« Schon hatte er einen Schritt weiter zum Haus hin gemacht. »Barnabas«, sagte K., »es ist nicht nötig, ich gehe ein Stückchen Wegs mit dir.« – »Warum willst du nicht ins Wirtshaus gehen?« fragte Barnabas. »Die Leute stören mich dort«, sagte K., »die Zudringlichkeit der Bauern hast du selbst gesehen.« – »Wir können in dein Zimmer gehen«, sagte Barnabas. »Es ist das Zimmer der

Mägde«, sagte K., »schmutzig und dumpf; um dort nicht bleiben zu müssen, wollte ich ein wenig mit dir gehen; du musst nur«, fügte K. hinzu, um sein Zögern endgültig zu überwinden, »mich in dich einhängen lassen, denn du gehst sicherer.« Und K. hing sich an seinen Arm. Es war ganz finster, sein Gesicht sah K. gar nicht, seine Gestalt undeutlich, den Arm hatte er, schon ein Weilchen vorher, zu ertasten gesucht.

Barnabas gab nach, sie entfernten sich vom Wirtshaus. Freilich fühlte K., dass er trotz größter Anstrengung gleichen Schritt mit Barnabas zu halten nicht imstande war, seine freie Bewegung hinderte, und dass unter gewöhnlichen Umständen schon an dieser Nebensächlichkeit alles scheitern müsse, gar in Seitengassen wie jener, wo K. am Vormittag im Schnee versunken war und aus der er nur von Barnabas getragen herauskommen konnte. Doch hielt er solche Besorgnisse jetzt von sich fern, auch tröstete es ihn, dass Barnabas schwieg; wenn sie schweigend gingen, dann konnte doch auch für Barnabas nur das Weitergehen selbst den Zweck ihres Beisammenseins bilden. Sie gingen, aber K. wusste nicht, wohin; nichts konnte er erkennen. Nicht einmal, ob sie schon an der Kirche vorübergekommen waren, wusste er. Durch die Mühe, welche ihm das bloße Gehen verursachte, geschah es, dass er seine Gedanken nicht beherrschen konnte. Statt auf das Ziel gerichtet zu bleiben, verwirrten sie sich. Immer wieder tauchte die Heimat auf, und Erinnerungen an sie erfüllten ihn. Auch dort stand auf dem Hauptplatz eine Kirche, zum Teil war sie von einem alten Friedhof und dieser von einer hohen Mauer umgeben. Nur sehr wenige Jungen hatten diese Mauer schon erklettert, auch K. war es noch nicht gelungen. Nicht Neugier trieb sie dazu, der Friedhof hatte vor ihnen kein Geheimnis mehr. Durch seine kleine Gittertür waren sie schon oft hineingekommen, nur die glatte, hohe Mauer wollten sie bezwingen. An einem Vormittag – der stille, leere Platz war von Licht überflutet, wann hatte K. ihn je früher oder später so gesehen? – gelang es ihm überraschend leicht; an einer Stelle, wo er schon oft abgewiesen worden war, erkletterte er, eine kleine Fahne zwischen den Zähnen, die Mauer im ersten Anlauf. Noch rieselte Gerölle unter ihm ab, schon war er oben. Er rammte die Fahne ein, der Wind spannte das Tuch, er blickte hinunter und in die Runde, auch über die Schulter hinweg, auf die in der Erde versinkenden Kreuze; niemand war jetzt und hier größer als er. Zufällig kam dann der Lehrer vorüber, trieb K. mit einem ärgerlichen Blick hinab. Beim Absprung verletzte sich K. am Knie, nur mit Mühe kam er nach Hause, aber auf der Mauer war er doch gewesen. Das Gefühl dieses Sieges schien ihm damals für ein langes Leben einen Halt zu geben, was nicht ganz töricht gewesen war, denn jetzt, nach vielen Jahren in der Schneenacht am Arm des Barnabas, kam es ihm zu Hilfe.

Er hing sich fester ein, fast zog ihn Barnabas, das Schweigen wurde nicht unterbrochen. Von dem Weg wusste K. nur, dass sie, nach dem Zustand der Straße zu schließen, noch in keine Seitengasse eingebogen waren. Er gelobte sich, durch keine Schwierigkeit des Weges oder gar durch die Sorge um den Rückweg sich vom Weitergehen abhalten zu lassen. Um schließlich weitergeschleift werden zu können, würde seine Kraft wohl noch ausreichen. Und konnte denn der Weg unendlich sein? Bei Tag war das Schloss wie ein leichtes Ziel vor ihm gelegen, und der Bote kannte gewiss den kürzesten Weg.

Da blieb Barnabas stehen. Wo waren sie? Ging es nicht mehr weiter? Würde Barnabas K. verabschieden? Es würde ihm nicht gelingen. K. hielt Barnabas' Arm fest, dass es fast ihn selbst schmerzte. Oder sollte das Unglaubliche geschehen sein, und sie waren schon im Schloss oder vor seinen Toren? Aber sie waren ja, soweit K. wusste, gar nicht gestiegen. Oder hatte ihn Barnabas einen so unmerklich ansteigenden Weg geführt? »Wo sind wir?« fragte K. leise, mehr sich als ihn. »Zu Hause«, sagte Barnabas ebenso. »Zu Hause?« – »Jetzt aber gib acht, Herr, dass du nicht ausgleitest. Der Weg geht abwärts.« – »Abwärts?« – »Es sind nur ein paar Schritte«, fügte er hinzu, und schon klopfte er an eine Tür.

Ein Mädchen öffnete; sie standen an der Schwelle einer großen Stube fast im Finstern, denn nur über einem Tisch links im Hintergrunde hing eine winzige Öllampe. »Wer kommt mit dir, Barnabas?« fragte das Mädchen. »Der Landvermesser«, sagte er. »Der Landvermesser«, wiederholte das Mädchen lauter zum Tisch hin. Darauf hin erhoben sich dort zwei alte Leute, Mann und Frau, und noch ein Mädchen. Man begrüßte K. Barnabas stellte ihm alle vor, es waren seine Eltern und seine Schwestern Olga und Amalia. K. sah sie kaum an, man nahm ihm den nassen Rock ab, um ihn beim Ofen zu trocknen. K. ließ es geschehen.

Also nicht sie waren zu Hause, nur Barnabas war zu Hause. Aber warum waren sie hier? K. nahm Barnabas zur Seite und fragte: »Warum bist du nach Hause gegangen? Oder wohnt ihr schon im Bereich des Schlosses?« – »Im Bereich des Schlosses?« wiederholte Barnabas, als verstehe er K. nicht. »Barnabas«, sagte K., »du wolltest doch aus dem Wirtshaus ins Schloss gehen.« – »Nein, Herr«, sagte Barnabas, »ich wollte nach Hause gehen; ich gehe erst früh ins Schloss, ich schlafe niemals dort.« – »So«, sagte K., »du wolltest nicht ins Schloss gehen, nur hierher.« – Matter schien ihm sein Lächeln, unscheinbarer er selbst. – »Warum hast du mir das nicht gesagt?« – »Du hast mich nicht gefragt, Herr«, sagte Barnabas, »du wolltest mir nur noch einen Auftrag geben, aber weder in der Wirtsstube noch in deinem Zimmer, da dachte ich, du könntest mir den Auftrag ungestört hier bei meinen Eltern geben. Sie werden sich alle gleich entfernen, wenn du es befiehlst; auch könntest du, wenn es dir bei uns besser gefällt, hier übernachten. Habe ich nicht recht getan?« K. konnte nicht antworten.

Ein Missverständnis war es also gewesen, ein gemeines, niedriges Missverständnis, und K. hatte sich ihm ganz hingegeben. Hatte sich bezaubern lassen von des Barnabas enger, seidenglänzender Jacke, die dieser jetzt aufknöpfte und unter der ein grobes, grauschmutziges, viel geflicktes Hemd erschien über der mächtigen, kantigen Brust eines Knechtes. Und alles ringsum entsprach dem nicht nur, überbot es noch, der alte, gichtische Vater, der mehr mit Hilfe der tastenden Hände als der sich langsam schiebenden, steifen Beine vorwärts kam, die Mutter mit auf der Brust gefalteten Händen, die wegen ihrer Fülle auch nur die winzigsten Schritte machen konnte. Beide, Vater und Mutter, gingen schon, seitdem K. eingetreten war, aus ihrer Ecke auf ihn zu und hatten ihn noch lange nicht erreicht. Die Schwestern, Blondinen, einander und dem Barnabas ähnlich, aber mit härteren Zügen als Barnabas, große, starke Mägde, umstanden die Ankömmlinge und erwarteten von K. irgendein Begrüßungswort. Er konnte aber nichts sagen; er hatte geglaubt, hier im Dorf habe jeder für ihn Bedeutung, und es war wohl auch so, nur gerade diese Leute hier bekümmerten ihn gar nicht. Wäre er imstande gewesen, allein den Weg ins Wirtshaus zu bewältigen, er wäre gleich fortgegangen.

Die Möglichkeit, früh mit Barnabas ins Schloss zu gehen, lockte ihn gar nicht. Jetzt in der Nacht, unbeachtet, hätte er ins Schloss dringen wollen, von Barnabas geführt, aber von jenem Barnabas, wie er ihm bisher erschienen war, einem Mann, der ihm näher war als alle, die er bisher hier gesehen hatte, und von dem er gleichzeitig geglaubt hatte, dass er weit über seinen sichtbaren Rang hinaus eng mit dem Schloss verbunden war. Mit dem Sohn dieser Familie aber, zu der er völlig gehörte und mit der er schon beim Tisch saß, mit einem Mann, der bezeichnenderweise nicht einmal im Schloss schlafen durfte, an seinem Arm am hellen Tag ins Schloss zu gehen, war unmöglich, war ein lächerlich hoffnungsloser Versuch.

K. setzte sich auf eine Fensterbank, entschlossen, dort auch die Nacht zu verbringen und keinen Dienst sonst von der Familie in Anspruch zu nehmen. Die Leute aus dem Dorf, die ihn wegschickten oder die vor ihm Angst hatten, schienen ihm ungefährlicher, denn sie verwiesen ihn im Grund auf ihn selbst, halfen ihm, seine Kräfte gesammelt zu halten; solche scheinbare Helfer aber, die ihn, statt ins Schloss, dank einer kleinen Maskerade, in ihre Familien führten, lenkten ihn ab, ob sie wollten oder nicht, arbeiteten an der Zerstörung seiner

Kräfte. Einen einladenden Zuruf vom Familientisch beachtete er gar nicht, mit gesenktem Kopf blieb er auf seiner Bank.

Da stand Olga auf, die sanftere der Schwestern, auch eine Spur mädchenhafter Verlegenheit zeigte sie, kam zu K. und bat ihn, zum Tisch zu kommen. Brot und Speck sei dort vorbereitet, Bier werde sie noch holen. »Von wo?« fragte K. »Aus dem Wirtshaus«, sagte sie. Das war K. sehr willkommen. Er bat sie, kein Bier zu holen, aber ihn ins Wirtshaus zu begleiten, er habe dort noch wichtige Arbeiten liegen. Es stellte sich nun aber heraus, dass sie nicht so weit, nicht in sein Wirtshaus gehen wollte, sondern in ein anderes, viel näheres, den Herrenhof. Trotzdem bat K., sie begleiten zu dürfen, vielleicht, so dachte er, findet sich dort eine Schlafgelegenheit; wie sie auch sein mochte, er hätte sie dem besten Bett hier im Hause vorgezogen. Olga antwortete nicht gleich, blickte sich nach dem Tisch um. Dort war der Bruder aufgestanden, nickte bereitwillig und sagte: »Wenn der Herr es wünscht.« Fast hätte K. diese Zustimmung dazu bewegen können, seine Bitte zurückzuziehen, nur Wertlosem konnte jener zustimmen. Aber als nun die Frage besprochen wurde, ob man K. in das Wirtshaus einlassen werde, und alle daran zweifelten, bestand er doch dringend darauf, mitzugehen, ohne sich aber die Mühe zu nehmen, einen verständlichen Grund für seine Bitte zu erfinden; diese Familie musste ihn hinnehmen, wie er war, er hatte gewissermaßen kein Schamgefühl vor ihr. Darin beirrte ihn nur Amalia ein wenig mit ihrem ernsten, geraden, unrührbaren; vielleicht auch etwas stumpfen Blick.

Auf dem kurzen Weg ins Wirtshaus – K. hatte sich in Olga eingehängt und wurde von ihr, er konnte sich nicht anders helfen, fast so gezogen wie früher von ihrem Bruder – erfuhr er, dass dieses Wirtshaus eigentlich nur für Herren aus dem Schloss bestimmt sei, die dort, wenn sie etwas im Dorf zu tun hätten, äßen und sogar manchmal übernachteten. Olga sprach mit K. leise und wie vertraut, es war angenehm, mit ihr zu gehen, fast so wie mit dem Bruder. K. wehrte sich gegen das Wohlgefühl, aber es bestand.

Das Wirtshaus war äußerlich sehr ähnlich dem Wirtshaus, in dem K. wohnte. Es gab im Dorf wohl überhaupt keine großen äußeren Unterschiede, aber kleine Unterschiede waren doch gleich zu merken, die Vortreppe hatte ein Geländer, eine schöne Laterne war über der Tür befestigt. Als sie eintraten, flatterte ein Tuch über ihren Köpfen, es war eine Fahne mit den gräflichen Farben. Im Flur begegnete ihnen gleich, offenbar auf einem beaufsichtigenden Rundgang befindlich, der Wirt; mit kleinen Augen, prüfend oder schläfrig, sah er K. im Vorübergehen an und sagte: »Der Herr Landvermesser darf nur bis in den Ausschank gehen.« – »Gewiss«, sagte Olga, die sich K.s gleich annahm, »er begleitet mich nur.« K. aber, undankbar, machte sich von Olga los und nahm den Wirt beiseite. Olga wartete unterdessen geduldig am Ende des Flurs. »Ich möchte hier gerne übernachten«, sagte K. »Das ist leider unmöglich«, sagte der Wirt. »Sie scheinen es noch nicht zu wissen. Das Haus ist ausschließlich für die Herren vom Schloss bestimmt.« – »Das mag Vorschrift sein«, sagte K., »aber mich irgendwo in einem Winkel schlafen zu lassen ist gewiss möglich.« – »Ich würde Ihnen außerordentlich gern entgegenkommen«, sagte der Wirt, »aber auch abgesehen von der Strenge der Vorschrift, über die Sie nach Art eines Fremden sprechen, ist es auch deshalb undurchführbar, weil die Herren äußerst empfindlich sind; ich bin überzeugt, dass sie unfähig sind, wenigstens unvorbereitet, den Anblick eines Fremden zu ertragen; wenn ich Sie also hier übernachten ließe und Sie durch einen Zufall – und die Zufälle sind immer auf Seiten der Herren – entdeckt würden, wäre nicht nur ich verloren, sondern auch Sie selbst. Es klingt lächerlich, aber es ist wahr.« Dieser hohe, fest zugeknöpfte Herr, der, die eine Hand gegen die Wand gestemmt, die andere in die Hüfte, die Beine gekreuzt, ein wenig zu K. herabgeneigt, vertraulich zu ihm sprach, schien kaum mehr zum Dorf zu gehören, wenn auch noch sein dunkles Kleid nur bäuerisch festlich aussah. »Ich glaube Ihnen vollkommen«, sagte K., »und auch die Bedeutung der Vorschrift unterschätze ich gar nicht, wenn ich mich auch ungeschickt ausgedrückt habe. Nur auf eines will ich Sie noch aufmerksam machen; ich habe im Schloss wertvolle Verbindungen und werde noch wertvollere bekommen, sie sichern Sie gegen jede Gefahr, die durch mein Übernachten hier entstehen könnte, und bürgen Ihnen dafür, dass ich imstande bin, für eine kleine Gefälligkeit vollwertig zu danken.« – »Ich weiß«, sagte der Wirt und wiederholte nochmals: »Das weiß ich.« Nun hätte K. sein Verlangen nachdrücklicher stellen können, aber gerade diese Antwort des Wirtes zerstreute ihn, deshalb fragte er nur: »Übernachten heute viele Herren vom Schloss hier?« – »In dieser Hinsicht ist es heute vorteilhaft«, sagte der Wirt gewissermaßen lockend. »Es ist nur ein Herr hiergeblieben.« Noch immer konnte K. nicht drängen, hoffte nun auch schon, fast aufgenommen zu sein; so fragte er nur noch nach dem Namen des Herrn. »Klamm«, sagte der Wirt nebenbei, während er sich nach seiner Frau umdrehte, welche in sonderbar abgenützten, veralteten, mit Rüschen und Falten überladenen, aber feinen städtischen Kleidern herangerauscht kam. Sie wollte den Wirt holen, der Herr Vorstand habe irgendeinen Wunsch. Ehe der Wirt aber ging, wandte er sich noch an K., als habe nicht mehr er selbst, sondern K. wegen des Übernachtens zu entscheiden. K. konnte aber nichts sagen, besonders der Umstand, dass gerade sein Vorgesetzter hier war, verblüffte ihn. Ohne dass er es sich selbst ganz erklären konnte, fühlte er sich Klamm gegenüber nicht so frei wie sonst gegenüber dem Schloss; von ihm hier ertappt zu werden, wäre für K. zwar kein Schrecken im Sinne des Wirtes, aber doch eine peinliche Unzukömmlichkeit gewesen, so etwa, als würde er jemandem, dem er zu Dankbarkeit verpflichtet war, leichtsinnig einen Schmerz bereiten; dabei bedrückte es ihn schwer, zu sehen, dass sich in solcher Bedenklichkeit offenbar schon die gefürchteten Folgen des Untergeordnetseins, des Arbeiterseins, zeigten und dass er nicht einmal hier, wo sie deutlich auftraten, imstande war, sie niederzukämpfen. So stand er, zerbiss sich die Lippen und sagte nichts. Noch einmal, ehe der Wirt in einer Tür verschwand, sah er zu K. zurück. Dieser sah ihm nach und ging nicht von der Stelle, bis Olga kam und ihn fortzog. »Was wolltest du vom Wirt?« fragte Olga. »Ich wollte hier übernachten«, sagte K. »Du wirst doch bei uns übernachten«, sagte Olga verwundert. »Ja, gewiss«, sagte K. und überließ ihr die Deutung der Worte.

Das dritte Kapitel

Im Ausschank, einem großen, in der Mitte völlig leeren Zimmer, saßen an den Wänden bei Fässern und auf ihnen einige Bauern, die. aber anders aussahen als die Leute in K.s Wirtshaus. Sie waren reinlicher und einheitlicher in graugelblichen, groben Stoff gekleidet, die Jacken waren gebauscht, die Hosen anliegend. Es waren kleine, auf den ersten Blick einander sehr ähnliche Männer mit flachen, knochigen und doch rundwangigen Gesichtern. Alle waren ruhig und bewegten sich kaum, nur mit den Blicken verfolgten sie die Eintretenden, aber langsam und gleichgültig. Trotzdem übten sie, weil es so viele waren und weil es so still war, eine gewisse Wirkung auf K. aus. Er nahm wieder Olgas Arm, um damit den Leuten sein Hiersein zu erklären. In einer Ecke erhob sich ein Mann, ein Bekannter Olgas, und wollte auf sie zugehen, aber K. drehte sie mit dem eingehängten Arm in eine andere Richtung. Niemand außer ihr konnte es bemerken, sie duldete es mit einem lächelnden Seitenblick.

Das Bier wurde von einem jungen Mädchen ausgeschenkt, das Frieda hieß. Ein unscheinbares, kleines, blondes Mädchen mit traurigen Augen und mageren Wangen, das aber durch ihren Blick überraschte, einen Blick von besonderer Überlegenheit. Als dieser Blick auf K. fiel, schien es ihm, dass dieser Blick schon K. betreffende Dinge erledigt hatte, von deren Vorhandensein er selbst noch gar nicht wusste, von deren Vorhandensein aber der Blick ihn überzeugte. K. hörte nicht auf, Frieda von der Seite anzusehen, auch als sie schon mit Olga sprach. Freundinnen schienen Olga und Frieda nicht zu sein, sie wechselten nur wenige kalte Worte. K. wollte nachhelfen und fragte deshalb unvermittelt: »Kennen Sie Herrn Klamm?« Olga lachte auf. »Warum lachst du?« fragte K. ärgerlich. »Ich lache doch nicht«, sagte sie, lachte aber weiter. »Olga ist noch ein recht kindisches Mädchen«, sagte K. und beugte sich weit über den Schenktisch, um nochmals Friedas Blick fest auf sich zu ziehen. Sie aber hielt ihn gesenkt und sagte leise: »Wollen Sie Herrn Klamm sehen?« K. bat darum. Sie zeigte auf eine Tür, gleich links neben sich. »Hier ist ein kleines Guckloch, hier können Sie durchsehen.« – »Und die Leute hier?« fragte K. Sie warf die Unterlippe auf und zog K. mit einer ungemein weichen Hand zur Tür. Durch das kleine Guckloch, das offenbar zu Beobachtungszwecken gebohrt worden war, übersah er fast das ganze Nebenzimmer.

An einem Schreibtisch in der Mitte des Zimmers, in einem bequemen Rundlehnstuhl, saß, grell von einer vor ihm niederhängenden Glühlampe beleuchtet, Herr Klamm. Ein mittelgroßer, dicker, schwerfälliger Herr. Das Gesicht war noch glatt, aber die Wangen senkten sich doch schon mit dem Gewicht des Alters ein wenig hinab. Der schwarze Schnurrbart war lang ausgezogen.

Ein schief aufgesetzter, spiegelnder Zwicker verdeckte die Augen. Wäre Herr Klamm völlig beim Tisch gesessen, hätte K. nur sein Profil gesehen; da ihm aber Klamm stark zugedreht war, sah er ihm voll ins Gesicht. Den linken Ellbogen hatte Klamm auf dem Tisch liegen, die rechte Hand, in der er eine Virginia hielt, ruhte auf dem Knie. Auf dem Tisch stand ein Bierglas; da die Randleiste des Tisches hoch war, konnte K. nicht genau sehen, ob dort irgendwelche Schriften lagen, es schien ihm aber, als wäre er leer. Der Sicherheit halber bat er Frieda, durch das Loch zu schauen und ihm darüber Auskunft zu geben. Da sie aber vor kurzem im Zimmer gewesen war, konnte sie K. ohne weiteres bestätigen, dass dort keine Schriften lagen. K. fragte Frieda, ob er schon weggehen müsse, sie aber sagte, er könne hindurchschauen, solange er Lust habe. K. war jetzt mit Frieda allein, Olga hatte, wie er flüchtig feststellte, doch den Weg zu ihrem Bekannten gefunden, saß hoch auf einem Fass und strampelte mit den Füßen. »Frieda«, sagte K. flüsternd, »kennen Sie Herrn Klamm sehr gut!« – »Ach ja«, sagte sie. »Sehr gut.« Sie lehnte neben K. und ordnete spielerisch, wie K. jetzt erst auffiel, ihre leichte, ausgeschnittene, cremefarbige Bluse, die wie fremd auf ihrem armen Körper lag. Dann sagte sie: »Erinnern Sie sich nicht an Olgas Lachen?« – »Ja, die Unartige«, sagte K. »Nun«, sagte sie versöhnlich, »es war Grund zum Lachen. Sie fragten, ob ich Klamm kenne, und ich bin doch« – hier richtete sie sich unwillkürlich ein wenig auf, und wieder ging ihr sieghafter, mit dem, was gesprochen wurde, gar nicht zusammenhängender Blick über K. hin –, »ich bin doch seine Geliebte.« – »Klamms Geliebte«, sagte K. Sie nickte. »Dann sind Sie«, sagte K. lächelnd, um nicht allzu viel Ernst zwischen ihnen aufkommen zu lassen, »für mich eine respektable Person.« – »Nicht nur für Sie«, sagte Frieda freundlich, aber ohne sein Lächeln aufzunehmen. K. hatte ein Mittel gegen ihren Hochmut und wandte es an; er fragte: »Waren Sie schon im Schloss?« Es verfing aber nicht, denn sie antwortete: »Nein, aber ist es nicht genug, dass ich hier im Ausschank bin?« Ihr Ehrgeiz war offenbar toll, und gerade an K., so schien es, wollte sie ihn sättigen. »Freilich«, sagte K., »hier im Ausschank, Sie verstehen ja die Arbeit des Wirtes.« – »So ist es«, sagte sie, »und begonnen habe ich als Stallmagd im Wirtshaus ›Zur Brücke‹.« – »Mit diesen zarten Händen?« sagte K. halb fragend, und wusste selbst nicht, ob er nur schmeichelte oder auch wirklich von ihr bezwungen war. Ihre Hände allerdings waren klein und zart; aber man hätte sie auch schwach und nichtssagend nennen können. »Darauf hat damals niemand geachtet«, sagte sie, »und selbst jetzt –« K. sah sie fragend an. Sie schüttelte den Kopf und wollte nicht weiterreden. »Sie haben natürlich«, sagte K., »Ihre Geheimnisse, und Sie werden über sie nicht mit jemandem reden, den Sie eine halbe Stunde lang kennen und der noch keine Gelegenheit hatte, Ihnen zu erzählen, wie es sich eigentlich mit ihm verhält.« Das war nun aber, wie sich zeigte, eine unpassende Bemerkung, es war, als hätte er Frieda aus einem ihm günstigen Schlummer geweckt. Sie nahm aus der Ledertasche, die sie am Gürtel hängen hatte, ein Hölzchen, verstopfte damit das Guckloch, sagte zu K., sichtbar sich bezwingend, um ihn von der Änderung ihrer Gesinnung nichts merken zu lassen: »Was Sie betrifft, so weiß ich doch alles, Sie sind der Landvermesser«, fügte dann hinzu: »Nun muss ich aber an die Arbeit«, und ging an ihren Platz hinter dem Ausschanktisch, während sich von den Leuten hier und da einer erhob, um sein leeres Glas von ihr füllen zu lassen. K. wollte noch einmal unauffällig mit ihr sprechen, nahm deshalb von einem Ständer ein leeres Glas und ging zu ihr. »Nur eines noch, Fräulein Frieda«, sagte er, »es ist außerordentlich und eine auserlesene Kraft ist dazu nötig, sich von einer Stallmagd zum Ausschankmädchen emporzuarbeiten, ist damit aber für einen solchen Menschen das endgültige Ziel erreicht? Unsinnige Frage. Aus Ihren Augen, lachen Sie mich nicht aus, Fräulein Frieda, spricht nicht so sehr der vergangene, als der zukünftige Kampf. Aber die Widerstände der Welt sind groß, sie werden größer mit den größeren Zielen, und es ist keine Schande, sich die Hilfe selbst eines kleinen, einflusslosen, aber ebenso kämpfenden Mannes zu sichern. Vielleicht könnten wir einmal in Ruhe miteinander sprechen, nicht von so vielen Augen angestarrt.« – »Ich weiß nicht, was Sie wollen«, sagte sie, und in ihrem Ton schienen diesmal gegen ihren Willen nicht die Siege ihres Lebens, sondern die unendlichen Enttäuschungen mitzuklingen. »Wollen Sie mich vielleicht von Klamm abziehen? Du lieber Himmel!« und sie schlug die Hände zusammen. »Sie haben mich durchschaut«, sagte K., wie ermüdet von soviel Misstrauen, »gerade das war meine geheimste Absicht. Sie sollten Klamm verlassen und meine Geliebte werden. Und nun kann ich ja gehen. Olga!« rief K. »Wir gehen nach Hause.« Folgsam glitt Olga vom Fass, kam aber nicht gleich von den sie umringenden Freunden los. Da sagte Frieda leise, drohend K. anblickend: »Wann kann ich mit Ihnen sprechen?« – »Kann ich hier übernachten?« fragte K. »Ja«, sagte Frieda. »Kann ich gleich hierbleiben?« – »Gehen Sie mit Olga fort, damit ich die Leute hier wegschaffen kann. In einem Weilchen können Sie dann kommen.« – »Gut«, sagte K. und wartete ungeduldig auf Olga. Aber die Bauern ließen sie nicht, sie hatten einen Tanz erfunden, dessen Mittelpunkt Olga war, im Reigen tanzten sie herum, und immer bei einem gemeinsamen Schrei trat einer zu Olga, fasste sie mit einer Hand fest um die Hüften und wirbelte sie einige Male herum, der Reigen wurde immer schneller, die Schreie, hungrig, röchelnd, wurden allmählich fast ein einziger. Olga, die früher den Kreis hatte lachend durchbrechen wollen, taumelte nur noch mit aufgelöstem Haar von einem zum anderen. »Solche Leute schickt man mir her«, sagte Frieda und bis im Zorn an ihren dünnen Lippen. »Wer ist es?« fragte K. »Klamms Dienerschaft«, sagte Frieda. »Immer wieder bringt er dieses Volk mit, dessen Gegenwart mich zerrüttet. Ich weiß kaum, was ich heute mit Ihnen, Herr Landvermesser, gesprochen habe; war es etwas Böses, verzeihen Sie es, die Gegenwart dieser Leute ist schuld daran, sie sind das Verächtlichste und Widerlichste, was ich kenne, und ihnen muss ich das Bier in die Gläser füllen. Wie oft habe ich Klamm schon gebeten, sie zu Hause zu lassen; muss ich die Dienerschaft anderer Herren schon ertragen, er könnte doch Rücksicht auf mich nehmen, aber alles Bitten ist umsonst, eine Stunde vor seiner Ankunft stürmen sie immer schon herein, wie das Vieh in den Stall. Aber nun sollen sie wirklich in den Stall, in den sie gehören. Wären Sie nicht da, würde ich die Tür hier aufreißen, und Klamm selbst müsste sie hinaustreiben.« – »Hört er sie denn nicht?« fragte K. »Nein«, sagte Frieda. »Er schläft.« – »Wie!« rief K. »Er schläft? Als ich ins Zimmer gesehen habe, war er doch noch wach und saß beim Tisch.« – »So sitzt er noch immer«, sagte Frieda, »auch als Sie ihn gesehen haben, hat er schon geschlafen. Hätte ich Sie denn sonst hineinsehen lassen? Das war seine Schlafstellung, die Herren schlafen sehr viel, das kann man kaum verstehen. Übrigens, wenn er nicht so viel schliefe, wie könnte er diese Leute ertragen? Nun werde ich sie aber selbst hinaustreiben müssen.« Sie nahm eine Peitsche aus der Ecke und sprang mit einem einzigen hohen, nicht ganz sicheren Sprung, so wie etwa ein Lämmchen springt, auf die Tanzenden zu. Zuerst wandten sie sich gegen sie, als sei eine neue Tänzerin angekommen, und tatsächlich sah es einen Augenblick lang so aus, als wolle Frieda die Peitsche fallen lassen, aber dann hob sie sie wieder. »Im Namen Klamms«, rief sie, »in den Stall! Alle in den Stall!« Nun sahen sie, dass es ernst war; in einer für K. unverständlichen Angst begannen sie, in den Hintergrund zu drängen, unter dem Stoß der ersten ging dort eine Tür auf, Nachtluft wehte herein, alle verschwanden mit Frieda, die sie offenbar über den Hof in den Stall trieb.

In der nun plötzlich eingetretenen Stille aber hörte K. Schritte vom Flur. Um sich irgendwie zu sichern, sprang er hinter das Ausschankpult, unter welchem die einzige Möglichkeit sich zu verstecken war. Zwar war ihm der Aufenthalt im Ausschank nicht verboten, aber da er hier übernachten wollte, musste er vermeiden, jetzt noch gesehen zu werden. Deshalb glitt er, als die Tür wirklich geöffnet wurde, unter den Tisch. Dort entdeckt zu werden war freilich auch nicht ungefährlich, immerhin war dann die Ausrede nicht unglaubwürdig, dass er sich vor den wildgewordenen Bauern versteckt habe. Es war der Wirt. »Frieda!« rief er und ging einige Male im Zimmer auf und ab.

Glücklicherweise kam Frieda bald und erwähnte K. nicht, klagte nur über die Bauern und ging, in dem Bestreben, K. zu suchen, hinter das Pult. Dort konnte K. ihren Fuß berühren und fühlte sich von jetzt an sicher. Da Frieda K. nicht erwähnte, musste es der Wirt schließlich tun. »Und wo ist der Landvermesser?« fragte er. Er war wohl überhaupt ein höflicher, durch den dauernden und verhältnismäßig freien Verkehr mit weit Höhergestellten fein erzogener Mann, aber mit Frieda sprach er in einer besonders achtungsvollen Art, das fiel vor allem deshalb auf, weil er trotzdem im Gespräch nicht aufhörte, Arbeitgeber gegenüber einer Angestellten zu sein, gegenüber einer recht kecken Angestellten überdies. »Den Landvermesser habe ich ganz vergessen«, sagte Frieda und setzte K. ihren kleinen Fuß auf die Brust. »Er ist wohl schon längst fortgegangen.« – »Ich habe ihn aber nicht gesehen«, sagte der Wirt, »und war fast die ganze Zeit über im Flur.« – »Hier ist er aber nicht«, sagte Frieda kühl. »Vielleicht hat er sich versteckt«, sagte der Wirt, »nach dem Eindruck, den ich von ihm hatte, ist ihm manches zuzutrauen.« – »Diese Kühnheit wird er doch wohl nicht haben«, sagte Frieda und drückte stärker ihren Fuß auf K. Etwas Fröhliches, Freies war in ihrem Wesen, was K. früher gar nicht bemerkt hatte, und es nahm ganz unwahrscheinlich überhand, als sie plötzlich lachend mit den Worten: »Vielleicht ist er hier unten versteckt«, sich zu K. hinabbeugte, ihn flüchtig küsste und wieder aufsprang und betrübt sagte: »Nein, er ist nicht hier.« Aber auch der Wirt gab Anlass zum Erstaunen, als er nun sagte: »Es ist mir sehr unangenehm, dass ich nicht mit Bestimmtheit weiß, ob er fortgegangen ist. Es handelt sich nicht nur um Herrn Klamm, es handelt sich um die Vorschrift. Die Vorschrift gilt aber für Sie, Fräulein Frieda, so wie für mich. Für den Ausschank haften Sie, das übrige Haus werde ich noch durchsuchen. Gute Nacht! Angenehme Ruhe!« Er konnte das Zimmer noch gar nicht verlassen haben, schon hatte Frieda das elektrische Licht ausgedreht und war bei K. unter dem Pult. »Mein Liebling! Mein süßer Liebling!« flüsterte sie, aber rührte K. gar nicht an, wie ohnmächtig vor Liebe lag sie auf dem Rücken und breitete die Arme aus, die Zeit war wohl unendlich vor ihrer glücklichen Liebe, sie seufzte mehr als sang irgendein kleines Lied. Dann schrak sie auf, da K. still in Gedanken blieb, und fing an, wie ein Kind ihn zu zerren: »Komm, hier unten erstickt man ja!« Sie umfassten einander, der kleine Körper brannte in K.s Händen, sie rollten in einer Besinnungslosigkeit, aus der sich K. fortwährend, aber vergeblich, zu retten suchte, ein paar Schritte weit, schlugen dumpf an Klamms Tür und lagen dann in den kleinen Pfützen Biers und dem sonstigen Unrat, von dem der Boden bedeckt war. Dort vergingen Stunden, Stunden gemeinsamen Atems, gemeinsamen Herzschlags, Stunden, in denen K. immerfort das Gefühl hatte, er verirre sich oder er sei so weit in der Fremde, wie vor ihm noch kein Mensch, einer Fremde, in der selbst die Luft keinen Bestandteil der Heimatluft habe, in der man vor Fremdheit ersticken müsse und in deren unsinnigen Verlockungen man doch nichts tun könne als weiter gehen, weiter sich verirren. Und so war es wenigstens zunächst für ihn kein Schrecken, sondern ein tröstliches Aufdämmern, als aus Klamms Zimmer mit tiefer, befehlend-gleichgültiger Stimme nach Frieda gerufen wurde. »Frieda«, sagte K. in Friedas Ohr und gab so den Ruf weiter. In einem förmlich eingeborenen Gehorsam wollte Frieda aufspringen, aber dann besann sie sich, wo sie war, streckte sich, lachte still und sagte: »Ich werde doch nicht etwa gehen, niemals werde ich zu ihm gehen.« K. wollte dagegensprechen, wollte sie drängen, zu Klamm zu gehen, begann die Reste ihrer Bluse zusammenzusuchen, aber er konnte nichts sagen, allzu glücklich war er, Frieda in seinen Händen zu halten, allzu ängstlich-glücklich auch, denn es schien ihm, wenn Frieda ihn verlasse, verlasse ihn alles, was er habe. Und als sei Frieda gestärkt durch K.s Zustimmung, ballte sie die Faust, klopfte mit ihr an die Tür und rief: »Ich bin beim Landvermesser! Ich bin beim Landvermesser!« Nun wurde Klamm allerdings still. Aber K. erhob sich, kniete neben Frieda und blickte sich im trüben Vormorgenlicht um. Was war geschehen? Wo waren seine Hoffnungen? Was konnte er nun von Frieda erwarten, da alles verraten war? Statt vorsichtigst, entsprechend der Größe des Feindes und des Zieles, vorwärtszugehen, hatte er sich hier eine Nacht lang in den Bierpfützen gewälzt, deren Geruch jetzt betäubend war. »Was hast du getan?« sagte er vor sich hin. »Wir beide sind verloren.« – »Nein«, sagte Frieda, »nur ich bin verloren, doch ich habe dich gewonnen. Sei ruhig. Sieh aber, wie die zwei lachen.« – »Wer?« fragte K. und wandte sich um. Auf dem Pult saßen seine beiden Gehilfen, ein wenig übernächtigt, aber fröhlich; es war die Fröhlichkeit, welche treue Pflichterfüllung gibt. »Was wollt ihr hier?« schrie K., als seien sie an allem schuld. Er suchte ringsherum die Peitsche, die Frieda abends gehabt hatte. »Wir mussten dich doch suchen«, sagten die Gehilfen, »da du nicht herunter zu uns in die Wirtsstube kamst; wir suchten dich dann bei Barnabas und fanden dich endlich hier. Hier sitzen wir die ganze Nacht. Leicht ist ja der Dienst nicht.« – »Ich brauche euch bei Tag, nicht in der Nacht«, sagte K., »fort mit euch.« – »Jetzt ist es ja Tag«, sagten sie und rührten sich nicht. Es war wirklich Tag, die Hoftüre wurde geöffnet, die Bauern mit Olga, die K. ganz vergessen hatte, strömten herein. Olga war lebendig wie am Abend, so übel auch ihre Kleider und Haare zugerichtet waren, schon in der Tür suchten ihre Augen K. »Warum bist du nicht mit mir nach Hause gegangen?« sagte sie, fast unter Tränen. »Wegen eines solchen Frauenzimmers!« sagte sie dann und wiederholte das einige Male. Frieda, die für einen Augenblick verschwunden war, kam mit einem kleinen Wäschebündel zurück.

Olga trat traurig beiseite. »Nun können wir gehen«, sagte Frieda; es war selbstverständlich, dass sie das Wirtshaus »Zur Brücke« meinte, in das sie gehen sollten. K. mit Frieda, hinter ihnen die Gehilfen, das war der Zug. Die Bauern zeigten viel Verachtung für Frieda, es war selbstverständlich, weil sie sie bisher streng beherrscht hatte; einer nahm sogar einen Stock und tat so, als wolle er sie nicht fortlassen, ehe sie über den Stock springe; aber ihr Blick genügte, um ihn zu vertreiben. Draußen im Schnee atmete K. ein wenig auf. Das Glück, im Freien zu sein, war so groß, dass es diesmal die Schwierigkeit des Wegs erträglich machte; wäre K. allein gewesen, wäre er noch besser gegangen. Im Wirtshaus ging er gleich in sein Zimmer und legte sich aufs Bett, Frieda machte sich daneben auf dem Boden ein Lager zurecht. Die Gehilfen waren mit eingedrungen, wurden vertrieben, kamen dann aber durchs Fenster wieder herein. K. war zu müde, um sie nochmals zu vertreiben. Die Wirtin kam eigens herauf, um Frieda zu begrüßen, wurde von Frieda »Mütterchen« genannt; es gab eine unverständlich herzliche Begrüßung mit Küssen und langem Aneinanderdrücken. Ruhe war in dem Zimmerchen überhaupt wenig, öfters kamen auch die Mägde in ihren Männerstiefeln hereingepoltert, um irgendetwas zu bringen oder zu holen. Brauchten sie etwas aus dem mit verschiedenen Dingen vollgestopften Bett, zogen sie es rücksichtslos unter K. hervor. Frieda begrüßten sie als ihresgleichen. Trotz dieser Unruhe blieb doch K. im Bett, den ganzen Tag und die ganze Nacht. Kleine Handreichungen besorgte ihm Frieda. Als er am nächsten Morgen sehr erfrischt endlich aufstand, war es schon der vierte Tag seines Aufenthalts im Dorf.

Das vierte Kapitel

Er hätte gern mit Frieda vertraulich gesprochen, aber die Gehilfen, mit denen übrigens Frieda hie und da auch scherzte und lachte, hinderten ihn daran durch ihre bloße, aufdringliche Gegenwart. Anspruchsvoll waren sie allerdings nicht, sie hatten sich in einer Ecke auf dem Boden auf zwei alten Frauenröcken eingerichtet. Es war, wie sie mit Frieda öfter besprachen, ihr Ehrgeiz, den Herrn Landvermesser nicht zu stören und möglichst wenig Raum zu brauchen, sie machten in dieser Hinsicht, immer freilich unter Lispeln und Kichern, verschiedene Versuche, verschränkten Arme und Beine, kauerten sich gemeinsam zusammen, in der Dämmerung sah man in ihrer Ecke nur ein großes Knäuel. Trotzdem aber wusste man leider aus den Erfahrungen bei Tageslicht, dass es sehr aufmerksame Beobachter waren, immer zu K. herüberstarrten, sei es auch, dass sie in scheinbar kindlichem Spiel etwa ihre Hände als Fernrohre verwendeten und ähnlichen Unsinn trieben oder auch nur herüberblinzelten und hauptsächlich mit der Pflege ihrer Bärte beschäftigt schienen, an denen ihnen sehr viel gelegen war und die sie unzählige Mal der Länge und Fülle nach miteinander verglichen und von Frieda beurteilen ließen.

Oft sah K. von seinem Bett aus dem Treiben der drei in völliger Gleichgültigkeit zu.

Als er sich nun kräftig genug fühlte, das Bett zu verlassen, eilten alle herbei, ihn zu bedienen. So kräftig, sich gegen ihre Dienste wehren zu können, war er noch nicht, er merkte, dass er dadurch in eine gewisse Abhängigkeit von ihnen geriet, die schlechte Folgen haben konnte, aber er musste es geschehen lassen. Es war auch gar nicht sehr unangenehm, bei Tisch den guten Kaffee zu trinken, den Frieda geholt hatte, sich am Ofen zu wärmen, den Frieda geheizt hatte, die Gehilfen in ihrem Eifer und Ungeschick die Treppen hinab- und herauflaufen zu lassen, um Waschwasser, Seife, Kamm und Spiegel zu bringen und schließlich, weil K. einen leisen, dahin deutbaren Wunsch ausgesprochen hatte, auch ein Gläschen Rum. Inmitten dieses Befehlens und Bedientwerdens sagte K., mehr aus behaglicher Laune als in der Hoffnung auf einen Erfolg: »Geht nun weg, ihr zwei, ich brauche vorläufig nichts mehr und will allein mit Fräulein Frieda sprechen.« Und als er nicht gerade Widerstand auf ihren Gesichtern sah, sagte er noch, um sie zu entschädigen: »Wir drei gehen dann zum Gemeindevorsteher, wartet unten in der Stube auf mich.« Merkwürdigerweise folgten sie, nur dass sie vor dem Weggehen noch sagten: »Wir könnten auch hier warten.« Und K. antwortete: »Ich weiß es, aber ich will es nicht.«

Ärgerlich aber und in gewissem Sinne doch auch willkommen war es K., als Frieda, die sich gleich nach dem Weggehen der Gehilfen auf seinen Schoß setzte, sagte: »Was hast du, Liebling, gegen die Gehilfen? Vor ihnen müssen wir keine Geheimnisse haben. Sie sind treu.« – »Ach, treu«, sagte K., »sie lauern mir fortwährend auf, es ist sinnlos, aber abscheulich.« – »Ich glaube dich zu verstehen«, sagte sie und hing sich an seinen Hals und wollte noch etwas sagen, konnte aber nicht weitersprechen; und weil der Sessel gleich neben dem Bette stand, schwankten sie hinüber und fielen hin. Dort lagen sie, aber nicht so hingegeben wie damals in der Nacht. Sie suchte etwas, und er suchte etwas, wütend, Grimassen schneidend, sich mit dem Kopf einbohrend in der Brust des anderen, suchten sie, und ihre Umarmungen und ihre sich aufwerfenden Körper machten sie nicht vergessen, sondern erinnerten sie an die Pflicht, zu suchen; wie Hunde verzweifelt im Boden scharren, so scharrten sie an ihren Körpern; und hilflos, enttäuscht, um noch letztes Glück zu holen, fuhren manchmal ihre Zungen breit über des anderen Gesicht. Erst die Müdigkeit ließ sie still und einander dankbar werden. Die Mägde kamen dann auch herauf. »Sieh, wie die hier liegen«, sagte eine und warf aus Mitleid ein Tuch über sie.

Als sich später K. aus dem Tuch frei machte und umhersah, waren – das wunderte ihn nicht – die Gehilfen wieder in ihrer Ecke, ermahnten, mit dem Finger auf K. zeigend, einer den anderen zum Ernst und salutierten; aber außerdem saß dicht beim Bett die Wirtin und strickte an einem Strumpf, eine kleine Arbeit, welche wenig passte zu ihrer riesigen, das Zimmer fast verdunkelnden Gestalt. »Ich warte schon lange«, sagte sie und hob ihr breites, von vielen Altersfalten durchzogenes, aber in seiner großen Masse doch noch glattes, vielleicht einmal schönes Gesicht. Die Worte klangen wie ein Vorwurf, ein unpassender, denn K. hatte ja nicht verlangt, dass sie komme. Er bestätigte daher nur durch Kopfnicken ihre Worte und setzte sich aufrecht. Auch Frieda stand auf, verließ aber K. und lehnte sich an den Sessel der Wirtin. »Könnte nicht, Frau Wirtin«, sagte K. zerstreut, »das, was Sie mir sagen wollen, aufgeschoben werden, bis ich vom Gemeindevorsteher zurückkomme. Ich habe eine wichtige Besprechung dort.« – »Diese ist wichtiger, glauben Sie mir, Herr Landvermesser«, sagte die Wirtin, »dort handelt es sich wahrscheinlich nur um eine Arbeit, hier aber handelt es sich um einen Menschen, um Frieda, meine liebe Magd.« – »Ach so«, sagte K., »dann freilich; nur weiß ich nicht, warum man diese Angelegenheit nicht uns beiden überlässt.« – »Aus Liebe, aus Sorge«, sagte die Wirtin und zog Friedas Kopf, die stehend nur bis zur Schulter der sitzenden Wirtin reichte, an sich. »Da Frieda zu Ihnen ein solches Vertrauen hat«, sagte K., »kann auch ich nicht anders. Und da Frieda erst vor kurzem meine Gehilfen treu genannt hat, so sind wir ja Freunde unter uns. Dann kann ich Ihnen also, Frau Wirtin, sagen, dass ich es für das beste halten würde, wenn Frieda und ich heiraten, und zwar sehr bald. Leider, leider werde ich Frieda dadurch nicht ersetzen können, was sie durch mich verloren hat, die Stellung im Herrenhof und die Freundschaft Klamms.« Frieda hob ihr Gesicht, ihre Augen waren voll Tränen, nichts von Sieghaftigkeit war in ihnen. »Warum ich? Warum bin ich gerade dazu ausersehen?« – »Wie?« fragten K. und die Wirtin gleichzeitig. »Sie ist verwirrt, das arme Kind«, sagte die Wirtin, »verwirrt vom Zusammentreffen zu vielen Glücks und Unglücks.« Und wie zur Bestätigung dieser Worte stürzte sich Frieda jetzt auf K., küsste ihn wild, als sei niemand sonst im Zimmer, und fiel dann weinend, immer noch ihn umarmend, vor ihm in die Knie. Während K. mit beiden Händen Friedas Haar streichelte, fragte er die Wirtin: »Sie scheinen mir recht zu geben?« – »Sie sind ein Ehrenmann«, sagte die Wirtin, auch sie hatte Tränen in der Stimme, sah ein wenig verfallen aus und atmete schwer; trotzdem fand sie noch die Kraft, zu sagen: »Es werden jetzt nur gewisse Sicherungen zu bedenken sein, die Sie Frieda geben müssen, denn wie groß auch nun meine Achtung vor Ihnen ist, so sind Sie doch ein Fremder, können sich auf niemanden berufen, Ihre häuslichen Verhältnisse sind hier unbekannt. Sicherungen sind also nötig, das werden Sie einsehen, lieber Herr Landvermesser, haben Sie doch selbst hervorgehoben, wieviel Frieda durch die Verbindung mit Ihnen immerhin auch verliert.« – »Gewiss, Sicherungen, natürlich«, sagte K., »die werden am besten wohl vor dem Notar gegeben werden, aber auch andere gräfliche Behörden werden sich ja vielleicht noch einmischen. Übrigens habe auch ich noch vor der Hochzeit unbedingt etwas zu erledigen. Ich muss mit Klamm sprechen.« – »Das ist unmöglich«, sagte Frieda, erhob sich ein wenig und drückte sich an K., »was für ein Gedanke!« – »Es muss sein«, sagte K. »Wenn es mir unmöglich ist, es zu erwirken, musst du es tun.« – »Ich kann nicht, K., ich kann nicht«, sagte Frieda, »niemals wird Klamm mit dir reden. Wie kannst du nur glauben, dass Klamm mit dir reden wird!« – »Und mit dir würde er reden?« fragte K. »Auch nicht«, sagte Frieda, »nicht mit dir, nicht mit mir, es sind bare Unmöglichkeiten.« Sie wandte sich an die Wirtin mit ausgebreiteten Armen: »Sehen Sie nur, Frau Wirtin, was er verlangt.« »Sie sind eigentümlich, Herr Landvermesser«, sagte die Wirtin und war erschreckend, wie sie jetzt aufrechter dasaß, die Beine auseinandergestellt, die mächtigen Knie vorgetrieben durch den dünnen Rock. »Sie verlangen Unmögliches.« – »Warum ist es unmöglich?« fragte K. »Das werde ich Ihnen erklären«, sagte die Wirtin in einem Ton, als sei diese Erklärung nicht etwa eine letzte Gefälligkeit, sondern schon die erste Strafe, die sie austeilte, »das werde ich Ihnen gern erklären. Ich gehöre zwar nicht zum Schloss und bin nur eine Frau und bin nur eine Wirtin, hier in einem Wirtshaus letzten Ranges – es ist nicht letzten Ranges, aber nicht weit davon –, und so könnte es sein, dass Sie meiner Erklärung nicht viel Bedeutung beilegen, aber ich habe in meinem Leben die Augen offen gehabt und bin mit vielen Leuten zusammengekommen und habe die ganze Last der Wirtschaft allein getragen, denn mein Mann ist zwar ein guter Junge, aber ein Gastwirt ist er nicht, und was Verantwortlichkeit ist, wird er nie begreifen. Sie zum Beispiel verdanken es doch nur seiner Nachlässigkeit – ich war an dem Abend schon müde zum Zusammenbrechen –, dass Sie hier im Dorf sind, dass Sie hier auf dem Bett in Frieden und Behagen sitzen.« – »Wie?« fragte K., aus einer gewissen Zerstreutheit aufwachend, aufgeregt mehr von der Neugierde als von Ärger. »Nur seiner Nachlässigkeit verdanken Sie es!« rief die Wirtin nochmals, mit gegen K. ausgestrecktem Zeigefinger. Frieda suchte sie zu beschwichtigen. »Was willst du«, sagte die Wirtin mit rascher Wendung des ganzen Leibes. »Der Herr Landvermesser hat mich gefragt, und ich muss ihm antworten. Wie soll er es denn sonst verstehen, was uns selbstverständlich ist, dass Herr Klamm niemals mit ihm sprechen wird, was sage ich ›wird‹, niemals mit ihm sprechen kann. Hören Sie, Herr Landvermesser! Herr Klamm ist ein Herr aus dem Schloss, das bedeutet schon an und für sich, ganz abgesehen von Klamms sonstiger Stellung, einen sehr hohen Rang. Was sind nun aber Sie, um dessen Heiratseinwilligung wir uns hier so demütig bewerben! Sie sind nicht aus dem Schloss, Sie sind nicht aus dem Dorfe, Sie sind nichts. Leider aber sind Sie doch etwas, ein Fremder, einer, der überzählig und überall im Weg ist, einer, wegen dessen man immerfort Scherereien hat, wegen dessen man die Mägde ausquartieren muss, einer, dessen Absichten unbekannt sind, einer, der unsere liebste kleine Frieda verführt hat und dem man sie leider zur Frau geben muss. Wegen alles dessen mache ich Ihnen ja im Grunde keine Vorwürfe. Sie sind, was Sie sind; ich habe in meinem Leben schon zuviel gesehen, als dass ich nicht noch diesen Anblick ertragen sollte. Nun aber stellen Sie sich vor, was Sie eigentlich verlangen. Ein Mann wie Klamm soll mit Ihnen sprechen! Mit Schmerz habe ich gehört, dass Frieda Sie hat durchs Guckloch schauen lassen, schon als sie das tat, war sie von Ihnen verführt. Sagen Sie doch, wie haben Sie überhaupt Klamms Anblick ertragen? Sie müssen nicht antworten, ich weiß es, Sie haben ihn sehr gut ertragen. Sie sind ja gar nicht imstande, Klamm wirklich zu sehen, das ist nicht Überhebung meinerseits, denn ich selbst bin es auch nicht imstande. Klamm soll mit Ihnen sprechen, aber er spricht doch nicht einmal mit Leuten aus dem Dorf, noch niemals hat er selbst mit jemandem aus dem Dorf gesprochen. Es war ja die große Auszeichnung Friedas, eine Auszeichnung, die mein Stolz sein wird bis an mein Ende, dass er wenigstens Friedas Namen zu rufen pflegte und dass sie zu ihm sprechen konnte nach Belieben und die Erlaubnis des Gucklochs bekam, gesprochen aber hat er auch mit ihr nicht. Und dass er Frieda manchmal rief, muss gar nicht die Bedeutung haben, die man dem gerne zusprechen möchte, er rief einfach den Namen ›Frieda‹ – wer kennt seine Absichten? –, dass Frieda natürlich eilends kam, war ihre Sache, und dass sie ohne Widerspruch zu ihm gelassen wurde, war Klamms Güte, aber dass er sie geradezu gerufen hätte, kann man nicht behaupten. Freilich, nun ist auch das, was war, für immer dahin. Vielleicht wird Klamm noch den Namen ›Frieda‹ rufen, das ist möglich, aber zugelassen wird sie zu ihm gewiss nicht mehr, ein Mädchen, das sich mit Ihnen abgegeben hat. Und nur eines, nur eines kann ich nicht verstehen mit meinem armen Kopf, dass ein Mädchen, von dem man sagte, es sei Klamms Geliebte – ich halte das übrigens für eine sehr übertriebene Bezeichnung –, sich von Ihnen auch nur berühren ließ.«

»Gewiss, das ist merkwürdig«, sagte K., und nahm Frieda, die sich, wenn auch mit gesenktem Kopf, gleich fügte, zu sich auf den Schoß, »es beweist aber, glaube ich, dass sich auch sonst nicht alles genauso verhält, wie Sie glauben. So haben Sie zum Beispiel gewiss recht, wenn Sie sagen, dass ich vor Klamm ein Nichts bin; und wenn ich jetzt auch verlange, mit Klamm zu sprechen, und nicht einmal durch Ihre Erklärungen davon abgebracht bin, so ist damit noch nicht gesagt, dass ich imstande bin, den Anblick Klamms ohne dazwischenstehende Tür auch nur zu ertragen, und ob ich nicht schon bei seinem Erscheinen aus dem Zimmer renne. Aber eine solche, wenn auch berechtigte Befürchtung ist für mich noch kein Grund, die Sache nicht doch zu wagen. Gelingt es mir aber, ihm standzuhalten, dann ist es gar nicht nötig, dass er mit mir spricht, es genügt mir, wenn ich den Eindruck sehe, den meine Worte auf ihn machen, und machen sie keinen oder hört er sie gar nicht, habe ich doch den Gewinn, frei vor einem Mächtigen gesprochen zu haben. Sie aber, Frau Wirtin, mit Ihrer großen Lebens- und Menschenkenntnis, und Frieda, die noch gestern Klamms Geliebte war – ich sehe keinen Grund, von diesem Wort abzugehen –, können mir gewiss leicht die Gelegenheit verschaffen, mit Klamm zu sprechen; ist es auf keine andere Weise möglich, dann eben im Herrenhof, vielleicht ist er auch heute noch dort.«

»Es ist unmöglich«, sagte die Wirtin, »und ich sehe, dass Ihnen die Fähigkeit fehlt, es zu begreifen. Aber sagen Sie doch, worüber wollen Sie denn mit Klamm sprechen?« – »Über Frieda natürlich«, sagte K.

»Über Frieda?« fragte die Wirtin verständnislos und wandte sich an Frieda. »Hörst du, Frieda, über dich will er, er, mit Klamm, mit Klamm sprechen.« . »Ach«, sagte K., »Sie sind, Frau Wirtin, eine so kluge, achtungeinflößende Frau, und doch erschreckt Sie jede Kleinigkeit. Nun also, ich will über Frieda mit ihm sprechen, das ist doch nicht so sehr ungeheuerlich als vielmehr selbstverständlich. Denn Sie irren gewiss auch, wenn Sie glauben, dass Frieda von dem Augenblick an, wo ich auftrat, für Klamm bedeutungslos geworden ist. Sie unterschätzen ihn, wenn Sie das glauben. Ich fühle gut, dass es anmaßend von mir ist, Sie in dieser Hinsicht belehren zu wollen, aber ich muss es doch tun. Durch mich kann in Klamms Beziehung zu Frieda nichts geändert worden sein. Entweder bestand keine wesentliche Beziehung – das sagen eigentlich diejenigen, welche Frieda den Ehrennamen Geliebte nehmen –, nun, dann besteht sie auch heute nicht; oder aber sie bestand, wie könnte sie dann durch mich, wie Sie richtig sagten, ein Nichts in Klamms Augen, wie könnte sie dann durch mich gestört sein. Solche Dinge glaubt man im ersten Augenblick des Schreckens, aber schon die kleinste Überlegung muss das richtigstellen. Lassen wir übrigens doch Frieda ihre Meinung hierzu sagen.«

Mit in die Ferne schweifendem Blick, die Wange an K.s Brust, sagte Frieda: »Es ist gewiss so, wie Mütterchen sagt: Klamm will nichts mehr von mir wissen. Aber freilich nicht deshalb, weil du, Liebling, kamst, nichts Derartiges hätte ihn erschüttern können. Wohl aber, glaube ich, ist es sein Werk, dass wir uns dort unter dem Pult zusammengefunden haben; gesegnet, nicht verflucht sei die Stunde.« – »Wenn es so ist«, sagte K. langsam, denn süß waren Friedas Worte, er schloss ein paar Sekunden lang die Augen, um sich von den Worten durchdringen zu lassen, »wenn es so ist, ist noch weniger Grund, sich vor einer Aussprache mit Klamm zu fürchten.«

»Wahrhaftig«, sagte die Wirtin und sah K. von hoch herab an, »Sie erinnern mich manchmal an meinen Mann, so trotzig und kindlich wie er sind Sie auch. Sie sind ein paar Tage im Ort, und schon wollen Sie alles besser kennen als die Eingeborenen, besser als ich alte Frau und als Frieda, die im Herrenhof so viel gesehen und gehört hat. Ich leugne nicht, dass es möglich ist, einmal auch etwas ganz gegen die Vorschriften und gegen das Althergebrachte zu erreichen; ich habe etwas Derartiges nicht erlebt, aber es gibt angeblich Beispiele dafür, mag sein; aber dann geschieht es gewiss nicht auf die Weise, wie Sie es tun, indem man immerfort ›Nein, nein‹ sagt und nur auf seinen Kopf schwört und die wohlmeinendsten Ratschläge überhört. Glauben Sie denn, meine Sorge gilt Ihnen? Habe ich mich um Sie gekümmert, solange Sie allein waren? Obwohl es gut gewesen wäre und manches sich hätte vermeiden lassen. Das einzige, was ich damals meinem Mann über Sie sagte, war: ›Halte dich von ihm fern.‹ Das hätte auch heute noch für mich gegolten, wenn nicht Frieda jetzt in Ihr Schicksal mit hineingezogen worden wäre. Ihr verdanken Sie – ob es Ihnen gefällt oder nicht – meine Sorgfalt, ja sogar meine Beachtung. Und Sie dürfen mich nicht einfach abweisen, weil Sie mir, der einzigen, die über der kleinen Frieda mit mütterlicher Sorge wacht, streng verantwortlich sind. Möglich, dass Frieda recht hat und alles, was geschehen ist, der Wille Klamms ist; aber von Klamm weiß ich jetzt nichts; ich werde niemals mit ihm sprechen, er ist mir gänzlich unerreichbar; Sie aber sitzen hier, halten meine Frieda und werden – warum soll ich es verschweigen? – von mir gehalten. Ja, von mir gehalten, denn versuchen Sie es, junger Mann, wenn ich Sie auch aus dem Hause weise, irgendwo im Dorf ein Unterkommen zu finden, und sei es in einer Hundehütte.«

»Danke«, sagte K., »das sind offene Worte, und ich glaube Ihnen vollkommen. So unsicher ist also meine Stellung und damit zusammenhängend auch die Stellung Friedas.«

»Nein!« rief die Wirtin wütend dazwischen. »Friedas Stellung hat in dieser Hinsicht gar nichts mit Ihrer zu tun. Frieda gehört zu meinem Haus, und niemand hat das Recht, ihre Stellung hier eine unsichere zu nennen.«

»Gut, gut«, sagte K., »ich gebe Ihnen auch darin recht, besonders da Frieda aus mir unbekannten Gründen zuviel Angst vor Ihnen zu haben scheint, um sich einzumischen. Bleiben wir also vorläufig nur bei mir. Meine Stellung ist höchst unsicher, das leugnen Sie nicht, sondern strengen sich vielmehr an, es zu beweisen. Wie bei allem, was Sie sagen, ist auch dieses nur zum größten Teil richtig, aber nicht ganz. So weiß ich zum Beispiel von einem recht guten Nachtlager, das mir freisteht.«

»Wo denn? Wo denn?« riefen Frieda und die Wirtin, so gleichzeitig und so begierig, als hätten sie die gleichen Beweggründe für ihre Frage. – »Bei Barnabas«, sagte K.

»Die Lumpen!« rief die Wirtin. »Die abgefeimten Lumpen! Bei Barnabas! Hört ihr –« und sie wandte sich nach der Ecke, die Gehilfen aber waren schon längst hervorgekommen und standen Arm in Arm hinter der Wirtin, die jetzt, als brauche sie einen Halt, die Hand des einen ergriff, »hört ihr, wo sich der Herr herumtreibt, in der Familie des Barnabas! Freilich, dort bekommt er ein Nachtlager, ach, hätte er es doch lieber dort gehabt als im Herrenhof. Aber wo wart denn ihr?«

»Frau Wirtin«, sagte K., noch ehe die Gehilfen antworteten, »es sind meine Gehilfen, Sie aber behandeln sie so, wie wenn es Ihre Gehilfen, aber meine Wächter wären. In allem anderen bin ich bereit, höflichst über Ihre Meinungen zumindest zu diskutieren, hinsichtlich meiner Gehilfen aber nicht, denn hier liegt die Sache doch zu klar! Ich bitte Sie daher, mit meinen Gehilfen nicht zu sprechen, und wenn meine Bitte nicht genügen sollte, verbiete ich meinen Gehilfen, Ihnen zu antworten.« »Ich darf also nicht mit euch sprechen«, sagte die Wirtin, und alle drei lachten, die Wirtin spöttisch, aber viel sanfter, als K. es erwartet hatte, die Gehilfen in ihrer gewöhnlichen, viel und nichts bedeutenden, jede Verantwortung ablehnenden Art.

»Werde nur nicht böse«, sagte Frieda, »du musst unsere Aufregung richtig verstehen. Wenn man will, verdanken wir es nur Barnabas, dass wir jetzt einander gehören. Als ich dich zum ersten Mal im Ausschank sah – du kamst herein, eingehängt in Olga –, wusste ich zwar schon einiges über dich, aber im ganzen warst du mir doch völlig gleichgültig. Nun, nicht nur du warst mir gleichgültig, fast alles, fast alles war mir gleichgültig. Ich war ja auch damals mit vielem unzufrieden, und manches ärgerte mich, aber was war das für eine Unzufriedenheit und was für ein Ärger! Es beleidigte mich zum Beispiel einer der Gäste im Ausschank, sie waren ja immer hinter mir her – du hast die Burschen dort gesehen, es kamen aber noch viel ärgere, Klamms Dienerschaft war nicht die ärgste –, also einer beleidigte mich, was bedeutete mir das? Es war mir, als sei es vor vielen Jahren geschehen oder als sei es gar nicht mir geschehen oder als hätte ich es nur erzählen hören oder als hätte ich selbst es schon vergessen. Aber ich kann es nicht beschreiben, ich kann es mir nicht einmal mehr vorstellen, so hat sich alles geändert, seitdem Klamm mich verlassen hat.«

Und Frieda brach ihre Erzählung ab, traurig senkte sie den Kopf, die Hände hielt sie gefaltet im Schoß.

»Sehen Sie«, rief die Wirtin, und sie tat es so, als spreche sie nicht selbst, sondern leihe nur Frieda ihre Stimme, sie rückte auch näher und saß nun knapp neben Frieda, »sehen Sie nun, Herr Landvermesser, die Folgen Ihrer Taten, und auch Ihre Gehilfen, mit denen ich ja nicht sprechen darf, mögen zu ihrer Belehrung zusehen! Sie haben Frieda aus dem glückseligsten Zustand gerissen, der ihr je beschieden war, und es ist Ihnen vor allem deshalb gelungen, weil Frieda in ihrem kindlich übertriebenen Mitleid es nicht ertragen konnte, dass Sie an Olgas Arm hingen und so der Barnabasschen Familie ausgeliefert schienen. Sie hat Sie gerettet und sich dabei geopfert. Und nun, da es geschehen ist und Frieda alles, was sie hatte, eingetauscht hat für das Glück, auf Ihrem Knie zu sitzen, nun kommen Sie und spielen es als Ihren großen Trumpf aus, dass Sie einmal die Möglichkeit hatten, bei Barnabas übernachten zu dürfen. Damit wollen Sie wohl beweisen, dass Sie von mir unabhängig sind. Gewiss, wenn Sie wirklich bei Barnabas übernachtet hätten, wären Sie so unabhängig von mir, dass Sie im Nu, aber allerschleunigst, mein Haus verlassen müssten.«

»Ich kenne die Sünden der Barnabasschen Familie nicht«, sagte K., während er Frieda, die wie leblos war, vorsichtig aufhob, langsam auf das Bett setzte und selbst aufstand, »vielleicht haben Sie darin recht, aber ganz gewiss hatte ich recht, als ich Sie ersucht habe, unsere Angelegenheiten, Friedas und meine, uns beiden allein zu überlassen. Sie erwähnten damals etwas von Liebe und Sorge, davon habe ich dann aber weiter nicht viel gemerkt, desto mehr aber von Hass und Hohn und Hausverweisung. Sollten Sie es darauf angelegt haben, Frieda von mir oder mich von Frieda abzubringen, so war es ja recht geschickt gemacht; aber es wird Ihnen doch, glaube ich, nicht gelingen, und wenn es Ihnen gelingen sollte, so werden Sie es – erlauben Sie auch mir einmal eine dunkle Drohung – bitter bereuen. Was die Wohnung betrifft, die Sie mir gewähren – Sie können damit nur dieses abscheuliche Loch meinen –, so ist es durchaus nicht gewiss, dass Sie es aus eigenem Willen tun, vielmehr scheint darüber eine Weisung der gräflichen Behörde vorzuliegen. Ich werde nun dort melden, dass mir hier gekündigt worden ist, und wenn man mir dann eine andere Wohnung zuweist, werden Sie wohl befreit aufatmen, ich aber noch tiefer. Und nun gehe ich in dieser und in anderen Angelegenheiten zum Gemeindevorstand; bitte, nehmen Sie sich wenigstens Friedas an, die Sie mit Ihren sozusagen mütterlichen Reden übel genug zugerichtet haben.«

Dann wandte er sich an die Gehilfen. »Kommt!« sagte er, nahm den Klammschen Brief vom Haken und wollte gehen. Die Wirtin hatte ihm schweigend zugesehen, erst als er die

Hand schon auf der Türklinke hatte, sagte sie: »Herr Landvermesser, noch etwas gebe ich Ihnen mit auf den Weg, denn welche Reden Sie auch führen mögen und wie Sie mich auch beleidigen wollen, mich alte Frau, so sind Sie doch Friedas künftiger Mann. Nur deshalb sage ich es Ihnen, dass Sie hinsichtlich der hiesigen Verhältnisse entsetzlich unwissend sind, der Kopf schwirrt einem, wenn man Ihnen zuhört, und wenn man das, was Sie sagen und meinen, in Gedanken mit der wirklichen Lage vergleicht. Zu verbessern ist diese Unwissenheit nicht mit einem Male und vielleicht gar nicht; aber vieles kann besser werden, wenn Sie mir nur ein wenig glauben und sich diese Unwissenheit immer vor Augen halten. Sie werden dann zum Beispiel sofort gerechter gegen mich werden und zu ahnen beginnen, was für einen Schrecken ich durchgemacht habe – und die Folgen des Schreckens halten noch an –, als ich erkannt habe, dass meine liebste Kleine gewissermaßen den Adler verlassen hat, um sich der Blindschleiche zu verbinden, aber das wirkliche Verhältnis ist ja noch viel schlimmer, und ich muss es immerfort zu vergessen suchen, sonst könnte ich kein ruhiges Wort mit Ihnen sprechen. Ach, nun sind Sie wieder böse. Nein, gehen Sie noch nicht, nur diese Bitte hören Sie noch an: Wohin Sie auch kommen, bleiben Sie sich dessen bewusst, dass Sie hier der Unwissendste sind, und seien Sie vorsichtig; hier bei uns, wo Friedas Gegenwart Sie vor Schaden schützt, mögen Sie sich dann das Herz freischwätzen, hier können Sie uns dann zum Beispiel zeigen, wie Sie mit Klamm zu sprechen beabsichtigen; nur in Wirklichkeit, nur in Wirklichkeit, bitte, bitte, tun Sie's nicht!«

Sie stand auf, ein wenig schwankend vor Aufregung, ging zu K., fasste seine Hand und sah ihn bittend an. »Frau Wirtin«, sagte K., »ich verstehe nicht, warum Sie wegen einer solchen Sache sich dazu erniedrigen, mich zu bitten. Wenn es, wie Sie sagen, für mich unmöglich ist, mit Klamm zu sprechen, so werde ich es eben nicht erreichen, ob man mich bittet oder nicht. Wenn es aber doch möglich sein sollte, warum soll ich es dann nicht tun, besonders da dann mit dem Wegfall Ihres Haupteinwandes auch Ihre weiteren Befürchtungen sehr fraglich werden. Freilich, unwissend bin ich, die Wahrheit bleibt jedenfalls bestehen, und das ist sehr traurig für mich; aber es hat doch auch den Vorteil, dass der Unwissende mehr wagt, und deshalb will ich die Unwissenheit und ihre gewiss schlimmen Folgen gerne noch ein Weilchen tragen, solange die Kräfte reichen. Diese Folgen treffen aber doch im wesentlichen nur mich, und deshalb vor allem verstehe ich nicht, warum Sie bitten. Für Frieda werden Sie doch gewiss immer sorgen, und verschwinde ich gänzlich aus Friedas Gesichtskreis, kann es doch in Ihrem Sinn nur ein Glück bedeuten. Was fürchten Sie also? Sie fürchten doch nicht etwa – dem Unwissenden scheint alles möglich«, hier öffnete K. schon die Tür – , »Sie fürchten doch nicht etwa für Klamm?« Die Wirtin sah ihm schweigend nach, wie er die Treppe hinabeilte und die Gehilfen ihm folgten.

Das fünfte Kapitel

Die Besprechung mit dem Vorsteher machte K. fast zu seiner eigenen Verwunderung wenig Sorgen. Er suchte es sich dadurch zu erklären, dass nach seinen bisherigen Erfahrungen der amtliche Verkehr mit den gräflichen Behörden für ihn sehr einfach gewesen war. Das lag einerseits daran, dass hinsichtlich der Behandlung seiner Angelegenheit offenbar ein für allemal ein bestimmter, äußerlich ihm sehr günstiger Grundsatz ausgegeben worden war, und andererseits lag es an der bewunderungswürdigen Einheitlichkeit des Dienstes, die man besonders dort, wo sie scheinbar nicht vorhanden war, als eine besonders vollkommene ahnte. K. war, wenn er manchmal nur an diese Dinge dachte, nicht weit davon entfernt, seine Lage zufriedenstellend zu finden, obwohl er sich immer nach solchen Anfällen des Behagens schnell sagte, dass gerade darin die Gefahr lag.

Der direkte Verkehr mit Behörden war ja nicht allzu schwer, denn die Behörden hatten, so gut sie auch organisiert sein mochten, immer nur im Namen entlegener, unsichtbarer Herren entlegene, unsichtbare Dinge zu verteidigen, während K. für etwas lebendigst Nahes kämpfte, für sich selbst; überdies, zumindest in der allerersten Zeit, aus eigenem Willen, denn er war der Angreifer; und nicht nur er kämpfte für sich, sondern offenbar noch andere Kräfte, die er nicht kannte, aber an die er nach den Maßnahmen der Behörden glauben konnte. Dadurch nun aber, dass die Behörden K. von vornherein in unwesentlichen Dingen – um mehr hatte es sich bisher nicht gehandelt – weit entgegenkamen, nahmen sie ihm die Möglichkeit kleiner, leichter Siege und mit dieser Möglichkeit auch die zugehörige Genugtuung und die aus ihr sich ergebende, gut begründete Sicherheit für weitere größere Kämpfe. Statt dessen ließen sie K., allerdings nur innerhalb des Dorfes, überall durchgleiten, wo er wollte, verwöhnten und schwächten ihn dadurch, schalteten hier überhaupt jeden Kampf aus und verlegten ihn dafür in das außeramtliche, völlig unübersichtliche, trübe, fremdartige Leben. Auf diese Weise konnte es, wenn er nicht immer auf der Hut war, wohl geschehen, dass er eines Tages trotz aller Liebenswürdigkeit der Behörden und trotz der vollständigen Erfüllung aller so übertrieben leichten amtlichen Verpflichtungen, getäuscht durch die ihm erwiesene scheinbare Gunst, sein sonstiges Leben so unvorsichtig führte, dass er hier zusammenbrach und die Behörde, noch immer sanft und freundlich, gleichsam gegen ihren Willen, aber im Namen irgendeiner ihm unbekannten öffentlichen Ordnung kommen musste, um ihn aus dem Weg zu räumen. Und was war es eigentlich hier, jenes sonstige Leben? Nirgends noch hatte K. Amt und Leben so verflochten gesehen wie hier, so verflochten, dass es manchmal scheinen konnte, Amt und Leben hätten ihre Plätze gewechselt. Was bedeutete zum Beispiel die bis jetzt nur formelle Macht, welche Klamm über K.s Dienst ausübte, verglichen mit der Macht, die Klamm in K.s Schlafkammer in aller Wirklichkeit hatte. So kam es, dass hier ein etwas leichtsinnigeres Verfahren, eine gewisse Entspannung, nur direkt gegenüber den Behörden am Platze war, während sonst aber immer große Vorsicht nötig war, ein Herumblicken nach allen Seiten, vor jedem Schritt.

Seine Auffassung der hiesigen Behörden fand K. zunächst beim Vorsteher sehr bestätigt. Der Vorsteher, ein freundlicher, dicker, glattrasierter Mann, war krank, hatte einen schweren Gichtanfall und empfing K. im Bett. »Das ist also unser Herr Landvermesser«, sagte er, wollte sich zur Begrüßung aufrichten, konnte es aber nicht zustande bringen und warf sich, entschuldigend auf die Beine zeigend, wieder zurück in die Kissen. Eine stille, im Dämmerlicht des kleinfenstrigen, durch Vorhänge noch verdunkelten Zimmers fast schattenhafte Frau brachte K. einen Sessel und stellte ihn zum Bett. »Setzen Sie sich, setzen Sie sich, Herr Landvermesser«, sagte der Vorsteher, »und sagen Sie mir Ihre Wünsche.« K. las den Brief Klamms vor und knüpfte einige Bemerkungen daran. Wieder hatte er das Gefühl der außerordentlichen Leichtigkeit des Verkehrs mit Behörden. Sie trugen förmlich jede Last, alles konnte man ihnen auferlegen, und selbst blieb man unberührt und frei. Als fühle das in seiner Art auch der Vorsteher, drehte er sich unbehaglich im Bett. Schließlich sagte er: »Ich habe, Herr Landvermesser, wie Sie ja gemerkt haben, von der ganzen Sache gewusst. Dass ich selbst noch nichts veranlasst habe, hat seinen Grund erstens in meiner Krankheit und dann darin, dass Sie so lange nicht kamen, ich dachte schon, Sie seien von der Sache abgekommen. Nun aber, da Sie so freundlich sind, selbst mich aufzusuchen, muss ich Ihnen freilich die volle, unangenehme Wahrheit sagen. Sie sind als Landvermesser aufgenommen, wie Sie sagen; aber, leider, wir brauchen keinen Landvermesser. Es wäre nicht die geringste Arbeit für ihn da. Die Grenzen unserer kleinen Wirtschaften sind abgesteckt, alles ist ordentlich eingetragen. Besitzwechsel kommt kaum vor, und kleine Grenzstreitigkeiten regeln wir selbst. Was soll uns also ein Landvermesser?« K. war, ohne dass er allerdings früher darüber nachgedacht hätte, im Innersten davon überzeugt, eine ähnliche Mitteilung erwartet zu haben. Eben deshalb konnte er gleich sagen: »Das überrascht mich sehr. Das wirft alle meine Berechnungen über den Haufen. Ich kann nur hoffen, dass ein Missverständnis vorliegt.« – »Leider nicht«, sagte der Vorsteher, »es ist so, wie ich sage.« – »Aber wie ist das möglich!« rief K. »Ich habe doch diese endlose Reise nicht gemacht, um jetzt wieder zurückgeschickt zu werden!« – »Das ist eine andere Frage«, sagte der Vorsteher, »die ich nicht zu entscheiden habe, aber wie jenes Missverständnis möglich war, das kann ich Ihnen allerdings erklären. In einer so großen Behörde wie der gräflichen kann es einmal vorkommen, dass eine Abteilung dieses anordnet, die andere jenes, keine weiß von der anderen, die übergeordnete Kontrolle ist zwar äußerst genau, kommt aber ihrer Natur nach zu spät, und so kann immerhin eine kleine Verwirrung entstehen. Immer sind es freilich nur winzigste Kleinigkeiten wie zum Beispiel Ihr Fall. In großen Dingen ist mir noch kein Fehler bekannt geworden, aber die Kleinigkeiten sind oft auch peinlich genug. Was nun Ihren Fall betrifft, so will ich Ihnen, ohne Amtsgeheimnisse zu machen – dazu bin ich nicht genug Beamter, ich bin Bauer und dabei bleibt es –, den Hergang offen erzählen. Vor langer Zeit, ich war damals erst einige Monate Vorsteher, kam ein Erlass, ich weiß nicht mehr von welcher Abteilung, in welchem in der den Herren dort eigentümlichen kategorischen Art mitgeteilt war, dass ein Landvermesser berufen werden solle, und der Gemeinde aufgetragen war, alle für seine Arbeiten notwendigen Pläne und Aufzeichnungen bereitzuhalten. Dieser Erlass kann natürlich nicht Sie betroffen haben, denn das war vor vielen Jahren, und ich hätte mich nicht daran erinnert, wenn ich nicht jetzt krank wäre und im Bett über die lächerlichsten Dinge nachzudenken Zeit genug hätte.« – »Mizzi«, sagte er, plötzlich seinen Bericht unterbrechend, zu der Frau, die noch immer in unverständlicher Tätigkeit durch das Zimmer huschte, »bitte, sieh dort im Schrank nach, vielleicht findest du den Erlass.« – »Er ist nämlich«, sagte er erklärend zu K., »aus meiner ersten Zeit, damals habe ich noch alles aufgehoben.« Die Frau öffnete gleich den Schrank, K. und der Vorsteher sahen zu. Der Schrank war mit Papieren vollgestopft. Beim Öffnen rollten zwei große Aktenbündel heraus, welche rund gebunden waren, so wie man Brennholz zu binden pflegt, die Frau sprang erschrocken zur Seite. »Unten dürfte es sein, unten«, sagte der Vorsteher, vom Bett aus dirigierend. Folgsam warf die Frau, mit beiden Armen die Akten zusammenfassend, alles aus dem Schrank, um zu den unteren Papieren zu gelangen. Die Papiere bedeckten schon das halbe Zimmer. »Viel Arbeit ist geleistet worden«, sagte der Vorsteher nickend, »und das ist nur ein kleiner Teil. Die Hauptmasse habe ich in der Scheune aufbewahrt, und der größte Teil ist allerdings verlorengegangen. Wer kann das alles zusammenhalten! In der Scheune ist aber noch sehr viel.« – »Wirst du den Erlass finden können?« wandte er sich dann wieder zu seiner Frau. »Du musst einen Akt suchen, auf dem das Wort ›Landvermesser‹ blau unterstrichen ist.« – »Es ist zu dunkel hier«, sagte die Frau, »ich werde eine Kerze holen«, und sie ging über die Papiere hinweg aus dem Zimmer. »Meine Frau ist mir eine große Stütze«, sagte der Vorsteher, »in dieser schweren Amtsarbeit, die doch nur nebenbei geleistet werden muss. Ich habe zwar für die schriftlichen Arbeiten noch eine Hilfskraft, den Lehrer, aber es ist trotzdem unmöglich, fertig zu werden, es bleibt immer viel Unerledigtes zurück, das ist dort in jenem Kasten gesammelt«, und er zeigte auf einen anderen Schrank. »Und gar, wenn ich jetzt krank bin, nimmt es überhand«, sagte er und legte sich müde, aber doch auch stolz zurück. »Könnte ich nicht«, sagte K., als die Frau mit der Kerze zurückgekommen war und vor dem Kasten kniend den Erlass suchte, »Ihrer Frau beim Suchen helfen?« Der Vorsteher schüttelte lächelnd den Kopf: »Wie ich schon sagte, ich habe keine Amtsgeheimnisse vor Ihnen; aber Sie selbst in den Akten suchen zu lassen, so weit kann ich denn doch nicht gehen.« Es wurde jetzt still im Zimmer, nur das Rascheln der Papiere war zu hören, der Vorsteher schlummerte vielleicht sogar ein wenig. Ein leises Klopfen an der Tür ließ K. sich umdrehen. Es waren natürlich die Gehilfen. Immerhin waren sie schon ein wenig erzogen, stürmten nicht gleich ins Zimmer, sondern flüsterten zunächst durch die ein wenig geöffnete Tür: »Es ist uns zu kalt draußen.« – »Wer ist es?« fragte der Vorsteher aufschreckend. »Es sind nur meine Gehilfen«, sagte K., »ich weiß nicht, wo ich sie auf mich warten lassen soll, draußen ist es zu kalt, und hier sind sie lästig.« – »Mich stören sie nicht«, sagte der Vorsteher freundlich. »Lassen Sie sie hereinkommen. Übrigens kenne ich sie ja. Alte Bekannte.« – »Mir aber sind sie lästig«, sagte K. offen, ließ den Blick von den Gehilfen zum Vorsteher und wieder zurück zu den Gehilfen wandern und fand aller drei Lächeln ununterscheidbar gleich. »Wenn ihr aber nun schon hier seid«, sagte er dann versuchsweise, »so bleibt und helft dort der Frau Vorsteher einen Akt suchen, auf dem das Wort ›Landvermesser‹ blau unterstrichen ist.« Der Vorsteher erhob keinen Widerspruch. Was K. nicht durfte, die Gehilfen durften es, sie warfen sich auch gleich auf die Papiere, aber sie wühlten mehr in den Haufen, als dass sie suchten, und während einer eine Schrift buchstabierte, riss sie ihm der andere immer aus der Hand. Die Frau dagegen kniete vor dem leeren Kasten, sie schien gar nicht mehr zu suchen, jedenfalls stand die Kerze sehr weit von ihr.

»Die Gehilfen«, sagte der Vorsteher mit einem selbstzufriedenen Lächeln, so als gehe alles auf seine Anordnungen zurück, aber niemand sei imstande, das auch nur zu vermuten, »sie sind Ihnen also lästig, aber es sind doch Ihre eigenen Gehilfen.« – »Nein«, sagte K. kühl, »sie sind mir erst hier zugelaufen.« – »Wie denn, zugelaufen«, sagte der Vorsteher, »zugeteilt worden, meinen Sie wohl.« – »Nun denn, zugeteilt worden«, sagte K. »Sie könnten aber ebenso gut herabgeschneit sein, so bedenkenlos war diese Zuteilung.« – »Bedenkenlos geschieht hier nichts«, sagte der Vorsteher, vergaß sogar den Fußschmerz und setzte sich aufrecht. »Nichts«, sagte K., »und wie verhält es sich mit meiner Berufung?« – »Auch Ihre Berufung war wohl erwogen«, sagte der Vorsteher, »nur Nebenumstände haben verwirrend eingegriffen, ich werde es Ihnen an Hand der Akten nachweisen.« – »Die Akten werden ja nicht gefunden werden«, sagte K. »Nicht gefunden?« rief der Vorsteher. »Mizzi, bitte, such ein wenig schneller! Ich kann Ihnen jedoch zunächst die Geschichte auch ohne Akten erzählen. Jenen Erlass, von dem ich schon sprach, beantworteten wir dankend damit, dass wir keinen Landvermesser brauchen. Diese Antwort scheint aber nicht an die ursprüngliche Abteilung, ich will sie A nennen, zurückgelangt zu sein, sondern irrtümlicherweise an eine andere Abteilung B. Die Abteilung A blieb also ohne Antwort, aber leider bekam auch B nicht unsere ganze Antwort; sei es, dass der Akteninhalt bei uns zurückgeblieben war, sei es, dass er auf dem Weg verlorengegangen ist – in der Abteilung selbst gewiss nicht, dafür will ich bürgen –, jedenfalls kam auch in der Abteilung B nur ein Aktenumschlag an, auf dem nichts weiter vermerkt war, als dass der einliegende, leider in Wirklichkeit aber fehlende Akt von der Berufung eines Landvermessers handle. Die Abteilung A wartete inzwischen auf unsere Antwort, sie hatte zwar Vermerke über die Angelegenheit, aber wie das begreiflicherweise öfters geschieht und bei der Präzision aller Erledigungen geschehen darf, verließ sich der Referent darauf, dass wir antworten würden und dass er dann entweder den Landvermesser berufen oder nach Bedürfnis weiter über die Sache mit uns korrespondieren würde. Infolgedessen vernachlässigte er die Vermerke, und das Ganze geriet bei ihm in Vergessenheit. In der Abteilung B kam aber der Aktenumschlag an einen wegen seiner Gewissenhaftigkeit berühmten Referenten, Sordini heißt er, ein Italiener; es ist selbst mir, einem Eingeweihten, unbegreiflich, warum ein Mann von seinen Fähigkeiten in der fast untergeordneten Stellung gelassen wird. Dieser Sordini schickte uns natürlich den leeren Aktenumschlag zur Ergänzung zurück. Nun waren aber seit jenem ersten Schreiben der Abteilung A schon viele Monate, wenn nicht Jahre vergangen; begreiflicherweise, denn wenn, wie es die Regel ist, ein Akt den richtigen Weg geht, gelangt er an seine Abteilung spätestens in einem Tag und wird am gleichen Tag noch erledigt; wenn er aber einmal den Weg verfehlt – und er muss bei der Vorzüglichkeit der Organisation den falschen Weg förmlich mit Eifer suchen, sonst findet er ihn nicht –, dann, dann dauert es freilich sehr lange. Als wir daher Sordinis Note bekamen, konnten wir uns an die Angelegenheit nur noch ganz unbestimmt erinnern, wir waren damals nur zwei für die Arbeit, Mizzi und ich, der Lehrer war mir damals noch nicht zugeteilt, Kopien bewahrten wir nur in den wichtigsten Angelegenheiten auf, kurz, wir konnten nur sehr unbestimmt antworten, dass wir von einer solchen Berufung nichts wüssten und dass nach einem Landvermesser bei uns kein Bedarf sei.«

»Aber«, unterbrach sich hier der Vorsteher, als sei er im Eifer des Erzählens zu weit gegangen oder als sei es wenigstens möglich, dass er zu weit gegangen sei, »langweilt Sie die Geschichte nicht?«

»Nein«, sagte K. »Sie unterhält mich.«

Darauf der Vorsteher: »Ich erzähle es Ihnen nicht zur Unterhaltung.«

»Es unterhält mich nur dadurch«, sagte K., »dass ich einen Einblick in das lächerliche Gewirre bekomme, welches unter Umständen über die Existenz eines Menschen entscheidet.«

»Sie haben noch keinen Einblick bekommen«, sagte ernst der Vorsteher, »und ich kann Ihnen weiter erzählen. Von unserer Antwort war natürlich ein Sordini nicht befriedigt. Ich bewundere den Mann, obwohl er für mich eine Qual ist. Er misstraut nämlich jedem, auch wenn er zum Beispiel irgend jemanden bei unzähligen Gelegenheiten als den vertrauenswürdigsten Menschen kennengelernt hat, misstraut er ihm bei der nächsten Gelegenheit, wie wenn er ihn gar nicht kennte oder richtiger, wie wenn er ihn als Lumpen kennte. Ich halte das für richtig, ein Beamter muss so vorgehen; leider kann ich diesen Grundsatz meiner Natur nach nicht befolgen, Sie sehen ja, wie ich Ihnen, einem Fremden, alles offen vorlege, ich kann eben nicht anders. Sordini dagegen fasste unserer Antwort gegenüber sofort Misstrauen. Es entwickelte sich nun eine große Korrespondenz. Sordini fragte, warum es mir plötzlich eingefallen sei, dass kein Landvermesser berufen werden solle; ich antwortete mit Hilfe von Mizzis ausgezeichnetem Gedächtnis, dass doch die erste Anregung von Amts wegen ausgegangen sei (dass es sich um eine andere Abteilung handelte, hatten wir natürlich schon längst vergessen); Sordini dagegen: warum ich diese amtliche Zuschrift erst jetzt erwähne; ich wiederum: weil ich mich erst jetzt an sie erinnert habe; Sordini: das sei sehr merkwürdig; ich: das sei gar nicht merkwürdig bei einer so lange sich hinziehenden Angelegenheit; Sordini: es sei doch merkwürdig, denn die Zuschrift, an die ich mich erinnert habe, existiere nicht; ich: natürlich existiere sie nicht, weil der ganze Akt verlorengegangen sei; Sordini: es müsste aber doch ein Vermerk hinsichtlich jener ersten Zuschrift bestehen, der aber bestehe nicht. Da stockte ich, denn dass in Sordinis Abteilung ein Fehler unterlaufen sei, wagte ich weder zu behaupten noch zu glauben. Sie machen vielleicht, Herr Landvermesser, Sordini in Gedanken den Vorwurf, dass ihn die Rücksicht auf meine Behauptung wenigstens dazu hätte bewegen sollen, sich bei anderen Abteilungen nach der Sache zu erkundigen. Gerade das aber wäre unrichtig gewesen, ich will nicht, dass an diesem Manne auch nur in Ihren Gedanken ein Makel bleibt. Es ist ein Arbeitsgrundsatz der Behörde, dass mit Fehlermöglichkeiten überhaupt nicht gerechnet wird. Dieser Grundsatz ist berechtigt durch die vorzügliche Organisation des Ganzen, und er ist notwendig, wenn äußerste Schnelligkeit der Erledigung erreicht werden soll. Sordini durfte sich also bei anderen Abteilungen gar nicht erkundigen, übrigens hätten ihm diese Abteilungen gar nicht geantwortet, weil sie gleich gemerkt hätten, dass es sich um Ausforschung einer Fehlermöglichkeit handle.«

»Erlauben Sie, Herr Vorsteher, dass ich Sie mit einer Frage unterbreche«, sagte K., »erwähnten Sie nicht früher einmal eine Kontrollbehörde? Die Wirtschaft ist ja nach Ihrer Darstellung eine derartige, dass einem bei der Vorstellung, die Kontrolle könnte ausbleiben, übel wird.«

»Sie sind sehr streng«, sagte der Vorsteher. »Aber vertausendfachen Sie Ihre Strenge, und sie wird noch immer nichts sein, verglichen mit der Strenge, welche die Behörde gegen sich selbst anwendet. Nur ein völlig Fremder kann Ihre Frage stellen. Ob es Kontrollbehörden gibt? Es gibt nur Kontrollbehörden. Freilich, sie sind nicht dazu bestimmt, Fehler im groben Wortsinn herauszufinden, denn Fehler kommen ja nicht vor, und selbst, wenn einmal ein Fehler vorkommt, wie in Ihrem Fall, wer darf denn endgültig sagen, dass es ein Fehler ist.«

»Das wäre etwas völlig Neues!« rief K.

»Mir ist es etwas sehr Altes«, sagte der Vorsteher. »Ich bin nicht viel anders als Sie selbst davon überzeugt, dass ein Fehler vorgekommen ist, und Sordini ist infolge der Verzweiflung darüber schwer erkrankt, und die ersten Kontrollämter, denen wir die Aufdeckung der Fehlerquelle verdanken, erkennen hier auch den Fehler. Aber wer darf behaupten, dass die zweiten Kontrollämter ebenso urteilen und auch die dritten und weiterhin die anderen?« »Mag sein«, sagte K., »in solche Überlegungen will ich mich doch lieber nicht einmischen, auch höre ich ja zum ersten Mal von diesen Kontrollämtern und kann sie natürlich noch nicht verstehen. Nur glaube ich, dass hier zweierlei unterschieden werden müsse: nämlich erstens das, was innerhalb der Ämter vorgeht und was dann wieder amtlich so oder so aufgefasst werden kann, und zweitens meine wirkliche Person, ich, der ich außerhalb der Ämter stehe und dem von den Ämtern eine Beeinträchtigung droht, die so unsinnig wäre, dass ich noch immer an den Ernst der Gefahr nicht glauben kann. Für das erstere gilt wahrscheinlich das, was Sie, Herr Vorsteher, mit so verblüffender, außerordentlicher Sachkenntnis erzählen, nur möchte ich aber dann auch ein Wort über mich hören.«

»Ich komme auch dazu«, sagte der Vorsteher, »doch könnten Sie es nicht verstehen, wenn ich nicht noch einiges vorausschickte. Schon dass ich jetzt die Kontrollämter erwähnte, war verfrüht. Ich kehre also zu den Unstimmigkeiten mit Sordini zurück. Wie erwähnt, ließ meine Abwehr allmählich nach. Wenn aber Sordini auch nur den geringsten Vorteil gegenüber irgendjemandem in Händen hat, hat er schon gesiegt, denn nun erhöht sich noch seine Aufmerksamkeit, Energie, Geistesgegenwart; und er ist für den Angegriffenen ein schrecklicher, für die Feinde des Angegriffenen ein herrlicher Anblick. Nur weil ich in anderen Fällen auch dieses letztere erlebt habe, kann ich so von ihm erzählen, wie ich es tue. Übrigens ist es mir noch nie gelungen, ihn mit Augen zu sehen, er kann nicht herunterkommen, er ist zu sehr mit Arbeit überhäuft, sein Zimmer ist mir so geschildert worden, dass alle Wände mit Säulen von großen, aufeinandergestapelten Aktenbündeln verdeckt sind, es sind dies nur die Akten, die Sordini gerade in Arbeit hat, und da immerfort den Bündeln Akten entnommen und eingefügt werden und alles in großer Eile geschieht, stürzen diese Säulen immerfort zusammen, und gerade dieses fortwährende, kurz aufeinanderfolgende Krachen ist für Sordinis Arbeitszimmer bezeichnend geworden. Nun ja, Sordini ist ein Arbeiter, und dem kleinsten Fall widmet er die gleiche Sorgfalt wie dem größten.«

»Sie nennen, Herr Vorsteher«, sagte K., »meinen Fall immer einen der kleinsten, und doch hat er viele Beamte sehr beschäftigt, und wenn er vielleicht auch anfangs sehr klein war, so ist er doch durch den Eifer von Beamten von Herrn Sordinis Art zu einem großen Fall geworden. Leider, und sehr gegen meinen Willen, denn mein Ehrgeiz geht nicht dahin, große, mich betreffende Aktensäulen entstehen und zusammenkrachen zu lassen, sondern als kleiner Landvermesser bei einem kleinen Zeichentisch ruhig zu arbeiten.«

»Nein«, sagte der Vorsteher, »es ist kein großer Fall. In dieser Hinsicht haben Sie keinen Grund zur Klage, es ist einer der kleinsten Fälle unter den kleinen. Der Umfang der Arbeit bestimmt nicht den Rang des Falles, Sie sind noch weit entfernt vom Verständnis für die Behörde, wenn Sie das glauben. Aber selbst wenn es auf den Umfang der Arbeit ankäme, wäre Ihr Fall einer der geringsten, die gewöhnlichen Fälle, also jene ohne sogenannte Fehler, geben noch viel mehr und freilich auch viel ergiebigere Arbeit. Übrigens wissen Sie ja noch gar nichts von der eigentlichen Arbeit, die Ihr Fall verursachte, von der will ich ja jetzt erzählen. Zunächst ließ mich nun Sordini aus dem Spiel, aber seine Beamten kamen, täglich fanden protokollarische Verhöre angesehener Gemeindemitglieder im Herrenhof statt. Die meisten hielten zu mir, nur einige wurden stutzig; die Frage der Landvermessung geht einem Bauern nahe, sie witterten irgendwelche geheime Verabredungen und Ungerechtigkeiten, fanden überdies einen Führer, und Sordini musste aus ihren Angaben die Überzeugung gewinnen, dass, wenn ich die Frage im Gemeinderat vorgebracht hätte, nicht alle gegen die Berufung eines Landvermessers gewesen wären. So wurde eine Selbstverständlichkeit – dass nämlich kein Landvermesser nötig ist – immerhin zumindest fragwürdig gemacht. Besonders zeichnete sich hierbei ein gewisser Brunswick aus – Sie kennen ihn wohl nicht –, er ist vielleicht nicht schlecht, aber dumm und phantastisch, er ist ein Schwager von Lasemann.«

»Vom Gerbermeister?« fragte K. und beschrieb den Vollbärtigen, den er bei Lasemann gesehen hatte.

»Ja, das ist er«, sagte der Vorsteher.

»Ich kenne auch seine Frau«, sagte K., ein wenig aufs Geratewohl.

»Das ist möglich«, sagte der Vorsteher und verstummte.

»Sie ist schön«, sagte K., »aber ein wenig bleich und kränklich. Sie stammt wohl aus dem Schloss?« Das war halb fragend gesagt.

Der Vorsteher sah auf die Uhr, goss Medizin auf einen Löffel und schluckte sie hastig.

»Sie kennen im Schloss wohl nur die Büroeinrichtungen?« fragte K. grob.

»Ja«, sagte der Vorsteher mit einem ironischen und doch dankbaren Lächeln. »Sie sind auch das Wichtigste. Und was Brunswick betrifft: Wenn wir ihn aus der Gemeinde ausschließen könnten, wären wir fast alle glücklich und Lasemann nicht am wenigsten. Aber damals gewann Brunswick einigen Einfluss, ein Redner ist er zwar nicht, aber ein Schreier, und auch das genügt manchen. Und so kam es, dass ich gezwungen wurde, die Sache dem Gemeinderat vorzulegen, übrigens zunächst Brunswicks einziger Erfolg, denn natürlich wollte der Gemeinderat mit großer Mehrheit von einem Landvermesser nichts wissen. Auch das ist nun schon jahrelang her, aber die ganze Zeit über ist die Sache nicht zur Ruhe gekommen, zum Teil durch die Gewissenhaftigkeit Sordinis, der die Beweggründe sowohl der Majorität als auch der Opposition durch die sorgfältigsten Erhebungen zu erforschen suchte, zum Teil durch die Dummheit und den Ehrgeiz Brunswicks, der verschiedene persönliche Verbindungen mit den Behörden hat, die er mit immer neuen Erfindungen seiner Phantasie in Bewegung brachte. Sordini allerdings ließ sich von Brunswick nicht täuschen, wie könnte Brunswick Sordini täuschen? – Aber eben um sich nicht täuschen zu lassen, waren neue Erhebungen nötig, und noch ehe sie beendigt waren, hatte Brunswick schon wieder etwas Neues ausgedacht, sehr beweglich ist er ja, es gehört das zu seiner Dummheit. Und nun komme ich auf eine besondere Eigenschaft unseres behördlichen Apparates zu sprechen. Entsprechend seiner Präzision ist er auch äußerst empfindlich. Wenn eine Angelegenheit sehr lange erwogen worden ist, kann es, auch ohne dass die Erwägungen schon beendet wären, geschehen, dass plötzlich blitzartig an einer unvorhersehbaren und auch später nicht mehr auffindbaren Stelle eine Erledigung hervorkommt, welche die Angelegenheit, wenn auch meistens sehr richtig, so doch immerhin willkürlich abschließt. Es ist, als hätte der behördliche Apparat die Spannung, die jahrelange Aufreizung durch die gleiche, vielleicht an sich geringfügige Angelegenheit nicht mehr ertragen und aus sich selbst heraus, ohne Mithilfe der Beamten, die Entscheidung getroffen. Natürlich ist kein Wunder geschehen, und gewiss hat irgendein Beamter die Erledigung geschrieben oder eine ungeschriebene Entscheidung getroffen, jedenfalls aber kann, wenigstens von uns aus, von hier aus, ja selbst vom Amt aus nicht festgestellt werden, welcher Beamte in diesem Fall entschieden hat, und aus welchen Gründen. Erst die Kontrollämter stellen das viel später fest; wir aber erfahren es nicht mehr, es würde übrigens dann auch kaum jemanden noch interessieren. Nun sind, wie gesagt, gerade diese Entscheidungen meistens vortrefflich, störend ist an ihnen nur, dass man, wie es gewöhnlich die Sache mit sich bringt, von diesen Entscheidungen zu spät erfährt und daher inzwischen über längst entschiedene Angelegenheiten noch immer leidenschaftlich berät. Ich weiß nicht, ob in Ihrem Fall eine solche Entscheidung ergangen ist – manches spricht dafür, manches dagegen –; wenn es aber geschehen wäre, so wäre die Berufung an Sie geschickt worden, und Sie hätten die große Reise hierher gemacht, viel Zeit wäre dabei vergangen, und inzwischen hätte noch immer Sordini hier in der gleichen Sache bis zur Erschöpfung gearbeitet, Brunswick intrigiert, und ich wäre von beiden gequält worden. Diese Möglichkeit deute ich nur an, bestimmt aber weiß ich folgendes: Ein Kontrollamt entdeckte inzwischen, dass aus der Abteilung A vor vielen Jahren an die Gemeinde eine Anfrage wegen eines Landvermessers ergangen sei, ohne dass bisher eine Antwort gekommen wäre. Man fragte neuerlich bei mir an, und nun war freilich die ganze Sache aufgeklärt, die Abteilung A begnügte sich mit meiner Antwort, dass kein Landvermesser nötig sei, und Sordini musste erkennen, dass er in diesem Falle nicht zuständig gewesen war und, freilich schuldlos, so viele unnütze, nervenzerstörende Arbeit geleistet hatte. Wenn nicht neue Arbeit von allen Seiten sich herangedrängt hätte wie immer und wenn nicht Ihr Fall doch nur ein sehr kleiner Fall gewesen wäre – man kann fast sagen, der kleinste unter den kleinen –, so hätten wir wohl alle aufgeatmet, ich glaube, sogar Sordini selbst. Nur Brunswick grollte, aber das war nur lächerlich. Und nun stellen Sie sich, Herr Landvermesser, meine Enttäuschung vor, als jetzt, nach glücklicher Beendigung der ganzen – Angelegenheit und auch seither ist schon wieder viel Zeit verflossen –, plötzlich Sie auftreten und es den Anschein bekommt, als sollte die Sache wieder von vorn beginnen. Dass ich fest entschlossen bin, dies, soweit es an mir liegt, auf keinen Fall zuzulassen, das werden Sie wohl verstehen?«

»Gewiss«, sagte K., »noch besser aber verstehe ich, dass hier ein entsetzlicher Missbrauch mit mir, vielleicht sogar mit den Gesetzen getrieben wird. Ich werde mich für meine Person dagegen zu wehren wissen.«

»Wie wollen Sie das tun?« fragte der Vorsteher.

»Das kann ich nicht verraten«, sagte K.

»Ich will mich nicht aufdrängen«, sagte der Vorsteher, »nur gebe ich Ihnen zu bedenken, dass Sie in mir – ich will nicht sagen, einen Freund, denn wir sind ja völlig Fremde – aber gewissermaßen einen Geschäftsfreund haben. Nur dass Sie als Landvermesser aufgenommen werden, lasse ich nicht zu; sonst aber können Sie sich immer mit Vertrauen an mich wenden, freilich in den Grenzen meiner Macht, die nicht groß ist.«

»Sie sprechen immer davon«, sagte K., »dass ich als Landvermesser aufgenommen werden soll, aber ich bin doch schon aufgenommen. Hier ist Klamms Brief.«

»Klamms Brief«, sagte der Vorsteher. »Er ist wertvoll und ehrwürdig durch Klamms Unterschrift, die echt zu sein scheint, sonst aber – doch ich wage es nicht, mich allein dazu zu äußern. – Mizzi!« rief er, und dann: »Aber was macht ihr denn?«

Die so lange unbeachteten Gehilfen und Mizzi hatten offenbar den gesuchten Akt nicht gefunden, hatten dann alles wieder in den Schrank sperren wollen, aber es war ihnen wegen der ungeordneten Überfülle der Akten nicht gelungen. Da waren wohl die Gehilfen auf den Gedanken gekommen, den sie jetzt ausführten. Sie hatten den Schrank auf den Boden gelegt, alle Akten hineingestopft, hatten sich dann mit Mizzi auf die Schranktüre gesetzt und suchten jetzt so, sie langsam niederzudrücken.

»Der Akt ist also nicht gefunden«, sagte der Vorsteher. »Schade, aber die Geschichte kennen Sie ja schon, eigentlich brauchen wir den Akt nicht mehr, übrigens wird er gewiss noch gefunden werden, er ist wahrscheinlich beim Lehrer, bei dem noch sehr viele Akten sind. Aber komm nun mit der Kerze her, Mizzi, und lies mit mir diesen Brief.«

Mizzi kam und sah nun noch grauer und unscheinbarer aus, als sie auf dem Bettrand saß und sich an den starken, lebenerfüllten Mann drückte, der sie umfasst hielt. Nur ihr kleines Gesicht fiel jetzt im Kerzenlicht auf, mit klaren, strengen, nur durch den Verfall des Alters gemilderten Linien. Kaum hatte sie in den Brief geblickt, faltete sie leicht die Hände. »Von Klamm«, sagte sie. Sie lasen dann gemeinsam den Brief, flüsterten ein wenig miteinander, und schließlich, während die Gehilfen gerade »Hurra!« riefen, denn sie hatten endlich die Schranktür zugedrückt, und Mizzi sah still dankbar zu ihnen hin, sagte der Vorsteher: »Mizzi ist völlig meiner Meinung, und nun kann ich es wohl auszusprechen wagen. Dieser Brief ist überhaupt keine amtliche Zuschrift, sondern ein Privatbrief. Das ist schon an der Überschrift: ›Sehr geehrter Herr!‹ deutlich erkennbar. Außerdem ist darin mit keinem Worte gesagt, dass Sie als Landvermesser aufgenommen sind, es ist vielmehr nur im allgemeinen von herrschaftlichen Diensten die Rede, und auch das ist nicht bindend ausgesprochen, sondern Sie sind nur aufgenommen ›wie Sie wissen‹, das heißt, die Beweislast dafür, dass Sie aufgenommen sind, ist Ihnen auferlegt. Endlich werden Sie in amtlicher Hinsicht ausschließlich an mich, den Vorsteher, als Ihren nächsten Vorgesetzten verwiesen, der Ihnen alles Nähere mitteilen soll, was ja zum größten Teil schon geschehen ist. Für einen, der amtliche Zuschriften zu lesen versteht und infolgedessen nichtamtliche Briefe noch besser liest, ist das alles überdeutlich. Dass Sie, ein Fremder, das nicht erkennen, wundert mich nicht. Im ganzen bedeutet der Brief nichts anderes, als dass Klamm persönlich sich um Sie zu kümmern beabsichtigt für den Fall, dass Sie in herrschaftliche Dienste aufgenommen werden.«

»Sie deuten, Herr Vorsteher«, sagte K., »den Brief so gut, dass schließlich nichts anderes übrigbleibt als die Unterschrift auf einem leeren Blatt Papier. Merken Sie nicht, wie Sie damit Klamms Namen, den Sie zu achten vorgeben, herabwürdigen?«

»Das ist ein Missverständnis«, sagte der Vorsteher. »Ich verkenne die Bedeutung des Briefes nicht, ich setze ihn durch meine Auslegung nicht herab, im Gegenteil. Ein Privatbrief Klamms hat natürlich viel mehr Bedeutung als eine amtliche Zuschrift; nur gerade die Bedeutung, die Sie ihm beilegen, hat er nicht.«

»Kennen Sie Schwarzer?« fragte K.

»Nein«, sagte der Vorsteher, »du vielleicht, Mizzi? Auch nicht. Nein, wir kennen ihn nicht.«

»Das ist merkwürdig«, sagte K., »er ist der Sohn eines Unterkastellans.«

»Lieber Herr Landvermesser«, sagte der Vorsteher, »wie soll ich denn alle Söhne aller Unterkastellane kennen?«

»Gut«, sagte K., »dann müssen Sie mir also glauben, dass er es ist. Mit diesem Schwarzer hatte ich noch am Tage meiner Ankunft einen ärgerlichen Auftritt. Er erkundigte sich dann telefonisch bei dem Unterkastellan namens Fritz und bekam die Auskunft, dass ich als Landvermesser aufgenommen sei. Wie erklären Sie sich das, Herr Vorsteher?«

»Sehr einfach«, sagte der Vorsteher, »Sie sind eben noch niemals mit unseren Behörden in Berührung gekommen. Alle diese Berührungen sind nur scheinbar, Sie aber halten sie infolge Ihrer Unkenntnis der Verhältnisse für wirklich. Und was das Telefon betrifft: Sehen Sie, bei mir, der ich wohl wahrlich genug mit den Behörden zu tun habe, gibt es kein Telefon. In Wirtsstuben und dergleichen, da mag es gute Dienste leisten, so etwa wie ein Musikautomat, mehr ist es auch nicht. Haben Sie schon einmal hier telefoniert, ja? Nun also, dann werden Sie mich vielleicht verstehen. Im Schloss funktioniert das Telefon offenbar ausgezeichnet; wie man mir erzählt hat, wird dort ununterbrochen telefoniert, was natürlich das Arbeiten sehr beschleunigt. Dieses ununterbrochene Telefonieren hören wir in den hiesigen Telefonen als Rauschen und Gesang, das haben Sie gewiss auch gehört. Nun ist aber dieses Rauschen und dieser Gesang das einzig Richtige und Vertrauenswürdige, was uns die hiesigen Telefone übermitteln, alles andere ist trügerisch. Es gibt keine bestimmte telefonische Verbindung mit dem Schloss, keine Zentralstelle, welche unsere Anrufe weiterleitet; wenn man von hier aus jemanden im Schloss anruft, läutet es dort bei allen Apparaten der untersten Abteilungen oder vielmehr, es würde bei allen läuten, wenn nicht, wie ich bestimmt weiß, bei fast allen dieses Läutewerk abgestellt wäre. Hier und da aber hat ein übermüdeter Beamter das Bedürfnis, sich ein wenig zu zerstreuen, besonders am Abend oder bei Nacht, und schaltet das Läutewerk ein; dann bekommen wir Antwort, allerdings eine Antwort, die nichts ist als Scherz. Es ist das ja auch sehr verständlich. Wer darf denn Anspruch erheben, wegen seiner privaten kleinen Sorgen mitten in die wichtigsten und immer rasend vor sich gehenden Arbeiten hineinzuläuten? Ich begreife auch nicht, wie selbst ein Fremder glauben kann, dass, wenn er zum Beispiel Sordini anruft, es auch wirklich Sordini ist, der ihm antwortet. Vielmehr ist es wahrscheinlich ein kleiner Registrator einer ganz anderen Abteilung. Dagegen kann es allerdings in auserlesener Stunde geschehen, dass, wenn man den kleinen Registrator anruft, Sordini selbst die Antwort gibt. Dann freilich ist es besser, man läuft vom Telefon weg, ehe der erste Laut zu hören ist.«

»So habe ich das allerdings nicht angesehen«, sagte K., »diese Einzelheiten konnte ich nicht wissen; viel Vertrauen aber hatte ich zu diesen telefonischen Gesprächen nicht und war mir immer dessen bewusst, dass nur das wirkliche Bedeutung hat, was man geradezu im Schloss erfährt oder erreicht.«

»Nein«, sagte der Vorsteher, an einem Wort sich festhaltend, »wirkliche Bedeutung kommt diesen telefonischen Antworten durchaus zu, wie denn nicht? Wie sollte eine Auskunft, die ein Beamter aus dem Schloss gibt, bedeutungslos sein? Ich sagte es schon gelegentlich des Klammschen Briefes; alle diese Äußerungen haben keine amtliche Bedeutung; wenn Sie ihnen amtliche Bedeutung zuschreiben, gehen Sie in die Irre; dagegen ist ihre private Bedeutung in freundschaftlichem oder feindseligem Sinne sehr groß, meist größer, als eine amtliche Bedeutung jemals sein könnte.«

»Gut«, sagte K., »angenommen, dass sich alles so verhält, dann hätte ich also eine Menge guter Freunde im Schloss; genau besehen, war schon damals vor vielen Jahren der Einfall jener Abteilung, man könnte einmal einen Landvermesser kommen lassen, ein Freundschaftsakt mir gegenüber, und in der Folgezeit reihte sich dann einer an den anderen, bis ich dann, allerdings zu bösem Ende, hergelockt wurde und man mir mit dem Hinauswurf droht.«

»Es ist eine gewisse Wahrheit in Ihrer Auffassung«, sagte der Vorsteher, »Sie haben darin recht, dass man die Äußerungen des Schlosses nicht wortwörtlich hinnehmen darf. Aber Vorsicht ist doch überall nötig, nicht nur hier, und desto nötiger, je wichtiger die Äußerung ist, um die es sich handelt. Was Sie dann aber vom Herlocken sagten, ist mir unbegreiflich. Wären Sie meinen Ausführungen besser gefolgt, dann müssten Sie doch wissen, dass die Frage Ihrer Hierherberufung viel zu schwierig ist, als dass wir sie hier im Laufe einer kleinen Unterhaltung beantworten könnten.«

»So bleibt dann das Ergebnis«, sagte K., »dass alles sehr unklar und unlösbar ist, bis auf den Hinauswurf.«

»Wer wollte wagen, Sie hinauszuwerfen, Herr Landvermesser?« sagte der Vorsteher. »Eben die Unklarheit der Vorfragen verbürgt Ihnen die höflichste Behandlung, nur sind Sie dem Anschein nach zu empfindlich. Niemand hält Sie hier zurück, aber das ist doch noch kein Hinauswurf.«

»Oh, Herr Vorsteher«, sagte K., »nun sind wieder Sie es, der manches allzu klar sieht. Ich werde Ihnen einiges davon aufzählen, was mich hier zurückhält: die Opfer, die ich brachte, um von zu Hause fortzukommen, die lange, schwere Reise, die begründeten Hoffnungen, die ich mir wegen der Aufnahme hier machte, meine vollständige Vermögenslosigkeit, die Unmöglichkeit, jetzt wieder eine andere entsprechende Arbeit zu Hause zu finden, und endlich, nicht zum wenigsten, meine Braut, die eine Hiesige ist.«

»Ach, Frieda«, sagte der Vorsteher ohne jede Überraschung. »Ich weiß. Aber Frieda würde Ihnen überallhin folgen. Was freilich das übrige betrifft, so sind hier allerdings gewisse Erwägungen nötig, und ich werde darüber ins Schloss berichten. Sollte eine Entscheidung kommen oder sollte es vorher nötig werden, Sie noch einmal zu verhören, werde ich Sie holen lassen. Sind Sie damit einverstanden?«

»Nein, gar nicht«, sagte K., »ich will keine Gnadengeschenke vom Schloss, sondern mein Recht.«

»Mizzi«, sagte der Vorsteher zu seiner Frau, die noch immer an ihn gedrückt dasaß und traumverloren mit Klamms Brief spielte, aus dem sie ein Schiffchen geformt hatte, erschrocken nahm es ihr K. jetzt fort. »Mizzi, das Bein fängt mich wieder sehr zu schmerzen an, wir werden den Umschlag erneuern müssen.«

K. erhob sich. »Dann werde ich mich also empfehlen«, sagte er. »Ja«, sagte Mizzi, die schon eine Salbe zurechtmachte, »es zieht auch zu stark.« K. wandte sich um; die Gehilfen hatten, in ihrem immer unpassenden Diensteifer, gleich auf K.s Bemerkung hin beide Türflügel geöffnet. K. konnte, um das Krankenzimmer vor der mächtig eindringenden Kälte zu bewahren, nur flüchtig vor dem Vorsteher sich verbeugen. Dann lief er, die Gehilfen mit sich reißend, aus dem Zimmer und schloss schnell die Tür.

Das sechste Kapitel

Vor dem Wirtshaus erwartete ihn der Wirt. Ohne gefragt zu werden, hätte er nicht zu sprechen gewagt, deshalb fragte ihn K., was er wolle. »Hast du schon eine neue Wohnung?« fragte der Wirt, zu Boden sehend. »Du fragst im Auftrag deiner Frau«, sagte K., »du bist wohl sehr abhängig von ihr?« – »Nein«, sagte der Wirt, »ich frage nicht in ihrem Auftrag. Aber sie ist sehr aufgeregt und unglücklich deinetwegen, kann nicht arbeiten, liegt im Bett und seufzt und klagt fortwährend.« – »Soll ich zu ihr gehen?« fragte K. »Ich bitte dich darum«, sagte der Wirt, »ich wollte dich schon vom Vorsteher holen, horchte dort an der Tür, aber ihr wart im Gespräch, ich wollte nicht stören, auch hatte ich Sorge wegen meiner Frau, lief wieder zurück, sie ließ mich aber nicht zu sich, so blieb mir nichts übrig, als auf dich zu warten.« – »Dann komm also schnell«, sagte K., »ich werde sie bald beruhigen.« – »Wenn es nur gelingen wollte«, sagte der Wirt.

Sie gingen durch die lichte Küche, wo drei oder vier Mägde, jede weit von der anderen, bei ihrer zufälligen Arbeit im Anblick K.s förmlich erstarrten. Schon in der Küche hörte man das Seufzen der Wirtin. Sie lag in einem durch eine leichte Bretterwand von der Küche abgetrennten, fensterlosen Verschlag. Er hatte nur Raum für ein großes Ehebett und einen Schrank. Das Bett war so aufgestellt, dass man von ihm aus die ganze Küche übersehen und die Arbeit beaufsichtigen konnte. Dagegen war von der Küche aus im Verschlag kaum etwas zu sehen. Dort war es ganz finster, nur das weiß-rote Bettzeug schimmerte ein wenig hervor. Erst wenn man eingetreten war und die Augen sich eingewöhnt hatten, unterschied man Einzelheiten.

»Endlich kommen Sie«, sagte die Wirtin schwach. Sie lag auf dem Rücken ausgestreckt, der Atem machte ihr offenbar Beschwerden, sie hatte das Federbett zurückgeworfen. Sie sah im Bett viel jünger aus als in den Kleidern, aber ein Nachthäubchen aus zartem Spitzengewebe, das sie trug, obwohl es zu klein war und auf ihrer Frisur schwankte, machte die Verfallenheit des Gesichtes mitleiderregend. »Wie hätte ich kommen sollen?« sagte K. sanft. »Sie haben mich doch nicht rufen lassen.« – »Sie hätten mich nicht so lange warten lassen sollen«, sagte die Wirtin mit dem Eigensinn des Kranken. »Setzen Sie sich«, sagte sie und zeigte auf den Bettrand, »ihr anderen geht aber fort!« Außer den Gehilfen hatten sich inzwischen auch die Mägde eingedrängt. »Ich will auch fortgehen, Gardena«, sagte der Wirt. K. hörte zum ersten Mal den Namen der Frau. »Natürlich«, sagte sie langsam und, als sei sie mit anderen Gedanken beschäftigt, fügte sie zerstreut hinzu: »Warum solltest denn gerade du bleiben?« Aber als sich alle in die Küche zurückgezogen hatten – auch die Gehilfen folgten diesmal gleich, allerdings waren sie hinter einer Magd her –, war Gardena doch aufmerksam genug, um zu erkennen, dass man aus der Küche alles hören konnte, was hier gesprochen wurde, denn der Verschlag hatte keine Tür, und so befahl sie allen, auch die Küche zu verlassen. Es geschah sofort.

»Bitte«, sagte dann Gardena, »Herr Landvermesser, gleich vorn im Schrank hängt ein Umhängetuch, reichen Sie es mir, ich will mich damit zudecken, ich ertrage das Federbett nicht, ich atme so schwer.« Und als ihr K. das Tuch gebracht hatte, sagte sie: »Sehen Sie, das ist ein schönes Tuch, nicht wahr?« K. schien es ein gewöhnliches Wolltuch zu sein, er befühlte es nur aus Gefälligkeit noch einmal, sagte aber nichts. »Ja, es ist ein schönes Tuch«, sagte Gardena und hüllte sich ein. Sie lag nun friedlich da; alles Leid schien von ihr genommen zu sein, ja sogar ihre vom Liegen in Unordnung gebrachten Haare fielen ihr ein, sie setzte sich für ein Weilchen auf und verbesserte die Frisur ein wenig rings um das Häubchen. Sie hatte reiches Haar.

K. wurde ungeduldig und sagte: »Sie ließen mich, Frau Wirtin, fragen, ob ich schon eine andere Wohnung habe.« – »Ich ließ Sie fragen?« sagte die Wirtin. »Nein, das ist ein Irrtum.« – »Ihr Mann hat mich eben jetzt danach gefragt.« – »Das glaube ich«, sagte die Wirtin, »ich bin mit ihm geschlagen. Als ich Sie nicht hier haben wollte, hat er Sie hier gehalten, jetzt, da ich glücklich bin, dass Sie hier wohnen, treibt er Sie fort. So ähnlich macht er es immer.« – »Sie haben also«, sagte K., »Ihre Meinung über mich so sehr geändert? In ein, zwei Stunden?« – »Ich habe meine Meinung nicht geändert«, sagte die Wirtin, wieder schwächer, »reichen Sie mir Ihre Hand. So. Und nun versprechen Sie mir, völlig aufrichtig zu sein, auch ich will es Ihnen gegenüber sein.« – »Gut«, sagte K., »wer wird aber anfangen?« – »Ich«, sagte die Wirtin. Es machte nicht den Eindruck, als wolle sie K. damit entgegenkommen, sondern als sei sie begierig, als erste zu reden.

Sie zog eine Fotografie unter dem Polster hervor und reichte sie K. »Sehen Sie dieses Bild an«, sagte sie bittend. Um es besser zu sehen, machte K. einen Schritt in die Küche, aber auch dort war es nicht leicht, etwas auf dem Bild zu erkennen, denn dieses war vom Alter ausgebleicht, vielfach gebrochen, zerdrückt und fleckig. »Es ist in keinem sehr guten Zustand«, sagte K. »Leider, leider«, sagte die Wirtin, »wenn man es durch Jahre immer bei sich herumträgt, wird es so. Aber wenn Sie es genau ansehen, werden Sie doch alles erkennen, ganz gewiss. Ich kann Ihnen übrigens helfen, sagen Sie mir, was Sie sehen, es freut mich sehr, von dem Bild zu hören. Was also?« – »Einen jungen Mann«, sagte K. »Richtig«, sagte die Wirtin, »und was macht er?« – »Er liegt, glaube ich, auf einem Brett, streckt sich und gähnt.« Die Wirtin lachte. »Das ist ganz falsch«, sagte sie. »Aber hier ist doch das Brett, und hier liegt er«, beharrte K. auf seinem Standpunkt. »Sehen Sie doch genauer hin«, sagte die Wirtin ärgerlich, »liegt er wirklich?« – »Nein«, sagte nun K., »er liegt nicht, er schwebt und, nun sehe ich es, es ist gar kein Brett, sondern wahrscheinlich eine Schnur, und der junge Mann macht einen Hochsprung.« – »Nun also« ? sagte die Wirtin erfreut, »er springt, so üben die amtlichen Boten. Ich habe ja gewusst, dass Sie es erkennen werden. Sehen Sie auch sein Gesicht?« – »Vom Gesicht sehe ich nur sehr wenig«, sagte K., »er strengt sich offenbar sehr an, der Mund ist offen, die Augen zusammengekniffen, und das Haar flattert.« – »Sehr gut«, sagte die Wirtin anerkennend. »Mehr kann einer, der ihn nicht persönlich gesehen hat, nicht erkennen. Aber es war ein schöner Junge; ich habe ihn nur einmal flüchtig gesehen und werde ihn nie vergessen.« – »Wer war es denn?« fragte K. »Es war«, sagte die Wirtin, »der Bote, durch den Klamm mich zum ersten Male zu sich berief.«

K. konnte nicht genau zuhören, er wurde durch Klirren von Glas abgelenkt. Er fand gleich die Ursache der Störung. Die Gehilfen standen draußen im Hof, hüpften im Schnee von einem Fuß auf den anderen. Sie taten, als wären sie glücklich, K. wiederzusehen; vor Glück zeigten sie ihn einander und tippten dabei immerfort an das Küchenfenster. Auf eine drohende Bewegung K.s ließen sie sofort davon ab, suchten einander zurückzudrängen, aber einer entwischte gleich dem anderen, und schon waren sie wieder beim Fenster. K. eilte in den Verschlag, wo ihn die Gehilfen von außen nicht sehen konnten und er sie nicht sehen musste. Aber das leise, wie bittende Klirren der Fensterscheibe verfolgte ihn auch dort noch lange.

»Wieder einmal die Gehilfen«, sagte er der Wirtin zu seiner Entschuldigung und zeigte hinaus. Sie aber achtete nicht auf ihn, das Bild hatte sie ihm fortgenommen, angesehen, geglättet und wieder unter das Polster geschoben. Ihre Bewegungen waren langsamer geworden, aber nicht vor Müdigkeit, sondern unter der Last der Erinnerung. Sie hatte K. erzählen wollen und hatte ihn vergessen über der Erzählung. Sie spielte mit den Fransen ihres Tuches. Erst nach einem Weilchen blickte sie auf, fuhr sich mit der Hand über die Augen und sagte: »Auch dieses Tuch ist von Klamm. Und auch das Häubchen. Das Bild, das Tuch und das Häubchen, das sind die drei Andenken, die ich an ihn habe. Ich bin nicht jung wie Frieda, ich bin nicht so ehrgeizig wie sie, auch nicht so zartfühlend, sie ist sehr zartfühlend; kurz, ich weiß mich in das Leben zu schicken, aber das muss ich eingestehen, ohne die drei Dinge hätte ich es hier nicht so lange ausgehalten, ja, ich hätte es wahrscheinlich keinen Tag hier ausgehalten. Diese drei Andenken scheinen Ihnen vielleicht gering, aber sehen Sie: Frieda, die so lange mit Klamm verkehrt hat, besitzt gar kein Andenken, ich habe sie gefragt, sie ist zu schwärmerisch und auch zu ungenügsam; ich dagegen, die nur dreimal bei Klamm war – später ließ er mich nicht mehr rufen, ich weiß nicht, warum –, habe doch wie in Vorahnung der Kürze meiner Zeit diese Andenken mitgebracht. Freilich, man muss sich darum kümmern, Klamm selbst gibt nichts, aber wenn man dort etwas Passendes liegen sieht, kann man es sich ausbitten.«

K. fühlte sich unbehaglich gegenüber diesen Geschichten, sosehr sie ihn auch betrafen.

»Wie lange ist denn das alles her?« fragte er seufzend.

»Über zwanzig Jahre«, sagte die Wirtin. »Weit über zwanzig Jahre.«

»So lange hält man Klamm die Treue«, sagte K. »Sind Sie sich aber, Frau Wirtin, dessen auch bewusst, dass Sie mir mit solchen Geständnissen, wenn ich an meine zukünftige Ehe denke, schwere Sorgen machen?«

Die Wirtin fand es ungebührlich, dass sich K. mit seinen Angelegenheiten hier einmischen wollte, und sah ihn erzürnt von der Seite an.

»Nicht so böse, Frau Wirtin«, sagte K. »Ich sagte ja kein Wort gegen Klamm, aber ich bin doch durch die Macht der Ereignisse in gewisse Beziehungen zu Klamm getreten; das kann der größte Verehrer Klamms nicht leugnen. Nun also. Infolgedessen muss ich bei Klamms Erwähnung immer auch an mich denken, das ist nicht zu ändern. Übrigens, Frau Wirtin« –

hier fasste K. ihre zögernde Hand –, »denken Sie daran, wie schlecht unsere letzte Unterhaltung ausgefallen ist und dass wir diesmal in Frieden auseinandergehen wollen.«

»Sie haben recht«, sagte die Wirtin und beugte den Kopf, »aber schonen Sie mich. Ich bin nicht empfindlicher als andere, im Gegenteil, jeder hat empfindliche Stellen, ich habe nur diese eine.«

»Leider ist es gleichzeitig auch die meine«, sagte K., »ich aber werde mich gewiss beherrschen; nun aber erklären Sie mir, Frau Wirtin, wie soll ich in der Ehe diese entsetzliche Treue gegenüber Klamm ertragen, vorausgesetzt, dass auch Frieda Ihnen darin ähnlich ist?«

»Entsetzliche Treue?« wiederholte die Wirtin grollend. »Ist es denn Treue? Treu bin ich meinem Mann, aber Klamm? Klamm hat mich einmal zu seiner Geliebten gemacht, kann ich diesen Rang jemals verlieren? Und wie Sie es bei Frieda ertragen sollen? Ach, Herr Landvermesser, wer sind Sie denn, der so zu fragen wagt?« »Frau Wirtin«, sagte K. warnend. »Ich weiß«, sagte die Wirtin, sich fügend, »aber mein Mann hat solche Fragen nicht gestellt. Ich weiß nicht, wer unglücklich zu nennen ist, ich damals oder Frieda jetzt. Frieda, die mutwillig Klamm verließ, oder ich, die er nicht mehr hat rufen lassen. Vielleicht ist es doch Frieda, wenn sie es auch noch nicht in vollem Umfang zu wissen scheint. Aber meine Gedanken beherrschte doch mein Unglück damals ausschließlicher, denn immerfort musste ich mich fragen und höre im Grunde auch heute noch nicht auf, so zu fragen: Warum ist das geschehen? Dreimal hat dich Klamm rufen lassen und zum vierten Mal nicht mehr und niemals mehr zum vierten Mal! Was beschäftigte mich damals mehr? Worüber konnte ich denn sonst mit meinem Mann sprechen, den ich damals kurz nachher heiratete? Bei Tag hatten wir keine Zeit, wir hatten dieses Wirtshaus in einem elenden Zustand übernommen und mussten es in die Höhe zu bringen suchen, aber in der Nacht? Jahrelang drehten sich unsere nächtlichen Gespräche nur um Klamm und die Gründe seiner Sinnesänderung. Und wenn mein Mann bei diesen Unterhaltungen einschlief, weckte ich ihn, und wir sprachen weiter.«

»Nun werde ich«, sagte K., »wenn Sie erlauben, eine sehr grobe Frage stellen.«

Die Wirtin schwieg.

»Ich darf also nicht fragen«, sagte K., »auch das genügt mir.«

»Freilich«, sagte die Wirtin, »auch das genügt Ihnen, und das besonders. Sie missdeuten alles, auch das Schweigen. Sie können eben nicht anders. Ich erlaube Ihnen zu fragen.«

»Wenn ich alles missdeute«, sagte K., »missdeute ich vielleicht auch meine Frage, vielleicht ist sie gar nicht so grob. Ich wollte nur wissen, wie Sie Ihren Mann kennengelernt haben und wie dieses Wirtshaus in Ihren Besitz gekommen ist?«

Die Wirtin runzelte die Stirn, sagte aber gleichmütig: »Das ist eine sehr einfache Geschichte. Mein Vater war Schmied, und Hans, mein jetziger Mann, der Pferdeknecht bei einem Großbauern war, kam öfters zu meinem Vater. Es war damals nach der letzten Zusammenkunft mit Klamm, ich war sehr unglücklich und hätte es eigentlich nicht sein dürfen, denn alles war ja korrekt vor sich gegangen, und dass ich nicht mehr zu Klamm durfte, war eben Klamms Entscheidung, war also korrekt; nur die Gründe waren dunkel, in denen durfte ich forschen, aber unglücklich hätte ich nicht sein dürfen. Nun, ich war es doch und konnte nicht arbeiten und saß in unserem Vorgärtchen, den ganzen Tag. Dort sah mich Hans, setzte sich manchmal zu mir, ich klagte ihm nicht, aber er wusste, worum es ging, und weil er ein guter Junge ist, kam es vor, dass er mit mir weinte. Und als der damalige Gastwirt, dem die Frau gestorben war und der deshalb das Gewerbe aufgeben musste – auch war er schon ein alter Mann –, einmal an unserem Gärtchen vorüberkam und uns dort sitzen sah, blieb er stehen und bot uns kurzerhand das Wirtshaus zur Pacht an, wollte, weil er Vertrauen zu uns habe, kein Geld im voraus und setzte die Pacht sehr billig an. Dem Vater wollte ich nicht zur Last fallen, alles andere war mir gleichgültig, und so reichte ich in Gedanken an das Wirtshaus und an die neue, vielleicht ein wenig Vergessen bringende Arbeit Hans die Hand. Das ist die Geschichte.«

Es war ein Weilchen still, dann sagte K.: »Die Handlungsweise des Gastwirts war schön, aber unvorsichtig, oder hatte er besondere Gründe für sein Vertrauen zu Ihnen beiden?«

»Er kannte Hans gut«, sagte die Wirtin, »er war Hansens Onkel.«

»Dann freilich«, sagte K. »Hansens Familie war also offenbar viel an der Verbindung mit Ihnen gelegen?«

»Vielleicht«, sagte die Wirtin, »ich weiß es nicht, ich kümmerte mich nie darum.«

»Es muss doch aber so gewesen sein«, sagte K., »wenn die Familie bereit war, solche Opfer zu bringen und das Wirtshaus einfach, ohne Sicherung, in Ihre Hände zu geben.«

»Es war nicht unvorsichtig, wie sich später gezeigt hat«, sagte die Wirtin. »Ich warf mich in die Arbeit, stark war ich, des Schmiedes Tochter, ich brauchte nicht Magd, nicht Knecht; ich war überall, in der Wirtsstube, in der Küche, im Stall, im Hof, ich kochte so gut, dass ich sogar dem Herrenhof Gäste abjagte. Sie waren zu Mittag noch nicht in der Wirtsstube, Sie kennen nicht unsere Mittagsgäste, damals waren noch mehr, seitdem haben sich schon viele verlaufen. Und das Ergebnis war, dass wir nicht nur die Pacht richtig zahlen konnten, sondern nach einigen Jahren das Ganze kauften und es heute fast schuldenfrei ist. Das weitere Ergebnis freilich war, dass ich mich dabei zerstörte, herzkrank wurde und nun eine alte Frau geworden bin. Sie glauben vielleicht, dass ich viel älter als Hans bin, aber in Wirklichkeit ist er nur um zwei oder drei Jahre jünger und wird allerdings niemals altern, denn bei seiner Arbeit – Pfeiferauchen, den Gästen zuhören, dann die Pfeife ausklopfen und manchmal ein Bier holen –, bei dieser Arbeit altert man nicht.«

»Ihre Leistungen sind bewundernswert«, sagte K., »daran ist kein Zweifel, aber wir sprachen von den Zeiten vor Ihrer Heirat, und damals wäre es doch merkwürdig gewesen, wenn Hansens Familie unter Geldopfern oder zumindest mit Übernahme eines so großen Risikos, wie es die Hingabe des Wirtshauses war, zur Heirat gedrängt und hierbei keine andere Hoffnung gehabt hätte als Ihre Arbeitskraft, die man ja noch gar nicht kannte, und Hansens Arbeitskraft, deren Nichtvorhandensein man doch schon erfahren haben musste.«

»Nun ja«, sagte die Wirtin müde, »ich weiß ja, worauf Sie zielen und wie fehl Sie dabei gehen. Von Klamm war in allen diesen Dingen keine Spur. Warum hätte er für mich sorgen sollen oder richtiger: wie hätte er überhaupt für mich sorgen können? Er wusste ja nichts mehr von mir. Dass er mich nicht mehr hatte rufen lassen, war ein Zeichen, dass er mich vergessen hatte. Wen er nicht mehr rufen lässt, vergisst er völlig. Ich wollte davon vor Frieda nicht reden. Es ist aber nicht nur Vergessen, es ist mehr als das. Den, welchen man vergessen hat, kann man ja wieder kennenlernen. Bei Klamm ist das nicht möglich. Wen er nicht mehr rufen lässt, den hat er nicht nur für die Vergangenheit völlig vergessen, sondern förmlich auch für alle Zukunft. Wenn ich mir viel Mühe gebe, kann ich mich ja hineindenken in Ihre Gedanken, in Ihre hier sinnlosen, in der Fremde, aus der Sie kommen, vielleicht gültigen Gedanken. Möglicherweise versteigen Sie sich bis zu der Tollheit, zu glauben, Klamm hätte mir gerade meinen Hans deshalb zum Manne gegeben, damit ich nicht viel Hindernis habe, zu ihm zu kommen, wenn er mich in Zukunft einmal riefe. Nun, weiter kann auch Tollheit nicht gehen. Wo wäre der Mann, der mich hindern könnte, zu Klamm zu laufen, wenn mir Klamm ein Zeichen gibt? Unsinn, völliger Unsinn; man verwirrt sich selbst, wenn man mit diesem Unsinn spielt.«

»Nein«, sagte K., »verwirren wollen wir uns nicht, ich war mit meinen Gedanken noch lange nicht so weit, wie Sie annehmen, wenn auch, um die Wahrheit zu sagen, auf dem Wege dorthin. Vorläufig wunderte mich aber nur, dass die Verwandtschaft so viel von der Heirat erhoffte und dass diese Hoffnungen sich tatsächlich auch erfüllten, allerdings durch den Einsatz Ihres Herzens, Ihrer Gesundheit. Der Gedanke an einen Zusammenhang dieser Tatsachen mit Klamm drängte sich mir dabei allerdings auf, aber nicht oder noch nicht in der Grobheit, mit der Sie es darstellten, offenbar nur zu dem Zweck, um mich wieder einmal anfahren zu können, weil Ihnen das Freude macht. Mögen Sie die Freude haben! Mein Gedanke aber war der: Zunächst ist Klamm offenbar die Veranlassung der Heirat. Ohne Klamm wären Sie nicht unglücklich gewesen, nicht untätig im Vorgärtchen gesessen, ohne Klamm hätte Sie Hans dort nicht gesehen, ohne Ihre Traurigkeit hätte der schüchterne Hans Sie nie anzusprechen gewagt, ohne Klamm hätten Sie sich nie mit Hans in Tränen gefunden, ohne Klamm hätte der alte, gute Onkel-Gastwirt niemals Hans und Sie dort friedlich beisammen gesehen, ohne Klamm wären Sie nicht gleichgültig gegen das Leben gewesen, hätten also Hans nicht geheiratet. Nun, in dem allen ist doch schon genug Klamm, sollte ich meinen. Es geht aber noch weiter. Hätten Sie nicht Vergessen gesucht, hätten Sie gewiss nicht so rücksichtslos gegen sich selbst gearbeitet und die Wirtschaft nicht so hoch gebracht. Also auch hier Klamm. Aber Klamm ist auch noch, abgesehen davon, die Ursache Ihrer Krankheit, denn Ihr Herz war schon vor Ihrer Heirat von der unglücklichen Leidenschaft erschöpft. Bleibt nur noch die Frage, was Hansens Verwandte so sehr an der Heirat lockte. Sie selbst erwähnten einmal, dass Klamms Geliebte zu sein eine unverlierbare Rangerhöhung bedeutet; nun, so mag sie also dies gelockt haben. Außerdem aber glaube ich, die Hoffnung, dass der gute Stern, der Sie zu Klamm geführt hat – vorausgesetzt, dass es ein guter Stern war, aber Sie behaupten es –, zu Ihnen gehöre, also bei Ihnen bleiben müsse und Sie nicht etwa so schnell und plötzlich verlassen werde, wie Klamm es getan hat.«

»Meinen Sie das alles im Ernst?« fragte die Wirtin.

»Im Ernst«, sagte K. schnell, »nur glaube ich, dass Hansens Verwandtschaft mit ihren Hoffnungen weder ganz recht noch ganz unrecht hatte, und ich glaube auch den Fehler zu erkennen, den sie gemacht haben. Äußerlich scheint ja alles gelungen, Hans ist gut versorgt, hat eine stattliche Frau, steht in Ehren, die Wirtschaft ist schuldenfrei. Aber eigentlich ist doch nicht alles gelungen, er wäre mit einem einfachen Mädchen, dessen erste große Liebe er gewesen wäre, gewiss viel glücklicher geworden; wenn er, wie Sie es ihm vorwerfen, manchmal in der Wirtsstube wie verloren dasteht, so deshalb, weil er sich wirklich wie verloren fühlt – ohne darüber unglücklich zu sein, gewiss, soweit kenne ich ihn schon –, aber ebenso gewiss ist es, dass dieser hübsche, verständige Junge mit einer anderen Frau glücklicher, womit ich gleichzeitig meine, selbständiger, fleißiger, männlicher geworden wäre. Und Sie selbst sind doch gewiss nicht glücklich und, wie Sie sagten, ohne die drei Andenken wollten Sie gar nicht weiterleben, und herzkrank sind Sie auch. Also hatte die Verwandtschaft mit ihren Hoffnungen unrecht? Ich glaube nicht. Der Segen war über Ihnen, aber man verstand nicht, ihn herunterzuholen.«

»Was hat man denn versäumt?« fragte die Wirtin. Sie lag nun ausgestreckt auf dem Rücken und blickte zur Decke empor.

»Klamm zu fragen«, sagte K.

»So wären wir also wieder bei Ihnen«, sagte die Wirtin.

»Oder bei Ihnen«, sagte K. »Unsere Angelegenheiten grenzen aneinander.«

»Was wollen Sie also von Klamm ?« fragte die Wirtin. Sie hatte sich aufrecht gesetzt, die Kissen aufgeschüttelt, um sitzend sich anlehnen zu können, und sah K. voll in die Augen. »Ich habe Ihnen meinen Fall, aus dem Sie einiges hätten lernen können, offen erzählt. Sagen Sie mir nun ebenso offen, was Sie Klamm fragen wollen. Nur mit Mühe habe ich Frieda überredet, in ihr Zimmer hinaufzugehen und dort zu bleiben; ich fürchtete, Sie würden in ihrer Anwesenheit nicht genug offen sprechen.«

»Ich habe nichts zu verbergen«, sagte K. »Zunächst aber will ich Sie auf etwas aufmerksam machen. Klamm vergisst gleich, sagten Sie. Das kommt mir nun erstens sehr unwahrscheinlich vor, zweitens aber ist es unbeweisbar, offenbar nichts anderes als eine Legende, ausgedacht vom Mädchenverstand derjenigen, welche bei Klamm gerade in Gnade waren. Ich wundere mich, dass Sie einer so platten Erfindung glauben.«

»Es ist keine Legende«, sagte die Wirtin, »es ist vielmehr der allgemeinen Erfahrung entnommen.«

»Also auch durch neue Erfahrung zu widerlegen«, sagte K. »Dann gibt es aber auch noch einen Unterschied zwischen Ihrem und Friedas Fall. Dass Klamm Frieda nicht mehr gerufen hätte, ist gewissermaßen gar nicht vorgekommen, vielmehr hat er sie gerufen, aber sie hat nicht gefolgt. Es ist sogar möglich, dass er noch immer auf sie wartet.«

Die Wirtin schwieg und ließ nur ihren Blick beobachtend an K. auf und ab gehen. Dann sagte sie: »Ich will allem, was Sie zu sagen haben, ruhig zuhören. Reden Sie lieber offen, als dass Sie mich schonen. Nur eine Bitte habe ich. Gebrauchen Sie nicht Klamms Namen. Nennen Sie ihn ›Er‹ oder sonst wie, aber nicht beim Namen.«

»Gern«, sagte K., »aber was ich von ihm will, ist schwer zu sagen. Zunächst will ich ihn in der Nähe sehen, dann will ich seine Stimme hören, dann will ich von ihm wissen, wie er sich zu unserer Heirat verhält. Worum ich ihn dann vielleicht noch bitten werde, hängt vom Verlauf der Unterredung ab. Es kann manches zur Sprache kommen, aber das wichtigste ist doch für mich, dass ich ihm gegenüberstehe. Ich habe nämlich noch mit keinem wirklichen Beamten unmittelbar gesprochen. Es scheint das schwerer zu erreichen zu sein, als ich glaubte. Nun aber habe ich die Pflicht, mit ihm als einem Privatmann zu sprechen, und dieses ist meiner Meinung nach viel leichter durchzusetzen. Als Beamten kann ich ihn nur in seinem vielleicht unzugänglichen Büro sprechen, im Schloss oder, was schon fraglich ist, im Herrenhof. Als Privatmann aber überall, im Haus, auf der Straße, wo es mir nur gelingt, ihm zu begegnen. Dass ich dann nebenbei auch den Beamten mir gegenüber haben werde, werde ich gern hinnehmen, aber es ist nicht mein erstes Ziel.«

»Gut«, sagte die Wirtin und drückte ihr Gesicht in die Kissen, als sage sie etwas Schamloses. »Wenn ich durch meine Verbindungen es erreiche, dass Ihre Bitte um eine Unterredung zu Klamm geleitet wird, versprechen Sie mir, bis zum Herabkommen der Antwort nichts auf eigene Faust zu unternehmen?«

»Das kann ich nicht versprechen«, sagte K., »so gerne ich Ihre Bitte oder Ihre Laune erfüllen wollte. Die Sache drängt nämlich, besonders nach dem ungünstigen Ergebnis meiner Besprechung mit dem Vorsteher.«

»Dieser Einwand entfällt«, sagte die Wirtin, »der Vorsteher ist eine ganz belanglose Person. Haben Sie denn das nicht bemerkt? Er könnte keinen Tag in seiner Stellung bleiben, wenn nicht seine Frau wäre, die alles führt.«

»Mizzi?« fragte K. Die Wirtin nickte. »Sie war dabei«, sagte K.

»Hat sie sich geäußert?« fragte die Wirtin.

»Nein«, sagte K., »ich hatte aber auch nicht den Eindruck, dass sie das könnte.«

»Nun ja«, sagte die Wirtin, »so irrig sehen Sie hier alles an. Jedenfalls: Was der Vorsteher über Sie verfügt hat, hat keine Bedeutung, und mit der Frau werde ich gelegentlich reden. Und wenn ich Ihnen nun noch verspreche, dass die Antwort Klamms spätestens in einer Woche kommen wird, haben Sie wohl keinen Grund mehr, mir nicht nachzugeben.«

»Das alles ist nicht entscheidend«, sagte K. »Mein Entschluss steht fest und ich würde ihn auch auszuführen versuchen, wenn eine ablehnende Antwort käme. Wenn ich aber diese Absicht von vornherein habe, kann ich doch nicht vorher um die Unterredung bitten lassen. Was ohne die Bitte vielleicht ein kühner, aber doch gutgläubiger Versuch bleibt, wäre nach einer ablehnenden Antwort offene Widersetzlichkeit. Das wäre freilich viel schlimmer.«

»Schlimmer?« sagte die Wirtin. »Widersetzlichkeit ist es auf jeden Fall. Und nun tun Sie nach Ihrem Willen. Reichen Sie mir den Rock.«

Ohne Rücksicht auf K. zog sie sich den Rock an und eilte in die Küche. Schon seit längerer Zeit hörte man Unruhe von der Wirtsstube her. An das Guckfenster war geklopft worden. Die Gehilfen hatten es einmal aufgestoßen und hereingerufen, dass sie Hunger hätten. Auch andere Gesichter waren dann dort erschienen. Sogar einen leisen, aber mehrstimmigen Gesang hörte man.

Freilich, K.s Gespräch mit der Wirtin hatte das Kochen des Mittagessens sehr verzögert, es war noch nicht fertig, aber die Gäste waren versammelt. Immerhin hatte niemand gewagt, gegen das Verbot der Wirtin die Küche zu betreten. Nun aber, da die Beobachter am Guckfenster meldeten, die Wirtin komme schon, liefen die Mägde gleich in die Küche, und als K. die Wirtsstube betrat, strömte die erstaunlich zahlreiche Gesellschaft, mehr als zwanzig Leute, Männer und Frauen, provinzmäßig, aber nicht bäuerisch angezogen, vom Guckfenster, wo sie versammelt gewesen waren, zu den Tischen, um sich Plätze zu sichern. Nur an einem kleinen Tisch in einem Winkel saß schon ein Ehepaar mit einigen Kindern; der Mann, ein freundlicher, blauäugiger Herr mit zerrauftem, grauem Haar und Bart, stand zu den Kindern hinabgebeugt und gab mit einem Messer den Takt zu ihrem Gesang, den er immerfort zu dämpfen bemüht war; vielleicht wollte er sie durch den Gesang den Hunger vergessen machen. Die Wirtin entschuldigte sich vor der Gesellschaft mit einigen gleichgültig hingesprochenen Worten, niemand machte ihr Vorwürfe. Sie sah sich nach dem Wirt um, der aber vor der Schwierigkeit der Lage wohl schon längst geflüchtet war. Dann ging sie langsam in die Küche; für K., der zu Frieda in sein Zimmer eilte, hatte sie keinen Blick mehr.

Das siebente Kapitel

Oben traf K. den Lehrer. Das Zimmer war erfreulicherweise kaum wiederzuerkennen, so fleißig war Frieda gewesen. Es war gut gelüftet worden, der Ofen reichlich geheizt, der Fußboden gewaschen, das Bett geordnet, die Sachen der Mägde, dieser hassenswerte Unrat, einschließlich ihrer Bilder, waren verschwunden, der Tisch, der einem früher, wohin man sich auch wendete, mit seiner schmutzüberkrusteten Platte förmlich nachgestarrt hatte, war mit einer weißen, gestrickten Decke überzogen. Nun konnte man schon Gäste empfangen; dass K.s kleiner Wäschevorrat, den Frieda offenbar früh gewaschen hatte, beim Ofen zum Trocknen ausgehängt war, störte wenig. Der Lehrer und Frieda waren bei Tisch gesessen, sie erhoben sich bei K.s Eintritt. Frieda begrüßte K. mit einem Kuss, der Lehrer verbeugte sich ein wenig. K., zerstreut und noch in der Unruhe des Gesprächs mit der Wirtin, begann, sich zu entschuldigen, dass er den Lehrer bisher noch nicht hatte besuchen können; es war so, als nehme er an, der Lehrer hätte, ungeduldig wegen K.s Ausbleiben, nun selbst den Besuch gemacht. Der Lehrer aber, in seiner gemessenen Art, schien sich nun erst selbst langsam zu erinnern, dass einmal zwischen ihm und K. eine Art Besuch verabredet worden war. »Sie sind ja, Herr Landvermesser«, sagte er langsam, »der Fremde, mit dem ich vor ein paar Tagen auf dem Kirchplatz gesprochen habe.« – »Ja«, sagte K. kurz; was er damals in seiner Verlassenheit geduldet hatte, musste er hier, in seinem Zimmer, sich nicht gefallen lassen. Er wandte sich an Frieda und beriet sich mit ihr wegen eines wichtigen Besuches, den er sofort zu machen habe und bei dem er möglichst gut angezogen sein müsse. Frieda rief sofort, ohne K. weiter auszufragen, die Gehilfen, die gerade mit der Untersuchung der neuen Tischdecke beschäftigt waren, und befahl ihnen, K.s Kleider und Stiefel, die er gleich auszuziehen begann, unten im Hof sorgfältig zu putzen. Sie selbst nahm ein Hemd von der Schnur und lief in die Küche hinunter, um es zu bügeln.

Jetzt war K. mit dem Lehrer, der wieder still beim Tisch saß, allein; er ließ ihn noch ein wenig warten, zog sich das Hemd aus und begann, sich beim Waschbecken zu waschen. Erst jetzt, den Rücken dem Lehrer zugekehrt, fragte er ihn nach dem Grund seines Kommens. »Ich komme im Auftrag des Herrn Gemeindevorstehers«, sagte er. K. war bereit, den Auftrag zu hören. Da aber K.s Worte in dem Wasserschwall schwer verständlich waren, musste der Lehrer näher kommen und lehnte sich neben K. an die Wand. K. entschuldigte sein Waschen und seine Unruhe mit der Dringlichkeit des beabsichtigten Besuches. Der Lehrer ging darüber hinweg und sagte: »Sie waren unhöflich gegenüber dem Herrn Gemeindevorsteher, diesem alten, verdienten, vielerfahrenen, ehrwürdigen Mann.« – »Dass ich unhöflich gewesen wäre, weiß ich nicht«, sagte K., während er sich abtrocknete, »dass ich aber an anderes zu denken hatte als an ein feines Benehmen, ist richtig, denn es handelte sich um meine Existenz, die bedroht ist durch eine schmachvolle amtliche Wirtschaft, deren Einzelheiten ich Ihnen nicht darlegen muss, da Sie selbst ein tätiges Glied dieser Behörde sind. Hat sich der Gemeindevorsteher über mich beklagt?« – »Wem gegenüber hätte er sich beklagen sollen?« sagte der Lehrer. »Und selbst, wenn er jemanden hätte, würde er sich denn jemals beklagen? Ich habe nur ein kleines Protokoll nach seinem Diktat über Ihre Besprechung aufgesetzt und daraus über die Güte des Herrn Vorstehers und über die Art Ihrer Antworten genug erfahren.«

Während K. seinen Kamm suchte, den Frieda irgendwo eingeordnet haben musste, sagte er: »Wie? Ein Protokoll? In meiner Abwesenheit nachträglich aufgesetzt von jemandem, der gar nicht bei der Besprechung war? Das ist nicht übel. Und warum denn ein Protokoll? War es denn eine amtliche Handlung?« – »Nein«, sagte der Lehrer, »eine halbamtliche, auch das Protokoll ist nur halbamtlich; es wurde nur gemacht, weil bei uns in allem strenge Ordnung sein muss. Jedenfalls liegt es nun vor und dient nicht zu Ihrer Ehre.« K., der den Kamm, der ins Bett geglitten war, endlich gefunden hatte, sagte ruhiger: »Mag es vorliegen. Sind Sie gekommen, mir das zu melden?« – »Nein«, sagte der Lehrer, »aber ich bin kein Automat und musste Ihnen meine Meinung sagen. Mein Auftrag dagegen ist ein weiterer Beweis der Güte des Herrn Vorstehers; ich betone, dass mir diese Güte unbegreiflich ist und dass ich nur unter dem Zwang meiner Stellung und in Verehrung des Herrn Vorstehers den Auftrag ausführe.« K., gewaschen und gekämmt, saß nun in Erwartung des Hemdes und der Kleider bei Tisch; er war wenig neugierig auf das, was der Lehrer ihm brachte; auch war er beeinflusst von der geringen Meinung, welche die Wirtin vom Vorsteher hatte. »Es ist wohl schon Mittag vorüber?« fragte er in Gedanken an den Weg, den er vorhatte, dann verbesserte er sich und sagte: »Sie wollten mir etwas vom Vorsteher ausrichten.« – »Nun ja«, sagte der Lehrer mit einem Achselzucken, als schüttle er jede eigene Verantwortung von sich ab. »Der Herr Vorsteher befürchtet, dass Sie, wenn die Entscheidung Ihrer Angelegenheit zu lange ausbleibt, etwas Unbedachtes auf eigene Faust tun werden. Ich für meinen Teil weiß nicht, warum er das befürchtet; meine Ansicht ist, dass Sie doch am besten tun mögen, was Sie wollen. Wir sind nicht Ihre Schutzengel und haben keine Verpflichtung, Ihnen auf allen Ihren Wegen nachzulaufen. Nun gut. Der Herr Vorsteher ist anderer Meinung. Die Entscheidung selbst, welche Sache der gräflichen Behörden ist, kann er freilich nicht beschleunigen. Wohl aber will er in seinem Wirkungskreis eine vorläufige, wahrhaftig generöse Entscheidung treffen, es liegt nur an Ihnen, sie anzunehmen: Er bietet Ihnen vorläufig die Stelle eines Schuldieners an.« Darauf, was ihm angeboten wurde, achtete K. zunächst kaum, aber die Tatsache, dass ihm etwas angeboten wurde, schien ihm nicht bedeutungslos. Es deutete darauf hin, dass er nach Ansicht des Vorstehers imstande war, um sich zu wehren, Dinge auszuführen, vor denen sich zu schützen für die Gemeinde selbst gewisse Aufwendungen rechtfertigte. Und wie wichtig man die Sache nahm! Der Lehrer, der hier schon eine Zeitlang gewartet und vorher noch das Protokoll aufgesetzt hatte, musste ja vom Vorsteher geradezu hergejagt worden sein. Als der Lehrer sah, dass er nun doch K. nachdenklich gemacht hatte, fuhr er fort: »Ich machte meine Einwendungen. Ich wies darauf hin, dass bisher kein Schuldiener nötig gewesen sei; die Frau des Kirchendieners räumt von Zeit zu Zeit auf, und Fräulein Gisa, die Lehrerin, beaufsichtigt es. Ich habe Plage genug mit den Kindern, ich will mich nicht auch noch mit einem Schuldiener ärgern. Der Herr Vorsteher entgegnete, dass es aber doch sehr schmutzig in der Schule sei. Ich erwiderte, der Wahrheit gemäß, dass es nicht sehr arg sei. Und, fügte ich hinzu, wird es dann besser werden, wenn wir den Mann als Schuldiener nehmen? Ganz gewiss nicht. Abgesehen davon, dass er von solchen Arbeiten nichts versteht, hat doch das Schulhaus nur zwei große Lehrzimmer ohne Nebenräume, der Schuldiener muss also mit seiner Familie in einem der Lehrzimmer wohnen, schlafen, vielleicht gar kochen, das kann natürlich die Reinlichkeit nicht vergrößern. Aber der Herr Vorsteher verwies darauf, dass diese Stelle für Sie eine Rettung in der Not sei und dass Sie daher sich mit allen Kräften bemühen werden, sie gut auszufüllen; ferner meinte der Herr Vorsteher, gewinnen wir mit Ihnen auch noch die Kräfte Ihrer Frau und Ihrer Gehilfen, so dass nicht nur die Schule, sondern auch der Schulgarten in musterhafter Ordnung wird gehalten werden können. Das alles widerlegte ich mit Leichtigkeit. Schließlich konnte der Herr Vorsteher gar nichts mehr zu Ihren Gunsten vorbringen, lachte und sagte nur, Sie seien doch Landvermesser und würden daher die Beete im Schulgarten besonders schön gerade ziehen können. Nun, gegen Späße gibt es keine Einwände, und so ging ich mit dem Auftrag zu Ihnen.« »Sie machen sich unnütze Sorgen, Herr Lehrer«, sagte K. »Es fällt mir nicht ein, die Stelle anzunehmen.« »Vorzüglich«, sagte der Lehrer, »vorzüglich, ganz ohne Vorbehalt lehnen Sie ab«, und er nahm den Hut, verbeugte sich und ging.

Gleich darauf kam Frieda mit verstörtem Gesicht herauf, das Hemd brachte sie ungebügelt, Fragen beantwortete sie nicht; um sie zu zerstreuen, erzählte ihr K. von dem Lehrer und dem Angebot; kaum hörte sie es, warf sie das Hemd auf das Bett und lief wieder fort. Sie kam bald zurück, aber mit dem Lehrer, der verdrießlich aussah und gar nicht grüßte. Frieda bat ihn um ein wenig Geduld – offenbar hatte sie das auf dem Weg hierher schon einige Male getan –, zog dann K. durch eine Seitentür, von der er gar nicht gewusst hatte, auf den benachbarten Dachboden und erzählte dort schließlich aufgeregt außer Atem, was ihr geschehen war. Die Wirtin, empört darüber, dass sie sich vor K. zu Geständnissen und, was noch ärger war, zur Nachgiebigkeit hinsichtlich einer Unterredung Klamms mit K. erniedrigt und nichts damit erreicht hatte als, wie sie sagte, kalte und überdies unaufrichtige Abweisung, sei entschlossen, K. nicht mehr in ihrem Hause zu dulden; habe er Verbindungen mit dem Schloss, so möge er sie nur schnell ausnützen, denn noch heute, noch jetzt müsse er das Haus verlassen, und nur auf direkten behördlichen Befehl und Zwang werde sie ihn wieder aufnehmen; doch hoffe sie, dass es nicht dazu kommen werde, denn auch sie habe Verbindungen mit dem Schloss und werde sie geltend zu machen verstehen. Übrigens sei er ja in das Wirtshaus nur infolge der Nachlässigkeit des Wirtes gekommen und sei auch sonst gar nicht in Not, denn noch heute morgen habe er sich eines für ihn bereitstehenden Nachtlagers gerühmt. Frieda natürlich solle bleiben; wenn Frieda mit K. ausziehen sollte, werde sie, die Wirtin, tief unglücklich sein, schon unten in der Küche sei sie bei dem bloßen Gedanken weinend neben dem Herd zusammengesunken, die arme, herzleidende Frau! Aber wie könnte sie anders handeln, jetzt, da es sich, in ihrer Vorstellung wenigstens, geradezu um die Ehre von Klamms Andenken handle! So stehe es also mit der Wirtin. Frieda freilich werde ihm, K., folgen, wohin er wolle, in Schnee und Eis, darüber sei natürlich kein weiteres Wort zu verlieren, aber sehr schlimm sei doch ihrer beider Lage jedenfalls, darum habe sie das Angebot des Vorstehers mit großer Freude begrüßt, sei es auch eine für K. nicht passende Stelle, so sei sie doch, das werde ausdrücklich betont, eine nur vorläufige, man gewinne Zeit und werde leicht andere Möglichkeiten finden, selbst wenn die endgültige Entscheidung ungünstig ausfallen sollte. »Im Notfall«, rief schließlich Frieda, schon an K.s Hals, »wandern wir aus, was hält uns hier im Dorf? Vorläufig aber, nicht wahr, Liebster, nehmen wir das Angebot an. Ich habe den Lehrer zurückgebracht, du sagst ihm ›Angenommen‹, nichts weiter, und wir übersiedeln in die Schule.«

»Das ist schlimm«, sagte K., ohne es aber ganz ernsthaft zu meinen, denn die Wohnung kümmerte ihn wenig, auch fror er sehr in seiner Unterwäsche hier auf dem Dachboden, der, auf zwei Seiten ohne Wand und Fenster, scharf von kalter Luft durchzogen wurde, »jetzt hast du das Zimmer so schön hergerichtet, und nun sollen wir ausziehen! Ungern, ungern würde ich die Stelle annehmen, schon die augenblickliche Demütigung vor diesem kleinen Lehrer ist mir peinlich, und nun soll er gar mein Vorgesetzter werden. Wenn man nur noch ein Weilchen hierbleiben könnte, vielleicht ändert sich meine Lage noch heute Nachmittag. Wenn wenigstens du hier bliebest, könnte man es abwarten und dem Lehrer nur eine unbestimmte Antwort geben. Für mich finde ich immer ein Nachtlager, wenn es sein muss, wirklich bei Bar...« Frieda verschloss ihm mit der Hand den Mund. »Das nicht«, sagte sie ängstlich, »bitte, sage das nicht wieder. Sonst aber folge ich dir in allem. Wenn du willst, bleibe ich allein hier, so traurig es für mich wäre. Wenn du willst, lehnen wir den Antrag ab, so unrichtig das meiner Meinung nach wäre. Denn sieh, wenn du eine andere Möglichkeit findest, gar noch heute Nachmittag, nun, so ist es selbstverständlich, dass wir die Stelle in der Schule sofort aufgeben, niemand wird uns daran hindern. Und was die Demütigung vor dem Lehrer betrifft, so lass mich dafür sorgen, dass es keine wird, ich selbst werde mit ihm sprechen, du wirst nur stumm dabeistehen, und auch später wird es nicht anders sein, niemals wirst du, wenn du nicht willst, selbst mit ihm sprechen müssen, ich allein werde in Wirklichkeit seine Untergebene sein, und nicht einmal ich werde es sein, denn ich kenne seine Schwächen. So ist also nichts verloren, wenn wir die Stelle annehmen, vieles aber, wenn wir sie ablehnen; vor allem würdest du wirklich auch nur für dich allein, wenn du nicht noch heute etwas vom Schloss erreichst, nirgends, nirgends im Dorf ein Nachtlager finden, ein Nachtlager nämlich, für das ich mich als deine künftige Frau nicht schämen müsste. Und wenn du kein Nachtlager bekommst, willst du dann etwa von mir verlangen, dass ich hier im warmen Zimmer schlafe, während ich weiß, dass du draußen in Nacht und Kälte umherirrst?« K., der die ganze Zeit über, die Arme über der Brust gekreuzt, mit den Händen seinen Rücken schlug, um sich ein wenig zu erwärmen, sagte: »Dann bleibt nichts übrig, als anzunehmen. Komm!«

Im Zimmer eilte er gleich zum Ofen; um den Lehrer kümmerte er sich nicht; dieser saß beim Tisch, zog die Uhr hervor und sagte: »Es ist spät geworden.« – »Dafür sind wir aber jetzt auch völlig einig, Herr Lehrer«, sagte Frieda. »Wir nehmen die Stelle an.« – »Gut«, sagte der Lehrer, »aber die Stelle ist dem Herrn Landvermesser angeboten. Er selbst muss sich äußern.« Frieda kam K. zu Hilfe. »Freilich«, sagte sie, »er nimmt die Stelle an, nicht wahr, K.?« So konnte K. seine Erklärung auf ein einfaches »Ja« beschränken, das nicht einmal an den Lehrer, sondern an Frieda gerichtet war. »Dann«, sagte der Lehrer, »bleibt mir nur noch übrig, Ihnen Ihre Dienstpflichten vorzuhalten, damit wir in dieser Hinsicht ein für allemal einig sind; Sie haben, Herr Landvermesser, täglich beide Schulzimmer zu reinigen und zu heizen, kleinere Reparaturen im Haus, ferner an den Schul- und Turngeräten selbst vorzunehmen, den Weg durch den Garten schneefrei zu halten, Botengänge für mich und das Fräulein Lehrerin zu machen und in der wärmeren Jahreszeit alle Gartenarbeit zu besorgen. Dafür haben Sie das Recht, nach Ihrer Wahl in einem der Schulzimmer zu wohnen; doch müssen Sie, wenn nicht gleichzeitig in beiden Zimmern unterrichtet wird und Sie gerade in dem Zimmer, in welchem unterrichtet wird, wohnen, natürlich in das andere Zimmer übersiedeln. Kochen dürfen Sie in der Schule nicht, dafür werden Sie und die Ihren auf Kosten der Gemeinde hier im Wirtshaus verpflegt. Dass Sie sich der Würde der Schule gemäß verhalten müssen und dass insbesondere die Kinder, gar während des Unterrichts, niemals etwa Zeugen unliebsamer Szenen in Ihrer Häuslichkeit werden dürfen, erwähne ich nur nebenbei, denn als gebildeter Mann müssen Sie das wissen. In Zusammenhang damit bemerke ich noch, dass wir darauf bestehen müssen, dass Sie Ihre Beziehungen zu Fräulein Frieda möglichst bald legitimieren. Über dies alles und noch einige Kleinigkeiten wird ein Dienstvertrag aufgesetzt, den Sie gleich, wenn Sie ins Schulhaus einziehen, unterzeichnen müssen.« K. erschien das alles unwichtig, so, als ob es ihn nicht betreffe oder jedenfalls nicht binde; nur die Großtuerei des Lehrers reizte ihn, und er sagte leichthin: »Nun ja, es sind die üblichen Verpflichtungen.« Um diese Bemerkung ein wenig zu verwischen, fragte Frieda nach dem Gehalt. »Ob Gehalt gezahlt wird«, sagte der Lehrer, »wird erst nach einmonatigem Probedienst erwogen werden.« – »Das ist aber hart für uns«, sagte Frieda. »Wir sollen fast ohne Geld heiraten, unsere Hauswirtschaft aus nichts schaffen. Könnten wir nicht doch, Herr Lehrer, durch eine Eingabe an die Gemeinde um ein kleines sofortiges Gehalt bitten? Würden Sie dazu raten?« – »Nein«, sagte der Lehrer, der seine Worte immer an K. richtete. »Einer solchen Eingabe würde nur entsprochen werden, wenn ich es empfehle, und ich würde es nicht tun. Die Verleihung der Stelle ist ja nur eine Gefälligkeit Ihnen gegenüber, und Gefälligkeiten muss man, wenn man sich seiner öffentlichen Verantwortung bewusst bleibt, nicht zu weit treiben.« Nun mischte sich aber doch K. ein, fast gegen seinen Willen. »Was die Gefälligkeit betrifft, Herr Lehrer«, sagte er, »glaube ich, dass Sie irren. Diese Gefälligkeit ist vielleicht eher auf meiner Seite.« – »Nein«, sagte der Lehrer lächelnd, nun hatte er doch K. zum Reden gezwungen. »Darüber bin ich genau unterrichtet. Wir brauchen den Schuldiener etwa so dringend wie den Landvermesser. Schuldiener wie Landvermesser, es ist eine Last an unserem Halse. Es wird mich noch viel Nachdenken kosten, wie ich die Ausgaben vor der Gemeinde begründen soll. Am besten und wahrheitsgemäßesten wäre es, die Forderung nur auf den Tisch zu werfen und gar nicht zu begründen.« – »So meine ich es ja«, sagte K., »gegen Ihren Willen müssen Sie mich aufnehmen. Obwohl es Ihnen schweres Nachdenken verursacht, müssen Sie mich aufnehmen. Wenn nun jemand genötigt ist, einen anderen aufzunehmen, und dieser andere sich aufnehmen lässt, so ist er es doch, der gefällig ist.« – »Sonderbar«, sagte der Lehrer, »was sollte uns zwingen, Sie aufzunehmen? Des Herrn Vorstehers gutes, übergutes Herz zwingt uns. Sie werden, Herr Landvermesser, das sehe ich wohl, manche Phantasien aufgeben müssen, ehe Sie ein brauchbarer Schuldiener werden. Und für die Gewährung eines eventuellen Gehaltes machen natürlich solche Bemerkungen wenig Stimmung. Auch merke ich leider, dass mir Ihr Benehmen noch viel zu schaffen geben wird; die ganze Zeit über verhandeln Sie ja mit mir – ich sehe es immerfort an und glaube es fast nicht – in Hemd und Unterhosen.« – »Ja«, rief K. lachend und schlug in die Hände, »die entsetzlichen Gehilfen! Wo bleiben sie denn?« Frieda eilte zur Tür; der Lehrer, der merkte, dass nun K. für ihn nicht mehr zu sprechen war, fragte Frieda, wann sie in die Schule einziehen würden. »Heute«, sagte Frieda. »Dann komme ich morgen früh revidieren«, sagte der Lehrer, grüßte durch Handwinken, wollte durch die Tür, die Frieda für sich geöffnet hatte, hinausgehen, stieß aber mit den Mägden zusammen, die schon mit ihren Sachen kamen, um sich im Zimmer wieder einzurichten. Er musste zwischen ihnen, die vor niemandem zurückgewichen wären, durchschlüpfen, Frieda folgte ihm. »Ihr habt es aber eilig«, sagte K., der diesmal sehr zufrieden mit ihnen war, »wir sind noch hier, und ihr müsst schon einrücken?« Sie antworteten nicht und drehten nur verlegen ihre Bündel, aus denen K. die wohlbekannten schmutzigen Fetzen hervorhängen sah. »Ihr habt wohl euere

Sachen noch niemals gewaschen«, sagte K., es war nicht böse, sondern mit einer gewissen Zuneigung gesagt. Sie merkten es, öffneten gleichzeitig ihren harten Mund, zeigten die schönen, starken, tiermäßigen Zähne und lachten lautlos. »Nun kommt«, sagte K., »richtet euch ein, es ist ja euer Zimmer.« Als sie aber noch immer zögerten – ihr Zimmer schien ihnen wohl allzu sehr verwandelt –, nahm K. eine beim Arm, um sie weiterzuführen. Aber er ließ sie gleich los, so erstaunt war beider Blick, den sie, nach einer kurzen gegenseitigen Verständigung, nun nicht mehr von K. wandten. »Jetzt habt ihr mich aber lange genug angesehen«, sagte K., irgendein unangenehmes Gefühl abwehrend, nahm Kleider und Stiefel, die eben Frieda, schüchtern von den Gehilfen gefolgt, gebracht hatte, und zog sich an. Unbegreiflich war ihm immer, und jetzt wieder, die Geduld, die Frieda mit den Gehilfen hatte. Sie hatte sie, die doch die Kleider im Hof hätten putzen sollen, nach längerem Suchen friedlich unten beim Mittagessen gefunden, die ungeputzten Kleider vor sich zusammengepresst auf dem Schoß, sie hatte dann selbst alles putzen müssen; und doch zankte sie, die gemeines Volk gut zu beherrschen wusste, gar nicht mit ihnen, erzählte überdies in ihrer Gegenwart von ihrer großen Nachlässigkeit wie von einem kleinen Scherz und klopfte gar noch dem einen leicht, wie schmeichelnd, auf die Wange. K. wollte ihr nächstens darüber Vorhaltungen machen. Jetzt aber war es höchste Zeit, wegzugehen. »Die Gehilfen bleiben hier, dir bei der Übersiedlung zu helfen«, sagte K. Sie waren allerdings nicht damit einverstanden; satt und fröhlich, wie sie waren, hätten sie sich gern ein wenig Bewegung gemacht. Erst als Frieda sagte: »Gewiss, ihr bleibt hier«, fügten sie sich. »Weißt du, wohin ich gehe?« fragte K. »Ja«, sagte Frieda. »Und du hältst mich also nicht mehr zurück?« fragte K. »Du wirst so viele Hindernisse finden«, sagte sie, »was würde da mein Wort bedeuten!« Sie küsste K. zum Abschied, gab ihm, da er nicht zu Mittag gegessen hatte, ein Päckchen mit Brot und Wurst, das sie von unten für ihn mitgebracht hatte, erinnerte ihn daran, dass er dann nicht mehr hierher, sondern gleich in die Schule kommen solle, und begleitete ihn, die Hand auf seiner Schulter, bis vor die Tür hinaus.

Das achte Kapitel

Zunächst war K. froh, dem Gedränge der Mägde und Gehilfen in dem warmen Zimmer entgangen zu sein. Auch fror es ein wenig, der Schnee war fester, das Gehen leichter. Nur fing es freilich schon zu dunkeln an, und er beschleunigte die Schritte.

Das Schloss, dessen Umrisse sich schon aufzulösen begannen, lag still wie immer, niemals noch hatte K. dort das geringste Zeichen von Leben gesehen, vielleicht war es gar nicht möglich, aus dieser Ferne etwas zu erkennen, und doch verlangten es die Augen und wollten die Stille nicht dulden. Wenn K. das Schloss ansah, so war es ihm manchmal, als beobachte er jemanden, der ruhig dasitze und vor sich hinsehe, nicht etwa in Gedanken verloren und dadurch gegen alles abgeschlossen, sondern frei und unbekümmert, so, als sei er allein und niemand beobachte ihn, und doch musste er merken, dass er beobachtet wurde, aber es rührte nicht im geringsten an seiner Ruhe, und wirklich – man wusste nicht, war es Ursache oder Folge –, die Blicke des Beobachters konnten sich nicht festhalten und glitten ab. Dieser Eindruck wurde heute noch verstärkt durch das frühe Dunkel; je länger er hinsah, desto weniger erkannte er, desto tiefer sank alles in Dämmerung.

Gerade als K. zu dem noch unbeleuchteten Herrenhof kam, öffnete sich ein Fenster im ersten Stock, ein junger, dicker, glattrasierter Herr im Pelzrock beugte sich heraus und blieb dann im Fenster. K.s Gruß schien er auch nicht mit dem leichtesten Kopfnicken zu beantworten. Weder im Flur noch im Ausschank traf K. jemanden, der Geruch von abgestandenem Bier war noch schlimmer als letzthin, etwas Derartiges kam wohl im Wirtshaus »Zur Brücke« nicht vor. K. ging sofort zu der Tür, durch die er letzthin Klamm beobachtet hatte, drückte vorsichtig die Klinke nieder, aber die Tür war versperrt; dann suchte er die Stelle zu ertasten, wo das Guckloch war, aber der Verschluss war wahrscheinlich so gut eingepasst, dass er die Stelle auf diese Weise nicht finden konnte, er zündete deshalb ein Streichholz an. Da wurde er durch einen Schrei erschreckt. In dem Winkel zwischen Tür und Kredenztisch, nahe beim Ofen, saß zusammengeduckt ein junges Mädchen und starrte ihn in dem Aufleuchten des Streichholzes mit mühsam geöffneten, schlaftrunkenen Augen an. Es war offenbar die Nachfolgerin Friedas. Sie fasste sich bald, drehte das elektrische Licht an, der Ausdruck ihres Gesichtes war noch böse, da erkannte sie K. »Ah, der Herr Landvermesser«, sagte sie lächelnd, reichte ihm die Hand und stellte sich vor: »Ich heiße Pepi.« Sie war klein, rot, gesund, das üppige, rötlichblonde Haar war in einen starken Zopf geflochten, außerdem krauste es sich rund um das Gesicht, sie hatte ein ihr sehr wenig passendes, glatt niederfallendes Kleid aus grauglänzendem Stoff, unten war es kindlich ungeschickt von einem in eine Masche endigenden Seidenband zusammengezogen, so dass es sie beengte. Sie erkundigte sich nach Frieda, und ob sie nicht bald zurückkommen werde. Das war eine Frage, die nahe an Boshaftigkeit grenzte. »Ich bin«, sagte sie dann, »gleich nach Friedas Weggang in Eile hierher berufen worden, weil man doch nicht eine Beliebige hier verwenden kann, ich war bis jetzt Zimmermädchen, aber es ist kein guter Tausch, den ich gemacht habe. Viel Abend- und Nachtarbeit ist hier, das ist sehr ermüdend, ich werde es kaum ertragen, ich wundere mich nicht, dass Frieda es aufgegeben hat.« – »Frieda war hier sehr zufrieden«, sagte K., um Pepi endlich auf den Unterschied aufmerksam zu machen, der zwischen ihr und Frieda bestand und den sie vernachlässigte. »Glauben Sie ihr nicht«, sagte Pepi. »Frieda kann sich beherrschen wie nicht leicht jemand. Was sie nicht gestehen will, gesteht sie nicht, und dabei merkt man gar nicht, dass sie etwas zu gestehen hätte. Ich diene doch jetzt hier schon einige Jahre mit ihr, immer haben wir zusammen in einem Bett geschlafen, aber vertraut bin ich mit ihr nicht, gewiss denkt sie heute schon nicht mehr an mich. Ihre einzige Freundin vielleicht ist die alte Wirtin aus dem Brückengasthaus, und das ist doch auch bezeichnend.« – »Frieda ist meine Braut«, sagte K. und suchte nebenbei die Gucklochstelle in der Tür. »Ich weiß«, sagte Pepi, »deshalb erzähle ich es ja. Sonst hätte es doch für Sie keine Bedeutung.« – »Ich verstehe«, sagte K. »Sie meinen, dass ich stolz darauf sein kann, ein so verschlossenes Mädchen für mich gewonnen zu haben.« – »Ja«, sagte sie und lachte zufrieden, so, als habe sie K. zu einem geheimen Einverständnis hinsichtlich Friedas gewonnen.

Aber es waren nicht eigentlich ihre Worte, die K. beschäftigten und ein wenig vom Suchen ablenkten, sondern ihre Erscheinung war es und ihr Vorhandensein an dieser Stelle. Freilich, sie war viel jünger als Frieda, fast kindlich noch, und ihre Kleidung war lächerlich, sie hatte sich offenbar angezogen entsprechend den übertriebenen Vorstellungen, die sie von der Bedeutung eines Ausschankmädchens hatte. Und diese Vorstellungen hatte sie gar noch in ihrer Art mit Recht, denn die Stellung, für die sie noch gar nicht passte, war wohl unverhofft und unverdient und nur vorläufig ihr zuteil geworden, nicht einmal das Ledertäschchen, das Frieda immer im Gürtel getragen hatte, hatte man ihr anvertraut. Und ihre angebliche Unzufriedenheit mit der Stellung war nichts als Überhebung. Und doch, trotz ihrem kindlichen Unverstand hatte auch sie wahrscheinlich Beziehungen zum Schloss; sie war ja, wenn sie nicht log, Zimmermädchen gewesen; ohne von ihrem Besitz zu wissen, verschlief sie hier die Tage, aber eine Umarmung dieses kleinen, dicken, ein wenig rundrückigen Körpers konnte ihr zwar den Besitz nicht entreißen, konnte aber an ihn rühren und aufmuntern für den schweren Weg. Dann war es vielleicht nicht anders als bei Frieda? O doch, es war anders. Man musste nur an Friedas Blick denken, um das zu verstehen. Niemals hätte K. Pepi angerührt. Aber doch musste er jetzt für ein Weilchen seine Augen bedecken, so gierig sah er sie an.

»Es muss ja nicht angezündet sein«, sagte Pepi und drehte das Licht wieder aus, »ich habe nur angezündet, weil Sie mich so sehr erschreckt haben. Was wollen Sie denn hier? Hat Frieda etwas vergessen?« – »Ja«, sagte K. und zeigte auf die Tür, »hier im Zimmer nebenan eine Tischdecke, eine weiße, gestrickte.« – »Ja, ihre Tischdecke«, sagte Pepi, »ich erinnere mich, eine schöne Arbeit, ich habe ihr dabei geholfen, aber in diesem Zimmer ist sie wohl kaum.« – »Frieda glaubt es. Wer wohnt denn hier?« fragte K. »Niemand«, sagte Pepi. »Es ist das Herrenzimmer, hier trinken und essen die Herren, das heißt, es ist dafür bestimmt, aber die meisten bleiben oben in ihren Zimmern.« – »Wenn ich wüsste«, sagte K., »dass jetzt nebenan niemand ist, würde ich sehr gerne hineingehen und die Decke suchen. Aber es ist eben unsicher; Klamm, zum Beispiel, pflegt oft dort zu sitzen.« – »Klamm ist jetzt gewiss nicht dort«, sagte Pepi, »er fährt ja gleich weg, der Schlitten wartet schon im Hof.«

Sofort, ohne ein Wort der Erklärung, verließ K. den Ausschank, wandte sich im Flur anstatt zum Ausgang gegen das Innere des Hauses und hatte nach wenigen Schritten den Hof erreicht. Wie still und schön es hier war! Ein viereckiger Hof, auf drei Seiten vom Hause, gegen die Straße zu – eine Nebenstraße, die K. nicht kannte – von einer hohen, weißen Mauer mit einem großen, schweren, jetzt offenen Tor begrenzt. Hier, auf der Hofseite, schien das Haus höher als auf der Vorderseite, wenigstens war der erste Stock vollständig ausgebaut und hatte ein größeres Ansehen, denn er war von einer hölzernen, bis auf einen kleinen Spalt in Augenhöhe geschlossenen Galerie umlaufen. K. schief gegenüber, noch im Mitteltrakt, aber schon im Winkel, wo sich der gegenüberliegende Seitenflügel anschloss, war ein Eingang ins Haus, offen, ohne Tür. Davor stand ein dunkler, geschlossener, mit zwei Pferden bespannter Schlitten. Bis auf den Kutscher, den K. auf die Entfernung hin jetzt in der Dämmerung mehr vermutete als erkannte, war niemand zu sehen.

Die Hände in den Taschen, vorsichtig sich umschauend, nahe an der Mauer, umging K. zwei Seiten des Hofes, bis er beim Schlitten war. Der Kutscher, einer jener Bauern, die letzthin im Ausschank gewesen waren, hatte ihn, im Pelz versunken, teilnahmslos herankommen sehen, so wie man etwa den Weg einer Katze verfolgt. Auch als K. schon bei ihm stand, grüßte, und sogar die Pferde ein wenig unruhig wurden wegen des aus dem Dunkel auftauchenden Mannes, blieb er gänzlich unbekümmert. Das war K. sehr willkommen. Angelehnt an die Mauer, packte er sein Essen aus, gedachte dankbar Friedas, die ihn so gut versorgt hatte, und spähte dabei in das Innere des Hauses. Eine rechtwinklig gebrochene Treppe führte herab und war unten von einem niedrigen, aber scheinbar tiefen Gang gekreuzt; alles war rein, weiß getüncht, scharf und gerade abgegrenzt.

Das Warten dauerte länger, als K. gedacht hatte. Längst schon war er mit dem Essen fertig, die Kälte war empfindlich, aus der Dämmerung war schon völlige Finsternis geworden, und Klamm kam immer noch nicht. »Das kann noch sehr lange dauern«, sagte plötzlich eine raue Stimme so nahe bei K., dass er zusammenfuhr. Es war der Kutscher, der, wie aufgewacht, sich streckte und laut gähnte. »Was kann denn lange dauern?« fragte K., nicht undankbar wegen der Störung, denn die fortwährende Stille und Spannung war schon lästig gewesen. »Ehe Sie weggehen werden«, sagte der Kutscher. K. verstand ihn nicht, fragte aber nicht weiter, er glaubte auf diese Weise den Hochmütigen am besten zum Reden zu bringen. Ein Nichtantworten hier in der Finsternis war fast aufreizend. Und tatsächlich fragte der Kutscher nach einem Weilchen: »Wollen Sie Kognak?« – »Ja«, sagte K. unüberlegt, durch das Angebot allzu sehr verlockt, denn ihn fröstelte. »Dann machen Sie den Schlitten auf«, sagte der Kutscher, »in der Seitentasche sind einige Flaschen, nehmen Sie eine, trinken Sie und reichen Sie sie mir dann. Mir ist es wegen des Pelzes zu beschwerlich hinunterzusteigen.« Es verdross K., solche Handreichungen zu machen, aber da er sich nun mit dem Kutscher schon eingelassen hatte, gehorchte er, selbst auf die Gefahr hin, beim Schlitten etwa von Klamm überrascht zu werden. Er öffnete die breite Tür und hätte gleich aus der Tasche, welche auf der Innenseite der Tür angebracht war, die Flasche herausziehen können, aber da nun die Tür offen war, trieb es ihn so sehr in das Innere des Schlittens, dass er nicht widerstehen konnte, nur einen Augenblick lang wollte er darin sitzen. Er huschte hinein. Außerordentlich war die Wärme im Schlitten, und sie blieb so, obwohl die Tür, die K. nicht zu schließen wagte, weit offen war. Man wusste gar nicht, ob man auf einer Bank saß, sosehr lag man in Decken, Polstern und Pelzen; nach allen Seiten konnte man sich drehen und strecken, immer versank man weich und warm. Die Arme ausgebreitet, den Kopf durch Polster gestützt, die immer bereit waren, blickte K. aus dem Schlitten in das dunkle Haus. Warum dauerte es so lange, ehe Klamm herunterkam? Wie betäubt von der Wärme nach dem langen Stehen im Schnee, wünschte K., dass Klamm endlich komme. Der Gedanke, dass er in seiner jetzigen Lage von Klamm lieber nicht gesehen werden sollte, kam ihm nur undeutlich, als leise Störung, zu Bewusstsein. Unterstützt in dieser Vergesslichkeit wurde er durch das Verhalten des Kutschers, der doch wissen musste, dass er im Schlitten war, und ihn dort ließ, sogar ohne den Kognak von ihm zu fordern. Das war rücksichtsvoll, aber K. wollte ihn ja bedienen. Schwerfällig, ohne seine Lage zu verändern, langte er nach der Seitentasche, aber nicht in der offenen Tür, die zu weit entfernt war, sondern hinter sich in die geschlossene, nun, es war gleichgültig, auch in dieser waren Flaschen. Er holte eine hervor, schraubte den Verschluss auf und roch dazu, unwillkürlich musste er lächeln, der Geruch war so süß, so schmeichelnd, so wie man von jemand, den man sehr lieb hat, Lob und gute Worte hört und gar nicht genau weiß, worum es sich handelt, und es gar nicht wissen will und nur glücklich ist in dem Bewusstsein, dass er es ist der so spricht. »Sollte das Kognak sein?« fragte sich K. zweifelnd und kostete aus Neugier. Doch, es war Kognak, merkwürdigerweise, und brannte und wärmte. Wie es sich beim Trinken verwandelte, aus etwas, das fast nur Träger süßen Duftes war, in ein kutschermäßiges Getränk! »Ist es möglich?« fragte sich K., wie vorwurfsvoll gegen sich selbst, und trank noch einmal.

Da – K. war gerade in einem langen Schluck befangen – wurde es hell, das elektrische Licht brannte, innen auf der Treppe, im Gange, im Flur, außen über dem Eingang. Man hörte Schritte die Treppe herabkommen, die Flasche entfiel K.s Hand, der Kognak ergoss sich über einen Pelz, K. sprang aus dem Schlitten, gerade hatte er noch die Tür zuschlagen können, was einen dröhnenden Lärm gab, als kurz darauf ein Herr langsam aus dem Hause trat. Das einzig Tröstliche schien, dass es nicht Klamm war, oder war gerade dieses zu bedauern? Es war der Herr, den K. schon im Fenster des ersten Stockes gesehen hatte. Ein junger Herr, äußerst gutaussehend, weiß und rot, aber sehr ernst. Auch K. sah ihn düster an, aber er meinte sich selbst mit diesem Blick. Hätte er doch lieber seine Gehilfen hergeschickt; sich so zu benehmen, wie er es getan hatte, hätten auch sie verstanden. Ihm gegenüber der Herr schwieg noch, so, als hätte er für das zu Sagende nicht genug Atem in seiner überbreiten Brust. »Das ist ja entsetzlich«, sagte er dann und schob seinen Hut ein wenig aus der Stirn. Wie? Der Herr wusste doch wahrscheinlich nichts von K.s Aufenthalt im Schlitten und fand schon irgend etwas entsetzlich? Etwa dass K. bis in den Hof gedrungen war? »Wie kommen Sie denn hierher?« fragte der Herr schon leiser, schon ausatmend, sich ergebend in das Unabänderliche. Was für Fragen! Was für Antworten! Sollte etwa K. noch ausdrücklich selbst dem Herrn bestätigen, dass sein mit soviel Hoffnungen begonnener Weg vergebens gewesen war? Statt zu antworten, wandte sich K. zum Schlitten, öffnete ihn und holte seine Mütze, die er darin vergessen hatte. Mit Unbehagen merkte er, wie der Kognak auf das Trittbrett tropfte.

Dann wandte er sich wieder dem Herrn zu; ihm zu zeigen, dass er im Schlitten gewesen war, hatte er nun keine Bedenken mehr, es war auch nicht das schlimmste; wenn er gefragt würde, allerdings nur dann, wollte er nicht verschweigen, dass ihn der Kutscher selbst zumindest zum Öffnen des Schlittens veranlasst hatte. Das eigentlich Schlimme aber war ja, dass ihn der Herr überrascht hatte, dass nicht genug Zeit mehr gewesen war, sich vor ihm zu verstecken, um dann ungestört auf Klamm warten zu können, oder dass er nicht genug Geistesgegenwart gehabt hatte, im Schlitten zu bleiben, die Tür zu schließen und dort auf den Pelzen Klamm zu erwarten oder dort wenigstens zu bleiben, solange dieser Herr in der Nähe war. Freilich, er hatte ja nicht wissen können, ob nicht vielleicht doch schon jetzt Klamm selbst komme, in welchem Fall es natürlich viel besser gewesen wäre, ihn außerhalb des Schlittens zu empfangen. Ja, es war mancherlei hier zu bedenken gewesen, jetzt aber gar nichts mehr, denn es war zu Ende.

»Kommen Sie mit mir«, sagte der Herr, nicht eigentlich befehlend, aber der Befehl lag nicht in den Worten, sondern in einem sie begleitenden kurzen, absichtlich gleichgültigen Schwenken der Hand. »Ich warte hier auf jemanden«, sagte K., nicht mehr in Hoffnung auf irgendeinen Erfolg, sondern nur grundsätzlich. »Kommen Sie«, sagte der Herr nochmals ganz unbeirrt, so, als wolle er zeigen, dass er niemals daran gezweifelt habe, dass K. auf jemanden warte. »Aber ich verfehle dann den, auf den ich warte«, sagte K. mit einem Zucken des Körpers. Trotz allem, was geschehen war, hatte er das Gefühl, dass das, was er bisher erreicht hatte, eine Art Besitz war, den er zwar nur noch scheinbar festhielt, aber doch nicht auf einen beliebigen Befehl hin ausliefern musste. »Sie verfehlen ihn auf jeden Fall, ob Sie warten oder gehen«, sagte der Herr, zwar schroff in seiner Meinung, aber auffallend nachgiebig für K.s Gedankengang. »Dann will ich ihn lieber beim Warten verfehlen«, sagte K. trotzig, durch bloße Worte dieses jungen Herrn würde er sich gewiss nicht von hier vertreiben lassen. Darauf schloss der Herr mit einem überlegenen Ausdruck des zurückgelehnten Gesichtes für ein Weilchen die Augen, so, als wolle er von K.s Unverständigkeit wieder zu seiner eigenen Vernunft zurückkehren, umlief mit der Zungenspitze die Lippen des ein wenig geöffneten Mundes und sagte dann zum Kutscher: »Spannen Sie die Pferde aus.«

Der Kutscher, ergeben dem Herrn, aber mit einem bösen Seitenblick auf K., musste nun doch im Pelz heruntersteigen und begann, sehr zögernd, so, als erwarte er nicht vom Herrn einen Gegenbefehl, aber von K. eine Sinnesänderung, die Pferde mit dem Schlitten rückwärts näher zum Seitenflügel zurückzuführen, in welchem offenbar hinter einem großen Tor der Stall mit dem Wagenschuppen untergebracht war. K. sah sich allein zurückbleiben; auf der einen Seite entfernte sich der Schlitten, auf der anderen, auf dem Weg, den K. gekommen war, der junge Herr, beide allerdings sehr langsam, so, als wollten sie K. zeigen, dass es noch in seiner Macht gelegen sei, sie zurückzuholen.

Vielleicht hatte er diese Macht, aber sie hätte ihm nichts nützen können; den Schlitten zurückzuholen bedeutete sich selbst zu vertreiben. So blieb er still als einziger, der den Platz behauptete, aber es war ein Sieg, der keine Freude machte. Abwechselnd sah er dem Herrn und dem Kutscher nach. Der Herr hatte schon die Tür erreicht, durch die K. zuerst den Hof betreten hatte, noch einmal blickte er zurück, K. glaubte ihn den Kopf schütteln zu sehen über soviel Hartnäckigkeit, dann wandte er sich mit einer entschlossenen, kurzen, endgültigen Bewegung um und betrat den Flur, in dem er gleich verschwand. Der Kutscher blieb länger auf dem Hof, er hatte viel Arbeit mit dem Schlitten, er musste das schwere Stalltor aufmachen, durch Rückwärtsfahren den Schlitten an seinen Ort bringen, die Pferde ausspannen, zu ihrer Krippe führen, das alles machte er ernst, ganz in sich gekehrt, ohne jede Hoffnung auf eine baldige Fahrt; dieses schweigende Hantieren ohne jeden Seitenblick auf K. schien diesem ein viel härterer Vorwurf zu sein als das Verhalten des Herrn. Und als nun, nach Beendigung der Arbeit im Stall, der Kutscher quer über den Hof ging, in seinem langsamen, schaukelnden Gang, das große Tor zumachte, dann zurückkam, alles langsam und förmlich nur in Betrachtung seiner eigenen Spur im Schnee, dann sich im Stall einschloss und nun auch alles elektrische Licht verlöschte – wem hätte es leuchten sollen? – und nur noch oben der Spalt in der Holzgalerie hell blieb und den irrenden Blick ein wenig festhielt da schien es K., als habe man nun alle Verbindung mit ihm abgebrochen und als sei er nun freilich freier als jemals und könne hier auf dem ihm sonst verbotenen Ort warten, solange er wolle, und habe sich diese Freiheit erkämpft, wie kaum ein anderer es könnte, und niemand dürfe ihn anrühren oder vertreiben, ja kaum ansprechen; aber – diese Überzeugung war zumindest ebenso stark – als gäbe es gleichzeitig nichts Sinnloseres, nichts Verzweifelteres als diese Freiheit, dieses Warten, diese Unverletzlichkeit.

Das neunte Kapitel

Und er riss sich los und ging ins Haus zurück, diesmal nicht an der Mauer entlang, sondern mitten durch den Schnee, traf im Flur den Wirt, der ihn stumm grüßte und auf die Tür des Ausschanks zeigte, folgte dem Wink, weil ihn fror und weil er Menschen sehen wollte, war aber sehr enttäuscht, als er dort an einem Tischchen, das wohl eigens hingestellt worden war, denn sonst begnügte man sich dort mit Fässern, den jungen Herrn sitzen und vor ihm – ein für K. bedrückender Anblick – die Wirtin aus dem Brückengasthaus stehen sah. Pepi, stolz, mit zurückgeworfenem Kopf, ewig gleichem Lächeln, ihrer Würde unwiderlegbar sich bewusst, schwenkend den Zopf bei jeder Wendung, eilte hin und wieder, brachte Bier und dann Tinte und Feder, denn der Herr hatte Papiere vor sich ausgebreitet, verglich Daten, die er einmal in diesem, dann wieder einmal in einem Papiere am anderen Ende des Tisches fand, und wollte nun schreiben. Die Wirtin, von ihrer Höhe, überblickte still, mit ein wenig aufgestülpten Lippen, wie ausruhend, den Herrn und die Papiere, so, als habe sie schon alles Nötige gesagt und es sei gut aufgenommen worden. »Der Herr Landvermesser, endlich«, sagte der Herr bei K.s Eintritt mit kurzem Aufschauen, dann vertiefte er sich wieder in seine Papiere. Auch die Wirtin streifte K. nur mit einem gleichgültigen, gar nicht überraschten Blick. Pepi aber schien K. überhaupt erst zu bemerken, als er zum Ausschankpult trat und einen Kognak bestellte.

K. lehnte dort, drückte die Hand an die Augen und kümmerte sich um nichts. Dann nippte er von dem Kognak und schob ihn zurück, weil er ungenießbar sei. »Alle Herren trinken ihn«, sagte Pepi kurz, goss den Rest aus, wusch das Gläschen und stellte es ins Regal. »Die Herren haben auch besseren«, sagte K. »Möglich«, sagte Pepi, »ich aber nicht.« Damit hatte sie K. erledigt und war wieder dem Herrn zu Diensten, der aber nichts benötigte und hinter dem sie nur im Bogen immerfort auf und ab ging, mit respektvollen Versuchen, über seine Schultern hinweg einen Blick auf die Papiere zu werfen; es war aber nur wesenlose Neugier und Großtuerei, welche auch die Wirtin mit zusammengezogenen Augenbrauen missbilligte.

Plötzlich aber horchte die Wirtin auf und starrte, ganz dem Horchen hingegeben, ins Leere. K. drehte sich um, er hörte gar nichts Besonderes, auch die anderen schienen nichts zu hören, aber die Wirtin lief auf den Fußspitzen mit großen Schritten zu der Tür im Hintergrund, die in den Hof führte, blickte durchs Schlüsselloch, wandte sich dann zu den anderen mit aufgerissenen Augen, erhitztem Gesicht, winkte sie mit dem Finger zu sich, und nun blickten sie abwechselnd durch, der Wirtin blieb zwar der größte Anteil, aber auch Pepi wurde immer bedacht, der Herr war der verhältnismäßig Gleichgültigste. Pepi und der Herr kamen auch bald zurück, nur die Wirtin sah noch immer angestrengt hindurch, tief gebückt, fast kniend, man hatte fast den Eindruck, als beschwöre sie jetzt nur noch das Schlüsselloch, sie durchzulassen, denn zu sehen war wohl schon längst nichts mehr. Als sie sich dann endlich doch erhob, mit den Händen das Gesicht überfuhr, die Haare ordnete, tief Atem holte, die Augen scheinbar erst wieder an das Zimmer und die Leute hier gewöhnen musste und es mit Widerwillen tat, sagte K., nicht um sich etwas bestätigen zu lassen, was er wusste, sondern um einem Angriff zuvorzukommen, den er fast fürchtete, so verletzlich war er jetzt: »Ist also Klamm schon fortgefahren?« Die Wirtin ging stumm an ihm vorüber, aber der Herr sagte von seinem Tischchen her: »Ja, gewiss. Da Sie Ihren Wachtposten aufgegeben hatten, konnte ja Klamm fahren. Aber wunderbar ist es, wie empfindlich der Herr ist. Bemerkten Sie, Frau Wirtin, wie unruhig Klamm ringsumher sah?« Die Wirtin schien das nicht bemerkt zu haben, aber der Herr fuhr fort: »Nun, glücklicherweise war ja nichts mehr zu sehen, der Kutscher hatte auch die Fußspuren im Schnee glattgekehrt.« – »Die Frau Wirtin hat nichts bemerkt«, sagte K., aber er sagte es nicht aus irgendeiner Hoffnung, sondern nur gereizt durch des Herrn Behauptung, die so abschließend und inappellabel hatte klingen wollen. »Vielleicht war ich gerade nicht beim Schlüsselloch«, sagte die Wirtin, zunächst um den Herrn in Schutz zu nehmen; dann aber wollte sie auch Klamm sein Recht geben und fügte hinzu: »Allerdings, ich glaube nicht an eine so große Empfindlichkeit Klamms. Wir freilich haben Angst um ihn und suchen ihn zu schützen und gehen hierbei von der Annahme einer äußersten Empfindlichkeit Klamms aus. Das ist gut so und gewiss Klamms Wille. Wie es sich aber in Wirklichkeit verhält, wissen wir nicht. Gewiss, Klamm wird mit jemandem, mit dem er nicht sprechen will, niemals sprechen, soviel Mühe sich auch dieser Jemand gibt und so unerträglich er sich vordrängt, aber diese Tatsache allein, dass Klamm niemals mit ihm sprechen, niemals ihn vor sein Angesicht kommen lassen wird, genügt ja, warum sollte er in Wirklichkeit den Anblick irgendjemandes nicht ertragen können. Zumindest lässt es sich nicht beweisen, da es niemals zur Probe kommen wird.« Der Herr nickte eifrig. »Es ist das natürlich im Grunde auch meine Meinung«, sagte er, »habe ich mich ein wenig anders ausgedrückt, so geschah es, um dem Herrn Landvermesser verständlich zu sein. Richtig jedoch ist, dass sich Klamm, als er ins Freie trat, mehrmals im Halbkreis ungesehen hat.« – »Vielleicht hat er mich gesucht«, sagte K. »Möglich«, sagte der Herr, »darauf bin ich nicht verfallen.« Alle lachten, Pepi, die kaum etwas von dem Ganzen verstand, am lautesten.

»Da wir jetzt so fröhlich beisammen sind«, sagte dann der Herr, »würde ich Sie, Herr Landvermesser, sehr bitten, durch einige Angaben meine Akten zu ergänzen.« – »Es wird hier viel geschrieben«, sagte K. und blickte von der Ferne auf die Akten hin. »Ja, eine schlechte Angewohnheit«, sagte der Herr und lachte wieder, »aber vielleicht wissen Sie noch gar nicht, wer ich bin. Ich bin Momus, der Dorfsekretär Klamms.« Nach diesen Worten wurde es im ganzen Zimmer ernst; obwohl die Wirtin und Pepi den Herrn natürlich kannten, waren sie doch betroffen von der Nennung des Namens und der Würde. Und sogar der Herr selbst, als habe er für die eigene Aufnahmefähigkeit zuviel gesagt und als wolle er wenigstens vor jeder nachträglichen, den eigenen Worten innewohnenden Feierlichkeit flüchten, vertiefte sich in die Akten und begann zu schreiben, dass man im Zimmer nichts als die Feder hörte. »Was ist denn das: Dorfsekretär?« fragte K. nach einem Weilchen. Für Momus, der es jetzt, nachdem er sich vorgestellt hatte, nicht mehr für angemessen hielt, solche Erklärungen selbst zu geben, sagte die Wirtin: »Herr Momus ist der Sekretär Klamms wie irgendeiner der Klammschen Sekretäre, aber sein Amtssitz und, wenn ich nicht irre, auch seine Amtswirksamkeit –«, Momus schüttelte aus dem Schreiben heraus lebhaft den Kopf, und die Wirtin verbesserte sich, »also nur sein Amtssitz, nicht seine Amtswirksamkeit ist auf das Dorf beschränkt. Herr Momus besorgt die im Dorfe nötig werdenden schriftlichen Arbeiten Klamms und empfängt alle aus dem Dorf stammenden Ansuchen an Klamm als erster.« Als K., noch wenig ergriffen von diesen Dingen, die Wirtin mit leeren Augen ansah, fügte sie, halb verlegen, hinzu: »So ist es eingerichtet, alle Herren aus dem Schloss haben ihre Dorfsekretäre.« Momus, der viel aufmerksamer als K. zugehört hatte, sagte ergänzend zur Wirtin: »Die meisten Dorfsekretäre arbeiten nur für einen Herrn, ich aber für zwei, für Klamm und für Vallabene.« – »Ja«, sagte die Wirtin, sich nun ihrerseits auch erinnernd, und wandte sich an K. »Herr Momus arbeitet für zwei Herren, für Klamm und für Vallabene, ist also zweifacher Dorfsekretär.« – »Zweifacher gar«, sagte K. und nickte Momus, der jetzt, fast vorgebeugt, voll zu ihm aufsah, zu, so wie man einem Kind zunickt, das man eben hat loben hören. Lag darin eine gewisse Verachtung, so wurde sie entweder nicht bemerkt oder geradezu verlangt. Gerade vor K., der doch nicht einmal würdig genug war, um von Klamm auch nur zufällig gesehen werden zu dürfen, wurden die Verdienste eines Mannes aus der nächsten Umgebung Klamms ausführlich dargestellt mit der unverhüllten Absicht, K.s Anerkennung und Lob herauszufordern. Und doch hatte K. nicht den richtigen Sinn dafür; er, der sich mit allen Kräften um einen Blick Klamms bemühte, schätzte zum Beispiel die Stellung eines Momus, der unter Klamms Augen leben durfte, nicht hoch ein, fern war ihm Bewunderung oder gar Neid, denn nicht Klamms Nähe an sich war ihm das Erstrebenswerte, sondern dass er, K., nur er, kein anderer mit seinen, mit keines anderen Wünschen an Klamm herankam und an ihn herankam, nicht um bei ihm zu ruhen, sondern um an ihm vorbeizukommen, weiter, ins Schloss.

Und er sah auf seine Uhr und sagte: »Nun muss ich aber nach Hause gehen.« Sofort veränderte sich das Verhältnis zu Momus' Gunsten. »Ja, freilich«, sagte dieser, »die Schuldienerpflichten rufen. Aber einen Augenblick müssen Sie mir noch widmen. Nur ein paar kurze Fragen.« – »Ich habe keine Lust dazu«, sagte K. und wollte zur Tür gehen. Momus schlug einen Akt gegen den Tisch und stand auf: »Im Namen Klamms fordere ich Sie auf, meine Fragen zu beantworten.« – »In Klamms Namen?« wiederholte K. »Kümmern ihn denn meine Dinge?« – »Darüber«, sagte Momus, »habe ich kein Urteil und Sie doch wohl noch viel weniger, das wollen wir also beide getrost ihm überlassen. Wohl aber fordere ich Sie, in meiner mir von Klamm verliehenen Stellung, auf, zu bleiben und zu antworten.« – »Herr Landvermesser«, mischte sich die Wirtin ein, »ich hüte mich, Ihnen noch weiter zu raten; ich bin ja mit meinen bisherigen Ratschlägen, den wohlmeinendsten, die es geben kann, in unerhörter Weise von Ihnen abgewiesen worden, und hierher zum Herrn Sekretär – ich habe nichts zu verbergen – bin ich nur gekommen, um das Amt von Ihrem Benehmen und Ihren Absichten gebührend zu verständigen und mich für alle Zeiten davor zu bewahren, dass Sie etwa neu bei mir einquartiert würden, so stehen wir zueinander, und daran wird wohl nichts mehr geändert werden, und wenn ich daher jetzt meine Meinung sage, so tue ich es nicht etwa, um Ihnen zu helfen, sondern um dem Herrn Sekretär die schwere Aufgabe, die es bedeutet, mit einem Mann wie Ihnen zu verhandeln, ein wenig zu erleichtern. Trotzdem aber können Sie eben wegen meiner vollständigen Offenheit – anders als offen kann ich mit Ihnen nicht verkehren, und selbst so geschieht es widerwillig – aus meinen Worten auch für sich Nutzen ziehen, wenn Sie nur wollen. Für diesen Fall mache ich Sie nun also darauf aufmerksam, dass der einzige Weg, der für Sie zu Klamm führt, hier durch die Protokolle des Herrn Sekretärs geht. Aber ich will nicht übertreiben, vielleicht führt der Weg nicht bis zu Klamm, vielleicht hört er weit vor ihm auf, darüber entscheidet das Gutdünken des Herrn Sekretärs. Jedenfalls aber ist es der einzige Weg, der für Sie wenigstens in der Richtung zu Klamm führt. Und auf diesen einzigen Weg wollen Sie verzichten, aus keinem anderen Grund als aus Trotz?« – »Ach, Frau Wirtin«, sagte K., »es ist weder der einzige Weg zu Klamm, noch ist er mehr wert als die anderen. Und Sie, Herr Sekretär, entscheiden darüber, ob das, was ich hier sagen würde, bis zu Klamm dringen darf oder nicht?« – »Allerdings«, sagte Momus und blickte mit stolz gesenkten Augen rechts und links, wo nichts zu sehen war, »wozu wäre ich sonst Sekretär.« – »Nun sehen Sie, Frau Wirtin«, sagte K., »nicht zu Klamm brauche ich einen Weg, sondern erst zum Herrn Sekretär.« – »Diesen Weg wollte ich Ihnen öffnen«, sagte die Wirtin. »Habe ich Ihnen nicht am Vormittag angeboten, Ihre Bitte an Klamm zu leiten? Dies wäre durch den Herrn Sekretär geschehen. Sie aber haben es abgelehnt, und doch wird Ihnen jetzt nichts anderes übrigbleiben als nur dieser Weg. Freilich, nach Ihrer heutigen Aufführung, nach dem versuchten Überfall auf Klamm, mit noch weniger Aussicht auf Erfolg. Aber diese letzte, kleinste, verschwindende, eigentlich gar nicht vorhandene Hoffnung ist doch Ihre einzige.« – »Wie kommt es, Frau Wirtin«, sagte K., »dass Sie ursprünglich mich so sehr davon abzuhalten versucht haben, zu Klamm vorzudringen, und jetzt meine Bitte gar so ernst nehmen und mich beim Misslingen meiner Pläne gewissermaßen für verloren zu halten scheinen? Wenn man mir einmal aus aufrichtigem Herzen davon abraten konnte, überhaupt zu Klamm zu streben, wie ist es möglich, dass man mich jetzt scheinbar ebenso aufrichtig auf dem Weg zu Klamm, mag er zugegebenerweise auch gar nicht bis hin führen, geradezu vorwärts treibt?« – »Treibe ich Sie denn vorwärts?« sagte die Wirtin. »Heißt es vorwärts treiben, wenn ich sage, dass Ihre Versuche hoffnungslos sind? Das – wäre doch wahrhaftig das Äußerste an Kühnheit, wenn Sie auf solche Weise die Verantwortung für sich auf mich überwälzen wollten. Ist es vielleicht die Gegenwart des Herrn Sekretärs, die Ihnen dazu Lust macht? Nein, Herr Landvermesser, ich treibe Sie zu gar nichts an. Nur das eine kann ich gestehen, dass ich Sie, als ich Sie zum ersten Mal sah, vielleicht ein wenig überschätzte. Ihr schneller Sieg über Frieda erschreckte mich, ich wusste nicht, wessen Sie noch fähig sein könnten, ich wollte weiteres Unheil verhüten und glaubte, dies durch nichts anderes erreichen zu können, als dass ich Sie durch Bitten und Drohungen zu erschüttern versuchte. Inzwischen habe ich über das Ganze ruhiger zu denken gelernt. Mögen Sie tun, was Sie wollen. Ihre Taten werden vielleicht draußen im Schnee auf dem Hof tiefe Fußspuren hinterlassen, mehr aber nicht.« – »Ganz scheint mir der Widerspruch nicht aufgeklärt zu sein«, sagte K., »doch ich gebe mich damit zufrieden, auf ihn aufmerksam gemacht zu haben. Nun bitte ich aber Sie, Herr Sekretär, mir zu sagen, ob die Meinung der Frau Wirtin richtig ist, dass nämlich das Protokoll, das Sie mit mir aufnehmen wollen, in seinen Folgen dazu führen könnte, dass ich vor Klamm erscheinen darf. Ist dies der Fall, bin ich sofort bereit, alle Fragen zu beantworten. In dieser Hinsicht bin ich überhaupt zu allem bereit.« – »Nein«, sagte Momus, »solche Zusammenhänge bestehen nicht. Es handelt sich nur darum, für die Klammsche Dorfregistratur eine genaue Beschreibung des heutigen Nachmittags zu erhalten. Die Beschreibung ist schon fertig, nur zwei, drei Lücken sollen Sie noch ausfüllen, der Ordnung halber; ein anderer Zweck besteht nicht und kann auch nicht erreicht werden.« K. sah die Wirtin schweigend an. »Warum sehen Sie mich an«, fragte die Wirtin, »habe ich vielleicht etwas anderes gesagt? So ist er immer, Herr Sekretär, so ist er immer. Fälscht die Auskünfte, die man ihm gibt, und behauptet dann, falsche Auskunft bekommen zu haben. Ich sagte ihm seit jeher, heute und immer, dass er nicht die geringste Aussicht hat, von Klamm empfangen zu werden; nun, wenn es also keine Aussicht gibt, wird er sie auch durch dieses Protokoll nicht bekommen. Kann etwas deutlicher sein? Weiter sage ich, dass dieses Protokoll die einzige wirkliche amtliche Verbindung ist, die er mit Klamm haben kann; auch das ist doch deutlich genug und unanzweifelbar. Wenn er mir nun aber nicht glaubt, immerfort – ich weiß nicht, warum und wozu – hofft, zu Klamm vordringen zu können, dann kann ihm, wenn man in seinem Gedankengange bleibt, nur die einzige wirkliche amtliche Verbindung helfen, die er mit Klamm hat, also dieses Protokoll. Nur dieses habe ich gesagt, und wer etwas anderes behauptet, verdreht böswillig die Worte.« – »Wenn es so ist, Frau Wirtin«, sagte K., »dann bitte ich Sie um Entschuldigung, dann habe ich Sie missverstanden; ich glaubte nämlich – irrigerweise, wie sich jetzt herausstellt – aus Ihren früheren Worten herauszuhören, dass doch irgendeine allerkleinste Hoffnung für mich besteht.« – »Gewiss«, sagte die Wirtin, »das ist allerdings meine Meinung, Sie verdrehen meine Worte wieder, nur diesmal nach der entgegengesetzten Richtung. Eine derartige Hoffnung für Sie besteht meiner Meinung nach und gründet sich allerdings nur auf dieses Protokoll. Es verhält sich aber damit nicht so, dass Sie einfach den Herrn Sekretär mit der Frage anfallen können: ›Werde ich zu Klamm dürfen, wenn ich die Fragen beantworte?‹ Wenn ein Kind so fragt, lacht man darüber, wenn es ein Erwachsener tut, ist es eine Beleidigung des Amtes, der Herr Sekretär hat es nur durch die Feinheit seiner Antwort gnädig verdeckt. Die Hoffnung aber, die ich meine, besteht eben darin, dass Sie durch das Protokoll eine Art Verbindung, vielleicht eine Art Verbindung mit Klamm haben. Ist das nicht Hoffnung genug? Wenn man Sie nach Ihren Verdiensten fragt, die Sie des Geschenkes einer solchen Hoffnung würdig machen, könnten Sie das Geringste vorbringen? Freilich, Genaueres lässt sich über diese Hoffnung nicht sagen, und insbesondere der Herr Sekretär wird in seiner amtlichen Eigenschaft niemals auch nur die geringste Andeutung darüber machen können. Für ihn handelt es sich, wie er sagte, nur um eine Beschreibung des heutigen Nachmittags, der Ordnung halber; mehr wird er nicht sagen, auch wenn Sie ihn gleich jetzt mit Bezug auf meine Worte danach fragen.« – »Wird denn, Herr Sekretär«, fragte K., »Klamm dieses Protokoll lesen?« – »Nein«, sagte Momus, »warum denn? Klamm kann doch nicht alle Protokolle lesen, er liest sogar überhaupt keines. ›Bleibt mir vom Leibe mit eueren Protokollen!‹ pflegt er zu sagen.« – »Herr Landvermesser«, klagte die Wirtin, »Sie erschöpfen mich mit solchen Fragen. Ist es denn nötig oder auch nur wünschenswert, dass Klamm dieses Protokoll liest und von den Nichtigkeiten Ihres Lebens wortwörtlich Kenntnis bekommt; wollen Sie nicht lieber demütigst bitten, dass man das Protokoll vor Klamm verbirgt, eine Bitte übrigens, die ebenso unvernünftig wäre wie die frühere – denn wer kann vor Klamm etwas verbergen? –, die aber doch einen sympathischeren Charakter erkennen ließe. Und ist es denn für das, was Sie Ihre Hoffnung nennen, nötig? Haben Sie nicht selbst erklärt, dass Sie zufrieden sein würden, wenn Sie nur Gelegenheit hätten, vor Klamm zu sprechen, auch wenn er Sie nicht ansehen und Ihnen nicht zuhören würde? Und erreichen Sie durch dieses Protokoll nicht zumindest dieses, vielleicht aber viel mehr?« – »Viel mehr?« fragte K. »Auf welche Weise?« – »Wenn Sie nur nicht immer«, rief die Wirtin, »wie ein Kind alles gleich in essbarer Form dargeboten haben wollten! Wer kann denn Antwort auf solche Fragen geben? Das Protokoll kommt in die Dorfregistratur Klamms, das haben Sie gehört, mehr kann darüber mit Bestimmtheit nicht gesagt werden. Kennen Sie aber dann schon die ganze Bedeutung des Protokolls, des Herrn Sekretärs, der Dorfregistratur? Wissen Sie, was es bedeutet, wenn der Herr Sekretär Sie verhört? Vielleicht oder wahrscheinlich weiß er es selbst nicht. Er sitzt ruhig hier und tut seine Pflicht, der Ordnung halber, wie er sagte. Bedenken Sie aber, dass ihn Klamm ernannt hat, dass er im Namen Klamms arbeitet, dass das, was er tut, wenn es auch niemals bis zu Klamm gelangt, doch von vornherein Klamms Zustimmung hat. Und wie kann etwas Klamms Zustimmung haben, was nicht von seinem Geiste erfüllt ist? Fern sei es von mir, damit etwa in plumper Weise dem Herrn Sekretär schmeicheln zu wollen, er würde es sich auch selbst sehr verbitten, aber ich rede nicht von seiner selbständigen Persönlichkeit, sondern davon, was er ist, wenn er Klamms Zustimmung hat, wie eben jetzt: Dann ist er ein Werkzeug, auf dem die Hand Klamms liegt, und wehe jedem, der sich ihm nicht fügt.«

Die Drohungen der Wirtin fürchtete K. nicht, der Hoffnungen, mit denen sie ihn zu fangen suchte, war er müde. Klamm war fern. Einmal hatte die Wirtin Klamm mit einem Adler verglichen, und das war K. lächerlich erschienen, jetzt aber nicht mehr; er dachte an seine Ferne, an seine uneinnehmbare Wohnung, an seine, nur vielleicht von Schreien, wie sie K. noch nie gehört hatte, unterbrochene Stummheit, an seinen herabdringenden Blick, der sich niemals nachweisen, niemals widerlegen ließ, an seine von K.s Tiefe her unzerstörbaren Kreise, die er oben nach unverständlichen Gesetzen zog, nur für Augenblicke sichtbar: das alles war Klamm und dem Adler gemeinsam. Gewiss aber hatte damit dieses Protokoll nichts zu tun, über dem jetzt gerade Momus eine Salzbrezel auseinanderbrach, die er sich zum Bier schmecken ließ und mit der er alle Papiere mit Salz und Kümmel überstreute.

»Gute Nacht«, sagte K., »ich habe eine Abneigung gegen jedes Verhör«, und er ging nun wirklich zur Tür. »Er geht also doch«, sagte Momus fast ängstlich zur Wirtin. »Er wird es nicht wagen«, sagte diese, mehr hörte K. nicht, er war schon im Flur. Es war kalt, und ein starker Wind wehte. Aus einer Tür gegenüber kam der Wirt, er schien dort hinter einem Guckloch den Flur unter Aufsicht gehalten zu haben. Die Schöße seines Rockes musste er sich um den Leib schlagen, so riss der Wind selbst hier im Flur an ihnen. »Sie gehen schon, Herr Landvermesser?« sagte er. »Sie wundern sich darüber?« fragte K. »Ja«, sagte der Wirt. »Werden Sie denn nicht verhört?« – »Nein«, sagte K. »Ich ließ mich nicht verhören.« – »Warum nicht?« fragte der Wirt. »Ich weiß nicht«, sagte K., »warum ich mich verhören lassen solle, warum ich einem Spaß oder einer amtlichen Laune mich fügen solle. Vielleicht hätte ich es ein anderes Mal gleichfalls aus Spaß oder Laune getan, heute aber nicht.« – »Nun ja, gewiss«, sagte der Wirt, aber es war nur eine höfliche, keine überzeugte Zustimmung. »Ich muss jetzt die Dienerschaft in den Ausschank lassen«, sagte er dann, »es ist schon längst ihre Stunde. Ich wollte nur das Verhör nicht stören.« – »Für so wichtig hielten Sie es?« fragte K. »O ja«, sagte der Wirt. »Ich hätte es also nicht ablehnen sollen«, sagte K. »Nein«, sagte der Wirt, »das hätten Sie nicht tun sollen.« Da K. schwieg, fügte er hinzu, sei es, um K. zu trösten, sei es, um schneller fortzukommen: »Nun, nun, es muss aber deshalb nicht gleich Schwefel vom Himmel regnen.« – »Nein«, sagte K., »danach sieht das Wetter nicht aus.« Und sie gingen lachend auseinander.

Das zehnte Kapitel

Auf die wild umwehte Freitreppe trat K. hinaus und blickte in die Finsternis. Ein böses, böses Wetter. Irgendwie im Zusammenhang damit fiel ihm ein, wie sich die Wirtin bemüht hatte, ihn dem Protokoll gefügig zu machen, wie er aber standgehalten hatte. Es war freilich keine offene Bemühung, im geheimen hatte sie ihn gleichzeitig vom Protokoll fortgezerrt; schließlich wusste man nicht, ob man standgehalten oder nachgegeben hatte. Eine intrigante Natur, scheinbar sinnlos arbeitend wie der Wind, nach fernen, fremden Aufträgen, in die man nie Einsicht bekam.

Kaum hatte er ein paar Schritte auf der Landstraße gemacht, als er in der Ferne zwei schwankende Lichter sah; dieses Zeichen des Lebens freute ihn, und er eilte auf sie zu, die ihm auch ihrerseits entgegenschwebten. Er wusste nicht, warum er so enttäuscht war, als er die Gehilfen erkannte. Sie kamen ihm doch, wahrscheinlich von Frieda geschickt, entgegen, und die Laternen, die ihn von der Finsternis befreiten, in der es ringsum gegen ihn lärmte, waren wohl sein Eigentum, trotzdem war er enttäuscht, er hatte Fremde erwartet, nicht diese alten Bekannten, die ihm eine Last waren. Aber es waren nicht nur die Gehilfen, aus dem Dunkel zwischen ihnen trat Barnabas hervor. »Barnabas!« rief K. und streckte ihm die Hand entgegen. »Kommst du zu mir?« Die Überraschung des Wiedersehens machte zunächst allen Ärger vergessen, den Barnabas K. einmal verursacht hatte. »Zu dir«, sagte Barnabas unverändert freundlich wie einst. »Mit einem Brief von Klamm.« – »Ein Brief von Klamm!« sagte K., den Kopf zurückwerfend, und nahm ihn eilig aus des Barnabas Hand. »Leuchtet!« sagte er zu den Gehilfen, die sich rechts und links eng an ihn drückten und die Laternen hoben. K. musste den großen Briefbogen zum Lesen ganz klein zusammenfalten, um ihn vor dem Wind zu schützen. Dann las er: »Dem Herrn Landvermesser im Brückenhof! Die Landvermesserarbeiten, die Sie bisher ausgeführt haben, finden meine Anerkennung. Auch die Arbeiten der

Gehilfen sind lobenswert, Sie wissen sie gut zur Arbeit anzuhalten. Lassen Sie nicht nach in Ihrem Eifer! Führen Sie die Arbeiten zu einem guten Ende. Eine Unterbrechung würde mich erbittern. Im übrigen seien Sie getrost, die Entlohnungsfrage wird nächstens entschieden werden. Ich behalte Sie im Auge.« K. sah vom Brief erst auf, als die viel langsamer als er lesenden Gehilfen zur Feier der guten Nachrichten dreimal laut »Hurra!« riefen und die Laternen schwenkten. »Seid ruhig«, sagte er und zu Barnabas: »Es ist ein Missverständnis.« Barnabas verstand ihn nicht. »Es ist ein Missverständnis«, wiederholte K., und die Müdigkeit des Nachmittags kam wieder, der Weg ins Schulhaus schien ihm noch so weit, und hinter Barnabas stand dessen ganze Familie auf, und die Gehilfen drückten sich noch immer an ihn, so dass er sie mit dem Ellenbogen wegstieß; wie hatte Frieda sie ihm entgegenschicken können, da er doch befohlen hatte, sie sollten bei ihr bleiben. Den Nachhauseweg hätte er auch allein gefunden, und leichter allein als in dieser Gesellschaft. Nun hatte überdies der eine ein Tuch um den Hals geschlungen, dessen freie Enden im Wind flatterten und einige Mal gegen das Gesicht K.s geschlagen hatten, der andere Gehilfe hatte allerdings immer gleich das Tuch von K.s Gesicht mit seinen langen, spitzen, immerfort spielenden Fingern weggenommen, damit aber die Sache nicht besser gemacht. Beide schienen sogar an dem Hin und Her Gefallen gefunden zu haben, wie sie überhaupt der Wind und die Unruhe der Nacht begeisterte. »Fort!« schrie K. »Wenn ihr mir schon entgegengekommen seid, warum habt ihr nicht meinen Stock mitgebracht? Womit soll ich euch denn nach Hause treiben?« Sie duckten sich hinter Barnabas, aber so verängstigt waren sie nicht, dass sie nicht doch ihre Laternen rechts und links auf die Achseln ihres Beschützers gestellt hätten, er schüttelte sie freilich gleich ab. »Barnabas«, sagte K., und es legte sich ihm schwer aufs Herz, dass ihn Barnabas sichtlich nicht verstand, dass in ruhigen Zeiten seine Jacke schön glänzte, wenn es aber Ernst wurde, keine Hilfe, nur stummer Widerstand zu finden war, Widerstand, gegen den man nicht ankämpfen konnte, denn er selbst war wehrlos, nur sein Lächeln leuchtete, aber es half ebenso wenig wie die Sterne oben gegen den Sturmwind hier unten. »Sieh, was mir der Herr schreibt«, sagte K. und hielt ihm den Brief vors Gesicht. »Der Herr ist falsch unterrichtet. Ich mache doch keine Vermesserarbeit, und was die Gehilfen wert sind, siehst du selbst. Und die Arbeit, die ich nicht mache, kann ich freilich auch nicht unterbrechen, nicht einmal die Erbitterung des Herrn kann ich erregen, wie sollte ich seine Anerkennung verdienen! Und getrost kann ich niemals sein.« – »Ich werde es ausrichten«, sagte Barnabas, der die ganze Zeit über am Brief vorbeigesehen hatte, den er allerdings auch gar nicht hätte lesen können, denn er hatte ihn dicht vor dem Gesicht. »Ach«, sagte K., »du versprichst mir, dass du es ausrichten wirst, aber kann ich dir denn wirklich glauben? So sehr brauche ich einen vertrauenswürdigen Boten, jetzt mehr als jemals.« K. biss in die Lippen vor Ungeduld. »Herr«, sagte Barnabas mit einer weichen Neigung des Halses – fast hätte K. sich wieder von ihr verführen lassen, Barnabas zu glauben –, »ich werde es gewiss ausrichten; auch was du mir letzthin aufgetragen hast, werde ich gewiss ausrichten.« – »Wie!« rief K. »Hast du denn das noch nicht ausgerichtet? Warst du denn nicht am nächsten Tag im Schloss?« – »Nein«, sagte Barnabas. »Mein guter Vater ist alt, du hast ihn ja gesehen, und es war gerade viel Arbeit da, ich musste ihm helfen, aber nun werde ich bald wieder einmal ins Schloss gehen.« – »Aber was tust du denn, unbegreiflicher Mensch!« rief K. und schlug sich an die Stirn. »Gehen denn nicht Klamms Sachen allen anderen vor? Du hast das hohe Amt eines Boten und verwaltest es so schmählich? Wen kümmert die Arbeit deines Vaters? Klamm wartet auf die Nachrichten, und du, statt im Lauf dich zu überschlagen, ziehst es vor, den Mist aus dem Stall zu führen.« – »Mein Vater ist Schuster«, sagte Barnabas unbeirrt, »er hatte Aufträge von Brunswick, und ich bin ja des Vaters Geselle.« – »Schuster – Aufträge – Brunswick«, rief K. verbissen, als mache er jedes der Worte für immer unbrauchbar. »Und wer braucht denn hier Stiefel auf den ewig leeren Wegen? Und was kümmert mich diese ganze Schusterei; eine Botschaft habe ich dir anvertraut, nicht damit du sie auf der Schusterbank vergisst und verwirrst, sondern damit du sie gleich hinträgst zum Herrn.« Ein wenig beruhigte sich hier K., als ihm einfiel, dass ja Klamm wahrscheinlich die ganze Zeit über nicht im Schloss, sondern im Herrenhof gewesen war, aber Barnabas reizte ihn wieder, als er K.s erste Nachricht, zum Beweis, dass er sie gut behalten hatte, aufzusagen begann. »Genug, ich will nichts wissen«, sagte K. »Sei mir nicht böse, Herr«, sagte Barnabas und, wie wenn er unbewusst K. strafen wollte, entzog er ihm seinen Blick und senkte die Augen, aber es war wohl Bestürzung wegen K.s Schreien. »Ich bin dir nicht böse«, sagte K., und seine Unruhe wandte sich nun gegen ihn selbst. »Dir nicht, aber es ist sehr schlimm für mich, nur einen solchen Boten zu haben für die wichtigsten Dinge.«

»Sieh«, sagte Barnabas, und es schien, als sage er, um seine Botenehre zu verteidigen, mehr, als er dürfte, »Klamm wartet doch nicht auf die Nachrichten, er ist sogar ärgerlich, wenn ich komme. ›Wieder neue Nachrichten‹, sagte er einmal, und meistens steht er auf, wenn er mich von der Ferne kommen sieht, geht ins Nebenzimmer und empfängt mich nicht. Es ist auch nicht bestimmt, dass ich gleich mit jeder Botschaft kommen soll, wäre es bestimmt, käme ich natürlich gleich, aber es ist nichts darüber bestimmt, und wenn ich niemals käme, würde ich nicht darum gemahnt werden. Wenn ich eine Botschaft bringe, geschieht es freiwillig.«

»Gut«, sagte K., Barnabas beobachtend und geflissentlich wegsehend von den Gehilfen, welche abwechselnd hinter Barnabas' Schultern wie aus der Versenkung langsam aufstiegen und schnell mit einem leichten, dem Winde nachgemachten Pfeifen, als seien sie von K.s Anblick erschreckt, wieder verschwanden, so vergnügten sie sich lange. »Wie es bei Klamm ist, weiß ich nicht; dass du dort alles genau erkennen kannst, bezweifle ich, und selbst, wenn du es könntest, wir könnten diese Dinge nicht bessern. Aber eine Botschaft überbringen, das kannst du, und darum bitte ich dich. Eine ganz kurze Botschaft. Kannst du sie gleich morgen überbringen und gleich morgen mir die Antwort sagen oder wenigstens ausrichten, wie du aufgenommen wurdest? Kannst du das und willst du das tun? Es wäre für mich sehr wertvoll. Und vielleicht bekomme ich noch Gelegenheit, dir entsprechend zu danken, oder vielleicht hast du schon jetzt einen Wunsch, den ich dir erfüllen kann.« – »Gewiss werde ich den Auftrag ausführen«, sagte Barnabas. »Und willst du dich anstrengen, ihn möglichst gut auszuführen, Klamm selbst ihn überreichen, von Klamm selbst die Antwort bekommen und gleich, alles gleich, morgen, noch am Vormittag, willst du das.?«

»Ich werde mein Bestes tun«, sagte Barnabas, »aber das tue ich immer.« – »Wir wollen jetzt nicht mehr darüber streiten«, sagte K. »Das ist der Auftrag: Der Landvermesser K. bittet den Herrn Vorstand, ihm zu erlauben, persönlich bei ihm vorzusprechen; er nimmt von vornherein jede Bedingung an, welche an eine solche Erlaubnis geknüpft werden könnte. Zu seiner Bitte ist er deshalb gezwungen, weil bisher alle Mittelspersonen vollständig versagt haben, zum Beweis führt er an, dass er nicht die geringste Vermesserarbeit bisher ausgeführt hat und nach den Mitteilungen des Gemeindevorstehers auch niemals ausführen wird, mit verzweifelter Beschämung hat er deshalb den letzten Brief des Herrn Vorstandes gelesen, nur die persönliche Vorsprache beim Herrn Vorstand kann hier helfen. Der Landvermesser weiß, wieviel er damit erbittet, aber er wird sich anstrengen, die Störung dem Herrn Vorstand möglichst wenig fühlbar zu machen, jeder zeitlichen Beschränkung unterwirft er sich, auch einer etwa als notwendig erachteten Festsetzung der Zahl der Worte, die er bei der Unterredung gebrauchen darf, fügt er sich, schon mit zehn Worten glaubt er auskommen zu können. In tiefer Ehrfurcht und äußerster Ungeduld erwartet er die Entscheidung.« K. hatte in Selbstvergessenheit gesprochen, so, als stehe er vor Klamms Tür und spreche mit dem Türhüter. »Es ist viel länger geworden, als ich dachte«, sagte er dann, »aber du musst es doch mündlich ausrichten, einen Brief will ich nicht schreiben, er würde ja doch wieder nur den endlosen Aktenweg gehen.« So kritzelte es K. nur für Barnabas auf einem Stück Papier auf eines Gehilfen Rücken, während der andere leuchtete, aber K. konnte es schon nach dem Diktat des Barnabas aufschreiben, der alles behalten hatte und es schülerhaft genau aufsagte, ohne sich um das falsche Einsagen der Gehilfen zu kümmern. »Dein Gedächtnis ist außerordentlich«, sagte K. und gab ihm das Papier, »nun aber, bitte, zeige dich außerordentlich auch im anderen. Und die Wünsche? Hast du keine? Es würde mich, ich sage es offen, hinsichtlich des Schicksals meiner Botschaft ein wenig beruhigen, wenn du welche hättest?«

Zuerst blieb Barnabas still, dann sagte er: »Meine Schwestern lassen dich grüßen.« – »Deine Schwestern«, sagte K., »ja, die großen, starken Mädchen.« – »Beide lassen dich grüßen, aber besonders Amalia«, sagte Barnabas, »sie hat mir auch heute diesen Brief für dich aus dem Schloss gebracht.« An dieser Mitteilung vor allen anderen sich festhaltend, fragte K.: »Könnte sie nicht auch meine Botschaft ins Schloss bringen? Oder könntet ihr nicht beide gehen und jeder sein Glück versuchen?« – »Amalia darf nicht in die Kanzleien«, sagte Barnabas, »sonst würde sie es gewiss sehr gerne tun.« – »Ich werde vielleicht morgen zu euch kommen«, sagte K., »komm nur du zuerst mit der Antwort. Ich erwarte dich in der Schule. Grüß auch von mir deine Schwestern.« K.s Versprechen schien Barnabas sehr glücklich zu machen, nach dem verabschiedenden Händedruck berührte er überdies noch K. flüchtig an der Schulter. So, als sei jetzt alles wieder wie damals, als Barnabas zuerst in seinem Glanz unter die Bauern in die Wirtsstube getreten war, empfand K. diese Berührung, lächelnd allerdings, als eine Auszeichnung. Sanftmütiger geworden, ließ er auf dem Rückweg die Gehilfen tun, was sie wollten.

Das elfte Kapitel

Ganz durchfroren kam er zu Hause an, es war überall finster, die Kerzen in den Laternen waren niedergebrannt, von den Gehilfen geführt, die sich hier schon auskannten, tastete er sich in ein Schulzimmer durch. »Euere erste lobenswerte Leistung«, sagte er in Erinnerung an Klamms Brief; noch halb im Schlaf, rief aus einer Ecke Frieda: »Lasst K. schlafen! Stört ihn doch nicht!« So beschäftigte K. ihre Gedanken, selbst wenn sie, von Schläfrigkeit überwältigt, ihn nicht hatte erwarten können. Nun wurde Licht gemacht; allerdings konnte die Lampe nicht stark genug aufgedreht werden, denn es war nur sehr wenig Petroleum da. Die junge Wirtschaft hatte noch verschiedene Mängel. Eingeheizt war zwar, aber das große Zimmer, das auch zum Turnen verwendet wurde – die Turngeräte standen herum und hingen von der Decke herab –, hatte schon alles vorrätige Holz verbraucht, war auch, wie man K. versicherte, schon sehr angenehm warm gewesen, aber leider wieder ganz ausgekühlt. Es war zwar ein großer Holzvorrat in einem Schuppen vorhanden, dieser Schuppen aber war versperrt, und den Schlüssel hatte der Lehrer, der eine Entnahme des Holzes nur für das Heizen während der Unterrichtsstunden gestattete. Das wäre erträglich gewesen, wenn man Betten gehabt hätte, um sich in sie zu flüchten. Aber in dieser Hinsicht war nichts anderes da als ein einziger Strohsack, anerkennenswert reinlich mit einem wollenen Umhängetuch Friedas überzogen, aber ohne Federbett, und nur mit zwei groben, steifen Decken, die kaum wärmten. Und selbst diesen armen Strohsack sahen die Gehilfen begehrlich an, aber Hoffnung, auf ihm jemals liegen zu dürfen, hatten sie natürlich nicht. Ängstlich blickte Frieda K. an; dass sie ein Zimmer, und sei es das elendste, wohnlich einzurichten verstand, hatte sie ja im Brückenhof bewiesen, aber hier hatte sie nicht mehr leisten können, ganz ohne Mittel, wie sie gewesen war. »Unser einziger Zimmerschmuck sind die Turngeräte«, sagte sie, unter Tränen mühselig lachend. Aber hinsichtlich der größten Mängel, der ungenügenden Schlafgelegenheit und Heizung, versprach sie mit Bestimmtheit schon für den nächsten Tag Abhilfe und bat K., nur bis dahin Geduld zu haben. Kein Wort, keine Andeutung, keine Miene ließ darauf schließen, dass sie gegen K. auch nur die kleinste Bitterkeit im Herzen trug, obwohl er doch, wie er sich sagen musste, sie sowohl aus dem Herrenhof als auch jetzt aus dem Brückenhof gerissen hatte. Deshalb bemühte sich aber K., alles erträglich zu finden, was ihm auch gar nicht so schwer war, weil er in Gedanken mit Barnabas wanderte und seine Botschaft Wort für Wort wiederholte, aber nicht so, wie er sie Barnabas übergeben hatte, sondern so, wie er glaubte, dass sie vor Klamm erklingen werde. Daneben aber freute er sich allerdings auch aufrichtig auf den Kaffee, den ihm Frieda auf einem Spiritusbrenner kochte, und verfolgte, an dem erkaltenden Ofen lehnend, ihre flinken, vielerfahrenen Bewegungen, mit denen sie auf dem Kathedertisch die unvermeidliche, weiße Decke ausbreitete, eine geblümte Kaffeetasse hinstellte, daneben Brot und Speck und sogar eine Sardinenbüchse. Nun war alles fertig, auch Frieda hatte noch nicht gegessen, sondern auf K. gewartet. Zwei Sessel waren vorhanden, dort saßen K. und Frieda beim Tisch, die Gehilfen zu ihren Füßen auf dem Podium, aber sie blieben niemals ruhig, auch beim Essen störten sie. Obwohl sie reichlich von allem bekommen hatten und noch lange nicht fertig waren, erhoben sie sich von Zeit zu Zeit, um festzustellen, ob noch viel auf dem Tisch war und sie noch einiges für sich erwarten konnten. K. kümmerte sich um sie nicht, erst durch Friedas Lachen wurde er auf sie aufmerksam. Er bedeckte ihre Hand auf dem Tisch schmeichelnd mit seiner und fragte leise, warum sie ihnen so vieles nachsehe, ja sogar Unarten freundlich hinnehme. Auf diese Weise werde man sie niemals loswerden, während man es durch eine gewissermaßen kräftige, ihrem Benehmen auch wirklich entsprechende Behandlung erreichen könnte, entweder sie zu zügeln oder, was noch wahrscheinlicher und auch besser wäre, ihnen die Stellung so zu verleiden, dass sie endlich durchbrennen würden. Es scheine ja kein sehr angenehmer Aufenthalt hier im Schulhaus werden zu wollen; nun, er werde ja auch nicht lange dauern, aber von allen Mängeln würde man kaum etwas merken, wenn die Gehilfen fort wären und sie beide allein wären in dem stillen Haus. Merke sie denn nicht auch, dass die Gehilfen frecher würden von Tag zu Tag, so, als ermutige sie eigentlich erst Friedas Gegenwart und die Hoffnung, dass K. vor ihr nicht so fest zugreifen werde, wie er es sonst tun würde. Übrigens gäbe es vielleicht ganz einfache Mittel, sie sofort ohne alle Umstände loszuwerden, vielleicht kenne sie sogar Frieda, die doch mit den hiesigen Verhältnissen so vertraut sei. Und den Gehilfen selbst tue man doch wahrscheinlich nur einen Gefallen, wenn man sie irgendwie vertreibe, denn groß sei ja das Wohlleben nicht, das sie hier führten, und selbst das Faulenzen, das sie bisher genossen hatten, werde ja hier wenigstens zum Teil aufhören, denn sie würden arbeiten müssen, während Frieda nach den Aufregungen der letzten Tage sich schonen müsse und er, K., damit beschäftigt sein werde, einen Ausweg aus ihrer Notlage zu finden. Jedoch werde er, wenn die Gehilfen fortgehen sollten, dadurch sich so erleichtert fühlen, dass er leicht alle Schuldienerarbeit neben allem Sonstigen werde ausführen können.

Frieda, die aufmerksam zugehört hatte, streichelte langsam seinen Arm und sagte, dass das alles auch ihre Meinung sei, dass er aber vielleicht doch die Unarten der Gehilfen überschätze, es seien junge Burschen, lustig und etwas einfältig, zum ersten Mal in Diensten eines Fremden, aus der strengen Schlosszucht entlassen, daher immerfort ein wenig erregt und erstaunt, und in diesem Zustand führten sie eben manchmal Dummheiten aus, über die sich zu ärgern zwar natürlich sei, aber vernünftiger sei es zu lachen. Sie könne sich manchmal nicht zurückhalten zu lachen. Trotzdem sei sie völlig mit K. einverstanden, dass es das beste wäre, sie wegzuschicken und allein zu zweit zu sein. Sie rückte näher zu K. und verbarg ihr Gesicht an seiner Schulter. Und dort sagte sie, so schwer verständlich, dass sich K. zu ihr hinabbeugen musste, sie wisse aber kein Mittel gegen die Gehilfen und sie fürchte, alles, was K. vorgeschlagen hatte, werde versagen. Soviel sie wisse, habe ja K. selbst sie verlangt, und nun habe er sie und werde sie behalten. Am besten sei es, sie leichthin zu nehmen als das leichte Volk, das sie auch sind, so ertrage man sie am besten.

K. war mit der Antwort nicht zufrieden; halb im Scherz, halb im Ernst sagte er, sie scheine ja mit ihnen im Bunde zu sein oder wenigstens eine große Zuneigung zu ihnen zu haben; nun, es seien ja hübsche Burschen, aber es gäbe niemanden, den man nicht bei einigem guten Willen loswerden könne, und er werde es ihr an den Gehilfen beweisen.

Frieda sagte, sie werde ihm sehr dankbar sein, wenn es ihm gelinge. Übrigens werde sie von jetzt ab nicht mehr über sie lachen und kein unnötiges Wort mit ihnen sprechen. Sie finde auch nichts mehr an ihnen zu lachen, es sei auch wirklich nichts Geringes, immerfort von zwei Männern beobachtet zu werden, sie habe gelernt, die zwei mit seinen Augen anzusehen. Und wirklich zuckte sie ein wenig zusammen, als sich jetzt die Gehilfen wieder erhoben, teils um die Essvorräte zu revidieren, teils um dem fortwährenden Flüstern auf den Grund zu kommen. K. nützte das aus, um Frieda die Gehilfen zu verleiden, zog Frieda an sich, und eng beisammen beendeten sie das Essen. Nun hätte man schlafen gehen sollen, und alle waren sehr müde, ein Gehilfe war sogar über dem Essen eingeschlafen, das unterhielt den anderen sehr, und er wollte die Herrschaft dazu bringen, sich das dumme Gesicht des Schlafenden anzusehen, aber es gelang ihm nicht, abweisend saßen K. und Frieda oben. In der unerträglich werdenden Kälte zögerten sie, auch schlafen zu gehen; schließlich erklärte K., es müsse noch eingeheizt werden, sonst sei es nicht möglich, zu schlafen. Er forschte nach irgendeiner Axt, die Gehilfen wussten von einer und brachten sie, und nun ging es zum Holzschuppen. Nach kurzer Zeit war die leichte Tür erbrochen, entzückt, als hätten sie etwas so Schönes noch nicht erlebt, einander jagend und stoßend, begannen die Gehilfen, Holz ins Schulzimmer zu tragen, bald war ein großer Haufen dort, es wurde eingeheizt, alle lagerten sich um den Ofen, eine Decke bekamen die Gehilfen, um sich in sie einzuwickeln, sie genügte ihnen vollauf, denn es wurde verabredet, dass immer einer wachen und das Feuer erhalten solle, bald war es beim Ofen so warm, dass man gar nicht mehr die Decke brauchte, die Lampe wurde ausgelöscht, und glücklich über die Wärme und Stille streckten sich K. und Frieda zum Schlaf.

Als K. in der Nacht durch irgendein Geräusch erwachte und in der ersten unsicheren Schlafbewegung nach Frieda tastete, merkte er, dass statt Friedas ein Gehilfe neben ihm lag. Es war das, wahrscheinlich infolge der Reizbarkeit, die schon das plötzliche Gewecktwerden mit sich brachte, der größte Schrecken, den er bisher im Dorf erlebt hatte. Mit einem Schrei erhob er sich halb und gab besinnungslos dem Gehilfen einen solchen Faustschlag, dass der zu weinen anfing. Das Ganze klärte sich übrigens gleich auf. Frieda war dadurch geweckt worden, dass – wenigstens war es ihr so erschienen – irgendein großes Tier, eine Katze wahrscheinlich, ihr auf die Brust gesprungen und dann gleich weggelaufen sei. Sie war aufgestanden und suchte mit einer Kerze das ganze Zimmer nach dem Tiere ab. Das hatte der eine Gehilfe benützt, um sich für ein Weilchen den Genuss des Strohsackes zu verschaffen, was er jetzt bitter büßte. Frieda aber konnte nichts finden, vielleicht war es nur eine Täuschung gewesen, sie kehrte zu K. zurück, auf dem Weg strich sie, als hätte sie das Abendgespräch vergessen, dem zusammengekauert wimmernden Gehilfen tröstend über das Haar. K. sagte dazu nichts; nur den Gehilfen befahl er, mit dem Heizen aufzuhören, denn es war, unter Verbrauch fast des ganzen angesammelten Holzes, schon überheiß geworden.

Das zwölfte Kapitel

Am Morgen erwachten alle erst, als schon die ersten Schulkinder da waren und neugierig die Lagerstätte umringten. Das war unangenehm, denn infolge der großen Hitze, die jetzt gegen Morgen allerdings wieder einer empfindlichen Kühle gewichen war, hatten sich alle bis auf das Hemd ausgekleidet und gerade, als sie sich anzuziehen anfingen, erschien Gisa, die Lehrerin, ein blondes, großes, schönes, nur ein wenig steifes Mädchen, in der Tür. Sie war sichtlich auf den neuen Schuldiener vorbereitet und hatte wohl auch vom Lehrer Verhaltungsmaßregeln erhalten, denn schon auf der Schwelle sagte sie: »Das kann ich nicht dulden. Das wären schöne Verhältnisse. Sie haben bloß die Erlaubnis, im Schulzimmer zu schlafen, ich aber habe nicht die Verpflichtung, in Ihrem Schlafzimmer zu unterrichten. Eine Schuldienerfamilie, die sich bis in den Vormittag in den Betten räkelt. Pfui!« Nun, dagegen wäre einiges zu sagen, besonders hinsichtlich der Familie und der Betten, dachte K., während er mit Frieda – die Gehilfen waren dazu nicht zu gebrauchen, auf dem Boden liegend, staunten sie die Lehrerin und die Kinder an – eiligst den Barren und das Pferd herbeischob, beide mit den Decken überwarf und so einen kleinen Raum bildete, in dem man, vor den Blicken der Kinder gesichert, sich wenigstens anziehen konnte. Ruhe hatte man allerdings keinen Augenblick lang, zuerst zankte die Lehrerin, weil im Waschbecken kein frisches Wasser war; gerade hatte K. daran gedacht, das Waschbecken für sich und Frieda zu holen, er gab die Absicht zunächst auf, um die Lehrerin nicht allzusehr zu reizen, aber der Verzicht half nichts, denn kurz darauf erfolgte ein großer Krach, unglücklicherweise hatte man nämlich versäumt, die Reste des Nachtmahls vom Katheder zu räumen, die Lehrerin entfernte alles mit dem Lineal, alles flog auf die Erde; dass das Sardinenöl und die Kaffeereste ausflossen und der Kaffeetopf in Trümmer ging, musste die Lehrerin nicht kümmern, der Schuldiener würde ja gleich Ordnung machen. Noch nicht ganz angezogen, sahen K. und Frieda am Barren lehnend der Vernichtung ihres kleinen Besitzes zu; die Gehilfen, die offenbar gar nicht daran dachten, sich anzuziehen, lugten zum großen Vergnügen der Kinder unten zwischen den Decken durch. Am meisten schmerzte Frieda natürlich der Verlust des Kaffeetopfes; erst als K., um sie zu trösten, ihr versicherte, er werde gleich zum Gemeindevorsteher gehen und Ersatz verlangen und bekommen, fasste sie sich so weit, dass sie, nur in Hemd und Unterrock, aus der Umzäunung hinauslief, um wenigstens die Decke zu holen und vor weiterer Beschmutzung zu bewahren. Es gelang ihr auch, obwohl die Lehrerin, um sie abzuschrecken, mit dem Lineal immerfort nervenzerrüttend auf den Tisch hämmerte. Als K. und Frieda sich angezogen hatten, mussten sie die Gehilfen, die von den Ereignissen wie benommen waren, nicht nur mit Befehlen und Stößen zum Anziehen drängen, sondern zum Teil sogar selbst anziehen. Dann, als alle fertig waren, verteilte K. die nächsten Arbeiten: Die Gehilfen sollten Holz holen und einheizen, zuerst aber im anderen Schulzimmer, von dem noch große Gefahren drohten – denn dort war wahrscheinlich schon der Lehrer. Frieda sollte den Fußboden reinigen und K. würde Wasser holen und sonst Ordnung machen; ans Frühstücken war vorläufig nicht zu denken. Um sich aber im allgemeinen über die Stimmung der Lehrerin zu unterrichten, wollte K. als erster hinausgehen, die anderen sollten erst folgen, wenn er sie riefe, er traf diese Einrichtung einerseits, weil er durch Dummheiten der Gehilfen die Lage nicht von vornherein verschlimmern lassen wollte, und andererseits, weil er Frieda möglichst schonen wollte, denn sie hatte Ehrgeiz, er keinen, sie war empfindlich, er nicht, sie dachte nur an die gegenwärtigen kleinen Abscheulichkeiten, er aber an Barnabas und die Zukunft. Frieda folgte allen seinen Anordnungen genau, ließ kaum die Augen von ihm. Kaum war er vorgetreten, rief die Lehrerin unter dem Gelächter der Kinder, das von jetzt ab überhaupt nicht mehr aufhörte: »Na, ausgeschlafen?« und als K. darauf nicht achtete, weil es doch keine eigentliche Frage war, sondern auf den Waschtisch losging, fragte die Lehrerin: »Was haben Sie denn mit meiner Mieze gemacht?« Eine große, alte, fleischige Katze lag träg ausgebreitet auf dem Tisch, und die Lehrerin untersuchte ihre offenbar ein wenig verletzte Pfote. Frieda hatte also doch recht gehabt, diese Katze war zwar nicht auf sie gesprungen, denn springen konnte sie wohl nicht mehr, aber über sie hinweggekrochen, war über die Anwesenheit von Menschen in dem sonst leeren Hause erschrocken, hatte sich eilig versteckt und bei dieser ihr ungewohnten Eile sich verletzt. K. suchte es der Lehrerin ruhig zu erklären, diese aber fasste nur das Ergebnis auf und sagte: »Nun ja, ihr habt sie verletzt, damit habt ihr euch hier eingeführt. Sehen Sie doch!« und sie rief K. auf das Katheder, zeigte ihm die Pfote, und ehe er sich dessen versah, hatte sie ihm mit den Krallen einen Strich über den Handrücken gemacht; die Krallen waren zwar schon stumpf, aber die Lehrerin hatte, diesmal ohne Rücksicht auf die Katze, sie so fest eingedrückt, dass es doch blutige Striemen wurden. »Und jetzt gehen Sie an Ihre Arbeit«, sagte sie ungeduldig und beugte sich wieder zur Katze hinab. Frieda, welche mit den Gehilfen hinter dem Barren zugesehen hatte, schrie beim Anblick des Blutes auf. K. zeigte die Hand den Kindern und sagte: »Seht, das hat mir eine böse, hinterlistige Katze gemacht.« Er sagte es freilich nicht der Kinder wegen, deren Geschrei und Gelächter schon so selbstverständlich geworden war, dass es keines weiteren Anlasses oder Anreizes bedurfte und dass kein Wort es durchdringen oder beeinflussen konnte. Da aber auch die Lehrerin nur durch einen kurzen Seitenblick die Beleidigung beantwortete und sonst mit der Katze beschäftigt blieb, die erste Wut also durch die blutige Bestrafung befriedigt schien, rief K. Frieda und die Gehilfen, und die Arbeit begann. Als K. den Eimer mit dem Schmutzwasser hinausgetragen, frisches Wasser gebracht hatte und nun das Schulzimmer auszukehren begann, trat ein etwa zwölfjähriger Junge aus einer Bank, berührte K.s Hand und sagte etwas im großen Lärm gänzlich Unverständliches. Da hörte plötzlich aller Lärm auf, K. wandte sich um. Das den ganzen Morgen über Gefürchtete war geschehen. In der Tür stand der Lehrer, mit jeder Hand hielt er, der kleine Mann, einen Gehilfen beim Kragen; er hatte sie wohl beim Holzholen abgefangen, denn mit mächtiger Stimme rief er und legte nach jedem Wort eine Pause ein: »Wer hat es gewagt, in den Holzschuppen einzubrechen? Wo ist der Kerl, dass ich ihn zermalme?« Da erhob sich Frieda vom Boden, den sie zu Füßen der Lehrerin reinzuwaschen sich abmühte, sah nach K. hin, so, als wolle sie sich Kraft holen, und sagte, wobei etwas von ihrer alten Überlegenheit in Blick und Haltung war: »Das habe ich getan, Herr Lehrer. Ich wusste mir keine andere Hilfe. Sollten früh die Schulzimmer geheizt sein, musste man den Schuppen öffnen; in der Nacht den Schlüssel von Ihnen zu holen wagte ich nicht; mein Bräutigam war im Herrenhof, es war möglich, dass er die Nacht über dort blieb, so musste ich mich allein entscheiden. Habe ich unrecht getan, verzeihen Sie es meiner Unerfahrenheit; ich bin schon von meinem Bräutigam genug ausgezankt worden, als er sah, was geschehen war. Ja, er verbot mir sogar, früh einzuheizen, weil er glaubte, dass Sie durch Versperrung des Schuppens gezeigt hätten, dass Sie nicht geheizt haben wollten, bevor Sie selbst gekommen wären. Dass nicht geheizt ist, ist also seine Schuld, dass aber der Schuppen erbrochen wurde, meine.« – »Wer hat die Tür erbrochen?« fragte der Lehrer die Gehilfen, die noch immer vergeblich seinen Griff abzuschütteln versuchten. »Der Herr«, sagten beide und zeigten, damit kein Zweifel sei, auf K. Frieda lachte, und dieses Lachen schien noch beweisender als ihre Worte, dann begann sie den Lappen, mit dem sie den Boden gewaschen hatte, in den Eimer auszuwinden, so, als sei durch ihre Erklärung der Zwischenfall beendet und die Aussagen der Gehilfen nur ein nachträglicher Scherz; erst als sie wieder, zur Arbeit bereit, niedergekniet war, sagte sie: »Unsere Gehilfen sind Kinder, die trotz ihren Jahren noch in diese Schulbänke gehören. Ich habe nämlich gegen Abend die Tür mit der Axt allein geöffnet, es war sehr einfach, die Gehilfen brauchte ich dazu nicht, sie hätten nur gestört. Als dann in der Nacht aber mein Bräutigam kam und hinausging, um den Schaden zu besehen und womöglich zu reparieren, liefen die Gehilfen mit, wahrscheinlich weil sie fürchteten, hier allein zu bleiben, sahen meinen Bräutigam an der aufgerissenen Tür arbeiten, und deshalb sagen sie jetzt – nun, es sind Kinder –.«

Zwar schüttelten die Gehilfen während Friedas Erklärung immerfort die Köpfe, zeigten weiter auf K. und strengten sich an, durch stummes Mienenspiel Frieda von ihrer Meinung abzubringen; da es ihnen aber nicht gelang, fügten sie sich endlich, nahmen Friedas Worte als Befehl, und auf eine neuerliche Frage des Lehrers antworteten sie nicht mehr. »So«, sagte der Lehrer, »ihr habt also gelogen? Oder wenigstens leichtsinnig den Schuldiener beschuldigt?« Sie schwiegen noch immer, aber ihr Zittern und ihre ängstlichen Blicke schienen auf Schuldbewusstsein zu deuten. »Dann werde ich euch sofort durchprügeln«, sagte der Lehrer und schickte ein Kind ins andere Zimmer um den Rohrstab. Als er dann den Stab hob, rief Frieda: »Die Gehilfen haben ja die Wahrheit gesagt«, warf verzweifelt den Lappen in den Eimer, dass das Wasser aufspritzte, und lief hinter den Barren, wo sie sich versteckte. »Ein verlogenes Volk«, sagte die Lehrerin, die den Verband der Pfote eben beendigt hatte und das Tier auf den Schoß nahm, für den es fast zu breit war.

»Bleibt also der Herr Schuldiener«, sagte der Lehrer, stieß die Gehilfen fort und wandte sich K. zu, der während der ganzen Zeit, auf den Besen gestützt, zugehört hatte: »Dieser Herr Schuldiener, der aus Feigheit ruhig zugibt, dass man andere fälschlich seiner eigenen Lumpereien beschuldigt.« – »Nun«, sagte K., der wohl merkte, dass Friedas Dazwischentreten den ersten hemmungslosen Zorn des Lehrers doch gemildert hatte, »wenn die Gehilfen ein wenig durchgeprügelt worden wären, hätte es mir nicht leid getan; wenn sie bei zehn gerechten Anlässen geschont worden sind, können sie es einmal bei einem ungerechten abbüßen. Aber auch sonst wäre es mir willkommen gewesen, wenn ein unmittelbarer Zusammenstoß zwischen mir und Ihnen, Herr Lehrer, vermieden worden wäre, vielleicht wäre es sogar auch Ihnen lieb. Da nun aber Frieda mich den Gehilfen geopfert hat –«, hier machte K. eine Pause, man hörte in der Stille hinter den Decken Frieda schluchzen –, »muss nun natürlich die Sache ins reine gebracht werden.« – »Unerhört«, sagte die Lehrerin. »Ich bin völlig Ihrer Meinung, Fräulein Gisa«, sagte der Lehrer. »Sie, Schuldiener, sind natürlich wegen dieses schändlichen Dienstvergehens auf der Stelle entlassen; die Strafe, die noch folgen wird, behalte ich mir vor; jetzt aber scheren Sie sich sofort mit allen Ihren Sachen aus dem Haus. Es wird uns eine wahre Erleichterung sein, und der Unterricht wird endlich beginnen können. Also schleunig!« – »Ich rühre mich von hier nicht fort«, sagte K. »Sie sind mein Vorgesetzter, aber nicht derjenige, welcher mir die Stelle verliehen hat, das ist der Herr Gemeindevorsteher, nur seine Kündigung nehme ich an. Er aber hat mir die Stelle doch wohl nicht gegeben, dass ich hier mit meinen Leuten erfriere, sondern – wie Sie selbst sagten – damit er unbesonnene Verzweiflungstaten meinerseits verhindert. Mich jetzt plötzlich zu entlassen wäre daher geradewegs gegen seine Absicht; solange ich nicht das Gegenteil aus seinem eigenen Munde höre, glaube ich es nicht. Es geschieht übrigens wahrscheinlich auch zu Ihrem großen Vorteil, wenn ich Ihrer leichtsinnigen Kündigung nicht folge.« – »Sie folgen also nicht?« fragte der Lehrer. K. schüttelte den Kopf. »Überlegen Sie es wohl«, sagte der Lehrer. »Ihre Entschlüsse sind nicht immer die allerbesten; denken Sie zum Beispiel an den gestrigen Nachmittag, als Sie es ablehnten, verhört zu werden.« – »Warum erwähnen Sie das jetzt?« fragte K. »Weil es mir beliebt«, sagte der Lehrer, »und nun wiederhole ich zum letzten Male: Hinaus!« Als aber auch das keine Wirkung hatte, ging der Lehrer zum Katheder und beriet sich leise mit der Lehrerin, diese sagte etwas von der Polizei, aber der Lehrer lehnte es ab, schließlich einigten sie sich, der Lehrer forderte die Kinder auf, in seine Klasse hinüberzugehen, sie würden dort mit den anderen Kindern gemeinsam unterrichtet werden. Diese Abwechslung freute alle, gleich war unter Lachen und Schreien das Zimmer geleert, der Lehrer und die Lehrerin folgten als letzte. Die Lehrerin trug das Klassenbuch und auf ihm die in ihrer Fülle ganz teilnahmslose Katze. Der Lehrer hätte die Katze gern hiergelassen, aber eine darauf bezügliche Andeutung wehrte die Lehrerin mit dem Hinweis auf die Grausamkeit K.s entschieden ab; so bürdete K. zu allem Ärger auch noch die Katze dem Lehrer auf. Es beeinflusste dies wohl auch die letzten Worte, die der Lehrer in der Tür an K. richtete: »Das Fräulein verlässt mit den Kindern notgedrungen dieses Zimmer, weil Sie renitenterweise meiner Kündigung nicht folgen und weil niemand von ihr, einem jungen Mädchen, verlangen kann, dass sie inmitten Ihrer schmutzigen Familienwirtschaft Unterricht erteilt. Sie bleiben also allein und können sich, ungestört durch den Widerwillen anständiger Zuschauer, hier so breit machen, wie Sie wollen. Aber es wird nicht lange dauern, dafür bürge ich.« Damit schlug er die Tür zu.

Das dreizehnte Kapitel

Kaum waren alle fort. sagte K. zu den Gehilfen: »Geht hinaus!« Verblüfft durch diesen unerwarteten Befehl, folgten sie, aber als K. hinter ihnen die Tür zusperrte, wollten sie wieder zurück, winselten draußen und klopften an die Tür. »Ihr seid entlassen!« rief K. »Niemals mehr nehme ich euch in meine Dienste.« Das wollten sie sich nun freilich nicht gefallen lassen und hämmerten mit Händen und Füßen gegen die Tür. »Zurück zu dir, Herr!« riefen sie, als wäre K. das trockene Land und sie daran, in der Flut zu versinken. Aber K. hatte kein Mitleid, ungeduldig wartete er, bis der unerträgliche Lärm den Lehrer zwingen werde, einzugreifen. Es geschah bald. »Lassen Sie Ihre verfluchten Gehilfen ein!« schrie er. »Ich habe sie entlassen!« schrie K. zurück; es hatte die ungewollte Nebenwirkung, dem Lehrer zu zeigen, wie es auffiel, wenn jemand kräftig genug war, nicht nur zu kündigen, sondern auch die Kündigung auszuführen. Der Lehrer versuchte nun, die Gehilfen gütlich zu beruhigen, sie sollten hier nur ruhig warten, schließlich werde K. sie doch wieder einlassen müssen. Dann ging er. Und es wäre nun vielleicht still geblieben, wenn nicht K. ihnen wieder zuzurufen angefangen hätte, dass sie nun endgültig entlassen seien und nicht die geringste Hoffnung auf Wiederaufnahme hätten. Daraufhin begannen sie wieder zu lärmen wie zuvor. Wieder kam der Lehrer, aber nun verhandelte er nicht mehr mit ihnen, sondern trieb sie, offenbar mit dem gefürchteten Rohrstock, aus dem Haus.

Bald erschienen sie vor den Fenstern des Turnzimmers, klopften an die Scheiben und schrien; aber die Worte waren nicht mehr zu verstehen. Sie blieben jedoch auch dort nicht lange, in dem tiefen Schnee konnten sie nicht herumspringen, wie es ihre Unruhe verlangte. Sie eilten deshalb zu dem Gitter des Schulgartens, sprangen auf den steinernen Unterbau, wo sie auch, allerdings nur von der Ferne, einen besseren Einblick in das Zimmer hatten; sie liefen dort, an dem Gitter sich festhaltend, hin und her, blieben dann wieder stehen und streckten flehend die gefalteten Hände gegen K. aus. So trieben sie es lange, ohne Rücksicht auf die Nutzlosigkeit ihrer Anstrengungen; sie waren wie verblendet, sie hörten wohl auch nicht auf, als K. die Fenstervorhänge herunterließ, um sich von ihrem Anblick zu befreien.

In dem jetzt dämmerigen Zimmer ging K. zu dem Barren, um nach Frieda zu sehen. Unter seinem Blick erhob sie sich, ordnete die Haare, trocknete das Gesicht und machte sich schweigend daran, Kaffee zu kochen. Obwohl sie von allem wusste, verständigte sie doch K. förmlich davon, dass er die Gehilfen entlassen hatte. Sie nickte nur. K. saß in einer Schulbank und beobachtete ihre müden Bewegungen. Es war immer die Frische und Entschlossenheit gewesen, welche ihren nichtigen Körper verschönt hatte; nun war diese Schönheit dahin. Wenige Tage des Zusammenlebens mit K. hatten genügt, das zu erreichen. Die Arbeit im

Ausschank war nicht leicht gewesen, aber ihr wahrscheinlich doch entsprechender. Oder war die Entfernung von Klamm die eigentliche Ursache ihres Verfalles? Die Nähe Klamms hatte sie so unsinnig verlockend gemacht, in dieser Verlockung hatte sie K. an sich gerissen, und nun verwelkte sie in seinen Armen.

»Frieda«, sagte K. Sie legte gleich die Kaffeemühle fort und kam zu K. in die Bank. »Du bist mir böse?« fragte sie. »Nein«, sagte K. »Ich glaube, du kannst nicht anders. Du hast zufrieden im Herrenhof gelebt. Ich hätte dich dort lassen sollen.« – »Ja«, sagte Frieda und sah traurig vor sich hin, »du hättest mich dort lassen sollen. Ich bin dessen nicht wert, mit dir zu leben. Von mir befreit, könntest du vielleicht alles erreichen, was du willst. Aus Rücksicht auf mich unterwirfst du dich dem tyrannischen Lehrer, übernimmst du diesen kläglichen Posten, bewirbst dich mühevoll um ein Gespräch mit Klamm. Alles für mich, aber ich lohne es dir schlecht.« – »Nein«, sagte K. und legte tröstend den Arm um sie. »Alles das sind Kleinigkeiten, die mir nicht weh tun, und zu Klamm will ich ja nicht nur deinetwegen. Und was hast du alles für mich getan! Ehe ich dich kannte, ging ich ja hier ganz in die Irre. Niemand nahm mich auf, und wem ich mich aufdrängte, der verabschiedete mich schnell. Und wenn ich bei jemandem Ruhe hätte finden können, so waren es Leute, vor denen wieder ich mich flüchtete, etwa die Leute des Barnabas.« – »Du flüchtetest vor ihnen? Nicht wahr? Liebster!« rief Frieda lebhaft dazwischen und versank dann nach einem zögernden »Ja« K.s wieder in ihre Müdigkeit. Aber auch K. hatte nicht mehr die Entschlossenheit, zu erklären, worin sich durch die Verbindung mit Frieda alles zum Guten für ihn gewendet hatte. Er löste langsam den Arm von ihr und saß ein Weilchen schweigend, bis dann Frieda, so, als hätte K.s Arm ihr Wärme gegeben, die sie jetzt nicht mehr entbehren könne, sagte: »Ich werde dieses Leben hier nicht ertragen. Willst du mich behalten, müssen wir auswandern, irgendwohin, nach Südfrankreich, nach Spanien.« – »Auswandern kann ich nicht«, sagte K., »ich bin hierhergekommen, um hier zu bleiben. Ich werde hierbleiben.« Und in einem Widerspruch, den er gar nicht zu erklären sich Mühe gab, fügte er wie im Selbstgespräch zu: »Was hätte mich denn in dieses öde Land locken können, als das Verlangen hierzubleiben?« Dann sagte er: »Aber auch du willst hierbleiben, es ist ja dein Land. Nur Klamm fehlt dir, und das bringt dich auf verzweifelte Gedanken.« – »Klamm sollte mir fehlen?« sagte Frieda. »Von Klamm ist hier ja eine Überfülle, zu viel Klamm; um ihm zu entgehen, will ich fort. Nicht Klamm, sondern du fehlst mir, deinetwegen will ich fort; weil ich mich an dir nicht sättigen kann, hier, wo alle an mir reißen. Würde mir doch lieber die hübsche Larve abgerissen, würde doch lieber mein Körper elend, dass ich in Frieden bei dir leben könnte.« K. hörte daraus nur eines. »Klamm ist noch immer in Verbindung mit dir?« fragte er gleich. »Er ruft dich?« – »Von Klamm weiß ich nichts«, sagte Frieda, »ich rede jetzt von anderen, zum Beispiel von den Gehilfen.« – »Ah, die Gehilfen!« sagte K. überrascht. »Sie verfolgen dich?« – »Hast du es denn nicht bemerkt?« fragte Frieda. »Nein«, sagte K. und suchte sich vergeblich an Einzelheiten zu erinnern, »zudringliche und lüsterne Jungen sind es wohl, aber dass sie sich an dich herangewagt hätten, habe ich nicht bemerkt.« – »Nicht?« sagte Frieda. »Du hast nicht bemerkt, wie sie aus unserem Zimmer im Brückenhof nicht fortzubringen waren, wie sie unsere Beziehungen eifersüchtig überwachten, wie sich einer letzthin auf meinen Platz auf den Strohsack legte, wie sie jetzt gegen dich aussagten, um dich zu vertreiben, zu verderben, um mit mir allein zu sein. Das alles hast du nicht bemerkt?« K. sah Frieda an, ohne zu antworten. Diese Anklagen gegen die Gehilfen waren wohl richtig, aber sie konnten alle auch viel unschuldiger gedeutet werden, aus dem ganzen lächerlichen, kindischen, fahrigen, unbeherrschten Wesen der beiden. Und sprach nicht gegen die Beschuldigung auch, dass sie doch immer danach gestrebt hatten, überallhin mit K. zu gehen und nicht bei Frieda zurückzubleiben? K. erwähnte etwas Derartiges. »Heuchelei«, sagte Frieda, »das hast du nicht durchschaut? Ja, warum hast du sie denn fortgetrieben, wenn nicht aus diesen Gründen?« Und sie ging zum Fenster, rückte den Vorhang ein wenig zur Seite, blickte hinaus und rief dann K. zu sich. Noch immer waren die Gehilfen draußen am Gitter, so müde sie auch sichtlich schon waren, streckten sie doch noch von Zeit zu Zeit, alle Kräfte zusammennehmend, die Arme bittend gegen die Schule aus. Einer hatte, um sich nicht immerfort festhalten zu müssen, den Rock hinten auf einer Gitterstange aufgespießt.

»Die Armen! Die Armen!« sagte Frieda.

»Warum ich sie weggetrieben habe?« fragte K. »Der unmittelbare Anlass dafür bist du gewesen.« – »Ich?« fragte Frieda, ohne den Blick von draußen abzuwenden. »Deine allzu freundliche Behandlung der Gehilfen«, sagte K., »das Verzeihen ihrer Unarten, das Lachen über sie, das Streicheln ihrer Haare, das fortwährende Mitleid mit ihnen, ›die Armen, die Armen‹, sagst du wieder, und schließlich der letzte Vorfall, da ich dir als Preis nicht zu hoch war, die Gehilfen von den Prügeln loszukaufen.« – »Das ist es ja«, sagte Frieda, »davon spreche ich doch, das ist es ja, was mich unglücklich macht, was mich von dir abhält, während ich doch kein größeres Glück für mich weiß, als bei dir zu sein, immerfort, ohne Unterbrechung, ohne Ende, während ich doch davon träume, dass hier auf der Erde kein ruhiger Platz für unsere Liebe ist, nicht im Dorf und nicht anderswo, und ich mir deshalb ein Grab vorstelle, tief und eng; dort halten wir uns umarmt wie mit Zangen, ich verberge mein Gesicht an dir, du deines an mir, und niemand wird uns jemals mehr sehen. Hier aber – sieh die Gehilfen! Nicht dir gilt es, wenn sie die Hände falten, sondern mir.« – »Und nicht ich«, sagte K., »sehe sie an, sondern du.« – »Gewiss, ich«, sagte Frieda fast böse, »davon spreche ich doch immerfort. Was würde denn sonst daran liegen, dass die Gehilfen hinter mir her sind; mögen sie auch Abgesandte Klamms sein.« – »Abgesandte Klamms«, sagte K., den diese Bezeichnung, so natürlich sie ihm gleich erschien, doch sehr überraschte. »Abgesandte Klamms, gewiss«, sagte Frieda, »mögen sie dies sein, so sind sie doch auch gleichzeitig läppische Jungen, die zu ihrer Erziehung noch Prügel brauchen. Was für hässliche, schwarze Jungen es sind. Und wie abscheulich ist der Gegensatz zwischen ihren Gesichtern, die auf Erwachsene, ja fast auf Studenten schließen lassen, und ihrem kindischnärrischen Benehmen! Glaubst du, dass ich das nicht sehe? Ich schäme mich ja ihrer. Aber das ist es ja eben, sie stoßen mich nicht ab, sondern ich schäme mich ihrer. Ich muss immer zu ihnen hinsehen. Wenn man sich über sie ärgern sollte, muss ich lachen. Wenn man sie schlagen wollte, muss ich über ihr Haar streichen. Und wenn ich neben dir liege in der Nacht, kann ich nicht schlafen, und muss über dich hinweg zusehen, wie der eine, fest in die Decke eingerollt, schläft und der andere vor der offenen Ofentür kniet und heizt, und ich muss mich vorbeugen, dass ich dich fast wecke. Und nicht die Katze erschreckt mich – ach, ich kenne Katzen und ich kenne auch das unruhige, immerfort gestörte Schlummern im Ausschank – nicht die Katze erschreckt mich, ich selbst mache mir Schrecken. Und es bedarf gar nicht dieses Ungetümes von einer Katze, ich fahre beim kleinsten Geräusch zusammen. Einmal fürchte ich, dass du aufwachen wirst und alles zu Ende sein wird, und dann wieder springe ich auf und zünde die Kerze an, damit du nur schnell aufwachst und mich beschützen kannst.« – »Von dem allen habe ich nichts gewusst«, sagte K., »nur in einer Ahnung dessen habe ich sie vertrieben; nun sind sie aber fort, nun ist vielleicht alles gut.« – »Ja, endlich sind sie fort«, sagte Frieda, aber ihr Gesicht war gequält, nicht freudig, »nur wissen wir nicht, wer sie sind. Abgesandte Klamms, ich nenne sie in meinen Gedanken, im Spiele so, aber vielleicht sind sie es wirklich. Ihre Augen, diese einfältigen und doch funkelnden Augen, erinnern mich irgendwie an die Augen Klamms, ja, das ist es: Es ist Klamms Blick, der mich manchmal aus ihren Augen durchfährt. Und unrichtig ist es deshalb, wenn ich sagte, dass ich mich ihrer schäme. Ich wollte nur, es wäre so. Ich weiß zwar, dass anderswo und bei anderen Menschen das gleiche Benehmen dumm und anstößig wäre, bei ihnen ist es nicht so. Mit Achtung und Bewunderung sehe ich ihren Dummheiten zu. Wenn es aber Klamms Abgesandte sind, wer befreit uns von ihnen; und wäre es dann überhaupt gut, von ihnen befreit zu werden? Müsstest du sie dann nicht schnell hereinholen und glücklich sein, wenn sie noch kämen?« – »Du willst, dass ich sie wieder hereinlasse?« fragte K. »Nein, nein«, sagte Frieda, »nichts will ich weniger. Ihren Anblick, wenn sie nun hereinstürmten, ihre Freude, mich wiederzusehen, ihr Herumhüpfen von Kindern und ihr Armausstrecken von Männern, das alles würde ich vielleicht gar nicht ertragen können.

Wenn ich dann aber wieder bedenke, dass du, wenn du gegen sie hart bleibst, damit vielleicht Klamm selbst den Zutritt zu dir verweigerst, will ich dich mit allen Mitteln vor den Folgen dessen bewahren. Dann will ich, dass du sie hereinkommen lässt. Dann K., nur schnell herein mit ihnen! Nimm keine Rücksicht auf mich, was liegt an mir! Ich werde mich wehren, solange ich kann; wenn ich aber verlieren sollte, nun, so werde ich verlieren, aber dann mit dem Bewusstsein, dass auch dies für dich geschehen ist.« – »Du bestärkst mich nur in meinem Urteil hinsichtlich der Gehilfen«, sagte K. »Niemals werden sie mit meinem Willen hereinkommen. Dass ich sie hinausgebracht habe, beweist doch, dass man sie unter Umständen beherrschen kann, und damit weiterhin, dass sie nichts Wesentliches mit Klamm zu tun haben. Erst gestern Abend bekam ich einen Brief von Klamm, aus dem zu sehen ist, dass Klamm über die Gehilfen ganz falsch unterrichtet ist, woraus wieder geschlossen werden muss, dass sie ihm völlig gleichgültig sind, denn wären sie dies nicht, so hätte er sich gewiss genaue Nachrichten über sie beschaffen können. Dass aber du Klamm in ihnen siehst, beweist nichts, denn noch immer, leider, bist du von der Wirtin beeinflusst und siehst Klamm überall. Noch immer bist du Klamms Geliebte, noch lange nicht meine Frau. Manchmal macht mich das ganz trübe, mir ist dann, wie wenn ich alles verloren hätte, ich habe dann das Gefühl, als sei ich eben erst ins Dorf gekommen, aber nicht hoffnungsvoll, wie ich damals in Wirklichkeit war, sondern im Bewusstsein, dass mich nur Enttäuschungen erwarten und dass ich eine nach der anderen werde durchkosten müssen bis zum letzten Bodensatz. Doch ist das nur manchmal«, fügte K. lächelnd hinzu, als er sah, wie Frieda unter seinen Worten zusammensank, »und beweist doch im Grunde etwas Gutes, nämlich, was du mir bedeutest. Und wenn du mich jetzt aufforderst, zwischen dir und den Gehilfen zu wählen, so haben damit die Gehilfen schon verloren. Was für ein Gedanke, zwischen dir und den Gehilfen zu wählen! Nun will ich sie aber endgültig los sein, in Worten und Gedanken. Wer weiß übrigens, ob die Schwäche, die uns beide überkommen hat, nicht daher stammt, dass wir noch immer nicht gefrühstückt haben?« – »Möglich«, sagte Frieda, müde lächelnd, und ging an die Arbeit. Auch K. ergriff wieder den Besen.

Nach einem Weilchen klopfte es leise. »Barnabas!« schrie K., warf den Besen hin und war mit einigen Sätzen bei der Tür. Über den Namen mehr als über alles andere erschrocken, sah ihn Frieda an. Mit den unsicheren Händen konnte K. das alte Schloss nicht gleich öffnen. »Ich öffne schon«, wiederholte er immerfort, statt zu fragen, wer denn eigentlich klopfe. Und musste dann zusehen, wie durch die weit aufgerissene Tür nicht Barnabas hereinkam, sondern der kleine Junge, der schon früher einmal hatte K. ansprechen wollen. K. hatte aber keine Lust, sich an ihn zu erinnern. »Was willst du denn hier?« sagte er. »Unterrichtet wird nebenan.« – »Ich komme von dort«, sagte der Junge und sah mit seinen großen, braunen Augen ruhig zu K. auf, stand aufrecht da, die Arme eng am Leib. »Was willst du also? Schnell!« sagte K. und beugte sich ein wenig hinab, denn der Junge sprach leise. »Kann ich dir helfen?« fragte der Junge. »Er will uns helfen«, sagte K. zu Frieda, und dann zum Jungen: »Wie heißt du denn?« – »Hans Brunswick«, sagte der Junge, »Schüler der vierten Klasse, Sohn des Otto Brunswick, Schustermeisters in der Madeleinegasse.« – »Sieh mal, Brunswick heißt du«, sagte K. und war nun freundlicher zu ihm. Es stellte sich heraus, dass Hans durch die blutigen Striemen, welche die Lehrerin in K.s Hand eingekratzt hatte, so erregt worden war, dass er sich vorhin entschlossen hatte, K. beizustehen. Eigenmächtig war er jetzt auf die Gefahr großer Strafe hin aus dem Schulzimmer nebenan wie ein Deserteur weggeschlichen. Es mochten vor allem solche knabenhaften Vorstellungen sein, die ihn beherrschten. Ihnen entsprechend war auch der Ernst, der aus allem sprach, was er tat. Nur anfänglich hatte ihn Schüchternheit behindert, bald aber gewöhnte er sich an K. und Frieda, und als er dann heißen, guten Kaffee zu trinken bekommen hatte, war er lebhaft und zutraulich geworden, und seine Fragen waren eifrig und eindringlich, so, als wolle er möglichst schnell das Wichtigste erfahren, um dann selbständig für K. und Frieda Entschlüsse fassen zu können. Es war auch etwas Befehlshaberisches in seinem Wesen; aber es war mit kindlicher Unschuld so gemischt, dass man sich ihm, halb aufrichtig, halb scherzend, gern unterwarf. Jedenfalls nahm er alle Aufmerksamkeit für sich in Anspruch, alle Arbeit hatte aufgehört, das Frühstück zog sich sehr in die Länge. Obwohl er in der Schulbank saß, K. oben auf dem Kathedertisch, Frieda auf einem Sessel nebenan, sah es aus, als sei Hans der Lehrer, als prüfe er und beurteile die Antworten; ein leichtes Lächeln um seinen weichen Mund schien anzudeuten, dass er wohl wisse, es handle sich nur um ein Spiel, aber desto ernsthafter war er im übrigen bei der Sache, vielleicht war es auch gar kein Lächeln, sondern das Glück der Kindheit, das die Lippen umspielte. Auffallend spät erst hatte er zugegeben, dass er K. schon kannte, seit dieser einmal bei Lasemann eingekehrt war. K. war glücklich darüber. »Du spieltest damals zu Füßen der Frau?« fragte K. »Ja«, sagte Hans, »es war meine Mutter.« Und nun musste er von seiner Mutter erzählen, aber er tat es nur zögernd und erst auf wiederholte Aufforderung, es zeigte sich nun doch, dass er ein kleiner Junge war, aus dem zwar manchmal, besonders in seinen Fragen, vielleicht im Vorgefühl der Zukunft, vielleicht aber auch nur infolge der Sinnestäuschung des unruhiggespannten Zuhörers, fast ein energischer, kluger, weitblickender Mann zu sprechen schien, der dann aber gleich darauf ohne Übergang nur ein Schuljunge war, der manche Fragen gar nicht verstand, andere missdeutete, der in kindlicher Rücksichtslosigkeit zu leise sprach, obwohl er oft auf den Fehler aufmerksam gemacht worden war, und der schließlich wie aus Trotz gegenüber manchen dringenden Fragen vollkommen schwieg, und zwar ganz ohne Verlegenheit, wie es ein Erwachsener niemals könnte. Es war überhaupt, wie wenn seiner Meinung nach nur ihm das Fragen erlaubt sei, durch das Fragen der anderen aber irgendeine Vorschrift durchbrochen und Zeit verschwendet würde. Er konnte dann lange Zeit stillsitzen mit aufrechtem Körper, gesenktem Kopf, aufgeworfener Unterlippe. Frieda gefiel das so, dass sie ihm öfters Fragen stellte, von denen sie hoffte, dass sie ihn auf diese Weise verstummen lassen würden; es gelang ihr auch manchmal, aber K. ärgerte es. Im ganzen erfuhr man wenig. Die Mutter war ein wenig kränklich, aber was für eine Krankheit es war, blieb unbestimmt, das Kind, das Frau Brunswick auf dem Schoß gehabt hatte, war Hansens Schwester und hieß Frieda (die Namensgleichheit mit der ihn ausfragenden Frau nahm Hans unfreundlich auf), sie wohnten alle im Dorf, aber nicht bei Lasemann, sie waren dort nur zu Besuch gewesen, um gebadet zu werden, weil Lasemann das große Schaff hatte, in dem zu baden und sich herumzutreiben den kleinen Kindern, zu denen aber Hans nicht gehörte, ein besonderes Vergnügen machte; von seinem Vater sprach Hans ehrfurchtsvoll oder ängstlich, aber nur, wenn nicht gleichzeitig von der Mutter die Rede war, gegenüber der Mutter war des Vaters Wert offenbar klein, übrigens blieben alle Fragen über das Familienleben, wie immer man auch heranzukommen suchte, unbeantwortet. Vom Gewerbe des Vaters erfuhr man, dass er der größte Schuster des Ortes war, keiner war ihm gleich, wie öfters auch auf ganz andere Fragen hin wiederholt wurde, er gab sogar den andern Schustern, zum Beispiel auch dem Vater Barnabas', Arbeit, in diesem letzten Falle tat es Brunswick wohl nur aus besonderer Gnade, wenigstens deutete dies die stolze Kopfwendung Hansens an, welche

Frieda veranlasste, zu ihm hinunterzuspringen und ihm einen Kuss zu geben. Die Frage, ob er schon im Schloss gewesen sei, beantwortete er erst nach vielen Wiederholungen, und zwar mit »Nein«; die gleiche Frage hinsichtlich der Mutter beantwortete er gar nicht. Schließlich ermüdete K.; auch ihm schien das Fragen unnütz, er gab darin dem Jungen recht, auch war darin etwas Beschämendes, auf dem Umweg über das unschuldige Kind Familiengeheimnisse ausforschen zu wollen, doppelt beschämend allerdings war, dass man auch hier nichts erfuhr. Und als dann K. zum Abschluss den Jungen fragte, worin er denn zu helfen sich anbiete, wunderte er sich nicht mehr zu hören, dass Hans nur hier bei der Arbeit helfen wolle, damit der Lehrer und die Lehrerin mit K. nicht mehr so zankten. K. erklärte Hans, dass eine solche Hilfe nicht nötig sei, Zanken gehöre wohl zu des Lehrers Natur, und man werde wohl auch durch genaueste Arbeit sich kaum davor schützen können, die Arbeit selbst sei nicht schwer, und nur infolge zufälliger Umstände sei er mit ihr heute im Rückstand, übrigens wirke auf K. dieses Zanken nicht so wie auf einen Schüler, er schüttle es ab, es sei ihm fast gleichgültig, auch hoffe er, dem Lehrer sehr bald völlig entgehen zu können. Da es sich also nur um Hilfe gegen den Lehrer gehandelt habe, danke er dafür bestens und Hans könne wieder zurückgehen, hoffentlich werde er nicht noch bestraft werden. Obwohl es K. gar nicht betonte und nur unwillkürlich andeutete, dass es nur die Hilfe gegenüber dem Lehrer sei, die er nicht brauche, während er die Frage nach anderer Hilfe offenließ, hörte es Hans doch klar heraus und fragte, ob K. vielleicht andere Hilfe brauche; sehr gern würde er ihm helfen, und wenn er es selbst nicht imstande wäre, würde er seine Mutter darum bitten, und dann würde es gewiss gelingen. Auch wenn der Vater Sorgen hat, bittet er die Mutter um Hilfe. Und die Mutter habe auch schon einmal nach K. gefragt, sie selbst gehe kaum aus dem Haus, nur ausnahmsweise sei sie damals bei Lasemann gewesen; er, Hans, aber gehe öfters hin, um mit Lasemanns Kindern zu spielen, und da habe ihn die Mutter einmal gefragt, ob dort vielleicht wieder einmal der Landvermesser gewesen sei. Nun dürfe man die Mutter, weil sie so schwach und müde sei, nicht unnütz aufregen, und so habe er nur einfach gesagt, dass er den Landvermesser dort nicht gesehen habe, und weiter sei davon nicht gesprochen worden; als er ihn nun aber hier in der Schule gefunden habe, habe er ihn ansprechen müssen, damit er der Mutter berichten könne. Denn das habe die Mutter am liebsten, wenn man, ohne ausdrücklichen Befehl, ihre Wünsche erfüllt. Darauf sagte K. nach kurzer Überlegung, er brauche keine Hilfe, er habe alles, was er benötigte, aber es sei sehr lieb von Hans, dass er ihm helfen wolle, und er danke ihm für die gute Absicht, es sei ja möglich, dass er später einmal etwas brauchen werde, dann werde er sich an ihn wenden, die Adresse habe er ja. Dagegen könne vielleicht er, K., diesmal ein wenig helfen, es tue ihm leid, dass Hansens Mutter kränkle und offenbar niemand hier das Leiden verstehe; in einem solchen vernachlässigten Falle kann oft eine schwere Verschlimmerung eines an sich leichten Leidens eintreten. Nun habe er, K., einige medizinische Kenntnisse und, was noch mehr wert sei, Erfahrung in der Krankenbehandlung. Manches, was Ärzten nicht gelungen sei, sei ihm geglückt. Zu Hause habe man ihn wegen seiner Heilwirkung immer »das bittere Kraut« genannt. Jedenfalls würde er gern Hansens Mutter ansehen und mit ihr sprechen. Vielleicht könnte er einen guten Rat geben, schon um Hansens willen täte er es gern. Hansens Augen leuchteten bei diesem Angebot zuerst auf, verführten K. dazu, dringlicher zu werden, aber das Ergebnis war unbefriedigend, denn Hans sagte auf verschiedene Fragen, und war dabei nicht einmal sehr traurig, zur Mutter dürfe kein fremder Besuch kommen, weil sie sehr schonungsbedürftig sei; obwohl doch K. damals kaum mit ihr gesprochen habe, sei sie nachher einige Tage im Bett gelegen, was freilich öfters geschehe. Der Vater habe sich damals aber über K. sehr geärgert, und er würde gewiss niemals erlauben, dass K. zur Mutter komme; ja, er habe damals K. aufsuchen wollen, um ihn wegen seines Benehmens zu strafen, nur die Mutter habe ihn davon zurückgehalten. Vor allem aber wolle die Mutter selbst im allgemeinen mit niemandem sprechen, und ihre Frage nach K. bedeutete keine Ausnahme von der Regel, im Gegenteil, gerade gelegentlich seiner Erwähnung hätte sie den Wunsch aussprechen können, ihn zu sehen, aber sie habe dies nicht getan und damit deutlich ihren Willen geäußert. Sie wolle nur von K. hören, aber mit ihm sprechen wolle sie nicht. Übrigens sei es gar keine eigentliche Krankheit, woran sie leide, sie wisse sehr wohl die Ursache ihres Zustandes, und manchmal deute sie sie auch an: Es sei wahrscheinlich die Luft hier, die sie nicht vertrage; aber sie wolle doch auch wieder den Ort nicht verlassen, des Vaters und der Kinder wegen, auch sei es schon besser, als es früher gewesen war. Das war es etwa, was K. erfuhr, die Denkkraft Hansens steigerte sich sichtlich, da er seine Mutter vor K. schützen sollte, vor K., dem er angeblich hatte helfen wollen; ja, zu dem guten Zwecke, K. von der Mutter abzuhalten, widersprach er in manchem sogar seinen eigenen früheren Aussagen, zum Beispiel hinsichtlich der Krankheit. Trotzdem aber merkte K. auch jetzt, dass Hans ihm noch immer gutgesinnt war, nur vergaß er über der Mutter alles andere; wen immer man gegenüber der Mutter aufstellte, er kam gleich ins Unrecht, jetzt war es K. gewesen, aber es konnte zum Beispiel auch der Vater sein. K. wollte dieses letztere versuchen und sagte, es sei gewiss sehr vernünftig vom Vater, dass er die Mutter vor jeder Störung so behüte, und wenn er, K., damals etwas Ähnliches nur geahnt hätte, hätte er gewiss die Mutter nicht anzusprechen gewagt, und er lasse jetzt noch nachträglich zu Hause um Entschuldigung bitten. Dagegen könne er nicht ganz verstehen, warum der Vater, wenn die Ursache des Leidens so klargestellt sei, wie Hans sagte, die Mutter zurückhalte, sich in anderer Luft zu erholen; man müsse sagen, dass er sie zurückhalte, denn sie gehe nur der Kinder und seinetwegen nicht fort, die Kinder aber könnte sie mitnehmen, sie müsste ja nicht für lange Zeit fortgehen und auch nicht sehr weit, schon oben auf dem Schlossberg sei die Luft ganz anders. Die Kosten eines solchen Ausflugs müsse der Vater nicht fürchten, er sei ja der größte Schuster im Ort, und gewiss habe auch er oder die Mutter Verwandte oder Bekannte im Schloss, die sie gern aufnehmen würden. Warum lasse er sie nicht fort? Er möge ein solches Leiden nicht unterschätzen; K. habe ja die Mutter nur flüchtig gesehen, aber eben ihre auffallende Blässe und Schwäche habe ihn dazu bewogen, sie anzusprechen; schon damals habe er sich gewundert, dass der Vater in der schlechten Luft des allgemeinen Bade- und Waschraumes die kranke Frau gelassen und sich auch in seinen lauten Reden keine Zurückhaltung auferlegt habe. Der Vater wisse wohl nicht, worum es sich handle; mag sich auch das Leiden in der letzten Zeit vielleicht gebessert haben, ein solches Leiden hat Launen, aber schließlich kommt es doch, wenn man es nicht bekämpft, mit gesammelter Kraft, und nichts kann dann mehr helfen. Wenn K. schon nicht mit der Mutter sprechen könne, wäre es doch vielleicht gut, wenn er mit dem Vater sprechen und ihn auf dies alles aufmerksam machen würde.

Hans hatte gespannt zugehört, das meiste verstanden, die Drohung des unverständlichen Restes stark empfunden. Trotzdem sagte er, mit dem Vater könne K. nicht sprechen, der Vater habe eine Abneigung gegen ihn, und er würde ihn wahrscheinlich wie der Lehrer behandeln. Er sagte dies lächelnd und schüchtern, wenn er von K. sprach, und verbissen und traurig, wenn er den Vater erwähnte. Doch fügte er hinzu, dass K. vielleicht doch mit der Mutter sprechen könnte, aber nur ohne Wissen des Vaters. Dann dachte Hans mit starrem Blick ein Weilchen nach, ganz wie eine Frau, die etwas Verbotenes tun will und eine Möglichkeit sucht, es ungestraft auszuführen, und sagte, übermorgen wäre es vielleicht möglich, der Vater gehe abends in den Herrenhof, er habe dort Besprechungen, da werde er, Hans, abends kommen und K. zur Mutter führen, vorausgesetzt allerdings, dass die Mutter zustimme, was noch sehr unwahrscheinlich sei. Vor allem tue sie ja nichts gegen den Willen des Vaters, in allem füge sie sich ihm, auch in Dingen, deren Unvernunft selbst er, Hans, klar einsehe. Wirklich suchte nun Hans bei K. Hilfe gegen den Vater; es war, als habe er sich selbst getäuscht, da er geglaubt hatte, er wolle K. helfen, während er in Wirklichkeit hatte ausforschen wollen, ob nicht vielleicht, da niemand aus der alten Umgebung hatte helfen können, dieser plötzlich erschienene und nun von der Mutter sogar erwähnte Fremde dies imstande sei. Wie unbewusst verschlossen, fast hinterhältig war der Junge. Es war bisher aus seiner Erscheinung und seinen Worten kaum zu entnehmen gewesen; erst aus den förmlich nachträglichen, durch Zufall und Absicht hervorgeholten Geständnissen merkte man es. Und nun überlegte er in langen Gesprächen mit K., welche Schwierigkeiten zu überwinden wären. Es waren, beim besten Willen Hansens, fast unüberwindliche Schwierigkeiten; ganz in Gedanken und doch hilfesuchend, sah er mit unruhig zwinkernden Augen K. immerfort an. Vor des Vaters Weggang durfte er der Mutter nichts sagen, sonst erfuhr es der Vater, und alles war unmöglich gemacht, also erst später durfte er es erwähnen; aber auch jetzt, mit Rücksicht auf die Mutter, nicht plötzlich und schnell, sondern langsam und bei passender Gelegenheit; dann erst musste er der Mutter Zustimmung erbitten, dann erst konnte er K. holen; war es aber dann nicht schon zu spät, drohte nicht schon des Vaters Rückkehr? Nein, es war doch unmöglich. K. bewies dagegen, dass es nicht unmöglich war. Dass die Zeit nicht ausreichen werde, davor müsse man sich nicht fürchten, ein kurzes Gespräch, ein kurzes Beisammensein genüge, und holen müsse Hans K. nicht. K. werde irgendwo in der Nähe des Hauses versteckt warten, und auf ein Zeichen Hansens werde er gleich kommen. Nein, sagte Hans, beim Haus warten dürfe K. nicht – wieder war es die Empfindlichkeit wegen seiner Mutter, die ihn beherrschte –, ohne Wissen der Mutter dürfe K. sich nicht auf den Weg machen, in ein solches vor der Mutter geheimes Einverständnis dürfe Hans mit K. nicht eintreten; er müsse K. aus der Schule holen, und nicht früher, als es die Mutter wisse und erlaube. Gut, sagte K., dann sei es ja wirklich gefährlich, und es sei dann möglich, dass der Vater ihn im Hause ertappen werde; und wenn schon dies nicht geschehen sollte, so wird doch die Mutter in Angst davor K. überhaupt nicht kommen lassen, und so werde doch alles am Vater scheitern. Dagegen wehrte sich wieder Hans, und so ging der Streit hin und her. Längst schon hatte K. Hans aus der Bank zum Katheder gerufen, hatte ihn zu sich zwischen die Knie gezogen und streichelte ihn manchmal begütigend. Diese Nähe trug auch dazu bei, trotz Hansens zeitweiligem Widerstreben ein Einvernehmen herzustellen. Man einigte sich schließlich auf folgendes: Hans werde zunächst der Mutter die volle Wahrheit sagen; jedoch, um ihr die Zustimmung zu erleichtern, hinzufügen, dass K. auch mit Brunswick selbst sprechen wolle, allerdings nicht wegen der Mutter, sondern wegen seiner Angelegenheiten. Dies war auch richtig, im Laufe des Gesprächs war es K. eingefallen, dass ja Brunswick, mochte er auch sonst ein gefährlicher und böser Mensch sein, sein Gegner eigentlich nicht mehr sein konnte, war er doch, wenigstens nach dem Bericht des Gemeindevorstehers, der Führer derjenigen gewesen, welche, sei es auch aus politischen Gründen, die Berufung eines Landvermessers verlangt hatten. K.s Ankunft im Dorf musste also für Brunswick willkommen sein; dann waren allerdings die ärgerliche Begrüßung am ersten Tag und die Abneigung, von der Hans sprach, fast unverständlich; vielleicht aber war Brunswick gerade deshalb gekränkt, weil sich K. nicht zuerst an ihn um Hilfe gewendet hatte, vielleicht lag ein anderes Missverständnis vor, das durch ein paar Worte aufgeklärt werden konnte. Wenn das aber geschehen war, dann konnte K. in Brunswick recht wohl einen Rückhalt gegenüber dem Lehrer, ja sogar gegenüber dem Gemeindevorsteher bekommen, der ganze amtliche Trug – was war es denn anderes? –, mit welchem der Gemeindevorsteher und der Lehrer ihn von den Schlossbehörden abhielten und in die Schuldienerstellung zwängten, konnte aufgedeckt werden; kam es neuerlich zu einem um K. geführten Kampf zwischen Brunswick und dem Gemeindevorsteher, musste Brunswick K. an seine Seite ziehen, K. würde Gast in Brunswicks Hause werden, Brunswicks Machtmittel würden ihm zur Verfügung gestellt werden, dem Gemeindevorsteher zum Trotz; wer weiß, wohin er dadurch gelangen würde; und in der Nähe der Frau würde er jedenfalls häufig sein – so spielte er mit den Träumen und sie mit ihm, während Hans, nur in Gedanken an die Mutter, das Schweigen K.s sorgenvoll beobachtete, so, wie man es gegenüber einem Arzte tut, der in Nachdenken versunken ist, um für einen schweren Fall ein Hilfsmittel zu finden. Mit diesem Vorschlag K.s, dass er mit Brunswick wegen der Landvermesserstellung sprechen wolle, war Hans einverstanden, allerdings nur deshalb, weil dadurch seine Mutter vor dem Vater geschützt war und es sich überdies nur um einen Notfall handelte, der hoffentlich nicht eintreten würde. Er fragte nur noch, wie K. die späte Stunde des Besuches dem Vater erklären würde, und begnügte sich schließlich, wenn auch mit ein wenig verdüstertem Gesicht, damit, dass K. sagen würde, die unerträgliche Schuldienerstellung und die entehrende Behandlung durch den Lehrer habe ihn in plötzlicher Verzweiflung alle Rücksicht vergessen lassen.

Als nun auf diese Weise alles, soweit man sehen konnte, vorbedacht und die Möglichkeit des Gelingens doch wenigstens nicht mehr ausgeschlossen war, wurde Hans, von der Last des Nachdenkens befreit, fröhlicher, plauderte noch ein Weilchen kindlich, zuerst mit K. und dann auch mit Frieda, die lange wie in ganz anderen Gedanken dagesessen war und jetzt erst wieder an dem Gespräch teilzunehmen begann. Unter anderem fragte sie ihn, was er werden wolle; er überlegte nicht lange und sagte, er wolle ein Mann werden wie K. Als er dann nach seinen Gründen gefragt wurde, wusste er freilich nicht zu antworten, und die Frage, ob er etwa Schuldiener werden wolle, verneinte er mit Bestimmtheit. Erst als man weiter fragte, erkannte man, auf welchem Umweg er zu seinem Wunsche gekommen war. Die gegenwärtige Lage K.s war keineswegs beneidenswert, sondern traurig und verächtlich, das sah auch Hans genau, und er brauchte, um das zu erkennen, gar nicht andere Leute zu beobachten; er selbst hätte am liebsten die Mutter vor jedem Blick und Wort K.s bewahren wollen. Trotzdem aber kam er zu K. und bat ihn um Hilfe und war glücklich, wenn K. zustimmte, auch bei anderen Leuten glaubte er Ähnliches zu erkennen, und vor allem hatte doch die Mutter selbst K. erwähnt. Aus diesem Widerspruch entstand in ihm der Glaube, jetzt sei zwar K. noch niedrig und abschreckend, aber in einer allerdings fast unvorstellbar fernen Zukunft werde er doch alle übertreffen. Und eben diese geradezu törichte Ferne und die stolze Entwicklung, die in sie führen sollte, lockten Hans; um diesen Preis wollte er sogar den gegenwärtigen K. in Kauf nehmen. Das besonders Kindlich-Altkluge dieses Wunsches bestand darin, dass Hans auf K. herabsah wie auf einen Jüngeren, dessen Zukunft sich weiter dehne als seine eigene, die Zukunft eines kleinen Knaben. Und es war auch ein fast trüber Ernst, mit dem er, durch Fragen Friedas immer wieder gezwungen, von diesen Dingen sprach. Erst K. heiterte ihn wieder auf, als er sagte, er wisse, worum ihn Hans beneide, es handle sich um seinen schönen Knotenstock, der auf dem Tisch lag und mit dem Hans, zerstreut im Gespräch, gespielt hatte. Nun, solche Stöcke verstehe K. herzustellen, und er werde, wenn ihr Plan geglückt sei, Hans einen noch schöneren machen. Es war jetzt nicht mehr ganz deutlich, ob nicht Hans wirklich nur den Stock gemeint hatte, so freute er sich über K.s Versprechen und nahm fröhlich Abschied, nicht ohne K. fest die Hand zu drücken und zu sagen: »Also übermorgen.«

Es war höchste Zeit, dass Hans weggegangen war, denn kurz darauf riss der Lehrer die Tür auf und schrie, als er K. und Frieda ruhig bei Tisch sitzen sah: »Verzeiht die Störung! Aber sagt mir, wann wird endlich hier aufgeräumt sein? Wir müssen drüben zusammengepfercht sitzen, der Unterricht leidet, ihr aber dehnt und streckt euch hier im großen Turnzimmer, und um noch mehr Platz zu haben, habt ihr auch noch die Gehilfen weggeschickt! Jetzt aber steht wenigstens auf und rührt euch!« Und nur zu K.: »Du holst mir jetzt das Gabelfrühstück aus dem Brückenhof!« Das alles war wütend geschrien, aber die Worte waren verhältnismäßig sanft, selbst das an sich grobe Du. K. war sofort bereit zu folgen; nur um den Lehrer auszuhorchen, sagte er: »Ich bin doch gekündigt.« – »Gekündigt oder nicht gekündigt, hol mir das Gabelfrühstück«, sagte der Lehrer. »Gekündigt oder nicht gekündigt, das eben will ich wissen«, sagte K. »Was schwätzt du?« sagte der Lehrer. »Du hast doch die Kündigung nicht angenommen.« – »Das genügt, um sie unwirksam zu machen?« fragte K. »Mir nicht«, sagte der Lehrer, »das darfst du mir glauben, wohl aber dem Gemeindevorsteher, unbegreiflicherweise. Nun aber lauf, sonst fliegst du wirklich hinaus.« K. war zufrieden, der Lehrer hatte also mit dem Gemeindevorsteher inzwischen gesprochen oder vielleicht gar nicht gesprochen, sondern nur des Gemeindevorstehers voraussichtliche Meinung sich zurechtgelegt, und diese lautete zu K.s Gunsten. Nun wollte K. gleich um das Gabelfrühstück eilen, aber noch aus dem Gang rief ihn der Lehrer wieder zurück; sei es, dass er die Dienstwilligkeit K.s durch diesen besonderen Befehl nur hatte erproben wollen, um sich danach weiterhin richten zu können, sei es, dass er nun wieder neue Lust zum Kommandieren bekam und es ihn freute, K. eilig laufen und dann auf seinen Befehl hin wie einen Kellner ebenso eilig wieder wenden zu lassen. K. seinerseits wusste, dass er durch allzu großes Nachgeben sich zum Sklaven und Prügeljungen des Lehrers machen würde, aber bis zu einer gewissen Grenze wollte er jetzt die Launen des Lehrers geduldig hinnehmen, denn wenn ihm auch der Lehrer, wie sich gezeigt hatte, rechtmäßig nicht kündigen konnte, qualvoll bis zum Unerträglichen konnte er die Stellung gewiss machen. Aber gerade an dieser Stellung lag jetzt K. mehr als früher. Das Gespräch mit Hans hatte ihm neue, zugegebenermaßen unwahrscheinliche, völlig grundlose, aber nicht mehr zu vergessende Hoffnungen gemacht; sie verdeckten sogar fast Barnabas. Wenn er ihnen nachging, und er konnte nicht anders, so musste er alle seine Kraft darauf sammeln, sich um nichts anderes sorgen, nicht um das Essen, die Wohnung, die Dorfbehörden, ja selbst um Frieda nicht; und im Grunde handelte es sich ja nur um Frieda, denn alles kümmerte ihn ja nur mit Bezug auf sie. Deshalb musste er diese Stellung, welche Frieda einige Sicherheit gab, zu behalten suchen, und es durfte ihn nicht reuen, im Hinblick auf diesen Zweck mehr vom Lehrer zu dulden, als er sonst zu dulden über sich gebracht hätte. Das alles war nicht allzu schmerzlich, es gehörte in die Reihe der fortwährenden kleinen Leiden des Lebens, es war nichts im Vergleich zu dem, was K. erstrebte, und er war nicht hergekommen, um ein Leben in Ehren und Frieden zu führen.

Und so war er, wie er gleich hatte ins Wirtshaus laufen wollen, auf den geänderten Befehl hin auch gleich wieder bereit, zuerst das Zimmer in Ordnung zu bringen, damit die Lehrerin mit ihrer Klasse wieder herüberkommen könne. Aber es musste sehr schnell Ordnung gemacht werden, denn nachher sollte K. doch das Gabelfrühstück holen, und der Lehrer hatte schon großen Hunger und Durst. K. versicherte, es werde alles nach Wunsch geschehen; ein Weilchen sah der Lehrer zu, wie K. sich beeilte, die Lagerstätte wegräumte, die Turngeräte zurechtschob, im Fluge auskehrte, während Frieda das Podium wusch und rieb. Der Eifer schien den Lehrer zu befriedigen; er machte noch darauf aufmerksam, dass vor der Tür ein Haufen Holz zum Heizen vorbereitet sei – zum Schuppen wollte er K. wohl nicht mehr zulassen –, und ging dann mit der Drohung, bald wiederzukommen und nachzuschauen, zu den Kindern hinüber.

Nach einer Weile schweigenden Arbeitens fragte Frieda, warum sich denn K. jetzt dem Lehrer so sehr füge. Es war wohl eine mitleidige, sorgenvolle Frage, aber K., der daran dachte, wie wenig es Frieda gelungen war, nach ihrem ursprünglichen Versprechen ihn vor den Befehlen und Gewalttätigkeiten des Lehrers zu bewahren, sagte nur kurz, dass er nun, da er einmal Schuldiener geworden sei, den Posten auch ausfüllen müsse. Dann war es wieder still, bis K. – gerade durch das kurze Gespräch daran erinnert, dass Frieda schon so lange wie in sorgenvollen Gedanken verloren gewesen war, vor allem fast während des ganzen Gespräches mit Hans – sie jetzt, während er das Holz hereintrug, offen fragte, was sie denn beschäftige. Sie antwortete, langsam zu ihm aufblickend, es sei nichts Bestimmtes; sie denke nur an die Wirtin und an die Wahrheit mancher ihrer Worte. Erst als K. in sie drang, antwortete sie nach mehreren Weigerungen ausführlicher, ohne aber hierbei von ihrer Arbeit abzulassen, was sie nicht aus Fleiß tat, denn die Arbeit ging dabei doch gar nicht vorwärts, sondern nur, um nicht gezwungen zu sein, K. anzusehen. Und nun erzählte sie, wie sie bei K.s Gespräch mit Hans zuerst ruhig zugehört habe, wie sie dann, durch einige Worte K.s aufgeschreckt, schärfer den Sinn der Worte zu erfassen angefangen habe und wie sie von nun ab nicht mehr habe aufhören können, in K.s Worten Bestätigungen einer Mahnung zu hören, die sie der Wirtin verdanke, an deren Berechtigung sie aber niemals hatte glauben wollen. K., ärgerlich über die allgemeinen Redewendungen und selbst durch die tränenvolle, klagende Stimme mehr gereizt als gerührt – vor allem, weil sich die Wirtin nun wieder in sein Leben mischte, wenigstens durch Erinnerungen, da sie in Person bis jetzt wenig Erfolg gehabt hatte –, warf das Holz, das er in den Armen trug, zu Boden, setzte sich darauf und verlangte nun mit ernsten Worten völlige Klarheit. »Schon öfters«, begann Frieda, »gleich anfangs, hat sich die Wirtin bemüht, mich an dir zweifeln zu machen, sie behauptete nicht, dass du lügst, im Gegenteil, sie sagte, du seiest kindlich offen, aber dein Wesen sei so verschieden von dem unseren, dass wir, selbst wenn du offen sprichst, dir zu glauben uns schwer überwinden können, und wenn nicht eine gute Freundin uns früher rettet, erst durch bittere Erfahrung zu glauben uns gewöhnen müssen. Selbst ihr, die einen so scharfen Blick für Menschen hat, sei es kaum anders ergangen. Aber nach dem letzten Gespräch mit dir im Brückenhof sei sie – ich wiederhole nur ihre bösen Worte – auf deine Schliche gekommen, jetzt könntest du sie nicht mehr täuschen, selbst wenn du dich anstrengtest, deine Absichten zu verbergen. Aber du verbirgst ja nichts, das sagte sie immer wieder, und dann sagte sie noch: Streng dich doch an, ihm bei beliebiger Gelegenheit wirklich zuzuhören, nicht nur oberflächlich, nein, wirklich zuzuhören. Nichts weiter als dieses habe sie getan und dabei hinsichtlich meiner folgendes etwa herausgehört: Du hast dich an mich herangemacht – sie gebrauchte dieses schmähliche Wort – nur deshalb, weil ich dir zufällig in den Weg kam, dir nicht gerade missfiel und weil du ein Ausschankmädchen sehr irrigerweise für das vorbestimmte Opfer jedes die Hand ausstreckenden Gastes hältst. Außerdem wolltest du, und die Wirtin vom Herrenhofwirt erfahren hat, aus irgendwelchen Gründen damals im Herrenhof übernachten, und das war allerdings überhaupt nicht anders als durch mich zu erlangen. Das alles wäre genügender Anlass gewesen, dich zu meinem Liebhaber für jene Nacht zu machen; damit aber mehr daraus würde, brauchte es auch mehr, und dieses Mehr war Klamm. Die Wirtin behauptet nicht zu wissen, was du von Klamm willst, sie behauptet nur, dass du, ehe du mich kanntest, ebenso heftig zu Klamm strebtest wie nachher. Der Unterschied habe nur darin bestanden, dass du früher hoffnungslos warst, jetzt aber in mir ein zuverlässiges Mittel zu haben glaubtest, wirklich und bald und sogar mit Überlegenheit zu Klamm vorzudringen. Wie erschrak ich – aber das war nur erst flüchtig, ohne tieferen Grund –, als du heute einmal sagtest, ehe du mich kanntest, wärest du hier in die Irre gegangen. Es sind vielleicht die gleichen Worte, welche die Wirtin gebrauchte; auch sie sagt, dass du erst, seit du mich kanntest, zielbewußt geworden bist. Das sei daher gekommen, dass du glaubtest, in mir eine Geliebte Klamms erobert zu haben und dadurch ein Pfand zu besitzen, das nur zum höchsten Preise ausgelöst werden könne. Über diesen Preis mit Klamm zu verhandeln, sei dein einziges Bestreben. Da dir an mir nichts, am Preise alles liegt, seiest du hinsichtlich meiner zu jedem Entgegenkommen bereit, hinsichtlich des Preises hartnäckig. Deshalb ist es dir gleichgültig, dass ich die Stelle im Herrenhof verliere, gleichgültig, dass ich auch den Brückenhof verlassen muss, gleichgültig, dass ich die schwere Schuldienerarbeit werde leisten müssen. Du hast keine Zärtlichkeit, ja nicht einmal Zeit mehr für mich, du überlässt mich den Gehilfen, Eifersucht kennst du nicht, mein einziger Wert für dich ist, dass ich Klamms Geliebte war, in deiner Unwissenheit strengst du dich an, mich Klamm nicht vergessen zu lassen, damit ich am Ende nicht zu sehr widerstrebe, wenn der entscheidende Zeitpunkt gekommen ist; dennoch kämpfst du auch gegen die Wirtin, der allein du es zutraust, dass sie mich dir entreißen könnte, darum triebst du den Streit mit ihr auf die Spitze, um den Brückenhof mit mir verlassen zu müssen; dass ich, soweit es nur an mir liegt, unter allen Umständen dein Besitz bin, daran zweifelst du nicht. Die Unterredung mit Klamm stellst du dir als ein Geschäft vor, bar gegen bar. Du rechnest mit allen Möglichkeiten; vorausgesetzt, dass du den Preis erreichst, bist du bereit, alles zu tun; will mich Klamm, wirst du mich ihm geben; will er, dass du bei mir bleibst, wirst du bleiben; will er, dass du mich verstößt, wirst du mich verstoßen; aber du bist auch bereit, Komödie zu spielen; wird es vorteilhaft sein, so wirst du vorgeben, mich zu lieben, seine Gleichgültigkeit wirst du dadurch zu bekämpfen suchen, dass du deine Nichtigkeit hervorhebst und ihn durch die Tatsache deiner Nachfolgerschaft beschämst, oder dadurch, dass du meine Liebesgeständnisse hinsichtlich seiner Person, die ich ja wirklich gemacht habe, ihm übermittelst und ihn bittest, er möge mich wieder aufnehmen, unter Zahlung des Preises allerdings; und hilft nichts anderes, dann wirst du im Namen des Ehepaares K. einfach betteln. Wenn du aber dann, so schloss die Wirtin, sehen wirst, dass du dich in allem getäuscht hast, in deinen Annahmen und in deinen Hoffnungen, in deiner Vorstellung von Klamm und seinen Beziehungen zu mir, dann wird meine Hölle beginnen, denn dann werde ich erst recht dein einziger Besitz sein, auf den du angewiesen bleibst, aber zugleich ein Besitz, der sich als wertlos erwiesen hat und den du entsprechend behandeln wirst, da du kein anderes Gefühl für mich hast als das des Besitzers.«

Gespannt, mit zusammengezogenem Mund, hatte K. zugehört, das Holz unter ihm war ins Rollen gekommen, er war fast auf den Boden geglitten, er hatte es nicht beachtet; erst jetzt stand er auf, setzte sich auf das Podium, nahm Friedas Hand, die sich ihm schwach zu entziehen suchte, und sagte: »Ich habe in dem Bericht deine und der Wirtin Meinung nicht immer voneinander unterscheiden können.« – »Es war nur die Meinung der Wirtin«, sagte Frieda. »Ich habe allem zugehört, weil ich die Wirtin verehre; aber es war das erste Mal in meinem Leben, dass ich ihre Meinung ganz und gar verwarf. So kläglich schien mir alles, was sie sagte, so fern jedem Verständnis dessen, wie es mit uns zweien stand. Eher schien mir das vollkommene Gegenteil dessen, was sie sagte, richtig. Ich dachte an den trüben Morgen nach unserer ersten Nacht, wie du neben mir knietest mit einem Blick, als sei alles verloren. Und wie es sich dann auch wirklich so gestaltete, dass ich, so sehr ich mich anstrengte, dir nicht half, sondern dich hinderte. Durch mich wurde die Wirtin deine Feindin, eine mächtige Feindin, die du noch immer unterschätzt; meinetwegen, für die du solche Sorgen hattest, musstest du um deine Stelle kämpfen, warst im Nachteil gegenüber dem Gemeindevorsteher, musstest dich dem Lehrer unterwerfen, warst den Gehilfen ausgeliefert, das Schlimmste aber: um meinetwillen hattest du dich vielleicht gegen Klamm vergangen. Dass du jetzt immerfort zu Klamm gelangen wolltest, war ja nur das ohnmächtige Streben, ihn irgendwie zu versöhnen. Und ich sagte mir, dass die Wirtin, die dies alles gewiss viel besser wisse als ich, mich mit ihren Einflüsterungen nur vor allzu schlimmen Selbstvorwürfen bewahren wollte. Gutgemeinte, aber überflüssige Mühe. Meine Liebe zu dir hätte mir über alles hinweggeholfen, sie hätte schließlich auch dich vorwärtsgetragen, wenn nicht hier im Dorf, so anderswo; einen Beweis ihrer Kraft hatte sie ja schon gegeben, vor der Barnabasschen Familie hat sie dich gerettet.« – »Das war damals also deine Gegenmeinung«, sagte K., »und was hat sich seitdem geändert?« – »Ich weiß nicht«, sagte Frieda und blickte auf K.s Hand, welche die ihre hielt, »vielleicht hat sich nichts geändert; wenn du so nahe bei mir bist und so ruhig fragst, dann glaube ich, dass sich nichts geändert hat. In Wirklichkeit aber« – sie nahm K. ihre Hand fort, saß ihm aufrecht gegenüber und weinte, ohne ihr Gesicht zu bedecken; frei hielt sie ihm dieses tränenüberflossene Gesicht entgegen, so, als weine sie nicht über sich selbst und habe also nichts zu verbergen, sondern als weine sie über K.s Verrat und so gebühre ihm auch der Jammer ihres Anblicks –, »in Wirklichkeit aber hat sich alles geändert, seit ich dich mit dem Jungen habe sprechen hören. Wie unschuldig hast du begonnen, fragtest nach den häuslichen Verhältnissen, nach dem und jenem; mir war, als kämst du gerade in den Ausschank, zutunlich, offenherzig, und suchtest so kindlich-eifrig meinen Blick. Es war kein Unterschied zu damals, und ich wünschte nur, die Wirtin wäre hier, hörte dir zu und versuchte dann noch, an ihrer Meinung festzuhalten. Dann aber, plötzlich, ich weiß nicht, wie es geschah, merkte ich, in welcher Absicht du mit dem Jungen sprachst. Durch die teilnehmenden Worte gewannst du sein nicht leicht zu gewinnendes Vertrauen, um dann ungestört auf dein Ziel loszugehen, das ich mehr und mehr erkannte. Dieses Ziel war die Frau. Aus deinen ihretwegen scheinbar besorgten Reden sprach gänzlich unverdeckt nur die Rücksicht auf deine Geschäfte. Du betrogst die Frau, noch ehe du sie gewonnen hast. Nicht nur meine Vergangenheit, auch meine Zukunft hörte ich aus deinen Worten; es war mir, als sitze die Wirtin neben mir und erkläre mir alles, und ich suche sie mit allen Kräften wegzudrängen, sehe aber klar die Hoffnungslosigkeit solcher Anstrengung, und dabei war es ja eigentlich gar nicht mehr ich, die betrogen wurde – nicht einmal betrogen wurde ich schon –, sondern die fremde Frau. Und als ich mich dann noch aufraffte und Hans fragte, was er werden wolle, und er sagte, er wolle werden wie du, dir also schon so vollkommen gehörte, was war denn jetzt für ein großer Unterschied zwischen ihm, dem guten Jungen, der hier missbraucht wurde, und mir, damals im Ausschank?«

»Alles«, sagte K., durch die Gewöhnung an den Vorwurf hatte er sich gefasst, »alles, was du sagst, ist in gewissem Sinne richtig; unwahr ist es nicht, nur feindselig ist es. Es sind Gedanken der Wirtin, meiner Feindin, auch wenn du glaubst, dass es deine eigenen sind, das tröstet mich. Aber lehrreich sind sie, man kann noch manches von der Wirtin lernen. Mir selbst hat sie es nicht gesagt, obwohl sie mich sonst nicht geschont hat; offenbar hat sie dir diese Waffe anvertraut in der Hoffnung, dass du sie in einer für mich besonders schlimmen oder entscheidungsreichen Stunde anwenden würdest. Missbrauche ich dich, so missbraucht sie dich ähnlich. Nun aber, Frieda, bedenke: auch wenn alles ganz genau so wäre, wie es die Wirtin sagt, wäre es sehr arg nur in einem Falle, nämlich, wenn du mich nicht lieb hast. Dann, nur dann wäre es wirklich so, dass ich mit Berechnung und List dich gewonnen habe, um mit diesem Besitz zu wuchern. Vielleicht gehörte es dann schon sogar zu meinem Plan, das ich damals, um dein Mitleid hervorzulocken, Arm in Arm mit Olga vor dich trat, und die Wirtin hat nur vergessen, dies noch in meiner Schuldrechnung zu erwähnen. Wenn es aber nicht der arge Fall ist und nicht ein schlaues Raubtier dich damals an sich gerissen hat, sondern du mir entgegenkamst, so wie ich dir entgegenkam und wir uns fanden, selbstvergessen beide, sag, Frieda, wie ist es denn dann? Dann führe ich doch meine Sache so wie deine; es ist hier kein Unterschied, und sondern kann nur eine Feindin. Das gilt überall, auch hinsichtlich Hansens. Bei Beurteilung des Gespräches mit Hans übertreibst du übrigens in deinem Zartgefühl sehr, denn wenn sich Hansens und meine Absichten nicht ganz decken, so geht das doch nicht so weit, dass etwa ein Gegensatz zwischen ihnen bestünde, außerdem ist ja Hans unsere Unstimmigkeit nicht verborgen geblieben, glaubst du das, so würdest du diesen vorsichtigen kleinen Mann sehr unterschätzen, und selbst wenn ihm alles verborgen geblieben sein sollte, so wird doch daraus niemandem ein Leid entstehen, das hoffe ich.«

»Es ist so schwer, sich zurechtzufinden, K.«, sagte Frieda und seufzte. »Ich habe gewiss kein Misstrauen gegen dich gehabt, und ist etwas Derartiges von der Wirtin auf mich übergegangen, werde ich es glückselig abwerfen und dich auf den Knien um Verzeihung bitten, wie ich es eigentlich die ganze Zeit über tue, wenn ich auch noch so böse Dinge sage. Wahr aber bleibt, dass du viel vor mir geheimhältst; du kommst und gehst, ich weiß nicht woher und wohin. Damals, als Hans klopfte, hast du sogar den Namen ›Barnabas‹ gerufen. Hättest du doch nur einmal so liebend mich gerufen wie damals aus mir unverständlichem Grund diesen vertrauten Namen. Wenn du kein Vertrauen zu mir hast, wie soll dann bei mir nicht Misstrauen entstehen; bin ich dann doch völlig der Wirtin überlassen, die du durch dein Verhalten zu bestätigen scheinst. Nicht in allem, ich will nicht behaupten, dass du sie in allem bestätigst; hast du denn nicht doch immerhin meinetwegen die Gehilfen verjagt? Ach, wüsstest du doch, mit welchem Verlangen ich in allem, was du tust und sprichst, auch wenn es mich quält, einen für mich guten Kern suche.« – »Vor allem, Frieda«, sagte K., »ich verberge dir doch nicht das geringste. Wie mich die Wirtin hasst und wie sie sich anstrengt, dich mir zu entreißen, und mit was für verächtlichen Mitteln sie das tut und wie du ihr nachgibst, Frieda, wie du ihr nachgibst! Sag doch, worin verberge ich dir etwas? Dass ich zu Klamm gelangen will, weißt du, dass du mir dazu nicht verhelfen kannst und dass ich es daher auf eigene Faust erreichen muss, weißt du auch, dass es mir bisher noch nicht gelungen ist, siehst du. Soll ich nun durch Erzählen der nutzlosen Versuche, die mich schon in der Wirklichkeit reichlich demütigen, doppelt mich demütigen? Soll ich mich etwa dessen rühmen, am Schlag des Klammschen Schlittens frierend, einen langen Nachmittag vergeblich gewartet zu haben? Glücklich, nicht mehr an solche Dinge denken zu müssen, eile ich zu dir, und nun kommt mir wieder alles dieses drohend aus dir entgegen. Und Barnabas? Gewiss, ich erwarte ihn. Er ist der Bote Klamms; nicht ich habe ihn dazu gemacht.« – »Wieder Barnabas!« rief Frieda. »Ich kann nicht glauben, dass er ein guter Bote ist.« – »Du hast vielleicht recht«, sagte K., »aber er ist der einzige Bote, der mir geschickt wird.« – »Desto schlimmer«, sagte Frieda, »desto mehr solltest du dich vor ihm hüten.« – »Er hat mir leider bisher keinen Anlass hierzu gegeben«, sagte K. lächelnd. »Er kommt selten, und was er bringt, ist belanglos; nur dass es geradewegs von Klamm herrührt, macht es wertvoll.« – »Aber sieh nur«, sagte Frieda, »es ist ja nicht einmal mehr Klamm dein Ziel, vielleicht beunruhigt mich das am meisten. Dass du dich immer über mich hinweg zu Klamm drängtest, war schlimm, dass du jetzt von Klamm abzukommen scheinst, ist viel schlimmer, es ist etwas, was nicht einmal die Wirtin vorhersah. Nach der Wirtin endete mein Glück, fragwürdiges und doch sehr wirkliches Glück, mit dem Tage, an dem du endgültig einsahst, dass deine Hoffnung auf Klamm vergeblich war. Nun aber wartest du nicht einmal mehr auf diesen Tag; plötzlich kommt ein kleiner Junge herein, und du beginnst mit ihm um seine Mutter zu kämpfen, so, wie wenn du um deine Lebensluft kämpftest.« – »Du hast mein Gespräch mit Hans richtig aufgefasst«, sagte K. »So war es wirklich. Ist aber denn dein ganzes früheres Leben für dich so versunken (bis auf die Wirtin natürlich, die sich nicht mit hinabstoßen lässt), dass du nicht mehr weißt, wie um das Vorwärtskommen gekämpft werden muss, besonders wenn man von tief unten herkommt? Wie alles benützt werden muss, was irgendwie Hoffnung gibt? Und diese Frau kommt vom Schloss, sie selbst hat es mir gesagt, als ich mich am ersten Tag zu Lasemann verirrte. Was lag näher, als sie um Rat oder sogar um Hilfe zu bitten; kennt die Wirtin ganz genau nur alle Hindernisse, die von Klamm abhalten, dann kennt diese Frau wahrscheinlich den Weg, sie ist ihn ja selbst herabgekommen.« – »Den Weg zu Klamm?« fragte Frieda. »Zu Klamm, gewiss, wohin denn sonst«, sagte K. Dann sprang er auf: »Nun aber ist es höchste Zeit, das Gabelfrühstück zu holen.« Dringend, weit über den Anlass hinaus, bat ihn Frieda zu bleiben, so, wie wenn erst sein Bleiben alles Tröstliche, was er ihr gesagt hatte, bestätigen würde. K. aber erinnerte an den Lehrer, zeigte auf die Tür, die jeden Augenblick mit Donnerkrach aufspringen könnte, versprach auch gleich zu kommen, nicht einmal einheizen müsse sie, er selbst werde es besorgen. Schließlich fügte sich Frieda schweigend. Als K. draußen durch den

Schnee stapfte – längst schon hätte der Weg freigeschaufelt sein sollen, merkwürdig, wie langsam die Arbeit vorwärtsging –, sah er am Gitter einen der Gehilfen todmüde sich festhalten. Nur einen, wo war der andere? Hatte K. also wenigstens die Ausdauer des einen gebrochen? Der Zurückgebliebene war freilich noch eifrig genug bei der Sache; das sah man, als er, durch den Anblick K.s belebt, sofort wilder mit dem Armeausstrecken und dem sehnsüchtigen Augenverdrehen begann. »Seine Unnachgiebigkeit ist musterhaft«, sagte sich K. und musste allerdings hinzufügen, »man erfriert mit ihr am Gitter.« Äußerlich hatte aber K. für den Gehilfen nichts anderes als ein Drohen mit der Faust, das jede Annäherung ausschloss, ja, der Gehilfe rückte ängstlich noch ein ansehnliches Stück zurück. Eben öffnete Frieda ein Fenster, um, wie es mit K. besprochen war, vor dem Einheizen zu lüften. Gleich ließ der Gehilfe von K. ab und schlich, unwiderstehlich angezogen, zum Fenster. Das Gesicht verzerrt von Freundlichkeit gegenüber dem Gehilfen und flehender Hilflosigkeit zu K. hin, schwenkte sie ein wenig die Hand oben aus dem Fenster – es war nicht einmal deutlich, ob es Abwehr oder Gruß war –, der Gehilfe ließ sich dadurch im Näherkommen auch nicht beirren. Da schloss Frieda eilig das äußere Fenster, blieb aber dahinter, die Hand auf der Klinke, mit zur Seite geneigtem Kopf, großen Augen und einem starren Lächeln. Wusste sie, dass sie den Gehilfen damit mehr lockte, als abschreckte? K. sah aber nicht mehr zurück, er wollte sich lieber möglichst beeilen und bald zurückkommen.

Das vierzehnte Kapitel

Endlich – es war schon dunkel, später Nachmittag – hatte K. den Gartenweg freigelegt, den Schnee zu beiden Seiten des Weges hochgeschichtet und festgeschlagen und war nun mit der Arbeit des Tages fertig. Er stand am Gartentor, im weiten Umkreis allein. Den Gehilfen hatte er vor Stunden schon vertrieben, eine große Strecke gejagt; dann hatte sich der Gehilfe irgendwo zwischen Gärtchen und Hütten versteckt, war nicht mehr aufzufinden gewesen und auch seitdem nicht wieder hervorgekommen. Frieda war zu Hause und wusch entweder schon die Wäsche oder noch immer Gisas Katze; es war ein Zeichen großen Vertrauens seitens Gisas gewesen, dass sie Frieda diese Arbeit übergeben hatte, eine allerdings unappetitliche und unpassende Arbeit, deren Übernahme K. gewiss nicht geduldet hätte, wenn es nicht sehr ratsam gewesen wäre, nach den verschiedenen Dienstversäumnissen jede Gelegenheit zu benützen, durch die man sich Gisa verpflichten konnte. Gisa hatte wohlgefällig zugesehen, wie K. die kleine Kinderbadewanne vom Dachboden gebracht hatte, wie Wasser gewärmt wurde und wie man schließlich vorsichtig die Katze in die Wanne hob. Dann hatte Gisa die Katze sogar völlig Frieda überlassen, denn Schwarzer, K.s Bekannter vom ersten Abend, war gekommen, hatte K. mit einer Mischung von Scheu, zu welcher an jenem Abend der Grund gelegt worden war, und unmäßiger Verachtung, wie sie einem Schuldiener gebührte, begrüßt und hatte sich dann mit Gisa in das andere Schulzimmer begeben. Dort waren die beiden noch immer. Wie man im Brückenhof K. erzählt hatte, lebte Schwarzer, der doch ein Kastellanssohn war, aus Liebe zu Gisa schon lange im Dorfe, hatte es durch seine Verbindungen erreicht, dass er von der Gemeinde zum Hilfslehrer ernannt worden war, übte aber dieses Amt hauptsächlich in der Weise aus, dass er fast keine Unterrichtsstunde Gisas versäumte, entweder in der Schulbank zwischen den Kindern saß oder, lieber, am Podium zu Gisas Füßen. Es störte gar nicht mehr, die Kinder hatten sich schon längst daran gewöhnt, und dies vielleicht um so leichter, als Schwarzer weder Zuneigung noch Verständnis für die Kinder hatte, kaum mit ihnen sprach, nur den Turnunterricht von Gisa übernommen hatte und im übrigen damit zufrieden war, in der Nähe, in der Luft, in der Wärme Gisas zu leben. Sein größtes Vergnügen war es, neben Gisa zu sitzen und Schulhefte zu korrigieren. Auch heute waren sie damit beschäftigt, Schwarzer hatte einen großen Stoß Hefte gebracht, der Lehrer gab ihnen immer auch die seinen und, solange es noch hell gewesen war, hatte K. die beiden an einem Tischchen beim Fenster arbeiten gesehen, Kopf an Kopf, unbeweglich, jetzt sah man dort nur zwei Kerzen flackern. Es war eine ernste, schweigsame Liebe, welche die beiden verband; den Ton gab eben Gisa an, deren schwerfälliges Wesen zwar manchmal, wild geworden, alle Grenzen durchbrach, die aber etwas Ähnliches bei anderen zu anderer Zeit niemals geduldet hätte; so musste sich auch der lebhafte Schwarzer fügen, langsam gehen, langsam sprechen, viel schweigen; aber er wurde für alles, das sah man, reichlich belohnt durch Gisas einfache, stille Gegenwart. Dabei liebte ihn Gisa vielleicht gar nicht; jedenfalls gaben ihre runden, grauen, förmlich niemals blinzelnden, eher in den Pupillen scheinbar sich drehenden Augen auf solche Fragen keine Antwort; nur dass sie Schwarzer ohne Widerspruch duldete, sah man, aber die Ehrung, von einem Kastellanssohn geliebt zu werden, verstand sie gewiss nicht zu würdigen, und ihren vollen, üppigen Körper trug sie unverändert ruhig dahin, ob Schwarzer ihr mit den Blicken folgte oder nicht. Schwarzer dagegen brachte ihr das ständige Opfer, dass er im Dorfe blieb; Boten des Vaters, die ihn öfters abzuholen kamen, fertigte er so empört ab, als sei schon die kurze, von ihnen verursachte Erinnerung an das Schloss und an seine Sohnespflicht eine empfindliche, nicht zu ersetzende Störung seines Glückes. Und doch hatte er eigentlich reichlich freie Zeit, denn Gisa zeigte sich ihm im allgemeinen nur während der Unterrichtsstunden und beim Heftekorrigieren, dies freilich nicht aus Berechnung, sondern weil sie die Bequemlichkeit und deshalb das Alleinsein über alles liebte und wahrscheinlich am glücklichsten war, wenn sie sich zu Hause in völliger Freiheit auf dem Kanapee ausstrecken konnte, neben sich die Katze, die nicht störte, weil sie sich ja kaum mehr bewegen konnte. So trieb sich Schwarzer einen großen Teil des Tages beschäftigungslos herum, aber auch das war ihm lieb, denn immer hatte er dabei die Möglichkeit, die er auch sehr oft ausnützte, in die Löwengasse zu gehen, wo Gisa wohnte, zu ihrem Dachzimmerchen hinaufzusteigen, an der immer versperrten Tür zu horchen und dann eiligst wieder wegzugehen, nachdem er im Zimmer ausnahmslos die vollkommenste, unbegreifliche Stille festgestellt hatte. Immerhin zeigten sich doch auch bei ihm die Folgen dieser Lebensweise manchmal – aber niemals in Gisas Gegenwart – in lächerlichen Ausbrüchen auf Augenblicke wiedererwachten amtlichen Hochmuts, der freilich gerade zu seiner gegenwärtigen Stellung schlecht genug passte; es ging dann allerdings meistens nicht sehr gut aus, wie es ja auch K. erlebt hatte.

Erstaunlich war nur, dass man, wenigstens im Brückenhof, doch mit einer gewissen Achtung von Schwarzer sprach, selbst wenn es sich um mehr lächerliche als achtungswerte Dinge handelte, auch Gisa war in diese Achtung mit eingeschlossen. Es war aber dennoch unrichtig, wenn Schwarzer als Hilfslehrer K. außerordentlich überlegen zu sein glaubte, diese Überlegenheit war nicht vorhanden; ein Schuldiener ist für die Lehrerschaft, und gar für einen Lehrer von Schwarzers Art, eine sehr wichtige Person, die man nicht ungestraft missachten darf und der man die Missachtung, wenn man aus Standesinteressen auf sie nicht verzichten kann, zumindest mit entsprechender Gegengabe erträglich machen muss. K. wollte bei Gelegenheit daran denken, auch war Schwarzer bei ihm noch vom ersten Abend her in Schuld, die dadurch nicht kleiner geworden war, dass die nächsten Tage dem Empfang Schwarzers eigentlich recht gegeben hatten. Denn es war dabei nicht zu vergessen, dass der Empfang vielleicht allem Folgenden die Richtung gegeben hatte. Durch Schwarzer war ganz unsinnigerweise gleich in der ersten Stunde die volle Aufmerksamkeit der Behörden auf K. gelenkt worden, als er, noch völlig fremd im Dorf, ohne Bekannte, ohne Zuflucht, übermüdet vom Marsch, ganz hilflos, wie er dort auf dem Strohsack lag, jedem behördlichen Zugriff ausgeliefert war. Nur eine Nacht später hätte schon alles anders, ruhig, halb im Verborgenen verlaufen können; jedenfalls hätte niemand etwas von ihm gewusst, keinen Verdacht gehabt, zumindest nicht gezögert, ihn als Wanderburschen einen Tag bei sich zu lassen; man hätte seine Brauchbarkeit und Zuverlässigkeit gesehen, es hätte sich in der Nachbarschaft herumgesprochen, wahrscheinlich hätte er bald als Knecht irgendwo ein Unterkommen gefunden. Natürlich, der Behörde wäre es nicht entgangen. Aber es war ein wesentlicher Unterschied, ob mitten in der Nacht seinetwegen die Zentralkanzlei oder wer sonst beim Telefon gewesen war, aufgerüttelt wurde, eine augenblickliche Entscheidung eingefordert wurde, in scheinbarer Demut, aber doch mit lästiger Unerbittlichkeit eingefordert wurde, überdies von dem oben wahrscheinlich missliebigen Schwarzer, oder ob statt alles dessen K. am nächsten Tag in den Amtsstunden beim Gemeindevorsteher anklopfte und, wie es sich gehörte, sich als fremder Wanderbursch meldete, der bei einem bestimmten Gemeindemitglied schon eine Schlafstelle hat und wahrscheinlich morgen wieder weiterziehen wird; es wäre denn, dass der ganz unwahrscheinliche Fall eintritt und er hier Arbeit findet, nur für ein paar Tage natürlich, denn länger will er keinesfalls bleiben. So oder ähnlich wäre es ohne Schwarzer geworden. Die Behörde hätte sich auch weiter mit der Angelegenheit beschäftigt, aber ruhig, im Amtswege, ungestört von der ihr wahrscheinlich besonders verhassten Ungeduld der Partei. Nun war ja K. an dem allen unschuldig, die Schuld traf Schwarzer, aber Schwarzer war der Sohn eines Kastellans, und äußerlich hatte er sich ja korrekt verhalten, man konnte es also nur K. vergelten lassen. Und der lächerliche Anlass alles dessen? Vielleicht eine ungnädige Laune Gisas an jenem Tag, wegen der Schwarzer schlaflos in der Nacht herumgestrichen war, um sich dann an K. für sein Leid zu entschädigen. Man konnte freilich von anderer Seite her auch sagen, dass K. diesem Verhalten Schwarzers sehr viel verdanke. Nur dadurch war etwas möglich geworden, was K. allein niemals erreicht, nie zu erreichen gewagt hätte und was auch ihrerseits die Behörde kaum je zugegeben hätte, dass er nämlich von allem Anfang an, ohne Winkelzüge, offen, Aug in Aug, der Behörde entgegentrat, soweit dies bei ihr überhaupt möglich war. Aber das war ein schlimmes Geschenk, es ersparte zwar K. viel Lüge und Heimlichtuerei, aber es machte ihn auch fast wehrlos, benachteiligte ihn jedenfalls im Kampf und hätte ihn im Hinblick darauf verzweifelt machen können, wenn er sich nicht hätte sagen müssen, dass der Machtunterschied zwischen der Behörde und ihm so ungeheuerlich war, dass alle Lüge und List, deren er fähig gewesen wäre, den Unterschied nicht wesentlich zu seinen Gunsten hätte herabdrücken können. Doch war dies nur ein Gedanke, mit dem K. sich selbst tröstete, Schwarzer blieb trotzdem in seiner Schuld, hatte er K. damals geschadet, vielleicht konnte er nächstens helfen, K. würde auch weiterhin Hilfe im Allergeringsten, in den allerersten Vorbedingungen nötig haben, so schien ja zum Beispiel auch Barnabas wieder zu versagen.

Friedas wegen hatte K. den ganzen Tag gezögert, in des Barnabas Wohnung nachfragen zu gehen; um ihn nicht vor Frieda empfangen zu müssen, hatte er jetzt draußen gearbeitet und war nach der Arbeit noch hier geblieben in Erwartung des Barnabas, aber Barnabas kam nicht. Nun blieb nichts anderes übrig, als zu den Schwestern zu gehen, nur für ein kleines Weilchen, nur von der Schwelle aus wollte er fragen, bald würde er wieder zurück sein. Und er rammte die Schaufel in den Schnee ein und lief. Atemlos kam er beim Haus des Barnabas an, riss nach kurzem Klopfen die Tür auf und fragte, ohne darauf zu achten, wie es in der Stube aussah: »Ist Barnabas noch immer nicht gekommen?« Erst jetzt bemerkte er, dass Olga nicht da war, die beiden Alten wieder bei dem weit entfernten Tisch in einem Dämmerzustande saßen, sich noch nicht klargemacht hatten, was bei der Tür geschehen war, und erst langsam die Gesichter hinwendeten und dass schließlich Amalia unter Decken auf der Ofenbank lag und im ersten Schrecken über K.s Erscheinen aufgefahren war und die Hand an die Stirn hielt, um sich zu fassen. Wäre Olga hier gewesen, hätte sie gleich geantwortet, und K.

hätte wieder fortgehen können, so musste er wenigstens die paar Schritte zu Amalia machen, ihr die Hand reichen, die sie schweigend drückte, und sie bitten, die aufgescheuchten Eltern von irgendwelchen Wanderungen abzuhalten, was sie auch mit ein paar Worten tat. K. erfuhr, dass Olga im Hof Holz hackte, Amalia erschöpft – sie nannte keinen Grund – vor kurzem sich hatte niederlegen müssen und Barnabas zwar noch nicht gekommen war, aber sehr bald kommen musste, denn über Nacht blieb er nie im Schloss. K. dankte für die Auskunft, er konnte nun wieder gehen, Amalia aber fragte, ob er nicht noch auf Olga warten wollte; aber er hatte leider keine Zeit mehr. Dann fragte Amalia, ob er denn schon heute mit Olga gesprochen habe; er verneinte es erstaunt und fragte, ob ihm Olga etwas Besonderes mitteilen wollte. Amalia verzog wie in leichtem Ärger den Mund, nickte K. schweigend zu – es war deutlich eine Verabschiedung – und legte sich wieder zurück. Aus der Ruhelage musterte sie ihn, so, als wundere sie sich, dass er noch da sei. Ihr Blick war kalt, klar, unbeweglich wie immer; er war nicht geradezu auf das gerichtet, was sie beobachtete, sondern ging – das war störend – ein wenig, kaum merklich, aber zweifellos daran vorbei, es schien nicht Schwäche zu sein, nicht Verlegenheit, nicht Unehrlichkeit, die das verursachte, sondern ein fortwährendes, jedem anderen Gefühl überlegenes Verlangen nach Einsamkeit, das vielleicht ihr selbst nur auf diese Weise zu Bewusstsein kam. K. glaubte sich zu erinnern, dass dieser Blick schon am ersten Abend ihn beschäftigt hatte, ja, dass wahrscheinlich der ganze hässliche Eindruck, den diese Familie gleich auf ihn gemacht hatte, auf diesen Blick zurückging, der für sich selbst nicht hässlich war, sondern stolz und in seiner Verschlossenheit aufrichtig. »Du bist immer so traurig, Amalia«, sagte K., »quält dich etwas? Kannst du es nicht sagen? Ich habe ein Landmädchen wie dich noch nicht gesehen. Erst heute, erst jetzt ist es mir eigentlich aufgefallen. Stammst du hier aus dem Dorf? Bist du hier geboren?« Amalia bejahte es, so, als habe K. nur die letzte Frage gestellt, dann sagte sie: »Du wirst also doch auf Olga warten?« – »Ich weiß nicht, warum du immerfort das gleiche fragst«, sagte K. »Ich kann nicht länger bleiben, weil zu Hause meine Braut wartet.«

Amalia stützte sich auf den Ellbogen, sie wusste von keiner Braut. K. nannte den Namen. Amalia kannte sie nicht. Sie fragte, ob Olga von der Verlobung wisse; K. glaubte es wohl, Olga habe ihn ja mit Frieda gesehen, auch verbreiten sich im Dorf solche Nachrichten schnell. Amalia versicherte ihm aber, dass Olga es nicht wisse und dass es sie sehr unglücklich machen werde, denn sie scheine K. zu lieben. Offen habe sie davon nicht gesprochen, denn sie sei sehr zurückhaltend, aber Liebe verrate sich ja unwillkürlich. K. war überzeugt, dass sich Amalia irre. Amalia lächelte, und dieses Lächeln, obwohl es traurig war, erhellte das düster zusammengezogene Gesicht, machte die Stummheit sprechend, machte die Fremdheit vertraut, war die Preisgabe eines Geheimnisses, die Preisgabe eines bisher gehüteten Besitzes, der zwar wieder zurückgenommen werden konnte, aber niemals mehr ganz. Amalia sagte, sie irre sich gewiss nicht; ja, sie wisse noch mehr, sie wisse, dass auch K. Zuneigung zu Olga habe und dass seine Besuche, die irgendwelche Botschaften des Barnabas zum Vorwand haben, in Wirklichkeit nur Olga gelten. Jetzt aber, da Amalia von allem wisse, müsse er es nicht mehr so streng nehmen und dürfe öfters kommen. Nur dieses habe sie ihm sagen wollen. K. schüttelte den Kopf und erinnerte an seine Verlobung. Amalia schien nicht viele Gedanken an diese Verlobung zu verschwenden, der unmittelbare Eindruck K. s, der doch allein vor ihr stand, war für sie entscheidend; sie fragte nur, wann denn K. jenes Mädchen kennengelernt habe, er sei doch erst wenige Tage im Dorf. K. erzählte von dem Abend im Herrenhof, worauf Amalia nur kurz sagte, sie sei sehr dagegen gewesen, dass man ihn in den Herrenhof führte. Sie rief dafür auch Olga als Zeugin an, die mit einem Arm voll Holz eben hereinkam, frisch und gebeizt von der kalten Luft, lebhaft und kräftig, wie verwandelt durch die Arbeit gegenüber ihrem sonstigen schweren Dastehen im Zimmer. Sie warf das Holz hin, begrüßte unbefangen K. und fragte gleich nach Frieda. K. verständigte sich durch einen Blick mit Amalia, aber sie schien sich nicht für widerlegt zu halten. Ein wenig gereizt dadurch, erzählte K. ausführlicher, als er es sonst getan hätte, von Frieda, beschrieb, unter wie schwierigen Verhältnissen sie in der Schule immerhin eine Art Haushalt führte, und vergaß sich in der Eile des Erzählens – er wollte ja gleich nach Hause gehen – derart, dass er in der Form eines Abschieds die Schwestern einlud, ihn einmal zu besuchen. Jetzt allerdings erschrak er und stockte, während Amalia sofort, ohne ihm noch zu einem Worte Zeit zu lassen, die Einladung anzunehmen erklärte; nun musste sich auch Olga anschließen und tat es. K. aber, immerfort von Gedanken an die Notwendigkeit eiligen Abschieds bedrängt und sich unruhig fühlend unter Amalias Blick, zögerte nicht, ohne weitere Verbrämung einzugestehen, dass die Einladung gänzlich unüberlegt und nur von seinem persönlichen Gefühl eingegeben gewesen sei, dass er sie aber leider nicht aufrechterhalten könne, da eine große, ihm allerdings ganz unverständliche Feindschaft zwischen Frieda und dem Barnabasschen Hause bestehe. »Es ist keine Feindschaft«, sagte Amalia, stand von der Bank auf und warf die Decke hinter sich, »ein so großes Ding ist es nicht, es ist bloß ein Nachbeten der allgemeinen Meinung. Und nun geh, geh zu deiner Braut, ich sehe, wie du eilst. Fürchte auch nicht, dass wir kommen, ich sagte es gleich anfangs nur im Scherz, aus Bosheit. Du aber kannst öfters zu uns kommen, dafür ist wohl kein Hindernis, du kannst ja immer die Barnabasschen Botschaften vorschützen. Ich erleichtere es dir noch dadurch, dass ich sagte, dass Barnabas, auch wenn er eine Botschaft vom Schloss für dich bringt, nicht wieder bis in die Schule gehen kann, um sie dir zu melden. Er kann nicht so viel herumlaufen, der arme Junge, er verzehrt sich im Dienst, du wirst selbst kommen müssen, dir die Nachricht zu holen.« K. hatte Amalia so viel im Zusammenhang noch nicht sagen hören, es klang auch anders als sonst ihre Rede, eine Art Hoheit war darin, die nicht nur K. fühlte, sondern offenbar auch Olga, die doch an sie gewöhnte Schwester. Sie stand ein wenig abseits, die Hände im Schoß, nun wieder in ihrer gewöhnlichen breitbeinigen, ein wenig gebeugten Haltung, die Augen hatte sie auf Amalia gerichtet, während diese nur K. ansah. »Es ist ein Irrtum«, sagte K., »ein großer Irrtum, wenn du glaubst, dass es mir mit dem Warten auf Barnabas nicht ernst ist. Meine Angelegenheiten mit den Behörden in Ordnung zu bringen ist mein höchster, eigentlich mein einziger Wunsch. Und Barnabas soll mir dazu verhelfen, viel von meiner Hoffnung liegt auf ihm. Er hat mich zwar schon einmal sehr enttäuscht; aber das war mehr meine eigene Schuld als seine, es geschah in der Verwirrung der ersten Stunden, ich glaubte damals alles durch einen kleinen Abendspaziergang erreichen zu können, und dass sich das Unmögliche als unmöglich gezeigt hat, habe ich ihm dann nachgetragen. Selbst im Urteil über euere Familie, über euch hat es mich beeinflusst. Das ist vorüber, ich glaube euch jetzt besser zu verstehen, ihr seid sogar...« K. suchte das richtige Wort, fand es nicht gleich und begnügte sich mit einem beiläufigen – »ihr seid vielleicht gutmütiger als irgend jemand sonst von den Dorfleuten, soweit ich sie bisher kenne. Aber nun, Amalia, beirrst du mich wieder dadurch, dass du, wennschon nicht den Dienst deines Bruders, so doch die Bedeutung, die er für mich hat, herabsetzest. Vielleicht bist du in die Angelegenheiten des Barnabas nicht eingeweiht, dann ist es gut und ich will die Sache auf sich beruhen lassen, vielleicht aber bist du eingeweiht – und ich habe eher diesen Eindruck –, dann ist es schlimm, denn das würde bedeuten, dass mich dein Bruder täuscht.« – »Sei ruhig«, sagte Amalia, »ich bin nicht eingeweiht, nichts könnte mich dazu bewegen, mich einweihen zu lassen, nichts könnte mich dazu bewegen, nicht einmal die Rücksicht auf dich, für den ich doch manches täte, denn, wie du sagtest, gutmütig sind wir. Aber die Angelegenheiten meines Bruders gehören ihm, ich weiß nichts von ihnen als das, was ich gegen meinen Willen zufällig hier und da davon höre. Dagegen kann dir Olga volle Auskunft geben, denn sie ist seine Vertraute.« Und Amalia ging fort, zuerst zu den Eltern, mit denen sie flüsterte, dann in die Küche; sie war ohne Abschied von K. fortgegangen, so, als wisse sie, er werde noch lange bleiben und es sei kein Abschied nötig.

Das fünfzehnte Kapitel

K. blieb mit etwas erstauntem Gesicht zurück, Olga lachte über ihn, zog ihn zur Ofenbank, sie schien wirklich glücklich zu sein darüber, dass sie jetzt mit ihm allein hier sitzen konnte, aber es war ein friedliches Glück, von Eifersucht war es gewiss nicht getrübt. Und gerade dieses Fernsein von Eifersucht und daher auch von jeglicher Strenge tat K. wohl; gern sah er in diese blauen, nicht lockenden, nicht herrischen, sondern schüchtern ruhenden, schüchtern standhaltenden Augen. Es war, als hätten ihn für alles dieses hier die Warnungen Friedas und der Wirtin nicht empfänglicher, aber aufmerksamer und findiger gemacht. Und er lachte mit Olga, als diese sich wunderte, warum er gerade Amalia gutmütig genannt habe, Amalia sei mancherlei, nur gutmütig sei sie eigentlich nicht. Worauf K. erklärte, das Lob habe natürlich ihr, Olga, gegolten, aber Amalia sei so herrisch, dass sie sich nicht nur alles aneigne, was in ihrer Gegenwart gesprochen werde, sondern dass man ihr auch freiwillig alles zuteile. »Das ist wahr«, sagte Olga, ernster werdend, »wahrer, als du glaubst. Amalia ist jünger als ich, jünger auch als Barnabas, aber sie ist es, die in der Familie entscheidet, im Guten und im Bösen; freilich, sie trägt es auch mehr als alle, das Gute wie das Böse.« K. hielt das für übertrieben, eben hatte doch Amalia gesagt, dass sie sich zum Beispiel um des Bruders Angelegenheiten nicht kümmere, Olga dagegen alles darüber wisse. »Wie soll ich es erklären?« sagte Olga. »Amalia kümmert sich weder um Barnabas noch um mich; sie kümmert sich eigentlich um niemanden außer um die Eltern, sie pflegt sie bei Tag und Nacht, jetzt hat sie wieder nach ihren Wünschen gefragt und ist in die Küche für sie kochen gegangen, hat sich ihretwegen überwunden aufzustehen, denn sie ist schon seit Mittag krank und lag hier auf der Bank. Aber obwohl sie sich nicht um uns kümmert, sind wir von ihr abhängig, so, wie wenn sie die Älteste wäre, und wenn sie uns in unseren Dingen riete, würden wir ihr gewiss folgen, aber sie tut es nicht, wir sind ihr fremd. Du hast doch viel Menschenerfahrung, du kommst aus der Fremde; scheint sie dir nicht auch besonders klug?« – »Besonders unglücklich scheint sie mir«, sagte K., »aber wie stimmt es mit eurem Respekt vor ihr überein, dass zum Beispiel Barnabas diese Botendienste tut, die Amalia missbilligt, vielleicht sogar missachtet?« – »Wenn er wüsste, was er sonst tun sollte, er würde den Botendienst, der ihn gar nicht befriedigt, sofort verlassen.« – »Ist er denn nicht ausgelernter Schuster?« fragte K. »Gewiss«, sagte Olga, »er arbeitet ja auch nebenbei für Brunswick und hätte, wenn er wollte, Tag und Nacht Arbeit und reichlichen Verdienst.« – »Nun also«, sagte K., »dann hätte er doch einen Ersatz für den Botendienst.« – »Für den Botendienst?« fragte Olga erstaunt. »Hat er ihn denn des Verdienens halber übernommen?« – »Mag sein«, sagte K., »aber du erwähntest doch, dass er ihn nicht befriedigt.« – »Er befriedigt ihn nicht, und aus verschiedenen Gründen«, sagte Olga, »aber es ist doch Schlossdienst, immerhin eine Art Schlossdienst, so sollte man wenigstens glauben.« – »Wie«, sagte K., »sogar darin seid ihr im Zweifel?« – »Nun«, sagte Olga, »eigentlich nicht; Barnabas geht in die Kanzleien, verkehrt mit den Dienern wie ihresgleichen, sieht von der Ferne auch einzelne Beamte, bekommt verhältnismäßig wichtige Briefe, ja sogar mündlich auszurichtende Botschaften anvertraut, das ist doch recht viel, und wir können stolz darauf sein, wieviel er in so jungen Jahren schon erreicht hat.« K. nickte, an die Heimkehr dachte er jetzt nicht. »Er hat auch eine eigene Livree?« fragte er. »Du meinst die Jacke?« sagte Olga. »Nein, die hat ihm Amalia gemacht, noch ehe er Bote war. Aber du näherst dich dem wunden Punkt. Er hätte schon längst nicht eine Livree, die es im Schloss nicht gibt, aber einen Anzug vom Amt bekommen sollen, es ist ihm auch zugesichert worden, aber in dieser Hinsicht ist man im Schloss sehr langsam, und das Schlimme ist, dass man niemals weiß, was diese Langsamkeit bedeutet; sie kann bedeuten, dass die Sache im Amtsgang ist, sie kann aber auch bedeuten, dass der Amtsgang noch gar nicht begonnen hat, dass man also zum Beispiel Barnabas immer noch erst erproben will, sie kann aber schließlich auch bedeuten, dass der Amtsgang schon beendet ist, man aus irgendwelchen Gründen die Zusicherung zurückgezogen hat und Barnabas den Anzug niemals bekommt. Genaueres kann man darüber nicht erfahren oder erst nach langer Zeit. Es ist hier die Redensart, vielleicht kennst du sie: Amtliche Entscheidungen sind scheu wie junge Mädchen.« – »Das ist eine gute Beobachtung«, sagte K., er nahm es noch ernster als Olga, »eine gute Beobachtung, die Entscheidungen mögen noch andere Eigenschaften mit Mädchen gemeinsam haben.« – »Vielleicht«, sagte Olga. »Ich weiß freilich nicht, wie du es meinst. Vielleicht meinst du es gar lobend. Aber was das Amtskleid betrifft, so ist dies eben eine der Sorgen des Barnabas, und da wir die Sorgen gemeinsam haben, auch meine. Warum bekommt er kein Amtskleid, fragen wir uns vergebens. Nun ist aber diese ganze Sache nicht so einfach. Die Beamten zum Beispiel scheinen überhaupt kein Amtskleid zu haben; soviel wir hier wissen und soviel Barnabas erzählt, gehen die Beamten in gewöhnlichen, allerdings schönen Kleidern herum. Übrigens hast du ja Klamm gesehen. Nun, ein Beamter, auch ein Beamter niedrigster Kategorie, ist natürlich Barnabas nicht und versteigt sich nicht dazu, es sein zu wollen. Aber auch höhere Diener, die man hier im Dorf freilich überhaupt nicht zu sehen bekommt, haben nach des Barnabas Bericht keine Amtsanzüge; das ist ein gewisser Trost, könnte man von vornherein meinen, aber er ist trügerisch, denn ist Barnabas ein höherer Diener? Nein, wenn man ihm noch so sehr geneigt ist, das kann man nicht sagen, ein höherer Diener ist er nicht, schon dass er ins Dorf kommt, ja sogar hier wohnt, ist ein Gegenbeweis, die höheren Diener sind noch zurückhaltender als die Beamten, vielleicht mit Recht, vielleicht sind sie sogar höher als manche Beamte; einiges spricht dafür: sie arbeiten weniger, und es soll nach Barnabas ein wunderbarer Anblick sein, diese auserlesen großen, starken Männer langsam durch die Korridore gehen zu sehen, Barnabas schleicht an ihnen immer herum. Kurz, es kann keine Rede davon sein, dass Barnabas ein höherer Diener ist. Also könnte er einer der niedrigen Dienerschaft sein, aber diese haben eben Amtsanzüge, wenigstens soweit sie ins Dorf herunterkommen, es ist keine eigentliche Livree, es gibt auch viele Verschiedenheiten, aber immerhin erkennt man sofort an den Kleidern den Diener aus dem Schloss, du hast ja solche Leute im Herrenhof gesehen. Das auffallendste an den Kleidern ist, dass sie meistens eng anliegen, ein Bauer oder ein Handwerker könnte ein solches Kleid nicht gebrauchen. Nun, dieses Kleid hat also Barnabas nicht; das ist nicht nur etwa beschämend oder entwürdigend, das könnte man ertragen, aber es lässt, besonders in trüben Stunden – und manchmal, nicht zu selten, haben wir solche, Barnabas und ich – an allem zweifeln. Ist es überhaupt Schlossdienst, was Barnabas tut, fragen wir dann; gewiss, er geht in die Kanzleien, aber sind die Kanzleien das eigentliche Schloss? Und selbst wenn Kanzleien zum Schloss gehören, sind es die Kanzleien, welche Barnabas betreten darf? Er kommt in Kanzleien; aber es ist doch nur ein Teil aller, dann sind Barrieren, und hinter ihnen sind noch andere Kanzleien. Man verbietet ihm nicht gerade weiterzugehen, aber er kann doch nicht weitergehen, wenn er seine Vorgesetzten schon gefunden hat, sie ihn abgefertigt haben und wegschicken. Man ist dort überdies immer beobachtet, wenigstens glaubt man es. Und selbst wenn er weiterginge, was würde es helfen, wenn er dort keine amtliche Arbeit hat und ein Eindringling wäre? Diese Barrieren darfst du dir auch nicht als eine bestimmte Grenze vorstellen, darauf macht mich auch Barnabas immer wieder aufmerksam. Barrieren sind auch in den Kanzleien, in die er geht; es gibt also auch Barrieren, die er passiert, und sie sehen nicht anders aus als die, über die er noch nicht hinweggekommen ist, und es ist auch deshalb nicht von vornherein anzunehmen, dass sich hinter diesen letzteren Barrieren wesentlich andere Kanzleien befinden als jene, in denen Barnabas schon war. Nur eben in jenen trüben Stunden glaubt man das. Und dann geht der Zweifel weiter, man kann sich gar nicht wehren. Barnabas spricht mit Beamten, Barnabas bekommt Botschaften. Aber was für Beamte, was für Botschaften sind es? Jetzt ist er, wie er sagt, Klamm zugeteilt und bekommt von ihm persönlich die Aufträge. Nun, das wäre doch sehr viel, selbst höhere Diener gelangen nicht so weit, es wäre fast zuviel, das ist das Beängstigende. Denk nur, unmittelbar Klamm zugeteilt sein, mit ihm von Mund zu Mund sprechen. Aber es ist doch so? Nun ja, es ist so, aber warum zweifelt denn Barnabas daran, dass der Beamte, der dort als Klamm bezeichnet wird, wirklich Klamm ist?« – »Olga«, sagte K., »du willst doch nicht scherzen, wie kann über Klamms Aussehen ein Zweifel bestehen, es ist doch bekannt, wie er aussieht, ich selbst habe ihn gesehen.« – »Gewiss nicht, K.«, sagte Olga. »Scherze sind es nicht, sondern meine allerernstesten Sorgen. Doch erzähle ich es dir nicht, um mein Herz zu erleichtern und deines etwa zu beschweren, sondern weil du nach Barnabas fragtest, Amalia mir den Auftrag gab, zu erzählen, und weil ich glaube, dass es auch für dich nützlich ist, Genaueres zu wissen. Auch wegen Barnabas tue ich es, damit du nicht allzu große Hoffnungen auf ihn setzt, er dich enttäuscht und dann selbst unter deiner Enttäuschung leidet. Er ist sehr empfindlich; er hat zum Beispiel heute Nacht nicht geschlafen, weil du gestern Abend mit ihm unzufrieden warst; du sollst gesagt haben, dass es sehr schlimm für dich ist, dass du nur einen solchen Boten wie Barnabas hast. Die Worte haben ihn um den Schlaf gebracht. Du selbst wirst wohl von seinen Aufregungen nicht viel gemerkt haben, Schlossboten müssen sich sehr beherrschen. Aber er hat es nicht leicht, selbst mit dir nicht. Du verlangst ja in deinem Sinn gewiss nicht zuviel von ihm, du hast bestimmte Vorstellungen vom Botendienst mitgebracht, und nach ihnen bemisst du deine Anforderungen. Aber im Schloss hat man andere Vorstellungen vom Botendienst, sie lassen sich mit deinen nicht vereinen, selbst wenn sich Barnabas gänzlich dem Dienst opferte, wozu er leider manchmal bereit scheint. Man müsste sich ja fügen, dürfte nichts dagegen sagen, wäre nur nicht die Frage, ob es wirklich Botendienst ist, was er tut. Dir gegenüber darf er natürlich keinen Zweifel darüber aussprechen; es hieße für ihn, seine eigene Existenz untergraben, wenn er das täte, Gesetze grob verletzen, unter denen er ja noch zu stehen glaubt, und selbst mir gegenüber spricht er nicht frei, abschmeicheln, abküssen muss ich ihm seine Zweifel, und selbst dann wehrt er sich noch zuzugeben, dass die Zweifel Zweifel sind. Er hat etwas von Amalia im Blut. Und alles sagt er mir gewiss nicht, obwohl ich seine einzige Vertraute bin. Aber über Klamm sprechen wir manchmal, ich habe Klamm noch nicht gesehen – du weißt, Frieda liebt mich wenig und hätte mir den Anblick nie gegönnt –, aber natürlich ist sein Aussehen im Dorf bekannt, einzelne haben ihn gesehen, alle von ihm gehört, und es hat sich aus dem Augenschein, aus Gerüchten und auch manchen fälschenden Nebenabsichten ein Bild Klamms ausgebildet, das wohl in den Grundzügen stimmt. Aber nur in den Grundzügen. Sonst ist es veränderlich und vielleicht nicht einmal so veränderlich wie Klamms wirkliches Aussehen. Er soll ganz anders aussehen, wenn er ins Dorf kommt, und anders, wenn er es verlässt, anders, ehe er Bier getrunken hat, anders nachher, anders im Wachen, anders im Schlafen, anders allein, anders im Gespräch und, was hiernach verständlich ist, fast grundverschieden oben im Schloss. Und es sind schon selbst innerhalb des Dorfes ziemlich große Unterschiede, die berichtet werden, Unterschiede der Größe, der Haltung, der Dicke, des Bartes, nur hinsichtlich des Kleides sind die Berichte glücklicherweise einheitlich: Er trägt immer das gleiche Kleid, ein schwarzes Jackettkleid mit langen Schößen. Nun gehen natürlich alle diese Unterschiede auf keine Zauberei zurück, sondern sind sehr begreiflich, entstehen durch die augenblickliche Stimmung, den Grad der Aufregung, die unzähligen Abstufungen der Hoffnung oder Verzweiflung, in welcher sich der Zuschauer, der überdies meist nur augenblickweise Klamm sehen darf, befindet. Ich erzähle dir das alles wieder, so wie es mir Barnabas oft erklärt hat, und man kann sich im allgemeinen, wenn man nicht persönlich unmittelbar an der Sache beteiligt ist, damit beruhigen. Wir können es nicht, für Barnabas ist es eine Lebensfrage, ob er wirklich mit Klamm spricht oder nicht.« – »Für mich nicht minder«, sagte K., und sie rückten noch näher zusammen auf der Ofenbank.

Durch alle die ungünstigen Neuigkeiten Olgas war K. zwar betroffen, doch sah er einen Ausgleich zum großen Teile darin, dass er hier Menschen fand, denen es, wenigstens äußerlich, sehr ähnlich ging wie ihm selbst, denen er sich also anschließen konnte, mit denen er sich in vielem verständigen konnte, nicht nur in manchem, wie mit Frieda. Zwar verlor er allmählich die Hoffnung auf einen Erfolg der Barnabasschen Botschaft, aber je schlechter es Barnabas oben ging, desto näher kam er ihm hier unten, niemals hätte K. gedacht, dass aus dem Dorf selbst ein derart unglückliches Bestreben hervorgehen konnte, wie es das des Barnabas und seiner Schwester war. Es war freilich noch bei weitem nicht genug erklärt und konnte sich schließlich noch ins Gegenteil wenden; man musste durch das gewisse unschuldige Wesen Olgas sich nicht gleich verführen lassen, auch an die Aufrichtigkeit des Barnabas zu glauben. »Die Berichte über Klamms Aussehen«, fuhr Olga fort, »kennt Barnabas sehr gut, hat viele gesammelt und verglichen, vielleicht zu viele, hat einmal selbst Klamm im Dorf durch ein Wagenfenster gesehen oder zu sehen geglaubt, war also genügend vorbereitet, ihn zu erkennen, und hat doch – wie erklärst du es dir? –, als er im Schloss in eine Kanzlei kam und man ihm unter mehreren Beamten einen zeigte und sagte, dass dieser Klamm sei, ihn nicht erkannt und auch nachher noch lange sich nicht daran gewöhnen können, dass es Klamm sein sollte. Fragst du nun aber Barnabas, worin sich jener Mann von der üblichen Vorstellung, die man von Klamm hat, unterscheidet, kann er nicht antworten, vielmehr er antwortet und beschreibt den Beamten im Schloss, aber die Beschreibung deckt sich genau mit der Beschreibung Klamms, wie wir sie kennen. ›Nun also, Barnabas‹, sage ich, ›warum zweifelst du, warum quälst du dich?‹ Worauf er dann, in sichtlicher Bedrängnis, Besonderheiten des Beamten im Schloss aufzuzählen beginnt, die er aber mehr zu erfinden als zu berichten scheint, die aber außerdem so geringfügig sind – sie betreffen zum Beispiel ein besonderes Nicken des Kopfes oder auch nur die aufgeknöpfte Weste –, dass man sie unmöglich ernst nehmen kann. Noch wichtiger scheint mir die Art, wie Klamm mit Barnabas verkehrt. Barnabas hat es mir oft beschrieben, sogar gezeichnet. Gewöhnlich wird Barnabas in ein großes Kanzleizimmer geführt, aber es ist nicht Klamms Kanzlei, überhaupt nicht die Kanzlei eines einzelnen. Der Länge nach ist dieses Zimmer durch ein einziges, von Seitenwand zu Seitenwand reichendes Stehpult in zwei Teile geteilt, einen schmalen, wo einander zwei Personen nur knapp ausweichen können, das ist der Raum der Beamten, und einen breiten, das ist der Raum der Parteien, der Zuschauer, der Diener, der Boten. Auf dem Pult liegen aufgeschlagen große Bücher, eines neben dem anderen, und bei den meisten stehen Beamte und lesen darin. Doch bleiben sie nicht immer beim gleichen Buch, tauschen aber nicht die Bücher, sondern die Plätze, am erstaunlichsten ist es Barnabas, wie sie sich bei solchem Plätzewechsel aneinander vorbeidrücken müssen, eben wegen der Enge des Raumes. Vorn, eng am Stehpult, sind niedrige Tischchen, an denen Schreiber sitzen, welche, wenn die Beamten es wünschen, nach ihrem Diktat schreiben. Immer wundert sich Barnabas, wie das geschieht. Es erfolgt kein ausdrücklicher Befehl des Beamten, auch wird nicht laut diktiert, man merkt kaum, dass diktiert wird, vielmehr scheint der Beamte zu lesen wie zuvor, nur dass er dabei auch noch flüstert, und der Schreiber hört's. Oft diktiert der Beamte so leise, dass der Schreiber es sitzend gar nicht hören kann, dann muss er immer aufspringen, das Diktierte auffangen, schnell sich setzen und es aufschreiben, dann wieder aufspringen und so fort. Wie merkwürdig das ist! Es ist fast unverständlich. Barnabas freilich hat genug Zeit, das alles zu beobachten, denn dort in dem Zuschauerraum steht er stunden- und manchmal tagelang, ehe Klamms Blick auf ihn fällt. Und auch wenn ihn Klamm schon gesehen hat und Barnabas sich in Habtachtstellung aufrichtet, ist noch nichts entschieden, denn Klamm kann sich wieder von ihm dem Buch zuwenden und ihn vergessen; so geschieht es oft. Was ist es aber für ein Botendienst, der so unwichtig ist? Mir wird wehmütig, wenn Barnabas früh sagt, dass er ins Schloss geht. Dieser wahrscheinlich ganz unnütze Weg, dieser wahrscheinlich verlorene Tag, diese wahrscheinlich vergebliche Hoffnung. Was soll das alles? Und hier ist Schusterarbeit aufgehäuft, die niemand macht und auf deren Ausführung Brunswick drängt.« »Nun gut«, sagte K. »Barnabas muss lange warten, ehe er einen Auftrag bekommt. Das ist verständlich, es scheint hier ja ein Übermaß von Angestellten zu sein, nicht jeder kann jeden Tag einen Auftrag bekommen, darüber müsst ihr nicht klagen, das trifft wohl jeden. Schließlich aber bekommt doch wohl auch Barnabas Aufträge, mir selbst hat er schon zwei Briefe gebracht.« »Es ist ja möglich«, sagte Olga, »dass wir unrecht haben zu klagen, besonders ich, die alles nur vom Hörensagen kennt und es als Mädchen auch nicht so gut verstehen kann wie Barnabas, der ja auch noch manches zurückhält. Aber nun höre, wie es sich mit den Briefen verhält, mit den Briefen an dich zum Beispiel. Diese Briefe bekommt er nicht unmittelbar von Klamm, sondern vom Schreiber. An einem beliebigen Tage, zu beliebiger Stunde – deshalb ist auch der Dienst, so leicht er scheint, sehr ermüdend, denn Barnabas muss immerfort aufpassen – erinnert sich der Schreiber an ihn und winkt ihm. Klamm scheint das gar nicht veranlasst zu haben, er liest ruhig in seinem Buch; manchmal allerdings, aber das tut er auch sonst öfters, putzt er gerade den Zwicker, wenn Barnabas kommt, und sieht ihn dabei vielleicht an; vorausgesetzt, dass er ohne Zwicker überhaupt sieht, Barnabas bezweifelt es, Klamm hat dann die Augen fast geschlossen, er scheint zu schlafen und nur im Traum den Zwicker zu putzen. Inzwischen sucht der Schreiber aus den vielen Akten und Briefschaften, die er unter dem Tisch hat, einen Brief für dich heraus, es ist also kein Brief, den er gerade geschrieben hat, vielmehr ist es, dem Aussehen des Umschlages nach, ein sehr alter Brief, der schon lange dort liegt. Wenn es aber ein alter Brief ist, warum hat man Barnabas so lange warten lassen? Und wohl auch dich? Und schließlich auch den Brief, denn er ist ja jetzt wohl schon veraltet. Und Barnabas bringt man dadurch in den Ruf, ein schlechter, langsamer Bote zu sein. Der Schreiber allerdings macht es sich leicht, gibt Barnabas den Brief, sagt: ›Von Klamm für K.‹, und damit ist Barnabas entlassen. Nun, und dann kommt Barnabas nach Hause, atemlos, den endlich ergatterten Brief unter dem Hemd am bloßen Leib, und wir setzen uns dann hierher auf die Bank wie jetzt, und er erzählt, und wir untersuchen dann alles einzeln und schätzen ab, was er erreicht hat, und finden schließlich, dass es sehr wenig ist – und das wenige fragwürdig, und Barnabas legt den Brief weg und hat keine Lust, ihn zu bestellen, hat aber auch keine Lust, schlafen zu gehen, nimmt die Schusterarbeit vor und versitzt dort auf dem Schemel die Nacht. So ist es, K., und das sind meine Geheimnisse, und nun wunderst du dich wohl nicht mehr, dass Amalia auf sie verzichtet.« – »Und der Brief?« fragte K. »Der Brief?« sagte Olga. »Nun, nach einiger Zeit, wenn ich Barnabas genug gedrängt habe, es können Tage und Wochen inzwischen vergangen sein, nimmt er doch den Brief und geht, ihn zuzustellen. In solchen Äußerlichkeiten ist er doch sehr abhängig von mir. Ich kann mich nämlich, wenn ich den ersten Eindruck seiner Erzählung überwunden habe, dann auch wieder fassen, wozu er wahrscheinlich, weil er eben mehr weiß, nicht imstande ist. Und so kann ich ihm dann immer wieder etwa sagen: › Was willst du denn eigentlich, Barnabas? Von welcher Laufbahn, welchem Ziele träumst du? Willst du vielleicht so weit kommen, dass du uns, dass du mich gänzlich verlassen musst? Ist das etwa dein Ziel? Muss ich das nicht glauben, da es ja sonst unverständlich wäre, warum du mit dem schon Erreichten so entsetzlich unzufrieden bist? Sieh dich doch um, ob jemand unter unseren Nachbarn schon so weit gekommen ist? Freilich, ihre Lage ist anders als die unsrige, und sie haben keinen Grund, über ihre Wirtschaft hinauszustreben, aber auch ohne zu vergleichen muss man doch einsehen, dass bei dir alles in bestem Gange ist. Hindernisse sind da, Fragwürdigkeiten, Enttäuschungen, aber das bedeutet doch nur, was wir schon vorher gewusst haben, dass dir nichts geschenkt wird, dass du dir vielmehr jede einzelne Kleinigkeit selbst erkämpfen musst; ein Grund mehr, um stolz, nicht um niedergeschlagen zu sein. Und dann kämpfst du doch auch für uns? Bedeutet dir das gar nichts? Gibt dir das keine neue Kraft? Und dass ich glücklich und fast hochmütig bin, einen solchen Bruder zu haben, gibt dir das keine Sicherheit? Wahrhaftig, nicht in dem, was du im Schloss erreicht hast, aber in dem, was ich bei dir erreicht habe, enttäuschst du mich. Du darfst ins Schloss, bist ein ständiger Besucher der Kanzleien, verbringst ganze Tage im gleichen Raum mit Klamm, bist öffentlich anerkannter Bote, hast ein Amtskleid zu beanspruchen, bekommst wichtige Briefschaften auszutragen; das alles bist du, das alles darfst du und kommst herunter, und statt dass wir uns weinend vor Glück in den Armen liegen, scheint dich bei meinem Anblick aller Mut zu verlassen; an allem zweifelst du, nur der Schusterleisten lockt dich, und den Brief, diese Bürgschaft unserer Zukunft, lässt du liegen.‹ So rede ich zu ihm, und nachdem ich das tagelang wiederholt habe, nimmt er einmal seufzend den Brief und geht. Aber es ist wahrscheinlich gar nicht die Wirkung meiner Worte, sondern es treibt ihn nur wieder ins Schloss, und ohne den Auftrag ausgerichtet zu haben, würde er es nicht wagen hinzugehen.« – »Aber du hast doch auch mit allem recht, was du ihm sagst«, sagte K. »Bewunderungswürdig richtig hast du alles zusammengefasst. Wie erstaunlich klar du denkst!« »Nein«, sagte Olga, »es täuscht dich, und so täusche ich vielleicht auch ihn. Was hat er denn erreicht? In eine Kanzlei darf er eintreten, aber es scheint nicht einmal eine Kanzlei, eher ein Vorzimmer der Kanzleien, vielleicht nicht einmal das, vielleicht ein Zimmer, wo alle zurückgehalten werden sollen, die nicht in die wirklichen Kanzleien dürfen. Mit Klamm spricht er, aber ist es Klamm? Ist es nicht eher jemand, der Klamm ein wenig ähnlich ist? Ein Sekretär vielleicht, wenn's hoch geht, der Klamm ein wenig ähnlich ist und sich anstrengt, ihm noch ähnlicher zu werden, und sich dann wichtig macht, in Klamms verschlafener, träumerischer Art. Dieser Teil seines Wesens ist am leichtesten nachzuahmen, daran versuchen sich manche, von seinem sonstigen Wesen freilich lassen sie wohlweislich die Finger. Und ein so oft ersehnter und so selten erreichter Mann, wie es Klamm ist, nimmt in der Vorstellung der Menschen leicht verschiedene Gestalten an. Klamm hat zum Beispiel hier einen Dorfsekretär namens Momus. So? Du kennst ihn? Auch er hält sich sehr zurück, aber ich habe ihn doch schon einige Male gesehen. Ein junger, starker Herr, nicht? Und sieht also wahrscheinlich Klamm gar nicht ähnlich. Und doch kannst du im Dorf Leute finden, die beschwören würden, dass Momus Klamm ist und kein anderer. So arbeiten die Leute an ihrer eigenen Verwirrung. Und muss es im Schloss anders sein? Jemand hat Barnabas gesagt, dass jener Beamte Klamm ist, und tatsächlich besteht eine Ähnlichkeit zwischen beiden, aber eine von Barnabas immerfort angezweifelte Ähnlichkeit. Und alles spricht für seine Zweifel. Klamm sollte hier in einem allgemeinen Raum, zwischen anderen Beamten, den Bleistift hinter dem Ohr, sich drängen müssen? Das ist doch höchst unwahrscheinlich. Barnabas pflegt, ein wenig kindlich, manchmal – dies ist aber schon eine zuversichtliche Laune – zu sagen: Der Beamte sieht ja Klamm sehr ähnlich; würde er in einer eigenen Kanzlei sitzen, am eigenen Schreibtisch, und wäre an der Tür sein Name – ich hätte keine Zweifel mehr. Das ist kindlich, aber doch auch verständig. Noch viel verständiger allerdings wäre es, wenn Barnabas sich, wenn er oben ist, gleich bei mehreren Leuten erkundigte, wie sich die Dinge wirklich verhalten; es stehen doch seiner Angabe nach genug Leute in dem Zimmer herum. Und wären auch ihre Angaben nicht viel verlässlicher als die Angabe jenes, der ungefragt ihm Klamm gezeigt hat, es müssten sich doch zumindest aus ihrer Mannigfaltigkeit irgendwelche Anhaltspunkte, Vergleichspunkte ergeben. Es ist das nicht mein Einfall, sondern der Einfall des Barnabas, aber er wagt nicht, ihn auszuführen; aus Furcht, er könnte durch irgendwelche ungewollte Verletzung unbekannter Vorschriften seine Stelle verlieren, wagt er niemanden anzusprechen, so unsicher fühlt er sich; diese doch eigentlich jämmerliche Unsicherheit beleuchtet mir seine Stellung schärfer als alle Beschreibungen. Wie zweifelhaft und drohend muss ihm dort alles erscheinen, wenn er nicht einmal zu einer unschuldigen Frage den Mund aufzutun. wagt. Wenn ich das überlege, klage ich mich an, dass ich ihn allein in jenen unbekannten Räumen lasse, wo es derart zugeht, dass sogar er, der eher waghalsig als feig ist, dort vor Furcht wahrscheinlich zittert«

»Hier, glaube ich, kommst du zu dem Entscheidenden«, sagte K. »Das ist es. Nach allem, was du erzählt hast, glaube ich, jetzt klar zu sehen. Barnabas ist zu jung für diese Aufgabe. Nichts von dem, was er erzählt, kann man ohne weiteres ernst nehmen. Da er oben vor Furcht vergeht, kann er dort nicht beobachten, und zwingt man ihn, hier dennoch zu berichten, erhält man verwirrte Märchen. Ich wundere mich nicht darüber. Die Ehrfurcht vor der Behörde ist euch hier eingeboren, wird euch weiter während des ganzen Lebens auf die verschiedensten Arten und von allen Seiten eingeflößt, und ihr selbst helft dabei mit, wie ihr nur könnt. Doch sage ich im Grunde nichts dagegen; wenn eine Behörde gut ist, warum sollte man vor ihr nicht Ehrfurcht haben. Nur darf man dann nicht einen unbelehrten Jüngling wie Barnabas, der über den Umkreis des Dorfes nicht hinausgekommen ist, plötzlich ins Schloss schicken und dann wahrheitsgetreue Berichte von ihm verlangen wollen und jedes seiner Worte wie ein Offenbarungswort untersuchen und von der Deutung das eigene Lebensglück abhängig machen. Nichts kann verfehlter sein. Freilich habe auch ich, nicht anders als du, mich von ihm beirren lassen und sowohl Hoffnungen auf ihn gesetzt, als Enttäuschungen durch ihn erlitten, die beide nur auf seinen Worten, also fast gar nicht, begründet waren«. Olga schwieg. »Es wird mir nicht leicht«, sagte K., »dich in dem Vertrauen zu deinem Bruder zu beirren, da ich doch sehe, wie du ihn liebst und was du von ihm erwartest. Es muss aber geschehen, und nicht zum wenigsten deiner Liebe und deiner Erwartungen wegen. Denn sieh, immer wieder hindert dich etwas – ich weiß nicht, was es ist –, voll zu erkennen, was Barnabas nicht etwa erreicht hat, aber was ihm geschenkt worden ist. Er darf in die Kanzleien oder, wenn du es so willst, in einen Vorraum; nun, dann ist's also ein Vorraum, aber es sind Türen da, die weiterführen, Barrieren, die man durchschreiten kann, wenn man das Geschick dazu hat. Mir zum Beispiel ist dieser Vorraum, wenigstens vorläufig, völlig unzugänglich. Mit wem Barnabas dort spricht, weiß ich nicht, vielleicht ist jener Schreiber der niedrigste Diener, aber auch wenn er der niedrigste ist, kann er zu dem nächsthöheren führen, und wenn er nicht zu ihm führen kann, so kann er ihn doch wenigstens nennen, und wenn er ihn nicht nennen kann, so kann er doch auf jemanden verweisen, der ihn wird nennen können. Der angebliche Klamm mag mit dem wirklichen nicht das geringste gemeinsam haben, die Ähnlichkeit mag nur für die vor Aufregung blinden Augen des Barnabas bestehen, er mag der niedrigste der Beamten, er mag noch nicht einmal Beamter sein, aber irgendeine Aufgabe hat er doch bei jenem Pult, irgendetwas liest er in seinem großen Buch, irgendetwas flüstert er dem Schreiber zu, irgendetwas denkt er, wenn einmal in langer Zeit sein Blick auf Barnabas fällt, und selbst wenn das alles nicht wahr ist und er und seine Handlungen gar nichts bedeuten, so hat ihn doch jemand dort hingestellt und hat dies mit irgendeiner Absicht getan. Mit dem allem will ich sagen, dass irgendetwas da ist, irgendetwas dem Barnabas angeboten wird, wenigstens irgendetwas, und dass es nur die Schuld des Barnabas ist, wenn er damit nichts anderes erreichen kann als Zweifel, Angst und Hoffnungslosigkeit. Und dabei bin ich ja immer noch von dem ungünstigsten Fall ausgegangen, der sogar sehr unwahrscheinlich ist. Denn wir haben ja die Briefe in der Hand, denen ich zwar nicht arg traue, aber viel mehr als des Barnabas Worten. Mögen es auch alte, wertlose Briefe sein, die wahllos aus einem Haufen genauso wertloser Briefe hervorgezogen wurden, wahllos und mit nicht mehr Verstand, als die Kanarienvögel auf den Jahrmärkten aufwenden, um das Lebenslos eines Beliebigen aus einem Haufen herauszupicken, und mag das so sein, so haben diese Briefe doch wenigstens irgendeinen Bezug auf meine Arbeit; sichtlich sind sie für mich, wenn auch vielleicht nicht für meinen Nutzen bestimmt; sind, wie der Gemeindevorsteher und seine Frau bezeugt haben, von Klamm eigenhändig gefertigt und haben, wiederum nach dem Gemeindevorsteher, zwar nur eine private und wenig durchsichtige, aber doch eine große Bedeutung.« – »Sagte das der Gemeindevorsteher?« fragte Olga. »Ja, das sagte er«, antwortete K. »Ich werde es Barnabas erzählen«, sagte Olga schnell, »das wird ihn sehr aufmuntern.« – »Er braucht aber nicht Aufmunterung«, sagte K., »ihn aufmuntern bedeutet, ihm zu sagen, dass er recht hat, dass er nur in seiner bisherigen Art fortfahren soll, aber eben auf diese Art wird er niemals etwas erreichen. Du kannst jemanden, der die Augen verbunden hat, noch so sehr aufmuntern, durch das Tuch zu starren, er wird doch niemals etwas sehen; erst wenn man ihm das Tuch abnimmt, kann er sehen. Hilfe braucht Barnabas, nicht Aufmunterung. Bedenke doch nur: dort oben ist die Behörde in ihrer unentwirrbaren Größe – ich glaubte, annähernde Vorstellungen von ihr zu haben, ehe ich hierher kam, wie kindlich war das alles –, dort also ist die Behörde und ihr tritt Barnabas entgegen, niemand sonst, nur er, erbarmungswürdig allein, zuviel Ehre noch für ihn, wenn er nicht sein Leben lang verschollen in einen dunklen Winkel der Kanzleien geduckt bleibt.« – »Glaube nicht, K. «, sagte Olga, »dass wir die Schwere der Aufgabe, die Barnabas übernommen hat, unterschätzen. An Ehrfurcht vor der Behörde fehlt es uns ja nicht, das hast du selbst gesagt.« – »Aber es ist irregeleitete Ehrfurcht«, sagte K. »Ehrfurcht am unrechten Ort, solche Ehrfurcht entwürdigt ihren Gegenstand. Ist es noch Ehrfurcht zu nennen, wenn Barnabas das Geschenk des Eintritts in jenen Raum dazu missbraucht, um untätig dort die Tage zu verbringen, oder wenn er herabkommt und diejenigen, vor denen er eben gezittert hat, verdächtigt und verkleinert oder wenn er aus Verzweiflung oder Müdigkeit Briefe nicht gleich austrägt und ihm anvertraute Botschaften nicht gleich ausrichtet? Das ist doch wohl keine Ehrfurcht mehr. Aber der Vorwurf geht noch weiter, geht auch gegen dich, Olga; ich kann dir ihn nicht ersparen. Du hast Barnabas, obwohl du Ehrfurcht vor der Behörde zu haben glaubst, in aller seiner Jugend und Schwäche und Verlassenheit ins Schloss geschickt oder wenigstens nicht zurückgehalten.«

»Den Vorwurf, den du mir machst«, sagte Olga, »mache ich mir auch, seit jeher schon. Allerdings nicht, dass ich Barnabas ins Schloss geschickt habe, ist mir vorzuwerfen, ich habe ihn nicht geschickt, er ist selbst gegangen, aber ich hätte ihn wohl mit allen Mitteln, mit Gewalt, mit List, mit Überredung, zurückhalten sollen. Ich hätte ihn zurückhalten sollen, aber wenn heute jener Tag, jener Entscheidungstag wäre und ich die Not des Barnabas, die Not unserer Familie so fühlte wie damals und heute und wenn Barnabas wieder, aller Verantwortung und Gefahr deutlich sich bewusst, lächelnd und sanft sich von mir losmachte, um zu gehen, ich würde ihn auch heute nicht zurückhalten, trotz allen Erfahrungen der Zwischenzeit und, ich glaube, auch du an meiner Stelle könntest nicht anders. Du kennst nicht unsere Not, deshalb tust du uns, vor allem aber Barnabas, unrecht. Wir hatten damals mehr Hoffnung als heute, aber groß war unsere Hoffnung auch damals nicht, groß war nur unsere Not und ist es geblieben. Hat dir denn Frieda nichts über uns erzählt?« – »Nur Andeutungen«, sagte K., »nichts Bestimmtes; aber schon euer Name erregt sie.« – »Und auch die Wirtin hat nichts erzählt?« – »Nein, nichts.« – »Und auch sonst niemand?« – »Niemand.« – »Natürlich, wie könnte jemand etwas erzählen. Jeder weiß etwas über uns, entweder die Wahrheit, soweit sie den Leuten zugänglich ist, oder wenigstens irgendein übernommenes oder meist selbst erfundenes Gerücht, und jeder denkt an uns mehr, als nötig ist, aber geradezu erzählen wird es niemand, diese Dinge in den Mund zu nehmen, scheuen sie sich. Und sie haben recht darin. Es ist schwer, es hervorzubringen, selbst dir gegenüber, K., und ist es denn nicht auch möglich, dass du, wenn du es angehört hast, weggehst und nichts mehr von uns wirst wissen wollen, so wenig es dich auch zu betreffen scheint. Dann haben wir dich verloren, der du mir jetzt, ich gestehe es, fast mehr bedeutest als der bisherige Schlossdienst des Barnabas. Und doch – dieser Widerspruch quält mich schon den ganzen Abend – musst du es erfahren, denn sonst bekommst du keinen Überblick über unsere Lage, bliebest, was mich besonders schmerzen würde, ungerecht zu Barnabas; die notwendige völlige Einigkeit würde uns fehlen, und du könntest weder uns helfen noch unsere Hilfe, die außerordentliche, annehmen. Aber es bleibt noch eine Frage: Willst du es denn überhaupt wissen?« – »Warum fragst du das?« sagte K. »Wenn es notwendig ist, will ich es wissen; aber warum fragst du so?« – »Aus Aberglauben«, sagte Olga. »Du wirst hineingezogen sein in unsere Dinge, unschuldig, nicht viel schuldiger als Barnabas.« – »Erzähle schnell«, sagte K., »ich fürchte mich nicht. Du machst es auch durch Weiberängstlichkeit schlimmer, als es ist.«

Amalias Geheimnis

»Urteile selbst«, sagte Olga, »übrigens klingt es sehr einfach, man versteht nicht gleich, wie es eine große Bedeutung haben kann. Es gibt einen großen Beamten im Schloss, der heißt Sortini.« – »Ich habe schon von ihm gehört«, sagte K., »er war an meiner Berufung beteiligt.« – »Das glaube ich nicht«, sagte Olga, »Sortini tritt in der Öffentlichkeit kaum auf. Irrst du dich nicht mit Sordini, mit ›d‹ geschrieben?« – »Du hast recht«, sagte K. »Sordini war es.« – »Ja«, sagte Olga, »Sordini ist sehr bekannt, einer der fleißigsten Beamten, von dem viel gesprochen wird; Sortini dagegen ist sehr zurückgezogen und den meisten fremd. Vor mehr als drei Jahren sah ich ihn zum ersten und letzten Male. Es war am dritten Juli bei einem Fest des Feuerwehrvereins, das Schloss hatte sich auch beteiligt und eine neue Feuerspritze gespendet. Sortini, der sich zum Teil mit Feuerwehrangelegenheiten beschäftigen soll (vielleicht war er aber auch nur in Vertretung – meistens vertreten einander die Beamten gegenseitig, und es ist deshalb schwer, die Zuständigkeit dieses oder jenes Beamten zu erkennen), nahm an der Übergabe der Spritze teil; es waren natürlich auch noch andere aus dem Schloss gekommen, Beamte und Dienerschaft, und Sortini war, wie es seinem Charakter entspricht, ganz im Hintergrund. Es ist ein kleiner, schwacher, nachdenklicher Herr; etwas, was allen, die ihn überhaupt bemerkten, auffiel, war die Art, wie sich bei ihm die Stirn in Falten legte, alle Falten – und es war eine Menge, obwohl er gewiss nicht mehr als vierzig ist – zogen sich nämlich geradewegs fächerartig über die Stirn zur Nasenwurzel hin, ich habe etwas Derartiges nie gesehen. Nun, das war also jenes Fest. Wir, Amalia und ich, hatten uns schon seit Wochen darauf gefreut, die Sonntagskleider waren zum Teil neu zurechtgemacht, besonders das Kleid Amalias war schön, die weiße Bluse vorn hoch aufgebauscht, eine Spitzenreihe über der anderen, die Mutter hatte alle ihre Spitzen dazu geborgt, ich war damals neidisch und weinte vor dem Fest die halbe Nacht durch. Erst als am Morgen die Brückenhofwirtin uns zu besichtigen kam ...« – »Die Brückenhofwirtin?« fragte K. »Ja«, sagte Olga, »sie war sehr mit uns befreundet, sie kam also, musste zugeben, dass Amalia im Vorteil war, und borgte mir deshalb, um mich zu beruhigen, ihr eigenes Halsband aus böhmischen Granaten. Als wir dann aber ausgehfertig waren, Amalia vor mir stand, wir sie alle bewunderten und der Vater sagte: ›Heute, denkt an mich, bekommt Amalia einen Bräutigam‹, da, ich weiß nicht warum, nahm ich mir das Halsband, meinen Stolz, ab und hing es Amalia um, gar nicht neidisch mehr. Ich beugte mich eben vor ihrem Sieg, und ich glaubte, jeder müsse sich vor ihr beugen, vielleicht überraschte uns damals, dass sie anders aussah als sonst, denn eigentlich schön war sie ja nicht, aber ihr düsterer Blick, den sie in dieser Art seitdem behalten hat, ging hoch über uns hinweg, und man beugte sich fast tatsächlich und unwillkürlich vor ihr. Alle bemerkten es, auch Lasemann und seine Frau, die uns abholen kamen.« – »Lasemann?« fragte K. »Ja, Lasemann«, sagte Olga. »Wir waren doch sehr angesehen, und das Fest hätte zum Beispiel nicht gut ohne uns anfangen können, denn der Vater war dritter Übungsleiter der Feuerwehr.« – »So rüstig war der Vater noch?« fragte K. »Der Vater?« fragte Olga, als verstehe sie nicht ganz. »Vor drei Jahren war er noch gewissermaßen ein junger Mann; er hat zum Beispiel bei einem Brand im Herrenhof einen Beamten, den schweren Galater, im Laufschritt auf dem Rücken hinausgetragen. Ich bin selbst dabeigewesen, es war zwar keine Feuergefahr, nur das trockene Holz neben einem Ofen fing zu rauchen an, aber Galater bekam Angst, rief aus dem Fenster um Hilfe, die Feuerwehr kam, und mein Vater musste ihn hinaustragen, obwohl schon das Feuer gelöscht war. Nun, Galater ist ein schwer beweglicher Mann und muss in solchen Fällen vorsichtig sein. Ich erzähle es nur des Vaters wegen, viel mehr als drei Jahre sind seitdem nicht vergangen, und nun sieh, wie er dort sitzt.« Erst jetzt sah K., dass Amalia schon wieder in der Stube war, aber sie war weit entfernt beim Tisch der Eltern, sie fütterte dort die Mutter, welche die rheumatischen Arme nicht bewegen konnte, und sprach dabei dem Vater zu, er möge sich wegen des Essens noch ein wenig gedulden, gleich werde sie auch zu ihm kommen, um ihn zu füttern. Doch hatte sie mit ihrer Mahnung keinen Erfolg, denn der Vater, sehr gierig, schon zu seiner Suppe zu kommen, überwand seine Körperschwäche und suchte, die Suppe bald vom Löffel zu schlürfen, bald gleich vom Teller aufzutrinken, und brummte böse, als ihm weder das eine noch das andere gelang, der Löffel längst leer war, ehe er zum Munde kam, und niemals der Mund, nur immer der herabhängende Schnauzbart in die Suppe tauchte und es nach allen Seiten, nur in seinen Mund nicht, tropfte und sprühte. »Das haben drei Jahre aus ihm gemacht?« fragte K., aber noch immer hatte er für die Alten und für die ganze Ecke des Familientisches dort kein Mitleid, nur Widerwillen. »Drei Jahre«, sagte Olga langsam, »oder, genauer, ein paar Stunden eines Festes. Das Fest war auf einer Wiese vor dem Dorf am Bach, es war schon ein großes Gedränge, als wir ankamen, auch aus den Nachbardörfern war viel Volk gekommen, man war ganz verwirrt von dem Lärm. Zuerst wurden wir natürlich vom Vater zur Feuerspritze geführt, er lachte vor Freude, als er sie sah, eine neue Spritze machte ihn glücklich, er fing an, sie zu betasten und uns zu erklären, er duldete keinen Widerspruch und keine Zurückhaltung der anderen; war etwas unter der Spritze zu besichtigen, mussten wir uns alle bücken und fast unter die Spritze kriechen; Barnabas, der sich damals wehrte, bekam deshalb Prügel. Nur Amalia kümmerte sich um die Spritze nicht, stand aufrecht dabei in ihrem schönen Kleid, und niemand wagte, ihr etwas zu sagen, ich lief manchmal zu ihr und fasste ihren Arm unter, aber sie schwieg. Ich kann es mir noch heute nicht erklären, wie es kam, dass wir so lange vor der Spritze standen und erst, als sich der Vater von ihr losmachte, Sortini bemerkten, der offenbar schon die ganze Zeit über hinter der Spritze an einem Spritzenhebel gelehnt hatte. Es war freilich ein entsetzlicher Lärm damals, nicht nur wie es sonst bei Festen ist. Das Schloss hatte nämlich der Feuerwehr auch noch einige Trompeten geschenkt, besondere Instrumente, auf denen man mit der kleinsten Kraftanstrengung, ein Kind konnte das, die wildesten Töne hervorbringen konnte; wenn man das hörte, glaubte man, die Türken seien schon da, und man konnte sich nicht daran gewöhnen, bei jedem neuen Blasen fuhr man wieder zusammen. Und weil es neue Trompeten waren, wollte sie jeder versuchen, und weil es doch ein Volksfest war, erlaubte man es. Gerade um uns, vielleicht hatte sie Amalia angelockt, waren einige solche Bläser; es war schwer, die Sinne dabei zusammenzuhalten, und wenn man nun auch noch, nach dem Gebot des Vaters, Aufmerksamkeit für die Spritze haben sollte, so war das das Äußerste, was man leisten konnte, und so entging uns Sortini, den wir ja vorher auch gar nicht gekannt hatten, so ungewöhnlich lange. ›Dort ist Sortini‹, flüsterte endlich – ich stand dabei – Lasemann dem Vater zu. Der Vater verbeugte sich tief und gab auch uns aufgeregt ein Zeichen, uns zu verbeugen. Ohne ihn bisher zu kennen, hatte der Vater seit jeher Sortini als einen Fachmann in Feuerwehrangelegenheiten verehrt und öfters zu Hause von ihm gesprochen, es war uns daher auch sehr überraschend und bedeutungsvoll, jetzt Sortini in Wirklichkeit zu sehen. Sortini aber kümmerte sich um uns nicht – es war das keine Eigenheit Sortinis, die meisten Beamten scheinen in der Öffentlichkeit teilnahmslos –, auch war er müde, nur seine Amtspflicht hielt ihn hier unten; es sind nicht die schlechtesten Beamten, welche gerade solche Repräsentationspflichten als besonders drückend empfinden; andere Beamten und Diener mischten sich, da sie nun schon einmal da waren, unter das Volk; er aber blieb bei der Spritze, und jeden, der sich ihm mit irgendeiner Bitte oder Schmeichelei zu nähern suchte, vertrieb er durch sein Schweigen. So kam es, dass er uns noch später bemerkte als wir ihn. Erst als wir uns ehrfurchtsvoll verbeugten und der Vater uns zu entschuldigen suchte, blickte er nach uns hin, blickte der Reihe nach von einem zum andern, müde; es war, als seufzte er darüber, dass neben dem einen immer wieder noch ein zweiter sei, bis er dann bei Amalia haltmachte, zu der er aufschauen musste, denn sie war viel größer als er. Da stutzte er, sprang über die Deichsel, um Amalia näher zu sein, wir missverstanden es zuerst und wollten uns alle unter Anführung des Vaters ihm nähern, aber er hielt uns ab mit erhobener Hand und winkte uns dann zu gehen. Das war alles. Wir neckten dann Amalia viel damit, dass sie nun wirklich einen Bräutigam gefunden habe, in unserem Unverstand waren wir den ganzen Nachmittag über sehr fröhlich; Amalia aber war schweigsamer als jemals. ›Sie hat sich ja toll und voll in Sortini verliebt‹, sagte Brunswick, der immer ein wenig grob ist und für Naturen wie Amalia kein Verständnis hat; aber diesmal schien uns seine Bemerkung fast richtig; wir waren überhaupt närrisch an dem Tag und alle, bis auf Amalia, von dem süßen Schlosswein wie betäubt, als wir nach Mitternacht nach Hause kamen.« – »Und Sortini?« fragte K. »Ja, Sortini«, sagte Olga, »Sortini sah ich während des Festes im Vorübergehen noch öfters, er saß auf der Deichsel, hatte die Arme über der Brust gekreuzt und blieb so, bis der Schlosswagen kam, um ihn abzuholen. Nicht einmal zu den Feuerwehrübungen ging er, bei denen der Vater damals, gerade in der Hoffnung, dass Sortini zusehe, vor allen Männern seines Alters sich auszeichnete.« – »Und habt ihr nicht mehr von ihm gehört?« fragte K. »Du scheinst ja für Sortini große Verehrung zu haben.« »Ja, Verehrung«, sagte Olga. »Ja, und gehört haben wir auch noch von ihm. Am nächsten Morgen wurden wir aus unserem Weinschlaf durch einen Schrei Amalias geweckt; die anderen fielen gleich wieder in die Betten zurück, ich war aber gänzlich wach und lief zu Amalia. Sie stand beim Fenster und hielt einen Brief in der Hand, den ihr eben ein Mann durch das Fenster gereicht hatte, der Mann wartete noch auf Antwort. Amalia hatte den Brief – er war kurz – schon gelesen und hielt ihn in der schlaff hinabhängenden Hand; wie liebte ich sie, immer wenn sie so müde war. Ich kniete neben ihr nieder und las so den Brief. Kaum war ich fertig, nahm ihn Amalia, nach einem kurzen Blick auf mich, wieder auf, brachte es aber nicht mehr über sich, ihn zu lesen, zerriss ihn, warf die Fetzen dem Mann draußen ins Gesicht und schloss das Fenster. Das war jener entscheidende Morgen. Ich nenne ihn entscheidend, aber jeder Augenblick des vorhergehenden Nachmittags ist ebenso entscheidend gewesen.« – »Und was stand in dem Brief?« fragte K. »Ja, das habe ich noch nicht erzählt«, sagte Olga. »Der Brief war von Sortini, adressiert war er an das Mädchen mit dem Granatenhalsband. Den Inhalt kann ich nicht wiedergeben. Es war eine Aufforderung, zu ihm in den Herrenhof zu kommen, und zwar sollte Amalia sofort kommen, denn in einer halben Stunde musste Sortini wegfahren. Der Brief war in den gemeinsten Ausdrücken gehalten, die ich noch nie gehört hatte und nur aus dem Zusammenhang halb erriet. Wer Amalia nicht kannte und nur diesen Brief gelesen hatte, musste das Mädchen, an das jemand so zu schreiben gewagt hatte, für entehrt halten, auch wenn es gar nicht berührt worden sein sollte. Und es war kein Liebesbrief, kein Schmeichelwort war darin, Sortini war vielmehr offenbar böse, dass der Anblick Amalias ihn ergriffen, ihn von seinen Geschäften abgehalten hatte. Wir legten es uns später so zurecht, dass Sortini wahrscheinlich gleich abends hatte ins Schloss fahren wollen, nur Amalias wegen im Dorf geblieben war und am Morgen, voll Zorn darüber, dass es ihm auch in der Nacht nicht gelungen war, Amalia zu vergessen, den Brief geschrieben hatte. Man musste dem Brief gegenüber zuerst empört sein, auch die Kaltblütigste, dann aber hätte bei einer anderen als Amalia wahrscheinlich vor dem bösen, drohenden Ton die Angst überwogen, bei Amalia blieb es bei der Empörung, Angst kennt sie nicht, nicht für sich, nicht für andere. Und während ich mich dann wieder ins Bett verkroch und mir den abgebrochenen Schluss-Satz wiederholte: ›Dass du also gleich kommst, oder –!‹ blieb Amalia auf der Fensterbank und sah hinaus, als erwarte sie noch weitere Boten und sei bereit, jeden so zu behandeln wie den ersten.« – »Das sind also die Beamten«, sagte K. zögernd, »solche Exemplare findet man unter ihnen. Was hat dein Vater gemacht? Ich hoffe, er hat sich kräftig an zuständiger Stelle über Sortini beschwert, wenn er nicht den kürzeren und sicheren Weg in den Herrenhof vorgezogen hat. Das allerhässlichste an der Geschichte ist ja nicht die Beleidigung Amalias, die konnte leicht gutgemacht werden, ich weiß nicht, warum du so übermäßig großes Gewicht gerade darauf legst; warum sollte Sortini mit einem solchen Brief Amalia für immer bloßgestellt haben, nach deiner Erzählung könnte man das glauben, gerade das ist aber doch nicht möglich, eine Genugtuung war Amalia leicht zu verschaffen, und in ein paar Tagen war der Vorfall vergessen; Sortini hat nicht Amalia bloßgestellt, sondern sich selbst. Vor Sortini also schrecke ich zurück, vor der Möglichkeit, dass es einen solchen Missbrauch der Macht gibt. Was in diesem Fall misslang, weil es klipp und klar gesagt und völlig durchsichtig war und an Amalia einen überlegenen Gegner fand, kann in tausend anderen Fällen, bei nur ein wenig ungünstigeren Fällen, völlig gelingen und kann sich jedem Blick entziehen, auch dem Blick des Missbrauchten.«

»Still«, sagte Olga, »Amalia sieht herüber.« Amalia hatte die Fütterung der Eltern beendet und war jetzt daran, die Mutter auszuziehen; sie hatte ihr gerade den Rock losgebunden, hing sich die Arme der Mutter um den Hals, hob sie so ein wenig, streifte ihr den Rock ab und setzte sie dann sanft wieder nieder. Der Vater, immer unzufrieden damit, dass die Mutter zuerst bedient wurde – was aber offenbar nur deshalb geschah, weil die Mutter noch hilfloser war als er –, versuchte, vielleicht auch, um die Tochter für ihre vermeintliche Langsamkeit zu strafen, sich selbst zu entkleiden, aber obwohl er bei dem Unnötigsten und Leichtesten anfing, den übergroßen Pantoffeln, in welchen seine Füße nur lose staken, wollte es ihm auf keine Weise gelingen, sie abzustreifen; er musste es unter heiserem Röcheln bald aufgeben und lehnte wieder steif in seinem Stuhl.

»Das Entscheidende erkennst du nicht«, sagte Olga, »du magst ja recht haben mit allem, aber das Entscheidende war, dass Amalia nicht in den Herrenhof ging; wie sie den Boten behandelt hatte, das mochte an sich noch hingehen, das hätte sich vertuschen lassen; damit aber, dass sie nicht hinging, war der Fluch über unsere Familie ausgesprochen, und nun war allerdings auch die Behandlung des Boten etwas Unverzeihliches, ja, es wurde sogar für die Öffentlichkeit in den Vordergrund geschoben.« – »Wie!« rief K. und dämpfte sofort die Stimme, da Olga bittend die Hände hob. »Du, die Schwester, sagst doch nicht etwa, dass Amalia Sortini hätte folgen und in den Herrenhof hätte laufen sollen?« »Nein«, sagte Olga, »möge ich beschützt werden vor derartigem Verdacht; wie kannst du das glauben? Ich kenne niemanden, der so fest im Recht wäre wie Amalia bei allem, was sie tut. Wäre sie in den Herrenhof gegangen, hätte ich ihr freilich ebenso recht gegeben; dass sie aber nicht gegangen ist, war heldenhaft. Was mich betrifft, ich gestehe es dir offen, wenn ich einen solchen Brief bekommen hätte, ich wäre gegangen. Ich hätte die Furcht vor dem Kommenden nicht ertragen, das konnte nur Amalia. Es gab ja manche Auswege, eine andere hätte sich zum Beispiel recht schön geschmückt, und es wäre ein Weilchen darüber vergangen, und dann wäre sie in den Herrenhof gekommen und hätte erfahren, dass Sortini schon fort, vielleicht, dass er gleich nach Entsendung des Boten weggefahren sei, etwas, was sogar sehr wahrscheinlich ist, denn die Launen der Herren sind flüchtig. Aber Amalia tat das nicht und nichts Ähnliches, sie war zu tief beleidigt und antwortete ohne Vorbehalt. Hätte sie nur irgendwie zum Schein gefolgt, nur die Schwelle des Herrenhofes zur Zeit gerade überschritten, das Verhängnis hätte sich abwenden lassen, wir haben hier sehr kluge Advokaten, die aus einem Nichts alles, was man nur will, zu machen verstehen, aber in diesem Fall war nicht einmal das günstige Nichts vorhanden; im Gegenteil, es war noch die Entwürdigung des Sortinischen Briefes da und die Beleidigung des Boten.« – »Aber was für ein Verhängnis denn«, sagte K., »was für Advokaten; man konnte doch wegen der verbrecherischen Handlungsweise Sortinis nicht Amalia anklagen oder gar bestrafen?« – »Doch«, sagte Olga, »das konnte man; freilich nicht nach einem regelrechten Prozess, und man bestrafte sie auch nicht unmittelbar, wohl aber bestrafte man sie auf andere Weise, sie und unsere ganze Familie, und wie schwer diese Strafe ist, das fängst du wohl an zu erkennen. Dir scheint das ungerecht und ungeheuerlich, das ist eine im Dorf völlig vereinzelte Meinung, sie ist uns sehr günstig und sollte uns trösten, und so wäre es auch, wenn sie nicht sichtlich auf Irrtümer zurückginge. Ich kann dir das leicht beweisen, verzeih, wenn ich dabei von Frieda spreche, aber zwischen Frieda und Klamm ist – abgesehen davon, wie es sich schließlich gestaltet hat – etwas ganz Ähnliches vorgegangen wie zwischen Amalia und Sortini, und doch findest du das, wenn du auch anfangs erschrocken sein magst, jetzt schon richtig. Und das ist nicht Gewöhnung, so abstumpfen kann man durch Gewöhnung nicht, wenn es sich um einfache Beurteilung handelt, das ist bloß Ablegen von Irrtümern.« – »Nein, Olga«, sagte K., »ich weiß nicht, warum du Frieda in die Sache hineinziehst, der Fall wäre doch gänzlich anders, misch nicht so Grundverschiedenes durcheinander und erzähle weiter.« – »Bitte«, sagte Olga, »nimm es mir nicht übel, wenn ich auf dem Vergleich bestehe, es ist ein Rest von Irrtümern, auch hinsichtlich Friedas noch, wenn du sie gegen einen Vergleich verteidigen zu müssen glaubst. Sie ist gar nicht zu verteidigen, sondern nur zu loben. Wenn ich die Fälle vergleiche, so sage ich ja nicht, dass sie gleich sind; sie verhalten sich zueinander wie Weiß und Schwarz, und Weiß ist Frieda. Schlimmstenfalls kann man über Frieda lachen, wie ich es unartigerweise – ich habe es später sehr bereut – im Ausschank getan habe, aber selbst wer hier lacht, ist schon boshaft oder neidisch, immerhin, man kann lachen. Amalia aber kann man, wenn man nicht durch Blut mit ihr verbunden ist, nur verachten. Deshalb sind es zwar grundverschiedene Fälle, wie du sagst, aber doch auch ähnliche.« – »Sie sind auch nicht ähnlich«, sagte K. und schüttelte unwillig den Kopf, »lass Frieda beiseite, Frieda hat keinen solchen sauberen Brief wie Amalia von Sortini bekommen, und Frieda hat Klamm wirklich geliebt, und wer es bezweifelt, kann sie fragen, sie liebt ihn noch heute.« – »Sind das aber große Unterschiede?« fragte Olga. »Glaubst du, Klamm hätte Frieda nicht ebenso schreiben können? Wenn die Herren vom Schreibtisch aufstehen, sind sie so, sie finden sich in der Welt nicht zurecht, sie sagen dann in der Zerstreutheit das Allergröbste, nicht alle, aber viele. Der Brief an Amalia kann ja in Gedanken, in völliger Nichtachtung des wirklich Geschriebenen auf das Papier geworfen worden sein. Was wissen wir von den Gedanken der Herren? Hast du nicht selbst gehört oder es erzählen hören, in welchem Ton Klamm mit Frieda verkehrt hat? Von Klamm ist es bekannt, dass er sehr grob ist; er spricht angeblich stundenlang nicht, und dann sagt er plötzlich eine derartige Grobheit, dass es einen schaudert. Von Sortini ist das nicht bekannt, wie er ja überhaupt sehr unbekannt ist. Eigentlich weiß man von ihm nur, dass sein Name dem Sordinis ähnlich ist; wäre nicht diese Namensähnlichkeit, würde man ihn wahrscheinlich gar nicht kennen. Auch als Feuerwehrfachmann verwechselt man ihn wahrscheinlich mit Sordini, welcher der eigentliche Fachmann ist und die Namensähnlichkeit ausnützt, um besonders die Repräsentationspflichten auf Sortini abzuwälzen und so in seiner Arbeit ungestört zu bleiben. Wenn nun ein solcher weltungewandter Mann wie Sortini plötzlich von Liebe zu einem Dorfmädchen ergriffen wird, so nimmt das natürlich andere Formen an, als wenn der Tischlergehilfe von nebenan sich verliebt. Auch muss man doch bedenken, dass zwischen einem Beamten und einer Schusterstochter doch ein großer Abstand besteht, der irgendwie überbrückt werden muss, Sortini versuchte es auf diese Art, ein anderer mag's anders machen. Zwar heißt es, dass wir alle zum Schloss gehören und gar kein Abstand besteht und nichts zu überbrücken ist, und das stimmt auch vielleicht für gewöhnlich, aber wir haben leider Gelegenheit gehabt zu sehen, dass es, gerade, wenn es darauf ankommt, gar nicht stimmt. Jedenfalls wird dir nach dem allem die Handlungsweise Sortinis verständlicher, weniger ungeheuerlich geworden sein, und sie ist tatsächlich, mit jener Klamms verglichen, viel verständlicher und, selbst wenn man ganz nah beteiligt ist, viel erträglicher. Wenn Klamm einen zarten Brief schreibt, ist es peinlicher als der gröbste Brief Sortinis. Verstehe mich dabei recht, ich wage nicht, über Klamm zu urteilen, ich vergleiche nur, weil du dich gegen den Vergleich wehrst. Klamm ist doch wie ein Kommandant über den Frauen, befiehlt bald dieser, bald jener, zu ihm zu kommen, duldet keine lange, und so, wie er zu kommen befiehlt, befiehlt er auch zu gehen. Ach, Klamm würde sich gar nicht die Mühe geben, erst einen Brief zu schreiben. Und ist es nun im Vergleich damit noch immer ungeheuerlich, wenn der ganz zurückgezogen lebende Sortini, dessen Beziehungen zu Frauen zumindest unbekannt sind, einmal sich niedersetzt und in seiner schönen Beamtenschrift einen allerdings abscheulichen Brief schreibt? Und wenn sich also hier kein Unterschied zu Klamms Gunsten ergibt, sondern das Gegenteil, so sollte ihn Friedas Liebe bewirken? Das Verhältnis der Frauen zu den Beamten ist, glaube mir, sehr schwer oder vielmehr immer sehr leicht zu beurteilen. Hier fehlt es an Liebe nie. Unglückliche Beamtenliebe gibt es nicht. Es ist in dieser Hinsicht kein Lob, wenn man von einem Mädchen sagt – ich rede hier bei weitem nicht nur von Frieda –, dass sie sich dem Beamten nur deshalb hingegeben hat, weil sie ihn liebte. Sie liebte ihn und hat sich ihm hingegeben, so war es, aber zu loben ist dabei nichts. Amalia aber hat Sortini nicht geliebt, wendest du ein. Nun ja, sie hat ihn nicht geliebt, aber vielleicht hat sie ihn doch geliebt, wer kann das entscheiden? Nicht einmal sie selbst. Wie kann sie glauben, ihn nicht geliebt zu haben, wenn sie ihn so kräftig abgewiesen hat, wie wahrscheinlich noch niemals ein Beamter abgewiesen worden ist? Barnabas sagt, dass sie noch jetzt manchmal zittert von der Bewegung, mit der sie vor drei Jahren das Fenster zugeschlagen hat. Das ist auch wahr, und deshalb darf man sie nicht fragen; sie hat mit Sortini abgeschlossen und weiß nichts mehr als das; ob sie ihn liebt oder nicht, weiß sie nicht. Wir aber wissen, dass Frauen nicht anders können, als Beamte lieben, wenn sich diese ihnen einmal zuwenden; ja, sie lieben die Beamten schon vorher, sosehr sie es leugnen wollen, und Sortini hat sich Amalia ja nicht nur zugewendet, sondern ist über die Deichsel gesprungen, als er Amalia sah, mit den von der Schreibtischarbeit steifen Beinen ist er über die Deichsel gesprungen. Aber Amalia ist ja eine Ausnahme, wirst du sagen. Ja, das ist sie, das hat sie bewiesen, als sie sich weigerte, zu Sortini zu gehen, das ist der Ausnahme genug; dass sie nun aber außerdem Sortini auch nicht geliebt haben sollte, das wäre nun schon der Ausnahme fast zuviel, das wäre gar nicht mehr zu fassen. Wir waren ja gewiss an jenem Nachmittag mit Blindheit beschlagen, aber dass wir damals durch allen Nebel etwas von Amalias Verliebtheit zu bemerken glaubten, zeigte doch wohl noch etwas Besinnung. Wenn man aber das alles zusammenhält, was bleibt dann für ein Unterschied zwischen Frieda und Amalia? Einzig der, dass Frieda tat, was Amalia verweigert hat.« – »Mag sein«, sagte K., »für mich aber ist der Hauptunterschied der, dass Frieda meine Braut ist, Amalia aber mich im Grunde nur so weit bekümmert, als sie die Schwester des Barnabas, des Schlossboten, ist und ihr Schicksal in den Dienst des Barnabas vielleicht mit verflochten ist. Hätte ihr ein Beamter ein derart schreiendes Unrecht getan, wie es nach deiner Erzählung anfangs mir schien, hätte mich das sehr beschäftigt, aber auch dies viel mehr als öffentliche Angelegenheit denn als persönliches Leid Amalias. Nun ändert sich aber nach deiner Erzählung das Bild in einer mir zwar nicht ganz verständlichen, aber, da du es bist, die erzählt, in einer genügend glaubwürdigen Weise, und ich will diese Sache deshalb sehr gern völlig vernachlässigen, ich bin kein Feuerwehrmann, was kümmert mich Sortini. Wohl aber kümmert mich Frieda, und da ist es mir sonderbar, wie du, der ich völlig vertraute und gerne immer vertrauen will, Frieda auf dem Umweg über Amalia immerfort anzugreifen und mir verdächtig zu machen suchst. Ich nehme nicht an, dass du das mit Absicht oder gar mit böser Absicht tust; sonst hätte ich doch schon längst fortgehen müssen. Du tust es nicht mit Absicht, die Umstände verleiten dich dazu; aus Liebe zu Amalia willst du sie hoch erhaben über alle Frauen hinstellen, und da du in Amalia selbst zu diesem Zwecke nicht genug Rühmenswertes findest, hilfst du dir damit, dass du andere Frauen verkleinerst. Amalias Tat ist merkwürdig, aber je mehr du von dieser Tat erzählst, desto weniger lässt es sich entscheiden, ob sie groß oder klein, klug oder töricht, heldenhaft oder feig gewesen ist, ihre Beweggründe hält Amalia in ihrer Brust verschlossen, niemand wird sie ihr entreißen. Frieda dagegen hat gar nichts Merkwürdiges getan, sondern ist nur ihrem Herzen gefolgt, für jeden, der sich gutwillig damit befasst, ist das klar, jeder kann es nachprüfen, für Klatsch ist kein Raum. Ich aber will weder Amalia heruntersetzen noch Frieda verteidigen, sondern dir nur klarmachen, wie ich mich zu Frieda verhalte und wie jeder Angriff gegen Frieda gleichzeitig ein Angriff gegen meine Existenz ist. Ich bin aus eigenem Willen hierhergekommen, und aus eigenem Willen habe ich mich hier festgehakt, aber alles, was seither geschehen ist, und vor allem meine Zukunftsaussichten – so trübe sie auch sein mögen, immerhin, sie bestehen –, alles dies verdanke ich Frieda, das lässt sich nicht wegdiskutieren. Ich war hier zwar als Landvermesser aufgenommen, aber das war nur scheinbar, man spielte mit mir, man trieb mich aus jedem Haus, man spielt auch heute mit mir, aber wieviel umständlicher ist das, ich habe gewissermaßen an Umfang gewonnen, und das bedeutet schon etwas, ich habe, so geringfügig das alles ist, doch schon ein Heim, eine Stellung und wirkliche Arbeit, ich habe eine Braut, die, wenn ich andere Geschäfte habe, mir die Berufsarbeit abnimmt, ich werde sie heiraten und Gemeindemitglied werden, ich habe außer den amtlichen auch noch eine, bisher freilich unausnützbare, persönliche Beziehung zu Klamm. Das ist doch wohl nicht wenig? Und wenn ich zu euch komme, wen begrüßt ihr? Wem vertraust du die Geschichte eurer Familie an? Von wem erhoffst du die Möglichkeit, sei es auch nur die winzige, unwahrscheinliche Möglichkeit irgendeiner Hilfe? Doch wohl nicht von mir, dem Landvermesser, den zum Beispiel noch vor einer Woche Lasemann und Brunswick mit Gewalt aus ihrem Haus gedrängt haben, sondern du erhoffst das von dem Mann, der schon irgendwelche Machtmittel hat, diese Machtmittel aber verdanke ich Frieda, Frieda, die so bescheiden ist, dass sie, wenn du sie nach etwas Derartigem zu fragen versuchen wirst, gewiss nicht das geringste davon wird wissen wollen. Und doch scheint es nach dem allem, dass Frieda in ihrer Unschuld mehr getan hat als Amalia in allem ihrem Hochmut; denn sieh, ich habe den Eindruck, dass du Hilfe für Amalia suchst. Und von wem? Doch eigentlich von keinem anderen als von Frieda?« – »Habe ich wirklich so hässlich von Frieda gesprochen?« sagte Olga. »Ich wollte es gewiss nicht und glaube es auch nicht getan zu haben, aber möglich ist es, unsere Lage ist derart, dass wir mit aller Welt zerfallen sind, und fangen wir zu klagen an, reißt es uns fort, wir wissen nicht, wohin. Du hast auch recht, es ist ein großer Unterschied jetzt zwischen uns und Frieda, und es ist gut, ihn einmal zu betonen. Vor drei Jahren waren wir Bürgermädchen und Frieda, die Waise, Magd im Brückenhof, wir gingen an ihr vorüber, ohne sie mit dem Blick zu streifen; wir waren gewiss zu hochmütig, aber wir waren so erzogen worden. An dem Abend im Herrenhof magst du aber den jetzigen Stand erkannt haben: Frieda mit der Peitsche in der Hand und ich in dem Haufen der Knechte. Aber es ist ja noch schlimmer. Frieda mag uns verachten, es entspricht ihrer Stellung, die tatsächlichen Verhältnisse erzwingen es. Aber wer verachtet uns nicht alles! Wer sich entschließt, uns zu verachten, kommt gleich in die allergrößte Gesellschaft. Kennst du die Nachfolgerin Friedas? Pepi heißt sie. Ich habe sie erst vorgestern Abend kennengelernt; bisher war sie Zimmermädchen. Sie übertrifft gewiss Frieda an Verachtung für mich. Sie sah mich aus dem Fenster, wie ich Bier holen kam, lief zur Tür und versperrte sie, ich musste lange bitten und ihr das Band versprechen, das ich im Haare trug, ehe sie mir aufmachte. Als ich es ihr aber dann gab, warf sie es in den Winkel. Nun, sie mag mich verachten, zum Teil bin ich ja auf ihr Wohlwollen angewiesen, und sie ist Ausschankmädchen im Herrenhof; freilich, sie ist es nur vorläufig und hat gewiss nicht die Eigenschaften, die nötig sind, um dort dauernd angestellt zu werden. Man mag nur zuhören, wie der Wirt mit Pepi spricht, und mag es damit vergleichen, wie er mit Frieda sprach. Aber das hindert Pepi nicht, auch Amalia zu verachten, Amalia, deren Blick allein genügen würde, die ganze kleine Pepi mit allen ihren Zöpfen und Maschen so schnell aus dem Zimmer zu schaffen, wie sie es, nur auf ihre eigenen dicken Beinchen angewiesen, niemals zustande brächte. Was für ein empörendes Geschwätz musste ich gestern wieder von ihr über Amalia anhören, bis sich dann schließlich die Gäste meiner annahmen, in der Art freilich, wie du es schon einmal gesehen hast.« – »Wie verängstigt du bist«, sagte K., »ich habe ja nur Frieda auf den ihr gebührenden Platz gestellt, aber nicht euch herabsetzen wollen, wie du es jetzt auffasst. Irgendetwas Besonderes hat euere Familie auch für mich, das habe ich nicht verschwiegen; wie dieses Besondere aber Anlass zur Verachtung geben könnte, das verstehe ich nicht.« – »Ach, K.«, sagte Olga, »auch du wirst es noch verstehen, fürchte ich; dass Amalias Verhalten gegenüber Sortini der erste Anlass dieser Verachtung war, kannst du das auf keine Weise verstehen?« – »Das wäre doch zu sonderbar«, sagte K., »bewundern oder verurteilen könnte man Amalia deshalb, aber verachten? Und wenn man, aus mir unverständlichem Gefühl, wirklich Amalia verachtet, warum dehnt man die Verachtung auf euch aus, auf die unschuldige Familie? Dass zum Beispiel Pepi dich verachtet, ist ein starkes Stück, und ich will, wenn ich wieder einmal in den Herrenhof komme, es ihr heimzahlen.« – »Wolltest du, K.«, sagte Olga, »alle unsere Verächter umstimmen, das wäre eine harte Arbeit, denn alles geht vom Schloss aus. Ich erinnere mich noch genau an den Vormittag, der jenem Morgen folgte. Brunswick, der damals unser Gehilfe war, war gekommen wie jeden Tag, der Vater hatte ihm Arbeit zugeteilt und ihn nach Hause geschickt, wir saßen dann beim Frühstück, alle, bis auf Amalia und mich, waren sehr lebhaft, der Vater erzählte immerfort von dem Fest, er hatte hinsichtlich der Feuerwehr verschiedene Pläne, im Schloss ist nämlich eine eigene Feuerwehr, die zu dem Fest auch eine Abordnung geschickt hatte, mit der manches besprochen worden war, die anwesenden Herren aus dem Schloss hatten die Leistungen unserer Feuerwehr gesehen, sich sehr günstig über sie ausgesprochen, die Leistungen der Schlossfeuerwehr damit verglichen, das Ergebnis war uns günstig, man hatte von der Notwendigkeit einer Neuorganisation der Schlossfeuerwehr gesprochen, dazu waren Instruktoren aus dem Dorf nötig, es kamen zwar einige dafür in Betracht, aber der Vater hatte doch Hoffnung, dass die Wahl auf ihn fallen werde. Davon sprach er nun, und wie es so seine liebe Art war, sich bei Tisch recht auszubreiten, saß er da, mit den Armen den halben Tisch umfassend, und wie er aus dem offenen Fenster zum Himmel aufsah, war sein Gesicht so jung und hoffnungsfreudig; niemals mehr sollte ich ihn so sehen. Da sagte Amalia mit einer Überlegenheit, die wir an ihr nicht kannten, solchen Reden der Herren müsse man nicht sehr vertrauen, die Herren pflegen bei derartigen Gelegenheiten gern etwas Gefälliges zu sagen, aber Bedeutung habe das wenig oder gar nicht, kaum gesprochen, sei es schon für immer vergessen, freilich, bei der nächsten Gelegenheit gehe man ihnen wieder auf den Leim. Die Mutter verwies ihr solche Reden, der Vater lachte nur über ihre Altklugheit und Vielerfahrenheit, dann aber stutzte er, schien etwas zu suchen, dessen Fehlen er erst jetzt merkte, aber es fehlte doch nichts, und sagte: Brunswick habe etwas von einem Boten und einem zerrissenen Brief erzählt, und er fragte, ob wir etwas davon wussten, wen es betreffe und wie es sich damit verhalte. Wir schwiegen, Barnabas, damals noch jung wie ein Lämmchen, sagte irgendetwas besonders Dummes oder Keckes, man sprach von anderem, und die Sache kam in Vergessenheit.«

Amalias Strafe

»Aber kurz darauf wurden wir schon von allen Seiten mit Fragen wegen der Briefgeschichte überschüttet, es kamen Freunde und Feinde, Bekannte und Fremde; man blieb aber nicht lange, die besten Freunde verabschiedeten sich am allereiligsten. Lasemann, immer sonst langsam und würdig, kam herein, so, als wolle er nur das Ausmaß der Stube prüfen, ein Blick im Umkreis, und er war fertig, es sah wie ein schreckliches Kinderspiel aus, als Lasemann sich flüchtete und der Vater von anderen Leuten sich losmachte und hinter ihm her eilte bis zur Schwelle des Hauses und es dann aufgab; Brunswick kam und kündigte dem Vater; er wolle sich selbständig machen, sagte er ganz ehrlich, ein kluger Kopf, der den Augenblick zu nützen verstand; Kundschaften kamen und suchten in Vaters Lagerraum ihre Stiefel hervor, die sie zur Reparatur hier liegen hatten, zuerst versuchte der Vater, die Kundschaften umzustimmen – und wir alle unterstützten ihn nach unseren Kräften –, später gab es der Vater auf und half stillschweigend den Leuten beim Suchen, im Auftragsbuch wurde Zeile für Zeile gestrichen, die Ledervorräte, welche die Leute bei uns hatten, wurden herausgegeben, Schulden bezahlt, alles ging ohne den geringsten Streit, man war zufrieden, wenn es gelang, die Verbindung mit uns schnell und vollständig zu lösen, mochte man dabei auch Verluste haben, das kam nicht in Betracht. Und schließlich, was ja vorauszusehen war, erschien Seemann, der Obmann der Feuerwehr; ich sehe die Szene noch vor mir: Seemann, groß und stark, aber ein wenig gebeugt und lungenkrank, immer ernst, er kann gar nicht lachen, steht vor meinem Vater, den er bewundert hat, dem er in vertrauten Stunden die Stelle eines Obmannstellvertreters in Aussicht gestellt hat, und soll ihm nun mitteilen, dass ihn der Verein verabschiedet und um Rückgabe des Diploms ersucht. Die Leute, die gerade bei uns waren, ließen ihre Geschäfte ruhen und drängten sich im Kreis um die zwei Männer. Seemann kann nichts sagen, klopft nur immerfort dem Vater auf die Schulter, so, als wolle er dem Vater die Worte ausklopfen, die er selbst sagen soll und nicht finden kann. Dabei lacht er immerfort, wodurch er wohl sich und alle ein wenig beruhigen will; aber da er nicht lachen kann und man ihn noch niemals lachen gehört, fällt es niemandem ein zu glauben, dass das ein Lachen sei. Der Vater aber ist von diesem Tag schon zu müde und verzweifelt, um jemandem helfen zu können, ja, er scheint zu müde, um überhaupt nachzudenken, worum es sich handelt. Wir waren ja alle in gleicher Weise verzweifelt, aber da wir jung waren, konnten wir an einen solchen vollständigen Zusammenbruch nicht glauben, immer dachten wir, dass in der Reihe der vielen Besucher endlich doch jemand kommen werde, der Halt befiehlt und alles wieder zu einer rückläufigen Bewegung zwingt. Seemann erschien uns in unserem Unverstand dafür besonders geeignet. Mit Spannung warteten wir, dass sich aus diesem fortwährenden Lachen endlich das klare Wort loslösen werde. Worüber war denn jetzt zu lachen, doch nur über das dumme

Unrecht, das uns geschah. Herr Obmann, Herr Obmann, sagen Sie es doch endlich den Leuten, dachten wir und drängten uns an ihn heran, was ihn aber nur zu merkwürdigen Drehbewegungen veranlasste. Endlich fing er, zwar nicht, um unsere geheimen Wünsche zu erfüllen, sondern um den aufmunternden oder ärgerlichen Zurufen der Leute zu entsprechen, doch zu reden an. Noch immer hatten wir Hoffnung. Er begann mit großem Lob des Vaters. Nannte ihn eine Zierde des Vereins, ein unerreichbares Vorbild des Nachwuchses, ein unentbehrliches Mitglied, dessen Ausscheiden den Verein fast zerstören müsse. Das war alles sehr schön; hätte er doch hier geendet! Aber er sprach weiter. Wenn sich nun trotzdem der Verein entschlossen habe, den Vater, vorläufig allerdings nur, um den Abschied zu ersuchen, werde man den Ernst der Gründe erkennen, die den Verein dazu zwangen. Vielleicht hätte es ohne die glänzenden Leistungen des Vaters am gestrigen Fest gar nicht so weit kommen müssen, aber eben diese Leistungen hätten die amtliche Aufmerksamkeit besonders erregt; der Verein stand jetzt in vollem Licht und müsse auf seine Reinheit noch mehr bedacht sein als früher. Und nun war die Beleidigung des Boten geschehen, da habe der Verein keinen anderen Ausweg gefunden, und er, Seemann, habe das schwere Amt übernommen, es zu melden. Der Vater möge es ihm nicht noch mehr erschweren. Wie froh war Seemann, das hervorgebracht zu haben, aus Zuversicht darüber war er nicht einmal mehr übertrieben rücksichtsvoll, er zeigte auf das Diplom, das an der Wand hing, und winkte mit dem Finger. Der Vater nickte und ging es holen, konnte es aber mit den zitternden Händen nicht vom Haken bringen; ich stieg auf einen Sessel und half ihm. Und von diesem Augenblick an war alles zu Ende; er nahm das Diplom nicht einmal mehr aus dem Rahmen, sondern gab Seemann alles, wie es war. Dann setzte er sich in einen Winkel, rührte sich nicht und sprach mit niemandem mehr, wir mussten mit den Leuten allein verhandeln, so gut es ging.« – »Und worin siehst du hier den Einfluss des Schlosses?« fragte K. »Vorläufig scheint es noch nicht eingegriffen zu haben. Was du bisher erzählt hast, war nur gedankenlose Ängstlichkeit der Leute, Freude am Schaden des Nächsten, unzuverlässige Freundschaft, Dinge, die überall anzutreffen sind, und auf Seiten deines Vaters allerdings auch – wenigstens scheint es mir so – eine gewisse Kleinlichkeit; denn jenes Diplom, was war es? Bestätigung seiner Fähigkeiten, und die behielt er doch, machten sie ihn unentbehrlich, desto besser, und er hätte dem Obmann die Sache wirklich schwer nur dadurch gemacht, dass er ihm das Diplom gleich beim zweiten Wort vor die Füße geworfen hätte. Besonders bezeichnend scheint mir aber, dass du Amalia gar nicht erwähnst, Amalia, die doch alles verschuldet hatte, stand wahrscheinlich ruhig im Hintergrund und betrachtete die Verwüstung.« – »Nein«, sagte Olga, »niemandem ist ein Vorwurf zu machen, niemand konnte anders handeln, das alles war schon Einfluss des Schlosses.« – »Einfluss des Schlosses«, wiederholte Amalia, die unvermerkt vom Hofe her eingetreten war, die Eltern lagen längst zu Bett. »Schlossgeschichten werden erzählt? Noch immer sitzt ihr beisammen? Und du hattest dich doch gleich verabschieden wollen, K., und nun geht es schon auf zehn. Bekümmern dich denn solche Geschichten überhaupt? Es gibt hier Leute, die sich von solchen Geschichten nähren, sie setzen sich zusammen, so wie ihr hier sitzt, und traktieren sich gegenseitig; du scheinst mir aber nicht zu diesen Leuten zu gehören.« – »Doch«, sagte K., »ich gehöre genau zu ihnen; dagegen machen Leute, die sich um solche Geschichten nicht bekümmern und nur andere sich bekümmern lassen, nicht viel Eindruck auf mich.« – »Nun ja«, sagte Amalia, »aber das Interesse der Leute ist ja sehr verschiedenartig, ich hörte einmal von einem jungen Mann, der beschäftigte sich mit den Gedanken an das Schloss bei Tag und Nacht, alles andere vernachlässigte er, man fürchtete für seinen Alltagsverstand, weil sein ganzer Verstand oben im Schloss war. Schließlich aber stellte es sich heraus, dass er nicht eigentlich das Schloss, sondern nur die Tochter einer Aufwaschfrau in den Kanzleien gemeint hatte, die bekam er nun allerdings und dann war alles wieder gut.« – »Der Mann würde mir gefallen, glaube ich«, sagte K. »Dass dir der Mann gefallen würde«, sagte Amalia, »bezweifle ich, aber vielleicht seine Frau. Nun lasst euch aber nicht stören, ich gehe allerdings schlafen, und auslöschen werde ich müssen, der Eltern wegen; sie schlafen zwar gleich fest ein, aber nach einer Stunde ist schon der eigentliche Schlaf zu Ende, und dann stört sie der kleinste Schein. Gute Nacht.« Und wirklich wurde es gleich finster, Amalia machte sich wohl irgendwo auf der Erde beim Bett der Eltern ihr Lager zurecht. »Wer ist denn dieser junge Mann, von dem sie sprach?« fragte K. »Ich weiß nicht«, sagte Olga. »Vielleicht Brunswick, obwohl es für ihn nicht ganz passt, vielleicht aber auch ein anderer. Es ist nicht leicht, sie genau zu verstehen, weil man oft nicht weiß, ob sie ironisch oder ernst spricht. Meistens ist es ja ernst, aber es klingt ironisch.« – »Lass die Deutungen!« sagte K. »Wie kamst du denn in diese große Abhängigkeit von ihr? War es schon vor dem großen Unglück so? Oder erst nachher? Und hast du niemals den Wunsch, von ihr unabhängig zu werden? Und ist denn diese Abhängigkeit irgendwie vernünftig begründet? Sie ist die Jüngste und hat als solche zu gehorchen. Sie hat, schuldig oder unschuldig, das Unglück über die Familie gebracht. Statt dafür jeden neuen Tag jeden von euch von neuem um Verzeihung zu bitten, trägt sie den Kopf höher als alle, kümmert sich um nichts als knapp gnadenweise um die Eltern, will in nichts eingeweiht werden, wie sie sich ausdrückt, und wenn sie endlich einmal mit euch spricht, dann ist es meistens ernst, aber es klingt ironisch. Oder herrscht sie etwa durch ihre Schönheit, die du manchmal erwähnst? Nun, ihr seid euch alle drei sehr ähnlich, das aber, wodurch sie sich von euch zweien unterscheidet, ist durchaus zu ihren Ungunsten, schon als ich sie zum ersten Mal sah, schreckte mich ihr stumpfer, liebloser Blick ab. Und dann ist sie zwar die Jüngste, aber davon merkt man nichts in ihrem Äußeren, sie hat das alterlose Aussehen der Frauen, die kaum altern, die aber auch kaum jemals eigentlich jung gewesen sind. Du siehst sie jeden Tag, du merkst gar nicht die Härte ihres Gesichtes. Darum kann ich auch Sortinis Neigung, wenn ich es überlege, nicht einmal sehr ernst nehmen, vielleicht wollte er sie mit dem Brief nur strafen, aber nicht rufen.« – »Von Sortini will ich nicht reden«, sagte Olga. »Bei den Herren im Schloss ist alles möglich, ob es nun um das schönste oder um das hässlichste Mädchen geht. Sonst aber irrst du hinsichtlich Amalias vollkommen. Sieh, ich habe doch keinen Anlass, dich für Amalia besonders zu gewinnen, und versuche ich es dennoch, tue ich es nur deinetwegen. Amalia war irgendwie die Ursache unseres Unglücks, das ist gewiss, aber selbst der Vater, der doch am schwersten von dem Unglück getroffen war und sich in seinen Worten niemals sehr beherrschen konnte, gar zu Hause nicht, selbst der Vater hat Amalia auch in den schlimmsten Zeiten kein Wort des Vorwurfs gesagt. Und das nicht etwa deshalb, weil er Amalias Vorgehen gebilligt hätte; wie hätte er, ein Verehrer Sortinis, es billigen können; nicht von der Ferne konnte er es verstehen; sich und alles, was er hatte, hätte er Sortini wohl gern zum Opfer gebracht, allerdings nicht so, wie es jetzt wirklich geschah, unter Sortinis wahrscheinlichem Zorn. Wahrscheinlichem Zorn, denn wir erfuhren nichts mehr von Sortini; war er bisher zurückgezogen gewesen, so war er es von jetzt ab, als sei er überhaupt nicht mehr. Und nun hättest du Amalia sehen sollen in jener Zeit. Wir alle wussten, dass keine ausdrückliche Strafe kommen werde. Man zog sich nur von uns zurück. Die Leute hier wie auch das Schloss. Während man aber den Rückzug der Leute natürlich merkte, war vom Schloss gar nichts zu merken. Wir hatten ja früher auch keine Fürsorge des Schlosses gemerkt, wie hätten wir jetzt einen Umschwung merken können. Diese Ruhe war das Schlimmste. Bei weitem nicht der Rückzug der Leute, sie hatten es ja nicht aus irgendeiner Überzeugung getan, hatten vielleicht auch gar nichts Ernstliches gegen uns, die heutige Verachtung bestand noch gar nicht, nur aus Angst hatten sie es getan, und jetzt warteten sie, wie es weiter ausgehen werde. Auch Not hatten wir noch keine zu fürchten, alle Schuldner hatten uns bezahlt, die Abschlüsse waren vorteilhaft gewesen, was uns an Lebensmitteln fehlte, darin halfen uns im geheimen Verwandte aus, es war leicht, es war ja in der Erntezeit, allerdings Felder hatten wir keine, und mitarbeiten ließ man uns nirgends, wir waren zum ersten Mal im Leben fast zum Müßiggang verurteilt. Und nun saßen wir beisammen, bei geschlossenen Fenstern, in der Hitze des Juli und August. Es geschah nichts. Keine Vorladung, keine Nachricht, kein Bericht, kein Besuch, nichts.« – »Nun«, sagte K., »da nichts geschah und auch keine ausdrückliche Strafe zu erwarten war, wovor habt ihr euch gefürchtet? Was seid ihr doch für Leute!« – »Wie soll ich es dir erklären?« sagte Olga. »Wir fürchteten nichts Kommendes, wir litten schon nur unter dem Gegenwärtigen, wir waren mitten in der Bestrafung darin. Die Leute im Dorf warteten ja nur darauf, dass wir zu ihnen kämen, dass der Vater seine Werkstatt wieder aufmachte, dass Amalia, die sehr schöne Kleider zu nähen verstand, allerdings nur für die Vornehmsten, wieder zu Bestellungen käme, es tat ja allen Leuten leid, was sie getan hatten; wenn im Dorf eine angesehene Familie plötzlich ganz ausgeschaltet wird, hat jeder irgendeinen Nachteil davon, sie hatten, als sie sich von uns lossagten, nur ihre Pflicht zu tun geglaubt, wir hätten es an ihrer Stelle auch nicht anders getan. Sie hatten ja auch nicht genau gewusst, worum es sich gehandelt hatte, nur der Bote war, die Hand voll Papierfetzen, in den Herrenhof zurückgekommen. Frieda hatte ihn ausgehen und dann wiederkommen gesehen, ein paar Worte mit ihm gesprochen und das, was sie erfahren hatte, gleich verbreitet; aber wieder gar nicht aus Feindseligkeit gegen uns, sondern einfach aus Pflicht, wie es im gleichen Falle die Pflicht jedes anderen gewesen wäre. Und nun wäre den Leuten, wie ich schon sagte, eine glückliche Lösung des Ganzen am willkommensten gewesen. Wenn wir plötzlich einmal gekommen wären mit der Nachricht, dass alles schon in Ordnung sei, dass es zum Beispiel nur ein inzwischen völlig aufgeklärtes Missverständnis gewesen sei oder dass es zwar ein Vergehen gewesen sei, aber es sei schon durch die Tat gutgemacht oder – selbst das hätte den Leuten genügt – dass es uns durch unsere Verbindungen ins Schloss gelungen sei, die Sache niederzuschlagen; man hätte uns ganz gewiss wieder mit offenen Armen aufgenommen, Küsse, Umarmungen, Feste hätte es gegeben, ich habe Derartiges bei anderen einige Male erlebt. Aber nicht einmal eine solche Nachricht wäre nötig gewesen; wenn wir nur freigekommen wären und uns angeboten, die alten Verbindungen wieder aufgenommen hätten, ohne auch nur ein Wort über die Briefgeschichte zu verlieren, es hätte genügt, mit Freude hätten alle auf die Besprechung der Sache verzichtet; es war ja, neben der Angst, vor allem die Peinlichkeit der Sache gewesen, weshalb man sich von uns getrennt hatte, einfach um nichts von der Sache zu hören, nicht von ihr sprechen, nicht an sie denken, in keiner Weise von ihr berührt werden zu müssen. Wenn Frieda die Sache verraten hatte, so hatte sie es nicht getan, um sich an ihr zu freuen, sondern um sich und alle vor ihr zu bewahren, um die Gemeinde darauf aufmerksam zu machen, dass hier etwas geschehen war, von dem man sich auf das sorgfältigste fernzuhalten hatte. Nicht wir kamen hier als Familie in Betracht, sondern nur die Sache und wir nur der Sache wegen, in die wir uns verflochten hatten. Wenn wir also nur wieder hervorgekommen wären, das Vergangene ruhen gelassen hätten, durch unser Verhalten gezeigt hätten, dass wir die Sache überwunden hatten, gleichgültig auf welche Weise, und die Öffentlichkeit so die Überzeugung gewonnen hätte, dass die Sache, wie immer sie auch beschaffen gewesen sein mag, nicht wieder zur Besprechung kommen werde, auch so wäre alles gut gewesen; überall hätten wir die alte Hilfsbereitschaft gefunden, selbst wenn wir die Sache nur unvollständig vergessen hätten, man hätte es verstanden und hätte uns geholfen, es völlig zu vergessen. Statt dessen aber saßen wir zu Hause. Ich weiß nicht, worauf wir warteten, auf Amalias Entscheidung wohl, sie hatte damals an jenem Morgen die Führung der Familie an sich gerissen und hielt sie fest. Ohne besondere Veranstaltungen, ohne Befehle, ohne Bitten, fast nur durch Schweigen. Wir anderen hatten freilich viel zu beraten, es war ein fortwährendes Flüstern vom Morgen bis zum Abend, und manchmal rief mich der Vater in plötzlicher Beängstigung zu sich, und ich verbrachte am Bettrand die halbe Nacht. Oder manchmal hockten wir uns zusammen, ich und Barnabas, der ja erst sehr wenig von dem Ganzen verstand und immerfort ganz glühend Erklärungen verlangte, immerfort die gleichen, er wusste wohl, dass die sorgenlosen Jahre, die andere seines Alters erwarteten, für ihn nicht mehr vorhanden waren, so saßen wir zusammen – ganz ähnlich, K., wie wir zwei jetzt – und vergaßen, dass es Nacht wurde und wieder Morgen. Die Mutter war die Schwächste von uns allen, wohl weil sie nicht nur das gemeinsame Leid, sondern auch noch jedes einzelnen Leid mitgelitten hat, und so konnten wir mit Schrecken Veränderungen an ihr wahrnehmen, die, wie wir ahnten, unserer ganzen Familie bevorstanden. Ihr bevorzugter Platz war der Winkel eines Kanapees – wir haben es längst nicht mehr –, es steht in Brunswicks großer Stube, dort saß sie und – man wusste nicht genau, was es war – schlummerte oder hielt, wie die bewegten Lippen anzudeuten schienen, lange Selbstgespräche. Es war ja so natürlich, dass wir immerfort die Briefgeschichte besprachen, kreuz und quer, in allen sicheren Einzelheiten und allen unsicheren Möglichkeiten, und dass wir immerfort im Aussinnen von Mitteln zur guten Lösung uns übertrafen, es war natürlich und unvermeidlich, aber nicht gut, wir kamen ja dadurch immerfort tiefer in das, dem wir entgehen wollten. Und was halfen denn diese noch so ausgezeichneten Einfälle; keiner war ausführbar ohne Amalia, alle waren nur Vorbereitungen, sinnlos dadurch, dass ihre Ergebnisse gar nicht bis zu Amalia kamen und, wenn sie hingekommen wären, nichts anderes angetroffen hätten als Schweigen. Nun, glücklicherweise verstehe ich heute Amalia besser als damals. Sie trug mehr als wir alle; es ist unbegreiflich, wie sie es ertragen hat und noch heute unter uns lebt. Die Mutter trug vielleicht unser aller Leid, sie trug es, weil es über sie hereingebrochen ist, und sie trug es nicht lange; dass sie es heute noch irgendwie trägt, kann man nicht sagen, und schon damals war ihr Sinn verwirrt. Aber Amalia trug nicht nur das Leid, sondern hatte auch den Verstand, es zu durchschauen, wir sahen nur die Folgen, sie sah in den Grund, wir hofften auf irgendwelche kleinen Mittel, sie wusste, das alles entschieden war, wir hatten zu flüstern, sie hatte nur zu schweigen, Aug in Aug mit der Wahrheit stand sie und lebte und ertrug dieses Leben damals wie heute. Wie viel besser ging es uns in aller unserer Not als ihr. Wir mussten freilich unser Haus verlassen; Brunswick bezog es, man wies uns diese Hütte zu, mit einem Handkarren brachten wir unser Eigentum in einigen Fahrten hier herüber, Barnabas und ich zogen, der Vater und Amalia halfen hinten nach, die Mutter, die wir gleich anfangs hergebracht hatten, empfing uns, auf einer Kiste sitzend, immer mit leisem Jammern. Aber ich erinnere mich, dass wir, selbst während der mühevollen Fahrten – die auch sehr beschämend waren, denn öfters begegneten wir Erntewagen, deren Begleitung vor uns verstummte und die Blicke wandte –, dass wir, Barnabas und ich, selbst während dieser Fahrten es nicht unterlassen konnten, von unseren Sorgen und Plänen zu sprechen, dass wir im Gespräch manchmal stehenblieben und erst das ›Hallo!‹ des Vaters uns an unsere Pflicht wieder erinnerte. Aber alle Besprechungen änderten auch nach der Übersiedlung unser Leben nicht, nur dass wir jetzt allmählich auch die Armut zu fühlen bekamen. Die Zuschüsse der Verwandten hörten auf, unsere Mittel waren fast zu Ende, und gerade in jener Zeit begann die Verachtung für uns, wie du sie kennst, sich zu entwickeln. Man merkte, dass wir nicht die Kraft hatten, uns aus der Briefgeschichte herauszuarbeiten, und man nahm uns das sehr übel, man unterschätzte nicht die Schwere unseres Schicksals, obwohl man es nicht genau kannte, man wusste, dass man selbst die Probe wahrscheinlich nicht besser bestanden hätte als wir, aber um so notwendiger war es, sich von uns völlig zu trennen; man hätte, wenn wir es überwunden hätten, uns entsprechend hoch geehrt, da es uns aber nicht gelungen war, tat man das, was man bisher nur vorläufig getan hatte, endgültig: Man schloss uns aus jedem Kreise aus. Nun sprach man von uns nicht mehr wie von Menschen, unser Familienname wurde nicht mehr genannt; wenn man von uns sprechen musste, nannte man uns nach Barnabas, dem Unschuldigsten von uns, selbst unsere Hütte geriet in Verruf und, wenn du dich prüfst, wirst du gestehen, dass auch du beim ersten Eintritt die Berechtigung dieser Verachtung zu merken glaubtest; später, als wieder manchmal Leute zu uns kamen, rümpften sie die Nase über ganz belanglose Dinge, etwa darüber, dass die kleine Öllampe dort über dem Tisch hing. Wo sollte sie denn anders hängen als über dem Tisch, ihnen aber erschien es unerträglich. Hängten wir aber die Lampe anderswohin, änderte sich doch nichts an ihrem Widerwillen. Alles, was wir waren und hatten, traf die gleiche Verachtung.«

Bittgänge

»Und was taten wir unterdessen? Das Schlimmste, was wir hätten tun können, etwas, wofür wir gerechter hätten verachtet werden dürfen, als wofür es wirklich geschah: Wir verrieten Amalia, wir rissen uns los von ihrem schweigenden Befehl, wir konnten nicht mehr so weiterleben, ganz ohne Hoffnung konnten wir nicht leben, und wir begannen, jeder auf seine Art, das Schloss zu bitten oder zu bestürmen, es möge uns verzeihen. Wir wussten zwar, dass wir nicht imstande waren, etwas gutzumachen, wir wussten auch, dass die einzige hoffnungsvolle Verbindung, die wir mit dem Schloss hatten, die Sortinis, des unserem Vater geneigten Beamten, eben durch die Ereignisse uns unzugänglich geworden war, trotzdem machten wir uns an die Arbeit. Der Vater begann, es begannen die sinnlosen Bittwege zum Vorsteher, zu den Sekretären, den Advokaten, den Schreibern, meistens wurde er nicht empfangen, und wenn er durch List oder Zufall doch empfangen wurde – wie jubelten wir bei solcher Nachricht und rieben uns die Hände –, wurde er äußerst schnell abgewiesen und nie wieder empfangen. Es war auch allzu leicht, ihm zu antworten, das Schloss hat es immer so leicht. Was wollte er denn? Was war ihm geschehen? Wofür wollte er eine Verzeihung? Wann und von wem war denn im Schloss auch nur ein Finger gegen ihn gerührt worden? Gewiss, er war verarmt, hatte die Kundschaft verloren und so fort, aber das waren Erscheinungen des täglichen Lebens, Handwerks- und Marktangelegenheiten, sollte sich denn das Schloss um alles kümmern? Es kümmerte sich ja in Wirklichkeit um alles, aber es konnte doch nicht grob eingreifen in die Entwicklung, einfach und zu keinem anderen Zweck, als dem Interesse eines einzelnen Mannes zu dienen. Sollte es etwa seine Beamten ausschicken, und sollten diese den Kunden des Vaters nachlaufen und sie ihm mit Gewalt zurückbringen? Aber, wendete der Vater dann ein – wir besprachen diese Dinge alle genau zu Hause vorher und nachher in einen Winkel gedrückt, wie versteckt vor Amalia, die alles zwar merkte, aber es geschehen ließ –, aber, wendete der Vater dann ein, er beklage sich ja nicht wegen der Verarmung, alles, was er hier verloren habe, wolle er leicht wieder einholen, das alles sei nebensächlich, wenn ihm nur verziehen würde. ›Aber was solle ihm denn verziehen werden?‹ antwortete man ihm, eine Anzeige sei bisher nicht eingelaufen, wenigstens stehe sie noch nicht in den Protokollen, zumindest nicht in den der advokatorischen Öffentlichkeit zugänglichen Protokollen; infolgedessen sei auch, soweit es sich feststellen lasse, weder etwas gegen ihn unternommen worden noch sei etwas im Zuge. Könne er vielleicht eine amtliche Verfügung nennen, die gegen ihn erlassen worden sei? Das konnte der Vater nicht. Oder habe ein Eingriff eines amtlichen Organs stattgefunden? Davon wusste der Vater nichts. Nun also, wenn er nichts wisse und wenn nichts geschehen sei, was wolle er denn? Was könnte ihm verziehen werden? Höchstens, dass er jetzt zwecklos die Ämter belästige, aber gerade dieses sei unverzeihlich. Der Vater ließ nicht ab, er war damals noch immer sehr kräftig, und der aufgezwungene Müßiggang gab ihm reichlich Zeit. ›Ich werde Amalia die Ehre zurückgewinnen, es wird nicht mehr lange dauern‹, sagte er zu Barnabas und mir einige Mal während des Tages, aber nur sehr leise, denn

Amalia durfte es nicht hören; trotzdem war es nur Amalias wegen gesagt, denn in Wirklichkeit dachte er gar nicht an das Zurückgewinnen der Ehre, sondern nur an Verzeihung. Aber um Verzeihung zu bekommen, musste er erst die Schuld feststellen; und die wurde ihm ja in den Ämtern abgeleugnet. Er verfiel auf den Gedanken – und dies zeigte, dass er doch schon geistig geschwächt war –, man verheimliche ihm die Schuld, weil er nicht genug zahle, er zahlte bisher nämlich immer nur die festgesetzten Gebühren, die, wenigstens für unsere Verhältnisse, hoch genug waren. Er glaubte aber jetzt, er müsse mehr zahlen, was gewiss unrichtig war, denn bei unseren Ämtern nimmt man zwar der Einfachheit halber, um unnötige Rede zu vermeiden, Bestechungen an, aber erreichen kann man dadurch nichts. War es aber die Hoffnung des Vaters, wollten wir ihn darin nicht stören.

Wir verkauften, was wir noch hatten – es war fast nur noch Unentbehrliches –, um dem Vater die Mittel für seine Nachforschungen zu verschaffen, und lange Zeit hatten wir jeden Morgen die Genugtuung, dass der Vater, wenn er morgens sich auf den Weg machte, immer wenigstens mit einigen Münzen in der Tasche klimpern konnte. Wir freilich hungerten den Tag über, während das einzige, was wir wirklich durch die Geldbeschaffung bewirkten, war, dass der Vater in einer gewissen Hoffnungsfreudigkeit erhalten wurde. Dieses aber war kaum ein Vorteil. Er plagte sich auf seinen Gängen, und was ohne das Geld sehr bald das verdiente Ende genommen hätte, zog sich so in die Länge. Da man für die Überzahlungen in Wirklichkeit nichts Außerordentliches leisten konnte, versuchte manchmal ein Schreiber wenigstens scheinbar, etwas zu leisten, versprach Nachforschungen, deutete an, dass man gewisse Spuren schon gefunden hätte, die man nicht aus Pflicht, sondern nur dem Vater zuliebe verfolgen werde; der Vater, statt zweifelnder zu werden, wurde immer gläubiger. Er kam mit einer solchen, deutlich sinnlosen Versprechung zurück, so, als bringe er schon wieder den vollen Segen ins Haus, und es war qualvoll anzusehen, wie er immer hinter Amalias Rücken, mit verzerrtem Lächeln und groß aufgerissenen Augen auf Amalia hindeutend, uns zu verstehen geben wollte, wie die Errettung Amalias, die niemanden mehr als sie selbst überraschen werde, infolge seiner Bemühungen ganz nahe bevorstehe, aber alles sei noch Geheimnis, und wir wollten es streng hüten. So wäre es gewiss noch sehr lange weitergegangen, wenn wir schließlich nicht vollständig außerstande gewesen wären, dem Vater das Geld noch zu liefern. Zwar war inzwischen Barnabas von Brunswick als Gehilfe nach vielen Bitten aufgenommen worden, allerdings nur in der Weise, dass er abends im Dunkel die Aufträge abholte und wieder im Dunkel die Arbeit zurückbrachte – es ist zuzugeben, dass Brunswick hier eine gewisse Gefahr für sein Geschäft unseretwegen auf sich nahm, aber dafür zahlte er ja dem Barnabas sehr wenig, und die Arbeit des Barnabas ist fehlerlos –, doch genügte der Lohn knapp nur, um uns vor völligem Verhungern zu bewahren. Mit großer Schonung und nach viel Vorbereitungen kündigten wir dem Vater die Einstellung unserer Geldunterstützungen an, aber er nahm es sehr ruhig auf. Mit dem Verstand war er nicht mehr fähig, das Aussichtslose seiner Interventionen einzusehen, aber müde war er der fortwährenden Enttäuschungen doch.

Zwar sagte er – er sprach nicht mehr so deutlich wie früher, er hatte fast zu deutlich gesprochen –, dass er nur noch sehr wenig Geld gebraucht hätte, morgen oder heute schon hätte er alles erfahren, und nun sei alles vergebens gewesen, nur am Geld sei es gescheitert und so fort, aber der Ton, in dem er es sagte, zeigte, dass er das alles nicht glaubte. Auch hatte er gleich, unvermittelt, neue Pläne. Da es ihm nicht gelungen war, die Schuld nachzuweisen, und er infolgedessen auch weiter im amtlichen Wege nichts erreichen konnte, musste er sich ausschließlich aufs Bitten verlegen und die Beamten persönlich angehen. Es gab unter ihnen gewiss auch solche mit gutem, mitleidigem Herzen, dem sie zwar im Amt nicht nachgeben durften, wohl aber außerhalb des Amtes, wenn man zu gelegener Stunde sie überraschte.«

Hier unterbrach K., der bisher ganz versunken Olga zugehört hatte, die Erzählung mit der Frage: »Und du hältst das nicht für richtig?« Zwar musste ihm die weitere Erzählung darauf Antwort geben, aber er wollte es gleich wissen.

»Nein«, sagte Olga, »von Mitleid oder dergleichen kann gar nicht die Rede sein. So jung und unerfahren wir auch waren, das wussten wir, und auch der Vater wusste es natürlich, aber er hatte es vergessen, dieses, wie das allermeiste. Er hatte sich den Plan zurechtgelegt, in der Nähe des Schlosses auf der Landstraße, dort wo die Wagen der Beamten vorüberfuhren, sich aufzustellen und, wenn es irgendwie ging, seine Bitte um Verzeihung vorzubringen. Aufrichtig gesagt, ein Plan ohne allen Verstand, selbst wenn das Unmögliche geschehen wäre und die Bitte wirklich bis zum Ohr eines Beamten gekommen wäre. Kann denn ein einzelner Beamter verzeihen? Das könnte doch höchstens Sache der Gesamtbehörde sein, aber selbst diese kann wahrscheinlich nicht verzeihen, sondern nur richten. Aber kann denn überhaupt ein Beamter, selbst wenn er aussteigen und mit der Sache sich befassen wollte, nach dem, was der Vater, der arme, müde, gealterte Mann, ihm vormurmelt, sich ein Bild von der Sache machen? Die Beamten sind sehr gebildet, aber doch nur einseitig, in seinem Fach durchschaut ein Beamter auf ein Wort hin gleich ganze Gedankenreihen, aber Dinge aus einer anderen Abteilung kann man ihm stundenlang erklären, er wird vielleicht höflich nicken, aber kein Wort verstehen. Das ist ja alles selbstverständlich; man suche doch nur selbst die kleinen amtlichen Angelegenheiten, die einen selbst betreffen, winziges Zeug, das ein Beamter mit einem Achselzucken erledigt, man suche nur dieses bis auf den Grund zu verstehen, und man wird ein ganzes Leben zu tun haben und nicht zu Ende kommen. Aber wenn der Vater an einen zuständigen Beamten geraten wäre, so kann doch dieser ohne Vorakten nichts erledigen und insbesondere nicht auf der Landstraße, er kann eben nicht verzeihen, sondern nur amtlich erledigen und zu diesem Zweck wieder nur auf den Amtsweg verweisen, aber auf diesem etwas zu erreichen, war ja dem Vater schon völlig misslungen. Wie weit musste es schon mit dem Vater gekommen sein, dass er mit diesem neuen Plan irgendwie durchdringen wollte! Wenn irgendeine Möglichkeit solcher Art auch nur im entferntesten bestünde, müsste es ja dort auf der Landstraße von Bittgängern wimmeln, aber da es sich hier um eine Unmöglichkeit handelt, welche einem schon die elementarste Schulbildung einprägt, ist es dort völlig leer. Vielleicht bestärkte auch das den Vater in seiner Hoffnung, er nährte sie von überallher. Es war hier auch sehr nötig; ein gesunder Verstand musste sich ja gar nicht in jene großen Überlegungen einlassen, er musste schon im Äußerlichsten die Unmöglichkeit klar erkennen. Wenn die Beamten ins Dorf fahren oder zurück ins Schloss, so sind das doch keine Lustfahrten, in Dorf und Schloss wartet Arbeit auf sie, daher fahren sie im schärfsten Tempo. Es fällt ihnen auch nicht ein, aus dem Wagenfenster zu schauen und draußen Gesuchsteller zu suchen, sondern die Wagen sind vollgepackt mit Akten, welche die Beamten studieren.«

»Ich habe aber«, sagte K., »das Innere eines Beamtenschlittens gesehen, in welchem keine Akten waren.« In der Erzählung Olgas eröffnete sich ihm eine so große, fast unglaubwürdige Welt, dass er es sich nicht versagen konnte, mit seinen kleinen Erlebnissen an sie zu rühren, um sich ebenso von ihrem Dasein als auch von dem eigenen deutlicher zu überzeugen.

»Das ist möglich«, sagte Olga, »dann ist es aber noch schlimmer, dann hat der Beamte so wichtige Angelegenheiten, dass die Akten zu kostbar oder zu umfangreich sind, um mitgenommen werden zu können, solche Beamte lassen dann Galopp fahren. Jedenfalls, für den Vater kann keiner Zeit erübrigen. Und außerdem: Es gibt mehrere Zufahrten ins Schloss. Einmal ist die eine in Mode, dann fahren die meisten dort, einmal eine andere, dann drängt sich alles hin. Nach welchen Regeln dieser Wechsel stattfindet, ist noch nicht herausgefunden worden. Einmal um acht Uhr morgens fahren alle auf einer anderen, zehn Minuten später wieder auf einer dritten, eine halbe Stunde später vielleicht wieder auf der ersten, und dort bleibt es dann den ganzen Tag, aber jeden Augenblick besteht die Möglichkeit einer Änderung. Zwar vereinigen sich in der Nähe des Dorfes alle Zufahrtsstraßen, aber dort rasen schon alle Wagen, während in der Schlossnähe das Tempo noch ein wenig gemäßigter ist. Aber so wie die Ausfahrordnung hinsichtlich der Straßen unregelmäßig und nicht zu durchschauen ist, so ist es auch mit der Zahl der Wagen. Es gibt ja oft Tage, wo gar kein Wagen zu sehen ist; dann aber fahren sie wieder in Mengen. Und allem diesem gegenüber stell dir nun unseren Vater vor. In seinem besten Anzug – bald ist es sein einziger – zieht er jeden Morgen, von unseren Segenswünschen begleitet, aus dem Haus. Ein kleines Abzeichen der Feuerwehr, das er eigentlich zu Unrecht behalten hat, nimmt er mit, um es außerhalb des Dorfes anzustecken, im Dorf selbst fürchtet er, es zu zeigen, obwohl es so klein ist, dass man es auf zwei Schritte Entfernung kaum sieht, aber nach des Vaters Meinung soll es sogar geeignet sein, die vorüberfahrenden Beamten auf ihn aufmerksam zu machen. Nicht weit vom Zugang zum Schloss ist eine Handelsgärtnerei, sie gehört einem gewissen Bertuch, er liefert Gemüse ins Schloss, dort auf dem schmalen Steinpostament des Gartengitters wählte sich der Vater einen Platz. Bertuch duldete es, weil er früher mit dem Vater befreundet gewesen war und auch zu seinen treuesten Kundschaften gehört hatte, er hat nämlich einen ein wenig verkrüppelten Fuß und glaubte, nur der Vater sei imstande, ihm einen passenden Stiefel zu machen. Dort saß nun der Vater Tag für Tag, es war ein trüber, regnerischer Herbst, aber das Wetter war ihm völlig gleichgültig; morgens zu bestimmter Stunde hatte er die Hand an der Klinke und winkte uns zum Abschied zu, abends kam er – es schien, als werde er täglich gebückter – völlig durchnässt zurück und warf sich in eine Ecke. Zuerst erzählte er uns von seinen kleinen Erlebnissen, etwa, dass ihm Bertuch aus Mitleid und alter Freundschaft eine Decke über das Gitter zugeworfen hatte oder dass er in einem vorüberfahrenden Wagen den oder jenen Beamten zu erkennen geglaubt habe oder dass wieder ihn schon hie und da ein Kutscher erkenne und zum Scherz mit dem Peitschenriemen streife. Später hörte er dann auf, diese Dinge zu erzählen, offenbar hoffte er nicht mehr, auch nur irgendetwas dort zu erreichen, er hielt es schon nur für seine Pflicht, seinen öden Beruf, hinzugehen und dort den Tag zu verbringen. Damals begannen seine rheumatischen Schmerzen, der Winter näherte sich, es kam früher Schneefall, bei uns fängt der Winter sehr bald an; nun, und so saß er dort einmal auf den regennassen Steinen, dann wieder im Schnee. In der Nacht seufzte er vor Schmerzen, morgens war er manchmal unsicher, ob er gehen sollte, überwand sich dann aber doch und ging. Die Mutter hängte sich an ihn und wollte ihn nicht fortlassen; er, wahrscheinlich furchtsam geworden infolge der nicht mehr gehorsamen Glieder, erlaubte ihr mitzugehen, so wurde auch die Mutter von den Schmerzen gepackt. Wir waren oft bei ihnen, brachten Essen oder kamen nur zu Besuch oder wollten sie zur Rückkehr nach Hause überreden; wie oft fanden wir sie dort zusammengesunken und aneinanderlehnend auf ihrem schmalen Sitz, gekauert in eine dünne Decke, die sie kaum umschloss, ringsherum nichts als das Grau von Schnee und Nebel und weit und breit und tagelang kein Mensch oder Wagen, ein Anblick, K., ein Anblick! Bis dann eines Morgens der Vater die steifen Beine nicht mehr aus dem Bett brachte, es war trostlos, in einer leichten Fieberphantasie glaubte er zu sehen, wie eben jetzt oben bei Bertuch ein Wagen haltmachte, ein Beamter ausstieg, das Gitter nach dem Vater absuchte und kopfschüttelnd und ärgerlich wieder in den Wagen zurückkehrte. Der Vater stieß dabei solche Schreie aus, dass es war, als wolle er sich von hier aus dem Beamten oben bemerkbar machen und erklären, wie unverschuldet seine Abwesenheit sei. Und es wurde eine lange Abwesenheit, er kehrte gar nicht mehr dorthin zurück, wochenlang musste er im Bett bleiben. Amalia übernahm die Bedienung, die Pflege, die Behandlung, alles, und hat es mit Pausen eigentlich bis heute behalten. Sie kennt Heilkräuter, welche die Schmerzen beruhigen, sie braucht fast keinen Schlaf, sie erschrickt nie, fürchtet nichts, hat niemals Ungeduld, sie leistete alle Arbeit für die Eltern; während wir aber, ohne etwas helfen zu können, unruhig umherflatterten, blieb sie bei allem kühl und still. Als dann aber das Schlimmste vorüber war und der Vater, vorsichtig und rechts und links gestützt, wieder aus dem Bett sich herausarbeiten konnte, zog sich Amalia gleich zurück und überließ ihn uns.«

Olgas Pläne

»Nun galt es, wieder irgendeine Beschäftigung für den Vater zu finden, für die er noch fähig war, irgendetwas, was ihn zumindest in dem Glauben erhielt, dass es dazu diene, die Schuld von der Familie abzuwälzen. Etwas Derartiges zu finden war nicht schwer, so zweckdienlich wie das Sitzen vor Bertuchs Garten war im Grunde alles, aber ich fand etwas, was sogar mir einige Hoffnung gab. Wann immer bei Ämtern oder Schreibern oder sonst wo von unserer Schuld die Rede gewesen war, war immer wieder nur die Beleidigung des Sortinischen Boten erwähnt worden, weiter wagte niemand zu dringen. Nun, sagte ich mir, wenn die allgemeine Meinung, sei es auch nur scheinbar, nur von der Botenbeleidigung weiß, ließe sich, sei es auch wieder nur scheinbar, alles wiedergutmachen, wenn man den Boten versöhnen könnte. Es ist ja keine Anzeige eingelaufen, wie man erklärt, noch kein Amt hat also die Sache in der Hand, und es steht demnach dem Boten frei, für seine Person, und um mehr handelt es sich nicht, zu verzeihen. Das alles konnte ja keine entscheidende Bedeutung haben, war nur Schein und konnte wieder nichts anderes ergeben, aber dem Vater würde es doch Freude machen, und die vielen Auskunftgeber, die ihn so gequält hatten, könnte man damit vielleicht zu seiner Genugtuung ein wenig in die Enge treiben. Zuerst musste man freilich den Boten finden. Als ich meinen Plan dem Vater erzählte, wurde er zuerst sehr ärgerlich, er war nämlich äußerst eigensinnig geworden, zum Teil glaubte er – während der Krankheit hatte sich das entwickelt –, dass wir ihn immer am letzten Erfolg gehindert hätten: zuerst durch Einstellung der Geldunterstützung, jetzt durch Zurückhalten im Bett, zum Teil war er gar nicht mehr fähig, fremde Gedanken völlig aufzunehmen. Ich hatte noch nicht zu Ende erzählt, schon war mein Plan verworfen; nach seiner Meinung musste er bei Bertuchs Garten weiter warten, und da er gewiss nicht mehr imstande sein würde, täglich hinaufzugehen, müssten wir ihn im Handkarren hinbringen. Aber ich ließ nicht ab, und allmählich söhnte er sich mit dem Gedanken aus, störend war ihm dabei nur, dass er in dieser Sache ganz von mir abhängig war, denn nur ich hatte damals den Boten gesehen, er kannte ihn nicht. Freilich, ein Diener gleicht dem anderen, und völlig sicher dessen, dass ich jenen wiedererkennen würde, war auch ich nicht. Wir begannen dann, in den Herrenhof zu gehen und unter der Dienerschaft dort zu suchen. Es war zwar ein Diener Sortinis gewesen, und Sortini kam nicht mehr ins Dorf, aber die Herren wechseln häufig die Diener, man konnte ihn recht wohl in der Gruppe eines anderen Herrn finden, und wenn er selbst nicht zu finden war, so konnte man doch vielleicht von den anderen Dienern Nachricht über ihn bekommen. Zu diesem Zweck musste man allerdings allabendlich im Herrenhof sein, und man sah uns nirgends gern, wie erst an einem solchen Ort; als zahlende Gäste konnten wir ja auch nicht auftreten. Aber es zeigte sich, dass man uns doch brauchen konnte; du weißt wohl, was für eine Plage die Dienerschaft für Frieda war, es sind im Grunde meist ruhige Leute, durch leichten Dienst verwöhnt und schwerfällig gemacht. ›Es möge dir gehen wie einem Diener‹ heißt ein Segensspruch der Beamten, und tatsächlich sollen, was Wohlleben betrifft, die Diener die eigentlichen Herren im Schloss sein, sie wissen das auch zu würdigen und sind im Schloss, wo sie sich unter seinen Gesetzen bewegen, still und würdig – vielfach ist mir das bestätigt worden –, und man findet auch hier unter den Dienern noch Reste dessen, aber nur Reste, sonst sind sie dadurch, dass die Schlossgesetze für sie im Dorf nicht mehr vollständig gelten, wie verwandelt; ein wildes, unbotmäßiges, statt von den Gesetzen von ihren unersättlichen Trieben beherrschtes Volk. Ihre Schamlosigkeit kennt keine Grenzen, ein Glück für das Dorf, dass sie den Herrenhof nur auf Befehl verlassen dürfen, im Herrenhof selbst aber muss man mit ihnen auszukommen suchen; Frieda nun fiel das sehr schwer, und so war es ihr sehr willkommen, dass sie mich dazu verwenden konnte, die Diener zu beruhigen; seit mehr als zwei Jahren, zumindest zweimal in der Woche, verbringe ich die Nacht mit den Dienern im Stall. Früher, als der Vater noch in den Herrenhof mitgehen konnte, schlief er irgendwo im Ausschankzimmer und wartete so auf die Nachrichten, die ich früh bringen würde. Es war wenig. Den gesuchten Boten haben wir bis heute noch nicht gefunden, er soll noch immer in den Diensten Sortinis sein, der ihn sehr hochschätzt, und soll ihm gefolgt sein, als sich Sortini in entferntere Kanzleien zurückzog. Meist haben ihn die Diener ebenso lange nicht gesehen wie wir, und wenn einer ihn inzwischen doch gesehen haben will, ist es wohl ein Irrtum. So wäre also mein Plan eigentlich misslungen und ist es doch nicht völlig, den Boten haben wir zwar nicht gefunden, und dem Vater haben die Wege in den Herrenhof und die Übernachtungen dort, vielleicht sogar das Mitleid mit mir, soweit er dessen noch fähig ist, leider den Rest gegeben, und er ist schon seit fast zwei Jahren in diesem Zustand, in dem du ihn gesehen hast, und dabei geht es ihm vielleicht noch besser als der Mutter, deren Ende wir täglich erwarten und das sich nur dank der übermäßigen Anstrengung Amalias verzögert. Was ich aber doch im Herrenhof erreicht habe, ist eine gewisse Verbindung mit dem Schloss; verachte mich nicht, wenn ich sage, dass ich das, was ich getan habe, nicht bereue. Was mag das für eine große Verbindung mit dem Schloss sein, wirst du dir vielleicht denken. Und du hast recht; eine große Verbindung ist es nicht. Ich kenne jetzt zwar viele Diener, die Diener aller der Herren fast, die in den letzten Jahren ins Dorf kamen, und wenn ich einmal ins Schloss kommen sollte, so werde ich dort nicht fremd sein. Freilich, es sind nur Diener im Dorf, im Schloss sind sie ganz anders und erkennen dort wahrscheinlich niemanden mehr und jemanden, mit dem sie im Dorf verkehrt haben, ganz besonders nicht, mögen sie es auch im Stall hundertmal beschworen haben, dass sie sich auf ein Wiedersehen im Schloss sehr freuen. Ich habe es ja übrigens auch schon erfahren, wie wenig allen solche Versprechungen bedeuten. Aber das Wichtigste ist das ja gar nicht. Nicht nur durch die Diener selbst habe ich eine Verbindung mit dem Schloss, sondern vielleicht und hoffentlich auch noch so, dass jemand, der von oben mich und was ich tue beobachtet – und die Verwaltung der großen Dienerschaft ist freilich ein äußerst wichtiger und sorgenvoller Teil der behördlichen Arbeit –, dass dann derjenige, der mich so beobachtet, vielleicht zu einem milderen Urteil über mich kommt als andere, dass er vielleicht erkennt, dass ich in einer jämmerlichen Art zwar, doch auch für unsere Familie kämpfe und die Bemühungen des Vaters fortsetze. Wenn man es so ansieht, vielleicht wird man es mir dann auch verzeihen, dass ich von den Dienern Geld annehme und für unsere Familie verwende. Und noch anderes habe ich erreicht, das allerdings machst auch du zu meiner Schuld. Ich habe von den Knechten manches darüber erfahren, wie man auf Umwegen, ohne das schwierige und jahrelang dauernde öffentliche Aufnahmeverfahren in die Schlossdienste kommen kann, man ist dann zwar auch nicht öffentlicher Angestellter, sondern nur ein heimlich und halb Zugelassener, man hat weder Rechte noch Pflichten, dass man keine Pflichten hat, das ist das Schlimmere, aber eines hat man, da man doch in der Nähe bei allem ist: Man kann günstige Gelegenheiten erkennen und benützen, man ist kein Angestellter, aber zufällig kann sich irgendeine Arbeit finden, ein Angestellter ist gerade nicht bei der Hand, ein Zuruf, man eilt herbei, und was man vor einem Augenblick noch nicht war, man ist es geworden, ist Angestellter. Allerdings, wann findet sich eine solche Gelegenheit? Manchmal gleich, kaum ist man hingekommen, kaum hat man sich umgesehen, ist die Gelegenheit schon da, es hat nicht einmal jeder die Geistesgegenwart, sie so, als Neuling, gleich zu fassen, aber ein anderes Mal dauert es wieder mehr Jahre als das öffentliche Aufnahmeverfahren, und regelrecht öffentlich aufgenommen kann ein solcher Halbzugelassener gar nicht mehr werden. Bedenken sind hier also genug; sie schweigen aber dem gegenüber, dass bei der öffentlichen Aufnahme sehr peinlich ausgewählt wird und ein Mitglied einer irgendwie anrüchigen Familie von vornherein verworfen ist, ein solcher unterzieht sich zum Beispiel diesem Verfahren, zittert jahrelang wegen des Ergebnisses, von allen Seiten fragt man ihn erstaunt, seit dem ersten Tag, wie er etwas derartig Aussichtsloses wagen konnte, er hofft aber doch, wie könnte er sonst leben; aber nach vielen Jahren, vielleicht als Greis, erfährt er die Ablehnung, erfährt, dass alles verloren ist und sein Leben vergeblich war. Auch hier gibt es freilich Ausnahmen, darum wird man eben so leicht verlockt. Es kommt vor, dass gerade anrüchige Leute schließlich aufgenommen werden, es gibt Beamte, welche förmlich gegen ihren Willen den Geruch solchen Wildes lieben, bei den Aufnahmeprüfungen schnuppern sie in der Luft, verziehen den Mund, verdrehen die Augen, ein solcher Mann scheint für sie gewissermaßen ungeheuer appetitanreizend zu sein, und sie müssen sich sehr fest an die Gesetzbücher halten, um dem widerstehen zu können. Manchmal hilft das allerdings dem Mann nicht zur Aufnahme, sondern nur zur endlosen Ausdehnung des Aufnahmeverfahrens, das dann überhaupt nicht beendet, sondern nach dem Tode des Mannes nur abgebrochen wird. So ist also sowohl die gesetzmäßige Aufnahme als auch die andere voll offener und versteckter Schwierigkeiten, und ehe man sich auf etwas Derartiges einlässt, ist es sehr ratsam, alles genau zu erwägen. Nun, daran haben wir es nicht fehlen lassen, Barnabas und ich. Immer, wenn ich aus dem Herrenhof kam, setzten wir uns zusammen, ich erzählte das Neueste, was ich erfahren hatte, tagelang sprachen wir es durch, und die Arbeit in des Barnabas Hand ruhte oft länger, als es gut war. Und hier mag ich eine Schuld in deinem Sinne haben. Ich wusste doch, dass auf die Erzählungen der Knechte nicht viel Verlass war. Ich wusste, dass sie niemals Lust hatten, mir vom Schloss zu erzählen, immer zu anderem ablenkten, jedes Wort sich abbetteln ließen, dann aber freilich, wenn sie im Gang waren, loslegten, Unsinn schwatzten, großtaten, einander in Übertreibungen und Erfindungen überboten, so dass offenbar in dem endlosen Geschrei, in welchem einer den anderen ablöste, dort im dunklen Stalle bestenfalls ein paar magere Andeutungen der Wahrheit enthalten sein mochten. Ich aber erzählte dem Barnabas alles wieder, so wie ich es mir gemerkt hatte, und er, der noch gar keine Fähigkeit hatte, zwischen Wahrem und Erlogenem zu unterscheiden und infolge der Lage unserer Familie fast verdurstete vor Verlangen nach diesen Dingen, er trank alles in sich hinein und glühte vor Eifer nach Weiterem. Und tatsächlich ruhte auf Barnabas mein neuer Plan. Bei den Knechten war nichts mehr zu erreichen. Der Bote Sortinis war nicht zu finden und würde niemals zu finden sein, immer weiter schien sich Sortini und damit auch der Bote zurückzuziehen, oft geriet ihr Aussehen und Name schon in Vergessenheit, und ich musste sie oft lange beschreiben, um damit nichts zu erreichen, als dass man sich mühsam an sie erinnerte, aber darüber hinaus nichts über sie sagen konnte. Und was mein Leben mit den Knechten betraf, so hatte ich natürlich keinen Einfluss darauf, wie es beurteilt wurde, konnte nur hoffen, dass man es so aufnehmen würde, wie es getan war, und dass dafür ein Geringes von der Schuld unserer Familie abgezogen würde, aber äußere Zeichen dessen bekam ich nicht. Doch blieb ich dabei, da ich für mich keine andere Möglichkeit sah, im Schloss etwas für uns zu bewirken. Für Barnabas aber sah ich eine solche Möglichkeit. Aus den Erzählungen der Knechte konnte ich, wenn ich dazu Lust hatte, und diese Lust hatte ich in Fülle, entnehmen, dass jemand, der in Schlossdienste aufgenommen ist, sehr viel für seine Familie erreichen kann. Freilich, was war an diesen Erzählungen Glaubwürdiges? Das war unmöglich festzustellen, nur dass es sehr wenig war, war klar. Denn wenn mir zum Beispiel ein Knecht, den ich niemals mehr sehen würde oder den ich, wenn ich ihn auch sehen sollte, kaum wiedererkennen würde, feierlich zusicherte, meinem Bruder zu einer Anstellung im Schloss zu verhelfen oder zumindest, wenn Barnabas sonstwie ins Schloss kommen sollte, ihn zu unterstützen, also etwa ihn zu erfrischen – denn nach den Erzählungen der Knechte kommt es vor, dass Anwärter für Stellungen während der überlangen Wartezeit ohnmächtig oder verwirrt werden und dann verloren sind, wenn nicht Freunde für sie sorgen –, wenn solches und vieles andere mir erzählt wurde, so waren das wahrscheinlich berechtigte Warnungen, aber die zugehörigen Versprechungen waren völlig leer. Für Barnabas nicht; zwar warnte ich ihn, ihnen zu glauben, aber schon, dass ich sie ihm erzählte, war genügend, um ihn für meine Pläne einzunehmen. Was ich selbst dafür anführte, wirkte auf ihn weniger, auf ihn wirkten hauptsächlich die Erzählungen der Knechte. Und so war ich eigentlich gänzlich auf mich allein angewiesen, mit den Eltern konnte sich überhaupt niemand außer Amalia verständigen, je mehr ich die alten Pläne meines Vaters in meiner Art verfolgte, desto mehr schloss sich Amalia vor mir ab, vor dir oder anderen spricht sie mit mir, allein niemals mehr, den Knechten im Herrenhof war ich ein Spielzeug, das zu zerbrechen sie sich wütend anstrengten, kein einziges vertrauliches Wort habe ich während der zwei Jahre mit einem von ihnen gesprochen, nur Hinterhältiges oder Erlogenes oder Irrsinniges, blieb mir also nur Barnabas, und Barnabas war noch sehr jung. Wenn ich bei meinen Berichten den Glanz in seinen Augen sah, den er seitdem behalten hat, erschrak ich und ließ doch nicht ab, zu Großes schien mir auf dem Spiel zu stehen. Freilich, die großen, wenn auch leeren Pläne meines Vaters hatte ich nicht, ich hatte nicht diese Entschlossenheit der Männer, ich blieb bei der Wiedergutmachung der Beleidigung des Boten und wollte gar noch, dass man mir diese Bescheidenheit als Verdienst anrechne. Aber was mir allein misslungen war, wollte ich jetzt durch Barnabas anders und sicher erreichen. Einen Boten hatten wir beleidigt und ihn aus den vorderen Kanzleien verscheucht; was lag näher, als in der Person des Barnabas einen neuen Boten anzubieten, durch Barnabas die Arbeit des beleidigten Boten ausführen zu lassen und dem Beleidigten es so zu ermöglichen, ruhig in der Ferne zu bleiben, wie lange er wollte, wie lange er es zum Vergessen der Beleidigung brauchte. Ich merkte zwar gut, dass in aller Bescheidenheit dieses Planes auch Anmaßung lag, dass es den Eindruck erwecken konnte, als ob wir der Behörde diktieren wollten, wie sie Personalfragen ordnen sollte, oder als ob wir daran zweifelten, dass die Behörde aus eigenem das Beste anzuordnen fähig war und es sogar schon längst angeordnet hatte, ehe wir nur auf den Gedanken gekommen waren, dass hier etwas getan werden könnte. Doch glaubte ich dann wieder, dass es unmöglich sei, dass mich die Behörde so missverstehe oder dass sie, wenn sie es tun sollte, es dann mit Absicht tun würde, das heißt, dass dann von vornherein ohne nähere Untersuchung alles, was ich tue, verworfen sei. So ließ ich also nicht ab, und der Ehrgeiz des Barnabas tat das seine. In dieser Zeit der Vorbereitungen wurde Barnabas so hochmütig, dass er die Schusterarbeit für sich, den künftigen Kanzleiangestellten, zu schmutzig fand; ja, dass er es sogar wagte, Amalia, wenn sie ihm, selten genug, ein Wort sagte, zu widersprechen, und zwar grundsätzlich. Ich gönnte ihm gern diese kurze Freude, denn mit dem ersten Tag, an welchem er ins Schloss ging, war Freude und Hochmut, wie es leicht vorauszusehen gewesen war, gleich vorüber. Es begann nun jener scheinbare Dienst, von dem ich dir schon erzählt habe. Erstaunlich war es, wie Barnabas ohne Schwierigkeiten zum ersten Mal das Schloss oder richtiger jene Kanzlei betrat, die sozusagen sein Arbeitsraum geworden ist. Dieser Erfolg machte mich damals fast toll, ich lief, als es mir Barnabas abends beim Nachhausekommen zuflüsterte, zu Amalia, packte sie, drückte sie in eine Ecke und küsste sie mit Lippen und Zähnen, dass sie vor Schmerz und Schrecken weinte. Sagen konnte ich vor Erregung nichts, auch hatten wir ja schon so lange nicht miteinander gesprochen, ich verschob es auf die nächsten Tage. An den nächsten Tagen aber war freilich nichts mehr zu sagen. Bei dem so schnell Erreichten blieb es auch. Zwei Jahre lang führte Barnabas dieses einförmige, herzbeklemmende Leben. Die Knechte versagten gänzlich, ich gab Barnabas einen kleinen Brief mit, in dem ich ihn der Aufmerksamkeit der Knechte empfahl, die ich gleichzeitig an ihre Versprechungen erinnerte, und Barnabas, sooft er einen Knecht sah, zog den Brief heraus und hielt ihn ihm vor, und wenn er auch wohl manchmal an Knechte geriet, die mich nicht kannten, und wenn auch für die Bekannten seine Art, den Brief stumm vorzuzeigen – denn zu sprechen wagte er oben nicht –, ärgerlich war, so war es doch schändlich, dass niemand ihm half, und es war eine Erlösung, die wir aus eigenem uns freilich auch und längst hätten verschaffen können, als ein Knecht, dem vielleicht der Brief schon einige Male aufgedrängt worden war, ihn zusammenknüllte und in einen Papierkorb warf. Fast hätte er dabei, so fiel mir ein, sagen können: ›Ähnlich pflegt ja auch ihr Briefe zu behandeln.‹ So ergebnislos aber diese ganze Zeit sonst war, auf Barnabas wirkte sie günstig, wenn man es günstig nennen will, dass er vorzeitig alterte, vorzeitig ein Mann wurde; ja, in manchem ernst und einsichtig über die Mannheit hinaus. Mich macht es oft sehr traurig, ihn anzusehen und ihn mit dem Jungen zu vergleichen, der er noch vor zwei Jahren war. Und dabei habe ich gar nicht den Trost und Rückhalt, den er mir als Mann vielleicht geben könnte. Ohne mich wäre er kaum ins Schloss gekommen, aber seit er dort ist, ist er von mir unabhängig. Ich bin seine einzige Vertraute, aber er erzählt mir gewiss nur einen kleinen Teil dessen, was er auf dem Herzen hat. Er erzählt mir viel vom Schloss, aber aus seinen Erzählungen, aus den kleinen Tatsachen, die er mitteilt, kann man bei weitem nicht verstehen, wie ihn dieses so verwandelt haben könnte. Man kann insbesondere nicht verstehen, warum er den Mut, den er als Junge bis zu unser aller Verzweiflung hatte, jetzt als Mann dort oben so gänzlich verloren hat. Freilich, dieses nutzlose Dastehen und Warten Tag für Tag und immer wieder von neuem und ohne jede Aussicht auf Veränderung, das zermürbt und macht zweiflerisch und schließlich zu anderem als zu diesem verzweifelten Dastehen sogar unfähig. Aber warum hat er auch früher gar keinen Widerstand geleistet? Besonders, da er bald erkannte, dass ich recht gehabt hatte und für den Ehrgeiz dort nichts zu holen war, wohl aber vielleicht für die Besserung der Lage unserer Familie. Denn dort geht alles – die Launen der Diener ausgenommen – sehr bescheiden zu, der Ehrgeiz sucht dort in der Arbeit Befriedigung, und da dabei die Sache selbst das Übergewicht bekommt, verliert er sich gänzlich, für kindliche Wünsche ist dort kein Raum. Wohl aber glaubte Barnabas, wie er mir erzählte, deutlich zu sehen, wie groß die Macht und das Wissen selbst dieser doch recht fragwürdigen Beamten war, in deren Zimmer er sein durfte. Wie sie diktierten, schnell, mit halbgeschlossenen Augen, kurzen Handbewegungen, wie sie nur mit dem Zeigefinger ohne jedes Wort die brummigen Diener abfertigten, die, in solchen Augenblicken schwer atmend, glücklich lächelten, oder wie sie eine wichtige Stelle in ihren Büchern fanden, voll darauf schlugen, und wie die anderen, soweit es in der Enge möglich war, herbeiliefen und die Hälse danach streckten. Das und ähnliches gab Barnabas große Vorstellungen von diesen Männern, und er hatte den Eindruck, dass, wenn er so weit käme, von ihnen bemerkt zu werden und mit ihnen ein paar Worte sprechen zu dürfen – nicht als Fremder, sondern als Kanzleikollege, allerdings untergeordneter Art –, Unabsehbares für unsere Familie erreicht werden könnte. Aber so weit ist es eben noch nicht gekommen, und etwas, was ihn dem annähern könnte, wagt Barnabas nicht zu tun, obwohl er schon genau weiß, dass er trotz seiner Jugend innerhalb unserer Familie durch die unglücklichen Verhältnisse zu der verantwortungsschweren Stellung des Familienvaters selbst hinaufgerückt ist. Und nun, um das letzte noch zu gestehen: Vor einer Woche bist du gekommen. Ich hörte im Herrenhof jemanden es erwähnen, kümmerte mich aber nicht darum; ein Landvermesser war gekommen; ich wusste nicht einmal, was das ist. Aber am nächsten Abend kommt Barnabas – ich pflegte ihm sonst zu bestimmter Stunde ein Stück Weges entgegenzugehen – früher als sonst nach Hause, sieht Amalia in der Stube, zieht mich deshalb auf die Straße hinaus, drückt dort das Gesicht auf meine Schulter und weint minutenlang. Er ist wieder der kleine Junge von ehemals. Es ist ihm etwas geschehen, dem er nicht gewachsen ist. Es ist, als hätte sich vor ihm plötzlich eine ganz neue Welt aufgetan, und das Glück und die Sorgen aller dieser Neuheit kann er nicht ertragen. Und dabei ist ihm nichts anderes geschehen, als dass er einen Brief an dich zur Bestellung bekommen hat. Aber es ist freilich der erste Brief, die erste Arbeit, die er überhaupt je bekommen hat.«

Olga brach ab. Es war still, bis auf das schwere, manchmal röchelnde Atmen der Eltern. K. sagte nur leichthin, wie zur Ergänzung von Olgas Erzählung: »Ihr habt euch mir gegenüber verstellt. Barnabas überbrachte den Brief wie ein alter, vielbeschäftigter Bote, und du ebenso wie Amalia, die diesmal also mit euch einig war, tatet so, als sei der Botendienst und die Briefe nur irgendein Nebenbei.« – »Du musst zwischen uns unterscheiden«, sagte Olga.
»Barnabas ist durch die zwei Briefe wieder ein glückliches Kind geworden, trotz allen Zweifeln, die er an seiner Tätigkeit hat. Diese Zweifel hat er nur für sich und mich; dir gegenüber aber sucht er seine Ehre darin, als wirklicher Bote aufzutreten, so wie seiner Vorstellung nach wirkliche Boten auftreten. So musste ich ihm zum Beispiel, obwohl doch jetzt seine Hoffnung auf einen Amtsanzug steigt, binnen zwei Stunden seine Hose so ändern, dass sie der enganliegenden Hose des Amtskleides wenigstens ähnlich ist und er darin vor dir, der du in dieser Hinsicht natürlich noch leicht zu täuschen bist, bestehen kann. Das ist Barnabas.
Amalia aber missachtet wirklich den Botendienst, und jetzt, nachdem er ein wenig Erfolg zu haben scheint, wie sie an Barnabas und mir und unserem Beisammensitzen und Tuscheln leicht erkennen kann, jetzt missachtet sie ihn noch mehr als früher. Sie spricht also die Wahrheit, lass dich niemals täuschen, indem du daran zweifelst. Wenn aber ich, K., manchmal den Botendienst herabgewürdigt habe, so geschah es nicht mit der Absicht, dich zu täuschen, sondern aus Angst. Diese zwei Briefe, die durch des Barnabas Hand bisher gegangen sind, sind seit drei Jahren das erste, allerdings noch genug zweifelhafte Gnadenzeichen, das unsere Familie bekommen hat. Diese Wendung, wenn es eine Wendung ist und keine Täuschung – Täuschungen sind häufiger als Wendungen –, ist mit deiner Ankunft hier im Zusammenhang, unser Schicksal ist in eine gewisse Abhängigkeit von dir geraten, vielleicht sind diese zwei Briefe nur ein Anfang, und des Barnabas Tätigkeit wird sich über den dich betreffenden Botendienst hinaus ausdehnen – das wollen wir hoffen, solange wir es dürfen –; vorläufig aber zielt alles nur auf dich ab. Dort oben nun müssen wir uns mit dem zufriedengeben, was man uns zuteilt, hier unten aber können wir doch vielleicht auch selbst etwas tun, das ist: deine Gunst uns sichern oder wenigstens vor deiner Abneigung uns bewahren oder, was das wichtigste ist, dich nach unseren Kräften und Erfahrungen schützen, damit dir die Verbindung mit dem Schloss – von der wir vielleicht leben könnten – nicht verlorengeht. Wie dies alles nun am besten einleiten? Dass du keinen Verdacht gegen uns fasst, wenn wir uns dir nähern, denn du bist hier fremd und deshalb gewiss nach allen Seiten hin voll Verdachtes, voll berechtigten Verdachtes. Außerdem sind wir ja verachtet und du von der allgemeinen Meinung beeinflusst, besonders durch deine Braut; wie sollen wir zu dir vordringen, ohne uns zum Beispiel, wenn wir es auch gar nicht beabsichtigen, gegen deine Braut zu stellen und dich damit zu kränken. Und die Botschaften, die ich, ehe du sie bekamst, genau gelesen habe – Barnabas hat sie nicht gelesen, als Bote hat er es sich nicht erlaubt –, schienen auf den ersten Blick nicht sehr wichtig, veraltet, nahmen sich selbst die Wichtigkeit, indem sie dich auf den Gemeindevorsteher verwiesen. Wie sollten wir uns nun in dieser Hinsicht dir gegenüber verhalten? Betonten wir ihre Wichtigkeit, machten wir uns verdächtig, dass wir so offenbar Unwichtiges überschätzten und als Überbringer dieser Nachrichten dir anpriesen, unsere Zwecke, nicht deine verfolgten, ja, wir konnten dadurch die Nachrichten selbst in deinen Augen herabsetzen und dich so, sehr wider Willen, täuschen. Legten wir aber den Briefen nicht viel

Wert bei, machten wir uns ebenso verdächtig, denn warum beschäftigten wir uns dann mit dem Zustellen dieser unwichtigen Briefe, warum widersprachen einander unsere Handlungen und unsere Worte, warum täuschten wir so nicht nur dich, den Adressaten, sondern auch unseren Auftraggeber, der uns gewiss die Briefe nicht übergeben hatte, damit wir sie durch unsere Erklärungen beim Adressaten entwerteten. Und die Mitte zwischen den Übertreibungen zu halten, also die Briefe richtig zu beurteilen, ist ja unmöglich, sie wechseln selbst fortwährend ihren Wert, die Überlegungen, zu denen sie Anlass geben, sind endlos, und wo man dabei gerade haltmacht, ist nur durch den Zufall bestimmt, also auch die Meinung eine zufällige. Und wenn nun noch die Angst um dich dazwischenkommt, verwirrt sich alles, du darfst meine Worte nicht zu streng beurteilen. Wenn zum Beispiel, wie es einmal geschehen ist, Barnabas mit der Nachricht kommt, dass du mit seinem Botendienst unzufrieden bist und er im ersten Schrecken und leider auch nicht ohne Botenempfindlichkeit sich angeboten hat, von diesem Dienst zurückzutreten, dann bin ich allerdings, um den Fehler gutzumachen, imstande, zu täuschen, zu lügen, zu betrügen, alles Böse zu tun, wenn es nur hilft. Aber das tue ich dann, wenigstens nach meinem Glauben, so gut deinetwegen wie unseretwegen.«

Es klopfte. Olga lief zur Tür und sperrte auf. In das Dunkel fiel ein Lichtstreifen aus einer Blendlaterne.

Der späte Besucher stellte flüsternde Fragen und bekam geflüsterte Antwort, wollte sich aber damit nicht begnügen und in die Stube eindringen. Olga konnte ihn wohl nicht mehr zurückhalten und rief deshalb Amalia, von der sie offenbar hoffte, dass diese, um den Schlaf der Eltern zu schützen, alles aufwenden werde, um den Besucher zu entfernen. Tatsächlich eilte sie auch schon herbei, schob Olga beiseite, trat auf die Straße und schloss hinter sich die Tür. Es dauerte nur einen Augenblick, gleich kam sie wieder zurück, so schnell hatte sie erreicht, was Olga unmöglich gewesen war.

K. erfuhr dann von Olga, dass der Besuch ihm gegolten hatte; es war einer der Gehilfen, der ihn im Auftrag Friedas suchte. Olga hatte K. vor dem Gehilfen schützen wollen, wenn K. seinen Besuch hier später Frieda gestehen wollte, mochte er es tun, aber es sollte nicht durch den Gehilfen entdeckt werden. K. billigte das. Das Angebot Olgas aber, hier die Nacht zu verbringen und auf Barnabas zu warten, lehnte er ab; an und für sich hätte er es vielleicht angenommen, denn es war schon spät in der Nacht, und es schien ihm, dass er jetzt, ob er wolle oder nicht, mit dieser Familie derart verbunden sei, dass ein Nachtlager hier aus anderen Gründen vielleicht peinlich, mit Rücksicht auf diese Verbundenheit aber das für ihn Natürlichste im ganzen Dorf sei, trotzdem lehnte er ab, der Besuch des Gehilfen hatte ihn aufgeschreckt, es war ihm unverständlich, wie Frieda, die doch seinen Willen kannte, und die Gehilfen, die ihn fürchten gelernt hatten, wieder derart zusammengekommen waren, dass sich Frieda nicht scheute, einen Gehilfen um ihn zu schicken, einen übrigens nur, während der andere wohl bei ihr geblieben war. Er fragte Olga, ob sie eine Peitsche habe, die hatte sie nicht, aber eine gute Weidenrute hatte sie, die nahm er, dann fragte er, ob es noch einen zweiten Ausgang aus dem Haus gebe, es gab einen solchen Ausgang durch den Hof, nur musste man dann noch über den Zaun des Nachbargartens klettern und durch diesen Garten gehen, ehe man auf die Straße kam. Das wollte K. tun. Während ihn Olga durch den Hof und zum Zaun führte, suchte K. sie schnell wegen ihrer Sorgen zu beruhigen, erklärte, dass er ihr wegen ihrer kleinen Kunstgriffe in der Erzählung gar nicht böse sei, sondern sie sehr wohl verstehe, dankte ihr für das Vertrauen, das sie zu ihm hatte und durch ihre Erzählung bewiesen hatte, und trug ihr auf, Barnabas gleich nach seiner Rückkehr in die Schule zu schicken, und sei es noch in der Nacht. Zwar seien die Botschaften des Barnabas nicht seine einzige Hoffnung, sonst stünde es schlimm um ihn, aber verzichten wolle er keineswegs auf sie, er wolle sich an sie halten und dabei Olga nicht vergessen, denn noch wichtiger fast als die Botschaften sei ihm Olga selbst, ihre Tapferkeit, ihre Umsicht, ihre Klugheit, ihre Aufopferung für die Familie. Wenn er zwischen Olga und Amalia zu wählen hätte, würde ihn das nicht viel Überlegung kosten. Und er drückte ihr noch herzlich die Hand, während er sich schon auf den Zaun des Nachbargartens schwang.

Das sechzehnte Kapitel

Als er dann auf der Straße war, sah er, soweit die trübe Nacht es erlaubte, weiter oben vor des Barnabas Haus noch immer den Gehilfen auf und ab gehen, manchmal blieb er stehen und versuchte, durch das verhängte Fenster in die Stube zu leuchten. K. rief ihn an; ohne sichtlich zu erschrecken, ließ er von dem Ausspionieren des Hauses ab und kam auf K. zu.

»Wen suchst du?« fragte K. und prüfte am Schenkel die Biegsamkeit der Weidenrute.

»Dich«, sagte der Gehilfe im Näherkommen. »Wer bist du denn?« sagte K. plötzlich, denn es schien nicht der Gehilfe zu sein. Er schien älter, müder, faltiger, aber voller im Gesicht, auch sein Gang war ganz anders als der flinke, in den Gelenken wie elektrisierte Gang der Gehilfen, er war langsam, ein wenig hinkend, vornehm kränklich. »Du erkennst mich nicht?« fragte der Mann. »Jeremias, dein alter Gehilfe.« – »So«, sagte K. und zog wieder die Weidenrute ein wenig hervor, die er schon hinter dem Rücken versteckt hatte. »Du siehst aber ganz anders aus.« – »Es ist, weil ich allein bin«, sagte Jeremias. »Bin ich allein, dann ist auch die fröhliche Jugend dahin.« – »Wo ist denn Artur?« fragte K. »Artur?« fragte Jeremias. »Der kleine Liebling? Er hat den Dienst verlassen. Du warst aber auch ein wenig grob und hart zu uns. Die zarte Seele hat es nicht ertragen. Er ist ins Schloss zurückgekehrt und führt Klage über dich.« – »Und du?« fragte K. »Ich konnte bleiben«, sagte Jeremias, »Artur führt die Klage auch für mich.« – »Worüber klagt ihr denn?« fragte K. »Darüber«, sagte Jeremias, »dass du keinen Spaß verstehst. Was haben wir denn getan? Ein wenig gescherzt, ein wenig gelacht, ein wenig deine Braut geneckt. Alles übrigens nach dem Auftrag. Als uns Galater zu dir schickte –« – »Galater?« fragte K. »Ja, Galater«, sagte Jeremias. »Er vertrat damals gerade Klamm. Als er uns zu dir schickte, sagte er – ich habe es mir genau gemerkt, denn darauf berufen wir uns ja –: ›Ihr geht hin als die Gehilfen des Landvermessers.‹ Wir sagten: ›Wir verstehen aber nichts von dieser Arbeit.‹ Er darauf: ›Das ist nicht das wichtigste; wenn es nötig sein wird, wird er es euch beibringen. Das wichtigste ist aber, dass ihr ihn ein wenig erheitert. Wie man mir berichtet, nimmt er alles sehr schwer. Er ist jetzt ins Dorf gekommen, und gleich ist ihm das ein großes Ereignis, während es doch in Wirklichkeit gar nichts ist. Das sollt ihr ihm beibringen.‹« – »Nun«, sagte K., »hat Galater recht gehabt und habt ihr den Auftrag ausgeführt?« – »Das weiß ich nicht«, sagte Jeremias. »In der kurzen Zeit war es wohl auch nicht möglich. Ich weiß nur, dass du sehr grob warst, und darüber klagen wir. Ich verstehe nicht, wie du, der du doch auch nur ein Angestellter bist und nicht einmal ein Schlossangestellter, nicht einsehen kannst, dass ein solcher Dienst eine harte Arbeit ist und dass es sehr unrecht ist, mutwillig, fast kindisch dem Arbeiter die Arbeit so zu erschweren, wie du es getan hast. Diese Rücksichtslosigkeit, mit der du uns am Gitter frieren ließest, oder wie du Artur, einen Menschen, den ein böses Wort tagelang schmerzt, mit der Faust auf der Matratze fast erschlagen hast oder wie du mich am Nachmittag kreuz und quer durch den Schnee jagtest, dass ich dann eine Stunde brauchte, um mich von der Hetze zu erholen. Ich bin doch nicht mehr jung!« – »Lieber Jeremias«, sagte K., »mit dem allem hast du recht, nur solltest du es bei Galater vorbringen. Er hat euch aus eigenem Willen geschickt, ich habe euch nicht von ihm erbeten. Und da ich euch nicht verlangt habe, konnte ich euch auch wieder zurückschicken und hätte es auch lieber in Frieden getan als mit Gewalt, aber ihr wolltet es offenbar nicht anders. Warum hast du übrigens nicht gleich, als ihr zu mir kamt, so offen gesprochen wie jetzt?« – »Weil ich im Dienst war«, sagte Jeremias, »das ist doch selbstverständlich.« – »Und jetzt bist du nicht mehr im Dienst?« fragte K. »Jetzt nicht mehr«, sagte Jeremias, »Artur hat im Schloss den Dienst aufgesagt, oder es ist zumindest das Verfahren im Gang, das uns von ihm endgültig befreien soll.« – »Aber du suchst mich doch noch so, als wärest du im Dienst«, sagte K. »Nein«, sagte Jeremias, »ich suche dich nur, um Frieda zu beruhigen. Als du sie nämlich wegen der Barnabasschen Mädchen verlassen hast, war sie sehr unglücklich, nicht so sehr wegen des Verlustes als wegen deines Verrates; allerdings hatte sie es schon lange kommen gesehen und schon viel deshalb gelitten. Ich kam gerade wieder einmal zum Schulfenster, um nachzusehen, ob du doch vielleicht schon vernünftiger geworden seiest. Aber du warst nicht dort, nur Frieda saß in einer Schulbank und weinte. Da ging ich also zu ihr, und wir einigten uns. Es ist auch schon alles ausgeführt. Ich bin Zimmerkellner im Herrenhof, wenigstens solange meine Sache im Schloss nicht erledigt ist, und Frieda ist wieder im Ausschank. Es ist für Frieda besser. Es lag für sie keine Vernunft darin, deine Frau zu werden. Auch hast du das Opfer, das sie dir bringen wollte, nicht zu würdigen verstanden. Nun hat aber die Gute noch immer manchmal Bedenken, ob dir nicht Unrecht geschehen ist, ob du vielleicht doch nicht bei den Barnabasschen warst. Obwohl natürlich gar kein Zweifel darin sein konnte, wo du warst, bin ich doch noch gegangen, es ein für allemal festzustellen; denn nach all den Aufregungen verdient es Frieda endlich einmal, ruhig zu schlafen, ich allerdings auch. So bin ich also gegangen und habe nicht nur dich gefunden, sondern nebenbei auch noch sehen können, dass dir die Mädchen wie am Schnürchen folgen. Besonders die Schwarze, eine wahre Wildkatze, hat sich für dich eingesetzt. Nun, jeder nach seinem Geschmack. Jedenfalls aber war es nicht nötig, dass du den Umweg über den Nachbargarten gemacht hast, ich kenne den Weg.«

Nun war es also doch geschehen, was vorauszusehen, aber nicht zu verhindern gewesen war. Frieda hatte ihn verlassen. Es musste nichts Endgültiges sein, so schlimm war es nicht; Frieda war zurückzuerobern, sie war leicht von Fremden zu beeinflussen, gar von diesen Gehilfen, welche Friedas Stellung für ähnlich der ihren hielten und nun, da sie gekündigt hatten, auch Frieda dazu veranlasst hatten, aber K. musste nur vor sie treten, an alles erinnern, was für ihn sprach, und sie war wieder reuevoll die seine, gar wenn er etwa imstande gewesen wäre, den Besuch bei den Mädchen durch einen Erfolg zu rechtfertigen, den er ihnen verdankte. Aber trotz diesen Überlegungen, mit welchen er sich wegen Frieda zu beruhigen suchte, war er nicht beruhigt. Noch vor kurzem hatte er sich Olga gegenüber Friedas gerühmt und sie seinen einzigen Halt genannt; nun, dieser Halt war nicht der festeste, nicht der Eingriff eines Mächtigen war nötig, um K. Friedas zu berauben, es genügte auch dieser nicht sehr appetitliche Gehilfe, dieses Fleisch, das manchmal den Eindruck machte, als sei es nicht recht lebendig.

Jeremias hatte sich schon zu entfernen angefangen; K. rief ihn zurück. »Jeremias«, sagte er, »ich will ganz offen zu dir sein, beantworte mir auch ehrlich eine Frage. Wir sind ja nicht mehr im Verhältnis des Herrn und des Dieners, worüber nicht nur du froh bist, sondern auch ich, wir haben also keinen Grund, einander zu betrügen. Hier vor deinen Augen zerbreche ich die Rute, die für dich bestimmt gewesen ist, denn nicht aus Angst vor dir habe ich den Weg durch den Garten gewählt, sondern, um dich zu überraschen und die Rute einige Mal an dir abzuziehen. Nun, nimm mir das nicht mehr übel, das ist alles vorüber; wärest du nicht ein vom Amt mir aufgezwungener Diener, sondern einfach ein Bekannter gewesen, wir hätten uns gewiss, wenn mich auch dein Aussehen manchmal ein wenig stört, ausgezeichnet vertragen. Und wir könnten ja auch das, was wir in dieser Hinsicht versäumt haben, jetzt nachtragen.« – »Glaubst du?« sagte der Gehilfe und drückte gähnend die müden Augen. »Ich könnte dir ja die Sache ausführlicher erklären, aber ich habe keine Zeit, ich muss zu Frieda, das

Kindchen wartet auf mich, sie hat den Dienst noch nicht angetreten, der Wirt hat ihr auf mein Zureden – sie wollte sich, wahrscheinlich, um zu vergessen, gleich in die Arbeit stürzen – noch eine kleine Erholungszeit gegeben, die wollen wir doch wenigstens miteinander verbringen. Was deinen Vorschlag betrifft, so habe ich gewiss keinen Anlass, dich zu belügen, aber ebenso wenig, dir etwas anzuvertrauen. Bei mir ist es nämlich anders als bei dir. Solange ich im Dienstverhältnis zu dir stand, warst du mir natürlich eine sehr wichtige Person, nicht wegen deiner Eigenschaften, sondern wegen des Dienstauftrags, und ich hätte alles für dich getan, was du wolltest, jetzt aber bist du mir gleichgültig. Auch das Zerbrechen der Rute rührt mich nicht, es erinnert mich nur daran, einen wie rohen Herrn ich hatte, mich für dich einzunehmen ist es nicht geeignet.« – »Du sprichst so mit mir«, sagte K., »wie wenn es ganz gewiss wäre, dass du von mir niemals mehr etwas zu fürchten haben wirst. So ist es aber doch eigentlich nicht. Du bist wahrscheinlich doch noch nicht frei von mir, so schnell finden die Erledigungen hier nicht statt.« – »Manchmal noch schneller«, warf Jeremias ein. »Manchmal«, sagte K., »nichts deutet aber darauf hin, dass es diesmal geschehen ist, zumindest hast weder du, noch habe ich eine schriftliche Erledigung in Händen. Das Verfahren ist also erst im Gang, und ich habe durch meine Verbindungen noch gar nicht eingegriffen, werde es aber tun. Fällt es ungünstig für dich aus, so hast du nicht sehr dafür vorgearbeitet, dir deinen Herrn geneigt zu machen, und es war vielleicht sogar überflüssig, die Weidenrute zu zerbrechen. Und Frieda hast du zwar fortgeführt, wovon dir ganz besonders der Kamm geschwollen ist; aber bei allem Respekt vor deiner Person – den ich habe, auch wenn du für mich keinen mehr hast –, ein paar Worte, von mir an Frieda gerichtet, genügen, das weiß ich, um die Lügen, mit denen du sie eingefangen hast, zu zerreißen. Und nur Lügen konnten Frieda mir abspenstig machen.« – »Diese Drohungen schrecken mich nicht«, sagte Jeremias. »Du willst mich doch gar nicht zum Gehilfen haben, du fürchtest mich doch als Gehilfen, du fürchtest Gehilfen überhaupt, nur aus Furcht hast du den guten Artur geschlagen.« – »Vielleicht«, sagte K. »Hat es deshalb weniger weh getan? Vielleicht werde ich auf diese Weise meine Furcht vor dir noch öfters zeigen können. Sehe ich, dass dir die Gehilfenschaft wenig Freude macht, macht es wiederum mir über alle Furcht hinweg den größten Spaß, dich dazu zu zwingen. Und zwar werde ich es mir diesmal angelegen sein lassen, dich allein, ohne Artur, zu bekommen; ich werde dir dann mehr Aufmerksamkeit zuwenden können.« – »Glaubst du«, sagte Jeremias, »dass ich auch nur die geringste Furcht vor dem allen habe?« – »Ich glaube wohl«, sagte K., »ein wenig Furcht hast du gewiss und, wenn du klug bist, viel Furcht. Warum wärst du denn sonst nicht schon zu Frieda gegangen? Sag, hast du sie denn lieb?« – »Lieb?« sagte Jeremias. »Sie ist ein gutes, kluges Mädchen, eine gewesene Geliebte Klamms, also respektabel auf jeden Fall. Und wenn sie mich fortwährend bittet, sie von dir zu befreien, warum sollte ich ihr den Gefallen nicht tun, besonders, da ich damit doch auch dir kein Leid antue, der du mit den verfluchten Barnabasschen dich getröstet hast.« – »Nun sehe ich deine Angst«, sagte K., »eine ganz jämmerliche Angst, du versuchst mich durch Lügen einzufangen. Frieda hat nur um eines gebeten: sie von den wildgewordenen, hündisch lüsternen Gehilfen zu befreien; leider habe ich nicht Zeit gehabt, ihre Bitte ganz zu erfüllen, und jetzt sind die Folgen meiner Versäumnis da.«

»Herr Landvermesser, Herr Landvermesser!« rief jemand durch die Gasse. Es war Barnabas. Atemlos kam er an, vergaß aber nicht, sich vor K. zu verbeugen. »Es ist mir gelungen«, sagte er. »Was ist gelungen?« fragte K. »Du hast meine Bitte Klamm vorgebracht?« – »Das ging nicht«, sagte Barnabas. »Ich habe mich sehr bemüht, aber es war unmöglich, ich habe mich vorgedrängt, stand den ganzen Tag über, ohne dazu aufgefordert zu sein, so nahe am Pult, dass mich einmal ein Schreiber, dem ich im Licht war, sogar wegschob, meldete mich, was verboten ist, mit erhobener Hand, wenn Klamm aufsah, blieb am längsten in der Kanzlei, war schon nur allein mit den Dienern dort, hatte noch einmal die Freude, Klamm zurückkommen zu sehen, aber es war nicht meinetwegen, er wollte nur schnell noch etwas in einem Buche nachsehen und ging gleich wieder, schließlich kehrte mich der Diener, da ich mich noch immer nicht rührte, fast mit dem Besen aus der Tür. Ich gestehe das alles, damit du nicht wieder unzufrieden bist mit meinen Leistungen.« – »Was hilft mir all dein Fleiß, Barnabas«, sagte K., »wenn er gar keinen Erfolg hat.« – »Aber ich hatte Erfolg«, sagte Barnabas. »Als ich aus meiner Kanzlei trat – ich nenne sie meine Kanzlei –, sehe ich, wie aus den tieferen Korridoren ein Herr langsam herankommt, sonst war schon alles leer; es war ja schon sehr spät. Ich beschloss, auf ihn zu warten; es war eine gute Gelegenheit, noch dort zu bleiben, am liebsten wäre ich ja überhaupt dort geblieben, um dir die schlechte Meldung nicht bringen zu müssen. Aber es lohnte sich auch sonst, auf den Herrn zu warten, es war Erlanger. Du kennst ihn nicht? Er ist einer der ersten Sekretäre Klamms. Ein schwacher, kleiner Herr, er hinkt ein wenig. Er erkannte mich sofort, er ist berühmt wegen seines Gedächtnisses und seiner Menschenkenntnis, er zieht nur die Augenbrauen zusammen, das genügt ihm, um jeden zu erkennen, oft auch Leute, die er nie gesehen hat, von denen er nur gehört oder gelesen hat, mich zum Beispiel dürfte er kaum je gesehen haben. Aber obwohl er jeden Menschen gleich erkennt, fragt er zuerst, so, wie wenn er unsicher wäre. ›Bist du nicht Barnabas?‹ sagte er zu mir. Und dann fragte er: ›Du kennst den Landvermesser, nicht?‹ Und dann sagte er: ›Das trifft sich gut; ich fahre jetzt in den Herrenhof. Der Landvermesser soll mich dort besuchen. Ich wohne im Zimmer Nummer fünfzehn. Doch müsste er gleich jetzt kommen. Ich habe nur einige Besprechungen dort und fahre um fünf Uhr früh wieder zurück. Sag ihm, dass mir viel daran liegt, mit ihm zu sprechen.‹«

Plötzlich setzte sich Jeremias in Lauf. Barnabas, der ihn in seiner Aufregung bisher kaum beachtet hatte, fragte: »Was will denn Jeremias?« – »Mir bei Erlanger zuvorkommen«, sagte K., lief schon hinter Jeremias her, fing ihn ein, hing sich an seinen Arm und sagte: »Ist es die Sehnsucht nach Frieda, die dich plötzlich ergriffen hat? Ich habe sie nicht minder, und so werden wir in gleichem Schritte gehen.«

Das siebzehnte Kapitel

Vor dem dunklen Herrenhof stand eine kleine Gruppe Männer, zwei oder drei hatten Handlaternen mit, so dass manche Gesichter kenntlich waren. K. fand nur einen Bekannten, Gerstäcker, den Fuhrmann. Gerstäcker begrüßte ihn mit der Frage: »Du bist noch immer im Dorf?« – »Ja,« sagte K., »ich bin auf Dauer gekommen.« – »Mich kümmert es ja nicht«, sagte Gerstäcker, hustete kräftig und wandte sich anderen zu.

Es stellte sich heraus, dass alle auf Erlanger warteten. Erlanger war schon angekommen, verhandelte aber, ehe er die Parteien empfing, noch mit Momus. Das allgemeine Gespräch drehte sich darum, dass man nicht im Hause warten durfte, sondern hier draußen im Schnee stehen musste. Es war zwar nicht sehr kalt; trotzdem war es rücksichtslos, die Parteien vielleicht stundenlang in der Nacht vor dem Haus zu lassen. Das war freilich nicht die Schuld Erlangers, der vielmehr sehr entgegenkommend war, davon kaum wusste und sich gewiss sehr geärgert hätte, wenn es ihm gemeldet worden wäre. Es war die Schuld der Herrenhofwirtin, die in ihrem schon krankhaften Streben nach Feinheit es nicht leiden wollte, dass viele Parteien auf einmal in den Herrenhof kamen. »Wenn es schon sein muss und sie kommen müssen«, pflegte sie zu sagen, »dann, um des Himmels willen, nur immer einer hinter dem andern.« Und sie hatte es durchgesetzt, dass die Parteien, die zuerst einfach in einem Korridor, später auf der Treppe, dann im Flur, zuletzt im Ausschank gewartet hatten, schließlich auf die Gasse hinausgeschoben worden waren. Und selbst das genügte ihr noch nicht. Es war ihr unerträglich, im eigenen Hause immerfort »belagert zu werden«, wie sie sich ausdrückte. Es war ihr unverständlich, wozu es überhaupt Parteienverkehr gab. »Um vorn die Haustreppe schmutzig zu machen«, hatte ihr einmal ein Beamter auf ihre Frage, wahrscheinlich im Ärger, gesagt; ihr aber war das sehr einleuchtend gewesen, und sie pflegte diesen Ausspruch gern zu zitieren. Sie strebte danach, und dies begegnete sich nun schon mit den Wünschen der Parteien, dass gegenüber dem Herrenhof ein Gebäude aufgeführt werde, in welchem die Parteien warten könnten. Am liebsten wäre es ihr gewesen, wenn auch die Parteienbesprechungen und Verhöre außerhalb des Herrenhofes stattgefunden hätten, aber dem widersetzten sich die Beamten, und wenn sich die Beamten ernstlich widersetzten, so drang natürlich die Wirtin nicht durch, obwohl sie in Nebenfragen kraft ihres unermüdlichen und dabei frauenhaft zarten Eifers eine Art kleiner Tyrannei ausübte. Die Besprechungen und Verhöre würde aber die Wirtin voraussichtlich auch weiterhin im Herrenhof dulden müssen, denn die Herren aus dem Schloss weigerten sich, im Dorfe in Amtsangelegenheiten den Herrenhof zu verlassen. Sie waren immer in Eile, nur sehr wider Willen waren sie im Dorfe, über das unbedingt Notwendige ihren Aufenthalt hier auszudehnen hatten sie nicht die geringste Lust, und es konnte daher nicht von ihnen verlangt werden, nur mit Rücksicht auf den Hausfrieden im Herrenhof, zeitweilig mit allen ihren Schriften über die Straße in irgendein anderes Haus zu ziehen und so Zeit zu verlieren. Am liebsten erledigten ja die Beamten die Amtssachen im Ausschank oder in ihrem Zimmer, womöglich während des Essens oder vom Bett aus vor dem Einschlafen oder morgens, wenn sie zu müde waren, aufzustehen, und sich im Bett noch ein wenig strecken wollten. Dagegen schien die Frage der Errichtung eines Wartegebäudes einer günstigen Lösung sich zu nähern, freilich war es eine empfindliche Strafe für die Wirtin – man lachte ein wenig darüber –, dass gerade die Angelegenheit des Wartegebäudes zahlreiche Besprechungen nötig machte und die Gänge des Hauses kaum leer wurden.

Über all diese Dinge unterhielt man sich halblaut unter den Wartenden, K. war es auffallend, dass zwar der Unzufriedenheit genug war, niemand aber etwas dagegen einzuwenden hatte, dass Erlanger die Parteien mitten in der Nacht berief. Er fragte danach und erhielt die Auskunft, dass man dafür Erlanger sogar sehr dankbar sein müsse. Es sei ja ausschließlich sein guter Wille und die hohe Auffassung, die er von seinem Amte habe, die ihn dazu bewegten, überhaupt ins Dorf zu kommen; er könnte ja, wenn er wollte – und es würde dies sogar den Vorschriften vielleicht besser entsprechen –, irgendeinen unteren Sekretär schicken und von ihm die Protokolle aufnehmen lassen. Aber er weigerte sich eben meistens, dies zu tun, wolle selbst alles sehen und hören, müsse dann aber zu diesem Zweck seine Nächte opfern, denn in seinem Amtsplan sei keine Zeit für Dorfreisen vorgesehen. K. wandte ein, dass doch auch Klamm bei Tag ins Dorf komme und sogar mehrere Tage hier bleibe; sei denn Erlanger, der doch nur Sekretär sei, oben unentbehrlicher? Einige lachten gutmütig, andere schwiegen betreten, diese letzteren bekamen das Übergewicht, und es wurde K. kaum geantwortet. Nur einer sagte zögernd, natürlich sei Klamm unentbehrlich, im Schloss wie im Dorf.

Da öffnete sich die Haustür und Momus erschien zwischen zwei Lampen tragenden Dienern. »Die ersten, die zum Herrn Sekretär Erlanger vorgelassen werden«, sagte er, »sind: Gerstäcker und K. Sind die beiden hier?« Sie meldeten sich, aber noch vor ihnen schlüpfte Jeremias mit einem »Ich bin hier Zimmerkellner«, von Momus lächelnd mit einem Schlag auf die Schulter begrüßt, ins Haus. Ich werde auf Jeremias mehr achten müssen, sagte sich K., wobei er sich dessen bewusst blieb, dass Jeremias wahrscheinlich viel ungefährlicher war als Artur, der im Schloss gegen ihn arbeitete. Vielleicht war es sogar klüger, sich von ihnen als Gehilfen quälen zu lassen, als sie so unkontrolliert umherstreichen und ihre Intrigen, für die sie eine besondere Anlage zu haben schienen, frei betreiben zu lassen.

Als K. an Momus vorüberkam, tat dieser, als erkenne er erst jetzt in ihm den Landvermesser. »Ah, der Herr Landvermesser«, sagte er, »der, welcher sich so ungern verhören lässt, drängt sich zum Verhör. Bei mir wäre es damals einfacher gewesen. Nun freilich, es ist schwer, die richtigen Verhöre auszuwählen.« Als K. auf diese Ansprache hin stehenbleiben wollte, sagte Momus: »Gehen Sie, gehen Sie! Damals hätte ich Ihre Antworten gebraucht, jetzt nicht.« Trotzdem sagte K., erregt durch des Momus Benehmen: »Ihr denkt nur an Euch. Bloß des Amtes wegen antworte ich nicht; weder damals noch heute.« Momus sagte: »An wen sollen wir denn denken? Wer ist denn sonst noch hier? Gehen Sie!« Im Flur empfing sie ein Diener und führte sie den K. schon bekannten Weg über den Hof, dann durch das Tor und in den niedrigen, ein wenig sich senkenden Gang. In den oberen Stockwerken wohnten offenbar nur die höheren Beamten, die Sekretäre dagegen wohnten an diesem Gang, auch Erlanger, obwohl er einer ihrer obersten war. Der Diener löschte seine Laterne aus, denn hier war helle elektrische Beleuchtung. Alles war hier klein, aber zierlich gebaut. Der Raum war möglichst ausgenützt. Der Gang genügte knapp, aufrecht in ihm zu gehen. An den Seiten war eine Tür fast neben der anderen. Die Seitenwände reichten nicht bis zur Decke, dies wahrscheinlich aus Ventilationsrücksichten, denn die Zimmerchen hatten wohl hier in dem tiefen, kellerartigen Gang keine Fenster. Der Nachteil dieser nicht ganz schließenden Wände war die Unruhe im Gang und notwendigerweise auch in den Zimmern. Viele Zimmer schienen besetzt zu sein, in den meisten war man noch wach, man hörte Stimmen, Hammerschläge, Gläserklingen. Doch hatte man nicht den Eindruck besonderer Lustigkeit. Die Stimmen waren gedämpft, man verstand kaum hier und da ein Wort, es schienen auch nicht Unterhaltungen zu sein, wahrscheinlich diktierte nur jemand etwas oder las etwas vor, gerade aus den Zimmern, aus denen der Klang von Gläsern und Tellern kam, hörte man kein Wort, und die Hammerschläge erinnerten K. daran, was ihm irgendwo erzählt worden war, dass manche Beamte, um sich von der fortwährenden geistigen Anstrengung zu erholen, sich zeitweilig mit Tischlerei, Feinmechanik und dergleichen beschäftigen. Der Gang selbst war leer, nur vor einer Tür saß ein bleicher, schmaler, großer Herr im Pelz, unter dem die Nachtwäsche hervorsah; wahrscheinlich war es ihm im Zimmer zu dumpf geworden, so hatte er sich herausgesetzt und las da eine Zeitung, aber nicht aufmerksam, gähnend ließ er öfters vom Lesen ab, beugte sich vor und blickte den Gang entlang; vielleicht erwartete er eine Partei, die er vorgeladen hatte und die zu kommen säumte. Als sie an ihm vorübergekommen waren, sagte der Diener in Bezug auf den Herrn zu Gerstäcker: »Der Pinzgauer!« Gerstäcker nickte. »Er ist schon lange nicht unten gewesen«, sagte er. »Schon sehr lange nicht«, bestätigte der Diener.

Schließlich kamen sie vor eine Tür, die nicht anders als die übrigen war und hinter der doch, wie der Diener mitteilte, Erlanger wohnte. Der Diener ließ sich von K. auf die Schulter heben und sah oben durch den freien Spalt ins Zimmer. »Er liegt«, sagte der Diener herabsteigend, »auf dem Bett, allerdings in Kleidern, aber ich glaube doch, dass er schlummert.

Manchmal überfällt ihn so die Müdigkeit, hier im Dorf, bei der geänderten Lebensweise. Wir werden warten müssen. Wenn er aufwacht, wird er läuten. Es ist allerdings schon vorgekommen, dass er seinen ganzen Aufenthalt im Dorf verschlafen hat und nach dem Aufwachen gleich wieder ins Schloss zurückfahren musste. Es ist ja freiwillige Arbeit, die er hier leistet.« – »Wenn er jetzt nur schon lieber bis zu Ende schliefe«, sagte Gerstäcker, »denn wenn er nach dem Aufwachen noch ein wenig Zeit zur Arbeit hat, ist er sehr unwillig darüber, dass er geschlafen hat, sucht alles eilig zu erledigen, und man kann sich kaum aussprechen.« – »Sie kommen wegen der Vergebung der Fuhren für den Bau?« fragte der Diener. Gerstäcker nickte, zog den Diener beiseite und redete leise zu ihm; aber der Diener hörte kaum zu, blickte über Gerstäcker, den er um mehr als Haupteslänge überragte, hinweg und strich sich ernst und langsam das Haar.

Das achtzehnte Kapitel

Da sah K., wie er ziellos umherblickte, weit in der Ferne an einer Wendung des Ganges Frieda; sie tat, als erkenne sie ihn nicht, blickte nur starr auf ihn, in der Hand trug sie eine Tasse mit leerem Geschirr. Er sagte dem Diener, der aber gar nicht auf ihn achtete – je mehr man zu dem Diener sprach, desto geistesabwesender schien er zu werden –, er werde gleich zurückkommen, und lief zu Frieda. Bei ihr angekommen, fasste er sie bei den Schultern, so, als ergreife er wieder von ihr Besitz, stellte einige belanglose Fragen und suchte dabei prüfend in ihren Augen. Aber ihre starre Haltung löste sich kaum, zerstreut versuchte sie einige Umstellungen des Geschirrs auf der Tasse und sagte: »Was willst du denn von mir? Geh doch zu den – nun, du weißt ja, wie sie heißen. Du kommst ja gerade von ihnen, ich kann es dir ansehen.« K. lenkte schnell ab; die Aussprache sollte nicht so plötzlich kommen und bei dem Bösesten, bei dem für ihn Ungünstigsten anfangen. »Ich dachte, du wärest im Ausschank«, sagte er. Frieda sah ihn erstaunt an und fuhr ihm dann sanft mit der einen Hand, die sie frei hatte, über Stirn und Wange. Es war, als habe sie sein Aussehen vergessen und wollte es sich so wieder ins Bewusstsein zurückrufen, auch ihre Augen hatten den verschleierten Ausdruck des mühsam Sich-Erinnerns. »Ich bin für den Ausschank wieder aufgenommen«, sagte sie dann langsam, als sei es unwichtig, was sie sage, aber unter den Worten führe sie noch ein Gespräch mit K., und dies sei das wichtigere. »Diese Arbeit taugt nicht für mich, die kann auch eine jede andere besorgen; jede, die aufbetten und ein freundliches Gesicht machen kann und die Belästigung durch die Gäste nicht scheut, sondern sie sogar noch hervorruft, eine jede solche kann Stubenmädchen sein. Aber im Ausschank, da ist es etwas anderes. Ich bin auch gleich wieder für den Ausschank aufgenommen worden, obwohl ich ihn damals nicht sehr ehrenvoll verlassen habe; freilich hatte ich jetzt Protektion. Aber der Wirt war glücklich, dass ich Protektion hatte und es ihm deshalb leicht möglich war, mich wieder aufzunehmen. Es war sogar so, dass man mich drängen musste, den Posten anzunehmen; wenn du bedenkst, woran mich der Ausschank erinnert, wirst du es begreifen. Schließlich habe ich den Posten angenommen. Hier bin ich nur aushilfsweise. Pepi hat gebeten, ihr nicht die Schande anzutun, sofort den Ausschank verlassen zu müssen, wir haben ihr deshalb, weil sie doch fleißig gewesen ist und alles so besorgt hat, wie es nur ihre Fähigkeiten erlaubt haben, eine vierundzwanzigstündige Frist gegeben.« – »Das ist alles sehr gut eingerichtet«, sagte K., »nur hast du einmal meinetwegen den Ausschank verlassen; und nun, da wir kurz vor der Hochzeit sind, kehrst du wieder in ihn zurück?«- – »Es wird keine Hochzeit geben«, sagte Frieda. »Weil ich untreu war?« fragte K.; Frieda nickte. »Nun sieh, Frieda«, sagte K., »über diese angebliche Untreue haben wir schon öfters gesprochen, und immer hast du schließlich einsehen müssen, dass es ein ungerechter Verdacht war. Seitdem aber hat sich auf meiner Seite nichts geändert, alles ist unschuldig geblieben, wie es war und wie es nicht anders werden kann. Also muss sich etwas auf deiner Seite geändert haben, durch fremde Einflüsterungen oder etwas anderes. Unrecht tust du mir auf jeden Fall; denn sieh, wie verhält es sich mit diesen zwei Mädchen? Die eine, die dunkle – ich schäme mich fast, mich so im einzelnen verteidigen zu müssen, aber du forderst es heraus –, die dunkle also ist mir wahrscheinlich nicht weniger peinlich als dir; wenn ich mich nur irgendwie von ihr fernhalten kann, tue ich es, und sie erleichtert das ja auch, man kann nicht zurückhaltender sein, als sie es ist.« – »Ja«, rief Frieda aus, die Worte kamen ihr wie gegen ihren Willen hervor, K. war froh, sie so abgelenkt zu sehen; sie war anders, als sie sein wollte, »die magst du für zurückhaltend ansehen, die Schamloseste von allen nennst du zurückhaltend, und du meinst es, so unglaubwürdig es ist, ehrlich, du verstellst dich nicht, das weiß ich. Die Brückenhofwirtin sagt von dir: ›Leiden kann ich ihn nicht, aber verlassen kann ich ihn auch nicht, man kann doch auch beim Anblick eines kleinen Kindes, das noch nicht gut gehen kann und sich weit vorwagt, unmöglich sich beherrschen; man muss eingreifen.‹« – »Nimm diesmal ihre Lehre an«, sagte K. lächelnd, »aber jenes Mädchen – ob es zurückhaltend oder schamlos ist, können wir beiseite lassen –, ich will von ihm nichts wissen.« – »Aber warum nennst du sie zurückhaltend?« fragte Frieda unnachgiebig. K. hielt diese Teilnahme für ein ihm günstiges Zeichen. »Hast du es erprobt oder willst du andere dadurch herabsetzen?« – »Weder das eine noch das andere«, sagte K., »ich nenne sie so aus Dankbarkeit, weil sie es mir leicht macht, sie zu übersehen, und weil ich, selbst wenn sie mich nur öfters anspräche, es nicht über mich bringen könnte, wieder hinzugehen, was doch ein großer Verlust für mich wäre, denn ich muss hingehen wegen unserer gemeinsamen Zukunft, wie du weißt. Und deshalb muss ich auch mit dem anderen Mädchen sprechen, das ich zwar wegen seiner Tüchtigkeit, Umsicht und Selbstlosigkeit schätze, von dem aber doch niemand behaupten kann, dass es verführerisch ist.« – »Die Knechte sind anderer Meinung«, sagte Frieda. »In dieser wie auch wohl in vieler anderer Hinsicht«, sagte K. »Aus den Gelüsten der Knechte willst du auf meine Untreue schließen?« Frieda schwieg und duldete es, dass K. ihr die Tasse aus der Hand nahm, auf den Boden stellte, seinen Arm unter den ihren schob und im kleinen Raum langsam mit ihr hin und her zu gehen begann. »Du weißt nicht, was Treue ist«, sagte sie, sich ein wenig wehrend gegen seine Nähe. »Wie du dich auch zu den Mädchen verhalten magst, ist ja nicht das Wichtigste; dass du in diese Familie überhaupt gehst und zurückkommst, den Geruch ihrer Stube in den Kleidern, ist schon eine unerträgliche Schande für mich. Und du läufst aus der Schule fort, ohne etwas zu sagen, und bleibst gar bei ihnen die halbe Nacht. Und lässt, wenn man nach dir fragt, dich von den Mädchen verleugnen, leidenschaftlich verleugnen, besonders von der unvergleichlich Zurückhaltenden. Schleichst dich auf einem geheimen Weg aus dem Haus, vielleicht gar, um den Ruf der Mädchen zu schonen, den Ruf jener Mädchen! Nein, sprechen wir nicht mehr davon!« – »Von diesem nicht«, sagte K., »aber von etwas anderem, Frieda. Von diesem ist ja auch nichts zu sagen. Warum ich hingehen muss, weißt du. Es wird mir nicht leicht, aber ich überwinde mich. Du solltest es mir nicht schwerer machen, als es ist. Heute dachte ich, nur für einen Augenblick hinzugehen und nachzufragen, ob Barnabas, der eine wichtige Botschaft schon längst hätte bringen sollen, endlich gekommen ist. Er war nicht gekommen, aber er musste, wie man mir versicherte und wie es auch glaubwürdig war, sehr bald kommen. Ihn mir in die Schule nachkommen lassen, wollte ich nicht, um dich durch seine Gegenwart nicht zu belästigen. Die Stunden vergingen, und er kam leider nicht. Wohl aber kam ein anderer, der mir verhasst ist. Von ihm mich ausspionieren zu lassen, hatte ich keine Lust und ging also durch den Nachbargarten, aber auch vor ihm verbergen wollte ich mich nicht, sondern ging dann auf der Straße frei auf ihn zu, mit einer sehr biegsamen Weidenrute, wie ich gestehe. Das ist alles, darüber ist also weiter nichts zu sagen; wohl aber über etwas anderes. Wie verhält es sich denn mit den Gehilfen, die zu erwähnen mir fast so widerlich ist wie dir die Erwähnung jener Familie? Vergleiche dein Verhältnis zu ihnen damit, wie ich mich zu der Familie verhalte. Ich verstehe deinen Widerwillen gegenüber der Familie und kann ihn teilen. Nur um der Sache willen gehe ich zu ihnen, fast scheint es mir manchmal, dass ich ihnen Unrecht tue, sie ausnütze. Du und die Gehilfen dagegen! Du hast gar nicht in Abrede gestellt, dass sie dich verfolgen, und hast eingestanden, dass es dich zu ihnen zieht. Ich war dir nicht böse deshalb, habe eingesehen, dass hier Kräfte im Spiel sind, denen du nicht gewachsen bist, war schon glücklich darüber, dass du dich wenigstens wehrst, habe geholfen, dich zu verteidigen, und nur weil ich ein paar Stunden darin nachgelassen habe im Vertrauen auf deine Treue, allerdings auch in der Hoffnung, dass das Haus unweigerlich verschlossen ist, die Gehilfen endgültig in die Flucht geschlagen sind – ich unterschätzte sie noch immer, fürchte ich –, nur weil ich ein paar Stunden darin nachgelassen habe und jener Jeremias, genau betrachtet, ein nicht sehr gesunder, ältlicher Bursche, die Keckheit gehabt hat, ans Fenster zu treten, nur deshalb soll ich dich, Frieda, verlieren und als Begrüßung zu hören bekommen: ›Es wird keine Hochzeit geben.‹ Wäre ich es nicht eigentlich, der Vorwürfe machen dürfte, und ich mache sie nicht, mache sie noch immer nicht.« Und wieder schien es K. gut, Frieda ein wenig abzulenken, und er bat sie, ihm etwas zu essen zu bringen, weil er schon seit Mittag nichts gegessen habe. Frieda, offenbar auch durch die Bitte erleichtert, nickte und lief, etwas zu holen, nicht den Gang weiter, wo K. die Küche vermutete, sondern seitlich, ein paar Stufen abwärts. Sie brachte bald einen Teller mit Aufschnitt und eine Flasche Wein, aber es waren wohl nur schon die Reste einer Mahlzeit: Flüchtig waren die einzelnen Stücke neu ausgebreitet, um es unkenntlich zu machen, sogar Wurstschalen waren dort vergessen und die Flasche war zu drei Vierteln geleert. Doch sagte K. nichts darüber und machte sich mit gutem Appetit ans Essen. »Du warst in der Küche?« fragte er. »Nein, in meinem Zimmer«, sagte sie, »ich habe hier unten ein Zimmer.« – »Hättest du mich doch mitgenommen«, sagte K. »Ich werde hinuntergehen, um mich zum Essen ein wenig zu setzen.« – »Ich werde dir einen Sessel bringen«, sagte Frieda und war schon auf dem Weg. »Danke«, sagte K. und hielt sie zurück, »ich werde weder hinuntergehen, noch brauche ich mehr einen Sessel.« Frieda ertrug trotzig seinen Griff, hatte den Kopf tief geneigt und bis auf die Lippen. »Nun ja, er ist unten«, sagte sie. »Hast du es anders erwartet? Er liegt in meinem Bett, er hat sich draußen verkühlt, er fröstelt, er hat kaum gegessen. Im Grunde ist alles deine Schuld; hättest du die Gehilfen nicht verjagt und wärst jenen Leuten nicht nachgelaufen, wir könnten jetzt friedlich in der Schule sitzen. Nur du hast unser Glück zerstört. Glaubst du, dass Jeremias, solange er im Dienst war, es gewagt hätte, mich zu entführen? Dann verkennst du die hiesige Ordnung ganz und gar. Er wollte zu mir, er hat sich gequält, er hat auf mich gelauert, das war aber nur ein Spiel, so wie ein hungriger Hund spielt und es doch nicht wagt, auf den Tisch zu springen. Und ebenso ich. Es zog mich zu ihm, er ist mein Spielkamerad aus der Kinderzeit – wir spielten miteinander auf dem Abhang des Schlossberges, schöne Zeiten, du hast mich niemals nach meiner Vergangenheit gefragt. – Doch das alles war nicht entscheidend, solange Jeremias durch den Dienst gehalten war, denn ich kannte ja meine Pflicht als deine zukünftige Frau. Dann aber vertriebst du die Gehilfen und rühmtest dich noch dessen, als hättest du damit etwas für mich getan; nun, in einem gewissen Sinne ist es wahr. Bei Artur gelang deine Absicht, allerdings nur vorläufig, er ist zart, er hat nicht die keine Schwierigkeit fürchtende Leidenschaft des Jeremias, auch hast du ihn ja durch den Faustschlag in der Nacht – jener Schlag war auch gegen unser Glück geführt – nahezu zerstört, er flüchtete ins Schloss, um zu klagen, und wenn er auch bald wiederkommen wird, immerhin, er ist jetzt fort. Jeremias aber blieb. Im Dienst fürchtet er ein Augenzucken des Herrn, außerhalb des Dienstes aber fürchtet er nichts. Er kam und nahm mich; von dir verlassen, von ihm, dem alten Freund, beherrscht, konnte ich mich nicht halten. Ich habe das Schultor nicht aufgesperrt, er zerschlug das Fenster und zog mich hinaus. Wir flohen hierher, der Wirt achtet ihn, auch kann den Gästen nichts willkommener sein, als einen solchen Zimmerkellner zu haben, so wurden wir aufgenommen, er wohnt nicht bei mir, sondern wir haben ein gemeinsames Zimmer.« – »Trotz allem«, sagte K., »bedauere ich es nicht, die Gehilfen aus dem Dienst getrieben zu haben. War das Verhältnis so, wie du es beschreibst, deine Treue also nur durch die dienstliche Gebundenheit der Gehilfen bedingt, dann war es gut, dass alles ein Ende nahm. Das Glück der Ehe inmitten der zwei Raubtiere, die sich nur unter der Knute duckten, wäre nicht sehr groß gewesen. Dann bin ich auch jener Familie dankbar, welche unabsichtlich ihr Teil beigetragen hat, um uns zu trennen.« Sie schwiegen und gingen wieder nebeneinander auf und ab, ohne dass zu unterscheiden gewesen wäre, wer jetzt damit begonnen hätte. Frieda, nahe an K., schien ärgerlich, dass er sie nicht wieder unter den Arm nahm. »Und so wäre alles in Ordnung«, fuhr K. fort, »und wir könnten Abschied nehmen, du zu deinem Herrn Jeremias gehen, der wahrscheinlich noch vom Schulgarten her verkühlt ist und den du mit Rücksicht darauf schon viel zu lange allein gelassen hast, und ich allein in die Schule oder, da ich ja ohne dich dort nichts zu tun habe, sonst irgendwohin, wo man mich aufnimmt.

Wenn ich nun trotzdem zögere, so deshalb, weil ich aus gutem Grund noch immer ein wenig daran zweifle, was du mir erzählt hast. Ich habe von Jeremias den gegenteiligen Eindruck. Solange er im Dienst war, ist er hinter dir her gewesen, und ich glaube nicht, dass der Dienst ihn auf die Dauer zurückgehalten hätte, dich einmal ernstlich zu überfallen. Jetzt aber, seit er den Dienst für aufgehoben ansieht, ist es anders. Verzeih, wenn ich es mir auf folgende Weise erkläre: Seit du nicht mehr die Braut seines Herrn bist, bist du keine solche Verlockung mehr für ihn wie früher. Du magst seine Freundin aus der Kinderzeit sein, doch legt er – ich kenne ihn eigentlich nur aus einem kurzen Gespräch heute Nacht – solchen Gefühlsdingen meiner Meinung nach nicht viel Wert bei. Ich weiß nicht, warum er dir als ein leidenschaftlicher Charakter erscheint. Seine Denkweise scheint mir eher besonders kühl. Er hat in Bezug auf mich irgendeinen, mir vielleicht nicht sehr günstigen Auftrag von Galater bekommen, diesen strengt er sich an auszuführen, mit einer gewissen Dienstleidenschaft, wie ich zugeben will – sie ist hier nicht allzu selten –, dazu gehört, dass er unser Verhältnis zerstört; er hat es vielleicht auf verschiedene Weise versucht, eine davon war die, dass er dich durch sein lüsternes Schmachten zu verlocken suchte, eine andere – hier hat ihn die Wirtin unterstützt –, dass er von meiner Untreue fabelte, sein Anschlag ist ihm gelungen, irgendeine Erinnerung an Klamm, die ihn umgibt, mag mitgeholfen haben, den Posten hat er zwar verloren, aber vielleicht gerade in dem Augenblick, in dem er ihn nicht mehr benötigte, jetzt erntet er die Früchte seiner Arbeit und zieht dich aus dem Schulfenster, damit ist aber seine Arbeit beendet und, von der Dienstleidenschaft verlassen, wird er müde, er wäre lieber an Stelle Arturs, der gar nicht klagt, sondern sich Lob und neue Aufträge holt, aber es muss doch auch jemand zurückbleiben, der die weitere Entwicklung der Dinge verfolgt. Eine etwas lästige Pflicht ist es ihm, dich zu versorgen. Von Liebe zu dir ist keine Spur, er hat es mir offen gestanden, als Geliebte Klamms bist du ihm natürlich respektabel, und in deinem Zimmer sich einzunisten und sich einmal als kleiner Klamm zu fühlen, tut ihm gewiss sehr wohl, das aber ist alles, du selbst bedeutest ihm jetzt nichts, nur ein Nachtrag zu seiner Hauptaufgabe ist es ihm, dass er dich hier untergebracht hat; um dich nicht zu beunruhigen, ist er auch selbst geblieben, aber nur vorläufig, solange er nicht neue Nachrichten vom Schloss bekommt und seine Verkühlung von dir nicht auskuriert ist.« – »Wie du ihn verleumdest!« sagte Frieda und schlug ihre kleinen Fäuste aneinander. »Verleumden?« sagte K. »Nein, ich will ihn nicht verleumden. Wohl aber tue ich ihm vielleicht Unrecht, das ist freilich möglich. Ganz offen an der Oberfläche liegt es ja nicht, was ich über ihn gesagt habe; es lässt sich auch anders deuten. Aber verleumden? Verleumden könnte doch nur den Zweck haben, damit gegen deine Liebe zu ihm anzukämpfen. Wäre es nötig und wäre Verleumdung ein geeignetes Mittel, ich würde nicht zögern, ihn zu verleumden. Niemand könnte mich deshalb verurteilen, er ist durch seine Auftraggeber in solchem Vorteil mir gegenüber, dass ich, ganz allein auf mich angewiesen, auch ein wenig verleumden dürfte. Es wäre ein verhältnismäßig unschuldiges und letzten Endes ja auch ohnmächtiges Verteidigungsmittel. Lass also die Fäuste ruhen.« Und K. nahm Friedas Hand in die seine; Frieda wollte sie ihm entziehen, aber lächelnd und nicht mit großer Kraftanstrengung. »Ich muss nicht verleumden«, sagte K., »denn du liebst ihn ja nicht, glaubst es nur und wirst mir dankbar sein, wenn ich dich von der Täuschung befreie. Sieh, wenn jemand dich von mir fortbringen wollte, ohne Gewalt, aber mit möglichst sorgfältiger Berechnung, dann müsste er es durch die beiden Gehilfen tun. Scheinbar gute, kindliche, lustige, verantwortungslose, von hoch her, vom Schloss hergeblasene Jungen, ein wenig Kindheitserinnerung auch dabei, das ist doch schon alles sehr liebenswert, besonders, wenn ich etwa das Gegenteil von alledem bin, dafür immerfort hinter Geschäften herlaufe, die dir nicht ganz verständlich, die dir ärgerlich sind, die mich mit Leuten zusammenbringen, die dir hassenswert sind und etwas davon bei aller meiner Unschuld auch auf mich übertragen. Das Ganze ist nur eine bösartige, allerdings sehr kluge Ausnützung der Mängel unseres Verhältnisses. Jedes Verhältnis hat seine Mängel, gar unseres, wir kamen ja jeder aus einer ganz anderen Welt zusammen, und seit wir einander kennen, nahm das Leben eines jeden von uns einen ganz neuen Weg, wir fühlen uns noch unsicher, es ist doch allzu neu. Ich rede nicht von mir, das ist nicht so wichtig, ich bin ja im Grunde immerfort beschenkt worden, seit du deine Augen zum ersten Mal mir zuwandtest; und an das Beschenktwerden sich gewöhnen, ist nicht schwer. Du aber, von allem anderen abgesehen, wurdest von Klamm losgerissen; ich kann nicht ermessen, was das bedeutet, aber eine Ahnung dessen habe ich doch allmählich schon bekommen, man taumelt, man kann sich nicht zurechtfinden, und wenn ich auch bereit war, dich immer aufzunehmen, so war ich doch nicht immer zugegen, und wenn ich zugegen war, hielten dich manchmal deine Träumereien fest oder noch Lebendigeres, wie etwa die Wirtin; kurz, es gab Zeiten, wo du von mir wegsahst, dich irgendwohin ins Halbunbestimmte sehntest, armes Kind, und es mussten nur in solchen Zwischenzeiten in der Richtung deines Blicks passende Leute aufgestellt werden, und du warst an sie verloren, erlagst der Täuschung, dass das, was nur Augenblicke waren, Gespenster, alte Erinnerungen, im Grunde vergangenes und immer mehr vergehendes einstmaliges Leben, dass dieses noch dein wirkliches jetziges Leben sei. Ein Irrtum, Frieda, nichts als die letzte, richtig angesehen, verächtliche Schwierigkeit unserer endlichen Vereinigung. Komme zu dir, fasse dich; wenn du auch dachtest, dass die Gehilfen von Klamm geschickt sind – es ist gar nicht wahr, sie kommen von Galater –, und wenn sie dich auch mit Hilfe dieser Täuschung so bezaubern konnten, dass du selbst in ihrem Schmutz und ihrer Unzucht Spuren von Klamm zu finden meintest – so, wie jemand in einem Misthaufen einen einst verlorenen Edelstein zu sehen glaubt, während er ihn in Wirklichkeit dort gar nicht finden könnte, selbst wenn er dort wirklich wäre –, so sind es doch nur Burschen von der Art der Knechte im Stall, nur dass sie nicht ihre Gesundheit haben, ein wenig frische Luft sie krank macht und aufs Bett wirft, das sie sich allerdings mit knechtischer Pfiffigkeit auszusuchen verstehen.« Frieda hatte ihren Kopf an K.s Schulter gelehnt, die Arme umeinander geschlungen, gingen sie schweigend auf und ab.

»Wären wir doch«, sagte Frieda langsam, ruhig, fast behaglich, so, als wisse sie, dass ihr nur eine ganz kleine Frist der Ruhe an K.s Schulter gewährt sei, diese aber wolle sie bis zum Letzten genießen, »wären wir doch gleich noch in jener Nacht ausgewandert, wir könnten irgendwo in Sicherheit sein, immer beisammen, deine Hand immer nahe genug, sie zu fassen; wie brauche ich deine Nähe; wie bin ich, seit ich dich kenne, ohne deine Nähe verlassen; deine Nähe ist, glaube mir, der einzige Traum, den ich träume, keinen anderen.« Da rief es in dem Seitengang, es war Jeremias, er stand dort auf der untersten Stufe, er war nur im Hemd, hatte aber ein Umhängetuch Friedas um sich geschlagen. Wie er dort stand, das Haar zerrauft, den dünnen Bart wie verregnet, die Augen mühsam, bittend und vorwurfsvoll aufgerissen, die dunklen Wangen gerötet, aber wie aus allzu lockerem Fleisch bestehend, die nackten Beine zitternd vor Kälte, so dass die langen Fransen des Tuches mitzitterten, war er wie ein aus dem Spital entflohener Kranker, demgegenüber man an nichts anderes denken durfte, als ihn wieder ins Bett zurückzubringen. So fasste es auch Frieda auf, entzog sich K. und war gleich unten bei ihm. Ihre Nähe, die sorgsame Art, mit der sie das Tuch fester um ihn zog, die Eile, mit der sie ihn gleich zurück ins Zimmer drängen wollte, schien ihn schon ein wenig kräftiger zu machen; es war, als erkenne er K. erst jetzt. »Ah, der Herr Landvermesser«, sagte er, Frieda, die keine Unterhaltung mehr zulassen wollte, zur Begütigung die Wange streichelnd. »Verzeihen Sie die Störung. Mir ist aber gar nicht wohl, das entschuldigt doch. Ich glaube, ich fiebere, ich muss einen Tee haben und schwitzen. Das verdammte Gitter im Schulgarten, daran werde ich wohl noch zu denken haben, und jetzt, schon verkühlt, bin ich noch in der Nacht herumgelaufen. Man opfert, ohne es gleich zu merken, seine Gesundheit für Dinge, die es wahrhaftig nicht wert sind. Sie aber, Herr Landvermesser, müssen sich durch mich nicht stören lassen, kommen Sie zu uns ins Zimmer herein, machen Sie einen Krankenbesuch und sagen Sie dabei Frieda, was noch zu sagen ist. Wenn zwei, die aneinander gewöhnt sind, auseinandergehen, haben sie natürlich einander in den letzten Augenblicken so viel zu sagen, dass das ein dritter, gar wenn er im Bett liegt und auf den versprochenen Tee wartet, unmöglich begreifen kann. Aber kommen Sie nur herein, ich werde ganz still sein.« – »Genug, genug«, sagte Frieda und zerrte an seinem Arm. »Er fiebert und weiß nicht, was er spricht. Du aber, K., geh nicht mit, ich bitte dich. Es ist mein und des Jeremias Zimmer oder vielmehr nur mein Zimmer, ich verbiete dir, mit hineinzugehen. Du verfolgst mich, ach K., warum verfolgst du mich? Niemals, niemals werde ich zu dir zurückkommen, ich schaudere, wenn ich an eine solche Möglichkeit denke. Geh doch zu deinen Mädchen; im bloßen Hemd sitzen sie auf der Ofenbank zu deinen Seiten, wie man mir erzählt hat, und wenn jemand kommt, dich abzuholen, fauchen sie ihn an. Wohl bist du dort zu Hause, wenn es dich gar so sehr hinzieht. Ich habe dich immer von dort abgehalten, mit wenig Erfolg, aber immerhin abgehalten, das ist vorüber, du bist frei. Ein schönes Leben steht dir bevor, wegen der einen wirst du vielleicht mit den Knechten ein wenig kämpfen müssen, aber was die zweite betrifft, gibt es niemanden im Himmel und auf Erden, der sie dir missgönnt. Der Bund ist von vornherein gesegnet. Sag nichts dagegen, gewiss, du kannst alles widerlegen, aber zum Schluss ist gar nichts widerlegt. Denk nur, Jeremias, er hat alles widerlegt!« Sie verständigten sich durch Kopfnicken und Lächeln. »Aber«, fuhr Frieda fort, »angenommen, er hätte alles widerlegt, was wäre damit erreicht, was kümmert es mich? Wie es dort bei jenen zugehen mag, ist völlig ihre und seine Sache, meine nicht. Meine ist es, dich zu pflegen, so lange, bis du wieder gesund wirst, wie du's einstmals warst, ehe dich K. meinetwegen quälte.« – »Sie kommen also wirklich nicht mit, Herr Landvermesser?« fragte Jeremias, wurde nun aber von Frieda, die sich gar nicht mehr nach K. umdrehte, endgültig fortgezogen. Man sah unten eine kleine Tür, noch niedriger als die Türen hier im Gange – nicht nur Jeremias, auch Frieda musste sich beim Hineingehen bücken –, innen schien es hell und warm zu sein; man hörte noch ein wenig flüstern, wahrscheinlich liebreiches Überreden, um Jeremias ins Bett zu bringen, dann wurde die Tür geschlossen.

Erst jetzt merkte K., wie still es auf dem Gang geworden war, nicht nur hier in diesem Teil des Ganges, wo er mit Frieda gewesen war und der zu den Wirtschaftsräumen zu gehören schien, sondern auch in dem langen Gang mit den früher so lebhaften Zimmern. So waren also die Herren doch endlich eingeschlafen. Auch K. war sehr müde, vielleicht hatte er aus Müdigkeit sich gegen Jeremias nicht so gewehrt, wie er es hätte tun sollen. Es wäre vielleicht klüger gewesen, sich nach Jeremias zu richten, der seine Verkühlung sichtlich übertrieb – seine Jämmerlichkeit stammte nicht von Verkühlung, sondern war ihm angeboren und durch keinen Gesundheitstee zu vertreiben –, ganz sich nach Jeremias zu richten, die wirklich große Müdigkeit ebenso zur Schau zu stellen, hier auf dem Gang niederzusinken, was schon an sich sehr wohl tun müsste, ein wenig zu schlummern und dann vielleicht auch ein wenig gepflegt zu werden. Nur wäre es nicht so günstig ausgegangen wie bei Jeremias, der in diesem Wettbewerb um das Mitleid gewiss, und wahrscheinlich mit Recht, gesiegt hätte und offenbar auch in jedem anderen Kampf K. war so müde, dass er daran dachte, ob er nicht versuchen könnte, in eines dieser Zimmer zu gehen, von denen gewiss manche leer waren, und sich in einem schönen Bett auszuschlafen. Das hätte seiner Meinung nach Entschädigung für vieles werden können. Auch einen Schlaftrunk hatte er bereit. Auf dem Geschirrbrett, das Frieda auf dem Boden liegengelassen hatte, war eine kleine Karaffe Rum gewesen. K. scheute nicht die Anstrengung des Rückwegs und trank das Fläschchen leer.

Nun fühlte er sich wenigstens kräftig genug, vor Erlanger zu treten. Er suchte Erlangers Zimmertür, aber da der Diener und Gerstäcker nicht mehr zu sehen und alle Türen gleich waren, konnte er sie nicht finden. Doch glaubte er, sich zu erinnern, an welcher Stelle des Ganges die Tür etwa gewesen war, und beschloss, eine Tür zu öffnen, die seiner Meinung nach wahrscheinlich die gesuchte war. Der Versuch konnte nicht allzu gefährlich sein, war es das Zimmer Erlangers, so würde ihn dieser wohl empfangen, war es das Zimmer eines anderen, so würde es doch möglich sein, sich zu entschuldigen und wieder zu gehen, und schlief der Gast, was am wahrscheinlichsten war, würde K.s Besuch gar nicht bemerkt werden; schlimm konnte es nur werden, wenn das Zimmer leer war, denn dann würde K. kaum der Versuchung widerstehen können, sich ins Bett zu legen und endlos zu schlafen. Er sah noch einmal rechts und links den Gang entlang, ob nicht doch jemand käme, der ihm Auskunft geben und das Wagnis unnötig machen könnte, aber der lange Gang war still und leer. Dann horchte K. an der Tür, auch hier kein Gast. Er klopfte so leise, dass ein Schlafender dadurch nicht hätte geweckt werden können, und als auch jetzt nichts erfolgte, öffnete er äußerst vorsichtig die Tür. Aber nun empfing ihn ein leichter Schrei.

Es war ein kleines Zimmer, von einem breiten Bett mehr als zur Hälfte ausgefüllt, auf dem Nachttischchen brannte die elektrische Lampe, neben ihr war eine Reisehandtasche. Im Bett, aber ganz unter der Decke verborgen, bewegte sich jemand unruhig und flüsterte durch einen Spalt zwischen Decke und Bettuch: »Wer ist es?« Nun konnte K. nicht ohne weiteres mehr fort, unzufrieden betrachtete er das üppige, aber leider nicht leere Bett, erinnerte sich dann an die Frage und nannte seinen Namen. Das schien eine gute Wirkung zu haben, der Mann im Bett zog ein wenig die Decke vom Gesicht, aber ängstlich bereit, sich gleich wieder ganz zu bedecken, wenn draußen etwas nicht stimmen sollte. Dann aber schlug er die Decke ohne Bedenken zurück und setzte sich aufrecht. Erlanger war es gewiss nicht. Es war ein kleiner, wohl aussehender Herr, dessen Gesicht dadurch einen gewissen Widerspruch in sich trug, dass die Wangen kindlich rund, die Augen kindlich fröhlich waren, dass aber die hohe Stirn, die spitze Nase, der schmale Mund, dessen Lippen kaum zusammenhalten wollten, das sich fast verflüchtigende Kinn gar nicht kindlich waren, sondern überlegenes Denken verrieten. Es war wohl die Zufriedenheit damit, die Zufriedenheit mit sich selbst, die ihm einen starken Rest gesunder Kindlichkeit bewahrt hatte. »Kennen Sie Friedrich?« fragte er. K. verneinte. »Aber er kennt Sie«, sagte der Herr lächelnd. K. nickte; an Leuten, die ihn kannten, fehlte es nicht, das war sogar eines der Haupthindernisse auf seinem Wege. »Ich bin sein Sekretär«, sagte der Herr, »mein Name ist Bürgel.« – »Entschuldigen Sie«, sagte K. und langte nach der Klinke, »ich habe leider Ihre Tür mit einer anderen verwechselt. Ich bin nämlich zu Sekretär Erlanger berufen.« – »Wie schade«, sagte Bürgel. »Nicht dass Sie anderswohin berufen sind, sondern dass Sie die Türen verwechselt haben. Ich schlafe nämlich, einmal geweckt, ganz gewiss nicht wieder ein. Nun, das muss Sie aber nicht gar so betrüben, das ist mein persönliches Unglück. Warum sind auch die Türen hier unversperrbar, nicht? Das hat freilich seinen Grund. Weil nach einem alten Spruch die Türen der Sekretäre immer offen sein sollen. Aber so wörtlich müsste auch das allerdings nicht genommen werden.« Bürgel sah K. fragend und fröhlich an, im Gegensatz zu seiner Klage schien er recht wohl ausgeruht; so müde, wie K.

jetzt, war Bürgel wohl noch überhaupt nie gewesen. »Wohin wollen Sie denn jetzt gehen?« fragte Bürgel. »Es ist vier Uhr. Jeden, zu dem Sie gehen wollten, müssten Sie wecken, nicht jeder ist an Störungen so gewöhnt wie ich, nicht jeder wird es so geduldig hinnehmen, die Sekretäre sind ein nervöses Volk. Bleiben Sie also ein Weilchen. Gegen fünf Uhr beginnt man hier aufzustehen, dann werden Sie am besten Ihrer Vorladung entsprechen können. Lassen Sie, bitte, also endlich die Klinke los und setzen Sie sich irgendwohin, der Platz ist hier freilich beengt, am besten wird es sein, wenn Sie sich hier auf den Bettrand setzen. Sie wundern sich, dass ich weder Sessel noch Tisch hier habe? Nun, ich hatte die Wahl, entweder eine vollständige Zimmereinrichtung mit einem schmalen Hotelbett zu bekommen oder dieses große Bett und sonst nichts als den Waschtisch. Ich habe das große Bett gewählt, in einem Schlafzimmer ist doch wohl das Bett die Hauptsache! Ach, wer sich ausstrecken und gut schlafen könnte, dieses Bett müsste für einen guten Schläfer wahrhaft köstlich sein. Aber auch mir, der ich immerfort müde bin, ohne schlafen zu können, tut es wohl, ich verbringe darin einen großen Teil des Tages, erledige darin alle Korrespondenzen, führe hier die Parteieinvernahmen aus. Es geht recht gut. Die Parteien haben allerdings keinen Platz zum Sitzen, aber das verschmerzen sie, es ist doch auch für sie angenehmer, wenn sie stehen und der Protokollist sich wohl fühlt, als wenn sie bequem sitzen und dabei angeschnauzt werden.

Dann habe ich nur noch diesen Platz am Bettrand zu vergeben, aber das ist kein Amtsplatz und nur für nächtliche Unterhaltungen bestimmt. Aber Sie sind so still, Herr Landvermesser?« – »Ich bin sehr müde«, sagte K., der sich auf die Aufforderung hin sofort, grob, ohne Respekt, aufs Bett gesetzt und an den Pfosten gelehnt hatte. »Natürlich«, sagte Bürgel lachend, »hier ist jeder müde. Es ist zum Beispiel keine kleine Arbeit, die ich gestern und auch heute schon geleistet habe. Es ist ja völlig ausgeschlossen, dass ich jetzt einschlafe, wenn aber doch dieses Allerunwahrscheinlichste geschehen und ich noch, solange Sie hier sind, einschlafen sollte, dann, bitte, halten Sie sich still und machen Sie auch die Tür nicht auf. Aber keine Angst, ich schlafe gewiss nicht ein und günstigenfalls nur für ein paar Minuten. Es verhält sich nämlich mit mir so, dass ich, wahrscheinlich weil ich an Parteienverkehr so sehr gewöhnt bin, immerhin noch am leichtesten einschlafe, wenn ich Gesellschaft habe.« – »Schlafen Sie nur, bitte, Herr Sekretär«, sagte K., erfreut von dieser Ankündigung, »ich werde dann, wenn Sie erlauben, auch ein wenig schlafen.« – »Nein, nein«, lachte Bürgel wieder, »auf die bloße Einladung hin kann ich leider nicht einschlafen, nur im Laufe des Gespräches kann sich die Gelegenheit dazu ergeben, am ehesten schläfert mich ein Gespräch ein. Ja, die Nerven leiden bei unserem Geschäft. Ich, zum Beispiel, bin Verbindungssekretär. Sie wissen nicht, was das ist? Nun, ich bilde die stärkste Verbindung« – hierbei rieb er sich eilig in unwillkürlicher Fröhlichkeit die Hände – »zwischen Friedrich und dem Dorf, ich bilde die Verbindung zwischen seinen Schloss- und Dorfsekretären, bin meist im Dorf, aber nicht ständig; jeden Augenblick muss ich darauf gefasst sein, ins Schloss hinaufzufahren. Sie sehen die Reisetasche, ein unruhiges Leben, nicht für jeden taugt's. Andererseits ist es richtig, dass ich diese Art der Arbeit nicht mehr entbehren könnte, alle andere Arbeit schiene mir schal. Wie verhält es sich denn mit der Landvermesserei?« – »Ich mache keine solche Arbeit, ich werde nicht als Landvermesser beschäftigt«, sagte K., er war wenig mit seinen Gedanken bei der Sache, eigentlich brannte er nur darauf, dass Bürgel einschlafe, aber auch das tat er nur aus einem gewissen Pflichtgefühl gegen sich selbst, zuinnerst glaubte er zu wissen, dass der Augenblick von Bürgels Einschlafen noch unabsehbar fern sei. »Das ist erstaunlich«, sagte Bürgel mit lebhaftem Werfen des Kopfes und zog einen Notizblock unter der Decke hervor, um sich etwas zu notieren. »Sie sind Landvermesser und haben keine Landvermesserarbeit.« K. nickte mechanisch, er hatte oben auf dem Bettpfosten den linken Arm ausgestreckt und den Kopf auf ihn gelegt, schon verschiedentlich hatte er es sich bequem zu machen versucht, diese Stellung war aber die bequemste von allen, er konnte nun auch ein wenig besser darauf achten, was Bürgel sagte. »Ich bin bereit«, fuhr Bürgel fort, »diese Sache weiter zu verfolgen. Bei uns hier liegen doch die Dinge ganz gewiss nicht so, dass man eine fachliche Kraft unausgenützt lassen dürfte. Und auch für Sie muss es doch kränkend sein; leiden Sie denn nicht darunter?« – »Ich leide darunter«, sagte K. langsam und lächelte für sich, denn gerade jetzt litt er darunter nicht im geringsten. Auch machte das Anerbieten Bürgels wenig Eindruck auf ihn. Es war durchaus dilettantisch. Ohne etwas von den Umständen zu wissen, unter welchen K.s Berufung erfolgt war, von den Schwierigkeiten, welchen sie in der Gemeinde und im Schloss begegnete, von den Verwicklungen, welche während K.s hiesigem Aufenthalt sich schon ergeben oder angekündigt hatten, ohne von dem allen etwas zu wissen, ja sogar ohne zu zeigen, dass ihn, was von einem Sekretär ohne weiteres hätte angenommen werden sollen, wenigstens eine Ahnung dessen berühre, erbot er sich, aus dem Handgelenk mit Hilfe seines kleinen Notizblockes die Sache da oben in Ordnung zu bringen. »Sie scheinen schon einige Enttäuschungen gehabt zu haben«, sagte Bürgel und bewies damit doch wieder einige Menschenkenntnis, wie sich K. überhaupt, seit er das Zimmer betreten hatte, von Zeit zu Zeit aufforderte, Bürgel nicht zu unterschätzen, aber in seinem Zustand war es schwer, etwas anderes als die eigene Müdigkeit gerecht zu beurteilen. »Nein«, sagte Bürgel, als antworte er auf einen Gedanken K.s und wolle ihm rücksichtsvoll die Mühe des Aussprechens ersparen. »Sie müssen sich nicht durch Enttäuschungen abschrecken lassen. Es scheint hier manches ja daraufhin eingerichtet, abzuschrecken, und wenn man neu hier ankommt, scheinen einem die Hindernisse völlig undurchdringlich. Ich will nicht untersuchen, wie es sich damit eigentlich verhält, vielleicht entspricht der Schein tatsächlich der Wirklichkeit, in meiner Stellung fehlt mir der richtige Abstand, um das festzustellen, aber merken Sie auf, es ergeben sich dann doch wieder manchmal Gelegenheiten, die mit der Gesamtlage fast nicht übereinstimmen, Gelegenheiten, bei welchen durch ein Wort, durch einen Blick, durch ein Zeichen des Vertrauens mehr erreicht werden kann als durch lebenslange, auszehrende Bemühungen. Gewiss, so ist es. Freilich stimmen dann diese Gelegenheiten doch wieder insofern mit der Gesamtlage überein, als sie niemals ausgenützt werden. Aber warum werden sie denn nicht ausgenützt, frage ich immer wieder.« K. wusste es nicht; zwar merkte er, dass ihn das, wovon Bürgel sprach, wahrscheinlich sehr betraf, aber er hatte jetzt eine große Abneigung gegen alle Dinge, die ihn betrafen, er rückte mit dem Kopf ein wenig beiseite, als mache er dadurch den Fragen Bürgels den Weg frei und könne von ihnen nicht mehr berührt werden. »Es ist«, fuhr Bürgel fort, streckte die Arme und gähnte, was in einem verwirrenden Widerspruch zum Ernst seiner Worte war, »es ist eine ständige Klage der Sekretäre, dass sie gezwungen sind, die meisten Dorfverhöre in der Nacht durchzuführen. Warum aber klagen sie darüber? Weil es sie zu sehr anstrengt? Weil sie die Nacht lieber zum Schlafen verwenden wollen? Nein, darüber klagen sie gewiss nicht. Es gibt natürlich unter den Sekretären Fleißige und minder Fleißige, wie überall; aber über allzu große Anstrengung klagt niemand von ihnen, gar öffentlich nicht. Es ist das einfach nicht unsere Art. Wir kennen in dieser Hinsicht keinen Unterschied zwischen gewöhnlicher Zeit und Arbeitszeit. Solche Unterscheidungen sind uns fremd. Was also haben aber dann die Sekretäre gegen die Nachtverhöre? Ist es etwa gar Rücksicht auf die Parteien? Nein, nein, das ist es auch nicht. Gegen die Parteien sind die Sekretäre rücksichtslos, allerdings nicht um das geringste rücksichtsloser als gegen sich selbst, sondern nur genauso rücksichtslos. Eigentlich ist ja diese Rücksichtslosigkeit nichts als eiserne Befolgung und Durchführung des Dienstes, die größte Rücksichtnahme, welche sich die Parteien nur wünschen können. Dies wird auch im Grunde – ein oberflächlicher Beobachter merkt das freilich nicht völlig – anerkannt; ja, es sind zum Beispiel in diesem Falle gerade die Nachtverhöre, welche den Parteien willkommen sind, es laufen keine grundsätzlichen Beschwerden gegen die Nachtverhöre ein. Warum also doch die Abneigung der Sekretäre?« Auch das wusste K. nicht, er wusste so wenig, er unterschied nicht einmal, ob Bürgel ernstlich oder nur scheinbar die Antwort forderte. Wenn du mich in dein Bett legen lässt, dachte er, werde ich dir morgen Mittag oder noch lieber abends alle Fragen beantworten. Aber Bürgel schien auf ihn nicht zu achten, allzu sehr beschäftigte ihn die Frage, die er sich selbst vorgelegt hatte: »Soviel ich erkenne und soviel ich selbst erfahren habe, haben die Sekretäre hinsichtlich der Nachtverhöre etwa folgendes Bedenken: Die Nacht ist deshalb für Verhandlungen mit den Parteien weniger geeignet, weil es nachts schwer oder geradezu unmöglich ist, den amtlichen Charakter der Verhandlungen voll zu wahren. Das liegt nicht an Äußerlichkeiten, die Formen können natürlich in der Nacht nach Belieben ebenso streng beobachtet werden wie bei Tag. Das ist es also nicht, dagegen leidet die amtliche Beurteilung in der Nacht. Man ist unwillkürlich geneigt, in der Nacht die Dinge von einem mehr privaten Gesichtspunkt zu beurteilen, die Vorbringungen der Parteien bekommen mehr Gewicht, als ihnen zukommt, es mischen sich in die Beurteilung gar nicht hingehörige Erwägungen der sonstigen Lage der Parteien, ihrer Leiden und Sorgen, ein; die notwendige Schranke zwischen Parteien und Beamten, mag sie äußerlich fehlerlos vorhanden sein, lockert sich, und wo sonst, wie es sein soll, nur Fragen und Antworten hin- und widergingen, scheint sich manchmal ein sonderbarer, ganz und gar unpassender Austausch der Personen zu vollziehen.

So sagen es wenigstens die Sekretäre, also Leute allerdings, die von Berufs wegen mit einem ganz außerordentlichen Feingefühl für solche Dinge begabt sind. Aber selbst sie – dies wurde schon oft in unseren Kreisen besprochen – merken während der Nachtverhöre von jenen ungünstigen Einwirkungen wenig; im Gegenteil, sie strengen sich von vornherein an, ihnen entgegenzuarbeiten und glauben schließlich, ganz besonders gute Leistungen zustande gebracht zu haben. Liest man aber später die Protokolle nach, staunt man oft über ihre offen zutage liegenden Schwächen. Und es sind dies Fehler, und zwar immer wieder halb unberechtigte Gewinne der Parteien, welche wenigstens nach unseren Vorschriften im gewöhnlichen kurzen Wege nicht mehr gutzumachen sind. Ganz gewiss werden sie einmal noch von einem Kontrollamt verbessert werden, aber dies wird nur dem Recht nützen, jener Partei aber nicht mehr schaden können. Sind unter solchen Umständen die Klagen der Sekretäre nicht sehr berechtigt?«

K. hatte schon ein kleines Weilchen in einem halben Schlummer verbracht, nun war er wieder aufgestört. Warum dies alles? Warum dies alles? fragte er sich und betrachtete unter den gesenkten Augenlidern Bürgel nicht wie einen Beamten, der mit ihm schwierige Fragen besprach, sondern nur wie irgendetwas, das ihn am Schlafen hinderte und dessen sonstigen Sinn er nicht ausfindig machen konnte. Bürgel aber, ganz seinem Gedankengang hingegeben, lächelte, als sei es ihm eben gelungen, K. ein wenig irrezuführen. Doch war er bereit, ihn gleich wieder auf den richtigen Weg zurückzubringen.

»Nun«, sagte er, »ganz berechtigt kann man diese Klagen ohne weiteres auch wieder nicht nennen. Die Nachtverhöre sind zwar nirgends geradezu vorgeschrieben, man vergeht sich also gegen keine Vorschrift, wenn man sie zu vermeiden sucht, aber die Verhältnisse, die Überfülle der Arbeit, die Beschäftigungsart der Beamten im Schloss, ihre schwere Abkömmlichkeit, die Vorschrift, dass das Parteienverhör erst nach vollständigem Abschluss der sonstigen Untersuchung, dann aber sofort zu erfolgen habe, alles dieses und anderes mehr hat die Nachtverhöre doch zu einer unumgänglichen Notwendigkeit gemacht. Wenn sie nun aber eine Notwendigkeit geworden sind – so sage ich –, ist dies doch auch, wenigstens mittelbar, ein Ergebnis der Vorschriften, und an dem Wesen der Nachtverhöre mäkeln, hieße dann fast – ich übertreibe natürlich ein wenig, darum, als Übertreibung, darf ich es aussprechen –, hieße dann sogar an den Vorschriften mäkeln.

Dagegen mag es den Sekretären zugestanden bleiben, dass sie sich innerhalb der Vorschriften gegen die Nachtverhöre und ihre vielleicht nur scheinbaren Nachteile zu sichern suchen, so gut es geht. Das tun sie ja auch, und zwar in größtem Ausmaß. Sie lassen nur Verhandlungsgegenstände zu, von denen in jedem Sinne möglichst wenig zu befürchten ist, prüfen sich vor den Verhandlungen genau und sagen, wenn das Ergebnis der Prüfung es verlangt, auch noch im letzten Augenblick alle Einvernahmen ab, stärken sich, indem sie eine Partei oft zehnmal berufen, ehe sie sie wirklich vernehmen, lassen sich gern von Kollegen vertreten, welche für den betreffenden Fall unzuständig sind und ihn daher mit größerer Leichtigkeit behandeln können, setzen die Verhandlungen wenigstens auf den Anfang oder das Ende der Nacht an und vermeiden die mittleren Stunden, solcher Maßnahmen gibt es noch viele, sie lassen sich nicht leicht beikommen, die Sekretäre, sie sind fast ebenso widerstandsfähig wie verletzlich.« K. schlief, es war zwar kein eigentlicher Schlaf, er hörte Bürgels Worte vielleicht besser als während des früheren todmüden Wachens, Wort für Wort schlug an sein Ohr, aber das lästige Bewusstsein war geschwunden, er fühlte sich frei, nicht Bürgel hielt ihn mehr, nur er tastete noch manchmal nach Bürgel hin, er war noch nicht in der Tiefe des Schlafes, aber eingetaucht in ihn war er. Niemand sollte ihm das mehr rauben. Und es war ihm, als sei ihm damit ein großer Sieg gelungen, und schon war auch eine Gesellschaft da, dies zu feiern, und er oder auch jemand anders hob das Champagnerglas zu Ehren dieses Sieges. Und damit alle wissen sollten, worum es sich handle, wurde der Kampf und der Sieg noch einmal wiederholt oder vielleicht gar nicht wiederholt, sondern fand erst jetzt statt und war schon früher gefeiert worden, und es wurde nicht abgelassen, ihn zu feiern, weil der Ausgang glücklicherweise gewiss war. Ein Sekretär, nackt, sehr ähnlich der Statue eines griechischen Gottes, wurde von K. im Kampf bedrängt. Es war sehr komisch, und K. lächelte darüber sanft im Schlaf, wie der Sekretär aus seiner stolzen Haltung durch K.s Vorstöße immer aufgeschreckt wurde und etwa den hochgestreckten Arm und die geballte Faust schnell dazu verwenden musste, um seine Blößen zu decken, und doch damit noch immer zu langsam war. Der Kampf dauerte nicht lange; Schritt für Schritt, und es waren sehr große Schritte, rückte K. vor. War es überhaupt ein Kampf? Es gab kein ernstliches Hindernis, nur hier und da ein Piepsen des Sekretärs. Dieser griechische Gott piepste wie ein Mädchen, das gekitzelt wird. Und schließlich war er fort, K. war allein in einem großen Raum, kampfbereit drehte er sich um und suchte den Gegner; es war aber niemand mehr da, auch die Gesellschaft hatte sich verlaufen, nur das Champagnerglas lag zerbrochen auf der Erde. K. zertrat es völlig. Die Scherben aber stachen, zusammenzuckend erwachte er doch wieder, ihm war übel wie einem kleinen Kind, wenn es geweckt wird. Trotzdem streifte ihn beim Anblick der entblößten Brust Bürgels vom Traum her der Gedanke: Hier hast du ja deinen griechischen Gott! Reiß ihn doch aus den Federn. »Es gibt aber«, sagte Bürgel, nachdenklich das Gesicht zur Zimmerdecke erhoben, als suche er in der Erinnerung nach Beispielen, könne aber keine finden, »es gibt aber dennoch trotz allen Vorsichtsmaßregeln für die Parteien eine Möglichkeit, diese nächtliche Schwäche der Sekretäre – immer vorausgesetzt, dass es eine Schwäche ist – für sich auszunützen. Freilich, eine sehr seltene oder, besser gesagt, eine fast niemals vorkommende Möglichkeit. Sie besteht darin, dass die Partei mitten in der Nacht unangemeldet kommt. Sie wundern sich vielleicht, dass dies, obwohl es so naheliegend scheint, gar so selten geschehen soll. Nun ja, Sie sind mit unseren Verhältnissen nicht vertraut. Aber auch Ihnen dürfte doch schon die Lückenlosigkeit der amtlichen Organisation aufgefallen sein. Aus dieser Lückenlosigkeit aber ergibt sich, dass jeder, der irgendein Anliegen hat oder aus sonstigen Gründen über etwas verhört werden muss, sofort, ohne Zögern, meistens sogar noch ehe er selbst sich die Sache zurechtgelegt hat, ja, noch ehe er selbst von ihr weiß, schon die Vorladung erhält. Er wird diesmal noch nicht einvernommen, meistens noch nicht einvernommen, so reif ist die Angelegenheit gewöhnlich noch nicht, aber die Vorladung hat er, unangemeldet kann er nicht mehr kommen, er kann höchstens zur Unzeit kommen, nun, dann wird er nur auf das Datum und die Stunde der Vorladung aufmerksam gemacht, und kommt er dann zu rechter Zeit wieder, wird er in der Regel weggeschickt, das macht keine Schwierigkeit mehr; die Vorladung in der Hand der Partei und die Vormerkung in den Akten, das sind für die Sekretäre zwar nicht immer ausreichende, aber doch starke Abwehrwaffen. Das bezieht sich allerdings nur auf den für die Sache gerade zuständigen Sekretär; die anderen überraschend in der Nacht anzugehen, stünde doch noch jedem frei. Doch wird das kaum jemand tun, es ist fast sinnlos. Zunächst würde man dadurch den zuständigen Sekretär sehr erbittern, wir Sekretäre sind zwar untereinander hinsichtlich der Arbeit gewiss nicht eifersüchtig, jeder trägt ja eine allzu hoch bemessene, wahrhaftig ohne jede Kleinlichkeit aufgeladene Arbeitslast, aber gegenüber den Parteien dürfen wir Störungen der Zuständigkeit keinesfalls dulden. Mancher hat schon die Partie verloren, weil er, da er an zuständiger Stelle nicht vorwärtszukommen glaubte, an unzuständiger durchzuschlüpfen versuchte. Solche Versuche müssen übrigens auch daran scheitern, dass ein unzuständiger Sekretär, selbst wenn er nächtlich überrumpelt wird und besten Willens ist zu helfen, eben infolge seiner Unzuständigkeit kaum mehr eingreifen kann als irgendein beliebiger Advokat, oder im Grunde viel weniger, denn ihm fehlt ja – selbst wenn er sonst irgendetwas tun könnte, da er doch die geheimen Wege des Rechtes besser kennt als alle die advokatischen Herrschaften –, es fehlt ihm einfach für Dinge, bei denen er nicht zuständig ist, jede Zeit, keinen Augenblick kann er dafür aufwenden. Wer würde also bei diesen Aussichten seine Nächte dafür verwenden, unzuständige Sekretäre abzugeben, auch sind ja die Parteien voll beschäftigt, wenn sie neben ihrem sonstigen Berufe den Vorladungen und Winken der zuständigen Stellen entsprechen wollen, ›voll beschäftigt‹ freilich im Sinne der Parteien, was natürlich noch bei weitem nicht das gleiche ist, wie ›voll beschäftigt‹ im Sinne der Sekretäre.« K. nickte lächelnd, er glaubte jetzt, alles genau zu verstehen; nicht deshalb, weil es ihn bekümmerte, sondern weil er nun überzeugt war, in den nächsten Augenblicken würde er völlig einschlafen, diesmal ohne Traum und Störung; zwischen den zuständigen Sekretären auf der einen Seite und den unzuständigen auf der anderen und angesichts der Masse der voll beschäftigten Parteien würde er in tiefen Schlaf sinken und auf diese Weise allem entgehen. An die leise, selbstzufriedene, für das eigene Einschlafen offenbar vergeblich arbeitende Stimme Bürgels hatte er sich nun so gewöhnt, dass sie seinen Schlaf mehr befördern als stören würde. Klappere, Mühle, klappere, dachte er, du klapperst nur für mich. »Wo ist nun also«, sagte Bürgel, mit zwei Fingern an der Unterlippe spielend, mit geweiteten Augen, gestrecktem Hals, etwa als nähere er sich nach einer mühseligen Wanderung einem entzückenden Aussichtspunkt, »wo ist nun also jene erwähnte, seltene, fast niemals vorkommende Möglichkeit? Das Geheimnis steckt in den Vorschriften über die Zuständigkeit. Es ist nämlich nicht so und kann bei einer großen lebendigen Organisation nicht so sein, dass für jede Sache nur ein bestimmter Sekretär zuständig ist. Es ist nur so, dass einer die Hauptzuständigkeit hat, viele andere aber auch zu gewissen Teilen eine, wenn auch kleinere Zuständigkeit haben. Wer könnte allein, und wäre es der größte Arbeiter, alle Beziehungen auch nur des kleinsten Vorfalles auf seinem Schreibtisch zusammenhalten? Selbst was ich von der Hauptzuständigkeit gesagt habe, ist zuviel gesagt. Ist nicht in der kleinsten Zuständigkeit auch schon die ganze? Entscheidet hier nicht die Leidenschaft, mit welcher die Sache ergriffen wird? Und ist die nicht immer die gleiche, immer in voller Stärke da? In allem mag es Unterschiede unter den Sekretären geben, und es gibt solcher Unterschiede unzählige, in der Leidenschaft aber nicht; keiner von ihnen wird sich zurückhalten können, wenn an ihn die Aufforderung herantritt, sich mit einem Fall, für den er nur die geringste Zuständigkeit besitzt, zu beschäftigen. Nach außen allerdings muss eine geordnete Verhandlungsmöglichkeit geschaffen werden, und so tritt für die Parteien je ein bestimmter Sekretär in den Vordergrund, an den sie sich amtlich zu halten haben. Es muss dies aber nicht einmal derjenige sein, der die größte Zuständigkeit für den Fall besitzt, hier entscheidet die Organisation und ihre besonderen augenblicklichen Bedürfnisse. Dies ist die Sachlage. Und nun erwägen Sie, Herr Landvermesser, die Möglichkeit, dass eine Partei durch irgendwelche Umstände trotz den Ihnen schon beschriebenen, im allgemeinen völlig ausreichenden Hindernissen dennoch mitten in der Nacht einen Sekretär überrascht, der eine gewisse Zuständigkeit für den betreffenden Fall besitzt. An eine solche Möglichkeit haben Sie wohl noch nicht gedacht? Das will ich Ihnen gern glauben. Es ist ja auch nicht nötig, an sie zu denken, denn sie kommt ja fast niemals vor. Was für ein sonderbar und ganz bestimmt geformtes, kleines und geschicktes Körnchen müsste eine solche Partei sein, um durch das unübertreffliche Sieb durchzugleiten? Sie glauben, es kann gar nicht vorkommen? Sie haben recht, es kann gar nicht vorkommen. Aber eines Nachts – wer kann für alles bürgen? – kommt es doch vor. Ich kenne unter meinen Bekannten allerdings niemanden, dem es schon geschehen wäre, nun beweist das zwar sehr wenig, meine Bekanntschaft ist im Vergleich zu den hier in Betracht kommenden Zahlen beschränkt, und außerdem ist es auch gar nicht sicher, dass ein Sekretär, dem etwas Derartiges geschehen ist, es auch gestehen will, es ist immerhin eine sehr persönliche und gewissermaßen die amtliche Scham ernst berührende Angelegenheit. Immerhin beweist aber meine Erfahrung vielleicht, dass es sich um eine so seltene, eigentlich nur dem Gerücht nach vorhandene, durch gar nichts anderes bestätigte Sache handelt, dass es also sehr übertrieben ist, sich vor ihr zu fürchten. Selbst wenn sie wirklich geschehen sollte, kann man sie – sollte man glauben – förmlich dadurch unschädlich machen, dass man ihr, was sehr leicht ist, beweist, für sie sei kein Platz auf dieser Welt. Jedenfalls ist es krankhaft, wenn man sich aus Angst vor ihr etwa unter der Decke versteckt und nicht wagt hinauszuschauen. Und selbst wenn die vollkommene Unwahrscheinlichkeit plötzlich hätte Gestalt bekommen sollen, ist dann schon alles verloren? Im Gegenteil. Dass alles verloren sei, ist noch unwahrscheinlicher als das Unwahrscheinlichste. Freilich, wenn die Partei im Zimmer ist, ist es schon sehr schlimm. Es beengt das Herz. – Wie lange wirst du Widerstand leisten können? fragte man sich. Es wird aber gar kein Widerstand sein, das weiß man. Sie müssen sich die Lage nur richtig vorstellen. Die niemals gesehene, immer erwartete, mit wahrem Durst erwartete und immer vernünftigerweise als unerreichbar angesehene Partei sitzt da. Schon durch ihre stumme Anwesenheit lädt sie ein, in ihr armes Leben einzudringen, sich darin umzutun wie in eigenem Besitz und dort unter ihren vergeblichen Forderungen mitzuleiden. Diese Einladung in der stillen Nacht ist berückend. Man folgt ihr und hat nun eigentlich aufgehört, Amtsperson zu sein. Es ist eine Lage, in der es schon bald unmöglich wird, eine Bitte abzuschlagen. Genaugenommen ist man verzweifelt; noch genauer genommen, ist man sehr glücklich. Verzweifelt, denn die Wehrlosigkeit, mit der man hier sitzt und auf die Bitte der Partei wartet und weiß, dass man sie, wenn sie einmal ausgesprochen ist, erfüllen muss, wenn sie auch, wenigstens soweit man es selbst übersehen kann, die Amtsorganisation förmlich zerreißt: das ist ja wohl das Ärgste, was einem in der Praxis begegnen kann. Vor allem – von allem anderen abgesehen –, weil es auch eine über alle Begriffe gehende Rangerhöhung ist, die man hier für den Augenblick für sich gewaltsam in Anspruch nimmt. Unserer Stellung nach sind wir ja gar nicht befugt, Bitten, wie die, um die es sich hier handelt, zu erfüllen, aber durch die Nähe dieser nächtlichen Partei wachsen uns gewissermaßen auch die Amtskräfte, wir verpflichten uns zu Dingen, die außerhalb unseres Bereiches sind; ja, wir werden sie auch ausführen. Die Partei zwingt uns in der Nacht, wie der Räuber im Wald, Opfer ab, deren wir sonst niemals fähig wären; nun gut, so ist es jetzt, wenn die Partei noch da ist, uns stärkt und zwingt und aneifert und alles noch halb besinnungslos im

Gange ist; wie wird es aber nachher sein, wenn es vorüber ist, die Partei, gesättigt und unbekümmert, uns verlässt und wir dastehen, allein, wehrlos im Angesicht unseres Amtsmissbrauches – das ist gar nicht auszudenken! Und trotzdem sind wir glücklich. Wie selbstmörderisch das Glück sein kann! Wir könnten uns ja anstrengen, der Partei die wahre Lage geheimzuhalten. Sie selbst aus eigenem merkt ja kaum etwas. Sie ist ja ihrer Meinung nach wahrscheinlich nur aus irgendwelchen gleichgültigen, zufälligen Gründen – übermüdet, enttäuscht, rücksichtslos und gleichgültig aus Übermüdung und Enttäuschung – in ein anderes Zimmer gedrungen, als sie wollte, sie sitzt unwissend da und beschäftigt sich in Gedanken, wenn sie sich überhaupt beschäftigt, mit ihrem Irrtum oder mit ihrer Müdigkeit. Könnte man sie nicht dabei verlassen? Man kann es nicht. In der Geschwätzigkeit der Glücklichen muss man ihr alles erklären. Man muss, ohne sich im geringsten schonen zu können, ihr ausführlich zeigen, was geschehen ist, und aus welchen Gründen dies geschehen ist, wie außerordentlich selten und wie einzig groß die Gelegenheit ist, man muss zeigen, wie die Partei zwar in diese Gelegenheit in aller Hilflosigkeit, wie sie deren kein anderes Wesen als eben nur eine Partei fähig sein kann, hineingetappt ist, wie sie aber jetzt, wenn sie will, Herr Landvermesser, alles beherrschen kann und dafür nichts anderes zu tun hat, als ihre Bitte irgendwie vorzubringen, für welche die Erfüllung schon bereit ist, ja, welcher sie sich entgegenstreckt, das alles muss man zeigen; es ist die schwere Stunde des Beamten. Wenn man aber auch das getan hat, ist, Herr Landvermesser, das Notwendigste geschehen, man muss sich bescheiden und warten.«

K. schlief, abgeschlossen gegen alles, was geschah. Sein Kopf, der zuerst auf dem linken Arm oben auf dem Bettpfosten gelegen war, war im Schlaf abgeglitten und hing nun frei, langsam tiefer sinkend; die Stütze des Armes oben genügte nicht mehr, unwillkürlich verschaffte K. sich eine neue dadurch, dass er die rechte Hand gegen die Bettdecke stemmte, wobei er zufällig gerade den unter der Decke aufragenden Fuß Bürgels ergriff. Bürgel sah hin und überließ ihm den Fuß, so lästig das sein mochte.

Da klopfte es mit einigen starken Schlägen an die Seitenwand. K. schrak auf und sah die Wand an. »Ist nicht der Landvermesser dort?« fragte es. »Ja«, sagte Bürgel, befreite seinen Fuß von K. und streckte sich plötzlich wild und mutwillig wie ein kleiner Junge. »Dann soll er endlich herüberkommen«, sagte es wieder; auf Bürgel oder darauf, dass er etwa K. noch benötigen könnte, wurde keine Rücksicht genommen. »Es ist Erlanger«, sagte Bürgel flüsternd; dass Erlanger im Nebenzimmer war, schien ihn nicht zu überraschen. »Gehen Sie gleich zu ihm, er ärgert sich schon, suchen Sie ihn zu besänftigen. Er hat einen guten Schlaf; wir haben uns aber doch zu laut unterhalten; man kann sich und seine Stimme nicht beherrschen, wenn man von gewissen Dingen spricht. Nun, gehen Sie doch, Sie scheinen sich ja aus dem Schlaf gar nicht herausarbeiten zu können. Gehen Sie, was wollen Sie denn noch hier? Nein, Sie müssen sich wegen Ihrer Schläfrigkeit nicht entschuldigen, warum denn? Die Leibeskräfte reichen nur bis zu einer gewissen Grenze; wer kann dafür, dass gerade diese Grenze auch sonst bedeutungsvoll ist? Nein, dafür kann niemand. So korrigiert sich selbst die Welt in ihrem Lauf und behält das Gleichgewicht. Das ist ja eine vorzügliche, immer wieder unvorstellbar vorzügliche Einrichtung, wenn auch in anderer Hinsicht trostlos. Nun, gehen Sie, ich weiß nicht, warum Sie mich so ansehen. Wenn Sie noch lange zögern, kommt Erlanger über mich, das möchte ich sehr gern vermeiden. Gehen Sie doch; wer weiß, was Sie drüben erwartet, hier ist ja alles voll Gelegenheiten. Nur gibt es freilich Gelegenheiten, die gewissermaßen zu groß sind, um benützt zu werden, es gibt Dinge, die an nichts anderem als an sich selbst scheitern. Ja, das ist staunenswert. Übrigens hoffe ich jetzt doch, ein wenig einschlafen zu können. Freilich ist es schon fünf Uhr, und der Lärm wird bald beginnen. Wenn wenigstens Sie schon gehen wollten!«

Betäubt von dem plötzlichen Geweckwerden aus tiefem Schlaf, noch grenzenlos schlafbedürftig, mit überall infolge der unbequemen Haltung schmerzhaftem Körper, konnte sich K. lange nicht entschließen aufzustehen, hielt sich die Stirn und sah hinab auf seinen Schoß. Selbst die fortwährenden Verabschiedungen Bürgels hätten ihn nicht dazu bewegen können, fortzugehen, nur ein Gefühl der völligen Nutzlosigkeit jeden weiteren Aufenthaltes in diesem Zimmer brachte ihn langsam dazu. Unbeschreiblich öde schien ihm dieses Zimmer. Ob es so geworden oder seit jeher so gewesen war, wusste er nicht. Nicht einmal wieder einzuschlafen würde ihm hier gelingen. Diese Überzeugung war sogar das Entscheidende; darüber ein wenig lächelnd, erhob er sich, stützte sich, wo er nur eine Stütze fand, am Bett, an der Wand, an der Tür, und ging, als hätte er sich längst von Bürgel verabschiedet, ohne Gruß hinaus.

Das neunzehnte Kapitel

Wahrscheinlich wäre er ebenso gleichgültig an Erlangers Zimmer vorübergegangen, wenn Erlanger nicht in der offenen Türe gestanden wäre und ihm gewinkt hätte. Ein kurzer, einmaliger Wink mit dem Zeigefinger. Erlanger war zum Weggehen schon völlig bereit, er trug einen schwarzen Pelzmantel mit knappem, hochgeknöpftem Kragen. Ein Diener reichte ihm gerade die Handschuhe und hielt noch eine Pelzmütze. »Sie hätten schon längst kommen sollen«, sagte Erlanger. K. wollte sich entschuldigen. Erlanger zeigte durch ein müdes Schließen der Augen, dass er darauf verzichte. »Es handelt sich um folgendes«, sagte er. »Im Ausschank war früher eine gewisse Frieda bedienstet; ich kenne nur ihren Namen, sie selbst kenne ich nicht, sie bekümmert mich nicht. Diese Frieda hat manchmal Klamm das Bier serviert. Jetzt scheint dort ein anderes Mädchen zu sein. Nun ist diese Veränderung natürlich belanglos, wahrscheinlich für jeden, und für Klamm ganz gewiss. Je größer aber eine Arbeit ist, und Klamms Arbeit ist freilich die größte, desto weniger Kraft bleibt, sich gegen die Außenwelt zu wehren, infolgedessen kann dann jede belanglose Veränderung der belanglosesten Dinge ernstlich stören. Die kleinste Veränderung auf dem Schreibtisch, die Beseitigung eines dort seit jeher vorhanden gewesenen Schmutzflecks, das alles kann stören und ebenso ein neues Serviermädchen. Nun stört freilich das alles, selbst wenn es jeden anderen und bei jeder beliebigen Arbeit störte, Klamm nicht; davon kann gar keine Rede sein. Trotzdem sind wir verpflichtet, über Klamms Behagen derart zu wachen, dass wir selbst Störungen, die für ihn keine sind – und wahrscheinlich gibt es für ihn überhaupt keine –, beseitigen, wenn sie uns als mögliche Störungen auffallen. Nicht seinetwegen, nicht seiner Arbeit wegen beseitigen wir diese Störungen, sondern unseretwegen, unseres Gewissens und unserer Ruhe wegen. Deshalb muss jene Frieda sofort wieder in den Ausschank zurückkehren, vielleicht wird sie gerade dadurch, dass sie zurückkehrt, stören; nun, dann werden wir sie wieder wegschicken, vorläufig aber muss sie zurückkehren. Sie leben mit ihr, wie man mir gesagt hat, veranlassen Sie daher sofort ihre Rückkehr. Auf persönliche Gefühle kann dabei keine Rücksicht genommen werden, das ist ja selbstverständlich, daher lasse ich mich auch nicht in die geringste weitere Erörterung der Sache ein. Ich tue schon viel mehr, als nötig ist, wenn ich erwähne, dass Ihnen, wenn Sie sich in dieser Kleinigkeit bewähren, dies in Ihrem Fortkommen gelegentlich nützlich sein kann. Das ist alles, was ich Ihnen zu sagen habe.« Er nickte K. zum Abschied zu, setzte sich die von dem Diener gereichte Pelzmütze auf und ging, vom Diener gefolgt, schnell, aber ein wenig hinkend, den Gang hinab.

Manchmal wurden hier Befehle gegeben, die sehr leicht zu erfüllen waren, aber diese Leichtigkeit freute K. nicht. Nicht nur, weil der Befehl Frieda betraf, und zwar als Befehl gemeint war, aber K. wie ein Verlachen klang, sondern vor allem deshalb, weil aus ihm für K. die Nutzlosigkeit aller seiner Bestrebungen entgegensah. Über ihn hinweg gingen die Befehle, die ungünstigen und die günstigen, und auch die günstigen hatten wohl einen letzten ungünstigen Kern, jedenfalls aber gingen alle über ihn hinweg, und er war viel zu tief gestellt, um in sie einzugreifen oder gar sie verstummen zu machen und für seine Stimme Gehör zu bekommen. Wenn dir Erlanger abwinkt, was willst du tun; und wenn er nicht abwinkte, was könntest du ihm sagen? Zwar blieb sich K. dessen bewusst, dass seine Müdigkeit ihm heute mehr geschadet hatte als alle Ungunst der Verhältnisse, aber warum konnte er, der geglaubt hatte, sich auf seinen Körper verlassen zu können, und der ohne diese Überzeugung sich gar nicht auf den Weg gemacht hätte, warum konnte er einige schlechte und eine schlaflose Nacht nicht ertragen, warum wurde er gerade hier so unbeherrschbar müde, wo niemand müde war, oder wo vielmehr jeder, und immerfort, müde war, ohne dass dies aber die Arbeit schädigte; ja, es schien sie vielmehr zu fördern. Daraus war zu schließen, dass es in ihrer Art eine ganz andere Müdigkeit war als jene K.s. Hier war es wohl die Müdigkeit inmitten glücklicher Arbeit; etwas, was nach außen hin wie Müdigkeit aussah und eigentlich unzerstörbare Ruhe, unzerstörbarer Frieden war. Wenn man mittags ein wenig müde ist, so gehört das zum glücklichen natürlichen Verlauf des Tages. Die Herren hier haben immerfort Mittag, sagte sich K.

Und es stimmte sehr damit überein, dass es jetzt um fünf Uhr schon überall zu Seiten des Ganges lebendig wurde. Dieses Stimmengewirr in den Zimmern hatte etwas äußerst Fröhliches. Einmal klang es wie der Jubel von Kindern, die sich zu einem Ausflug bereitmachen, ein andermal wie der Aufbruch im Hühnerstall, wie die Freude, in völliger Übereinstimmung mit dem erwachenden Tag zu sein, irgendwo ahmte sogar ein Herr den Ruf eines Hahnes nach. Der Gang selbst war zwar noch leer, aber die Türen waren schon in Bewegung, immer wieder wurde eine ein wenig geöffnet und schnell wieder geschlossen, es schwirrte im Gang von solchem Türöffnen und -schließen, hie und da sah K. auch schon oben im Spalt der nicht bis zur Decke reichenden Wände morgendlich zerraufte Köpfe erscheinen und gleich verschwinden. Aus der Ferne kam langsam ein kleines, von einem Diener geführtes Wägelchen, welches Akten enthielt. Ein zweiter Diener ging daneben, hatte ein Verzeichnis in der Hand und verglich danach offenbar die Nummern der Türen mit jenen der Akten. Vor den meisten Türen blieb das Wägelchen stehen, gewöhnlich öffnete sich dann auch die Tür, und die zugehörigen Akten, manchmal auch nur ein Blättchen – in solchen Fällen entspann sich ein kleines Gespräch vom Zimmer zum Gang, wahrscheinlich wurden dem Diener Vorwürfe gemacht –, wurden ins Zimmer hineingereicht. Blieb die Tür geschlossen, wurden die Akten sorgfältig auf der Türschwelle aufgehäuft. In solchen Fällen schien es K., als ob die Bewegung der Türen in der Umgebung nicht nachließe, obwohl auch dort schon die Akten verteilt worden waren, sondern eher sich verstärke. Vielleicht lugten die anderen begehrlich nach den auf der Türschwelle unbegreiflicherweise noch unbehoben liegenden Akten, sie konnten nicht verstehen, wie jemand nur die Tür zu öffnen brauche, um in den Besitz seiner Akten zu kommen, und es doch nicht tue; vielleicht war es sogar möglich, dass endgültig unbehobene Akten später unter die anderen Herren verteilt würden, welche schon jetzt durch häufiges Nachschauen sich überzeugen wollten, ob die Akten noch immer auf der Schwelle lägen und ob also noch immer für sie Hoffnung vorhanden sei. Übrigens waren diese liegengebliebenen Akten meistens besonders große Bündel; und K. nahm an, dass sie aus einer gewissen Prahlerei oder Bosheit oder auch aus berechtigtem, die Kollegen aufmunterndem Stolz vorläufig liegengelassen worden waren.

In dieser Annahme bestärkte ihn, dass manchmal, immer wenn er gerade nicht hinsah, der Sack, nachdem er lange genug zur Schau gestellt gewesen war, plötzlich und eiligst ins Zimmer hineingezogen wurde und die Tür dann wieder unbeweglich wie früher blieb, auch die Türen in der Umgebung beruhigten sich dann, enttäuscht oder auch zufrieden damit, dass dieser Gegenstand fortwährender Reizung endlich beseitigt war, doch kamen sie dann allmählich wieder in Bewegung.

K. betrachtete das alles nicht nur mit Neugier, sondern auch mit Teilnahme. Er fühlte sich fast wohl inmitten des Getriebes, sah hierhin und dorthin und folgte – wenn auch in entsprechender Entfernung – den Dienern, die sich freilich schon öfters mit strengem Blick, gesenktem Kopf, aufgeworfenen Lippen nach ihm umgewandt hatten, und sah ihrer Verteilungsarbeit zu. Sie ging, je weiter sie fortschritt, immer weniger glatt vonstatten, entweder stimmte das Verzeichnis nicht ganz oder waren die Akten für den Diener nicht immer gut unterscheidbar oder erhoben die Herren aus anderen Gründen Einwände; jedenfalls kam es vor, dass manche Verteilungen rückgängig gemacht werden mussten, dann fuhr das Wägelchen zurück, und es wurde durch den Türspalt wegen Rückgabe von Akten verhandelt. Die Verhandlungen machten schon an sich große Schwierigkeiten, es kam aber häufig genug vor, dass, wenn es sich um die Rückgabe handelte, gerade Türen, die früher in der lebhaftesten Bewegung gewesen waren, jetzt unerbittlich geschlossen blieben, wie wenn sie von der Sache gar nichts mehr wissen wollten. Dann begannen erst die eigentlichen Schwierigkeiten. Derjenige, welcher Anspruch auf die Akten zu haben glaubte, war äußerst ungeduldig, machte in seinem Zimmer großen Lärm, klatschte in die Hände, stampfte mit den Füßen, rief durch den Türspalt immer wieder eine bestimmte Aktennummer in den Gang hinaus. Dann blieb das Wägelchen oft ganz verlassen. Der eine Diener war damit beschäftigt, den Ungeduldigen zu besänftigen, der andere kämpfte vor der geschlossenen Tür um die Rückgabe. Beide hatten es schwer. Der Ungeduldige wurde durch die Besänftigungsversuche oft noch ungeduldiger, er konnte die leeren Worte des Dieners gar nicht mehr anhören, er wollte nicht Trost, er wollte Akten; ein solcher Herr goss einmal oben durch den Spalt ein ganzes Waschbecken auf den Diener aus. Der andere Diener, offenbar der im Rang höhere, hatte es aber noch viel schwerer. Ließ sich der betreffende Herr auf Verhandlungen überhaupt ein, gab es sachliche Besprechungen, bei welchen sich der Diener auf sein Verzeichnis, der Herr auf seine Vormerkungen und gerade auf die Akten berief, die er zurückgeben sollte, die er aber vorläufig fest in der Hand hielt, so dass kaum ein Eckchen von ihnen für die begehrlichen Augen des Dieners sichtbar blieb. Auch musste dann der Diener wegen neuer Beweise zu dem Wägelchen zurücklaufen, das auf dem ein wenig sich senkenden Gang immer von selbst ein Stück weitergerollt war, oder er musste zu dem die Akten beanspruchenden Herrn gehen und dort die Einwände des bisherigen Besitzers für neue Gegeneinwände austauschen. Solche Verhandlungen dauerten sehr lange, bisweilen einigte man sich, der Herr gab etwa einen Teil der Akten heraus oder bekam als Entschädigung andere Akten, da nur eine Verwechslung vorgelegen hatte; es kam aber auch vor, dass jemand auf alle verlangten Akten ohne weiteres verzichten musste, sei es, dass er durch die Beweise des Dieners in die Enge getrieben war, sei es, dass er des fortwährenden Handelns müde war, dann aber gab er die Akten nicht dem Diener, sondern warf sie mit plötzlichem Entschluss weit in den Gang hinaus, dass sich die Bindfäden lösten und die Blätter flogen und die Diener viel Mühe hatten, alles wieder in Ordnung zu bringen. Aber alles war noch verhältnismäßig einfacher, als wenn der Diener auf seine Bitten um Rückgabe überhaupt keine Antwort bekam, dann stand er vor der verschlossenen Tür, bat, beschwor, zitierte sein Verzeichnis, berief sich auf Vorschriften, alles vergeblich, aus dem Zimmer kam kein Laut und, ohne Erlaubnis einzutreten, hatte der Diener offenbar kein Recht. Dann verließ auch diesen vorzüglichen Diener manchmal die Selbstbeherrschung, er ging zu seinem Wägelchen, setzte sich auf die Akten, wischte sich den Schweiß von der Stirn und unternahm ein Weilchen lang gar nichts, als hilflos mit den Füßen zu schlenkern. Das Interesse an der Sache war ringsherum sehr groß, überall wisperte es, kaum eine Tür war ruhig, und oben an der Wandbrüstung verfolgten merkwürdigerweise mit Tüchern fast gänzlich vermummte Gesichter, die überdies kein Weilchen lang ruhig an ihrer Stelle blieben, alle Vorgänge. Inmitten dieser Unruhe war es K. auffällig, dass Bürgels Tür die ganze Zeit über geschlossen blieb und dass die Diener diesen Teil des Ganges schon passiert hatten, Bürgel aber keine Akten zugeteilt worden waren. Vielleicht schlief er noch, was allerdings in diesem Lärm einen sehr gesunden Schlaf bedeutet hätte, warum aber hatte er keine Akten bekommen? Nur sehr wenige Zimmer, und überdies wahrscheinlich unbewohnte, waren in dieser Weise übergangen worden. Dagegen war in dem Zimmer Erlangers schon ein neuer und besonders unruhiger Gast, Erlanger musste von ihm in der Nacht förmlich ausgetrieben worden sein, das passte wenig zu Erlangers kühlem, weitläufigem Wesen, aber dass er K. an der Türschwelle hatte erwarten müssen, deutete doch darauf hin.

Von allen abseitigen Beobachtungen kehrte dann K. immer bald wieder zu dem Diener zurück; für diesen Diener traf das wahrlich nicht zu, was man K. sonst von den Dienern im allgemeinen, von ihrer Untätigkeit, ihrem bequemen Leben, ihrem Hochmut erzählt hatte, es gab wohl auch Ausnahmen unter den Dienern oder, was wahrscheinlicher war, verschiedene Gruppen unter ihnen, denn hier waren, wie K. merkte, viele Abgrenzungen, von denen er bisher kaum eine Andeutung zu sehen bekommen hatte. Besonders die Unnachgiebigkeit dieses Dieners gefiel ihm sehr. Im Kampf mit diesen kleinen, hartnäckigen Zimmern – K. schien es oft ein Kampf mit den Zimmern, da er die Bewohner kaum zu sehen bekam – ließ der Diener nicht nach. Er ermattete zwar – wer wäre nicht ermattet? –, aber bald hatte er sich wieder erholt, glitt vom Wägelchen herunter und ging aufrecht mit zusammengebissenen Zähnen wieder gegen die zu erobernde Tür los. Und es geschah, dass er zweimal und dreimal zurückgeschlagen wurde, auf sehr einfache Weise allerdings, nur durch das verteufelte Schweigen, und dennoch gar nicht besiegt war. Da er sah, dass er durch offenen Angriff nichts erreichen konnte, versuchte er es auf andere Weise, zum Beispiel, soweit es K. richtig verstand, durch List. Er ließ dann scheinbar von der Tür ab, ließ sie gewissermaßen ihre Schweigsamkeit erschöpfen, wandte sich anderen Türen zu, nach einer Weile kehrte er wieder zurück, rief den anderen Diener, alles auffallend und laut, und begann auf der Schwelle der verschlossenen Tür Akten aufzuhäufen, so, als habe er seine Meinung geändert, und dem Herrn sei rechtmäßigerweise nichts wegzunehmen, sondern vielmehr zuzuteilen. Dann ging er weiter, behielt aber die Tür immer im Auge, und wenn dann der Herr, wie es gewöhnlich geschah, bald vorsichtig die Tür öffnete, um die Akten zu sich hineinzuziehen, war der Diener mit ein paar Sprüngen dort, schob den Fuß zwischen Tür und Pfosten und zwang so den Herrn, wenigstens von Angesicht zu Angesicht mit ihm zu verhandeln, was dann gewöhnlich doch zu einem halbwegs befriedigenden Ergebnis führte. Und gelang es nicht so oder schien ihm bei einer Tür dies nicht die richtige Art, versuchte er es anders. Er verlegte sich dann zum Beispiel auf den Herrn, welcher die Akten beanspruchte. Dann schob er den anderen, immer nur mechanisch arbeitenden Diener, eine recht wertlose Hilfskraft, beiseite und begann selbst auf den Herrn einzureden, flüsternd, heimlich, den Kopf tief ins Zimmer steckend, wahrscheinlich machte er ihm Versprechungen und sicherte ihm auch für die nächste Verteilung eine entsprechende Bestrafung des anderen Herrn zu, wenigstens zeigte er öfters nach der Tür des Gegners und lachte, soweit es seine Müdigkeit erlaubte. Dann aber gab es Fälle, ein oder zwei, wo er freilich alle Versuche aufgab, aber auch hier glaubte K., dass es nur ein scheinbares Aufgeben oder zumindest ein Aufgeben aus berechtigten Gründen sei, denn ruhig ging er weiter, duldete, ohne sich umzusehen, den Lärm des benachteiligten Herrn, nur ein zeitweises, länger dauerndes Schließen der Augen zeigte, dass er unter dem Lärm litt. Doch beruhigte sich dann auch allmählich der Herr, wie ununterbrochenes Kinderweinen allmählich in immer vereinzelteres Schluchzen übergeht, war es auch mit seinem Geschrei; aber auch, nachdem es schon ganz still geworden war, gab es doch wieder noch manchmal einen vereinzelten Schrei oder ein flüchtiges Öffnen und Zuschlagen jener Tür. Jedenfalls zeigte es sich, dass auch hier der Diener wahrscheinlich völlig richtig vorgegangen war. Nur ein Herr blieb schließlich, der sich nicht beruhigen wollte, lange schwieg er, aber nur, um sich zu erholen, dann fuhr er wieder los, nicht schwächer als früher. Es war nicht ganz klar, warum er so schrie und klagte, vielleicht war es gar nicht wegen der Aktenverteilung. Inzwischen hatte der Diener seine Arbeit beendigt; nur ein einziger Akt, eigentlich nur ein Papierchen, ein Zettel von einem Notizblock, war durch Verschulden der Hilfskraft im Wägelchen zurückgeblieben, und nun wusste man nicht, wem ihn zuzuteilen. Das könnte recht gut mein Akt sein, ging es K. durch den Kopf. Der Gemeindevorsteher hatte ja immer von diesem allerkleinsten Fall gesprochen. Und K. suchte, so willkürlich und lächerlich er selbst im Grunde seine Annahme fand, sich dem Diener, der den Zettel nachdenklich durchsah, zu nähern; das war nicht ganz leicht, denn der Diener vergalt K.s Zuneigung schlecht, auch inmitten der härtesten Arbeit hatte er immer noch Zeit gefunden, um böse oder ungeduldig mit nervösem Kopfrücken nach K. hinzusehen. Erst jetzt, nach beendigter Verteilung, schien er K. ein wenig vergessen zu haben, wie er auch sonst gleichgültiger geworden war, seine große Erschöpfung machte das begreiflich, auch mit dem Zettel gab er sich nicht viel Mühe, er las ihn vielleicht gar nicht durch, er tat nur so, und obwohl er hier auf dem Gang wahrscheinlich jedem Zimmerherrn mit der Zuteilung des Zettels eine Freude gemacht hätte, entschloss er sich anders, er war des Verteilens schon satt, mit dem Zeigefinger an den Lippen, gab er seinem Begleiter ein Zeichen zu schweigen, zerriss – K. war noch lange nicht bei ihm – den Zettel in kleine Stücke und steckte sie in die Tasche. Es war wohl die erste Unregelmäßigkeit, die K. hier im Bürobetriebe gesehen hatte, allerdings war es möglich, dass er auch sie unrichtig verstand. Und selbst wenn es eine Unregelmäßigkeit war, war sie zu verzeihen; bei den Verhältnissen, die hier herrschten, konnte der Diener nicht fehlerlos arbeiten, einmal musste der angesammelte Ärger, die angesammelte Unruhe ausbrechen, und äußerte sie sich nur im Zerreißen eines kleinen Zettels, war es noch unschuldig genug. Noch immer gellte ja die Stimme des durch nichts zu beruhigenden Herrn durch den Gang, und die Kollegen, die in anderer Hinsicht sich nicht sehr freundschaftlich zueinander verhielten, schienen hinsichtlich des Lärms völlig einer Meinung zu sein; es war allmählich, als habe der Herr die Aufgabe übernommen, Lärm für alle zu machen, die ihn nur durch Zurufe und Kopfnicken aufmunterten, bei der Sache zu bleiben. Aber nun kümmerte sich der Diener gar nicht mehr darum, er war mit seiner Arbeit fertig, zeigte auf den Handgriff des Wägelchens, dass ihn der andere Diener fasse, und so zogen sie wieder weg, wie sie gekommen waren, nur zufriedener und so schnell, dass das Wägelchen vor ihnen hüpfte. Nur einmal zuckten sie noch zusammen und blickten zurück, als der immerfort schreiende Herr, vor dessen Tür sich jetzt K. umhertrieb, weil er gern verstanden hätte, was der Herr eigentlich wollte, mit dem Schreien offenbar nicht mehr das Auskommen fand, wahrscheinlich den Knopf einer elektrischen Glocke entdeckt hatte und, wohl entzückt darüber, so entlastet zu sein, statt des Schreiens jetzt ununterbrochen zu läuten anfing. Daraufhin begann ein großes Gemurmel in den anderen Zimmern, es schien Zustimmung zu bedeuten, der Herr schien etwas zu tun, was alle gern schon längst getan hätten und nur aus unbekanntem Grunde hatten unterlassen müssen. War es vielleicht die Bedienung, vielleicht Frieda, die der Herr herbeiläuten wollte? Da mochte er lange läuten. Frieda war ja damit beschäftigt, Jeremias in nasse Tücher zu wickeln, und selbst, wenn er schon gesund sein sollte, hatte sie keine Zeit, denn dann lag sie in seinen Armen. Aber das Läuten hatte doch sofort eine Wirkung. Schon eilte aus der Ferne der Herrenhofwirt selbst herbei, schwarz gekleidet und zugeknöpft wie immer; aber es war, als vergesse er seine Würde, so lief er; die Arme hatte er halb ausgebreitet, so, als sei er wegen eines großen Unglücks gerufen und komme, um es zu fassen und an seiner Brust gleich zu ersticken, und unter jeder kleinen Unregelmäßigkeit des Läutens schien er kurz hochzuspringen und sich noch mehr zu beeilen. Ein großes Stück hinter ihm erschien nun auch noch seine Frau, auch sie lief mit ausgebreiteten Armen, aber ihre Schritte waren kurz und geziert, und K. dachte, sie werde zu spät kommen, der Wirt werde inzwischen alles Nötige getan haben. Und um dem Wirt für seinen Lauf Platz zu machen, stellte sich K. eng an die Wand. Aber der Wirt blieb gerade bei K. stehen, als sei dieser sein Ziel, und gleich war auch die Wirtin da, und beide überhäuften ihn mit Vorwürfen, die er in der Eile und Überraschung nicht verstand, besonders, da sich auch die Glocke des Herrn einmischte und sogar andere Glocken zu arbeiten begannen, jetzt nicht mehr aus Not, sondern nur zum Spiel und im Überfluss der Freude. K. war, weil ihm viel daran lag, seine Schuld genau zu verstehen, sehr damit einverstanden, dass ihn der Wirt unter den Arm nahm und mit ihm aus diesem Lärm fortging, der sich immerfort noch steigerte, denn hinter ihnen – K. drehte sich gar nicht um, weil der Wirt und noch mehr, von der anderen Seite her, die Wirtin auf ihn einredeten – öffneten sich nun die Türen ganz, der Gang belebte sich, ein Verkehr schien sich dort zu entwickeln, wie in einem lebhaften, engen Gässchen, die Türen vor ihnen warteten offenbar ungeduldig darauf, dass K. endlich vorüberkomme, damit sie die Herren entlassen könnten, und in das alles hinein läuteten, immer wieder angeschlagen, die Glocken, wie um einen Sieg zu feiern. Nun endlich – sie waren schon wieder in dem stillen, weißen Hof, wo einige Schlitten warteten – erfuhr K. allmählich, worum es sich handelte. Weder der Wirt noch die Wirtin konnten begreifen, dass K. etwas Derartiges zu tun hatte wagen können. »Aber was hatte er denn getan?« Immer wieder fragte es K., konnte es aber lange nicht erfragen, weil die Schuld den beiden allzu selbstverständlich war und sie daher an seinen guten Glauben nicht im entferntesten dachten. Nur sehr langsam erkannte K. alles. Er war zu Unrecht in dem Gang gewesen, ihm war im allgemeinen höchstens, und dies nur gnadenweise und gegen Widerruf, der Ausschank zugänglich. War er von einem Herrn vorgeladen, musste er natürlich am Ort der Vorladung erscheinen, sich aber immer dessen bewusst bleiben – er hatte doch wohl wenigstens den üblichen Menschenverstand? –, dass er irgendwo war, wo er eigentlich nicht hingehörte, wohin ihn nur ein Herr, höchst widerwillig, nur, weil es eine amtliche Angelegenheit verlangte und entschuldigte, gerufen hatte. Er hatte daher schnell zu erscheinen, sich dem Verhör zu unterziehen, dann aber womöglich noch schneller zu verschwinden. Hatte er denn dort auf dem Gang gar nicht das Gefühl der schweren Ungehörigkeit gehabt? Aber wenn er es gehabt hätte, wie hätte er sich dort herumtreiben können wie ein Tier auf der Weide? Sei er nicht zu einem Nachtverhör vorgeladen gewesen, und wisse er nicht, warum die Nachtverhöre eingeführt sind? Die Nachtverhöre – und hier bekam K. eine neue Erklärung ihres Sinnes – hätten doch nur den Zweck, Parteien, deren Anblick den Herren bei Tag unerträglich wäre, abzuhören, schnell, in der Nacht, bei künstlichem Licht, mit der Möglichkeit, gleich nach dem Verhör alle Hässlichkeit im Schlaf zu vergessen. Das Benehmen K.s aber habe aller Vorsichtsmaßregeln gespottet. Selbst Gespenster verschwinden gegen Morgen, aber K. sei dort geblieben, die Hände in den Taschen, so, als erwarte er, dass, da er sich nicht entfernte, der ganze Gang mit allen Zimmern und Herren sich entfernen werde. Und dies wäre auch – dessen könne er auch sicher sein – ganz gewiss geschehen, wenn es nur irgendwie möglich wäre, denn das Zartgefühl der Herren sei grenzenlos. Keiner werde K. etwa forttreiben oder auch nur das allerdings Selbstverständliche sagen, dass er endlich fortgehen solle; keiner werde das tun, obwohl sie während K.s Anwesenheit vor Aufregung wahrscheinlich zittern und der Morgen, ihre liebste Zeit, ihnen vergällt wird. Statt gegen K. vorzugehen, ziehen sie es vor, zu leiden, wobei allerdings wohl die Hoffnung mitspielt, dass K. doch endlich das in die Augen Schlagende auch werde allmählich erkennen müssen und, entsprechend dem Leid der Herren, selbst auch darunter bis zur Unerträglichkeit werde leiden müssen, so entsetzlich unpassend, allen sichtbar, hier auf dem Gang am Morgen zu stehen. Vergebliche Hoffnung. Sie wissen nicht oder wollen es in ihrer Freundlichkeit und Herablassung nicht wissen, dass es auch unempfindliche, harte, durch keine Ehrfurcht zu erweichende Herzen gibt. Sucht nicht selbst die Nachtmotte, das arme Tier, wenn der Tag kommt, einen stillen Winkel auf, macht sich platt, möchte am liebsten verschwinden und ist unglücklich darüber, dass sie es nicht kann? K. dagegen stellt sich dorthin, wo er am sichtbarsten ist, und könnte er dadurch das Heraufkommen des Tages verhindern, würde er es tun. Er kann es nicht verhindern, aber verzögern, erschweren kann er es leider. Hat er nicht die Verteilung der Akten mit angesehen? Etwas, was niemand mit ansehen dürfe, außer die nächsten Beteiligten. Etwas, was weder Wirt noch Wirtin in ihrem eigenen Hause haben sehen dürfen. Wovon sie nur andeutungsweise haben erzählen hören, wie zum Beispiel heute von den Dienern. Habe er denn nicht bemerkt, unter welchen Schwierigkeiten die Aktenverteilung vor sich gegangen sei, etwas an sich Unbegreifliches, da doch jeder der Herren nur der Sache dient, niemals an seinen Einzelvorteil denkt und daher mit allen Kräften darauf hinarbeiten müsste, dass die Aktenverteilung, diese wichtige, grundlegende Arbeit, schnell und leicht und fehlerlos erfolge? Und sei denn K. wirklich auch nicht von der Ferne die Ahnung aufgetaucht, dass die Hauptursache aller Schwierigkeiten die sei, dass die Verteilung bei fast geschlossenen Türen durchgeführt werden müsse, ohne die Möglichkeit unmittelbaren Verkehrs zwischen den Herren, die sich miteinander natürlich im Nu verständigen könnten, während die Vermittlung durch die Diener fast stundenlang dauern müsse, niemals klaglos geschehen kann, eine dauernde Qual für Herren und Diener ist und wahrscheinlich noch bei der späteren Arbeit schädliche Folgen haben wird. Und warum konnten die Herren nicht miteinander verkehren? Ja, verstehe es denn K. noch immer nicht? Etwas Ähnliches sei der Wirtin – und der Wirt bestätigte es auch für seine Person – noch nicht vorgekommen, und sie hätten doch schon mit mancherlei widerspenstigen Leuten zu tun gehabt. Dinge, die man sonst nicht auszusprechen wage, müsse man ihm offen sagen, denn sonst verstehe er das Allernotwendigste nicht. Nun also, da es gesagt werden müsse: Seinetwegen, nur und ausschließlich seinetwegen, haben die Herren aus ihren Zimmern nicht hervorkommen können, da sie am Morgen, kurz nach dem Schlaf, zu schamhaft, zu verletzlich sind, um sich fremden Blicken aussetzen zu können; sie fühlen sich förmlich, mögen sie auch noch so vollständig angezogen sein, zu sehr entblößt, um sich zu zeigen. Es ist ja schwer zu sagen, weshalb sie sich schämen, vielleicht schämen sie sich, diese ewigen Arbeiter, nur deshalb, weil sie geschlafen haben. Aber vielleicht noch mehr, als sich zu zeigen, schämen sie sich, fremde Leute zu sehen; was sie glücklich mit Hilfe der Nachtverhöre überwunden haben, den Anblick der ihnen so schwer erträglichen Parteien, wollen sie nicht jetzt am Morgen plötzlich unvermittelt in aller Naturwahrheit von neuem auf sich eindringen lassen. Dem sind sie eben nicht gewachsen. Was für ein Mensch muss das sein, der das nicht respektiert! Nun, es muss ein Mensch wie K. sein. Einer, der sich über alles, über das Gesetz sowie über die allergewöhnlichste menschliche Rücksichtnahme, mit dieser stumpfen Gleichgültigkeit und Verschlafenheit hinwegsetzt, dem nichts daran liegt, dass er die Aktenverteilung fast unmöglich macht und den Ruf des Hauses schädigt, und der das noch nie Geschehene zustande bringt, dass sich die zur Verzweiflung gebrachten Herren selbst zu wehren anfangen, nach einer für gewöhnliche Menschen unausdenkbaren Selbstüberwindung zur Glocke greifen und Hilfe herbeirufen, um den auf andere Weise nicht zu erschütternden K. zu vertreiben! Sie, die Herren, rufen um Hilfe! Wären denn nicht längst Wirt und Wirtin und ihr ganzes Personal herbeigelaufen, wenn sie es nur gewagt hätten, ungerufen, am Morgen, vor den Herren zu erscheinen, sei es auch nur, um Hilfe zu bringen und dann gleich zu verschwinden. Zitternd vor Empörung über K., trostlos wegen ihrer Ohnmacht, hätten sie hier am Beginn des Ganges gewartet, und das eigentlich nie erwartete Läuten sei für sie eine Erlösung gewesen. Nun, das

Schlimmste sei vorüber! Könnten sie doch nur einen Blick hineintun in das fröhliche Treiben der endlich von K. befreiten Herren! Für K. sei es freilich nicht vorüber; er werde sich für das, was er hier angerichtet habe, gewiss zu verantworten haben.

Sie waren inzwischen bis in den Ausschank gekommen; warum der Wirt trotz all seinem Zorn K. doch noch hierher geführt hatte, war nicht ganz klar, vielleicht hatte er doch erkannt, dass K.s Müdigkeit es ihm zunächst unmöglich machte, das Haus zu verlassen. Ohne eine Aufforderung, sich zu setzen, abzuwarten, sank K. gleich auf einem der Fässer förmlich zusammen. Dort im Finstern war ihm wohl. In dem großen Raum brannte jetzt nur eine schwache elektrische Lampe über den Bierhähnen. Auch draußen war noch tiefe Finsternis, es schien Schneetreiben zu sein. War man hier in der Wärme, musste man dankbar sein und Vorsorge treffen, dass man nicht vertrieben werde. Der Wirt und die Wirtin standen noch immer vor ihm, als bedeute er immerhin noch eine gewisse Gefahr, als sei es bei seiner völligen Unzuverlässigkeit gar nicht ausgeschlossen, dass er sich plötzlich aufmache und versuche, wieder in den Gang einzudringen. Auch waren sie selbst müde von dem nächtlichen Schrecken und dem vorzeitigen Aufstehen, besonders die Wirtin, die ein seidenartig knisterndes, breitröckiges, braunes, ein wenig unordentlich geknöpftes und gebundenes Kleid anhatte – wo hatte sie es in der Eile hervorgeholt? –, den Kopf wie geknickt an die Schulter ihres Mannes gelehnt hielt, mit einem feinen Tüchelchen die Augen betupfte und dazwischen kindlich böse Blicke auf K. richtete. Um das Ehepaar zu beruhigen, sagte K., dass alles, was sie ihm jetzt erzählt hätten, ihm völlig neu sei, dass er aber trotz der Unkenntnis dessen doch nicht so lange im Gang geblieben wäre, wo er wirklich nichts zu tun hatte und gewiss niemanden hätte quälen wollen, sondern das alles nur aus übergroßer Müdigkeit geschehen sei. Er danke ihnen dafür, dass sie der peinlichen Szene ein Ende gemacht hätten, sollte er zur Verantwortung gezogen werden, werde ihm das sehr willkommen sein, denn nur so könne er eine allgemeine Missdeutung seines Benehmens verhindern. Nur die Müdigkeit und nichts anderes sei daran schuld gewesen. Diese Müdigkeit aber stamme daher, dass er die Anstrengung der Verhöre noch nicht gewöhnt sei. Er sei ja noch nicht lange hier. Werde er darin einige Erfahrung haben, werde etwas Ähnliches nicht wieder vorkommen können. Vielleicht nehme er die Verhöre zu ernst, aber das sei doch wohl an sich kein Nachteil. Er habe zwei Verhöre, kurz nacheinander, durchzumachen gehabt, eines bei Bürgel und das zweite bei Erlanger, besonders das erste habe ihn sehr erschöpft, das zweite allerdings habe nicht lange gedauert, Erlanger habe ihn nur um eine Gefälligkeit gebeten, aber beide zusammen seien mehr, als er auf einmal ertragen könne, vielleicht wäre etwas Derartiges auch für einen anderen, etwa den Herrn Wirt, zuviel. Aus dem zweiten Verhör sei er eigentlich nur schon fortgetaumelt. Es sei fast eine Art Trunkenheit gewesen; er habe ja die zwei Herren zum ersten Mal gesehen und gehört und ihnen doch auch antworten müssen. Alles sei, soviel er wisse, recht gut ausgefallen, dann aber sei jenes Unglück geschehen, das man ihm aber nach dem Vorhergegangenen wohl kaum zur Schuld anrechnen könne. Leider hätten nur Erlanger und Bürgel seinen Zustand erkannt, und sicher hätten sie sich seiner angenommen und alles weitere verhütet, aber Erlanger habe nach dem Verhör gleich weggehen müssen, offenbar um ins Schloss zu fahren, und Bürgel sei, wahrscheinlich eben von jenem Verhör ermüdet – wie hätte es also K. ungeschwächt überdauern sollen? –, eingeschlafen und habe sogar die ganze Aktenverteilung verschlafen. Hätte K. eine ähnliche Möglichkeit gehabt, er hätte sie mit Freuden benützt und gern auf alle verbotenen Einblicke verzichtet, dies um so leichter, als er ja in Wirklichkeit gar nichts zu sehen imstande gewesen sei und deshalb auch die empfindlichsten Herren sich ungescheut vor ihm hätten zeigen können.

Die Erwähnung der beiden Verhöre – gar jenes mit Erlanger – und der Respekt, mit welchem K. von den Herren sprach, stimmten ihm den Wirt günstig. Er schien schon K.s Bitte, ein Brett auf die Fässer legen und dort wenigstens bis zur Morgendämmerung schlafen zu dürfen, erfüllen zu wollen, die Wirtin war aber deutlich dagegen, an ihrem Kleid, dessen Unordnung ihr erst jetzt zu Bewusstsein gekommen war, hier und dort nutzlos rückend, schüttelte sie immer wieder den Kopf; ein offenbar alter Streit, die Reinlichkeit des Hauses betreffend, war wieder daran, auszubrechen. Für K. in seiner Müdigkeit nahm das Gespräch des Ehepaares übergroße Bedeutung an. Von hier wieder weggetrieben zu werden schien ihm ein alles bisher Erlebte übersteigendes Unglück zu sein. Das durfte nicht geschehen, selbst wenn Wirt und Wirtin sich gegen ihn einigen sollten. Lauernd sah er, zusammengekrümmt auf dem Fass, die beiden an, bis die Wirtin in ihrer ungewöhnlichen Empfindlichkeit, die K. längst aufgefallen war, plötzlich beiseite trat und – wahrscheinlich hatte sie mit dem Wirt schon von anderen Dingen gesprochen – ausrief: »Wie er mich ansieht! Schick ihn doch endlich fort!« K. aber, die Gelegenheit ergreifend, und nun völlig, fast bis zur Gleichgültigkeit davon überzeugt, dass er bleiben werde, sagte: »Ich sehe nicht dich an, nur dein Kleid.«

»Warum mein Kleid?« fragte die Wirtin erregt. K. zuckte die Achseln. »Komm!« sagte die Wirtin zum Wirt. »Er ist ja betrunken, der Lümmel. Las ihn hier seinen Rausch ausschlafen!« Und sie befahl noch Pepi, die auf ihren Ruf hin aus dem Dunkel auftauchte, zerrauft, müde, einen Besen lässig in der Hand, K. irgendein Kissen hinzuwerfen.

Das zwanzigste Kapitel

Als K. erwachte, glaubte er zuerst, kaum geschlafen zu haben; das Zimmer war unverändert leer und warm, alle Wände in Finsternis, die eine Glühlampe über den Bierhähnen erloschen, auch vor den Fenstern Nacht. Aber als er sich streckte, das Kissen hinunterfiel und Bett und Fässer knarrten, kam gleich Pepi, und nun erfuhr er, dass es schon Abend war und er weit über zwölf Stunden geschlafen hatte. Die Wirtin hatte einige Male während des Tages nach ihm gefragt, auch Gerstäcker, der am Morgen, als K. mit der Wirtin gesprochen hatte, hier im Dunkel beim Bier gewartet, aber dann K. nicht mehr zu stören gewagt hatte, war inzwischen einmal hier gewesen, um nach K. zu sehen, und schließlich war angeblich auch Frieda gekommen und war einen Augenblick bei K. gestanden, doch war sie kaum K.s wegen gekommen, sondern weil sie verschiedenes hier vorzubereiten hatte, denn am Abend sollte sie ja wieder ihren alten Dienst antreten. »Sie mag dich wohl nicht mehr?« fragte Pepi, während sie Kaffee und Kuchen brachte. Aber sie fragte es nicht mehr boshaft nach ihrer früheren Art, sondern traurig, als habe sie inzwischen die Bosheit der Welt kennengelernt, gegenüber der alle eigene Bosheit versagt und sinnlos wird; wie zu einem Leidensgenossen sprach sie zu K., und als er den Kaffee kostete und sie zu sehen glaubte, dass er ihn nicht genug süß finde, lief sie und brachte ihm die volle Zuckerdose. Ihre Traurigkeit hatte sie freilich nicht gehindert, sich heute vielleicht noch mehr zu schmücken als das letzte mal; an Maschen und an Bändern, die durch das Haar geflochten waren, hatte sie eine Fülle, die Stirn entlang und an den Schläfen waren die Haare sorgfältig gebrannt, und um den Hals hatte sie ein Kettchen, das in den tiefen Ausschnitt der Bluse hinabhing. Als K. in der Zufriedenheit, endlich einmal ausgeschlafen zu sein und einen guten Kaffee trinken zu dürfen, heimlich nach einer Masche langte und sie zu öffnen versuchte, sagte Pepi müde: »Lass mich doch«, und setzte sich neben ihn auf ein Fass. Und K. musste sie gar nicht nach ihrem Leid fragen, sie begann selbst gleich zu erzählen, den Blick starr in K.s Kaffeetopf gerichtet, als brauche sie eine Ablenkung, selbst während sie erzählte, als könne sie, selbst wenn sie sich mit ihrem Leid beschäftigte, sich ihm nicht ganz hingeben, denn das ginge über ihre Kräfte. Zunächst erfuhr K., dass eigentlich er an Pepis Unglück schuld sei, dass sie es ihm aber nicht nachtrage. Und sie nickte eifrig während der Erzählung, um keinen Widerspruch K.s aufkommen zu lassen. Zuerst habe er Frieda aus dem Ausschank fortgenommen und dadurch Pepis Aufstieg ermöglicht. Es ist sonst nichts anderes vorstellbar, was Frieda hätte bewegen können, ihren Posten aufzugeben, sie saß dort im Ausschank wie die Spinne im Netz, hatte überall ihre Fäden, die nur sie kannte; sie gegen ihren Willen auszuheben, wäre ganz unmöglich gewesen, nur Liebe zu einem Niedrigen, also etwas, was sich mit ihrer Stellung nicht vertrug, konnte sie von ihrem Platze treiben. Und Pepi? Hatte sie denn jemals daran gedacht, die Stelle für sich zu gewinnen? Sie war Zimmermädchen, hatte eine unbedeutende, wenig aussichtsreiche Stelle, Träume von großer Zukunft hatte sie wie jedes Mädchen, Träume kann man sich nicht verbieten, aber ernstlich dachte sie nicht an ein Weiterkommen, sie hatte sich mit dem Erreichten abgefunden. Und nun verschwand Frieda plötzlich aus dem Ausschank, es war so plötzlich gekommen, dass der Wirt nicht gleich einen passenden Ersatz zur Hand hatte, er suchte und sein Blick fiel auf Pepi, die sich freilich entsprechend vorgedrängt hatte. In jener Zeit liebte sie K., wie sie noch nie jemanden geliebt hatte; sie war monatelang unten in ihrer winzigen, dunklen Kammer gesessen und war vorbereitet, dort Jahre und, ungünstigstenfalls, ihr ganzes Leben unbeachtet zu verbringen, und nun war plötzlich K. erschienen, ein Held, ein Mädchenbefreier, und hatte ihr den Weg nach oben frei gemacht. Er wusste allerdings nichts von ihr, hatte es nicht ihretwegen getan, aber das verschlug ihrer Dankbarkeit nichts, in der Nacht, die ihrer Anstellung vorherging – die Anstellung war noch unsicher, aber doch schon sehr wahrscheinlich –, verbrachte sie Stunden damit, mit ihm zu sprechen, ihm ihren Dank ins Ohr zu flüstern. Und es erhöhte noch seine Tat in ihren Augen, dass es gerade Frieda war, deren Last er auf sich genommen hatte; etwas unbegreiflich Selbstloses lag darin, dass er, um Pepi hervorzuholen, Frieda zu seiner Geliebten machte, Frieda, ein unhübsches, ältliches, mageres Mädchen mit kurzem, schütterem Haar, überdies ein hinterhältiges Mädchen, das immer irgendwelche Geheimnisse hat, was ja wohl mit ihrem Aussehen zusammenhängt; ist am Gesicht und Körper die Jämmerlichkeit zweifellos, muss sie doch wenigstens andere Geheimnisse haben, die niemand nachprüfen kann, etwa ihr angebliches Verhältnis zu Klamm. Und selbst solche Gedanken waren Pepi damals gekommen: Ist es möglich, dass K. wirklich Frieda liebt, täuscht er sich nicht oder täuscht er vielleicht gar nur Frieda, und wird vielleicht das einzige Ergebnis alles dessen doch nur Pepis Aufstieg sein, und wird dann K. den Irrtum merken oder ihn nicht mehr verbergen wollen und nicht mehr Frieda, sondern nur Pepi sehen, was gar keine irrsinnige Einbildung Pepis sein musste, denn mit Frieda konnte sie es als Mädchen gegen Mädchen sehr wohl aufnehmen, was niemand leugnen wird, und es war doch auch vor allem Friedas Stellung gewesen und der Glanz, den Frieda ihr zu geben verstanden hatte, von welchem K. im Augenblick geblendet worden war. Und da hatte nun Pepi davon geträumt, K. werde, wenn sie die Stellung habe, bittend zu ihr kommen, und sie werde nun die Wahl haben, entweder K. zu erhören und die Stelle zu verlieren oder ihn abzuweisen und weiter zu steigen. Und sie hatte sich zurechtgelegt, sie werde auf alles verzichten und sich zu ihm hinabwenden und ihn wahre Liebe lehren, die er bei Frieda nie erfahren könnte und die unabhängig ist von allen Ehrenstellungen der Welt. Aber dann ist es anders gekommen. Und was war daran schuld? K. vor allem und dann freilich Friedas Durchtriebenheit. K. vor allem; denn was will er, was ist er für ein sonderbarer Mensch? Wonach strebt er, was sind das für wichtige Dinge, die ihn beschäftigen und die ihn das Allernächste, das Allerbeste, das Allerschönste vergessen lassen? Pepi ist das Opfer, und alles ist dumm, und alles ist verloren; und wer die Kraft hätte, den ganzen Herrenhof anzuzünden und zu verbrennen, aber vollständig, dass keine Spur zurückbleibt, verbrennen wie ein Papier im Ofen, der wäre heute Pepis Auserwählter. Ja, Pepi kam also in den Ausschank, heute vor vier Tagen, kurz vor dem Mittagessen. Es ist keine leichte Arbeit hier, es ist fast eine menschenmordende Arbeit, aber was zu erreichen ist, ist auch nicht klein. Pepi hatte auch früher nicht in den Tag hineingelebt, und wenn sie auch niemals in kühnsten Gedanken diese Stelle für sich in Anspruch genommen hätte, so hatte sie doch reichlich Beobachtungen gemacht, wusste, was es mit dieser Stelle auf sich hatte, unvorbereitet hatte sie die Stelle nicht übernommen. Unvorbereitet kann man sie gar nicht übernehmen, sonst verliert man sie in den ersten Stunden. Gar wenn man sich nach Art der Zimmermädchen hier aufführen wollte! Als Zimmermädchen kommt man sich ja mit der Zeit ganz verloren und vergessen vor; es ist eine Arbeit wie in einem Bergwerk, wenigstens im Gang der Sekretäre ist es so, tagelang sieht man dort bis auf wenige Tagesparteien, die hin und her huschen und nicht aufzuschauen wagen, keinen Menschen außer den zwei, drei anderen Zimmermädchen, und die sind ähnlich verbittert. Des Morgens darf man überhaupt nicht aus dem Zimmer, da wollen die Sekretäre allein unter sich sein, das Essen bringen ihnen die Knechte aus der Küche, damit haben die Zimmermädchen gewöhnlich nichts zu tun, auch während der Essenszeit darf man sich nicht auf dem Gang zeigen. Nur während die Herren arbeiten, dürfen die Zimmermädchen aufräumen, aber natürlich nicht in den bewohnten, nur in den gerade leeren Zimmern, und die Arbeit muss ganz leise geschehen, damit die Arbeit der Herren nicht gestört wird. Aber wie ist es möglich, leise aufzuräumen, wenn die Herren mehrere Tage lang in den Zimmern wohnen, überdies auch die Knechte, dieses schmutzige Pack, drin herumhantieren, und das Zimmer, wenn es endlich dem Zimmermädchen freigegeben ist, in einem solchen Zustand ist, dass nicht einmal eine Sintflut es reinwaschen könnte. Wahrhaftig, es sind hohe Herren, aber man muss kräftig seinen Ekel überwinden, um nach ihnen aufräumen zu können. Die Zimmermädchen haben ja nicht übermäßig viel Arbeit, aber kernige. Und niemals ein gutes Wort, immer nur Vorwürfe, besonders dieser quälendste und häufigste: dass beim Aufräumen Akten verlorengegangen sind. In Wirklichkeit geht nichts verloren, jedes Papierchen liefert man beim Wirt ab, aber Akten gehen freilich doch verloren, nur eben nicht durch die Mädchen. Und dann kommen Kommissionen, und die Mädchen müssen ihr Zimmer verlassen, und die Kommission durchwühlt die Betten, die Mädchen haben ja kein Eigentum, ihre wenigen Sachen haben in einem Rückenkorb Platz, aber die Kommission sucht doch stundenlang. Natürlich findet sie nichts, wie sollten dort Akten hinkommen? Was machen sich die Mädchen aus Akten? Aber das Ergebnis sind doch wieder nur durch den Wirt vermittelte Schimpfworte und Drohungen seitens der enttäuschten Kommission. Und niemals Ruhe, nicht bei Tag, nicht bei Nacht, Lärm die halbe Nacht und Lärm vom frühesten Morgen. Wenn man dort wenigstens nicht wohnen müsste, aber das muss man, denn in den Zwischenzeiten je nach Bestellung Kleinigkeiten aus der Küche zu bringen, ist doch Sache der Zimmermädchen, besonders in der Nacht. Immer plötzlich der Faustschlag gegen die Tür der Zimmermädchen, das Diktieren der Bestellung, das Hinunterlaufen in die Küche, das Aufrütteln der schlafenden Küchenjungen, das Hinausstellen der Tasse mit den bestellten Dingen vor die Tür der Zimmermädchen, woher es die Knechte holen, wie traurig ist das alles. Aber es ist nicht das Schlimmste. Das Schlimmste ist vielmehr, wenn keine Bestellung kommt, wenn es nämlich in tiefer Nacht, wo alles schon schlafen sollte und auch die meisten endlich wirklich schlafen, manchmal vor der Tür der Zimmermädchen herumzuschleichen anfängt. Dann steigen die Mädchen aus ihren Betten – die Betten sind übereinander, es ist ja dort überall sehr wenig Raum, das ganze Zimmer der Mädchen ist eigentlich nichts anderes als ein großer Schrank mit drei Fächern –, horchen an der Tür, knien nieder, umarmen einander in Angst. Und immerfort hört man den Schleicher vor der Tür. Alle wären schon glücklich, wenn er endlich hereinkäme, aber es geschieht nichts, niemand kommt herein. Und dabei muss man sich sagen, dass hier nicht unbedingt eine Gefahr drohen muss, vielleicht ist es nur jemand, der vor der Tür auf und ab geht, überlegt, ob er eine Bestellung machen soll, und sich dann doch nicht dazu entschließen kann.

Vielleicht ist es nur das, vielleicht aber ist es etwas ganz anderes. Eigentlich kennt man ja die Herren gar nicht, man hat sie ja kaum gesehen. Jedenfalls vergehen die Mädchen drinnen vor Angst und, wenn es draußen endlich still ist, lehnen sie an der Wand und haben nicht genug Kraft, wieder in ihre Betten zu steigen. Dieses Leben wartet wieder auf Pepi, noch heute Abend soll sie wieder ihren Platz im Mädchenzimmer beziehen. Und warum? Wegen K. und Frieda. Wieder zurück in dieses Leben, dem sie kaum entflohen ist, dem sie zwar mit K.s Hilfe, aber doch auch mit größter eigener Anstrengung entflohen ist. Denn in jenem Dienst dort vernachlässigen sich die Mädchen, auch die sonst sorgsamsten. Für wen sollen sie sich schmücken? Niemand sieht sie, bestenfalls das Personal in der Küche; welcher das genügt, die mag sich schmücken. Sonst aber immerfort in ihrem Zimmerchen oder in den Zimmern der Herren, welche in reinen Kleidern auch nur zu betreten Leichtsinn und Verschwendung ist. Und immer in dem künstlichen Licht und in der dumpfen Luft – es wird immerfort geheizt – und eigentlich immer müde. Den einen freien Nachmittag in der Woche verbringt man am besten, indem man ihn in irgendeinem Verschlag in der Küche ruhig und angstlos verschläft. Wozu sich also schmücken? Ja, man zieht sich kaum an. Und nun wurde Pepi plötzlich in den Ausschank versetzt, wo, vorausgesetzt, dass man sich dort behaupten wollte, gerade das Gegenteil nötig war, wo man immer unter den Augen der Leute war, und darunter sehr verwöhnter und aufmerksamer Herren, und wo man daher immer möglichst fein und angenehm aussehen musste. Nun, das war eine Wendung. Und Pepi darf von sich sagen, dass sie nichts versäumt hat. Wie es sich später gestalten würde, das machte Pepi nicht besorgt. Dass sie die Fähigkeiten hatte, welche für diese Stelle nötig waren, das wusste sie, dessen war sie ganz gewiss, diese Überzeugung hat sie auch noch jetzt, und niemand kann sie ihr nehmen, auch heute, am Tage ihrer Niederlage, nicht. Nur, wie sie sich in der allerersten Zeit bewähren würde, das war schwierig, weil sie doch ein armes Zimmermädchen war, ohne Kleider und Schmuck, und weil die Herren nicht die Geduld haben zu warten, wie man sich entwickelt, sondern gleich ohne Übergang ein Ausschankmädchen haben wollen, wie es sich gebührt, sonst wenden sie sich ab. Man sollte denken, ihre Ansprüche wären nicht gar groß, da doch Frieda sie befriedigen konnte. Das ist aber nicht richtig. Pepi hat oft darüber nachgedacht, ist ja auch öfter mit Frieda zusammengekommen und hat eine Zeitlang mit ihr geschlafen. Es ist nicht leicht, Frieda auf die Spur zu kommen, und wer nicht sehr acht gibt – und welche Herren geben denn sehr acht? –, ist von ihr gleich irregeführt. Niemand weiß genauer als Frieda selbst, wie kläglich sie aussieht, wenn man sie zum Beispiel zum ersten Mal ihre Haare auflösen sieht, schlägt man vor Mitleid die Hände zusammen, ein solches Mädchen dürfte, wenn es rechtlich zuginge, nicht einmal Zimmermädchen sein; sie weiß es auch, und manche Nacht hat sie darüber geweint, sich an Pepi gedrückt und Pepis Haare um den eigenen Kopf gelegt. Aber wenn sie im Dienst ist, sind alle Zweifel verschwunden, sie hält sich für die Allerschönste, und jedem weiß sie es auf die richtige Weise einzuflößen. Sie kennt die Leute, und das ist ihre eigentliche Kunst. Und lügt schnell und betrügt, damit die Leute nicht Zeit haben, sie genauer anzusehen. Natürlich genügt das nicht für die Dauer, die Leute haben doch Augen, und die würden schließlich recht behalten. Aber in dem Augenblick, wo sie eine solche Gefahr merkt, hat sie schon ein anderes Mittel bereit, in der letzten Zeit zum Beispiel ihr Verhältnis mit Klamm. Ihr Verhältnis mit Klamm! Glaubst du nicht daran, kannst du es ja nachprüfen; geh zu Klamm und frag ihn. Wie schlau, wie schlau. Und wenn du etwa nicht wagen solltest, wegen einer solchen Anfrage zu Klamm zu gehen und vielleicht mit unendlich wichtigeren Anfragen nicht vorgelassen werden solltest und Klamm dir sogar völlig verschlossen ist – nur dir und deinesgleichen, denn Frieda zum Beispiel hüpft zu ihm hinein, wann sie will –, wenn das so ist, so kannst du die Sache trotzdem nachprüfen, du brauchst nur zu warten! Klamm wird doch ein derartig falsches Gerücht nicht lange dulden können, er ist doch gewiss wild dahinter her, was man von ihm im Ausschank und in den Gastzimmern erzählt, das alles hat für ihn die größte Wichtigkeit, und ist es falsch, wird er es gleich richtigstellen.

Aber er stellt es nicht richtig; nun, dann ist nichts richtigzustellen und es ist die lautere Wahrheit. Was man sieht, ist zwar nur, dass Frieda das Bier in Klamms Zimmer trägt und mit der Bezahlung wieder herauskommt; aber das, was man nicht sieht, erzählt Frieda, und man muss es ihr glauben. Und sie erzählt es gar nicht, sie wird doch nicht solche Geheimnisse ausplaudern; nein, um sie herum plaudern sich die Geheimnisse von selbst aus, und, da sie nun einmal ausgeplaudert sind, scheut sie sich allerdings nicht mehr, auch selbst von ihnen zu reden, aber bescheiden, ohne irgendetwas zu behaupten, sie beruft sich nur auf das ohnehin allgemein Bekannte. Nicht auf alles, davon zum Beispiel, dass Klamm, seit sie im Ausschank ist, weniger Bier trinkt als früher, nicht viel weniger Bier, aber doch deutlich weniger, davon spricht sie nicht, es kann ja auch verschiedene Gründe haben, es ist eben eine Zeit gekommen, in der das Bier Klamm weniger schmeckt, oder er vergisst gar über Frieda das Biertrinken. Jedenfalls also ist, wie erstaunlich das auch sein mag, Frieda Klamms Geliebte. Was aber Klamm genügt, wie sollten das nicht auch die anderen bewundern; und so ist Frieda, ehe man sich dessen versieht, eine große Schönheit geworden, ein Mädchen, genau so beschaffen, wie es der Ausschank braucht; ja, fast zu schön, zu mächtig, schon genügt ihr der Ausschank kaum. Und tatsächlich – es erscheint den Leuten merkwürdig, dass sie noch immer im Ausschank ist; ein Ausschankmädchen zu sein ist viel, von da aus erscheint die Verbindung mit Klamm sehr glaubwürdig, wenn aber einmal das Ausschankmädchen Klamms Geliebte ist, warum lässt er sie, und gar so lange, im Ausschank? Warum führt er sie nicht höher? Man kann tausendmal den Leuten sagen, dass hier kein Widerspruch besteht, dass Klamm bestimmte Gründe hat, so zu handeln, oder dass plötzlich einmal, vielleicht schon in allernächster Zeit, Friedas Erhöhung kommen wird, das alles macht nicht viel Wirkung; die Leute haben bestimmte Vorstellungen und lassen sich durch alle Kunst auf die Dauer von ihnen nicht ablenken. Es hat ja niemand mehr daran gezweifelt, dass Frieda Klamms Geliebte ist, selbst die, welche es offenbar besser wussten, waren schon zu müde, um zu zweifeln. Sei in Teufels Namen Klamms Geliebte, dachten sie, aber wenn du es schon bist, dann wollen wir es auch an deinem Aufstieg merken. Aber man merkte nichts, und Frieda blieb im Ausschank wie bisher und war im geheimen noch sehr froh, dass es so blieb. Aber bei den Leuten verlor sie an Ansehen, das konnte ihr natürlich nicht unbemerkt bleiben, sie merkt ja gewöhnlich Dinge, noch ehe sie vorhanden sind. Ein wirklich schönes, liebenswürdiges Mädchen muss, wenn es sich einmal im Ausschank eingelebt hat, keine Künste aufwenden; solange es schön ist, wird es, wenn nicht ein besonderer, unglücklicher Zufall eintritt, Ausschankmädchen sein. Ein Mädchen wie Frieda aber muss immerfort um ihre Stelle besorgt sein, natürlich zeigt sie es verständigerweise nicht, eher pflegt sie zu klagen und die Stelle zu verwünschen. Aber im geheimen beobachtet sie die Stimmung fortwährend. Und so sah sie, wie die Leute gleichgültig wurden, das Auftreten Friedas war nichts mehr, was auch nur lohnte, die Augen zu heben, nicht einmal die Knechte kümmerten sich mehr um sie, die hielten sich verständigerweise an Olga und dergleichen Mädchen, auch am Benehmen des Wirts merkte sie, dass sie immer weniger unentbehrlich war, immer neue Geschichten von Klamm konnte man auch nicht erfinden, alles hat Grenzen, und so entschloss sich die gute Frieda zu etwas Neuem. Wer nur imstande gewesen wäre, es gleich zu durchschauen! Pepi hat es geahnt, aber durchschaut hat sie es leider nicht. Frieda entschloss sich, Skandal zu machen, sie, die Geliebte Klamms, wirft sich irgendeinem Beliebigen, womöglich dem Allergeringsten, hin. Das wird Aufsehen machen, davon wird man lange reden und endlich, endlich wird man sich wieder daran erinnern, was es bedeutet, Klamms Geliebte zu sein, und was es bedeutet, diese Ehre im Rausche einer neuen Liebe zu verwerfen. Schwer war es nur, den geeigneten Mann zu finden, mit dem das kluge Spiel zu spielen war. Ein Bekannter Friedas durfte es nicht sein, nicht einmal einer von den Knechten, er hätte sie wahrscheinlich mit großen Augen angesehen und wäre weitergegangen, vor allem hätte er nicht genug Ernst bewahrt, und es wäre mit aller Redefertigkeit unmöglich gewesen, zu verbreiten, dass Frieda von ihm überfallen worden sei, sich seiner nicht habe erwehren können und in einer besinnungslosen Stunde ihm erlegen sei. Und wenn es auch ein Allergeringster sein sollte, so musste es doch einer sein, von dem glaubhaft gemacht werden konnte, dass er trotz seiner stumpfen, unfeinen Art sich doch nach niemandem anderen als gerade nach Frieda sehnte und kein höheres Verlangen hatte, als – du lieber Himmel! – Frieda zu heiraten. Aber wenn es auch ein gemeiner Mann sein sollte, womöglich noch niedriger als ein Knecht, viel niedriger als ein Knecht, so doch einer, wegen dessen einen nicht jedes Mädchen verlacht, an dem vielleicht auch ein anderes urteilsfähiges Mädchen einmal etwas Anziehendes finden könnte. Wo findet man aber einen solchen Mann? Ein anderes Mädchen hätte ihn wahrscheinlich ein Leben lang vergeblich gesucht. Friedas Glück führt ihr den Landvermesser in den Ausschank, vielleicht gerade an dem Abend, an dem ihr der Plan zum ersten Mal in den Sinn kommt. Der Landvermesser! Ja, woran denkt denn K.? Was hat er für besondere Dinge im Kopf? Wird er etwas Besonderes erreichen? Eine gute Anstellung, eine Auszeichnung? Will er etwas Derartiges? Nun, dann hätte er es von allem Anfang an anders anstellen müssen. Er ist doch gar nichts, es ist ein Jammer, seine Lage anzusehen. Er ist Landvermesser, das ist vielleicht etwas, er hat also etwas gelernt, aber wenn man nichts damit anzufangen weiß, ist es doch auch wieder nichts. Und dabei stellt er Ansprüche, ohne den geringsten Rückhalt zu haben, stellt er Ansprüche, nicht geradezu, aber man merkt, dass er irgendwelche Ansprüche macht, das ist doch aufreizend. Ob er denn wisse, dass sich sogar ein Zimmermädchen etwas vergibt, wenn sie länger mit ihm spricht. Und mit allen diesen besonderen Ansprüchen plumpst er gleich am ersten Abend in die gröbste Falle. Schämt er sich denn nicht? Was hat ihn denn an Frieda so bestochen? Jetzt könnte er es doch gestehen. Hat sie ihm denn wirklich gefallen können, dieses magere, gelbliche Ding? Ach nein, er hat sie ja gar nicht angesehen, sie hat ihm nur gesagt, dass sie Klamms Geliebte sei, bei ihm schlug das noch als Neuigkeit ein, und da war er verloren! Sie aber musste nun ausziehen, jetzt war natürlich kein Platz mehr für sie im Herrenhof. Pepi hat sie noch am Morgen vor dem Auszug gesehen, das Personal war zusammengelaufen, neugierig auf den Anblick war doch jeder. Und so groß war noch ihre Macht, dass man sie bedauerte; alle, auch ihre Feinde, bedauerten sie; so richtig erwies sich schon am Anfang ihre Rechnung; an einen solchen Mann sich weggeworfen zu haben, schien allen unbegreiflich und ein Schicksalsschlag, die kleinen Küchenmädchen, die natürlich jedes Ausschankmädchen bewundern, waren untröstlich. Selbst Pepi war davon berührt, nicht einmal sie konnte sich ganz wehren, wenn auch ihre Aufmerksamkeit eigentlich etwas anderem galt. Ihr fiel auf, wie wenig traurig Frieda eigentlich war. Es war doch im Grunde ein entsetzliches Unglück, das sie betroffen hatte, sie tat ja auch so, als wenn sie sehr unglücklich wäre, aber es war nicht genug, dieses Spiel konnte Pepi nicht täuschen. Was hielt sie also aufrecht? Etwa das Glück der neuen Liebe? Nun, diese Erwägung schied aus. Was war es aber sonst? Was gab ihr die Kraft, sogar gegen Pepi, die damals schon als ihre Nachfolgerin galt, kühl freundlich zu sein wie immer? Pepi hatte damals nicht genug Zeit, darüber nachzudenken, sie hatte zuviel zu tun mit den Vorbereitungen für die neue Stelle. Sie sollte sie wahrscheinlich in ein paar Stunden antreten und hatte noch keine schöne Frisur, kein elegantes Kleid, keine feine Wäsche, keine brauchbaren Schuhe. Das alles musste in ein paar Stunden beschafft werden; konnte man sich nicht richtig ausstatten, dann war es besser, auf die Stelle überhaupt zu verzichten, denn dann verlor man sie schon in der ersten halben Stunde ganz gewiss. Nun, es gelang zum Teil. Fürs Frisieren hat sie eine besondere Anlage, einmal hat die Wirtin sogar sie kommen lassen, ihr die Frisur zu machen, es ist das eine besondere Leichtigkeit der Hand, die ihr gegeben ist, freilich fügt sich auch ihr reiches Haar gleich, wie man nur will. Auch für das Kleid war Hilfe da. Ihre beiden Kolleginnen hielten treu zu ihr, es ist auch eine gewisse Ehre für sie, wenn ein Mädchen gerade aus ihrer Gruppe Ausschankmädchen wird, und dann hätte ihnen ja Pepi später, wenn sie zur Macht gekommen wäre, manche Vorteile verschaffen können. Eines der Mädchen hatte seit langem einen teueren Stoff liegen, es war ihr Schatz, öfters hatte sie ihn von den anderen bewundern lassen, träumte wohl davon, ihn einmal für sich großartig zu verwenden und – das war sehr schön von ihr gehandelt – jetzt, da ihn Pepi brauchte, opferte sie ihn. Und beide halfen ihr bereitwilligst beim Nähen, hätten sie es für sich genäht, sie hätten nicht eifriger sein können. Das war sogar eine sehr fröhliche, beglückende Arbeit. Sie saßen, jede auf ihrem Bett, eine über der anderen, nähten und sangen und reichten einander die fertigen Teile und das Zubehör hinauf und hinab. Wenn Pepi daran denkt, fällt es ihr immer schwerer aufs Herz, dass alles vergeblich war und dass sie mit leeren Händen wieder zu ihren Freundinnen kommt! Was für ein Unglück und wie leichtsinnig verschuldet, vor allem von K.! Wie sich damals alle freuten über das Kleid, es schien die Bürgschaft des Gelingens, und wenn sich nachträglich noch ein Platz für ein Bändchen fand, verschwand der letzte Zweifel. Und ist es nicht wirklich schön, das Kleid? Es ist jetzt schon verdrückt und ein wenig fleckig, Pepi hatte eben kein zweites Kleid, hatte Tag und Nacht dieses tragen müssen, aber noch immer sieht man, wie schön es ist, nicht einmal die verfluchte Barnabassche brächte ein besseres zustande. Und dass man es nach Belieben zuziehen und wieder lockern kann, oben und unten, dass es also zwar nur ein Kleid ist, aber so veränderlich – das ist ein besonderer Vorzug und war eigentlich ihre Erfindung. Es ist freilich auch nicht schwer, für sie zu nähen, Pepi rühmt sich dessen nicht; jungen, gesunden Mädchen passt ja alles. Viel schwerer war es, Wäsche und Stiefel zu beschaffen, und hier beginnt eigentlich der Misserfolg. Auch hier halfen die Freundinnen aus, so gut sie konnten, aber sie konnten nicht viel. Es war doch nur grobe Wäsche, die sie zusammenbrachte und zusammenflickte, und statt gestöckelter Stiefelchen musste es bei Hausschuhen bleiben, die man lieber versteckt als zeigt. Man tröstete Pepi: Frieda war doch auch nicht sehr schön angezogen, und manchmal zog sie so schlampig herum, dass die Gäste sich lieber von den Kellerburschen servieren ließen als von ihr. So war es tatsächlich, aber Frieda durfte das tun, sie war schon in Gunst und Ansehen; wenn eine Dame einmal beschmutzt und nachlässig angezogen sich zeigt, so ist das um so lockender, aber bei einem Neuling wie Pepi? Und außerdem konnte sich Frieda gar nicht gut anziehen, sie ist ja von allem Geschmack verlassen; hat jemand schon eine gelbliche Haut, so muss er sie freilich behalten, aber er muss nicht, wie Frieda, noch eine tief ausgeschnittene, cremefarbene Bluse dazu anziehen, so dass einem vor lauter Gelb die Augen übergingen. Und selbst wenn das nicht gewesen wäre, sie war ja zu geizig, um sich gut anzuziehen; alles, was sie verdiente, hielt sie zusammen, niemand wusste, wofür. Sie brauchte im Dienst kein Geld, sie kam mit Lügen und Kniffen aus, dieses Beispiel wollte und konnte Pepi nicht nachahmen, und darum war es berechtigt, dass sie sich so schmückte, um sich ganz zur Geltung zu bringen, gar am Beginn. Hätte sie es nur mit stärkeren Mitteln tun können, sie wäre trotz aller Schlauheit Friedas, trotz aller Torheit K.s Siegerin geblieben. Es fing ja auch sehr gut an. Die wenigen Handgriffe und Kenntnisse, die nötig waren, hatte sie schon vorher in Erfahrung gebracht. Kaum war sie im Ausschank, war sie dort schon eingelebt. Niemand vermisste bei der Arbeit Frieda. Erst am zweiten Tag erkundigten sich manche Gäste, wo denn eigentlich Frieda sei. Es geschah kein Fehler, der Wirt war zufrieden, den ersten Tag war er in seiner Angst immerfort im Ausschank gewesen, später kam er nur noch hie und da, schließlich überließ er, da die Kasse stimmte – die Eingänge waren durchschnittlich sogar etwas größer als zu Friedas Zeit – Pepi schon alles. Sie führte Neuerungen ein. Frieda hatte, nicht aus Fleiß, sondern aus Geiz, aus Herrschsucht, aus Angst, jemandem etwas von ihren Rechten abzutreten, auch die Knechte, zum Teil wenigstens, besonders wenn jemand zusah, beaufsichtigt, Pepi dagegen wies diese Arbeit völlig den Kellerburschen zu, die dafür ja auch viel besser taugen. Dadurch erübrigte sie mehr Zeit für die Herrenzimmer, die Gäste wurden schnell bedient; trotzdem konnte sie mit jedem noch ein paar Worte sprechen, nicht wie Frieda, die sich angeblich gänzlich für Klamm aufbewahrte und jedes Wort, jede Annäherung eines anderen als eine Kränkung Klamms ansah. Das war freilich auch klug, denn wenn sie einmal jemanden an sich heranließ, war es eine unerhörte Gunst. Pepi aber hasst solche Künste, auch sind sie am Anfang nicht brauchbar. Pepi war zu jedem freundlich, und jeder vergalt es ihr mit Freundlichkeit. Alle waren sichtlich froh über die Änderung; wenn sich die abgearbeiteten Herren endlich ein Weilchen zum Bier setzen dürfen, kann man sie durch ein Wort, durch einen Blick, durch ein Zucken der Achseln förmlich verwandeln. So eifrig fuhren alle Hände durch Pepis Locken, dass sie wohl zehnmal im Tag ihre Frisur erneuern musste, der Verführung dieser Locken und Maschen widersteht keiner, nicht einmal der sonst so gedankenlose K. So verflogen aufregende, arbeitsvolle, aber erfolgreiche Tage. Wären sie nicht so schnell verflogen, wären ihrer doch ein wenig mehr gewesen! Vier Tage sind zu wenig, wenn man sich auch bis zur Erschöpfung anstrengt, vielleicht hätte schon der fünfte Tag genügt, aber vier Tage waren zu wenig. Pepi hatte zwar schon in vier Tagen Gönner und Freunde erworben, hätte sie allen Blicken trauen dürfen, schwamm sie ja, wenn sie mit den Bierkrügen daherkam, in einem Meer von Freundschaft, ein Schreiber namens Bartmeier ist vernarrt in sie, hat ihr dieses Kettchen und Anhängsel verehrt und in das Anhängsel sein Bild gegeben, was allerdings eine Keckheit war; dieses und anderes war geschehen, aber es waren doch nur vier Tage, in vier Tagen kann, wenn Pepi sich dafür einsetzt, Frieda fast, aber doch nicht ganz vergessen werden; und sie wäre doch vergessen worden, vielleicht noch früher, hätte sie nicht vorsorglich durch ihren großen Skandal sich im Mund der Leute erhalten, sie war den Leuten dadurch neu geworden, nur aus Neugierde hätten sie sie gerne wiedergesehen; was ihnen öde bis zum Überdruss geworden war, hatte durch des sonst gänzlich gleichgültigen K.s Verdienst wieder einen Reiz für sie, Pepi hätten sie dafür freilich nicht hingegeben, solange sie dastand und durch ihre Gegenwart wirkte, aber es sind meist ältere Herren, schwerfällig in ihren Gewohnheiten, ehe sie sich an ein neues Ausschankmädchen gewöhnen, dauert es, und sei der Tausch noch so vorteilhaft, doch ein paar Tage, gegen den eigenen Willen der Herren dauert es ein paar Tage, vielleicht nur fünf Tage, aber vier Tage reichen nicht aus, Pepi galt trotz allem nur immer noch als die Provisorische. Und dann das vielleicht größte Unglück: In diesen vier Tagen kam Klamm, obwohl er während der ersten beiden Tage im Dorfe war, in das Gastzimmer nicht herunter. Wäre er gekommen, das wäre Pepis entscheidendste Erprobung gewesen, eine Erprobung übrigens, die sie am wenigsten fürchtete, auf die sie sich eher freute. Sie wäre – an solche Dinge rührt man freilich am besten gar nicht mit Worten – Klamms Geliebte nicht geworden und hätte sich auch nicht zu einer solchen hinaufgelogen, aber sie hätte zumindest so nett wie Frieda das Bierglas auf den Tisch zu stellen gewusst, ohne Friedas Aufdringlichkeiten hübsch gegrüßt und hübsch sich empfohlen, und wenn Klamm überhaupt in den Augen eines Mädchens etwas sucht, er hätte es in Pepis Augen zur völligen Sättigung gefunden. Aber warum kam er nicht? Aus Zufall? Pepi hatte das damals auch geglaubt. Die beiden Tage lang erwartete sie ihn jeden Augenblick, auch in der Nacht wartete sie. Jetzt wird Klamm kommen, dachte sie immerfort und lief hin und her ohne anderen Grund als die Unruhe der Erwartung und das Verlangen, ihn als erste sofort bei seinem Eintritt zu sehen. Diese fortwährende Enttäuschung ermüdete sie sehr; vielleicht leistete sie deshalb nicht so viel, als sie hätte leisten können. Sie schlich, wenn sie ein wenig Zeit hatte, hinauf in den Korridor, den zu betreten dem Personal streng verboten ist, dort drückte sie sich in eine Nische und wartete. Wenn doch jetzt Klamm käme, dachte sie, wenn ich doch den Herrn aus seinem Zimmer nehmen und auf meinen Armen in das Gastzimmer hinuntertragen könnte. Unter dieser Last würde ich nicht zusammensinken, und wäre sie noch so groß. Aber er kam nicht. In diesem Korridor oben ist es so still, dass man es sich gar nicht vorstellen kann, wenn man nicht dort gewesen ist. Es ist so still, dass man es dort gar nicht lange aushalten kann, die Stille treibt einen fort. Aber immer wieder: zehnmal vertrieben, zehnmal wieder stieg Pepi hinauf. Es war ja sinnlos. Wenn Klamm kommen wollte, würde er kommen, wenn er aber nicht kommen wollte, würde ihn Pepi nicht herauslocken, auch wenn sie in der Nische vor Herzklopfen halb erstickte. Es war sinnlos, aber wenn er nicht kam, war ja fast alles sinnlos. Und er kam nicht. Heute weiß Pepi, warum Klamm nicht kam. Frieda hätte eine herrliche Unterhaltung gehabt, wenn sie oben im Korridor Pepi in der Nische, beide Hände am Herzen, hätte sehen können. Klamm kam nicht herunter, weil Frieda es nicht zuließ. Nicht durch ihre Bitten hat sie das bewirkt, ihre Bitten dringen nicht zu Klamm. Aber sie hat, diese Spinne, Verbindungen, von denen niemand weiß. Wenn Pepi einem Gast etwas sagt, sagt sie es offen, auch der Nebentisch kann es hören. Frieda hat nichts zu sagen, sie stellt das Bier auf den Tisch und geht; nur ihr seidener Unterrock, das einzige, wofür sie Geld ausgibt, rauscht. Wenn sie aber einmal etwas sagt, dann nicht offen, dann flüstert sie es dem Gast zu, bückt sich hinab, dass man am Nachbartisch die Ohren spitzt. Was sie sagt, ist ja wahrscheinlich belanglos, aber doch nicht immer, Verbindungen hat sie, stützt die einen durch die anderen, und misslingen die meisten – wer würde sich dauernd um Frieda kümmern? –, hält hie und da doch eine fest. Diese Verbindungen begann sie jetzt auszunützen. K. gab ihr die Möglichkeit dazu, statt bei ihr zu sitzen und sie zu bewachen, hält er sich kaum zu Hause auf, wandert herum, hat Besprechungen hier und dort, für alles hat er Aufmerksamkeit, nur nicht für Frieda, und um ihr schließlich noch mehr Freiheit zu geben, übersiedelt er aus dem Brückenhof in die leere Schule. Das alles ist ja ein schöner Anfang der Flitterwochen. Nun, Pepi ist gewiss die letzte, die K. Vorwürfe deshalb machen wird, dass er es nicht bei Frieda ausgehalten hat; man kann es bei ihr nicht aushalten. Aber warum hat er sie dann nicht ganz verlassen, warum ist er immer wieder zu ihr zurückgekehrt, warum hat er durch seine Wanderungen den Anschein erweckt, dass er für sie kämpft? Es sah ja aus, als habe er erst durch die Berührung mit Frieda seine tatsächliche Nichtigkeit entdeckt, wolle sich Friedas würdig machen, wolle sich irgendwie hinaufhaspeln, verzichte deshalb vorläufig auf das Beisammensein, um sich später ungestört für die Entbehrungen entschädigen zu dürfen. Inzwischen verliert Frieda nicht die Zeit, sie sitzt in der Schule, wohin sie ja K. wahrscheinlich gelenkt hat, und beobachtet den Herrenhof und beobachtet K. Boten hat sie ausgezeichnete zur Hand: K.s Gehilfen, die ihr – man begreift es nicht, selbst wenn man K. kennt, begreift man's nicht – K. gänzlich überlässt. Sie schickt sie zu ihren alten Freunden, bringt sich in Erinnerung, klagt darüber, dass sie von einem Mann wie K. gefangengehalten ist, hetzt gegen Pepi, verkündet ihre baldige Ankunft, bittet um Hilfe, beschwört sie, Klamm nichts zu verraten, tut so, als müsse Klamm geschont werden und dürfe daher auf keinen Fall in den Ausschank hinuntergelassen werden. Was sie dem einen gegenüber als Schonung Klamms ausgibt, nützt sie dem Wirt gegenüber als ihren Erfolg aus, macht darauf aufmerksam, dass Klamm nicht mehr kommt. Wie könnte er denn kommen, wenn unten nur eine Pepi bedient? Zwar hat der Wirt keine Schuld, diese Pepi war immerhin noch der beste Ersatz, der zu finden war, nur genügt er nicht, nicht einmal für ein paar Tage. Von dieser ganzen Tätigkeit Friedas weiß K. nichts; wenn er nicht herumwandert, liegt er ahnungslos zu ihren Füßen, während sie die Stunden zählt, die sie noch vom Ausschank trennen. Aber nicht nur diesen Botendienst leisten die Gehilfen, sie dienen auch dazu, K. eifersüchtig zu machen, ihn warmzuhalten! Seit ihrer Kindheit kennt Frieda die Gehilfen, Geheimnisse haben sie gewiss keine mehr voreinander, aber K. zu Ehren fangen sie an, sich nacheinander zu sehnen, und es entsteht für K. die Gefahr, dass es eine große Liebe wird. Und K. tut Frieda alles zu Gefallen, auch das Widersprechendste, er lässt sich von den Gehilfen eifersüchtig machen, duldet aber doch, dass alle drei beisammen bleiben, während er allein auf seine Wanderungen geht. Es ist fast, als sei er Friedas dritter Gehilfe. Da entscheidet sich Frieda endlich auf Grund ihrer Beobachtungen zum großen Schlag: Sie beschließt zurückzukehren. Und es ist wirklich höchste Zeit, es ist bewunderungswürdig, wie Frieda, die Schlaue, dieses erkennt und ausnützt; diese Kraft der Beobachtung und des Entschlusses sind Friedas unnachahmbare Kunst; wenn Pepi sie hätte, wie anders würde ihr Leben verlaufen. Wäre Frieda noch ein, zwei Tage länger in der Schule geblieben, ist Pepi nicht mehr zu vertreiben, ist endgültig Ausschankmädchen, von allen geliebt und gehalten, hat genug Geld verdient, um die notdürftige Ausstattung blendend zu ergänzen, noch ein, zwei Tage, und Klamm ist durch keine Ränke mehr vom Gastzimmer abzuhalten, kommt, trinkt, fühlt sich behaglich und ist, wenn er Friedas Abwesenheit überhaupt bemerkt, mit der Veränderung hoch zufrieden, noch ein, zwei Tage, und Frieda mit ihrem Skandal, mit ihren Verbindungen, mit den Gehilfen, mit allem, ist ganz und gar vergessen, niemals kommt sie mehr hervor. Dann könnte sie sich vielleicht desto fester an K. halten und könnte, vorausgesetzt, dass sie dessen fähig ist, ihn wirklich liebenlernen? Nein, auch das nicht. Denn mehr als einen Tag braucht auch K. nicht mehr, um ihrer überdrüssig zu werden, um zu erkennen, wie schmählich sie ihn täuscht, mit allem, mit ihrer angeblichen Schönheit, ihrer angeblichen Treue und am meisten mit der angeblichen Liebe Klamms; nur einen Tag noch, nicht mehr, braucht er, um sie mit der ganzen schmutzigen Gehilfenwirtschaft aus dem Hause zu jagen; man denke, nicht einmal K. braucht mehr. Und da, zwischen diesen beiden Gefahren, da sich förmlich schon das Grab über ihr zu schließen anfängt – K. in seiner Einfalt hält ihr noch den letzten, schmalen Weg frei –, da brennt sie durch – das hat kaum jemand mehr erwartet, es geht gegen die Natur –, plötzlich ist sie es, die K., den noch immer sie liebenden, immer sie verfolgenden, fortjagt und unter dem nachhelfenden Druck der Freunde und Gehilfen dem Wirt als Retterin erscheint, durch ihren Skandal viel lockender als früher, erwiesenermaßen begehrt von den Niedrigsten wie von den Höchsten, dem Niedrigen aber nur für einen Augenblick verfallen, bald ihn fortstoßend, wie es sich gehört, und ihm und allen wieder unerreichbar wie früher; nur dass man früher das alles schon mit Recht bezweifelte, jetzt aber wieder überzeugt worden ist. So kommt sie zurück, der Wirt, mit einem Seitenblick auf Pepi, zögert – soll er sie opfern, die sich so bewährt hat? –, aber bald ist er überredet, zuviel spricht für Frieda und vor allem, sie wird ja Klamm für die Gastzimmer zurückgewinnen. Dabei halten wir jetzt, abends. Pepi wird nicht warten, bis Frieda kommt und aus der Übernahme der Stelle einen Triumph macht. Die Kasse hat sie der Wirtin schon übergeben, sie kann gehen. Das Bettfach unten in dem Mädchenzimmer ist für sie bereit, sie wird hinkommen, von den weinenden Freundinnen begrüßt, wird sich das Kleid vom Leib, die Bänder aus den Haaren reißen und alles in einen Winkel stopfen, wo es gut verborgen ist und nicht unnötig an Zeiten erinnert, die vergessen bleiben sollen. Dann wird sie den großen Eimer und den Besen nehmen, die Zähne zusammenbeißen und an die Arbeit gehen. Vorläufig aber musste sie noch alles K. erzählen, damit er, der ohne Hilfe auch jetzt dies noch nicht erkannt hätte, einmal deutlich sieht, wie hässlich er an Pepi gehandelt und wie unglücklich er sie gemacht habe. Freilich, auch er ist dabei nur missbraucht worden.

Pepi hatte geendet. Sie wischte sich aufatmend ein paar Tränen von den Augen und Wangen und sah dann K. kopfnickend an, so, als wolle sie sagen, im Grunde handle es sich gar nicht um ihr Unglück, sie werde es tragen und brauche hierzu weder Hilfe noch Trost irgend jemandes und K.s am wenigsten, sie kenne trotz ihrer Jugend das Leben, und ihr Unglück sei nur eine Bestätigung ihrer Kenntnisse, aber um K. handle es sich, ihm habe sie ein Bild vorhalten wollen, noch nach dem Zusammenbrechen aller ihrer Hoffnungen habe sie das zu tun für nötig gehalten. »Was für eine wilde Phantasie du hast, Pepi«, sagte K. »Es ist ja gar nicht wahr, dass du erst jetzt alle diese Dinge entdeckt hast; das ist ja nichts anderes als Träume aus euerem dunklen, engen Mädchenzimmer unten, die dort an ihrem Platz sind, hier aber, im freien Ausschank, sich sonderbar ausnehmen. Mit solchen Gedanken konntest du dich hier nicht behaupten, das ist ja selbstverständlich. Schon dein Kleid und deine Frisur, deren du dich so rühmst, sind nur Ausgeburten jenes Dunkels und jener Betten in euerem Zimmer, dort sind sie gewiss sehr schön, hier aber lacht jeder im geheimen oder offen darüber. Und was erzählst du sonst? Ich sei also missbraucht und betrogen worden? Nein, liebe Pepi, ich bin so wenig missbraucht und betrogen worden wie du. Es ist richtig, Frieda hat mich gegenwärtig verlassen oder ist, wie du es ausdrückst, mit einem Gehilfen durchgebrannt, einen Schimmer der Wahrheit siehst du, und es ist auch wirklich sehr unwahrscheinlich, dass sie noch meine Frau werden wird, aber es ist ganz und gar unwahr, dass ich ihrer überdrüssig geworden wäre oder sie gar am nächsten Tag schon verjagt hätte oder dass sie mich betrogen hätte, wie sonst vielleicht eine Frau einen Mann betrügt. Ihr Zimmermädchen seid gewohnt, durch das Schlüsselloch zu spionieren, und davon behaltet ihr die Denkweise, von einer Kleinigkeit, die ihr wirklich seht, ebenso großartig wie falsch auf das Ganze zu schließen. Die Folge dessen ist, dass ich zum Beispiel in diesem Fall viel weniger weiß als du. Ich kann bei weitem nicht so genau wie du erklären, warum Frieda mich verlassen hat. Die wahrscheinlichste Erklärung scheint mir die auch von dir gestreifte, aber nicht ausgenützte, dass ich sie vernachlässigt habe. Das ist leider wahr, ich habe sie vernachlässigt, aber das hatte besondere Gründe, die nicht hierher gehören; ich wäre glücklich, wenn sie zu mir zurückkäme, aber ich würde gleich wieder anfangen, sie zu vernachlässigen. Es ist so. Da sie bei mir war, bin ich immerfort auf den von dir verlachten Wanderungen gewesen; jetzt, da sie weg ist, bin ich fast beschäftigungslos, bin müde, habe Verlangen nach immer vollständigerer Beschäftigungslosigkeit. Hast du keinen Rat für mich, Pepi?« – »Doch«, sagte Pepi, plötzlich lebhaft werdend und K. bei den Schultern fassend, »wir sind beide die Betrogenen, bleiben wir beisammen. Komm mit hinunter zu den Mädchen!« – »Solange du über Betrogenwerden klagst«, sagte K., »kann ich mich nicht mit dir verständigen. Du willst immerfort betrogen worden sein, weil dir das schmeichelt und weil es dich rührt. Die Wahrheit aber ist, dass du für diese Stelle nicht geeignet bist. Wie klar muss diese Nichteignung sein, wenn sogar ich, der deiner Meinung nach Unwissendste, das einsehe. Du bist ein gutes Mädchen, Pepi, aber es ist nicht ganz leicht, das zu erkennen, ich zum Beispiel habe dich zuerst für grausam und hochmütig gehalten, das bist du aber nicht, es ist nur die Stelle, welche dich verwirrt, weil du für sie nicht geeignet bist. Ich will nicht sagen, dass die Stelle für dich zu hoch ist; es ist ja keine außerordentliche Stelle, vielleicht ist sie, wenn man genau hinsieht, etwas ehrenvoller als deine frühere Stelle, im ganzen aber ist der Unterschied nicht groß, beide sind eher zum Verwechseln einander ähnlich; ja, man könnte fast behaupten, dass Zimmermädchensein dem Ausschank vorzuziehen wäre, denn dort ist man immer unter Sekretären, hier dagegen muss man, wenn man auch in den Gastzimmern die Vorgesetzten der Sekretäre bedienen darf, doch auch mit ganz niedrigem Volk sich abgeben, zum Beispiel mit mir; ich darf ja von Rechts wegen gar nicht anderswo mich aufhalten als eben hier im Ausschank, und die Möglichkeit, mit mir zu verkehren, sollte so über alle Maßen ehrenvoll sein? Nun, dir scheint es so, und vielleicht hast du auch Gründe dafür. Aber eben deshalb bist du ungeeignet. Es ist eine Stelle wie eine andere, für dich aber ist sie das Himmelreich, infolgedessen fasst du alles mit übertriebenem Eifer an, schmückst dich, wie deiner Meinung nach die Engel geschmückt sind – sie sind

aber in Wirklichkeit anders –, zitterst für die Stelle, fühlst dich immerfort verfolgt, suchst alle, die deiner Meinung nach dich stützen könnten, durch übergroße Freundlichkeiten zu gewinnen, störst sie aber dadurch und stößt sie ab, denn sie wollen im Wirtshaus Frieden und nicht zu ihren Sorgen noch die Sorgen der Ausschankmädchen. Es ist nur möglich, dass nach Friedas Abgang niemand von den hohen Gästen das Ereignis eigentlich gemerkt hat, heute aber wissen sie davon und sehnen sich wirklich nach Frieda, denn Frieda hat alles doch wohl ganz anders geführt. Wie sie auch sonst sein mag und wie sie auch ihre Stelle zu schätzen wusste, im Dienst war sie vielerfahren, kühl und beherrscht, du hebst es ja selbst hervor, ohne allerdings von der Lehre zu profitieren. Hast du einmal ihren Blick beachtet? Das war schon gar nicht mehr der Blick eines Ausschankmädchens, das war schon fast der Blick einer Wirtin. Alles sah sie und dabei auch jeden einzelnen, und der Blick, der für den einzelnen übrigblieb, war noch stark genug, um ihn zu unterwerfen. Was lag daran, dass sie vielleicht ein wenig mager, ein wenig ältlich war, dass man sich reineres Haar vorstellen konnte, das sind Kleinigkeiten, verglichen mit dem, was sie wirklich hatte, und derjenige, welchen diese Mängel gestört hatten, hätte damit nur gezeigt, dass ihm der Sinn für Größeres fehlte. Klamm kann man dies gewiss nicht vorwerfen, und es ist nur der falsche Gesichtswinkel eines jungen, unerfahrenen Mädchens, der dich an Klamms Liebe zu Frieda nicht glauben lässt.
Klamm scheint dir – und dies mit Recht – unerreichbar, und deshalb glaubst du, auch Frieda hätte an Klamm nicht herankommen können. Du irrst. Ich würde darin allein Friedas Wort vertrauen, selbst wenn ich nicht untrügliche Beweise dafür hätte. So unglaublich es dir vorkommt und so wenig du es mit deinen Vorstellungen von Welt und Beamtentum und Vornehmheit und Wirkung der Frauenschönheit vereinen kannst, es ist doch wahr, so wie wir hier nebeneinander sitzen und ich deine Hand zwischen die meinen nehme, so saßen wohl, als sei es die selbstverständlichste Sache von der Welt, auch Klamm und Frieda nebeneinander, und er kam freiwillig herunter, ja eilte sogar herab, niemand lauerte ihm im Korridor auf und vernachlässigte die übliche Arbeit, Klamm musste sich selbst bemühen herabzukommen, und die Fehler in Friedas Kleidung, vor denen du dich entsetzt hättest, störten ihn gar nicht. Du willst ihr nicht glauben! Und weißt nicht, wie du dich damit bloßstellst, wie du gerade damit deine Unerfahrenheit zeigst! Selbst jemand, der gar nichts von dem Verhältnis zu Klamm wüsste, müsste an ihrem Wesen erkennen, dass es jemand geformt hat, der mehr war als du und ich und alles Volk im Dorfe, und dass ihre Unterhaltungen über die Scherze hinausgingen, wie sie zwischen Gästen und Kellnerinnen üblich sind und das Ziel deines Lebens scheinen. Aber ich tue dir Unrecht. Du erkennst ja selbst sehr gut Friedas Vorzüge, merkst ihre Beobachtungsgabe, ihre Entschlusskraft, ihren Einfluss auf die Menschen, nur deutest du freilich alles falsch, glaubst, dass sie alles eigensüchtig nur zu ihrem Vorteil und zum Bösen verwende oder gar als Waffe gegen dich. Nein, Pepi, selbst wenn sie solche Pfeile hätte, auf so kleine Entfernung könnte sie sie nicht abschießen. Und eigensüchtig? Eher könnte man sagen, dass sie unter Aufopferung dessen, was sie hatte, und dessen, was sie erwarten durfte, uns beiden die Gelegenheit gegeben hat, uns auf höherem Posten zu bewähren, dass wir beide aber sie enttäuscht haben und sie geradezu zwingen, wieder hierher zurückzukehren. Ich weiß nicht, ob es so ist, auch ist mir meine Schuld gar nicht klar, nur wenn ich mich mit dir vergleiche, taucht mir etwas Derartiges auf, so, als ob wir uns beide zu sehr, zu lärmend, zu kindisch, zu unerfahren bemüht hätten, um etwas, das zum Beispiel mit Friedas Ruhe, mit Friedas Sachlichkeit leicht und unmerklich zu gewinnen ist, durch Weinen, durch Kratzen, durch Zerren zu bekommen – so, wie ein Kind am Tischtuch zerrt, aber nichts gewinnt, sondern nur die ganze Pracht hinunterwirft und sie sich für immer unerreichbar macht –; ich weiß nicht, ob es so ist, aber dass es eher so ist, als wie du es erzählst, das weiß ich.« – »Nun ja«, sagte Pepi, »du bist verliebt in Frieda, weil sie dir weggelaufen ist; es ist nicht schwer, in

sie verliebt zu sein, wenn sie weg ist. Aber mag es sein, wie du willst, und magst du in allem recht haben, auch darin, dass du mich lächerlich machst, was willst du jetzt tun? Frieda hat dich verlassen, weder nach meiner Erklärung noch nach deiner hast du Hoffnung, dass sie zu dir zurückkommt, und selbst wenn sie kommen sollte, irgendwo musst du die Zwischenzeit verbringen, es ist kalt, und du hast weder Arbeit noch Bett, komm zu uns, meine Freundinnen werden dir gefallen, wir werden es dir behaglich machen, du wirst uns bei der Arbeit helfen, die wirklich für Mädchen allein zu schwer ist, wir Mädchen werden nicht auf uns angewiesen sein und in der Nacht nicht mehr Angst leiden. Komm zu uns! Auch meine Freundinnen kennen Frieda, wir werden dir von ihr Geschichten erzählen, bis du dessen überdrüssig geworden bist. Komm doch! Auch Bilder von Frieda haben wir und werden sie dir zeigen. Damals war Frieda noch bescheidener als heute, du wirst sie kaum wiedererkennen, höchstens an ihren Augen, die schon damals gelauert haben. Nun, wirst du also kommen?« – »Ist es denn erlaubt? Gestern gab es doch noch den großen Skandal, weil ich auf euerem Gang ertappt worden bin.« – »Weil du ertappt wurdest, aber wenn du bei uns bist, wirst du nicht ertappt werden. Niemand wird von dir wissen, nur wir drei. Ah, es wird lustig sein. Schon kommt mir das Leben dort viel erträglicher vor als vor einem Weilchen noch. Vielleicht verliere ich jetzt gar nicht so viel dadurch, dass ich von hier fort muss. Du, wir haben uns auch zu dritt nicht gelangweilt, man muss sich das bittere Leben versüßen, es wird uns ja schon in der Jugend bitter gemacht, nun, wir drei halten zusammen, wir leben so hübsch, als es dort möglich ist, besonders Henriette wird dir gefallen, aber auch Emilie, ich habe ihnen schon von dir erzählt, man hört dort solche Geschichten ungläubig an, als könne außerhalb des Zimmers eigentlich nichts geschehen, warm und eng ist es dort, und wir drücken uns noch enger aneinander; nein, obwohl wir aufeinander angewiesen sind, sind wir einander nicht überdrüssig geworden; im Gegenteil, wenn ich an die Freundinnen denke, ist es mir fast recht, dass ich wieder zurückkomme; warum soll ich es weiterbringen als sie? Das war es ja eben, was uns zusammenhielt, dass uns allen dreien die Zukunft in gleicher Weise versperrt war, und nun bin ich doch durchgebrochen und war von ihnen abgetrennt. Freilich, ich habe sie nicht vergessen, und es war meine nächste Sorge, wie ich etwas für sie tun könnte; meine eigene Stellung war noch unsicher – wie unsicher sie war, wusste ich gar nicht –, und schon sprach ich mit dem Wirt über Henriette und Emilie. Hinsichtlich Henriettes war der Wirt nicht ganz unnachgiebig, für Emilie, die viel älter als wir ist, sie ist etwa in Friedas Alter, gab er mir allerdings keine Hoffnung. Aber denk nur, sie wollen ja gar nicht fort, sie wissen, dass es ein elendes Leben ist, das sie dort führen, aber sie haben sich schon gefügt, die guten Seelen, ich glaube, ihre Tränen beim Abschied galten am meisten der Trauer darüber, dass ich das gemeinsame Zimmer verlassen musste, in die Kälte hinausging – uns scheint dort alles kalt, was außerhalb des Zimmers ist – und in den großen, fremden Räumen mit großen, fremden Menschen mich herumschlagen müsse, zu keinem anderen Zweck, als um das Leben zu fristen, was mir doch auch in der gemeinsamen Wirtschaft bisher gelungen war. Sie werden wahrscheinlich gar nicht staunen, wenn ich jetzt zurückkomme, und nur um mir nachzugeben, werden sie ein wenig weinen und mein Schicksal beklagen. Aber dann werden sie dich sehen und merken, dass es doch gut gewesen ist, dass ich fort war. Dass wir jetzt einen Mann als Helfer und Schutz haben, wird sie glücklich machen, und geradezu entzückt werden sie darüber sein, dass alles ein Geheimnis bleiben muss und dass wir durch dieses Geheimnis noch enger verbunden sein werden als bisher. Komm, o bitte, komm zu uns! Es entsteht ja keine Verpflichtung für dich, du wirst nicht an unser Zimmer für immer gebunden sein, so wie wir. Wenn es dann Frühjahr wird und du anderswo ein Unterkommen findest und es dir bei uns nicht mehr gefällt, kannst du ja gehen; nur allerdings das Geheimnis musst du auch dann wahren und nicht etwa uns verraten, denn das wäre dann unsere letzte Stunde im Herrenhof, und auch sonst musst du natürlich, wenn du bei uns bist, vorsichtig sein, dich nirgends zeigen, wo wir es nicht für ungefährlich ansehen, und überhaupt unseren Ratschlägen folgen; das ist das einzige, was dich bindet, und daran muss dir ja auch ebenso gelegen sein wie uns, sonst aber bist du völlig frei, die Arbeit, die wir dir zuteilen werden, wird nicht zu schwer sein, davor fürchte dich nicht. Kommst du also?« – »Wie lange haben wir noch bis zum Frühjahr?« fragte K. »Bis zum Frühjahr?« wiederholte Pepi. »Der Winter ist bei uns lang, ein sehr langer Winter und einförmig. Darüber aber klagen wir unten nicht, gegen den Winter sind wir gesichert. Nun, einmal kommt auch das Frühjahr und der Sommer, und es hat wohl auch seine Zeit; aber in der Erinnerung, jetzt, scheint Frühjahr und Sommer so kurz, als wären es nicht viel mehr als zwei Tage, und selbst an diesen Tagen, auch durch den allerschönsten Tag, fällt dann noch manchmal Schnee.«

Da öffnete sich die Tür. Pepi zuckte zusammen, sie hatte sich in Gedanken zu sehr aus dem Ausschank entfernt, aber es war nicht Frieda, es war die Wirtin. Sie tat erstaunt, K. noch hier zu finden. K. entschuldigte sich damit, dass er auf die Wirtin gewartet habe, gleichzeitig dankte er dafür, dass es ihm erlaubt worden war, hier zu übernachten. Die Wirtin verstand nicht, warum K. auf sie gewartet habe. K. sagte, er hätte den Eindruck gehabt, dass die Wirtin noch mit ihm sprechen wolle, er bitte um Entschuldigung, wenn das ein Irrtum gewesen sei, übrigens müsse er nun allerdings gehen, allzu lange habe er die Schule, wo er Diener sei, sich selbst überlassen, an allem sei die gestrige Vorladung schuld, er habe noch zu wenig Erfahrung in diesen Dingen, es werde gewiss nicht wieder geschehen, dass er der Frau Wirtin solche Unannehmlichkeiten mache wie gestern. Und er verbeugte sich, um zu gehen. Die Wirtin sah ihn an, mit einem Blick, als träume sie. Durch den Blick wurde K. auch länger festgehalten, als er wollte. Nun lächelte sie auch noch ein wenig, und erst durch K.s erstauntes Gesicht wurde sie gewissermaßen geweckt; es war, als hätte sie eine Antwort auf ihr Lächeln erwartet und erst jetzt, da sie ausblieb, erwache sie. »Du hattest gestern, glaube ich, die Keckheit, etwas über mein Kleid zu sagen.« K. konnte sich nicht erinnern. »Du kannst dich nicht erinnern? Zur Keckheit gehört dann hinterher die Feigheit.« K. entschuldigte sich mit seiner gestrigen Müdigkeit, es sei gut möglich, dass er gestern etwas geschwätzt habe, jedenfalls könne er sich nicht mehr erinnern. Was hätte er auch über der Frau Wirtin Kleider haben sagen können? Dass sie so schön seien, wie er noch nie welche gesehen habe. Zumindest habe er noch keine Wirtin in solchen Kleidern bei der Arbeit gesehen. »Lass diese Bemerkungen!« sagte die Wirtin schnell. »Ich will von dir kein Wort mehr über die Kleider hören. Du hast dich nicht um meine Kleider zu kümmern. Das verbiete ich dir ein für allemal.« K. verbeugte sich nochmals und ging zur Tür. »Was soll denn das heißen«, rief die Wirtin hinter ihm her, »dass du in solchen Kleidern noch keine Wirtin bei der Arbeit gesehen hast? Was sollen solche sinnlosen Bemerkungen? Das ist doch völlig sinnlos. Was willst du damit sagen?« K. wandte sich um und bat die Wirtin, sich nicht aufzuregen. Natürlich sei die Bemerkung sinnlos. Er verstehe doch auch gar nichts von Kleidern. In seiner Lage erscheine ihm schon jedes ungeflickte und reine Kleid kostbar. Er sei nur erstaunt gewesen, die Frau Wirtin dort, im Gang, in der Nacht, unter allen den kaum angezogenen Männern in einem so schönen Abendkleid erscheinen zu sehen, nichts weiter. »Nun also«, sagte die Wirtin, »endlich scheinst du dich doch an deine gestrige Bemerkung zu erinnern. Und vervollständigst sie durch weiteren Unsinn. Dass du nichts von Kleidern verstehst, ist richtig. Dann aber unterlasse auch – darum will ich dich ernstlich gebeten haben –, darüber zu urteilen, was kostbare Kleider sind oder unpassende Abendkleider und dergleichen... Überhaupt« – hierbei war es, als überliefe sie ein Kälteschauer – »sollst du dir nichts an meinen Kleidern zu schaffen machen, hörst du?« Und als K. sich schweigend wieder umwenden wollte, fragte sie: »Woher hast du denn dein Wissen von den Kleidern?« K. zuckte die Achseln, er habe kein Wissen.

»Du hast keines«, sagte die Wirtin. »Du sollst dir aber auch keines anmaßen. Komm hinüber in das Kontor, ich werde dir etwas zeigen, dann wirst du deine Keckheiten hoffentlich für immer unterlassen.« Sie ging voraus durch die Tür; Pepi sprang zu K., unter dem Vorwand, von K. die Zahlung zu bekommen, verständigten sie sich schnell, es war sehr leicht, da K. den Hof kannte, dessen Tor in die Seitenstraße führte, neben dem Tor war ein kleines Pförtchen, hinter dem wollte Pepi in einer Stunde etwa stehen und es auf dreimaliges Klopfen öffnen.

Das Privatkontor lag gegenüber dem Ausschank, nur der Flur war zu durchqueren, die Wirtin stand schon im beleuchteten Kontor und sah ungeduldig K. entgegen. Es gab aber noch eine Störung. Gerstäcker hatte im Flur gewartet und wollte mit K. sprechen. Es war nicht leicht, ihn abzuschütteln, auch die Wirtin half mit und verwies Gerstäcker seine Zudringlichkeit. »Wohin denn? Wohin denn?« hörte man Gerstäcker noch rufen, als die Tür schon geschlossen war, und die Worte vermischten sich hässlich mit Seufzern und Husten.

Es war ein kleines, überheiztes Zimmer. An den Schmalwänden standen ein Stehpult und eine eiserne Kasse, an den Längswänden ein Kasten und eine Ottomane. Am meisten Raum nahm der Kasten in Anspruch; nicht nur, dass er die ganze Längswand ausfüllte, auch durch seine Tiefe engte er das Zimmer sehr ein, drei Schiebetüren waren nötig, ihn völlig zu öffnen. Die Wirtin zeigte auf die Ottomane, dass sich K. setzen möge, sie selbst setzte sich auf den Drehsessel beim Pult. »Hast du nicht einmal Schneiderei gelernt?« fragte die Wirtin. – »Nein, niemals«, sagte K. – »Was bist du denn eigentlich.?« – »Landvermesser.« – »Was ist denn das?« K. erklärte es, die Erklärung machte sie gähnen. »Du sagst nicht die Wahrheit. Warum sagst du denn nicht die Wahrheit?« – »Auch du sagst sie nicht.« – »Ich? Du beginnst wohl wieder mit deinen Keckheiten? Und wenn ich sie nicht sagte – habe ich mich denn vor dir zu verantworten? Und worin sage ich denn nicht die Wahrheit?« – »Du bist nicht nur Wirtin, wie du vorgibst.« – »Sieh mal! Du bist voll Entdeckungen! Was bin ich denn noch? Deine Keckheiten nehmen nun aber schon wahrhaftig überhand.« – »Ich weiß nicht, was du sonst bist. Ich sehe nur, dass du eine Wirtin bist und außerdem Kleider trägst, die nicht für eine Wirtin passen und wie sie auch sonst meines Wissens niemand hier im Dorfe trägt.« – »Nun also kommen wir zu dem Eigentlichen. Du kannst es ja nicht verschweigen, vielleicht bist du gar nicht keck, du bist nur wie ein Kind, das irgendeine Dummheit weiß und durch nichts dazu gebracht werden könnte, sie zu verschweigen. Rede also! Was ist das Besondere dieser Kleider?« – »Du wirst böse sein, wenn ich es sage.« – »Nein, ich werde darüber lachen, es wird ja kindliches Geschwätz sein. Wie sind also die Kleider?« – »Du willst es wissen. Nun, sie sind aus gutem Material, recht kostbar, aber sie sind veraltet, überladen, oft überarbeitet, abgenützt und passen weder für deine Jahre noch deine Gestalt, noch deine Stellung. Sie sind mir aufgefallen, gleich als ich dich das erste Mal sah, es war vor einer Woche etwa, hier, im Flur.« – »Da haben wir es also! Sie sind veraltet, überladen und was denn noch? Und woher willst du das alles wissen?« – »Das sehe ich, dazu braucht man keine Belehrung.« – »Das siehst du ohne weiteres. Du musst nirgends nachfragen und weißt gleich, was die Mode verlangt. Da wirst du mir ja unentbehrlich werden, denn für schöne Kleider habe ich allerdings eine Schwäche. Und was wirst du dazu sagen, dass dieser Schrank voll von Kleidern ist?« Sie stieß die Schiebetüren beiseite, man sah ein Kleid gedrängt am anderen, dicht in der ganzen Breite des Schrankes, es waren meist dunkle, graue, braune, schwarze Kleider, alle sorgfältig aufgehängt und ausgebreitet. »Das sind meine Kleider, alle veraltet, überladen, wie du meinst. Es sind aber nur die Kleider, für die ich oben in meinem Zimmer keinen Platz habe, dort habe ich noch zwei Schränke voll, zwei Schränke, jeder fast so groß wie dieser. Staunst du?«

»Nein, ich habe etwas Ähnliches erwartet; ich sagte ja, dass du nicht nur Wirtin bist, du zielst auf etwas anderes ab.«

»Ich ziele nur darauf ab, mich schön zu kleiden, und du bist entweder ein Narr oder ein Kind oder ein sehr böser, gefährlicher Mensch. Geh, nun geh schon!« K. war schon im Flur, und Gerstäcker hielt ihn wieder am Ärmel fest, als die Wirtin ihm nachrief: »Ich bekomme morgen ein neues Kleid, vielleicht lasse ich dich holen.«